“十二五”国家重点出版物出版规划项目
铁路科技图书出版基金资助出版

绿色铁路理论与工程技术

卿三惠　杨立中　魏永幸　贺玉龙　著

中国铁道出版社
2015年·北　京

内 容 简 介

本书作者应用系统工程学的思想和方法，通过广泛调研、系统研究和吸收国内外的先进经验，紧密结合我国铁路建设和管理的实际，重点研究和论述了绿色铁路的理论与评价方法和绿色铁路建设关键技术（铁路建设环境保护与治理技术、铁路地质灾害防治技术、铁路边坡治理及景观绿化技术）及其在工程中的应用。

该书构思新颖，理论联系实际，内容系统完整，论述重点突出，叙述深入浅出，选材案例典型，对建立和完善绿色铁路的理论与技术体系具有较高的理论和实用价值，可供从事铁路科研、勘察、设计、施工、监理、建设与运营管理的工程技术人员及相关大专院校师生学习和参考。

图书在版编目(CIP)数据

绿色铁路理论与工程技术/卿三惠等著．—北京：
中国铁道出版社，2015.10
ISBN 978-7-113-20693-2

Ⅰ.①绿… Ⅱ.①卿… Ⅲ.①铁路工程—环境保护 Ⅳ.①U2

中国版本图书馆 CIP 数据核字(2015)第 153783 号

书　　名：绿色铁路理论与工程技术
作　　者：卿三惠　杨立中　魏永幸　贺玉龙

策　　划：田京芬　江新锡
责任编辑：曹艳芳　　**编辑部电话：**010-51873017
封面设计：王镜夷
责任校对：王　杰
责任印制：郭向伟

出版发行：中国铁道出版社（100054，北京市西城区右安门西街 8 号）
网　　址：http://www.tdpress.com
印　　刷：北京铭成印刷有限公司
版　　次：2015 年 10 月第 1 版　2015 年 10 月第 1 次印刷
开　　本：880 mm×1 230 mm　1/16　印张：31.75　字数：956 千
书　　号：ISBN 978-7-113-20693-2
定　　价：148.00 元

作者简介

卿三惠，男，1956 年生，贵州省息烽县人，工学博士，教授级高工，国家注册土木工程师。1982 年～2006 年在中铁二院工程集团有限公司从事工程勘察设计 25 年(其间任院副总工程师 8 年)，2006 年—2014 年任中铁二局股份有限公司总工程师。历经南防、钦北、南昆、内昆、株六、水柏、渝怀、遂渝、达成、大丽、玉蒙、滇藏、黔桂、黎湛、洛湛、浙赣、涪利、福厦、厦深等新(改)建铁路及京津、京沪、石武、成渝、广珠等高速铁路的前期研究、勘察设计与施工实践，长期致力于铁路工程勘察、设计、施工与结合工程的科学试验研究，多项成果荣获国家、省(部)、总公司级奖励。主持或参加完成的《水柏铁路北盘江大桥工程地质勘察》获国家工程勘察银奖，《渝怀铁路圆梁山隧道工程地质勘察》、《黔桂铁路工程地质勘察》、《高烈度地震区铁路工程地质与环境地质综合选线》获四川省工程勘察一等奖，《水柏铁路选线设计》、《时速 200 公里遂渝铁路路基工程设计》获省(部)工程设计一、二等奖；《京津时速 350 公里铁路线路工程技术及应用》获铁道部科技进步特等奖，《时速350 km 高速铁路 CRTSⅡ型板式无砟轨道施工技术及关键设备研究》、《海底隧道钻爆法施工关键技术》获省(部)科技进步一等奖，《大跨度组合桥梁新结构关键技术及应用研究》获省技术发明一等奖，《独塔斜拉连续刚构组合桥关键施工技术》、《客运专线无砟轨道制造与施工成套设备及工艺研究》、《超深埋大断面隧道群施工关键技术》、《长大岩溶隧道快速施工与配套设备研究》获省(部)科技进步二等奖。公开发表科技论文 40 余篇，对山区铁路选线、工程地质及水文地质勘察、岩溶和软弱地基处理、滑坡或边坡工程治理、复杂地质隧道灾害防治、高速铁路设计与施工、工程试验与监测等技术问题进行了有益的研究和探索。独著或合作编著出版《西南铁路工程地质研究与实践》、《铁路工程勘察设计与施工技术研究》、《土木工程施工工艺》(1-5 册)、《高速铁路建造技术—施工卷》(上、下册)、《工程项目施工组织设计范例》、《高速铁路隧道工程施工技术指南》、《铁路隧道施工安全技术规程》、《铁路路基填筑连续压实控制技术规程》、《铁路混凝土支架法现浇施工技术规程》、《CRTSⅡ型板式无砟轨道施工质量验收标准》、《高速铁路地基处理手册》、《铁路工程声屏障施工技术指南》等。主持或参研国家级工法 4 项，省(部)级工法 9 项；国家授权发明专利 21 项，实用新型专利 7 项。荣获"四川省工程勘察设计大师、四川省学术和技术带头人、中国施工企业管理协会和中国建筑业协会全国技术创新先进个人、中国中铁总公司有突出贡献中青年专家和"十一五"科技创新标兵"等社会荣誉。

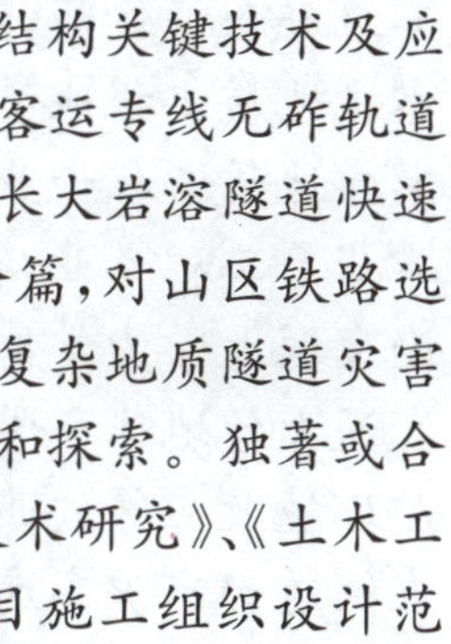

杨立中，男，1947 年生，工学博士，西南交通大学地球科学与环境工程学院教授，博士研究生导师。曾担任过西南交通大学副校长、中国环境科学学会理事、中国铁道学会环境科学委员会副主任委员、四川省环境科学学会副理事长、四川省地质学会副理事长。从事水文地质、环境地质、灾害地质研究 40 余年，在国内率先把渗透张量应用于裂隙地下水的实际计算，把模糊综合评判法、有限单元法、时间序列分析法等运用于深层地下水渗流及资源评价研究，提出了地质灾害发生机理的双场耦合效应分析。在国内首次提出并系统深入研究了绿色铁路的理论。荣获"铁道部

有突出贡献的中青年专家、四川省学术和技术带头人、国务院政府特殊津贴专家"等社会荣誉。

魏永幸，男，1964年生，四川名山人，硕士研究生，教授级高工，国家注册土木工程师。现任中铁二院工程集团有限责任公司技术中心副主任。长期从事铁路公路路基、地质灾害治理、边坡防护等工程的勘察、设计、研究及技术管理工作。先后主持或参加内昆铁路、遂渝铁路、武广高速铁路等铁路及粤赣高速公路等工程的路基勘察、设计及配合施工及"渝怀铁路斜坡软弱地基填方工程特性及工程技术"、"遂渝无砟轨道铁路路基工程关键技术"、"洛湛铁路花岗岩路基边坡绿色防护工程试验"、"西南山区铁路路基工程设计风险识别与防治对策"、"巨型滑坡演化机理与防治技术"、"高寒山区铁路沟谷灾害链危险性评价及风险调控"、"既有铁路挡护工程安全评估方法及加固技术"等结合工程的科研课题研究。先后获国家科技进步奖1项、省(部)科学技术奖8项；国家优秀工程设计奖1项、省部级优秀工程设计奖8项。主持或参加研发发明专利2项，实用新型专利10项；省部级工法4项。在公开出版的科技刊物上发表科技论文100余篇。主编或参编出版《斜坡软弱地基填方工程技术研究与实践》、《路基工程风险评估与防范》等学术专著和《铁路边坡防护及防排水工程设计补充规定》、《铁路工程地基处理技术规程》、《铁路建设工程风险管理技术规范》等多项技术标准。先后荣获"四川省学术和技术带头人、国务院政府特殊津贴专家"等社会荣誉。

贺玉龙，男，1975年3月生，河南省偃师县人，工学博士，教授，国家二级安全评价师，注册安全工程师。1997年7月毕业于西南交通大学水文地质工程地质专业，获工学学士学位；2000年3月毕业于西南交通大学地质工程专业，获工学硕士学位；2003年11月毕业于西南交通大学岩土工程专业，获工学博士学位。2003年12月至2005年12月在西南交通大学力学博士后流动站从事博士后研究。2006年至今，在西南交通大学地球科学与环境工程学院从事铁路环境保护、重大交通工程地质环境效应等方面的教学、科研工作。2008年3月至2009年1月期间在铁道部京沪高速铁路建设总指挥部苏州指挥部驻勤，负责环水保技术管理工作。先后主持或主研国家自然科学金项目《开挖扰动区岩体热-水-力耦合作用研究》、《三场耦合理论的控制方程及耦合强度量化研究》、《高速铁路列车特殊振动的不良地质环境效应及其成灾机理的研究》等国家自然科学金项目6项；《高速铁路绿色生态评价体系的研究》等铁道部科技研究开发计划课题6项；主研赣龙铁路复线某车站高边坡支护效果评价、成贵铁路岩溶隧道涌水预测、沪昆客专长昆段隧道施工风险分析等铁路咨询项目7项。发表学术论文70余篇，其中SCI、EI、ISTP检索20余篇。独编或合著出版《轨道交通工程污染控制概论》、《绿色铁路理论及评价》、《裂隙岩体渗流-应力-温度耦合作用的理论与应用》等科技图书。2011年入选教育部新世纪优秀人才，2013年入选第十批四川省学术和技术带头人后备人选。

序

当今时代，铁路作为资源节约型和环境友好型的运输方式，人们越来越注重加强铁路生态环境保护，尽最大努力地节约土地、能源等资源。进入21世纪以来，中国开始大规模建设高速铁路，到2014年末已建成投产运营高速铁路1.6万公里（占全国铁路总里程11.2万公里的14.3%），成为世界上高速铁路运营里程最长的国家，广大人民群众已享受到高速铁路带来的“绿色”效益。

所谓“绿色”，泛指保护地球生态环境的活动、行为、思想和观念等。“绿色”具有两个方面的含义：一是保护和创造和谐的生态环境；二是保护人类的可持续发展行为。

绿色理论起源于三个方面：一是中国古代“天人合一”的智慧，成为现代的天人合一观，即源于自然，顺其自然，益于自然，反哺自然，人类与自然共生、共处、共存、共荣，呵护人类共有的绿色家园；二是马克思主义的自然辩证法，成为现代的唯物辩证法；三是可持续发展，成为现代工业文明的发展观。三者交融和贯通，最终集古代、现代的人类智慧之大成，融东西方文明精华于一炉，形成绿色哲学观、自然观、历史观和发展观。

绿色理论是对绿色文明和文化的研究和总结，它的发展经历了一个由浅入深的过程。最早的绿色理论从科技的角度认识可持续，认为可持续发展应是废物排放量的减少或不排放，绿色意味着环境的净化。随着研究的深入，人们开始考虑生态与经济的协调关系，并以此建立新的理论。伴随着科技的发展及研究的拓展，形成了现在的绿色理论。

绿色理论关注的是社会、经济与环境三者的协调发展，谋求经济发展、环境保护和社会和谐之间实现一种有机的平衡。

绿色发展观的本质是科学发展观，充分体现了“坚持以人为本，树立全面、协调、可持续的发展观，促进经济社会和人的全面进步与发展”。

可持续发展观是一个涉及社会、经济、文化、技术及自然环境的综合概念。它是一种立足于环境和自然资源角度提出的关于人类长期发展的战略和模式，是21世纪发达国家和发展中国家正确协调人口、资源、环境、技术与经济间相互关系的共同目标，是人类求得生存与发展的唯一途径。传统的经济发展方式，导致经济发展与人口、资源、环境之间的矛盾愈发尖锐。因此，发展绿色经济成为实现可持续发展的必由之路。

交通运输是国民经济和社会活动的重要组成部分，在促进国民经济快速发展和人民生活水平提高等方面起着积极作用。与此同时，交通运输也给资源、环境带来了很大的压力，对社会经济的可持续发展产生了负作用。可持续发展理论运用到交通运输行业，就派生出了可持续发展交通运输的理论。

我国可持续交通运输研究较晚。20世纪90年代以来，我国交通部、原铁道部（2013年改制为中国铁路总公司）曾分别委托相应研究部门，多次组织对我国可持续交通运输问题进行专项研究，取得一定成果。《中国21世纪议程》白皮书中提出：“走可持续发展之路，是中国在未来和下个世纪的自身需要和必然选择；中国是发展中国家，可持续发展的前提是发展，必须毫不动摇地把发展国民经济放在第一位；要保护自然资源和改善生态环境，以便实现国家的长期稳定发展，实现经济增长方式从粗放型向集约型的转变。”在经济发展过程中，我国资源的供需矛盾日益凸显,交通运输对我国资源和环境影响非常巨大。为适应社会经济可持续发展的需要,交通运输必须采取可持续发展战略,在交通领域强调可持续发展,对我国国民经济的健康发展起着至关重要的作用。特别是土地和石油资源的短缺,对我国交通运输体系的约束几乎是刚性的。基本国情和可持续发展战略,要求我国必须建立"资源节约型和环境保护型"的综合交通运输体系,也就是要求改变传统交通运输发展模式的资源和环境特性,推进交通运输的可持续发展。

铁路运输是我国的重要运输形式,我国自 1876 年建成上海吴淞铁路以来,迄今已有近 140 年的历史。1949 年战后留存下来的铁路 2 万余公里,其中能够勉强维持通车的铁路 1.1 万公里,那时全国铁路的年客运量为 1 亿人次,年货运量 5000 多万吨。新中国成立以来,我国铁路发展在数量和质量上都取得了很大的进步,到 2014 年全国铁路营业里程已达到 11.2 万公里,完成年客运量 23.5 亿人,年货运量 38.1 亿吨。我国铁路运输始终处于骨干地位,对国民经济发展起到了强有力的支撑作用。建设和发展好铁路运输事业,对我国的经济发展和社会稳定具有十分重要的作用。因此,实现交通运输的可持续发展,首先必须考虑铁路运输的可持续发展。

铁路建设是一项对社会、经济、环境、资源具有深远影响的开发活动。施工建设和运营在促进沿线地区社会经济发展的同时,必然对生态环境造成较大的破坏和污染。由于铁路工程具有线长、带状、点多的特点,对环境的影响范围大,涉及面广,贯穿于铁路建设和运营的全过程。如何减少铁路运输对环境的扰动和影响?如何把握交通运输促进经济发展的同时,又使其对环境的负作用维持在一个合理的阈值之内?如何使铁路运输对生态环境的破坏不超过环境的最大承载能力?这些难题都困扰着世界各地的研究者们。对于正处于发展中国家的我国,解决该课题更是迫在眉睫。传统铁路对环境的不利影响深为人们所诟病,人们对铁路提出了更高更新的要求,不仅要求铁路能够量大迅达运输货物,方便舒适地运送旅客,而且要求铁路安全环保、节能降耗,能够与社会、经济、资源和环境和谐统一,以实现铁路运输的可持续发展。因此,一种新的可持续发展的交通运输理念——"绿色铁路"的构想,就此应运而生。

绿色铁路是指"在规划、设计、施工、运营全过程中,运用各种绿色技术,使环境保护、节能降耗、生态平衡、人文景观、安全舒适等方面,达到人与自然、社会的和谐,具有良好的经济效益和可持续发展能力"的铁路。换句话说,绿色铁路是"以环境价值为尺度,在确保铁路运输生产安全、快捷、高效的前提条件下,最大限度地减少铁路线路及配套设施对生态环境和社会环境的负面影响,使铁路成为具有可持续发展能力的交通运输工具"。

绿色铁路要求"以环境价值为尺度,从资源角度看问题,环境也是一种自然资源"。环境的价值,首先决定于它对人类的有用性,其价值的大小则决定于它的稀缺性和开发利用条件。环境价值提倡保护环境,最终目的是为了人类的幸福和健康。以人为中心是提倡环境价值的核心,是从人类与自然的长远利益出发,把人和自然作为一个整体来看待,努力调节人与自然环境的关系,这是环境价值的实质所在。从价值论观点看,铁路建设中运用"绿色技术",实质上是通过人力、物力、财力的投入,减少和消除因铁路建设和运营活动对生态环境产生的破坏和不良影响,避免人类活动对自然环境的过度索取,保护好对人类发展更有价值和长远利益的自然环境。同时,加快铁路建设的现代化、智能化、人性化进程,从而提高铁路运输的竞争能力。随着"绿色"不断深入人心,人们在享受绿色铁路所带来效益的过程中,必将逐渐形成保护生态环境的思想、观念、行为和意识,有利于刺激区域经济发展、促进社会进步、提高人口素质、最终保护好与人类发展密切相关的生态环境。

绿色铁路的新意是"绿色",能使铁路的优势得到充分发挥,在发展运输生产力的同时,能够有效降低资源的占用或消耗，减少对环境造成的污染，降低全社会的运输成本，促进经济发展与人口、资源、环境相协调。

绿色铁路建设的目的是推动经济持续发展，维护社会持续稳定，促进自然资源持续利用，保护生态环境少受破坏，实现经济社会的可持续发展。在绿色GDP已日益成为我国国民经济发展目标的当代，建设和发展好绿色铁路运输，有利于节约资源和保护环境，有利于绿色经济、低碳经济和循环经济的发展，对提高铁路在绿色GDP中的贡献，具有重大而深远的意义。

绿色铁路研究是我国发展绿色GDP的需要。绿色铁路作为符合我国国情和可持续发展要求的绿色交通工具，理应在我国综合交通运输体系中发挥更重要的作用，并承担起环境保护、节能减排、降低成本的重任。绿色GDP通过将资源的损耗及环境污染与生态恶化造成的经济损失货币化，使人们更直接地认识到资源有价、环境有价，并从中清醒地看到经济开发活动给生态环境和自然资源带来的负面效应，看到伴随GDP的增长付出的环境资源成本和代价，从而使人们在追求经济增长的同时自觉珍惜资源，保护环境，走可持续发展之路。

绿色铁路是一个新的研究领域，是研究铁路如何与社会、经济、资源和环境的协调发展，并利用自身优势，减少对生态环境的负效应，以实现我国铁路设计、建设、运营和管理的可持续发展；是构建和谐社会和建设"资源节约型、环境友好型"交通运输的必然选择。

绿色铁路研究是一项复杂而庞大的系统工程，它包含了铁路工程及配套设施(机车车辆、站场等)从规划设计——施工建设——运营管理与维护全过程的可持续发展。

本书作者应用系统工程学的思想和方法，通过广泛调研、系统研究和吸收国内外的先进经验，从理论、技术、管理、法规等方面综合分析，提出了绿色铁路研究的主要内容包括"四个体系"(理论与评价体系、工程技术体系、建设管理体系、法律法规体系)的总体框架和思路。在此基础上，紧密结合我国铁路建设和管理的实际，重点研究和论述了绿色铁路的理论与评价方法和绿色铁路建设关键技术(铁路建设环境保护与治理技术、铁路地质灾害防治技术、铁路边坡治理及景观绿化技术)及其在工程中的应用。实为绿色铁路理论与技术综合配套研究的开篇之作，对建立和完善绿色铁路的理论与技术体系具有较高的理论和实用价值，对推进我国绿色铁路理论与建设技术的进步与发展将起到积极的作用。

因此，我将本书推荐给广大读者，可供铁路科研、勘察、设计、施工、监理、建设与运营管理的工程技术人员及相关大专院校师生学习和参考。

中国工程院院士 何华武

2015年3月　于北京

前　言

铁路作为一种重要的陆地交通运输工具，载运量大，可全天候运行，在大宗、大流量中长距离及以上客货运输方面具有绝对优势。然而，铁路的建设和运营，在促进经济社会发展的同时，难免对铁路沿线的生态环境和社会环境产生影响。铁路建设期的影响主要有土地资源利用、野生动物、湿地、自然保护区、风景名胜区、重点文物保护单位、脆弱生态环境、水土流失、景观、次生灾害、声环境、水环境、大气环境、固体废弃物等；铁路运营期的影响主要有声环境、水环境、大气环境、电磁环境、固体废弃物等。为了解决铁路运输对生态环境和社会环境的影响，避免超过环境的最大承载能力，产生了可持续发展的绿色铁路交通运输理念。

绿色铁路是指"在规划、设计、施工、运营全过程中，运用各种绿色技术，使环境保护、节能降耗、生态平衡、人文景观、安全舒适等方面，达到人与自然、社会的和谐，具有良好的经济效益和可持续发展能力"的铁路。换句话说，绿色铁路是"以环境价值为尺度，在确保铁路运输生产安全、快捷、高效的前提条件下，最大限度地减少铁路线路及配套设施对生态环境和社会环境的负面影响，使铁路成为具有可持续发展能力的交通运输工具"。

绿色铁路是一种新型的交通运输工具，有利于节约资源和保护环境，有利于绿色经济、低碳经济和循环经济的发展。在绿色 GDP 已日益成为我国国民经济发展目标的当代，绿色铁路是建设"资源节约型、环境友好型"交通运输的必然选择。

绿色铁路是一个新的研究领域，是研究铁路如何与社会、经济、资源和环境协调发展，并利用自身优势，减少对生态环境的负效应，以实现我国铁路设计、建设、运营和管理的可持续发展。开展绿色铁路的理论与技术及其工程应用的研究，对实现铁路可持续发展具有重大而深远的意义。

从理论、技术、管理、法规等方面综合分析，绿色铁路研究的主要内容包括以下四个部分：

(1)绿色铁路理论及评价体系研究。绿色铁路理论是绿色铁路评价的基础，绿色铁路评价是绿色铁路理论的应用，二者相辅相成，缺一不可。

(2)绿色铁路工程技术体系研究。绿色铁路工程技术体系是建设绿色铁路的技术支撑，主要包括铁路建设环境保护与治理技术、铁路地质灾害防治技术、铁路边坡治理及景观绿化技术。

(3)绿色铁路建设管理体系研究。主要包括建设、设计、施工、监理、运营与维护管理，它是铁路参建各方协调一致的综合管理体系，更是绿色铁路建设与运输安全、质量、环保和谐发展的前提和保障。

(4)绿色铁路法律法规体系研究。包括环境保护法规、铁路技术政策、技术规范标准等，是绿色铁路建设必须遵循的法律法规，也是铁路可持续发展的根本保证。

由此可见，绿色铁路研究是一个复杂而庞大的系统工程。限于篇幅，本书将重点研究和讨论绿色铁路的理论与评价方法和绿色铁路建设关键技术(铁路建设环境保护与治理技术、铁路地质灾害防治技术、铁路边坡治理及景观绿化技术)及其在工程中的应用。对于绿色铁路建设管理体系、法律法规体系的内容，本书不再赘述，读者可参阅有关书籍和科技文献学习和了解。

本书的总体架构由 4 篇 20 章组成，各篇主要内容如下：

第 1 篇　绿色铁路的理论与评价方法。主要论述铁路对人类文明发展的贡献、铁路建设对环境的影响、铁路与环境协调发展的研究状况；基于绿色理论和可持续发展理论，论述绿色铁路的基本理论及其评价方法，提出绿色铁路评价的指标体系及方法体系；最后以大丽铁路、青藏铁路及京沪、京津高速铁路的绿色铁路评价为例，阐述绿色铁路理论与评价方法在风景名胜区、高原环境敏感区、平原经济发达区铁路工程建设中的应用。

第 2 篇　绿色铁路建设环境保护与治理技术。主要论述国内外铁路环境保护发展概况、铁路建设各阶段对环境的影响及环境保护的基本原则；铁路建设项目环境影响评价的概念、目的和意义，铁路环境影响评价的范围、内容、方法及铁路项目主要环境要素（生态环境、声环境、振动环境、地表水环境、大气环境、电磁辐射环境、固体废物环境等）的评价要点；铁路建设项目环境保护的概念、原则、内容、设施、功能及铁路建设项目施工期和运营期的环境保护措施（包括生态保护与水土保持、噪声、振动、地表水污染、大气污染、固体废物、电磁辐射等）。最后介绍贵广、兰渝铁路项目环境影响评价应用案例以及胶新、青藏铁路建设期环境保护与治理的成功经验。

第 3 篇　绿色铁路地质灾害及防治技术。以我国地质灾害最为严重的西南地区为例，紧密结合西南山区铁路建设实践，研讨铁路地质灾害及其防治问题。主要论述西南地区的区域地质环境、地震地质灾害分布规律、形成机理及防灾减灾对策；重点分析西南地区崩塌、滑坡、泥石流、岩溶、地面塌陷、隧道涌水、有害气体、采空区、岩爆与大变形等不良地质及膨胀土（岩）、红黏土、软土、盐岩等特殊岩土的工程地质问题及其对工程的危害；系统阐述铁路工程地质灾害及其防治技术，包括铁路线路选线技术、工程地质勘察与测试技术、地质综合勘探技术、地质灾害防治技术等；最后介绍几个典型地质灾害防治工程实例，总结铁路勘察设计与施工防灾减灾的经验与体会。

第 4 篇　绿色铁路边坡治理及景观绿化技术。主要论述四个方面的内容：

(1)岩土边坡地质结构分类和坡体破坏结构模式。包括 23 类坡体地质结构（4 类土质堑坡、15 类岩质堑坡、1 类斜坡软基堤坡和 3 类古滑坡地段的边坡）和 8 类坡体（类均质式路堑、软硬交替式路堑、层状路堑、基座式路堑、软弱带控制式路堑、节理控制式路堑、贯通滑面控制式路堑、软弱地基路堤等）的破坏结构模式。

(2)各类岩土边坡（土质边坡及块状、碎裂、松散、顺层岩质路堑及滑坡地段路堑等边坡）的失稳破坏模式、成灾机理、开挖变形规律及其稳定性分析方法。重点论述膨胀土边坡稳定性分析方法；路堑边坡开挖松动区的确定方法（弹性楔形体理论、数值计算和试验研究法）及基于开挖变形分区、开挖卸荷强度折减等理论确定潜在滑移面的方法；顺层岩质路堑边坡（包括多层滑移型、滑移-拉裂型、滑移-弯曲型、滑劈破坏型）及顺斜向坡、反倾坡体结构路堑边坡的稳定分析方法；斜坡软基路堤边坡稳定性分析的变形系数法，即在采用安全系数法对地基稳定性进行分析的基础上，考虑斜坡软弱地基的变形特性，将变形系数（路堤坡脚处地基最大水平位移与路堤中心处地基最大竖向沉降的比值）引入地基稳定性评价。

(3)各类岩土边坡（膨胀岩土及块状、碎裂、松散、顺层岩质路堑及斜坡软基路堤、滑坡地段等边坡）的设计原则和边坡灾害防治技术。重点论述支挡结构设计和施工安全性控制要素；顺层岩质路堑边坡轻型支护结构体系的设计与控制爆破施工技术；软弱碎裂岩质路堑边坡分层开挖、分级稳定及坡脚预加固技术；桩锚结构（预应力锚索、锚索梁、锚索桩）支挡与防护技术。

(4)岩土边坡景观植被绿化设计与施工技术、施工质量检验及验收标准等。

该书构思新颖，理论联系实际，内容系统完整，论述重点突出，叙述深入浅出，选材案例典型，对建立和完善绿色铁路的理论与技术体系具有较高的理论和实用价值，可供从事铁路科研、勘察、设计、施工、监理、建设与运营管理的工程技术人员及相关大专院校师生学习和参考。

全书由卿三惠负责总体策划和主编。第1篇由杨立中(西南交通大学教授)、贺玉龙(西南交通大学教授)、卿三惠(中铁二局股份有限公司教授级高工)撰写;第2、3篇由卿三惠撰写;第4篇由魏永幸(中铁二院工程集团有限公司教授级高工)、卿三惠撰写;最后由卿三惠负责统审定稿。

本书撰写过程中,引用了大量的参考文献和资料,特向原作者个人和单位表示感谢。

由于编者水平所限,书中难免存在疏漏和不足之处,恳请读者批评指正。

编者

2015年3月

目　　录

第1篇　绿色铁路的理论与评价方法

第2篇 绿色铁路建设环境保护与治理技术

第4篇　绿色铁路边坡治理及景观绿化技术

第 1 篇　绿色铁路的理论与评价方法

第1章 绪　论

自1820年世界上第一条蒸汽火车铁路在英格兰诞生近200年来，作为陆地交通的重要工具，铁路从低速到高速，从客运到重载，对人类社会经济的发展起到了巨大的作用。进入21世纪，交通工具飞跃发展，运载手段层出不穷，人类对交通工具的要求也越来越高。在这种形势下，铁路该如何发展？路在何方？建设和发展绿色铁路已成为时代的要求和人们的共识。

1.1　铁路对人类文明发展的贡献

铁路作为近代物质文明的重要成果是人类社会经济发展到一定阶段的产物。列宁曾经指出"铁路是资本主义工业最主要的部门，即煤炭工业和钢铁工业的结果，是世界贸易和资产阶级民主文明发展的结果和最显著的标志"。铁路建筑最早始于英国，1814年机械工程师斯蒂芬逊成功地制造了世界上第一台蒸汽机车。1825年第一条铁路——英国斯托克顿至达林顿的铁路建成通车，欧洲大陆从此进入铁路建设时期。铁路将带来了一种全新的生活方式，如恩格斯所说"19世纪下半叶用蒸汽发动的运输工具最后战胜了其他各种运输工具，铁路在一切文明国家中都占第一位，在西方国家经济发展过程中起了重要作用"。多数经济学家对此予以肯定，韦伯视其为历史上最具革命性的工具，罗斯托则在其著作《经济发展的阶段》中详尽地说明了铁路对经济发展的重要性。以美国为例，1830年美国第一条具有近代意义的巴尔的摩至爱丽考特山的铁路建成通车，标志着美国成为世界使用铁路较早的四个国家(英、美、法、俄)之一；1833年美国又建成查理斯顿至南卡罗来纳州汉堡的一条铁路，全长136英里，是那时世界上第一条最长的铁路，1840年美国铁路总长度已达2 818英里，1850年增加到9 021英里，1860年增加到30 627英里，大大超过铁路诞生地英国，成为当时世界上铁路线最长的国家。在近代美国西部大开发中，横贯大陆铁路的铺设具有重要的历史意义，大大地推动和加速了美国西部开发的进程。

19世纪30年代末期，中国引入了铁路。毫无疑问，在引入中国的现代经济设施中，没有一项比铁路产生更大的影响。中国铁路和中国近代化是双重互动关系，中国铁路既是中国近代化的产物和标志之一，又反过来推动中国近代化的发展，对中国近代化有着多方面的影响。

20世纪70年代，铁路开始复苏，许多国家开始认识到公路运输的负面影响，纷纷倾向于发展铁路，特别是到20世纪80年代以来，日益发展的高速铁路以快速、舒适、安全以及票价适中的优势，取得了明显的经济效益，带动了铁路的技术创新，给铁路运输的发展提供了新动力和新机遇。

1.1.1　铁路在综合交通运输体系中的特点

交通运输是国民经济和社会发展的重要基础设施和先导基础产业，对改善经济空间布局、推动地区开发开放、促进区域经济协调发展、加快构建和谐社会等方面具有重要作用。综合交通运输体系由铁路、公路、水运、民航、管道五种运输方式组成。铁路运输全天候、大能力、运输成本低、通用性好，承担了我国中长途的大量客货运输；公路运输覆盖面广、机动灵活、门到门、辐射性强，更多地承担了中短途客货运输；海运和内河运输投资小、能力大、运输成本低、占地少、能耗低，污染少，一直是我国大宗货物长途运输，尤其是外贸货物运输的主要运输方式；航空运输速度快、受地形限制小，在长途旅客运输中具有速度快的优势，成为我国长途旅客运输的主要承担者之一；管道运输能力大、占地少、安全性能好、运输成本低，对保证石油生产持续稳定增长、促进国民经济发展起着日益重要的作用。从客运来说，公路应承担中短途的旅客运输，铁路应承担城市间的中长途的旅客运输，民航应承担时效要求快的大城市间的长途旅客运输；从货运来说，中长途大宗散装物资运输应以铁路、沿海及内河以水运为主，中短途、发到点分散、时效要求高的物资运输应以公路为主，民航更多地承担长途、高质、时效要求快的货物，油气运输应大力发展管道运输。

每一种运输方式都有各自的优势和特点，应以科学发展观为指导，在综合交通体系规划下“各展其长、各得其所”地协调发展。各种运输方式要让自身特征和优势得到充分发挥，市场分工必须合理。要提高运输效率、降低成本，就必须按照各种运输方式的优势和特点，形成分工协作、有机结合、合理布局、连接贯通的综合交通运输网络。实践证明，一种运输方式的快速发展，将促进各种运输方式之间的竞争，相互促进各种运输体系的发展，优化整个综合交通运输体系。

目前，交通运输发展面临的资源和环境形势日趋严峻。优先发展“资源节约型、环境友好型”的运输方式，是实现经济社会全面协调可持续发展的必然选择，也是构建和谐社会的必然要求。建立资源节约型和环境友好型的综合交通运输体系，关键是规划和建设好综合运输大通道和综合运输枢纽，需要对运输走廊中的各种运输方式进行优化，合理配置要素资源。同一运输走廊中，应在充分发挥各种运输方式特点的前提下，重点发展土地占用少、能耗低、污染小、安全性高的运输方式。

铁路是综合交通运输的骨干，在构建高效综合运输体系、优化资源配置和产业布局、降低物流成本、支撑区域协调发展等方面发挥着巨大作用。铁路通达的规模和水平，是衡量一个国家或地区现代化和社会文明程度的重要标志。

研究与实践表明，在综合交通运输体系中，铁路具有“占用土地最少、能源消耗最少、环境污染最小、运输量最大、安全性最好、全天候运行”等突出的优点。因此，发展铁路尤其是高速、重载和“绿色”铁路，是我国乃至世界各国在社会、经济、资源、能源、环境、安全等方面全面协调可持续发展的必然选择。

1.1.2 铁路在综合交通运输体系中的地位与作用

我国是一个拥有13亿多人口，资源相对不足的大国。随着国家向工业文明的迈进，人口、资源、环境等矛盾日益突出，成为制约国家发展的瓶颈。

(1)耕地资源紧缺。中国可耕地面积仅占国土面积960万km^2的17%。2005年人均耕地面积为1.4亩，仅为世界平均水平的40%，已成为我国最为紧缺的资源。节约可耕土地资源，不仅关系到我国农业生产和粮食安全供应，而且关系到经济可持续发展和社会稳定。

(2)石油资源不足。1993年我国已开始成为石油进口国，对外依存度逐年提高已近40%。严峻的能源形势要求高度重视交通节能降耗，以保障国家能源安全。因此，调整交通运输能源消费结构，鼓励发展少用油的交通运输方式，是保证我国国民经济和交通运输业实现可持续发展的重要措施。铁路对能源的适应性很强，除内燃机车需消费石油外，电力机车几乎可不占用紧缺的石油资源，而且电力机车动力大、能源利用率高，符合节约能源的需要，是适应我国能源特点的运输方式。因此，发展铁路运输有利于改善我国的能源消费结构。

(3)资源、环境已成为制约未来交通发展的主要因素，交通运输系统建设面临资源与环境的巨大挑战。在各种交通运输方式中，铁路具有“运量大、占地少、效率高、污染小、能耗低、资源适应性强、对环境影响小、安全性好”等特点，在节约资源和保护环境方面有明显的优势，而且也是唯一可以以多种能源替代石油的大能力综合性绿色交通运输工具。随着重载铁路、电气化铁路、高速铁路的快速发展，铁路运输在节约资源、保护环境和安全可靠方面的技术经济优势将更加突出。这对于以最小的能源消耗和土地占用、最少的环境污染，满足我国经济社会对客货运输的需求是十分重要的。

综上所述，铁路在综合交通运输体系中有不可替代的地位与作用。因此，加快发展和建设绿色铁路，对建设资源节约型、环境友好型的综合交通运输体系，促进国民经济全面协调可持续发展具有重大意义。

1.1.3 铁路在综合交通运输体系中的比较优势

我国是一个典型的大陆性国家，区域间相互跨度大，国民经济和社会交往需要有一种强有力的运输方式，而铁路正具备这一功能。在我国综合交通运输体系中，铁路与公路、江河、航空运输等方式对比，具有明显的比较优势。

1.1.3.1 铁路运输在土地利用方面的比较优势

不同的运输方式对土地资源的占用不同，构建节约型社会，促进交通运输的可持续发展，应该选择土地资源占用少、使用效率高的运输方式。

考虑水运是利用现有水域进行运输以及航空运输除机场配套设施外不需占地等特点，在占地指标上与公路、铁路不具可比性。因此，研究占地指标上选取公路与铁路进行对比。研究结果表明：

(1)我国单线铁路与2车道公路、复线铁路与4车道公路、高速铁路与8车道高速公路相比，公路占用土地是铁路的2倍。

(2)按完成单位运输量所占用的土地面积计算，公路占地与铁路占地比较，我国公路是铁路的5～10倍，法国是3.7倍，美国是5.6倍，德国是6.6倍，加拿大是7.1倍，日本是13.6倍。

(3)按每公里完成的运输量测算，我国铁路每公里完成的运输密度是公路的34倍；即使按等级公路里程计算，每公里铁路完成的换算运输密度也是公路的27倍。

(4)按完成单位换算周转量占用的土地计算，国外公路是铁路的5～10倍，我国公路是铁路的2.5～3倍。

(5)在同等运能条件下，铁路与高速公路的占地比为1∶2.5～1∶3。

(6)在同等能耗条件下，铁路的客运与货运容量是公路的10倍以上，航空的20倍以上。

(7)铁路与公路占地的差距数据，见表1.1.1～表1.1.3。

表1.1.1 铁路建设项目用地面积计算

线路类别	总体占地	单位能力占用土地	
		货运能力	客运能力
	hm^2/km	m^2/万吨公里	m^2/万人公里
Ⅰ级国铁，双线内燃	5.9796	11.39～7.97	8.25～5.98
Ⅰ级国铁，双线电气化	6.0426	8.95～6.71	6.75～5.04
Ⅰ级国铁，单线内燃	4.9192	40.99～21.86	27.33～16.13
Ⅰ级国铁，单线电气化	4.9770	27.65～18.43	19.91～13.83
Ⅱ级国铁，单线内燃	4.8186	53.54～32.12	41.90～26.05
Ⅲ级国铁，单线内燃	4.4243	73.74～58.99	61.45～47.57

注：用地指标取自《新建铁路工程项目建设用地指标》，原铁道部、原建设部、国家土地局，1996.4.8.

表1.1.2 公路建设项目用地面积计算

线路类别	总体占地	单位能力占用土地	
		货运能力	客运能力
	hm^2/km	m^2/万吨公里	m^2/万人公里
二级公路	3.0415	51.44～38.58	14.10～12.92
一级公路	6.3843	40.49～32.39	13.56～12.51
四车道高速公路	7.4004	27.93～22.34	8.12～7.57
六车道高速公路	8.2122	21.37～17.04	6.20～5.78

注：用地指标取自《公路建设项目用地指标》，交通部、原建设部、国土资源部，1999.11.18.

表1.1.3 铁路用地与公路用地面积比较

比较对象		比较指标	
铁路	公路	总体用地	单位货运能力(平均值)
Ⅰ级国铁，单线，内燃	一级公路	1∶1.30	1∶0.99～1∶1.76(1∶1.235)
Ⅰ级国铁，单线，电气化	四车道高速公路	1∶1.28	1∶1.46～1∶1.76(1∶1.61)
Ⅰ级国铁，双线，内燃	四车道高速公路	1∶1.24	1∶2.45～1∶2.80(1∶2.625)
Ⅰ级国铁，双线，内燃	六车道高速公路	1∶1.37	1∶1.87～1∶2.14(1∶2.005)
Ⅰ级国铁，双线，电气化	六车道高速公路	1∶1.36	1∶2.38～1∶2.54(1∶2.46)

从表1.1.1～表1.1.3可看出，按单位公里计算的公路用地是Ⅰ级国铁的1.24～1.37倍，平均1.31倍；按单位货运能力计算的公路用地是铁路干线的0.99～2.54倍，平均1.987倍。因此，在占用土地资源方面，铁路具有明显的比较优势。

1.1.3.2　铁路运输在节省能源方面的比较优势

交通行业是资源占用型和能源消耗型行业，发达国家运输业的能耗占全国总能耗的1/4～1/3。随着我国客货运输量的增长，交通运输业能源消耗的规模逐年上升，成为我国用能增长最快的行业之一。

以国际通用口径估计，目前我国交通行业能源消费量约占全国总用能量的10%，其中用能以油气为主，几乎全部汽油、60%的柴油和2/3的煤油被各类交通工具所消耗。2005年我国交通运输业共消耗1.66亿t标准煤，占全国能量总消耗的7.47%。其中原油消耗量127万t，占0.42%；煤炭消耗量882万t，占81.9%；汽油消耗量2 470万t，占50.9%；柴油消耗量5 019万t，占45.7%。

从能源消耗方面看，我国铁路的能耗在国家交通运输总消耗中只占18%，而完成的换算周转量达到50%以上。从节能降耗方面来说，我国铁路用交通行业不到1/5的能源消耗，完成全社会1/2的运输量。欧盟提供数据是一升燃油在一公里的距离上移动的货物重量，公路是50 t，铁路是97 t，内河水运是127 t。

有些研究者也对铁路、公路、民航等运输方式的能耗情况进行过对比。我国统计资料表明，铁路、公路、民航单位运输量平均能耗比约为1∶8∶11。从各种运输方式百吨公里油耗指标看，2003年航空燃油消耗35.4 kg；道路运输汽油消耗6.9 kg，柴油消耗5.2 kg；铁路运输柴油消耗0.5 kg；水路运输燃料油消耗0.6 kg。各种运输方式客运能耗方面，每百人公里消耗标准煤，道路大客车1.5 kg，小轿车3.8～4.8 kg，航空6.8 kg，快速铁路约为1.0 kg。

由此可见，在完成相同工作量的情况下，铁路是消耗能源最少的运输方式。

特别需要指出的是，在各种运输方式中，航空、汽车、水运、铁路内燃机车都依靠石油资源，铁路电力机车则可以使用煤炭和其他的能源。我国石油资源储量有限，产量也不能满足经济发展的需要。因此，大力发展能源节约型或多种能源混合型的运输方式十分重要。

我国探明煤炭储量居世界第一位，水能资源蕴藏量也居世界第一位。丰富的煤电、水电资源，决定了铁路电力机车牵引及发展电气化铁路，较之其他运输方式具有更好的发展前景。

1.1.3.3　铁路运输在减少环境污染方面的比较优势

目前，交通运输产生的废气和噪声已成为环境污染，尤其是大中城市环境污染的主要来源。全世界由交通运输散入空气的有害气体已占大气污染的一半以上，对人类生存构成严重威胁。造成大气环境污染的各种因素中，交通运输排放的二氧化碳和氮氧化物等废物所占比例最大。

日本运输部门对各种运输方式二氧化碳排放比例的调查显示：家用轿车52%，货车31%，内河航运6%，铁道3%，航空3%。旅客运输使用私人轿车每人公里排放的二氧化碳是铁路的9.5倍，货物运输使用家用普通卡车每吨公里排放的二氧化碳是铁路的13.8倍。统计资料还表明，同等运量的客运或货运，铁路所产生的平均噪声只有公路的1/3～1/2。

德国铁路2000年度“环境报告”对CO_2排放量的统计表明：客运时公路为16.8 kg/100 pkm，空运为13.4 kg/100 pkm，铁路为4.8 kg/100 pkm；货运时公路为79.8 kg/100 tkm，空运为10.7 kg/100 tkm，铁路为2.6 kg/100 tkm，水运为4.7 kg/100 tkm。

由此可见，客运时铁路运输仅为公路运输产生的CO_2污染量1/4左右，货运时铁路只是公路运输的1/30。客运（人公里）对环境的污染强度，公路是铁路的10倍左右，是航空的1～2倍；货运（吨公里）对环境的污染强度，公路是铁路的10倍左右。2002年，我国铁路每万吨换算吨公里治污费用1.27元，公路、民航是铁路的10倍。因此，与其他交通运输方式相比，铁路具有排放低、污染小的优势，是减轻交通运输污染的有效方式。

1.1.3.4　铁路运输在运输安全方面的比较优势

根据各国交通死亡事故方面的统计，从每10亿人公里死亡人数看：法国铁路为0.18人，航空为0.26人，公路为16人，公路是铁路的89倍；美国铁路为0.4人，私人轿车为7人，后者是前者的17倍；德国统计公路、铁路和民航的百万人公里事故死亡率分别是80.4%，3.3%，2.5%，公路事故率是铁路的24倍。日本统计普通铁路每运行1亿人公里的死亡人数仅为航空的18%、公路的13%。我国铁路客运事故率为0.001 81～0.001 01，公路为0.064 4，航空为0.007 4，水运为0.023 7；铁路货运事故率为0.000 04，公路为0.002 1～0.001 05，航空为0.000 3，水运为0.001 03。1995年～2002年我国铁路与公路事故次数之比为1∶246，经济损失比为1∶44.48。由此可见，铁路运输具有安全性好的比较优势。此外，铁路还有全天候运行、不受气候影响的优势，是公路、航空、水运交通工具不可比拟的。

纵观铁路、公路、水路和航空等四种运输方式，铁路运输最显著的特点是载运量大，在大宗、大流量的中长以上距离的客货运输方面具有绝对优势，是最适合我国经济地理特征和人们收入水平的区域骨干运输方式。同时也是调节我国资源禀赋和工业布局不均衡的重要纽带，承担着大量长途客货运输的巨大任务。

然而，传统铁路虽然对国民经济的发展和人类社会的交往起着巨大的作用，但对环境也有着不可低估的影响。

1.2 铁路建设对环境的影响

自1820年第一条蒸汽火车铁路在英格兰诞生后，铁路很快便在英国和世界各地通行起来，且成为近100年世界交通的领导者，直至飞机和汽车的发明，铁路的重要性才有所降低。1888年发明高架电缆后，1892年建成了首条使用高架电缆的电气化铁路。第二次世界大战后，以柴油和电力驱动的列车逐渐取代蒸汽推动的列车。1960年以来，多个国家建设高速铁路，根据UIC(国际铁道联盟)的定义，高速铁路是指营运速度达每小时200公里的铁路系统。因此，传统铁路主要指以柴油和电力驱动，营运速度低于每小时200公里的铁路系统。

从我国1876年建成第一条营业铁路——上海吴淞铁路通车之时算起，中国铁路迄今已有近140年的历史。随着中国实行改革开放，铁路部门也采取了相应的改革开放措施。到2013年，中国经历了既有铁路六次大提速和高速铁路的建设，全国铁路运营里程已达10.3万km(位居世界第二，仅次于美国)，其中高速铁路近11 000 km。根据中国政府发布的《中长期铁路网规划》中提出的铁路建设目标，到2020年，中国铁路运营里程将达到12万km。

铁路是国家的重要基础设施、国家的大众化交通工具，在综合交通运输体系中处于骨干地位，没有铁路的现代化就难以实现国家的现代化。中国幅员辽阔、内陆深广、人口众多，资源分布及工业布局不平衡，铁路运输在各种运输方式中占有的优势更加突出，在经济社会发展中具有特殊重要的地位。作为国民经济的大动脉——铁路的快速发展，对缓解区域客货运输矛盾、加快区域经济发展速度、促进地方间的沟通与交流有着极为重要的作用。

为了适应经济发展对交通的需求，国家投入大量资金进行交通基础设施的规划和建设，在铁路(公路)交通快速发展的同时也出现了环境遭到污染和破坏等问题。因传统铁路(公路)建设主要是从经济发展要求和工程本身角度考虑工程投资、建设周期和灾害避免等问题，很少考虑工程建设本身对环境的影响及其由此而产生的次生灾害等问题。

传统铁路自建设开始的整个生命周期都对环境产生一系列强烈的影响，不同时期影响的类型与特征有所不同。建设期间主要表现为对生态环境的破坏，其次表现为对声学环境、水环境、大气环境等的影响。运营期间主要表现为噪声、振动、电磁干扰对环境的影响。从广义上讲，前者是大环境，属于跨地区跨流域的工程，而且工程一旦开工建设和竣工投产后，对环境的影响和破坏就成为定局和不可避免；后者是小环境，只是在线路竣工后进行运输时，机车及车辆所排放的有害气体，列车运行所产生的噪声、振动、电磁干扰以及为运输生产服务而配套的有关站、段的生产、生活设施所排放的三废(废水、废气、废物)等对周围环境的影响和污染。

1.2.1 铁路建设对生态环境和社会环境的影响

铁路工程建设项目是一种跨地域的带状建设项目，多是跨地区、跨流域，横贯东西、交错南北，短则百十公里，长则上千公里的大工程，具有线长、点多、面广的特点，涉及路基工程、桥涵工程、隧道工程、站场工程、弃土(渣)场、取土场、砂石料点、施工便道、施工营地、施工场地等。铁路工程施工是一个改造环境的过程，由于施工管理水平、施工能力及施工中对环境问题的重视程度不足，施工中不同程度地造成了对生态环境的破坏，以及由此而产生的次生灾害问题。

生态环境是指影响人类生存和发展的一切外界条件的总和，包括生物因子(植物、动物等)和非生物因子(如光、水分、大气、土壤等)，生态环境间接地、潜在地、长远地对人类的生存和发展产生影响。生态环境的破坏，最终会导致人类生活环境的恶化。

铁路工程建设项目对生态环境的影响和破坏范围，视线路穿越生态系统的环境现状和生态特点的不同而异，但都具有条带状的特点，其影响范围一般为线路两侧 200～500 m。如果线路跨越一条大河，穿过一块沙地、荒漠，那么它影响的范围就远远超过 200～500 m；如果一条线路通过地区沿线生态系统单一，它对生态环境影响的项目内容也就简单。反之一条线路通过多个大小不同生态系统，环境地质条件又十分复杂的情况下，它对生态环境影响的项目内容就多了，主要表现为对土地资源利用的影响、对野生动物的影响，对生态敏感区的影响(包括湿地、自然保护区、风景名胜区、重点文物保护单位、脆弱生态环境等)、水土流失的影响、对景观的影响，以及由此而产生的次生灾害问题等。

1.2.1.1 对土地资源的影响

土地资源是最主要的自然资源，它不仅是任何物质生产不可替代的生产资料，也是人类生存必需的物质条件。

铁路建设施工期，除基础设施占地(图 1.1.1、图 1.1.2)较多外，为修建铁路而建筑的大型临时设施、临时房屋和取弃土场等也占用很多土地。如在平原地区修建 1 000 m 的双线就需永久性占地 40 余亩，修建一个日生产供应能力为 800 m^3 的级配碎石场就需临时占用约 30 亩的土地，施工运输道路也需占用土地(图 1.1.1)。若不采取积极措施治理，会使这些土地长期被废弃。

图 1.1.1 铁路建设对土地资源的占用

图 1.1.2 铁路路基对土地资源的占用

铁路工程对土地资源利用造成的影响主要有两种形式：

(1)工程本身占用生态系统类型，根本上改变土地利用的格局。例如铁路工程建设项目永久性占用沿线耕地，这些被永久占用的土地将丧失原有的土地利用功能和生态功能，永远失去土地生产力，并将减少沿线地区可利用的耕地面积，对当地农业生产的影响是不可逆的。

(2)交通条件改善了区域的社会经济环境。人口迁移、集中，经济的发展对农副等土地产品需求的变化，将改变铁路结点及其周边地区的土地利用方式和生态系统结构，促使环境的景观格局发生变化。

1.2.1.2 对野生动物的影响

动物的许多行为都与环境有着密切的相关性，包括觅食行为、生殖行为、社会行为、生境选择、领域行为、社群、捕食、信号与通讯、资源竞争等。铁路建设是一项跨地区、跨流域的工程，避免不了对野生动物造成影响，影响范围与动物的栖息地大小、分布、觅食和迁徙特性、种群结构与分布、珍稀程度等多种因素相关，主要表现为对动物生境的破坏和污染。

(1)对野生动物生存环境的破坏。铁路线路对动物领域造成分割(图 1.1.3、图 1.1.4)，使动物生活所需要的大面积领域分割成小区域，破坏了动物的自然栖息、生长和繁殖、活动场所，使动物原本连续的大种群被分隔为相互隔离的小种群，而小种群数量波动大，灭绝率高，重新定殖又受到线路阻碍，严重影响种群的自然消长规律，可使种群数量下降，甚至局部灭绝。

图 1.1.3 藏羚羊活动范围内的铁路

图 1.1.4 穿越野生动物生存区的铁路

(2)对野生动物生存环境的污染。铁路工程建设期和运营期产生的噪声，将对动物的生活习性产生影响，使一贯生活在安静环境中的动物因噪声干扰而烦躁不安，甚至会对动物的产卵、产仔造成一定的影响。同时，铁路产生的废水、废气、废物等也对动物的食物质量、觅食途径、生境的适应性等造成一定的影响。

1.2.1.3 对湿地的影响

湿地是指常年积水和过湿的土地。湿地广泛分布于世界各地，拥有众多野生动植物资源，是重要的生态系统。很多珍稀水禽的繁殖和迁徙离不开湿地，因此湿地被称为“鸟类的乐园”；湿地是地球上一种重要的、独特的、多功能的生态系统，它在全球生态平衡中扮演着极其重要的角色，有着“地球之肾”的美名；湿地是世界上生产力最高的环境之一，它是生物多样性的摇篮，无数的动、植物种依靠湿地提供的水和初级生产力而生存。湿地养育了高度集中的鸟类、哺乳类、爬行类、两栖类、鱼类和无脊椎物种，也是植物遗传物质的重要储存地。

铁路建设对各类湿地生态系统的影响，包括占用湿地面积、减少湿地的植物数量、缩小湿地的动物生存空间、污染湿地环境、使湿地的生态系统失去平衡、动植物数量减少，破坏湿地的生物多样性、引发水土流失等。铁路在路线走向上遇到河流或内陆湖泊时，往往侵占河道或采用在湖水中填筑路堤直接通过，人为将其一分为二，使得水体质量降低或失去自我调节能力，最终可能消失。

1.2.1.4 对自然保护区的影响

自然资源和生态环境是人类赖以生存和发展的基本条件。人类在长期的社会实践中，认识到保护好自然资源、生态环境及生物多样性，对人类生存和发展具有极为重要的意义。保护自然资源和生态环境的一项重要措施是建立自然保护区，自然保护区建设已成为衡量一个国家进步和文明的标准之一。

自然保护区可分为生态系统类、野生生物类、自然遗迹类 3 个类别。按保护对象和目的可分为 6 种类型：以保护完整的综合自然生态系统为目的的自然保护区；以保护某些珍贵动物资源为主的自然保护区；以保护珍稀孑遗植物及特有植被类型为目的的自然保护区；以保护自然风景为主的自然保护区和国家公园；以保护特有的地质剖面及特殊地貌类型为主的自然保护区；以保护沿海自然环境及自然资源为主要目的的自然保护区。自然保护区保护级别划分为国家级、省级、市级和县级。自然保护区内部大多划分成核心区、缓冲区和实验区 3 个部分。核心区是保护区内未经或很少经人为干扰过的自然生态系统，或者是虽然遭受过破坏，但有希望逐步恢复成自然生态系统的地区；缓冲区是指环绕核心区的周围地区；实验区位于缓冲区周围，是一个多用途的地区。中华人民共和国《环境保护法》规定：“严禁线路穿过上述自然保护区的核心区和缓冲区，必要时可穿越自然保护区的实验区。”

铁路(公路)工程是线状工程，点多、线长，由于受自身爬坡能力、转弯半径、地质条件、工程投资等限制因素的影响，较其他运输方式更难以绕避大面积的自然保护区等敏感区域(图 1.1.5)。

图 1.1.5　穿越生态脆弱区的铁路

1)对生态系统类自然保护区的影响

自然保护区内的植物大多是一些珍稀、有特殊生态功能的植物,甚至是一些濒危植物,具有很高的生态价值。铁路在穿越自然保护区实验区时,因自然保护区一般严禁设置取、弃土场等临时用地,对自然植被的影响主要表现在线路、路基、桥梁、站场等永久用地对自然植被的破坏,以及施工过程中施工便道对自然植被的碾压,导致植被生产力和碳储量减少,影响自然体系的稳定状况,从而影响保护区自然体系的生态完整性。

铁路路堑的开挖、路堤的填筑、取土场和弃土场的设置等动用土石方量较大,易造成水土流失,破坏生态环境;由于施工战线长,临时房屋、施工场地、便道等对土地的占用、碾压,会使土地裸露,生态环境恶化,对周边地区的影响较大。

2)对野生生物类自然保护区的影响

一是破坏地表,破坏野生珍稀植物;二是施工人员进入保护区,惊扰或捕杀野生动物;三是破坏野生生物生存栖息环境,导致野生生物量减少。保护区作为一个完整的生态系统,不同物种各自处在自己的生态位置上,彼此相关联,其中一个环节受到干扰,将有可能使该区域内整个生态系统受到影响。

3)对自然遗迹类自然保护区的影响

铁路工程建设对自然遗迹类自然保护区的影响,主要表现在破坏自然遗迹原生状态,改变自然遗迹保存形状;施工期挖方、填方可能破坏地下文物;施工机械振动,如不加以防范,将对地下文物产生潜在的危害;铁路建设对遗址风貌产生一定的景观破坏。

1.2.1.5　对风景名胜区的影响

风景名胜区是指具有观赏、文化或者科学价值,自然景观、人文景观比较集中,环境优美,可供人们游览或者进行科学、文化活动的区域。风景名胜包括具有观赏、文化或科学价值的山河、湖海、地貌、森林、动植物、化石、特殊地质、天文气象等自然景物和文物古迹,革命纪念地、历史遗址、园林、建筑、工程设施等人文景物和它们所处的环境以及风土人情等。风景名胜区属人文类环境敏感目标。铁路建设造成的影响,主要表现为直接侵入破坏和视觉美感的损坏。一般只要工程建设不进入敏感目标划定保护范围,就不会产生严重影响。

1.2.1.6　对重点文物保护单位的影响

文物是文化遗产的重要组成部分,蕴含着各民族特有的精神价值、思维方式、想象力,体现着民族的生命力和创造力。保护和利用好文物,对于继承和发扬民族优秀文化传统,增进民族团结和维护国家统一,增强民族自信心和凝聚力,促进社会主义精神文明建设,都具有重要而深远的意义。但文物是不可再生的宝贵资源,一经损坏就意味着永远消失,而且价值不能用货币或经济单位来衡量。

铁路建设可能会穿越不同级别的地上已知文物保护单位或占压地下未知文物。由于工程占用土地、大量土石方调配等，将破坏地表原状，铁路工程施工可能造成对工程影响范围内地上已知文物的影响，对于遗址类局部的文物堆积可能产生进一步的破坏，对于地下埋藏墓群，可能产生压占或开挖破坏的影响。如果对铁路线路所经地上已知文物保护单位不予以避绕或保护措施失当、对地下未知文物未予探明和保护，将破坏文物的原生保存环境，可能造成难以弥补的损失。

1.2.1.7 对脆弱生态环境的影响

造成环境脆弱的成因很多，自然的成因包括风蚀、水蚀、溶蚀、干旱、干湿波动、排水不畅等。受全球地区性环境变迁所影响，其变化在目前人类能力条件下还不能完全改变，但人为因素对环境的影响愈来愈显著。由于人类活动的干预，生态环境向改善和脆弱加剧两个方向发展。中国脆弱生态环境按其主要成因被分为七大类：中国北方半干旱—半湿润区、西北半干旱区、华北平原区、南方丘陵地区、西南山地区、西南石灰岩山地区、青藏高原区。

脆弱生态环境中，动植物群落结构稳定性差，动植物种群类型少，且存在易引起自然灾害的潜在因素。铁路建设的人类开发活动，势必会影响到路域的生态环境，特别是脆弱生态环境地区，破坏后生态系统的恢复难度更大。铁路工程对脆弱生态环境的影响，主要表现在线路、站场工程占用的永久用地以及取、弃土场等临时工程占用的临时用地，对地表植被的破坏，使脆弱的生态环境在较长时间内难以恢复。即使通过人为的治理建设，由于受区域的自然环境（如降水、土壤等）条件限制，短时间内也很难恢复。

1.2.1.8 对水土流失的影响

交通建设项目的水土流失，是在区域自然地理因素及水土流失类型区的支配和制约下，由于各种自然因素包括气候、地质、土壤、植被等的潜在影响，通过人为生产建设活动的诱发、引发、触发作用而产生的一种特殊的水土流失类型，它既具有水土流失的共性，也有自身的特性。交通建设是线性项目，对地面的扰动表现为多种多样的形式。交通建设过程中对水、土资源的破坏是多方面的，施工开挖山体、削坡，修建隧道、桥涵、站场等，高处要削低，低地要填高，对土地资源的破坏不仅是表层土壤，往往破坏至深层土壤，深者可达几十米，水土流失形式表现为岩石、土壤、固体废弃物的混合搬运。

由于铁路施工期开挖坡面、采石取土、修路架桥等原因，破坏了铁路沿线原有的地貌和植被，扰动了表土结构，使土壤抗侵蚀能力降低，山坡失稳，土壤侵蚀加剧，加上开挖隧道和剥离岩土排放的弃土渣，因而导致水土流失大量增加。

铁路建设项目的水土流失，主要表现在以下几个方面：

(1)坡面侵蚀。铁路路基工程修筑，路堑开挖和路堤填筑形成的人工边坡，增大了原地形地貌的坡度，降低了植被覆盖率，改变了岩土（地表）结构，导致土体抗蚀指数降低，土体保水能力减弱，在未进行坡面防护之前，边坡受降水冲刷易产生一定量的水土流失，淤积在路基两侧的排水沟，并给排水沟外的农田作物生长带来危害。

(2)取土。施工过程中隧道洞口开挖、取土场取土、山坡上随意取料导致地表植被破坏，土层结构松动，自然状况下的土体稳定平衡和土壤结构被破坏，使表土抗蚀能力减弱，更为严重的是将表面土壤层和风化层剥取，将当地的树木、草皮及有机质含量较高的土壤层全部破坏而造成水土流失。

(3)弃土、弃渣。为工程排渣而设计的弃土场，将占压、破坏一定范围内的林草植被，减弱该地区涵水蓄水能力。如果弃土场位置选择不当或防护措施不当，工程结束后被扰动的裸露地表没有熟土，很长时间内植被难以恢复，失去了原有地表的抗水蚀和风蚀的能力。受雨水冲刷，这些弃土弃渣极易产生水土流失。弃土弃渣的流失量，约占新增水土流失总量的70%～80%。

(4)修建站场、路基，可能局部改变地表径流的流速、流量、流向、通路等条件，诱发沿线地区的水土流失。

(5)修建桥梁、涵洞，可能局部减小原有河流、沟渠的过水断面，改变其水文特征，造成冲刷加剧，增加水土流失。

1.2.1.9 对声学环境影响

噪声是一类引起人烦躁、或音量过大而危害人体健康的声音。凡是妨碍到人们正常休息、学习和工作的声音，以及对人们要听的声音产生干扰的声音，都属于噪声。噪声是引起人的听力丧失的常见原因。事实上不只是职业暴露的工人，一般人在日常生活中都会有机会暴露在各种不同程度的噪声中，可能不自觉地发生不同程度的听力丧失。噪声不仅影响人的听力，也会影响人的心脏血管的健康、睡眠质量的下降、甚至胎儿的发育不良等问题。

铁路建设期的噪声声源，主要来源于各种施工机械设备及运输车辆等。如路基施工中使用的振动碾压设备、强夯设备，桥梁施工中使用的打桩设备，隧道施工中爆破使用的空压设备、钻爆设备等，均会产生一定的噪声污染。施工中的设备、材料和土石方等运输，需动用大量运输车辆，车辆运输尤其是载重汽车的噪声辐射较高。由于沿线城镇及乡村较多，且许多敏感点位于公路边，车辆运输会对沿线敏感点产生较大干扰。这种干扰主要集中在施工准备、路基土石方施工及房屋建筑施工阶段。开山放炮或机械化施工路段的推土机、挖掘机、装载机等施工机械产生的噪声，将对周围环境产生一定的影响。

1.2.1.10 对水环境的影响

铁路项目建设期间影响水环境的主要因素，包括砂石料冲洗废水、混凝土养护废水、机械和车辆冲洗废水、施工人员生活污水等。砂石料冲洗废水、混凝土养护废水、机械和车辆冲洗废水的主要污染因子是 SS、COD_{cr}、BOD_5、石油污染等；生活污水包括粪便污水、厨房污水和洗浴废水等，其主要污染因子为 COD、NH_3-N、SS 和 TP，其中以粪便污水中的污染物数量最高。但施工废水、生活废水都是暂时的，随着工程的建成其污染源也随之消失。

铁路建设对水环境的影响主要有以下两个方面：

(1)对地表水的影响。铁路建设期间，施工队伍的生活污水、施工机械的油料遗弃、施工机械和运输工具产生的清洗废水、不良机械及自设油库的油类泄漏、水中墩台修建时的泥浆水等都会对地面径流、附近河流、水源、农田等水质造成影响。铁路桥梁施工时遗漏或洒落到水体中的油污、固体污物等，将直接对水体产生污染。

(2)对地下水的影响。铁路工程项目施工活动(如开挖、爆破、钻孔、挖沟)，可能改变地下水资源埋藏和运动的条件，导致水流和数量的变化。如在地下水发育地区开挖隧道，引起地下水流向发生变化；隧道涌水将使原地下水位下降，可能造成地表径流枯竭、植被衰退、水塘或地下泉水干涸，影响当地居民生产、生活用水。因此，在地下水位对人们日常生活、农业灌溉十分重要的地区，或对动植物的生存至关重要的干旱地区，应特别注意防治地下水位的变化。

1.2.1.11 对大气环境的影响

铁路建设施工期间，各种施工机械和交通工具排放的尾气、前期的大量房屋拆迁产生的扬尘、土建工程中所需散粒体材料(水泥、沙子、石灰等)在运输过程中的撒落、施工弃土在外运过程中的撒落、各种油品的泄露等，都会对施工现场及周围产生一定的大气污染。产生的主要大气污染物为 CO，NO_x，SO_2 和粉尘，其中以粉尘污染最为严重。它能导致大气环境中 TSP 指标升高，影响植物的光合作用与正常生长，使局部区域植被坏死和农作物减产，大量粉尘飘落在建筑物和树木枝叶上，影响周围环境卫生及沿线景观。另外，工程中使用的某些建筑材料也是大气污染的因素，如人造木板释放出的甲醛，人造矿物纤维、表面涂料、地板黏结剂、高分子聚合物离解出来的单体、加气混凝土中释放出来的氡气以及氮的氧化物、二氧化碳、一氧化碳等，均是空气的污染源。

1.2.1.12 固体废弃物对环境的影响

铁路建设一般涉及的施工项目较多，工程数量较大，必然产生大量的建筑固体废物。如路路堑施工中挖出来的不符合路堤填料要求的大量弃土、线路大修或既有线路提速改造中清筛出来的大量弃渣、隧道施工中挖出的大量弃渣、拆除各种建(构)筑物产生的建筑垃圾等的堆弃，既要占用土地和破坏植被，还是泥石流的物质来源，对环境有一定的潜在影响；在沿河、越岭隧道弃渣困难地段，可能会侵占河床，影响行洪；在特定地区会影响环境景观；隧道围岩有放射性异常时，弃渣会对周围环境造成“辐射”污染等。

此外，铁路施工需用的劳动力密集，易产生大量生活垃圾。如京秦客运通道提速改造施工中，加固路基基床时，投入劳动力 2 万人/日，每日中午工地用餐的一次性饭盒就有 4 万多个，如不合理控制和处理，将造成很大的白色污染(图 1.1.6)。厨房垃圾及其他有机物类，若不加处置会孳生蚊虫和老鼠，极易传播疾病。

图 1.1.6　铁路沿线随意丢弃的垃圾饭盒

1.2.1.13　对景观的影响

传统铁路建设主要从经济发展要求和工程本身角度出发，很少考虑工程建设对景观的影响。主要表现在以下几个方面：

(1)如果取弃土场、沙石料场设置不合理，将长久性地影响景观的美感与和谐。如果施工完毕后这些场地恢复措施不得力，将使区域和周边环境呈现明显的不协调，给人一种"疮疤"的感觉。

(2)如果无序的设置施工营地和场地，将直接加大对景观的影响，并扩大对沿线地表面积的破坏，增加恢复的难度。施工营地和场地使用后，若不及时进行清理、整治，可能出现油污满地、垃圾遍布、植被枯死等一片狼藉的景象，使景观的自然性与和谐性失去平衡。

(3)如果施工便道设置只考虑施工方便，可能分割自然景观，造成景观断裂。施工机械偏离便道随意行驶，可能导致地表植被退化、枯死，留下车辙痕迹等，给人造成视觉污染。

(4)如果施工人员的生活垃圾、废水随意乱弃、乱排，可能造成施工人员活动范围内的植被退化、死亡，导致视觉上的污染。

1.2.1.14　次生地质灾害的产生

铁路建设通过加载、卸载、排水、堵漏等多种作用形式，对沿线生态环境产生扰动，导致区域地层或山体失稳，植被覆盖率降低、风化作用加强、水土流失加剧等后果。当扰动强度超过环境的承载力时，造成环境的破坏，进而可能产生崩塌、滑坡、泥石流、地下突水等次生地质灾害，严重破坏生态环境，也可能损坏交通线路。山区铁路较平原区铁路易于发生次生地质灾害，一般来说，线路越长，通过地区地质环境越复杂，其影响和破坏的程度就越大。据 1996 年的不完全统计资料，世界上滑坡灾害的 75%以上与人类工程活动有关。

1.2.2　铁路运输对生态环境和社会环境的影响

铁路运营期间的一切环境污染，均源于机车车辆与站点，它们沿铁路形成一定范围的带状污染。主要表现为机车及车辆所排放的有害气体，列车运行所产生的噪声、振动、电磁干扰，为运输生产配套的有关站、段的生产、生活设施所排放的三废(废水、废气、废物)等对周围环境的影响和污染。

1.2.2.1　噪声对环境的影响

运输工具在行驶中所产生的噪声，常见的有机场噪声、铁道交通噪声、公路交通噪声、船舶噪声等，其中铁路噪声具有受众面广、声能量高的特点，越来越成为公众关注的重点。随着铁路的发展以及城市现代化建设的推进，将有更多的铁路线路通过城郊及人口密集区域，这些都使噪声问题显的愈来愈突出和重要。

铁路运营过程中影响声环境的噪声源，主要来源于客货列车本身以及站、段、所的固定设备等，产生的噪声可分为流动噪声和固定噪声两种类型：

1)流动噪声

客、货列车沿铁路轨道运行产生的噪声是典型的流动噪声，具有线长、面广、间歇性的特点，对铁路穿越城市区或沿线居民聚集区都会产生明显的干扰。如图1.1.7、图1.1.8所示。

图1.1.7 通过居民区的快速列车

图1.1.8 城际铁路线路

(1)机车鸣笛噪声。机车鸣笛有两类:一是风笛,属于宽带噪声源,声能频率集中在500~4 000 Hz;二是汽笛,以高频成分的点声源为主,它具有声级高、声能强、突发性的特点。列车鸣笛噪声是铁路沿线环境噪声中最扰民的噪声。

(2)列车运行轮轨、制动及撞击噪声。轮轨噪声是钢轨与车轮之间相互作用而产生的噪声,是铁路噪声的主要声源之一;制动噪声是列车在正常或紧急制动状态下发出的尖叫声,这种闸瓦制动噪声具有高频纯音特性;列车撞击噪声是列车在运行中加速、减速,编组场的大量解编作业及车辆溜放后挂钩冲击产生的噪声。

(3)车辆设备噪声。列车车辆设备运行时产生的噪声。

(4)列车运行车体噪声。机车、车辆的车体因振动而辐射的结构噪声,以及牵引噪声经机车车体二次辐射的噪声。

(5)高架结构噪声。由于采用高架结构,声源位置提高,噪声影响范围扩大。一般高架结构的噪声,较地面轨道交通噪声高得多。

(6)空气动力噪声。随着列车速度增大,空气动力噪声会随之上升。

2)固定噪声

铁路枢纽以及各种客运站、货运站、编组站、机务段、车辆段,承担着铁路客货运输的集中和分散、机车车辆的运行和维修任务,产生大量的固定噪声,不仅对站场内部产生干扰,也会超越站场边界对周围环境造成干扰。

铁路噪声和其他交通噪声一样,不仅对动物的繁衍和栖息产生不利影响,还对人体的心理和生理健康构成危害。其中,对人体的心理影响主要表现为主观烦恼,包括注意力、记忆力、思维能力及睡眠的干扰,而生理影响包括造成听力系统、心血管系统及神经内分泌系统等功能衰竭或障碍,甚至引发病变。但相对于高速铁路而言,传统铁路因其运行速度一般小于200 km/h,噪声的峰值声级相对较低,噪声传播距离较近。此外,传统铁路因少有高架声源,噪声传播过程中受到的阻挡较多,影响范围也相对较小。

1.2.2.2 振动对环境的影响

铁路列车引起的环境振动问题,是一种环境公害,其影响范围正在逐步扩大。传统铁路列车的振动,主要是列车在运行过程中轮轨的相互作用、激励产生的机械振动,经由空气及大地介质传播。通过空气传播的是轨道结构振动产生的列车噪声,通过道床、路基传播到大地中的部分则以振动的形式表现出来,对其周围环境产生各种影响,其影响程度与列车类型、车速、承载重量、轨道技术状况(长轨或短轨、木枕或混凝土枕)、基础种类、地质状况及受声点距轨心的距离有关。当列车运行速度在100 km/h以下时,30 m处振动引起的噪声大多数能满足噪声限值标准(70 dB)的要求;但列车速度超过100 km/h,30 m处的Ⅰ振级将超标。

传统铁路列车振动对环境的影响，主要表现为对沿线居民身体健康、建筑安全、一些精密设备的影响。

(1)对人体健康的影响。振动对人体健康的影响主要是生理和心理上的影响，涉及人的血液循环系统、呼吸系统、消化系统、神经系统以及听觉、视觉、人体平衡等许多方面。当振动比较强烈时，会造成人的骨骼、肌肉、关节及韧带的严重损伤；当振动频率和人体内脏器官的固有频率接近时，还会由于引起共振而造成内脏器官损伤，呼吸加快、血压改变、心跳加快、心肌输出血量减少等；在消化系统方面，会导致人的胃肠蠕动增加、胃下垂、胃液分泌和消化能力下降、肝脏的解毒功能代谢发生障碍等；在神经系统方面，则会造成失眠、交感神经兴奋、腱反射减退或手指颤动等。总之，人长期处于振动环境中，会由于接触不同频率的振动而受到不同程度的伤害。

(2)对建筑安全的影响。虽然铁路振动的振幅和能量都比较小，对建筑物安全不会造成像地震那样的剧烈损害。但对距离铁路较近的建筑物来说，由于铁路的振动是长期反复循环作用的，会使建筑结构的强度降低，出现裂缝或者引起建筑结构变形，墙壁龟裂、石块滑动、墙皮剥落、地基变形和下沉，最终影响建筑物的安全和正常使用。

(3)对精密设备的影响。精密仪器受到外部振动干扰，会引起设备的不平衡性、不同心性、结构零部件松动等，而使设备失去灵敏性。振动也可使设备某些零件变形、断裂、精度下降，降低精密仪器的使用寿命或造成严重的设备事故。

1.2.2.3 废气对环境的影响

传统铁路运输对大气的污染，主要来源是内燃机车的燃油和各站段的固定锅炉。排放的主要污染物有一氧化碳(CO)、二氧化硫(SO_2)、氮氧化物(NO_x)、颗粒物(TSP)等，它们在铁路两侧形成的污染及范围主要随列车行车密度，气象(风速、风向及大气稳定度类型)和地形条件等多种因素变化而变化，并在一定范围内影响环境空气质量。这些空气污染物对人体健康及公共环境的影响如下：

(1)一氧化碳(CO)。CO是无色、无味、无刺激的含剧毒的无机化合物气体，比空气略轻。CO经呼吸道吸入肺部被血液吸收后，能使血液中的血红蛋白结合成CO—COH_b(血红蛋白)。CO与COH_b的亲和力比氧气大250倍，一经形成后离解很慢，使血液失去传送氧的功能，发生低氧血症，导致人体内各组织缺氧。当人体血液中含量为20%左右时就会引起中毒，当含量达60%时可窒息而死亡。

(2)二氧化硫(SO_2)。SO_2是一种无色气体。当空气中浓度达1～3 mg/m^{3}时，大多数人都会有感觉；浓度再高一些时，便感觉有刺鼻的气味。SO_2被人体吸入呼吸道后，因易溶于水，故大部分被阻滞在上呼吸道。在湿润的黏膜上生成具有腐蚀性的亚硫酸，一部分进而氧化为硫酸，使刺激作用增强。如果人体每天吸入浓度为100 ppm的SO_2，8小时后支气管和肺部将出现明显的刺激症状，使肺组织受到伤害。SO_2还可被人体吸收进入血液，对全身产生毒性作用，它能破坏酶的活力，影响人体新陈代谢，对肝脏造成一定的损害。

(3)氮氧化物(NO_x)。氮的氧化物较多，列车排出的氮氧化合物主要是NO和NO_2，统称氮氧化合物(NO_x)。

NO是一种无色、无嗅、无味的气体。它与血红蛋白的结合力比氧高30万倍。如果NO侵入人体与血红蛋白相结合，就会造成体内缺氧，严重的可引起意志丧失，甚至死亡。NO对人的呼吸道亦有影响。因此，NO对人体健康的影响是不容忽视的。

NO_2是棕色气体，有特殊的刺激性臭味。NO_2被吸入人的肺部后，能与肺部的水分结合生成可溶性硝酸，严重时会引起肺气肿。

(4)颗粒物(TSP)。传统列车排气中的颗粒物，主要有铅化物颗粒和燃料完全燃烧而生成的烟雾，危害人类的呼吸系统。

1.2.2.4 废水对环境的影响

传统铁路运营期间排放的污水(废水)，按大类分为工业污水与生活污水。工业污水包括铁路机务段、车辆段及机车车辆维修工厂产生的含油污水，约占铁路运输生产污水总排放量的90%。目前铁路污水的处理率和达标率较低，各站段排水的重复利用率不高，水资源浪费比较严重。此外，铁路对水体的污染还包括车站、铁路职工生活区、沿线旅客的生活污水，生活污水中含有大量的碳水化合物和氮、磷、硫等营养元素的有机物，还包括洗涤剂和许多病原菌。这些污水进入天然水体后，会造成水中溶解氧的大量消耗及促进水富营养化，尤其在雨水的冲刷下流入线路两边的河沟和农田，造成沿线附近水体的污染，可能造成病原菌和病毒通过水的媒介使疾病蔓延。

1.2.2.5 固体废弃物对环境的影响

铁路运营期固体废弃物的产生，主要来源于旅客列车垃圾、粪便及货车洗刷所产生的固体废物等。这些废物处理不当，一方面将会影响铁路周边的景观；另一方面也将会对铁路沿线的土壤、地表和地下水环境造成一定的影响。

1.2.2.6 电磁对环境的影响

电磁污染已被公认为排在大气污染、水质污染、噪声污染之后的第四大公害。联合国人类环境大会将电磁辐射列入必须控制的主要污染物之一。据国外资料显示，电磁辐射已成为当今危害人类健康的致病源之一。

电磁辐射是电磁能量以电磁波的形式通过空间传播的现象，它的传播速度即为人们通常所说的光速。电磁辐射可按其波长、频率排列成若干频率段，形成电磁波谱。频率越高该辐射的量子能量越大，其生物学作用也越强。电磁辐射源可以分为自然电磁辐射源和人为电磁辐射源。雷电、太阳黑子活动、宇宙射线等都产生电磁辐射，这是自然电磁辐射源；而人为的电磁辐射源主要有各类无线电设备，如移动电话机、无线对讲机、室内无线电话、广播电视发射机、微波和卫星通信装置、雷达、无线电遥控器等；还包括工业、科学和医疗设备，如微波炉、高频护眼灯、医疗磁共振设备、氦弧焊机、射频电热器、高频热合机、交流高电压输电线、转换开关、电动机、发电机、电视机、计算机等。电磁辐射由电磁发射引起的，可以说所有的用电器都会产生电磁辐射。

传统的电气化铁路大幅度地提高了运输能力、节约了能源、减少了对大气和水环境的污染，但其对电磁环境造成的影响已经成为不容忽视的公害。电气化铁路的电磁污染主要来源于变电所、接触网系统、电力机务段以及一般性故障，主要表现为对铁路沿线重要无线电设施及居民身体健康等方面的影响。

1)对无线电设施的影响

(1)对电视差转台的影响。根据国家有关规定，电视差转台正常工作的临界接收场强为 47 dB。当电视接收机输入端信噪比(D/U)大于 35 dB 时，图像不受影响。干扰场强需低于 12 dB 才能保证各频道的正常工作。经测试计算，使电视差转台正常工作的最低保护距离为 200 m，否则将会对其正常工作造成影响。

(2)对广播收信台的影响。根据国家广播电影电视部规定的标准，经测试，短波收信台的防护距离为 200 m，中波收信台的防护距离不大于 500 m。否则将会对沿线广播收信设备造成影响。

(3)对电视接收机的影响。根据国家广播电影电视部规定，电视发射台服务半径的边界信号场强应达到 57～70 dB(μV/m)。经现场测试，当电视信号场强符合要求时，距电气化铁路 40 m 以外，电视画面不受干扰。即使在 20 m 附近，仍能保证 99%的时间正常收看。变电所造成的干扰比较平稳，距变电所 40 m 以外不会对电视造成干扰。

2)对人体健康的影响

电磁辐射对人体的危害，主要取决于其频率、强度、作用时间及其人的肌体内电流分布和人体组织特性，侧重于对人体神经、血液、代谢和性机能等方面的影响。人体长期处于高电磁辐射环境中，会使血液、淋巴液和细胞原生质发生改变，影响循环系统、免疫、激素分泌、生殖和代谢功能，严重的还会加速癌细胞增殖，诱发癌症以及糖尿病、遗传性疾病等病症，对儿童甚至还可能诱发白血病。

综上所述，铁路建设是一项对社会、经济、环境、资源具有深远影响的开发活动。施工建设和运营在促进沿线地区社会经济发展的同时，必然对生态环境造成较大的破坏和污染。由于铁路工程具有线长、面广的特点，对环境的影响范围大，涉及面广，贯穿于铁路建设和运营的全过程。如何减少铁路运输对环境的扰动和影响？如何把握交通运输促进经济发展的同时，又使其对环境的负作用维持在一个合理的阀值之内？如何使铁路运输对生态的破坏不超过环境的最大承载能力？这些难题都困扰着世界各地的研究者们，对正处于发展中国家的我国，解决该课题更是迫在眉睫。传统铁路对环境的不利影响深为人们所诟病，人们对铁路提出了更高更新的要求，不仅要求铁路能够量大迅达运输货物，方便舒适地运送旅客，而且要求铁路安全环保、节能降耗，能够与社会、经济、资源和环境和谐统一，以实现铁路运输的可持续发展。所以，一种新的可持续发展的交通运输理念——绿色铁路，就此应运而生。

1.3 铁路与环境协调发展的研究状况

1.3.1 国外研究现状

美、日、英、法、德等发达国家经过30多年的研究,对铁路规划、勘察、设计、建设、运营中如何保护和利用天然资源,保护动物与植物,保护自然风景和名胜古迹等自然特性,都有较完整的规范和手册。美国1965年制定了《铁路美化规定》,日本1976年制定了《铁路绿化技术基准》。法国、德国、荷兰、英国等国家对铁路的环境与景观规划设计,不但规定了设计原则、方法等,而且还规定了具体的设计指标和生态环境投资在工程总投资中所占的比例。

各国的研究主要从水、气、声、渣等环境要素展开。

(1)对旅途产生生活污水的排放,发达国家制定了相关法律法规,旅客列车基本全部装有集便器,建立了完善的地面接收及处理设施。日本20世纪60年代开发了"循环式"列车厕所处理系统,近几年又开发了"干燥"、"生物式"、"真空吸引式"等列车厕所处理系统。德国铁路以及欧洲快速列车均已采用密闭式厕所,车上收集的污物排入终点站整备场的地面设施,地面接收一般采用移动式真空吸粪车或固定式地面真空接收系统(图1.1.9),收回的污水经化粪池后排入市政管网,最终进入城市污水厂。

图1.1.9 列车集便器设施

(2)对铁路产生的大气污染,采取的处理措施有两种:

①滤气体。为减少热机气体扩散,法国国营铁路参加了由ERRI(欧洲铁路研究院)主持的多项研究工作,对排放气体的处理进行了多项试验研究;

②增设废气净化器。

日本对700系新干线吸烟车用空气净化器,采用静电感应式的高性能薄型空气净化器,使吸烟车粉尘浓度减少一半。

(3)对铁路产生的噪声,采取声屏障和双层窗综合措施降噪。特别是高速铁路的运营噪声、振动评价标准及治理是国外关注的重点之一。

欧盟、法国、日本提出的高速铁路噪声限值分别见表1.1.4~表1.1.6。

表1.1.4 欧盟高速铁路噪声辐射限值 (单位:LTE/ dB)

适用范围	运行速度(km/h)		
	250	300	320
新设计	88	92	93
既有设计	90	93	94
建议值	86	89	90

注:距离线路轨道中心25 m处测量。

表 1.1.5 法国高速铁路环境噪声标准

运行速度(km/h)	限值(dB)	备 注
300	96	在距线路中心线 25 m 处测量
250	93	

表 1.1.6 日本新干线铁路环境噪声标准

区 域	限值(dB)	备 注
Ⅰ(居住区)	不超过 70	户外高于地面 1.2 m 处测量
Ⅱ(工业、商业、少量居民的混合区)	不超过 75	

(4)在高速铁路环境振动标准方面,1976 年日本环境厅发布的《关于环境保护方面需要对新干线铁路振动采取的对策》,提出了有关新干线高速铁路环境振动的限值,直到目前仍在执行。该项法规规定新干线环境振动的限值为 90 dB,超过限值的地区应采取防治对策。测点规定在建筑物前 1 m 处的地基上。

美国联邦铁路部门规定的高速铁路振动限值见表 1.1.7 所列。每过一趟列车,视为一个振动事件。

表 1.1.7 美国高速铁路振动限值

建筑物用途分类	大地振动速度水平限值(dB)	
建筑物内有对振动敏感的仪器设备,如光学显微镜	65 dB (每天有多于 70 的振动事件)	65 dB (每天的振动事件少于 70)
居民区	72 dB (每天有多于 70 的振动事件)	80 dB (每天的振动事件少于 70)
主要在白天使用的办公场所	75 dB (每天有多于 70 的振动事件)	83 dB (每天的振动事件少于 70)

(5)在生态景观防护方面,20 世纪 60 年代以来,西方一些发达国家开展了景观视觉研究和视觉影响评估方法研究,建立了美景度估测模型、景观比较评判模型和环境评判模型等模型方法,并形成了专家学派、心理物理学派、认知学派、经验学派四大学派。

此外,国外很重视高速铁路对区域社会经济发展的影响。英国南安普敦大学的 John Preston、Adam Larbie 和 Graham Wall(2006 年),以英国东南部 Kent 州 Ashford 为例,探讨了伦敦—巴黎—布鲁塞尔—阿姆斯特丹—科隆高速铁路网对社会经济活动的影响。Vreeker 和 Willigers 探讨了荷兰高速铁路,尤其是车站对城市区域发展的影响。

1.3.2 国内研究现状

我国在铁路与环境协调发展研究方面做了很多工作,主要集中于噪声治理、振动控制、生态保护、列车垃圾处理等方面。

1.3.2.1 建立环境保护法律法规

国务院 1998 年发布《建设项目环境保护管理条例》。铁路主管部门 1987 年发布《铁路工程设计环境保护技术规定》(TBJ 501—87);1993 年修改为《铁路工程环境保护设计规范(试行)》;1998 年正式发布《铁路工程环境保护设计规范》(TB 10501—98),1999 年 1 月 1 日起施行。

1.3.2.2 制定高速铁路设计规范

从《新建铁路时速 200～250 公里客运专线设计暂行规定》到《新建铁路时速 300～350 公里客运专线设计暂行规定》,均对绿色铁路设计给予了重视,尤其是《高速铁路设计规范(试行)》(TB 10621—2009)"总则"中明确要求"高速铁路设计应执行国家节能、节地、节水、节材和保护环境等有关法律法规",把"节能环保"列为高速铁路总体设计的五大目标要求之一,把"符合环境保护、水土保持、土地节约及文物保护的要求"列为高速铁路选线设计应遵循的原则之一。高速铁路设计应重视保护生态环境、自然和人文景观、水土保持、生态环境敏感区和湿地区的保护、防灾减灾及污染防治工作。在高速铁路车站、自然风景区段,要进行接触网与整体系统协调的景观设计。在“环境保护”篇章中，明确了高速铁路环保选线选址设计、生态保护和水土保持、环境污染治理工程设计的基本原则，规定了高速铁路声屏障、垃圾转运设施、绿色通道建设等设计内容。

1.3.2.3 制定铁路噪声、振动限值标准

2008年10月1日开始实施的国家标准《声环境质量标准》(GB 3096—2008)、《铁路边界噪声限值及其测量方法》(GB 12525—90)及修改方案《环境保护部公告》(2008年第38号)，对2011年1月1日起的新建铁路干线，给出了铁路线路两侧一定区域内的环境噪声限值，昼间环境噪声等效声级限值为70 dB，夜间环境噪声等效声级限值为60 dB。1989年7月1日开始实施的国家标准《城市区域环境振动标准》(GB 10070—88)，规定了城市区域“铁路干线两侧”昼、夜铅垂向Z振级标准值均为80 dB。

1.3.2.4 制定水土保持防治标准

国家发布了《开发建设项目水土流失防治标准》(GB 50434－2008)。建设类项目水土流失防治标准见表1.1.8。

表1.1.8 建设类项目水土流失防治标准

分类 \ 时段 \ 分级	一级标准		二级标准		三级标准	
	施工期	试运行期	施工期	试运行期	施工期	试运行期
扰动土地整治率(%)	*	95	*	95	*	90
水土流失总治理度(%)	*	95	*	87	*	80
土壤流失控制比	0.7	0.8	0.5	0.7	0.4	0.4
拦渣率(%)	95	95	90	95	85	90
林草植被恢复率(%)	*	97	*	95	*	90
林草覆盖率(%)	*	25	*	20	*	15

注：“*”表示指标值应根据批准的水土保持方案措施实施，通过动态监测获得，并作为竣工验收的依据。

1.3.2.5 制定铁路环保规划与实施

铁路“九五”、“十五”环保重点工作中，提出了建设绿色铁路大通道的战略。

铁路“十一五”环保规划，明确指出要加强资源节约和环境保护。在贯彻落实国家关于加快建设资源节约型、环境友好型社会要求的基础上，大力推广各种先进的节油代油、节电、节水、新能源和可再生能源等资源综合利用技术的应用，积极推进清洁生产，提高铁路能源和资源利用效率；加强铁路运输环境保护，重点抓好城区铁路环境整治，提高运输环境质量；加强铁路建设生态环境保护、水土保持以及环境影响评价；加快铁路绿色通道建设，尽快形成整体“绿化”规模。

铁路“十二五”环保规划，强调“我国铁路行业将坚持环境保护基本国策，大力采用新技术、新材料，不断提高环境污染防治水平，减少污染物排放，实现生态保护与铁路建设有序推进，建设资源节约、环境优化的绿色铁路；“十二五”期间，铁路力争实现增产不增污，沿线绿化里程达50 000公里的目标；充分发挥铁路在节能环保方面的优势，促进国家绿色交通体系建设”。

总而言之，20世纪90年代以来，我国铁路系统依靠技术进步和科技创新，加大环境监测和监督力度，努力做好生态保护与污染防治，铁路建设的环境管理工作得到显著加强。铁路系统加强了建设项目环境保护全过程的管理，前期工作中贯彻环保选线理念，充分发挥环境影响评价对线路设计的积极作用，并注重强化施工期的环境保护监督检查工作，为实现铁路建设与环境保护的协调发展奠定了坚实基础。铁路建设中，重点突出了节能环保的要求。例如：

(1)实施铁路新客站节能环保措施。《铁路旅客车站建筑设计规范》(GB 50226—2007)规定：车站广场绿化率不宜小于10%，绿化与景观设计应按功能和环境要求布置；自然采光和自然通风应为设计候车区(室)首选光源、风源。在北京南站、新长沙站、太原南站等高速铁路车站建设中，融入了“低碳、绿色、科技、环保”等建设理念，以先进的理念、技术、工艺、材料，打造了一批绿色高速铁路新客站。如北京南站设计了超大面积的玻璃穹顶，充分利用自然光照明(图1.1.10)；采用热电冷三联供和污水源热泵技术，实现了能源的梯级利用，该系统的年发电量能满足站房49%的用电负荷；采用太阳能光伏发电技术；站台敷设吸声材料降噪(图1.1.11)等先进技术。

图 1.1.10 北京南站利用自然光照明

图 1.1.11 北京南站站台敷设吸声材料降噪

(2)内昆铁路选线时通过草海自然保护区的生产实验区,采取改变车站设置、威宁南站污水处理、声屏障噪声治理(图 1.1.12)、水土保持(图 1.1.13)等措施处理。

图 1.1.12 内昆线声屏障

图 1.1.13 内昆线隧道弃渣处理

(3)胶新铁路首创了生物技术工程防护与生态林、经济林相结合的新方法,建设成为我国第一条绿色铁路大通道,体现了路地共建的新思路。

(4)青藏铁路格尔木至拉萨段是世界上海拔最高,跨越多年冻土地段最长的铁路。针对青藏高原生态环境十分脆弱的地区特征,在铁路设计和施工中采取了多种环保对策和措施:对施工中铲除的地表草皮移植利用;铁路选线和设置工点时绕避高原湖泊、湿地和野生动物栖息地带;在地温、含冰量较高及沉降量较大的多年冻土区采取以桥带路方案,避免侵占河床和大面积的山体开挖;对生活营地废水、垃圾进行集中处置;车站选用太阳能等清洁能源等。如图 1.1.14～图 1.1.19 所示。

图 1.1.14 青藏铁路使用太阳能、风能发电设施

图 1.1.15 青藏铁路通信设施使用清洁能源

图 1.1.16 风火山隧道口防护

图 1.1.17 青藏铁路沿线隔离网

图 1.1.18 青藏铁路弃砟场植被恢复

图 1.1.19 青藏铁路边坡植被防护单元

1.3.2.6 绿色铁路的理论与技术研究

进入 20 世纪 90 年代以来，西南交通大学、北京交通大学、中南大学、中国铁道科学研究院、中铁二院、中铁二局等高等院校、科研、设计、施工单位，在绿色铁路理论及工程建设实践方面进行了不懈的探索。杨立中等提出了绿色铁路的基本理论，建立了设计阶段、施工阶段和运营阶段绿色铁路的评价指标和评价方法体系；匡星等从生态学、景观生态学、视觉美学和相容性 4 个方面，提出了铁路建设项目对自然保护区、风景名胜区和城市车站区 3 个敏感地带生态环境影响评价的指标体系；卿三惠等从铁路环境保护与治理技术、铁路地质灾害防治技术方面，李海光、李安洪、魏永幸、周德培等从铁路边坡治理及绿色植被防护技术方面，孙忠国等从铁路施工与运输节能减排技术等方面，进行了绿色铁路工程建设的实际应用研究，初步构建了绿色铁路工程化的技术体系。

综上所述，国内外学者专家对绿色铁路规划、勘察、设计、施工、运营各阶段的水、气、声、渣以及铁路建设对人文、景观、地质灾害等方面的影响进行了全面系统的理论和工程技术研究，使绿色铁路领域的研究工作更具科学价值。

第 2 章　绿色铁路的基本理论

2.1　绿色基本理论

2.1.1　绿色理论的起源

人们一般从自然生态方面理解“绿色”，即以“绿色”泛指保护地球生态环境的活动、行为、思想和观念等。绿色的含义包括两个方面：一是保护和创造和谐的生态环境，以维护人类社会的持续发展；二是依据“红色”禁止、“黄色”示警、“绿色”通行的惯例，以“绿色”表示合乎科学性、规范性，以“绿色”表示保护人类的可持续发展行为。也有学者从哲学角度解释“绿色”，即以“绿色”喻指征服自然的科学精神和工业主义的结合，把保护环境的思想加入改造自然、征服自然的思想框架之中，把改造生态的技术措施不断施用于工业体系之中，以更好地开发自然、利用自然，不断促进人类的发展。“绿色”代表了一种思想观念、思维方式、哲学思潮，更代表了人与大自然和谐相处的愿望。

“绿色”象征着希望，蕴蓄着未来。日益严重的人口、资源、环境压力，已经成为影响中国经济社会又好又快发展的主要障碍。

绿色发展理念和理论来源于三个方面：一是中国古代“天人合一”的智慧，成为现代的天人合一观，即源于自然，顺其自然，益于自然，反哺自然，人类与自然共生、共处、共存、共荣，呵护人类共有的绿色家园；二是马克思主义的自然辩证法，成为现代的唯物辩证法；三是可持续发展，成为现代工业文明的发展观。三者交融，三者贯通，最终集古代、现代的人类智慧之大成，融东西方文明精华于一炉，形成绿色哲学观、自然观、历史观和发展观。

由此可以认为，绿色发展观的本质就是科学发展观。充分体现了“坚持以人为本，树立全面、协调、可持续的发展观，促进经济社会和人的全面发展”。

“可持续发展”是 1987 年世界环境与发展委员会提出的发展战略。可持续发展是指既能满足当代人的需要，又不对后代人满足其需要的能力构成危害的发展。形象地讲，可持续发展是“不断子孙路”，当代人的发展不要给后代人留下后遗症或不良生态资产。但它没有体现“前人种树，后人乘凉”，给后人留下更多的生态资产这种理念。

“全面综合发展”是 1998 年世界银行提出的发展思路。全面综合发展是指发展意味着整个社会的变革，是促进各种传统关系、传统思维方式、传统生产方式朝着更加“现代”的方向转变的变革过程。21 世纪的发展任务就是促进社会转型，促进人类发展，不但要提高人均 GDP，而且还要提高以健康、教育、文化水准为标志的人的生活质量，消除绝对贫困，改善生态环境，促进人类可持续发展。

“绿色发展”是 2002 年联合国开发计划署在《2002 年中国人类发展报告：让绿色发展成为一种选择》中首先提出来的。这一报告阐述了中国在走向可持续发展的十字路口上所面临的挑战；中国的发展对于世界的稳定具有举足轻重的作用；中国目前城市现代化发展的速度之快，在人类历史上前所未有；中国实现绿色发展的目标将会遇到极大的挑战，需要一整套政策和实践相配合，其规模之宏大，程度之复杂，在人类历史上前所未有；虽然有了明确的承诺和清醒的意识，但在实现绿色发展的道路上，还需要做出正确的选择。

传统的经济发展方式，导致经济发展与人口、资源、环境之间的矛盾愈发尖锐。因此，发展绿色经济成为实现可持续发展的必然选择。

绿色理论是对绿色文明和文化的研究和总结，它以可持续发展为研究基础。如前所述，可持续发展观自 1980 年被联合国倡导后，得到了各国政府、学者与公众的普遍认可，并从各自的角度、领域对其概念、意义与应用进行了大量论证和研究。目前的研究认为，可持续理论从发展的历程看，有一维、二维、三维发展观。三维发展观主张建立经济—社会—自然三维结构复合系统，使其走向可持续发展。

与之对应，绿色理论的发展经历了一个由浅入深的过程。最早的绿色理论从科技的角度认识可持续，认为可持续发展应是废物排放量的减少或不排放，绿色意味着环境的净化。随着研究的深入，人们开始考虑生态与经济的协调关系，并以此建立新的理论。伴随着科技的发展以及研究的拓展，形成了现在的绿色理论。该理论关注的是社会、经济与环境三者的协调发展，谋求在经济发展、环境保护和社会和谐之间实现一种有机平衡。

2.1.2 绿色理论的内涵

自然科学中所讲的绿色，是人们用视觉可辨的，与红、黑、黄等并列的色彩；社会学意义上的"绿色"，其含义要复杂得多，简单地说，它是生命生机蓬勃的象征。这一取义的演变过程，最初是源于自然界鲜活的植物的色彩；然后是包括一切生物在内的大自然生机盎然的景象；后来是包括与这种景象相适应的人类的行为方式、价值取向；如今再延伸到人类自身，即由人与自然的和谐延伸到人类社会自身的和谐。这样，"绿色"就从表象走向了内在，从自然生态拓展到了社会生态。

从国内外人们对"绿色"的理解和应用情况看，它已被应用于经济、文化、政治等人类生活的各个领域、各个层面。

第一是"绿色环境"。人类原本诞生于生机蓬勃的大自然之中，而且是个年轻的物种。人类要想永葆生机，就得永葆自己赖以生存的自然环境生机。因此，按照自然规律清除污染，绿化环境，保护和修复生态系统，珍爱自然界的各类生命并与之和谐相处，就是珍爱和维护人类自身的生存权。从这个意义上讲，绿色意识就是环境意识、生态意识、生命意识；绿色环境就是充满生命活力的环境。植树造林、栽花种草，保护湿地、水资源和野生动物等非经济、非政治行为，都是人类为使自己回到绿色环境所采取的积极行动。

第二是"绿色经济"。随着科学技术的发展，人类的生存方式、生活方式发生了前所未有的变化，但同时也带来了许多意想不到的危害甚至灾难。比如，残留着农药化肥的粮食、含有致癌或有毒物质的食品，就严重损害人类的健康；工业和农业造成河流的污染、植被的破坏，致使一些鲜活的生命转瞬即逝。这些消逝的生命虽然不一定是人类本身，但它往往带来人类自身的危机。历经许多沉痛的教训之后，人们渐渐清醒地认识到发展经济绝不能以糟蹋生态、牺牲环境、浪费资源为代价。否则，经济发展越快对人类的危害就越大；发展经济必须与保护生态和环境相统一。这种"相统一"的经济就是"绿色经济"，或叫"循环经济"。在绿色经济的理念引导下，人们的生产生活方式与以往比较发生了变化：清洁生产、节能型生产以及健康消费（或叫"绿色消费"）、无公害消费成为追求的目标。于是出现了"绿色农业"、"生态工业"、"绿色食品"、"绿色营销"等可持续发展的产业、产品和经营方式。

第三是"绿色政治"。从"绿色"理念出发，人类必须与自然和谐相处；但是，人类毕竟不同于一般的生命。千百年的经验证明，人类自身的矛盾和冲突，同样会遭致自身生命的危机。人类除了保护自己赖以生存的大自然、追求人与自然和谐外，还要不断优化人类赖以生存的社会环境，追求人类自身的和谐。因此，人权、基层民主问题、妇女问题、贫困问题、和平问题、反恐问题等等，成为人们普遍关心的问题，由此构成"绿色政治"的基本课题。中共"十六大"提出"科学发展观"、"构建和谐社会"，其实质就是实施"绿色政治"，营造一种良好的政治生态。它不仅在为全体人民创造一种良好的生存环境，而且当它与时俱进率领人民为此奋斗时，其自身必然焕发生机与活力。

第四是"绿色文化"。包藏在人们的绿色行为方式之中。人们在经济、政治和日常生活中逐渐形成了绿色价值观。源于实践中的绿色价值观，正是绿色文化的内核。具有这种内核的绿色文化，有的直接依附于经济活动，如"绿色设计"、"绿色标志"、"绿色旅游"；有的与政治活动密不可分，如西方绿色组织开展的以环境保护、扩大民主、维护人类和平、反对人口和经济过度增长、反对政治官僚化为内容的宣传文化活动，不仅它本身具有政治的内涵，而且还常常与议会的选举联系在一起；有的则以一种非经济、非政治形式出现，如"绿色行动"、"绿色教育"、"绿色传播"、"绿色文学"、"绿色雕塑"。开展绿色文化活动，对于增强人们的绿色意识起着重要的作用。比如，我国各地开展的绿色生活行动，强调从我做起，带动家庭，推动社会，改变以往不恰当的生活方式和消费模式，重新创造一种有利于保护环境、节约资源、保护生态平衡的生活方式和行动，产生了广泛的社会影响。此外，总结人类绿色实践所形成的生态哲学、绿色政治学、生态工程学、生态艺术、环境伦理学等理论成果，当然都属绿色文化的范畴。

第五是"绿色技术"。"绿色技术"(Green Technology)发源于 20 世纪 60 年代西方工业化国家的社会生态运动,绿色技术概念的产生与绿色技术的全面发展,是人类由工业文明走向生态文明的标志。近年来,人们从工程技术的角度提出了"绿色技术"并得到了全面发展,是人类由工业文明走向生态文明的标志。所谓绿色技术,就是保护环境,维持生态平衡,节约能源、资源,促进人类与自然和谐发展的思想、行为、技艺、方法的总称。一般认为,绿色技术具有以下含义:

(1)绿色技术首先是保护环境,节约能源、资源的技术;

(2)绿色技术是促进生态平衡,保持人与自然界和谐发展的技术;

(3)绿色技术不仅是某一种技术或产业部门的技术,而且是一门系统技术。

既包含产品的设计制造阶段,也包含产品的回收利用阶段;既是一种技艺、技巧和方法,又是一种思想、意识和行为。

2.2　可持续发展理论

18 世纪工业革命以来,特别是 20 世纪中叶产生明显的资源、生态与环境问题,使地球和人类遭受了极大的伤害及威胁,人们开始进行了严肃的思考。大批有识之士在长达数十年的研究、矛盾、甚至争论后,终于意识到问题出在传统的经济发展模式上,可持续发展的全新概念被提到了人类发展的战略中来。可持续发展问题的实质就是人口与资源、环境之间的矛盾。截至 21 世纪初,全世界人口总量已经达到 60 多亿,联合国预计全球人口总量将增加到 2025 年的 80 亿和 2050 年的 93 亿。人口增长给人类社会带来了一系列问题,如贫困蔓延问题、水资源短缺问题、土壤匮乏问题、能源供给问题、粮食安全问题、环境污染问题、生态保护问题以及教育问题等等,这一系列问题给地球生态平衡与人类持续发展提出了严峻的挑战。因此,可持续发展问题实际上也是一个全球性问题。

2.2.1　可持续发展理论的起源

"可持续性"一词最初应用于林业与渔业,主要指保持林业和渔业资源源源不断的一种管理战略。但作为一个概念,可持续发展已有漫长的历史渊源,"钓而不纲,弋不射宿"、"春二月,毋敢伐树木山林"、"为人君而不能谨守其山林"等都包含了朴素的可持续发展思想。在我国春秋战国时期,著名的思想家孟子、荀子就有对自然资源休养生息,以保证其永续利用等朴素可持续发展思想的精辟论述。西方一些经济学家如马尔萨斯(1802 年)、李嘉图(1817 年)和穆勒(1900 年)等,他们也较早地在著作中提出过人类消费的物质限制,即人类的经济活动范围存在着生态边界。

到了近代,环境问题的日益突出,环境污染的日趋加重,在有识之士的研究及世界各国的共同关注和努力下,可持续发展由最初的一个概念发展成为了一个逐步完善的理论体系,各个学科从各自的角度对可持续发展进行了不同的阐述。虽然至今尚未形成比较一致的定义和公认的理论模式,但其基本含义和思想的内涵却是相一致的。

可持续发展的概念是在 1972 年联合国第一次人类环境大会《增长的极限——"罗马俱乐部"关于人类困境的报告》中首次提出的,它要求摒弃自工业革命以来把单纯追求经济总量的增长作为衡量发展唯一标准的传统发展观,而主张经济、社会、资源、环境、科技与人口的协调发展。目前沿用的可持续发展的基本定义,是挪威首相布伦特兰夫人在《我们共同的未来》中提出的概念,即"既满足当代人的需求,又不对后代人满足其自身需求的能力构成危害的发展"。这一概念是在广泛吸收与综合各方面观点的基础上提出的,具有广泛的认同性。

1992 年 6 月,在巴西里约热内卢召开的第 2 届"世界环境与发展大会"(简称"里约环发大会")上,通过了《里约热内卢环境与发展宣言》(简称《里约宣言》)、《21 世纪议程》以及《关于森林问题的原则声明》等一系列纲领性文件,签署了联合国《气候变化框架公约》和联合国《生物多样性公约》,充分体现了当今社会可持续发展的新思想、新意识,反映了关于环境与发展领域合作的全球共识和最高级别的政治承诺。

2002 年在南非召开的世界可持续发展首脑峰会,为进一步加强全球范围内的可持续发展达成共识,对推动全球可持续发展合作、促进全球可持续发展能力的持续提高起到了积极作用,并为未来全球可持续发展定下了基本基调。

20多年来，国际社会和各国政府为实施《里约宣言》和《21世纪议程》做出了不懈的努力，在推进经济、社会、资源、环境协调发展方面迈出了重要步伐。主要表现在：形式多样的多边与双边环发合作逐步走向深入；全球合作进一步加强，一个包括政府、非政府组织、民间团体和公民个人参与的合作体系逐步建立起来。里约会议最重要的成果是在全球建立起一个以"里约精神"为基础的新型伙伴关系。里约会议本身及其长时间的筹备，使各国最高政治层以及社会、经济各个阶层认识到：不仅环境危机本身是相当棘手的问题，而且要处理好环境与社会经济的相互关系也是十分复杂的。世界环境与发展大会本身形成了一个有国际组织、各国政府机构、非政府组织、学术团体及个人组成的国际大家庭，他们相互交换观点，表达意见，取得共识，共同推动可持续发展战略在全球的实施。

2.2.2　传统发展观与可持续发展观的区别

传统发展观源于西方传统经济学，是西方发达国家当年工业化进程的产物。

20世纪50年代～70年代初，成为全球各国普遍接受的发展观得以广泛推广。传统发展观推行以经济增长为核心的发展战略，以国民生产总值增长率作为衡量发展的指标。传统发展观对西方国家实现经济增长，战后发达国家振兴经济起过重要作用，但伴随经济增长也带来了失业增加、贫富分化、资源短缺等世界性的问题。现实说明，一些世界问题单靠经济增长是解决不了的，于是人类又在探求另外一种发展观。

20世纪70年代初～80年代中期，面对全球日渐突出的两极分化，人们开始认识到增长和发展是两个不同的概念。增长只是物质量的扩大，而发展则是经济增长到一定程度所引起的产业结构的演进以及社会生活诸方面的变革与发展。其着眼点不仅重视人类社会物质产品的需求，而且还包含同等数量非物质产品方面的需求。衡量经济发展的指标除了人均GNP外，还增加了社会和生活质量指标。但随着全球工业化进程的不断加快，尤其是西方资本主义大国片面追求自身利益，对资源环境造成巨大压力，导致全球性生态环境的灾难频频出现。严酷的现实需要人们重新反思传统的发展观，于是可持续发展观就应运而生了。

20世纪80年代以来，研究者们提出了一种全新的发展观——可持续发展观。1992年在巴西召开的《环境保护与发展》大会上，得到全球共识。人类社会要实现可持续发展，必须遵循三个发展原则："公平分配的社会原则；增长与效率统一的经济原则；资源需求与限制的自然原则。"这是人类社会发展模式的最佳选择。

两种发展观的不同点可归纳总结为以下几个方面：

2.2.2.1　哲学基础不同

对制约发展观形成的指导思想起支配作用的是某种哲学观点，这种哲学观点成为发展观的哲学基础。通过人类发展史的反思，不难看出，人类在不同时期的存在和发展类型，首先受制于他们对其与自然界关系的认识和处理，表现为不同的人地观。传统发展观人地关系的致命点是人类中心论，在自然面前人的毫无节制的为所欲为，在获得丰厚物质成果的同时，也带来了自然界对人类严重报复的恶果。而可持续发展观经过历史和现实的反思，强调辩证综合的人地观，既不是复归古代对自然的过分敬畏，也不是工业社会对自然的驾驭统治，而是既肯定"人在自然中"，将人类融合于自然中，获得共存和受益，又充分认可人在自然面前的主观能动性，发挥"人在其外"的"看护者"的作用，进入人与自然高级阶段的统一，寻求与自然共生共荣的发展道路。人地矛盾的主要方在于人，人类如何处理好理性追求与现实价值取向这一对矛盾，将是人与自然在发展过程中能否达到高度和谐统一的关键，它有赖于人的素质的全面提高。因此，挖掘人类至善至美的潜力和无穷性，将是我们推进可持续发展解决认识论的关键问题。

2.2.2.2　发展目标不同

传统的发展观将社会发展仅仅看作是一种经济现象，将其增长率视为社会发展的尺度。实践已经证明，这种发展模式带来了许多弊端。可持续发展观所追求的目标是强调生态、经济、社会的协调发展，把社会当作一个复杂的有机体看待，从社会的整体结构和功能出发，寻求总体的最佳发展，实现社会的全面进步。人的生活质量全面提高和社会全面进步，将是可持续发展观追求的终极目标。

2.2.2.3　增长方式不同

增长是任何一种发展观追求的目标之一，没有增长也就没有发展，关键是增长的方式。传统发展观推行的是一种粗放型的增长方式。这种增长方式是以粗放的外延发展为其特征，通过高投入、高消耗、高污染来实现高增长。可持续发展观提倡集约化的增长方式，以低投入、低消耗、低污染来实现经济适度增长。大力推行清洁生产，是经济增长方式转变的重要组成部分，是我国在工业、交通、能源等领域实现可持续发展的核心战略措施。农业增长方式的转变，也要走集约化与生态化持续农业的发展路子。经济增长方式的转变，归根到底要依靠科学技术的创新，这是可持续发展的主动力。

2.2.2.4　消费模式不同

合理、适度的消费模式，不仅有利于经济的持续增长，还会减缓由于人口增长带来的种种压力，使人们赖以生存的环境得到保护和改善。传统发展观使人类的"物欲"不断膨胀，一味追求物质享受和毫无节制的消费，特别是以发达国家为代表的生活方式，是以牺牲全球其他国家的资源环境为代价的。发展中国家贫困地区低水平、结构单一的消费模式，也对资源环境造成较大压力。可持续发展观从尊重人类自身和自然环境出发，强调树立物质享受和精神文化需求相统一的适可而止的消费观念，逐步建立一套低消耗的生产体系和适度的合理消费模式，以确保人类过着真正的人的生活。

2.2.2.5　文明标准不同

人类已经经历了采猎文明、农业文明、工业文明等几个阶段。传统发展观一直是以物质文明为中心，而忽略了精神文明特别是生态文明的建设。物质文明的建设只注重经济效益，而忽视了社会效益和生态效益。物质文明的进步并不简单地等同于社会进步，更不能取代社会的全面发展。可持续发展观坚持生态、经济、社会可持续发展，这三个方面的持续发展又具体表现在生态文明、物质文明和精神文明的有效建设和进步上。三个文明的协调推进，才是社会的全面进步。生态文明建设的提出，是人类文明发展史上一个划时代的进步。通过生态文明的建设，使人类生态意识或环境意识觉醒，善待自然、尊重自然、与自然和谐相处。生态文明的建设，已成为实施可持续发展的文明基础。

2.2.2.6　发展的时间尺度不同

发展的时间尺度是发展观实施的进程。人类的作用在于通过自身的努力加速或延缓发展进程。两种发展观在发展时间的定位上是不同的。传统发展观的经济增长主要指短期的经济变动，经济发展则着眼于较长期的发展，其最长的时间视野也仅限于当代人的发展利益。而可持续发展观则体现更长期的持续，提出了代间伦理观，倡导代际平等原则。不难看出，可持续发展观对人们的实践活动起着长远性和根本性的指导作用，为实践决策提供趋利避害、择善而行的根据。如果说可持续发展的提出主要是通过历史反思，那么它的付诸实施则需要有超前认识作为指导，并且需要几代人的努力。

2.2.2.7　发展的空间尺度不同

人类追求的一系列发展目标总是在一定的区域范围内进行，人类在不懈的拓展过程中，一方面使生存空间得到充分的扩展，另一方面随着人口不断增长和人口密度不断扩大，自然资源人均占有量的不断减少，生存环境的不断污染与破坏，使地球生存空间变得日益狭小，人类终于意识到生存与发展空间的有限性。认识到人类在把握发展时间尺度的同时，也必须处理好空间尺度的关系。否则，人类的发展将失去"立足之地"。发展的空间尺度是发展的现实表现，主要反映在区际关系的冲突和区域的贫富分异。在社会发展的低级阶段，全球各区域间是一种封闭式的区际关系。现代社会受区域集团经济利益的驱动，出现了掠夺式和转嫁式区际关系。如发达国家对发展中国家资源的掠夺，一些发达国家打着投资和合作的旗号，将污染项目、污染物、危险品转移到发展中国家。这种区际关系下的发展空间密度差异日渐悬殊，特别是处在"两头状态下"的区域，强发展和弱发展都会对地球整体生态环境造成破坏，最终影响到所有区域的发展。可持续发展观倡导"代内平等"原则，强调任何区域的发展，都不能以损害其他区域的发展为代价。特别从全球区域层次上，应当顾及发展中国家的利益和需要，从整体上防止贫富悬殊，提倡建立互补式区际关系。目前，在全球区域层次上，遏制发达国家对资源的过多占有和消除贫困，成为可持续发展长期的战略任务。

2.2.2.8　调控手段不同

保证发展观目标的实施与实现，必须要有一定的调控手段。传统发展观的调控手段，主要是依靠市场经济手段。实践证明，传统发展模式的调控手段不能解决"市场外部不经济性"的问题，如资源浪费、环境污染、生态破坏、贫富分化、资源价值等。可持续发展观的实施与推进，单靠市场的作用是不行的，需要充分发挥以政策引导为主的政府宏观调控作用。政府应该完善和强化环境经济手段，要将可持续发展原则纳入经济、社会与生态环境的立法中，以经济手段解决环境成本外部性的内部化问题，建立配套的资源核算体系和环境补偿制度；不断完善可持续发展指标体系和可持续发展综合评估制度。由此可见，可持续发展观对政府的决策水平和管理能力提出了更高的要求。一个高职能的、具有现代创新意识的政府，将是推进可持续发展的重要保证。

2.2.3 可持续发展理论的研究进展

对于可持续发展，各研究领域之间存在着概念理解之间的差异。因此，研究者从自然的属性、社会的属性、经济的属性、科技的属性四个方面，对可持续的概念和内涵进行了拓展。

2.2.3.1 侧重于自然属性的可持续发展理论

研究者以生态平衡、自然保护、资源环境的永续利用等作为研究的基本内容，以"环境保护与经济发展之间取得合理的平衡"作为可持续发展的重要指标和基本手段。可持续的概念起源于生态学，即所谓"生态持续性"。它主要指自然资源及其开发利用程度间的平衡。国际自然保护同盟1991年对可持续的定义是"可持续的使用，是指在其可再生能力(速度)的范围内使用一种有机生态系统或其他可再生资源"。同年，国际生态学联合会和国际生物科学联合会进一步探讨了可持续发展的自然属性，将可持续发展定义为"保护和加强环境系统的生产更新能力"，即可持续发展是不超越环境系统再生能力的发展。此外，从自然属性方面定义的另一种代表是从生物圈概念出发，认为可持续发展是寻求一种最佳的生态系统，以支持生态的完整性和人类愿望的实现，使人类的生存环境得以持续。

2.2.3.2 侧重社会属性的可持续发展理论

研究者以社会发展、社会分配、利益均衡等作为基本内容，以"经济效率与社会公正取得合理的平衡"作为可持续发展的重要指标和基本手段。1991年由世界自然保护同盟、联合国环境规划署和世界野生生物基金会共同发表了《保护地球——可持续生存战略》，其中提出的可持续发展定义为"在生存不超出维持生态系统涵容能力的情况下，提高人类的生活质量"，并进而提出了可持续生存的9条基本原则，既强调了人类的生产方式与生活方式要与地球承载能力保持平衡，保护地球的生命力和生物多样性，又提出了可持续发展的价值观和130个行动方案。报告还论述了可持续发展的最终目标是人类社会的进步，即改善人类生活质量，创造美好的生活环境。报告指出，各国可以根据自己的国情制定各自的发展目标。但是真正的发展必须包括提高人类健康水平，改善人类生活质量，合理开发、利用自然资源，必须创造一个保障人们平等、自由、人权的发展环境。

2.2.3.3 侧重经济属性的可持续发展理论

研究者以区域开发、生产力布局、经济结构优化、实物供需平衡等作为基本内容，将"科技进步贡献率抵消或克服投资的边际效益递减率"作为衡量可持续发展的重要指标和基本手段展开研究。从经济学研究角度出发，学者对可持续发展进行了定义，其核心是把可持续发展看成是经济发展。当然，这里的经济发展已不是传统意义上的以牺牲资源和环境为代价的经济发展，而是不降低环境质量和不破坏世界自然资源基础的经济发展。在《经济、自然资源:不足和发展》中，作者巴比尔把可持续发展定义为"在保护自然资源的质量和其所提供服务的前提下，使经济发展的净利益增加到最大限度。"普朗克和哈克1992年将可持续发展所作的定义为"为全世界而不是少数人的特权所提供公平机会的经济增长，不进一步消耗自然资源的绝对量和涵容能力"。英国经济学家皮斯和沃富德1993年合著的《世界末日》一书中，提出了以经济学语言表达的可持续发展定义:"当发展能够保证当代人的福利增加时，也不应使后代人的福利减少"。而经济学家科斯坦萨等人则认为，可持续发展是能够无限期的持续下去—而不会降低包括各种"自然资本"存量(量和质)在内的整个资本存量的消费数量。他们还进一步定义"可持续发展是动态的人类经济系统与更为动态的但在正常条件下变动却很缓慢的生态系统之间的一种关系。这种关系意味着人类的生存能够无限地持续，人类个体能够处于全盛状态，人类文化能够发展，但这种关系也意味着人类活动的影响保持在某些限度之内，以免破坏生态学上的生存支持系统的多样性、复杂性和基本功能"。

2.2.3.4 侧重科技属性的可持续发展理论

研究者主要从技术选择的角度扩展了可持续发展的定义:"可持续发展就是转向更清洁、更有效的技术，尽可能接近'零排放'或'密闭式'的工艺方法，尽可能减少能源和其他自然资源的消耗。"同时，亦有研究者提出“可持续发展就是建立极少产生废料和污染物的工艺或技术系统”。他们主张发达国家与发展中国家之间进行技术合作，缩短技术差距，提高发展中国家的经济生产能力。

2.2.4　可持续发展战略的基本思想

可持续发展是一个涉及经济、社会、文化技术及自然环境的综合概念。它是一种立足于环境和自然资源角度提出的关于人类长期发展的战略和模式。可持续发展意味着国家内和国际间的公平，意味着要有一种支援性的国际经济环境，从而促进各国特别是发展中国家的持续经济增长与发展。可持续发展表明在发展计划和政策中纳入对环境的关注与考虑，而不代表在援助或资助发展方面的一种新形式的附加条件。

2.2.4.1　可持续发展的基本原则

可持续发展的基本原则，可归纳为以下四点：

1)系统协调性原则

既要把人口、科学技术、经济、社会、资源与环境等要素视为一个统一的系统整体，又要把全球范围内地区间、国家间视为相互依存、不可分割的系统整体；强调解决人与自然界的关系乃是一个涉及各种因素的系统工程，必须按照系统科学原理，处理好各种矛盾，协调好各种关系，使“人—自然”系统健康有序发展。

2)可持续性原则

人类所追求的人口、经济、社会发展，必须限定在自然和生态系统可以支持的范围之内，发展不能靠耗尽资源和牺牲环境为代价，不应危害支持地球生命长期存在的生态系统。当这一系统受到某种干扰时，它能够加以恢复并保持原有的生命力和出产能力，能够承载其各个环节、各个层次的物质要素，不断地存在并演化下去。可持续发展追求的是人类社会世世代代延续不绝的发展，即不仅要实现当代人自身的发展，而且也要实现未来世代人的发展。

3)公平性原则

在可持续发展理论中，公平性是指每个人，不论其国别和种族，也不论其世代，都应享有平等的发展权利，都应享受平等的发展利益。要把消除贫困作为可持续发展过程的重要问题优先加以考虑解决，要给世世代代以公平的发展权。

4)合作性原则

解决全球性问题，需要全球性合作。现在有了地球村的概念，在小小的地球上，所有的人都应当为实现可持续发展而负责。不同国家要加强合作，国际上的环境与发展、人口与发展等组织要制定统一的目标、共同的准则。只有在共同目标和共同行动的基础上，全球共有的资源才能得到很好的管理，各国才能在全球性的可持续发展中受益。

2.2.4.2　可持续发展的基本思想

可持续发展的基本思想，可总结为以下几点：

(1)不否定经济增长，尤其是穷国的经济增长，但需要重新审视如何推动和实现经济增长。

(2)可持续发展的标志是资源的永续利用和良好的生态环境。

(3)可持续发展的目标是谋求社会的全面进步。

(4)承认并要求在产品和服务的价格中体现出自然资源的价值。

(5)以适宜的政策和法律体系为条件，强调“综合决策”和“公众参与”。

总之，可以认为可持续发展是一种新的发展思想和战略，目标是保证社会具有长期的持续性发展能力，确保环境、生态安全和稳定的资源基础，避免社会、经济大起大落的波动。

2.3　绿色铁路的基本理论

2.3.1　绿色铁路的概念

“绿色铁路”是以环境价值为尺度，运用各种绿色技术，在确保铁路运输安全、快捷、高效的条件下，不断减小铁路及配套设施对生态环境的负面影响，具有良好的经济效果，促进社会进步，减少资源消耗，具备可持

续发展能力的铁路。具体地说,绿色铁路包括以下含义:

(1)铁路修建、运营和管理,适合我国绿色GDP经济核算的要求;

(2)将铁路产业的外部不经济性内部化,提升铁路运输的竞争力;

(3)促进社会的稳定发展,增进民族团结;

(4)节约各种能源和资源,实现清洁生产;

(5)减少对生态环境的不利影响,保护环境;

(6)具备完善的安全保障体系;

(7)具备更高的运输速度和更强的运输能力;

(8)铁路和区域社会、经济、资源、环境协调统一,持续发展。

铁路是运输事业的一个分支,"绿色铁路"可理解为可持续运输在铁路上的一个细化。与传统的运输发展概念相比,"绿色铁路"主要有四个不同点:一是在经济上尽量使建设和运营的外部成本内部化;二是通过技术水平的提高和装备的改进及管理的现代化,节约使用各种资源,使有限的资源支持更大的建设和运营需求;三是尽量减少每单位建设和运营经济活动造成的环境压力;四是从单纯以运输量的高速增长为目标转向以谋求综合平衡条件下的可持续发展为目标。

"绿色铁路"是一个庞大的综合体系,是一项复杂的系统工程,诸如铁路线路的绿化、边坡防护、控制振动和噪声等各种工程措施,只是绿色铁路具体的一个环节或分支,是部分和整体的关系。从绿色铁路的概念可知,它包括了铁路工程及配套设施(如机车车辆、站场),从工程选线—施工建设—运营维护的所有环节,即铁路建设全过程的可持续发展。

2.3.2 绿色铁路的内涵

2.3.2.1 促进经济的持续增长

绿色铁路的根本目的是为了促进区域经济持续增长。通过绿色铁路的修建和运营,改善当地人民的精神生活和物质文化生活。特别是对于我国欠发达的云南、贵州、四川、西藏、新疆等西部地区,经济的发展是摆脱贫困、改善环境和社会进步的基础。经济得不到发展,不仅生产落后,而且会带来环境的进一步破坏,对于社会的进步十分不利。

2.3.2.2 适应社会的不断进步

绿色铁路以改善和提高人民生活质量为目标,与社会的进步相适应。社会进步的具体表现是人的进步,是人与人交往的进步,具体包括人的认识提高、意识的普及、社会的公平和平等等内容。如果社会不能进步,经济发展所带来的结果将是无益的,对资源和环境也是不利的。

2.3.2.3 保持自然资源可持续利用

绿色铁路要以自然资源为基础,与资源的承载能力相协调,保持资源的持续利用,即在铁路发展中体现出自然资源的价值。资源可以简单根据可否更新而分为两类:一是可更新资源,如阳光、风、水力资源等;二是不可更新资源,如石油、天然气、煤等。对于不可更新的资源需要有计划地根据生产力的进步而合理利用,并寻求各种可以替代的资源类型。对于可更新资源,主要问题是如何将使用的量保持在一定限度,使资源的更新速度与资源的使用速度之间,能够实现一种平衡或保持资源的增长,这样才能实现资源的可持续性利用。

2.3.2.4 有利于生态环境保持和改善

绿色铁路中"绿色"两字的最初含义意味着保护、维护和改善生态环境。人们向往一种有益于人体健康和心情愉悦的环境,包括清新的空气、清澈的水体、绿色植被覆盖的大地和丰富多彩的动植物。对于目前良好的环境需要保持,而对于受到破坏和被污染的环境需要进行改善,使环境更加适合人的生活。"绿色"可以通过适当的经济手段、技术措施和政府干预得以实现,如鼓励清洁生产工艺、工程边坡绿化等。

2.3.2.5 满足经济、社会、资源和环境的协调发展

绿色铁路与经济发展、社会进步、资源利用、环境保护之间,必须是相互协调、辩证统一的。过于强调某一因子而忽视另外一些因子,将会导致铁路的不可持续。只有将它们作为一个系统,综合考虑相互协调发展,才可能实现真正意义上的"绿色铁路"。

总而言之,“绿色铁路”要求以环境价值为尺度,从资源角度看问题,环境也是一种自然资源。环境的价值,首先决定于它对人类的有用性,其价值的大小则决定于它的稀缺性和开发利用条件。环境价值提倡保护环境,其最终目的是为了人类的幸福和健康。以人为中心是提倡环境价值的核心,真正的以人为中心是从人类与自然的长远利益出发,把人和自然作为一个整体来看待,努力调节人与自然环境的关系,这是环境价值的实质所在。从价值论观点看,在铁路建设中运用绿色技术,实质上是通过人力、物力、财力的投入,减少和消除因铁路建设和运营活动对生态环境产生的破坏和不良影响,避免人类活动对自然环境的过度索取,保护好对人类发展更有价值和长远利益的自然环境。同时,加快铁路建设的现代化、智能化、人性化进程,从而提高铁路运输的竞争能力。随着“绿色”不断的深入人心,人们在享受绿色铁路所带来效益的过程中,逐渐形成的保护生态环境的思想、观念、行为和意识,对于刺激区域经济发展,促进社会进步,提高人口素质,最终保护好与人类发展密切相关的生态环境,都具有不可忽视的作用。

当今时代,作为资源节约型和环境友好型的运输方式,铁路越来越注重加强生态环境保护,尽最大努力减少环境污染,尽最大努力促进节约用地。高速铁路在能源消耗、环境保护方面优势突出。研究表明,高速铁路、高速公路、飞机的每人公里污染治理的费用为1∶3.76∶5.21。结合绿色理论的概念和内涵,为实现资源有效利用和环境友好,提出了“绿色铁路”的理念。进入21世纪以来,中国开始大规模建设高速铁路,到2014年末已建成投产运营高速铁路1.6万km(占全国铁路总里程11.2万km的14.3%),成为世界上高速铁路运营里程最长的国家,许多地区的广大人民群众已享受到高速铁路带来的“绿色”效益。

2.3.3　绿色铁路的定义

综上所述,绿色铁路的基本理论是绿色理论与可持续发展理论有机结合、相辅相成的产物。由此可定义“绿色铁路”是以环境价值为尺度,运用各种绿色技术,在确保铁路运输的安全、快捷、高效的条件下,不断减小铁路及配套设施对生态环境的负面影响,具有良好的经济效益和可持续发展能力的铁路。换句话说,“绿色铁路”是在规划、设计、施工、运营全过程中,运用各种绿色技术,使环境保护、节能降耗、生态平衡、人文景观、安全舒适等方面,达到人与自然、社会的和谐,具有良好的经济效益和可持续发展能力的铁路。

绿色铁路的新意是“绿色”,能使铁路的比较优势得到充分发挥,在发展运输生产力的同时,能够有效降低对土地、能源等资源的占用或消耗,减少对环境造成的污染,降低全社会的运输成本,促进经济发展与人口、资源、环境相协调。

绿色铁路是一个全新的理念,研究内容和研究方法都有别于传统铁路。绿色铁路建设的目的是为了维护社会持续稳定,推动经济持续发展,促进自然资源持续利用,保护生态环境少受破坏,实现经济社会的可持续发展。

2.3.4　绿色铁路研究的主要内容

从理论、技术、管理、法规等方面综合分析,绿色铁路研究的主要内容应包括以下四个部分:

2.3.4.1　绿色铁路理论及评价体系研究

绿色铁路理论是绿色铁路评价的基础,绿色铁路评价是绿色铁路理论的应用,二者相辅相成,缺一不可。

2.3.4.2　绿色铁路工程技术体系研究

绿色铁路工程技术体系是建设绿色铁路的技术支撑,也是一个复杂而庞大的系统工程。主要包括三个方面的专项技术:

(1)铁路建设环境保护与治理技术;

(2)铁路地质灾害防治技术;

(3)铁路边坡治理及景观绿化技术。

2.3.4.3　绿色铁路建设管理体系研究

绿色铁路建设管理体系包括规划设计、建设、施工、监理、运营与维护管理,它是铁路参建各方协调一致的综合管理体系,更是绿色铁路建设与运输安全、质量、环保和谐发展的前提和保障。

2.3.4.4　绿色铁路法律法规体系研究

绿色铁路法律法规体系包括环境保护法、铁路技术政策、技术规范标准等,是绿色铁路建设必须遵循的法律法规,也是铁路可持续发展的根本保证。

2.3.5 绿色铁路研究的目的及意义

2.3.5.1 绿色铁路研究的目的

通过对绿色铁路的系统研究，建立绿色铁路的基础理论体系、指标体系和评价方法体系，并结合数学理论对我国铁路线路的绿色程度做出评价，力求探索绿色铁路系统内部各个子系统的相互作用关系、发展的规律性和协调性，寻求解决铁路运输可持续发展理论与实践的途径，最终为新型的可持续发展的交通运输理念——“绿色铁路”理论与实践做出有益的探索与贡献。

2.3.5.2 绿色铁路研究的理论意义

绿色铁路是一个新的研究领域；是一种新型的可持续发展的运输理念；是研究铁路如何与社会、经济、资源和环境的协调发展，并利用自身优势，减少对生态环境的负效应，以实现我国铁路设计、建设、运营和管理的可持续发展；是构建和谐社会和建设资源节约型、环境友好型交通运输的必然选择。

1)绿色铁路是可持续发展的重要组成部分

20世纪中叶，西方发达国家发生了震惊世界的8大公害事件，引起了公害发生国民众的强烈不满，也受到其他国家普遍关注。人类面临着资源、环境、能源和粮食的危机，世界范围内广泛出现环境恶化问题。美国海洋生物学家莱切尔·卡逊(Rachel Carson)1962年撰写了《寂静的春天》一书，使人类开始认识到环境污染造成的危害是长期的、严重的。1968年4月，意大利人奥莱里欧·佩发依博士邀请了来自10个国家的科学家、教育家、经济学家约30人在罗马成立了以可持续发展思想为基础的组织，发表了轰动世界的第一份研究报告《增长的极限》，针对长期流行于西方的高增长理论进行了深刻反思，富有挑战性地提出了“增长的极限”问题。1972年6月5日，联合国在瑞典斯德哥尔摩召开了114个国家参加的“人类环境会议”，会议通过了《人类环境会议宣言》，并决定每年6月5日为世界环境日。斯德哥尔摩会议后，1987年以挪威前首相布伦特兰(Brutland)夫人为主席的世界环境与发展委员会(WCED)公布了著名的《我们的共同未来》(Our Common Future)研究报告，提出了一个广为国际社会普遍接受的可持续发展的定义：既满足当代人的需求，又不对后代人满足其自身需求的能力构成危害的发展。1992年6月在巴西里约热内卢召开的联合国环境与发展会议(UNCED)，通过了贯穿有可持续发展思想的《里约宣言》、《21世纪议程》和《森林问题原则声明》三个重要文件，并进行了《气候变化框架公约》和《生物多样化公约》两个国际公约的开放签字。

可持续发展模式与传统发展模式有本质的不同。可持续发展模式不是简单的开发自然资源以满足当代人类发展的需要，而是在开发资源的同时保持自然资源的潜在能力，以满足未来人类发展的需要；可持续发展模式不是只顾发展不顾环境，而是尽力使发展与环境协调，防止、减少并治理人类活动对环境的破坏，使维持生命所必需的自然生态系统处于良好的状态。

可持续发展是21世纪发达国家和发展中国家正确协调人口、资源、环境、技术与经济间相互关系的共同发展战略，是人类求得生存与发展的唯一途径。交通运输是国民经济和社会活动的重要组成部分，它在促进国民经济快速发展和人民生活水平提高等方面起着积极作用。与此同时，交通运输也给资源、环境带来了很大的压力，对社会经济的可持续发展产生了极大的负作用。可持续发展理论运用到交通运输行业，就派生出了可持续发展交通运输的理论。

20世纪80年代～90年代，美国莱斯特布朗先生在《建设一个持续发展的社会》一书中，专门讨论了“可持续发展的交通运输系统”。1993年由约翰·怀特莱格(John White egg)著的《可持续未来的运输：欧洲实例》以及由戴维·班尼斯特(David Banister)和肯尼施·伯顿(Kenneth Button)编辑的《运输、环境和可持续发展》，研究了美国和西欧等交通发达国家当前存在的运输对环境的影响、环境的价值问题以及对交通政策的建议等内容。1996年世界银行在《可持续运输：政策变革的关键》一书中指出了可持续运输的概念，并阐述了经济与财务可持续性、环境与生态可持续性、社会可持续性三个方面的基本内容。1997年世界银行专家格雷·哈(Gray Hag)在《面向可持续的运输规划：英国和荷兰的比较》一书中，将可持续发展的基本概念运用于运输规划和政策的制定中，使运输系统在经济和环境方面都具有效率和效益。国际经济合作组织(DECD)也对可持续交通运输界定了4项内容：以安全、经济实用和被社会接受的方式向人、地点、货物提供交通和服务；制订工人的卫生和环境质量目标；避免超过生态系统完整性的临界负荷和水准；不加剧气候变化和平流层臭氧耗竭等全球性消极现象。

我国可持续交通运输研究较晚。20世纪90年代以来，我国交通部、原铁道部曾分别委托相应研究部门，多次组织对我国可持续交通运输问题进行专项研究，取得一定成果。《中国21世纪议程》白皮书中提出："走可持续发展之路，是中国在未来和下一世纪的自身需要和必然选择；中国是发展中国家，可持续发展的前提是发展，必须毫不动摇地把发展国民经济放在第一位；要保护自然资源和改善生态环境，以便实现国家的长期、稳定发展，实现经济增长方式从粗放型向集约型的转变。"在经济发展过程中，我国资源的供需矛盾日益突显，交通运输对我国资源和环境影响非常巨大。为适应社会经济可持续发展的需要，交通运输必须采取可持续发展战略，在交通领域强调可持续发展，对我国国民经济的健康发展起着至关重要的作用。土地和石油资源的短缺，对我国交通运输体系的约束几乎是刚性的。基本国情和可持续发展战略，要求我国必须建立"资源节约型和环境保护型"的交通运输体系，也就是要求改变传统交通运输发展模式的资源和环境特性，推进交通运输的可持续发展。

铁路运输是我国的重要运输形式，我国自1876年建成上海吴淞铁路以来，迄今已有近140年的历史。1949年战后留存下来的铁路2万余公里，其中能够勉强维持通车的铁路1.1万km，那时全国铁路的客运量为1亿人次，货运量5 000多万吨。新中国成立以来，我国铁路发展在数量和质量上都取得了明显的进步。到2011年，全国铁路营业里程(不含地方铁路)已达到93 250 km，完成年客运量18.62亿人，年货运量39.33亿t。铁路在对西南、西北地区的国土开发方面，更是起了不可估量的作用。素有"蜀道之难，难于上青天"的四川，正是由于宝成、成昆、襄渝、成渝、川黔等铁路，才从根本上缓解了"蜀道难"的千古难题。我国铁路运输始终处于骨干地位，对国民经济发展起到了强有力的支持作用。建设和发展好铁路运输事业，对我国的经济发展和社会稳定具有十分重要的意义。因此，实现交通运输的可持续发展，首先必须考虑铁路运输的可持续发展。"绿色铁路"的构想，就是基于这种大环境形势下而产生的。

2)绿色铁路是发展绿色GDP的需要

国内生产总值(GDP)是一个国家或地区的常驻单位在一定时期内所生产和提供的最终货物和服务的总价值。GDP是一个综合性的经济总量，是对最终产品的统计，是反映一个国家或地区生产规模及综合实力的重要指标。

GDP这个总量指标是一把尺子，一面镜子，衡量着所有国家与地区的经济表现，这是300多年来诸多经济学家、统计学家共同努力的成果。但是，现行的国内生产总值核算体系仍然存在一些缺陷，即GDP不能反映经济发展对资源与环境造成的负面影响，不能准确地反映一个国家财富的变化，不能反映某些重要的非市场经济活动，不能全面地反映人们的福利状况。GDP的这些局限性，不能全面反映可持续发展战略方面的问题。

由于经济产出总量增加的过程，必然是自然资源消耗增加的过程，也是环境污染和生态破坏的过程。而国内生产总值反映了经济的发展，但是没有反映经济发展对资源利用和对环境质量的影响，也就是说它仅仅侧重于反映经济增长的数量，而在衡量经济总值的质量方面有较大缺陷。因而随着环境保护运动的发展和可持续观念的兴起，20世纪中叶一些经济学家和统计学家尝试将环境要素纳入国民经济核算体系，以发展新的国民经济核算体系，即绿色GDP。

绿色GDP(常被缩写为GGDP)是绿色国内生产总值，是对GDP指标进行有关调整后的用以衡量一个国家财富的总量核算指标。绿色GDP就是从现行统计的GDP中扣除环境成本(包括环境污染、自然资源退化等)因素引起的经济损失成本，从而得出较真实的国民财富总量。

绿色GDP不仅能反映经济增长水平，而且能够体现经济增长与环境保护和谐统一的程度，可以很好地表达和反映可持续发展的思想和要求。一般来讲，绿色GDP占GDP的比重越高，表明国民经济增长的正面效应越高，负面效应越低。

目前，许多国家都在研究绿色GDP，有些国家已开始试行绿色GDP。挪威早在1981年首次公布并出版了"自然资源核算"数据报告和刊物；美国也于1992年开始从事自然资源卫星核算方面的工作；荷兰建立和发表了以实物单位编制的1989年～1991年每年的包括环境核算的国民经济核算矩阵。这些国家都对传统的国民经济体系进行了修正，从GDP中扣除了自然资源耗减价值与环境污染损失价值。但迄今为止，全世界还没有一套公认的绿色GDP核算模式，也没有一个国家以政府的名义发布绿色GDP结果。这主要是因为进行绿色GDP核算还有相当大的困难，存在一些重大技术难题。

①自然资产的产权界定较为困难。许多自然资产同时具有生产性和非生产性资产的属性，其产权界定非常困难。如何界定自然资产产权并为其合理定价，一直是绿色 GDP 核算研究领域的一个主要难点，也是绿色国民经济核算不能取得实质性进展的一个重要原因。

②环境成本的计量较难处理。环境成本是指某一主体在其可持续发展过程中，因进行经济活动或其他活动而造成的资源消耗成本、环境降级成本以及为管理其活动对环境造成的影响而支出的防治成本总和。环境成本计量是绿色 GDP 核算的基础，但确定环境成本的概念比较容易，而实现环境成本计量却很困难。

③市场定价较为困难。绿色 GDP 与 GDP 不同。GDP 有一个客观标准，即市场交易标准，所有的交易都有市场公认的价格，买卖双方认可的价格是客观存在的；绿色 GDP 对资源耗费的估计没有标准，不同的人得出的结论不同，所以要提供一个比较科学的让大家认可的绿色 GDP 的数据相当困难。

绿色 GDP 的理论基础正是基于可持续发展观，既满足当代人的需要，又不损害后代人的需要，它强调经济社会的发展必须同资源开发利用和生态环境保护相协调。绿色 GDP 通过将资源的损耗及环境污染与生态恶化造成的经济损失货币化，使人们更直接地认识到资源有价、环境有价，并从中清醒地看到经济开发活动给生态环境和自然资源带来的负面效应，看到伴随 GDP 的增长付出的环境资源成本和代价，从而使人们在追求经济增长的同时自觉珍惜资源，保护环境，走可持续发展之路。绿色 GDP 实质上代表了国民经济增长的净正效应，绿色 GDP 占 GDP 的比重越高，表明国民经济增长的正面效应越高，负面效应越低。

工业、农业、建筑、交通和商业等行业都是国民经济的重要组成部分，对于国民经济的发展具有重要的作用。但是，在粗放型经济发展阶段对资源的消耗和环境生态的损害是不可低估的。由于行业的特点决定了各行业对资源的要求和对环境的损害有很大的差别，因此在绿色 GDP 中的核算就存在着各自的特点。比如工业大量占有矿产资源而输出废气、废渣；农业大量占有土地资源，而农药化肥的使用造成了土壤的盐碱化；建筑行业占有土地资源而输出了大量的建筑弃渣；交通占用了土地资源而破坏植被引起水土流失等。这些都表现了行业对自然环境破坏的成本是不同的，由此建立各行业的绿色核算指标体系势在必行。

绿色铁路研究是适应时代要求，通过建立绿色铁路理论和评价体系，核算铁路建设付出的生态、资源代价，寻求铁路和区域社会经济的可持续发展，提高铁路在绿色 GDP 中的贡献。因此，绿色铁路研究是我国绿色 GDP 对铁路建设和运输发展的需要。

2.3.5.3 绿色铁路研究的实际意义

我国的基本国情是地大物博，人口众多，人均资源量少。根据《各国矿产储量潜在总值》的估算，我国矿产资源储量潜在总值居世界第 3 位，但人均矿产储量潜在总值只有世界平均水平的 58%，人均能源占有量是 1/7，其中人均石油占有量是 1/10。目前，我国人均石油消费只有美国人均数的 1/18，人均土地面积为 0.777 公顷，相当于世界人均水平的 1/3；2004 年人均耕地面积已降到 0.094 公顷，不到世界人均数的 40%；人均森林面积为 0.11 公顷，相当于世界人均水平的 17.2%；人均拥有水资源量是世界人均占有量的 1/4，是全球 13 个人均水资源最贫乏的国家之一。资料表明，世界主要工业化国家交通运输业的能耗占国家总能耗的 30%左右，而石油是交通运输消耗的主要能源，占能耗的 90%以上。因此，实现交通运输能源节约的意义不言而喻，寻求节能降耗的运输方式是我国运输事业发展的必然之路。针对我国铁路建设在过去相当一段时期，在设计、施工和运营中注重安全因素而忽视生态环境保护，忽视自然资源的承受能力，忽视铁路建设是否与区域社会和经济相互促进并协调发展的现状，绿色铁路理论及评价的研究拟应用系统工程学的思想和统计学、评价学以及生态工程学等基本理论和方法，对绿色铁路理论、绿色铁路指标体系和评价体系进行深入研究，并将研究成果应用于铁路线路的绿色评价，不仅有助于减少铁路建设对当地生态环境的负面影响，还有利于促进铁路建设及区域社会经济的发展，减少资源能源的消耗，实现铁路建设与社会、经济、资源和环境的可持续发展。

因此，绿色铁路建设对于我国构建和谐社会，促进社会进步和人民物质文化生活水平不断提高具有重要的实际意义。绿色铁路作为符合我国国情和可持续发展要求的绿色交通工具，理应在综合交通体系中发挥更重要的作用，并承担起环境保护、节能减排、降低成本的重任。

第3章　绿色铁路的评价方法

3.1　绿色铁路评价的目的及意义

前述第2章建立了绿色铁路的基本理论，要将该理论应用于绿色铁路的建设实践，必须建立绿色铁路的评价体系（包括评价指标体系和评价方法体系），以便进行绿色铁路的评价。绿色铁路评价的目的是结合铁路项目前期决策、设计、施工及生产运营各阶段的情况，全面、客观、系统地分析铁路建设对环境、生态、能源、景观的影响程度，评价铁路项目的“绿色”状态，找出铁路项目存在的“非绿色”因素及其产生原因，为铁路项目的改进和发展提出切实可行的对策，有利于铁路与生态环境的协调，提高其“绿色”水平，推进铁路运输的可持续发展。

3.2　绿色铁路指标体系的构建

3.2.1　指标体系的含义

“绿色铁路”指标体系，是通过一些归类的指标，按照一定的规则与方法，对评判对象的某一方面或综合状况提出优劣的评定。为了使评价结果尽可能客观、全面、科学，绿色铁路评价应将社会、经济、生态、资源等作为统一的范畴，从人类社会经济活动与环境相互作用的角度出发来研究问题。建立绿色铁路指标体系是进行绿色铁路预测或评价研究的前提和基础，最终目的是让决策者及时掌握铁路建设和发展的态势。因此，绿色铁路指标的选择应从项目前期、设计、施工和运营等阶段综合考虑。

绿色铁路指标体系的研究，主要包括绿色铁路各项指标的具体量化和指标体系的建立。所谓指标体系（Indicator System）的内涵，是将抽象的研究对象按其本质属性和特征的某一方面的标识分解成为具体行为化、可操作化的结构，并对指标体系中每一构成元素（即指标）赋予相应权重的过程。

建立绿色铁路指标体系，一方面需要以现有的各项统计制度和数据为基础，另一方面绿色铁路指标并不是原有传统的经济、环境和社会等领域统计指标的简单照搬、相加和堆积，而是原有指标的有机综合、提炼、升华和一定程度上的创新。因此，绿色铁路评价首要的任务是如何充分利用现有统计资料，并使各项统计指标构成一个有序而严谨的体系。绿色铁路指标体系在综合已有框架模式的基础上，主要进行框架搭建、因子筛选、权重确定、无量纲化等方面的深入研究。绿色铁路指标体系研究的技术路线，如图1.3.1所示。

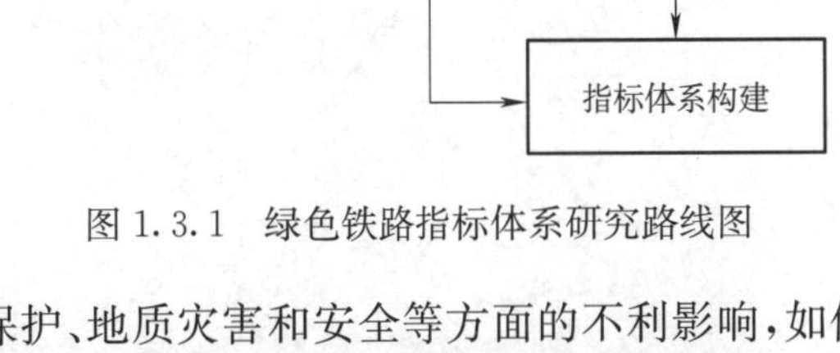

图1.3.1　绿色铁路指标体系研究路线图

3.2.2　指标体系的分类

传统铁路在设计、施工和运营过程中会产生较多的环境保护、地质灾害和安全等方面的不利影响，如何解决这些影响是绿色铁路不可回避的关键问题。如何从铁路工程实际中去粗取精，将铁路的“绿色度”用具体指标进行量化。具体包括以下内容：

3.2.2.1　绿色铁路设计阶段的生态环境保护

（1）合理选择通过不利生态环境及工程地质条件的线路方案。

（2）尽量避让沿线自然动植物保护区，以减少扰动（图1.3.2）。

（3）沿线生态脆弱地区的水土保持方案设计（图1.3.3）。

（4）桥梁、隧道和站场的生态景观设计等（图1.3.4、图1.3.5）。

图 1.3.2 动物通道设计

图 1.3.3 沿线水土保持方案设计

图 1.3.4 桥梁景观设计

图 1.3.5 车站景观设计

3.2.2.2 绿色铁路施工阶段生态环境保护

(1)通过生物修复控制沿线水土流失(图 1.3.6)。

(2)桥梁施工对河道的影响控制(图 1.3.7)。

(3)隧道施工废弃渣防护与控制(图 1.3.8、图 1.3.9)。

(4)地质灾害防护与控制(图 1.3.10)。

(5)铁路施工便道荒漠化的生态恢复(图 1.3.11)。

(6)施工阶段产生的噪声、振动和扬尘控制等。

图 1.3.6 施工时进行草皮移植

图 1.3.7 桥梁施工减少对河流水质的影响

图 1.3.8　隧道弃渣处理，下设拦渣坝

图 1.3.9　隧道弃渣防护

图 1.3.10　危岩锚杆防护处理

图 1.3.11　施工便道荒漠化

3.2.2.3　绿色铁路运营阶段生态环境保护

(1)运营阶段“三废”的有效控制，如列车运营产生垃圾(图 1.3.12)的回收和集中处置、沿线机务段、车站等生产、生活废水的生化处理等。

(2)铁路沿线景观绿化的维护与保养(图 1.3.13)。

图 1.3.12　沿线垃圾随意丢弃

图 1.3.13　边坡绿化网格防护

(3)运营阶段噪声、振动和电磁控制，如在环境敏感点沿线设置吸声式声屏障(图 1.3.14)、城镇周边铁路噪声控制、采用无缝钢轨等。

(4)机车车辆控制，如采用密闭式车辆(图 1.3.15)卫生间减少排泄物沿线排放、推广电气化高速列车节约能源减少有害物质排放、使用馈电弓与绝缘器减少电磁辐射等。

图 1.3.14 吸声式声屏障

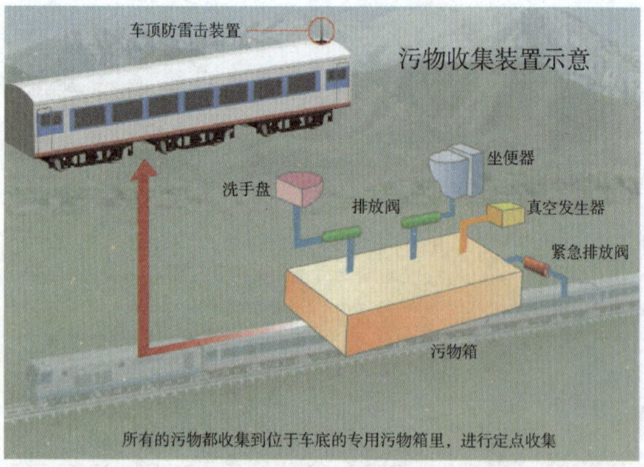

图 1.3.15 全封闭式车体

3.2.3 指标体系的构建

运用系统方法对绿色铁路指标体系框架进行搭建，明确绿色铁路指标体系由铁路子系统、社会子系统、经济子系统、资源子系统和环境子系统共5个子系统构成；运用频度分析法、Delphi法等对铁路勘设、施工、运营各项内容的评价因子进行分析、识别和筛选，得出影响绿色铁路评价结果的主要影响因子，建立相应的绿色铁路指标体系，以此作为绿色评价的基础。主要包括以下内容：

(1)绿色铁路指标体系的框架构建方法、指标选定原则和筛选方法。构建方法包括调查研究法、目标分解法和多元统计法的比较和研究；选定原则包括系统性原则、相关性原则、可操作性原则、科学性原则和动态性与稳定性相结合的原则；筛选方法包括理论分析法、频度统计法、主成分分析法、专家咨询法等方法的比较和研究。

(2)绿色铁路递阶结构指标体系的建立和分类说明。通过框架搭建、指标筛选和系统综合，最终建立绿色铁路递阶结构指标体系，对评价指标属性值的定量化和半定量化、评价指标权重的分析和确定进行深入研究。

3.3 绿色铁路评价体系的构建

3.3.1 评价方法

绿色铁路评价体系是在建立绿色铁路递阶结构指标体系的基础上，采用模糊数学、多目标决策及计算机信息技术等，建立绿色铁路各级评价子系统，分别对各个子系统作出绿色铁路的综合评判。同时，利用多种方法对评价体系的评价结果进行校核，提高评价体系的可靠性和实用性。

绿色铁路的评价方法很多，如综合指数法、模糊数学评判法、加权灰色关联度法、人工神经网络法、专家评判法、3S信息系统、数值仿真模拟法等。

现简要介绍几种常用的评价方法如下：

(1)综合指数法。指在确定一套合理的事物评价指标体系的基础上，对各项指标个体指数加权平均，计算出事物评价综合值，用以综合评价事物的一种方法。即将一组相同或不同指数值通过统计学处理，使不同计量单位、性质的指标值标准化，最后转化成一个综合指数，以准确地评价事物的综合水平。综合指数值越大，工作质量越好，指标多少不限。各项指标的权数根据其重要程度决定，体现各项指标在综合值中作用的大小。综合指数法的基本思路是利用层次分析法计算的权重和模糊评判法取得的数值进行累乘，然后相加，最后计算出事物的综合评价指数。

(2)模糊数学评判法。此法是一种基于模糊数学的综合评价方法。根据模糊数学的隶属度理论，把定性评价转化为定量评价，即用模糊数学对受到多种因素制约的事物或对象作出一个总体的评价。它的特点是结果清晰、系统性强，能较好地解决模糊的、难以量化的问题，适合各种非确定性问题的解决。

(3)加权灰色关联度法。此法是根据各因素的重要性不同，考虑其权重差异的灰色关联分析法。灰色关联分析是一种多因素统计分析方法。它是以各因素的样本数据为依据，用灰色关联度来描述因素间关系的强弱、大小和次序的，如果样本数据列反映出两因素变化的态势基本一致，则它们之间的关联度较大；反之关联度小。与传统的多因素分析方法相比，灰色关联分析对数据要求较低且计算量小，便于广泛应用。

(4)人工神经网络法。此法是一种类似对大脑神经突触连接的结构进行信息处理的数学模型，也常简称为神经网络或类神经网络。人工神经网络是由大量神经元相互连接构成的网络结构。每个神经元代表一种特定的输出函数，称为激励函数。每两个神经元之间的连接，代表一个通过该连接信号的加权值(权重)，相当于人工神经网络的记忆。网络的输出则根据网络的连接方式，权重值和激励函数的不同而不同。

(5)专家评判法。此法是出现较早且应用较广的一种评价方法。它是在定量和定性分析的基础上，以打分等方式做出定量评价，其结果具有数理统计特性。最大的优点是能够在缺乏足够统计数据和原始资料的情况下，可以做出定量估计。专家评判法的主要步骤：首先根据评价对象的具体情况选定评价指标，对每个指标均定出评价等级，每个等级的标准用分值表示；然后以此为基准，由专家对评价对象进行分析和评判，确定各个指标的分值，采用加法评分法、乘法评分法或加乘评分法，求出评价对象的总分值，从而得出评价结果。

专家评价的准确程度，主要取决于专家的经验及知识丰富的广度和深度。要求参加评价的专家对评价的系统具有较高的学术水平和丰富的实践经验。总的来说，专家评判法具有使用简单、直观的特点，但欠缺理论性和系统性，有时难以保证评价结果的客观性和准确性。

3.3.2　评价步骤

(1)采用模糊数学、多目标决策及计算机信息技术等，对绿色铁路评价系统进行研究，建立科学合理的各级评价体系，选取适用又相对简易可行的方法，对铁路的绿色程度进行评判。

(2)应用模糊识别原理，结合改进层次分析法(AHP)，根据建立的绿色铁路递阶结构指标体系，分级对各个子系统作出是否满足绿色铁路标准的综合评判，提出改进措施，力求做到对区域铁路的建设具有指导作用。

(3)运用巨系统协调理论，对铁路各个子系统的协调发展程度做出评价并计算协调度的具体分值，分析协调发展程度的原因，并提出对策。

(4)利用模糊神经网络评判，对评价结果进行核算。

综上所述，从评价指标看，铁路项目是一个综合、复杂的系统，评价时不宜使用单一的评价指标，应建立综合评价指标体系进行综合评价。

从评价方法看，由于影响绿色铁路评价的因素众多，不少因素具有模糊性、复杂性。因此，宜采用定性和定量相结合的评价方法，对被评价对象作出科学、准确的评价。常见的评价方法可分为三类。见表 1.3.1。

表 1.3.1　评价的主要方法

方法分类	方法性质	主要代表性方法
基于专家知识的主观评价法	定性评价	同行评议法、专家评议法、德尔菲法、调查研究法、案例分析法和定标比超法等
基于统计数据的客观评价法	定量评价	文献计量法、科学计量法、经济计量法等
基于系统模型的综合评价方法	综合评价	层次分析法、模糊数学方法、运筹学方法、统计分析法、系统工程方法、智能化评价方法等

也有学者将评价方法分为四类。见表 1.3.2。

表 1.3.2　评价的主要方法

<table>
<tr><th>方法类别</th><th>方法性质</th><th>代表性方法</th></tr>
<tr><td>多指标综合评价方法</td><td colspan="2">综合评分法、视图法、约束法、优序法、线性分配法、逻辑选择法、层次分析法、目标决策法</td></tr>
<tr><td>指数法及经济分析法</td><td colspan="2">指数法、费用—效益分析、投入产出分析、价值工程</td></tr>
<tr><td rowspan="5">数学方法</td><td>运筹学方法</td><td>数学规划(线性分析、动态规划)、数据包络分析、排队论等</td></tr>
<tr><td>数理统计法</td><td>多元统计分析(聚类分析、判断分析、主成分分析、因子分析、Bayes 方法等)、回归分析、相关系数检验法、熵测法、综合关联法、Ridit 分析法等</td></tr>
<tr><td>模糊数学法</td><td>模糊综合评判、模糊聚类、模糊序、模糊层次分析法、模糊距离模型等</td></tr>
<tr><td>灰色系统理论</td><td>灰色统计、灰色聚类、灰色关联度分析、灰色局势决策法、灰色层次评价法、灰色评估分配法、灰色综合评价等</td></tr>
<tr><td>物元分析</td><td>物元神经网络、可拓聚类分析、模糊灰色、物元空间(FHW)决策系统</td></tr>
<tr><td>基于计算机技术的方法</td><td colspan="2">人工神经网络、专家系统、计算机仿真、系统动力学、决策支持系统</td></tr>
</table>

不同地区的生态环境、地质环境、景观环境、环境污染特征存在差异,不同地区的铁路建设对环境、生态、景观和地质环境等的影响也不同。绿色铁路评价要解决的关键问题,主要是建立绿色铁路指标体系和评价体系。包括:绿色铁路指标体系的因子筛选、权重确定、系统建立、评价方法以及实例验证。绿色铁路指标体系的建立,是建立绿色铁路评价体系的基础。因此,指标因子筛选、权重确定、评价模型建立、评价方法等,是绿色铁路评价体系研究的关键和核心内容。

3.3.3 评价体系的构建

绿色铁路评价体系研究,是一个由理论—实践—理论—再实践的过程。

(1)通过广泛的社会调研及国内外大量资料的收集、分析、提升,界定绿色铁路评价的理论与方法。

(2)运用专家评判法、主成分分析法等,对绿色铁路评价体系各项内容的评价因子进行分析、识别和筛选,得出影响评价结果的主要影响因子,建立相应的绿色铁路指标体系。

(3)采用模糊聚类等方法,对绿色铁路评价体系进行综合,建立具体的评价方法,得出评价效益,以此判断铁路项目的“绿色”程度。

(4)借助可持续发展的战略思想,全面分析铁路建设对环境、生态、能源、景观的影响,提出合理化建议,从长远角度评价铁路项目的效益水平。

(5)绿色铁路评价体系研究的技术路线,如图1.3.16所示。

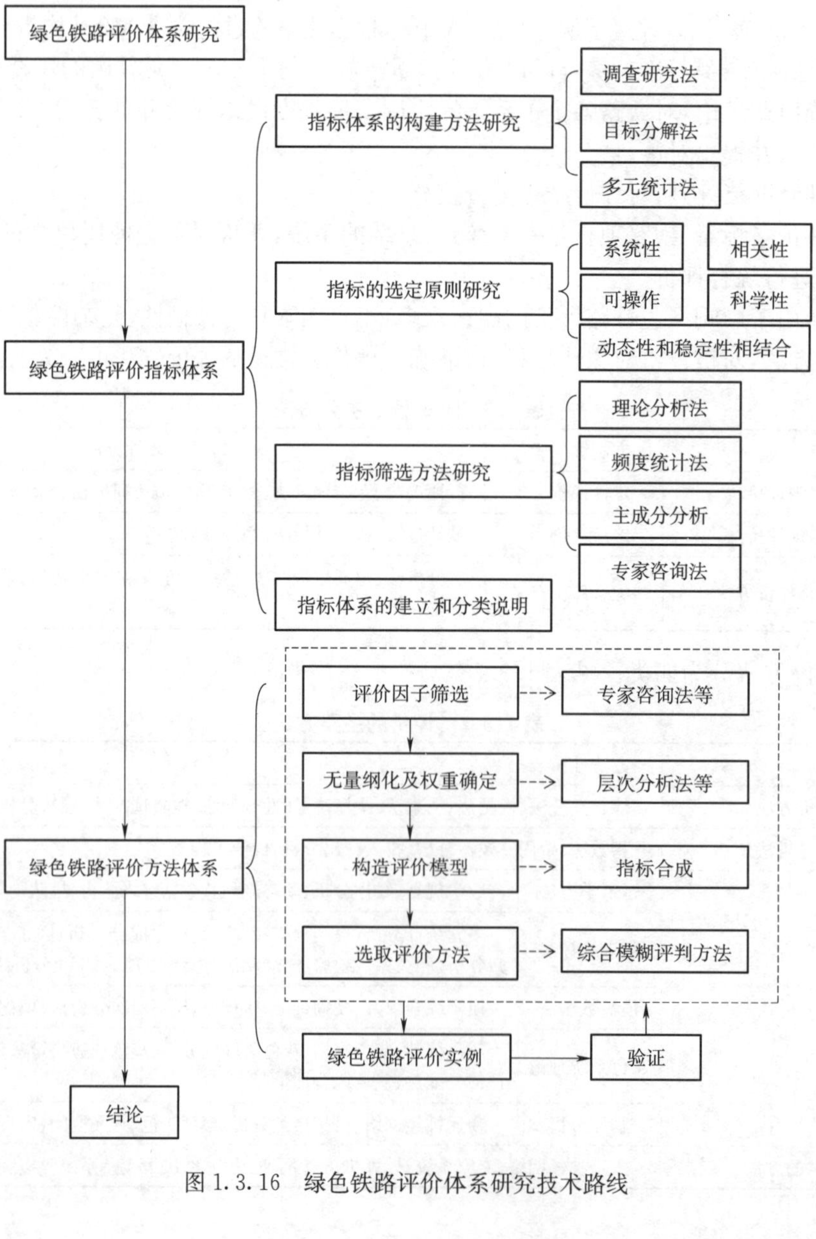

图1.3.16 绿色铁路评价体系研究技术路线

绿色铁路评价贯穿了铁路建设中的生态保护、环境治理、地质灾害防治、人文景观防护以及铁路运营、维护中的污染控制和治理等诸多方面的综合评价。在评价过程中，以评价标准为依据，基于被评价对象—铁路项目的基本特征，客观地进行评价。评价时应遵循全面的观点、相互联系的观点、发展的观点，从整体上评价铁路项目的各方面，使评价结果更准确、更全面。

3.4　绿色铁路评价指标研究

评价指标和指标体系是对被评价对象全部或部分特征的真实反映，准确反映事物的真实程度是科学评价结论准确、可靠的基本保障。科学地确定评价指标体系是科学评价的前提，只有设计出科学合理的评价指标体系，才有可能得出科学公正的评价结论。

评价指标体系形成的原则包括两层含义：一层是指标体系的构建原则，另一层是评价指标筛选或优化原则。在构建科学的评价指标体系时，首先采用层次分析法建立指标体系的层次结构模型，然后对指标进行筛选、优化指标体系的结构。

3.4.1　问题的提出

指标(indicator)来自拉丁文 indicare，具有揭示、指明或者使公众了解等含义。指标体系是描述和评价某种事物指标的集合，是由反映复杂事物各个侧面的多个指标集合而成的有机整体，不是很多指标的任意堆积或者简单叠加，而是各个指标通过围绕一个共同的主题或者核心建立起来的。这些指标之间既要有一定的内在联系，又要尽可能地去除指标信息上的相关部分和重叠部分。

指标体系中的指标，应具有可比性、简单性、联系性三个方面的特征。一是指标之间具有可比性，即指标是根据统一的原则和标准进行选取的；二是指标表达形式简单性，即对指标进行简化处理，同时保持最大信息量；三是指标之间具有联系性，即需要进行指标产生机理的研究，将指标统一在一个综合框架中。

所谓绿色铁路评价指标，是指用来评价铁路建设(包括勘察、设计、施工、运营)可持续发展目标的实现程度所采用的标准或尺度。建立绿色铁路评价指标体系，一方面需要以现有的各项统计方法和数据为基础，进行深入加工；另一方面，绿色铁路评价指标并不是原有传统的经济、环境和社会等领域的统计指标的简单照搬、相加和堆积，而是要在绿色生态评价的理念下，根据沿线生态环境的特点以及生态学各要素间的联系及其相互关系，对已有的生态学指标、环境学指标进行有机地综合、提炼、升华和一定程度的创新。

绿色铁路评价是一个创新性的课题，缺乏已有的研究资料作为参考，尤其是绿色铁路评价指标体系有待建立、研究和完善。因此，绿色铁路评价首要的任务是如何充分利用现有的条件，收集、获取相关的统计数据资料，构建一个有序、严谨、科学的指标体系。

3.4.2　指标体系的构建原则及方法

3.4.2.1　指标体系的构建原则

绿色铁路评价指标是用来评价铁路建设项目生态环境保护目标的实现程度所采用的标准或尺度。绿色铁路评价指标体系是由若干相互联系、相互补充、具有层次性和结构性的指标组成的有机系列。这些指标既有直接从原始数据而来的基本指标，用以反映子系统的特征；又有对基本指标的抽象和总结，用以说明子系统之间的联系及区域可持续发展作为一个整体所具有性质的综合指标，如各种“比”、“率”，“度”及“指数”等。为了使所建立的评价指标体系能够综合反映绿色铁路评价的各个方面，在构建评价指标体系的过程中应遵循以下原则：

1)系统性原则

铁路生态系统，要求指标体系必须能够全面系统地反映铁路生态评价的主要目标，既要客观和真实地反映系统发展的状态及其系统之间的相互协调，又要避免指标之间的重叠性，使评价目标和评价指标连成一个有机的整体。指标的选择应力求具有典型性、完备性、广泛涵盖性和高度概括性，使指标体系通过定性和定量相结合的综合评价方式，能够准确、充分、科学地反映铁路建设的发展水平。

2)代表性原则

选取铁路建设项目绿色生态评价指标时应尽量选择那些具有代表性、最为重要的指标。铁路建设项目的生态绿色程度可以从多种角度来反映,如果每一个角度都确定大量的指标是不现实的,只能根据区域目标中的关键问题选择具有代表性的综合指标。指标应尽可能简捷、通俗,且资料容易搜集,容易从已有的信息资源中进行测算,同时,由于单个指标只能反映某一方面的情况,为了得到评价的统一量纲还必须用各种科学方法对多个指标进行综合处理。

3)可操作性原则

指标是研究理论与实践操作的结合点。构建绿色铁路评价指标体系,既要以研究理论为基础,又必须考虑实践操作的可行性和现实数据资料支持的可行性。由于大多数生态环境指标难以通过实验来确定数量,在指标确定时要尽可能利用现有的能反映生态环境问题的统计数据,即指标数据易于通过统计资料,抽样调查,以及直接从有关部门获得,并有一定的实施可操作性。

4)科学性原则

铁路建设项目绿色生态评价指标的概念必须明确,且具有一定的科学内涵,能够度量和反映项目建设和运营中与生态环境保护相关的特征,有利于对项目生态环境保护工作的发展状态进行动态检测与分析研究,使信息输出系统能够客观真实地反映其情况。换言之,科学性原则要求铁路建设项目绿色生态评价指标的定义、测算方法、信息来源、权数确定都必须有科学依据。

5)动态性与稳定性相结合原则

绿色铁路评价是一个长期的过程,指标体系既要充分考虑系统的动态变化特点,能综合反映铁路建设和运营的现状特点和发展趋势,便于进行预测和管理,又要在一定时期内保持指标体系的相对稳定性,不宜变动频繁。

3.4.2.2 指标体系的构建方法

评价指标体系的构建是进行评价的一个重要组成部分,相应的绿色铁路评价指标体系的构建则是绿色铁路评价的一个重要内容。绿色铁路评价指标体系的构建方法、建立的原则和依据是相互联系的。选择正确的构建方法,将增强指标体系建立的科学性。指标体系构建方法有多种,应用较多的主要有以下几种方法:

1)调查研究法

该方法是通过调查研究,在广泛收集有关数据指标的基础上,利用比较归纳法进行归纳,并根据评价目标设计出评价指标体系,再以问卷的形势把设计的评价指标体系传递给有关专家填写意见的一种搜集信息的研究方法。

2)目标分解法

该方法是通过对研究主体的目标或任务的具体分析来构建评价指标体系。对研究对象进行分解,一般从总目标出发,将综合评价指标体系的度量对象和度量目标划分成若干个不同组成部分,并逐步细分,直到每一部分都可以用具体的统计指标来描述和实现。这是构建综合评价指标体系最基本、最常用的方法。

3)多元统计法

通过因子分析和聚类分析等方法,从初步拟定的较多指标中找出关键性指标。具体地说,一般先进行定性分析,初拟出有关研究对象所要评价的各种要素,然后进行定量分析,即对定性分析所提出的分析结果进行进一步的深化和扩展。在定量分析中,一般是对定性分析初拟的指标体系进行聚类分析和主成分分析。聚类分析的目的是找出初拟指标体系中各指标之间的有机联系,把相似的指标聚以成类;主成分分析的目的是找出初拟指标体系中起决定作用的综合性较大的指标。通过聚类分析和主成分分析,就可根据初拟指标体系中各项指标间关系的密切程度(相关系数)与概括能力(贡献率)大小,筛选出具有决定意义的指标体系。接着再进行因子分析,指出新指标体系中各指标的主次位置。

多元统计是解决多因子问题的一种有效方法。其主要优点是具有逻辑和统计意义,科学性强,能综合简化要素,解决要素的归属、要素间的联系和隶属位次等问题;能建立定性与定量相结合的评价指标体系;能处理大量的数据和信息。

综合上述三种方法的优点，在收集大量数据的基础上，选择合适指标，运用目标分解法构建绿色铁路评价指标体系，把绿色铁路评价这一目标按照逻辑分类向下展开为若干目标，再把各个目标分别向下展开为分目标或准则。以此类推，直到可进行定量或定性分析(指标层)为止。

3.4.3　评价指标的筛选

3.4.3.1　评价指标的筛选方法

指标的筛选是一项复杂的系统工程，在选取指标时要求评价者对评价系统要有充分和全面的认识。在筛选绿色铁路评价指标时，应在高速铁路生态环境识别的基础上，综合铁路生态环境分析及铁路生态环境调查情况，同时借鉴国内外生态环境评价研究、实际工作中的指标设置以及建设项目环评的指标体系，首先从原始数据中筛选出评价信息，然后通过筛选、理论分析，确立高速铁路绿色环境评价指标。

在上述工作的基础上，采用理论分析法、频度统计法、主成分分析法与专家咨询法，并结合高速铁路建设项目的特征因素进行指标的筛选，以满足指标选取的科学性和完备性。

(1)理论分析法。对铁路绿色的内涵、特征进行综合分析，选择那些重要的具有代表性的指标。要建立反映某个问题的指标，若没有现成的指标可以综合，就需要对某个问题的指标先进行分解，然后再进行综合。

(2)频度分析法。对目前有关铁路绿色生态评价研究的报告、论文等进行频度统计，在保证全面性的前提下，选择使用频度较高、针对性较强、对铁路评价影响较大的指标。

(3)主成分分析法。在保证信息损失尽可能少的前提下，经线性变化对指标进行"聚集"，舍弃无关紧要的信息，使高维的指标数据得到最佳的简化。

(4)专家咨询法。在初步提出评价指标的基础上，征询有关专家的意见，对指标进行调整。专家的选择虽然具有主观性，但是专家本人长期积累知识的反映。集成多数专家的意见，可在一定程度上化主观为客观。

3.4.3.2　铁路建设对环境影响因子的分析

要建立较全面的绿色铁路评价指标，必须全面准确地分析铁路建设和运营期对环境影响相关的影响因子，为评价指标的筛选提供依据。

铁路建设期对环境的影响，主要包括施工活动、机械设备的使用等使植被、地形地貌发生改变，使土地和水体的生产能力及利用方向发生改变，以及由于生态因子的改变而使自然资源受到影响。具体表现是工程征地、拆迁和建设过程造成征地范围内农作物、植被和农田灌溉设施永久性破坏；施工作业所产生的噪声将会对沿线环境敏感点产生影响；各种施工机械、重型运输车辆对周围环境产生振动的影响；建设期产生的废水对当地生态环境产生的影响；施工机械产生的烟气、土石方施工及运输车辆产生的扬尘以及各个施工营地配备的临时性小型锅炉烧水、做饭时排放的烟气，也将对大气环境产生一定影响。

铁路运营期对环境的影响，主要包括铁路运营对沿线动植物的影响，以及高速列车产生的噪声、振动和电磁辐射污染。具体表现是铁路运营影响当地的植物以及动物的生活习性，使得生态因子变化；产生的噪声振动和电磁辐射污染会对沿线环境敏感点产生影响，对当地生态环境产生破坏。

3.4.4　绿色铁路评价指标体系的建立

绿色铁路评价指标体系是依据高速铁路建设和营运过程中对环境的影响，将相互联系且能够说明环境质量状况的各个指标，科学地加以分类和组合而形成的指标体系，反映了铁路本身及其所在区域生态环境的综合状况。因此，绿色铁路评价指标体系是一系列有内在联系的指标的组合，它能反映出铁路及铁路所在区域环境质量的状况与变化进程，从总体上协调铁路建设项目与环境保护的关系，促进社会经济和环境的可持续发展。

根据上述分析，我们可以运用目标分解法对绿色铁路评价指标体系进行构建。在绿色铁路评价指标体系构建原则的指导下，结合国内外生态环境评价研究和实际工作中的指标设置，确定绿色铁路评价指标体系，见表 1.3.3～表 1.3.5。

表 1.3.3 设计阶段绿色铁路评价指标体系

一级指标	二级指标	三级指标
土地利用	永久占地	耕地占用率(永久占地中耕地比例与线路中线两侧各 1 km 内耕地比例的比值)
		每正线公里永久用地
	临时占地	耕地占临时用地的比例
		每正线公里临时用地
水土保持	高路堤	高路堤总长占线路总长度的比例
		高路堤边坡植物防护面积占总边坡防护面积的比例
	深路堑	深路堑总长度占线路总长度的比例
		深路堑边坡植物防护面积占总边坡防护面积的比例
	取、弃土场	每正线公里挖方量
		每正线公里填方量
生态保护	景观协调性	车站景观协调度
		桥梁景观协调度
		路基景观协调度
		隧道洞口景观协调度
	法定环境敏感区	工程与法定环境敏感区距离(自然保护区、风景名胜区、饮用水源保护区、文物保护单位、森林公园、地质公园等)
	动植物保护	林地占用率(永久占地中林地比例与线路中线两侧各 1 km 内林地比例的比值)
		保护植物占用率(永久占地中保护植物比例与线路中线两侧各 1 km 内保护植物比例的比值)
		是否涉及水生保护动物的洄游通道、产卵场、繁殖场、越冬场
		是否涉及陆生动物的迁移通道
环境污染治理	噪声	噪声治理率
	振动	振动治理率
	固体废物	固体废物处置率
	电磁干扰	电磁干扰防护情况
	污水	污水达标排放率
	废气	废气达标排放率
节能降耗(能源消耗)	油消耗	每公里耗油量
	电消耗	每公里耗电量
	清洁能源利用	站、段(所)清洁能源利用率

表 1.3.4 施工阶段绿色铁路评价指标体系

一级指标	二级指标	三级指标
环境管理	施工组织设计	环境保护措施的完善程度
	规章制度	环境保护方面规章制度的完善程度
		环境保护方面规章制度的执行程度
	机构设置	环境保护有关机构的健全程度
	培训、标识	环保知识培训、环保警示标志的普及程度
环保措施	临时环保措施	桥梁桩基泥浆处理设施的完善程度
		污水、扬尘、噪声等临时防护措施的完善程度
	永久环保工程	环境污染控制工程的完善程度
水保措施	临时水保措施	表土剥离、临时堆放、防护措施的完善程度
		施工场地临时排水设施的完善程度
		弃渣拦挡等水保措施的完善程度

续上表

一级指标	二级指标	三级指标
水保措施	永久水保工程	水土保持工程的完善程度
		土地复垦工程的完善程度
环境污染治理	噪声	噪声治理率
	振动	振动治理率
	固体废物	固体废物处置率
	污水	污水治理率
	废气	废气治理率
节能降耗(能源消耗)	电能消耗	生产电能消耗
		生活电能消耗
	石油消耗	运输车辆能耗
		燃油机具能耗

表 1.3.5　运营阶段绿色铁路评价指标体系

一级指标	二级指标	三级指标
节能降耗	减排	化学需氧量排放量下降百分比
		二氧化硫排放量下降百分比
		氨氮排放量下降百分比
		氮氧化物排放量下降百分比
	节能	单位运输工作量综合能耗降低比例
		清洁能源利用比例
环境污染治理	噪声	噪声达标治理率
	振动	振动达标治理率
	电磁干扰	电磁干扰防护情况
	固体废物	固体废物处置率
	污水	污水治理率
安全舒适	线路病害	线路病害率
		沿线防护程度
	舒适度	旅行环境舒适度
绿化	铁路沿线绿化	铁路沿线绿化率
	站场美化绿化	站场绿化率

3.4.5　绿色铁路评价指标的计算方法

3.4.5.1　指标数据标准化

数据标准化，即数据的无量纲化、规格化，是通过数学变换来消除原始变量量纲影响的方法。不同的评价指标具有不同的单位，即使是具有相同单位的不同指标，其数值的大小也有很大差异，这就是量纲的不同。如果直接使用这些量纲不同的指标数值进行综合评价，将有可能夸大数值较大的指标的作用。

1)指标的属性

指标的属性可分为正向、逆向和适度三类。正向指标的值越大越好；逆向指标的值越小越好；适度指标的值不应过大或过小，而是达到适度值或适度区间最好。适度指标也可看做是正负指标的组合，只要找到适度点，也可在适度点前后分别转化为正向、逆向指标。

2)指标数据标准化方法

根据指标数据属性、指标权重的确定方式，指标数据标准化的方法可以分为直线型、折线型和曲线型三种。其中最常用的是直线型方法。直线型标准化方法是在将指标实际值转化为不受量纲影响的指标评价值时,假定二者之间呈线性关系,指标实际值的变化引起指标评价值一个相应比例的变化。直线型标准化方法主要有阈值法、Z-Score法、折线法(常采用隶属函数法)。

3.4.5.2 绿色铁路定性指标的数量化

对于大多数多指标的统计综合而言,由于构成评价指标体系的指标都已量化,可直接采用一定的方法进行综合评价。随着综合评价应用领域的发展,统计指标测量内容的扩大,一些定性的变量被引入到综合评价指标体系中来。定性变量的数量化方法,体现了评价者的评价立场,从而影响到评价结论。

主要的量化法有三种:

(1)两两比较评分法,如层次分析法(AHP)。

(2)专家评分法,如DELPHI法。

(3)尺度评分法。

3.4.5.3 指标标准值的确定

指标的无量纲化处理,就是将指标值与其标准值相比较,按照一定的计算方法求得该指标的得分。指标标准值在评价过程中是一组很重要的量,它们是衡量人们对被评价对象指标值满意程度的标准。指标标准值一般反映在一定时期人们对被评价对象某一方面发展水平的要求,这种要求是一类或某一个被评价对象某一方面发展的客观可能性与人们对它的主观期望的综合。在绿色铁路评价指标体系中,指标标准值应体现"绿色"这个总要求。绿色铁路评价指标体系标准值的确定,要依据国家有关标准、规范并结合铁路自身特点,根据不同情况进行处理。

3.4.6 绿色铁路评价指标的说明

3.4.6.1 土地利用指标

我国现有耕地资源在急剧减少,后备资源严重不足,耕地已成为最为紧缺的资源。保护耕地尤其是基本农田对可持续发展和和谐社会建设都有重要意义。在铁路设计、施工阶段,应尽量少占耕地、林草地,多利用荒地、废弃地。土地占用指标,包含以下临时用地和永久用地指标。

(1)耕地占用率。根据我国1998年12月27日国务院令第257号发布的《基本农田保护条例》,基本农田是指按照一定时期人口和社会经济发展对农产品的需求,依据土地利用总体规划确定的不得占用的耕地。本指标反映了建设项目对基本农田的占用情况,铁路建设不可避免地要占用一些农田,根据国务院关于基本农田保护的有关精神,应尽可能地节约农田。类比同类型建设项目,以耕地占用比例70%~80%为中等水平,计算公式如下:

农田占用比例=(占用农田总量/建设项目总占地面积)×100%

农田占用比例评判分级。见表1.3.6。

表1.3.6 农田占用比例评判分级 (单位:%)

评价等级	差	较差	一般	较好	好
占用比例	>90	80~90	70~80	60~70	<60

(2)每正线公里永久用地。见表1.3.7。

表1.3.7 每正线公里永久用地评判分级

评价等级	差	较差	一般	较好	好
评分情况	1	2	3	4	5

(3)耕地占临时用地的比例。见表1.3.8。

表1.3.8 耕地占临时用地的比例评判分级 (单位:%)

评价等级	差	较差	一般	较好	好
占用比例	>90	80~90	70~80	60~70	<60

(4)每正线公里临时用地。见表1.3.9。

表1.3.9　每正线公里临时用地评判分级

评价等级	差	较差	一般	较好	好
评分情况	1	2	3	4	5

3.4.6.2　设计期水土保持指标

(1)高路堤、深路堑相关指标(表1.3.10),包括高路堤总长占线路总长度的比例、深路堑总长度占线路总长度的比例、高路堤边坡植物防护面积占总边坡防护面积的比例、深路堑边坡植物防护面积占总边坡防护面积的比例。考虑到量化的实际困难,我们采用DELPHI法来进行评级。

表1.3.10　高路堤、深路堑相关指标分级

评价等级	差	较差	一般	较好	好
评分情况	1	2	3	4	5

(2)取、弃土场相关指标(表1.3.11、表1.3.12)。包括每正线公里挖、填方量,采用类比同类型建设项目方法来进行分级。其中平原地区主要参考沪杭线、京津城际等几条线路的设计平均值为参考基准,山区主要采用成渝、西成客运专线、武广客运专线设计的平均值。

表1.3.11　每正线公里挖方量分级

评价等级	差	较差	一般	较好	好
方量($\times10^4$ m^3)平原	>5	3~4	2~3	1~2	<1
方量($\times10^4$ m^3)山区	>25	20~25	18~20	15~18	<15

表1.3.12　每正线公里填方量分级

评价等级	差	较差	一般	较好	好
方量($\times10^4$ m^3)平原	>8	6~8	4~6	2~4	<2
方量($\times10^4$ m^3)山区	>10	7~10	4~7	1~4	<1

3.4.6.3　生态保护指标

(1)景观协调度。景观协调度是指铁路线路和外部景观,如风景旅游名胜区等在景观学角度上的协调程度。对于铁路边坡,通过绿化不仅可以增加边坡稳定性,还可以使得铁路的绿化景观更优美;对于铁路隧道口和站场,经过设计可以达到与周边景观更为协调的效果。景观协调度评判可以用景观敏感度、景观破碎度和景观分离度来衡量。景观协调度指标是定性指标,景观敏感度越低、破碎度越小、分离度越低,景观协调度越好。本报告采用DELPHI法对景观敏感度、景观破碎度、景观分离度三个分量进行综合定量评价。具体分值见表1.3.13。

表1.3.13　景观协调度评价分级

评价等级	差	较差	一般	较好	好
景观协调度	1	2	3	4	5

(2)法定环境敏感区。法定环境保护目标主要包括自然保护区、风景名胜区、水源保护区、文物保护单位、森林公园、地质公园等。法定保护目标分级见表1.3.14。

表1.3.14　法定保护目标分级

评价等级	差	较差	一般	较好	好
距离(m)	穿越(<0)	<60	60~120	120~200	>200

(3)动植物保护指标。见表1.3.15~表1.3.18。

表 1.3.15　林地占用率评判分级

评价等级	差	较差	一般	较好	好
占用比例(%)	>10	7～10	4～7	1～4	<1

表 1.3.16　保护植物占用率评判分级

评价等级	差	较差	一般	较好	好
占用比例(%)	>10	5～8	3～5	1～3	<1

表 1.3.17　是否涉及陆生动物的迁移通道评判分级

评价等级	差	好
评分情况	1(涉及)	5(不涉及)

表 1.3.18　是否涉及水生保护动物保护相关评判分级

评价等级	差	好
评分情况	1(涉及)	5(不涉及)

3.4.6.4　环境污染治理

主要包含噪声、振动、污水、电磁辐射等指标，用治理率来表示。见表 1.3.19。

表 1.3.19　治理率评判分级

评价等级	差	较差	一般	较好	好
治理率(%)	<30	30～50	50～70	70～90	>90

3.4.6.5　节能降耗

(1)设计期能耗。见表 1.3.20、表 1.3.21。

表 1.3.20　电力/石油消耗评判分级

评价等级	大	较大	一般	较小	小
评分	1	2	3	4	5

表 1.3.21　站段(所)清洁能源利用率评判分级

评价等级	差	较差	一般	较好	好
利用率(%)	<60	60～65	65～70	70～75	>75

(2)施工期能耗(电力/石油消耗)。见表 1.3.22。

表 1.3.22　电力/石油消耗评判分级

评价等级	大	较大	一般	较小	小
评分	1	2	3	4	5

(3)运营期能耗(节能降耗)。节能降耗指标评价等级根据 2007 年～2011 年年铁道统计公报中“节能减排”部分相应的数据确定。

①减排。减排指标评价等级，根据 COD 和 SO_2 的排放量降低百分比确定。评价等级依据参考 2007 年～2011 年铁道统计公报。

如图 1.3.17 所示，2007 年化学需氧量(COD)排放量降低 5.3%，2008 年降低 6.1%，2009 年降低 4.0%，2010 年降低 2.0%，2011 年降低 3.7%，2012 年降低 2.1%。

根据原铁道部统计中心 2007 年～2011 年国家铁路化学需氧量(COD)排放量降低比例统计数据，化学需氧量(COD)排放量降低比例判别等级见表 1.3.23。

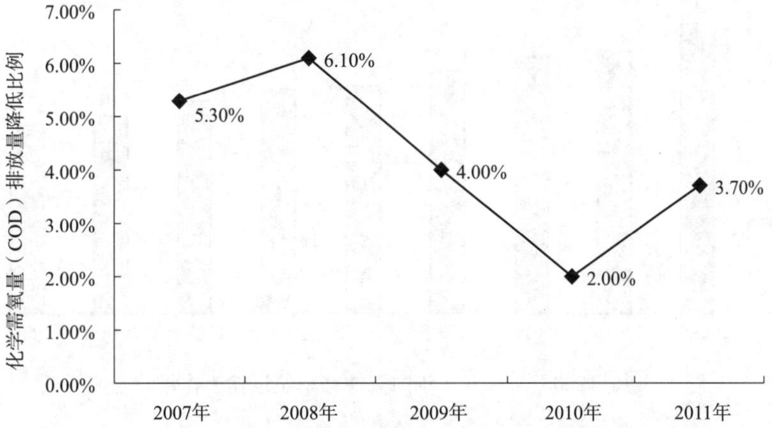

图 1.3.17　2007 年～2011 年国家铁路化学需氧量(COD)排放量降低比例

表 1.3.23　COD 减排评判分级

评价等级	差	较差	一般	较好	好
减少比例(%)	<0	0～1	1～3	3～5	>5

如图 1.3.18 所示，2007 年二氧化硫(SO_2)排放量降低 5.7%，2008 年降低 3.0%，2009 年降低 5.1%，2010 年降低 2.4%，2011 年降低 0.5%，2012 年降低 5.0%。

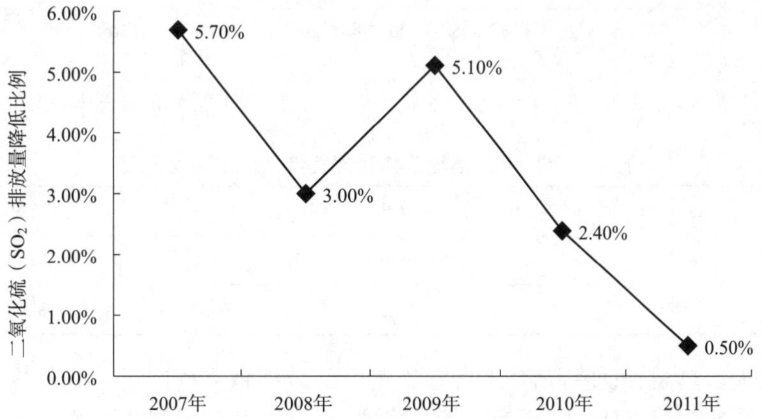

图 1.3.18　2007 年～2011 年国家铁路二氧化硫(SO_2)排放量降低比例

根据原铁道部统计中心 2007 年～2011 年国家铁路二氧化硫(SO_2)排放量降低比例的统计数据，二氧化硫(SO_2)排放量降低比例判别等级见表 1.3.24。

表 1.3.24　SO_2 减排评判分级

评价等级	差	较差	一般	较好	好
减少比例(%)	<0	0～1	1～3	3～5	>5

②节能。节能主要体现在单位运输工作量能耗以及清洁能源利用方面。

2004 年～2011 年国家铁路单位运输工作量综合能耗(吨标准煤/百万换算吨公里)情况如图 1.3.19 所示，单位运输工作量综合能耗降低百分比情况如图 1.3.20 所示。

根据原铁道部统计中心 2004 年～2011 年国家铁路单位运输工作量综合能耗降低百分比统计数据，单位运输工作量能耗降低比例判别等级见表 1.3.25。

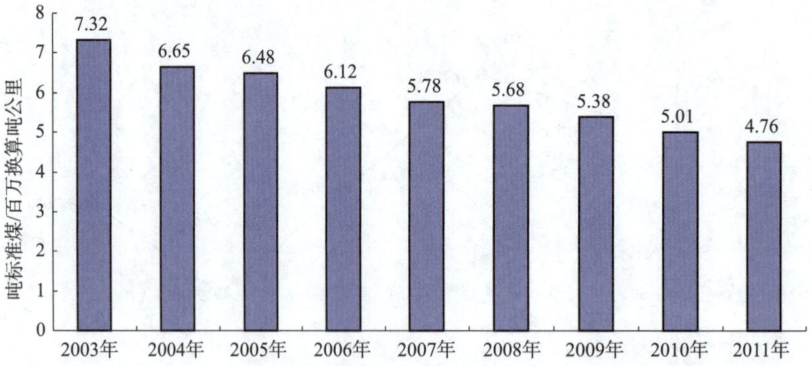

图 1.3.19 2003 年～2011 年国家铁路单位运输工作量综合能耗

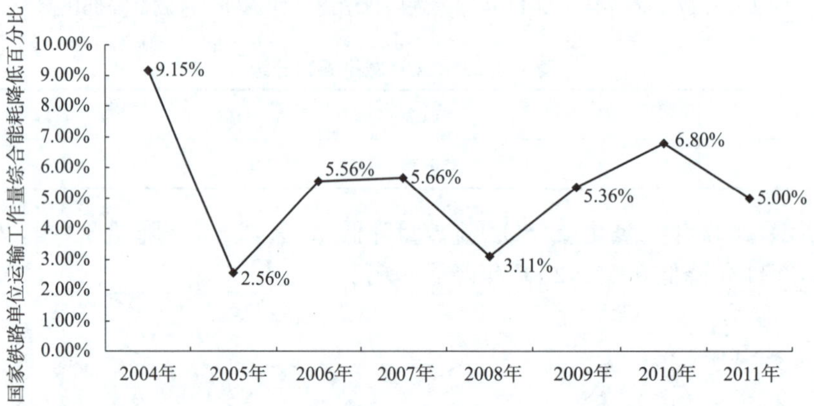

图 1.3.20 2004 年～2011 年国家铁路单位运输工作量综合能耗降低百分比

表 1.3.25 单位运输工作量能耗降低比例评判分级

评价等级	差	较差	一般	较好	好
减少比例%	<0	0～1	1～2	2～4	>4
建议	<0	0～1	1～3	3～5	>5

近年来，太阳能、地源热泵、风能等清洁能源在铁路中的应用越来越广泛。地源热泵是一项成熟的可再生能源利用技术，其节能、环保、灵活、方便等特性和优势，可以弥补我国铁路系统传统的供暖制冷方式存在的问题。空调系统能效比和自动化程度高，全年使用可以节约大量人力物力，经济效益显著，并可减少城市热岛效应，环保节能效果明显。铁路站房占地面积大，有足够的设备安装空间，非常适合安装地源热泵空调系统。目前地源热泵技术在铁路系统的应用已有 100 多处、30 多万平方米。

京沪高速铁路上海虹桥站，利用建筑物屋面设置太阳能板，建设并网太阳能光伏发电系统(图 1.3.21)，结合铁路客站建设一次建成。该电站位于虹桥铁路枢纽站两侧雨棚之上，利用屋面面积 6.1 万 m^2，太阳能电池板 23 910 块，总装机容量 6 688 kW，年均发电量 630 万度，可供 12 000 户居民使用。在 25 年的设计寿命内，年平均上网电量 631 万度，年节约标煤 2 274 t，年减排二氧化碳 5 837 t，二氧化硫 45 t，氮氧化合物 20 t，烟尘 364 t。

虹桥站地源热泵设计，以冬季采暖负荷为基准，在 40 000 m^2站台板下空间布置 3 台地源热泵机组，利用土层中较恒定的温度，与土壤进行必式热量交换，达到夏季制冷、冬季供热的目的。

此外，武广高速铁路武汉站屋顶发电项目，装机总量 2 200 kW，已于 2010 年 5 月实现并网发电，目前运行状态良好。年发电量 200 万度，直接供给铁路客站一级负荷(售票系统、安检系统、远程监控 FAS 系统、办公 BAS 系统等)使用。

清洁能源利用率判别标准、等级，见表 1.3.26。

图1.3.21　京沪高速铁路上海虹桥站太阳能光伏发电系统

表1.3.26　清洁能源利用率评判分级标准

评价等级	差	较差	一般	较好	好
利用率(%)	<50	50～60	60～70	70～85	>85

3.4.6.6　环境管理

环境管理包括培训、标识、机构设置、规章制度、施工组织设计等。评价内容包括:环境保护措施的完善程度;环境保护规章制度的完善程度;环境保护规章制度的执行程度;环境保护机构的健全程度;环保知识培训、环保警示标志的普及程度。评价等级采用专家打分法评分(5分制)后进行综合汇总。见表1.3.27。

表1.3.27　环境管理类完善程度评判分级标准

评价等级	差	较差	一般	较好	好
评分	1	2	3	4	5

3.4.6.7　环保措施

包括永久环保工程和临时环保措施。评价内容包括桥梁基坑弃渣、泥浆处理设施的完善程度;噪声、污水、扬尘等的临时防护措施的完善程度;污染控制工程的完善程度。评价等级采用专家打分法评分(5分制)。见表1.3.28。

表1.3.28　环保措施类完善程度评判分级标准

评价等级	差	较差	一般	较好	好
评分	1	2	3	4	5

3.4.6.8　水保措施

包括永久水保工程和临时水保措施,评价内容包括表土剥离、临时堆放、防护措施的完善程度;施工场地临时排水设施的完善程度;水土保持工程的完善程度;土地复垦工程的完善程度。

评价等级采用专家打分法进行打分(5分制)。见表1.3.29。

表1.3.29　水保措施类完善程度评判分级标准

评价等级	差	较差	一般	较好	好
评分	1	2	3	4	5

3.4.6.9　安全舒适

安全舒适主要用线路病害率分级。见表1.3.30。

表1.3.30　线路病害率评判分级标准

评价等级	差	较差	一般	较好	好
评分	1	2	3	4	5

沿线防护程度采用专家打分法分级。见表1.3.31。

表 1.3.31 沿线防护程度评判分级标准

评价等级	差	较差	一般	较好	好
评分	1	2	3	4	5

旅行环境舒适度主要使用调查统计方法进行分级。见表 1.3.32。

表 1.3.32 旅行环境舒适度评判分级

评价等级	差	较差	一般	较好	好
百分比(%)	<30	30～55	55～75	75～90	>90

3.4.6.10 绿化

绿化主要用铁路沿线绿化率来表示：

铁路沿线绿化率＝铁路沿线已绿化里程/铁路沿线可绿化里程。

(1)铁路沿线绿化率主要参照国际和国内平均水平来进行分级(我国铁路全线绿化率平均水平约为45%。德国普遍认为达到 30%即为合格)。见表 1.3.33。

表 1.3.33 铁路沿线绿化率评判分级

评价等级	差	较差	一般	较好	好
百分比(%)	<20	20～30	30～45	45～70	>70

(2)站、段、所(广场)绿化率，参照《铁路旅客车站建筑设计规范》(GB 50226—2007)第 4.0.7 条，以“车站广场绿化率不宜小于 10%”为基本起点(即“一般”等级)。见表 1.3.34。

表 1.3.34 站、段、所绿化率评判分级

评价等级	差	较差	一般	较好	好
百分比(%)	<5	5～10	10～15	15～20	>20

3.5 绿色铁路评价方法研究

绿色铁路的评价就是要对铁路设计、施工及运营阶段的“绿色度”进行科学、客观的分析与评价。绿色铁路的评价是一个多因素、多层次、指标判别具有模糊性的综合评价问题，具有多阶段性。本研究结合实例采用自上向下的多级层次分析，构建绿色铁路综合评价指标和评价模型，应用层次分析法和线性加权法计算最终综合得分，为铁路设计、施工和运营管理提供绿色铁路评价理论和实践依据。

3.5.1 绿色铁路评价的流程

绿色铁路评价的流程，如图 1.3.22 所示。

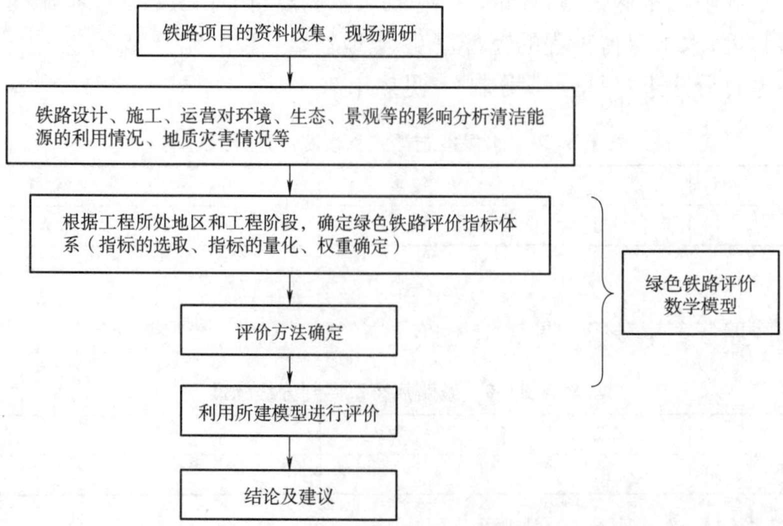

图 1.3.22 绿色铁路评价流程

3.5.2 绿色铁路评价的概念模型

不同地区的生态环境、地质环境、景观环境、环境污染特征存在差异，因此不同地区的铁路建设对环境、生态、景观和地质环境等的影响也不同。此外，在不同的工程阶段，如规划阶段、设计阶段、施工阶段、运营阶段，铁路建设对环境、生态、景观和地质环境等的影响重点不同，影响程度也有差异。因此，在进行绿色铁路评价时，针对工程所处的不同地区、不同阶段，评价指标体系不同，指标权重也各有侧重。

3.5.2.1 不同阶段绿色铁路评价的概念模型

1)规划阶段

规划阶段绿色铁路评价，重点综合考虑经济、社会发展和生态、环境等方面的因素。新线建设规划时应考虑沿线地区的城镇规划、土地利用总体规划、环境功能区划、生态环境保护规划、自然资源保护规划、能源指导性专项规划以及其他交通运输方式规划，铁路站场的设置要处理好铁路建设与所在城市总体规划的关系。经过旅游资源丰富地区时，还应考虑铁路建设与当地旅游发展规划的关系。在确定评价指标体系后，可以对多个方案进行同等深度的评价。运用同样的评价方法，求出环境最优方案。所谓环境最优方案，是指引发环境问题最少、影响最小的方案或虽然环境问题多、影响大，但采取多项环保措施后环境影响最小的方案。在没有比较方案时，以不实施该规划的情况作为比较方案(零方案)，运用前后对比分析等方法，对规划方案和零方案进行评价和比较，提出规划方案的改进意见。

2)设计阶段

设计阶段绿色铁路评价，重点考虑局部线路方案的优化设计、取弃土(渣)场的合理设置与水土保持设计、边坡绿化设计、隧道洞口景观设计、车站景观设计以及噪声防治设计等。坚持“地质和环境选线”原则，优化局部线路方案，并做好高填方地段的路堤与桥梁方案、深挖地段的路堑与隧道方案的比选；对工程无法绕避的保护区或人文景观，采取与自然保护区、景观风貌相协调的保护措施；优化工程用地、尽量少占农田；优先采用清洁生产工艺和技术。

3)施工阶段

施工阶段绿色铁路评价，重点考虑生态破坏、诱发地质灾害、景观影响、环境污染等因素，相应的指标包括水土流失、植被破坏、对动物的影响；诱发地质灾害数量及规模、景观斑块；施工噪声与振动、水污染、大气污染、固体废物污染等。

4)运营阶段

运营阶段绿色铁路评价，重点考虑节能降耗、安全舒适、环境污染、地质灾害发生情况、清洁能源利用程度等因素，相应的指标包括运输能耗，线路地质病害率，运营噪声、水污染、大气污染(内燃机车)、电磁污染(电力机车)、固体废物污染，清洁能源利用率等。

3.5.2.2 不同地区绿色铁路评价的概念模型

1)高原地区

高原地区生态环境极其脆弱，人烟稀少甚至是无人区，环境污染程度很低甚至没有污染；风能、太阳能等清洁能源资源丰富。因此，高原地区绿色铁路评价，重点考虑生态破坏、环境污染、清洁能源利用程度等因素，相应的指标包括水土流失、植被破坏、对动物的影响，大气污染、水污染、固体废物污染以及清洁能源利用率等。在铁路经过的城镇或自然保护区地段也应考虑噪声影响。在高原地区绿色铁路评价模型中，生态破坏、环境污染因素的权重较大。

2)西部山区

西部山区地质环境、生态环境脆弱，山地地质灾害发生频繁，生态环境破坏(尤其是水土流失)严重，人口密度一般较小。因此，西部山区绿色铁路评价，重点考虑地质灾害、生态破坏等因素。相应的指标包括地质灾害严重程度，水土流失、植被破坏、对动物的影响。由于西部山区一般处于大江大河的上中游，因此，水污染也是应考虑的重要因素。在西部山区绿色铁路评价模型中，地质灾害、生态破坏因素的权重较大。

3)风景名胜区

风景名胜区生态环境较好、景观质量分数高、环境质量好，对生态环境、景观环境以及环境质量的要求较高。因此，风景名胜区绿色铁路评价，重点考虑生态破坏、景观影响、环境污染等因素。相应的指标包括水土流失、植被破坏，景观协调性（景观综合评价指数），水污染、大气污染、噪声污染以及固体废物污染等。在风景名胜区绿色铁路评价模型中，生态破坏、景观影响、环境污染因素的权重较大。

4）东部经济发达、人口稠密区

东部地区经济发达、人口稠密，环境污染较严重。该区绿色铁路评价，重点考虑环境污染、生态破坏等因素。相应的指标包括噪声污染、水污染、固体废物污染、大气污染、水土流失、植被破坏等。在东部经济发达、人口稠密区绿色铁路评价模型中，环境污染、生态破坏因素的权重较大。

3.5.3　指标量化与权重的确定

绿色铁路评价中，指标既要能全面综合反映高速铁路在绿色生态评价中各方面的要求，又要能体现绿色铁路的特征、内涵和要素。指标筛选需要遵循系统性、一致性、独立性、可比性、科学性、可操作性、动态性与稳定性相结合的原则。筛选方法通常有理论分析法、频度法、广义方差极小法、极大不相关法、最小均方差法、主成分分析法、德尔菲法（专家咨询法）等。

3.5.3.1　线性指标的量化

由于绿色铁路指标的类型、量纲、数量级、数据分布形式等有较大的区别，采用线性无量纲化方法量化后，对单调性、差异比不变性、平移无关性、缩放无关性、区间稳定性、总量恒定性等进行了比较，得出了标准化处理方法、极值处理法和功效系数法，在众多方法中具有比较优势。但在实际操作中，还是应根据所观测到的数据分布等不同条件，选择适合的方法。

以下为一组线性指标的量化公式：

成本型与效益型：

$$x^*=\frac{x-m}{M-m}\times c+d \tag{1.3.1}$$

$$x^*=\frac{M-x}{M-m}\times c+d \tag{1.3.2}$$

在式(1.3.1)、式(1.3.2)中，m 为不允许值，M 为满意值，c 为放大（缩小）系数，d 为偏移量，通常 c 取0.4，d 取0.6。

居中型：

$$x^*=\begin{cases}1-\dfrac{q-x}{\max\{q-m,M-q\}} & x<q\\ 1 & x=q\\ 1-\dfrac{x-q}{\max\{q-m,M-q\}} & x>q\end{cases} \tag{1.3.3}$$

区间型：

$$x^*=\begin{cases}1-\dfrac{q_1-x}{\max\{q_1-m,M-q_2\}} & x<q_1\\ 1 & x\in[q_1,q_2]\\ 1-\dfrac{x-q_2}{\max\{q-m,M-q\}} & x>q_2\end{cases} \tag{1.3.4}$$

偏离型：

$$x^*=\begin{cases}\dfrac{q-x}{\max\{q-m,M-q\}} & x<q\\ 0 & x=q\\ \dfrac{x-q}{\max\{q-m,M-q\}} & x>q\end{cases} \tag{1.3.5}$$

偏离区间型：

$$x^*=\begin{cases}\dfrac{q_1-x}{\max\{q_1-m,M-q_2\}} & x<q_1\\0 & x\in[q_1,q_2]\\\dfrac{x-q_2}{\max\{q-m,M-q\}} & x>q_2\end{cases}\tag{1.3.6}$$

式(1.3.3)～式(1.3.6)中，q 为固定值，q_1、q_2 为区间上下界，M、m 分别为取值上下限。通过式(1.3.1)～式(1.3.6)处理后各种指标均能落入区间[0,1]。

3.5.3.2　非线性指标的量化

非线性指标主要分为折线型、曲线型、周期波动型、0-1 型为主的四种类型。见式(1.3.7)～式(1.3.13)。对于折线型、周期波动型指标的量化，可以采取分段函数分别处理。对于曲线型指标，可以根据指标数据特征，选取不同的标准化函数。

升半 Γ 形：

$$x^*=\begin{cases}0 & 0\leqslant x<a\\1-e^{-k(x-a)} & x>a\\k>0\end{cases}\tag{1.3.7}$$

升半正态形：

$$x^*=\begin{cases}0 & 0\leqslant x<a\\1-e^{-k(x-a)^2} & x>a\\k>0\end{cases}\tag{1.3.8}$$

升半柯西形：

$$x^*=\begin{cases}0 & 0\leqslant x<a\\\dfrac{k\,(x-a)^2}{1+k\,(x-a)^2} & x>a\\k>0\end{cases}\tag{1.3.9}$$

升半凹凸形：

$$x^*=\begin{cases}0 & 0\leqslant x<a\\a(x-a)^k & a\leqslant x\leqslant a+a^{-\frac{1}{k}}\\1 & x\geqslant a+a^{-\frac{1}{k}}\end{cases}\tag{1.3.10}$$

升半岭形：

$$x^*=\begin{cases}0 & 0\leqslant x<a\\\dfrac{1}{2}-\dfrac{1}{2}\sin\dfrac{\pi}{b-a}\left(x-\dfrac{a+b}{2}\right) & a\leqslant x\leqslant a+a^{-\frac{1}{k}}\\1 & x\geqslant a+a^{-\frac{1}{k}}\end{cases}\tag{1.3.11}$$

0-1 型：

$$x^*=\begin{cases}0 & x<q\\1 & x\geqslant q\end{cases}\tag{1.3.12}$$

$$x^*=\begin{cases}1 & x\leqslant q\\0 & x>q\end{cases}\tag{1.3.13}$$

3.5.3.3　定性指标的量化

定性指标的量化一般需要一定的专业背景，专家法和隶属度法使用较多。德尔菲法（DELPHI Method）是 20 世纪 40 年代由 O. 赫尔姆和 N. 达尔克首创，经过 T. J. 戈尔登和兰德公司进一步发展而成的。德尔菲这一名称起源于古希腊有关太阳神阿波罗的神话，传说中阿波罗具有预见未来的能力。因此，这种预测方法被命名为德尔菲法。1946 年，兰德公司首次用德尔菲法进行预测，后来该方法被迅速广泛采用。

1)德尔菲法

德尔菲法依据系统的程序,采用匿名发表意见的方式,即专家之间不得互相讨论,不发生横向联系,只能与调查人员发生关系。通过多轮次调查专家对问卷所提问题的看法,经过反复征询、归纳、修改,最后汇总成专家基本一致的看法,作为预测的结果。这种方法具有广泛的代表性,较为可靠。

德尔菲法是预测活动中的一项重要工具,在实际应用中通常可划分三个类型:经典型德尔菲法(Classical)、策略型德尔菲法(Policy)和决策型德尔菲法(Decision)。

德尔菲(DELPHI)法预测的一般步骤如下:

①由工作小组确定问题的内容,并设计一系列征询解决问题的调查表。

②将调查表寄给专家,请他们提供解决问题的意见和思路,专家间不沟通,相互保密。

③专家开始填写自己的意见和想法,并把它寄回给工作小组。

④处理这一轮征询的意见,找出共同点和各种意见的统计分析情况;将统计结果再次返还专家,专家结合他人意见和想法,修改自己的意见并说明原因。

⑤将修改过的意见进行综合处理再寄给专家,这样反复几次,直到获得满意答案。

除上述两种方法外,常见的还有异地思考法、思路转换法等,不再赘述。

2)影响德尔菲法评价准确性的因素

①年龄。韦伯的一项研究显示,年龄影响决策。一般年龄低的组使用群体决策效果好;随着年龄的增长,群体决策与优秀选择的差距加大。

②人群规模。通常认为5～11人能得到比较正确的结论;2～5人能得到相对一致的意见;人数再多可能双方的意见差距就会显现出来。一些有关群体规模与决策关系的研究得到了有益的结论:5～11人最有效,能得出较正确的结论;2～5人能得到一致意见;规模大的群体意见可能增加,但与人数不成正比增长,这可能是产生相关的小群体造成的;4～5人的群体易感满意。若以意见一致为重点,2～5人合适;若以质量一致为重点,5～11人合适。

③程序。决策过程中,采取什么样的程序,都会影响决策的效果。

④人际关系。团队成员彼此间过去是否存在成见、偏见,或相互干扰的人际因素,也会影响到群体决策的效果。

综上所述,在实际操作中,方法的选择和对抗拒或干扰因素的回避和调整,都要视实际情况而定。

3.5.3.4 权重的确定方法

在指标体系确定后,还需要考虑各评价指标在整个指标体系中的地位和作用(即各评价指标对评价结果的贡献大小或影响程度),确定各指标的权重。

指标权重的确定方法,大体上可分为主观赋权法和客观赋权法两大类:

主观赋权法往往没有统一的客观标准,它是研究者根据其主观判断来确定各个指标权数的一种方法。主要有专家评判法、Dephi法和Satty层次分析法等。

客观赋权法是直接根据指标的原始信息,通过数学方法或统计方法处理后获得权数的一种方法。常用的方法主要有主成分分析法、因子分析法、相关法、层次分析法、环比法、回归法、二项系数法、熵测度法等。比较有代表性且应用较多、较成功的主要有AHP和Dephi法。

主观赋权法容易受到判断者的教育背景、个人偏好的影响,而客观赋权法判断得出的结果往往与实际期望值相差甚远,有时可能还会出现相悖的情况。评价参与者往往都是相关领域具有丰富经验的专家,但专家看待事物的角度不同,自身偏好问题也需要考虑。

因此,在评价时采取组合方法来体现这种偏好,又克服过于主观的缺点。

计算步骤如下:

(1)将判断矩阵每一列归一化。

$$b_{ij}=\frac{b_{ij}}{\sum_{k=1}^{n}b_{ij}}(i,j=1,2,\cdots,n) \tag{1.3.14}$$

(2)对按列归一化的判断矩阵，再按行求和。

$$\boldsymbol{w}_i=\sum_{j=1}^{n}b_{ij}(i=1,2,\cdots,n) \tag{1.3.15}$$

(3)将向量 $\boldsymbol{w}[\boldsymbol{w}_1,\boldsymbol{w}_2,\cdots,\boldsymbol{w}_n]^{\mathrm{T}}$ 归一化。

$$\boldsymbol{w}_i=\frac{\boldsymbol{w}_i}{\sum_{j=1}^{n}\boldsymbol{w}_j}(i=1,2,\cdots,n) \tag{1.3.16}$$

则：$W=[w_1,w_2,\cdots,w_n]^{\mathrm{T}}$，即为所求权重向量。

(4)不同专家对不同指标的重要性进行两两比较，构造两两比较的判断矩阵 A_i，并利用归一化得权重向量。

$$w^k=(w_1^k,w_2^k,\ldots.w_n^k)^{\mathrm{T}} \tag{1.3.17}$$

(5)两两专家评判结果之间的一致性程度，采用向量夹角余弦来定义：

$$\cos\theta_{ij}=\frac{\boldsymbol{D}_i\cdot\boldsymbol{D}_j}{|\boldsymbol{D}_i|\cdot|\boldsymbol{D}_j|} \tag{1.3.18}$$

(6)将 m 个专家分成 n 类，聚类后第 k 类中包含有 φ_k 个专家，得到该类的置信因子为 S_k。

$$s_k=\frac{\varphi_k}{n} \tag{1.3.19}$$

(7)设第 i 个专家权重为 w_i，则专家权重 w_i 与专家所在类的置信因子成正比。

$$w_i=\varphi_i/\sum_{q=1}^{m}\varphi_q^2 \tag{1.3.20}$$

(8)融合专家权重与指标权重。

$$w_i^*=\frac{1}{m}\sum_{k=1}^{m}w_i\cdot w_i^k \tag{1.3.21}$$

3.5.4　绿色铁路评价方法的确定

考虑到铁路建设和运营的特点，采用多层次模糊综合评判模型，作为绿色铁路的评价方法。具体步骤如下：

(1)对评判因素集合 U，按某个属性 c，将其划分成 m 个子集，使它们满足：

$$\begin{cases}\sum_{i=1}^{m}U_i=U\\U_i\cap U_j=\phi(i\neq j)\end{cases} \tag{1.3.22}$$

得到了第二级评判因素集合：

$$U/c=\{U_1,U_2,\cdots,U_m\} \tag{1.3.23}$$

在式(1.3.23)中，$U_i=\{u_{ik}\}(i=1,2,\cdots,m;k=1,2,\cdots,nk)$ 表示子集 U_i 中含有 nk 个评判因素。

(2)对于每一个子集 U_i 中的 nk 个评判因素，按单层次模糊综合评判模型进行评价，假设 U_i 中各因子权重为 A_i，评价决策矩阵为 B_i，则容易得到第 i 个子集 U_i 的综合评价结果假设为 B'_i：

$$B'_i=A_i\cdot B_i=[b_{i1},b_{i2},\cdots,b_{in}] \tag{1.3.24}$$

(3)对 U/c 中的 m 个评判因素子集 $U_i(i=1,2,\cdots,m)$，进行综合评判，评判决策矩阵为 R'：

$$R'=\begin{pmatrix}B_i\\\vdots\\B_m\end{pmatrix}=\begin{pmatrix}b_{11}&\cdots&b_{1n}\\\vdots&\ddots&\vdots\\b_{m1}&\cdots&b_{mn}\end{pmatrix} \tag{1.3.25}$$

假设 U/c 中个判断因子的权重为 A' 即可得到评价结果：

$$B'=A'\cdot R' \tag{1.3.26}$$

式(1.3.26)中 B' 既是 U/c 的综合评价结果，也是在 U 中所有评价因子的综合评价结果。若 U/c 中仍含有很多因素，则可以对它再进行划分，得到三级以上更多层次的模糊综合评价模型。

综合评价结果，用铁路绿色指数(Railway Green Index，RGI)来表示。铁路绿色指数是表征高速铁路在设计、施工、运营、管理过程中，对环境保护、资源利用、经济、社会等方面的影响，进行综合评价的结果。它是以一条铁路线或者路段为研究对象，可以识别影响铁路绿色指数的社会、经济、环境等因素。

第 4 章　绿色铁路评价案例

绿色铁路理论与评价的研究成果,应用于工程的关键是如何评价一条铁路是否达到绿色铁路的标准。现以风景区铁路(大丽铁路)、高原区铁路(青藏铁路)、平原区高速铁路(京沪、京津高速铁路)为例,阐述绿色铁路评价的工程应用。

4.1　大丽铁路的绿色铁路评价

4.1.1　工程概况

大(理)丽(江)铁路(简称大丽铁路),南起广大铁路大理东站出站端,北进于洪家村附近设丽江站。新建线路全长约 166.6 km,桥涵占 11%,隧道占 42.6%;本线设计最高运行速度 120 km/h,初、近期货物列车牵引质量为 1 450 t,编挂辆数 18 辆;远期货物列车牵引质量为 2 600 t,编挂辆数 32 辆。

大(理)丽(江)铁路位于云贵高原西部与横断山脉交接地区,地势西高东低、北高南低,主要山脉和水系多呈南北向展布,地形起伏剧烈,高低悬殊,山间分布大小不等的山间盆地和湖泊。沿线区域土地利用以林地、荒地、耕地、水域等为主,耕地集中分布于平坝地带。大(理)丽(江)铁路在大理白族自治州境内水土流失较为严重,流失面积占沿线地区面积的比例达 34%～50%,水土流失类型以水力侵蚀为主。沿线森林面积大,森林覆盖率达 21.4%～48.6%,但森林分布不均匀。沿线农村人均耕地面积仅 0.8～2.9 亩/人,农村有大量的剩余劳动力。

4.1.2　评价指标体系的分析与确定

4.1.2.1　评价指标体系的分析

大(理)丽(江)线属于我国西南地区的山区铁路。我国西南地区(包括云南、贵州、四川、西藏、重庆)是我国矿产、水电、农牧等资源及原材料的主要集中地,但由于自然环境及历史等原因,西南地区经济发展严重滞后。特别是改革开放以后,东西部地区经济发展的差距越来越大,西南地区的经济发达程度和居民的富裕程度远远落后于东部地区。西南地区经济发展及消费水平低下、产业组织结构初级、城市相对贫困等问题严重,由此决定了区内金融机构组织初级化,资金吸纳能力较低,区内资本形成不足。为此,在西部大开发中,针对西南地区经济、金融的区域性特征,需制定并调整西南地区开发政策,以崭新的思路策划并实施新的发展战略。西南地区具有以下特点:

(1)地势高低起伏悬殊。西南山地位于我国地势三级大阶梯中由二级向一级阶梯拔起的大转折区,跨越我国青藏高原、云贵高原、横断山脉、秦巴山地等四大地貌区。强烈的地势起伏使该区自然景观和气候条件都具有垂直分带性,在重力梯度和水力梯度等的作用下,多发大面积的水土流失。

(2)地貌类型复杂多样。特殊的地理和地质构造环境,形成了西南地区独特的地质地貌景观,从平原到极高山的各种地貌都可以找到,更点缀着无数的石峰、残丘、溶洞、暗河、峡谷等典型的喀斯特地貌,地貌类型十分丰富。

(3)气候类型复杂多变。西南山地尤其是高海拔地区(平均海拔>1 500 m)气候有两个突出的特点:

①日照充沛。西南高海拔山区,年平均太阳日大于 300 d。如川西北的阿坝、甘孜藏族自治州等地区,年日照时数达 2 000 h 以上。

②昼夜温差大。平均海拔 1 500 m 以上的山区,午间直射温度 35℃～45℃,夜晚则可能降至 0℃以下。

③降雨量大。降雨主要集中于每年的 5～9 月,年平均降雨量达 1 500～2 000 mm。

(4)动植物物种资源丰富。复杂的地理和气候条件造就了西南山地独特的生物多样性。该区复杂的地形与有利的湿润条件的独特结合，致使其生物多样性极其丰富，拥有大量的特有动植物物种，是世界上温带区域植物物种最丰富的地区。西南山区的野生动物物种同样非常丰富，记录在案的有300多种哺乳动物和686种鸟类。中国87个濒危陆生哺乳动物物种本地区拥有36个，是我国乃至世界范围内重要的动植物基因库。

(5)生态系统复杂，环境敏感度高。西南地区山地生态系统组成成分多，各成分之间关系复杂，自我调节能力很低，在自然力和人为干扰下极易发生变化，与平原、丘陵、高原、盆地等类型的生态系统相比更加脆弱。任何过度和不合理的开发利用都会引起山区生态系统的衰退甚至崩溃，景观遭到破坏，动植物乃至人类自身的生存空间都会受到威胁。

4.1.2.2 评价指标体系权重的确定

根据权重的计算方法，利用改进的层次分析法(AHP)构建的综合评价判断矩阵，计算西南山区铁路大丽线的绿色铁路指标体系权重值(表1.4.1～表1.4.12)。聘请数名专家进行层次分析法两两比较评判，综合整理专家们的意见得出层次分析法的基础数据。计算所得出的λ_{max}值、CI值和CR值列于表格下方，特征根W列于表格的最右列。

表1.4.1 铁路子系统指标判断矩阵

铁路子系统	D_1	D_2	D_3	D_4	D_5	D_6	D_7	D_8	D_9	D_{10}	W
D_1列车旅行车速	1	11/9	11/9	11/9	12/8	12/8	12/8	14/6	12/8	12/8	0.139 7
D_2行车密度	9/11	1	1	1	11/9	11/9	1	12/8	1	1	0.104 8
D_3客运周转量	9/11	1	1	1	11/9	11/9	11/9	11/9	1	1	0.104 8
D_4货运周转量	9/11	1	1	1	11/9	11/9	12/8	11/9	1	11/9	0.109 1
D_5电气化程度	8/12	9/11	9/11	9/11	1	1	1	12/8	1	1	0.092 9
D_6机车密闭程度	8/12	9/11	9/11	9/11	1	1	1	11/9	1	9/11	0.089 2
D_7环保投入比率	8/12	1	9/11	8/12	1	1	1	12/8	9/11	1	0.091 0
D_8人口迁移量	6/14	8/12	9/11	9/11	8/12	9/11	8/12	1	8/12	9/11	0.071 1
D_9工程环境效益	8/12	1	1	1	1	1	11/9	12/8	1	11/9	0.102 7
D_{10}经济土地比例	8/12	1	1	9/11	1	11/9	1	11/9	9/11	1	0.094 7

$\lambda_{max}=10.039\ 9$ $CI=0.004\ 4$ $RI=1.49$ $CR=0.003\ 0<0.1$

表1.4.2 社会子系统指标判断矩阵

社会子系统	D_{11}	D_{12}	D_{13}	D_{14}	D_{15}	W
D_{11}公众参与程度	1	6/14	12/8	14/6	12/8	0.209 9
D_{12}社会恩格尔系数	14/6	1	14/6	16/4	14/6	0.391 6
D_{13}交通法规安全常识普及率	8/12	6/14	1	12/8	1	0.150 7
D_{14}高中以上学生在校人数	6/14	4/16	8/12	1	8/12	0.097 1
D_{15}就业指数/失业率	8/12	6/14	1	12/8	1	0.150 7

$\lambda_{max}=5.018\ 5$ $CI=0.004\ 6$ $RI=1.12$ $CR=0.004\ 1<0.1$

表1.4.3 经济子系统指标判断矩阵

经济子系统	D_{16}人均GDP	D_{17}第三产业	D_{18}居民人均收入	D_{19}基尼指数	D_{20}竞争力	W
D_{16}人均GDP增长率	1	11/9	1	12/8	12/8	0.240 6
D_{17}第三产业比重	9/11	1	8/12	1	1	0.174 1
D_{18}居民人均收入增长率	1	12/8	1	12/8	12/8	0.250 7
D_{19}基尼指数	8/12	1	8/12	1	11/9	0.174 0
D_{20}地区竞争力指数	8/12	1	8/12	9/11	1	0.160 6

$\lambda_{max}=5.009\ 9$ $CI=0.002\ 5$ $RI=1.12$ $CR=0.002\ 2<0.1$

表 1.4.4　资源子系统指标判断矩阵

资源子系统	D_{21}能源结构	D_{22}森林覆盖率	D_{23}人均耕地	D_{24}人均水资源	W
D_{21}能源结构	1	9/11	12/8	14/6	0.307 1
D_{22}森林覆盖率	11/9	1	12/8	13/7	0.320 6
D_{23}人均耕地	8/12	9/11	1	12/8	0.224 5
D_{24}人均水资源	7/13	6/14	8/12	1	0.147 8

$\lambda_{max}=4.070\ 0$　$CI=0.023\ 3$　$RI=0.9$　$CR=0.025\ 9<0.1$

表 1.4.5　环境子系统生态指标群判断矩阵

生态指标群	D_{25}生态敏感点	D_{26}敏感点临近度	D_{27}生态补偿率	D_{28}动物通道	D_{29}物种多样性	W
D_{25}生态敏感点的避让	1	12/8	12/8	16/4	14/6	0.331 3
D_{26}生态敏感点的临近度	8/12	1	9/11	14/6	12/8	0.205 1
D_{27}生态补偿率	8/12	11/9	1	15/5	13/7	0.243 9
D_{28}动物通道	4/16	6/14	5/15	1	8/12	0.085 3
D_{29}物种多样性指数	6/14	8/12	7/13	12/8	1	0.134 4

$\lambda_{max}=5.005\ 3$　$CI=0.001\ 3$　$RI=1.12$　$CR=0.001\ 2<0.1$

表 1.4.6　环境子系统水土流失指标群判断矩阵

水土流失指标群	D_{30}	D_{31}	D_{32}	D_{33}	D_{34}	D_{35}	D_{36}	W
D_{30}弃土渣场合理率	1	12/8	1	12/8	13/7	11/9	11/9	0.181 6
D_{31}土壤流失控制比	8/12	1	8/12	1	1	9/11	9/11	0.117 6
D_{32}拦渣率	1	12/8	1	12/8	12/8	11/9	1	0.171 2
D_{33}扰动土地治理程度	8/12	1	8/12	1	11/9	8/12	8/12	0.114 1
D_{34}水土流失治理程度	7/13	1	8/12	9/11	1	7/13	8/12	0.101 4
D_{35}植被恢复系数	9/11	11/9	9/11	12/8	13/7	1	1	0.157 3
D_{36}沿线林草覆盖率	9/11	11/9	1	12/8	12/8	1	1	0.157 0

$\lambda_{max}=7.020\ 7$　$CI=0.003\ 5$　$RI=1.32$　$CR=0.002\ 6<0.1$

表 1.4.7　环境子系统噪声电磁指标群判断矩阵

噪声电磁指标群	D_{37}等效声级	D_{38}声屏障防护及设置率	D_{39}干线两侧达标率	D_{40}电磁感知度	W
D_{37}等效声级	1	14/6	8/12	16/4	0.2984
D_{38}敏感点声屏障防护及设置率	6/14	1	4/16	12/8	0.1196
D_{39}干线两侧达标率	12/8	16/4	1	18/2	0.5122
D_{40}电磁感知度	4/16	8/12	2/18	1	0.0697

$\lambda_{max}=4.022\ 8$　$CI=0.007\ 6$　$RI=0.9$　$CR=0.008\ 5<0.1$

表 1.4.8　环境子系统三废指标群判断矩阵

三废指标群	D_{41}污水排放达标率	D_{42}固废无害化处理率	D_{43}废气污染指数	D_{44}扬尘控制	W
D_{41}污水排放达标率	1	8/12	12/8	14/6	0.274 9
D_{42}垃圾无害化处理率	12/8	1	14/6	16/4	0.430 2
D_{43}废气污染指数	8/12	6/14	1	12/8	0.179 9
D_{44}扬尘控制	6/14	4/16	8/12	1	0.115 0

$\lambda_{max}=4.002\ 4$　$CI=0.000\ 8$　$RI=0.9$　$CR=0.000\ 9<0.1$

表 1.4.9　环境子系统地质灾害指标群判断矩阵

地质灾害指标群	D_{45}地质灾害发生率	D_{46}线路病害率	D_{47}通过灾害数量	D_{48}地质灾害治理率	W
D_{45}地质灾害发生率	1	8/12	2/18	6/14	0.087 3
D_{46}线路病害率	12/8	1	6/14	8/12	0.167 3
D_{47}通过灾害地段数量	18/2	14/6	1	12/8	0.489 9
D_{48}沿线地质灾害防护治理率	14/6	12/8	8/12	1	0.255 6

$\lambda_{max}=4.113\,0$　$CI=0.037\,7$　$RI=0.9$　$CR=0.041\,8<0.1$

表 1.4.10　环境子系统人文景观指标群判断矩阵

人文景观指标群	D_{49}景观协调度	D_{50}工程景观恢复率	D_{51}对风景名胜景观的避让程度	W
D_{49}景观协调度	1	8/12	9/11	0.268 7
D_{50}工程景观恢复率	12/8	1	11/9	0.402 5
D_{51}对风景名胜人文景观的避让程度	11/9	9/11	1	0.328 8

$\lambda_{max}=3$　$CI=0$　$RI=0.58$　$CR=0<0.1$

表 1.4.11　环境子系统指标判断矩阵

环境子系统	C_1生态	C_2水土流失	C_3噪声电磁	C_4三废	C_5地质灾害	C_6人文景观	W
C_1生态	1	8/12	11/9	1	9/11	12/8	0.163 4
C_2水土流失	12/8	1	12/8	12/8	1	12/8	0.214 1
C_3噪声电磁	9/11	8/12	1	9/11	8/12	11/9	0.138 1
C_4三废	1	8/12	11/9	1	8/12	11/9	0.152 6
C_5地质灾害	11/9	1	12/8	12/8	1	12/8	0.207 0
C_6人文景观	8/12	8/12	9/11	9/11	8/12	1	0.124 8

$\lambda_{max}=6.018\,2$　$CI=0.003\,6$　$RI=1.24$　$CR=0.002\,9<0.1$

表 1.4.12　绿色铁路系统指标判断矩阵

绿色铁路	B_1铁路	B_2社会	B_3经济	B_4资源	B_5环境	W
B_1铁路	1	12/8	12/8	12/8	8/12	0.226 5
B_2社会	8/12	1	1	1	7/13	0.156 9
B_3经济	8/12	1	1	1	7/13	0.156 9
B_4资源	8/12	1	1	1	7/13	0.156 9
B_5环境	12/8	13/7	13/7	13/7	1	0.302 8

$\lambda_{max}=5.004\,4$　$CI=0.001\,1$　$RI=1.12$　$CR=0.001\,0<0$

表 1.4.13　绿色铁路指标体系权重确定

目标	指标层	一级权重	二级指标层	二级权重	次权重	三级指标层	三级权重	总权重
绿色铁路指标体系	铁路 B_1	0.226 5			0.226 5	D_1列车旅行车速(km/h)	0.139 7	0.031 6
						D_2行车密度(对车/d)	0.104 8	0.023 7
						D_3单位里程旅客周转量(10^6人数・km/(km・年))	0.104 8	0.023 7
						D_4单位里程货物周转量(10^6t・km/(km・年))	0.109 1	0.024 7
						D_5电气化程度(%)	0.092 9	0.021 0
						D_6机车密闭程度	0.089 2	0.020 2
						D_7环保投入占项目总投资比率(%)	0.091 0	0.020 6
						D_8人口迁移量(人/km)	0.071 1	0.016 1
						D_9铁路工程环境效益收益率(%)	0.102 7	0.023 3
						D_{10}经济土地占用比例(%)	0.094 7	0.021 4

续上表

目标	指标层	一级权重	二级指标层	二级权重	次权重	三级指标层	三级权重	总权重
绿色铁路指标体系	社会 B_2	0.156 9			0.156 9	D_{11}公众参与程度	0.209 9	0.032 9
						D_{12}社会恩格尔系数	0.391 6	0.061 4
						D_{13}交通法规和安全常识普及率(%)	0.150 7	0.023 6
						D_{14}高中在校学生人口比重(人/万人)	0.097 1	0.015 2
						D_{15}失业率(%)	0.150 7	0.023 6
	经济 B_3	0.156 9			0.156 9	D_{16}人均 GDP 增长率(%)	0.240 6	0.037 8
						D_{17}第三产业占 GDP 比重(%)	0.174 1	0.027 3
						D_{18}居民人均收入增长率(%)	0.250 7	0.039 3
						D_{19}基尼指数	0.174 0	0.027 3
						D_{20}地区竞争力指数	0.160 6	0.025 2
	资源 B_4	0.156 9			0.156 9	D_{21}清洁能源利用率(%)和能源结构	0.307 1	0.048 2
						D_{22}森林覆盖率(%)	0.320 6	0.050 3
						D_{23}人均耕地(亩/人)	0.224 5	0.035 2
						D_{24}人均水资源(m^3/人)	0.147 8	0.023 2
	环境 B_5	0.302 8	生态 C_{51}	0.163 4	0.049 5	D_{25}(设计)生态敏感点的避让	0.331 3	0.016 4
						D_{26}对生态敏感区的保护程度	0.205 1	0.010 1
						D_{27}生态补偿率(%)	0.243 9	0.012 1
						D_{28}动物通道设置状况	0.085 3	0.004 2
						D_{29}物种多样性指数	0.134 4	0.006 6
			水土流失 C_{52}	0.214 1	0.064 8	D_{30}(设计)取土场址/弃渣场址的合理率(%)	0.181 6	0.011 8
						D_{31}土壤流失控制比(%)	0.117 6	0.007 6
						D_{32}拦渣率(%)	0.171 2	0.011 1
						D_{33}(运营)扰动土地的治理程度(%)	0.114 1	0.007 4
						D_{34}(运营)水土流失治理程度(%)	0.101 4	0.006 6
						D_{35}(运营)沿线林草覆盖率(%)	0.157 3	0.010 2
						D_{36}(运营)植被恢复系数	0.157 0	0.010 2
			噪声电磁 C_{53}	0.138 1	0.041 8	D_{37}等效声级/振动级(昼/夜)(dB)	0.298 4	0.012 5
						D_{38}环境敏感点声屏障方式及设置率(%)	0.119 6	0.005 0
						D_{39}干线两侧达标率(%)	0.512 2	0.021 4
						D_{40}(电气化)电磁感知度	0.069 7	0.002 9
			三废 C_{54}	0.152 6	0.046 2	D_{41}污水排放达标率(工业)/(生活污水)	0.274 9	0.012 7
						D_{42}垃圾无害化处理率(%)	0.430 2	0.019 9
						D_{43}废气污染指数	0.179 9	0.008 3
						D_{44}(施工)扬尘控制	0.115 0	0.005 3
			地质灾害 C_{55}	0.207 0	0.062 7	D_{45}(设计)通过灾害地段数量(个/100 km)	0.489 9	0.030 7
						D_{46}(施工)地质灾害发生率(处/100 km)	0.087 3	0.005 5
						D_{47}(运营)线路病害率(%)	0.167 3	0.010 5
						D_{48}沿线地质灾害防护治理率(%)	0.255 6	0.016 0
			人文景观 C_{56}	0.124 8	0.037 8	D_{49}对风景名胜文物古迹的避让和保护程度	0.268 7	0.010 2
						D_{50}工程景观恢复率(%)	0.402 5	0.015 2
						D_{51}景观协调度	0.328 8	0.012 4

由表 1.4.13 中可看出，在铁路、社会、经济、资源和环境五个子系统中，由于环境子系统的指标较多，总体占的权重最大为 0.302 8，其次是铁路子系统 0.226 5，其他三个子系统对绿色铁路系统的贡献率均为 0.156 9。在环境子系统中，水土流失指标群的贡献率为 0.214 1，所占权重最大；其次是地质灾害指标群＞生态指标群＞三废指标群＞噪声电磁指标群，人文景观指标群的贡献率最小。各三级指标的权重大小，已在表中最右列的数值直观地反映出来，在此不再详述。

4.1.3 铁路建设各阶段对评价指标体系的影响分析

4.1.3.1 规划选线阶段的影响

从大理东站、大理站接轨的线路走向方案有 3 个(图 1.4.1)：

图 1.4.1 大理接轨及线路走向方案示意图

(1)洱海东岸方案(大理东接轨方案)，工程投资 98 453 万元。

(2)洱海西岸沿公路方案(大理接轨沿公路方案)，工程投资 62 310 万元。

(3)洱海西岸靠山方案(大理接轨靠山方案)，工程投资 168 689 万元。

洱海西案的两个方案都从苍山洱海之间穿过，对国家级风景名胜区(大理—苍山—洱海)、国家级自然保护区(大理—苍山—洱海)、国家级历史文化名城(大理)及地面、地下文物古迹的影响较大；洱海东岸方案对其影响最小。从环境保护角度出发，铁路定线采用洱海东岸方案(大理东接轨方案)。

4.1.3.2 施工阶段的影响

大(理)丽(江)铁路施工期对环境的影响，主要集中在土石方工程产生的生态环境干扰和破坏，其次是施工噪声、扬尘、和施工污水排放对局部环境的影响。

(1)线路临近大理—苍山—洱海国家级风景名胜区和国家级自然保护区、大理国家级历史文化名城、洱海高原湿地、玉龙雪山国家级风景名胜区、丽江古城世界文化遗产；线路所经地区是我国物种资源较为丰富的地区之一。工程建设可能对生物多样性、自然景观和旅游产生一定程度的影响。

(2)工程征地、拆迁将造成征地范围内农作物、植被和农田灌溉设施的永久性破坏，对沿线土地资源及相关居民的生活造成一定程度的影响。施工便道、临时设施占用土地也会导致植被破坏。

(3)工程施工大量土石方产生的弃土、弃渣和地表开挖、填筑形成的裸露边坡，易导致水土流失，流失程度可达强度至极强度。

(4)施工、运输机械产生的噪声，对施工场地附近的居民区、学校声等的声环境造成影响，施工、运输产生的扬尘对大气环境产生影响。

(5)施工营地生产、生活污水、垃圾，有可能对营地附近的水体及环境卫生造成局部污染。

(6)工程建设将刺激沿线经济发展，形成局部经济热点，可能诱发一些不良环境影响。

综上所述，工程施工期间，除征地、拆迁及大型取弃土场、隧道弃渣场等将对环境产生长期影响外，其他环境影响多属暂时性的、可逆的，施工结束后多数受影响的环境要素可得到恢复。大丽铁路设计中遵循“尽量利用沿线荒地、少占耕地和基本农田，对占用农田较大的地段采用桥梁通过；大临工程等临时用地不得占用基本农田”的原则，全线工程共占用旱地 3 800 亩、耕地 5 092 亩(其中 1 292 亩为基本农田)，主要影响大理红山、新屯～仁和、丽江坝子地段。

4.1.4　评价指标体系的数据整理

通过对大(理)丽(江)铁路的资料分析，得出基础数据(表 1.4.14)。聘请铁道第二勘察设计院、中国铁道科学研究院、四川省交通勘察设计院共 20 名经验丰富的专家，通过咨询表打分获得大丽铁路 Delphi 的评分数据。

表 1.4.14　大丽铁路专家评分统计数据表

目标	指标层	二级指标层	三级指标层	数　据
绿色铁路评价指标体系	铁路 B_1		D_1列车旅行车速(km/h)	60
			D_2行车密度(对车/d)	16
			D_3单位里程旅客周转量(10^6人数・km/(km・年))	7.75
			D_4单位里程货物周转量(10^6t・km/(km・年))	7.41
			D_5电气化程度(%)	0
			D_6机车密闭程度	2
			D_7环保投入占项目总投资比率(%)	5.36%
			D_8人口迁移量(人/ km)	9
			D_9铁路工程环境效益收益率(%)	47 218 万元/年
			D_{10}经济土地占用比例(%)	59.2%
	社会 B_2		D_{11}公众参与程度	Delphi
			D_{12}社会恩格尔系数	0.53
			D_{13}交通法规和安全常识普及率(%)	63.4%
			D_{14}高中在校学生人口比重(人/万人)	6.94/255
			D_{15}失业率(%)	3.25
	经济 B_3		D_{16}人均 GDP 增长率(%)	8.76
			D_{17}第三产业占 GDP 比重(%)	43.36
			D_{18}居民人均收入增长率(%)	居 13.17/9.51 农
			D_{19}基尼指数	0.47
			D_{20}地区竞争力指数	72.33(平均)

续上表

目标	指标层	二级指标层	三级指标层	数　据
绿色铁路评价指标体系	资源 B_4		D_{21}清洁能源利用率(%)和能源结构	Delphi
			D_{22}森林覆盖率(%)	40.33(2 000)
			D_{23}人均耕地(ha/人)	0.092公顷
			D_{24}人均水资源(m^3/人)	5 425.01(平均)
	环境 B_5	生态 C_{51}	D_{25}(设计)生态敏感点的避让	Delphi
			D_{26}对生态敏感区的保护程度	Delphi
			D_{27}生态补偿率(%)	0
			D_{28}动物通道设置状况	0
			D_{29}物种多样性指数	Delphi
		水土流失 C_{52}	D_{30}(设计)取土场址/弃渣场址的合理率(%)	98.4
			D_{31}土壤流失控制比(%)	1.01
			D_{32}拦渣率(%)	95
			D_{33}(运营)扰动土地的治理程度(%)	85
			D_{34}(运营)水土流失治理程度(%)	98.4
			D_{35}(运营)沿线林草覆盖率(%)	45.6
			D_{36}(运营)植被恢复系数	35.6
		噪声电磁 C_{53}	D_{37}等效声级/振动级(昼/夜)(dB)	+2.8−3.3/+4.5−6.3
			D_{38}环境敏感点声屏障防护方式及设置率(%)	植绿化林带/80
			D_{39}干线两侧达标率(%)	91.3
			D_{40}(电气化)电磁感知度	0
		三废 C_{54}	D_{41}污水排放达标率(工业)/(生活污水)	60
			D_{42}垃圾无害化处理率(%)	50
			D_{43}废气污染指数	100
			D_{44}(施工)扬尘控制	Delphi
		地质灾害 C_{55}	D_{45}(设计)通过灾害地段数量(个/100 km)	0
			D_{46}(施工)地质灾害发生率(处/100 km)	0
			D_{47}(运营)线路病害率(%)	17.2/32.0
			D_{48}沿线地质灾害防护治理率(%)	71.4
		人文景观 C_{56}	D_{49}对风景名胜文物古迹的避让和保护程度	Delphi
			D_{50}工程景观恢复率(%)	Delphi
			D_{51}景观协调度	0

对于表1.4.14中无法直接获取数据的指标，采用专家评分法(Delphi)进行1～9评分定量。评分数据见表1.4.15。

表1.4.15　专家评分数据统计表

编　号	评价指标	综合评判				
		1～3	3～5	5～7	7～9	9
1	D_6机车密闭程度	5	15	0	0	0
2	D_{11}公众参与程度	4	3	5	8	0
3	D_{21}清洁能源利用和能源结构	0	4	6	10	0
4	D_{25}(选线)生态敏感点的避让	0	0	5	15	0
5	D_{26}(施工期)对生态敏感区的保护程度	0	1	6	12	1

续上表

编　号	评价指标	综合评判				
		1～3	3～5	5～7	7～9	9
6	D_{29}物种多样性指数	0	0	3	15	2
7	D_{44}(施工期)扬尘控制	3	6	8	3	0
8	D_{49}对风景名胜人文景观的避让程度	0	1	5	9	5
9	D_{50}工程景观恢复率(施工未完工)	0	5	8	6	1

4.1.5　评价指标体系的模糊综合评判

4.1.5.1　初级评判

(1)生态保护评判。见表 1.4.16。

表 1.4.16　大丽铁路生态保护评判数据

因素集 U_{51}	原始数据	评判集 V_{51}				
		v_1最劣	v_2较差	v_3一般	v_4较好	v_5好
u_{511}生态敏感点的避让程度	Delphi	0	0	5	15	0
u_{512}对生态敏感区的保护程度	Delphi	0	1	12	6	1
u_{513}生态补偿率(%)	85	0	0	0	1	0
u_{514}动物通道设置状况	不通过	0	0	0	0	0
u_{515}物种多样性指数	Delphi	0	0	3	15	2

利用专家评判的结果作初步处理：

令 $r_{ij}=\dfrac{c_{ij}}{\sum\limits_{j=1}^{5}c_{ij}}(i=1,2,3,4,5)$，且 $\sum\limits_{j=1}^{5}c_{ij}=20$ 为专家判定人数，得出 U_{51}单因素评判矩阵：

$$R_{51}=\begin{bmatrix}0 & 0 & 0.25 & 0.75 & 0\\ 0 & 0.05 & 0.6 & 0.3 & 0.05\\ 0 & 0 & 0 & 1 & 0\\ 0 & 0 & 0 & 0 & 0\\ 0 & 0 & 0.15 & 0.75 & 0.1\end{bmatrix}$$

权重见层次分析法计算结果表 1.4.13 中生态三级指标的权重集。利用加权平均模型 $M(+,\cdot)$算子，对生态防护因素的初级评判结果为：

$$B_{51}=A_{51}\times R_{51}=(0.331\,3,0.205\,1,0.243\,9,0.085\,3,0.134\,4)\times\begin{bmatrix}0 & 0 & 0.25 & 0.75 & 0\\ 0 & 0.05 & 0.6 & 0.3 & 0.05\\ 0 & 0 & 0 & 1 & 0\\ 0 & 0 & 0 & 0 & 0\\ 0 & 0 & 0.15 & 0.75 & 0.1\end{bmatrix}$$

$$=(0,0.010\,3,0.226\,0,0.654\,7,0.023\,7)$$

将 B_{51}归一化得 $B_{51}^{*}=(0,0.011\,2,0.247\,1,0.715\,8,0.025\,9)$

(2)水土流失治理评判。见表 1.4.17。

表 1.4.17　大丽铁路水土流失治理评判数据

因素集 U_{52}	原始数据	评判集 V_{52}				
		v_1最劣	v_2较差	v_3一般	v_4较好	v_5好
u_{521}弃土弃渣场址的选择合理率(%)	0.96	0	0	0	0	1
u_{522}土壤流失控制比	1.01	0	0	0	1	0

续上表

因素集 U_{52}	原始数据	评判集 V_{52}				
		v_1最劣	v_2较差	v_3一般	v_4较好	v_5好
u_{523}拦渣率(%)	95%	0	0	0.5	0.5	0
u_{524}(运营)扰动土地的治理程度(%)	85%	0	1	0	0	0
u_{525}(运营)水土流失治理程度(%)	98.4%	0	0	0	1	0
u_{526}(运营)植被恢复系数	35.6%	0	0	0	0	1
u_{527}(运营)沿线林草覆盖率(%)	45.6%	1	0	0	0	0

因素集U_{52}计算方式同U_{51},其中拦渣率的数值95%正好处于上下两个评价等级(90～95)和(95～100)的交汇处,故隶属度各取0.5。

利用加权平均模型$M(+,\cdot)$算子,对水土流失因素的初级评判结果为:

$$B_{52}=A_{52}\times R_{52}$$

$$=(0.1816,0.1176,0.1712,0.1141,0.1014,0.1573,0.1570)\times\begin{bmatrix}0&0&0&0&1\\0&0&0&1&0\\0&0&0.5&0.5&0\\0&1&0&0&0\\0&0&0&1&0\\0&0&0&0&1\\1&0&0&0&0\end{bmatrix}$$

$$=(0.1570,0.1141,0.0856,0.3046,0.3389)$$

将B_{52}归一化得$B_{52}^*=(0.1570,0.1141,0.0856,0.3045,0.3388)$

(3)噪声电磁防治评判。见表1.4.18。

表1.4.18　大丽铁路噪声电磁防治评判数据

因素集 U_{53}	原始数据	评判集 V_{53}				
		v_1最劣	v_2较差	v_3一般	v_4较好	v_5好
u_{531}等效声级(dB)	昼+2.8～3.3/夜+4.5～6.3	0	0	1	0	0
u_{532}声屏障设置率(%)	植绿化林带/80%	0	0	0	1	0
u_{533}干线两侧达标率(%)	66.7%	0	0	1	0	0
u_{534}(电气化)电磁感知度	0	0	0	0	0	0

$$B_{53}=A_{53}\times R_{53}$$

$$=(0.2984,0.1196,0.5122,0.0697)\times\begin{bmatrix}0&0&1&0&0\\0&0&0&1&0\\0&0&1&0&0\\0&0&0&0&0\end{bmatrix}$$

$$=(0,0,0.8106,0.1196,0)$$

将B_{53}归一化得$B_{53}^*=(0,0,0.8714,0.1286,0)$

(4)"三废"处理评判。见表1.4.19。

表1.4.19　大丽铁路"三废"处理评判数据

因素集 U_{54}	原始数据	评判集 V_{54}				
		v_1最劣	v_2较差	v_3一般	v_4较好	v_5好
u_{541}(施工期)污水达标率(%)	工业77%/生活61.8%	0	0.5	0.5	0	0
u_{542}(施工期)固废处理率(%)	82.2%	0	0	0	1	0
u_{543}(施工期)废气污染指数	100	0	0	0	0	1
u_{544}(施工期)扬尘控制	Delphi	3	6	8	3	0

$B_{54}=A_{54}\times R_{54}$

$$=(0.274\,9,0.430\,2,0.179\,9,0.115\,0)\times\begin{bmatrix}0 & 0.5 & 0.5 & 0 & 0\\0 & 0 & 0 & 1 & 0\\0 & 0 & 0 & 0 & 1\\0.15 & 0.3 & 0.4 & 0.15 & 0\end{bmatrix}$$

$=(0.017\,3,0.172\,0,0.183\,5,0.447\,5,0.179\,9)$

将 B_{54} 归一化得 $B_{54}^{*}=(0.017\,3,0.172\,0,0.183\,5,0.447\,5,0.179\,9)$

(5)地质灾害控制。见表 1.4.20。

表 1.4.20　大丽铁路地质灾害控制评判数据

因素集 U_{55}	原始数据	评判集 V_{55}				
		v_1 最劣	v_2 较差	v_3 一般	v_4 较好	v_5 好
u_{551}(设计)通过灾害地段数量(个/100 km)	31	0	1	0	0	0
u_{552}(施工期)地质灾害发生率(处/100 km)	<5	0	0	0	0	1
u_{553}(运营期)线路病害率(%)	0	0	0	0	0	0
u_{554} 沿线地质灾害防护治理率(%)	对崩塌落石和泥石流进行了防护	0	0	1	0	0

$B_{55}=A_{55}\times R_{55}$

$$=(0.489\,9,0.087\,3,0.167\,3,0.255\,6)\times\begin{bmatrix}0 & 1 & 0 & 0 & 0\\0 & 0 & 0 & 0 & 1\\0 & 0 & 0 & 0 & 0\\0 & 0 & 1 & 0 & 0\end{bmatrix}$$

$=(0,0.489\,9,0.255\,6,0,0.087\,3)$

将 B_{55} 归一化得 $B_{55}^{*}=(0,0.588\,3,0.306\,9,0,0.104\,8)$

(6)人文景观防护。见表 1.4.21。

表 1.4.21　大丽铁路人文景观防护评判数据

因素集 U_{56}	原始数据	评判集 v_{56}				
		v_1 最劣	v_2 较差	v_3 一般	v_4 较好	v_5 好
u_{561}(设计期)对风景名胜避让	Delphi	0	1	5	9	5
u_{563}(施工期)景观恢复率(%)	Delphi	0	5	8	6	1
u_{562}(运营期)景观协调度(%)	0	0	0	0	0	0

$B_{56}=A_{56}\times R_{56}$

$$=(0.268\,7,0.402\,5,0.328\,8)\times\begin{bmatrix}0 & 0.05 & 0.25 & 0.45 & 0.25\\0 & 0.25 & 0.4 & 0.3 & 0.05\\0 & 0 & 0 & 0 & 0\end{bmatrix}$$

$=(0,0.114\,1,0.228\,2,0.241\,7,0.087\,3)$

将 B_{56} 归一化得 $B_{56}^{*}=(0,0.169\,9,0.340\,0,0.360\,0,0.130\,1)$

4.1.5.2　二级评判

(1)铁路子系统 U_1。见表 1.4.22。

表 1.4.22　大丽铁路子系统评判数据

因素集 U_1	原始数据	评判集 v_1				
		v_1 最劣	v_2 较差	v_3 一般	v_4 较好	v_5 好
u_{11} 列车旅行车速(km/h)	60	0	0.5	0.5	0	0
u_{12} 行车密度(车/d)	16	0	1	0	0	0

续上表

因素集 U_1	原始数据	评判集 v_1				
		v_1最劣	v_2较差	v_3一般	v_4较好	v_5好
u_{13}旅客周转量(人数· km/年)	7.75	0	1	0	0	0
u_{14}货运周转量(t· km/年)	7.41	1	0	0	0	0
u_{15}电气化程度(%)	0	0	0	0	0	0
u_{16}机车密闭程度(1～5 评分)	4	0	1	0	0	0
u_{17}环保投入比率(%)	5.36%	0	0	0	0	1
u_{18}人口迁移量(人/ km)	9	0	0	0	1	0
u_{19}铁路工程环境效益(万元/年)	47 218 万元/年(11%)	0	0	0	0	1
u_{110}经济土地占用比例(%)	59.2%	0	0	1	0	0

铁路子系统的二级评判结果为：

$$B_1=A_1\times R_1=(0.139\,7,0.104\,8,0.104\,8,0.109\,1,0.092\,9,0.089\,2,0.091\,0,0.071\,1,0.102\,7,0.094\,7)\times\begin{bmatrix}0&0.5&0.5&0&0\\0&1&0&0&0\\0&1&0&0&0\\1&0&0&0&0\\0&0&0&0&0\\0&1&0&0&0\\0&0&0&0&1\\0&0&0&1&0\\0&0&0&0&1\\0&0&1&0&0\end{bmatrix}$$

$$=(0.200\,1,0.367\,9,0.164\,6,0.071\,1,0.193\,7)$$

将 B_1 归一化得 $B_1{}^*=(0.200\,6,0.368\,8,0.165\,0,0.071\,3,0.194\,2)$

(2)社会子系统 U_2。见表 1.4.23、表 1.4.24。

表 1.4.23 大丽铁路社会子系统评判数据

因素集 U_2	评判集 v_2				
	v_1最劣	v_2较差	v_3一般	v_4较好	v_5好
u_{21}公众参与程度	0	0	0	1	0
u_{22}社会恩格尔系数	0	0	0.75	0.25	0
u_{23}交通法规和安全常识普及率(%)	0	0	1	0	0
u_{24}高中在校学生人口比重(人/万人)	1	0	0	0	0
u_{25}失业率(%)	0	0	0	0	1

表 1.4.24 线路区域调查数据表

线路区域	大理市	洱源县	鹤庆县	丽江市
D_{11}公众参与程度	EIA 会议参与程度，采访表发放回收率 74%(平均)			
D_{12}社会恩格尔系数	0.313 2	0.410 9	0.410 9	0.43
D_{13}交通法规普及率(%)	调查表法，63.4%(平均)			
D_{14}高中在校学生(人/万人)	134	133	140	255
D_{15}失业率(%)	3.25		2.4	3.5

$B_2=A_2\times R_2$

$$=(0.2099,0.3916,0.1507,0.0971,0.1507)\times\begin{bmatrix}0&0&0&1&0\\0&0&0.75&0.25&0\\0&0&1&0&0\\0&0&0&0&1\\1&0&0&0&0\end{bmatrix}$$

$=(0.1507,0,0.4444,0.3078,0.0971)$

将 B_2 归一化得 $B_2^*=(0.1507,0,0.4444,0.3078,0.0971)$

(3)经济子系统 U_3。见表 1.4.25、表 1.4.26。

表 1.4.25　大丽铁路经济子系统评判数据

因素集 U_3	评判集 v_3				
	v_1最劣	v_2较差	v_3一般	v_4较好	v_5好
u_{31}人均 GDP 增长率(%)	0	0	0	0	1
u_{32}第三产业占 GDP 比重(%)	0	0.375	0.5	0.125	0
u_{33}居民人均收入增长率(%)	0	0.25	0.125	0.125	0.5
u_{34}基尼指数	0	0	0.5	0.5	0
u_{35}地区竞争力指数	0	1	0	0	0

表 1.4.26　线路区域调查数据表

线路区域	大理市	洱源县	鹤庆县	丽江市
D_{16}人均 GDP 增长率(%)	8	10	10.5	8.76
D_{17}第三产业占 GDP 比重(%)	41	40	38.0	50
D_{18}居民人均收入增长率(%)	3.74	6	9.02-9.93	9.51-13.17
D_{19}基尼指数	0.384			0.212
D_{20}地区竞争力指数	72.33(平均)			

$B_3=A_3\times R_3$

$$=(0.2406,0.1741,0.2507,0.1740,0.1606)\times\begin{bmatrix}0&0&0&0&1\\0&0.375&0.5&0.125&0\\0&0.25&0.125&0.125&0.5\\0&0&0.5&0.5&0\\0&1&0&0&0\end{bmatrix}$$

$=(0,0.2886,0.2054,0.1401,0.3660)$

将 B_3 归一化得 $B_3^*=(0,0.2886,0.2054,0.1401,0.3660)$

(4)资源子系统 U_4。见表 1.4.27、表 1.4.28。

表 1.4.27　大丽铁路资源子系统评判数据

因素集 U_4	评判集 v_4				
	v_1最劣	v_2较差	v_3一般	v_4较好	v_5好
u_{41}清洁能源利用率和能源结构	0	4	6	10	0
u_{42}森林覆盖率(%)	0	0.25	0.75	0	0
u_{43}人均耕地(亩/人)	0	0.25	0.75	0	0
u_{44}人均水资源(m^3/人)	0	0	0	0	1

表 1.4.28 线路区域调查数据表

线路区域	大理市	洱源县	鹤庆县	丽江市
D_{21}清洁能源利用率和能源结构	Delphi			
D_{22}森林覆盖率(%)	48.67	46.3	21.4	40.30
D_{23}人均耕地(亩/人)	0.103	0.11	0.062 6	0.092
D_{24}人均水资源(m^3/人)	5 425.01(平均)			

$$B_4=A_4\times R_4$$

$$=(0.307\,1,0.320\,6,0.224\,5,0.147\,8)\times\begin{bmatrix}0 & 0.2 & 0.3 & 0.5 & 0\\0 & 0.25 & 0.75 & 0 & 0\\0 & 0.25 & 0.75 & 0 & 0\\0 & 0 & 0 & 0 & 1\end{bmatrix}$$

$$=(0,0.197\,7,0.501\,0,0.153\,6,0.147\,8)$$

将 B_4 归一化得 $B_4{}^*=(0,0.197\,7,0.501\,0,0.153\,6,0.147\,8)$

(5)环境子系统 U_5。见表 1.4.29。

表 1.4.29 大丽铁路环境子系统评判数据

因素集 U_5	评判集 v_5				
	v_1最劣	v_2较差	v_3一般	v_4较好	v_5好
u_{51}生态保护	0	0.011 2	0.247 1	0.715 8	0.025 9
u_{52}水土流失治理	0.157 0	0.114 1	0.085 6	0.304 5	0.338 8
u_{53}噪声电磁防治	0	0	0.871 4	0.128 6	0
u_{54}三废处理	0.017 3	0.172 0	0.183 5	0.447 5	0.179 9
u_{55}地质灾害控制	0	0.588 3	0.306 9	0	0.104 8
u_{56}人文景观防护	0	0.169 9	0.340 0	0.360 0	0.130 1

$$B_5=A_5\times R_5=(0.163\,4,0.214\,1,0.138\,1,0.152\,6,0.207\,0,0.124\,8)\times$$

$$\begin{bmatrix}0 & 0.011\,2 & 0.247\,1 & 0.715\,8 & 0.025\,9\\0.157\,0 & 0.114\,1 & 0.085\,6 & 0.304\,5 & 0.338\,8\\0 & 0 & 0.871\,4 & 0.128\,6 & 0\\0.017\,3 & 0.172\,0 & 0.183\,5 & 0.447\,5 & 0.179\,9\\0 & 0.588\,3 & 0.306\,9 & 0 & 0.104\,8\\0 & 0.169\,9 & 0.340\,0 & 0.360\,0 & 0.130\,1\end{bmatrix}$$

$$=(0.036\,3,0.195\,5,0.313\,1,0.313\,0,0.142\,2)$$

将 B_5 归一化得 $B_5{}^*=0.036\,3,0.195\,5,0.313\,1,0.313\,0,0.142\,1)$

4.1.5.3 三级评判

模糊综合评判数据。见表 1.4.30。

表 1.4.30 大丽铁路绿色铁路模糊综合评判数据

因素集 U	权重集 A	评判集 V				
		v_1非绿色	v_2浅绿色	v_3准绿色	v_4绿色	v_5深绿色
u_1铁路子系统	0.226 5	0.200 6	0.368 8	0.165 0	0.071 3	0.194 2
u_2社会子系统	0.156 9	0.150 7	0	0.444 4	0.307 8	0.097 1
u_3经济子系统	0.156 9	0	0.288 6	0.205 4	0.140 1	0.366 0
u_4资源子系统	0.156 9	0	0.197 7	0.501 0	0.153 6	0.147 8
u_5环境子系统	0.302 8	0.036 3	0.195 5	0.313 1	0.313 0	0.142 1

绿色铁路系统因素的三级评判结果如下：

$$B=A\times R=(0.226\,5,0.156\,9,0.156\,9,0.156\,9,0.302\,8)\times\begin{bmatrix}0.200\,6 & 0.368\,8 & 0.165\,0 & 0.071\,3 & 0.194\,2\\0.150\,7 & 0 & 0.444\,4 & 0.307\,8 & 0.097\,1\\0 & 0.288\,6 & 0.205\,4 & 0.140\,1 & 0.366\,0\\0 & 0.197\,7 & 0.501\,0 & 0.153\,6 & 0.147\,8\\0.036\,3 & 0.195\,5 & 0.313\,1 & 0.313\,0 & 0.142\,1\end{bmatrix}$$

$$=(0.080\,1,0.219\,0,0.312\,7,0.205\,3,0.182\,9)$$

将 B 归一化得 $B^*=(0.080\,1,0.219\,0,0.312\,7,0.205\,3,0.182\,9)$；

最后综合评判结果表明，大(理)丽(江)线的总体绿色态势见表1.4.31。

表1.4.31　大丽铁路绿色铁路综合评价态势

评判结果	v_1非绿色	v_2浅绿色	v_3准绿色	v_4绿色	v_5深绿色
数值	0.080 1	0.219 0	0.312 7	0.205 3	0.182 9
比率(%)	8.01%	21.90%	31.27%	20.53%	18.29%

4.1.5.4　综合价值系数评价

运用绿色铁路评价体系所述的方法，将评语集赋予对应的等级矩阵值 C。根据Saaty提出的1～9比率标度法，取 $C=\{1,3,5,7,9\}$，得出大(理)丽(江)线综合价值系数为：

$$P=B^*\times C^{T}=(0.080\,1,0.219\,0,0.312\,7,0.205\,3,0.182\,9)\times(1,3,5,7,9)^{T}=5.383\,8$$

由此可知，大(理)丽(江)线的总体评分为5.383 8分，评判结果为准绿色铁路。利用综合价值系数，可以用于多条线路的绿色铁路评判的直观对比。

4.1.5.5　评价结果分析

环境子系统二级评判。见表1.4.32。

表1.4.32　大丽铁路环境子系统二级评判分析

因素集 U_5	v_1最劣	v_2较差	v_3一般	v_4较好	v_5好	评分	等级
u_{51}生态保护	0	0.011 2	0.247 1	0.715 8	0.025 9	6.512 8	较好
u_{52}水土流失治理	0.157 0	0.114 1	0.085 6	0.304 5	0.338 8	6.108 0	好
u_{53}噪声电磁防治	0	0	0.871 4	0.128 6	0	5.257 2	一般
u_{54}三废处理	0.017 3	0.172 0	0.183 5	0.447 5	0.179 9	6.202 4	较好
u_{55}地质灾害控制	0	0.588 3	0.306 9	0	0.104 8	4.242 6	较差
u_{56}人文景观防护	0	0.169 9	0.340 0	0.360 0	0.130 1	5.900 6	较好

大(理)丽(江)铁路在环境保护工作中总的态势是生态保护为较好(71.58%)，水土流失治理为好(33.88%)，噪声电磁防治为一般(87.14%)，三废处理为较好(44.75%)，地质灾害控制为较差(58.83%)，人文景观防护为较好(36.00%)。

本项目突出的特点是水土流失治理工作较完善，这与该项目占总投资5.36%的水土保持经费是密切相关的。设计部门的独具匠心、施工单位严肃的态度和规范的工作也起到了至关重要的作用。

生态保护、"三废"处理和人文景观防护，也非常具有特色。在保质保量完成设计、施工的同时，有效保护了当地的生态环境免受破坏，保护了大理—丽江国家级风景名胜区美丽的自然风光和灿烂的文物古迹免遭影响。

噪声、电磁防护方面，由于线路处于施工阶段，各种车辆和机械的运转噪声给周边居民造成了一定程度的干扰。虽然设计部门在设计上对需要搬迁的学校和居民点进行了规划(如下存仁信善小学)，但现场发现目前还未搬迁，造成了一定程度的施工噪声值超标，此项工作还需尽快落实。

地质灾害控制方面，得分较低的主要原因是由于在建项目所处的区域为云贵高原喀斯特地区，岩溶较发育，沿线约40.7 km，约占线路总长的23.9%；另有多处崩塌、滑坡、泥石流、岩堆等地质灾害，以及软土、膨胀土等特殊岩土地段，给设计和施工带来了较大的难度和挑战。虽然设计部门做了较完善的支挡防护设施，但未经实践检验，影响了该项目的总体评分。见表 1.4.33。

表 1.4.33 大丽铁路绿色铁路模糊综合评判分析

因素集	非绿色	浅绿色	准绿色	绿色	深绿色	评分	等级
铁路子系统	0.200 6	0.368 8	0.165 0	0.071 3	0.194 2	4.378 9	浅绿色
社会子系统	0.150 7	0	0.444 4	0.307 8	0.097 1	5.401 2	准绿色
经济子系统	0	0.288 6	0.205 4	0.140 1	0.366 0	6.167 5	深绿色
资源子系统	0	0.197 7	0.501 0	0.153 6	0.147 8	5.503 5	准绿色
环境子系统	0.036 3	0.195 5	0.313 1	0.313 0	0.142 1	5.658 4	绿色

4.1.6 模糊神经网络评判方法核算

根据绿色铁路模糊神经网络评价原理，设定绿色铁路人工神经网络学习率取 0.01，动量因子 0.1，最大学习次数 10 000 次，系统误差目标值为 0.001，进行模糊神经网络的训练学习。运用 Matlab6.5 神经网络仿真工具箱，进行绿色铁路评价的神经网络训练仿真，经过 7 970 次迭代学习，网络趋于稳定。从而获得模糊神经网络各节点的权值和阀值，完成网络训练。

绿色铁路评价系统 BP 网络训练误差变化曲线如图 1.4.2 所示。

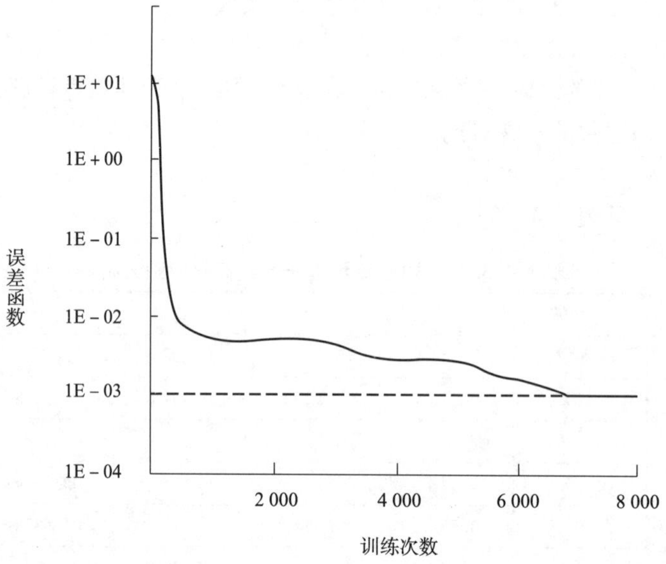

图 1.4.2 BP 网络收敛图

针对前述相关指标资料，利用 Matlab6.5 语言编写模糊神经网络计算机程序，将权重集合 A 和评价矩阵 R 代入，模糊评价结果为 $B=A\cdot R=(0.227,0.102,0.626,0.045,0)$。运用建立的模糊神经网络进行绿色铁路评价，评价结果见表 1.4.34。

表 1.4.34 大丽铁路核算结果

评价对象	网络输出值					评价等级
绿色铁路等级	非绿色	浅绿色	准绿色	绿色	深绿色	1～5
大丽铁路	0.227	0.102	0.626	0.045	0	3
准绿色隶属度	0	0	1	0	0	3

由表 1.4.34 可知，大丽铁路的现状为准绿色铁路。其运营和维护水平有待进一步加强，才能使铁路运营和社会、经济、资源和环境各项因子间相互协调的程度不断提高，实现大丽铁路的可持续发展。

上述将人工神经网络理论应用于我国铁路评价，建立了基于模糊神经网络的绿色铁路评价模型。实际应用表明，该方法能较好地模拟专家评价之全过程，能有机地结合知识获取、专家系统和模糊推理功能，评价效果良好。

大丽铁路的绿色铁路评价表明：采用模糊神经网络评判与模糊综合评判的结果基本一致，与实际情况较吻合，验证了绿色铁路评价指标选取的合理性及绿色铁路模糊综合评价方法的可行性。

4.1.7　系统协调度评价

根据巨系统协调理论和方法，对大丽铁路的系统协调性进行绿色铁路评价。模糊综合评判基础数据见表1.4.35。

表1.4.35　大丽铁路绿色铁路模糊综合评判分析

编号	因素集	评分	等级
A	铁路子系统	4.378 9	浅绿色
B	社会子系统	5.401 2	准绿色
C	经济子系统	6.167 5	深绿色
D	资源子系统	5.503 5	准绿色
E	环境子系统	5.658 4	准绿色

用星图法表示大丽线绿色铁路系统协调性的几何意义，如图1.4.3所示。

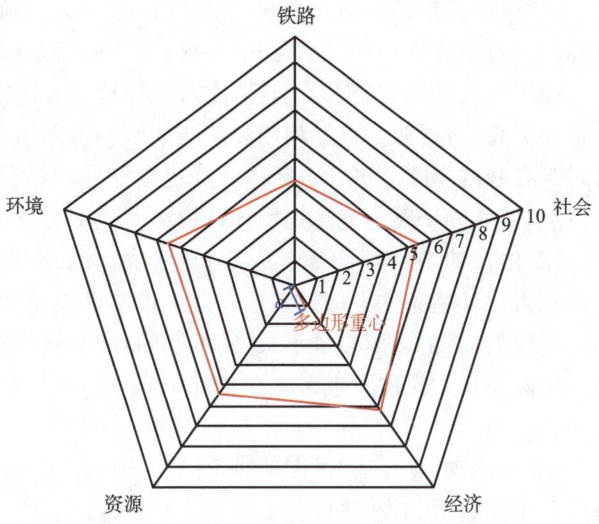

图1.4.3　绿色铁路体系协调程度的几何意义

各个子系统发展采用其发展指数平均值 I 与理想发展最大值 $C_{\max}$ 的相对值表示。则绿色铁路系统的协调度 α 为：

$$\alpha=\frac{\overline{I}}{C_{\max}}\cdot\left[1-\sqrt{\frac{\sum_{i=1}^{5}(C_i-\overline{I})^2}{5}}\right]$$

式中，$\overline{I}=\frac{\sum_{i=1}^{5}C_i}{5}$；理想发展值 C_k 根据Saaty提出的1～9比率标度法标准，可取为最大值9。

计算结果：

$$\overline{I}=\frac{A+B+C+D+E}{5}=5.421\ 9$$

$$\sum_{i=1}^{5}(C_i-\overline{I})^2=(6.378\ 9-5.421\ 9)^2+(5.401\ 2-5.421\ 9)^2+(6.167\ 5-5.421\ 9)^2+(5.503\ 5-5.421\ 9)^2+(5.658\ 4-5.421\ 9)^2=1.706\ 8$$

$$\alpha=\frac{\overline{I}}{C_{\max}}\cdot\left[1-\sqrt{\frac{\sum_{i=1}^{5}(C_i-\overline{I})^2}{5}}\right]=\frac{5.421\ 9}{9}\cdot\left[1-\sqrt{\frac{1.706\ 8}{5}}\right]$$

$$=0.602\ 4\times0.738\ 7=0.445\ 0$$

由此可见，大丽线建设阶段绿色铁路系统的协调程度为0.445 0，其5个子系统的协调程度为0.738 7，但因各个子系统的发展度处于较低水平0.602 4，影响了整个绿色铁路系统的协调程度评分值。

4.1.8　评价结论和建议

4.1.8.1　评价结论

大丽线属于西部山区铁路，所经区域山高谷深，地形复杂，地质灾害较多；经济总体实力较弱，社会抗冲击能力不强；属多民族聚居区，少数民族人口比例超过50%以上；沿线经过多处国家级、地方级风景名胜保护区和自然保护区，生态环境脆弱。

铁路子系统评价结果为浅绿色(36.88%)。主要原因为该线路地处西部山区，行车速度较慢，区域经济属于落后待开发地区，行车密度、客运货运周转量、车辆的先进程度等指标，都无法与地处东部平原的铁路相提并论；该线现为建设期，缺乏准确的定量数据，主要依据设计数据和类比数据进行评价，对线路评分造成了一定程度的影响。

社会子系统(44.44%)和资源子系统(50.10%)的评价结果为准绿色。主要原因是被评价地区人口稀少，失业率较低，物价较低，资源丰富，特别是水能和太阳能等清洁能源储藏丰富，使用率也较高，故社会子系统和资源子系统发展度较好。

环境子系统准绿色的评价结果为31.31%，绿色的评价结果为31.30%，两者几乎相等，说明环境子系统的评判值正好处于两个评判等级的中值。但由于环境子系统的各项指标参差不齐，协调度较差，应判断为准绿色。

经济子系统评价结果为深绿色(36.60%)。主要原因是被评价区域拥有得天独厚的自然条件，具有多处风景名胜区和自然保护区，并得到了很好的开发和利用。特别是苍山洱海风景区、大理古城、崇胜寺三塔、丽江古城、玉龙雪山、虎跳峡等著名景点更是世界闻名，一年四季游客众多，给区域经济带来了大量的旅游收入，并带动了第三产业发展，经济增长率和居民收入增长率远大于全国平均增长率，在整个西部地区处于较发达的区域，强劲的经济实力给铁路的修建和运营打下了坚实的基础。

总体而言，在建大丽线的总体评分为5.383 8分，评判结果(31.27%)为“准绿色”铁路，说明大丽线施工阶段的各项工作业绩较好。该区域的经济系统、社会系统、资源系统、环境系统也能够较好地促进铁路的建设和运营。但大丽铁路的总体评判并没有完全达到绿色铁路的要求。主要原因如下：

(1)由绿色铁路指标体系的严格性所决定的。本研究建立的绿色铁路指标体系具有较高的前瞻性，各项指标的设置值较高，对绿色铁路的要求较严格。客观地说，目前国内多数既有铁路线路的评价结果，均不能完全满足绿色铁路的要求。但是，随着我国社会经济的发展和人民生活水平的不断提高，对铁路的要求不断调整和提高，对资源的重复利用和清洁能源的不断追求，对生态环境保护的不断重视，相信在不远的将来，通过对既有线的不断改进和对新建线路建设标准和要求的不断提高，会有越来越多的铁路符合绿色铁路的评价标准，使我国铁路运输真正发挥可持续性运输方式的巨大能力。

(2)由在建项目大丽线的区域特点所决定的。该线路地处云贵高原，属于西部山区铁路，在复杂的地形地质和人居环境条件下进行项目建设的难度可想而知。由于地形所限，西南山区铁路机车运行速度较慢，行车密度较低、客货运周转量小，这些不利的客观条件，造成了大丽线在绿色铁路模糊综合评价体系中得分较低。虽然设计中采取了很多防护措施和改进手段，但依然无法改变该线在某些子系统下分数较低的评价结果。

(3)由该项目的工程进度所决定的。该线路现为建设期，一些指标缺乏准确的定量数据，主要依据设计数据和类比数据，对线路评分造成了一定程度的影响。另外，有一些针对建设期的评价指标，由于线路尚未完全竣工，不宜作出准确的定量判断，实际工作中做出了赋0值的评价。相信在线路施工完毕、试运营阶段再进行评估，可以得出更准确的判断。

(4)由该项目的一些微小瑕疵所决定的。就大丽线整体而言，植被恢复系数较低，设计仅为35.6%；施工期噪声监测值有所超标，白天超标2.8～3.3 dB，夜间超标4.5～6.3 dB，达标率91.3%；施工期生活污水的处理率和生活垃圾的无害化处理率较低，对沿线生态环境造成了一定的负面效应等。这些指标得分较低，对大丽线整体的绿色铁路评价结果造成了一定的影响。

4.1.8.2 建议

(1)从社会经济学的角度看，应努力加快大理—丽江区域经济、社会的发展，不断提高人民生活水平、教育水平和生产水平。只有经济发达，社会稳定，人民各项素质高，才能使铁路建设和发展不是“无米之炊”，才能使铁路运输物尽所用，反过来促进区域经济的不断发展，实现社会全面进步。

(2)交通运输需要消耗大量的能源。从节能降耗的角度看，应充分发挥吸引区的优势，有效利用吸引区丰富的水力、风力、地热和太阳能等清洁能源，降低铁路运输对传统能源的依赖，改善能源结构，促进铁路运输高效运转。

(3)铁路建设是重大基础建设项目，从环境保护的角度看，建设期大丽线突出的特点是水土流失治理完善，生态保护、“三废”处理和人文景观防护也具有特色，但仍需在下列几个方面进一步采取措施改进和完善。

①控制生态环境影响的措施。

——线路通过复杂生态系统和不良地质和特殊岩土地段，应严格按照设计图纸施工，并充分考虑各种影响因素，采取有效措施，减少对生态环境的影响。

——线路占用土地的比例较大，施工中应加强施工组织设计，合理调配土方，移挖作填，减少弃土，节省用地。取、弃土场应做好防护，防止水土流失。

——线路两侧地表原有植被和地表硬壳，尽量不予破坏。对线路两侧的地面或边坡进行植草绿化，有条件的地段种植防护林带，形成沿线的绿色长廊，提高景观恢复率和景观协调度；铁路车站、大桥及其他建筑物外侧，可植树绿化。

——施工驻地、料场、运输便道等，施工完毕后应及时恢复被破坏的植被。施工期间严禁乱砍、乱伐、乱挖、滥烧，最大限度地保护自然植被。

②控制人文景观影响的措施。

铁路线路设计，尽量避免高填深挖；对不可避免的高填深挖，尽量采用缓坡，使其更接近自然状态；隧道进出口设计，尽量适应周围环境；车站建筑的色彩应适应当地特色，注意与周围环境和景观的协调。

③控制施工期水污染的措施。

——控制污染物排放量，减少各类污水的废水量和污染物浓度。

——合理规划污水管线和排污口位置，改进污水口排放方式。

——采用污水处理措施，选择经济有效的污水处理方式。生活污水可采用间歇式活性污泥法(SBR)、厌氧生物滤池及化粪池进行处理；生产废水可采用调节沉淀、斜板隔油、气浮(或吸附)过滤等处理工艺；工业废水必须采用有效手段做到100%的达标后再排放；绝对禁止污水排入洱海，保护洱海水质不受污染。

——提高水的重复利用率，中水可用于冲洗厕所以及排入农灌沟浇灌农田。

——加强管理，切实做好环境监测，准确掌握各个工地的污水达标排放率，对不合格的工点就地停工整顿。

④控制噪声的措施。

——做好噪声源控制，降低噪声。如控制施工噪声，夜间停止机械施工。

——控制与阻挡噪声的传播。在传播途中控制噪声，如对环境敏感点(学校、居民点等)设置声屏障、防护林等；在接受点阻止噪声，如对沿线校舍设置双层窗，换用较大质量的门板等防护降噪措施。

——设计中明确搬迁的环境敏感点，如下存仁信善小学等必须尽快搬迁，降低施工噪声对学生上课的影响。

——高噪声施工作业，应远离居民区200 m外；采用低噪声设备；主要施工活动严格控制在昼间进行；采取临时隔声设施，降低机械噪声的影响；施工车辆应尽量绕开居民区，夜间禁止穿越居民区。

⑤控制固体废弃物的措施。

——在各个施工点修建生活垃圾堆放场所，定期集中收集处置。

——生产废物应全部回收，不能随意遗弃。对于一些毒性和害处比较明显的生产废物，应按危险废弃物进行有效处理。

——研究垃圾处理新技术，使垃圾资源化。

⑥控制施工扬尘的措施。

临时施工道路，尽可能远离居民区；对居民区附近的临时道路、施工场地进行洒水，减轻扬尘污染；水泥、沙和石灰等散装物料的运输，要采取帆布遮盖。

(4)提高环保监理和管理水平。

①搞好环保设施的竣工验收。由于铁路建设项目的环保设施分布在不同的线段，既有与站前工程相关的生态保护、减振降噪工程，又有与站后工程相关的水、气、声、渣、电磁波治理工程。这些环保设施在站前、站后不同时段完工，造成环保设施工程的整体验收较困难。加上建设周期长，涉及计划、设计、施工、运营、土地管理、环境保护等众多部门，容易使环保设施竣工验收流于形式。因此，要加强环保设施的竣工验收工作。

②对项目建设全过程进行环保工作的动态控制和监督。铁路工程是线型工程，沿线各区域的功能划分、环境质量和环保目标是不相同的，应注意区别对待。环保监理工作者应对项目实现跟踪监测、动态评价和全

过程控制,发现问题,及时提出处治对策,并监督付诸实施。

(5)加强公众参与,落实环保措施。通过公众参与,建立决策者、管理者、公众之间的信息交流机制,加强社会监督,提高决策质量和全民的环保意识,有效贯彻落实环境保护措施。

总之,铁路建设不能走“先污染,后治理”的老路,而应走环境可持续发展的道路,坚持“先评价,后建设”的环境影响评价制度。我国正处在经济高速发展时期,通过加强绿色铁路评价工作,可以验证铁路建设环境影响评价的结论是否符合可持续发展战略?环境保护措施是否落实到位?发现问题,及时补救,提高铁路建设水平,促进铁路建设与区域经济、社会、资源和环境的协调发展。

4.2 青藏铁路的绿色铁路评价

青藏铁路穿越了“世界屋脊”青藏高原,是全球第一条海拔最高的高原铁路。现选取有代表性质的青藏铁路格尔木至拉萨段,进行绿色铁路评价。

4.2.1 青藏铁路格拉段的特点

4.2.1.1 工程概况

青藏铁路格尔木至拉萨段位于青藏高原腹地,跨越青海、西藏两省区,线路北起青海省西部重镇格尔木市,沿青藏公路南行,途经纳赤台、五道梁、沱沱河沿、雁石坪,翻越唐古拉山进入西藏自治区境内后,经安多、那曲、当雄至西藏自治区首府拉萨市,全长1 142 km,其中新建1 110 km。线路经过海拔4 000 m以上的地段960 km,翻越唐古拉山的铁路最高点海拔5 072 m,经过连续多年冻土区550 km,是世界上海拔最高、线路最长、自然生态最脆弱、自然环境条件最艰苦的高原铁路。该线设计输送能力为客车8对,单向货流密度500万t。

全线新建桥梁159 879延长米,涵洞35 611横延米;新建隧道9 527延长米/7座;桥隧工程约占线路总长的15%。新建格尔木、南山口、沱沱河、安多、那曲、当雄、羊八井、拉萨西、拉萨等9个有人值守车站,玉珠峰、沱沱河、布强格、唐古拉山、措那湖等9个景观站和25个无人值守车站;工程土石方总量约7 807万m^3,征地127 996.4亩。2001年6月29日开工建设,2006年7月1日建成投入通车。工程总概算331亿元,环保投资15.4亿元,占总投资的4.6%。

4.2.1.2 自然生态环境概况

(1)青藏高原素有“世界屋脊”、“地球第三极”之称。具有独特的气候条件、连片的冻土、湖盆、湿地及缓丘构成的原始高原面,保存有相对完整的由高寒灌丛、高寒草甸、高寒草原、高寒荒漠组成的高寒生态系统。在高寒自然环境和高寒生物区系中,尤以高寒草原、高寒草甸分布最广,至今还基本保持着原始的自然演变过程,在世界高寒生态系统中具有极其重要的地位。

(2)青藏高原具有丰富的珍稀特有物种。常见的哺乳类动物共16种,其中11种为青藏高原特有;鸟类有30种,其中7种为青藏高原特有;植物种类有486种,其中80种以上为高原特有。纳入国家一级保护的动物主要有藏羚羊、藏野驴、野牦牛、白唇鹿、雪豹、藏雪鸡、黑颈鹤等;国家二级保护的动物有岩羊、盘羊、黄羊、猞猁、棕熊、斑头雁等。

(3)青藏高原具有多样的自然景观。自东南向西北呈现“高寒灌丛～高寒草甸～高寒草原～高寒荒漠更替”的特点,既有由这些生态系统组成的水平地带系列,又有高寒草甸、高寒草原、冰雪带等组成的垂直高寒生态景观。在水平地带系列中还间布有一定面积的沼泽植被、垫状植被,更增加了自然景观的多样性。

(4)青藏高原具有广泛的高寒湿地。主要类型有河床型、沼泽型和湖泊型三类。主要分布在唐古拉山至错那湖段,最著名的有聂荣、安多和那曲沼泽湿地,已被列入中国湿地保护行动计划中。

(5)青藏高原海拔高、空气稀薄、气候寒冷、干旱,具有“生态系统中物质循环和能量的转换过程缓慢、生态环境十分脆弱”等特点。长期低温和短促的生长季节,使寒冷地区的植被一旦破坏,恢复十分缓慢,而且加速冻土融化,引起土壤沙化和水土流失。

(6)青藏高原独特的自然环境,对全球环境具有特殊意义。青藏高原适合建立大面积的自然保护区,青藏铁路沿线分布有5个已建的自然保护区、6个规划的自然保护区及1个特殊生态功能区。最著名的有可可西里国家级自然保护区、三江源自然保护区、西藏色林错黑颈鹤自然保护区等。

(7)青藏高原是我国和南亚地区的“江河源”,长江、黄河、怒江、澜沧江、雅鲁藏布江等许多大江、大河都源自这里。

综上所述,青藏高原的生态环境原始、独特、脆弱、敏感。在青藏铁路设计和施工中,如何有效地保护青藏高原的生态环境,是青藏铁路建设的重要任务,也是国内外关注的焦点。党中央、国务院对青藏铁路建设的生态环境保护问题极为重视。江泽民同志亲笔题写了“自然保护区的问题要力求解决好”的重要批示。朱镕基同志要求“一定要认真贯彻国务院有关加强保护青藏高原生态环境的精神,十分爱护青海、西藏的生态环境,十分爱护青海、西藏的一草一木,精心保护我们祖国的每一寸绿地”。国家和原铁道部专门成立了青藏铁路建设领导小组和相应的工作机构(青藏铁路建设总指挥部),肩负党和人民的重托,努力实践“三个代表”重要思想,全面落实“科学发展观”的要求,把保护生态环境、实施可持续发展战略作为自己的神圣职责;在学习和借鉴国内外重大工程环保建设工作经验的基础上,结合青藏铁路建设实际,提出了“拼搏奉献,依靠科技,保障健康,爱护环境,争创一流”的建设方针和努力建设具有高原特色的生态环保型铁路的建设目标,严格要求环保设施与主体工程同时设计、同时施工、同时投产。

4.2.2　评价指标权重集的选定

结合青藏线格拉段生态环境十分脆弱的特点,确定青藏线格拉段的绿色评价指标中各子系统的权重为{设计期,施工期,运营期}={0.666 7,0.266 7,0.066 7}。

说明青藏线的建设,设计阶段的重点是对各种可能产生环境污染和生态破坏的因素(或因子)进行充分的评估和论证,并尽可能完备地反映在相关设计文件中,以指导后续的环境保护工作。施工期的重点是不折不扣地贯彻落实和完善设计中的环境保护措施。相对来说,运营期的管理和维护处于相对次要的地位。

4.2.3　建设各阶段工作情况及评价数据整理

通过查阅青藏线格拉段工程设计、环境影响评价及批复文件、竣工环境保护验收调查报告等资料,并结合现场考察调研,对青藏铁路格拉段建设各阶段工作情况及评价数据进行分析处理。

4.2.3.1　设计阶段

(1)深入调查研究,弄清环境保护对象。环评单位积极介入工程可行性研究设计工作,从环境保护角度分析初选线路方案对各类自然保护区、野生动植物的影响,编制完成“青藏线格拉段自然保护区、野生动物专题报告”。

(2)优选线路方案。对穿过可可西里、楚玛尔河、索加、三江源等自然保护区试验区的线路方案,进行了多方案的优化比选,减缓了对保护区的切割和完整性的影响;选择羊八井方案,以绕避林周彭波黑颈鹤保护区;根据沿线野生动物的习性、迁徙规律,在工程相应路段设置野生动物通道和畜牧、行人通道。

(3)重视湿地保护。路基工程、取弃土场尽量避开湿地。对无法避开而通过湖泊、湿地的地段,尽量“以桥代路”,避免路基建筑对地表径流的影响。

(4)重视景观保护、景观恢复和景观设计。通过工程优化、变更,尽量在施工前将工程对高原景观的影响控制在可接受范围内。如要求临时工程完毕后及时进行环境恢复和景观美化;对沿线车站和拉萨河特大桥等专门进行景观设计;站房设计融入藏式建筑风格和审美习惯,力图将青藏铁路与高原景观融为一体。

(5)坚持“先环评,后设计、再施工”的环境保护原则。环评单位先后编制了青藏线格拉段有关的《环境影响评价总体设想》、《主要环境敏感问题》、《环境影响评价技术路线和思想》、《设计和施工期环境保护措施》、《铁路沿线的规划标准》等文件,并明确了“预防为主、保护优先、开发与保护并重、环评成果指导设计、施工、管理”的指导思想,为青藏铁路生态环境保护提供了保障。

4.2.3.2　施工阶段

(1)优化设计,改善环保措施。建设过程中,加强建设、设计、施工、监理等单位的沟通与协调,现场核对优化取土场、砂石料场、野生动物通道、自然保护区路段的优化设计。采取绕避、以桥代路、设置挡墙、抛填片石、填筑渗水材料、改移车站等措施,减少路基穿越湿地的长度和占用的面积,保护湿地生态系统,将植被恢复与再造试验研究成果应用于工程实施中。

(2)合理规划,保护和恢复植被。合理规划施工便道、施工场地、取弃土场和施工营地,严格划定施工范围和人员、车辆行走路线,防止随意碾压和破坏植被;对施工范围内的地表植被,施工前先将草皮移地保存,施工后及时将这些草皮覆盖到路基边坡或施工场地表面;对昆仑山以南自然条件允许的地段,实施植被恢复工程,选育当地高原草种播种植被或当地草甸根系繁殖方式再造植被。

(3)保护冻土环境,防止路基病害。路基填方地段,集中设置取土场,取、弃土场尽量远离铁路设置。对挖方地段,在路基基底铺设特殊保温材料,换填非冻胀土,并保护路基两侧区域冻土层的稳定,防止影响冻土上限而产生路基病害。

(4)加强工程和植物相结合的措施,防治水土流失。包括路基挡土墙、坡面防护等,在土质路堤、路堑边坡等适宜植草地段(如安多以南)辅以生物措施。临时工程施工结束后,及时实施土地整治、生物恢复措施,防治水土流失。

(5)建立"五位一体"环保管理模式,保证环保措施有效落实。

面对青藏铁路建设环境保护工作的艰巨性和重要性,为全面贯彻"预防为主、保护优先、开发与保护并重"的环保工作原则,确保青藏铁路施工对沿线区域原始生态环境的影响程度减至最小,青藏铁路建设总指挥部首次在国内铁路建设中推行环保监理制度,创造性地建立了建设、设计、施工、工程监理、环保监控"五位一体"的环保管理模式:即指挥部统一组织领导;设计单位负责环境保护工程设计;施工单位具体落实并承担责任;工程监理单位负责工程施工中的环保日常监理;环保监理单位对施工、工程监理单位的环保工作质量实施全面监控。自2002年实施环保监理以来,环保监理站赴现场重点检查8 300余点次,完成了月度、季度、年度监理报告。对存在的问题发出环保监理通知91份,备忘录66份,环保验收整改通知35份,对430余处工点提出整改要求,保证了各项环保措施的有效落实,使青藏铁路成为了我国第一条规模宏大的高原生态铁路。

4.2.3.3 试运营阶段

2006年7月1日,青藏线正式开通试运营。全线设车站45座,其中有人值守9座,另设桥隧守护点7处。针对高寒缺氧环境下的污水处理工艺问题,进行了系统化研究,开发了"沱沱河车站满足《生活饮用水水源水质标准》(CJ 3020—93)二级标准、其他站点满足《污水综合排放标准》(GB 8978—1996)一级标准"的整套污水处理工艺流程和设备。

据现场调查,工程设计和环评中提出的各项水污染控制设施均已基本建成。在投运初期,各车站排水的水质,均能满足相应标准限值的要求;但在冬季,污水处理设施出现了渗漏、管道伴热电缆故障等问题,导致污水处理设施不能正常运行。经修复投入使用后,各污水处理装置运行良好,各车站排水均可满足要求。

列车采用封闭式运营,运行中的污水集中收集不排放,送至格尔木站经化粪池处理后排入市政管网,或拉萨站的站内污水处理厂处理。

列车垃圾在格尔木站和拉萨站收集,送至地方垃圾场集中处理,吸氧管委托专门部门回收利用。工程沿线站区生活垃圾由玉峰公司(代维公司)定期收集,运至格尔木或拉萨处理;格尔木站和拉萨站生活垃圾,由地方环卫集中清运。

项目近期采用NJ2型内燃机车,车流量为6对/日;全线除在格尔木增设1台燃气锅炉、拉萨西站增设2台燃柴油锅炉、拉萨站增设7台燃柴油锅炉外,其他均采用电和太阳能供热方式。上述锅炉运行状况良好,烟尘、SO_2、NO_x均远低于《锅炉大气污染物排放标准》(GB 13271—2001)二类区Ⅱ时段标准限值。

项目各敏感点声环境和振动环境质量,均可满足相应限值要求。据调查,93.6%的公众对工程建设的环境保护表示"满意"和"基本满意";在走访的藏民中,96.9%人对工程环境保护表示"满意"和"基本满意"。

4.2.4 绿色铁路评价的数据整理

根据青藏铁路格拉段的资料分析,得出基础数据(表1.4.36)。其中专家评判法中,通过铁路交通领域20名经验丰富专家,通过咨询表打分,获得Delphi的评分数据。

表 1.4.36　青藏线格拉段基础数据

目标	评价子系统	一级指标层	二级指标层	单位	数据
生态脆弱区铁路绿色评价指标体系	设计期	土地利用	基本农田占用比	%	3.4
			挖填平衡率	%	925.5
		生物生境	桥隧比	%	14.8
			栖息地补偿率	%	1.8
			特殊生境的保护	—	8.0
		环境管理	环境影响评价工作完成质量	—	9.5
			环保投资比例	%	3.9
		敏感点的保护	敏感点绕避率	%	5.7
		自然保护区的保护	线路与自然保护区的距离	km	<0
			线路穿越自然保护区试验区的长度比例	%	95.0
			占用保护区的面积比例	%	1.7
		湿地的保护	占用湿地面积比例	%	0.2
		野生动物保护	野生动物保护设施设置率	%	100.0
		景观	景观协调度	—	8.5
			景观完整性	—	0.9
	施工期	植被保护	优势种的综合优势比变化率	%	22.1
			植物物种丰富度降低率	%	26.0
		水土保持	扰动土地整治率	%	94.6
			水土流失总治理度	%	94.1
			土壤流失控制比	—	>0.9
			拦渣率	%	100.0
			植被恢复系数	%	95.0
			林草覆盖度	%	15.0
			地下水的保护	—	7.5
		土壤质量	土壤肥力平均降低率	%	18.3
			土壤总孔隙度变化率	%	<20
		景观	工程景观恢复率	%	85.0
		水环境	施工对水环境的影响程度	—	9.0
			施工期地表水监测达标率	%	100.0
		大气环境	扬尘监测达标率	%	100.0
			环境空气监测达标率	%	100.0
		声学环境	噪声监测达标率	%	90.0
		固体废物	施工期固废处置率	%	95.0
		环境管理	施工期环境监理	—	8.0
			环保投资实际比例	%	4.7
	运营期	固体废物	列车集便废水集中处理率	%	100.0
			列车垃圾处置率	%	100.0
		水环境	站段废水达标率	%	96.3
		声学环境	沿线噪声达标率	%	100.0
		振动	振动达标率	%	100.0
		大气环境	烟气达标排放率	%	100.0
			扬尘监测达标率	%	100.0

续上表

目标	评价子系统	一级指标层	二级指标层	单位	数据
生态脆弱区铁路绿色评价指标体系	运营期	大气环境	清洁能源利用	—	7.5
		电磁	电磁感知度	%	>9
		野生动物保护	野生动物保护设施利用有效率	%	78.8
		环境管理	环保设施正常运转率	%	87.5
		安全保障	线路优良率	%	99.8
			群众满意度	%	93.6

注：对于上表中无法直接获取数据的指标使用专家评分法(Delphi)进行1～9评分进行定量化，然后将多位专家的评分值进行平均获得。

4.2.5　建设各阶段的模糊综合评价

按照是否达到绿色铁路的要求及达到绿色铁路要求的程度，将铁路绿色评价体系的评判集V划分为五个等级，即v_1(不达标)、v_2(部分达标)、v_3(基本达标)、v_4(达标)、v_5(完全达标)。因素集全部用U来表示。

4.2.5.1　设计阶段的模糊综合评价

(1)土地利用的评判(U_{11})。见表1.4.37。

表1.4.37　土地利用的数据

因素集U_{11}	原始数据	评判集V_{11}				
		v_1	v_2	v_3	v_4	v_5
U_{111}基本农田占用比	3.4	0	0	0	0	1
U_{112}挖填平衡率	925.4649	1	0	0	0	0

故U_{11}的单因素评判矩阵R_{11}为：

$$R_{11}=\begin{bmatrix}0 & 0 & 0 & 0 & 1\\1 & 0 & 0 & 0 & 0\end{bmatrix}$$

权重见前述层次分析法得到的三级指标的权重集。利用加权平均模型$M(+,\cdot)$算子，即对土地利用的初级评判结果为：

$$B_{11}=A_{11}\times R_{11}=(0.833\ 3,0.166\ 7)\times\begin{bmatrix}0 & 0 & 0 & 0 & 1\\1 & 0 & 0 & 0 & 0\end{bmatrix}=(0.166\ 7,0,0,0,0.833\ 3)$$

因B_{11}已经满足归一化的要求，故$B_{11}^{*}=B_{11}$

(2)生物生境的评判(U_{12})。见表1.4.38。

表1.4.38　生物生境的数据

因素集U_{12}	原始数据	评判集V_{12}				
		v_1	v_2	v_3	v_4	v_5
U_{121}桥隧比	14.8	0	0	1	0	0
U_{122}栖息地补偿率	1.81	0	0	1	0	0
U_{123}特殊生境的保护	8	0	0	0	0	1

计算方式同U_{11}，利用加权平均模型$M(+,\cdot)$算子，即对生物生境的初级评判结果为：

$$B_{12}=A_{12}\times R_{12}=(1/3,1/3,1/3)\times\begin{bmatrix}0 & 0 & 1 & 0 & 0\\0 & 0 & 1 & 0 & 0\\0 & 0 & 0 & 0 & 1\end{bmatrix}=(0,0,2/3,0,1/3)$$

因B_{12}已经满足归一化的要求，故$B_{12}^{*}=B_{12}$

(3)环境管理的评判(U_{13})。见表1.4.39。

表 1.4.39　环境管理的数据

因素集 U_{13}	原始数据	评判集 V_{13}				
		v_1	v_2	v_3	v_4	v_5
U_{131}环境影响评价工作完成质量	9.5	0	0	0	0	1
U_{132}环保投资比例	3.894 5	0	0	0	0	1

$$B_{13}=A_{13}\times R_{13}=(0.666\,7,0.333\,3)\times\begin{bmatrix}0&0&0&0&1\\0&0&0&0&1\end{bmatrix}=(0,0,0,0,1)$$

因 B_{13}已经满足归一化的要求，故 $B_{13}^{*}=B_{13}$

(4)敏感点的保护的评判(U_{14})。见表 1.4.40。

表 1.4.40　敏感点的保护的数据

因素集 U_{14}	原始数据	评判集 V_{14}				
		v_1	v_2	v_3	v_4	v_5
U_{141}敏感路段绕避率	5.65	0	0	0	1	0

故可知 $B_{14}=A_{14}\times R_{14}=R_{14}$

且 B_{14}已经满足归一化的要求，故 $B_{14}^{*}=B_{14}=(0,0,0,1,0)$

(5)自然保护区的保护的评判(U_{15})。见表 1.4.41。

表 1.4.41　自然保护区的保护的数据

因素集 U_{15}	原始数据	评判集 V_{15}				
		v_1	v_2	v_3	v_4	v_5
U_{151}线路与自然保护区的距离	<0	1	0	0	0	0
U_{152}线路穿越自然保护区试验区的长度比例	95	1	0	0	0	0
U_{153}占用保护区的面积比例	1.736	0	1	0	0	0

$$B_{15}=A_{15}\times R_{15}=(0.764\,1,0.114\,9,0.121)\times\begin{bmatrix}1&0&0&0&0\\1&0&0&0&0\\0&1&0&0&0\end{bmatrix}=(0.879,0.121,0,0,0)$$

此结果已满足归一化的要求。

(6)湿地的保护的评判(U_{16})。见表 1.4.42。

表 1.4.42　湿地的保护的数据

因素集 U_{16}	原始数据	评判集 V_{16}				
		v_1	v_2	v_3	v_4	v_5
U_{161}占用湿地面积比例	0.22	0	0	0	0	1

故可知 $B_{16}=A_{16}\times R_{16}=R_{16}=(0,0,0,0,1)$

且已经满足归一化的要求。

(7)野生动物保护的评判(U_{17})。见表 1.4.43。

表 1.4.43　野生动物保护的数据

因素集 U_{17}	原始数据	评判集 V_{17}				
		v_1	v_2	v_3	v_4	v_5
U_{171}野生动物保护设施设置率	100	0	0	0	0	1

故可知 $B_{17}=A_{17}\times R_{17}=R_{17}=(0,0,0,0,1)$，且已经满足归一化的要求。

(8)景观的评判(U_{18})。见表 1.4.44。

表 1.4.44 景观的数据

因素集 U_{18}	原始数据	评判集 V_{18}				
		v_1	v_2	v_3	v_4	v_5
U_{181}景观协调度	8.5	0	0	0	0	1
U_{182}景观完整性	0.913	0	0	0	0	1

$$B_{18}=A_{18}\times R_{18}=(0.5,0.5)\times\begin{bmatrix}0&0&0&0&1\\0&0&0&0&1\end{bmatrix}=(0,0,0,0,1)$$

青藏铁路设计期的综合评判数据，见表 1.4.45。

表 1.4.45 青藏铁路设计期的综合评判

因素集 U_1	权重集 A_1	评判集 v_1				
		v_1	v_2	v_3	v_4	v_5
U_{11}土地利用	0.215	0.166 7	0	0	0	0.833 3
U_{12}生物生境	0.174	0	0	2/3	0	1/3
U_{13}环境管理	0.167	0	0	0	0	1
U_{14}敏感点的保护	0.111	0	0	0	1	0
U_{15}自然保护区的保护	0.111	0.879	0.121	0	0	0
U_{16}湿地的保护	0.056	0	0	0	0	1
U_{17}野生动物保护	0.056	0	0	0	0	1
U_{18}景观	0.111	0	0	0	0	1

$$B_1=A_1\times R_1$$

$$=(0.215,0.174,0.167,0.111,0.111,0.056,0.056,0.111)\times\begin{bmatrix}0.166\ 7&0&0&0&0.833\ 3\\0&0&2/3&0&1/3\\0&0&0&0&1\\0&0&0&1&0\\0.879&0.121&0&0&0\\0&0&0&0&1\\0&0&0&0&1\\0&0&0&0&1\end{bmatrix}$$

$$=(0.133\ 4,0.013\ 4,0.116\ 0,0.111\ 0,0.627\ 2)$$

将 B_1 归一化得 $B_1^*=(0.133\ 3,0.013\ 4,0.115\ 9,0.110\ 9,0.626\ 5)$

最后综合评判结果表明，青藏铁路格拉段设计期的绿色态势见表 1.4.46。

表 1.4.46 青藏铁路格拉段设计期的绿色综合评价态势

评判结果	v_1不达标	v_2部分达标	v_3基本达标	v_4达标	v_5完全达标
数值	0.133 3	0.013 4	0.115 9	0.110 9	0.626 5
比率(%)	13.33	1.34	11.59	11.09	62.65

综合价值系数评价。运用铁路绿色评价体系所述的方法，将评语集赋予对应的等级矩阵值 C。根据 Saaty 提出的 1～9 比率标度法，取 $C=\{1,3,5,7,9\}$。因此，青藏铁路格拉段设计期的综合价值系数为：

$$P_1=B_1^*\times C^{\mathrm{T}}=(0.133\ 3,0.013\ 4,0.115\ 9,0.110\ 9,0.626\ 5)\times(1,3,5,7,9)^{\mathrm{T}}=7.168$$

可知，青藏铁路格拉段设计期的总体评分为 7.168 分，符合达标等级标准。

4.2.5.2 施工阶段的模糊综合评价

(1)植被保护的评判(U_{21})。见表 1.4.47。

表 1.4.47　植被保护的数据

因素集 U_{21}	原始数据	评判集 V_{21}				
		v_1	v_2	v_3	v_4	v_5
U_{211}优势种的综合优势比变化率	22.14	0	0	0	1	0
U_{212}植物物种丰富度降低率	25.96	0	0	0	1	0

$$B_{21}=A_{21}\times R_{21}=(0.5,0.5)\times\begin{bmatrix}0&0&0&1&0\\0&0&0&1&0\end{bmatrix}=(0,0,0,1,0)$$

(2)水土保持的评判(U_{22})。见表 1.4.48。

表 1.4.48　水土保持的数据

因素集 U_{22}	原始数据	评判集 V_{22}				
		v_1	v_2	v_3	v_4	v_5
U_{221}扰动土地整治率	94.600 0	0	0	1	0	0
U_{222}水土流失总治理度	94.100 0	0	0	1	0	0
U_{223}土壤流失控制比	0.9	0	0	0	0	1
U_{224}拦渣率	100.000 0	0	0	0	1	0
U_{225}植被恢复系数	95.000 0	0	0	1	0	0
U_{226}林草覆盖度	15.000 0	0	1	0	0	0
U_{227}地下水的保护	7.500 0	0	0	0	1	0

$$B_{22}=A_{22}\times R_{22}$$

$$=(0.0674,0.2087,0.3743,0.1398,0.0699,0.0699,0.0699)\times\begin{bmatrix}0&0&1&0&0\\0&0&1&0&0\\0&0&0&0&1\\0&0&0&1&0\\0&0&1&0&0\\0&1&0&0&0\\0&0&0&1&0\end{bmatrix}$$

$$=(0,0.0699,0.3460,0.2097,0.3743)$$

(3)土壤质量的评判(U_{23})。见表 1.4.49。

表 1.4.49　土壤质量的数据

因素集 U_{23}	原始数据	评判集 V_{23}				
		v_1	v_2	v_3	v_4	v_5
U_{231}土壤肥力平均降低率	18.32	0	0	0	0	1
U_{232}土壤总孔隙度变化率	<20	0	0	0	0	1

$$B_{23}=A_{23}\times R_{23}=(0.5,0.5)\times\begin{bmatrix}0&0&0&0&1\\0&0&0&0&1\end{bmatrix}=(0,0,0,0,1)$$

(4)景观的评判(U_{24})。见表 1.4.50。

表 1.4.50　景观的数据

因素集 U_{24}	原始数据	评判集 V_{24}				
		v_1	v_2	v_3	v_4	v_5
U_{241}工程景观恢复率	85	0	0	0	0	1

故可知 $B_{24}=A_{24}\times R_{24}=R_{24}=(0,0,0,0,1)$

已经满足归一化的要求。

(5)水环境的评判(U_{25})。见表1.4.51。

表1.4.51 水环境的数据

因素集U_{25}	原始数据	评判集V_{25}				
		v_1	v_2	v_3	v_4	v_5
U_{251}施工对水环境的影响程度	9	0	0	0	1	0
U_{252}施工期地表水监测达标率	100	0	0	0	0	1

$$B_{25}=A_{25}\times R_{25}=(0.5,0.5)\times\begin{bmatrix}0&0&0&1&0\\0&0&0&0&1\end{bmatrix}=(0,0,0,0.5,0.5)$$

(6)大气环境的评判(U_{26})。见表1.4.52。

表1.4.52 大气环境的数据

因素集U_{26}	原始数据	评判集V_{26}				
		v_1	v_2	v_3	v_4	v_5
U_{261}施工对水环境的影响程度	100	0	0	0	0	1
U_{262}施工期地表水监测达标率	100	0	0	0	0	1

$$B_{26}=A_{26}\times R_{26}=(0.5,0.5)\times\begin{bmatrix}0&0&0&0&1\\0&0&0&0&1\end{bmatrix}=(0,0,0,0,1)$$

(7)声学环境的评判(U_{27})。见表1.4.53。

表1.4.53 声学环境的数据

因素集U_{27}	原始数据	评判集V_{27}				
		v_1	v_2	v_3	v_4	v_5
U_{271}噪声监测达标率	90	0	0	0	1	0

故 $B_{27}=A_{27}\times R_{27}=R_{27}=(0,0,0,1,0)$

(8)固体废物的评判(U_{28})。见表1.4.54。

表1.4.54 固体废物的数据

因素集U_{28}	原始数据	评判集V_{28}				
		v_1	v_2	v_3	v_4	v_5
U_{281}噪声监测达标率	95	0	0	0	1	0

故 $B_{28}=A_{28}\times R_{28}=R_{28}=(0,0,0,1,0)$

(9)环境管理的评判(U_{29})。见表1.4.55。

表1.4.55 环境管理的数据

因素集U_{26}	原始数据	评判集V_{26}				
		v_1	v_2	v_3	v_4	v_5
U_{261}施工期环境监理	8	0	0	0	0	1
U_{262}环保投资实际比例	4.65	0	0	0	0	1

$$B_{29}=A_{29}\times R_{29}=(0.8,0.2)\times\begin{bmatrix}0&0&0&0&1\\0&0&0&0&1\end{bmatrix}=(0,0,0,0,1)$$

青藏铁路格拉段施工期的综合评判数据见表1.4.56。

表 1.4.56　青藏铁路格拉段施工期的综合评判数据

因素集 U_2	权重集 A_2	评判集 v_2				
		v_1	v_2	v_3	v_4	v_5
U_{21}植被保护	0.049	0	0	0	1	0
U_{22}水土保持	0.301	0	0.069 9	0.346	0.209 7	0.374 3
U_{23}土壤质量	0.044	0	0	0	0	1
U_{24}景观	0.087	0	0	0	0	1
U_{25}水环境	0.087	0	0	0	0.5	0.5
U_{26}大气环境	0.087	0	0	0	0	1
U_{27}声学环境	0.044	0	0	0	1	0
U_{28}固体废物	0.082	0	0	0	1	0
U_{29}环境管理	0.219	0	0	0	0	1

$$B_2=A_2\times R_2=(0.049,0.301,0.044,0.087,0.087,0.087,0.044,0.082,0.219)\times\begin{bmatrix}0&0&0&1&0\\0&0.0699&0.346&0.2097&0.3743\\0&0&0&0&1\\0&0&0&0&1\\0&0&0&0.5&0.5\\0&0&0&0&1\\0&0&0&1&0\\0&0&0&1&0\\0&0&0&0&1\end{bmatrix}$$

$$=(0,0.0210,0.1041,0.2816,0.5932)$$

最后综合评判结果表明，青藏铁路格拉段施工期的绿色态势见表 1.4.57。

表 1.4.57　青藏铁路格拉段施工期的绿色综合评价态势

评判结果	v_1不达标	v_2部分达标	v_3基本达标	v_4达标	v_5完全达标
数值	0	0.021	0.104 1	0.281 6	0.593 2
比率(%)	0	2.1	10.41	28.16	59.32

综合价值系数评价。运用铁路绿色评价体系所述的方法，将评语集赋予对应的等级矩阵值 C。根据 Saaty 提出的 1～9 比率标度法，取 $C=\{1,3,5,7,9\}$。因此，青藏铁路格拉段施工期的综合价值系数为：

$$P_2=B_2^*\times C^{\mathrm{T}}=(0,0.0210,0.1041,0.2816,0.5932)\times(1,3,5,7,9)^{\mathrm{T}}=7.8937$$

可知，青藏铁路格拉段施工期的总体评分为 7.893 7 分，符合达标等级标准。

现综合考虑青藏铁路格拉段设计期和施工期的综合评判数据（表 1.4.58），由指标体系标准可知，设计期和施工期所占的比重分别为 0.67 和 0.266 7，将其归一化，得 $A_{12}=(0.7153,0.2847)$。

表 1.4.58　青藏铁路格拉段设计期和施工期的综合评判数据

因素集 U_{12}	权重集 A_{12}	评判集 V_{12}				
		v_1	v_2	v_3	v_4	v_5
U_{121}设计期	0.715 3	0.133 3	0.013 4	0.115 9	0.110 9	0.626 5
U_{122}施工期	0.284 7	0	0.021	0.104 1	0.281 6	0.593 2

$$B_{12}=A_{12}\times R_{12}$$

$$=(0.7153,0.2847)\times\begin{bmatrix}0.1333&0.0134&0.1159&0.1109&0.6265\\0&0.021&0.1041&0.2816&0.5932\end{bmatrix}$$

$=(0.0953,0.0156,0.1125,0.1595,0.6170)$

根据 Saaty 提出的 1～9 比率标度法，取 $C=\{1,3,5,7,9\}$。综合考虑青藏铁路格拉段设计期和施工期的综合价值系数为：

$$P_2=B_2^*\times C^T=(0.0953,0.0156,0.1125,0.1595,0.6170)\times(1,3,5,7,9)^T=7.3744$$

故评判结果为符合达标等级标准。

4.2.5.3 运营阶段的模糊综合评价

(1)固体废物的评判(U_{31})。见表 1.4.59。

表 1.4.59 固体废物的数据

因素集 U_{31}	原始数据	评判集 V_{31}				
		v_1	v_2	v_3	v_4	v_5
U_{311}列车集便废水集中处理率	100	0	0	0	0	1
U_{312}列车垃圾处置率	100	0	0	0	0	1

$$B_{31}=A_{31}\times R_{31}=(0.5,0.5)\times\begin{bmatrix}0&0&0&0&1\\0&0&0&0&1\end{bmatrix}=(0,0,0,0,1)$$

(2)水环境的评判(U_{32})。见表 1.4.60。

表 1.4.60 水环境的数据

因素集 U_{32}	原始数据	评判集 V_{32}				
		v_1	v_2	v_3	v_4	v_5
U_{321}站段废水达标率	96.3	0	0	0	0	1

故 $B_{32}=A_{32}\times R_{32}=R_{32}=(0,0,0,0,1)$

(3)声学环境的评判(U_{33})。见表 1.4.61。

表 1.4.61 声学环境的数据

因素集 U_{33}	原始数据	评判集 V_{33}				
		v_1	v_2	v_3	v_4	v_5
U_{331}沿线噪声达标率	100	0	0	0	0	1

故 $B_{33}=A_{33}\times R_{33}=R_{33}=(0,0,0,0,1)$

(4)振动的评判(U_{34})。见表 1.4.62。

表 1.4.62 振动的数据

因素集 U_{34}	原始数据	评判集 V_{34}				
		v_1	v_2	v_3	v_4	v_5
U_{341}振动达标率	100	0	0	0	0	1

故 $B_{34}=A_{34}\times R_{34}=R_{34}=(0,0,0,0,1)$

(5)大气环境的评判(U_{35})。见表 1.4.63。

表 1.4.63 大气环境的数据

因素集 U_{35}	原始数据	评判集 V_{35}				
		v_1	v_2	v_3	v_4	v_5
U_{351}烟气达标排放率	100	0	0	0	0	1
U_{352}扬尘监测达标率	100	0	0	0	0	1
U_{352}清洁能源利用	7.5	0	0	0	1	0

$$B_{35}=A_{35}\times R_{35}=(0.2,0.2,0.6)\times\begin{bmatrix}0&0&0&0&1\\0&0&0&0&1\\0&0&0&1&0\end{bmatrix}=(0,0,0,0.6,0.4)$$

(6)电磁的评判(U_{36})。见表1.4.64。

表1.4.64 电磁的数据

因素集U_{36}	原始数据	评判集V_{36}				
		v_1	v_2	v_3	v_4	v_5
U_{361}电磁感知度	>9	0	0	0	1	0

故 $B_{36}=A_{36}\times R_{36}=R_{36}=(0,0,0,0,1)$

(7)野生动物保护的评判(U_{37})。见表1.4.65。

表1.4.65 野生动物保护的数据

因素集U_{37}	原始数据	评判集V_{37}				
		v_1	v_2	v_3	v_4	v_5
U_{371}野生动物保护设施利用有效率	78.8	0	0	1	0	0

故 $B_{37}=A_{37}\times R_{37}=R_{37}=(0,0,1,0,0)$

(8)环境管理的评判(U_{38})。见表1.4.66。

表1.4.66 环境管理的数据

因素集U_{38}	原始数据	评判集V_{38}				
		v_1	v_2	v_3	v_4	v_5
U_{381}环保设施正常运转率	87.5	0	0	0	1	0

故 $B_{38}=A_{38}\times R_{38}=R_{38}=(0,0,0,1,0)$

(9)安全保障的评判(U_{39})。见表1.4.67。

表1.4.67 安全保障的数据

因素集U_{39}	原始数据	评判集V_{39}				
		v_1	v_2	v_3	v_4	v_5
U_{391}线路优良率	99.8	0	0	0	0	1
U_{392}群众满意度	93.6	0	0	0	0	1

$$B_{39}=A_{39}\times R_{39}=(0.333,0.667)\times\begin{bmatrix}0&0&0&0&1\\0&0&0&0&1\end{bmatrix}=(0,0,0,0,1)$$

青藏铁路格拉段运营期的综合评判数据,见表1.4.68。

表1.4.68 青藏铁路格拉段运营期的综合评判数据

因素集U_3	权重集A_3	评判集v_3				
		v_1	v_2	v_3	v_4	v_5
U_{31}固体废物	0.06	0	0	0	0	1
U_{32}水环境	0.07	0	0	0	0	1
U_{33}声学环境	0.132	0	0	0	0	1
U_{34}振动	0.066	0	0	0	0	1
U_{35}大气环境	0.132	0	0	0	0.6	0.4
U_{36}电磁	0.066	0	0	0	1	0
U_{37}野生动物保护	0.066	0	0	1	0	0
U_{38}环境管理	0.198	0	0	0	1	0
U_{39}安全保障	0.206	0	0	0	0	1

$$B_3=A_3\times R_3$$

$$=(0.06,0.07,0.132,0.066,0.132,0.066,0.066,0.198,0.206)\times\begin{bmatrix}0&0&0&0&1\\0&0&0&0&1\\0&0&0&0&1\\0&0&0&0&1\\0&0&0&0.6&0.4\\0&0&0&1&0\\0&0&1&0&0\\0&0&0&1&0\\0&0&0&0&1\end{bmatrix}$$

$$=(0,0,0.066\,0,0.343\,2,0.586\,8)$$

将 B_3 归一化得 $B_3^*=(0,0,0.066\,3,0.344\,6,0.589\,2)$

最后综合评判结果表明，青藏铁路格拉段运营期的绿色态势见表1.4.69。

表1.4.69　青藏铁路格拉段运营期的绿色综合评价态势

评判结果	v_1不达标	v_2部分达标	v_3基本达标	v_4达标	v_5完全达标
数值	0	0	0.066 3	0.344 6	0.589 2
比率(%)	0	0	6.63	34.46	58.92

综合价值系数评价。根据Saaty提出的1～9比率标度法，取 $C=\{1,3,5,7,9\}$。青藏铁路格拉段运营期的综合价值系数为：

$$P_3=B_3^*\times C^{\mathrm{T}}=(0,0,0.066\,3,0.344\,6,0.589\,2)\times(1,3,5,7,9)^{\mathrm{T}}=8.045\,8$$

可知，青藏铁路格拉段施工期的总体评分为8.045 8分，符合达标等级标准。

4.2.5.4　综合评价结果分析

综合考虑青藏铁路格拉段设计期、施工期和运营期的综合评判数据(表1.4.70)，由指标体系标准可知，设计期和施工期所占的比重分别为0.67、0.266 7和0.066 7，将其归一化，得 $A=(0.667\,7,0.265\,8,0.066\,5)$。

表1.4.70　青藏铁路格拉段设计期和施工期的综合评判数据

因素集 U	权重集 A	评判集 V				
		v_1	v_2	v_3	v_4	v_5
U_1设计期	0.667 7	0.133 3	0.013 4	0.115 9	0.110 9	0.626 5
U_2施工期	0.265 8	0	0.021	0.104 1	0.281 6	0.593 2
U_3运营期	0.066 5	0	0	0.066 3	0.344 6	0.589 2

$$B=A\times R=(0.667\,7,0.265\,8,0.066\,5)\times\begin{bmatrix}0.133\,3&0.013\,4&0.115\,9&0.110\,9&0.626\,5\\0&0.021&0.104\,1&0.281\,6&0.593\,2\\0&0&0.066\,3&0.344\,6&0.589\,2\end{bmatrix}$$

$$=(0.089\,0,0.0145,0.109\,5,0.171\,8,0.615\,2)$$

根据Saaty提出的1～9比率标度法，取 $C=\{1,3,5,7,9\}$。综合考虑青藏铁路格拉段设计期、施工期和运营期的综合价值系数为：

$$P_2=B_2^*\times C^{\mathrm{T}}=(0.089\,0,0.014\,5,0.109\,5,0.171\,8,0.615\,2)\times(1,3,5,7,9)^{\mathrm{T}}=7.419\,1$$

青藏铁路格拉段的综合模糊评判结果：符合达标等级标准。

4.3　高速铁路的绿色铁路评价

高速铁路具有占地省、能耗低、运能大、污染少、适应性强等技术比较优势，是一种高效快速的资源节约型交通运输工具。结合高速铁路的特点，以京沪高速铁路（徐沪段）、京津城际高速铁路为例，对高速铁路施工期、运营期进行绿色铁路评价。

4.3.1　施工期京沪高速铁路（徐沪段）的绿色铁路评价

4.3.1.1　工程概况

京沪高速铁路（图 1.4.4），位于我国东部，北起北京，南至上海，线路全长 1 318.488 km。徐州至上海段起于江苏省徐州市，经安徽省宿州市、蚌埠市、滁州市，在江苏省南京市大胜关跨越长江，经南京市、镇江市、常州市、无锡市、苏州市，终点到达上海市，正线全长 646.507 km。

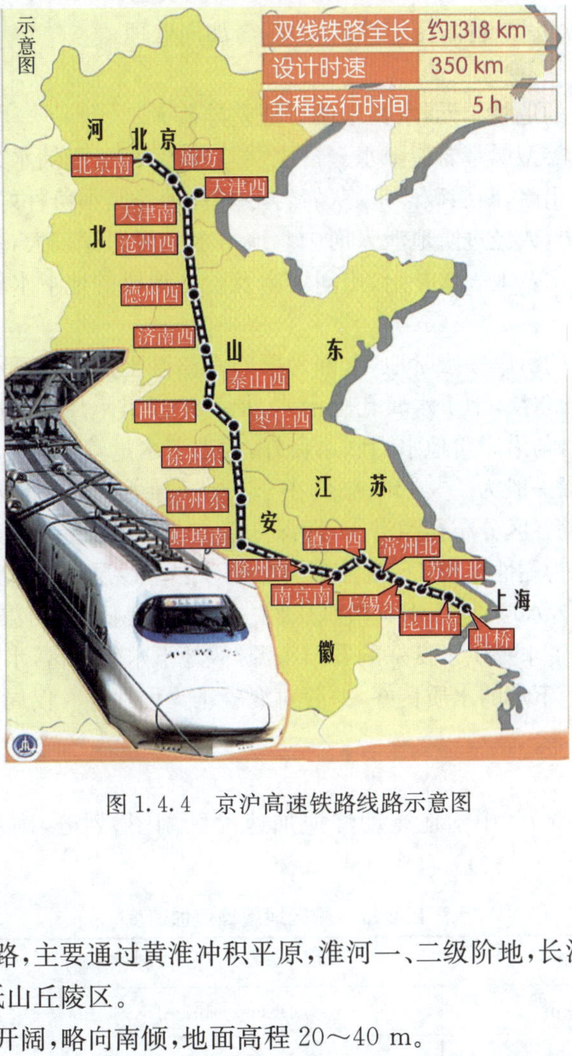

图 1.4.4　京沪高速铁路线路示意图

4.3.1.2　自然状况

1）地形地貌

京沪高速铁路徐沪段线路，主要通过黄淮冲积平原，淮河一、二级阶地，长江及其支流河谷阶地，长江三角洲平原区，局部通过剥蚀低山丘陵区。

黄淮冲积平原地势平坦开阔，略向南倾，地面高程 20～40 m。

淮河一级阶地地势平坦，呈 2°～4°微坡倾向河床；二级阶地呈垄岗地貌，波状起伏，坳沟发育，其间有残丘出露，相对高差 20～30 m。

长江及其支流一级阶地地形平坦、开阔，地面高程 5～10 m；高阶地呈垄岗地貌，波状起伏，“梳状”坳沟发育，阶地面平缓，坳沟深 4～20 m，地面高程 10～40 m。

剥蚀低山丘陵，集中分布于池河至滁州段及南京至镇江段，山顶高程 50～200 m，地势起伏大，山坡自然坡度 25°～40°，地表植被发育，基岩多有出露。

长江三角洲平原区，地势平坦宽阔，河渠纵横，水塘密布，地面高程 2～6 m，由西向东微倾。

2）工程地质特征

徐州至池河为黄淮冲积平原及淮河一、二级阶地，主要出露上更新统粉土、粉细砂、粉质黏土、黏土（下蜀黏土），含铁锰结核，厚 2～45 m；部分地段表层为第四系全新统粉土、粉细砂、粉质黏土，厚 2～15 m。下伏寒武、奥陶系白云岩、灰岩、泥灰岩，白垩系泥岩、砾岩、泥质砂岩，下元古界云母片岩、角闪岩、变粒岩等。

DK682～DK739段广泛分布松软(液化)土地层，其他地段局部分布软土和松软土，地基需加固。

池河至丹阳段线路，通过剥蚀低山丘陵区及长江河谷阶地。

低山丘陵区地层岩性主要为粉细砂岩、泥岩、长石砂岩、千枚岩、石英砂岩、白云岩、白云质灰岩、灰岩及侵入岩等。沉积岩受强烈的褶皱、断裂影响，节理发育；侵入岩风化层厚度变化大，球状风化发育。路堑应尽量避免深挖方，并对路基边坡加强防护措施。

长江高阶地广泛分布第四系上更新统黏土(下蜀黏土)，其工程性质较差，边坡宜适当放缓并加强防护加固措施。一级阶地及高阶地坳谷区局部分布软土及松软土，地基需加固。

丹阳至上海段线路通过长江三角洲平原区，均为第四系地层覆盖，系江河、湖泊、海相沉积形成，为黏土、粉质黏土夹粉细砂层。其中丹阳至昆山段零星、断续分布淤泥质土，厚2～17 m；昆山至上海段广泛分布淤泥质土，最大厚度达38 m。软土强度低，压缩性高，地基需加固处理。

3)水文地质特征

徐州至上海段，经过不同的地貌单元，水文地质特征差异甚大。

剥蚀低山丘陵区，地下水类型属基岩裂隙水。富水性差异很大，一般储水条件较差，仅在岩石节理裂隙中含水，山坡地段偶见裂隙水出露；断层破碎带、灰岩岩溶发育带等储水条件好的地段，水量丰富，并多在低洼山麓地段以裂隙泉形式渗出，或经过阶地泄入河中。地下水一般埋深较大，变化幅度小；山间谷地第四系地层中含孔隙潜水，受大气降水及地表水补给，山间河床及阶地地段的地下水较丰富，水位随季节变化幅度较大。

淮河、长江及其主要支流的沿岸一级阶地，上部为第四系黏性土，下部一般有卵石层或砂层透镜体。卵石层和砂层透镜体为良好的含水层，地下水属孔隙潜水，局部地段具承压性，埋深1～3 m。由于淮河、长江及其支流水量丰富，长年不枯，与沿岸阶地水力联系良好，故地下水量较丰富。

黄淮冲积平原潜水位埋深一般为1～4 m，局部小于1 m。淮河、长江高阶地、垄岗区地下水一般不发育，仅含有少量孔隙裂隙水；坳谷区分布孔隙潜水，埋深0.5～3.0 m，水量不大。

长江三角洲平原区，上部为黏性土层，下部含多层粉细砂层。浅层地下水属孔隙潜水，水位埋深0.5～3 m不等；下部砂层为良好的含水层，地下水具微承压性。该区地势低平，河渠纵横，水塘密布，地表水长年不枯，大气降水及地表水为地下水提供了良好的补给来源，故地下水较丰富，水位变化幅度不大。

本段主要河流地表水及地下水的水质良好，一般对混凝土无侵蚀性。仅局部地段地下水受到轻度污染，对混凝土具溶出性弱侵蚀。

4)地震动参数

根据2001年编制的1/400万《中国地震动峰值加速度区划图》划分，确定测区地震动峰值加速度见表1.4.71。

表1.4.71 测区地震峰值加速度

序号	地区	标段	加速度
1	徐州至花山	DK665＋100～DK938＋000	0.10g
2	花山至江浦	DK938＋000～DK985＋000	0.05g
3	江浦至高资	DK985＋000～DK1075＋000	0.10g
4	高资至镇江	DK1075＋000～DK1087＋000	0.15g
5	镇江至常州	DK1087＋000～ DK1164＋000	0.10g
6	常州至昆山	DK1164＋000～ DK1240＋000	0.05g
7	昆山至七宝	DK1240＋000～ DK1310＋577	0.10g

对地震动峰值加速度大于0.1g地区的路基、桥涵及其他建筑物，应按《铁路工程抗震设计规范》有关规定，采取抗震设防工程措施。

5)水系分布

京沪高速铁路徐州至上海段沿线经过黄河、淮河、长江水系。

线路位于黄河、淮河流域的中下游地段，地势平坦，河谷交错，淮北平原曾是历史上洪涝灾害频发地区。黄河流域内线路跨越京杭大运河（徐州）、废黄河、奎河；淮河流域内线路跨越濉河、新汴河、沱河、浍河、怀洪新河、北肥河、淮河、池河。

线路位于长江流域的下游地段，除滁河外，丹阳以西线路跨越的河流均为低山丘陵型河流。流域内植被覆盖较好，上游坡陡，河道短，水文情况较为简单。

长江流域丹阳以西线路跨越滁河、长江、七乡河、东阳河及高资港等。丹阳以东地势平坦，为太湖河网地区，河沟纵横交错，互相沟通，形成整个太湖涝区。

线路经过太湖流域水系地段，有京杭运河、黄浦江水系和沿江水系等。京杭运河在谏壁与丹阳间穿越高速铁路，自丹阳至苏州与高速铁路平行，过苏州后向南至杭州；黄浦江承泄太湖等来水，同时接纳娄江、蕴藻浜等大小 50 余条河道来水，是长江最后的一条支流，也是太湖流域重要的排水通道。

沿江水系由入长江诸河组成，主要有九曲河、新孟河、德胜河、锡澄运河、锡十一圩线、望虞河、苏浏线、蕴藻浜等，高速铁路大都穿越这些河流及其支流。

6）气象特征

徐州至南京段属温暖带半湿润季风气候，为我国南北气候的过渡地带，气候温和，四季分明。一般最冷月为 1 月，平均气温 4.6℃；7 月份最热，平均气温 30.6℃；绝对最高气温 40.9℃，绝对最低气温－23.3℃；年平均气温 11～16℃。历年初霜在 11～12 月，终霜期在 3～4 月。年平均降雨量 600～1 400 mm，夏季 6～8 月为雨季，雨量占全年的 60%以上。冬季盛行东北风，夏季盛行东南风。

南京至上海段属亚热带海洋性季风气候，全年寒暑变化明显，四季分明，温和湿润。10 月之后受强冷空气南下影响伴有大风、雨雪及霜冻。受夏季太平洋热带风暴在沿海登陆影响，常有大风暴雨。年平均降雨量 1 440 mm，一般集中在夏季，雨日 110～130 天左右。全年无霜期 230 天，气温 1 月最冷，月平均 0.4～4.9℃；7 月份最高，月平均气温 25.6～33.2℃。全年以东南风居多，西北及东北风次之，西南风最少，最大风力可达 12 级。最大风速：南京 27.8 m/s，上海 34.7 m/s。

4.3.1.3　生态环境概况

1）土地利用

高速铁路徐州至上海段，直接吸引地区土地总面积 74 394 km^2，水网密布，人多地少，土地资源稀缺，土地利用率达到 85%以上。沿线两侧区域多为农田、林地、湖塘、河网及城镇建设用地。土地利用特征如下：

农田广布，农业生产按季耕作，维持生态平衡；低山丘陵多为林场，外界扰动较少；沿线城镇密集，城市化水平高，徐州、蚌埠、南京、上海及南京至上海间城镇建设趋于现代化；随着城镇区域的扩展，耕地面积呈快速递减趋势。

2）区域生态特征

沿线苏北和安徽境内，仍以农村生态为主，城市生态随城镇建设的扩张而迅速扩大；苏南地区生态环境呈城市生态与农村生态系统交替的过渡状态。

徐沪段沿线区域地势开阔平坦，地表植被较发育，水土保持较好。宁沪间湖塘、河网密布，水生生境优势度较高。

3）土壤和植被

工程沿线地区土壤地带性和地域性规律明显。淮河以北地区主要为干涸湖荡形成的青黑土，黄泛沉积物上发育黄潮土、灰潮土、棕潮土、盐潮土、包浆土、黄僵土和黄刚土。农用地以旱地为主；淮河以南地区主要为水稻土，包括黄泥土、淤泥土、青泥土、黄白土、盐沙土等。农用地以水稻种植为主，自北向南依次为黑泥田、鳝血田和青泥田。

林地和荒地土壤，主要有黄棕壤、黄壤、沼泽土和盐土。

沿线地区植被以农作物为主。其中淮河以北地区农作物主要为一年两熟或两年三熟连作粮食作物和落叶果木等经济作物；淮河以南地区主要有双（单）季连作粮食作物和亚热带常绿果树。主要农作物包括水稻、小麦、棉花、油菜、花生、茶叶、桑、苹果、梨、柑橘、枇杷、杨梅等。

沿线自然植被现存很少，大多数属于地带性分布的次生林。淮河以北以落叶阔叶林为主；淮河经固城、太湖北缘到上海一线，多为落叶阔叶一常绿阔叶混交混叶林；此线以南为常绿阔叶林。灌丛和草丛分布于丘陵山地；沙生植被分布于海边沙滩及黄泛区；沼泽植被分布于江湖沿岸、低洼湿地；水生植被主要分布于湖泊、溪沟、池塘内。

4)野生动物

沿线城镇密集，城市化水平和土地利用率高，无大型珍稀野生脊椎动物和国家重点保护野生兽类分布；现有主要野生动物为野兔、野猪、羊獐、黄鼬、蛇类、蛙类和山鸡、野鸭、乌鸦、喜鹊、斑鸠、麻雀、啄木鸟、猫头鹰等鸟类，平原水网地带常见候鸟迁徙。

5)水土流失现状

徐州至南京大部分路段位于淮河流域，地表水系发育，农业生态发达，除丘陵低山区局部存在较强水土流失外，其余地区水土流失程度均较轻。南京至上海段位于长江三角洲平原地区，地势平坦，河道、沟渠经过多年改造，布局合理，农业灌溉系统较完善，水土流失影响较小。

4.3.1.4 社会经济概况

1)社会经济概况

京沪高速铁路徐州至上海段，途经我国经济最发达的华东地区，直接吸引徐州市、宿州市、蚌埠市、滁州市、南京市、镇江市、常州市、无锡市、苏州市和上海市等十大城市，主要社会经济指标见表1.4.72。

表1.4.72 京沪高速铁路徐州至上海段沿线地区主要社会经济指标

	土地面积(km^2)	总人口(万人)	非农业人口(万人)	GDP(亿元)	第一产业(亿元)	第二产业(亿元)	第三产业(亿元)
徐州市	11 258	902	162.6	715.7	144.6	327.8	243.3
宿州市	9 763	583	69.0	193.2	89.5	41.7	62
蚌埠市	5 832	340	77.2	171.7	40.5	68.2	63
滁州市	13 328	428.3	96.3	265.4	64.9	109.6	91
南京市	6 516	553	286.2	1 150.3	58.7	546.4	545.2
镇江市	3 843	266.6	91.9	502.7	33.2	278	191.5
常州市	4 375	342	151.4	672.9	47.1	380.8	245
无锡市	4 650	432.2	171.0	1 360.1	54.4	751.1	554.6
苏州市	8 488	581	265.8	1 760.3	91.4	999.9	669
上海市	6 341	1 327	1 262.4	4 950.8	85.5	2 355.5	2 509.8
合计	74 394	5 755.1	2 633.8	11 743.1	709.8	5 859.0	5 174.4

沿线地区气候适宜，物产丰富，农副产品种类繁多，养殖业发达，盛产大麦、玉米、棉花、大豆、水稻、油菜、花生、水果、瓜菜、烤烟、花卉、药材等，农业正朝高效集约化生产的方向发展。

高速铁路沿线工业发达，发展迅速，已形成机电、电子、汽车、通讯设备、能源、冶金、家电、石化、纺织、食品、医药、建材、化工、船舶等门类齐全的工业体系；目前正大力发展高新技术产业，积极调整产业结构，努力建成具有国际竞争力的现代化工业。同时，各城市还加大经济结构优化力度，全面促进第三产业发展，加快小城镇建设和城市化进程，推动经济结构向二、三产业并举，第三产业主导的结构类型转变。

2)矿产资源

高速铁路徐州至上海段矿产资源丰富。江苏省是重要的煤炭蕴藏地和石灰岩、石膏、硅石、岩盐等非金属矿产的富集产地。安徽宿州矿产资源丰富，分布集中，多种矿产在全省乃至全国占有重要地位；大理石储量居安徽省之首，煤炭储量占整个淮北煤田的75%以上。

3)旅游资源

沿线各地拥有非常丰富的旅游资源。徐州古称彭城有众多的汉墓群、风景秀丽的云龙山景区和逶迤全境的京杭大运河；滁州市有著名的琅琊山国家级风景名胜区；南京是历史文化名城和十朝古都，市内有以中山陵、秦淮风光等为代表的八大风景区，众多风景名胜与文物古迹相互交融，形成了山、水、城、林相结合、气度恢弘的城市风貌；位于太湖流域的苏、锡、常地区有"人间天堂"之称，旅游资源极其丰富；苏州园林举世闻名，无锡梅园、太湖鼋头渚享誉海内外，常州千年古刹天宁寺被誉为"东南第一丛林"，每年吸引众多香客前往朝觐；上海是我国最大的城市，也是一座国际化大都市，现有国家级文物保护单位 9 处，市级文物保护单位 30 处。重要旅游景观包括黄浦江沿江景区、崇明岛东平森林公园、淀山湖风景区等。

4)交通运输

沿线地区交通运输发达，也是我国运输最繁忙、运能最紧张的地区之一。综合交通运输体系包括铁路、公路、民航、水运、管道五种运输方式。其中铁路以全长 1 463 km 的京沪铁路为主线；公路以 104 国道(北京—福州)、312 国道(上海—成都)、京沪高速公路为骨架，主要干线公路总里程达 1 485 km；航空有南京禄口机场、上海虹桥和浦东国际机场，均已对外开放，开辟有通往国际、国内主要城市的航线；水运主要由长江、京杭大运河、黄浦江和苏南地区纵横交错的通航河道构成网络；管道运输主要包括任丘—南京输油管道和即将建成的气东输管道工程。

4.3.1.5　环境质量概况

1)水环境概况

沿线大中城市经济发达，已有较完善的城市基础设施。城区内主要交通干道均已铺设城市排水管网，部分城市已建成或正在规划建设污水处理厂。

沿线主要污水受纳水体水环境概况，见表 1.4.73。

表 1.4.73　沿线主要受纳水体水环境概况

序号	名称	受纳水体	环境功能
1	徐州高速站	房亭河	房亭河现状污染较严重，徐州市将其规划为Ⅲ类水体，目前主要功能为排污、行洪
2	宿州高速站	黄沱沟	Ⅲ类水体，目前主要功能为农业用水和工业用水
3	固镇高速站	浍河	
4	其他高速站	车站附近沟渠或城市下水道	农灌沟渠或城市下水道

本线在苏州市境内经过阳澄湖，该湖南靠苏州(吴县)，东依昆山，北邻常熟，面积约 120 km^2，以阳澄三宝(大闸蟹、虾、鳜鱼)著称。阳澄湖水质指标中高锰酸盐指数、氨氮、总磷和总氮超过地表水Ⅲ类标准，其中总氮超过地表水Ⅴ类标准，总体属于Ⅳ类水质；阳澄湖的湾里水厂取水口源水质一般，其中湾里取水口的氨氮超Ⅲ类标准。

本线在 DK1 226＋000～DK1 263＋000 区间经过阳澄湖南侧，该水域及部分陆域为水源保护区，全长约 37 km。其中苏州高速站(DK1 228＋850)设于准保护区内，除车站站区外，线路以桥梁形式经过苏州北园水厂湾里取水口的一级保护区 630 m、二级保护区 15.67 km、三级保护区 20.7 km；湾里取水口距线路约 380 m。

2)声环境概况

本工程除徐州联络线部分路段，位于徐州市声环境功能区划内外，其余线路均位于城市声环境功能区划外。

本线所经地区主要为农村和城市远郊区，主要受社会生活噪声和道路交通噪声影响，声环境现状较好。其中，江苏省境内道路和工业较为发达，声环境质量相对较差，但大部分敏感目标仍能满足《城市区域环境噪声标准》之Ⅱ类标准要求；安徽省境内多为农村地区，主要受社会生活噪声影响，声环境质量优良。

3)振动环境概况

正线区间和徐州、蚌埠联络线与既有津浦、沪宁铁路、翔黄等铁路专用线相连和相距较近区域，受既有铁路振动干扰；线路与沪宁高速公路、310 国道等道路并行或相交路段，主要受道路交通振动的影响；其他路段大多为农村环境，环境振动主要来自村内道路上车流运行，以及人群活动等产生的各种无规则振动影响。本工程沿线农村内的住房一般以二层建筑居多，主要为砖混结构；城镇和城市的房屋楼层多为三至六层砖混结构建筑。根据调查线路两侧 1 000 m 范围内无文物类的建筑、遗址。

4)环境空气质量概况

京沪高速铁路徐州至上海段经过区域，环境空气质量现状大多数达到《环境空气质量标准》(GB 3095—1996)二级或以上标准，其中徐州、宿州、蚌埠、滁州城区空气污染相对较重，不能满足二级标准要求。

沿线空气污染属煤烟和石油并重的复合型污染，主要污染物为可吸入颗粒物、SO_2 和 NO_2。线路经过地区大部分属"两控区"，对燃煤锅炉实施严格控制。受益于即将建成的"西气东输"工程，沿线城镇规划区锅炉都要求采用燃气或其他清洁能源。

4.3.1.6 环境影响分析

1)各阶段环境影响概况

本工程产生的环境影响可分为两个阶段，即施工期环境影响及运营期环境影响。如图 1.4.5、图 1.4.6 所示。

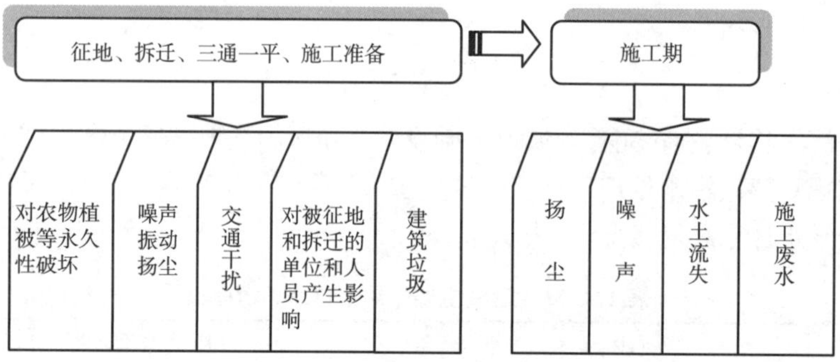

图 1.4.5 施工期环境影响示意图

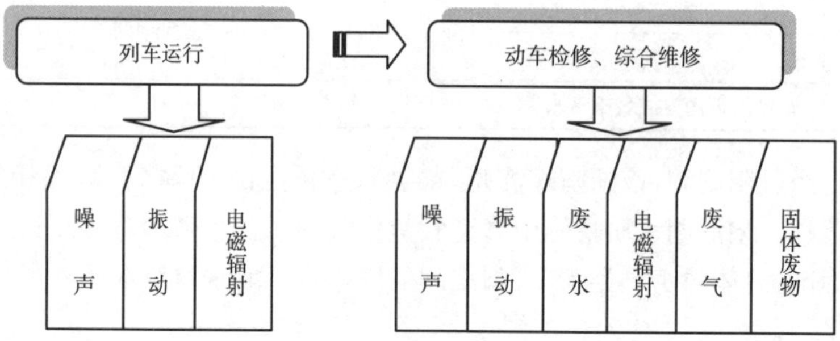

图 1.4.6 运营期环境影响示意图

2)噪声源

①施工期噪声源。本工程施工噪声源主要包括施工机械噪声、车辆运输噪声两类：

施工机械噪声源：施工现场的各类机械设备包括装载机、挖掘机、推土机、混凝土搅拌机、重型吊车、打桩机等，这类机械是最主要的施工噪声源。根据以往大量现场监测数据，30 m 处常用施工机械噪声源强为65～100 dB。

运输车辆噪声源：施工中土石方调配，设备、材料运输将动用大量运输车辆，这些运输车辆特别是重载汽车噪声辐射强度较高，对其频繁行驶经过的施工现场、施工便道和既有公路周围环境将产生较大干扰，30 m 处重载汽车噪声源强为 62～72 dB。

②运营期噪声源。京沪高速铁路运行列车设计最高速度 350 km/h，初期组织 200 km/h 的跨线列车。高速铁路建成投入运营后，铁路噪声将成为沿线的主要噪声源。高速铁路具有高速、高架、电气化等主要特点，其辐射噪声主要由轮轨噪声、集电系统噪声、空气动力噪声和高架桥梁结构噪声等组成。当列车运行速

度不同时，上述因素对辐射总声级的贡献量呈动态变化。国外研究表明：列车速度在 200 km/h 左右时，轮轨噪声、集电系统噪声、空气动力噪声和高架桥噪声对总声级的贡献量分别为 63%、18%、13%和 6%；列车运行速度达到240 km/h 左右时，贡献量变化为 50%、35%、10%和 13%；当速度较低时，轮轨噪声所占比例最大。速度达到 240 km/h 时，集电系统噪声和空气动力性噪声成倍增长；速度更高时，空气动力性噪声所占比例更为突出。由于全线采用全立交、全封闭，无鸣笛噪声。动车段整备、维修作业产生噪声较小，因有建筑物的遮挡，对周围环境影响较小。

根据《铁路建设项目环境影响评价噪声振动源强取值和治理原则暂行规定》，参考铁路噪声源强见表 1.4.74。

表 1.4.74　评价采用动车组噪声源强表

运行速度(km/h)	源强值(dB)	修 正 量	附　注
160	79.5	对于无砟轨道路堤线路，增加 3 dB；对于无砟轨道桥梁线路的源强值，增加 6 dB	1. 参考点位置：距列车运行线路中心 25 m、轨面以上 3.5 m 处。 2. 线路条件：Ⅰ级铁路，平直、无缝、60 kg/m 钢轨、混凝土轨枕、有砟轨道、路堤线路，轨面状况良好
180	81.0		
200	82.5		
220	84.5		
240	86.0		
260	87.5		
280	88.5		
300	89.5		

3)振动源

①施工期振动源。施工期振动主要来源于各种施工机械、重型运输车辆和桩基施工产生的振动。根据本工程的施工特点，产生振动的施工机械和设备包括挖掘机、推土机、重型运输车、压路机、钻孔—灌浆机、空压机和风镐等。根据类比调查，距振源 30 m 处垂向 Z 振级一般为 64～71 dB，对环境影响轻微。软土或水塘地段路堤处理时，可能使用重型碾压机械加强碾压或应用重锤强夯置换处理，压实机械和重锤作业对周围环境均可构成振动干扰，在距夯点 30 m 处振动可达 80 dB 左右。

②运营期振动源。高速铁路引起铁路振动的原因和传播过程与既有普通铁路基本相同。振动的产生是源于列车运行中车轮与钢轨撞击产生振动，经轨枕、道床、路基(或桥梁结构)地面传播到建筑物，引起建筑物的振动；高速铁路与普速铁路比较，所引起的振动具有如下特点：

——高速列车轴重较小，振动源低于普速列车引发的振动。列车运行产生的振动与列车轴重关系密切，轴重越大，振动越大。普通列车的轴重约为 23 t，而国外高速列车的车体结构和动力设备不断向轻量化发展，尽量降低轴重。如日本 500 系、700 系，高速列车已降到 11.3 t，比普通列车的轴重减少约 1/2。

——高速铁路线路设计标准、车辆及轨道维护要求高于普速铁路，振动源水平较低。高速铁路的线路设计中，扣件、道床等多采用了特殊的隔振设计，以减弱振动的传播。在运营中，加强维护车轮轮周和钢轨表面，定期进行检查和打磨，保证良好的表面状态，可有效地降低振动。日本 1997 年建成的北陆新干线(高崎～长野)，实测表明距外轨 30 m 处地面的振动为 74～79 dB。而我国实测的普速铁路振动，距外轨 30 m 处地面的振动约为 77～82 dB。说明高速铁路产生的环境振动，有可能采取改进线路条件，使其得到控制。

——高速列车通过时间短，振动作用时间少。

——由于车速的提高，引起环境振动增大。车速提高引起轮轨之间的相互作用力增加，振动强度也随之增加。振动源强大小主要与车辆类型、载重、速度、桥梁构造、地质条件等因素有关。

本次评价列车振动源强依据《铁路建设项目环境影响评价噪声振动源强取值和治理原则暂行规定》确定，见表 1.4.75。

表 1.4.75 铁路振动源强值(VL_{zmax} dB)

列车速度(km/h)	源强值(dB)	修正量	附注
160	76.0	对于无砟轨道路堤线路,增加 3 dB;对于有砟轨道 11 m 高桥梁线路,降低 3 dB;对于无砟轨道 11 m 高桥梁线路,增加 1 dB	参考点位置:距线路 30 m 处; 线路条件:有砟轨道、路堤线路、平直、无缝、60 kg/m 钢轨、混凝土轨枕; 动车组轴重:14 t
180	77.0		
200	78.0		
220	79.0		
240	80.0		
260	81.0		
280	82.0		
300	83.0		

4)电磁辐射源

京沪高速铁路采用动车组、电力牵引。电力机车运行时因受电弓和接触网滑动接触会产生脉冲型电磁污染,对沿线居民收看电视将产生不利影响。牵引变电所等固定设施也会产生工频电磁场。高速列车运行速度 200 km/h 左右时电磁辐射与普通线路辐射水平接近,300 km/h 时约大几个分贝。牵引变电所围墙处工频磁场略大于 0.2 μT,工频电场强度不超过 300 V/m,距围墙 20 m 处工频磁场不超过 0.1 μT,工频电场为 200 V/m 左右。由于高速铁路为全立交全封闭线路,高架桥或高路基过车对电视收看将会产生遮挡、反射,影响收看质量。

5)水环境污染源

①施工期水污染源。工程施工期产生的污水主要有三类:

高浊度废水:主要来自桥梁基础施工钻孔桩作业和隧道施工掘进,以高含沙量为特征,并含有少量石油类,一般采用沉淀处理。

冲洗废水:来自施工机械及运输车辆的冲洗,含沙量较高,并含少量石油类。

生活污水:主要产生于施工人员驻地,与一般居民区排水相似。但由于生活相对简单,排放量较少,一般采用化粪池初级处理。

②运营期水污染源。运营期污水主要来自车站和动车段,污水为一般性生活污水和少量含油污水。主要污染物是 COD、氨氮、SS 等;沿线主要站区排放污水见表 1.4.76。

表 1.4.76 沿线主要站区新增污水汇总表 (单位:m^3/d)

序号	站名	用水量	排水量	污水性质	排放去向	排放标准	污水处理工艺
1	徐州高速站	600	250	生活污水	排入房亭河(Ⅲ类水体)	Ⅰ级	SBR 处理设备
2	宿州高速站	200	140	生活污水	排入黄沱沟(Ⅲ类水体)	Ⅰ级	SBR 处理设备
3	固镇高速站	200	140	生活污水	排入浍河(Ⅲ类水体)	Ⅰ级	SBR 处理设备
4	蚌埠高速站	550	250	生活污水	排入规划排水管网,进入城市污水处理厂	Ⅲ级	化粪池
5	滁州高速站	200	140	生活污水	排入农灌沟渠,流经约 6 km 进入滁河(Ⅲ类水体)	Ⅱ级	低动力处理设施
6	镇江高速站	350	250	生活污水	排入城市排水系统	Ⅲ级	化粪池
7	丹阳高速站	200	140	生活污水	排入附近农灌渠	Ⅱ级	低动力处理设施
8	常州高速站	450	280	生活污水	排入城市排水系统	Ⅲ级	化粪池
9	无锡高速站	500	300	生活污水	排入城市排水系统	Ⅲ级	化粪池
10	苏州高速站	500	300	生活污水	排入城市排水系统	Ⅲ级	化粪池

续上表

序号	站　名	用水量	排水量	污水性质	排放去向	排放标准	污水处理工艺
11	昆山高速站	200	140	生活污水	排入城市排水系统	Ⅲ级	化粪池
12	上海南翔动车段	1 000	含油废水:70 生活污水:380	生产、生活污水	排入横沥河	Ⅱ级	隔油池,化粪池
合　计		4 950	2 780				

6)大气污染源

①施工期大气污染源。工程施工期间对周围大气环境的影响主要有:

以燃油为动力的施工机械和运输车辆尾气排放。

施工过程中的开挖、回填、拆迁及沙石料装卸过程中产生粉尘污染,车辆运输过程中引起的二次扬尘。施工期对大气环境影响最主要的污染物是粉尘。

②运营期大气污染源。本线牵引类型为电力机车,没有机车废气排放。

运营期主要大气污染源为车站锅炉烟气排放,本工程共设锅炉 14 台;新建锅炉均为油、气一体化锅炉。主要污染物为烟尘、SO_2、NO_x等,所排放的大气污染物均能达到相关标准。

7)固体废物

施工期固体废物主要为施工单位驻地产生的生活垃圾和建设工地施工产生的建筑垃圾。运营期固体废物主要来源于车站生活区、旅客候车产生的生活垃圾及旅客列车垃圾等。

4.3.1.7　施工期环境保护措施

1)环境管理

环境管理主要包括施工环境保护管理体系(图 1.4.7)、环境保护规章制度(图 1.4.8)、环保培训、环保标示(图 1.4.9)以及施工流程环保设计等方面。

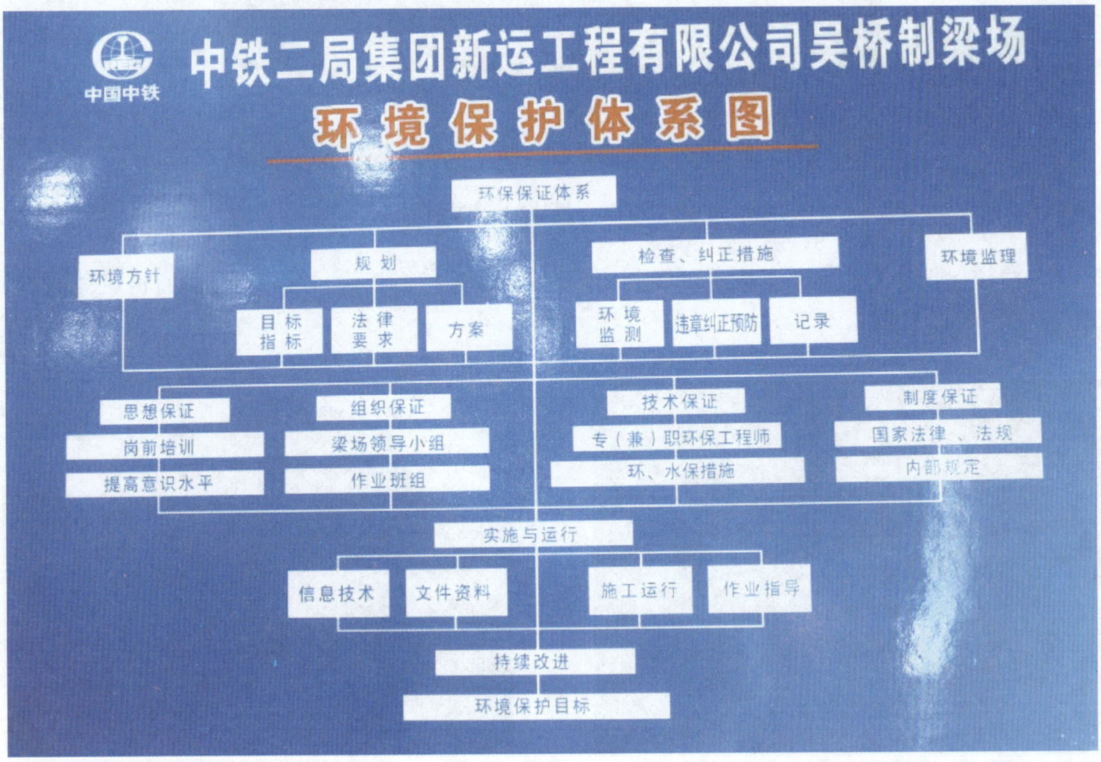

图 1.4.7　环境保护体系

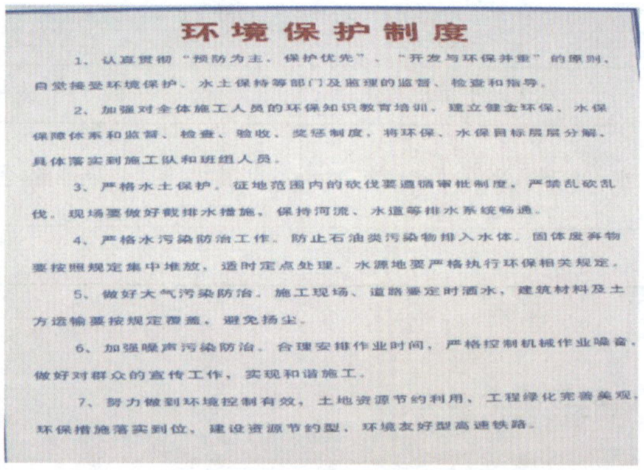

图1.4.8 环境保护制度

图1.4.9 环境保护宣传标语

2)环保及水保措施

①施工站场和生活区，均配置了垃圾处理设施(图1.4.10)。

图1.4.10 场地配置垃圾桶

②土壤、植被保护措施。施工车辆尽可能利用既有道路，并严格按设计施工便道走行，避免碾压农作物和地表植被(图1.4.11、图1.4.12)

图1.4.11 植被保护

图1.4.12 土壤剥离用于复耕

③施工期水污染防治措施。

——对于含油污水排放量较大的施工点设置小型隔油、集油池，含油污水经过处理后排放。如图 1.4.13 所示。

——制梁场的砂石料清洗及洗罐废水，经沉淀池沉淀后排放。如图 1.4.14、图 1.4.15 所示。

——为避免隧道涌水排放影响进出口地表水体水质，在洞口附近设沉淀池。两端施工时在隧道两端分设沉淀池。如图 1.4.16 所示。

图 1.4.13　含油废水隔油池

图 1.4.14　施工场地沉淀

图 1.4.15　三级沉淀池

图 1.4.16　隧道施工废水沉淀池

④路基边坡防护措施。

——路堤高度小于 3 m 时，边坡采用种紫穗槐并撒草籽或采用三维立体网喷播植草防护。

——路堤高度 3～5 m 时，采用带截水槽的拱形骨架防护，骨架内喷播植草或种紫穗槐并撒草籽或采用三维立体网喷播植草防护。

——路堤高度大于 5 m 时，路堤两侧边坡水平宽度 2.5 m 范围内，自坡脚至基床表层下，每隔 0.3 m 铺设一层抗拉强度为 20 kN/m 的双向土工格栅；边坡采用带截水槽拱形骨架防护，骨架内喷播植草或种紫穗槐并撒草籽(图 1.4.17)；或骨架内采用混凝土六边形预制空心块防护，空内填种植土种草或三维立体网喷播植草防护。

——当边坡岩石为硬质岩时，采用挂网喷射混凝土防护。设梯形侧沟，采用浆砌片石砌筑。侧沟外留 1.0～2.0 m 宽的平台，设花坛种植常青灌木或花草。

——土质和软质岩路堑侧沟外留 2.0 m 宽的平台，设花坛种植常青灌木或花草。边坡一般采用 M10 水泥砂浆砌片石护墙防护；当路堑边坡较高时，采用多级护墙，或采用拱形骨架护坡，骨架内铺六边形混凝土空心块内植草防护或喷播植草防护(图 1.4.18)。

⑤工程取、弃土防护措施。取土场表面熟土合理堆放(图 1.4.19)，以备恢复耕地。取、弃土后，对取土边坡，清理规整、底面整平；对弃土场进行整平并植草绿化(图 1.4.20)，提高土地的综合利用率。

图1.4.17 路堤边坡拱形骨架防护

图1.4.18 路堑边坡附属绿化

图1.4.19 熟土堆放区

图1.4.20 弃土场绿化和防护

⑥大气污染治理措施。施工便道、砂石料场、混凝土拌和站等，采取洒水防止扬尘措施(图1.4.21、图1.4.22)，将施工期对沿线大气环境的影响降到最小。

图1.4.21 开挖面洒水车降尘图

图1.4.22 拌和站洒水降尘

4.3.1.8 施工期京沪高铁(徐沪段)绿色铁路评价

(1)权重确定。见表1.4.77。

表 1.4.77 施工阶段高速铁路绿色铁路评价指标体系

一级指标	二级指标	三级指标
环境管理	施工组织设计	环境保护措施的完善程度 C_1
	规章制度	环境保护方面规章制度的完善程度 C_2
		环境保护方面规章制度的执行程度 C_3
	机构设置	环境保护有关机构的健全程度 C_4
	培训、标识	环保知识培训、环保警示标志的普及程度 C_5
环保及水保措施	临时环保水保措施	表土剥离、临时堆放、防护措施的完善程度 C_6
		施工场地临时排水设施的完善程度 C_7
		桥梁基坑弃渣、泥浆处理设施的完善程度 C_8
		噪声、污水、扬尘等的临时防护措施的完善程度 C_9
	永久环保水保工程	水土保持工程的完善程度 C_{10}
		土地复垦工程的完善程度 C_{11}
		污染控制工程的完善程度 C_{12}
环境污染治理	噪声	噪声治理率 C_{13}
	振动	振动治理率 C_{14}
	固体废物	固体废物处置率 C_{15}
	污水	污水达标排放率 C_{16}
	废气	废气达标排放率 C_{17}
节能降耗(能源消耗)	电能消耗	生产电能消耗 C_{18}
		生活电能消耗 C_{19}
	石油消耗	运输车辆能耗 C_{20}
		燃油机具能耗 C_{21}

(2)绿色铁路评价。施工期京沪高速铁路(徐沪段)绿色铁路评价中,六位专家对环境管理、环保及水保措施、环境污染治理、节能降耗四个方面进行判断。判断矩阵如下:

$$A_1=\begin{pmatrix}1 & 1/2 & 2 & 3\\ 2 & 1 & 3 & 3\\ 1/2 & 1/3 & 1 & 2\\ 1/3 & 1 & 1/2 & 1\end{pmatrix}\qquad A_2=\begin{pmatrix}1 & 1/3 & 1 & 1\\ 3 & 1 & 4 & 1\\ 1 & 1/4 & 1 & 1\\ 1 & 1 & 1 & 1\end{pmatrix}$$

$$A_3=\begin{pmatrix}1 & 1/3 & 2 & 1\\ 3 & 1 & 3 & 2\\ 1/2 & 1/3 & 1 & 1\\ 1 & 1/2 & 1 & 1\end{pmatrix}\qquad A_4=\begin{pmatrix}1 & 1/3 & 1 & 1\\ 3 & 1 & 4 & 3\\ 1 & 1/4 & 1 & 1\\ 1 & 1/3 & 1 & 1\end{pmatrix}$$

$$A_5=\begin{pmatrix}1 & 1/3 & 1/2 & 1\\ 3 & 1 & 3 & 2\\ 2 & 1/3 & 1 & 1\\ 1 & 1/2 & 1 & 1\end{pmatrix}\qquad A_6=\begin{pmatrix}1 & 1 & 1 & 3\\ 1 & 1 & 1 & 2\\ 1 & 1 & 1 & 1\\ 1/3 & 1/2 & 1 & 1\end{pmatrix}$$

归一化后得到:

$$W=\begin{pmatrix}0.283\,2 & 0.444\,5 & 0.165\,1 & 0.107\,2\\ 0.172\,1 & 0.427\,1 & 0.164\,1 & 0.236\,7\\ 0.205\,3 & 0.458\,9 & 0.146\,9 & 0.188\,9\\ 0.162\,5 & 0.523\,3 & 0.151\,7 & 0.162\,5\\ 0.146\,9 & 0.458\,9 & 0.205\,3 & 0.188\,9\\ 0.316\,1 & 0.280\,4 & 0.244\,6 & 0.158\,9\end{pmatrix}$$

进行相似性判断并对判断结果聚类，聚类结果如图 1.4.23 所示：

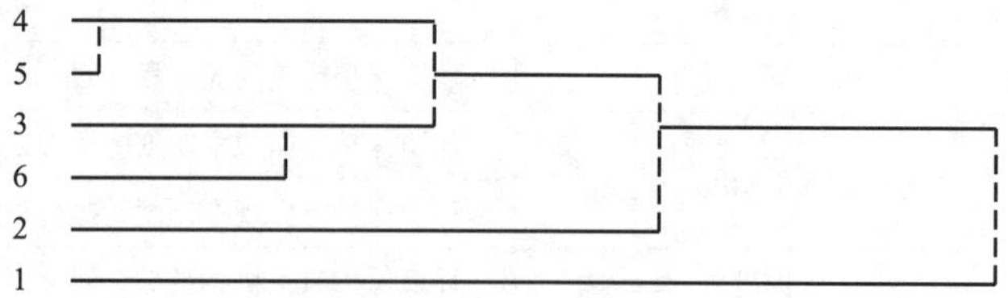

图 1.4.23　系统聚类图

根据聚类结果，可以将专家分成四类：第一类有 2 位专家，编号为 4，5；第二类有 2 位专家，编号为 3，6；第三类有 1 位专家，编号为 2；第四类有 1 位专家，编号为 1。得出专家权重向量为 $W=(0.1,0.1,0.2,0.2,0.2,0.2)$。由式(1.3.21)可得最终权重向量 $W^*=(0.190\,2,0.380\,5,0.246\,8,0.182\,5)$。

利用类似的方法得出最终权重(表 1.4.78)。

表 1.4.78　施工期京沪高铁(徐沪段)绿色铁路评价指标权重值

一级指标	权重	二级指标	权重	三级指标	权重
环境管理	0.190 2	施工组织设计	0.390 7	环境保护措施的完善程度	—
		规章制度	0.240 7	环境保护方面规章制度的完善程度	0.5
				环境保护方面规章制度的执行程度	0.5
		机构设置	0.193 2	环境保护有关机构的健全程度	—
		培训、标识	0.169 4	环保知识培训、环保警示标志的普及程度	—
环保及水保措施	0.380 5	临时环保水保措施	0.445 6	表土剥离、临时堆放、防护措施的完善程度	—
				施工场地临时排水设施的完善程度	—
				桥梁基坑弃渣、泥浆处理设施的完善程度	—
				噪声、污水、扬尘等的临时防护措施的完善程度	—
		永久环保水保措施	0.554 4	水土保持工程的完善程度	0.333 3
				土地复垦工程的完善程度	0.333 3
				污染控制工程的完善程度	0.333 3
环境污染治理	0.246 8	噪声	0.161 1	噪声治理率	—
		振动	0.100 3	振动治理率	—
		固体废物	0.250 4	固体废物处置率	—
		污水	0.382 7	污水达标排放率	—
		废气	0.105 5	废气达标排放率	—
节能降耗(能源消耗)	0.182 5	电能消耗	0.369 5	生产电能消耗	0.666 7
				生活电能消耗	0.333 3
		石油消耗	0.630 5	运输车辆能耗	0.560 4
				燃油机具能耗	0.439 6

建立评语集 $V=\{$优，良，中，较差，差$\}=\{5,4,3,2,1\}$，选择 6 位专家对第二层评价因子进行评价，组成评价者集 $P=\{P_1,P_2,P_3,P_4,P_5,P_6\}$。

第二层评价因子评价结果，见表 1.4.79。

表 1.4.79　单因子评价结果

	C_1	C_2	C_3	C_4	C_5	C_6	C_7	C_8	C_9	C_{10}	C_{11}
P_1	3	3	3	3	2	3	4	2	2	4	2
P_2	3	3	2	3	2	4	3	3	3	4	2
P_3	2	2	2	2	3	3	3	4	3	3	2

续上表

	C_1	C_2	C_3	C_4	C_5	C_6	C_7	C_8	C_9	C_{10}	C_{11}
P_4	2	3	2	4	3	3	3	2	2	3	3
P_5	3	4	3	3	2	3	3	3	4	4	2
P_6	3	4	2	2	3	4	4	2	2	3	2
	C_{12}	C_{13}	C_{14}	C_{15}	C_{16}	C_{17}	C_{18}	C_{19}	C_{20}	C_{21}	
P_1	3	3	3	3	3	3	2	3	4	2	
P_2	3	2	3	3	2	3	2	3	3	2	
P_3	2	3	2	2	2	2	3	4	3	3	
P_4	2	3	2	3	2	2	3	3	3	2	
P_5	3	3	3	2	3	3	2	4	3	3	
P_6	2	3	2	2	2	2	3	3	4	2	

由评价表得出：

$$R_{11}=\begin{pmatrix} 0 & 2/6 & 4/6 & 0 & 0 \\ 0 & 1/6 & 3/6 & 2/6 & 0 \\ 0 & 4/6 & 2/6 & 0 & 0 \\ 0 & 2/6 & 3/6 & 1/6 & 0 \\ 0 & 3/6 & 3/6 & 0 & 0 \end{pmatrix} \qquad R_{12}=\begin{pmatrix} 0 & 0 & 4/6 & 2/6 & 0 \\ 0 & 0 & 4/6 & 2/6 & 0 \\ 0 & 3/6 & 2/6 & 1/6 & 0 \\ 0 & 3/6 & 2/6 & 1/6 & 0 \\ 0 & 0 & 3/6 & 3/6 & 0 \\ 0 & 5/6 & 1/6 & 0 & 0 \\ 0 & 3/6 & 3/6 & 0 & 0 \end{pmatrix}$$

$$R_{13}=\begin{pmatrix} 0 & 1/6 & 5/6 & 0 & 0 \\ 0 & 3/6 & 3/6 & 0 & 0 \\ 0 & 3/6 & 3/6 & 0 & 0 \\ 0 & 4/6 & 2/6 & 0 & 0 \\ 0 & 3/6 & 3/6 & 0 & 0 \end{pmatrix} \qquad R_{13}=\begin{pmatrix} 0 & 3/6 & 3/6 & 0 & 0 \\ 0 & 0 & 4/6 & 2/6 & 0 \\ 0 & 0 & 4/6 & 2/6 & 0 \\ 1/6 & 5/6 & 0 & 0 & 0 \end{pmatrix}$$

第二层单因素评价结果如下：

$$B_1=W_1\times R_{11}=(0,0.317\ 1,0.544\ 7,0.073\ 4,0);$$

$$B_2=W_2\times R_{12}=(0,0.357\ 8,0.438\ 4,0.0.203\ 8,0);$$

$$B_3=W_3\times R_{13}=(0,0.510\ 1,0.489\ 9,0,0);$$

$$B_4=W_4\cdot R_{14}=(0.046\ 1,0.353\ 8,0.440\ 8,0.158\ 8,0)$$

第一层综合评价为：

$$B=W_0\times R_B=[0.190\ 2,0.380\ 5,0.246\ 8,0.182\ 5]\times\begin{pmatrix} 0 & 0.317\ 1 & 0.544\ 7 & 0.073\ 4 & 0 \\ 0 & 0.357\ 8 & 0.438\ 4 & 0.203\ 8 & 0 \\ 0 & 0.510\ 1 & 0.489\ 9 & 0 & 0 \\ 0.046\ 1 & 0.353\ 8 & 0.440\ 8 & 0.158\ 8 & 0 \end{pmatrix}=[0.008\ 4,0.386\ 9,0.470\ 4,0.120\ 5,0]$$

代入计算：$P_2=1\times0.008\ 4+0.386\ 9\times2+0.470\ 4\times3+0.120\ 5\times4+0=2.675\ 4$，取整为 3。

评价结论：施工期京沪高铁(徐沪段)的绿色铁路评价为“绿色”。

4.3.2　运营期京津高速铁路绿色铁路评价

京津城际铁路连接北京、天津两大直辖城市，是我国第一条时速 350 km 的高速铁路，是我国《中长期铁路网规划》中建成的第一条铁路客运专线，线路全长 120 km。2008 年 8 月 1 日正式开通运营，首先服务于 2008 年北京奥运会。

京津城际高速铁路正线为双线，线间距离为 5 m；全线设北京、京庄、永乐、武清、天津 5 个车站；全程实现电力牵引、自动控制，行车综合调度集中；列车类型为 CHR_3 型动车组，最高运行速度 350 km/h；最小行车间隔 3 min，北京至天津运行时间 30 min。

全线共有桥梁 31 座（其中特大桥 5 座），长 100.3 km，占线路总长度的 87%；路基 6 段，长度 16.3 km，占线路长度的 13%；土石方总量为 219.1 万 m^3；全线设置梁场 7 个，预制简支梁 2 746 孔。

全线正线铺设 CRTSⅡ型（纵连式）板式无砟轨道。预制轨道板通过水泥沥青砂浆调整层，铺设在路基面钢筋混凝土底座及具有滑动层的桥面钢筋混凝土底座上，适应 ZPW—2000 轨道电路的无砟轨道结构型式。

京津高速铁路在设计过程中，加大节能、环保创新力度和有效措施，取得显著成果。主要措施包括：选线尽量利用既有铁路、高速公路通道并廊走行，尽量避开沿线的重点建筑物，减少对环境的影响；除车站外，线路采用大量的桥梁通过，尽量减少铁路对沿线城镇的切割，最大程度地节约用地；动车组采用电力牵引，没有废弃排放；列车采用真空式集便装置，污水、垃圾集中收集处理、零排放等。

4.3.2.1 自然环境现状

1）地形地貌

线路位于华北平原北部，地势自西北向东南缓倾。地面高程由起点的近 50 m，递减到终点 3 m 左右。沿线分为两个地貌单元：北京至武清镇为冲洪积平原，地势稍高；武清镇至天津为冲积平原，地势平坦低洼，沟渠坑塘密布。

2）地质构造及地震

①地质构造。本区位于华北平原的东北部，有巨厚的新生界第四系松散沉积层，覆盖于古生界和元古界基底地层上。基底构造复杂，断裂发育。由于构造隐伏于较深部位，上覆巨厚的第四系沉积层，对地面工程无较大影响。

②地震动峰值加速度。根据《中国地震动参数区划图》（GB 18306—2001），沿线地震动峰值加速度（地震基本烈度）划分：DK0＋000～DK62＋400 为 0.20g（Ⅷ度）；DK62＋400～DK120＋000 为 0.15g（Ⅶ度）。

3）工程地质及水文地质条件

①工程地质。线路经过区属高烈度地震区，沿线分布较多的粉细砂及粉土地层，地下水位较浅，局部地段存在地震可液化地层；沿线特殊岩土主要有软土、松软、填土等。天津及沿海中上部地层广泛分布有海相淤泥、淤泥质黏土及淤泥质粉质黏土，厚度 3.0～10.0 m。压缩性高、强度较低；北京市区外分布大量松软土，北京至天津厚度逐渐变大，由 5 m 变化至 22 m 左右。沿线村镇及较村庄分布较多填土，填筑年代长短不一、填筑方法多种多样，其性质变化多端。工程中采取相应的处理措施，如挖除换填、加固处理等。

②水文地质。沿线地下水多为孔隙潜水，北京地区局部存在承压水。地下水储存于第四系松散层中，其中砂、砾、卵石层中水量丰富。主要靠大气降水及地表水补给，地下水位随季节变化幅度为 0.5～3.5 m。北京至武清间地下水位埋深 5～8 m，地下水及地表水对混凝土一般无侵蚀性；天津地区地下水埋深 0.5～1.5 m，地下水及地表水对混凝土多具硫酸盐弱至中等侵蚀性。

4）水系分布

线路位于海河流域下游的永定河水系和北三河水系。海河流域北部为燕山，西部为太行山，南部为华北平原，东部紧靠渤海，受地形和季风影响，山前为多雨区，暴雨洪水经常发生，加上地势由北、西、西南向渤海倾斜、河流大部汇入海河。上游遇暴雨洪水来量大时，中下游河道泄量不足，因此洪涝灾害较为严重。为缓解洪水灾害，在海河流域的中下游地区开辟了为数众多的滞蓄洪区。

线路以桥梁形式跨越的河流有九条：即凉水河、凤港减河、凤河、龙河、龙凤河故道、北运河、永定新河、新开河、淀北分洪区。主要河流特征如下：

①龙凤河故道，1955 年改道东流后形成。为高场洼、夹道洼、牛角洼的排水、引灌河道。北起大南宫村西龙河与北京排污河汇流处，向南经东洲扬水站至北运河右岸的龙凤闸，全长 16.2 km。

②北运河发源于北京昌平县的一条行洪排沥河道，中间有运潮减河、清龙湾减河、筐儿港分洪闸等分流工程、河道设计过水能力 10^4 m^3/s，相应水位 5.50 m；河堤底宽 32 m，堤顶高程 9.0 m，两堤距 180 m。推算百年流量 200 m^3/s。

③永定新河是海河水系的主要干流，是根治海河中新开辟的入海通道，控制流域面积 47 000 km^2。线路

在既有京山铁路桥下游约 50 m 跨过该河。

④新开河开挖于明朝，始自天津市河北区海河左岸，至北塘附近注入永定新河，全长 36.5 km。该河具有泄洪、排涝、灌溉功能。在河道上口建有耳闸节制闸，在与永定新河交汇处建有金钟防潮闸。河道两岸筑有堤防，设计行洪能力 400 m^3/s，历史上最大泄洪为 1963 年的 381 m^3/s。

⑤淀北分洪区历史上称塌河淀，位于永定河下游武清、北辰区内，北运河以东、杨北公路永东干渠以南、排污河以西、永定新河左堤以北区域。该区运用原则是当卢沟桥以上发生 50 年一遇以上洪水时，经永定河泛区调洪后、屈家店闸流量大于 1 800 m^3/s，威胁天津市区时，在永定新河左堤向淀北分洪。

5)气象特征

线路所经地区属暖温带亚湿润大陆性季风气候，冬季寒冷干燥，夏季炎热多雨，春秋季节较温暖且多风。降水量多集中在 7、8 月份，约占全年的 70%；大风多集中在 3、4 月份。主要气象要素见表 1.4.80。

土壤最大冻结深度：DK0＋000～DK47＋000 为 0.8 m；DK47＋000～终点为 0.6 m。

表 1.4.80　主要气象要素统计表

项　目	北 京 市	天 津 市
平均气温(℃)	11.4	13.5
极端最高气温(℃)	40.6	39.9
最冷月平均气温(℃)	−4.4	−3.6
平均降水量(mm)	567.8	536.6
平均风速(m/s)	2.8	3.0
最大风速(m/s)及风向	21.7 NNW	24.5 NNW
最多风向及频率	10 N 21 C	9SSW 13 C
累年大风日数	27.7	29.8
累年雾日数	21.4	17.7
最大积雪深度(cm)	24	20

6)土壤、植被和水土流失

①土壤。按成土条件、土壤发育过程、发育程度、肥力状况和发展趋势，根据土地资源调查资料，北京至天津主要为潮土。大致分为三个亚类：普通潮土、盐化潮土、湿潮土。沿线大部分为普通潮土，主要特点是壤质适中或含量高、具有较好的保水保肥性和通风透水性，有利于农、林、牧各业发展；盐化潮土、湿潮土及境内少量盐土，不利于农作物及林木生长。

②植被。沿线除城镇外大多为耕地，覆盖农作物。植被类型主要为栽培植物；粮食作物以小麦、玉米为主，其次是稻谷、高粱、大豆、地瓜等；经济作物以棉花、蔬菜、西瓜为主。沿线地区林木覆盖分布不均，没有较大的成片林。植物的科属种繁多，均属落叶阔叶植物。用材、防护林树种主要有杨、柳、榆、槐、椿、桐等；灌木有怪柳、杞柳、青腊、紫穗槐；经济果树有苹果、梨、桃、杏、枣、核桃、葡萄等。

③水土流失。沿线属平原地区，地形平坦开阔，起伏小，水土流失轻微。

7)沿线风景名胜及文物古迹

线路经过北京市范围内有北京游乐园、芳亭园、龙潭公园，天津市范围内有北宁公园等风景游览区。

沿线文物古迹主要有陶然亭、先农坛、天坛、燕墩等。

陶然亭总面积 59 公顷，是首都北京最早兴建的一座现代园林。其旧址为燕京名胜，素有“都门胜地”之誉。

先农坛与天坛东西相对，是明、清两代皇帝祭祀先农、山川、太岁诸神之处。

天坛分布有祈年殿、回音壁等重要人文景观。

燕墩最早作为元朝烽火台，乾隆年间重新修缮后作为镇物，上有两篇文章均为乾隆御笔，目前为北京市一级保护文物。燕墩距既有京山线 55 m，京津高铁在既有线右侧 14 m 通过，距燕墩 41 m。

4.3.2.2 环境质量现状及环境规划

1）环境质量现状

①声环境。线路沿既有京山铁路段两侧的典型敏感点：永铁苑和郭庄北里居住小区，受既有铁路噪声影响，铁路边界 30 m 处昼间现状噪声水平为 68.5～69.7 dB，夜间为 63.9～69.3 dB，可满足 GB 12525—90 铁路边界噪声标准昼、夜间小于 70 dB 的限值要求；距离线路 60～100 m 范围内的测点，现状昼间噪声水平为 59.2～67.1 dB，夜间为 52.8～66.8 dB，接近或超过 GB 3096—93《城市区域环境噪声标准》2 类区昼间 60 dB，夜间 50 dB 的限值要求。

线路沿滨河路旁区段的典型敏感点：蒲黄渝居住小区，主要受道路交通噪声影响。现场监测结果表明，持续不断的道路交通噪声对该住宅小区的影响为 64～66 dB，而纯铁路噪声影响仅为 57～60 dB，二者综合作用的结果为铁路边界 30 m 处昼夜间现状噪声水平为 70.2 和 70.1 dB，基本满足 GB 12525—90 铁路边界噪声标准昼、夜间小于 70 dB 的限值要求；距离线路 120 m、临近滨河路第一排高层居民楼，昼间现状噪声水平为 67.8～71.8 dB，夜间为 67.4～70.8 dB，超过 4 类区噪声限值标准。

穿越农村、商贸及亦庄开发区区段的敏感点：大部分处在京津塘高速公路地段，受高速公路的影响，现状噪声接近或超过 2 类区噪声限值标准。

线路进入天津市区以后，再次与既有京山铁路并行。受既有铁路噪声影响，铁路边界 30 m 处现状昼间噪声水平可满足 GB 12525—90 铁路边界噪声标准昼、夜间小于 70 dB 的限值要求；30 m 外噪声水平接近或超过 GB 3096—93《城市区域环境噪声标准》2 类区昼间 60 dB，夜间 50 dB 的限值要求。

②水环境。工程活动影响范围内的地表水系主要有凉水河、凤港河、凤河、北运河、永定新河、新开河等。目前，凉水河水质为超Ⅴ类，主要污染物为高锰酸盐指数、BOD_5、NH_3-N 和石油类，超标率为 69.2%～100%。凤港河水质、北运河、永定新河、新开河的水质为劣Ⅴ类。

③大气环境。北京城区沿线主要大气污染物为 TSP，超标倍数为 1.86；其次为二氧化硫，超标倍数为 1.03。北京经济技术开发区内的主要大气污染物为 PM10，超标倍数为 1.7。区间地段为农村地区，环境空气质量良好；天津市区 2002 年可吸入颗粒物年均值为 0.138 mg/m^3，二氧化硫年均值为 0.069 mg/m^3，超过国家二级标准 15%；化氮年均值为 0.046 mg/m^3，空气综合污染指数为 3.11；全年环境空气质量达到和好于二级良好水平的天数为 274 天。

④生态环境。线路经过北京、天津两大直辖市以城市生态环境为主，两侧基本为已建成的居住、商业混合区。线路区间路段以农村生态环境为主，主要为耕地、鱼塘、宅地等。

2）环境规划

①噪声功能区划。根据北京市环境功能区划，北京南站附近地区为既有铁路地区，向东至蒲黄榆路口 3 km 为既有京山铁路。本段铁路两侧分布有永铁苑及郭庄等居住小区，该区域铁路边界 30 m 处执行铁路边界噪声标准，其他区域划分为 1 类地区；

线路经过蒲黄榆路口后约 2 km 区段，拟建铁路北侧为护城河、南侧为滨河路。道路两侧划分为 4 类地区，其他区域划分为 1 类地区；该区域评价范围内分布有蒲黄榆等居住小区。

线路过三环后的区域划分为 2 类地区，铁路大部分区段沿京津塘高速公路走行。该区域有十八里店村、横街子、羊南羊北农村居民及亦庄经济开发区等。

区间线路两侧敏感建筑大多为农村平房，在原有的"北京市城市规划"和"天津市城市规划"中尚未明确规划其功能用地。线路过武清开发区后与既有京山线并行，铁路边界 30 m 处执行铁路边界噪声标准。天津市区范围内线路两侧除城市干道及铁路边界外，基本为 2 类区。

②水体规划。根据《北京市实施（中华人民共和国水污染防治法）条例》对地表水体的分类，线路经过的凉水河、凤港碱河为北京市第三类水体、GB 3838—2002 Ⅴ类水体；北运河、永定新河、新开河规划为Ⅴ类水体。

③大气环境。线路沿线均规划为国家二级标准。

4.3.2.3 污染要素对环境的影响分析

1)能耗

本线为电气化铁路,工程实施后能耗主要为电力机车耗电、站段的生活采暖锅炉耗油及天然气、各站段的生产生活用水。详见表1.4.81。

表1.4.81 工程实施后能耗表

项　目	电	水	油	天然气
能耗	54 620万度	24.45×10^4 m^3	—	718 800 N^3/年

2)主要污染源分析

①声环境。本工程为城际客运专线,客车运行速度300 km/h以上。针对城际铁路的高速、高架、电气化等主要特点,噪声源主要由轮轨噪声、集电系统噪声、空气动力噪声和高架桥梁结构噪声综合而成。当列车运行速度不同时,上述噪声对综合声级的贡献量呈动态变化。日本新干线最新研究结果表明:当车速低于240 km/h时,轮轨噪声为主要噪声源,约占总噪声能量的40%以上;当车速达到300 km/h时,轮轨噪声、集电系统噪声、空气动力性噪声共同成为主要噪声源,各占30%左右。高速列车运行辐射噪声声级较高,对沿线居民区、学校、医院等生活、学习环境影响较大,尤其是经过北京、天津城区路段,线路基本以桥梁形式通过,线路两侧敏感点分布较多、人口密集,噪声污染更为突出。全线采用全立交、全封闭,无机车鸣笛噪声。

动车组整备作业、综合维修作业会产生噪声,但一般动车组定置作业噪声较小,且在段内或库内有一定遮挡。天津动车运用所、天津综合维修工区等周围敏感点较少,且距离较远,对周围环境影响较小。

针对铁路工程特点,施工期主要作业形式有路基填筑、夯实,桥梁基础施工,设备、材料运输,房屋拆迁及地面开挖等。推土机、挖掘机、打桩机等施工机械及混凝土搅拌运输车、压路机等各种运输车辆,对周围环境会产生噪声影响。

②振动环境。本线为城际客运专线,城际铁路引起环境振动的原因和传播过程,与既有普速铁路基本相同。振动的产生是源于列车运行中轮轨之间的碰撞和摩擦,振动通过轨枕、道床、路基(或桥梁结构)、地面传播到建筑物,引起建筑物的振动,对居民住宅及沿线的古建筑等产生影响。

城际快速铁路与普速铁路相比较,所引起的环境振动具有如下一些特点:

——由于速度的提高,城际快速铁路存在增大环境振动的不利因素。轮轨作用产生的振动与速度密切相关,随速度的增加而增加。

——城际快速列车单列车通过时间短,振动作用时间相对较短,振动产生的影响相对普速铁路小。

——高速列车轴重小,有利于减小振动。

列车运行产生的振动与列车轴重关系密切,轴重越大,振动越大。普通列车的轴重约为23 t左右,而国外高速列车的车体结构和动力设备不断向轻量化发展,尽量降低轴重。如日本500系、700系高速列车已降到11.3 t左右,与普通列车的轴重减少了1/2左右。

——本工程线路设计标准、车辆及轨道的维护要求高于普通铁路,有利于减少振动。线路设计中,扣件、道床等多采用特殊的隔振设计,以减弱振动的传播。运营中加强维护车轮轮周和钢轨表面,定期进行检查和打磨,保证良好的表面状态,可有效地降低振动。日本1997年建成的北陆新干线(高崎~长野),实测表明距外轨30 m处地面的振动为74~79 dB;我国实测普速铁路的振动,距外轨30 m处地面的振动约为77~82 dB。

③电磁环境。与普通铁路相比,城际电气化铁路列车运行速度快、高架路段所占比例大。电力机车运行时,接触网与受电弓滑动过程中瞬间离线会产生频带较宽的脉冲型电磁辐射,会对沿线邻近居民收看电视和重要无线电设施的正常工作产生干扰影响;电气化铁路牵引变电所也会产生电磁辐射,在电视频段的辐射明显小于线路。就其干扰源强度而言,运行和整备中的机车是最突出的污染源,其次是牵引变电所等固定设施。此外,高架桥和高路堤对电视信号的遮挡反射影响较突出。

④水环境。根据《北京市环境功能区划》资料,凤港碱河属北运河水系,水体功能为农用水区及一般景观要求水域,按Ⅴ类水体规划,现场调查本河现为排污河。

运营期新增污水来源于沿线站、段新增的生产、生活房屋及天津动车运用所内的客车集便污水。主要污染物为悬浮物、COD_{cr}、BOD_5、石油类、氨氮、洗涤剂等。各方案沿线各站的排水量及排放去向，见表1.4.82。

表1.4.82 沿线车站新增排水量及排放去向表

站 名	排水量(m^3/d)		处理措施	排放去向
	生 活	生 产		
北京南	23	—	生活污水化粪池	市政管道
永乐	12	—	化粪池及厌氧生物滤罐	流经三胡沟，最终入凤港碱河
天津动车运用所	216.8(其中集便污水49)	含油15.3 洗刷污水83.3(其中18.8排放)	生活污水及密闭厕所集便污水化粪池、含油生产废水隔油池、洗刷废水经气浮过滤后回用	市政管道
天津站	47	—	化粪池、隔油池、MBR处理设备	市政管道

由表1.4.82可知，本工程除天津动车运用所产生少量含油生产废水、客车洗刷废水及密闭车厢集便污水外，其余各站均产生少量的生活污水。其中天津站生活污水主要来自新建子站房，排水自成系统，直接排入城市市政管网，不纳入既有天津站排水系统。

⑤大气环境。本线采用电力机车牵引，大气污染源为永乐站、天津综合维修工区及天津动车运用所内的燃油、燃气采暖锅炉，主要污染物为烟尘、SO_2、NO_x等。

燃气锅炉大气污染物排放系数见表1.4.83。

表1.4.83 燃气锅炉污染物排放系数表 (单位：$kg/10^6\ m^3$)

锅炉类型	烟尘	SO_2	NO_x
采暖、生产用锅炉	80～240	9.6	1290.00

沿线各站锅炉能耗及大气污染物排放量见表1.4.84。

表1.4.84 各站段锅炉设置概况及污染物排放量表 (单位：t/年)

锅炉位置	锅炉负荷	用途	耗油量	耗气量 Nm^3/年	污染物排放量		
					烟尘	SO_2	NO_x
永乐	1台0.7MW	采暖	156	—	0.043	0.29	0.49
天津综合维修工区	2台0.7MW	采暖	—	174 000	0.017	0.002	0.22
天津动车运用所	1台2.8MW+1台1.4MW	采暖	—	544 800	0.055	0.006	0.70
合 计					0.115	0.298	1.41

注：0.7MW、1.4MW、2.8MW燃气锅炉的耗气量分别为72.5 Nm^3/h、149 Nm^3/h、305 Nm^3/h，采暖期按每年4个月、每天燃烧时间10 h计算。

⑥固体废物。工程运营后，固体废物主要来源于车站生活区、旅客候车产生的生活垃圾及旅客列车垃圾等。

4.3.2.4 运营期生态环境影响

1)永久性占地对土地利用的影响分析

①对农村地区土地利用的影响分析。本工程永久性占地6 643.5亩(不含绿色通道占地)，以耕地和城市用地为主。见表1.4.85。

表1.4.85 铁路占地分类数量表 (单位：亩)

占地类型行政区域	旱地	菜地	水浇地	林地	鱼塘	宅地	城市用地	路内征地	绿色通道占地	合计
北京市	37.0	0	1 953.6	0	39.5	0	727.0	296	2 367.6	9 011.1
天津市	0	128.4	2 285.3	28.4	128.3	401.7	463.8	154.5		
小计	37.0	128.4	4 238.9	28.4	167.8	401.7	1 190.8	450.5	2 367.6	

农村地区永久性占地包括线路路基、站场、电力设施、给排水设施、公(道)路改移等项目,铁路永久占用耕地 4 404.3 亩,占 66.3%;林地 28.4 亩,占 0.4%;鱼塘 167.8 亩,占 2.5%,其余为铁路既有用地和宅地。工程占地将使沿线区域耕地减少,特别是对征地涉及的乡镇、村庄,征用土地将减少其人均耕地,工程征占林地、鱼塘将对林业、水产养殖造成一定程度的影响。

工程实施后,工程沿线约 40 m 宽的区域(农村地区路基长度约 60 km),原来以农田为主的土地利用格局,将改变为交通用地和绿色通道用地。

桥梁占用耕地 605 亩,工程建成后原为耕地的可作为耕地继续耕种。

②对城市土地利用的影响分析。铁路永久占用城市用地 1 641.3 亩(含铁路用地 450.5 亩),占 24.7%。占用的土地类型主要为居民点及工矿、交通和绿化用地。见表 1.4.86。

表 1.4.86　城市占地分类数量表　(单位:亩)

类型区域	居民及工矿用地	交通用地	绿化用地	合计
北京市	722.5	296.0	4.5	1 023
天津市	463.8	154.5	0	618.3
合计	1 186.3	450.5	4.5	1 641.3

沿线城市绿化带将会受到高速铁路建设的影响,部分绿化用地及居住用地转变为交通用地,附近区域的原有工业仓储用地也将转变为交通商业混合用地。按照工程"绿化通道"的设计规划,铁路工程建成后,在其两侧会形成独特的城市交通绿色廊道,促进城市"绿道"网络化,有利于形成良好的城市生态景观,发挥一定的城市还原功能。

虽然工程建设直接占用的城市土地面积仅为北京市、天津市规划市区总面积极少部分(北京市规划市区总面积 1 041 km^2,天津市区总面积 168 km^2),但对周围地区的土地覆盖及土地利用类型的变化具有潜在影响,随着本工程的建设,原有规划的土地利用格局将会发生变化。

2)永久占地对农业生产和基本农田的影响分析

铁路永久占用耕地有 4 404.3 亩(其中水浇地 4 238.9 亩),占工程全部永久占地的 66.3%。这些农田 80%以上为基本农田保护区,特别是水浇地,土地平整,灌溉条件良好。工程征地将减少当地人均土地面积,影响当地的粮食产量。预测粮食减产数量见表 1.4.87。

表 1.4.87　预测粮食减产数量表

地　区	征用耕地面积(亩)	亩产(kg/亩)	减产量(kg/年)	附注
北京市	1 990.6	600	1 194 360	—
天津市	2 413.7	600	1 448 220	—
合计	4 404.3	—	2 642 580	—

从上可知,工程建设占用基本农田超过 4 000 亩,将造成沿线区县每年粮食减产约 264.26×10^4 kg,对沿线经过乡镇、村庄的农业生产产生一定的不利影响。

铁路工程征地应依照《土地管理法》、《基本农田保护条例》规定,按照"占多少、垦多少"的原则,由铁路建设单位负责开垦与所占耕地数量和质量相当的耕地。但由于本工程没有开垦造地的条件,将根据地方政府有关规定,缴纳征地补偿费、安置补助费、地表附着物和青苗补偿费、基本农田保护区耕地造地费等,由地方政府通过调整土地分配、将造地费用于新的基本农田开垦、建设和中低产田的改造措施中。通过各级政府按规定的政策进行协调,可以减缓铁路工程建设征地对沿线土地利用和农业生产的影响。

3)对林业、植被的影响分析

工程建设将砍伐工程范围内的树木,破坏工程范围内的植被,对区域生态环境造成影响。全线共占用林地 28.4 亩,砍伐大小树木 42 700 多棵。见表 1.4.88。

表 1.4.88　砍伐林木数量表　（单位：棵）

项目地区	砍伐小树		伐树（ϕ cm）		
	（棵）	（100 m^2）	6～20	21～40	41～60
北京市	96	160	3 120	360	30
天津市	120	220	38 390	580	46
合计	216	380	41 510	940	76

工程砍伐林木将降低植被覆盖率，影响区域生态环境，但砍伐的均属人工种植的苗圃、用材林、农村四旁林及城市绿化林木，不会对生态环境造成大的影响。

工程占用林地 28.4 亩，主要为沿线的苗圃，对林业生产影响不大。

工程建设在修筑主体工程时，也非常重视绿色防护、沿线绿化及绿色通道等生态建设。工程设计采取的主要绿化措施如下：

铁路路基边坡，采用喷播植草绿色防护，共喷播植草 17 550 m^2；采用混凝土空心砖内铺草皮和种草籽防护，共铺草皮或种草籽 28 774 m^2；采用拱形骨架内种紫穗槐防护，在铁路两侧排水沟外侧不影响行车安全的路段栽种灌木和乔木，每侧 3 排，株行距 2.0 m，共栽植乔、灌木 2 431.854 千株；路基两侧铁路用地界外，设置客运专线绿色通道，非耕地段每侧宽 30 m，耕地段每侧宽 5 m，栽种适宜的乔、灌木。

上述防护及绿化措施，有利于铁路沿线的植被恢复和生态环境改善，并将在很大程度上抵消砍伐林木带来的不良影响。

4）工程对河流水文、农田灌溉、分（滞）洪区的影响

①对河流水文的影响。该线路所经主要河流有凉水河、凤港减河、凤河、龙河、龙凤河故道、北运河、永定新河、新开河、淀北分洪区等，全部均以桥梁跨越通过。

桥梁设计中充分考虑了桥涵的选址、跨度、孔径，桥梁布置尽量顺河水天然流向，避免过多压缩河道和改沟；充分考虑了沿线行洪防洪的要求，桥梁设计洪水频率为 1/100，保证桥梁有足够的孔径排泄不超过设计频率的洪水，以避免上游壅水、涵前积水过高。桥梁设计进行了详细的现场水文调查和地形测绘，在收集历年流量和洪峰资料的基础上，经过分析、计算、比较确定桥跨和桥高，充分考虑了桥涵对河道行洪排泄、上下游河堤河岸的影响，能够满足洪水排泄、河岸安全等要求。桥涵的设置不会对河流水文产生较大影响。

②对农田灌溉的影响。工程沿线农业生产发达，农田排灌系统比较完善，大多数河渠排灌合一，纵横交错。农业灌溉主要依靠本流域河流沟渠的地表水，辅助于井灌地下水。

为保证农田排灌，工程设计中结合地方水利规划发展要求，设置了相应的排灌桥涵（表 1.4.89），保证了既有排灌系统的畅通。

表 1.4.89　农田排灌小桥涵统计表

项　目	单　位	数　量	
		小　桥	涵　洞
排洪	座	6	18
灌溉	座	0	50
排洪兼灌溉	座	0	8
合计	座	6	76

另外，工程还对占压的农灌机井按有关规定给予异地另建或经济补偿，对占压、影响的排灌沟渠进行了改移重建，保证了农田灌溉、排洪设施不受影响。

5）环境振动影响

为了准确了解高速铁路环境振动传播特性，选择京津城际铁路沿线有代表性的点位，对列车经过时产生的振动进行测量，从而分析高速铁路对沿线环境振动特性。主要从两个方面进行分析：一是高速铁路不同结

构形式的环境振动衰减程度比较；二是高架桥环境振动随距离的衰减趋势。

①测量主要参数及参考量。

——测量主要参数

高速铁路列车运行引起的环境振动，z 振动级明显大于 x 振动级和 y 振动级。本次测量主要参考 z 振动级：VL_{z10}：10 %的振级超过此振级；VL_{z50}：50%的振级超过此振级；VL_{z90}：90 %的振级超过此振级。如图 1.4.24 所示。

VL_{zmax}	VL_{z10}	VL_{z50}	VL_{z90}
最大值	平均峰值	中值	平均背景值

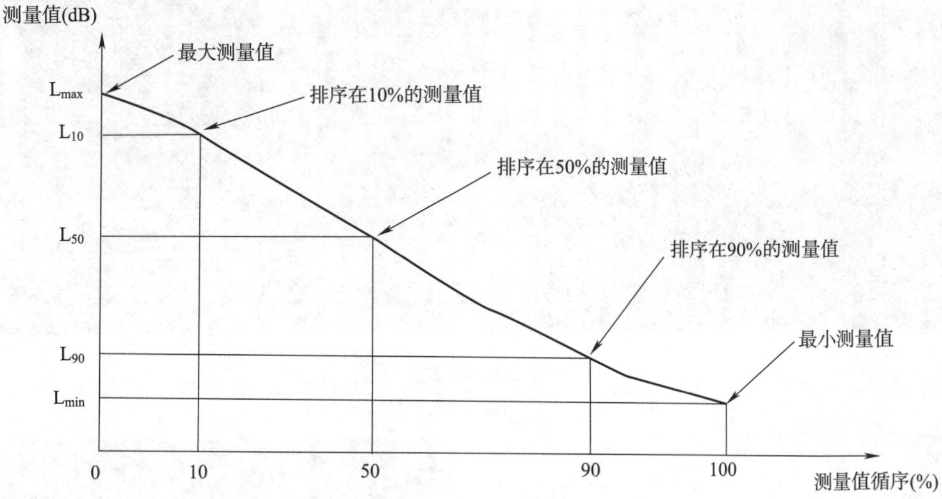

图 1.4.24　测量瞬时值从大到小

——测量参数量

城市快速轨道交通振动环境影响评价中，评价量的选择有两种方法：即列车通过时的环境振动最大值 VL_{zmax} 和环境振动的 VL_{z10}。

在采取环境振动 VL_{z10} 作为评价量中也有两种方法：列车通过时间段的 VL_{z10}；包括列车通过时间段和列车不通过时间段的整个总时段的 VL_{z10}。

由于测量过程中很难判断列车通过时间段，所以不采用列车通过时间段的 VL_{z10}。测量主要考虑 VL_{zmax}。

——测量地点

采用三种不同线路形式处环境振动测量地点：京津线武清车站北 1 km 处，具有高架桥、路桥过渡段和路基三种基础结构形式。此处测量高架桥段的环境振动振源，选择 1094 号桥墩。在该区段两侧 30 m 范围内地势平坦，无房屋及其他建筑物遮挡，视野开阔，能够及时判断列车行驶情况。区段两侧为普通土地，有少量杂草以及少量高约 3 m 的树苗。土地较松软，测量时将测量选点尽量平整夯实，垫上表面平整的砖块，减少误差。测量点基本满足半自由振动场的条件。列车运行速度约 330 km/s。测量当天天气晴好。测试现场如图 1.4.25 所示。

高架桥不同距离的环境振动测量地点：选择京津线第 247 号桩高架桥桥墩为测量参考点。该处桥墩高 6 m，路线周围无大的遮挡物，视野开阔，能够清晰判断列车经过情况。区段线路两侧为农田，有少量农作物。土地较松软，测量时将测量点尽量平整夯实，垫上砖块，减少误差。该处没有发生两车交汇的情况。列车运行速度约 330 km/s。测量当天天气晴好。测量现场如图 1.4.26 所示。

图 1.4.25　测试现场图

图 1.4.26　测试现场图

——测量仪器

测量仪器为 AWA6256B+型环境振动分析仪(图 1.4.27)。

该振动分析仪是一种袖珍式高智能化的测量仪器，它既能测量全身垂向(W. B. z)计权振级(也是环境振级)，又能测量全身水平计权振级，以及不计权(L)振动加速度级。性能符合 ISO 8041 或 GB/T 10071 对 2 型人体响应振动计和环境振动测量仪器的要求。每次测量前均对仪器进行校正，符合国家相关标准。

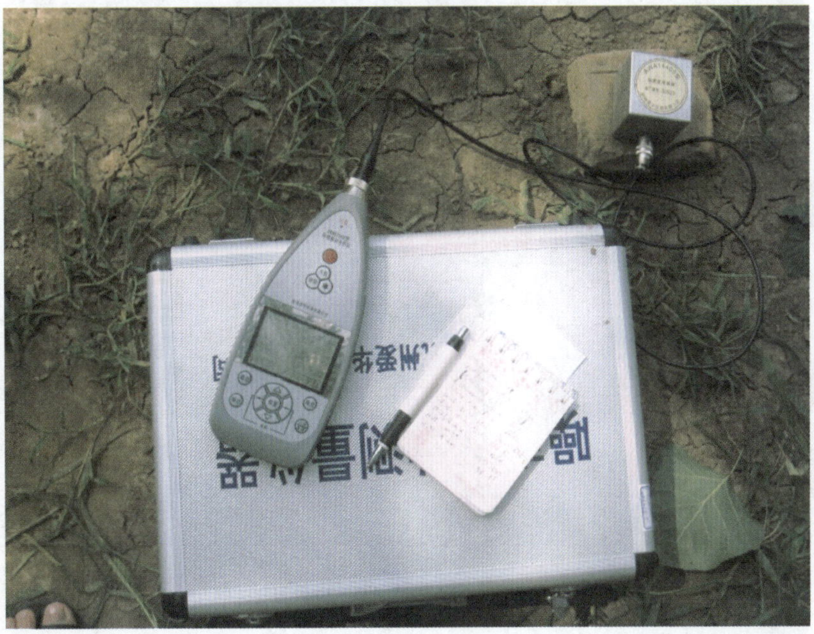

图 1.4.27　AWA6256B+型环境振动分析仪

根据 IOS 8041《人体对振动的响应——测量仪器》，共分五种频率计权特性，相应测量五种计权振级。仪器内置有全身垂直计权网络和全身水平计权网络，可分别直接测量全身垂直计权振级 VL_z和全身水平计权振级 $VL_{x\text{-}y}$。仪器还具有平直频率计权特性，用于测量非计权加速度级 VL_a。根据 GB 10070—80《城市区域环境振动标准》，城市区域环境振动采用铅垂向 Z 振级，也就是全身计权振级 VL_z作为评价量。因此，本仪器可直接用于环境振动测量。

——测量方法及内容

参照 GB 10071—88《城市区域环境振动测量方法》中相关规定进行测量。将四台环境振动仪分布于不同测点，同时启动。当列车进入测量范围，按下启动键。测量时间设置为 10 s，约是一辆 CRH_3 型列车以 330 km/h 速度完全通过观测点的时间。环境振动仪可以记录下环境振动全身垂直计权振级 VL_z最大值、最小值、平均峰值、平均值等指标。

——测点布置

三种不同线路形式处环境振动测点布置：在路桥过渡区段测量不同基础形式的高速铁路环境振动数据。在路基、桥梁、路桥过渡段三种基础形式处同时分别布置测点，分别在距离铁路边线 15 m 和 30 m 处布点(图 1.4.28)。

三个测量点的水平距离大于 200 m，避免相互之间的干扰。在桥梁段，选取 1094 号桥墩作为振源。

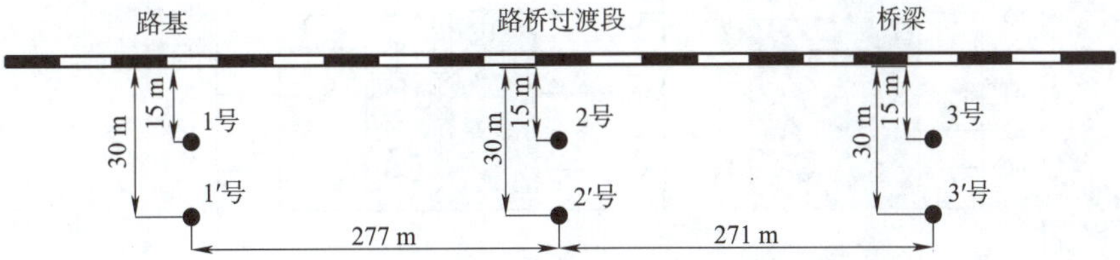

图 1.4.28　三种不同线路形式处环境振动测点布置图

1 号，2 号，3 号测点距离外轨 15 m 处，为路堤、路桥过渡段、桥梁的监测点。

1′号，2′号，3′号测点距离外轨 30 m 处，为路堤、路桥过渡段、桥梁的监测点。

高架桥两侧环境振动测点布置：在垂直铁路轨道的断面上布置测点。每次布设 4 个测量点，共布设 3 次。分析距离振源 60 m 以内，环境振动随距离的衰减情况。第一次布点为距离第 247 号桥墩距离为 2 m、

7.5 m、15 m、30 m；第二次布点为距离第247号桥墩距离为2 m、30 m、45 m、60 m；第三次布置点为距离第247号桥墩距离为2 m、15 m、30 m、60 m。由于轨道两侧环境相似，仅在一侧布置测点。测点布置如图1.4.29所示。

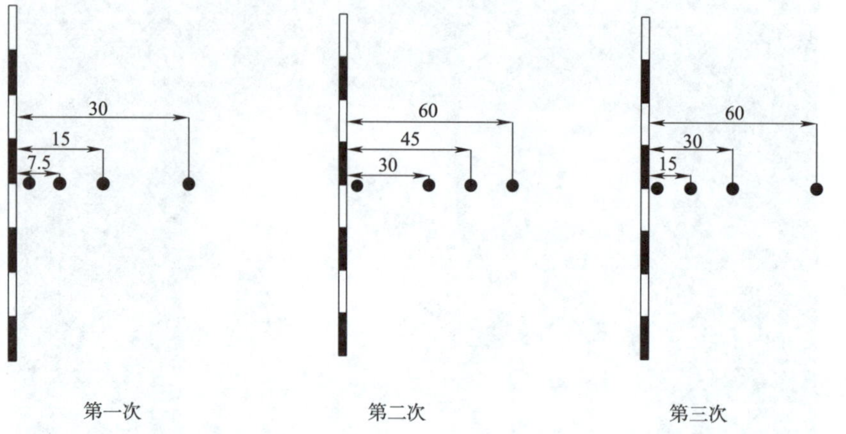

图1.4.29　高架桥处环境振动测点布置图（单位：m）

②武清车站北1 km处环境振动测量结果。列车通过三种不同线路形式时最大环境振动级分析

武清车站北1 km处，实际测量列车通过时桥梁、路桥过渡段和路基处产生的环境振动值，将各测点取算术平均值，得到测量结果见表1.4.90及如图1.4.30所示。

表1.4.90　不同基础形式列车通过时环境振动值

测　　点	VL_{zmax}	VL_{zeq}	VL_{z10}	VL_{z50}	VL_{z90}
路基15 m	77.81	65.18	76.08	66.38	57.08
路基30 m	69.29	64.47	68.22	64.45	56.88
过渡段15 m	68.81	65.19	67.68	64.85	58.68
过渡段30 m	65.63	61.60	64.85	61.12	55.68
桥梁15 m	69.79	65.01	69.27	64.48	57.25
桥梁30 m	67.19	63.30	66.27	62.05	57.05

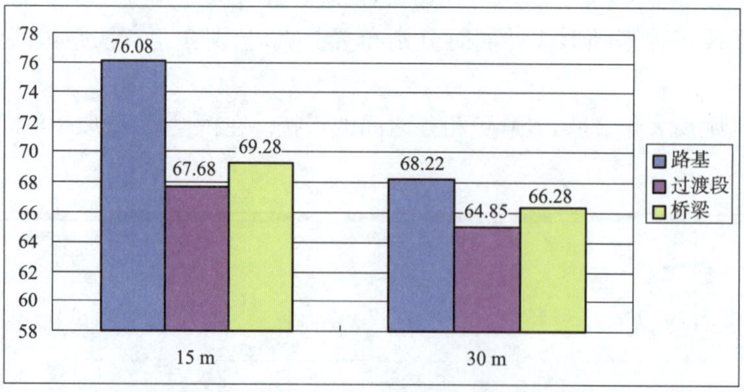

图1.4.30　不同基础形式列车通过时环境振动平均峰值对比

③高架桥处环境振动测量结果。在京津线张家场高架桥段第247号桥墩，测列车通过时离铁路不同距离处的环境振动值。列车行驶速度为330 km/h，在每个测量点测得20组以上数据。取实测数据的算术平均值，结果见表1.4.91～表1.4.93。

表 1.4.91　第一次测量　（单位：dB）

测　点	VL_{max}	VL_{10}	VL_{50}	VL_{90}	VL_{zeq}
2 m	87.86	87.34	77.32	54.46	82.34
7.5 m	77.30	76.91	66.45	48.02	77.22
15 m	73.84	73.45	63.18	50.24	68.88
30 m	67.98	67.21	56.08	49.94	63.20

表 1.4.92　第二次测量　（单位：dB）

测　点	VL_{max}	VL_{10}	VL_{50}	VL_{90}	VL_{zeq}
2 m	87.60	87.04	63.52	49.46	81.66
30 m	67.62	67.04	56.45	50.39	62.76
45 m	66.24	65.52	55.08	49.65	61.09
60 m	63.91	63.19	59.16	47.46	65.14

表 1.4.93　第三次测量　（单位：dB）

测　点	VL_{max}	VL_{10}	VL_{50}	VL_{90}	VL_{zeq}
2 m	88.10	87.50	77.57	55.37	82.15
15 m	73.52	73.10	61.68	48.89	68.31
30 m	68.02	67.53	59.91	50.51	63.31
60 m	64.14	63.58	59.04	49.35	57.05

由此看出，3 次测量中，列车行驶速度、土层特性等，影响环境振动振源强度的因素均相同，可将三次测量一起分析，将相同距离的测量数据取算术平均值。则相当于布设的测量点分别为 2 m、7.5 m、15 m、30 m、45 m、60 m。

测量结果见表 1.4.94，实测值分布如图 1.4.31 所示。

表 1.4.94　京津高铁张家场段高架桥振动随距离变化振动级均值　（单位：dB）

测　点	VL_{max}	VL_{z10}	VL_{z50}	VL_{z90}	VL_{zeq}
2 m	87.98	87.40	75.19	54.24	82.05
7.5 m	77.30	76.91	66.45	48.02	77.22
15 m	73.68	73.27	62.43	49.56	68.59
30 m	67.88	67.26	57.48	50.28	63.09
45 m	66.24	65.52	55.08	49.65	61.09
60 m	64.02	63.38	59.1	48.41	56.10

④背景值影响分析。在实际测量时，测量得到的振动记录并不仅是由高架轨道交通运行产生的，其他环境振动因素如交通车辆、建筑工地施工以及周围工厂的机器振动等均可能对测试结果产生影响，实际测量时很难避开这些因素的影响。所以，必须将这部分本地振动除去，才能正确评价高架轨道交通引起的环境振动的影响。

环境振动实测值，如图 1.4.31 所示。

某点振动的功率为 W 与加速度有效值 a_r 之间的关系为：

$$W=Fv_r=ma_r\frac{a_r}{\omega}=\frac{m}{\omega}a_r^2 \tag{1.4.1}$$

式中，F 为振子受的作用力，v_r 为振子的运动速度，m 为振子的质量，ω 为振子振动的频率。如不考虑 ω 的影响，有：

$$W\propto a_r^2 \tag{1.4.2}$$

则 n 个振动源引起振动的总功率与各个振源引起指点振动的功率之间有以下关系：

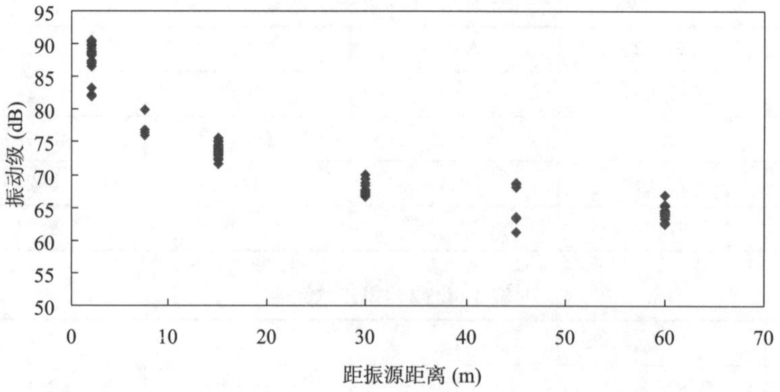

图 1.4.31 京津高铁张家场段高架桥环境振动实测值

$$W=W_1+W_2+W_3\cdots\cdots W_n \tag{1.4.3}$$

由式(1.4.2)可得：

$$a_r^2=a_1^2+a_2^2+a_3^2\cdots\cdots a_n^2 \tag{1.4.4}$$

则$VL_z=20\lg\left(\frac{a_r}{a_0}\right)=20\lg\left(\frac{\sqrt{a_1^2+a_2^2+a_3^2\cdots\cdots a_n^2}}{a_0}\right)$

可得：

$$VL_Z=10\lg\left(10^{\frac{L_{va1}}{10}}+10^{\frac{L_{va2}}{10}}+10^{\frac{L_{va3}}{10}}\cdots\cdots 10^{\frac{L_{van}}{10}}\right) \tag{1.4.5}$$

设在测点测得的总环境振动级为VL_{Za}，背景环境振动级为VL_{Zb}。则去除背景环境振动的影响后，可知$VL'_{zmax}=10\lg\left(10^{\frac{VL_{Za}}{10}}-10^{\frac{VL_{Zb}}{10}}\right)$。

京津高速张家场段背景环境振动强度为 48～52 dB。现场实测结果见表 1.4.95。

表 1.4.95 混合环境振动级与去除背景值的环境振动值

距离(m)	2	7.5	15	30	45	60
总振动值最大值(dB)	87.98	77.3	73.68	67.88	66.24	64.02
去除背景的干扰(dB)	87.98	77.29	73.66	67.81	66.14	63.84

由此可见，背景环境振动对测量结果的影响十分小，可以不做考虑。

6)环境噪声影响

①三种不同线路形式处噪声测量地点。京津线武清车站北 1 km，这段具有高架桥、路桥过渡段和路基三种路基形式，且周围基本开阔，地势平坦，无房屋遮挡，风速较小，硬土地面，基本满足半自由声场的条件。测试现场如图 1.4.32 所示。

图 1.4.32 测试现场图

②高架桥两侧不同距离的噪声测量地点。247 号桩高架桥，桥墩高 6 m，周围无大的遮挡物，较空旷，路面平坦，硬土地面，满足半自由声场的条件，风速小，天气晴好。测试现场如图 1.4.33 所示。

图 1.4.33　测试现场图

③声屏障对比处噪声测量地点。237 号桩高架桥，桥墩高 6 m，此处靠近村庄的一侧设有声屏障，远离村庄的一侧没有声屏障，声屏障高度 2.5 m，周围无大的遮挡物；路面平坦，硬土地面，满足半自由声场的条件；风速小，天气晴好。

④测量方法及内容。参照《铁路边界噪声限值及其测量方法》(GB 12525—90)中的规定进行测量。将三台同样型号的声级计分布于不同测点，测量时间设置为 1 h，将三台声级计同时启动，记录下每列列车通过时的最大 A 声级 L_{Amax} 及 1 h 等效连续 A 声级 L_{eq}。

⑤三种不同线路形式处噪声测点布置。在路基、桥梁、路桥过渡段三种线路形式处分别布置一个测点，测点距铁路边线 30 m，测点离地面高度 1.2 m。布点如图 1.4.34 所示。

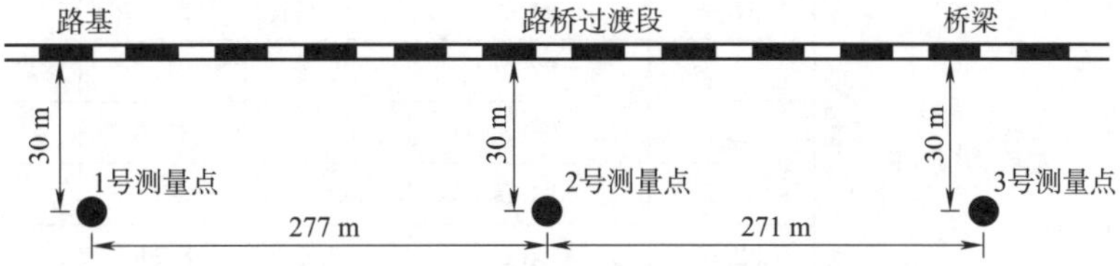

图 1.4.34　三种不同线路形式处噪声测点布置图

1 号点测量路基形式的列车噪声，2 号点测量路基桥梁过渡段形式的列车噪声，3 号点测量桥梁形式的列车噪声。路基和桥梁高度基本一致。

——高架桥两侧噪声测点布置

在垂直铁路轨道的断面上布置测点，第一次布置距离铁路轨道中心线距离为 15 m、30 m、60 m、90 m，第二次布置距铁路轨道中心为 30 m、45 m、60 m、90 m。由于轨道两侧环境相似，仅在一侧布置测点。如图 1.4.35 所示。

——声屏障对比处噪声测点布置

为了同时测量有声屏障和无声屏障两侧的噪声，在有声屏障和无声屏障两侧距铁路轨道中心线 30 m 和 60 m 处布置测点(图 1.4.36)，声屏障高度为 2.5 m。

⑥列车通过三种不同线路形式时最大声级分析。为了研究桥梁、路桥过渡段和路基三种不同线路形式对噪声产生的影响，对三种线路形式处的噪声进行测量。选取测点为武清车站北 1 km 处，桥梁、路桥过渡段和路基的最大噪声值测量结果见表 1.4.96。

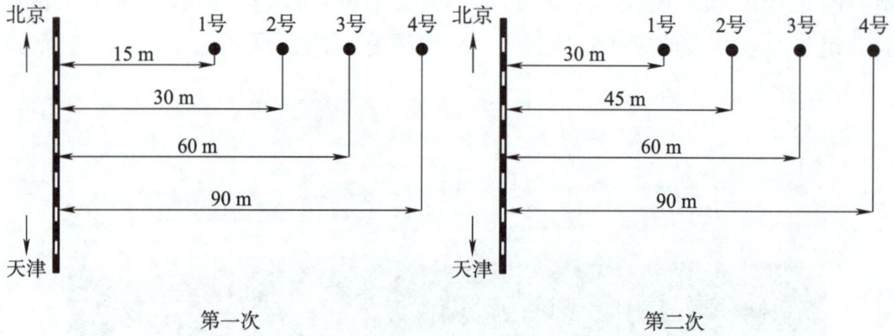

图 1.4.35 高架桥处噪声测点布置图

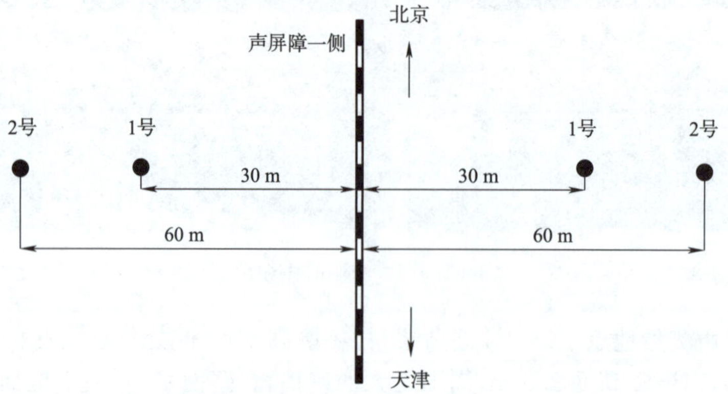

图 1.4.36 声屏障对比处噪声测点布置图

表 1.4.96 不同线路形式列车通过时最大噪声值

测量时段	运行方向	北京→天津			天津→北京		
	线路形式	路基	路桥过渡段	桥梁	路基	路桥过渡段	桥梁
7:10～8:10	最大声级(dB)	91.6	96.2	87.2	87.7	94.3	87.1
		91.4	94.7	87.7	85.0	92.3	83.8
		92.2	97.2	88.1	87.6	93.5	85.9
		91.7	95.8	88.0	85.6	92.3	85.3
9:20～10:20		92.7	94.9	87.0	86.5	92.5	86.4
		92.0	94.0	87.4	86.6	91.3	84.1
		92.7	94.5	88.4	87.1	91.2	84.8
		92.9	94.7	88.3	85.7	92.4	84.8

在测量过程中，车辆的行驶方向不同，因此噪声源离测点的距离也不同。分别对同一个行驶方向的列车运行产生的噪声进行分析，分析结果如图 1.4.37 和图 1.4.38 所示。

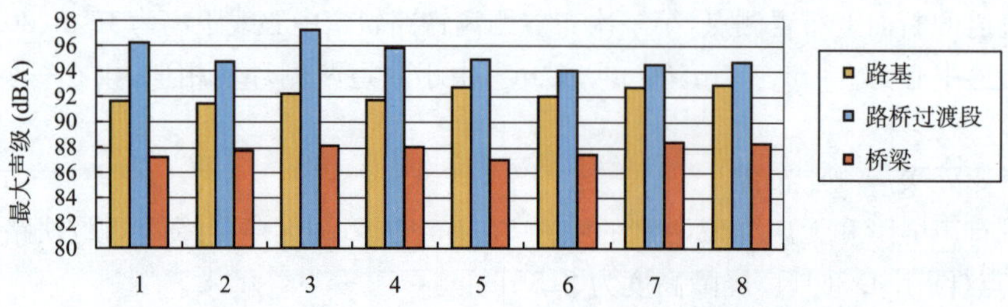

图 1.4.37 北京到天津方向列车通过三种线路形式时噪声大小

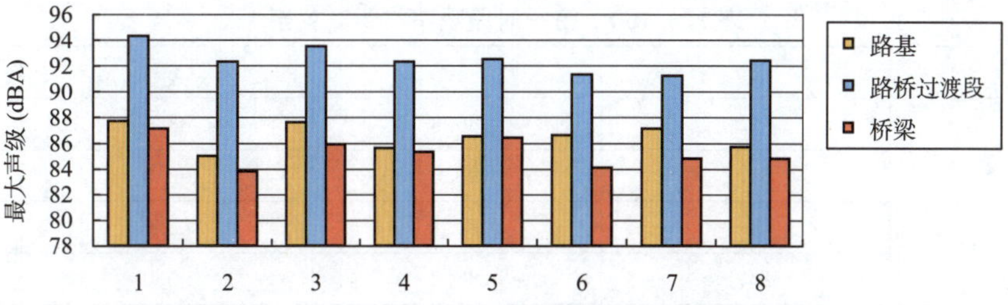

图 1.4.38　天津到北京方向列车通过三种线路形式时噪声大小

从表 1.4.96、图 1.4.37、图 1.4.38 中可以看出，三种线路形式中，列车通过路桥过渡段时的辐射噪声最大，其次是列车通过路基时的辐射噪声，列车通过桥梁时辐射噪声最小，即 $L_{max路桥}>L_{max路基}>L_{max桥梁}$。

当列车从北京开往天津时，路桥过渡段噪声声级为 94.0～97.2 dB，路基段噪声声级为 91.4～92.9 dB，桥梁段噪声声级为 87.0～88.1 dB；列车通过路桥过渡段比通过路基段产生的辐射噪声高 2.6～4.3 dB，通过路基段比通过桥梁段产生的辐射噪声高 4.4～4.8 dB。

当列车从天津开往北京时，路桥过渡段噪声声级为 91.2～94.3 dB，路基段噪声声级为 85.0～87.7 dB，桥梁段噪声声级为 83.8～87.1 dB；列车通过路桥过渡段比通过路基段产生的噪声高 6.2～6.6 dB，通过路基段比通过桥梁段产生的噪声高 1.2～0.6 dB。

⑦列车通过三种不同线路形式时等效声级分析。列车通过武清车站北 1 km 处桥梁、路桥过渡段和路基时的噪声等效值测量结果见表 1.4.97。

表 1.4.97　不同线路形式列车通过时 1 h 等效声级值

测量时段	测量内容	线路形式		
		路基	路桥过渡段	桥梁
7:10～8:10	1 小时等效声级(dB)	64.7	72.5	64.6
9:20～10:20	1 小时等效声级(dB)	67.6	72.4	66.6
—	背景值	60.9	66.4	61.0

根据《铁路边界噪声限值及其测量方法》(GB 12525—90)中背景值修正的要求，背景噪声应比实测的铁路噪声低 10 dB 以上。若两者声级差值小于 10 dB，应按照表 1.4.98 标准对实测铁路噪声进行修正。

表 1.4.98　背景噪声修正值　(单位:dB)

差值	<3	3	4～5	6～9
修正值	测量无效	−3	−2	−1

根据要求，将表 1.4.97 中的数据按照要求进行修正，见表 1.4.99。

表 1.4.99　不同路基形式列车通过时 1 h 等效声级值

测量时段	测量内容	线路形式		
		路基	路桥过渡段	桥梁
7:10～8:10	1 小时等效声级(dB)	61.7	71.5	61.6
9:20～10:20	1 小时等效声级(dB)	66.6	71.4	64.6

从表 1.4.99 可以看出，在测量的三种线路形式中，列车在通过路桥过渡段时产生的噪声 1 h 等效声级最大，其次是路基段，列车通过桥梁段时产生的噪声 1 h 等效声级最小，即 $L_{eq路桥}>L_{eq路基}>L_{eq桥梁}$。

⑧高架桥处噪声测量结果分析。为分析京津高铁高架桥处噪声随距离变化的规律，选择张家场处高架桥 247 号墩处测量列车运行辐射噪声，噪声测量结果见表 1.4.100 和表 1.4.101。

表 1.4.100 第一时段噪声与距离关系

距离(m)	15	30	60	90
最大声级(dB)	82.0	86.9	88.9	78.8
	89.2	90.0	92.5	82.8
	81.0	84.1	88.0	77.8
	84.8	86.5	90.0	79.2
	81.3	82.4	87.6	77.1
	87.3	90.0	91.7	81.9
	80.7	81.7	87.4	77.2
1 h 等效声级(dB)	60.8	64.6	67.9	59.3

表 1.4.101 第二时段噪声与距离关系

距离(m)	30	45	60	90
最大声级(dB)	86.7	85.7	89.1	77.4
	89.4	89.5	91.6	81.0
	89.4	88.1	91.8	81.5
	84.5	84.8	87.8	78.1
	89.8	90.3	91.9	82.1
1 h 等效声级(dB)	65.3	64.7	78.1	59.3

对测得的结果进行分析，结果如图 1.4.39 和图 1.4.40 所示。

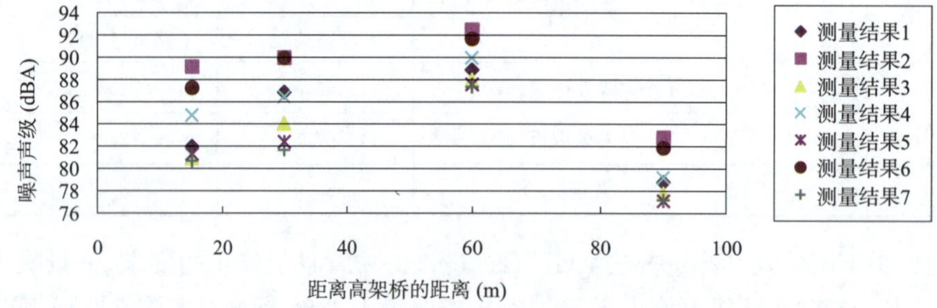

图 1.4.39 第一时段噪声随距离变化特性图

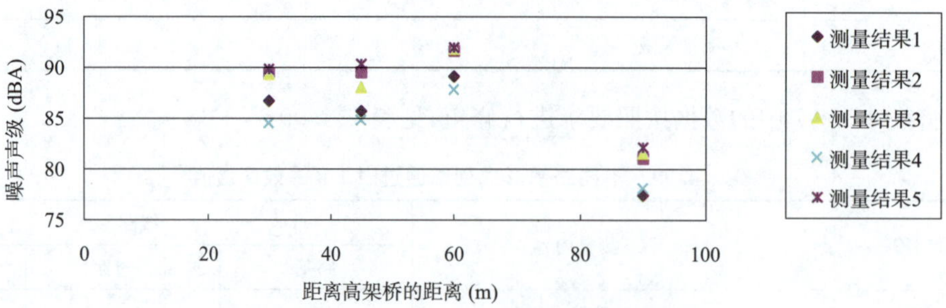

图 1.4.40 第二时段噪声随距离变化特性图

4.3.2.5 运营期京津高铁绿色铁路评价

1)权重的确定

在高速铁路绿色铁路评价中，六位专家对运营期高速铁路评价中对节能降耗、环境污染治理、安全舒适，绿化四个方面进行判断，判断矩阵如下：

$$A_1=\begin{pmatrix}1 & 4 & 3 & 3\\ 2 & 1 & 2 & 1\\ 1/3 & 1/2 & 1 & 2\\ 1/3 & 1 & 1/2 & 1\end{pmatrix}\qquad A_2=\begin{pmatrix}1 & 3 & 3 & 2\\ 1/3 & 1 & 2 & 2\\ 1/3 & 2 & 1 & 1\\ 1 & 1/2 & 1 & 1\end{pmatrix}$$

$$A_3=\begin{pmatrix}1 & 2 & 2 & 2\\ 1/2 & 1 & 3 & 2\\ 1/2 & 1/3 & 1 & 2\\ 1/2 & 1/2 & 1/2 & 1\end{pmatrix}\qquad A_4=\begin{pmatrix}1 & 3 & 2 & 3\\ 3 & 1 & 3 & 2\\ 1/2 & 1/3 & 1 & 1\\ 1/3 & 1/2 & 1 & 1\end{pmatrix}$$

$$A_5=\begin{pmatrix}1 & 2 & 3 & 2\\ 1/2 & 1 & 2 & 1\\ 1/3 & 1/2 & 1 & 1\\ 1/2 & 1 & 1 & 1\end{pmatrix}\qquad A_6=\begin{pmatrix}1 & 3 & 2 & 1\\ 1/3 & 1 & 2 & 1\\ 1/2 & 1/2 & 1 & 1\\ 1 & 1 & 1 & 1\end{pmatrix}$$

归一化后得到：

$$W=\begin{pmatrix}0.5068 & 0.1873 & 0.1726 & 0.1369\\ 0.4559 & 0.2432 & 0.1408 & 0.1601\\ 0.3788 & 0.3020 & 0.1816 & 0.1376\\ 0.4491 & 0.2688 & 0.1464 & 0.1358\\ 0.4170 & 0.2277 & 0.1853 & 0.1700\\ 0.3704 & 0.2207 & 0.1710 & 0.2379\end{pmatrix}$$

进行相似性判断并对判断结果聚类，聚类结果如图 1.4.41 所示：

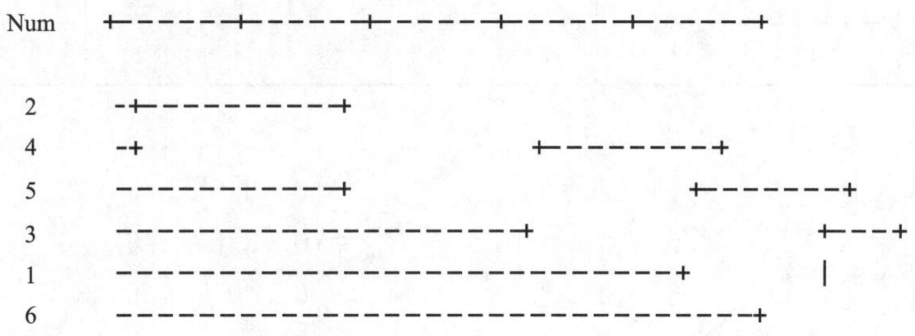

图 1.4.41　系统聚类图

聚类结果表明，可将专家分成四大类：第一类 2 位专家，编号为 4、5；第二类有 3 位专家，编号为 2、4、5；第三类有 1 位专家，编号为 3；第四类有 2 位专家，编号为 1、6。可得到专家权重向量 $W=(2/14,3/14,1/14,3/14,3/14,2/14)$。

由式(1.3.21)可得到最终权重向量为 $w^*=(0.3112,0.2655,0.2417,0.1816)$。见表 1.4.102。

表 1.4.102　运营期间绿色铁路评价

一级指标	权重	二级指标	权重	三级指标
节能降耗	0.311 2	减排	0.5	化学需氧量排放量下降百分比 C_1
				二氧化硫排放量下降百分比 C_2
		节能	0.5	单位运输工作量综合能耗 C_3
				清洁能源利用 C_4
环境污染治理	0.265 5	噪声	0.341 5	噪声治理率 C_5
		振动	0.312 6	振动治理率 C_6
		电磁干扰	0.148 9	电磁干扰防护情况 C_7
		固体废物	0.101 4	固体废物处置率 C_8
		污水	0.095 7	污水达标排放率 C_9

续上表

一级指标	权重	二级指标	权重	三级指标
安全舒适	0.241 7	线路病害	0.333 3	线路病害率 C_{10}
				沿线防护程度 C_{11}
		舒适度	0.666 7	旅行环境舒适度 C_{12}
绿化	0.181 6	铁路沿线绿化	0.333 3	铁路沿线绿化率(2009 年全国国家铁路平均 45%)C_{13}
		站场美绿化	0.666 7	站场绿化率 C_{14}

2)运营期京津高铁绿色铁路评价

建立评语集 V={优,良,中,较差,差 }={5,4,3,2,1},选择 6 位专家对第二层评价因子进行评价,组成评价者集 $P=\{P_1,P_2,P_3,P_4,P_5,P_6\}$。

第二层评价因子评价结果,见表 1.4.103。

表 1.4.103 单因子评价结果

	C_1	C_2	C_3	C_4	C_5	C_6	C_7	C_8	C_9	C_{10}	C_{11}	C_{12}	C_{13}	C_{14}
P_1	4	4	2	2	3	2	2	4	4	4	4	4	3	3
P_2	4	4	3	2	2	3	3	3	3	3	4	4	2	2
P_3	3	3	2	2	3	2	2	3	3	3	4	4	3	3
P_4	4	3	3	3	2	3	3	3	3	4	4	3	3	2
P_5	4	4	3	2	3	3	2	3	4	3	5	3	2	2
P_6	3	4	3	2	3	2	3	4	3	3	5	4	4	3

$$R_{11}=\begin{pmatrix}0 & 0 & 2/6 & 4/6 & 0\\ 0 & 0 & 2/6 & 4/6 & 0\\ 0 & 2/6 & 4/6 & 0 & 0\\ 0 & 1/6 & 5/6 & 0 & 0\\ 0 & 5/6 & 1/6 & 0 & 0\end{pmatrix} \qquad R_{12}=\begin{pmatrix}0 & 2/6 & 4/6 & 0 & 0\\ 0 & 3/6 & 3/6 & 0 & 0\\ 0 & 3/6 & 3/6 & 0 & 0\\ 0 & 0 & 4/6 & 2/6 & 0\\ 0 & 0 & 4/6 & 2/6 & 0\end{pmatrix}$$

$$R_{13}=\begin{pmatrix}0 & 0 & 4/6 & 2/6 & 0\\ 0 & 0 & 0 & 4/6 & 2/6\\ 0 & 0 & 2/6 & 4/6 & 0\end{pmatrix} \qquad R_{14}=\begin{pmatrix}0 & 2/6 & 3/6 & 1/6 & 0\\ 0 & 4/6 & 2/6 & 0 & 0\end{pmatrix}$$

第二层单因素评价结果如下:

$$B_1=W_1\times R_{11}=(0,0.291\,7,0.375\,0,0.333\,3,0)$$
$$B_2=W_2\times R_{12}=(0,0.344\,6,0.589\,8,0.065\,7,0)$$
$$B_3=W_3\times R_{13}=(0,0,0.333\,4,0.611\,2,0.055\,6)$$
$$B_4=W_4\times R_{14}=(0,0.555\,5,0.388\,9,0.055\,6,0)$$

第一层综合评价为:

$$B=W_0\times R_B=[0.311\,2,0.265\,5,0.241\,7,0.181\,6]\times$$
$$\begin{pmatrix}0 & 0.291\,7 & 0.375\,0 & 0.333\,3 & 0\\ 0 & 0.344\,6 & 0.589\,8 & 0.065\,7 & 0\\ 0 & 0 & 0.333\,4 & 0.611\,2 & 0.055\,6\\ 0 & 0.555\,5 & 0.388\,9 & 0.055\,6 & 0\end{pmatrix}=[0,0.283\,1,0.424\,5,0.279\,0,0.013\,4]$$

代入计算:$P_3=1\times0+0.283\,1\times2+0.424\,5\times3+0.279\,0\times4+0.013\,4\times5=3.022\,7$ 取整得 3。

评价结论:运营期京津高铁的绿色铁路评价为“绿色”。

结　束　语

本篇初步建立了绿色铁路的基本理论，构建了绿色铁路评价的指标体系和方法体系。得出如下结论：

(1)铁路作为一种重要的陆地交通工具，载运量大，可全天候运行，在大宗、大流量的中长以上距离的客货运输方面具有绝对优势，加快发展铁路，建设绿色铁路，对缓解我国能源紧张局面、减少石油消耗将起到重要作用，对建设资源节约型、环境友好型社会，促进国民经济可持续发展具有重大意义。

(2)铁路建设和运营在促进社会经济发展的同时，不可避免地对铁路沿线的生态环境产生影响甚至破坏。在铁路建设期对生态环境和社会环境的影响包括：土地资源利用、野生动物、湿地、自然保护区、风景名胜区、重点文物保护单位、脆弱生态环境、水土流失、景观、次生灾害、声环境、水环境、大气环境、固体废弃物等。在铁路运输期对生态环境和社会环境的影响包括：声环境、水环境、大气环境、电磁环境、固体废弃物等。为了解决铁路运输对生态环境的影响，避免超过环境的最大承载能力，产生了可持续发展的绿色铁路交通运输的理念。

(3)绿色铁路是一种新型的运输理念，是“资源节约型、环境友好型”的交通运输工具，有利于节约资源和保护环境，有利于绿色经济、低碳经济和循环经济的发展。在绿色 GDP 已日益成为我国国民经济发展目标的当代，为了适应绿色 GDP 而提出的绿色铁路理念，对实现铁路的可持续发展以及提高铁路在绿色 GDP 中的贡献度，具有重大而深远的理论意义和工程应用价值。

(4)绿色铁路理论的基础是可持续发展理论，也是绿色理论的应用和扩展。因此，可定义绿色铁路是“以环境价值为尺度，在确保铁路运输生产安全、快捷、高效的前提条件下，最大限度地减少铁路线路及配套设施对生态环境的负面影响，使铁路成为具有可持续发展能力的交通运输工具”。换句话说，绿色铁路是“在规划、设计、施工、运营全过程中，运用各种绿色技术，使环境保护、节能降耗、生态平衡、人文景观、安全舒适等方面，达到人与自然、社会的和谐，具有良好的经济效益和可持续发展能力”的铁路。

(5)绿色铁路研究是一个宠大的系统工程，其研究内容不仅包括传统铁路的环境保护，还包括铁路建设中的国土资源利用、地质灾害防治、铁路沿线景观绿化、人文景观治理、文物古迹保护，以及铁路运营和维护中的环境性、安全性、舒适性、清洁性、美观性和经济学等诸多方面。

(6)绿色铁路评价是绿色铁路理论的具体应用。绿色铁路的评价，首先需要构建绿色铁路的指标体系，然后选择合适的评价方法进行评价。因此，绿色铁路评价的内容包括评价指标体系和评价方法体系。评价指标体系的内容包括指标体系的构建、评价指标的筛选、评价指标体系的建立等；评价方法体系的内容包括评价的概念模型、评价指标的量化及权重的确定、绿色指数与估算模型、评价方法选择、建模及绿色铁路的评价等。

(7)本篇绿色铁路的基本理论、评价理论及应用的研究，只是绿色铁路理论及应用研究的一部分。要达到建设绿色铁路的目的，还必须进行绿色铁路建设关键技术(包括铁路建设环境保护与治理技术、铁路地质灾害防治技术、铁路边坡治理及景观绿化技术)及其在工程中的应用研究，将在第 2 篇、第 3 篇、第 4 篇作专题论述。

第 2 篇　绿色铁路建设环境保护与治理技术

第 1 章 环境保护概论

1.1 环境保护的目的及意义

环境是指人类和生物生存的空间。《中华人民共和国环境保护法》指出“环境是指影响人类生存和发展的各种天然的和经过人工改造的自然因素的总体,包括大气、水、海洋、土地、矿藏、森林、草原、湿地、野生生物、自然遗迹、人文遗迹、自然保护区、风景名胜区、城市和乡村等。按照环境的自然和社会属性分类,环境包括自然环境和社会环境”。铁路是国民经济的大动脉,在国民经济综合运输体系中的地位愈来愈重要。随着我国经济的持续快速发展,铁路建设赢得了前所未有的发展机遇。截止 2013 年底,我国铁路营业里程 10.3 万 km(居世界第二位),其中高速铁路运营里程 1.3 万 km(居世界第一位),铁路客货运输总量居世界第一位,标志着我国铁路建设技术水平迈进世界先进行列。但同时也带来铁路对沿线周边环境的影响问题,特别是铁路网建设趋势已由东部向西部、由平原向山区发展,使得铁路建设生态环境保护工作更加突出。如何面对铁路建设产生的环境问题,如何分析评价铁路建设各阶段对环境的作用与影响,采取何种措施减少或杜绝铁路环境污染、恢复路域生态损失,这是摆在铁路工作者面前的一项长期而艰巨的任务。

因此,研究铁路环境保护与治理技术,对于保护人类生存的自然环境,实现人与自然和谐发展之目的,建设“资源节约型、环境友好型”的“绿色铁路”具有重要而深远的意义。

1.2 国内外环境保护发展概况

1.2.1 国外环境保护的发展

20 世纪 50 年代,美国是世界上第一个建立环境保护法律法规并实行建设项目环境影响评价制度的国家。20 世纪 60 年代以来,德国、日本也相继发展迅速,代表着目前世界铁路建设环境保护的先进水平。

1.2.1.1 日本铁路环境保护

日本的铁路环境保护问题,不单纯是列车行驶的噪声和振动问题,还有工厂、发电厂等排烟所造成的大气污染,车辆段等排水所造成的河川水质污染,列车卫生间的污水和闸瓦粉末在沿线的散落,高架桥等结构物所引起的地基下沉,电磁波对电视收视的干扰,房屋、农作物的光照受阻,线路附近的杂草和垃圾的随意丢弃,夜间养路作业等发出的机械噪声和作业照明对居民睡眠的妨碍,车站内调车作业的噪声,内燃机车、内燃动车的空转时的声音,站台广播的声音,道口的警报声等,几乎涉及铁路活动的各个方面(表 2.1.1)。

表 2.1.1 日本针对铁路环境问题的法律制度

限制有无	公害类别	发生场所	限制对象	限制的法令等
受法令等限制的内容	大气污染	锅炉 垃圾燃烧炉 溶解炉 加热炉 干燥炉	灰尘 硫化物 碳化物 其他	大气污染防治法 都道府县等的条例
	水质污染	工厂等的排水 车辆段的排水	氢离子浓度 生化需氧量和化学耗氧量 悬浮物质量 矿油类含量 其他	大气污染防治法 规定排水标准的总理府令 下水道法 都道府县等的条例
	海洋污染	船舶(高速艇等)	废油 垃圾类 粪便类	防治海洋污染及海上灾害的有关法律

续上表

<table>
<tr><th>限制有无</th><th>公害类别</th><th>发生场所</th><th>限制对象</th><th>限制的法令等</th></tr>
<tr><td rowspan="3">受法令等限制的内容</td><td>噪声·振动</td><td>工厂车辆段等
建筑施工</td><td>特定设施和特定建筑施工的噪声</td><td>噪声限制法
振动限制法
都道府县等的条例</td></tr>
<tr><td>PCB污染*</td><td>车辆的主变压器等</td><td>使用的主要部件</td><td>化学物质的审查及制造的有关法律</td></tr>
<tr><td>地基下沉</td><td>工厂、车辆段的工业用地下水
建筑物用地下水</td><td>抽水量</td><td>工厂用水法
与建筑物用地下水的限制有关的法律
都道府县的条例</td></tr>
<tr><td rowspan="5">不受法令等限制的内容</td><td colspan="4">车辆行驶中产生的噪声、振动</td></tr>
<tr><td colspan="4">养路作业时的噪声(发电机、捣固机、空压机等)</td></tr>
<tr><td colspan="4">电视电波的干扰</td></tr>
<tr><td colspan="4">日照障碍(遮阳)</td></tr>
<tr><td colspan="4">列车卫生间污水</td></tr>
</table>

注:* PCB污染——聚氯联苯污染。

日本铁路环境问题的诸多方面受法规的限制,大体上分为两种情况:第一种是有法律法令限制的条款,这些法律法令是以针对1964年东海道新干线开始运营后产生噪声、振动公害,搞得沸沸扬扬而受到人们高度重视而制定的《公害对策基本法》(1967年)作为最高法律,尔后在此基础上使诸多相关的法案得以立法,相继产生了各地方自治体独自的条例;第二种是不受法律限制,但必须依据政府的指示或地方自治体的条例制定环境保护对策。从此,依据这些法律、法令确定的规定和标准所制定的环保措施逐步得到推进,现在几乎各个项目都有标准可循。

对于铁路的环境影响评价问题,日本从20世纪70年代中期开始讨论,经过环境影响评价制度专门委员会和中央公害对策审议会等的研讨,1984年8月根据内阁会议决定公布《环境影响评价指针》,至此形成了铁路环评规范化、制度化。强制要求对新建铁路和大规模的旧线改造工程,都必须根据环保法律法规及地方自治体的条例进行环境影响评价。

1.2.1.2 德国铁路环境保护

德国十分重视铁路建设中的环保工作,新线建设中环保已与铁路主体专业融为一体。线路勘测设计阶段,在线路走向及具体线位的选择中,环境的相容性是线位确定的一个重要因素。环评与设计结合紧密,作用举足轻重。

德国铁路在努力加强自身建设、优化路网结构、更新车辆设备、提高运输舒适度、发展公铁联运、改善服务质量的同时,把铁路运输的大能力、低能耗、占地少和低污染的环保优势作为一项重要的行业特征予以大力宣传,并要求国家在交通体系的战略规划中把铁路作为一种可持续发展的交通方式放在重要地位。特别是在德国签订"京都议定书"后,德铁根据铁路运输单位排污量低的特点始终强调采用大力发展铁路,使用铁路替代其他运输方式是削减交通业污染排放量的最佳途径,这些宣传和努力为德国铁路创造了良好的外部环境,引起了德国政府的重视和公众的响应,为进一步发展、改善铁路运输创造了条件。

1.2.2 国内环境保护的发展

我国对铁路建设环境影响的研究起步较晚。20世纪70年代,随着世界经济的发展,人类生存的地球环境污染问题日益突出。20世纪80年代,中国政府认真贯彻落实《环境保护国际公约》,及时提出了保护环境、造福人类的战略决策。

1989年12月26日第七届全国人大常委会第十一次会议通过发布、2014年4月24日第十二届全国人大常委会第八次会议修订的《中华人民共和国环境保护法》明确规定:

——保护环境是国家的基本国策;国家采取有利于节约和循环利用资源、保护和改善环境、促进人与自然和谐的经济、技术政策和措施,使经济社会发展与环境保护相协调;一切单位和个人都有保护环境的义务;

国家支持环境保护科学技术研究、开发和应用，鼓励环境保护产业发展，促进环境保护信息化建设，提高环境保护科学技术水平；国家和县级以上地方人民政府应当将环境保护工作纳入国民经济和社会发展计划，并编制环境保护规划。环境保护规划的内容应当包括生态保护和污染防治的目标、任务、保障措施等，并与主体功能区规划、土地利用总体规划和城乡规划等相衔接。

——建设污染环境的项目，必须遵守国家有关建设项目环境保护管理的规定。建设项目的环境影响报告书，必须对建设项目产生的污染和对环境的影响作出评价，规定防治措施，经项目主管部门预审并依照规定的程序报环境保护行政主管部门批准。环境影响报告书经批准后，计划部门方可批准建设项目设计任务书。

——对具有代表性的各种类型的自然生态系统区域，珍稀、濒危的野生动植物自然分布区域，重要的水源涵养区域，具有重大科学文化价值的地质构造、著名溶洞和化石分布区、冰川、火山、温泉等自然遗迹、人文遗迹、古树名木，应当采取措施加以保护，严禁破坏。

——在国务院、国务院有关主管部门和省、自治区、直辖市人民政府划定的风景名胜区、自然保护区和其他需要特别保护的区域内，不得建设污染环境的工业生产设施。建设其他设施，其污染物排放不得超过规定的排放标准。已经建成的设施，其污染物排放超过规定的排放标准的，限期治理。

——加强对农业环境的保护，防治土壤污染、土地沙化、盐渍化、贫瘠化、沼泽化、地面沉降和防治植被破坏、水土流失、水源枯竭、种源灭绝以及其他生态失调现象的发生和发展，推广植物病虫害的综合防治，合理使用化肥、农药及植物生长激素。

——产生环境污染和其他公害的单位，必须把环境保护工作纳入计划，建立环境保护责任制度，采取有效措施，防治在生产建设或者其他活动中产生的废气、废水、废渣、粉尘、恶臭气体、放射性物质以及噪声、振动、电磁波辐射等对环境的污染和危害。

——新建工业企业和现有工业企业的技术改造，应当采用资源利用率高、污染物排放量少的设备和工艺，采用经济合理的废弃物综合利用技术和污染物处理技术，禁止引进不符合我国环境保护规定要求的技术和设备。

——建设项目中防治污染的设施，必须与主体工程同时设计、同时施工、同时投产使用。防治污染的设施必须经原审批环境影响报告书的环境保护行政主管部门验收合格后，该建设项目方可投入生产或者使用。

我国建设项目环境管理的“三同时”原则，是1973年第一次全国环境保护会议首次确立，1979年纳入《中华人民共和国环境保护法(试行)》(1989年12月26日起施行)。1981年5月发布《基本建设项目环境保护管理办法》，1986年3月修改发布《建设项目环境保护管理办法》；1998年11月18日发布施行《中华人民共和国建设项目环境保护管理条例》，使建设项目环境管理“三同时”原则得到了有效地贯彻执行。特别是《中华人民共和国环境保护法》(基本法)的出台，标志着我国环境保护进入法制化轨道，开创了中国环境保护的新纪元。

经过20多年的发展，我国建立了环境保护法律法规体系，由七个部分构成(图2.1.1)。

(1)宪法中环境保护条款。1982年全国人大通过的《中华人民共和国宪法》第26条第一款“国家保护和改善生活环境，防治污染和其他公害”，体现了国家环境保护的总政策。

(2)环境保护基本法。《中华人民共和国环境保护法》是我国环境保护的基本法。

(3)环境保护单行法。我国环境保护单行法在环境保护法律法规体系中数量最多，占有重要地位。如《环境保护国际公约》、《环境资源保护法》、《污染防治法》、其他法律中环保条款等。环境保护国际公约是指我国缔结和参加的环境保护国际公约、条约及议定书等。如《关于持久性有机污染物的斯德哥尔摩公约》等。

(4)环境保护行政法规。国务院出台的一系列环境保护行政法规，几乎覆盖了所有环境保护行政管理领域。如《水污染防治法实施细则》、《建设项目环境保护管理条例》等。

(5)环境保护部门规章。我国环境保护领域有大量行政规章，如《环境保护行政处罚办法》、《排放污染物申报登记办法》、《环境标准管理办法》等。

(6)环境保护地方性法规及规章。地方政府或机关依据《宪法》和国家相关法律法规，根据当地实际情况和特定环境问题制定的地方性法规及规章，具有较强的可操作性。

(7)环境保护管理制度及环境标准。环境保护管理制度共有六项：环境影响评价制度、“三同时”制度、

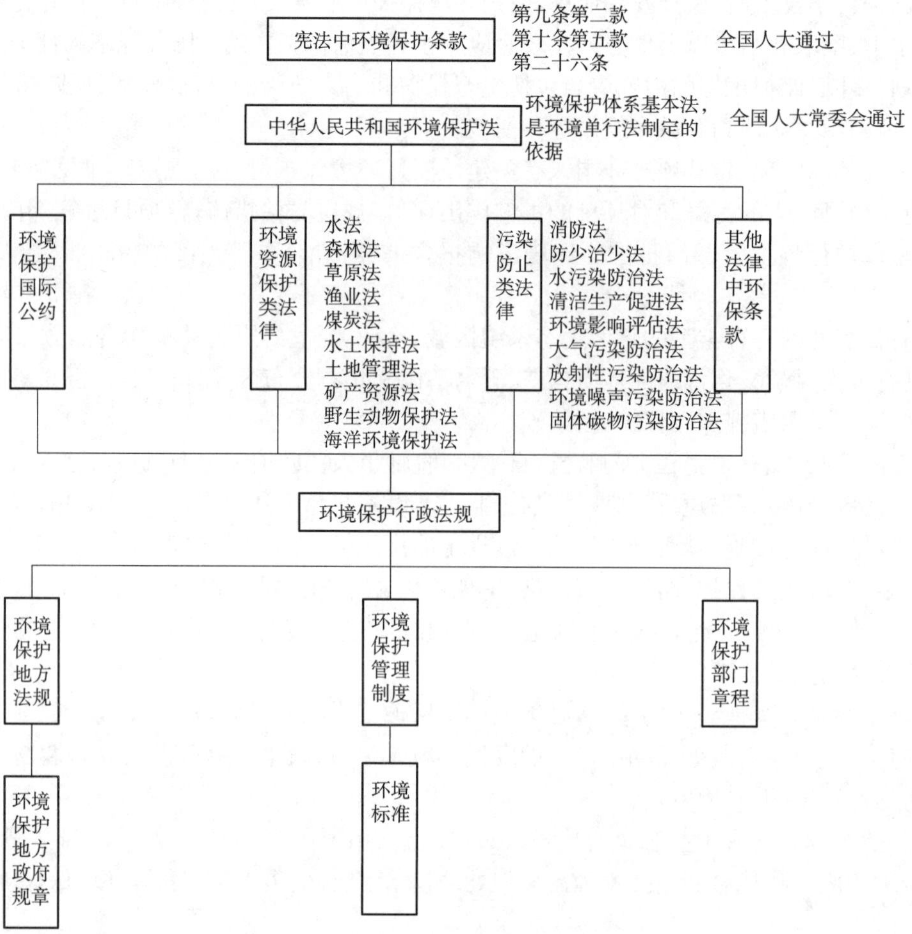

图 2.1.1 中国环境保护法律法规体系框架结构

排污收费制度、行政许可证制度、限期治理制度、环境污染与破坏事故报告及处理制度。环境标准是具有法律性质的技术标准，是国家为了维护环境质量、实施污染控制，按照法定程序制定的各种技术规范的总称。我国的环境标准由五类三级组成。

“五类”指五种类型的环境标准：环境质量标准、污染物排放标准、环境基础标准、环境监测方法标准及环境标准样品标准。

“三级”指环境标准的三个级别：国家环境标准、国家环保总局标准及地方环境标准。

国家级环境标准包括上述五类；地方级环境标准包括两类：环境质量标准和污染物排放标准。凡颁布地方污染物排放标准的地区执行地方污染物排放标准。否则，仍执行国家标准。

我国的环保法律法规体系，具有以下特点：

综合性。环境保护法的对象相当广泛，包括自然环境要素、人为环境要素和整个地球的生物圈；法律关系主体不仅包括一般法律主体的公民、社会经济组织，也包括国家乃至全人类，甚至包括尚未出生的后代人。

技术性。由于环境保护法不仅协调人与人的关系，也协调人与自然的关系。环境保护法必须与环境科学技术相结合，必须体现自然规律特别是生态科学规律的要求。

社会性。环境保护法的社会性，首先表现在它与阶级性和政治职能较强的一些立法不同，它并非不同阶级、利益集团对立冲突与矛盾调和的结果，而是人与自然矛盾冲突加剧的产物；其次，环境作为全人类共同生存的条件，不能为某个人或者某国所私有或者独占。

政策性。环境保护三大政策：预防为主、防治结合；谁污染谁治理；强化环境管理。

1.2.3 铁路建设环境的保护发展

20 世纪 80 年代，在国家环境保护法律法规的引领和支撑背景下，铁路环境保护问题亦被提上议事日程。徐州机务段机车排放气体污染遭到诉讼、铁路振动与噪声影响沿线居民正常生活、机车车辆洗刷污水排放等一系列问题被提了出来。为了创造一个良好的运输环境，铁路建设主管部门要求对出现环境污染问题进行认真研究，就其影响危害程度，进行广泛调查，成立了专门研究机构和专业治理队伍，开展对铁路沿线白色污染、噪声、振动、废水、废气、固体废弃物等及新建项目环境污染的调查研究和评价工作，以便及时有效地实施环境保护对策，以改善铁路周围的环境。

铁路项目建设过程中，做好环境保护工作是基本国策，也是国民经济可持续发展的战略要求。国家颁布的《建设项目环境保护管理办法》规定，凡对环境有影响的建设项目，都必须执行环境影响报告书制度。铁路建设主管部门对环境保护工作非常重视，1987年以来，结合铁路建设实际，先后组织制定了《铁路工程设计环境保护技术规定》、《铁路工程环境保护设计规范》、《铁路工程建设项目环境影响评价技术标准》等一系列铁路行业的环保法规，贯彻执行了国家法律法规和铁路主要技术政策，规范了我国铁路建设环境保护工作。铁路勘察设计企业根据工作需要制订了企业标准，如《铁路环境保护工程勘测细则》、《铁路环境保护设计细则》、《铁路工程建设水土流失预测评价规定》和《铁路工程建设绿化设计技术规定》等，推进了铁路环境保护工作的有序开展。

此外，铁路建设主管部门还相继制定和颁发了《铁路建设环境保护规划》，强调在工程建设中必须做好"三废治理"，执行基本建设环境保护实施与主体工程同时设计、同时施工和同时投产的"三同时"制度。各铁路勘察设计企业根据国家和铁路建设主管部门的要求，先后成立了环境保护委员会或环境保护处(室)等，负责本部门环境保护的行政管理和国家环境保护政策在设计中贯彻执行的技术管理工作，保证国家有关环境保护的政策切实地贯彻到建设项目中去。各铁路施工企业先后成立了环境保护工作机构，作好本单位和铁路工程施工过程中的环境保护工作。

近20多年来，铁路勘察设计企业对铁路建设工程项目进行了大量的环境保护调查研究和检测评价工作，完成铁路建设项目环境影响评价报告书(表)数百项，包括新建铁路、既有铁路改造、电气化铁路、枢纽站场、特大桥及长大隧道等。20世纪80年代，铁路部门首次完成的《集通线环境影响评价报告书》，对长950 km的集通铁路通过沙漠和草原给环境带来的影响，以及铁路可能遭受的风沙灾害，作了深入系统的勘察研究，对铁路合理选线、路基设计、铁路两侧的防护体系设计、施工方案的确定、运营养护及管理等，提出了三个方面25条具体环境保护措施，被国家环保总局评为"全国优秀环境保护评价书"。通过在集通铁路建设中实施，收到良好的效果。

经过20多年铁路环境保护工作及科技攻关的锻炼，铁路系统已形成了一支多学科的铁路环境保护科研队伍，取得了一批较高水平和实用价值的科研成果，为铁路建设项目决策、环境管理、污染治理提供了可靠的技术依据。

但是，相对而言，我国目前铁路环保与国外铁路环保先进国家相比，环境影响评价与铁路工程设计的结合还不够紧密，常存在环评滞后于设计的现象，对设计的论证作用有限，在一定程度上属于阐述设计、维护设计和修正设计的范畴。因此，为提高我国铁路环境保护水平，有必要从三个方面改善铁路环保工作。

(1)进一步加强勘察设计阶段的环保工作深度，在线路方案的比选确定过程中增加环境因素的比较内容和权重，使得环保因素成为选线工作的必备要素。

(2)应进一步加强环境影响评价的中立地位，避免评价过多依赖设计和维护设计，同时可逐步尝试通过招标选择符合资质的第三方评价单位承担环评工作，以充分发挥环评的客观论证作用。

(3)为实现铁路环境保护目标的要求，从宣传教育方面入手，切实提高铁路从业者的环保意识，加强对铁路环境问题的深入研究，使铁路环境治理水平进一步提高。加强铁路环境保护工作的管理，保障铁路建设与环境保护可持续协调发展。

1.2.4 绿色铁路通道建设的发展

绿色铁路是满足21世纪运输需求，符合可持续发展战略的交通运输体系。绿色铁路通道建设是"绿化祖国"、"实行大地园林化"的一个重要组成部分，也是生态环境建设的重要内容。铁路运输企业作为社会经济系统的重要组成部分，在担负国民经济大动脉重要角色的同时，也担负着保护环境、为民创造良好生存环境的重任。绿色铁路不仅是指经济效益和环境保护相结合，防止污染，更重要的是强调铁路运输的社会效益、生态效益和经济效益，不因当代人的急功近利而牺牲后代的长远福祉。在科学发展观指导下实现铁路的跨越式发展，建立资源节约、环境污染轻、运输效率高的可持续发展的绿色铁路大通道，是21世纪中国铁路发展的重中之重。

1998年全国绿委、林业部、交通部、原铁道部下发了《关于在全国范围内大力开展绿色通道工程建设的通知》，决定在全国范围内构建以重点林业生态工程为骨架，以城镇、村屯绿化为依托，以铁路、公路、河渠、堤坝等沿线绿化为网络的国土绿化工程。2000年，在总结成功经验的基础上，国务院下发了《关于进一步推进全国绿色通道建设的通知》。对绿色通道建设的基本思路、目标任务、科学规划、资金投入、组织领导都作了明确的规定。2001年，原铁道部制定了绿色通道工程建设规划，组织制定新建、改建铁路绿色通道建设设计、造价、验收标准，安排必要的绿色防护工程技术研究，大力推进绿色通道建设，促进生态环境保护与铁路建设协调发展。

为指导既有线绿色通道建设，原铁道部制定了《铁路既有线绿色通道工程建设标准》(2002)；针对新线建设，制定了《铁路路基边坡绿色防护技术暂行规定》(2003)、《铁路绿色通道设计暂行规定)(2004)。各铁路局也结合各自的特点制定了有针对性的措施：如上海铁路局制定了《上海铁路局绿色通道工程建设技术标准》、《上海铁路局沿线营造绿篱林带技术标准》；乌鲁木齐局制定了《"千里绿色长廊"工程建设管理办法》；原福州铁路分局制定了《铁路绿色通道建设标准》；郑州铁路局制定了《郑州铁路局绿色通道建设"十五"规划》等。

"十五"期间，我国成功建设了多条绿色铁路示范线。例如：

1.2.4.1　既有线改造绿色铁路通道

1999年原铁道部投资2 000万元，加强"京九绿色长廊"工程建设。2001年原铁道部对乌鲁木齐铁路局"千里绿色长廊"工程建设防范进行审查，形成了《乌鲁木齐铁路局千里绿色长廊工程可行性研究审查意见》，把"千里绿色长廊"工程作为增强新疆铁路和国民经济发展后劲的世纪工程来抓。上海铁路局以标准化林带和园林化车站为目标，把沪宁线建成了绿色通道示范线，后又作出了"巩固沪宁线品牌，向沪杭、津浦线和二通道辐射，2003年基本建成沪杭、津浦安全、优质、文明达标线"的部署。郑州铁路局2003年投资完成造林万株，基本实现京广线绿色通道贯通。沈阳铁路局到2003年底，沈大、沈吉、京哈铁路沿线全部实现绿化，做到林带贯通，绿率达到95%以上。柳州铁路局在黎湛线，郑州铁路局在京广线，哈尔滨局在牙林、绥佳、哈长线，广铁集团公司在京广南段，沈阳局在哈大、京通、沈吉线，上海铁路局在沪宁线分别建设了绿色通道建设示范线。

截至2005年，全国各个铁路局都建设了管辖范围内的绿色铁路通道示范线。

1.2.4.2　胶新线绿色铁路通道

胶新铁路是国家"十五"计划铁路重点建设项目，全长306.6 km，总投资48.3亿元。2001年12月10日开工建设，2003年12月10日全线开通，是我国第一条开通时速即达到100 km的新建客货混线铁路。胶新铁路工程建设者们，将胶新铁路路基边坡绿色生态防护、路基两侧绿化林带建设与铁路工程建设同步设计，同步建设，同步验收，首创中国铁路建设史上的新模式。提出以促进人与自然和谐为重点，强化生态保护，重视自然恢复，集安全、生态环境与景观于一体的铁路建设理念与技术体系，切实解决工程建设中突出的生态环境保护问题，主要包括：路基、路堑边坡防护运用生物技术达到绿色全覆盖；路基及铁路地界5 m外两侧20～50 m内乔灌草相结合、林果花相结合、针叶、阔叶树种相结合；站区绿化乔灌草相结合，绿色屏障与铁道两侧的防护林形成一条悠长的绿色长廊。同时采用多项国内外新材料、新技术、新工艺，在土质路堤坡面喷播植草，增强路基边坡防护功能，并最终达到绿色通道工程可持续发展的目标。全线300 km多的铁路线两侧植草200多万 m^2，种植各类树木207多万棵，沿线有各具特色的景点50多个和10个花卉果木基地。

2004年底，胶新铁路绿色通道建设模式与生物防护技术研究通过专家鉴定：认为是我国首条一次建成的"绿色铁路"。胶新铁路"绿色通道"的建成，不仅为今后铁路"绿色通道"建设提供了重要科学参考和理论依据，而且为全国铁路"绿色通道"建设提供了科学支撑和示范样板。

1.2.4.3　青藏线绿色铁路通道

青藏铁路是世界上海拔最高、线路最长的高原冻土铁路，是当今世界高原最具挑战性的工程项目。格尔木至拉萨段(简称格拉段)全长1 142 km，翻越唐古拉山的铁路最高点海拔5 072 m。经过海拔4 000 m以上地段960 km，连续多年冻土区550 km以上。青藏铁路从2001年6月29日开工，2006年7月1日建成通车。青藏铁路经过地区自然生态环境原始、独特，生物多样性丰富，生态系统极其脆弱、敏感，高寒草甸、高寒草原、多年冻土等被破坏扰动后很难恢复，野生动物保护、高原植被恢复以及湿地、湖泊环境保护和冻土环境保护，都是铁路建设面临的环保难题。因此搞好青藏铁路建设的环境保护不仅是维护高原生态平衡的需要，也是保证青藏铁路建成后长期安全运营的需要。为将青藏铁路建成一条符合高原生态环保的铁路，建设者始终坚持"预防为主，保护优先，开发与保护并重"的指导方针，根据青藏高原的特点，采取了一系列环保工作及措施：野生动物保护及通道设计；设计和施工中采取优化完善措施；植被、景观保护和表土保存、草皮移植；草地、湿地保护措施；污染防治措施；营造浓厚的环保氛围，重视环保宣传教育；实施环境监理及监测等方法手段，在铁路建设史上首次引入环保监理和环保专项审计制度，对所有参建各方的环保工作实施监督。青藏铁路建设中全面贯彻了环境保护法规，明确了环保设计原则，开创了环保管理新模式，实现了高海拔植被保护新突破，创造了野生动物保护新经验，防止了铁路沿线水土流失，确保了江河湖泊不受污染。

国家环保总局等部门多次检查后认为，青藏铁路建设环境保护在国内重点工程建设中处于领先水平，具有示范意义。青藏铁路已成为 21 世纪世界屋脊的环保型绿色铁路。

1.2.4.4　渝怀线绿色铁路通道

渝怀铁路全长 625 km，两跨长江、嘉陵江，三跨乌江，是跨越大江大河最多的国内干线铁路，2000 年 12 月 16 日开工建设，2006 年 1 月 16 日开通运营。渝怀铁路是我国一次性投入环保资金最多的铁路建设项目之一，工程总投资近 200 亿元，其中环保投资 9.4 亿元，占总投资的 8%，比一般的铁路的环保投入高 2～3 倍。在可行性研究阶段，设计单位就编制了详尽的《环境影响报告书》和《水土保持方案报告书》，并报国家环保总局和水利部批准。在施工中铁路建设总指挥部采取各种措施，提出修一条"绿色环保铁路"的目标，把环境保护和水土保持贯穿在铁路设计、招标、施工等全过程中。针对可能出现的水土流失、噪声污染、大气污染、固体物质污染、电磁辐射污染、文物古迹保护等情况，在施工方案中设计相应的保护措施，并设立了"渝怀铁路建设环境保护与水土保持工作领导小组"等工程环保机构，把环保和水土保持工作作为重要考核内容，对各施工单位的实施情况进行跟踪监督，定期组织环保检查，最大限度地避免施工对环境的破坏。渝怀铁路也是我国第一批实施环境监理试点的铁路，2003 年渝怀铁路被列为国家 13 家环境监理试点单位，对全线的环境保护和水土保持工作进行了全面监控，使渝怀铁路沿线植被茂盛，环境优美。

长江水利委员会对该线的水土保持进行评估，结果反映良好。国家环保总局进行现场考察后，认定渝怀铁路是一条绿色铁路。

2004 年 1 月国务院批复了《中长期铁路网规划》，确定了到 2020 年中国铁路发展的宏伟蓝图，一大批重点铁路建设项目相继获得国家批准。原铁道部根据国家有关政策，强力推进绿色铁路通道建设，并统一建设资金，分步实施。截止 2005 年底，在当时全国 7.5 万 km 的国家铁路运营线上，宜林线路 3.73 万 km，其中 2.03 万 km 已达到"内灌外乔林带"的绿化标准。

2005 年原铁道部召开了全路环保工作会议，制定了《2005 年铁路环境保护指标计划》，并且明确了未来中国铁路环保工作的任务：根据铁路跨越式发展思路要求，紧紧围绕中长期铁路网规划，努力做好铁路环境保护工作，建设生态、环保型绿色铁路。

2006 年以来，我国铁路部门强力推进绿色铁路大通道建设，铁路建设者们高度重视环境保护与水土保持工作，加强设计与施工的环境保护力度，实施建设项目全过程的环境管理和监理，大力开展植树造林、防风固沙和水资源保护，减少了生态环境破坏，极大地改善和保护了铁路沿线的生态环境，形成了遍布中国各地的一道道风景秀丽的"绿色铁路长廊"（表 2.1.2），特别是胶新、青藏、渝怀等铁路及京津、京沪、京广、郑西、哈大等高速铁路的建设，创造了举世瞩目的绿色铁路大通道。

表 2.1.2　中国绿色铁路大通道建设概况

铁路类型	绿色铁路大通道的特点
高速铁路绿色长廊	京津、京广、京沪、郑西、哈大等 1.3 万 km 高速铁路沿线，呈现出世界独有的高铁绿色长廊倩影。适应高比例桥梁和高速度视觉感受，高铁沿线绿化做到了千米视野远近兼顾，视觉单元层次分明。投影面积郁郁葱葱，"色块艺术"和"边坡艺术"交相辉映。高速列车演绎着"和谐的风"与"绿色的网"的交响乐章
重载铁路绿色长廊	大秦线、侯月线、京包线、包兰线等 1.6 万 km 刚劲粗犷的重载铁路线上，绵延的绿色与滚滚的乌金，搏动着雄浑的重载韵律。杨树、油松、火炬树、紫穗槐默默守望负重而行的国家重点物资运输通道，为曾经荒凉贫瘠的重载铁路沿线增添了无限风光

续上表

铁路类型	绿色铁路大通道的特点
高原铁路绿色长廊	海拔 4 000 m 以上的青藏铁路沿线，高原植被恢复与再造成果令人惊叹。从铁路两侧边坡延伸到护栏的多变"网格"中，破土而出的嫩芽，勃发着世界一流高原铁路的绿色生机。绿色小草铺满青藏线安多至拉萨段 450 km 路基边坡，高海拔植被保护铁路实现了突破
高寒铁路绿色长廊	图佳线、长吉线铁路，高大挺拔的黑松、油松，枝叶繁茂的紫丁香、紫穗槐，高低错落，疏密相间。伟岸厚实的防雪林，演绎着高寒铁路绿色长廊的别样精彩。桀骜不驯的狂风暴雪在防雪林带构成的绿色屏障面前乖乖地偃旗息鼓
沙漠铁路绿色长廊	包兰线、京包线、集二线、通霍线、太中银铁路，创造了世界铁路治沙史上的奇迹。"草方格""石方格"构建的"五带一体"治沙防护体系，创造了在几十个地区成功阻击风沙对铁路干扰动移的范例花棒、刺槐、沙枣、柠条、沙打旺等，这些具有顽强生命力的沙生植物堪称沙漠铁路绿色长廊的经典样本
戈壁铁路绿色长廊	秋天是兰新线、南疆线等戈壁铁路一年中最绚烂的季节。阳光下，胡杨树的叶子全部变成了金黄色，一条条整齐的胡杨林带犹如光彩夺目的金色长廊。正是由于线路两侧种植了梭梭、红柳、胡杨等防风耐旱、抗盐碱的植被，戈壁铁路才抵御了风暴的侵袭，确保了运输安全。目前，戈壁铁路的人工造林成活率已达到 85%以上，无疑是一个奇迹
山区铁路绿色长廊	成昆、南昆、成渝、宝成、渝怀、兰渝、黔桂、湘桂等铁路，崇山峻岭间，线路两侧的香樟、栾树、桉树林木婆娑，芭茅、夹竹桃争奇斗艳。固土保水的绿色长廊，有效降低了沿线泥石流、山体滑坡、塌方落石、洪水泛滥等地质灾害的频率
沿海铁路绿色长廊	温福、福厦、厦深、海南东环等高铁，线路边坡上，习惯了海风气息的红色、紫色、绿色林木错落有致，筑起沿海铁路抵御台风的安全屏障。边坡植被、路基灌木有效阻挡了风雨对坡面的冲击，减少了地表径流，防止了路基变形及坡面坍塌。尽管通车运营遭遇多次强风暴雨，沿海高铁岿然不动，毫发无损，尽显风林带的卓越功效

综上所述，绿色铁路生态长廊的建设，彰显了保护路基、固土保水、减少地质灾害的重要作用，让风、沙、雪等自然灾害在防风林、防沙林、防雪林的屏障面前纷纷退却，给人们带来了绿色畅想，绿色希望，达到了社会效益、环境效益、经济效益的统一，不仅改善了铁路沿线的生态环境，还改善和优化了沿线地区的社会经济环境，促进了地区经济结构的调整和铁路自身的可持续发展。

展望未来，我国绿色铁路建设方兴未艾，《铁路"十二五"环保规划》明确提出"十二五"时期，我国铁路行业将坚持环境保护基本国策，大力采用新技术、新材料，不断提高环境污染防治水平，减少污染物排放，实现生态保护与铁路建设有序推进，建设资源节约、环境优化的绿色铁路。必将推进我国绿色铁路的可持续快速发展。

1.3 铁路建设产生的环境问题

环境问题是指人类活动可能引起自然环境的物理、化学、生物、文化、社会环境系统的任何改变或新的环境条件形成的现象。铁路建设产生的环境问题是指环境中出现的不利于人类生存和发展的各种现象。铁路建设必然影响环境，尤其是高速铁路建设，施工期、运营期造成的环境问题更加严重。铁路建设可能造成如下环境问题：

(1)选线不当会破坏沿线生态环境；

(2)防护不当会造成水土流失，如坡面侵蚀与泥沙沉淀等；

(3)铁路带状延伸会破坏路域自然风貌，造成生态环境损失；

(4)铁路施工造成环境污染；

(5)铁路通车运营期间，机车车辆对沿线造成污染；

(6)铁路建设对社会经济环境的影响。

1.4 铁路建设各阶段对环境的影响

铁路建设环境影响是指铁路建设或运输生产的活动、产品或服务给环境造成的任何有害或有益的变化。铁路建设不同阶段对环境的影响程度不同。

根据原铁道部《铁路基本建设项目预可行性研究、可行性研究和设计文件编制办法》(铁建设〔1999〕99号)的规定，铁路大中型建设项目的决策阶段进行预可行性研究(项目立项的依据)和可行性研究(项目决策的依据),设计阶段按初步设计(项目建设的主要依据)和施工图(工程实施的依据)两阶段设计。

1)项目决策阶段(可行性研究)对环境的影响

项目决策阶段可行性研究的主要任务是进行铁路选线、选址和技术、经济论证,为项目决策提供依据。如果铁路走向或工程选址不当,可能对敏感环境区(表 2.1.3)带来影响,导致环境破坏和损失。因此,铁路选线、选址应避开或尽量远离环境敏感区域,保护自然和人文环境。万不得也必须经过环境敏感区时,应采取环境保护措施,尽量减轻对环境的影响。

表 2.1.3　铁路线路可能影响的敏感环境区域

保护区类型	环境敏感区对象
特殊保护地区	国家法律法规、行政规章及规划确定或经县级以上人民政府批准的需要特殊保护的地区,如自然保护区、风景名胜区、饮用水水源保护区、生态功能保护区、基本农田保护区、水土流失重点防治区、森林公园、地质公园、世界遗产地、国家重点文物保护单位、历史文化保护地,以及国家或地方政府列入保护名录的单个体,如珍稀树木、古建筑等
生态敏感与脆弱区	沙尘暴源区、荒漠中的绿洲、严重缺水地区、珍稀动植物栖息地或特殊生态系统、天然林、热带雨林、红树林、珊瑚礁、鱼虾产卵场、重要湿地和天然渔场等
社会关注区	人口密集区、文教区、党政机关集中的办公区、疗养地、医院等,以及具有历史、文化、科学、民族意义的保护地等

2)勘察设计阶段对环境的影响

勘察设计阶段的主要任务是结合选定的线路走向方案,进行具体的工程和环境保护勘察设计,为确定项目建设投资(包括主体工程投资和环境保护投资)和工程施工提供依据。

影响敏感环境的铁路工程要素:包括线路与轨道、路基、桥涵、隧道、站场、通信、信号、电力、电气化、机务、车辆、给排水、房屋建筑、取土(采石)场、弃土(渣)场、污水排放口、锅炉烟囱、垃圾堆放(处理)场的位置,以及大型临时设施(施工营地、混凝土拌和站、材料加工厂、道砟场)和过渡工程(铁路便线、便桥、汽车运输便道)等。

3)施工阶段对环境的影响

施工阶段对环境的影响主要是生态破坏、水土流失、噪声扰民、“三废”(污水、废气、废物)污染。

4)运营阶段对环境的影响

影响振动和声环境的因素:客货列车运行,站、段、所固定设备等。

影响大气环境的因素:锅炉(炉窑)、运煤专线、散装货物装卸线、专用储煤场等。

影响水环境的因素:机车车辆检修设施、车站及铁路职工生活区、蓄电池间、湿式除尘设备等。

产生固体废物的因素:锅炉(炉窑),散装货物装卸线,专用储煤场,机车车辆检修设施,车站及铁路职工生活区、污水处理场等。

影响电磁环境的因素:电气化线路,供变电设施等。

1.5　铁路建设各阶段环境保护的基本原则

(1)坚持“预防为主,防治结合”的环境保护方针,贯彻环境保护与铁路建设“同步规划、同步设计、同步实施、同步投产”的原则,实现经济、社会、环境效益的有机统一。

(2)勘测设计阶段,要认真仔细地查明沿线的敏感环境,根据国家法律、法规,结台《环规》的具体要求,充分研究各工程要素的选线选址及防护设计措施问题。有些敏感环境(如自然保护区的核心区及缓冲区)禁止修建任何铁路设施;有些敏感环境(如文物保护单位及其保护范围、基本农田保护区、集中居民区及文教区等)经有关部门审批或进行技术经济比较后,可以适当修建铁路设施,但需对受影响的敏感环境进行迁建、补偿和防护。

(3)施工阶段环境保护管理措施应在施工组织设计中明确规定,尤其是取弃土(砟)场的设置及防护,施工中应加强施工监督和管理。

(4)运营阶段产生的环境影响,需经过各种运营维护设备的治理,达到国家和地方规定的排放标准(浓度标准和总量标准),以消除或减轻对环境的影响。因此,必须贯彻“三同时”(同时设计、同时施工、同时投产)制度和“清洁生产”原则,精心设计、选用低污染设备,严禁选用国家已公布淘汰的污染环境的工艺和设备。

第 2 章　铁路建设项目环境影响评价

2.1　环境影响评价的概念

环境影响评价是指对建设项目、区域开发计划及国家政策实施后可能对环境造成的影响进行预测和估计。环境影响评价是环境保护的一项重要工作，它是决策和开发建设活动中实施可持续发展战略的有效手段和方法。通过对铁路建设所产生的环境影响因素进行识别、预测和评价，以提出合适的清除或减轻不良环境影响的措施和对策。

2.2　铁路环境影响评价的目的

(1)通过对铁路建设项目活动可能带来的各种环境影响进行定性定量分析，预测并评价其未来影响范围和程度，为合理选线提供依据。

(2)通过损益分析，提出可行的环保措施并反馈于设计，以减轻和补偿铁路建设项目活动所带来的不利影响。

(3)为铁路建设项目的生产管理和环境管理提供依据，为路域地区经济发展规划、环保规划提供依据，为决策者提供协调环境与发展关系的科学依据。

2.3　铁路环境影响评价的意义

一个有效的运输系统应当是其所产生的社会效益最大，即用最少的资源成本取得人便于行、货畅其流的效果，同时减少或避免对环境的破坏。铁路环境影响评价是一门科学，通过对铁路建设项目进行环境影响评价，可为铁路环保选线、环保设计、环境管理提供科学依据，可为采取适合的环保措施提供界定尺度，提升公众的环保意识。环保措施的效果可在环境影响评价基础上，综合两方面因素考虑，一是处理环境污染的多少及保护环境空间的大小；二是采取的措施能满足国家规定标准的程度有多大。

2.4　铁路环境影响评价的范围和要求

我国新(改)建铁路建设项目，都必须进行环境影响评价。环境影响评价报告书在可行性研究阶段编制，并在初步设计完成前报批。评价的重点是施工期和运营期，施工期以生态影响评价为主，运营期应以污染影响评价为主。

铁路项目环境影响评价的范围，一般为拟建铁路外侧轨道中心线外 200 m 以内区域，大型临时工程用地界外 120 m 以内区域，对特殊保护区可根据实际情况扩大或缩小。

铁路项目环境影响评价，应贯彻执行《铁路工程建设项目环境影响评价技术标准》和国家或地方颁布的法律法规和环境质量标准、污染物排放标准。

铁路项目环境影响评价，包括环境现状评价和影响预测评价。环境影响预测评价按施工期和设计年度进行，部分环境要素(如噪声)影响预测按远期列车对数预测远期变化趋势。根据预测评价结果，提出环境保护措施，估算环保设施的投资费用，列入项目概算。

2.5　铁路环境影响评价的内容及方法

2.5.1　铁路项目环境影响评价的内容

铁路项目环境影响评价应编制铁路项目环境影响报告书，按环境要素设专章或专节进行评价。主要包括下列内容：

(1)建设项目背景(工程概况与分析、铁路沿线地区环境概况、环境风险分析)；

(2)生态环境影响评价；

(3)声环境影响评价；

(4)振动环境影响评价；

(5)地表水环境影响评价；

(6)大气环境影响评价；

(7)电磁辐射环境影响评价；

(8)固体废物环境影响评价；

(9)社会经济环境影响评价；

(10)环境保护投资估算及经济损益分析；

(11)环境管理与监测计划；

(12)公众参与；

(13)环境影响评价总结论。

2.5.2　铁路环境影响评价的方法

根据铁路建设项目线长面广的特点，铁路建设项目环境影响评价一般采用点线结合，以点带线，突出环境敏感点、敏感区域的评价方法。对大气、噪声、振动环境采用模式计算和类比分析法，对生态环境、水环境、固体废物、社会经济环境等则采用调查、类比分析法。

2.6　铁路项目主要环境要素评价要点

2.6.1　工程概况与分析

(1)工程概况说明应包括下列内容：线路走向；设计年度与列车对数；主要技术标准；主要工程项目内容与规模；大型临时设施和过渡工程；施工组织和总投资。

(2)铁路建设项目环境影响评价应对施工期和运营期进行工程分析。施工期以生态影响为主，运营期应以污染影响为主。改建工程应对相关的既有工程进行分析说明。

(3)工程分析应以车站、段、所等铁路设施在运输、生产过程中产生污染环节的分析和污染物排放量统计为重点，明确主要污染环境要素，识别主要污染因子。

(4)工程概况应对施工期生态环境影响进行分析，应包括下列内容：

主要工程活动及其特征；土石方平衡情况及取土场、弃土(渣)场、沙石料场说明；水土侵蚀情况；占用土地类型及其数量；破坏植被类型和数量；破坏水土保持设施类型和数量；对水源保护区、自然保护区、风景名胜区等特殊保护地以及需要特殊保护的个体对象的影响。

(5)工程分析应对能耗(电、煤、燃料油、燃料气、水等)进行统计。

(6)污染物排放统计项目应包括下列内容：

噪声：噪声污染源源强；

固体废物：生产废物、生活垃圾；

水：污水量、COD、石油类、氨氮、SS 及有总量控制的项目；

气：烟尘、SO_2、NO_2及有总量控制的项目。

(7)改建项目工程分析应给出工程前、后能耗和污染物排放量以及工程前、后的变化量。对有总量控制要求的项目,应按行政区分别统计污染物排放总量,并提出削减途径。

(8)结合产生污染的环节,利用物料平衡关系及其他相关内容对清洁生产进行评述。

2.6.2 生态环境影响评价

2.6.2.1 一般规定

(1)铁路建设项目生态环境影响评价重点是工程可能产生显著影响的局部敏感生态系统和典型生态因子。项目产生的不同生态影响和不同敏感区域,分别进行重点评价和一般评述。

(2)生态环境影响评价的范围。

①铁路线路外侧轨道中心线外200 m以内、大型临时工程用地界外100 m以内区域。

②当项目建设区域及其附近存在县级及以上人民政府批准设立的各类特殊保护区时,应按保护区划定的范围及其与项目建设区的位置关系确定评价范围。

③受工程建设直接影响原生、次生林地,应以其植物群落的完整性为基准确定评价范围。

④项目建设区域外有高山陡坡、峭壁、河流形成的天然隔离地貌时,可取隔离地物为界。

(3)生态环境影响评价的内容。

①生态环境现状及其主要特征。

②对评价区域生态类型、结构与功能的影响。

③对评价区域土地利用和农业生产的影响。

④对评价区域野生动物、植物的影响。

⑤对自然保护区、风景名胜区、重点文物保护单位和重要生态功能区的影响。

⑥对评价区域水土保持的影响。

⑦对评价区域景观的影响。

⑧工程设计中采取的生态保护措施效果分析。

⑨提出缓解不良生态影响、改善生态环境的补充措施。

(4)生态环境影响评价工作等级划分,应符合表2.2.1的规定。

表2.2.1 铁路建设项目生态环境影响评价工作等级划分判据表

评价工作等级	划分判据
一级评价	评价区域内存在珍稀濒危物种或成片原生植被,或国家级自然保护区、风景名胜区、森林公园、重点文物保护单位
二级评价	评价区域处于荒漠化地区,或区内存在大中型湖泊、水库、成片次生林,或省级自然保护区、风景名胜区、森林公园、重点文物保护单位
三级评价	除一级、二级评价区以外的其他评价区

(5)生态环境影响评价应针对铁路建设项目呈带状分布的特点,按不同线路区间或站场、机务、车辆、工务段(所)对影响区域内的生态敏感性,确定评价工作的深广度。

(6)生态环境调查可采用部门走访、航空或航天遥感图像判释、样方调查法、目测与摄影(像)法、收割调查和经验估算法或其他简便易操作的方法。对较敏感的评价区域,宜采用全球定位系统(GPS)、航空或航天遥感技术、地理信息系统等先进技术,对物种多样性、生态稳定性等重要生态特征进行工程前后的对比定量分析。

2.6.2.2 生态环境现状评价

(1)生态环境现状调查。

①搜集建设项目所在地区有关生态规划、城市规划、土地利用总体规划、水土保持规划、自然资源现状分布、动植物分布的资料和图件;各类特殊保护区、名胜古迹及文物保护单位的现状分布与规划图,查明保护单位的位置、分布范围、性质、保护级别及其与项目之间的空间位置关系;县级及以上人民政府划分水土流失重点监督区、重点治理区和重点预防保护区的相关资料;特大桥、大桥桥位河段和隧道富水区相关的水文和水文地质资料。

②对较敏感的评价区域，应进行实地调查。调查应包括下列内容：

地形、地貌特征；水土流失类型、特点和程度；植被类型及其分布和面积；优势植物种类及其覆盖率、生物量、生产量，受影响的古树名木的位置、树种、胸径、高度、冠围、树龄；濒危或珍稀野生动物的种类、分布、活动区和迁徙路线；重要景物及其空间尺度和分布，评价区域重要视觉景观特征；既有铁路设施、主要地质灾害等对生态环境的影响和存在问题。

(2)生态环境现状评价。采用定性与定量相结合方法，对区域生态环境质量现状进行评价。评价应包括下列内容：

①结合地理位置图、土地利用现状图分析评价区域土地资源及其利用情况，重点阐明基本农田分布情况、主要农作物及其生产情况。

②阐明评价区域自然保护区、风景名胜区、森林公园、文物保护单位的基本情况。

③通过相关照片、图件和资料，结合生态规划、城市规划和土地利用总体规划，对评价区域的生态结构、主要生态因子现状及其抗干扰能力进行分析，说明生态环境类型、主要生态问题及其发展趋势。对重要风景名胜和景物，应分析描述主要景观要素和特征。

④说明主要物种、重要动植物分布和植被覆盖率，重点阐明濒危、珍稀动植物分布情况。

⑤根据需要说明与灌溉、排洪相关的地表水文特征。

(3)既有铁路改建项目，应说明已存在的生态环境影响和遗留问题。

2.6.2.3　生态环境预测评价

(1)生态环境影响预测方法。根据建设项目和评价区域的性质和特点，可分别或以组合方式采用类比预测法、图形叠置法、景观生态学分析法、经验分析与专家咨询法。

(2)对项目建设过程中及投产运营后评价区域内生态环境的变化，应对照生态环境现状，进行定性与定量相结合的预测、分析和评价；评价重点为特大、大型桥梁、隧道、站场、高填路堤、深挖路堑、施工便道及其他扰动地表的大型设施。

按不同评价工作等级和工程行为特点，生态环境影响预测评价包括表 2.2.2 的内容。

表 2.2.2　铁路建设项目生态环境影响预测评价内容

评价工作等级	主要评价内容
一级评价	分析项目建设对珍稀濒危动植物及其栖息地、迁徙通道的影响；分析项目建设对评价区域生态环境结构、功能及其抗干扰和恢复能力的影响，可利用地形图绘制相应的分析预测图件，并通过现场摄像和照片资料进行辅助说明；对评价区域的生态结构、稳定性、物种多样性变化趋势进行分析；完成二级、三级评价规定的工作内容
二级评价	分析预测工程实施对评价区域内重要野生动植物和自然资源的影响； 分析预测项目建设对优势植被、拼块的影响，对重要景观的干扰，以及可能产生的严重环境地质危害，在此基础上预测评价区域主要生态因子和生态结构可能发生的变化；可结合设计资料绘制工程实施后植被和自然资源的预测分布图、景观干扰分析图件；完成三级评价规定的工作内容
三级评价	说明评价区域土地利用状况的变化，并绘制相应图件；分析项目建设对评价区域土地资源、农林牧渔业生产、植被、河流通航、泄洪、农灌以及重要景观的影响；分析说明项目实施对评价区域内自然保护区、风景名胜、文物保护单位的潜在影响；归纳建设项目的主要生态影响和关键影响因子，简要说明项目可能导致的生态环境变化

2.6.2.4　水土保持专题

(1)水土保持专题应以高填路堤、深挖路堑、不良地质路段、长大隧道、特大型桥梁和集中取、弃土(渣)场为重点，制定完善的水土保持措施。水土保持专题应包括下列内容：

①评价区域水土流失现状：包括土壤侵蚀类型、强度、侵蚀面积，泥石流、坍塌、滑坡、荒漠化以及其他灾害性水土流失和环境退化情况。

②项目建设新增水土流失预测：应分别预测采取和未采取防护与治理措施的流失量。

③分析、论证集中取、弃土(渣)场及其他大型施工临时设施设置与选址的合理性，说明对水土保持的影响并提出相应的建议。

④确定水土流失防治责任范围：对工程设计采取的水土保持措施进行评估和论证，结合工程特点及区域环境特征，提出有针对性的水土保持补充措施，明确规定扰动土地治理率、水土流失治理程度、水土流失控制量、拦砟率、植被恢复系数、林草覆盖率等指标值。

⑤针对水土流失突出的工点，结合施工监理，提出水土流失监测制度。

⑥估算水土保持投资。

(2)水土保持专题的编制方法和技术要求应符合国家现行标准《铁路建设项目水土保持方案技术标准》的规定，内容和深广度可适当简化。

(3)根据需要绘制评价区域水土流失现状分布图、建设项目水土流失主要工点分布图、水土保持措施总体布局平面图、典型水土保持措施平、立面设计简图及其他必要图件。

2.6.2.5 生态环境保护措施

(1)对设计采取的生态保护措施进行技术经济分析与评估，确定其必要性、有效性和可行性。

(2)针对项目潜在的生态环境影响，提出生态保护补充措施和建议，并估列所需投资。

(3)生态保护措施，应充分考虑建设"绿色铁路通道"的要求，优先采用植树绿化、植草等植物措施，并应包括下列内容：

①保护生态环境的规划、选址措施。

②改善和恢复生态环境的生物措施。

③保护水土资源及其他生态环境要素的工程措施。

④保护景观的工程优化和美化设计。

⑤保护生态环境采取的施工方法和施工组织优化措施。

⑥保护及改善、恢复生态环境的管理和监督措施。

2.6.3 声环境影响评价

2.6.3.1 一般规定

(1)铁路建设项目评价范围。

①施工期评价范围为施工场地边界及其影响范围内，一般为边界外120 m以内区域。

②运营期一级评价范围为铁路外侧轨道中心线外200 m以内区域；二、三级评价范围为铁路外侧轨道中心线外120 m以内区域，遇重要噪声敏感点时可放宽至200 m以内区域。

(2)评价工作等级应根据项目噪声源种类、数量及所处地区的声学环境功能要求划分。

(3)工程项目经过的城市规划区段和居民集中区、学校、医院、养老院等噪声保护目标，应进行重点评价。

(4)评价标准应符合下列规定：

①铁路外侧轨道中心线外30 m处，应符合现行国家标准《铁路边界噪声限值及其测量方法》(GB 12525)的有关规定。

②铁路枢纽、编组站、区段站内段、所外侧有铁路正线时，距正线轨道中心线外30 m处应执行现行国家标准《铁路边界噪声限值及其测量方法》(GB 12525)；无正线时的段、所边界处应执行现行国家标准《工业企业厂界噪声标准》(GB 12348)。

③对已划定噪声功能区的城市区域，30 m以外的所有敏感点，应按功能区划规定符合现行国家标准《城市区域环境噪声标准》(GB 3096)的有关要求。

④学校教室、宿舍及医院病房室外昼间等效连续A声级可按60 dB，夜间可按50 dB控制，学校教室不控制夜间噪声。

(5)噪声一、二、三级评价的基本要求应符合下列规定：

①一级评价应调查评价区域内的所有敏感点，筛选出具有代表性的敏感点和噪声保护目标进行现状实测；对工程运营的近期、远期进行预测；预测结果应涵盖所有敏感点，并给出典型区段的等声级曲线图；给出项目建成后评价区域内受影响的人口分布、噪声超标的范围和程度；针对建设项目的工程特点提出噪声防治对策，并进行技术、经济可行性分析，提出最终降噪效果。

②二级评价可选择有代表性的敏感点和噪声保护目标进行现状调查和实测；选择运营阶段近期进行预测；描述项目建成后评价区域内受影响的人口分布、噪声超标的范围和程度；针对建设工程特点提出噪声防治措施并提出最终降噪效果。

③三级评价着重调查既有噪声源；预测以既有资料为主，给出项目建成后的噪声影响范围和程度；针对

工程特点提出噪声防治措施并提出效果分析。

2.6.3.2　声环境现状评价

(1)现状调查应包括下列内容：

①评价范围内既有噪声源种类、数量和噪声级。

②噪声敏感点的分布、功能、规模、建筑物布局、建筑年代、周围环境情况及与工程之间的相对位置关系，并应在图中标示。

③搜集城市环境噪声功能区划和城市发展规划等有关资料。

(2)现状监测应符合下列规定：

①现状监测点应针对噪声敏感点设置，边界测点应设于距铁路外侧轨道中心线 30 m 处和段、所边界上，其他测点应设在临铁路最近一排房屋窗外 1 m 处、学校和医院等噪声保护目标的室外以及有代表性的背景噪声测量位置上。当一天内铁路噪声源起伏较大、背景噪声(交通、工厂等噪声)影响较突出时应设置 24 h 测点，测点设于边界处或背景噪声测量位置上。

②铁路噪声测量应符合现行国家标准《铁路边界噪声限值及测量方法》(GB 12525)的规定，在测量等效连续 A 声级的同时，应分别记录车种、上下行、列车长度、通过时间、稳态声级、机车鸣笛声级及其持续时间。

③背景噪声测量应符合现行国家标准《声学环境噪声测量方法》(GB/T 3222)或《城市区域环境噪声测量方法》(GB/T 14623)的规定，在测量等效连续 A 声级的同时，记录主要噪声来源。

(3)现状评价应包括下列内容：

①根据现状监测结果描述各评价点的环境噪声现状；

②说明铁路、背景噪声源的影响；

③对照有关标准进行评价，并对超标原因进行分析。

2.6.3.3　声环境预测评价

(1)铁路噪声预测的噪声源：机车鸣笛、列车运行、水阻试验及其他可能对环境产生影响的噪声源。噪声源的类型、数量、分布和作用时间，应依据设计文件和有关规定确定。

(2)噪声源类比监测应选取与建设项目的声源具有相似的型号、工况和环境条件的声源进行，并根据类比条件进行必要的修正。在引用类比监测结果时，应注明类比点的名称和测量工况。

(3)铁路噪声预测可根据不同情况选择模式法或比例法。

(4)根据不同预测方法的需要，预测技术条件应包括下列内容：列车长度；列车速度；列车对数和站、段作业量；昼、夜间车流比例；机车鸣笛时间。

(5)预测模式的预测误差宜采用计算值与现状或类比监测值进行对比、统计、分析估算。

(6)运营期噪声影响评价，应满足下列要求：

①列表给出敏感点的噪声预测结果，计算环境噪声变化量以及达标情况。

②对 30 m 处铁路边界噪声和 30 m 外敏感点噪声进行对标评价。

③分析敏感点超标的原因。

④对有规划的地区或大中城市客站，应根据规划要求绘制车站或线路的昼、夜间声级等值线图；对新建铁路或沿线未开发地区，应提出对应评价标准的噪声达标控制距离。

(7)施工期噪声影响评价，应满足下列要求：

①对工程项目经过的城市规划区段和居民集中区、学校、医院、养老院等噪声保护目标进行重点评价。

②影响评价可采用类比调查与监测的方法。

③评价标准应符合现行国家标准《建筑施工场界噪声限值》(GB 12523)的有关规定，并分析施工期噪声对保护目标可能产生的影响。

2.6.3.4　噪声污染防治措施

(1)设计年度近期预测结果超过标准要求时，应提出对声源、传播途径或受声点的综合治理措施，并进行多方案技术、经济、环境可行性比选。

(2)施工场地边界处和临近敏感点的昼、夜间等效连续 A 声级超过规定的标准要求时，对敏感点采取临时防噪措施包括：调整施工场点，调整施工作业时间，调整施工机械布局，采用低噪声设备替代高噪声设备，或给予噪声受损者安装双层隔音窗、适当赔偿等。

2.6.4 振动环境影响评价

2.6.4.1 一般规定

(1)振动环境影响评价范围宜为铁路外侧轨道中心线外60 m以内区域。

(2)振动评价标准的确定应符合下列规定：

①振动敏感点应按现行国家标准《城市区域环境振动标准》(GB 10070)中规定的“铁路干线两侧”标准值进行评价。

②文物古迹等保护建筑物可根据其保护要求进行评价。

(3)振动敏感点应包括居民区、学校、医院、办公室、文物古迹等敏感建筑物。

(4)铁路振动评价，应以20列通过列车Z振级最大示数(VL_{zmax})的算术平均值作为评价因子；无列车通过的背景振动，可以累积10%Z振级(VL_{z10})作为评价因子；古建筑物可以振动速度作为评价因子。

2.6.4.2 振动环境现状评价

(1)振动环境现状调查，应包括下列内容：

①振动敏感点的分布、功能、规模、建筑物布局、建筑年代、房屋结构。

②振动敏感点与工程之间的相对位置关系。

(2)振动现状监测，应符合下列规定：

①环境振动测量应符合现行国家标准《城市区域环境振动标准》(GB 10070)的规定，采用《城市区域环境振动测量方法》(GB 10071)进行测量。

②振动速度可以连续测量20次列车振动速度最大示数的算术平均值作为测量结果。

③振动测点应设在铁路外侧轨道中心线外30 m处；第一排敏感建筑物室外0.5 m或室内地面中央；古建筑物外缘平面外0.5 m或其他有代表性的位置上。

(3)振动现状评价，应根据监测结果进行对标评价。

2.6.4.3 振动环境预测评价

(1)运营期振动影响评价，应满足下列要求：

①振动预测方法，宜采用类比法。

②振动类比技术条件应包括下列内容：列车速度；列车重量；车辆类型；列车对数；轨道和道床结构；地质条件。

③根据振动预测结果进行对标评价，分析振动影响程度、影响范围和敏感点的超标原因。

(2)施工期振动影响评价，应满足下列要求：

①评价对象和保护目标应包括居民区、学校、医院、办公室、文物古迹等敏感建筑物。

②影响评价可采用类比调查与监测的方法。

③采用现行国家标准《城市区域环境振动标准》(GB 10070)有关规定，分析评价施工期振动对保护目标可能产生的影响。

2.6.4.4 振动防治措施

预测结果超过标准要求时，应提出对振源、传播途径或受振点的综合治理措施。

2.6.5 地表水环境影响评价

2.6.5.1 一般规定

(1)地表水环境影响评价的重点应为污水排放较为集中的机务、车辆检修单位、车辆洗刷设施、客车整备单位、大中型客站和铁路单位的集中生活区等。

(2)地表水环境影响评价范围，应符合下列要求：

①建设项目的污水直接排入城市排水管网时，评价范围应为建设项目污水进入城市排水管网的接纳处。

②受纳水体为开放性地表水水域(含灌溉渠道)时，评价范围应为建设项目排污口至污染物排入受纳水域后1 km的区域。

③受纳水体为小型封闭性水域时，评价范围应为该水域。

(3)地表水环境影响评价内容，应符合下列要求：

①对符合第二、三级评价的站段应进行水环境现状评价和污染源、受纳水体预测评价。改建铁路建设项目评价时还应进行污染源现状评价。

②对低于第三级评价条件的站、段，可简要说明项目污染情况和排水去向，并对照评价标准进行简要的环境影响分析。

(4)地表水环境影响评价，采用的标准应符合下列要求：

①污水排放水质，应符合现行国家的或建设项目所在地政府批准的污水综合排放标准。

②评价范围内地表水域水质，应符合水域所在地行政主管部门批准的水质标准。

③排入间歇性河道时，应根据当地环境保护行政主管部门规定的功能确定评价标准。

(5)施工期水环境影响评价应分析施工期污水来源、污染特征、影响范围与程度及相应的治理措施。

2.6.5.2　地表水环境现状评价

(1)地表水环境现状调查，应符合下列规定：

①进行三级评价时，环境现状的调查范围应为排污口下游 3 km 或以排污口为圆心、半径 1 km 的湖泊(水库)水域；当进行二级评价时，调查范围应为排污口下游 5 km 或以排污口为圆心、半径 2 km 的湖泊(水库)水域。

②根据受纳水体的规模和特点，搜集污水受纳水体的位置、常规水文资料和调查范围内水域的丰水期、平水期、枯水期常规水质监测资料，并应绘制“水系分布图”。

③调查污水受纳水体的水系构成、环境规划、实际使用功能、污染物总量控制指标。

④调查和搜集评价范围内可能对地表水环境产生影响的主要点污染源和非点污染源的排污口位置和排污情况。

⑤调查改建项目在改建前的污水排放量、既有水质监测资料、污水排放去向、受纳水体水质要求及使用功能，绘制污水排放去向图。

(2)地表水环境现状监测，应符合下列规定：

①在评价范围内的重点保护水域、水文特征突然变化处(加支流汇入处)、建设项目污水排放口上游 200 m 处、建设项目污水排放口下游 500 m 处应布设水质现状监测断面。受纳水体水质现状取样点的选择及监测频率，应符合国家现行标准《环境影响评价技术导则　地面水》(HJ/T 2.3)的有关规定。水样分析方法符合现行国家标准《地表水环境质量标准》(GB 3838)的规定。监测因子与评价因子应相同。

②在评价改建项目时，当既有水质监测资料不能满足评价需要时，应实测污水排放量和污水水质。监测取样点为评价范围内的污水排放口、既有污水处理站进水口、出水口。采样频率和水样分析方法应符合现行国家标准《污水综合排放标准》(GB 8978)的规定。

③现状监测应绘制现状监测布点图。

(3)地表水环境现状评价，应符合下列规定：

①受纳水体地表水环境质量现状评价，宜选取单项因子标准指数法，分项进行达标率评价。改建项目现状评价宜计算单项因子的标准指数，评价既有污水排放的达标现状。

②对改建项目既有污染源污水处理设施处理效果和处理能力进行评述。

2.6.5.3　地表水环境影响预测评价

(1)地表水环境影响预测，应包括污染源和受纳水体。

(2)污染源预测评价内容，应符合下列规定：

①可采用类比调查方法预测项目建成后污染源排放的污水量、污染物浓度和排放总量。改建项目评价还应计算污水量、污染物浓度和排放量的变化情况。

②预测评价可采用计算单项因子标准指数的方法，并应评价设计污水处理设施的处理效果和处理能力。

③统计建设项目污染物排污总量，对有总量控制要求的项目应按确定的排污总量控制建设项目的污染物排放总量。

(3)受纳水体预测评价的内容，应符合下列规定：

①根据受纳水体水文特点,选择适宜的预测模式预测建设项目建成后受纳水体水质变化情况。

②受纳水体地表水环境质量预测评价宜选取单项指标法,分项进行达标率评价,提出定量的评价结论。

(4)施工期地表水环境影响评价,应符合下列规定:

①调查了解施工方案、隧道和桥梁施工点以及相邻地表径流方向和水域功能。

②分析施工期废水的水质特征和对附近水体的影响。

③预测施工期污水排放量和污水水质应采用类比调查方法,对照评价标准评价施工期排放废水可能产生的影响范围、影响程度和时效性。

2.6.5.4　地表水环境保护措施

(1)地表水环境保护措施,应包括污染物削减措施和环境管理措施。

(2)根据评价结论提出污水治理措施建议,并评价其环境效益。

(3)线路经过饮用水源保护区时,应对局部线位合理性和措施进行论证。

(4)根据评价结论,应对污水排放方案进行论证。

(5)建设项目所在地对建设项目有污染物排放总量控制要求时,应提出污染源实现排放总量控制的方案。

(6)环境管理措施,可包括对污水排放口及地表水环境监测、防止泄漏事故发生的措施以及环境管理机构设置等方面的建议。

(7)对于施工期施工废水污染地表水域的工点,应建议采取经济有效的污水处理措施,并应对污水处理措施的处理效率、处理能力及经济性能进行评价。

2.6.6　大气环境影响评价

2.6.6.1　一般规定

(1)大气环境影响评价范围,应符合下列规定:

①线路区间为线路外轨中心线外侧100 m以内区域。

②站区点源为D类稳定度、主导风向下风向最大地面浓度距离1.5倍的范围。

(2)在污染源调查中,应根据评价项目的特点和当地大气污染状况对污染因子进行筛选。调查污染因子一般不宜多于4个。对运煤专线、卸煤线、煤场的煤尘污染源应单独进行调查。

(3)大气环境影响评价,采用国家现行《环境空气质量标准》(GB 3095)或地方标准。

(4)评价工作等级按站区独立划分。线路区间只进行机车大气污染物排放量统计计算。

(5)根据评价项目主要污染物等标排放量及周围地形的复杂程度,大气环境影响评价划分为三个级别。新建项目一、二级评价应做现场监测及环境影响预测评价,三级评价可只做现状调查和污染物排放总量预测。改建项目应列出相关工程的污染源数量及污染物排放量、项目建设前后的变化量。

(6)大气环境影响评价方法,应符合下列规定:

①运营期环境影响预测,采用模式计算或类比法。

②施工期应对大气环境影响作类比估算与评述,可不作污染浓度预测计算。

2.6.6.2　大气环境现状评价

(1)大气环境现状调查内容,应符合下列规定:

①调查沿线二氧化硫控制区、酸雨控制区分布,搜集当地政府制订的功能区划、环境空气质量执行标准、大气污染物总量控制目标和削减计划;对有运煤专用线、卸煤线、煤堆场的项目,应调查煤的含湿量及粒径分布。

②三级评价可只收集评价范围内近1～3年气象资料和环境空气质量常规监测资料;二级评价项目可安排一期不利季节监测、必要时可安排两期监测;一级评价项目不得少于两期(夏季、冬季)监测;一、二级评价监测应符合国家现行标准《环境影响评价技术导则 总纲 大气环境地面水环境》(HJ/T 2.1～2.3)的有关规定。

(2)气象资料调查内容,应符合下列规定:

①二、三级评价应搜集当地年、季(期)的风玫瑰图、各风向、各风速段、各级大气稳定度的出现频率及联合出现频率。稳定度采用修正的大气扩散稳定度分类方法进行分类。

②一级评价应在二、三级调查内容的基础上，增加年、季(期)地面温度，露点温度及降雨量、月平均风速随月份变化的曲线图、季(期)小时平均风速日变化的曲线图。

(3)污染源评价的内容和方法，应符合下列规定：

①牵引机车及调车机车废气中有害物质排放量应按排放系数进行计算。

②锅炉大气污染物排放量计算。

③锅炉污染物排放量应符合国家对污染物总量控制的要求；对“酸雨控制区”和“SO_2控制区”，还应符合地方控制标准要求。

(4)大气环境质量现状评价的内容，应符合下列规定：

①三级评价项目应根据环境现状调查资料，对评价范围内主要大气污染物及其达标情况进行分析，并对环境空气现状质量做出评价。

②一、二级评价项目应分析大气污染物小时平均浓度变化范围、日平均浓度变化范围、小时平均浓度和日平均浓度的超标率、5天平均浓度，分析大气污染物小时平均浓度变化规律，做出相应的污染物浓度变化曲线，并对环境空气现状质量做出评价。

2.6.6.3　大气环境预测评价

(1)对牵引机车、调车机车及锅炉废气中有害物质排放量进行预测计算。

(2)锅炉大气污染物排放浓度预测内容，应符合下列规定：

①二级评价应进行小时平均浓度、最大落地浓度和距离预测，同时预测评价范围内季、年长期平均浓度。

②一级评价内容应在二级评价内容的基础上，增加评价范围内不利气象条件下污染物浓度分布及其出现频率。

(3)锅炉大气污染物排放浓度预测模式，应符合下列要求：

①烟气抬升高度(ΔH)应符合现行国家标准《制定地方大气污染物排放标准的技术原则和方法》(GB 3840)规定的计算方法。

②大气环境影响预测，宜选用《环境影响评价技术导则 大气环境》(HJ/T 2.2)所推荐的模式。

(4)锅炉大气污染物排放影响预测评价，应符合下列规定：

①新建项目应计算工程建成后各点源的地面浓度，将接受点现状监测数据作为背景值进行叠加，并进行污染物超标分析。

②改建项目应计算工程建成后新增点源的地面浓度，并将接受点现状监测数据作为背景值进行叠加，并进行污染物超标分析。

③根据预测评价结果，分析锅炉大气污染源治理措施的合理性。

(5)运煤专用线、卸煤线、煤堆场环境影响预测宜采用类比分析法，并应在环境影响评价大纲中提出类比条件，明确类比对象。

2.6.6.4　施工期大气环境影响评价

(1)调查了解施工方案、施工工艺、施工临时驻地及施工场地周边大气环境功能分区；分析施工期大气污染物排放的原因、地点及污染因子特征。

(2)施工期大气环境影响评价，应做施工期大气污染物排放量级污染因子特征的类比调查预测，对照评价标准评价施工期大气污染物可能产生不良影响的范围和程度。

2.6.6.5　大气污染防治措施

根据大气环境影响评价的结论、影响程度和范围，提出相应的环境管理机构设置、环境保护管理、环境监测、环境污染治理等的措施和建议。

2.6.7　电磁辐射环境影响评价

2.6.7.1　一般规定

(1)电气化铁路电磁辐射环境影响评价范围，宜为接触网两侧50 m以内区域。

(2)电气化铁路电磁辐射污染源，应包括下列内容：

①电力机车和接触网系统。

②电力机务段、折返段。

③110 kV及以上牵引变电站、所。

(3)电气化铁路电磁辐射环境影响评价，应包括下列内容：

①电气化铁路电磁辐射对居民电视接收机收视效果的影响。

②电磁辐射对人体健康的影响。

2.6.7.2 电磁辐射环境现状评价

(1)电磁辐射环境现状调查，应包括下列内容：

①评价范围内建筑物布局、土地利用和规划。

②敏感对象的名称、位置、规模、与铁路相对位置。

③当地居民电视接收机收视频道及效果，采用共用电视天线或有线电视系统接驳条件。

(2)现场测量应符合国家现行标准《电磁辐射监测仪器和方法》(HJ/T 10.2)有关规定。

2.6.7.3 电磁辐射环境预测评价

(1)对居民电视接收机的影响应采用信噪比为评价因子。当电视信号接收场强达到规定值时，信噪比的评价指标应为35 dB。

(2)对人体健康的影响评价，应符合现行国家标准《电磁辐射防护规定》(GB 8702)。

(3)无线电干扰场强预测，宜采用类比计算法。

(4)电磁辐射污染源评价，应对供电方式以及产生电磁辐射的机理、辐射频率、强度和时间、传播衰减等干扰特性予以描述。

(5)电磁辐射预测评价，应包括下列内容：

①在实测电视信号场强和干扰场强的条件下，根据当地电视频道的电视信号接收场强和对应频道上的干扰场强，计算信噪比值。

②在电视信号接收场强达到规定值条件下，根据规定的电视信号接收场强和对应频道上的干扰场强，计算信噪比值。

③当不能满足评价指标时应进行分析并说明原因。

④对民用电视接收机收视效果和人体健康影响的结论性意见。

(6)当预测结果不能满足有关标准要求时，提出在电气化铁路或受影响设施方面应采取的防护措施。

2.6.8 固体废物环境影响评价

2.6.8.1 一般规定

(1)铁路固体废物是指铁路运输生产过程中和为运输、生产服务的各类生产、生活设施所生产的固体废物。

(2)施工期施工驻地、场地固体废物应纳入评价范围。

2.6.8.2 固体废物环境现状评价

(1)固体废物调查与评价内容，应符合下列规定：

①运输生产固体废物：

——各类锅炉、炉窑燃煤排放的炉渣。

——站、段、所生产过程中产生的金属屑、废油绝缘塑料泡沫、废油纱等。

——旅客列车垃圾。

——洗刷所废渣、危险品仓库垃圾。

——水处理、污水处理排放的污泥。

②生活垃圾：

——办公区垃圾。

——生活区垃圾。

(2)评价固体废物处置及环境污染状况。

2.6.8.3 固体废物环境预测评价

(1)固体废物排放量计算：

①锅炉炉渣产生量及旅客列车垃圾产生量，分别按相应的理论公式计算；

②其他固体废物产生量可按类比调查计算。

(2)预测内容应符合下列规定：

①新建项目应进行项目投入运营后的总量预测，分析固体废物环境影响。

②改建项目应在固体废物环境现状调查的基础上，分别进行固体废物现状和项目投入运营后的总量预测，分析其变化原因及环境影响。

2.6.8.4　固体废物污染防治措施

(1)根据固体废物的排放类别和数量，提出因地制宜的综合利用和处理措施与建议，重点是车站及旅客列车垃圾的收集与投放、处置措施。

(2)提出施工期施工驻地、场地固体废物收集、处置措施。

2.6.9　社会经济环境影响评价

(1)社会经济环境影响评价，应包括下列内容：

①项目征地、拆迁影响分析与再安置评估。

②项目建设对评价区域社会与经济发展的宏观影响。

③项目建设对评价区域交通运输体系的影响。

④项目建设促进评价区域旅游、文化等相关产业发展而诱发的环境影响。

(2)社会与经济环境现状评价，应包括下列内容：

①区域面积、人口及其构成，土地资源状况。

②国民生产总值及工、农业总产值，人均国民生产总值。

③主要工业门类及其发展状况。

④农林牧副渔业发展状况。

⑤矿产资源及其开发情况。

⑥重要旅游资源及旅游业发展状况。

⑦交通运输业发展状况。

⑧人均收入、人均耕地数量、单位土地面积农林牧渔业产值及其他重要统计指标。

⑨城市化进程和土地开发程度。

⑩环境保护和环境管理情况。

(3)建设项目征地、拆迁产生的社会影响分析，可包括下列内容：

①统计分析征地、拆迁数量。

②对照评价区域的土地资源，分析征地、拆迁可能产生的宏观社会环境影响。

③简要描述拆迁再安置计划并作宏观评述。

(4)建设项目产生的社会经济宏观效应分析，应包括下列内容：

①对评价区域土地利用和资源开发的促进作用。

②对改善评价区域交通运输条件的意义。

③对评价区域旅游、文化事业发展的推动作用。

④实施对沿线地区城镇规划的影响。

(5)对建设项目建成后可能有较大发展的主要行业，可结合当地环境管理状况，宏观分析潜在的诱发环境影响。

(6)针对项目征地、拆迁与再安置以及项目实施产生的其他诱发环境影响，提出相应的措施与建议。

2.6.10　公众参与

(1)公众参与应体现下列目的：

①建设项目能被社会公众充分了解。

②项目建设单位和有关管理部门能够了解到公众(尤其是直接受影响的公众)对建设项目的意见以及对

环境影响的感受程度。

③有助于公众监督、提高建设项目的社会效益和环境效益。

(2)铁路工程建设项目公众参与包括项目方案决策、勘测、设计和环境影响评价等过程进行的协商和征询。公众参与调查对象主要为直接受影响的群体。

(3)在环境影响评价中,公众参与宜采用问卷调查的方式进行,并应考虑公众参与者的职业、文化程度、年龄和所属利益团体等因素。有效问卷样本数量不宜小于100;直接受影响区样本数量不宜小于60%;间接受影响区样本数量不宜大于40%。

(4)公众参与问卷,应包括下列基本内容:

①建设项目工程概况。

②建设项目可能产生的环境影响。

③被调查者的基本情况。

④被调查者对各单项环境污染和生态破坏的认可程度及规避污染的意愿或要求。

⑤被调查者对建设项目的认可程度及理由。

(5)公众参与问卷应进行分类统计,归纳各类意见的百分率,提出主要的、倾向性的意见。直接受影响人群的意见应单独列出,并进行必要的分析说明。

第3章 铁路建设项目环境保护

3.1 环境保护的概念

环境保护是指人类有意识地保护自然资源并使其得到合理的利用，防止自然环境受到破坏和污染。对受到污染和破坏的环境必须做好综合治理，以创造出适合于人类生活、工作的环境。1989年5月，联合国环境署第15届理事会通过了《关于可持续发展的声明》，明确地提出了可持续发展与环境保护的关系，认为要实现可持续发展就必须维护和改善人类赖以生存和发展的自然环境。

3.2 铁路环境保护的原则

铁路环境保护应执行国家环境保护法律法规及有关技术规范、标准，在环境保护工作中应遵循以下原则：

(1)“预防为主、防治结合”原则。

(2)执行环境影响评价制度原则。

(3)技术、经济合理原则。

(4)加强环境管理原则。

(5)实行“三同时”原则。

3.3 铁路环境保护的内容

铁路环境保护是基于生态可持续发展原则调节与控制“铁路工程与路域环境”对立统一关系的发生与发展。铁路环境保护由两项基本工作组成：一是分析因修建铁路而对环境产生的各种影响及其影响的程度和范围，根据需要采取专门的环境保护措施，积极开展环境保护的有关工作；二是在铁路设计、施工及运营管理过程中，注意凸显铁路各组成部分的环保功能，使铁路在运输功能发挥的同时，对沿线环境的负面影响最小。

3.4 铁路环境保护的设施

铁路建设项目环境保护工程应列入投资估算。环境保护设施一般包括两大类：

(1)工程与环保设施：包括路基附属工程设施(天沟、吊沟、排水沟、缓流井，各类植物防护及风、雪、沙防护林带等)；桥涵附属工程设施(锥体护坡、河床加固及河岸防护等)；隧道洞口边仰坡防护设施(排水沟、仰坡防护、洞顶水资源补偿与恢复专项工程等)。

(2)污染治理与环保设施：污水处理设施；废气、粉尘治理设备；固体废物储运设备或设施；噪声和振动污染治理设施；电磁辐射污染防治措施；水土保持、生态保护和恢复工程设施；绿化工程；防电磁干扰设备；环境保护专业监测仪器、设备等。

3.5 铁路环境保护的功能

一般情况下，一条铁路如果严格按照现行铁路工程设计标准及《铁路环境保护设计规范》进行设计，按铁路工程施工技术规范进行施工，就可以起到对路域自然环境的保护作用，并能够对社会环境进行调整和完善。铁路各组成部分的环保功能归纳如下：

(1)铁路工程施工及竣工后，结合造地还田与疏导排水，各部分相互协调配套，可使工程稳定坚固，外观顺适优美，能起到防止水土流失的作用。

(2)路基支挡与防护工程与环保的关系最为密切，能够确保路基稳定，减少水土流失。

(3)桥梁及隧道洞口工程设计与施工中重视对路域景观的影响，可起到美化环境的作用。

(4)车站道路、站台、广场等路面硬化工程，对路基起保护作用，同时也起着防尘、防水、保护铁路沿线环境不被污染的作用。

(5)排水工程对铁路工程的整体性和稳固性有特殊的作用，可以防止路基路面水及水中含有的油污、有害元素直接进入农田，避免耕地淹没、土壤污染。

(6)其他工程(通常包括铁路与铁路、铁路与公路的平面交叉和立体交叉、铁路工程的沿线设施、铁路养护管理用房、场、厂建筑物以及铁路绿化等)，特别是铁路绿化，是国土绿化的重要组成部分，可有效地改善行车环境，起到美化路容和优化环境的作用。

3.6 铁路建设各阶段环境保护措施

铁路建设不同阶段，环境问题的产生与环保工作的重点不同，采取的措施应具有针对性。

(1)可行性研究阶段：进行项目环境影响评价，为铁路环保选线、环境保护设计措施提供依据。

(2)初步设计及施工图设计阶段：进行环境保护设计。

(3)招投标阶段：在合同书中纳入环境保护条款。

(4)施工阶段：进行环境保护设施的施工及监理。

(5)竣工验收和交付使用阶段：进行环境保护设施验收、环境后评价。

(6)运营期：进行环境保护设施的维护及处理环境问题投诉。

目前，我国铁路建设主管部门重点强调加强铁路建设项目施工期、运营期的环境保护。

3.6.1 铁路施工期环境保护措施

3.6.1.1 生态环保及水土保持措施

施工期对生态环境产生的影响主要是路基、桥涵、隧道、车站房屋、取土(采石)场、弃土(渣)场，以及大型临时设施(施工营地、混凝土拌和站、材料加工厂、道砟场)和过渡工程(铁路便线、便桥、汽车运输便道)等施工过程中产生的。防治措施如下：

(1)土石方施工要避开雨季，雨季前将开挖、回填、弃方的边坡处理完毕。

(2)施工取土时计划取土，及时还耕，及时进行景观与绿化再造。

(3)工程边坡、弃土(渣)场要及时支挡防护并设置排水沟及截水沟，防止雨季坍塌、滑坡及水土流失。

(4)路基、桥梁、隧道施工产生的污泥浊水，应设置临时沉淀池拦截。工程建成后及时将沉淀池填土摊平，进行绿化或还耕。

(5)隧道进、出口边仰坡及路堤、路堑边坡，及时进行植草绿化。

(6)施工临时用地，先将原表层熟土集中堆放，施工完毕后再将这些熟土推平，恢复原地表层还耕或绿化。

3.6.1.2 噪声防治措施

施工期的噪声主要是施工机械作业产生的。防治措施如下：

(1)施工路段距住宅区小于120 m时，为保证居民夜间休息，在规定时间内禁止施工。

(2)主动与施工路段附近的学校、医院等单位协商，调整施工作业时间，调整施工机械布局，采用低噪声设备替代高噪声设备，尽量减小施工噪声对教学和医务工作的干扰；或给予噪声受损者安装双层隔音窗、适当赔偿等。

(3)注意机械保养，使机械保持最低声级水平。

(4)在声源附近工作时间较长的工人，应发放防声耳塞、头盔等，对工人进行自身保护。

3.6.1.3 振动控制措施

施工期的振动主要是施工机械作业产生的。控制措施如下：

(1)加强强振动施工机械的控制和管理，尽量避免在敏感点附近进行打桩和爆破等强振动作业。

(2)施工过程中应时刻关注施工振动对建筑物及地表变形的影响，若出现异常情况应及时采取相应的措施。

3.6.1.4 大气污染防治措施

施工期空气污染主要是土石方挖运中的粉尘、车辆行驶中的扬尘、各类施工机械所排放的尾气以及各种燃烧烟尘、堆料场及混凝土拌和站产生的扬尘等。防治措施如下：

(1)取、弃土场和高边坡地段要尽快进行绿化，避免表土长时间裸露。

(2)施工车辆和机械经过路段，要经常性采取洒水降尘措施；运土车辆经过城镇、村庄和主要交通干道时要用篷布覆盖；对运输车辆要合理选取和组织行车路线。

(3)施工过程中严格执行施工规范、文明施工。对于施工现场食堂燃煤尽量选用低硫优质煤，或采用燃气锅炉。限制工地食堂、工地饭馆和单独小灶的数量，减少燃煤污染物的排放。

(4)铁路施工堆料场、混凝土拌和站等应设在空旷地区，相距200 m范围内不应有集中的居民区、学校、医院等环境敏感区域。

(5)混凝土拌和站应设在居民区、学校等环境敏感点以外的下风向处，采用封闭式拌和工艺，既方便生产，又须符合卫生要求。

3.6.1.5 地表水污染防治措施

施工期对地表水的影响主要是施工临时驻地排放的生活污水、桥梁施工中一些残渣以及受雨水冲刷产生的高浊度废水流入河中，对地表水质造成一定污染。防治措施如下：

(1)跨河桥梁施工应选在旱季施工，避开当地暴雨季节。

(2)加强施工管理，尽可能将施工驻地和料场、砟场远离河岸布设，垃圾、污水集中处理，不得直接排入水体。

(3)施工使用的油料、工地试验室、医务室等的化学物品，不得堆(弃)放在民用水井及河流湖泊附近，并采取措施防止雨水冲刷进入水体。

(4)严格进行检查路基、桥梁、隧道施工机械，防止油料泄漏。

(5)严禁将废油及施工污泥、垃圾等随意抛入环境水体。

(6)路基、桥梁、隧道施工产生的污泥浊水，应设置沉淀池，防止污染环境水体。

(7)施工驻地的生活污水、垃圾、粪便等，集中处理，不得直接排入水体。

3.6.1.6 固体废物防治措施

施工期固体废物主要来源于建筑废料及施工人员产生的生活垃圾。防治措施如下：

(1)加强施工环境管理，对产生的建筑废料，要尽量回收和利用其中的有用部分，剩余废物送到当地的建筑垃圾填埋场填埋或作妥善处置，严禁乱堆乱放。

(2)生活垃圾集中收集，纳入附近城镇环卫系统进行处理，不得随意倾倒。重点工点应设置垃圾临时堆放设施，采用块石围砌防护，较近城市环卫系统定期收运，减轻施工期固体废物造成的环境影响。

3.6.2 铁路运营期环境保护措施

铁路运营期对环境的影响主要是环境污染，污染源主要是铁路机车、车辆运行中产生的振动、噪声及废气的排放；旅客列车垃圾、粪便、废水的沿线排放；机车、车辆设备维修污染物的排放；铁路电气化及电力机车对环境的电磁干扰等。高速列车对周边环境的影响主要有噪声、振动和电磁波干扰，其中噪声最受人们的关注。

3.6.2.1 铁路噪声及其控制措施

1)噪声的来源

铁路的噪声主要由轮轨噪声、空气动力噪声、集电系统噪声、建筑构造物激励噪声和其他机械噪声等组成。如图2.3.1所示。

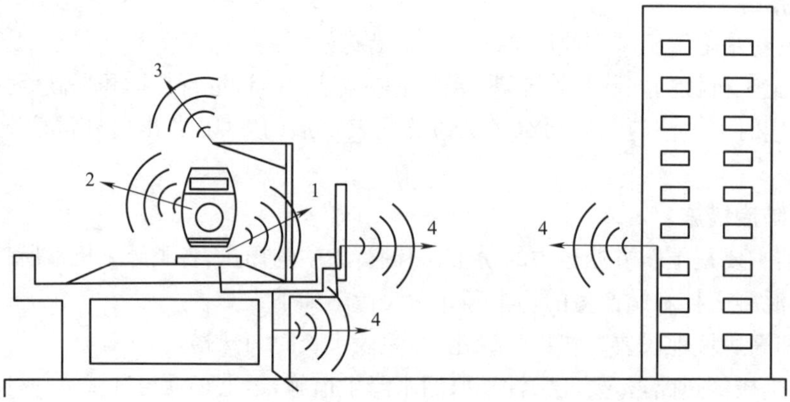

图 2.3.1 高速铁路声源解析示意图

1—轮轨噪声；2—空气动力噪声；3—集电系统噪声；4—建筑构造物噪声

(1)轮轨噪声：轮轨噪声是铁路的主要噪声，主要来源于三个方面：

①车轮通过钢轨轨缝、道岔以及擦伤后的车轮在钢轨上滚动时产生的冲击声。

②车轮与钢轨粗糙的接触面相互作用后所产生的轮轨震动轰鸣声。

③车轮通过曲线时，轮缘挤压外轨以及内侧车轮踏面在钢轨上滑动所产生的摩擦噪声。

(2)集电系统噪声：凡由电气化铁路机车受电弓引发的声音，统称为集电系统噪声。集电系统的噪声主要是由电动通风机、电动压缩机、电动发电机和牵引电动机运行时发出的。主要包括三个方面：

①受电弓沿接触网导线滑动而引发的机械滑动声。

②受电弓离线时产生的电弧放电噪声(拉弧声)瞬时最大可达 100 dB，它与接触网吊弦弧度的大小有关。

③整个受电弓与导线滑动过程中产生的风切声，与导线的张力有关。

(3)空气动力噪声：在铁路上行驶的机车车辆，会使车体表面出现空气流中断，引起涡流，产生空气动力噪声。这种噪声与列车的行驶速度、车体表面的粗糙程度以及车体前端是否流线化等因素有关。

(4)建筑构造物激励噪声：铁路路基、高架混凝土桥、钢桥、隧道等建筑结构在振动状态下均可成为二次辐射噪声源。不同的基础建筑结构，辐射噪声级不同。路堤型路基噪声高于路堑形路基。在桥上或高架结构物上产生的振动能以低噪声再传播，尤其当列车通过无砟轨道钢桥时，这种二次辐射噪声值较为明显。高速列车行驶在隧道出口处时，因微气压波，导致能量很大的冲击噪声。

(5)其他机械噪声：在铁路噪声源中，其他机械噪声与列车速度虽无直接关系，但由于机车功率高而同样显得突出。例如动力传动机构、牵引电机冷却风机及其气流等。此外密闭车厢内的设施，如空调机组及其通风管道布置、车内电气装置等，也会对车厢内环境产生噪声。

铁路列车运行时产生的总噪声级，由以上几种噪声叠加而成。主要噪声源声级见表 2.3.1。

表 2.3.1 主要噪声源的声级 (单位：dB)

声源种类	轨道未研磨/轨道已研磨		
	190 km/h	210 km/h	240 km/h
轮轨噪声	77/73	78/74	79/75
空气动力	<67/<67	<70/<66	<73/<67
集电系统	71.5/71.5	74/74	77.5/77.5
桥梁构造物	70/65	71/66	72/67
总声级	79/76.2	80.4/78	82/80.4

在不同的列车速度和不同的减振降噪措施条件下，上述几项影响的程度是不一样的。一般列车速度在 240 km/h 以下时，轮轨噪声对沿线环境的影响较大；列车速度在 240 km/h 以上时，空气动力噪声和集电系统噪声增大，与轮轨噪声共同成为主要声源。运行速度不同时，上述各噪声对总声级的贡献呈动态变化。日

本新干线试验研究表明：列车速度低于 240 km/h 时，轮轨噪声为主要声源，约占噪声能量的 40%；列车速度达到 300 km/h 时，轮轨噪声与空气动力噪声源各占 30%左右。目前，世界上主要高速铁路的辐射噪声强度见表 2.3.2。

表 2.3.2　高速铁路辐射噪声强度　（单位：dB）

国别	200 km/h	250 km/h	270 km/h	300 km/h
日本新干线	85～90	—	—	—
德国 ICE	85	89	—	93
法国 IGV/A	—	—	93～105	—

注：测量点距轨道中心 25 m，不设隔声屏障。

2）噪声控制技术

（1）声源降噪措施：

①降低钢轨和车轮表面的粗糙度，对轮轨表面进行研磨，使之保持平滑完好状态，可使噪声衰减 3～6 dB。

②采用重型钢轨、铺设无缝轨道及大号可动心轨道岔、混凝土轨枕和弹性扣件。采用 60 kg/m 及以上的重型钢轨、混凝土轨枕和弹性扣件，保持线路方向顺直，可减轻高频振动对路基基床的影响；铺设超长无缝线路，可减少车轮对钢轨的接缝的冲击声；采用大号码可动心道岔，加大道岔的导曲线半径，以减少车轮对道岔的冲击声。

③采用橡胶包裹的防震钢轨，可降低噪声约 4 dB。

④高架桥上采用混凝土箱梁或连续梁，并设置橡胶支座。

⑤在车辆转向架处设置覆盖整流罩；改进集电弓滑板的形状，减少滑板的宽度。

⑥采用动力集中型动车组，可减少整个动车组受电弓的数量，减少受电弓离线时产生的电弧放电噪声。日本缩小接触网吊弦间距（由原来的 10 m、5 m 减为 7 m、3.5 m），将受电弓的两点接触改为多点接触。采用轻型高强力导线，使用吊线间弧度减少，安装受电弓等，都可以减低脱弓频率，使受电系统的噪声衰减 4～5 dB。

⑦采用流线型机车车头，减轻空气阻力的摩擦声。空气动力噪声与列车运行速度及列车的密闭性能相关，减少空气噪声最有效的方法是设计出流线性的车体，车体选用隔音材料，再辅以密封措施，减小车内壁板的孔隙数和尺寸；列车高速运行时空气阻力将会明显增强，空气阻力与速度的平方和车体迎风的截面积成正比。动车组车体头部的流线化，将使空气阻力系数减少 0.5 以上，即可减少空气阻力，也将大大降低风切噪声；车体表面无平滑化，将空调装置从车顶移至台板下，高压电缆接头设置在车体结构内，车篷结构的低噪声化，缩小车窗及车门的高低差，尽量减少车辆暴露面的尖端形状等，均可使噪声降低。

⑧采用降噪减振车轮，轮缘涂油，装设防滑器，可减少车轮塌面磨伤，弱化噪声。

⑨采用盘式制动方式取代闸瓦制动，可减少闸瓦对车轮的磨耗，降低噪声。

⑩改进机车转向架的弹簧结构及导向功能，减少离线电弧放电噪声。

（2）传播途径上的降噪措施：

①设置隔声屏障。根据测试结果，设置隔声屏障，在距 2.5 m 处的测点可衰减噪声 6～8 dB。如果在屏障内侧架设吸引材料，降噪效果将更加明显。

②将铁路线路设计在路堑内，降噪效果取决于路堑的深度和高度。路堑越深，噪声频率越高，降噪效果越好。日本北海道新干线路堑深度为 4.1～6.4 m，宽度为 20～30 m，相对于平坦地段而言，可衰减噪声 6～10 dB。

③机车转向架上安装隔声板。在车体下部悬挂车裙，车裙内侧覆盖吸引材料，以减轻轮轨噪声向路旁的辐射。

④采用隧道通过城镇人口密集区，隧道口做成喇叭形，缓解空气压力波产生的爆破声。

⑤列车进入城区及近郊区，尽量减少鸣笛。

⑥在有条件的线路两侧，营造防护林带。不同宽度灌木降噪效果见表2.3.3。

表2.3.3　不同宽度灌木降噪效果

绿化带距线路中心(m)	绿化林带树木高度(m)	绿化林带宽度(m)		
		10～15	16～20	21～30
7.5	10～13	3～5	6～8	9～12

(3)受声点防护措施：

①铁路选线应尽可能绕避噪声敏感区，如城市居民区、文教区、科技园及名胜古迹和旅游胜地等；对距离铁路较近的城镇区线路两侧设置隔声屏障、建筑物设置双层隔音窗或封闭外走廊等。

②城市区发展规划用地应尽量远离铁路两侧，靠近铁路两侧的住宅或学校，可以从建筑物结构上采取降噪措施，否则应予拆迁或改作其他用途。

③合理规划利用铁路两侧附近用地，让对噪声敏感的建筑远离铁路两侧。可在高速铁路两侧附近尽可能修建一些仓库、工厂、商店等对噪声不敏感的建筑物，以起到屏障作用，减轻噪声对周围环境的影响。

3.6.2.2　铁路振动及其控制措施

铁路的振动与噪声一样，由车轮在钢轨上转动而产生，通过轨道、结构物传递，使附近的建筑物产生振动。控制措施如下：

(1)打磨钢轨，减轻车体重量，铺设道砟道床。

(2)采用橡胶包裹的防震钢轨、弹性轨枕(轨底铺设塑料垫)、弹性扣件。

(3)采用浮动式、板式道床，防振垫板，加固路基，修建隔振墙。

(4)车辆选择弹性较好的弹簧悬挂系统，安装油压减振器，采用空气弹簧等。

(5)高架桥采用混凝土箱梁或连续梁，设置橡胶减振支座。

3.6.2.3　铁路污水及其处理措施

铁路污水的主要来源是铁路站、段、所的生产、生活区排放的废水。如机务、车辆检修和客车整备单位、车辆洗刷设施、大中型客站和铁路单位的集中生活区，污水排放较为集中。处理措施如下：

(1)污水处理采用较成熟的气浮法处理，蓄电池及废水采用电渗析法处理。

(2)严禁各种泄漏、散装车辆上道，防止铁路散失物造成水体污染。

(3)铁路车站、生活区等设置污水处理站，各种污水经处理达标后方可排放。

3.6.2.4　铁路废气及其治理措施

铁路废气主要源于内燃牵引机车、调车机车和锅炉燃烧产生的有害气体。治理措施如下：

(1)彻底淘汰废气污染严重的蒸汽机车，大力发展电力机车，研究内燃机车微机控制燃油喷射，优化喷射时间和压缩比。

(2)借鉴汽车尾气净化经验，使排放气体再循环，使用低硫柴油降低排气中的二氧化硫。

(3)采用先进设备，解决固定锅炉的消烟吸尘及除硫问题。

(4)植树绿化。在靠近铁路两侧，特别是环境敏感区附近密植乔木、灌木，既可净化吸收机车车辆排放的污染物，衰减大气中的总悬浮微粒，又可起到美化环境、降低噪声以及改善铁路路域景观的作用。

3.6.2.5　铁路固体废物及其处理措施

铁路固体废物是指铁路运输生产过程中和为运输、生产服务的各类生产、生活设施所生产的固体废物。主要源于各类锅炉、炉窑燃煤排放的炉渣；站、段、所生产过程中产生的金属屑、废油绝缘塑料泡沫、废油纱等；旅客列车垃圾；洗刷所废渣、危险品仓库垃圾；水处理、污水处理排放的污泥；旅客客车、生活区、办公区人为产生的垃圾等。处理措施如下：

(1)运行列车全封闭，在大型客运站建立完整的旅客列车垃圾收集、转运装置，加强车上收集过程管理，杜绝沿线随意抛洒。

(2)客车粪便采用集便器密封收集后，在站段集中排放。

(3)对于货车洗刷的废物，采用固化、焚烧等措施处理。

(4)铁路车站、生活区等设置垃圾集中处理站,不乱堆乱弃。

3.6.2.6　铁路电磁辐射防护措施

电气化铁路的电磁辐射污染,来自电力机车和接触网系统、电力机务段和折返段、牵引变电所、GSM-R无线基站等设施产生的电磁辐射。防护措施如下:

(1)改进接触网结构,减少电力机车受电弓的离线率。

(2)在电气化区段,规划时使无线电敏感设备远离电气化线路,建立公用天线及使用屏蔽电缆传送电视信号等。

(3)对距离线路、动车段所整备场较近的居民,结合工程及噪声振动防治拆迁、功能置换等,避免电磁辐射不良影响。

(4)加强铁路沿线住宅规划,避免在距线路 50 m 范围内新建住宅等敏感建筑。

(5)对沿线电视收视受影响达不到正常收看效果的居民,预留有线电视接入补偿费用。

(6)做好新建牵引变电所的选址,确保牵引变电所围墙外 10 m 范围内无居民住宅。

(7)对沿线 GSM-R 无线基站加强选址和周边规划,避免在居民区内布置无线基站。

第 4 章　铁路建设项目环境影响评价案例

4.1　贵广铁路的环境影响评价

4.1.1　工程概况与分析

贵(阳)广(州)铁路是西南地区通往华南沿海地区的重要区际铁路通道，跨黔、桂、粤三省区，从贵州省贵阳市新贵阳站引出，经龙里，穿斗篷山至都匀，而后由三都沿都柳江经榕江、从江进入广西壮族自治区；跨融江和焦柳铁路，经桂林后跨漓江、继经恭城、钟山、贺州进入广东省境内；再经怀集、肇庆、三水、佛山进入新广州车站，正线全长 841.8 km。估算工程投资总额约 874 亿万元；工程计划 2007 年开工，2014 年竣工，建设期 6.5 年。

项目主要技术标准：

铁路等级：Ⅰ级；

正线数目：双线，其中新肇庆站(含)至奇槎站(含)为四线；

设计行车速度：200 km/h，贵阳、广州枢纽内梯级降低；

最小曲线半径：3 500 m；

正线线间距：4.6 m；

限制坡度：新贵阳至贺州采用 13‰，贺州至广州采用 6‰；

到发线有效长度：850 m(双机地段 880 m)；

牵引种类：电力；

牵引质量：4 000 t；

闭塞方式：自动闭塞；

建筑限界：满足开行双层集装箱列车运输要求。

项目为新建铁路工程，在施工期和运营期都会对环境产生影响。施工期以生态影响为主，运营期以污染影响为主。施工期工程环境影响主要集中于施工准备和路基、桥梁、隧道、站场等主体工程对生态环境及环境敏感区域的干扰和破坏，其次为施工噪声、扬尘、废水和生活垃圾排放对局部环境的影响；运营期环境影响主要为列车运行噪声、振动、电磁污染对两侧局部区域人群生活环境的干扰，车站废水排放对站区周围水环境的污染、旅客列车垃圾卸放对站区卫生环境的影响等。

4.1.2　工程项目区域环境概况

4.1.2.1　自然环境概况

贵广铁路线路经过贵州、广西、广东境内(图 2.4.1)，线路呈北西～南东走向，跨越三个地貌单元，总体为西高东低。沿线经过长江流域和珠江流域两大水系。两大水系以苗岭为分水岭，苗岭以北属长江水系，线路经过的主要河流为清水河、清水江；苗岭以南属珠江水系，线路经过的主要河流有都柳江、融江、漓江、贺江、北江等。沿线区域属亚热带～南亚热带湿润季风气候区，常年气候温和湿润，雨量充沛，冬季很少严寒。

4.1.2.2　社会环境概况

贵广铁路直接吸引黔、桂、粤三省区，除广东省外，其他各省市均低于全国平均水平。吸引范围经济主要特点是发展不均衡，贵川仍然以资源型工业为主，而广东则新兴工业发达，外向型经济十分明显。

4.1.2.3　生态环境概况

区域内水热条件好，植物种类繁多，植被具有明显亚热带性质，其地带性植被为中亚热带常绿阔叶林，同时也发育了部分南亚热带常绿阔叶林。沿线地区土地利用类型主要以耕地、林地为主，其次为未利用土地。

图 2.4.1　贵阳至广州铁路地理位置图

贵州省水土流失总面积为 73 179 km^2，占土地总面积的 41.54%。广西壮族自治区现有水土流失总面积为 2.81 km^2，占土地总面积的 11.91%。

广东省水土流失总面积为 14 212.51 km^2，占土地总面积的 8.08%。

4.1.2.4　环境质量现状

沿线主要城市环境质量状况见表 2.4.1。

表 2.4.1　沿线主要城市环境质量状况表

城　市	空气环境	水环境	声环境
贵州贵阳	“属酸控区”城市，SO_2、PM10 超过国家二级标准，NO_2达到一级标准，主要污染物为 SO_2	境内河流水质较差，月平均达标率为 50%，主要污染指标为氨氮和石油类	城市区域环境噪声为轻度污染
贵州都匀	都匀为国家“酸控区”城市，SO_2为主要污染物，空气污染较为严重，超过国家三级标准	主要河流都柳江水质良好，河段全年水质为Ⅱ类	城市区域环境噪声为轻度污染
广西桂林	年平均浓度 SO_2为 0.036 mg/m^3；NO_2为 0.032 mg/m^3；PM10 为 0.029 mg/m^3。符合二级标准	境内漓江干流及其支流水质良好。各项监测指标丰、平、枯水期的达标率为 100%	城市区环境噪声平均值 53.7 dB，交通干线噪声平均值 67.9 dB
广西贺州	空气质量良好，SO_2、NO_2、PM10 均达到二级标准	境内河流主要有贺江，全年三个时段水质可达到或优于Ⅱ类	城市声环境良好，城市区域环境噪声、交通干线噪声达到相应标准要求
广东广州	空气质量良好，SO_2、NO_2、PM10 均达到二级标准	境内河流贺江、绥江、北江、西江等水质能够满足Ⅲ、Ⅳ类水标准，但河流支流水质受到一定污染，主要污染物为氨氮、石油类、挥发酚	广州及沿线城镇声环境质量达到二类区标准，城镇交通干线多数路段满足道路交通 4 类标准

4.1.3　工程项目环境影响评价

4.1.3.1　生态环境影响评价

1)工程占地影响

工程占地 2 965.2 hm^2，占地类型为水田、旱地和林地。工程永久征用土地改变了原有土地功能。

2)对野生动植物资源的影响

由于铁路沿线人口较为稀疏，原生植被保护相对较好，包括多处自然保护区、风景名胜区、森林公园等敏感区域。

施工期间人员生活营地的植物也将受到很大破坏，施工人员将会践踏施工沿线周围的草本植物。但施工结束后生活区及施工人员的践踏问题也将消失。

运营期间可能会对铁路沿途的植物及其生境有一定的影响。噪声、灰尘、可能的塌方、铁路沿途的人员走动和火车带来的外来物种的入侵。

3)对生物多样性的影响

区域内野生动植物繁多，铁路属于线性工程，桥隧比达到54.78%，桥梁和隧道的修建对生物多样性是正面影响，线路路基穿越段将砍伐一定树木，但不会导致某一种物种的灭绝和生物多样性影响。

4)水土流失的影响

施工过程中将破坏原生地貌和地表植被，使原地表丧失原水土保持功能。取弃土将产生大量的水土流失，并可能产生较大的水土流失危害；运营期随着挡护工程和绿化工程的完善，水土流失将得到控制。水土流失影响可通过施工期间采取挡护、截排水措施及边坡绿化，可减少水土流失带来的危害。

5)环境敏感区生态环境影响

——花坪国家级自然保护区

①保护区概况：位于广西壮族自治区龙胜、临桂两县交界处，面积15 133.3 hm^2，1961年经广西壮族自治区人民政府批准建立，1978年经国务院国发〔1978〕30号文晋升为国家级，主要保护对象为银杉及中亚热带常绿阔叶林，规划面积15 133.3 hm^2。

②方案比选：由于花坪国家级自然保护区为南北走向布置的自然保护区，且其南侧与寿城自治区级自然保护区相连接。为了使铁路工程建设与自然保护区的保护协调发展，设计单位在该区域段研究了以隧道方式穿越花坪国家级自然保护区方案、南移穿越寿城自治区级自然保护区方案及北移完全绕避花坪国家级自然保护区方案。根据初步方案比选结果，以隧道方式穿越花坪国家级自然保护区方案较南移、北移方案，在工程建设和环境保护角度上相对较优。

③主管部门意见：针对目前线路方案，设计单位特发函征求保护区主管部门广西壮族自治区林业局的意见，区林业局以《关于新建铁路贵阳至广州线穿越花坪国家级自然保护区的复函》(桂林函〔2007〕225号)，对线路以隧道形式穿越该保护提出建议如下：项目设计方案原则上应尽可能远离或绕开自然保护区，且需出入口远离保护区边缘，再完善有关申报材料报经我局按国家相关行政许可规定审核后报国家林业局办理。

④影响分析：推荐方案以隧道穿过保护区的试验区，进出口均远离保护区，也不在保护区内设工程，因此线路的穿越，不会对保护区地表占地、植被破坏和其他野生动植物的生境造成影响。线路以隧道穿越保护区，可能影响地下水漏失。

⑤保护措施：虽然线路不在保护区内设工程，但仍需加强施工管理和监理，不得在保护区内采石、弃渣、取土等破坏保护区的活动，并注意洞口与周围环境景观协调。若隧道施工过程中发生漏水，需及时采取措施，以减少地下水的漏失。同时开工前仍需完善相关手续后，项目方可建设。

——银殿山自治区级自然保护区

①保护区概况：银殿山保护区位于桂林地区恭城县东面，总面积480 km^2。于2002年准为自治区级自然保护区，保护对象为水源涵养林。

②线路与保护区关系：广西壮族自治区林业局以“关于新建贵阳至广州线是否穿越银殿山自治区级自然保护区的复函”(桂林函〔2007〕300号)予以回复，回复意见如下：由于银殿山自治区级自然保护区尚未开展总体规划，没有法定的功能分区，根据现有资料，经请专家协助测定，推荐的设计方案从该保护区边缘区域外通过。

——寿城自治区级自然保护区

①保护区概况：寿城自然保护区位于永福县和临桂县的西北部，总面积759 km^2。于1982年经广西人民政府批准成立保护区，保护对象水源涵养林。

②线路与寿城自然保护区关系：由于寿城自然保护区目前未做规划，但从本自然保护区主管部门了解，寿城自然保护区和花坪自然保护区是相连接的，推荐线路南侧为寿城自然保护区。

③函件办理情况及反馈意见：鉴于寿城自然保护区无明确的保护范围，无法确认线路与保护区位置关系。贵广筹备组以贵广筹工管函〔2007〕8号文将线路走向情况发函至广西壮族自治区林业局，请求其确认线路与保护区的位置关系情况。目前尚未回复。目前设计单位已委托广西大学编制穿越保护区专项论证报告，初稿已完成。

④保护措施：待广西壮族自治区林业局回函确认线路与保护区的位置后，若线路位于保护区内，提请建设单位严格按照《自然保护区条例》和《行政许可法》等有关法律规定，完善相关手续后方可施工。施工期间严禁在保护区内采石、弃渣、取土等破坏保护区的活动。

——阿哈水库自然保护区

阿哈水库自然保护区和阿哈水库水源保护区保护范围和对象一致。

——岜沙县级自然保护区

①保护区概况：岜沙自然保护区位于贵州省从江县，面积 2 568 hm^2，于2002年由从江县政府批准建立县级自然保护区。

②主管部门意见：从江县林业局以《从江县林业局关于贵广铁路过境意见》(从林呈〔2007〕29号)对线路穿越保护区意见如下：火车站站址位于自然保护区的边角地带，对保护区的建设与管理不会造成大的影响，同意线路走向，并同时将铁路纳入保护区规划。

③影响分析：线路长 450 m 以隧道穿越岜沙自然保护区，对保护区内的自然植被和野生动物基本不造成影响。

④保护措施：线路将纳入岜沙自然保护区，但仍需在施工期间做好水土流失和生态保护措施，减少工程对自然保护区的影响，施工完毕后做好植被恢复措施，并注意景观协调。

——都匀斗篷山水源涵养林自然保护区

本保护区为县级自然保护区，距都匀城区西北约 30 km 处，面积 4 233 hm^2，保护内容为水源涵养林及珍稀野生动植物。线路在都匀斗篷山水源涵养林自然保护区南侧 2 km 外，工程对其无影响。

——螺丝壳水源涵养林自然保护区

螺丝壳水源涵养林自然保护区为县级保护区，成立于1982年，面积 4 500 hm^2，保护内容为水源涵养林。线路在螺丝壳自然保护区东北侧 1 km 之外，工程对其无影响。

——三岳自然保护区

在怀集县境内线路里程 CK619 附近，线路左侧有广东三岳省级自然保护区，三岳自然保护区坐落在怀集县蓝钟镇境内，总面积 3 063.6 hm^2，主要保护对象为中亚热带常绿阔叶林、珍稀野生动植物和水源涵养林。线路距离该保护区的实验区南边界以外约 2 km，而且铁路在该区间是以隧道形式通过山体，铁路建设对三岳自然保护区基本没有影响。

——斗篷山—剑江风景区

①概况：斗篷山—剑江风景区位于贵州省都匀市，面积 128.7 km^2，由斗篷山片区、螺丝壳片区、都柳江片区、剑江片区组成，2004年被评为国家级风景区。

②函件办理情况及反馈意见：为了更好地保护斗篷山—剑江风景区，建设单位以《关于征求新建铁路贵阳至广州线穿越斗篷山—剑江风景名胜区意见的函》向斗篷山—剑江风景区主管部门申请线路通过。目前尚未回复。

③线路方案比选：线路在景区以隧道、桥梁方式通过。线路以油竹山隧道进入螺丝壳景区，线路出隧道后以路基及平寨双线特大桥，跨越规划景区内的地表河流支沟之后，以胡家寨隧道穿越该景区，隧道进口位于景区内，隧道出口位于景区边缘处。

④保护措施：线路绕避了斗篷山—剑江国家级风景区内的螺丝壳景区中的各级景点，在做好生态防护措施及景观设计的前提下，工程的建设对风景区的生态及景观影响较小。但也需加强施工管理和施工监理，不得在风景区内设取土和弃渣场及其他破坏风景的活动。

——桂林漓江国家级风景名胜区

①概况：桂林漓江风景名胜区是1982年国务院颁布的第一批国家重点风景名胜区。根据最新规划，桂林漓江风景名胜区景区包括象鼻山、伏波山、叠彩山、七星岩、芦笛岩、靖江王城、靖江王陵、灵渠等景点。

②主管部门意见：广西壮族自治区建设厅以《关于对新建铁路贵阳至广州线穿越桂林漓江风景名胜区的意见的函》(桂建函〔2007〕454号)予以回函，意见如下：线路引入现有湘贵铁路桂林北站，线路在修订后的桂林漓江风景名胜区规划范围之外，且符合桂林城市总体规划要求，建设厅对线路无原则性意见；注意合理选址。

③线路对漓江风景名胜区的影响分析：线路在风景区规划范围之外，不会对漓江景区的景点造成破坏，但部分线路距离风景区较近，施工过程中可能产生施工废水、废渣易入景区，影响景区水质、景观。线路主要以桥梁、路基形式穿越阳朔森林公园，穿越地段线路长度约165 m。

④主管部门意见：为了更好地保护阳朔国家森林公园，设计单位以《关于征求新建铁路贵阳至广州线穿越阳朔国家森林公园意见的函》向阳朔国家森林公园主管部门申请线路通过。目前尚未回复。

⑤影响分析：本方案穿越阳朔国家森林公园边缘区域，对森林公园内的主要景点进行了绕避，在公园内占地面积小，植被破坏较少，对保护区影响较小。

——都匀青云湖国家森林公园保护区

位于贵州省都匀市近郊，公园由青云湖、石门湖、螺丝壳三大景区组成，总面积2 980 hm^2。线路与森林公园最近处约1 km，线路对其无影响。

——广宁竹海森林公园保护区

竹海森林公园规划面积8 500 hm^2，主要景点有竹海大观、三宿山、万竹园、贤洞沟谷、圆岭岚收等，主要保护对象为竹类及珍稀野生动植物。线路距离森林公园保护区外边界最近约2 km，基本无影响。

——贵阳南郊公园保护区

①概况：位于贵阳市区西南部后巢乡境内，是以自然景观和溶洞景观为主的市级公园，总面积76 hm^2。

②与线路关系：线路以克蚂冲隧道方式，全长113 m，进入公园境内，隧道进口位于公园范围外，距离公园外围边界约8 m，铁路线路出隧道后以小车河双线大桥形式全长315.88 m，公园内线路长度136 m。线路未涉及公园主景区，在做好生态保护及景观设计的前提下，工程的建设对风景区的生态及景观影响较小。

——桂林靖江王陵国家级文物保护单位

本工程涉及的文物保护区为靖江王陵，位于桂林市东郊尧山西南麓，该处坡势平缓，范围南北15 km，东西7 km。1996年国务院公布靖江王陵为第四批全国重点文物保护单位。主体工程设计时充分考虑了对文物保护单位的绕避，线路位于靖江王陵建设控制地带200 m之外，距离一般保护区最近处约900 m，主要为隧道工程。距离靖江王陵较近处为隧道工程，施工期间的隧道爆破产生的振动影响，由于距离一般保护区在900 m之外，施工产生的振动对保护区内的陵墓影响甚微。

——钟山古楼莲花古墓群

①概况：本文物保护单位位于钟山县红花乡龙燕村至两安乡三联村面东山岭的西麓，200余座汉至六朝时期的墓葬，1980年7月，钟山县人民政府公布为钟山县文物保护单位。

②线路与古楼莲花古墓群文物保护单位关系：线路将穿越此保护单位。线路分别以思勤江双线特大桥（长2 613.38 m，其中在文物保护单位内长为917 m）和铜盆双线大桥（长356.98 m，其中在文物保护单位内长为66.5 m）跨越文物保护单位，其余路基段长96.5 m。

③影响分析：由于本文物保护单位为狭条形南北走向分布，线路东西走向；受钟山县人民政府的建议和要求，线路将进钟山县城，以带动钟山县经济据点的发展，因此，线路将不可避免穿越古楼莲花古墓群文物保护单位。古楼莲花古墓群中的古墓为零散分布，铁路可能占压零星分布的古墓群。若在线路方案稳定后进行及时勘探，铁路穿越桥墩将占压文物。

④保护措施：钟山县文物局以"贵广铁路钟山县段文物情况说明"，明确表明线路经过影响不大，并要求在方案确定后，报该文物局做重点勘探。若发现古墓及时报文物主管部门批准进行抢救性挖掘。另外，在施工过程加强施工管理，不得随意排放施工废水。

——黄田古戏台

黄田古戏台文物保护区包括湖南会馆和黄田古戏台。黄田湖南会馆位于黄田镇黄田圩南侧。为2000年被贺州市人民政府确定本保护单位的保护范围和建设控制地带。新建铁路与湖南会馆及戏台最近距离约150 m，线路与古戏台之间有居民区，此段无爆破作业，轨道采用无缝有砟轨道，根据振动章节分析，铁路修建和列车运行对两文物保护单位无影响。

——寿凤墓群（省级保护区）

寿凤墓群东起古河岸，西至凤凰岭、芒栋岭和石壁湾西麓，南起凤凰岭和塔峰岭南麓，北至石壁湾岭北麓的范围。在线路方案稳定后及时进行文物勘探，若发现古墓及时报文物主管部门批准进行抢救性挖掘。另外，在施工过程加强施工管理，不得随意排放施工废水。

——大平岭墓群(省级保护区)

大平岭墓群东至临江渡槽，西至牛路西口，南、北至大平岭南北麓。线路位于保护区山脚下保护区外边界处。在线路方案稳定后及时进行文物勘探，若发现古墓及时报文物主管部门批准进行抢救性挖掘。另外，在施工过程加强施工管理，不得随意排放施工废水。

6)生态环境保护措施

——敏感区保护措施

①严禁在敏感区取土、弃渣、排放废水等污染敏感区的活动。

②不得在自然保护区的核心区、缓冲区设工程，在试验区设工程需征地保护区主管部门同意，并采取环境保护区措施，工程方可实施。

③不得在风景名胜区的破坏景观、植被和地形地貌的活动，按照法律、法规办理相关审批手续，并采取保护措施后，工程方可实施。

④在一级水源保护区内不得设置工程项目，二级水源保护区内不得排放污水和倾倒废渣的活动。

⑤在森林公园内需加强野生动植物保护，并做好水土保持措施。

⑥在文物保护单位附近施工需做好振动减缓措施。

⑦线路穿越敏感区未按照法律法规办理相关手续前，工程不能开工建设。

——植被保护措施

占用林地，需缴纳林业植被恢复费或进行林业植被恢复，遇保护野生植物须移栽；在土石方工程施工完毕及时进行植被恢复措施，并做好养护工作。

——野生动物保护措施

加强管理，不得捕杀野生动物，并做好野生动物迁徙和觅食的通道布局。

——水土流失防护措施

工程设计中做好弃渣、取土选址，弃渣场实行“先挡后弃”的原则，取弃土场完毕及时进行植被恢复；弃土场采用浆砌片石挡渣墙防护；路基、站场工程边坡做好支挡挡护和边坡植物绿化，防止水土流失；桥梁工程尽量保持天然河道及水流状态；隧道工程出渣尽量用作路基填料，对不能利用的弃渣堆放于弃渣场，并采取混凝土挡土墙挡护。

4.1.3.2　声环境影响评价

1)声环境影响预测

居民区近期预测值昼间为50.8～74.8 dB、夜间为46.1～68.5 dB。昼间98.4%的预测点预测值较现状增加、夜间89.9%的预测点预测值较现状增加，个别预测点较现状降低。铁路边界噪声均达标；4类区昼间个别预测点超标，夜间基本超标；2类区、1类区昼间基本超标，夜间均超标。学校、医院、敬老院近期预测值昼间为52.3～70.1 dB、夜间为48.0～67.1 dB；预测值均较现状值增加；昼夜预测值基本超标。

2)噪声防治措施

铁路噪声污染防治一般采用声源控制、声传播途径控制及受声点防护3种方式。声源控制主要有铺设无缝钢轨、封闭线路、控制随机鸣笛等措施；声传播途径控制有设置声屏障、种植绿化林带等措施；受声点防护有建筑物隔声防护及敏感点改变功能等措施。

3)噪声治理效果分析

无缝钢轨可降低轮轨噪声3.6～3.8 dB，封闭线路、控制随机鸣笛可控制鸣笛噪声影响，主体工程采取的降噪措施可极大的降低铁路噪声对环境的影响。各居民区在采取吸声式声屏障、围墙后，铁路边界噪声达标；4类区昼间达标，夜间基本达标；2类区昼间基本达标，夜间基本不能达标；1类区昼间基本不能达标，夜间超标；采取隔声窗后可有效降低室内铁路噪声影响。学校、医院、敬老院等特殊敏感点在采取声屏障、隔声窗等措施后，室外或室内的声环境可满足相应功能要求。

4)补强措施建议

居民区在采取铺设无缝钢轨、封闭线路、控制机车随机鸣笛、吸声式、隔声式声屏障、围墙等措施后，2类区、1类区夜间仍普遍存在超标现象。为防止运营期铁路噪声扰民，建议采取补强措施，对铁路噪声实施跟踪监测，控制随机鸣笛、提高铁路装备技术含量、加强对轨道机车车辆的保养及维修、加强铁路两侧绿化、建立铁路线路安全保护区等措施，进一步降低铁路噪声对敏感点的影响。

4.1.3.3 振动环境影响评价

1)振动环境影响预测

根据预测，桥梁、路堤距铁路外轨中心线30 m处及30 m以外的铁路振动预测值满足GB 10070—88标准的要求；路堑距铁路外轨中心线30 m处超标0.5～1.0 dB,30 m外基本能满足标准要求；30 m内铁路振动预测值较高。

2)振动防治措施

线路选线和站场选址时，应尽量远离居民区、学校、医院等敏感区域，以避免和减轻铁路运营振动的影响；施工期对强振动施工机械要加强控制和管理，尽量避免在敏感点附近进行打桩和爆破等强振动作业；施工过程中应时刻关注施工振动对建筑物及地表变形的影响，若出现异常情况应及时采取相应的措施。虽然距铁路外轨中心线30 m外的铁路振动预测值基本能达标，但30 m内铁路振动预测值较高，且30 m内分布有部分敏感建筑，运营期应经常对线路两侧的近距离建筑物进行检查，发现建筑物有被铁路振动振裂或其他情况时，应对建筑物进行加固或搬迁。评价根据沿线建筑的分布情况及建筑物的类型，预留了运营期振动防护费。

4.1.3.4 地表水环境影响评价

1)污(废)水影响

本段铁路共设置车站22座，全线污水排放量为2 299 m^3/d，其中生活污水613 m^3/d，动车卸污废水686 m^3/d。下面分别对生活污水及动车卸污废水进行评价。

①生活污水：设计新贵阳、都匀东站、榕江、恭城、贺州五站采用为SBR处理方法，其他站点日排水量大于20 m^3，采用生态绿地污水处理系统处理；其他站点日排水量小于20 m^3，采用生物滤池处理；既有贵阳和桂林北站，新增设生活污水排入既有处理设施。

②动车卸污废水：高浓度集便污水参考《京沪高速铁路密闭式厕所系统地面接收及处理设施布点原则和技术条件》办理。新贵阳站及桂林北站高浓度集便污水，直接排放超标严重，需进一步处理；工程设计采用SBR处理。

2)对饮用水源保护区的影响

①沿线涉及水源概况。本工程主要涉及榕江县归久溪二级水源保护区及三水县西江、北江。线路与水源保护区位置关系见表2.4.2。

表2.4.2 线路与水源保护区位置关系情况表

城市水域名称	水源保护区位置与线路位置关系
榕江县归久溪、永平河一级保护区	三角井水电站大坝上溯至永平河八孖的水域和归九溪归九组大阳中的水域，以及水域两岸纵深100 m的陆域。桥梁(不设置水中墩)跨越归久溪二级水源保护区，位于取水口上游约1.5 km，还有少部分路基工程
榕江县归久溪、永平河二级保护区	归九溪归久组大阳中至归九组枫树湾的水域和水域两岸纵深200 m的陆域，永平河八孖至古州镇料里村水电站的水域和水域两岸纵深200 m的陆域，以及一级保护区外延200 m的陆域准保护区。九溪归九组枫树湾上溯至领真村坡脚的水域和水域两岸纵深300 m的陆域，永平河古州镇料里村水电站上溯至桃家湾(国营林场分场)的水域和水域两岸纵深300 m的陆域，以及二级保护区外延300 m的陆域
三水县西江、北江准保护区	据佛山市2007年饮用水源保护区规划思贤窖的西江和北江连通渠道为水源准保护区 铁路跨越思贤窖的西江和北江连通渠道
北江准保护区	南海二水厂饮用水源取水口上游1 000 m、下游500 m的水域(含滩涂地)以及流入上述范围支流。水域两岸河堤面中心线向陆纵深150 m的陆域范围为一级区；从一级保护区周边算起，上游2 000 m、下游1 500 m的水域(含滩涂地)及流入上述范围的支流。水域两岸河堤面中心线向陆纵深300 m的陆域和一级保护区两岸150 m外延至300 m的陆域范围为二级区；整个东平水道为准保护区，东平特大桥从取水口下游2.5 km处跨越

②环境影响分析。施工期影响分析：施工期对水源保护区的影响主要是施工单位临时驻地排放的生活污水、桥梁施工中一些残渣以及受雨水冲刷产生的高浊度废水流入河中，对水质造成一定污染。但施工期较短，对水源保护区水质影响较小。

运营期影响分析：本段铁路在水源保护区路段均不设置排污口，运营期对水源的影响主要表现在桥面径流流入河中，对水质造成一定污染。

③水源保护措施。建议茶江双线特大桥施工应该选在旱季施工，避开当地暴雨季节；加强施工管理，尽可能将施工驻地和料场、渣场远离河岸布设，垃圾、污水集中处理，不得直接排入水体。

4.1.3.5　空气环境影响评价

1）施工期空气环境影响

施工期空气污染主要是土石方挖运中的粉尘，车辆行驶中的扬尘，各类施工机械所排放的尾气以及各种燃烧烟尘等。取、弃土场和高边坡地段要尽快进行绿化，避免表土长时间裸露；施工车辆和机械经过路段，要经常性采取洒水降尘措施；运土车辆经过城镇、村庄和主要交通干道时要用篷布覆盖；对运输车辆要合理选取和组织行车路线。

施工过程中严格执行施工规范、文明施工。对于施工现场食堂燃煤尽量选用低硫优质煤，或采用燃气锅炉。限制工地食堂、工地饭馆和单独小灶的数量，减少燃煤污染物的排放。

2）运营期空气环境影响

本线采用电力动车组电力牵引，无流动源污染物排放；全线新增锅炉房共2处，分别位于贵阳、贺州乘务员公寓，采用燃煤或燃气锅炉，属清洁能源，大气污染物排放量较少。

4.1.3.6　固体废物影响评价

1）施工期固体废物影响

施工期固体废物主要分为建筑废料及施工人员生活垃圾。应加强施工环境管理，对产生的建筑废料，要尽量回收和利用其中的有用部分，剩余废物送到当地的建筑垃圾填埋场填埋或作妥善处置，严禁乱堆乱放；生活垃圾集中收集，纳入附近城镇环卫系统进行处理，不得随意倾倒。重点工点应设置垃圾临时堆放设施，采用块石围砌防护，较近城市环卫系统定期收运，减轻施工期固体废物造成的环境影响。

2）运营期固体废物影响

运营期固体废物主要为沿线车站卸放的列车垃圾及旅客候车垃圾站，车站工作人员产生的生活垃圾，主要成分为饮料瓶罐、可降解饭盒、书报、纸巾、水果皮、车票残票及灰尘等；列车存车线卸放的列车垃圾、工作人员产生的生活垃圾等。

沿线站点生活垃圾，应该定点收集、储存，交由当地环卫部门统一处理，不会对周围环境造成影响；沿线旅客列车垃圾统一收集后，定点投放至新贵阳站、贵阳站及桂林北站，交由地方环卫部门处理，每日清运。既有贵阳站、桂林北站已有完善的旅客垃圾储运设施，新增旅客垃圾纳入既有垃圾储运系统，对周围环境无影响。新贵阳站为新建站点，需配备相应的垃圾压缩、储存设备，将旅客列车垃圾分拣归类后，部分垃圾可回收利用，剩余部分经压缩后交由当地环卫部门统一处理。

4.1.3.7　电磁环境影响评价

1）电磁环境影响分析

铁路线路主要经过农村地区，电视入网率较低。铁路运营后电力机车运行时受电弓和接触网滑动接触产生脉冲型电磁污染，将对沿线居民收看电视带来不利影响。新建采用直供方式的220 kV牵引变电所产生的工频电磁场，也会引起附近居民对电磁影响的担忧。

列车运行产生的无线电干扰对电视收看的影响：列车运行时产生的无线电干扰，会使沿线采用天线收看的电视用户接收信噪比下降。当收看频道信噪比下降至35 dB以下时，该频道将不能保证正常收看。过车时即使未下降至35 dB以下的频道，收看质量也会劣化。

牵引变电所工频电磁场对人体健康的影响：从牵引变电所类比监测数据可知，变电所围墙处工频电场、磁场实测值均明显低于标准限值，且距围墙越远场强越低。本工程新建牵引变电所在附近居民区产生的工频电场、磁场，符合评价标准中工频电场不超过4 kV/m，工频磁场不超过0.1 mT的限值要求。

2）电磁污染治理措施

电视收看受影响的治理措施：采用有线电视网收看电视节目可消除或减轻列车通过时电磁辐射影响，同时可完全解决车体反射和遮挡影响问题。对本工程沿线评价范围内采用天线收看，对接收信噪比受工程影响小于35 dB的电视用户，预留一次性有线电视入网补偿经费。待线路电气化改造完工并通车后进行测试，如确有影响，再实施补偿。

牵引变电所工频电磁场防护措施：尽管牵引变电所围墙以外工频电、磁场未超过标准，但为了消除人们的心理顾虑，最终确定牵引变电所位置时，应保证变电所围墙距敏感建筑的距离大于30 m。

4.1.4 工程项目环境管理与监测

4.1.4.1 环境管理

本工程的环境管理由柳州铁路局及广铁集团负责。项目的环境管理包括设计阶段的环境管理、施工期环境管理、运营期环境管理。

1)建设前期环境管理措施

建设单位按照《中华人民共和国环境影响评价法》的规定委托有资质的单位编制环境影响评价文件，负责项目的有关报批手续及完善与项目有关的法律手续；在工程设计阶段，建设单位、设计单位根据环境影响报告书及其审批意见在设计中落实各项环保措施及概算；在工程发包中，建设单位应将环保工程放在与主体工程同等重要地位，优先选择环保意识强、环保工程业绩好、能力强的施工单位；施工合同中应有环境保护要求的内容与条款。

2)施工期的环境管理措施

建设单位在施工中要把握全局，及时掌握工程施工环保动态，定期检查和总结工程环保措施实施情况，确保环保工程进度要求；协调设计单位与施工单位的关系，消除可能存在的环保项目遗漏和缺口；出现重大环保问题或环境纠纷时，积极组织协调解决。

3)运营期环境管理措施

运营期环保工作由柳州铁路局及广铁集团承担，环境管理措施主要是管理、维护各项环保设施，确保其正常运转和达标排放，充分发挥其作用；搞好车站清洁、环境绿化；做好日常环境监测工作，及时掌握各项环保设施的运行状况，必要时采取适当的污染防治措施。

4.1.4.2 环境监测计划

本工程投入运营前进行一次环境监测，监测结果与工程环境影响评价的现状监测进行比较，作为投入运营前的环境背景资料及运营期环境影响的依据。

运营期的常规环境监测应考虑季节性变化和生产周期。既有铁路运营期的环境监测由铁路环境监测系统进行，铁路监测站定期监测，站、段化验室负责日常监测，确保各项污染物达标排放、污染治理措施正常运转；铁路环境监测系统主要对既有站段的生产废水及锅炉废气进行监测；沿线各市、县环境监测站对所在地铁路污染发生单位进行定期抽查。

4.1.4.3 环境监理

施工环保监理由建设单位委托具有工程监理资质并经环境保护业务培训的单位，对设计文件中环境保护措施实施情况进行工程环保监理。为保证监理计划的执行，建设单位在施工前与监理单位签订施工期环保监理内容。

(1)按月、季向业主报送环保工程施工进度、质量控制、工程量报表及竣工检验报告。

(2)不定期地及时向业主报送施工中各种突发性环境问题及其处理情况。

(3)与站前、站后土建工程相关的环境问题及时与工程建设监理单位协商处理。

(4)设计中遗漏或错误需要变更设计的环保、水保工程，按变更类别、程序规定报送业主、设计、施工和监理单位。

(5)及时处理业主、行业主管部门和地方主管部门执法检查中发生的环保、水保问题。

4.1.5 评价结论

1)项目建设意义

贵阳至广州铁路是西南地区通达华南沿海地区的重要区际铁路通道，跨黔、桂、粤三省区，由位于贵州省贵阳市观山的新贵阳站引出，经龙里，穿斗篷山至都匀，而后由三都沿都柳江经榕江、从江进入广西境内，跨融江和焦柳铁路，经桂林后跨漓江、继恭城、钟山、贺州进入广东省境内，再经怀集、肇庆、三水、佛山进入广州枢纽新广州车站。沿线主要经过的市县有贵阳、龙里、都匀、榕江、从江、桂林、恭城、钟山、贺州、怀集、广宁、四会、肇庆、三水、南海、番禺。沿线开设站有新贵阳、贵阳、新龙里、都匀、榕江、桂林北、恭城、贺州、怀集、广宁、四会、新肇庆、新三水、新佛山。线路设计为国家Ⅰ级双线铁路，线路总长约841.8 km，客车设计时速200 km，货车设计时速120 km。主要涉及的水体有都柳江、归久溪、漓江、茶江、贺江、绥江、北江、陈村水道等。贵广铁路的建设可快捷、大能力地完成区际客货交流任务，将成为区域经济合作的桥梁，促进沿线经济的快速、均衡和协调发展，对实施西部大开发战略和可持续发展，构建和谐社会具有重要意义。

2)工程环境影响评估

项目实施可能引起的主要环境问题：土地使用性质的改变和征地、拆迁，林地、农田的占用，水土流失、植被破坏等生态环境保护问题；铁路噪声为主的环境污染影响；工程对社会经济环境影响及地区二次开发社会环境影响；工程对沿线自然保护区、水源保护区、风景名胜区、文物古迹等环境敏感区域的影响。

项目实施主要采取的环境保护措施：按照国家及地方法规征地、拆迁和安置补偿；林地、农田占用后予以恢复和补偿；采取工程水土保持措施；对铁路噪声污染，采取设置声屏障、安装通风隔声窗、敏感点改变使用功能、绿化等降噪措施；对铁路振动污染，结合城镇改造逐步采取搬迁或功能置换等措施；铁路污水经处理达标后排放；在铁路选线选址中充分体现环保理念，加强特殊生态保护区的保护工作。

3)评价结论

本工程为交通建设项目，符合国家和地方产业政策。有关线路走向、车站设置方案都在与地方政府充分协商的基础上，经过详尽的科学论证和专家评审后确定，与当地城镇发展规划基本吻合，受到当地政府部门的广泛支持，也为沿线民众所接受。

综上所述，新建贵阳至广州铁路工程的实施，产生的社会效益、经济效益是十分显著的，对西南地区经济发展具有十分重大的意义。虽然工程的实施会给工程所在地区的自然环境和社会环境带来一定破坏和污染影响，但在采取针对性的防治措施后，基本可以得到缓解和消除。从环境保护角度分析论证，本工程建设是可行的。

4.2　兰渝铁路的环境影响评价

4.2.1　项目概况

4.2.1.1　建设意义

兰(州)渝(重庆)铁路是西部大开发、全面建设小康和谐社会的基础设施；是贯彻科学发展观，建设"节约型社会、环境友好型社会"的需要；是实现区域协调发展和实现"良性互动"的需要；是铁路实现又好又快发展、建设发达路网和全面提升西部铁路竞争力的需要；是民族大团结、维护民族地区政治稳定，发展地方经济的需要；是提高战备能力，开辟两大区域新的战略通道的需要。因此，建设兰渝铁路是非常必要的，也是十分迫切的。

4.2.1.2　线路走向

线路自兰州枢纽东端客货分线引出，在金崖疏解后客货共线，逆宛川河而上，经高崖镇分别以两特长隧道穿越胡麻岭和黑山至杨家川，经渭源、过大草滩足坡而下以特长隧道穿越洮河与渭河分水岭——木寨岭至岷县；出站后以特长隧道穿黄河与长江分水岭麻子川梁设哈达铺站，后线路足坡南下，跨秋末河及212国道；线路沿小岷江左岸靠山以隧道群通过，并跨油坊沟经宕昌至沙湾；跨角弓沟沿白龙江左岸以隧道群行进至两水，为协调陇南市城市规划发展，绕避不良地质，线路以隧道穿城市北水寺山，于汉王附近设陇南站；再两跨白龙江及212国道，经透防以特长隧道穿越西秦岭，跨越洛塘河及省道206、拟建兰海高速公路；顺河设洛塘河站；出站后顺大团鱼河靠山足坡而下，于枫相院附近跨大团鱼河；为减少对自然保护区的影响，以隧道群通过裕河、毛寨两省级自然保护区实验区，跨柳家河，于杜家院附近跨汉道河，并设姚渡站；出站后，以特长隧道穿越龙池山，沿白龙湖景区(库区)外缘布线，经广元嘉陵江源湿地自然保护区实验区后，在羊木设站，从广元站北端引入广元站。出广元站后实施客货分线，客车线取直至两河口设越行站并预留直通场条件，货车左线利用既有宝成线，右线上跨客车线后接入既有广元南站，出站后分左右线引入两河口站。此后，线路跨嘉陵江，连续穿轩盘岭隧道、明觉寺隧道、梅岭关隧道、九房坡隧道后至戴家坡设太公站。线路继续穿玄真观隧道、四方山隧道、肖家梁隧道，经鸳溪口至苍溪巢丝厂西侧跨嘉陵江，于嘉陵江西岸庙子垭设苍溪站。出站后线路沿嘉陵江南下，跨白水河后至江南镇鹤长村设阆中站。出阆中站线路沿G212国道西侧继续南行，至金星镇李家坪设南部站，出站后，线路跨G212国道及西河，经水音至龙桂设站，此后线路沿芦溪河而行，经芦溪场至正觉寺跨嘉陵江后引入既有南充东站。出南充东站线路分岔，分别接入遂渝线渭沱站和襄渝线高兴站。

贯通方案(接入遂渝线渭沱站方案)：线路自南充东经南充至南充西段利用达成线增建第二线工程，并于三板桥新设南充西站。此后，线路基本沿G212国道而行，经曲水后至李渡设站，经烈面至万善镇西侧2 km处羊城坝设武胜站。出站后，线路穿芭蕉湾隧道，经三庙至蓼子村后至渭沱接入遂渝线，并新设渭沱站。出站后利用遂渝线增建第二线工程至北碚北后进入重庆枢纽，新建第三、四线至蔡家站，蔡家站至重庆北站新建双线后引入重庆北站北场。货车线自磨心坡—北碚北疏解区至团结村集装箱中心站增建第二线，并于兴隆场新建规模为三级六场编组站。

南充东至高兴段：线路自CK769＋600的线路所引出后，下穿达成铁路及兰渝正线，并以联络线方式引入南充东站。此后线路跨团滩河、G318国道及南(充)广(安)高速公路后设老君站，连续穿万家乡隧道、敲梆坡隧道后至兴隆设站，穿高升隧道后设北城站，跨高速公路匝道后至向家沟设岳池站，车站位于城区东北部，距离城区2 km左右。出站后线路穿南峰隧道，上跨南广高速公路后至枣山镇李家湾设广安南站，车站位于高速公路侧500 m左右，距离城区中心3 km，出站后线路又跨高速公路，紧坡而下，跨渠江设中和站后分左右线引入襄渝线高兴站。

兰渝铁路兰州东至北碚北新建双线中甘肃境内长436 km，陕西境内长15 km，四川境内长302 km，重庆境内长67 km。另南充至高兴段单线94 km位于四川省境内。如图2.4.2所示。

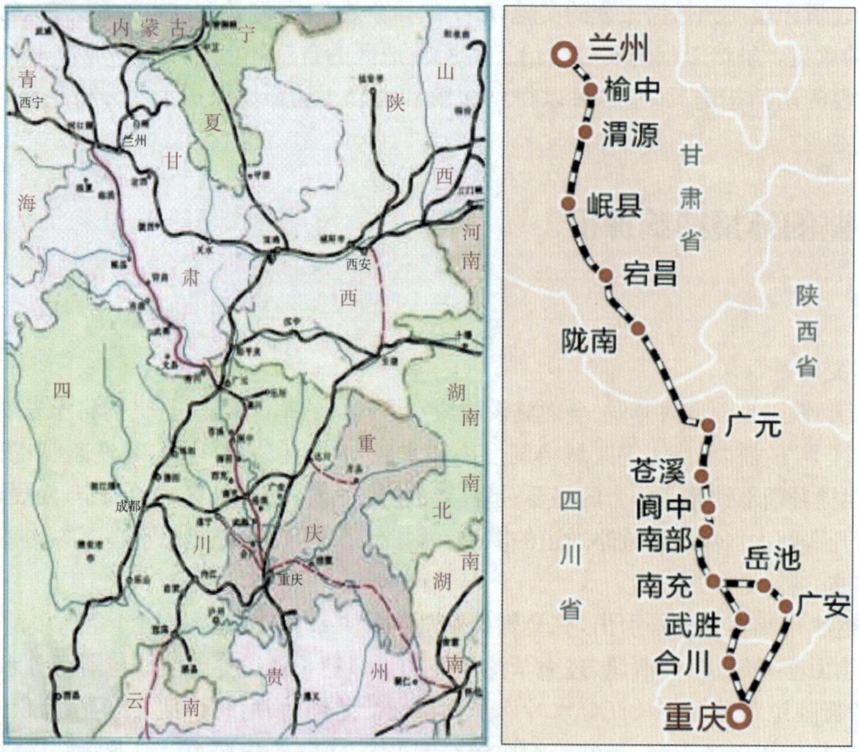

图2.4.2　兰州至重庆铁路地理位置图

4.2.1.3　主要技术标准(略)

4.2.1.4　主要工程内容

——兰渝线兰州枢纽配套工程

(1)新建枢纽北环货车线：北环货车线金崖至石岗长约60 km，其中隧道42 388 m/23座，桥长26 530 m/41座，桥隧占线路长度70%；新建包兰联络线5.42 km，新建青白石、大沙坪车站。

(2)新建兰州北编组站：车站规模三级七场：分别新建上下行到达场、调车场、出发场及交换场，车站西端机务段、东端折返段，新建站修所。

——兰州至广元段

新建线路正线长度 491.4 km，其中正线路基长度 71.5 km，占全线总长的 14.5%，桥隧长度 419.9 km，占 85.5%。工程设特大、大、中桥 127 座，隧道 71 座，其中长度大于 10 km 的特长隧道 11 座，重点工程西秦岭隧道长度达 29.7 km。工程永久占地 1 354.5 hm^2，临时占地 1 303.3 hm^2，土地类别主要为旱地、荒地等；工程砍伐林木 1.7 万余株；工程填方 1 476 万 m^3，挖方(含出渣)8 924 万 m^3，产生弃土弃渣 7 696 万 m^3；工程正线将拆迁建筑物约 67 万 m^2，兰州枢纽拆迁建筑物约 38 万 m^2，拆迁居民一般采取货币补偿、就近安置的方式。

兰州枢纽在兰州市安宁区沙井驿新建兰州北编组站，车站规模三级七场，新建青白石中间站、大沙坪越行站。正线共设车站 16 处，分别为兰州东站、金崖、张家庄、杨家川、渭源、大草滩、岷县、哈达铺、宕昌、沙湾、两水、陇南、透防、洛塘河、姚渡、羊木站，工程新增定员 3 208 人。

本段铁路正线投资估算总额为 3 523 964.9 万元，技术经济指标为 7 247 万元/正线 km；兰州枢纽投资估算总额为 606 623.3 万元，技术经济指标为 6 326.84 万元/正线 km。建设工期 6 年。

——广元至重庆段(含南充东至高兴段)

广元(含)至重庆北站(不含)贯通方案全段运营长度 376.383 km；广元(含)至渭沱正线建筑长度 328.538 km，重庆枢纽内正线建筑长度 26.141 km；其中双线 280.474 km，单线 86.746 km；联络线及其他线建筑长度 70.422 km(单线)。南充东至高兴段正线建筑长度 93.639 km，联络线长度 5.535 km，改建襄渝线长度 1.993 km(双线)。全段共占用土地 2 559.93 hm^2，其中永久用地 1 935.22hm^2，临时用地 624.71 hm^2。土石方工程共计 10 707.09×10^4 m^3，其中挖方 7 963.65×10^4 m^3；填方 2 743.44×10^4 m^3。经土石方调配及用作建材综合利用后，全段利用方为 2 743.44×10^4 m^3，产生弃方为 4 830.53×10^4 m^3，设置弃渣场 142 处，不需向外借方。全段路基(含重庆枢纽)长 271.90 km；共设桥梁 259 座，计长 106 222.53 延长米，占线路总长的 19.73%，涵洞 1 310 座，计长 40 127 横长米；共设隧道 172 座，计长 196 776 延长米，占线路总长的 36.54%；全段共设 36 个车站(含线路所)，其中新建站 23 个，既有改建站 13 个。工程拆迁建筑物面积为 76.90×10^4 m^2，其中拆迁居民住房 53.80×10^4 m^2。工程总投资 3 283 466.02 万元，施工总工期为 4.5 年。

4.2.1.5　建设资金来源

兰渝铁路资本金按照项目总投资的 50%考虑，其余 50% 采用法人负责融资解决(其中计划外资贷款 3 亿美元)。项目资本金由铁道部出资 55%；另外 45%申请国债资金 35 亿元，其余由三省(市)按各自境内铁路投资比例分担，征地拆迁补偿费用按国家有关规定并经各方认可，可作为三省(市)出资计入资本金。

4.2.2　工程项目对环境的影响及保护措施

本工程的建设主要对沿线的生态环境、声环境、振动环境、地表水环境等产生影响。

4.2.2.1　生态环境

1)环境保护目标

沿线生态环境保护目标主要有自然保护区、风景名胜区、动植物资源、水土流失、基本农田等。

2)生态环境现状

线路由北向南分别经过黄土高原、秦岭高中山及四川盆地低山丘陵区三大地貌单元，跨四大气候区，即黄土高原中温带干旱气候区、中温带亚湿润气候区、秦岭高中山区北亚带湿润区和四川盆地中亚热带湿润区。受降雨、地质、地貌及人为因素的影响，甘肃境内沿线水土流失严重，川渝境内沿线水土保持较好。秦岭高中山区森林覆盖率高，野生动植物资源丰富，为加强生物多样性保护，国家及地方政府在沿线划定了较多的各级自然保护区。

3)主要生态环境影响及采取的主要措施

①对自然保护区的影响。根据环境保护要求，结合线路、地质、桥梁、隧道等专业技术上的要求对沿线环境敏感区域的线路走向进行了多方案比选，并且与沿线规划、林业、环保等部门进行了咨询和反复沟通，兰渝铁路工程贯通方案绕避了甘肃兴隆山国家级自然保护区、甘肃岷县双燕省级自然保护区、甘肃白水江国家级自然保护区、陕西青木川省级自然保护区、缙云山自然保护区等沿线大部分的自然保护区、风景名胜区和水

源保护区，最终只穿越了甘肃裕河金丝猴省级自然保护区、四川毛寨金丝猴省级自然保护区、四川广元嘉陵江源湿地市级自然保护区的实验区，以及重庆市北碚区级小三峡自然保护区和胭脂鱼自然保护区。线路主要以桥隧形式穿越，采取了尽量少占用保护区内土地、少破坏植被等措施，减少了对自然保护区的影响。评价认为线路绕避了野生动物的主要栖息地，且大部分以隧道穿越自然保护区，最大限度地减少了对自然保护区的影响，对保护区的完整性和功能影响轻微。通过自然保护区的主管部门均发文同意或原则同意推荐方案的线路走向。

②对风景名胜区的影响。线路穿越了缙云山——钓鱼城风景名胜区的嘉陵江小三峡景区。经过线路优化，本次新建铁路兰州至重庆线绕避了嘉陵江小三峡风景区的温塘峡主景区，线路将从温塘峡景区的外围以全隧道形式穿越，避免了对温塘峡景区景点的影响。工程主要以隧道和桥梁形式通过嘉陵江小三峡的二级景区观音峡景区，线路位于既有铁路通道范围内，减小了工程对风景名胜区景观的影响。

③对森林公园的影响。线路于里程 CK590＋650～CK592＋200 段穿越南山森林公园，穿越的地段基本在大石板村旁边，主要以旱地和房屋为主，无重要的景观资源，工程对森林公园的景观影响不大。

④对文物古迹的影响。线路穿越了甘肃夏官营古城遗址，对该省级文物的影响较大。评价建议：此段线路进行优化，绕避古城遗址，减少对文物古迹的影响。

本工程将在广元市观音岩摩崖造像附近通过，距离该文物外围保护范围最近距离 120 m，位于该文物一般保护范围外，且工程主要以五郎庙隧道形式通过，对该文物基本无影响。

线路在皇泽寺文物保护范围外侧通过，最近处距离文物保护范围边界约 100 m。线路位于皇泽寺景区的侧面，所经区域均为人工植被，且已有宝成铁路通过，对皇泽寺景区的景观基本没有影响。

隐珠寺位于线路 ICK777＋400 右侧约 35 m，处于该文物保护单位建设控制地带内，不符合该文物保护的相关法律规定。评价建议：此段线路进行优化，调整后的线路里程为 IDK778＋750，距离隐珠寺约 72 m，位于该文物建设控制地带保护范围 20 m 以外。

⑤对动植物的影响。工程实施会占用部分林地，砍伐一定数量的树木，从而对铁路两侧地表植被产生一定影响。铁路沿线区域植被生产力自然体系的生产力有所减小，但下降幅度很小，但不会对自然体系和生态系统的稳定性产生的影响。工程沿线有 2 株国家一级保护植物黄葛树和银杏位于工程征地范围内，设计采取了移栽措施，避免了对沿线名树古木的影响。

施工期工程永久和临时占地缩小了野生动物的栖息空间，割断了部分陆生动物的活动区域、迁移途径、栖息区域、觅食范围等，从而对动物产生一定的影响，工程建设对野生动物影响的范围不大且影响时间较短，因此对动物不会造成大的影响。同时可随植被的恢复而缓解、消失。沿线经过区县有大熊猫、金丝猴等国家级、省级保护动物，针对这些珍稀动物的分布和生活习性，提出了相应的保护措施，避免对其产生影响。

⑥其他影响。

项目的开工建设，将不可避免的对土地资源、水土保持、农业生产、自然景观等产生一定影响。设计中采取了尽量少占耕地，节约用地的一系列措施，对取土场、弃渣场根据具体情况采取工程挡护、复垦或绿化等措施，等较少水土流失并恢复植被。评价中，对设计采取的生态保护措施进行了分析论证，并提出了补充、加强措施，确保因铁路建设而产生的生态影响逐步得到恢复和改善。

4.2.2.2 声环境

1)环境保护目标

评价范围有噪声敏感点 225 处，其中居民村庄 193 处，学校 28 处，医院 2 处，敬老院 2 处。

2)环境现状

项目为新建铁路，受既有铁路影响的声环境敏感点较少。既有铁路边界 30 m 处昼、夜噪声等效声级分别为 62.7～63.7 dB、61.2～62.4 dB，满足《铁路边界噪声限值及其测量方法》(GB 12525—90)昼间 70 dB、夜间 70 dB 标准的要求。既有铁路边界 30 m 以外功能区昼、夜噪声等效声级分别为 47.6～55.6 dB、41.6～54.3 dB，昼间噪声不超标，夜间最大超标 4.3 dB。

新建铁路沿线敏感点环境噪声以社会生活噪声源为主，其昼、夜噪声等效声级分别为 36.9～66.8 dB、

30.8～66.9 dB,大部分满足《城市区域环境噪声标准》(GB 3096—93)中 2 类、4 类标准,少量超标敏感点昼间、夜间超标量分别为 0.1～5.9 dB、0.3～11.8 dB。

3)主要环境影响

铁路边界噪声近期昼夜间等效声级均满足《铁路边界噪声限制及其测量方法》(GB 12525—90)昼间 70 dB、夜间 70 dB 标准;4 类区内(距离外轨中心线 30～60 m)各预测点 2020 年昼、夜噪声等效声级分别为 52.2～69.4 dB、47.6～70.1 dB,2 类区内(60 m 以外)测点 2020 年昼、夜噪声等效声级分别为 43.1～66.8 dB、38.6～67.4 dB,大部分敏感点声环境质量不达标。

4)采取的措施

对于距线路外轨中心线近、超标量大且建筑密集、人口集中的集中敏感区域,优先考虑声屏障降噪措施。对敏感点房屋稀疏分布或不适于采取声屏障措施但昼、夜间预测等效声级超出标准限值的敏感建筑,设置隔声窗以满足其室内声环境质量。对距离铁路较近、噪声超标严重且难以实施隔声窗的敏感点,可考虑功能置换措施。全线对 3 处学校采取功能置换措施,设置声屏障 39 200 延米,设置隔声通风窗 86 030 m^2。噪声防治费用 15 780.6 万元。

4.2.2.3　振动环境

(1)保护目标:本工程沿线共有 204 处环境振动敏感点,主要为居民村庄。

(2)环境现状:沿线各敏感点昼间室外环境振动值在 51.6～83.8 dB,夜间在<50 dB～82.1 dB,除 1 个敏感点受既有铁路影响而超标外,其他敏感点振动环境现状满足 GB 10070—88 中的昼间 70 dB、夜间 67 dB 标准要求。

(3)环境影响:工程运营后,沿线敏感点室外环境振动值在 60.9～83.0 dB 之间,有 12 个敏感点室外振动将超过 80 dB,超标敏感点全部为离线路较近的路堑地段。

(4)采取的措施:合理进行城乡建设规划并通过规划、城乡改造等逐步减少铁路两侧的居民住宅等敏感建筑物,对于室外环境振动超标的敏感点拟采用功能置换、设置隔振沟和隔振垫的措施,共计列投资 1 350 万元。

4.2.2.4　地表水环境

线路跨越了重庆北碚区澄江镇力帆汽车制造有限公司饮用水取水口所在嘉陵江流域和兰州水厂取水口所在黄河,但线路距取水口较远,施工中加强管理并采取必要措施,对取水口处水质不会造成影响。

线路设计范围内共新增污水排放量 7 663 m^3/d,除兰州枢纽机务段、机务折返段、车辆段和广元机务折返段、兴隆场编组站机排放含油废水外,其余排水均为生活污水。工程建设后 COD_{Cr} 排放量为 82.84 t/年,BOD_5 为 14.93 t/年,SS 为 53.92 t/年,氨氮为 8.32 t/年,石油类为 1.89 t/年。

兰州北站、兰州东站生活污水经化粪池处理,含油生产废水经调节沉淀、斜板隔油、气浮等处理后水质均满足《污水排入城市下水道水质标准》(CJ 3082—1999),所有污水均达标排放。

两水、陇南各站产生的生活污水经化粪池、SBR-CASS 工艺处理后水质均满足《污水综合排放标准》(GB 8978—1996)一级标准,处理后的污水达标排放。

金崖、张家庄、杨家川、渭源、岷县、哈达铺各站产生的生活污水经化粪池、土地处理系统处理后水质均满足《污水综合排放标准》(GB 8978—1996)一级标准,处理后的污水除哈达铺站全部回用做站区绿化洒扫外,其余各站污水达标排放。

大草滩、宕昌、沙湾、透防、洛塘河、姚渡、羊木沿线各站产生的生活污水经化粪池、MBR 污水处理工艺处理后水质均满足《污水综合排放标准》(GB 8978—1996)一级标准和《城市污水再生利用城市杂用水水质》(GB/T 18920—2002)城市绿化用水标准。宕昌、洛塘河、姚渡 3 站处理后的污水全部回用做站区绿化洒扫外,其余各站污水均达标排放。

广元站、广元南站生活污水经化粪池处理,含油生产废水经调节沉淀、斜板隔油等处理后水质均满足《污水综合排放标准》(GB 8978—1996)一级标准,所有污水均达标排放。

两河口站、太公站、龙桂站、南充西站、李渡站、北碚北站、蔡家站、磨心坡站、井口站、老君乡站、北城站、中和站、高兴站、北培站、团结村站生活污水经沼气净化池处理后水质均满足《污水综合排放标准》(GB 8978—1996)二级标准,所有污水均达标排放。

苍溪站、阆中站、南部站、南充东站、兴隆场编组站生活污水经SBR污水处理设施，含油生产废水经污水处理厂处理后水质均满足《污水综合排放标准》(GB 8978—1996)一级标准，所有污水均达标排放。

南充站生活污水经化粪池处理后水质满足《污水综合排放标准》(GB 8978—1996)三级标准，污水均达标排放。

武胜站、兴隆站、岳池站、广安南站生活污水经SBR污水处理设施处理后水质均满足《污水综合排放标准》(GB 8978—1996)二级标准，所有污水均达标排放。

北培站、团结村站生活污水经沼气净化池处理后水质均满足《污水综合排放标准》(GB 8978—1996)二级标准，所有污水均达标排放。

施工期间跨河特大桥、隧道施工以及施工营地对水环境的影响均采取了有效的防治措施，最大限度地降低了施工期对水环境的影响。各排水点采用处理措施后均可达到环保要求的排放标准，不会对沿线水体造成较大的影响。

4.2.2.5 大气环境

工程实施后，采用电力牵引，大气污染物主要为站区锅炉排放的烟尘和SO_2。工程共新建37座锅炉，其中水煤浆锅炉7台，燃煤锅炉22台、燃气锅炉8台，对额定热功率大于或等于0.7 MW的非燃气锅炉必须设置除尘设施，锅炉除尘设备投资110万元。经计算，全线烟尘年排放量为19.55 t，SO_2年排放量为100.81 t，排放量很小，不会对沿线空气环境质量产生较大影响，工程所在区域的环境空气质量不会发生大的变化。

4.2.2.6 电磁环境

项目建设后主要电磁环境影响包括对沿线居民收看电视的影响，以及牵引变电所、GSM-R无线通信基站电磁辐射对附近居民健康的影响。根据预测，工程实施后线路两侧50 m范围内采用普通天线收看电视的信号将受较大影响，可通过接入有线电视网络来消除。本工程设置的牵引变电所与敏感点较远，产生的工频电场和磁场不会对牵引变电所附近居民的身体健康产生有害影响。GSM-R无线通信基站电磁辐射随距离迅速衰减，在距天线塔18 m以外其辐射功率密度小于8 $\mu W/cm^2$，基本不会对附近居民的身体健康产生有害影响。

4.2.2.7 固体废弃物

项目运营期固体废弃物主要为旅客候车生活垃圾、旅客列车生活垃圾、车站办公人员生活垃圾和锅炉炉渣等，排放总量约13 955.6 t/年，采取定点收集和转运，运至沿线市政垃圾卫生填埋场填埋处理，对环境影响较小。

4.2.2.8 国家产业政策符合性、节能降耗和清洁生产

项目符合我国中长期铁路网规划，新建铁路属于国家发改委《产业结构调整指导目录》(2005年)中第一类鼓励类项目。

项目能耗达到《铁路新建单线工程项目建设标准》中相应的综合能耗标准。各专业均按照本专业节能设计标准和规范进行，设计符合《铁路节能技术政策》、《铁路工程节能设计规范》中的有关规定。

4.2.2.9 线路方案的可行性

工程选线尽量避让了自然保护区、水源保护地、文物保护单位等环境敏感区，尽量少占沿线耕地资源和基本农田，尽可能避绕村庄，减少拆迁和对居住环境的影响。对于线路无法完全避让的环境敏感区内，采用隧道或桥梁方式通过，减小扰动范围。线路走线和站位方案均与沿线地方规划部门进行了结合，线路走向与地方规划吻合，线路方案基本合理、可行。

4.2.2.10 环境保护措施的可行性

工程结合铁路项目特点和影响有针对性提出了环境保护措施，主要包括生态环境减缓和防护措施等，噪声、振动、水、大气和固体废物等污染控制措施，根据类比已建铁路和项目所在地区交通项目措施的实施效果，以及污染控制措施的效果分析，本工程提出的措施可行。

4.2.2.11 环境事故风险

本线环境风险主要是运输石油、化肥等危险品的列车发生泄漏和桥梁安全以及不良地质、人为等因数导致的交通事故，会造成重大污染事件。线路跨越或临近黄河、白龙江、洮河、嘉陵江等重大水体，若发生事故会影响水体的水质，造成水体污染，影响下游取水和水体生物的生存环境。

铁路工程本身是安全运输方式，本工程设计中采取了工程和管理防护措施，事故发生的概率很小；评价针对事故的类型和影响提出了事故预案的原则，事故发生后可以通过启动预案，采取有效的措施，将事故的影响降到最低，因此本工程的事故风险可以接受。

4.2.2.12　社会经济环境

本线是一条连接中国西北地区和西南地区的区际大干线，它的建成运营对改善沿线交通条件，完善了西部铁路交通网，促进当地的资源开发和基础设施建设，对沿线地区的经济发展和社会进步起到关键性作用。

工程征地、拆迁及人员安置对局部地区有一定影响，工程采取了各种措施和经济补偿措施，保证影响的居民解决收入、居住条件和生活质量不会受到大的影响，并有所提高。

工程对当地的社会经济造成有利和不利影响，利远大于弊，不利的影响通过有效的环节措施降到最小，可以接受。

4.2.2.13　公众参与

公众参与采取了多种参与的形式，公众参与覆盖面广，调查对象包括铁路专家、环保专家、沿线政府和管理部门、社会团体和直接受影响人群、关注项目的人群等。并对不同的调查对象采用了不同的调查方式，调查内容可以正确反映沿线公众对工程环境方面的意见。

通过公众参与调查，沿线公众绝大部分支持项目的建设。公众认为噪声、征地、拆迁补偿和再安置是本工程主要环境问题。对于工程建设带来的影响，严格落实环保防治措施，工程建设对环境的影响可以降到最低，工程带来社会问题按照国家的现行法律和政策解决，可以得到公众的支持。

4.2.3　评价结论

新建兰渝铁路工程的建设对沿线地区资源开发提供了良好的交通条件，有利于沿线地区发经济发展和社会进步，另一方面，工程建设会对沿线生态环境、水、气、声、振动、电磁等环节产生不同程度的影响。在落实评价报告提出的减缓和防护措施、污染控制措施，确保环境保护投资，严格执行“三同时”制度后，可将工程造成的不利影响控制到最小程度。从环境保护的角度分析，建设项目可行。

第5章　铁路建设项目环境保护案例

5.1　胶新铁路的环境保护

5.1.1　建设前期的环境保护

本工程在项目可研阶段开展环境影响评价，初步设计完成前通过环保部门的审查。环境影响评价中针对工程特点，从环境保护角度论证了工程选线的合理性、工程设计中环保措施的可行性，并就噪声污染防治措施，取、弃土场恢复整治措施提出了多方案比选。

1)环境影响评价

胶新铁路位于山东半岛胶州至新沂，全长303.85 km，绿化长度265.94 km。在项目可研阶段开展环境影响评价，初步设计完成前通过了环保部门的审查。环境影响评价中针对工程特点，从环境保护角度论证了工程选线的合理性、工程设计中环保措施的可行性，并就噪声污染防治措施，取、弃土场恢复整治措施提出了多方案比选。

2)环境保护参与工程选线

胶新铁路经过的诸城市吕标地区分布有埋藏恐龙化石的地层，该地区规划建立"诸城恐龙化石地质遗迹省级自然保护区"。在工程选线及环境评价过程中，评价单位、设计单位通过多次征询有关专家意见，通过考察明确了诸城市吕标地区的库沟、汉车、王村等地恐龙化石的确切埋藏范围。经过经济、技术、环境比较，采纳了枳沟方案和浮来山北方案，绕避两个保护目标；同时也没有在保护范围内规划设计包括取、弃土场在内的任何临时或永久设施，保证工程建设对保护区不会带来不利影响，反而可以改善风景名胜区的交通条件，促进风景名胜区的旅游发展。

3)编制水保方案，防治水土流失

胶新铁路经过低山、丘陵区，工程取土量大，设取土场97处，且由于沿线地区农业开发历史悠久，荒地较少，取土场占用耕地较多。设计取土场共占地约922.8 hm^2，取土深度一般为1.0～4.0 m，取土使植被覆盖率降低，造成局部水土流失，影响复耕后的农作物种植。评价中单独编制了水土保持方案，提出取土场位置的选择应结合当地水利、环境建设，一般选取荒地或低产田。耕地取土时，取土前先将表层0.3 m厚种植熟土推置一旁，取土结束后，推回摊平；山丘、荒坡地取土场坡顶应先做好排水引流，取土后根据地形地貌分别采取复耕复植、绿化、利用作养鱼池或蓄水池、藕池等不同恢复整治措施。

工程设弃土场6处，弃土将占压土地，如不采取防护或选址不当，极易产生水土流失，淤积河道，淹埋农田。水土保持方案中提出了弃土场的设计原则：按先挡后弃的原则，分期安排挡墙工程；于弃渣的顶部及侧部设置排水沟，引导山坡上部雨水绕避弃渣堆体；在弃渣上部的裸露部分撒播草籽进行绿化固土。

水土保持方案中采用通用的水土流失方程预测工程建设过程的水土流失量。由于该方程的应用有一定局限性，且铁路工程水土流失的发生、发展和控制是一个变化的过程，方案编制中针对此缺点，提出选择不同侵蚀形式、不同工程行为的有代表性的断面进行水土流失监测，为以后类似地区水土流失预测提供类比资料。

4)锅炉设计方案比选

工程可研设计中，沿线约50台锅炉均选用燃油锅炉，从环保角度来说油是一种较好的清洁能源，工程设计方案完全符合国家环保政策。但是，评价中积极听取运营管理部门关于燃油锅炉在已开通的蓝烟线、菏日线运营状况的介绍，对胶新线沿线各站实际情况进行了详细调查，逐一分析了热源条件，并从锅炉污染物排放达标情况、一次性投资及运营成本、地方环保部门的要求等方面，对燃油锅炉方案、电锅炉方案及燃煤锅炉配合其他清洁能源方案作了经济技术比较，推荐各站设计中采用燃煤锅炉并配合使用太阳能热水器及电开水器。使用燃煤锅炉时燃料必须选用低硫煤，0.7 MW 以上的锅炉必须配备高效脱硫除尘设备，0.35 MW 的锅炉必须配备高效除尘设备，0.23 MW 的锅炉必须烧用型煤。

5)污水治理方案

青岛西站利用既有污水处理系统，只需增加全站污水处理厂的运转时间 1 h，即可满足本工程扩建后的需要，可使车站污水做到达标排放；诸城站全站污水利用氧化沟法进行处理，能够达到《污水综合排放标准》(GB 8978—1996)之二级排放标准；莒县站机务整备所含油污水经平流式隔油沉淀池处理后，与全站生活污水汇合经 SBR 法处理后，能够达到《污水综合排放标准》(GB 8978—1996)之二级排放标准；设计方案提出新沂西站机务折返段含油污水经平流式隔油沉淀池处理后，与全站污水汇合经 SBR 法、过滤处理后排放，评价中根据水质预测结果，认为 SBR 法处理效果较好，出水水质能够达到《污水综合排放标准》(GB 8978—1996)之一级排放标准，建议取消过滤器。

6)噪声防治方案

评价中对线路沿线敏感点噪声进行了现状监测和预测。现状监测结果表明受既有铁路噪声影响的砚里庄村边(30 m)噪声现状值较高约 68 dB，但满足《铁路边界噪声限值及其测量方法》(GB 12525—90)；其余各居民点除郑家庄、东官庄受公路噪声影响，现状值略有超标外，昼间噪声约 48～55 dB，夜间噪声约 40～43 dB，满足《城市区域环境噪声标准》(GB 3096—93)之二类区要求。工程建设后，铁路边界外、临路第一排房前昼间噪声约 56～68 dB 均满足《城市区域环境噪声标准》(GB 3096—93)之 4 类区昼间 70 dB 要求，夜间噪声除芦家河、相家庄、大土岭受深路堑屏蔽影响达标外，其余敏感点夜间噪声约 50～68 dB 均有不同程度超标。

噪声防治措施：对超标 3 dB 以上、列车运行噪声对其影响较大、受影响人数较多的小王柱、陡峨、康复庄、刘家五湖敏感点采取设置声屏障措施，前官庄小学及幼儿园采取设双层窗户加通风换气设备，其余超标敏感点结合铁路绿色通道建设加宽绿化带，并对通过学校、村庄等敏感点附近线路两侧设铁栅栏封闭，减少随机鸣笛噪声。

5.1.2　环境保护工程设计

5.1.2.1　生态保护与水土流失防治

(1)工程设计中，铁路工程征地均依照《土地管理法》、《基本农田保护条例》规定，按照“占多少、垦多少”的原则及地方政府有关规定，缴纳征地补偿费、安置补助费、地表附着物和青苗补偿费、基本农田保护区耕地造地费，由地方政府通过调整土地分配、将造地费用于新的基本农田开垦、建设和中低产田的改造。

(2)工程用土统一规划，集中取土。取土场选址尽量避免占用耕地、良田，取土后及时整理、防护、复耕。弃土弃渣选择适宜的场所集中堆放，如低洼地、坑沟、山沟等处，并设浆砌片石挡土墙防护，弃土面上播撒草籽，防止水土流失。

(3)分别采用固土网垫、拱形骨架护坡内种紫穗槐或喷播植草、边坡平铺土工格栅等措施进行路堤边坡防护设计。

(4)按照国发〔2000〕31 号、铁计〔2001〕8 号文件关于进一步推进全国绿色通道建设的通知，在胶新铁路上开展了绿色通道试点工程建设。一般路基设计中，在填料为易受雨水冲刷的粉细砂、碎石土、卵石土，路基高度在 $3\ \mathrm{m}<h<5\ \mathrm{m}$ 的一般路基地段，路基防护采用多边形立体植被护坡网(网格内种草)进行试验，试验总面积为 16.9 万 m^2。

5.1.2.2　水、大气污染防治

(1)既有站(青岛西、胶州、新沂西、新沂)新增生活粪便污水均经化粪池处理，其中新沂西站污水采用 SBR 工艺处理达到《污水综合排放标准》(GB 8978—1996)中的一级标准后排放到机务段附近的沟渠内。新建站生活粪便污水均经化粪池处理，其中诸城采用氧化沟工艺(SBR 方式运行)处理，莒县采用 SBR 工艺处理，郯城采用强化一级处理，五莲、沂水采用小型厌氧生物处理，胶西、桑园采用厌氧生物滤罐处理，达到《污水综合排放标准》(GB 8978—1996)中的二级标准后排放到当地环保部门指定的排水地点中；沙墩、汤头采用氧化塘处理后排放，其余各站污水经化粪池处理后直接排放到当地环保部门指定的排水地

点中。

(2)各站设计采用燃煤锅炉并配合使用太阳能热水器及电开水器。锅炉污染物排放符合《锅炉大气污染物排放标准》(GWPB3—1999)之二类区标准要求。

5.1.2.3 声屏障设计

(1)吸声材料选择:为了保证声屏障降噪效果并结合不同路段的形式,设计采用2种吸声材料。在桥梁上使用奥地利生产的WSR50吸声材料,在频率为500～1 000 Hz范围内吸声系数为0.58～0.83,具有质轻、阻燃、耐腐蚀、耐潮湿,维修方便等特点。在路基上使用CJQB吸声材料,其吸声系数为1.03(500 Hz),具有耐酸雨、耐潮湿、抗融冻、重量轻、易维护、易安装、阻燃等特点。

(2)声屏障形式:声屏障设计分为路基上声屏障、桥上声屏障和涵洞上声屏障三种形式。路基上声屏障的基础类型为人工挖孔桩,声屏障高度为2.7 m;涵洞上声屏障基础为条形基础,声屏障高度为2.5 m;桥上声屏障高度为2.5 m。声屏障均为直立形。

(3)声屏障降噪效果:根据声屏障声学计算,敏感点处声屏障的插入损失为8～10 dB。

5.1.3 施工期的环境保护

(1)优化施织,文明施工。

①加强施工组织设计,施工车辆尽可能利用既有道路,并严格按设计施工便道走行,避免碾压农作物和地表植被。

②加强施工现场管理,临时设施进行整体部署,不随意修建。施工结束后及时拆除临时建筑物,清理平整场地,复垦还耕。

③加强施工道路管理与养护,保持路面平整;砂石土路经常洒水,防止运输扬尘污染植被和农作物;在运输砂、土、灰等容易产生扬尘的建筑材料时,运输车辆加盖篷布。

(2)加强管理,防止污染。工程施工期虽然是短暂的,但沿线的生态环境一经污染,就难以在短期内恢复,造成严重的环境影响。胶新线施工全过程中加强对环境的管理和监控,在施工管理区、生活区产生的粪便污水设化粪池预处理;施工人员生活垃圾集中堆放,统一处置。

(3)依法施工,保护文物。胶新铁路经过的诸城恐龙化石地质遗迹保护区,对研究恐龙生态环境、探讨恐龙灭绝、大陆漂移、生物演化等具有重要的科学价值。施工前由地方文物保护管理部门组织重点勘探、挖掘,施工单位进驻后,在文物管理部门监督指导下施工。

5.1.4 环境保护效果

胶新铁路是我国最早在铁路干线实施的大规模绿化、美化工程,生态效果良好。铁路建设中首创中国铁路史上的新模式:铁路环境绿化设施与主体工程同步建设、同步设计、同步验收。胶新铁路环境绿化主要包括:路基、路堑边坡防护运用生物技术达到绿色全覆盖;路基及铁路地界5 m外两侧20 m至50 m内乔灌草相结合、林果花相结合、针叶树种阔叶树种相结合;站区绿化乔灌草相结合,绿色屏障与铁道两侧的防护林成为一条绿街,形成了"景随路移、路景交融,浑然一体"的绿色生态效果(图2.5.1～图2.5.4),成为中国第一条一次建成的"绿色铁路"大通道,为今后我国的"绿色铁路"建设提供了示范样板。

图2.5.1 胶新铁路路基边坡环境绿化

图2.5.2 胶新铁路路基两侧环境绿化

图 2.5.3　胶新铁路路桥环境绿化

图 2.5.4　胶新铁路车站环境绿化

5.1.5　经验与体会

胶新铁路绿色通道的建成，是铁路工程建设领域推进生态文明建设的一次成功尝试。主要有以下经验和体会：

(1)理念创新——绿色通道成功之路。胶新铁路绿色通道建设的成功实践，关键在创新。首先是理念创新，才会有更多的技术创新。长期以来由于经济条件与思想观念的局限，对生态环境的保护意识比较淡薄，生态环境不尽人意，这一切促使胶新建设者下定决心，要把胶新铁路建成一条生态环境优美的绿色风景线。

(2)技术创新——绿色防护与林带建设。特别在路基边坡防护方面，提出"以生物防护技术为主，与土工合成材料、圬工防护技术相结合，因地制宜、灌草结合"的防护技术标准，采用多种先进的生物防护新技术，新工艺，实现了全线绿色防护与林带建设、防护与改善生态环境相结合，形成了一条名副其实的绿色通道。

(3)观念创新——路地协作共建绿色铁路通道。胶新铁路地界 5 m 外、两侧 20～50 m 宽、306 km 长的防护林带，设计方案通过技术鉴定后，经测算铁路要投资购地费 3.84 亿元，苗木、人工费 6237 万元，这样大的投资单靠铁路投资的绿化费是远远不够的。经认真探讨与协商，铁路部门与地方政府达成共识，共同推进绿色铁路通道生态文明建设，铁路地界内绿化由铁路方出资，铁路地界外的绿化由地方政府组织实施，铁路方提供部分苗费补贴，林带产权归地方政府所有。绿化用地采用承包方式，责任到户，收益归己。如此一来，路地双方都办到了多年想办而办不到的事，可谓两全其美，一举多得，开创了中国绿色铁路通道建设的新纪元。

5.2　青藏铁路的生态环境保护

5.2.1　项目概况

青藏铁路(格尔木至拉萨段)全长 1 142 km(其中新建线路 1 110 km)，是世界上海拔最高、线路最长、通过多年冻土地段最长的高原铁路(图 2.5.5)，翻越唐古拉山的铁路最高点海拔 5 072 m。全线经过海拔 4 000 m 以上地段 960 km，连续多年冻土区 550 km，另有部分岛状冻土、深季节冻土、沼泽湿地和斜坡湿地。沿线地震、崩塌、滑坡、泥石流等地质灾害严重。青藏铁路建设面临着多年冻土、高寒缺氧、生态脆弱"三大难题"的严峻挑战，工程十分艰巨。

青藏铁路经过的山脉主要有昆仑山、唐古拉山、头二九山、念青唐古拉山。唐古拉山以北属干旱、干寒气候区，大部分路段植被稀疏，荒漠化严重；唐古拉山以南属高原干旱、亚干旱气候区，湿地发育。线路通过的大部分高原腹地，具有独特的冰缘干旱气候特征，且随海拔增高而呈现明显的气候垂直分带性。区内寒冷干旱，气候多变，四季不明，空气稀薄，气压低。青藏高原大风(8 级及以上)天数多(集中于 10 月至次年 4 月)，易引起风沙灾害，多见于红梁河地区、北麓河盆地、沱沱河盆地、唐古拉山盆地及错那湖地区。

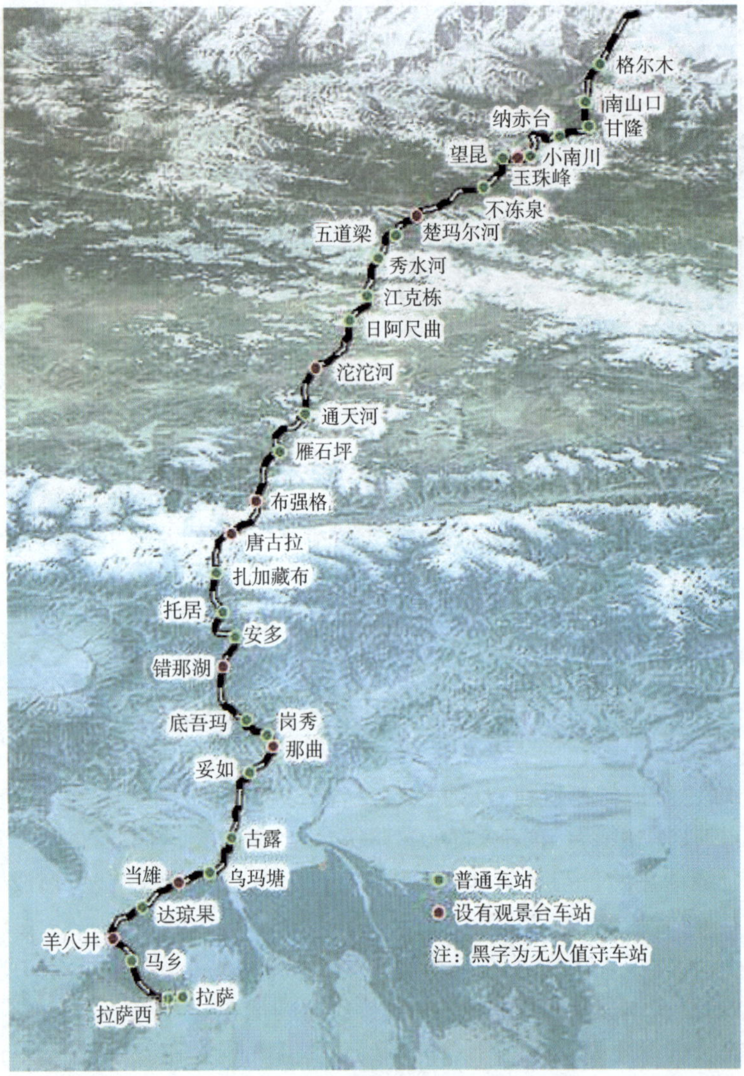

图 2.5.5 青藏铁路线路走向示意图

5.2.2 生态环境保护的目的及意义

生态环境是人类生存和发展的基础条件，保护和建设好生态环境是我国经济建设必须坚持的一项基本方针。被誉为“地球第三极”的青藏高原，有着独特的自然条件和丰富的自然资源，造就了多彩的动植物区系，它不仅是我国和南亚地区的“江河源”、“生态源”，而且被世界自然基金会（WWF）列为全球生物多样性最优先保护的地区之一。

青藏高原独特的气候环境，造就了相对完整的高原特殊生态系统。青藏铁路沿线从北到南展现有“干旱少雨的沙漠戈壁地带、高海拔的长年冻土地区、自然植被草垫较好地带”三个重点生态地区，但其生态环境十分脆弱、敏感，破坏后不易恢复。铁路沿线的自然环境被人为工程活动扰动，若处理防护不善，极易引发水土流失，造成生态环境严重破坏，也会影响铁路工程的稳定性，危及铁路运营安全。因此，在青藏铁路建设中加强铁路沿线的生态环境保护，具有十分重要的意义。

5.2.3 青藏铁路生态环境保护的难题

青藏铁路（格拉段）穿越青藏高原腹地，沿线生态环境脆弱，环境保护面临“六大难题”：

(1)自然保护区保护问题。为保护青藏高原独特的高原高寒生态系统，我国建立了可可西里、三江源、羌塘等国家级自然保护区。如何在铁路建设中把对自然保护区的影响降到最低，是必须解决的环保难题。

(2)野生动物保护问题。青藏高原珍稀动物物种多，种群数量大。南北走向的铁路，可能阻隔东西方向的野生动物迁徙路径。如何设置野生动物通道是面临的全新课题。

(3)植被和自然景观保护问题。青藏高原自然景观自东南向西北呈现高寒灌丛一高寒草甸一高寒草原一高寒荒漠更替,间布有一定面积的沼泽植被、垫状植被。青藏铁路建设必须确保沿线植被环境和自然景观不受破坏。

(4)江湖水源保护问题。青藏高原是长江、黄河、雅鲁藏布江等大江大河的发源地,高原湖泊星罗棋布。青藏铁路建设中确保水源水质不受污染是一项重要任务。

(5)冻土环境保护问题。青藏铁路穿越从昆仑山北麓至安多的多年冻土区 550 km,其中高温不稳定性和高温极不稳定性冻土地段 210 km,多冰、富冰、饱冰冻土和含土冰层路段长达 300 km。保护冻土环境,防止冻融侵蚀灾害,是青藏铁路建设成功的关键所在。

(6)水土保持问题。青藏高原特殊的地理和气候条件,生态环境十分敏感、脆弱,物质循环和能量转换过程缓慢,植物种类较少、生长期短、物产量低。唐古拉山以北大部分路段植被稀疏,荒漠化严重,而且在长期低温环境下生长的高寒植物和地表植被,一旦破坏,很难恢复,具有不可逆转性,并会加速冻土融化,引起土壤沙化和水土流失灾害。

5.2.4　生态环境保护的理念和方法

建设项目生态环境保护的主要工作内容包括:预防监督、综合治理、生态修复等。青藏铁路建设从前期开始,从细节入手,将生态环境保护贯穿工程始末。

(1)高度重视青藏高原生态环境保护。铁路建设前期,铁路建设主管部门就确立了"预防为主、保护优先,开发与保护并重"的理念,指导后续生态环保设计、施工、管理工作。

(2)积极推广应用新技术、新方法。通过"3S"技术,利用遥感、地理信息系统和全球定位系统,结合现场调研、踏勘、监测资料,判明铁路沿线水土流失现状,为青藏铁路工程全面规划、环境保护综合治理奠定了坚实基础。

(3)总结经验,吸取教训,因地制宜,分区防治,综合治理。青藏铁路与青藏公路多处并行,有许多可供吸取的经验和教训。结合青藏铁路工程特点,制定"因地制宜,突出重点,分区防治、综合治理"的原则,构建了生态环境保护与恢复的建设模式。

(4)坚持"产、学、研"合作,提升生态环境保护设计水平。广泛吸纳设计、施工、高等院校、科研机构等多家单位,大力开展生态环境保护科学试验研究。实施了"青藏铁路高寒植被恢复与再造试验、青藏铁路多年冻土灾害防治"等重大科研课题研究,在青藏铁路沱沱河、安多、当雄地区建立了高寒草原、高寒草甸植被恢复试验基地,为青藏铁路生态环境保护措施的设计与施工提供了技术支持,为冻土环境水土流失灾害的治理提供了指导。

5.2.5　生态环境保护的基本原则

(1)坚持"铁路选线兼顾生态环保"原则,从生态环境保护角度,在满足工程安全的前提下进行多方案线路比选,尽量避让水土流失重点预防区和重点治理区。

(2)坚持"不破坏就是最大保护"原则,合理设置临时工程。针对青藏高原的特点,最大限度地减少临时工程设置,充分利用既有青藏公路的取土场、废弃的营地、场地等。

(3)坚持"土石方综合调配"原则,移挖作填,减少取(弃)土量,减少占地。

(4)坚持"以桥代路"原则,减少对冻土冻融侵蚀,保护高原植被,减少水土流失。

(5)坚持"因地制宜、植被优先"原则。青藏铁路采取"因地制宜、宜草则草、宜荒则荒"的植被恢复措施。唐(古拉山)北段以自然恢复为主;唐南段以人工恢复为主,充分利用高原高寒植被保护与恢复试验研究成果,恢复的植被生长良好。

(6)坚持"优化施工工艺和方法"原则,防患于未然。充分利用路基作为纵向施工便道,并采取倒行卸土的施工方法,有效保护路基两侧的植被;冻土区桥梁基础施工时,推广采用旋挖钻干法成孔施工工艺,保护冻土环境、减少水土流失。

(7)坚持"施工期水土流失监测"原则。委托具备生态环境保护监测资质的机构开展施工期水土流失监测,对工程建设造成水土流失的不同地段布设侵蚀类型监测点、生态环境保护措施效果监测点等,并将监测结果定期上报，及时处理解决施工中存在的问题。

(8)坚持“施工期生态环保宣传教育”原则，做到全员培训，全员自觉保护生态环境。

5.2.6　生态环境保护工程设计

青藏铁路建设对生态环境的影响，主要表现在以下几个方面：

(1)铁路选线对自然保护区环境的影响；

(2)施工便道、砂石料场、施工营地等对环境景观的影响；

(3)取土及隧道弃渣对土地沙化的影响；

(4)工程施工、人为活动对野生动物的影响；

(5)桥梁施工对河流水质的影响；

(6)房屋取暖对大气环境的影响；

(7)运营期固体废弃物对环境的影响。

因此，如何处理好各类工程设计所面临的环保问题，是防止青藏高原生态环境被恶化的关键。工程设计中必须结合各类工程特点，加强生态环境保护设计(表 2.5.1)，最大限度地保护青藏铁路沿线优美的自然生态环境景观。

表 2.5.1　青藏铁路生态环境保护设计措施

工程类型	设计采取的生态环境保护措施
线路工程	(1)线路经过自然保护区时，进行了多方案比选，尽量靠近公路布线，减少对自然保护区的影响。 (2)线路经过湖泊、湿地等环境敏感地带时，尽量绕避或进行桥路比选、增加桥涵密度等工程措施，保证地表径流畅通，减缓对湖泊、湿地的影响
路基工程	(1)为防止地表植被大面积破坏，保护冻土环境和铁路沿线的自然景观，分段集中设置取土场，强化土石方调配，加大土石方运距。除填挖相间地段外，严格控制大范围使用推土机和铲运机作为运土机械，取土机械由常规的推土机或铲运机改为挖掘机配自卸汽车。取土地点集中设置在植被稀少的山包、丘包、荒地及河滩。工程完工后及时进行平整、植草或熟土覆盖，防止荒漠化和水土流失。 (2)路基挖方地段具有珍贵草甸植被或灌丛时，采取移植草皮或熟土堆放等工程措施。 (3)冻土环境较脆弱地段，采用通风路基或加盖保温材料等工程措施，确保径流畅通，防止冻土深度扰动，有利于阻止冻土上限下移而破坏热融平衡。 (4)弃土堆位于河道、冲沟附近受水流冲刷时，采取干(浆)砌片石护坡，必要时设挡土墙防护。 (5)区间路基边坡采取抗滑桩、挡土墙支挡及铺草皮、种草籽护坡防护；在路基迎风侧设置防雪、防沙、防风的防护林带；保护风沙路基两侧 500 m 范围内的原有地表植被和地表硬壳不被破坏；设置取土坑、弃土堆植被恢复及景观恢复工程
桥涵工程	(1)桥梁桩基推行旋挖钻机成孔，减少其他钻孔形式所产生的泥浆污染，避免产生次生污染源。 (2)桥梁基坑回填、钻孔出渣，分别采取粗颗粒土、远运至集中堆放点，减轻对环境的影响。 (3)结合青藏铁路沿线动物生活习性、种群分布规律，为减缓工程建设对沿线野生动物的迁徙、种群交换的影响，工程设计了动物通道 33 处，其中缓坡通道 13 处、桥梁通道 17 处、隧道上方 3 处，并在缓坡通道出入处设立了防护栏、警示牌等附属设施。 (4)逢沟设置涵洞，基本不做改沟合并。严格执行诸如换填地基土、设保温层、防渗漏及寒季施工等工程措施，确保涵洞洞身及进出口端附近排水畅通，防止发生冻胀、融沉灾害
隧道工程	(1)强化合理调配和处置隧道弃渣。 (2)对不能利用的弃渣，选择远离线路集中堆放。 (3)植被稀疏的地方设置坡脚挡护，渣顶平整、覆盖和设排水沟等工程措施
房屋工程	(1)车站房屋设计采用架空的轻型钢结构桩基础，避免传统条基砖砌房屋产生冻土热融破坏。 (2)室内取暖以电能、太阳能等清洁能源为主，燃气锅炉为辅，减少对大气污染物的排放量
站场工程	(1)强化土石方合理调配，减少分散取土，保护站场周围环境。 (2)对有条件的站区，采取场坪绿化，边坡植被恢复措施
施工组织设计与建筑材料	(1)集中设置制梁场、材料厂等大型临时设施，减少分散施工产生的废水排入河流污染水环境。 (2)设计通往重点工程、取弃土场、当地料采备场的大临便道，固定行车、行人路线，限制人为活动范围，减少地表扰动及植被破坏；铁路远离公路的地段按单车道加错车道标准修建主干道，其余地段按单车道标准修建引入线。 (3)当地砂石料选择，不在环境敏感区、缓冲区、动物通道上设置料源点；料场与公路和铁路保持 200 m 以上的距离；尽量选在荒地和植被稀少的地方，避开风蚀沙化地段；对生产砂石料场采取湿法作业，降低扬尘对大气的污染；运料车辆根据季节采取加盖棚布和洒水湿法运输，减少运输过程对局部环境的影响

续上表

工程类型	设计采取的生态环境保护措施
站后配套工程	(1)给排水工程设计,采取生活污水集中处理,达标排放。 (2)施工期生活垃圾,采取设置垃圾箱分散收集,运往指定地点集中处理。 (3)车辆专业采用封闭式客车体,运营期客车上产生的垃圾在指定车站定点排放,集中处理。 (4)环保专业结合青藏铁路沿线植被分布特征,开展植被恢复与再造试验研究,优先采用植物防护措施

5.2.7 生态环境保护工程的实施

青藏铁路生态环境保护工程,主要实施了"工程治理、植物保护、临时防护"三大措施。

5.2.7.1 工程治理措施

(1)支挡防护:路堤、路堑、隧道洞口、桥梁两端路基边坡和河流岸壁等处设置挡土墙、抗滑桩支挡,坡面采取骨架护坡+植被防护(图 2.5.6)、浆砌片石护墙、挂网喷射混凝土等防护措施,减少水土流失。

图 2.5.6 青藏铁路桥梁两端路堤坡面骨架护坡及植被防护

(2)冲刷防护:根据水流流速不同情况,采取单层干砌片石防护、浆砌片石护墙或片石混凝土脚墙,混凝土块板坡防护,护道防护等,减少水蚀危害。

(3)风沙防治:坚持"以防为主,防治结合"的原则,以工程防沙为主,平面与立面相结合,采取平铺卵石土,设置石方格沙障、混凝土透风式高立式沙障等措施阻沙。

(4)取土场治理:合理规划,边取土,边整治,随取随整,规范施工,合理作业。

(5)弃砟场治理:对隧道工程加强土方调运,隧道出渣尽量用为路基填料,不得不弃时,要加强防护,设置挡渣墙,严格贯彻"先挡后弃"的施工工艺,采取干砌片石和混凝土工程防护。对风火山隧道的弃渣场坡面还采取了草皮移植护坡措施,取得较好效果。

5.2.7.2 植物保护措施

(1)表土保存和草皮移植。安多以南,对工程范围内需清理的表层熟土进行保存,需清除的植被进行异地保存、移植、养护。首先判别草皮类别,然后切割草皮,临时存放养护(图 2.5.7),最后进行回铺,再养护,探索出了高寒、干旱区多年生的草地植物、草皮移植施工工艺流程。

图 2.5.7 青藏铁路切割草皮移植存放

(2)路基坡面植被保护。路基坡面植被防护按照“分段实施、稳步推进”的原则,对唐古拉上南安多至拉萨段进行了植被防护设计,效果良好,已形成绿色长廊,路基边坡稳定,绿色路基与其周边的环境协调一致。

(3)取弃土场弃渣场的植被防护。取弃土场施工后,首先进行清表,修整边坡,再采取植被恢复措施。弃土(渣)场遵循“先挡后弃”的原则,采取工程和植物相结合的综合防治措施。在挡墙防护基础上,将地表表皮铲起、保存,待施工结束后平整、碾压并恢复植被。

(4)站场植被防护。为了打造“绿色、生态、环保、和谐”的铁路站场,根据铁路沿线不同的场地条件,对可绿化车站进行绿化设计,对格尔木车站和安多至拉萨段的车站进行了绿化美化布置。

5.2.7.3 临时防护措施

采取设置泥浆沉淀池、拉线、设置围栏和砂袋挡护等临时防护措施,控制施工活动范围,避免对周边环境造成影响。

5.2.8 生态环境保护管理措施

青藏铁路建设吸收了环境管理体系中 PDCA 运行模式的思想精华,通过规划、实施、检查、改进的不断循环,持续改进管理措施,不断提升生态环境保护管理水平和质量。

5.2.8.1 管理体系

实行由建设单位、施工单位、工程监理单位、环境监理单位“四位一体、责任共担、注重细节、全面监控”的环境保护管理体系,总指挥部委托第三方,负责对全线环保进行全过程监控,率先在国内铁路建设中第一次实行全线环保监理制度。

5.2.8.2 管理制度

(1)工作备案制度。建设单位提出要求,在开工建设前,对主体工程及临时工程等所有工地的原地貌拍照、摄像,作为档案资料保存,填写《生态环境保护方案报告表》等各相关资料,报地方环保、水保主管部门备案,随时接受地方主管部门的监督检查。

(2)施工组织审查制度。施工组织设计中将环保措施作为审查开工的必须条件。建设单位审批开工报告时,严格审查施工组织设计中生态环保的措施方案,对不符合要求者,不得开工。

(3)临时工程现场核对、优化、审批制度。施工过程中对临时设施的选址或变更,诸如取弃土场、砂石料场的另行择址,施工便道、场地、营地的临时变更,均按规定工作程序办理。由建设单位统筹,设计、监理、施工单位共同参加，对现场进行联合核对、优化，经审批后，报地方主管部门核备。

(4)监理制度。建立环保监理制度，制定监理指南及相关记录表，建立健全环保监理体系和监理工作程序，对工程监理提出明确的工作要求，保证施工环节生态环保有效控制。

5.2.8.3　管理措施

(1)制定生态环境保护措施。对施工准备、施工、竣工环保工作提出具体要求。调动参建各方积极性，将环保工作纳入《青藏铁路建设奖罚管理规定》。

(2)实施全过程控制。施工准备阶段，严格审查施工组织设计中的环保方案，进行技术交底；严格管理临时工程，确保临时工程合理设置、环保措施方案合理有效；工程实施阶段，建立监督检查制度，将各项环保措施融入工程的组织管理中；工程竣工阶段，组织系统内部环境保护验收检查，对不合格的提出整改意见，并监督落实。

5.2.9　生态环境保护的效果

青藏铁路 2001 年 6 月 29 日开工，2006 年 7 月 1 日全线建成通车。建设期间，采用当今世界上最先进的高原铁路建设技术，解决了遇到的各种技术难题和生态环境保护难题，使青藏铁路成为我国第一条名符其实的高原生态铁路，人们在青藏铁路沿线看到的是一幅动人的人与自然和谐共处的生态长廊画面。青藏铁路环境保护设施验收评定专家组认为："青藏铁路在前期研究、方案审批、设计落实、工程实施、建设管理、运营维护全过程都坚持了'生态保护优先'的理念，为同类工程建设生态环境保护提供了可供借鉴的经验，树立了典范。"

5.3　京津城际铁路的环境保护

2008 年 8 月 1 日，我国第一条时速 350 km 的高速铁路——京津城际高速铁路开通运营(图 2.5.8)，不仅创造了世界铁路运营的最高纪录，其节能环保的特点更让她彰显了绿色铁路新标志的交通大动脉。

图 2.5.8　京津高速铁路绿色通道

(1)以桥代路节约土地。土地是不可再生的资源，目前中国人均土地面积不足 0.8 hm^2，仅占世界人均土地资源量的 1/3。最大限度地节约土地资源，大量采用"以桥代路"，不仅成为京津城际高速铁路桥梁设计建设中的一大创新，而且又是凸现环保理念的一个亮点。京津城际高速铁路全长 120 km，按常规的设计思路和施工方法，不仅将占用大量土地，而且还会在搬迁、拆迁等相关方面引起更多问题。为此，铁路部门本着节能环保的要求和原则，经过多次实际勘察调研，反复优化设计方案，最后决定采用"以桥代路"的施工方法，要求在每个点、线上尽可能多用高架桥梁，把耕地数量想方设法用到最少。建成后的京津城际高速铁路全线桥梁总延长为 101 km，占全线总长的 84%，其中，跨北京环线、凉水河、杨村、永定新河、新开河等 5 座特大桥累计长 100.2 km。最长的桥梁杨村特大桥，全长 35.812 km。桥梁以 32 m 简支箱梁为主导桥形。因沿线城镇密集，公路、铁路等基础交通设施发达，跨越重要线中等城市均采用了大跨度连续梁和钢混结合梁等特殊结构。由于大量采用"以桥代路"，有效地减少了铁路对沿线城镇的切割，更节省了大量土地。据测算，与路基相比，采用桥梁每公里可节省土地 44 亩，仅"以桥代路"一项，京津城际铁路就节约土地 4 590 余亩。

(2)绿色高速动车组。每个乘坐京津城际铁路列车的乘客,一定都会被时速 350 km 高速飞驰的“和谐号”动车组所吸引。高速动车组是当今世界高新技术的集成,应用了轮轨关系 、交流传动、制动控制、列车运行控制、信息工程、空气动力学工程、人体工程、环保工程、可靠性与安全性技术等多个专业领域的研究成果,是高速铁路的标志性装备。融合了各种高科技于一身的高速动车组列车,以其不凡的身手,成为绿色京津城际铁路线上最引人注目的焦点。京津城际铁路上运行的时速 350 km 动车组,采用了动力分散技术,将牵引动力系统分散布置在各车厢地板下部,列车牵引功率可以做得很高,并通过列车网络系统,实现有效的同步控制。动力分散动车组是世界高速列车发展的潮流。由于动力均匀分布在车下,动力分散动车组具有牵引功率大、轴重小、可靠性高,编组灵活。列车利用率高,启动加速性能好等诸多特点。以在京津城际铁路上运行的 CRH_3 型动车组为例,整个列车采用 8 辆编组,4 辆动车 4 辆拖车,牵引总功率 8 800 kW,强劲的动力使列车在 350 km 时速下仍游刃有余。这样大的装车功率会不会导致过于费电?其实不然。由于高速列车外表做得极其光滑,长长的“鼻子”和流线型的车体造就了极佳的空气动力学效果。同时,由于采用最薄处只有 2.5 mm 厚的铝合金、中空结构的车体,动车组重量比一般铁路客车轻 30% 以上,列车能耗大大降低。经大致测算,CRH_3 型动车组列车每小时人均耗电仅 15 kW,北京到天津人均耗电仅有 1.5 度。京津城际铁路高速动车组单位能耗不及波音 747 飞机的 3%,仅为磁悬浮列车能耗的 40%和私人汽车能耗的 20%。高速动车组的节能环保可见一斑。

(3)零排放、低噪声、人性化。高速列车在节约能耗的同时还是“减排”的高手。衡量交通工具绿色与否的重要标准之一就是废水废气的排放。由于采用绿色能源电力牵引,京津城际铁路的高速列车没有任何废气排放。同时,列车上的废水污物采用真空系统来收集,所有的废水废物车到了车站以后会采用专用的设施吸走进行环保处理,实现线路两侧的废水废物零排放。为了降低京津城际铁路沿途的噪声,铁路科技工作者分别在轮轨技术、空气动力学、列车受电技术等方面进行了技术革新,采取了相应的降噪措施,并取得了成功。通过高速列车外形系统优化设计,有效降低了高速运行时的气动噪声;采用使用特殊的消音车轮并配合无缝长钢轨,有效降低了轮轨噪声。同时,动车组列车系统采用了先进的隔音降噪技术,在车体的中空结构和地板间填充了大量的隔音降噪材料,有效降低了车内噪声。高速列车运行时速达到 350 km 时,车内外噪声均达到国际标准。

第 3 篇　绿色铁路地质灾害及防治技术

第1章　概　　述

本篇以我国地质灾害最为严重的西南地区为例，研讨铁路地质灾害及其防治问题。我国西南地区包括云南省、贵州省、四川省、重庆市及西藏自治区，在西部大开发中还包括广西壮族自治区。6个省(市、自治区)的总面积257.06万km^2(占国土总面积960万km^2的26.8%)，其中山区占75.1%，丘陵占20.24%，平原、盆地及大谷地占4.66%。

根据2012年《中国铁道年鉴》统计，至2011年底，中国铁路营业里程达93 250 km，居亚洲第一位。西南及华南部分省区(包括四川、贵州、云南、广西、西藏、海南、重庆七省市及广东部分地区)，地形复杂和交通不便，经济不发达和贫困地区多。至2011年底，既有铁路营业里程13 870 km，占全国铁路营业里程的14.9%，路网密度53.1 km/万km^2。

西南地区铁路建设中经常遇到的主要工程地质问题有崩塌、滑坡、泥石流、岩溶(喀斯特)与地面塌陷、有害气体、采空区、高地应力等不良地质现象和软土、膨胀土(岩)、红黏土、盐岩等特殊岩土问题，铁路、公路工程建设中常发生各种工程病害或灾害，给工程勘察、设计、施工、运营带来了大量的疑难课题。因此，研究铁路地质灾害及其防治技术具有重要意义。

第2章　区域地质环境

2.1　地势地貌

西南地区地势西高东低，山川绣丽、景象万千。山地、高原、丘陵、盆地均有分布。主要包括西藏高原、云贵高原、川西山地高原、四川盆地、渝东山地及广西盆地等。

西南地区从西到东的地貌可划分为三个台阶：

1)第一台阶

西藏高原为第一台阶，高程以 4 000～5 000 m 为主。高原上有喜马拉雅山、冈底斯山、喀喇昆仑山、昆仑山、唐古拉山、念青唐古拉山等山脉。其中，喜马拉雅山脉的珠穆朗玛峰 8 848 m，冈仁波齐峰 8 638 m，希夏邦马峰 8 012 m；喀喇昆仑山脉的乔戈里峰 8 611 m，公格尔山 7 719 m，慕士塔格山 7 546 m。在昆仑山脉、唐古拉山脉和冈底斯山脉、念青唐古拉山脉之间，是一片广阔的高原。冈底斯山脉和喜马拉雅山脉之间为雅鲁藏布江流域的东西向干流。

2)第二台阶

云贵高原、四川盆地周边及重庆地区属于第二台阶，高程以 1 000～2 000 m 为主。高原西部周边高山也在 4 000～5 000 m 高程以上，主要有玉龙雪山 5 596 m、哈巴雪山 5 396 m、梅里雪山 6 740 m、碧罗雪山 4 553 m、老君山 4 247 m、点苍山 4 122 m、高黎贡山 4 900 m、白马雪山等。云贵高原自西向东高程降低，昆明一带高原盆地高程为 1 900～2 000 m，至贵阳一带盆地高程降为 900～1 000 m。四川西部山地高原有 4 500 m 高程以上的万年雪山，大雪山主峰贡嘎山 7 590 m，川西北岷山的最高峰雪宝顶 5 588 m。四川盆地四周有龙门山、邛崃山、大相岭、大巴山、大雪山、大凉山、沙鲁里山、雀儿山、华蓥山、龙泉山及云贵高原上的大娄山，高程 1 000～3 000 m，多为中山地貌地势。

3)第三台阶

广西盆地主要属于第三台阶，高程以 1 000 m 以下为主。盆地四周山地环绕，桂西及桂南有大明山、都阳山、高楼岭、十万大山、六万大山、勾漏山、大容山及罗阳山，桂北、桂东北有苗儿山、海洋山、九万大山和大瑶山，其中苗儿山和元宝山主峰高达 2 000 m 以上，其余多在 1 500 m 以下。广西盆地中郁江流域高程在 50～200 m，桂中平原等高程在 200 m 以下。

2.2　气候特征

西南地区地势地貌上分属三个台阶，从西部高山至东部平原，高程相差 8 000 m 以上，导致这大片地区的气候条件具有立体性特征。

1)太阳辐射热

西藏地区可达 75.4 亿～83.7 亿 J/m^2，金沙江及昆明西北部地带为 58.6 亿～62.8 亿 J/m^2，成都地带为 33.5 亿～37.7 亿 J/m^2，贵阳地区为 37.7 亿～41.9 亿 J/m^2，其他多为 46.1 亿～54.4 亿 J/m^2。

2)年日照时数

西藏达 3 000～4 000 h，怒江为 1 600～2 000 h，金沙江及昆明西北一带为 2 400 h；成都地区为 1 000～1 200 h；广西多为 1 600～1 800 h；其他多为 2 000～2 200 h。

3)年平均气温

西藏地区以 4～8 ℃为多，藏南大峡谷有 10～26 ℃的变化；云南地区多为 12～22 ℃；成都平原为 16～18 ℃；贵州地区多为 16～18 ℃；广西地区多为 22 ℃左右。

4)年降雨量

西藏地区察隅年平均降雨量可达1 000 mm，林芝地区约为700 mm，拉萨为400 mm，日喀则为300 mm，定日为200 mm左右，藏北高原只有50～200 mm；云南省在滇西南和元江红河谷地，年平均降雨量在2 000 mm以上，滇中及滇北地区只有500～600 mm；贵州省年平均降雨量一般为1 500 mm；四川省在川西高原北部阿坝、若尔盖及理塘一带只有600～900 mm，大部分地区在1 000 mm左右，金沙江、安宁河谷可达800～1 200 mm；重庆市年平均降雨量为1 000～1 200 mm；广西壮族自治区年平均降雨量为1 100～2 800 mm，且东部多于西部。

西南地区地形东低西高，气候条件受地形地势制约，降雨量具东多、西少趋势。但是，由于云贵高原南部及广西南部有来自南部的暖湿气流，滇南、桂南一带雨量较多。西藏高原受喜马拉雅山脉阻挡，暖湿气流主要沿雅鲁藏布江近南北向的大峡谷北上，在峡谷及周围由南往北，雨量由5 000～6 000 mm，逐渐减少为1 000 mm；进入东西向雅鲁藏布江，以及藏北高原只有200～400 mm，有的只有50 mm。南海暖湿气流北上受滇西、藏东南横断山脉及川西高山阻挡，折向东北及东部，在滇西、川西山区降水量可达1 200～1 600 mm，而成都平原只有1 000 mm左右。

2.3 水系分布

如图3.2.1所示，西南地区主要水系为长江流域、珠江流域、西南国际诸河及藏北羌塘内陆河流域。广西地区主要属于珠江水系，桂南有小河流直接流入北部湾。

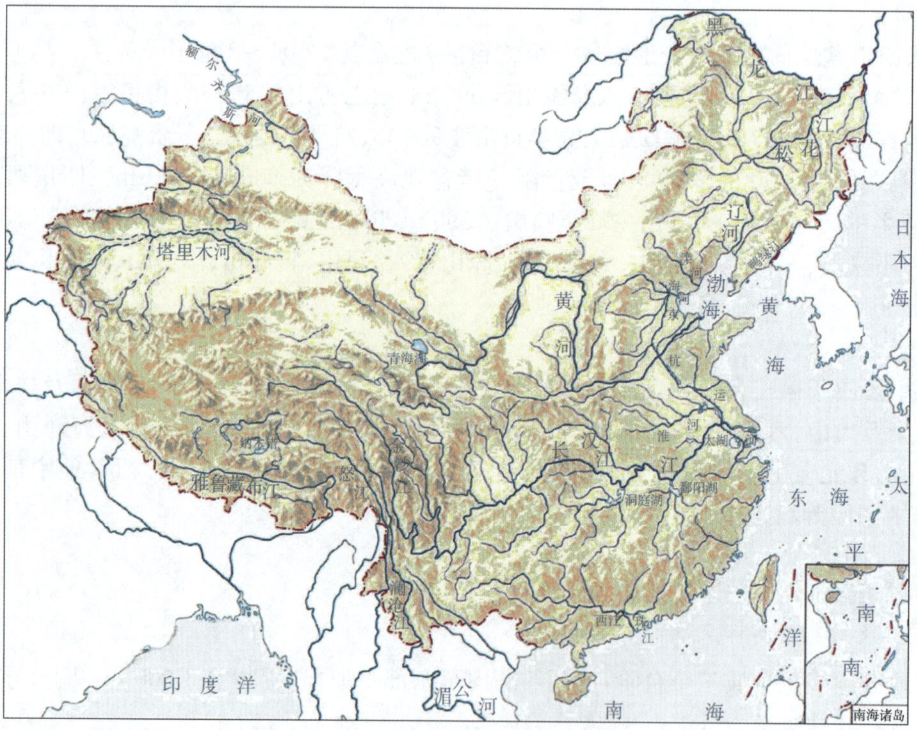

图3.2.1 中国地势及水系略图

1)长江流域

长江发源于青藏高原上的唐古拉山主峰各拉丹东，干流流经青海、西藏、云南、四川、贵州、重庆等11个省(市、自治区)，向东注入东海，全长6 380 km，是亚洲及我国最长的河流，流域面积180万km^2。

长江从源头到湖北的宜昌为上游，流经青藏高原、横断山脉、巫山山脉等，水流湍急，峡谷众多，落差很大，具有丰富的水力资源。流域上游包括的河流主要有金沙江、雅砻江、安宁河、大渡河、岷江、沱江、嘉陵江、涪江、渠江、青衣江、赤水河、乌江等，涉及青藏高原、四川省、云南省、贵州省的部分地区及重庆市的大部分地区。根据1956年～1979年多年平均统计资料，长江上游年水资源量约为4 467亿m^3，占全国年水资源总量28 000亿m^3的15.95%，为长江全流域年水资源量10 000亿m^3的44.67%。

长江流域上游，由于印度洋板块相撞，使喜马拉雅山强烈上升，伴随着青藏高原的隆起，使高程相差在 2 000～3 000 m 以上的青藏高原与低一级云贵高原及其斜坡地带，以及云贵高原与低一级平原间的高差达数百米甚至千米以上的斜坡地带，所发育的长江上游及其支流，具有较大的落差，蕴藏着丰富的水能资源。长江流域在宜宾以上落差达 5 132 m，占全长江落差的 95.2%，水能资源蕴藏量 1.16 亿 kW，年发电量可达 6 406 亿 kW·h。

2）珠江流域

珠江流域位于我国南部，跨越滇、黔、桂、粤、湘、赣 6 省（自治区）。流域总面积 45.37 万 km^2，其中在我国境内 44.43 万 km^2，约占全国土地总面积的 4.6%。珠江流域在云南的面积占 13.6%，贵州占 14.2%，广西占 44.8%，湖南占 1.2%，江西占 0.9%。珠江水系干流全长 2 214 km，列居全国七大江河的第 4 位。平均年径流总量为 3 360 亿 m^3，仅次于长江，居全国江河第 2 位。

西南地区地表水涉及珠江流域的支流西江上游。珠江水系最大干流是西江，此外还有北江、东江及珠江三角洲网河，广州至虎河一段才是珠江。西江上游是红水河，红水河由南盘江和北盘江两支流于贵州蔗香（双江口）会合后而得名。蔗香至广西象州县三江口的红水河，全长 659 km。三江口至桂平段称为黔江，干流长 122 km。黔江在桂平县与郁江汇合后称为浔江，干流长 172 km。浔江至梧州与桂江汇合成为西江。自双江口至梧州，广西境内的红水河—黔江—浔江干流长 953 km。

珠江流域处于亚热带，气候温和，雨量充沛，土地肥沃，物产丰富，有众多的岩溶洞穴、地下河、奇峰、湖泊等自然景观，是北回归线上少有的一块绿洲。据水文观测资料（25 年）统计，珠江流域年水资源总量为 3 344 亿m^3，约占全国年水资源总量的 12%。全流域年人均水资源量 4 400 m^3，亩均水量 4 800 m^3，均居全国七大江河之首。但水资源开发利用率仅为 13%，尚有很大的开发潜力。

珠江流域水量丰富，河流落差集中，是我国水能资源比较丰富的江河之一。珠江流域的南盘江和北盘江，上游至下游的落差达 1.5%～6%。全流域水能资源理论蕴藏量为 3 348.5 万 kW，年发电量 2 933 亿 kW·h。可开发的水能资源为 2 512 万 kW，年发电量 1 168 亿 kW·h，平均每平方水能蕴藏量达 75.7 万 kW。主要集中于干流西江的中上游，即北盘江、南盘江、红水河和黔江，这些河段位于云贵高原进入广西丘陵斜坡地带的落差较大，地质条件良好，适宜修建高坝大库，调蓄径流。下游丘陵平原宜于建造低坝引水，改善航运灌溉、养殖和城镇供水。

3）西南国际诸河

西南国际诸河，包括雅鲁藏布江和藏南的察隅曲、西巴露曲、明曲、森格藏布等河流，以及藏西的森格藏布江河、喀儿河、朗钦藏布河等。由云南出国境的河流主要有澜沧江、怒江、红河、伊洛瓦底江等国际诸河。此外，还有滇西南一些河流。

雅鲁藏布江为西藏第一大江，发源于喜马拉雅山西部山区，基本沿喜马拉雅山北麓和冈底斯山之间谷地由西向东径流，于林芝东北的德母下游大拐弯后，改由北向南流，形成大峡谷。雅鲁藏布江干流长 2 057 km，由西藏出境后称布拉马普特拉河，流经印度、孟加拉，注入孟加拉湾。

澜沧江发源于青海唐古拉山北麓，流经西藏入云南到国境内的主干流长度近 2 000 km。自云南西双版纳后称湄公河，流经缅甸、老挝、柬埔寨、越南后汇入南海。

怒江发源于西藏唐古拉山南麓，经云南境内至潞西，流入缅甸称萨尔温江，注入印度洋。

红河发源于云南省境内哀牢山，是流经中越的国际河流，全长 1 200 km，中国境内长 692 km。云南省玉溪元江县以上称元江，入红河州红河县后称红河。由河口出境入越南至北部湾入海。

伊洛瓦底江由西藏流入云南境内称独龙江，继续流入缅甸后，汇入伊洛瓦底江。

在藏西有流入巴基斯坦印度河的森格藏布河、喀儿河以及朗钦藏布河等，藏南有流入尼泊尔、不丹及印度的朋曲、西巴霞河、桑曲等河流。

西南国际诸河总的多年平均年水资源总量为 5 853 亿 m^3，比长江上游流量还要多一些。雅鲁藏布江在中国境内全长 2 057 km，落差达 5 400 m。水能资源非常丰富，但主要分布于下游河段。林芝县以下至巴昔卡段，河道长 496 km，落差 2 700 m 以上，平均坡降达 5.5‰；中段至墨脱县的里冬桥之间大河弯，河段长度 213 km，落差 2 190 m，河湾两端直线距离约 39 km，如果这段河修建隧洞引水式电站，通过上游修建调节水库，再修建一长 39 km 的隧洞，获得 2 120～2 300 m 的水头，其水能资源开发量是很大的，装机容量可达3 800万kW，比目前长江三峡工程的装机容量要大1倍多。当然，开发这些水能资源目前还是有困难的。

西南其他国际河流，水能资源也是非常丰富的。例如澜沧江中国境内干流全长2 000 km，落差5 000 m，平均坡降2.5‰；怒江国境内干流长2 013 km，落差4 840 m，平均坡降2.4‰。

4)湖泊

西藏、云南、贵州、四川、重庆的湖泊总面积2 711 625 hm^2，其中西藏2 578 859 hm^2，云南101 348 hm^2，四川28 322 hm^2，贵州2 836 hm^2，重庆260 hm^2。

西藏高原的湖泊，大多与冰川发育有密切关系，不少湖泊的上游常有冰川延伸到湖畔，湖泊水量的变化显著地受冰川消融规律支配。西藏自治区是我国湖泊最多的地区，全区约有大小湖泊1 500多个，其中面积大于1 km^2的湖泊有612个，大于5 km^2的湖泊有345个，大于50 km^2的湖泊有104个，大于100 km^2的湖泊有47个，大于500 km^2的湖泊有7个，大于1 000 km^2的湖泊有3个(最大的纳木错湖面积达1 920 km^2)，湖泊总面积近2.6亿 km^2，约占全国湖泊总面积的30%。西藏的湖泊分为外流湖和内陆湖两类，其中内陆湖占97.9%，在西藏内流水系中占有重要地位。藏北内陆湖区多数为咸水湖，但在东南侧，水质较淡，并间有少量淡水湖，如纳木错的矿化度仅1.7 g/L左右。区内西北侧的水质变咸，盐湖比重增加，如以盛产食盐而著称的扎布依茶卡就分布在西侧的仲巴县境内。

云贵高原的湖泊与地质构造断陷和岩溶作用密切相关，主要有断陷成因和岩溶成因两种类型的湖泊。断陷型湖泊以滇东的滇池、杞麓湖、抚仙湖、星云湖、异龙湖及滇西的耳海、四川的邛海、川滇边界的泸沽湖等为代表；岩溶型湖泊以云南的个旧湖、贵州威宁的草海、四川的马湖等为代表。云贵高原的湖泊，大多为淡水湖，为重要的城市供水及农业生产灌溉水源的调蓄场所。云贵高原大于1 km^2的淡水湖泊有27个，其中大、中型湖泊有9个，总容量达290亿 m^3以上。

西南地区各地湖泊是地表水的重要调蓄场所，也是一些地下水的排泄地。湖泊中蓄积的水资源是非常宝贵的，而且湖泊对水资源的调节调蓄，对防洪、抗旱以及生态环境，都有密切的关系。

2.4 地层岩性

西南地区处于欧亚板块的东南缘，与太平洋板块和印度板块相接，各地区地质环境差异较大，发展历史各不相同，区域地质各具特点。全区沉积类型多样，地层出露齐全，新生界、中生界、古生界、元古界、太古界的地层均有出露，其间多期岩浆活动强烈，岩浆岩分布广泛，规模巨大，既有岩浆侵入、又有岩浆喷出和爆发，演化历史漫长。变质作用类型齐全，变质程度各异，成矿条件优越，矿产资源丰富，是全国乃至全球具有重要地质特色的地区之一，也是全面研究地壳构造演化的重要地区之一。

我国岩浆活动划分为10个期，西南地区主要经历四堡期(川西北、滇西、龙门山—攀西、扬子区南缘)、加里东期(滇藏)、华力西期(藏北、藏东、三江地区较为强烈)、印支期(滇藏地区)、燕山期、喜马拉雅期。燕山期是最重要的岩浆活动期，西南广大地区均有分布。喜马拉雅期岩浆活动主要在滇藏地区表现尤为突出。现将西南地区各时代地层特征简要介绍如下：

(1)太古界。主要分布于昆仑山、客喇昆仑山、阿尔金山及帕米尔高原西部。主要为一套变质岩系，如石英岩、片岩、片麻岩、角闪岩夹大理岩、混合岩等。

(2)下～中元古界。主要分布于昆仑山、阿尔金山、喜马拉雅山和龙门山一带。岩性主要为块状结晶石灰岩、石英岩、片麻岩、大理岩、板岩、千枚岩、硅质石灰岩夹燧石结核、变质石英砂岩、粉砂岩夹灰岩、白云岩及中—基性火山岩等，它们构成了青藏高原的基底岩系。

(3)上元古界震旦系。主要分布于喜马拉雅、大巴山、滇中、川西等地。岩性主要为变质的砂岩、石英岩、石英砂岩、长石砂岩、白云岩、白云质灰岩、大理岩、硅质岩、千枚岩、板岩、片岩、页岩、玄武岩，局部夹砂岩、页岩、砾岩等。

(4)上古生界寒武系。主要分布于昆仑山、喜马拉雅山、龙门山、北大巴山、川西、滇西、滇东、滇东南、黔北等地。岩性主要变质的片岩、千枚岩、板岩、页岩、片麻岩、长石石英砂岩、石英变粒岩、灰岩、白云岩夹大理岩、钙质砂岩、钙质石英砂岩、粉砂岩及凝灰岩、流纹岩、火山岩等。

(5)上古生界奥陶系。主要分布于西昆仑山北缘、喜马拉雅山及扬子陆块西南边缘的北大巴山、川西、川东、滇西、滇东南、贵州等地。岩性主要为绿泥石千枚岩、板岩、页岩、细粒石英砂岩、粉砂质泥岩、泥灰岩、灰岩、白云岩等。

(6)上古生界志留系。主要分布于北喜马拉雅、北大巴山、川西、川东、滇西、滇东、滇东北、黔北等地。岩性主要为石灰岩、白云质灰岩、大理岩、砂岩、粉砂岩、板岩、片岩、千枚岩、凝灰岩、安山岩等。

(7)下古生界泥盆系。主要分布于藏南、川西、川北、滇西、滇东等地。岩性主要为硅质岩、灰岩、白云质灰岩、白云岩、泥灰岩、板岩、千枚岩、砂岩、砂质页岩等。

(8)下古生界石炭系。主要分布于聂拉木、保山、川西、滇东南、贵州等地。岩性主要为灰岩、硅质岩、白云质灰岩夹板岩、页岩、砂岩等。

(9)下古生界二叠系。主要分布于聂拉木、保山、川西、滇东南、贵州一带。岩性主要为灰岩、砾岩、砂岩、页岩夹煤层等。

(10)中生界三叠系。广泛分布于拉萨、怒江、川西、川南、滇东南、黔西南、广西等地，为金沙江和澜沧江分水岭山脉的主要地层。岩性主要为以泥岩、页岩、砂岩夹煤层，灰岩、白云质灰岩、白云岩及泥质灰岩夹页岩、粉砂岩、砂岩、凝灰岩夹页岩为主。三江地区的石钟山组夹有煤线，红坡组含石膏。

(11)中生界侏罗系。主要分布于岗巴、斑戈—洛隆、羌塘、四川盆地、滇中一带。岩性多为紫红色砂岩、粉砂岩、泥岩、粉砂岩夹泥岩及煤层、泥灰岩、砾岩等为主。

(12)中生界白垩系。主要分布于岗巴、斑戈—洛隆、羌塘、四川盆地、滇中等地。岩性多为砂岩、砾岩、粉砂岩、泥岩、页岩、泥灰岩、石灰岩等为主，局部夹石膏。

(13)新生界第三系。主要分布于岗巴、可可西里、滇西、滇东、川黔、广西等地。以红色碎屑沉积岩为主，主要有砾岩、砂岩、泥岩夹褐煤、砂质页岩、粉砂岩、砂岩及钙质(角)砾岩、泥灰岩等，局部夹有油页岩及石膏。

(14)新生界第四系。各地广泛分布，主要为残积、坡积、崩积、冲积、洪积、湖积、冰碛等不同成因的各类土层，厚度变化较大。

2.5　地质构造与地震

2.5.1　大地构造分区

西南地区位于印度板块与欧亚板块相互碰撞汇聚接触带及其附近，地处印尼—滇缅弧形构造与川滇南北构造带复合部位。由于印度板块向欧亚板块的强烈推挤，致使青藏高原急剧抬升的同时，岩石圈物质向东及南东方向侧向挤出，由此而驱动该地区地壳物质以断块形变位移方式向东及南东强烈锲入，导致板块边界断裂发生强烈的水平剪切错动，形成错综复杂的地质构造格局。

西南地区地质构造复杂，活动带与稳定区并存，表现形式多样。主要断裂的分布，与中国大地构造格局一致，并往往构成主要构造单元的边界。根据各地质时代间存在的不整合接触、岩浆侵入关系，本区可划分为四堡期、晋宁期、燕山期、喜马拉雅期4个构造期。

根据西南及邻区地史演化过程中沉积组合、岩浆活动、变质作用和构造运动等时空发育的总体特征，西南地区大地构造可划分为喜马拉雅褶皱系、冈底斯—念青唐古拉褶皱系、青藏—滇西褶皱系和扬子地台四个地质构造区(图3.2.2)，各区与相邻区之间均以深、大断裂带为界。

1)喜马拉雅褶皱系构造区

根据本区地层、构造、岩浆活动等方面的地史发展特点，大致以错那—洛扎—定日—吉隆一线的断裂带为界，划分为北部的北喜马拉雅褶皱带，南部的高喜马拉雅断褶带，主中央断裂以南称低喜马拉雅推覆断褶

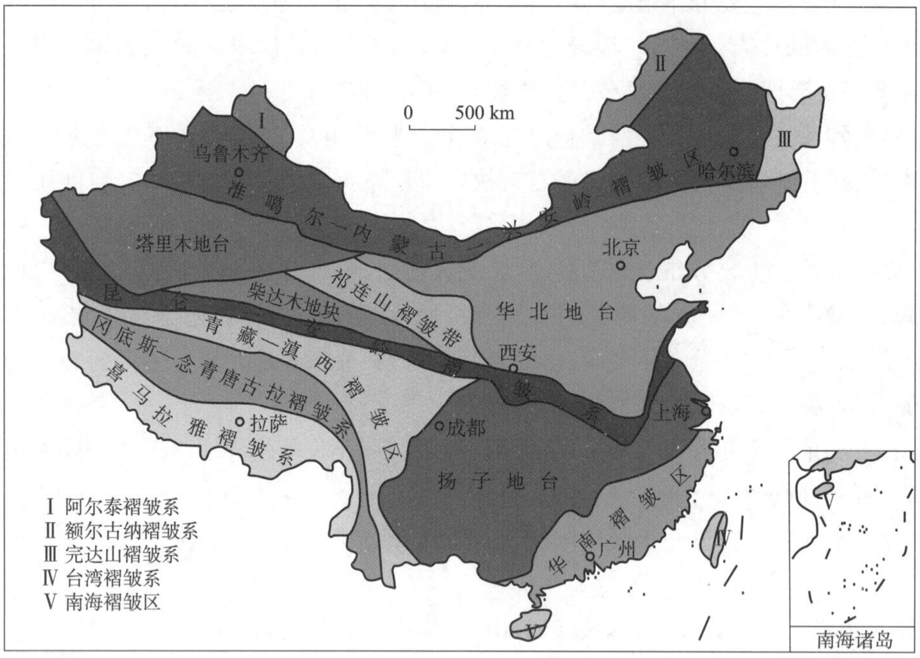

图 3.2.2　中国大地构造分区略图

带，主边界断裂以南称西瓦利克断拗带。

北喜马拉雅褶皱带地区，出露最老的地层为前奥陶系，分布于拉轨岗日、康马一带，为本区的结晶基底，厚达 4 430 m，不整合于下石炭统或下二叠统之下。石炭系和下二叠统具准地台性质，缺失上二叠统。到三叠纪成为地槽型深水复理石沉积，厚度较大，尤其上三叠统厚达 1 400～9 570 m，并不整合于石炭—二叠系或中、下三叠统之上。侏罗—白垩系仍为深水复理石沉积。在雅鲁藏布一带，大部分缺失下侏罗统，主要出露上侏罗与下白垩统。第三系的海相层主要分布于岗巴、定日、仲巴等地。始新世中晚期，由于喜马拉雅运动，使海水向西南退却。

高喜马拉雅带和低喜马拉雅带地区，以前寒武系构成结晶基底，分布面积广。在高喜马拉雅北坡，从奥陶系至下第三系始新统为连续的海相地台型沉积。由于喜马拉雅运动的强烈活动，使本区以断块性质急剧上升，南北方向所产生的强大挤压力，造成了低喜马拉雅大规模的推覆构造。喜马拉雅的急剧上升，导致主边界断裂以南的西瓦利克带产生了相对较快的下陷，沉积了巨厚的第三系，仅中新世—中更新世的西瓦利克群沉积厚度就达 6 000 m 以上，其上部主要为磨拉石建造。

本区的岩浆活动主要为喜马拉雅期酸性侵入岩，拉轨岗日、康马一带局部有加里东期酸性岩侵入。基性—超基性岩主要分布在印度河—雅鲁藏布江断裂带上，时代为燕山期至喜马拉雅期。

2)冈底斯—念青唐古拉褶皱系构造区

念青唐古拉山及高黎贡山一带，出露前寒武系或奥陶系结晶基底。古生代地层为浅海相碳酸盐岩地台型沉积。加里东运动升降差异性较大，早、中奥陶世以后，东部抬升，西部下降，造成中奥陶至下泥盆统缺失，上古生代大幅度沉降，沉降中心位于申扎一带。

本区从中石炭统至下二叠统出现冷水型动物群，以中石炭统出现的冰碛含砾板岩为特征。中生界三叠系、侏罗系仅局部发育，大部分地区缺失上三叠统和下侏罗统。下白垩统由海陆交互相含煤层、碎屑岩及火山岩组成，上统局部过渡到陆相。下第三系局部见古新世—始新世的海相层，第三系陆相层见于山间断陷盆地中。

本区构造线主要为近东西向，断块发育，南缘出现燕山至喜马拉雅期中酸性侵入岩带。喜马拉雅期表现出运动由强至弱的特点，出现近南北向拉张断裂与老的断裂复合。本区的主要构造幕发生在燕山晚期至喜马拉雅早期。

本区以当雄断裂为界，划分为西部的冈底斯断褶带和东部的拉萨—波密断褶带。前者以白垩系及第四系沉积大面积分布为特征，并出现几条超基性岩带。后者有较多的古生界及中酸性侵入岩、变质岩出露。

3)青藏—滇西褶皱系构造区

本区以班公湖—丁青—怒江断裂为界,以南为冈底斯—念青唐古拉构造区。西部称喀喇昆仑—羌塘断褶带,东南部称唐古拉—三江断褶带。

喀喇昆仑山一带,出露最老地层为前寒武系,下古生界总的面貌具地槽型建造特征,厚度超过 20 000 m。志留系不整合于寒武、奥陶系之上。上古生界泥盆系至二叠系,以海相为主过渡到陆相为主。中生界三叠、侏罗系发育完整,以海相为主,白垩系灰岩与侏罗系呈不整合接触。第三系从海相过渡到陆相。在羌塘地区出露最老地层为中深变质的前泥盆系,泥盆系不整合于其上。上古生界—中三叠统基本为连续的海陆交互相地台型沉积,但在下三叠统与上二叠统、下三叠统与中三叠统之间存在沉积间断。上白垩统至第三系过渡到陆相,白垩系和第三系与较老地层均呈不整合接触。这里岩浆活动微弱,但喜马拉雅期基性熔岩发育。古生物化石丰富,下石炭统下部—下二叠统下部基本属冈瓦纳分子。构造线呈近东西向,走向断层发育,褶皱平缓,被北东及北西向断裂切割。

三江断褶带地区,出露的最老地层为前奥陶系,缺失上奥陶统—下泥盆统,上泥盆统与较老地层呈不整合接触。上古生界从上石炭统出现火山岩,上二叠统晚期至上三叠统晚期为海陆交互相沉积。侏罗系以陆相为主,夹海相层。白垩系及第三系为陆相。在西北部缺失中、下三叠统及上、下侏罗统。在东部八宿一带,早第三纪火山岩发育。本区自二叠纪以后地壳活动频繁,古生代古生物群面貌与扬子区相似,晚三叠世古植物为华夏型,中生代古生物群为特提斯型。构造线主要为北西至南北向,走向断裂发育,南部褶皱紧密,燕山—喜马拉雅期中酸性侵入岩呈带分布,沿主要断裂带有较多的古生代变质岩系出露。三江断褶带主要构造形成于印支期。

4)扬子地台区

本区北以山阳—桐城断裂与秦岭褶皱系相邻,西以龙门山—红河断裂带与青藏—滇西褶皱区分界,东侧以绍兴—江山断裂与华南褶皱系相接。该地台主要形成于晋宁运动时期,震旦系—中三叠统是典型盖层沉积,下三叠统—第三系为陆相红色沉积。第四系分布广泛,成因类型多,厚度变化大,尤以成都平原冲积物最为发育。除地台边缘有元古代、古生代和中生代的中酸性镁铁质和超镁铁质岩类侵入外,地台内部还有过碱性岩类侵入。

2.5.2 新构造运动

新构造运动是地质历史发展过程中最近的一次强烈构造变动,一般指晚第三纪以来的构造运动。中国大陆新构造运动强烈,以地壳大幅度隆升、河谷深切、活动断裂多、地震频繁震级大等为主要特征。世界著名的我国青藏高原的新构造运动—喜马拉雅运动,是地质历史上的一件大事,影响深远。大约 1.5 亿年前(有人说更远),今天的长江三峡区是一个分水岭,长江当时向西流入地中海。大约 5 000 万年前,印度洋板块向北与欧亚板块碰撞,青藏高原隆起,中国境内出现了西高东低的地势,长江三峡失去了分水岭的作用,长江就改向东流入太平洋,长江在三峡地区长期深切河床,才形成了今日的岸陡谷深的险要情景。长江从西流入地中海到向东流入太平洋,这对西南乃至中国的区域稳定、地形地貌、气候、自然环境等产生了深刻的影响,甚至起着控制作用。

喜马拉雅运动,是与人类关系最为密切的一次构造运动,主要表现为地壳强烈隆起,其次是纵横交错的活动断裂带、岩浆侵入、火山喷发、地震活动及崩塌、滑坡、泥石流等地质灾害。

西南地区是我国大陆现今地壳构造运动最为强烈的地区,以"活动断裂规模大、分布密集,地震活动频繁、震级大,地震破裂带长、位错量大"为主要特征。区域内活动断裂及深大断裂十分发育,主要属于特提斯—喜马拉雅断裂系及扬子地台南缘系,断裂带走向多呈北西—北北西弧形、北东向和近南北向断裂,主要分布于西藏、川西、云南的山前地带和山间盆地旁侧,并沿一些大江大河展布;地质构造活动强烈,特别是活动性断裂的强烈活动,造成了西南地区显著的构造地貌形态,高山深谷较普遍。第四纪断层形迹和地震断层规模较大,地震活动强烈,与活动性断裂密切相关的第四纪岩浆活动,在青藏南部和滇西均有发现。断裂活动具有普遍性,活动强度上有不均匀性、继承性和新生性,活动时间上有间歇性。许多断裂规模巨大,发展历史复杂。由于所处大地构造、新构造部位的不同,断裂的活动方式、活动时间、活动强度具有明显的差异。

2.5.3 新构造断裂分布

新构造时期,中国大陆西部上升形成高原,东部下降形成平原和海域,均与巨大的挤压、走滑和张性断裂运动相伴生。大陆内部和海域断裂运动非常强烈，它们在不同的构造力学环境下，形成区域性的不同力学性质的断裂运动系统，并且又统一组合成中国范围内规则的断裂运动图像。中国大陆和海域不同地区的断裂运动性质，随青藏高原的隆升运动、滨太平洋平原及海域的华夏裂谷运动下降机制的应力状态及其方向的差异而有所区别。川、青、藏及西部地区，多表现为挤压类型的逆断层和逆平移(走滑)断层性质，东部地区主要表现为引张类型的正断层和正平移(走滑)断层性质。所以，新构造断裂(运动)是调整新构造时期构造应力作用而导致地壳活动平衡的新构造变形和新破裂(过程)。

中国新构造断裂(区)系的分布格局受板块运动性质制约，具有明显的规律性。根据新构造应力作用环境可以分为板块碰撞—青藏、西域挤压造山、隆起构造域和板块俯冲—华夏、滨太平洋弧型裂谷差异升降构造域。但是，中国境内的断裂构造大部分又是在新构造期之前形成的先成断裂。它们所在的大地构造位置不同，地质演化历史不同，其先成构造格局也有以下区分：

(1)古亚洲型断裂系统。以中国三大纬向构造带的断裂为主，形成年代久远，可以追溯到吕梁期，距今25亿年。

(2)青藏弧型断裂系统。包括雅鲁藏布江喜山期缝合带、班公湖—怒江燕山期缝合带、金沙江印支期缝合带、东昆仑海西期缝合带、祁连山加里东缝合带等，多形成于古生代以来的各有关构造期造山带。

(3)华夏—滨太平洋弧型断裂系统。以中国东部及海域的北东向和北北东向断裂为主，多形成于中、新生代，但也有古老断裂被卷入的。

(4)中国大陆中部断裂系统。以南北向断裂为主体，主要分布于中国100°～105°经度带。新构造时期强烈的构造作用，调整和改造了上述先成断裂构造系统的活动性质，形成了7个新构造应力作用分区，11个断裂(区)系和48条主要断裂(带)。新构造运动及其应力作用在形成新构造造山带、新构造裂谷带(海域)及其伴生断裂的同时，还形成了新生断裂带—北东向张裂构造系统，最终组合成应力协调分布的新构造断裂系统。

如图3.2.3所示，西南及邻区可划分为喜马拉雅强烈挤压弧型断裂系及青藏—川滇弧型断裂系两大构造系统，主要由17条深大断裂带组成(表3.2.1)，其中新构造活动最强烈的断裂带有7条：① 可可西里—金沙江—红河断裂带；② 澜沧江断裂带；③ 班公湖—东巧—怒江断裂带；④ 雅鲁藏布江断裂带；⑤ 鲜水河—安宁河—小江断裂带；⑥ 松潘—甘孜—龙门山断裂带；⑦ 丽江—安兴场断裂带。这些断裂规模大、切割深，晚第四纪以来活动强烈，断裂的水平位移大于垂直位移，水平位移量与垂直位移量之比大于6，水平位移速率多大于5 mm/年，是可能发生大震的断裂构造带。

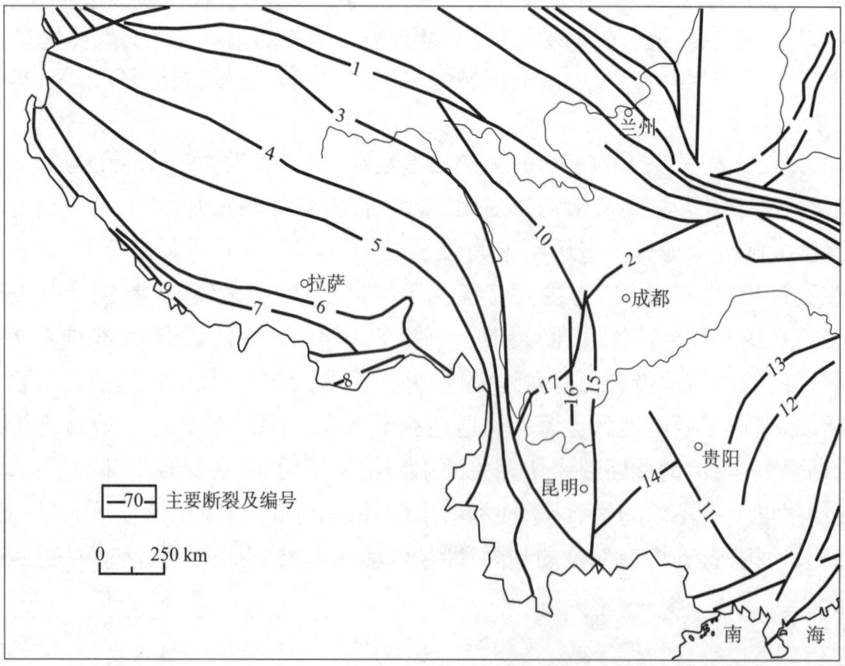

图3.2.3　西南地区主要断裂略图

表 3.2.1　西南地区主要断裂简表

体系	断裂名称	走向	性质	活动时代	水平活动速率(mm/年)	最大震级
古亚洲	1. 东昆仑—秦岭	NWW	压性			
	*2. 松潘—甘孜—龙门山	NE	压扭	Q	4	8.0
特提斯—喜马拉雅	*3. 可可西里—金沙江—红河	NW-NWW	扭扭压	Q_4	10～11	7.6
	*4. 澜沧江	SN-NW	压扭性	N-Q	0.5	
	*5. 班公湖—东巧—怒江	SN-NW	压扭性	N-Q_4	10～15	7.3
	*6. 雅鲁藏布江	NWW	压性	N-Q_4	5	7
	7. 洛扎—错那	NWW	压性			
	8. 喜马拉雅	NEE	压性			
	9. 西瓦里克	NW	压性			
	*10. 鲜水河(道孚—康定)	NW	压性			
	11. 马山—紫云—水城	NW	压性			
扬子地台南缘	12. 三江—溆浦	NE	压性			
	13. 慈利—凯里	NE	压性			
	14. 弥勒—师宗	NE	压性			
	*15. 小江	SN	压扭	Q_4	2.5～11.3	7.75
	*16. 安宁河断裂	SN	压性	Q_2-Q_4	0.5	7.5
	17. 丽江—安心场	NE-NNE	压性			7.0

注：*为强烈活动断裂。

2.5.4　新构造断裂运动

1)喜马拉雅强烈挤压弧型断裂系(断裂编号 6～9)

沿雅鲁藏布江—印度河(境外)板块缝合线闭合，使冈瓦纳克拉通北缘与藏北地块会聚，并形成主幔逆冲断裂带，沿断裂带发育典型的蛇绿岩套和混杂岩堆积。在拉萨东南桑日县章嘎等地，中生代角闪花岗岩和片麻状黑云母花岗岩，分别向北冲到下更新统砾岩之上，使砾石被压扁。

扎达地区第四纪地层倾角达 15°～20°，构成喜马拉雅山北、南麓的主边界冲断层，总长度大于 2 000 km，其东段的 390 km 位于不丹和缅甸之间的中国境内。断层走向北东东，断层面北倾，倾角低缓。该冲断层发育于晚第三纪陆缘碎屑堆积和山前磨拉石堆积的西瓦里克群下部(莫瑞建造，属上新统)，有变质作用，变质程度由南向北逐渐增强。

喜马拉雅山南麓的主边界断层以很小的角度向南逆冲，推覆距离多达 20～30 km。中、下西瓦利克群强烈褶皱和冲断，山前凹陷带向南迁移到恒河谷地，并且堆积了巨厚的典型磨拉石。喜马拉雅主前锋断层发育于喜马拉雅山南麓的中国境外。主边界断层和主前锋断层形成的时间恰好为青藏高原隆起的起始时段和强烈隆起时段。

上述断裂表明雅鲁藏布江缝合带以南的喜马拉雅山，即喜马拉雅强烈挤压弧形断裂系，实质上是一条随时间推移而不断向南增生或扩展其范围的新生代造山带。在喜马拉雅山北坡的中国境内，发育了一系列被称为“山顶裂谷盆地”的近南北向的张性盆地，称喜马拉雅张裂系，是板块汇聚与南北向主压应力相配套的东西向引张机制下出现的断裂或断裂谷地。

2)青藏—川滇弧型断裂系(断裂编号 1、3、4、5、10、15、16)

雅鲁藏布江以北的藏北和青藏川滇地区，被燕山期、印支期、海西期和加里东期断裂构造带或缝合带所分割。

东昆仑—秦岭断裂带(断裂编号 1)：西与阿尔金断裂为界，东与西秦岭断裂连接，呈东西走向，约长 900 余公里。该断裂对其南北两侧早古生代地质演化和沉积环境及泥盆纪之前的中—酸性岩浆起到控制作用。断裂以北是以前寒武结晶基底为主，并且印支期和加里东期花岗岩也全部出露在断裂以北。沿断裂带有蛇绿岩套出露，长达200余公里，是中国南北亚板块的分界线。新构造时期，该断裂带在西大滩断裂两侧，下更新统羌塘组高差达1 600 m，断裂两侧近处同级夷平面高差达800～1 000 m，均是羌塘运动造成。中更新世以来，该断裂西大滩段垂直运动速率减小，而水平位错突然增大，垭口地区西大滩断层沿断层左旋错移30 km，其水平位移高达42.8 mm/年。昆仑山垭口断层，全新世时左旋位移速率达30～50 mm/年。

3)可可西里—金沙江—红河断裂带(断裂编号3)

西段沿可可西里南侧，主要为三叠纪复理石、火山岩建造，侏罗系缺失，白垩系为陆相堆积，是印支构造变动区；中段沿金沙江河谷，是二叠—下三叠复理石、石炭—二叠火山岩建造及蛇绿岩、混杂岩组成，属海西构造变动区；南段自云南剑川—大理—红河并出境，沿断裂带发育古生代地层并轻微变质，属加里东构造变动区。整条断裂带由南往北转向西，活动由老变新。这是一条加里东期开始活动，海西期出现拉张，印支期发生向西俯冲，燕山期趋于停止的俯冲带。喜马拉雅运动尤其在新构造时期，于早更新世晚期使金沙江—红河断裂带由挤压俯冲型转变为具有右旋错动的走滑断裂。新构造时期，该断裂继续右旋—逆走滑运动，并且在南涧以南的红河断裂带具典型的蠕滑性质。在南涧以北的红河断裂，剑川—大理、弥渡段，为中更新世开始形成的典型拉张区，称红河走滑断裂尾端拉张区。在拉张区段里，红河断裂为右旋—正走滑运动性质，大理、洱源段，全新世垂直速率达9 mm/年。在整条断裂带的西段可可西里南，新构造时期大量喷出第四纪碱性玄武岩。

4)澜沧江断裂(断裂编号4)

以北北西走向展布于沿澜沧江中下游方向。该断裂最后强烈活动和动力变质时间在印支期和海西晚期。新构造时期该断裂对地貌控制不明显，沿断裂不发育第四纪盆地。但在鲁史、羊街—安乐段可见断裂右旋错断山脊、水系现象，最大错距1 400 m。断裂上覆沉积物估计为距今3万年的上更新统，没有错断痕迹。说明澜沧江断裂及其岩桥区逆断层仅有早、中更新世时段的活动痕迹及表现，之后断裂活动不明显。

5)班公湖—东巧—怒江断裂带(断裂编号5)

该断裂带的挤压推覆构造形成于中侏罗世(燕山期)，由巨大规模的蛇绿岩复理石混杂岩带组成。自中侏罗世以来一直强烈活动，是南部藏北地块和北部羌塘地块的分界断裂带。该断裂带于东巧附近的第四纪地层中有高角度逆冲断层，滇西地区现代怒江河谷和道街盆地是新构造时期怒江断裂带发生差异升降运动形成的断陷谷地和断陷盆地，形成时代在中更新世初。盆地内只发育中更新世及其以后的沉积，并且在上更新统中见到走向近于南北的小断层，正断性质。根据上新世末夷平面解体高度、河谷阶地高度分析，上新世末以来怒江断裂在滇西地区的垂直位移量为1 750 m，中更新世以来为200 m，晚更新世以来为100 m，全新世以来为15 m。

6)鲜水河—安宁河—小江断裂(断裂编号10、15、16)

起始于青海玉树，朝南东方向经四川甘孜、炉霍、康定、磨西转向南，往石棉、冕宁、西昌到云南巧家、东川以南方向展布。中、南段最早形成于晋宁期，全断裂贯通于印支构造变动期，它是藏北川滇断裂系统东侧的现代活动边界。新构造时期，北段鲜水河断裂走向北西40°～65°，炉霍以西倾向北东，东南段倾向南西，倾角60°～70°，断面平直，具左旋逆平移运动性质，促使水系左旋错移，在炉霍附近的水系同步扭曲2 000 m，沿断裂带的水平位移导致挤压新隆起和引张新凹陷相间分布；中段安宁河断裂的形成以张性断陷带为主，沿安宁河东岸发育了一条串珠状断陷盆地，构成南北走向的地堑和地垒，以及沿安宁河谷冕宁—西昌的第四纪断陷谷地，第四纪断陷幅度为150～260 m，西昌地区的第四纪断陷沉降幅度达1 500 m。该断裂带自西昌—巧家为则木河断裂，西昌大箐梁子自中更新世中期以来上升1 000 m，上升速率为2.1 mm/年；南段小江断裂南北走向，自东川往南分东、西两支，均具左旋逆平移性质。西支断裂于龙街子—尖山段和阳宗海—核桃村段，自中更新世晚期以来左旋水平位移量达100余米。

7)松潘—甘孜—龙门山断裂(断裂编号2)

青藏高原东界中段，被鲜水河断裂及东昆仑断裂所夹持的松潘—甘孜褶皱带向东滑移，形成新生代龙门山逆冲—推覆断裂带，自西向东由4条北东—北北东走向的逆冲—推覆构造组成，即汶川—茂汶逆断裂、映秀—北川逆断裂、灌县—安县逆断裂和龙门山山前隐伏逆断裂。逆冲—推覆构造带中含有一系列逆冲叠置岩片及飞来峰构造。该带西侧虽然出现由前震旦纪花岗岩、彭灌杂岩、康定杂岩等变质地质体，东侧也是晚元古代固结的扬子地质块体。龙门山断裂逆冲—推覆崛起及变质杂岩折返的主要时代为中新世，龙门山山前下更新统大邑砾石层与下伏上侏罗系、白垩系、下第三系红色砂岩、泥岩、砾岩呈角度不整合，其间明显存在 10 cm 左右古风化壳和基岩顶面 1 m 左右强烈风化的富含铁、锰结核或褐铁矿的薄壳风化壳，表明老第三纪末到第四纪之前，有一较长时间的沉积间断。大邑砾石层是龙门山前断裂形成和发展的相关沉积。

综上所述，展布于青藏—川滇弧形断裂系(断裂编号 1、3、4、5、10、15、16)，是几条地质时代由南向北依次变老的缝合带，分割着不同古地理环境和不同时期的构造变形区，并记录了自古生代开始，不断向北漂移的几条狭长陆块会聚的地质历史。因此，青藏高原是“多次碰撞、多次拼合”的地质体。此外，青藏高原及其边缘的这些断裂，大多于早更新世晚期出现走滑分量。这些断裂的走滑运动，促使青藏高原的狭长拼接陆块向东或东南方向滑动。这与新构造时期，早、中更新世之间的构造应力场变化有关。高原东南缘陆块的挤出滑动，致使主要断裂带自中更新世以来发生右旋滑移运动，形成“断裂尾端拉张”和“拉分盆地”。从宏观上看，滇西、滇中的断裂尾端拉张区断陷湖盆的形成，应起始于中更新世初期。滇西大理盆地与点苍山上花甸坝的下更新统位差 1 000 m 左右，丽江、鹤庆盆地与亚六坝盆地的下更新统位差 700 余米等，均是“引张区”中分割这些差异幅度的断裂带，中更新世以来大幅度垂直升降活动造成的。红河断裂的活动性有从断裂南、北两端，逐渐向中间的大理地区变新和垂直差异运动幅度变大的趋势，丽江—大理—弥渡段的拉张量为 5.59 km，右旋走滑量为 7.1 km。

2.5.5　区域地应力场特征

新构造运动的动力源是地应力(主要是构造应力)，新构造运动又使地应力释放和积累，又使地应力的大小、方位、状态发生变化，二者是对立统一的关系。由于青藏高原的长期持续上升(目前每年隆升 2～20 mm)，必然造成长江、怒江、澜沧江、雅鲁藏布江等河流的强烈下切，形成高陡岸坡及高地应力，并局部改变区域地应力场，使西南地区地应力场变得特别复杂。例如：

(1)青藏高原地应力呈 SN 挤压，形成许多 NWW 及 EW 向的褶皱构造带及倾向北的逆冲断层，南北坡度不对称。在这种地应力作用下，珠穆朗玛峰也在以每年几毫米的速度向 NE 方向水平运动。

(2)云南丽江地区(丽江盆地)位于喜马拉雅山弧形构造的转折部位，川滇南北断裂带(龙门山—锦屏山—玉龙雪山)的西南部。丽江地区的构造断裂以南北向为主，由西向东有澜沧江断裂、金沙江断裂等。在金沙江断裂以东发育有 N40E 向的丽江—小金河断裂和 N40W 方向的另一条断裂，正好构成大型 X 型共轭断裂网络，还有小规模的二、三级断裂(如玉龙雪山东麓断裂)，把丽江地区划分为大大小小的断块，大小断裂方向不同，强度不同，地应力十分复杂。

(3)岷江上游地处青藏高原东边缘的川北高原上，由于喜马拉雅断块(地块)向 NE 方向移动和锲入作用，使该地区复合断裂发育，地应力场也很复杂。该区域的主要断裂构造是 NNE 向的岷江上游—龙门山断裂褶皱带，近 EW 向的西秦岭褶皱向斜带，岷山近 SN 向的复背斜隆起带。岷山隆起带东、西两侧都是 SN 向断裂带，西侧为岷江断裂带。西秦岭褶皱带影响到甘肃南部，龙门山断裂褶皱带延伸至陕西境内，这个带由三条 NE 向展布的断裂组成。

(4)川滇南北构造断裂带(龙门山—锦屏山—玉龙雪山)的地应力，主压应力轴向呈 SSE 方向。沿该断裂带北纬 30°以南，四川的构造应力场比云南更为复杂，主要表现在断裂的东、西两侧地应力的方向明显不同。沿该断裂北纬 30°以北，又以鲜水河断裂带为界，以东、以西的地应力方向表现出明显的转折。

2.5.6　地震活动概况

我国是一个多地震的国家，西南地区强震较多，绝大多数属于构造地震。地震活动是最新构造运动的表现，具有明显的地区性和成带性特点，例如川滇南北向断裂带是我国著名的强震活动带(称南北地震带)，这是由(新)构造属性所决定的。根据《中国地震带图》，中国地震震中分布具有地区性和成带性的基本特征。中国大陆及海域划分为 7 个地震区(I_1—青藏高原地震区、I_2—新疆～阿拉善地震区、I_3—华北地震区、I_4—华南地震区、I_5—东北地震区、I_6—台湾及东海地震区、I_7—南中国海地震区)和 32 条地震带(即全新世以来明显活动的断裂带)，如图 3.2.4 所示。

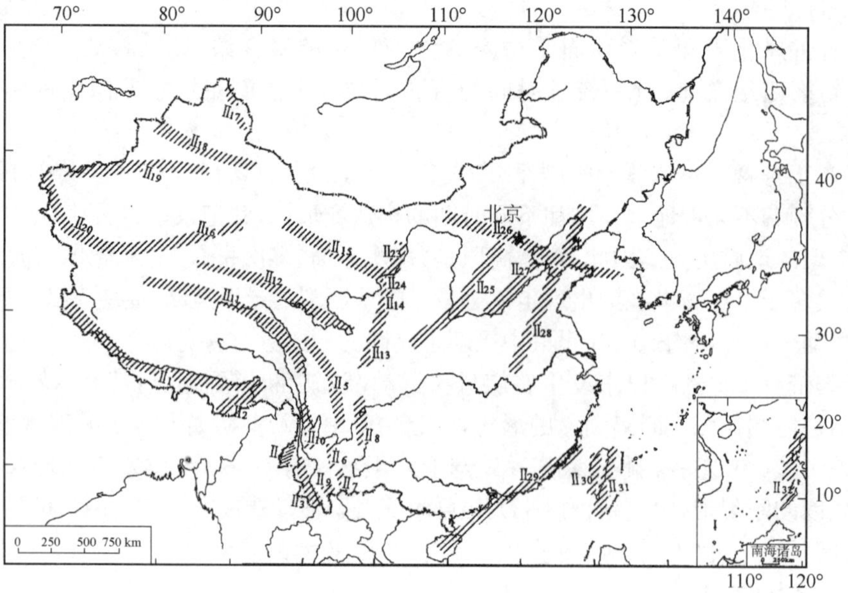

图 3.2.4　中国地震带示意图

（图中，民勤带Ⅱ21、河西带Ⅱ22同祁连带Ⅱ15重叠）

西南地区位于青藏高原地震区（Ⅰ1），主要有13个地震带（图3.2.4中Ⅱ1～Ⅱ13），其分布与新构造活动断裂带基本一致，是中国地震活动最强烈的地区。青藏高原地震区是地震频度很高、强度大的活动区，其西南边缘属喜马拉雅地震带，东缘属南北地震带。东南地震带的四川盆地及贵州高原是个少震的弱震区，很少发生$M \geqslant 5$级的地震。

根据历史地震资料不完全统计，西南地区历史上发生Ms≥6级地震193次，其中6～6.9级地震163次、7～7.9级地震22次、≥8级地震8次（最大震级为西藏察隅地震8.5级）。强震分布见表3.2.2。

表 3.2.2　西南地区强震分布统计

强震分级	地区				合计（次）
	四川	云南	贵州	西藏	
6.0～6.9	33	73	0	57	163
7.0～7.9	10	7	0	5	22
≥8.0	2	1	0	5	8
合计（次）	45	80	0	67	193

从表中看出，强震的发震频度各地有较大的差别。西藏、云南、川西现今断裂构造活动强烈，因而强震发生频度较高。

在漫长的地质历史中，西南地区13个主要地震带活动概况如下：

1）雅鲁藏布江地震带（Ⅱ1）

位于雅鲁藏布江及其以南地区。自1911年起记载地震到1973年，发生Ms≥4.75级地震48次，其中6～6.5级地震5次、6.75～7级地震2次、7.5级地震1次（境外）。6级以上地震平均8年左右就发生一次。在1918年以前是一个地震活跃期，1919年～1974年为地震相对平静期，间隔55年，1975年后进入新的地震活跃期。

2）察隅—墨脱地震带（Ⅱ2）

位于喜马拉雅山脉东端，雅鲁藏布江朝北东向拐弯的南迦巴瓦楔体地区。1929年～1973年发生Ms≥4.75级地震112次，其中6～6.5级地震16次、6.75～7级地震1次、8.5级地震（1950年8月15日发生的西藏察隅地震）1次。Ms≥6级地震平均4年多发生一次（除察隅8.5级地震的强余震）。该地震带1900年前是地震活跃期，1950年察隅8.5级地震以来一直处于地震活跃期内。两个地震活跃期间的平均间隔50年。

3)滇西南地震带($Ⅱ_3$)

在红河断裂以西,怒江断裂以东的西南横断山脉地区,1458 年～1973 年 6 月记录到 Ms≥4.75 级以上地震 53 次,其中 6～6.75 级地震 11 次、7 级地震 3 次。本区地震历史记载虽早,但遗漏很多,上述地震大部分在 1920 年以后发生的。

4)腾冲地震带($Ⅱ_4$)

位于怒江断裂以西的横断山脉及盆地。自 1512 年～1973 年 6 月记录到 Ms≥4.75 级以上地震 59 次(含境外),其中 6～6.5 级地震 13 次。1939 年～1944 年为地震期,1944 年～1975 年间的 31 年为地震平静期,1976 年 5 月龙陵、潞西 7.3 级和 7.4 级两次强震又开始了新的地震活跃期。

5)鲜水河地震带($Ⅱ_5$)

在川西高原沿鲜水河断裂展布,西起炉霍以西,东到康定,走向北西。1725 年～1973 年记录到 Ms≥5 级以上地震 39 次,其中 5～5.9 级地震 2 次、6～6.9 级地震 13 次、7～7.9 级地震 4 次。1725 年～1811 年和 1893 年到现今为两次地震活跃期,活跃期内最大地震震级为 7.5 级和 7.9 级。两次活跃期间的地震平静间隔为 82 年。

6)安宁河地震带($Ⅱ_6$)

北起石棉经冕宁、西昌,南到元谋呈南北向沿安宁河展布。自公元前 116 年到公元 1973 年记载了 Ms≥4.75 级以上地震 18 次,其中 7.25 级地震 2 次、6.75～7 级地震 3 次、6～6.5 级地震 3 次、5.5～5.75 级地震 2 次、4.75～5.25 级地震 8 次。地震活跃周期约 100 年左右。自 1850 年西昌 7.5 级地震到 1913 年冕宁 6 级地震,其间地震平静间隔为 63 年。

7)小江地震带($Ⅱ_7$)

北起巧家南经东川、嵩明、寻甸、宜良、开远到个旧,沿小江断裂展布。自 1500 年以来记录到 Ms≥4.75 级以上地震 36 次,其中 8 级地震 1 次、7.5 级地震 1 次、6.75～7 级地震 1 次、6～6.5 级地震 6 次、5.5～5.75 级地震 12 次、4.75～5.25 级地震 15 次。自 1600 年以来经历了 3 次地震活跃期:第一活跃期 1707 年～1733 年,最大震级为 7.5 级;第二活跃期 1833 年,最大震级为 8 级;第三活跃期 1927 至现在已 70 余年。其间 1621 年～1706 年、1734 年～1832 年和 1834 年～1926 年为地震平静期,地震平静间隔分别为 1985 年、1998 年和 1992 年,平均间隔 90 年左右。

8)马边—昭通地震带($Ⅱ_8$)

位于四川马边、云南永善、大关一带。自 1900 年后记录了 Ms≥4.75 级以上地震 42 次,其中 Ms≥6 级地震 7 次、5.5～5.75 级地震 17 次、4.75～5.25 级地震 18 次,南段昭通地区 1974 年 5 月发生 7.1 级大关地震。

9)曲江地震带($Ⅱ_9$)

包括玉溪、通海、峨山、曲江、石屏、建水等地区。自 1446 年到 1973 年记录到 Ms≥4.75 级以上地震 49 次,其中 7.7 级地震(1970 年通海)1 次、6.75～7 级地震 1 次、6～6.5 级地震 14 次、5.5～5.75 级地震 10 次、4.75～5 级地震 23 次。1515 年～1610 年、1721 年～1857 年和 1887 年至今为三次地震活跃期,1611 年～1720 年和 1816 年～1886 年为两次地震平静期,间隔为 109 年和 70 年,平均间隔约 90 年。

10)中甸—大理地震带($Ⅱ_{10}$)

包括中甸、丽江、鹤庆、剑川、洱源、大理、弥渡、巍山、南涧地区。自公元 886 年到 1973 年记录到 Ms≥4.75 级以上地震 64 次,其中 6.75～7 级地震 2 次、6～6.5 级地震 14 次、5.5～5.75 级地震 21 次、4.75～5 级地震 27 次。有 1470 年～1522 年、1603 年～1751 年及 1839 年到现今三次地震活跃期,地震平静期平均间隔 80 年。

11)可可西里地震带($Ⅱ_{11}$)

1738 年发生玉树 6.5 级地震,1870 年 4 月 11 日发生巴塘 7.5 级地震。1915 年～1973 记录到 Ms≥4.75 级以上地震 91 次,其中 6～6.5 级地震 15 次、7.5 级地震(1973 年嘎晕错)1 次。1870 年前和 1915 年至今是两个地震活跃期,地震平静间隔 45 年。2010 年 4 月 14 日,玉树又发生了 7.0 级地震。

12)托索湖地震带($Ⅱ_{12}$)

自1930年～1973年6月记录到Ms≥5级以上地震24次，其中7～7.9级地震3次、6～6.9级地震5次、5～5.9级地震16次。此地震带1737年发生7.5级地震，产生长达180 km的地震断层；2001年11月14日库赛湖发生8.1级地震，形成≥350 km以上地震断层。两次大震时间间隔64年。

13)松潘地震带($Ⅱ_{13}$)

包括松潘、平武、叠溪一线及其龙门山地区。1500年～1973年记录到Ms≥4.75级以上地震37次，其中7.5级地震1次、6～6.9级地震9次、4.75～5.75级地震27次。1597年～1748年及1879年至今为两个地震活跃期。地震平静期间隔为1489年～1596年和1749年～1878年，分别间隔107年和129年，平均间隔约120年。2008年5月12日四川汶川发生了8.0级地震，2013年4月20日，四川省雅安市芦山县发生7.0级地震。

2.6　水文地质特征

2.6.1　地下水类型划分

按地下水的赋存状态和含水岩层结构、构造的不同，西南和邻近地区的地下水可分为四种类型：即松散沉积孔隙水、基岩裂隙孔隙水、碳酸盐类岩溶裂隙溶洞水和西藏高原多年冻土孔隙裂隙水。这些地下水类型的形成和分布受气候、水文、地形地貌、地层岩性、地质构造的控制。西南各省(市、自治区)地质条件不同，各地区的水文地质特征也有差异。

1)松散沉积孔隙水

这类地下水主要分布于第四系山前堆积平原、河谷阶地、内陆盆地冲洪积平原等砂砾石层的孔隙中。如长江流域成都平原、安宁河谷平原的松散沉积孔隙水较丰富，其他河谷平原及山间盆地也有零星分布。此外，云南大理、师宗等盆地，西藏雅鲁藏布江谷地拉萨、察隅等地，四川龙门山、峨眉山的山前冲积扇及岷江、嘉陵江的大河滩一级阶地等，孔隙地下水资源都有较多开采。

2)基岩裂隙孔隙水

西南地区经历了多期强烈的地质构造运动，使岩层中的节理裂隙、褶皱、断层等较为发育，为含水岩组接受大气降水的补给和储存创造了良好条件。这类地下水主要分布于碎屑沉积岩、岩浆岩、变质岩建造的工程地质岩组的构造裂隙中。除碎屑岩(如砂岩)中有孔隙水外，其余皆为裂隙水。按含水岩组类型及水动力学特征，可分为三种类型：即岩浆岩裂隙水、变质岩裂隙水、碎屑岩孔隙裂隙水。在长江上游的云南、贵州、四川及重庆市的有关地区，不同时代的基岩裂隙水较丰富，地下水资源总量约488亿m^3。这些基岩裂隙水在褶皱轴部及断裂带边侧，富水性较好，单井涌水量可达100～1 000 m^3/d，有的是承压自流。深部裂隙水有不少具有高矿化度，或具有较高的温度。

3)岩溶裂隙溶洞水

这类地下水主要分布于坚硬层状的碳酸盐岩岩组、碳酸盐岩夹碎屑岩组及坚硬层状的碎屑岩夹碳酸盐岩岩组中。如云贵高原、金沙江石鼓—宜宾、乌江流域、重庆及川南地区、广西盆地等地的岩溶水大多赋存于上、下古生代碳酸盐岩中，且多以暗河管道型岩溶洞穴水为主。这些地区的岩溶水大多以泉水和暗河的形式出露而汇入地表河流中。由于各地所处的水文地质单元或地层结构、构造的不同，暗河或泉水的流量一般为0.5～1 m^3/s不等，汛期达5～10 m^3/s，大的暗河汛期流量可高达100～300 m^3/s。

西南地区的碳酸盐岩广布，岩溶洞穴、暗河发育，岩溶地下水资源很丰富。云南、贵州、四川和重庆等地，分布有岩溶暗河2 374条，连同广西共有2 809条暗河，枯水季节流量达394亿m^3/年。

岩溶水的水化学类型主要为HCO_3-Ca型和HCO_3-Ca·Mg型，矿化度较低，一般小于0.5～1 g/L，对混凝土一般无侵蚀性，仅局部有溶出型或分解型侵蚀。

4)多年冻土孔隙裂隙水

这类地下水主要分布于滇西、川西、西藏高原海拔4 000 m以上的高寒地区，冰雪融化是主要的补给来源，补给丰沛，径流条件好。水化学类型以重碳酸盐为主，但藏北高原各湖区水质较差，构成众多盐湖。多年冻土区多冰丘、冰锥，常给工程设施带来不利影响。

2.6.2　主要流域地下水概况

1)长江流域上游的地下水

主要有松散岩类孔隙水、碎屑岩类裂隙水、碳酸盐类岩溶裂隙洞穴水。

(1)松散岩类孔隙水。在成都平原、安宁河谷平原有较多分布,其他河谷平原及山间盆地有零星分布。成都平原面积 6 473 km^2,安宁河谷平原(包括西昌盆地在内)面积 1 870 km^2。成都平原砂卵石层是最主要的含水层,一般厚 10~20 m,局部厚 40 m,水位埋深 1~6 m,单井出水量可达 1 200~2 400 m^3/d。安宁河谷也是砂卵石层,厚15~70 m,水位埋深 0.5~7 m,单井出水量可达 100~1 000 m^3/d。

(2)碎屑岩类(包括变质岩、火成岩)裂隙水。长江上游在云南、贵州、四川及重庆市的有关地区,天然裂隙水资源量均占地下水资源量的较大比重,长江上游不同年代的基岩裂隙水资源总量约 488 亿 m^3。这些基岩裂隙水在褶皱轴部及断裂带边侧,富水性较好,单井涌水量可达 100~1 000 m^3/d。深部裂隙水,有不少具有高矿化度,或具有较高的温度,已不属于淡水的地下水资源,而是属于热矿水类的矿产资源。

(3)岩溶裂隙洞穴水。长江上游广泛分布着碳酸盐岩,在云贵高原、金沙江石鼓—宜宾段、乌江流域、重庆地区及力喃地区,都有较丰富的岩溶裂隙洞穴水。据不完全统计,长江上游岩溶基岩裂隙(洞穴)水的资源量约有 503 亿 m^3,占云南、贵州、四川和重庆 4 个省(市)岩溶水资源总量 1 024 亿 m^3的 49.12%。岩溶水资源多以大泉及暗河出现,汇入地表河中。长江上游地下水资源总量通常为孔隙性地下水、裂隙性地下水和岩溶裂隙(洞穴)水的总和,约有 1 705 亿 m^3/年。

2)珠江流域的地下水

主要有碳酸盐岩岩溶水,碎屑岩、花岗岩及变质岩的裂隙水,第四系松散沉积物的孔隙水,以碳酸盐岩的岩溶水为主。全区岩溶水资源总量为 538 亿 m^3/年,占流域地下水资源总量的 55%,占流域水资源总量的 16%。

珠江流域碳酸盐岩分布广泛,出露面积 173 463 km^2,约占流域总面积的 39%。主要分布于南盘江、北盘江、红水河、柳江、郁江、桂江以及北江中游地区。

珠江流域岩溶水资源的赋存条件取决于地层岩性、构造形式和地貌特征,而富水条件则与断层、裂隙和岩溶发育程度有关。流域西部处于高原丘峰洼地,出露条块状下古生界石灰岩和白云岩,紧密褶皱及大型断裂发育,构造控水明显,地下水埋深达 200 m 以上。流域中部处于峰丛、峰林谷地,大面积分布泥盆系、石炭系、二叠系厚层状灰岩,岩溶强烈发育,地下水埋深 50~100 m,多以地下河和大泉形式出露。沿南盘江、北盘江、红水河河谷地带分布有地下河流数百条。较大的地下河流有云南六郎洞,集水面积 2 900 km^2;广西地苏地下河流,面积 1 000 km^2以上;贵州罗田大小井地下河流,长达 65 km。流域东部为岩溶孤峰平原,出露石炭系、二叠系灰岩,地下水埋深 5~30 m,地下河分布呈河网化或转化为地表水系。各区地下水资源主要与当地降水量、降水强度和入渗条件有关,以峰林谷地为主的岩溶区地下水资源模量显著高于其他岩溶区。

3)澜沧江及雅鲁藏布江流域的地下水

澜沧江流域的地下水量最丰富。在澜沧江将流入缅甸的河段,为西双版纳自然保护区所在地,包括云南景洪、渤海、勋腊县,面积 2 000 km^2。澜沧江流域除碎屑岩和火山岩之外,还有下三叠统的生物碎屑灰岩、瘤状灰岩及白云质灰岩等碳酸岩盐分布,岩溶水资源丰富,大的岩溶泉流量可达 358 L/s。

雅鲁藏布江流域内的地下水,主要赋存在河谷漫滩、阶地的砂卵石层中。冈底斯山和念青唐古拉山南麓还有较多变质岩裂隙水,也属于雅鲁藏布江流域,富水性中等。雅鲁藏布江谷地单井涌水量可达 2 000~3 000 m^3/d。

综上所述,西南各省(市、自治区)孔隙水包括河床、盆地及山坡松散的第四系土层以及风化层中孔隙性地下水;裂隙水包括砂页岩、火成岩及各种变质岩中裂隙性为主的地下水,也包括基岩中的孔隙水;岩溶管道及岩溶洞穴中的水流,也包括溶蚀裂隙及溶蚀孔隙中的地下水。

西南各省(市、自治区)的地下水资源中,天然孔隙性地下水相对较少,但是这类地下水大片分布地带,一般是农业主要耕地及城镇所在地,通常开发的程度较高。例如云南大理、师宗等盆地,西藏雅鲁藏布江谷地的拉萨、察隅等地,四川省的成都平原、龙门山的山前冲积扇、峨眉山的山前冲积扇及岷江、嘉陵江的大河滩一级阶地等,孔隙地下水都有较多开采。分布面积广的裂隙性地下水虽然较大,但不易开采,只在四川盆地红层中裂隙地下水有些开采。岩溶地下水资源很丰富，在云南、贵州、四川、重庆以及广西等地都有开采。

西南地区由于青藏高原的强烈上升及云贵高原的隆起，在一、二级台阶及斜坡地带，蕴藏着丰富的水电能源。西南地区的地表水虽然丰富，但多奔流于深谷之中。高处平坦的地带，相对人均水量少，显得资源性不足。地下水资源埋藏在地下深处，开发也不易。特别是受强烈构造上升作用的影响，在地下水资源开发中，极易加剧及诱发地质环境问题，应山高谷深，占2/3的山区地质生态环境较脆弱或非常脆弱引起高度重视，防患于未然。

第3章　区域环境地质灾害

3.1　新构造地震环境地质灾害

中国大陆西部的上升和东部的下降，均与巨大的新构造活动断裂相伴生。中国大陆被一系列大小不等的新构造活动断裂切割成不同尺度的地质发育历史近似的块体，块体内部构造相对稳定，块体边界构造活动强烈，是高烈度地震带。据统计，中国大陆119次7级以上地震有104次发生在活动的地质块体边界带——新构造活动断裂带上。中国是世界上大陆地震活动最为频繁、强烈的国家。地震活动频度高、强度大、分布范围和影响面广。中国大陆面积约占全球陆地面积的1/15，20世纪有1/3陆上破坏性地震发生在中国；中国大陆平均每年发生5级以上地震20.8次，6级以上地震4.5次，7级以上地震0.7次；全球大陆7级以上强震中，中国占35%；全球3次8.5级以上强震有2次发生在中国，分别是1920年海原8.5级强震和1950年察隅8.5级强震；中国大陆破坏性地震（$Ms>6$）几乎遍布全国，除浙江和贵州两省以外均遭受过6级以上地震。

中国是世界上地震灾害最为严重的国家之一。20世纪以来全球因地震死亡的人数，中国占55%，全球3次造成死亡10万人以上的大地震有2次发生在中国，分别是1920年海原地震和1976年唐山地震。统计1949年以来，几乎每年都有人因地震而伤亡，60年来因地震死亡人数达38万多人，受伤人数120多万人，与国内其他主要自然灾害相比，地震死亡人数可占7大自然灾害死亡人数的54%左右。特别是我国西南地区西藏、云南、四川西部受板块运动影响大，地震活动频繁，经济欠发达，人口较多，房屋和工程建筑抗震性能普遍较差，社会综合防震减灾能力较弱，地震灾害严重。据不完全统计，建国60多年来西南地区发生7级以上地震13次（表3.3.1），受灾面积1 056 309 km^2，死亡90 636人，伤残434 762人，倒塌房屋9 598 692间，直接经济损失9 000多亿元。例如：

表3.3.1　新中国成立以来西南地区7级以上地震灾害统计

序号	地震地点	发震时间	震级	地震烈度	受灾面积（km^2）	死亡（人）	伤残（人）	倒塌房屋（间）	经济损失（亿元）
1	四川叠溪	1933.08.25	7.5			500			
2	四川康定	1950.04.14	7.5	9	5 000	84	224	636	
3	西藏察隅	1950.08.15	8.5	11					
4	西藏当雄	1951.11.18	8.0	10					
5	云南通海	1970.01.25	7.7	10	1 777	15 621	26 783	338 456	3.0
6	四川炉霍	1973.02.06	7.9	10	6 000	2 199	2 743	47 100	
7	云南永善、大关	1974.05.11	7.1	9	2 300	1 641	1 600	66 000	0.9
8	云南龙陵	1976.05.29	7.6	9		73	279	48 700	1.4
9	四川松潘、平武	1976.08.16	7.2	8	5 000	38	34	5 000	
10	云南澜沧—耿马	1988.11.06	7.6	9	91 732	748	7 751	2 242 800	20.5
11	云南丽江	1996.02.03	7.0	9	432 000	309	17 221	350 000	30.5
12	四川汶川	2008.05.12	8.0	11	500 000	69 227	374 643	6 500 000	8 451
13	四川芦山	2013.04.20	7.0	9	12 500	196	13 484		500
合　计					1 056 309	90 636	434 762	9 598 692	9 007.3

1933年8月25日，在四川岷江上游的较场坝—叠溪发生的7.5级地震，使叠溪古城瞬间被山崩土石所毁坏、掩埋，500余人丧生，岷江两岸10余处村寨也随着山崩地滑变成废墟。地震使叠溪城离开东侧山边直

向岷江陷落，向西南方向下滑 90 余米，陷落范围从叠溪到较场坝长约 2 km。叠溪城原有东、南、北三个城门，地震时北门向北摔入沟中，南门被乱石掩埋，只有东门至今还保留一部分。较场坝原有一条南北向街，震前通向叠溪，并且两镇同位于岷江东侧高阶地上，地震时两镇同时滑落于岷江，中间段陷落最深，再加上几十年来流水冲刷，所以现在从叠溪遗址到较场坝中间已为低洼的 1 000 m 左右长的乱石滩隔开。较场坝东边的田地中有由东向西呈阶梯状下陷的地裂缝，总落差 20 多米。较场坝北边的蚕陵山断层破碎带，地震时出现一条东西走向的张裂缝，长 800 余米，宽 40～50 m，深 20～30 m。该裂缝产状南倾，倾角 30°～40°，南盘下陷成为滑坡体。岷江在叠溪附近河谷宽 15 m 左右，岸坡陡峻，地震时两岸有大量崩塌物坠入岷江，将河谷截为三段，形成大、小海子。震后一个多月，大海子回水约长 7 km，平均宽约 500 m，水最深处 94 m。小海子回水 4 km，平均宽 600 m，最深处 91 m。大、小海子之间有由塌方体组成的天然堆石坝，两海子水面高差达 60 m。溃决后水位降低，目前两海子水面高差约 30 m。

1996 年 2 月 3 日 19 时 14 分，丽江地区发生的 7.0 级地震，造成了严重的损失。地震波及范围相当大，丽江、鹤庆、中甸、剑川、洱源等地建筑物遭受不同程度的破坏，丽江县城及附近地区约 20%的房屋倒塌。本次地震受灾乡镇 51 个，受灾人口达 107.5 万，重灾民达 30 多万，伤亡 17 221 人(其中 309 人丧生，16 912 人受伤)，房屋倒塌 35 万多间，损坏 60.9 万多间，粮食损失 3 000 多万公斤。电力、交通、通信以及水利等设施也遭到了严重破坏。冲江河电站严重受损，停止供电。滇藏公路 214 线上的鲁南金沙江大桥桥面开裂，整体结构下沉。地震造成直接经济损失 30 多亿元。

2008 年 5 月 12 日 14 时 28 分，四川汶川发生的 8.0 级地震，震源深度 10～20 km，地震释放的巨大能量通过地震波广泛向外传播，影响范围之广，除黑龙江、吉林和西藏等局部地区外整个中国都有明显震感。地震造成汶川县映秀镇向东北方向一直延续至青川县一带长达 300 多公里的地表破裂，断层最大错距 4 m。地面的地震裂缝、地震鼓包、隆起等破坏现象随处可见，最大隆起达到 6 m。断层穿过之处的山河为之改观，道路、桥梁、房屋等各类建筑物更是无坚不摧。这次地震发生余震 3 万多次，其中 6 级以上余震 8 次，5 级以上余震 39 次。这次地震是新中国成立以来破坏性最强、波及范围最广的一次特大地震，最大烈度达 11 度，涉及四川、甘肃、陕西、重庆等 10 个省区市 417 个县(市、区)、4 667 个乡(镇)、48 810 个村庄。灾区总面积约 50 万 km^2，其中极重灾区、重灾区面积 13 万 km^2。地震造成 650 多万间房屋倒塌，2 300 多万间房屋损坏，公路受损 53 295 km，铁路受损 100 多公里，供水管道受损 482 756 km，电信光缆损毁 36 613 km，商业网点受损 138 960 家；北川县城、汶川县映秀镇等部分城镇夷为平地；4 625 多万人受灾，69 227 人遇难，374 643 人受伤，17 923 人失踪；直接经济损失 8 451 亿元，举世罕见。

2013 年 4 月 20 日 8 时 2 分，四川省雅安市芦山县(北纬 30.3°，东经 103.0°)发生的 7.0 级地震，震源深度 13 km。震中距成都约 100 km，成都、重庆及陕西的宝鸡、汉中、安康等地均有较强震感。截至 2013 年 4 月 24 日 10 时，共发生余震 4 045 次，3 级以上余震 103 次，最大余震 5.7 级。地震遇难人数 196 人，21 人失踪，13 484 人受伤，200 余万人受灾，受灾面积 12 500 km^2。

3.2 新构造山地环境地质灾害

危害人类社会的地质灾害是由地质地貌环境、新构造、大气降水及地下水条件等因素的综合作用，包括人类对自然环境的破坏，使地形坡度带的地质体失衡垮塌或搬运而形成的。根据失衡地质体底界的地形坡度、地质块体破碎程度和失衡位移情况或水源润滑条件等，又可分为崩塌、滑坡、泥石流三种常见地质灾害。这里不讨论崩塌、滑坡、泥石流的作用过程，重点阐述它们的分布规律及其成因与新构造的关系。

3.2.1 地质灾害(崩塌、滑坡、泥石流)分布规律

我国崩塌、滑坡、泥石流的分布具有明显的规律性，主要分布在中、西部地区，东部地区发育较弱。根据《中国崩塌、滑坡、泥石流地质灾害分区图，1993》(图 3.3.1)，按照地形坡度、活动构造、地震活动、地层岩性等特征及气候和人为因素影响，将中国大陆发生的崩塌、滑坡、泥石流地质灾害按其强烈程度划分为西、中、东三个区域——西部最强烈地区(Ⅰ)、中部强烈地区(Ⅱ)、东部较弱地区(Ⅲ)。崩塌、滑坡、泥石流灾害主要分布在Ⅰ、Ⅱ区，Ⅲ区分布较少。西南各省、市(自治区)主要位于(Ⅰ＋Ⅱ)区域，地质灾害频繁而强烈。根据

有关资料，四川有28个县(市)，贵州有13个县(市)，云南有20多个县(市)，重庆市也有一半以上的县(市)受到崩塌、滑坡、泥石流的威胁。

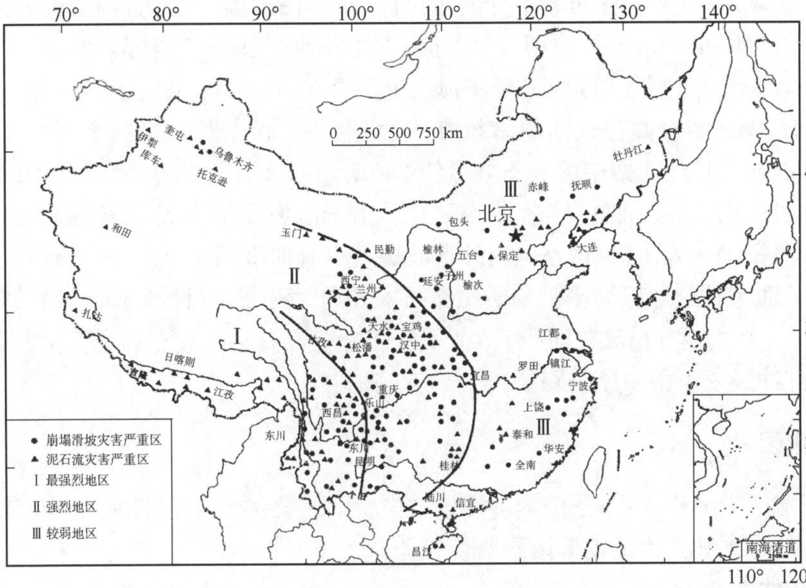

图3.3.1　中国崩塌、滑坡、泥石流地质灾害分区图

这里重点就中、西部地区的地质灾害与新构造的关系进行简要分析。

中、西部地区崩塌、滑坡和泥石流灾害，主要分布在东经95°～115°和北纬10°～35°范围内的青藏高原东部及川滇黔地区。此外，还沿雅鲁藏布江南等地分布。这些地区主要位于中国新构造运动强烈作用区的第一和第二地形梯级(度)带之间和高山山麓地区。

从中国地形图(国家测绘局测绘科学研究所，1993)上看，中国西南地区地形起伏最大，在青藏高原东南部，沿雅鲁藏布江、怒江、澜沧江、金沙江、大渡河、雅砻江等河谷地区和沿龙门山地区，沿河谷地形切割度极大，大多数地形起伏为每21 km^2达1 200 m以上。藏、川、滇、黔地区地形相对切割深度都在500～1 000 m以上，地形坡度一般为30°～60°，部分地区达70°～80°，加之这些地区新构造断裂运动和地震活动强烈，沿断裂河谷岩体破碎，为崩塌、滑坡、泥石流提供了有利条件。因此，我国重大地质灾害(特大型和大型地质灾害)主要分布在青藏高原东缘、横断山高山峡谷区、川东鄂西地区、湘西和云贵高原区；在行政区划上，主要分布在云南、四川等地。这些地区的怒江、澜沧江、金沙江、长江上游、大渡河、雅砻江、安宁河、岷江、白龙江、小江等断裂河谷，崩塌、滑坡、泥石流灾害严重。例如，云南小江断裂河谷是中国泥石流最发育的地区，仅小江谷地两岸一级支流沟分布的泥石流就有86条。小江河谷东川地区岩石破碎，小坡头—绿毛堂一线断裂带岩石破碎程度犹如碎石堆积起来的“松山”，泥石流、洪积物极为发育，而且数量大、堆积快、速度惊人。赛海农场附近的蒋家沟口一带，20世纪40年代～70年代就堆积厚度近100 m，同期在葫芦田沟溯源侵蚀距离达200～300 m。

现列举一些由于自然地质作用所导致崩塌、滑坡、泥石流灾害的典型实例如下：

1965年11月22日，云南禄劝烂泥沟连续两次发生的巨大山体崩塌，总体土石方量达两亿多m^3，将老深多大队85户农民掩埋，443人丧生。

1967年夏季，四川雅江县雅江深切峡谷区发生的唐右栋山崩，将6 800万m^3土石崩入雅江，形成高达175 m的天然堆石坝，堵江九昼夜。由于下游做好防范准备，溃坝后损失较小。

1981年四川全省汛期降雨量大，且降水集中，使全省90余个县、区发生了大小滑坡数万处，使交通路线中断，破坏灌溉渠系、耕地，毁坏房屋7万余间，6万人失去家园。在暴雨期间还发生了1 000余处泥石流，其中最严重的是凉山地区大渡河畔的利子依达泥石流，该泥石流的流量达2 000 m^3/s以上，冲毁了沟口的铁路桥，造成机车和数节客车坠入大渡河的惨痛事故。

1982年7月18日，四川云阳地区连降暴雨，导致县城以东1 000 m的长江左岸产生鸡扒子滑坡，滑体的土石方量为1 500万m^3，毁坏房舍1 730间，耕地775亩，使291户共1 353人无家可归。位于滑坡前缘的区卫生院、县冷冻厂等建筑物，全部被推落于滩地及江槽洪水中。此外，前缘滑体约有180万m^3坠入长江河槽，使鸡扒子航段断面缩小，顿时形成险滩急流，流速增大至 7.5 m/s，给水上船队航行带来极大困难，枯水期甚至有断航危险。后经地质勘探和整治，才保证了航运通畅。

1984 年 5 月 27 日，以泥石流发育闻名中外的东川市，在因民沟爆发了泥石流，造成人民生命财产严重损失。这次泥石流冲毁房屋 44 374 m^2，农田 3 205 亩，毁坏各种管道 26 700 m，121 人死亡，34 人受伤。此外，还冲走粮食 68.5 万 kg，大小牲畜 360 头，经济损失上千万元。

1985 年 6 月 12 日，湖北省秭归县长江左岸新滩镇，发生了一起土石方量约 2 000 万 m^3 大型崩积物滑坡，将新滩镇全部摧毁，冲入长江河槽中的土石方量约 200 万 m^3，使江面受堵约 1/3。浪击高度达 40 余米，击毁木船 64 条，小型机动船 13 艘，船上人员 10 人死亡。由于滑坡预报准确撤离措施及时得当，决定果断，使滑坡区内的 457 户居民无一人伤亡，这是国内外滑坡史上少有的事例。

2000 年 4 月 9 日，西藏林芝地区波密县易贡藏布河木弄沟大滑坡，滑程约 8 km，滑动高差 3 330 m，形成长 2 500 m、宽 2 500 m、平均厚 60 m、总面积 5 km^2、体积 2.8 亿～3 亿 m^3 的滑坡体，堵塞易贡藏布河形成 34 km^2 的“堰塞湖”，并冲毁了下游 1 座公路桥。

3.2.2 山地环境致灾因素

崩塌、滑坡、泥石流三大地质灾害，是山地环境边坡失稳的主要类型。它们的发生与地质地貌条件、新构造运动、地震活动、大气降水和人为活动等因素密切相关。

3.2.2.1 地形坡度条件

崩塌、滑坡是典型的山地边坡失稳地质灾害。因此，山体地形坡度就成为崩、滑灾害的重要条件之一。上述地质灾害的分布及其规律是根据地形切割度而分成中、西、东部地区三大部分的。地形切割度大的地方，显然地形坡度大，边坡失稳率高。怒江、澜沧江、金沙江、雅碧江、大渡河等地区，地形切割度大于 1 000 m，山坡陡峻，一般坡度都在 30°～60°以上或近于直立。因此这些地区是中国崩塌、滑坡地质灾害的高发区，位于第Ⅰ类和第Ⅱ类分区范围。

泥石流灾害是沟谷或坡面上土石与水的混合流动体灾害。沟谷的坡度对泥石流的运动速度、径流、堆积起制约作用。同样，在西南地区高山峡谷地貌部位，冲淤灾害严重，泥石流特别发育。

3.2.2.2 断裂活动与地震因素

在大多数情况下，崩塌、滑坡、泥石流地质灾害的发生与断裂活动(活断层)直接相关。没有胶结或胶结较差的断裂破碎带的宽度和长度、节理、裂隙的发育程度等都是控制崩塌、滑坡、泥石流地质灾害的重要因素。在具备了地形坡度条件和断裂破碎物源的地区(一般都在断裂河谷带)，地震活动是引发崩塌、滑坡、泥石流地质灾害的重要原因。

我国是一个地震活动较多的国家，自 1964 年～1976 年 12 年间，先后发生过邢台、海城、渤海、龙陵、松潘、唐山、宁河等强震和大震，绝大多数地震给人民生命财产造成巨大损失。

例如，1976 年 7 月 28 日发生的唐山地震，震级为 7.8 级，这次大地震灾害严重，使唐山市区建筑物多数被毁坏，死伤人数达 20 多万。地震导致平原地区的砂土液化，发生喷沙冒水，地面塌陷及河岸斜坡坍滑，影响面积达 24 000 km^2，破坏了大量农田和交通干线。

此外，由于地震触发崩塌、滑坡、泥石流灾害也不乏史例。例如：

1966 年 2 月 5 日发生的东川 6 级地震，触发大量崩塌、滑坡、泥石流，导致东川铁路新村—浪田坝约 40 km 遭受严重破坏；

2008 年 5 月 12 日发生在四川汶川的 8.0 级地震，引发大量崩塌、滑坡、泥石流、堰塞湖等次生地质灾害。根据有关部门调查统计，四川、甘肃和陕西等省地震区 84 个县(市、区)发现重大地质灾害点 8 439 处(其中滑坡 4 372 处，崩塌 2 309 处，泥石流 515 处，堰塞湖 34 处，其他地质灾害 1 209 处)，严重威胁着地震灾区人民群众的生命财产安全，需要采取紧急转移安置的受灾群众达 1 510 多万人。地震引发如此多的次生地质灾害，主要是震级大、震源浅、活动断裂多，山高谷深等自然因素所致。整个汶川地震的巨大损失约有三分之一不是地震直接造成的，而是由于滑坡、崩塌和泥石流造成的。

3.2.2.3 地层岩性及其产状因素

崩塌、滑坡的形成，均与软弱岩性(如泥岩、页岩、板岩、片岩或断裂构造中的糜棱岩、断层泥等)、顺坡倾斜的软弱结构面(岩层层面或断层、节理等构造面)产状有关,这些软弱岩性或顺坡倾斜的软弱结构面往往是崩塌、滑坡的剪出滑移带。

3.2.2.4　地下水因素

上述地层岩性及其产状因素,若再加上地下水的渗入影响,更加速了崩塌、滑坡地质灾害和泥石流的发生。地下水在岩体或土体中有一个变幅活动带,含水层中水的增值(压)或减值(压)将有效地促进软弱结构面的活动,形成崩滑体。

3.2.2.5　大气降水因素

中国大陆的降雨有极其明显的时空规律性。夏天雨季时是崩塌、滑坡、泥石流灾害发生的高峰期。藏东、川西及滇北山地位于第一、二梯级地势过渡带,地形切割度大,又是地震活动强烈和频发地区,雨量也较丰富,一般年降雨量800～2 200 mm,而且集中在7～8月份,通常日暴雨量为50～300 mm。因此这些地区的崩塌、滑坡、泥石流地质灾害最为强烈。例如:

(1)1982年7月四川万县地区暴雨诱发了数万处崩塌、滑坡与泥石流,并诱发西江和其他流域的洪水,引起18万多处崩塌、滑坡、泥石流,规模大的477处,死亡人数占洪灾死亡总人数的1/3。

(2)1994年4月30日重庆武隆县兴顺乡发生的鸡冠岭岩崩约500万 m^3,将乌江堵塞断航8个月。

(3)2001年5月1日暴雨使武隆县城巷口镇发生山体滑坡,一座9层居民楼被摧毁,79人死亡。

(4)2004年7月云南滇西地区怒江、宝山、德宏三个州市普降大到暴雨,4～5日和17～20日两次发生洪涝、群发泥石流灾害,因灾死亡48人,失踪85人,伤病497人,直接经济损失10.3亿元。

3.2.2.6　人为活动因素

铁路、公路、水利工程建设及矿山开采等,都会破坏山地环境的自然边坡而诱发崩塌、滑坡、泥石流地质灾害。不合理的开发矿产资源、水力资源和滥伐乱采森林资源等,也会破坏自然环境导致地势失衡,加剧或诱发山地地质灾害。随着经济建设的发展,现代人类活动对自然环境或地质条件的改造越来越突出,已成为一种改变自然环境的强大作用力。人为活动因素诱发的地质灾害所造成的损失是严重的,但近年来人类经济活动引发的地质灾害呈上升趋势。据有关权威部门报道"近年来中国半数以上的各类地质灾害是由人类活动诱发的。这些活动主要是修路切坡、建筑切坡、兴修水利设施、过量开采地下水、矿山开采、坡地灌溉等"。

关于这方面的例子,可谓不胜枚举。例如:

(1)1955年8月15日,发生在陇海铁路的卧龙寺滑坡,将卧龙寺车站和路基向外推移了110余米,滑体土方量达数千万立方米。由于滑坡迫使铁路改线1.5 km,造成严重经济损失,震惊全国。

(2)20世纪50年代宝成铁路建成通车后,沿线崩塌、滑坡灾害不断,为维护铁路运输畅通,投入了大量人力、物资和资金。1981年雨季,宝成铁路略阳—广元段产生病害工点86处,其中滑坡22处,占全部工点的25%。整治有病害需要改线的有4处,其中滑坡就占3处。

(3)1966年夏季成昆铁路渡口支线的某车站发生滑动,路基毁坏,并将临江新建的五幢楼房推入江中。在陡峻的岩体斜坡地带,由于人为的工程开挖或矿体开采也常发生山崩事故。

(4)1980年发生于成昆铁路的铁西滑坡是典型人为因素导致的地质灾害。该处在勘测设计文件中已指出"禁止在坡脚采石,防止引起老滑坡复活",而在运营中反而人为地在坡脚开辟料场大量采石,引起滑坡剧滑,严重摧毁铁路车站而中断行车。

(5)1980年6月3日,在湖北省宜昌盐池河发生最严重的山崩事故。由于开采磷矿引起的山崩,陡壁外侧岩体的下部回采区被挖空,导致岩体开裂变形。在暴雨的影响下,使高达160 m、总方量达100万余 m^3 的半壁山体,形成高速滑坡而掩埋了沟谷底部所有矿区建筑物和住房,284人丧生。

(6)1990年四川甘洛人工诱发的泥石流、1992年宝成铁路桑树梁大滑坡、1997年南昆铁路八渡车站巨型古滑坡复活、2000年5月12日株六复线大用车站顺层滑坡、6月6日内昆铁路引入六盘水枢纽曹家湾车站大滑坡等,都是人类工程活动诱发的地质灾害,造成了严重的损失。还有许多铁路、公路、矿山、水利、水电工程施工中都发生了大量的工程滑坡,损失惨重。

据不完全统计,西南地区近十多年来的铁路建设中,施工期间由于人为的雨季施工或施工方法不当等因素诱发的崩塌、滑坡、泥石流灾害造成的经济损失,大约占变更设计总投资的40%～50%左右,有的甚至更多。

此外，西南一些地区由于不合理或过量开采地下水，已对城镇等产生危害。例如，贵州六盘水、贵阳市、安顺市及云南昆明市等，由于过量开发岩溶水而诱发岩溶塌陷。近十多年来，云南、贵州、四川、重庆4省市发生了362处塌陷，多数是由于人工抽水、蓄水、地表水渗入、施工震动、工程荷载、地下工程排水以及污水废液排放引起的，对通过该地区的铁路、公路沿线也造成了一些危害。这些都说明人为工程活动诱发了地质灾害，将要付出沉重的代价，应引起高度重视。

3.3 防灾减灾对策探讨

综上所述，西南地区因受板块运动影响，地震频繁震级大，新构造活动强烈，地壳升降幅度大，山高谷深，斜坡岩体破碎，降雨量丰富，山地生态环境非常脆弱，是我国易发生崩塌、滑坡、泥石流等山地灾害的重灾区。自然地质作用和人类工程、经济活动均能改变固有的地质环境，导致地质灾害。这些灾害的形成条件和发展规律均受当地自然地理、地质条件所制约。

通过对不同地区工程地质条件进行综合研究，人们可以根据不同地区动力地质作用的类型和特点，对在自然或人为因素影响下，地质环境可能变化的趋势和危害进行系统的监测和预报。自然地质作用或人类活动导致的崩塌、滑坡、泥石流灾害在发生前，一般都有一定的征兆，只要事先能掌握区域工程地质特征和环境地质规律等可能变化的趋势，就有可能及早制定防范措施或改变工程、经济活动布局，以期减轻或避免灾害。

近年来，我国正在一些国民经济重点布局地区开展区域工程地质调查，工作范围包括重要城市、大河流三角洲、海岸地带及矿产、水能资源、铁路、公路建设等近期规划开发区。掌握这些地区的岩土体成因类型、分布及其工程地质性质，掌握动力地质作用的区域性特征，对国土整治或经济规划布局，合理利用和保护地质生态环境，有着重要的现实意义。

第 4 章　铁路工程地质灾害

4.1　地质灾害的概念

地质灾害是由于自然和人为活动共同作用引起的，在地球表层比较强烈地危害人类生命、财产和生存环境的岩土体移动事件，具备自然演化和人为诱发的双重性，它既是自然灾害的组成部分，同时又属于人为灾害的范畴。在某种意义上，地质灾害已经成为制约社会经济发展和人类安居的重要因素，同时又具有自然、社会和资源的三重属性。

铁路工程涉及的地质灾害，按其成因可分为不良地质灾害、特殊岩土灾害两大类：

1)不良地质类

按其作用营力可细分为八种：

(1)斜坡营力：滑坡、崩塌、错落、危岩落石、岩堆。

(2)流水营力：洪水、泥石流、河岸冲刷、坡面冲蚀。

(3)溶蚀营力：岩溶洞穴、漏斗、暗河、岩溶发育带。

(4)地下水营力：地面塌陷、地下突水(泥)、多年冻土融陷、胀裂。

(5)风沙营力：沙丘、半沙丘和移动沙丘、风沙流、沙(尘)暴。

(6)水库营力：库岸冲蚀、坍岸、溃坝。

(7)构造营力：活动性断层、断层破碎带、高烈度地震、高地应力、高地热。

(8)人工采空营力：煤矿采空区、小煤窑、掏金洞、过量抽取地下水等。

2)特殊岩土类

特殊岩土主要有裂土(膨胀岩土)、软土、冻土、盐渍土、湿陷性黄土、人工杂填土、煤层(瓦斯)、盐岩、放射性岩石等。这些特殊岩土也存在着一种特殊营力，在雨水、风化、震动、液化、寒热冻融、人为活动等外界因素作用下，改变其自身的物化性状和固体形态，使铁路建筑物和设施遭受破坏。

在上述不良地质和特殊岩土地区进行铁路或公路建设，如果线路选线、工程设计或施工措施不当，可能导致地质灾害，威胁铁路施工和运营安全。

本章重点介绍铁路建设中常遇到的斜坡(崩塌、滑坡、泥石流)、岩溶、有害气体(瓦斯)、采空区、高地应力等不良地质灾害和软土、膨胀土(岩)、红黏土、盐岩等特殊岩土灾害。

4.2　斜坡地质灾害

斜坡是自然山坡(含河、沟、水库岸坡等)和人工边坡的总称。斜坡变形是指斜坡在重力及其他因素(风化、水力、地震、人类活动等)作用下所发生的部分岩土体的位移。斜坡变形是山区特有的一种地质现象。

斜坡的分类，按其物质组成分为三种类型：土质(黏性土、碎石土、黄土等)斜坡、岩石斜坡、岩土混合斜坡。

按其成因分为两种类型：自然(剥蚀、堆积、侵蚀、滑塌)斜坡、人工斜坡。

斜坡变形破坏的主要类型有两种：一是松动与蠕动变形；二是失稳破坏。

崩塌、滑坡、泥石流是边坡变形失稳破坏的主要山地环境地质灾害类型。它们的发生与地质地貌条件、新构造运动、大气降水和人为活动等因素密切相关，但都有各自的特点。

4.2.1　崩塌、滑坡、泥石流

崩塌、滑坡、泥石流是山区铁路最为严重的地质灾害。如图 3.4.1～图 3.4.4 所示。

图 3.4.1 铁路线路轨道被崩塌巨石砸坏情景

图 3.4.2 铁路线路被滑坡掩埋情景

图 3.4.3 铁路线路轨道被崩塌、滑坡掩埋情景

图 3.4.4 铁路线路被泥石流冲毁情景

4.2.1.1 崩塌

崩塌是指陡峻斜坡上的岩土体，在重力作下突然向下倾倒、崩落、翻滚、跳跃，最后堆积于坡脚形成锥形岩堆体的一种动力地质现象，规模巨大的崩塌称为山崩，规模小的个别岩块崩落称为落石。其特点是发生急剧、突然，运动快速、猛烈，脱离母体的岩土体不沿固定的面(带)而自由运动，其垂直位移分量显著大于水平位移分量。

崩塌按其力学成因可分为五种类型：倾倒式崩塌、滑移式崩塌、鼓胀式崩塌、拉裂式崩塌、错断式崩塌。

崩塌常发生在地形坡度大于45°的高陡山麓斜坡或河谷陡岸地带，尤其是河流弯曲较大、山坡陡峭、多悬崖陡壁、新构造运动剧烈、深大张开卸荷裂隙较多的地段，是斜坡上的剪应力超过岩体的软弱弱结构面强度而崩落的结果。在地层岩性上，它多发生在软硬交互的砂页岩、中厚层及块状砂砾岩、石灰岩、片理发育的硅质片岩、片麻岩、混合岩及岩浆岩地段，尤其是处于挤压破碎带及严重风化地段，多有崩塌发生；在地质构造上，多发生在褶曲轴部、断层带、断层挤压破碎带、断层交汇带、节理密集带及不整合接触带；其动力来源多是地表水冲刷、潜蚀、淘空山坡下部，支撑力减小，或岩土体中软弱结构面抗剪强度降低，或人为的边坡开挖、采空、爆破与地震等因素的作用。

4.2.1.2 滑坡

滑坡是指斜坡上的岩土体，由于边界条件的改变及地下水活动、河流冲刷、人工切坡、地震等因素影响，在重力作用下沿一定的软弱面(带)，缓慢整体向下滑动的坡面变形现象。滑坡的特点是滑体在向下滑动过程中始终保持与下伏滑床接触，其水平位移分量一般大于垂直位移分量。

铁路部门对滑坡的分类较复杂，主要有以下几种：

(1)按滑坡物质组成分：黏性土滑坡、膨胀土滑坡、黄土滑坡、堆积层滑坡、堆填土滑坡、破碎岩滑坡、岩层滑坡等。

(2)按形成原因分：自然滑坡、工程滑坡。

(3)按引起滑动的力学性质分：推移式滑坡、牵引式滑坡。

(4)按滑动面通过岩层情况分：同类土滑坡、顺层滑坡、切层滑坡。

(5)按发生时间分：古滑坡、新生滑坡。

(6)按发生后的活动性分：活滑坡、死滑坡。

(7)按滑体体积分：小型滑坡、中型滑坡、大型滑坡、巨型滑坡。

(8)按滑体厚度分：浅层滑坡、中层滑坡、厚层滑坡、巨厚层滑坡。

滑坡形成的内在因素，主要受地层岩性和地质构造控制。西南地区的滑坡多分布在各种黏性土、软质岩(泥岩、页岩、千枚岩等)、软硬相间地层、构造破碎带或软弱结构面(断层面、节理面、岩层面、片理面、不整合面及断层泥、糜棱岩等)发育及降雨量多等地带。软质岩遇水易软化，抗剪强度降低，促使滑坡形成；构造断裂带，往往为大规模堆积层滑坡提供物质来源；软弱结构面，往往控制着滑动面的空间位置及滑坡范围；断层泥、糜棱岩，往往组成滑动带和滑动面；构造裂隙水是各类滑坡形成发展的主要动力来源。

滑坡形成的外在因素，主要为河流冲刷、水库浪蚀、人工开挖边坡、坡体上加载、地下采空、地下水的浸湿、潜蚀和溶滤、地表水冲蚀和灌入、地震、爆破等。它们改变了斜坡的外形和应力状态，增大了下滑力或减小斜坡支撑力，从而引起滑坡。

4.2.1.3 泥石流

泥石流是山区的一种特殊洪流，它是在山区一些较陡峻的流域内，由于植被覆盖率低，坡面及沟槽内聚积有较丰富的松散物质，在强大的暴雨、急剧的融雪融冰或水库的溃决作用下，松散堆积物质失稳与汇流水体形成水和泥沙、石块混合而成的固、液混相流，具有较大的密度，在陡峻的沟槽上流动，速度快，惯性大。因此，它在运动过程中具有强大的动力，能携带巨石、大量泥沙、石块前进，可以冲毁沿途中的各种建筑物，如剪断桥墩、推走或砸坏桥梁、冲走线路和种种遭遇的建筑物。

泥石流的发生和发展主要是地理环境、地质背景、气象因素和人类活动综合作用的结果。主要受地形地质环境、松散固体物质和雨量三大因素控制。典型的泥石流流域从上游到下游可划分为形成区、通过区和堆积区三个区段。形成区山坡坡度大，汇水快，冲刷、搬运作用强，山坡稳定性差，松散固体物质崩塌、滑坡等不良地质发育，供应泥石流的固体物质多。在沟谷出口外的开阔地带，常堆积成泥石流洪积扇或冲积锥。

泥石流按其成因及物质组成可分为三种类型：泥流型、水石型和泥石型。

4.2.2 铁路沿线崩塌与滑坡的分布及其对铁路的危害

4.2.2.1 崩塌、滑坡的分布

西南地区几乎各条铁路线上都有不同程度的崩塌、滑坡地质灾害，主要分布在 20 世纪 50 年代～70 年代及以前修建的昆河(米轨)、宝成、成昆、成渝、川黔、贵昆、湘黔、黔桂、湘渝等线，这些山区铁路沿线地形地质条件复杂，受当时勘察设计与施工技术水平的限制，一些线路走在河谷阶地、高陡岸坡或山麓斜坡上，采用了许多高路堤和高边坡路堑，同时支挡防护措施有限，导致崩塌、落石、滑坡的发生。例如，20 世纪 50 年代初开始宝成铁路勘测时，人们对古滑坡认识不清，把部分车站设在古滑坡体上，开挖后引起古滑坡复活、新滑坡产生，造成了很多灾害问题。

西南地区受崩塌、滑坡危害严重的主要干线有宝成、成昆、川黔、湘黔等线，尤以成昆线最为严重(线路经过大型滑坡 183 处，危岩 500 多处，崩塌、落石 300 多处)；较重的有湘渝、黔桂、昆河、贵昆、成渝线。20 世纪 90 年代以来建成的达成、达万、广大、南昆、内昆、水柏、渝怀、株六及宝成复线、遂渝、沾昆、大丽、玉蒙、黄织及黔桂、达成、湘渝复线等山区铁路，也有不同程度的崩塌、落石及滑坡灾害。统计线路经过自然滑坡较多的几条铁路见表 3.4.1。

表 3.4.1 西南几条山区铁路自然滑坡统计

线　别	线长(km)	滑坡个数	线　别	线长(km)	滑坡个数
成昆	1 085	183	黔桂	607	32
宝成	669	102	昆河	469	24
川黔	463	91	贵昆	631	21
湘黔	953	80	成渝	504	21
湘渝	850	46	南昆	890	20

4.2.2.2 崩塌、滑坡对铁路的危害

崩塌、滑坡对铁路的危害，主要表现在以下几个方面：

(1)破坏线路和路基设施。缓慢位移的滑坡常造成线路路基、挡土墙变形及侧沟破坏。滑坡一旦突然形成，则路基被掩埋，或催毁线路设备，悬空轨排，中断行车，造成严重的人民生命安全和财产损失。例如：1959年1月、1981年7月发生在宝成线K122、K216附近的滑坡，分别将30万m^3和4万m^3的土体推入嘉陵江中或掩埋轨道，中断行车20天以上；1980年成昆线牛日河左岸谷坡上的铁西车站附近的大滑坡，将铁路线路严重催毁；1992年宝成线马蹄湾附近曾发生三次大崩塌，前后中断运行30多天，给铁路运输造成重大经济损失，后被迫改线；2003年雨季，内昆线北段水富至昭通200多公里线路，共发生危岩崩塌、落石38次，路基坍方26次，中断行车236小时。

(2)危害站场。山区铁路要选择一段地势较平坦能设置站场的地方不多，而那些峡谷中的宽谷台地又往往是古老滑坡发育的地方。如20世纪50年代宝成铁路开始勘测时，对古滑坡认识不清，把西坡、谭家庄、白水江等车站设在古滑坡体上，开挖后引起古滑坡复活、新滑坡产生，给施工运营造成很多困难和灾害。此外，贵昆线的大海哨、南昆线的八渡、达万线的万县等车站，均位于古老滑坡体上，由于施工扰动或不合理的弃土堆载，促使了古老滑坡复活，整治工程巨大。有一些车站还受到崩塌、落石的危害，如宝成线的观音山、军师庙、成昆线的尼日河岸湾塘车站等。

(3)破坏轨道、桥梁、隧道和明洞。崩塌、滑坡对山区桥梁和隧道、明洞造成严重破坏。例如贵昆线桥舍桥、格里大桥、二甲桥，成昆线会仙4号桥、玉田3线桥、耳足桥、铁西双线桥，湘黔线普舍安桥等的墩台基础均受到滑坡威胁，不得不采取改线、填塞或抗滑工程来保证桥梁的安全；贵昆线的二道岩、成昆线的白石岩2号、襄渝线的赵家塘等隧道，均因滑坡而发生错断和位移而侵入隧道净空，严重地威胁行车安全；宝成线1956年6月发生在罗妙真的大崩塌，塌体达6万多立方米，将38 m长的钢筋混凝土拱盖板棚洞推出路基外50余米，只得以便线维持通车，直到1968年重建65 m棚洞恢复正线；1999年6月贵昆线茨冲隧道进口外K214附近陡崖崩塌、落石2 000多立方米，最大石块体积达120 m^3，造成中断行车事故；2003年8月内昆线喇叭溪3号大桥、K180～182、K205～207、K203等处，危岩崩塌、落石严重，最大体积达300多立方米，砸坏轨道、桥梁、接触网等设施，严重威胁行车安全。

(4)造成行车事故与旅客伤亡。崩塌、落石灾害是山区铁路常见病害之一。这种病害在施工期间即有发生，运营期间是维修和行车人员最感棘手之事。据成都局1985年的不完全统计，成昆线就有危岩与崩塌、落石约500处。造成行车事故的有：1974年～1979年成昆线分别在弯高滑坡段、K812崩塌处，造成货物列车颠覆，中断行车5.3 d；1981年宝成线军师庙车站，在200 m山坡上落石一块体积为1.85 m^3，正巧砸到停在车站上的164次旅客快车上，落石穿透车厢，砸死1人、伤21人；昆河线K146附近，1960年、1964年、1965年三年间，当客车和行人通过时，突遭山坡上的落石袭击、砸坏车厢、死2人和伤多人的事故。在全国铁路中以成昆、宝成、昆河、黔桂、川黔等线的落石灾害最为严重，据成都局统计，每年因落石造成的事故有十多起。

4.2.3 铁路沿线泥石流的分布及其对铁路的危害

4.2.3.1 泥石流的分布

中国山地面积约占国土面积的2/3，有32 000多公里的山区铁路，沿线泥石流活动主要受灾害性暴雨和不良地质环境及复杂的社会环境的动态变化控制，其分布具有较明显的区域性特点。

泥石流活动是暴雨作用于地面后，由于地面上堆积的松散固体物质失稳而产生的泥沙集中搬运的一种形态。地面松散固体物质的形成、运移和堆积环境，与地质构造和人类活动有关。泥石流一般都是发育在新构造活跃地区，构造复合部、局部隆起区以及深大断裂破碎带上。地震和人类活动具有诱发和加剧活动的作用。在抬升区和隆起区内的地形有利于松散堆积物的起动运移。根据有关资料统计，中国大陆第一、二级阶梯和第二、三级阶梯地形的连接地带、山前断陷地带是泥石流的集中分布区，80%以上的泥石流沟分布在第二级阶梯地形内，第一、三阶梯地形内的泥石流分布相对较少。

铁路沿线的泥石流主要分布在成昆线峨边至甘洛、金江至大湾子、镜铁山支线、东川支线、宝成线宝鸡至广元段、阳安线、襄渝线上。泥石流类型大多以水石型、泥石型为主，泥流型泥石流主要分布在宝成线北段、成昆线有零星分布。

4.2.3.2 泥石流对铁路的危害

根据全国铁路泥石流沟普查建档资料统计(1996 年),中国 32 000 多公里的山区铁路沿线,在 324 个区间内分布有泥石流沟 1 386 条。其中西南西北地区 1 101 条(成昆线 249 条,宝成线 120 条,东川支线 52 条,襄渝线 16 条,阳安线 126 条,陇海线 78 条,包兰线 21 条,兰新线 69 条,兰青线 25 条,青藏线 21 条,其他干线及专支线 324 条),占全国铁路线上泥石流沟总数的 79.4%。在 324 个区间中活动严重的有 67 个区间,中等的 59 个区间,属于轻微的有 93 个区间,受威胁区间的总计长度为 2 955 km。

泥石流灾害以其暴发突然,动力极大,且多在夜间发生等属性而导致铁路破坏性成灾的后果严重,影响面广,尤其是如成昆线、宝成线、陇海线等运输腹地的重大干线,除造成的直接经济损失巨大外,间接经济损失和社会影响也很大。

泥石流发生的外动力主要是暴雨,每年年内泥石流发生时间与各地灾害性暴雨同步(每年 5～10 月是泥石流的主要发生期),年际分布也大体和各地暴雨周期同步。如 1981 年 8 月四川西部、川陕南部发生历史上较大洪水,成昆、宝成线泥石流灾害突出;1982 年～1984 年各地暴雨偏小,铁路沿线泥石流活动较为平静;1985 年～1988 年灾害性暴雨增多,1988 年四川和山西灾害性暴雨较多,成昆线 32 条泥石流沟发生 54 起泥石流,断道 5 次,淤埋车站 2 个;山西境内也多处发生泥石流,淤埋车站 4 个。

泥石流在运动过程中具有非常大的动力,所向难阻,能在对铁路建筑物的短暂作用过程中,冲毁沿途中的各种建筑物,如剪断桥墩或桥台,推走或砸坏桥梁,或将携带的大量泥沙、石块堆积在途中,淤埋铁路建筑物,直接或间接对铁路运输安全造成严重灾害或威胁。

近 60 余年中,全国累计发生泥石流灾害 1 500 余起。其中造成破坏铁路设施、中断行车的较大灾害 300 余起,40 个车站被淤埋 49 站次,尚有 10 个车站仍然受到泥石流的威胁;被泥石流颠覆、脱轨或淤埋的客、货列车 12 起,百人以上伤亡的特大灾害 2 起;11 座桥墩或桥台被剪断或冲毁,24 片梁被冲走或砸毁。特别是 1981 年 7 月 9 日爆发于大渡河支流利子依达沟的特大泥石流,造成成昆铁路桥毁车翻震惊国内外的铁路大灾难。同年 8 月因连续暴雨,宝成线 120 条泥石流沟发生泥石流,有百余公里的铁路两次受到洪水和泥石流、坍方、滑坡多种灾害的同时袭击,造成百余处工点受灾,该段运输全面瘫痪,损失惨重。

4.3 岩溶地质灾害

岩溶是水(地表水或地下水)对可溶性岩石(碳酸盐岩、硫酸盐岩、卤素岩等)的化学溶解与机械破坏作用所形成的各种地表和地下溶蚀现象与形态的总称。岩石的可溶性与裂隙性、水的侵蚀性及其流动性是岩溶发育的三个基本条件。此外,地貌、气候、生物和土壤等自然条件也影响着岩溶的发育。碳酸盐岩岩溶发育程度,除与岩石成分、结构、构造(包括不溶物含量、颗粒粗细、岩层厚薄等)和岩层的岩性组合有关外,还突出表现为受地质构造和地貌的控制。处于断层带及其附近,尤其是张性断层及其上盘,岩溶发育特别强烈;位于褶曲轴部的碳酸盐岩,岩溶发育强度更甚于翼部;褶曲翼部,不论向斜或背斜,如存在排泄基准面,则接近排泄基准面的部位,往往富集有较丰富的岩溶水。

我国碳酸盐岩分布广泛,几乎遍及全国,在 960 万 km^2 的国土上,出露有 124 万 km^2 的裸露型及埋深小于 500 m 的覆盖、埋藏型碳酸盐岩,使之成为世界上岩溶分布面积较大的国家之一。我国南方是碳酸盐岩的主要分布区(其余地区分布面积较少和零星出露),尤以西南地区较为集中。仅就滇、黔、桂三省而言,碳酸盐岩出露的面积即占三省总面积的一半左右。境内气候湿润,雨水充沛,岩溶极为发育,其类型之多,堪称“世界之冠”。西南地区滇、黔、桂、川境内的铁路沿线地区,无论是高山、丘陵或平原,都有大面积的岩溶分布,而且十分发育,只不过发育阶段和发育程度不同而已。各种岩溶地貌齐全,主要有岩溶盆地、谷地、洼地、漏斗、落水洞、峡谷、峰林、峰丛、峰林平原、岩溶干谷等。

岩溶是西南铁路建设中的主要工程地质问题之一。岩溶对铁路工程的影响和危害主要表现在以下方面:

(1)隐伏岩溶地面塌陷威胁建筑物安全。

(2)岩溶洞穴及其充填物对建筑物基础稳定性的影响。

(3)岩溶涌水突泥对地下工程造成危害。

(4)岩溶洼地积水浸泡或淹没路基和其他地面工程。

此外,地面裂缝也是岩溶地区的一种地质灾害。

4.3.1 岩溶地面塌陷灾害

岩溶地面塌陷是指隐伏于岩溶洞穴上的岩土体覆盖层,向下陷落的一种岩溶动力地质作用和现象。按其成因可分人为塌陷和自然塌陷两大类。岩溶地面塌陷在空间上具有隐蔽性,在时间上具有突发性。

岩溶地面塌陷是一种较严重的地质灾害,常造成铁路路基、桥梁、隧道、站房等铁路建筑物毁坏。随着社会经济的快速发展,我国铁路沿线的人为活动更为频繁,岩溶塌陷越来越多。据有关资料统计,20 世纪 60 年代塌陷不到 10 处,20 世纪 70 年代达到 100 余处,20 世纪 80 年代达到 500 多处,塌陷势头发展迅猛。对铁路已构成严重危害的有 57 处,其中路基工程 30 处,桥涵工程 2 处,车站 18 个,其他工程 7 处。由于抽取地下水致塌 19 处,坑道排水致塌 15 处,降雨及地表积水渗入致塌 18 处,振动致塌 19 处,致塌成因不明的 4 处。

西南铁路沿线是岩溶地面塌陷的重灾区,成昆、贵昆、盘西、川黔、黔桂、湘黔、湘桂、黎湛、南昆、内昆、水柏等铁路线上,都有不同程度的岩溶塌陷灾害问题。主要分布于成昆线的 K1063,贵昆线的高峰、两所屯、六枝、树舍、鸡头村、格以头、干海子,盘西线的平关,川黔线的李家湾、息烽、都拉营,黔桂线的金城江、六甲、宜山,湘桂线的黎塘北站、佳田—凤凰,黎湛线的玉林,襄黔线的 K151～152、怀化,南昆线的苹果、思林—坛洛、威舍、陆良至石林一带,内昆线的梅花山—六盘水、水柏线的茅草坪等地,其中以贵昆线、南昆线最为严重。例如:

(1)1976 年 7 月 7 日,贵昆线 K606＋475 浅堑路基,大雨后形成直径 8 m 的岩溶塌陷坑,造成中断行车 62 小时 40 分。

(2)1979 年 9 月 1 日及 1985 年 7 月 6 日,贵昆线分别在 K534＋076 及格以头村附近发生路基岩溶塌陷,导致货物列车尾部三节脱轨颠覆。

(3)贵昆线自通车以来,六枝站 11～12 道 5 次发生塌陷,高峰车站发生 16 次塌陷,乌速龙车站 K113＋600～＋900 发生 6 次塌陷等。

(4)贵昆线电气化改造中新建树舍牵引变电所,1985 年～1986 年两年雨季中,先后发生两次岩溶塌陷而产生 10 个陷坑,使房屋墙基悬空,并诱发场地边坡坍滑,工程施工无法正常进行。补充物探、钻探后,变更设计采用 100 多根挖孔桩基础,增加投资较大。

(5)近年建成通车的南昆线,经过可溶岩地段的路基长约 300 km,施工后期试运营期间就发生岩溶地面塌陷 50 余处。

(6)水柏线茅草坪车站深挖路堑地段,2004 年 7 月发生岩溶塌陷,造成 K61＋670～＋700 右侧长 30 m 的挡墙严重下沉、开裂,并牵引墙后边坡出现 3 道裂缝,车站内第 3 股道路基下沉 10 cm 左右。

上述岩溶地面塌陷都不同程度地威胁着铁路运营安全,铁路部门均采取了各种措施进行综合整治,耗资较大。

4.3.2 岩溶洞穴及其堆积物灾害

岩溶洞穴及其堆积物对工程的危害主要表现为:一是建筑物基础悬空;二是洞穴顶板过薄,不能承受荷载而发生突然坍塌,引起建筑物破坏;三是岩溶洞穴中的堆积物往往为强度低、稳定性差的松软土或碎块石土等,开挖易坍塌,不能直接作建筑物基础,必须进行加固或跨越处理。

西南岩溶地区铁路建设中,岩溶洞穴及其堆积物对工程的危害,几乎遍及各线的路基、桥梁、隧道、房屋建筑等工程,技术处理难度较大。通常情况下,在岩溶洞穴发育地区的桥梁和房建工程,大多采用较长的桩基础;路基工程常采用夯填、网格垫层、支顶、嵌补、跨越、注浆加固等措施处理;隧道遇到大溶洞及其堆积物时,一般采用清除换填、压浆、旋喷桩或钢筋混凝土桩加固隧道基底或设桥跨越。如株六复线大竹林隧道进口段洞身约 1 000 m 处,遇到高、宽 30～60 多米的岩溶大厅及暗河,设置 32 m 的钢筋混凝土拱桥跨越。虽然在技术上都可克服,但增加工程投资较多和延误工期较长。

4.3.3　岩溶隧道涌水突泥灾害

隧道涌水是指在隧道或地下洞室施工中，围岩含水层的地下水在水头压力和其他压力综合作用下，克服了隔水层、断层以及裂隙带等阻力，以突然方式从隧道洞室周边涌入坑道内的工程地质现象。隧道突泥是隧道涌水携带大量泥砂及碎块石或封闭式岩溶洞穴中的承压饱水堆积物，在洞室开挖揭穿时，突然释放涌入坑道内的现象。可以说是一种地下泥石流，来势凶猛，破坏力极大。隧道突泥是高水压或高围压的伴生现象，如果没有高水压或高围压作动力和载体，突泥不可能发生。

隧道涌水、突泥是岩溶地区常见的地质灾害。涌水、突泥的产生受诸多因素的影响，其危害程度也有较大差异。隧道的涌水、突泥主要与地下岩溶管道发育程度密切相关。涌水、突泥时不但造成坑道被淹事故，还会引起地面岩溶塌陷，地面塌陷的产生又造成地表水通过塌陷坑直接灌入地下，使坑道涌水、突泥量猛增而扩大淹井面和淹井事故的次数。

西南铁路的长大岩溶隧道，几乎都发生过突发性的涌水、突泥灾害。如20世纪70年代前修建的成昆线沙木拉打隧道，襄渝线中梁山、大巴山隧道，川黔线的凉风垭、娄山关隧道，贵昆线的梅花山、梅子关、倮纳隧道，盘西线的胜境关隧道，以及近十多年来建成的南昆线新桥、砂锅寨2号隧道，株六复线大竹林隧道、花苗隧道，水柏线何家寨、红梁子、新寨2号隧道，渝怀线圆梁山、武龙、歌乐山隧道，遂渝线荆竹岭、桐子林隧道等，施工中都发生了严重的涌水突泥灾害，给工程造成重大经济损失，有的还造成了人员伤亡事故。

与此同时，隧道施工发生涌水、突泥现象，也常造成地表水或地下水渗漏，影响当地人民生产、生活用水源等生态环境问题。例如湘渝铁路中梁山隧道施工期间多次发生涌水、突泥引起地面塌陷坑70多个，导致地表、地下水严重渗漏，井泉干枯48个，造成当地农田灌溉受到影响的面积5.45 km^2，8 118人居民及4 840头牲畜饮水困难。

近年修建的渝怀线歌乐山、圆梁山隧道，采取“排堵结合，以堵为主，限量排放”的治水原则，实施了强大的帷幕注浆堵水措施及抗水压2～4 MPa的钢纤维钢筋混凝土衬砌，有效地控制了地表地下水的严重渗漏，成为中国铁路建设史上保护生态环境的典范工程，推动了长大岩溶隧道堵排水技术的发展。

4.3.4　岩溶地表水灾害

岩溶地表水对工程的危害，主要表现在岩溶洼地、谷地中的积水问题。由于排水不畅，洪水时冲刷、淹没桥涵及路基，或洼地积水、冒水浸泡路堤，引起路堤下沉或坍塌等。例如，贵昆线平坝两所屯羊昌河一带，1960年铁路建成后，雨季岩溶洼地大量积水、冒水，铁路路基及大量农田被淹没，不得不炸毁路堤，排除洪涝，造成严重损失。事后增设了四处中、小桥，基本解除了洪涝隐患，教训十分深刻。1998年～2001年株六复线建设时，对本段线路又进行了双绕改建，并将线路标高抬高了2～3 m，才彻底根治了岩溶水害。因此，应加强岩溶地区水文工作，准确确定历史最高洪水位及线路标高，并作好排洪设施，防止岩溶水害。

4.3.5　岩溶地区地裂灾害

地裂也是岩溶区的一种灾害，主要见于桂、滇、赣、鄂中等地。按地裂成因可分为两种：一种是石灰岩风化后残积红黏土，因膨胀、收缩而引起地面开裂，其分布地区较广，较为典型的有广西武宣、贵港、隆安（南昆铁路经过此地）等地；另一种则是由于岩溶地面塌陷而导致地面开裂，常使建筑物、道路开裂、错移，在城镇区还威胁到地下设施的安全。例如，江西花亭锰矿，因岩溶塌陷所引起的地面裂缝达150余条，最长达160 m，深2 m，危及地面建筑物安全。

4.4　有害气体地质灾害

有害气体是指地层中对人体有害甚至能引起燃烧和爆炸的气体。有害气体以沼气（甲烷 CH_4）为主，还包括二氧化碳（CO_2）、二氧化硫（SO_2）、硫化氢（H_2S）和氮气（N_2）等。有害气体统称为瓦斯，主要指甲烷，它是一种无色、无味、无溴的气体，但和硫化氢混合则有苹果香味。空气中瓦斯含量增加，氧气减少，会使人发生窒息事故。

瓦斯对人的危害主要是燃烧和爆炸。瓦斯燃烧不是与之接触立即发生，时间略有延迟，在吸收相当热量后才开始燃烧，温度越高，延迟时间越短。瓦斯爆炸必须具备两个条件：一是空气中的瓦斯浓度达到爆炸限度；二是有火源。瓦斯含量达到5%～16%会产生爆炸，含量在8%时极易爆炸。瓦斯爆炸时产生高温，温度可达2 000℃以上，爆炸后空气中几乎没氧，主要为氮和二氧化碳，使人晕倒甚至死亡。

在煤系地层山岭地区修建隧道工程，常常在隧道掘进过程中，遇到突然发生大量瓦斯、煤尘、和岩粉一切喷出的现象(即瓦斯突出)，而且往往还夹杂一些煤块或岩石，造成人员伤亡、工程和机械设备破坏等灾害性事故。

西南地区及其邻近各省、区，均有古生界石炭系、二叠系、三叠系及中生界侏罗系砂页岩含煤地层分布，尤其是我国重要的煤炭基地之一的贵州省，煤炭资源极为丰富，地下矿井及隧道工程建设中瓦斯地质灾害尤为突出。

西南铁路建设中，已有多座隧道遇到高瓦斯问题。例如：

(1)20世纪50年代末修建贵州境内的贵昆线岩脚寨隧道(全长2 734 m)，横贯普郎煤田大煤山褶皱西南翼，穿过三叠系煤系地层和石灰岩，其中贵阳端进口段长约950 m的乐平组煤系地层中夹有多层高瓦斯煤层，瓦斯逸出量达150 m^3/h。1959年施工过程中曾发生6次瓦斯爆炸和燃烧，造成隧道塌方堵洞、支撑烧毁、伤亡99人(死34伤65)的特大事故。

(2)20世纪90年代修建的达成线炮台山隧道，在施工通过侏罗系砂岩夹泥岩地层的背斜核部附近时，也发生了严重的瓦斯(天然气)爆炸，造成13人伤亡事故，主要原因是埋藏于深部1 000多米的天然气沿岩层中的构造裂隙渗透上逸，聚集于背斜核部所致。

(3)20世纪90年代修建的南昆线家竹箐隧道(4 990 m)，通过上二叠系煤系地层，瓦斯逸出量达633.6 m^3/h，瓦斯含量达20.17 m^3/t，瓦斯压力达1.58 MPa，属高瓦斯、有煤与瓦斯突出危险地质灾害的隧道。在该隧道的设计与施工中，认真总结了贵昆线岩脚寨隧道及其他隧道瓦斯地质灾害的经验教训，采取了强有力的瓦斯防治措施，保证了隧道施工安全。

(4)四川省都江堰境内紫坪铺水利枢纽工程的友谊隧洞(962 m)，所处地质条件非常复杂，集断层破碎带、富含煤层、浅埋偏压、膨胀岩、采空区及高瓦斯于一体。隧道穿过含多层煤的煤系地层长932 m，单层煤最大厚度达4 m以上，瓦斯浓度达10%以上，属典型的高瓦斯隧道。2003年10月该隧道开工后，先后多次发生塌方和瓦斯燃烧、爆炸40余次，给施工人员的生命安全带来了严重威胁。特别是2004年12月7日，该隧道发生的大塌方，造成瓦斯在坍孔里大量聚集，出露煤层自燃引发了瓦斯大爆炸，强大的冲击波将隧道里的施工设备悉数摧毁，重达几十吨的衬砌台车、挖掘机等机械设备被抛出洞外，掌子面上的钢筋和钢管像箭镞一样飞到离洞口数百米远的山坡上。瓦斯爆炸能量之大，极为罕见，令人震惊。

(5)2005年12月下午2点左右，四川都江堰至汶川高速公路董家山隧道施工中发生特大瓦斯爆炸事故，造成44人死亡，11人受伤，直接经济损失2 000多万元。事故原因是由于掌子面处塌方，瓦斯异常涌出，致使模板台车附近瓦斯浓度达到爆炸界限，模板台车配电箱附近悬挂的三芯插头短路产生火花引起瓦斯爆炸。

因此，对于瓦斯隧道设计施工，必须严格执行《铁路瓦斯隧道技术暂行规定》、《煤与瓦斯突出防治细则》等技术规定，保证瓦斯隧道揭煤施工安全。

4.5　采空区地质灾害

小煤窑采空是常见的人工挖采煤矿遗留下来的巷洞，采空范围窄小，开采深度浅，一般深度多在100 m以内，少数可达200 m。有煤层露头地带由巷道直接采掘，无煤层露头地带先以竖井或斜井挖至煤层，再以巷道采掘，并向两边开挖支巷道。巷道平面延伸分布一般无规律或呈网格状，有单层或2～3层重叠交错，巷道高一般为1.5～2.5 m，宽2～3 m，大多为临时支撑或无支撑，任其自由坍落。小煤窑的采空率一般为10%～20%，很少超过30%。西南地区的贵州、四川、云南的一些地区，砂页岩含煤地层较广，人工采煤现象普遍，常遇到小煤窑采空区发生地表塌陷或开裂灾害问题，但因采空范围窄小，地表一般不会产生移动盆地。

小煤窑采空一般都为无序开采，更无文献记载和图表资料。工程地质勘察中难以完全查清，即使用较大的物探、钻探工作量,也只能查明采空范围和深度。

除上述的小煤窑采空外,还有大面积采空和现代小煤窑采空。大面积采空是建井、巷道形成后,分块挨次序的开采煤层,煤层回采率在50%以上。地下煤层经大面积采空后,煤层上部地层失去支撑,平衡条件被破坏,随之产生崩落、破裂、弯曲等变形,发展到地表,使地面下沉随着煤层采空区的不断扩大,发展成为凹陷盆地,此盆地称为"移动盆地"。

大面积采空区均为大型煤矿企业,做过煤田地质勘察、规划设计,有开采情况、观测记录等图表资料。县办和社、队办的小煤矿采空,介于小煤窑采空和大面积采空之间的另一种采空形式,可称为"现代小煤窑采空"。随着采煤技术的提高,采煤方法的改进,有的仿照大型煤矿企业开采方法进行采煤,亦有开采范围、开挖和变形情况等记录或图表资料。这样,线路绕避现代小煤窑采空或通过时进行整治处理,就比通过无规律、年代久远的小煤窑采空区要容易些。

西南铁路建设中,南昆、内昆、水柏、遂渝等线都不同程度地遇到了小煤窑采空问题。例如内昆线二道桥,因人工在桥跨间乱挖采煤巷道,引起桥梁严重下沉倾斜事故,危及行车安全;水柏线夹沟车站施工中发生小煤窑采空塌陷,引起路堤滑坡;柏果附近泥那都一段路堤经由多条网状高1.5～2.5 m,宽2～3 m的小煤窑采空巷道。经详细勘察,除确定选用通过小煤窑采空地段最短的方案外,对路堤基底下的小煤窑采空巷道,采取人工回填片石或砂卵石与钻孔灌砂并注水泥浆相结合的办法加固地基;遂渝线松林堡隧道斜穿小煤窑采空范围内,采取加强隧道基础及上部结构刚度、采空巷道回填、钻孔灌注水泥砂浆等措施处理。因此,铁路线路方案选择时应尽量绕避小煤窑采空区,万不得已时应从小煤窑采空最窄处通过,并设置铁路线下保安煤柱,禁止在限定范围内开采,确保铁路运营安全。

4.6 高地应力地质灾害

在原始围岩中天然赋存的应力称为初始应力,又称地应力。地应力主要是自重和构造作用引起,它与岩体的特性、裂隙的方向和分布密度、岩体的流变性以及断层、褶皱等构造痕迹有关。此外,影响地应力状态的因素还有地形、地震力、水压力、热应力等。对岩体工程来讲,主要应考虑重力应力和构造应力,可以认为地应力是重力应力和构造应力的叠加而成。一般情况下,自重应力与埋深有关,垂直应力($\sigma_y = rh$)随埋深增加而呈直线增加,埋深越大,垂直应力也越大。构造应力一般是水平的,构造应力会改变垂直应力的初始状态。围岩中的最大地应力,可能不是垂直方向而是水平方向。

高地应力是一个相对的概念,它是相对围岩强度而言的。也就是说,当围岩强度(R_c)与围岩内部垂直于洞轴方向的最大地应力(σ_{max})的比值(即围岩强度比$=R_c/\sigma_{max}$)达到某一水平时,才能称为高地应力。

在地下工程的设计施工中,围岩强度比也被视为围岩稳定性的重要指标。从这个角度讲,埋深大不一定就存在高地应力问题,而在埋深小、围岩强度很低的场合,也可能出现高地应力问题。因此,在研究是否出现高或极高地应力问题时应与围岩强度联系起来判定。

根据长期的工程实践,我国《工程岩体分级标准》(GB 50218—94)提出了地应力评估基准的判据:即$R_c/\sigma_{max}<4$时为极高地应力水平;$R_c/\sigma_{max}=4\sim7$时为高地应力水平;$R_c/\sigma_{max}>7$时为低地应力水平。工程应用是应根据试验统计分析结果,判定隧道是否处于高地应力区。

地应力对地下隧道及地下工程的危害主要有两个方面:一是硬岩发生岩爆,即高地应力区岩体中聚积的弹性变形能在开挖过程中突然释放,使岩石爆裂弹射岩块的现象;二是软岩大变形,即地下洞室围岩在高地应力作用下,发生显著的塑性变形和位移的现象。围岩强度比不同,岩爆与位移的程度也不同。一般有以下特征:

(1)在高地应力水平条件下,地下洞室主要表现为硬岩在开挖过程中可能出现岩爆,洞壁岩体有剥裂和掉块现象,新生裂缝较多,成洞性较差;基坑时有剥裂现象,但成形性一般尚好。对于软岩,常出现岩芯饼化现象,洞壁岩体位移显著,持续时间较长,成洞性较差;基坑有隆起现象,成形性较差。

(2)在极高地应力水平条件下,地下洞室主要表现为硬岩在开挖过程中时有岩爆发生,有岩块弹出,洞壁岩体发生明显的剥裂和掉块,新生裂缝多,成洞性差;基坑有剥裂现象,成形性较差。对于软岩,岩芯饼化严重,洞壁岩体有剥裂现象,位移极为显著,甚至发生大变形,持续时间长,不易成洞;基坑发生显著隆起或剥裂,不易成形。

西南铁路建设中,也遇到过高地应力条件下的软岩隧道大变形和硬岩隧道岩爆问题。例如:

①南昆铁路家竹箐隧道(4 990 m),通过二叠系煤系地层软岩中部埋深最大的长 390 m 地段,实测洞内垂直地应力为 8.57 MPa,最大水平地应力为 16.09 MPa,而煤系地层的综合抗压强度仅为 1.7 MPa,垂直于洞轴方向的围岩强度比(R_c/σ_{max})=1.7/16.09=0.11,属极高地应力水平。因而在隧道施工中发生了严重的挤压变形,拱顶最大下沉 240 cm,侧壁内移 160 cm,底板上鼓 80~100 cm,造成支撑钢架严重挠曲变形,喷层开裂并与钢架脱离等灾害问题。

②成昆铁路关村坝隧道(6 187 m),穿过震旦系厚层石灰岩地层,石质坚硬、完整,层理接近水平,最大埋深 1 650 m。1965 年施工中多次发生岩爆(一般在爆破后 2~3 h 内发生,大多出现在导坑顶部和扩大的拐角处),爆落弹出最大岩块达 0.5 m×0.4 m×0.1 m,造成多次人身事故,威胁施工安全。

③兰新铁路改建工程乌鞘岭特长隧道(20 050 m),在深埋(450~1 100 m)高地应力(15~33 MPa)作用下,使隧道通过的 F_7 活动断层泥砾带及千枚岩夹板岩等软岩地段,施工中发生了严重的大变形,最大变形量也达 100 cm 以上,致使初期支护破坏并严重侵入隧道衬砌净空,不得不全部或部分拆除重做,工程进度严重受阻。

此外,国外的奥地利阿尔贝格隧道、陶恩隧道以及日本的惠那山隧道等,都是施工中发生软岩严重挤压变形的典型实例。

上述实例说明,高地应力对隧道的危害是严重的,不容忽视。随着我国经济实力不断增强,山区铁路、公路建设规模加大,将会出现更多的长大深埋隧道,尤其是西部大开发未来的山区铁路建设中,长大深埋隧道将越来越多,高地应力问题将更加突出。例如滇藏、川藏、成兰、大瑞等铁路沿线新构造活动强烈,将要修建多座长 10~30 km,埋深 500~2 000 m 的特大型隧道,都可能遇到高地应力问题,勘察设计施工中应引起重视,有针对性地采取措施,防治高地应力灾害。

4.7 膨胀土(岩)与红黏土地质灾害

膨胀土(岩)与红黏土的共同特点是岩土体中含有大量的亲水性黏土矿物(蒙脱石、伊利石、高岭石),在湿度变化影响下产生明显的胀缩变形。西南铁路建设中,几乎在各条山区铁路线上都不同程度地遇到膨胀土(岩)或红黏土的胀缩变形问题,给工程带来较大危害。特别是成昆线四川盆地成都—青龙场段,南昆线广西右江沿岸思林—百色段、宝成线阳平关至安康段汉中盆地牧马河、月河阶地等地区的膨胀土(岩)问题突出,施工中都发生了大量的滑坡等病害。

4.7.1 膨胀土与红黏土的胀缩性危害

膨胀土是指土中黏粒成分主要由亲水性矿物组成,具有吸水显著膨胀、软化和失水急剧收缩、开裂,并能产生往复胀缩变形的黏性土。多呈棕、黄、褐色,间夹灰白、灰绿色条带或薄膜;具多裂隙结构,裂面光滑有擦痕;土质致密,细腻,具滑感;坡面常见浅层塑性滑坡、溜坍与剥落;具垄岗式地貌景观,地形平缓,无自然陡坎。

膨胀土按黏土矿物分类,可以分为两大类:一类是以蒙脱石为主,在含水量增加时出现显著膨胀;另一类是以伊利石和高岭石为主,在含水量增加时发生有限的膨胀。

红黏土(包括原生红黏土与次生红黏土)俗称"网纹红土",也属于膨胀土范畴。原生红黏土是指经红土化作用形成的棕红、褐黄等色并覆盖于碳酸盐岩系之上,具有表面收缩、上硬下软、网状裂隙发育和较显著的胀缩性、液限大于或等于 50%的高塑性黏土。原生红黏土经搬运沉积后仍保留其基本特征,液限大于 45%的土,称为次生红黏土。在热带和亚热带温湿气候条件下由石灰岩、白云岩等岩石风化残积而成的红黏土,黏土矿物主要为高岭石,其活动性低。

红黏土的特点一般是天然含水量高、孔隙比大,液限和塑性指数高,但抗水性较强,具有吸水弱胀及失水强缩的特性,压缩性较低,抗剪强度也较高。红黏土在最优含水量下压实,可获得较高的压实度,一般可用作铁路、公路路基的填料,但需作好防水处理。

我国的红黏土分布较广，在北纬 35°以南的广大地区都有分布，尤其以西南地区贵州、云南、广西等地最为典型。

《铁路工程特殊岩土勘察规程》(TB 10038)规定：对膨胀土应进行先初判后详判。当初判自由膨胀率$F_s \geq$ 40%的黏性土，应根据自由膨胀率 $F_s \geq 40\%$，蒙脱石含量 $M \geq 7\%$，阳离子交换量 CEC≥17〔mmol(NH^+)/100 g 干土〕三项指标进行详判，其中有两项指标符合时，定为膨胀土。膨胀土的分类按不同范围值的三项指标，划分为强、中、弱三个膨胀等级，同样有两项指标符合时，应定为相应的膨胀等级。

膨胀土与红黏土对工程产生危害的主要原因是土中含水量的变化引起的胀缩性，在降雨量较大地区，常给工程构筑物带来损害。例如：

(1)20 世纪 70 年代修建的阳平关至安康铁路，经过的汉中盆地牧马河、月河阶地上分布有膨胀土，一般膨胀量 11.4%～28.7%，膨胀力 60～160 kPa，总收缩量(体缩)3.7%～13.5%，属于胀缩性较低的膨胀土。但由于人们对膨胀土性质认识不足，边坡开挖和路堤填筑按一般黏性土处理，以致沿线膨胀土地段病害出现 80 余处，总长达 20 多公里。主要病害为堑坡出现厚 3～5 m 的浅层滑坡，降水浸泡后形成坡面流泥；用膨胀土填筑的路堤，路肩错落下滑，坡脚由下往上牵引式浅滑，后经路堑边坡采用全封闭支挡防护，并采取防、排水措施，改良土壤，种草种树，各种病害才得以根治，现运营情况良好。

(2)20 世纪 90 年代修建的南昆铁路，经过膨胀土地段长约 160 km。根据成因可划分为三类：即泥岩风化残积型(Ⅰ类)、碳酸盐岩风化残积型(Ⅱ类)、河流冲积型(Ⅲ类)。

Ⅰ类膨胀土的母岩以第三系泥岩为主，主要分布于广西和滇东一些盆地及其边缘。此类膨胀土全线分布总长约 110 km。

Ⅱ类膨胀土指贵州、广西、云南广布的具膨胀性的红黏土，全线分布总长约 30 km。

Ⅲ类膨胀土主要分布于广西境内田阳至百色段右江河谷二、三级阶地上，分布长度约 20 km。

上述三类膨胀土，多属弱膨胀土，仅少数可划分为中等膨胀土。

南昆铁路膨胀土(岩)与红黏土形成的路基病害，主要表现在路堑边坡、路堤和路基基床变形。特别是广西境内分布于思林至百色段的膨胀土(岩)，变形十分严重。据 1995 年～1996 年对路基病害的调查统计，其中有两段膨胀土(岩)路基集中地段长 16.7 km，两年雨季中就发生路基病害 34 处，累计总长 8.9 km(其中路堤病害 9 处 3.1 km，路堑病害 25 处 5.8 km)，占全段路基总长度的 53.3%。路基病害发生的直接诱发因素是水，膨胀土(岩)边坡的变形，往往要持续 2～3 个雨季才趋稳定，有的延续时间甚至更长。南昆铁路膨胀土(岩)病害是严重的，边坡率放缓到 1/4 还不能自稳。曾造成多处挡墙倾倒、抗滑桩歪斜、基床鼓胀、侧沟破坏、路堤坍滑等诸多病害，经多次反复整治才解除了病害，现状良好。

4.7.2 红黏土中的地裂危害

碳酸盐岩风化残积型红黏土，常在干旱、失水条件下强烈收缩而引起地面开裂，其分布地区较广，较为典型的有广西的武宣、贵港、隆安等地。例如南昆铁路 K61～K62 经由隆安县境内龙床村附近的桉树林一带发生地裂 13 处。其中裂缝长 40～70 m，宽 10～100 cm，深度大于等于 6 m 的有 4 处；裂缝总长小于 40 m，宽 2～70 cm，深度小于 6 m 的有 9 处。龙床村建在红粘地基上的 48 幢房屋，有 31 幢房屋均有不同程度的开裂变形，占全村总幢数的 65%。其中以平房裂缝最为严重，墙体开裂最长者达 5 m，最宽者达 5 cm，个别房屋砖柱错断，墙体倾斜，望而生畏，不得不拆除重建。另在距龙床 15 km 左右浪湾农场二分队附近公路旁及桉树林区也发现地裂 4 条，规模最长者达 1 000 m 之多，宽 15 cm，深 4 m 未见底。产生长大地裂的原因是由于红黏土具有弱胀强缩的特性，在长期持续干旱气候及桉树林大量吸水的影响下，发生剧烈收缩而导致长大地裂现象，对工程的危害较大。

4.7.3 膨胀岩的胀缩性危害

膨胀岩是指含有较多亲水性黏土矿物，含水率变化时发生较大体积变化的岩石，具有遇水膨胀、软化、崩解和失水收缩、开裂的特性。一般为第三系及其以前沉积的泥岩、黏土岩、页岩及其风化层，浸水时软化膨胀，风干后收缩，出现大量微裂隙或碎裂，具有膨胀土的特征。岩石中的亲水性黏土矿物以蒙脱石、伊利石或高岭石为主，当蒙脱石、伊利石超过一定含量时，岩体吸水膨胀、失水收缩，使岩石体积发生变化。《铁路工程特殊岩土勘察规程》(TB 10038)规定：不易崩解岩石自由膨胀率≥3%或易崩解岩石自由膨胀率≥30%，膨胀力≥100 kPa，饱和吸水率≥10%三项指标中，有两项指标符合时，应定为膨胀岩。

膨胀岩对铁路、公路工程的危害，主要表现为隧道衬砌开裂，道床鼓胀或沉陷，边坡剥落、滑动。例如南昆铁路全线通过膨胀岩地段长约 70 km，主要分布于广西境内右江沿岸及百色盆地一带，以思林至百色段最为集中。由下第三系那读组、百岗组、伏平组和建都岭组泥岩、砂质泥岩及泥质粉砂岩组成，自由膨胀率平均值达 80%以上，蒙脱石一般含量 10%～32%，泥岩的阳离子交换量 28～38〔mmol(NH^+)/100g 干土〕，具有“膨胀性、碎裂性和低强度性”三大工程地质特性。那读组和百岗组属于中～强膨胀岩，伏平组和建都岭组为弱～中膨胀岩。

在南昆铁路及西南地区其他铁路线上的第三系和三叠系中、上统含煤地层中的泥岩及其风化层，也具有膨胀性。遇水后产生膨胀变形，易发生路堑边坡滑坡或隧道鼓胀变形破坏。例如：

(1)南昆线上车湾 2 号隧道，通过三叠系泥质粉砂岩、泥岩、页岩夹中厚层石英砂岩地层。隧道开挖后，泥岩、页岩经暴露而风化、剥落、崩解，具有吸水膨胀的特性。1995 年 7 月，全隧曲墙式衬砌(含仰拱)在雨季基本完成，仅剩下 6 m 的边墙没有浇筑时，K527＋475～＋510 长 35 m 及 K527＋555～＋589 长 34 m 地段，拱脚处混凝土产生脱皮、掉块，局部仰拱开裂，后日渐发展。8 月初病害加剧，拱脚处卡口梁断裂，边墙鼓肚内侵，仰拱底鼓，衬砌表面产生多处纵向水平裂缝和横向裂缝，造成 K527＋457～＋615 长 158 m 衬砌结构遭受严重破坏，使此段原设计为Ⅲ类曲墙带仰拱的混凝土衬砌结构基本上丧失了承载能力。为避免结构失稳，对 K527＋455～＋635 长 180 m 段，全断面设卡口梁。根据 1995 年 8 月 9 日观测，在 K527＋458～＋590 长132 m 段的拱顶形成一条贯通性裂缝，错距 26 cm，衬砌周边收缩量(线形变形)加权平均达 28 cm。显然，隧道开挖后，洞室变形增大，衬砌开裂，断面遭受严重破坏，反映出隧道衬砌承受了极大的围岩压力，说明衬砌拱部承受的围岩压力不仅是山体压力，同时也有来自于四周围岩的膨胀压力。经在本隧道大变形段取围岩样品 6 组，进行膨胀性能试验，吸水率 4.1%～10%，自由膨胀率 14.5%～35%，膨胀压力 0.6～2.0 MPa，液限 22%～29%。这些数据表明，围岩的膨胀与围岩吸水关系密切，围岩吸水率愈高，体积膨胀愈大，膨胀压力愈强。

(2)成昆线侏罗系下统碳质页岩中的东荣河 1、2 号，白果 2 号、越西 2 号隧道，侏罗系中统红色砂泥岩、页岩互层中的双水口隧道，侏罗系上统红色砂泥岩中的拉白 2 号隧道，青藏线关角隧道，梅七支线崔家沟隧道，侯月线云台山隧道，宝中线西山隧道等的建设中，都遇到了类似的膨胀岩问题，造成工程遭受不同程度的破坏。

4.8 软土地质灾害

软土是指在静水或缓慢水流中沉积、具有天然含水量大于等于液限、孔隙比大于等于 1、压缩系数大于 0.5 MPa^{-1}和强度低的饱和黏性土，包括软黏土、淤泥、淤泥质土、泥炭、泥炭质土等。

西南地区铁路建设遇到的软土大多分布于江、河沿岸、内陆湖、塘、盆地和多雨的山间洼地等地区，大多呈透镜状或鸡窝状分布，深厚度变化较大，大多为 3～20 m 左右，工程容易处理。但在云南一些山间洼地或断陷盆地中的软土深厚度较大，如南昆铁路云南境内永丰营车站软土后 50 余米，大理—丽江铁路经过大理、丽江盆地的软土厚 50～100 m，玉溪—蒙自铁路经过通海盆地的软土厚 50～160 m，工程处理较为困难。

西南地区软土的成因较为复杂，湖泊相、沼泽相、河漫滩、谷地相沉积都有分布，主要以湖泊相、谷地相沉积为主，典型的如云南滇池、洱海、杞麓湖、抚仙湖、星云湖、异龙湖等的湖泊沉积，贵州六盘水地区的洪积扇及煤系地层分布区的山间洼地的谷地相沉积等。各种成因软土的物理力学性质差异较大，尤其是西南地区泥炭土的性质与国内其他地区泥炭土的性质差异显著。如南昆铁路七甸泥炭土具有天然含水高达 573%、天然孔隙比高达 10.92，有机质含量高达 66.2%，压缩系数高达 9.96 MPa^{-1}，固结排水剪强度为 $c=2.5$～6 kPa、$\varphi=20°$～$24°$等特点，实属国内其他地区罕见。

近年来，通过西南地区内昆、株六、水柏、六盘水枢纽、沾昆、渝怀、黔桂等新建改建铁路的建设，发现在煤系地层软岩(如炭质页岩、泥质页岩、泥岩、砂质泥岩、泥灰岩等)地区的山麓斜坡、斜坡台地及山前平原、山间洼地或盆地周边的坡麓地带，存在一种特殊罕见的“坡残积、坡洪积型软黏土，暂定名为“坡麓相斜坡软土”，简称“斜坡软土”。

试验研究表明：斜坡软土的成因是在特定的煤系地层软岩及气候湿润多雨、降雨量丰富、地下水发育的环境条件下，由于松散堆积物下伏软岩的阻水作用，导致沉积于山麓斜坡地带的堆积层或母岩强风化带，被长期浸润或饱水软化而形成的产物，其特殊性在于它不属于一般“近代水下、静水或缓慢水流中沉积”的常规软土。其主要工程地质特征如下：

(1)斜坡软土常埋藏于较厚的地表硬壳层之下，非经钻探或开挖揭露难以发现。具有不连续、不均匀、透镜状或鸡窝状分布、底部横坡较陡、厚度变化悬殊等特点。一般地表硬壳层厚 0.5～2 m，下卧软土层深度 1～10 m，最深可达 15～30 m 不等。例如：

贵州境内六盘水枢纽株六引入线烂坝—双水段及六盘水南编组站，在铁路长约 20 km 范围内，有 4 段累计长约 8 km 线路经过的石炭系大塘组(C_{1d})煤系地层坡麓地带，成片分布坡残积、坡洪积型软黏土。最长的一段是耙耙店—双水，连续分布长达 3.3 km。地表硬壳层厚 0.5～1 m，下卧软土一般厚 1～10 m，局部深达 20 m。

内昆铁路老锅厂—李子沟段长约 14 km 范围内，有 9.6 km 线路经过石炭系大塘组(C_{1d})煤系地层斜坡中部或垭口形山梁地带，其中有 15 段累计长约 5 km 的斜坡或斜坡间凸起的山梁上，成片状断续分布坡残积、坡洪积型软黏土，最长的一段是 DK437＋790～DK439＋400，长达 1.32 km。地表硬壳层厚 1.0～1.5 m 不等，下卧软土层一般厚 1～7 m，最厚达 25 m 以上。

(2)斜坡软土的颜色主要有黑色、灰色、灰黑色、灰白色、棕黄色等。物质成分以坡洪积、坡残积成因的黏土、砂黏土夹碎石角砾为主，兼有仍保持母岩结构或碎屑、碎片的基岩强风化带。钻探取出岩心风干后可见微层理特征，当颜色为灰黑色时，与炭质页岩强风化带区分困难。必须采取干钻才可识别，否则岩心鉴定极易误判。

(3)斜坡软土的物理力学性质，除天然含水量不大于液限外，其余指标一般都接近或达到常规软土判别标准。统计内昆线老李段及六盘水枢纽 221 组斜坡软土土工试验资料，天然含水量 $\omega=23\%\sim94\%$，液限 $\omega_L=41\%\sim164\%$，天然孔隙比 $e=0.9\sim1.8$，压缩系数 $a=0.5\sim2.0\ MPa^{-1}$，不排水抗剪强度 CU＝5～28 kPa，内摩擦角 $\varphi=3°\sim19°$，静力触探比贯入阻力 $P_s=200\sim750$ kPa，渗透系数 $k<10^{-7}$ cm/s，有机质含量 4%～10%。

(4)斜坡软土的工程特性与一般软土相似，同样具有天然含水量高(但一般不大于液限)、孔隙比大、高压缩性、低强度性、流变性、触变性等特点。如内昆线多处自然斜坡上有表层蠕滑现象，地表形成微台阶或许多裂缝；大石板 2 号大桥 2 号墩承台基坑开挖中，坑深仅 1.5～2.0 m，即引起靠山侧 60 m 范围内的斜坡地表蠕滑，使承台下已开挖 2～5 m 的桩井壁发生错位达 0.3 m 的严重变形；六盘水枢纽株六引入线耙耙店大桥 0 号台、1 号墩挖孔桩井开挖中，也发生过类似的井壁变形问题。斜坡软土与一般软土的工程特性差异主要在于除具有一般软土特性外，还兼有膨胀性。矿物成分主要为高岭石、蒙脱石和伊利石等黏土矿物，具有较强的亲水性。自由膨胀率 $F_S=43\%\sim68\%$，蒙脱石含量 $M=6\%\sim25\%$，阳离子交换量 175～280〔mmol(NH^+)/100 g 干土〕，具有弱—中等膨胀性。

(5)斜坡软土的主要工程地质问题是天然地基的不均匀性、非稳定性，对工程的危害较大。在道路工程开挖或填筑过程中，容易发生路堑边坡滑坍或路堤滑移沉陷等地质灾害或工程病害。如六盘水枢纽株六引入线烂坝、双水及南编组站约 8 km 斜坡软土地段施工期间，因在斜坡上填筑路堤、开挖路堑、弃渣等工程活动，引起斜坡软土失稳而发生路堤、路堑、弃渣场滑坡 15 处。内昆线老李段的情况更为严重，施工中也发生了大量路基、桥梁、隧道工程病害，整治难度较大。

内昆线、六盘水枢纽斜坡软土问题的工程整治实践证明，在西南地区工程勘察、设计、施工中应十分重视斜坡软土的危害，加强工程地质调查勘探，采取必要的地基处理、边坡加固并配合使用侧向约束支挡措施，才能保证工程的安全稳定，否则将发生灾害性的问题。

4.9 盐岩地质灾害

盐岩是由含盐度较高的天然水体(泻湖、孤立的海、盐湖等)通过蒸发作用产生化学沉积所组成的岩石(即第四纪前的含盐沉积)，主要由 K、Na、Ca、Mg 的氧化物、硫酸盐、硼酸盐及 K、Na 的硝酸盐矿物组成，它可以是单盐或复盐，也可以是含水的化合物或不含水的化合物。我国盐岩从寒武纪—上第三纪的许多地层时代都有分布，而主要的形成时代为三叠纪(如四川盆地、湘鄂西地区)、白垩纪(如云南、四川、江西的红层盆地)和下第三纪(如珠江三角洲到河南的红色碎屑岩含盐和石膏建造、江汉、衡阳、南阳、东濮、洛阳等盆地)。其次为中奥陶世,在山西境内的中奥陶统泥灰岩中普遍有很厚的石膏岩,厚度达几米到几十米。

盐岩按主要盐类矿物成分可划分为三类:石膏、硬石膏岩;石盐岩;钾镁质岩。西南铁路建设中遇到的多为石膏、硬石膏岩类型。

石膏、硬石膏岩呈白色、浅青灰色,物质组成多为单矿物(石膏、硬石膏),有时组成为石膏-硬石膏或硬石膏-石膏,其中有白云石、石盐、天青石、黄铁矿等各种矿物混入,也可形成石膏、硬石膏碳酸盐岩和硬石膏盐岩等。由于石膏($CaSO_2 \cdot 2H_2O$)含 $2H_2O$ 结晶水,在成岩过程中温度和压力的作用下,石膏脱水将转化为硬石膏($CaSO_2$),其体积减少38%。石膏转化为硬石膏的深度常在地下300~600 m处发生。因此,在古代岩石中的硬石膏都分布在地下深处(已知石膏在地下最深不超过1 200 m,在此深度下只有硬石膏)。石膏、硬石膏类盐岩,有易溶性、膨胀性、腐蚀性三大工程地质问题,常给工程造成危害。

4.9.1 易溶性及其工程问题

在石膏—硬石膏类盐岩分布的所有地区,几乎都发育岩溶化现象。由于它们具有相对高的可溶性(溶解度为2.0~2.1 g/L),石膏岩中的岩溶化速度可以与水工建筑物(水坝等)存在着时间相比性,所以在建筑物运营期间可能在石膏岩中出现新的岩溶化洞穴,并形成地面塌陷。岩溶孔穴、洞穴的大小及分布还与石膏、硬石膏的存在形式有关。例如美国圣佛连西大坝,由于坝基下石膏层的溶蚀而造成了大坝失事;我国汉江中下游的王浦州水利基础工程中的岩溶化现象呈蜜蜂窝状小孔(直径1~2 mm),这是呈斑点状石膏溶蚀的结果。含石膏的红色岩层溶蚀后虽不会导致地面塌陷,但其强度会明显降低。如成昆铁路的百家岭隧道,由于三叠纪嘉陵江统地层中的石膏、硬石膏岩的溶蚀,造成隧道基础的不均匀沉陷。

4.9.2 膨胀性及其工程问题

硫酸盐类盐岩经过脱水作用后,形成硬石膏($CaSO_2$)、无水芒硝(Na_2SO_4)、钙芒硝($CaSO_2 \cdot Na_2SO_4$)等。在自然及工程条件、地下水的作用下,具有吸水结晶膨胀性,从而导致岩体的变形和工程破坏。无水芒硝(Na_2SO_4)吸收10个结晶水后变成芒硝($Na_2SO_4 \cdot 10H_2O$),体积增大9.8倍,膨胀压力可达10 MPa;硬石膏($CaSO_2$)吸收2个结晶水后形成石膏($CaSO_2 \cdot 2H_2O$),体积增大61%;钙芒硝具有上述两者的作用。例如:

我国成昆铁路在云南北部龙川江流域50 km范围红色岩层中建设的黑井隧道、法拉隧道、沙木拉达隧道等,遭到了含钙芒硝、硬石膏膨胀岩的严重危害;位于川南峨山之南的成昆铁路百家岭隧道,穿过三叠纪嘉陵江统地层,也遇到了含硬石膏膨胀岩的地质灾害,造成隧底上鼓隆起,边墙、水沟开裂、剥落等病害,经取样试验测得钙芒硝($CaSO_2 \cdot Na_2SO_4$)膨胀岩的最大膨胀力为1.35 MPa,最大膨胀量为135.8%。

德国斯图加特市的地下铁道和欧洲阿尔卑斯山隧道建设和运营中,也遇到了硬石膏膨胀岩的工程问题。德国斯图加特市北部的地铁1952年建成,1970年出现了高达110 cm的底鼓现象。

岩石的膨胀导致岩石强度和弹性模量降低,卸载范围增大,使处于膨胀区下部的未松动带也产生卸荷,并进一步造成膨胀范围加大。岩石的膨胀也会造成工程的混凝土结构遭到破坏,这在地下工程中表现较为突出。

4.9.3 腐蚀性及其工程问题

腐蚀问题主要是硫酸盐类盐岩的固有特性,硫酸盐对混凝土的腐蚀机理主要在于地下水中的硫酸根离子(SO_4^{2-}),通过毛细力作用进入混凝土中,与水泥中的Ca发生化学反应形成石膏($CaSO_2 \cdot 2H_2O$),导致体积膨胀而使混凝土结构破坏,或无水芒硝(Na_2SO_4)溶液进入混凝土后生成芒硝($Na_2SO_4 \cdot 10H_2O$)的结晶膨胀,导致混凝土疏松腐蚀。如贵州境内水柏铁路的银山隧道(长3 900 m),穿过三叠纪关岭组下部含石膏的石灰岩地层,勘察设计、施工中未注意发现,导致隧道施工完成后,中部约1 600 m的混凝土衬砌发生严重腐蚀,被腐蚀的混凝土如同"豆腐渣"一般,手抓即下,衬砌表面到处可见白色针状的芒硝晶体。不得不将被腐蚀的衬砌拆除,重新采用抗腐蚀的水泥重建。有的施工单位误将隧道开挖弃渣(含石膏的灰岩块体)制成碎石骨料,用于其他桥梁、隧道和路基的混凝土工程,也被传染了腐蚀问题,工程整治耗费可观,教训十分深刻。

第5章　铁路工程地质灾害防治技术

5.1　概　　述

地质灾害防治是指对由于自然作用或人为因素诱发的、对人民生命和财产安全造成危害的山体崩塌、滑坡、泥石流、地面塌陷、地裂缝、地面沉降等地质现象，通过有效的地质工程手段，改变这些地质灾害产生的过程，以达到减轻或防止灾害发生的目的。

我国地质灾害防治工作，实行“预防为主、避让与治理相结合”的方针，按照“以防为主、防治结合、全面规划、综合治理”的原则进行。

地质灾害防治措施可分为行政管理措施和工程技术措施两大类：

(1)行政措施：采取行政法令和技术法规等手段，规范人民群众的生活、生产活动，避免诱发致灾地质作用的发生，监测预报致灾作用的变化动态，使拟建工程设施或流动性人、物避开地质灾害危险区(主动避让)或将处于灾害危险区中的已有居民设施迁出危险区(被动撤离)等。

(2)工程技术措施：采取建(构)筑物或岩土体改造工程、疏排水工程及生物植被工程等，加固稳定变形地质体，调整、控制致灾地质作用，从而制止致灾地质作用的发生、发展及其与受灾对象的遭遇。

铁路地质灾害防治工程技术体系可分为六大类：

①铁路线路选线技术；

②工程地质勘察、测试与综合勘探技术；

③防治边坡失稳变形的支挡防护技术；

④防治软弱地基沉落与失稳的加固处理技术；

⑤不良地质隧道与地下工程防灾减灾技术；

⑥地质灾害预测预报技术。

本章重点讨论与铁路工程直接相关的地质灾害防治工程技术——铁路线路选线技术；工程地质勘察测试与综合勘探技术；不良地质与特殊岩土地区路基、隧道、桥梁地质灾害防治技术。对于严重影响铁路运营安全和生态环境的边坡开挖诱发灾害的防治及植被绿化技术，将在第4篇进行专题论述。

5.2　铁路工程选线技术

5.2.1　铁路选线技术的发展

我国铁路选线技术的发展，大致经历了以下四个阶段：

(1)20世纪50年代的“工程选线”。铁路、公路等线性工程选线，遵循的原则大体上是在满足当地城市规划的前提下，尽量使整个工程量最小、工程投资最省，这种仅根据工程数量和投资进行的选线，称之为“工程选线”。地质调查仅搜集1/50万～1/100万的区域地质资料(或草测资料)，进行沿线概略调查。1956年后虽然开始采用地质航片判释，工程地质仍处被动阶段，对许多地质现象不认识或认识不足，线位选择更多地依据地形地貌判断。有的线位选择不当，病害迭出。如宝成线略阳—广元段，东川支线等，地质灾害问题突出，都与不良地质环境条件密切相关。

(2)20世纪60年代～70年代的“工程地质选线”。随着新设备、新技术的运用，地质调查进入新时期，规范、细则更趋完善，重视区域地质资料的搜集和利用，现场核对调查，编制1/5万～1/20万的综合工程地质图，供选择线路方案使用。在初、定测阶段进行1/2 000沿线详细工程地质调查，在地质复杂地段和长隧道地区开展区域性的1/10 000～1/50 000地质调查，对线路方案的比选起到良好效果。如成昆、贵昆、川黔、襄渝等铁路，根据沿线地质条件进行工程选线，将各方案作出地质综合评价和比较，总结出山区河谷线、越岭线、库岸线、不良地质等地段地质选线的若干要点。这种在复杂地质山区根据沿线地质条件进行工程选线，称之为“工程地质选线”。

(3)20 世纪 80 年代的“环境地质选线”。随着国家有关环境保护法律法规的颁布以及人们环保意识的增强，铁路选线中不仅研究区域地质，还研究工程建设诱发的环境地质问题，在大范围内进行工程地质及环境地质综合选线，高度重视环境保护，有意识地绕避国家明令禁止通过的自然保护区、风景名胜区、文物保护单位、沿线饮用水源取水口及噪声、振动等敏感建筑物等，尽量减少铁路建设对沿线生态环境和地质环境的影响。称之为“环境地质选线”或“环保选线”。

(4)20 世纪 90 年代以来的“工程—地质—环保”选线。铁路建设主管部门和广大铁路工作者，认真总结我国铁路建设的历史经验和教训，切实贯彻国家或地方环境保护法律法规，建立了“工程—地质—环保”三位一体的综合选线新模式。强制要求在前期铁路选线阶段，必须了解和熟悉有关环境保护的法律法规，根据保护对象的具体情况采取不同的绕避或其他环境保护措施，尽量减小铁路工程对铁路沿线地质环境、生态环境、资源环境、人文景观等的影响和破坏，努力“建设资源节约型、环境友好型”的绿色铁路，促进人与自然和谐和可持续发展。

5.2.2　铁路工程地质选线技术

铁路工程地质勘察工作的任务，主要包括地质选线、路基、桥隧、支挡工程等大型建筑与站场、建材等的地质调查与勘探。在选线工作方面，主要是通过工程地质条件的分析对比，选择一条地质条件最好的线路方案。大量事实说明，在线路勘察工作中，工程地质选线具有十分重要的地位。线路方案的确定，地质条件往往成为决定因素。许多实例同样说明路基、桥隧等大型建筑物，如果没有地质资料作为工程设计的依据，就难以保证建筑物的稳定与安全。西南山区众多，地形地质条件复杂，铁路选线不可避免地会遇到一些不良地质与特殊岩土地段，如崩塌、落石与岩堆、滑坡、泥石流、岩溶、软土和泥沼、膨胀土(岩)与红黏土等，它们常控制线路走向，若选线不当常导致建筑物破坏，中断行车甚至酿成人身与行车安全等严重后果。不良地质与特殊岩土的种类不同，严重程度不同，造成的危害与后果也有差异。

经过 60 多年的铁路建设实践，特别是经过宝成、成昆、南昆、内昆等地质极其复杂的长大铁路干线的建设，广大工程技术人员探索总结出了一套适用于山区不同地形地貌和不良地质、特殊岩土的工程地质选线技术，包括“越岭地区工程地质选线”、“山区河谷工程地质选线”、“岩溶地区工程地质选线”、“滑坡地区工程地质选线”、“泥石流地区工程地质选线”、“膨胀岩土地区工程地质选线”和“煤层瓦斯隧道工程地质选线”等。

铁路地质选线原则：对正在活动、发展、规模较大而且难于整治、严重危及施工与行车安全的不良地质与特殊岩土地段，应予以绕避；对已趋于稳定、规模不大、绕避不至大量增加工程投资的不良地质与特殊岩土地段，也宜绕避；对基本稳定、规模不大、易于整治、危害不严重的不良地质与特殊岩土地段，宜选择有利地段通过，但必须有经济、有效、可行的整治措施，做到绕有根据，治有措施，彻底整治，不留后患。

铁路地质选线的过程：调查研究，收集足够的气象、水文、工程地质与水文地质资料，查明不良地质的分布范围、类型、规模、发生与发展的原因、规律性及其对铁路的危害程度，整治的难易程度等，提出可行的绕避和整治方案。通过对拟选的多个线路走向方案的工程地质、水文地质、工程投资、建设条件等方面的综合比较，选定最佳线路位置。

铁路线路方案比选的深细度，不同勘察阶段要求不同，采用的技术、方法、内容和各种手段的组合上也各有侧重。简述如下：

预可行性研究阶段：地质工作重点贯彻“宏观区域地质选线原则”，主要通过收集区域地质资料、航片或卫片的初步判释、复杂地质地段现场重点调查等方法，了解可能的线路走向方案沿线的工程地质及水文地质条件。如滇藏线大理—德钦段的维西方案及丽江方案、林芝—拉萨段的雅江方案及尼洋河方案、大理—瑞丽线的高黎贡山越岭方案、玉溪—蒙自线的三大走向方案及曲江峡谷桥位方案、兰渝线的东、中、西方案等，都按此方法开展地质工作，为多方案的线路比选提供了有价值的地质选线意见。

可行性研究阶段：初测地质工作重点贯彻“中观线路方案地质选线原则”，以航片或卫片的详细判释、沿线地质调绘(重点工程或复杂地质地段增加 1/10 000 区域地质调查)为主，对重点工程和复杂地质地段辅以控制性的物探、钻探和取样试验、原位测试等，其中又以物探为主，以钻探进行验证，提出地质选线的推荐意见。如南昆线百色至威舍段的米花岭长隧方案与旧州方案、顶效方案（提前登上高原面方案）与沿南盘江方案、罗平至师宗间沿师宗公路方案与沿九龙河方案、路南石林地区月湖北线与南线方案；内昆线天星场至仙水越岭段方案；水柏线跨南盘江及鸡场、营盘展线越岭方案；渝怀线彭水至龙潭越岭方案（圆梁山隧道方案）；大丽线上村—西邕越岭方案；玉蒙线曲溪河、建水、开远方案等受地质条件控制的重大方案比选中，初测阶段均按此原则开展地质勘察。通过大量地质工作和控制方案的地质条件的综合比较，舍弃了存在重大不良地质问题的方案，突出了地质选线的主导作用。

初步设计阶段：定测地质工作重点贯彻"细观线路局部地质选线"原则，主要在地质测绘基础上（必要时补充航片判释），采用物探、钻探、原位测试和室内试验等方法的不同组合开展地质勘察，提出稳定局部线路方案的地质推荐意见。在南昆线米花岭长、短隧方案、顶效—云南寨岩溶区方案、鲁番展线及皂角村小煤窑采空区方案、铝厂隧道方案等，都采用了多种手段的综合勘探方法，查明了线路方案的工程地质条件，为稳定线路方案提供了依据。

施工图阶段：补充定测地质工作重点贯彻"微观复杂地质工点工程类型比选"原则，主要针对难以绕避的复杂地质工点，补充地质综合勘探，从工程地质条件进一步比选的角度，对重点控制工程和复杂地质工点提出工程类型或工程措施比选意见，为施工设计提供地质依据。如内昆线老锅厂—李子沟段及六盘水枢纽斜坡软土等复杂地质地段，补充定测中开展地质综合勘探，详细查明了罕见的斜坡软土分布、物理力学特征及工程特性，在局部改善线路方案及制定切实可行的工程治理措施等方面积累了经验。

5.2.3　铁路工程综合选线技术

5.2.3.1　铁路选线的基本要求

影响铁路选线的因素繁多，如线路的政治、经济、国防意义及在路网中的作用，运输需求与所承担的客货运量及其性质，所采用的铁路主要技术标准及与邻线标准的协调，经行地区的自然、地形、地质等条件，沿线城镇、工矿企业、交通、通信和水利建设等相关部门的分布及规划协调等，这些因素都直接影响铁路选线决策。铁路环境选线应综合考虑各种因素，满足下列基本要求：

（1）铁路选线应服从于运输需求。线路走向应行经重要经济点，根据客货流量及流向特点，综合确定车站布局，提高运输效率，降低运营成本。

（2）铁路选线应符合规划要求。线路走向应与城市总体规划、地方交通、农田水利和其他工程建设相协调，合理布局。车站分布应满足客货流分布、运输能力、养护维修、城市规划以及产业布局的需要。客、货运站站址选择应综合考虑铁路网规划、客货运输需求、城市总体规划、工程条件等因素。客运站应接入城市，并应与其他运输方式衔接。线路应尽量绕避卫星地面站、雷达站和机场导航台等军、民用设施，保证铁路与上述设施的电磁兼容要求。应避免占用高压、特高压输电线廊道，与高压、特高压输电线并行或交叉时应满足相应的净空要求，避免高压、特高压输电线的重大拆迁。

（3）铁路选线应重视保护环境。铁路选线应符合"全国生态环境建设"、城市规划和环境保护规划，充分利用既有交通走廊，减少对生态敏感区的分割，避免造成生态环境岛屿化。线路应尽量绕避特殊环境敏感区，确需穿越时应进行多方案综合比选，采取减缓不利影响的环境保护措施，并依法取得相关主管部门的批准。

（4）铁路选线应注意防范工程风险。铁路选线应绕避采空区、大型滑坡、严重的泥石流或泥石流集中地段、山体不稳定可能发生大规模崩塌等大型不良地质地段和岩溶、膨胀土、湿陷性黄土、软土、冻土等特殊岩土地区；高烈度地震区，应避免沿活动性大断裂带和构造线交汇地带通过；尽量绕避区域性地面沉陷严重地区；尽量避免隧道通过高瓦斯、高天然气分布区。

（5）铁路选线应力求工程经济合理。铁路选线应结合运输需求、技术标准、投资、建设工期、运营成本、自然条件和工程条件等因素，进行综合比选和系统优化。线路上各种构筑物布置应总体上互相配合，全局上经济合理。

5.2.3.2　综合选线的基本原则

铁路线路选线是一件关系到全局的总体性工作，综合性强，牵涉面广，涉及多学科的综合应用，是一项复杂的系统工程。复杂环境区域的铁路选线，必须坚持"工程地质与环境地质选线、重大工程优先选址、线路工程优化设置”三项基本原则，保证铁路选线的质量。

1)工程地质与环境地质选线原则

(1)线路应尽量选择在工程地质条件较好、对环境影响较小的区域通过，既要保证工程安全可靠、经济合理，又要尽量减少工程对环境的影响，保护生态环境。

(2)高烈度地震区线路应尽量远离强烈地震带，选择在“安全岛”内。

(3)线路应尽量绕避或远离全新活动断裂及深大断裂，或在断裂较窄处以大交角通过。

(4)线路应尽量绕避巨型、大型不良地质及深厚软土、膨胀土等特殊岩土地段。

(5)线路宜选择从岩性单一且岩体完整性较好的地段通过，尽量绕避岩溶强烈发育、地表塌陷、采空区或土洞分布密集带等。

(6)线路经过复杂地质地段，应采用大面积选线，多方案比较，由面到线，由线到点，逐步优化的方法，避免高边坡、高挡墙、深路堑、长拉沟、短隧道群。

(7)线路必须绕避自然保护区核心区、缓冲区，风景名胜区核心景区及一级保护区，水源保护区一级保护区及文物古迹保护区。

(8)线路应尽量绕避自然保护区实验区、风景名胜区二级保护区及水源保护区的二级保护区。

(9)当选择线位与环境敏感点局部干扰时，应根据工程具体设置和环境保护的功能要求进行详细的环境勘察，分析评估与环境保护功能要求的适应性，必要时采取相应的环境保护措施。

(10)隧道应避开煤层采空区、大型溶洞、暗河、岩溶水富集区及岩溶水的水平循环带；隧道洞口应“早进晚出”、避免浅埋偏压和高边坡、高仰坡。

2)重大工程优先选址原则

复杂地质环境峡谷地区选线，应在首先进行多方案比选，确定重大桥梁、隧道工程的位置处于优势工程地质、水文地质、环境地质条件的前提下，再进行两端连接线路方案的综合性技术经济比选，这样选择确定的线路方案才具有可行性、可靠性。特别要防止单纯依靠地形图先选定线位，再进行工程地质勘察的做法，避免重大大工程一旦存在难以克服的工程地质问题时，再进行重大工程重新选址确定线路方案的弊端，有利于缩短勘察工期和节省勘察费用。玉蒙铁路曲江峡谷线路方案比选成果，是重大工程优先选址的成功范例。

3)线路工程优化设置原则

线路工程优化是指从工程设施角度，基于系统工程思想，针对特殊地形地质条件，从工程技术经济以及风险控制的角度，优化局部线路位置或选择线路位置的工程类型。具体内容包括：

(1)在研究选线范围内工程地质资料的基础上，提出适宜工程设置的建议。

(2)提出局部改善线路位置和工程设置的建议意见。

(3)提出工程方案局部比选的建议。如地面横坡较陡地段，线路平面位置是否恰当对工程影响很大，应采用代表性横断面选线，优化线路中心位置，满足路基工程的上挡、下挡技术可行、安全可靠、经济合理的要求。

5.2.4 铁路工程选线案例

云南省大理至丽江铁路(以下简称大丽线)沿线区域地震地质条件复杂、环境敏感点多，环境保护要求高等因素控制线路走向的选择。选线方案的优劣，涉及铁路工程安全、环境保护等重大问题。因此，开展高烈度地震区铁路线路工程地质与环境地质综合选线工作，意义重大。

5.2.4.1 工程背景

1)区域地震地质条件复杂

(1)区域地质构造：大丽线位于印度板块与欧亚板块碰撞缝合带附近之盐源—丽江陆缘拗褶带，是川滇菱形块体和滇缅块体的结合部位。由于受印度板块向北的推挤和青藏高原南南东向挤出的叠加作用，深大断裂发育(图3.5.1)，主要为北西—北北西向、北东向、北北东向和近南北向断裂，主干断裂(具活动性)与次生断裂交错格局复杂。

(2)地震活动：大理至丽江地区强烈地震频繁(图3.5.2)，铁路沿线均位于高烈度(Ⅷ度)地震区，区域地壳稳定性差，铁路线路的“安全岛”选择十分困难。

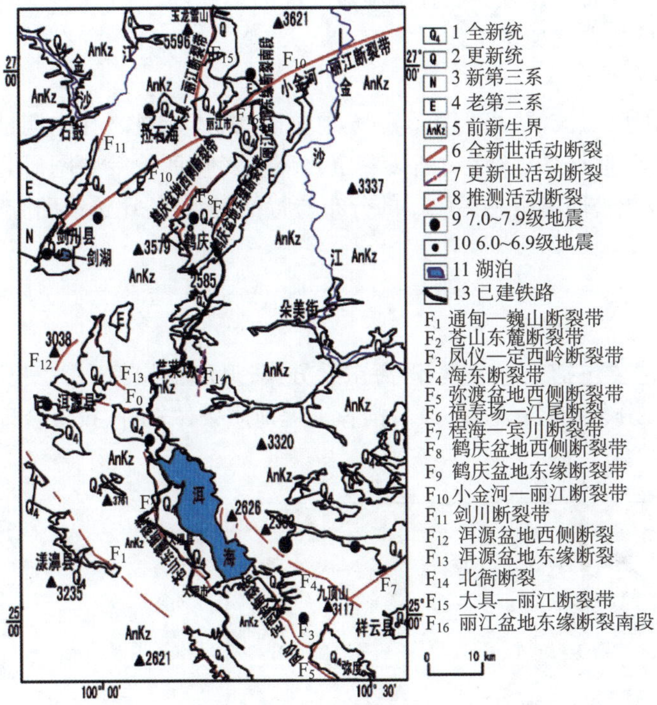

图 3.5.1 大丽线断裂分布图

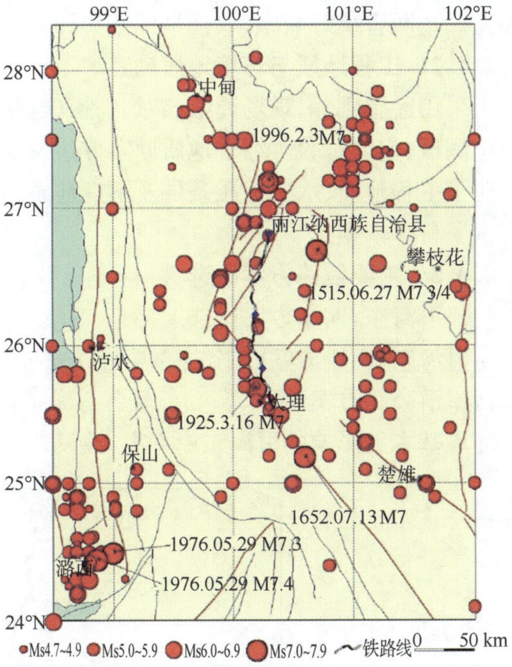

图 3.5.2 区域历史强震震中分布图

(3)地层岩性:沉积岩、火山岩、岩浆岩三大岩类均有出露。砂页岩、玄武岩地段地表风化严重(风化层厚达 50～60 m),可溶岩地段岩溶发育,岩体结构完整性差。

(4)不良地质与特殊岩土:主要有崩塌、滑坡、泥石流、岩溶、煤层瓦斯、采空区等不良地质和软土、膨胀土、液化砂土等特殊岩土。

2)自然环境特殊,环境保护要求高

沿线森林植被发育,自然环境保护区、环境敏感点多,主要有大理苍山洱海国家级自然保护区、大理蝴蝶泉市级自然保护区、苍山洱海国家级风景名胜区、洱源茈碧湖市级自然保护区、洱源西湖湿地市级自然保护区、鹤庆母屯海湿地市级自然保护区、鹤庆龙华山市级自然保护区、丽江玉龙雪山省级自然保护区、丽江玉龙雪山国家级风景名胜区、丽江拉什海高原湿地省级自然保护区等(图 3.5.3),社会知名度及保护要求高,受到国家政府和公众高度关注。

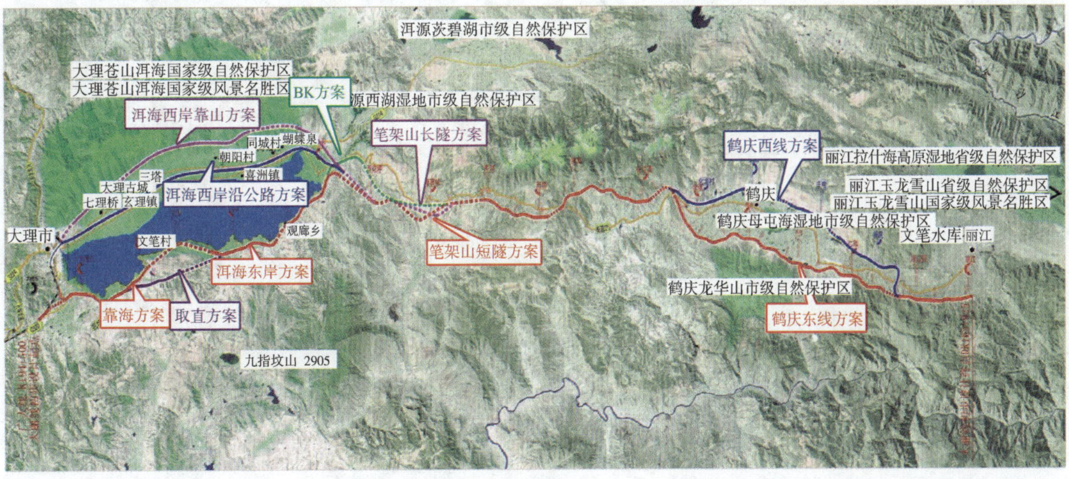

图 3.5.3 大丽铁路环境敏感区及线路方案平面示意图

3)影响因素多,铁路选线难度大

铁路线路选线受区域地震地质、环境保护等诸多因素影响,必须贯彻“工程地质与环境地质有机结合选线”的指导思想，既要保证工程安全可靠、经济合理，又要尽量减少工程实施对环境的影响，保护生态环境，造福人民。两者统筹兼顾，取其最优方案，需要做大量的方案比选工作。

5.2.4.2　工程地质与环境地质勘察

采用遥感判释、现场调绘核对、物探（电法、地震反射波法、可控源音频大地电磁法等）、钻探、孔内测试、原位测试、室内试验等综合地质勘察方法及地震安全性评估（含活动断裂鉴定）、环境影响评价等专题研究，查明了工程地质、水文地质条件及不良地质、特殊岩土、环境敏感区（点）的分布与特征，为论证比选线路方案提供了科学依据。

5.2.4.3　主要线路方案比选

1）洱海东、西岸方案比选

洱海东、西岸方案（AK0＋000～AK66＋600）主要包括三个方案：洱海东岸方案、洱海西岸靠山方案、洱海西岸沿公路方案（图3.5.4）。经各方案条件综合分析比较（表3.5.1），推荐工程地质条件较好、投资合理、对环境基本无影响的洱海东岸方案，被设计采纳。

图3.5.4　洱海东、西岸线路方案比选示意图

表 3.5.1　洱海东、西岸线路方案综合条件分析

项　　目	洱海东岸方案	洱海西岸沿公路方案	洱海西岸靠山方案
线路长度(km)	68.7	66.62	66.10
桥隧比重(%)	42	36	56
拆迁建筑物(m^2)	9 875	11 130	1 900
工程投资(亿元)	12.50	10.12	16.67
工程地质条件	线路远离区域活动性断裂-红河断裂;岩性以砂岩、页岩、灰岩、玄武岩为主,可溶岩地段长 12 km,岩溶发育,局部分布软土	线路主要行经于断陷盆地平坦地带软土区域	线路邻近红河活动断裂带;岩性以黑云母片麻岩、片岩、变质砂岩、千枚岩、白云岩为主。线路主要位于仓山陡崖脚下,崩塌落石严重
对苍山洱海国家级风景名胜区的影响	线路远离苍山洱海国家级风景名胜区。对环境无影响	从苍山、洱海之间穿越大理国家级风景名胜区的一级保护区,对环境影响严重	从苍山和洱海之间穿越大理国家级风景名胜区的一级保护区,对环境影响严重
对文物古迹、历史文化名城的影响	线路经过地带文物古迹少	线路经过地带有众多国家级、省级重点保护文物古迹,对大理历史文化名城影响严重	线路经过地带对大理历史文化名城影响严重
对自然保护区及水环境的影响	线路远离大理苍山洱海国家级自然保护区,工程实施对保护区基本无影响	线路跨越十八溪,工程施工对十八溪及洱海的水环境影响严重	线路跨越十八溪,隧道通过蝴蝶泉附近,施工可能对自然保护区及蝴蝶泉的地下水产生影响
声环境影响	沿线人口较少,敏感点少,噪声污染影响小	沿线人口较多,敏感点多,噪声污染影响大	沿线人口较多,敏感点多,噪声污染影响大
占用基本农田	占用基本农田最少	占用基本农田最多	占用基本农田较少
征地拆迁	征地拆迁少	征地拆迁多	征地拆迁较少
施工条件	取土、弃土、放炮施工条件较好	施工放炮飞石、尘土、噪声、废气等将严重影响风景区环境	施工放炮飞石、尘土、噪声、废气等将严重影响风景区环境
对经济的拉动作用	有利于拉动洱海东案区经济建设与发展	干扰洱海西岸建设与发展	干扰洱海西岸建设与发展
综合评价	地质条件较好,对环境基本无影响,工程投资不确定因素少	地质条件较好,对环境影响大,工程投资不确定因素多	地质条件差,对环境影响大,工程投资不确定因素多

2)鹤庆盆地东、西线方案比选

鹤庆盆地东、西线线路方案(图 3.5.5),经综合分析比较(表 3.5.2),推荐工程地质条件较好、工程实施对环境基本无影响、线路短、投资省的鹤庆东线方案,被设计采纳。

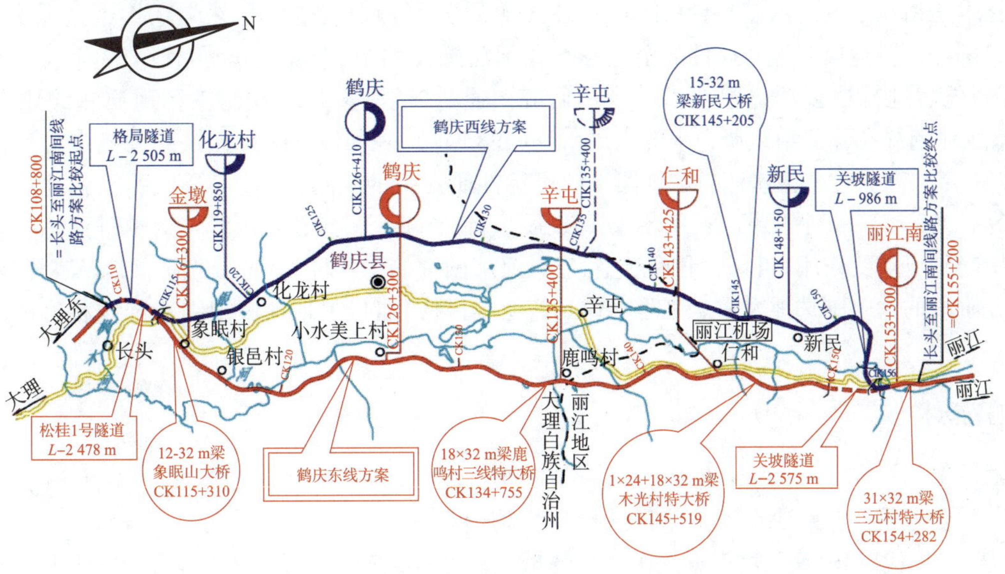

图 3.5.5　鹤庆盆地东、西线线路方案比选示意图

表 3.5.2 鹤庆盆地东、西线方案比选分析

项 目	东线方案	西线方案
线路长度(km)	46.4	48.5
桥隧比重(%)	18	22
工程地质	线路远离活动断裂和强震带;岩性以灰质角砾岩、砂页岩为主,通过9条断层;可溶岩长2.67 km,膨胀土长7 874 m,软土长1 146 m,顺层长1 730 m,出露泉点2个,水量小	线路距活动断裂和强震带较近;岩性以白云质灰岩为主,通过2个向斜、10条断层;可溶岩长30 km,膨胀土长2 475 m,软土长3 706 m,顺层长656 m,出露泉点5个,水量大
环境地质	线路靠山边行进,线路所经地段泉水出露较少,对母屯海湿地水源补给和排泄均无影响	线路所经地段泉水出露较多,是鹤庆县城及沿线村镇重要的饮用水源和工农业生产用水水源,也是新华白族旅游村重要的景观水源和鹤庆母屯海湿地市级自然保护区补给水源;线路距西龙潭、辛屯泉点较近;朝霞寺、二台坡等隧道开挖可能切断岩溶管道水破坏泉水水源,影响居民用水
综合评价	工程地质条件较好,线路较短,工程以路基为主,工程实施对环境基本无影响	工程地质条件较差,线路较长,工程实施对环境影响较大

5.2.4.4 选线成果

本案例通过对洱海东、西岸线路方案及鹤庆盆地东、西线线路方案的地震地质条件、环境敏感区等的综合比选,选出了最优的线路方案。经工程建设和运营实践检验,线路方案科学合理,既最大限度地保护了生态环境,又使线路处于“安全岛”内,经济、社会、环境效益显著,被国家环保总局专家誉为“工程地质与环境地质有机结合选线的典范”,为铁路选线积累了宝贵经验。

5.3 工程地质勘察与测试技术

20世纪80年代以来,随着遥感技术、物探技术和原位测试技术的发展以及电子计算机技术在数据采集、处理和制图方面的逐渐普及推广,铁路地质勘察水平有了新的提高,完全摆脱了过去“地面测绘加钻探”的传统模式,地质综合勘探技术得到进一步发展和推广应用。铁路勘察工作中,采用遥感图像判释、地面调绘、物探、钻探、原位测试和室内试验等地质综合勘探技术。通过南昆、内昆等地质复杂铁路的勘察实践,总结出了一套适用于山区铁路的地质综合勘察模式,对提高铁路地质勘察质量,加快勘察进度和降低勘察成本,取得较好的效果。

5.3.1 遥感技术

遥感技术是指从遥远的高空平台(如航空飞机、航天卫星等)摄制地物图像或图片,通过图像(图片)判释解译技术识别与监测地质或地物属性的全过程。我国遥感技术是20世纪50年代~60年代开始发展起来的,铁路部门先后进行过多项遥感技术的应用研究。通过“航测像片在铁路工程地质测绘中的应用研究(1978年)、航片判释在施工组织调查中的应用研究(1985年)、多种遥感手段在铁路勘测中应用范围和效果的研究(1987年)、高分辨率卫星图像在铁路新线可行性研究中的应用(1996年)、铁路工程地质遥感图像判释技术研究(1999年)”等科研课题研究,建立和发展了《铁路工程遥感技术规程》,对推进遥感技术在铁路勘察中的应用起到了重要作用。目前,利用航空、航天遥感图片的多片种、多光谱的遥感判释解译技术,已在铁路前期研究阶段的大范围选线及重点工程中得到广泛推广应用,极大地提高了铁路选线和工程勘察的质量和效率。

5.3.2 物探技术

铁路物探工作始于20世纪50年代,20世纪70年代以前开展的物探方法基本上为单一的直流电法,物探主要用于配合地质专业解决地下浅部简单的工程地质问题。

20世纪70年代以来,铁路部门开展了多项物探技术的应用研究,通过“KWT-T1型孔内无线电波透视仪(1979年)、浅层地震反射资料微机处理系统研究(1986年)、浅层地震反射波方法技术试验研究(1987

年)、浅层地震反射资料微机处理系统研究(1988 年)、提高物探探测地下洞穴的应用效果研究(1999 年)"等科研课题研究,推进了物探技术的应用与发展。

随着工程地震仪、地质雷达、音频大地电磁仪、瑞雷面波仪等物探设备的发展,推进了电法、电磁法、地震波法、声波法、地球物理测井五大类物探方法在铁路勘察中的应用和发展,特别是电测深、电测剖面法,无线电波透视、地质雷达、可控源音频大地电磁(CSAMT)法,地震折射、反射法,跨孔电磁波层析成像(CT)、跨孔地震透射波层析成像(CT)、瑞雷面波法、隧道施工地质超前预报、钻孔综合测井等物探技术已在铁路勘察中广泛应用。铁路部门在应用综合物探方法(两种及两种以上的物探方法组合)勘探浅部岩溶、断层、滑坡及岩堆,应用可控源音频大地电磁(CSAMT)法勘探深埋隧道的岩溶和断层,应用地质雷达法检测隧道的衬砌质量,应用直流电测深法或跨孔地震透射波层析成像(CT)法探测煤窑采空区,应用瑞雷面波法勘探软土,应用 TSP 和地质雷达预报隧道掌子面前方不良地质体等方面做了大量的研究与试验,在南昆、内昆、渝怀、大瑞、玉蒙、大理—丽江—香格里拉铁路等地质条件极为复杂的工程勘察项目中取得较好效果,解决了不少复杂的工程地质问题。

目前,铁路物探正朝着综合物探的方向发展。主要体现在以下几个方面:由传统的电法勘探,向多种物探方法合理组合应用的方向发展;由点测和手工计算,向"二维"、"三维"影像化、自动化数字技术方向发展;由适应简单地形、地质条件向适应复杂的地形、地质条件方向发展;由物探解释与地质分析脱节,向密切结合的综合勘探方向发展;由地质勘察向岩土测试和工程质量检测方向发展;由设计前的地质勘察向隧道施工超前地质预报方向发展。

5.3.3　钻探与取样、测井技术

20 世纪 50 年代以来,我国铁路工程地质勘探从设备、技术、方式上都有了很大的发展和改进。钻探机械由 20 世纪 50 年代的冲击钻机、振动钻机、人力给进旋转钻机,逐步发展到机动旋转钻机和旋转冲击钻机,压力方式也由人力发展到液压、风压等;钻探凿孔由合金钻进、钢粒钻进发展到大口径金刚石钻进;钻孔护壁从套管护壁、泥浆护壁发展到 PW、SM 植物胶液护壁;取土器从厚壁取土器、束节式取土器发展到活塞式薄壁取土器、双层单(双)动岩芯管取土器,提高了土层钻孔采取试验土样及岩石钻孔取芯的质量。

随着钻探设备、工艺和工程物探技术、遥感技术、原位测试技术的应用研究与发展,铁路工程地质向综合勘探方向发展,孔内试验与测试由过去较单一的水文地质抽水、提水、注水试验发展到井中测流及地应力、地温、有害气体、放射性、无线电波与声波透视(CT 成像)等综合测井,一孔多用,丰富了地质勘探成果的内容,提高了勘探精度。特别是 20 世纪 90 年代以来,地质综合勘探得到广泛推广应用,有效地查明了大量铁路线路及重大工程的工程地质、水文地质及环境地质条件,为铁路工程设计提供了可靠的地质基础资料。

目前,世界上已发展了先进的孔内电视测井技术,对判别分析孔内地质信息将更加准确和丰富。但在解决特殊地层如断层破碎带、风化岩取原状样品和取样后试验数据的取得等方面,技术仍不成熟,尚待深入研究解决。

5.3.4　原位测试技术

原位测试是我国 20 世纪 60 年代开始发展起来的现场测试技术,它是工程地质勘探的重要组成部分,在铁路地质勘探中发挥了越来越重要的作用,特别是现场测定原状土体的力学参数具有室内试验不可替代的优点。20 世纪 70 年代以来,铁路部门曾进行过多项原位测试技术的研究与应用。通过"卵石地基承载力试验(1978 年)、动力触探试验方法与在中砂-碎石类土地基中的应用(1988 年)、静力触探深度效应研究(1989 年)、地基土几种原位测试技术研究(1990 年)"等科研课题的研究与试验,取得了良好的成果,这些成果对制定《铁路工程触探技术规定》、完善《铁路工程地质勘察规范》等起到了重要作用,推进了原位测试技术的发展。

目前,土体原位静力触探、动力触探、标准贯入、十字板剪切试验及岩石点荷载试验,已在铁路地质勘察中得到普遍推广应用,螺旋板、扁铲原位测试近年开始试验应用,旁压试验应用相对较少。平板载荷试验,主要在一些重点工程地质勘察及地基加固检测中应用。现场岩体大剪试验,近年在新建洛湛线、渝怀线、黔桂改造及沾昆、襄渝增建二线等一些顺层路基工点勘察中应用,主要是针对顺层路堑高边坡进行剪切试验,提

高了层状岩体抗剪强度参数的精度。但因平板载荷试验和现场大剪试验费用高昂，推广难度较大。钻孔内地应力、有害气体、放射性、弹性波速等测试，已在复杂地质及长大深埋隧道地质勘探中推广应用，取得良好效果。

5.3.5 岩土试验与检测技术

20世纪70年代前，铁路工程试验仅限于水、土、砂、石四大类。进入20世纪80年代以来，铁路部门进行了多项岩土试验及设备的研究。通过"YGB805型金刚石半自动岩石切割机研究（1983年）、PM-2型点荷载仪研究（1988年）、应用点荷载试验测定岩石单轴抗压、抗拉、抗剪及弹性模量研究（1994年）"等科研课题研究，制定和完善了《铁路工程水质分析方法》、《铁路岩土化学分析方法》、《铁路工程膨胀土勘察规则》，《铁路工程岩石试验规程》等。目前，常规水、土、砂、石的物理、力学、化学试验及静三轴试验已普遍应用，动三轴试验仅在高烈度地震区工程勘察中应用。此外，工程基桩及洞壁衬砌的无损检测、现场载荷试验、滑坡监测与预报等技术也得到了较快发展，市场前景看好。

5.3.6 特殊试验与测试技术

20世纪80年代以来，国内外工程地质试验与测试新技术发展日新月异，铁路勘察中也开始得到应用。

（1）应用^{14}C测年、古地磁测量和孢子花粉分析等新技术，确定了南昆线南宁—百色盆地红土、七甸泥炭土和永丰营软土的地层时代与沉积环境。

（2）应用^{137}Cs技术，测定南昆线段家河流域土壤的侵蚀速率。

（3）应用^{210}Pb技术，测定南昆线冷水沟泥石流的沉积年代。

（4）应用X光衍射、差热和热重分析技术，测定膨胀岩土、泥炭土的矿物成分。

（5）应用扫描电镜和热红外分析技术，观察南昆线南宁—百色段膨胀土、七甸泥炭土和冷水沟泥石流沉积土体的微结构特征。

（6）应用压汞试验技术，揭示了南昆线七甸泥炭土体孔隙与微结构特征。

（7）应用水分张力试验技术，揭示了南昆线七甸泥炭土压缩过程中土体水分赋存状态的变化。

（8）基床激振试验技术的应用。例如，在南昆线林逢车站使用下第三系膨胀性泥岩填筑路基基床试验中，设计和进行了模拟列车长时期动荷载激振50万～100万次的激振试验，揭示了基床中动应力的空间分布规律，发现道心动应力不是向下衰减而是在0.6～1.1 m深处最大的反常现象；不同频率激振结果，以$f=4\sim5$ Hz时基床动应力最小；动应力随动荷载加大而近于线性增大；振动50万次后，动应力和变形都趋于稳定。这些结果为基床加固设计提供了科学依据。

（9）离心模型试验技术的应用。采用离心模型试验新技术，对碎石桩复合地基、粉喷桩复合地基、悬喷桩复合地基、袋装砂井复合地基、天然地基等工况，模拟工程原型进行试验，预测各类地基总沉降和工后沉降，为合理选择软基加固处理方法和设计方案比选提供了定量依据。在南昆线七甸泥炭土地基、遂渝线松软土地基、渝怀线软弱土地基、福厦线深厚层软土地基、玉蒙线软弱液化土地基等的勘察设计中，都进行了离心模型试验，取得了良好成效。例如，试验表明南昆线七甸泥炭土天然地基工后10年的总沉降115 cm，其中工后沉降53 cm，必须进行加固处理。袋装砂井地基工后3年的总沉降93 cm，其中工后沉降43 cm，超过工后沉降30 cm的控制标准，不可取。碎石桩地基工后3年，粉喷桩地基工后5年，总沉降分别为86 cm、80 cm，工后沉降分别为3.6 cm、4.4 cm，路堤稳定性好，两种处理方案均可行。故设计采用碎石桩、粉喷桩加固七甸泥炭土地基，工程实施效果良好，通车多年未发生病害。

5.4 工程地质综合勘探技术

5.4.1 概　述

工程地质综合勘探技术是采用遥感地质解译、地球物理勘探（电法、电磁法、地震波与声波法、地球物理测井等）、钻探（或坑探）、取样试验、原位测试（动探、静探、标贯、载荷试验等）等多种勘探方法，相互映证，提高地质资料综合分析成果质量的地质综合勘察技术与方法，是认识和解决复杂地质问题的有效途径。

20 世纪 80 年代，铁路部门结合南昆线家竹箐隧道、干塘子隧道的勘察设计，率先开展了“遥感技术在长隧道地区工程地质测绘中的应用”研究，20 世纪 90 年代结合南昆线建设又进行了“隐伏岩溶地面塌陷综合勘探技术的应用、地下洞穴综合物探方法的应用”等课题研究，1999 年提出了《铁路地质综合勘探技术应用研究》报告，研究成果被纳入《铁路工程地质勘察规范》等，推进了地质综合勘探技术的发展。

目前，地质综合勘探技术被广泛推广应用于铁路工程地质、水文地质勘察，在南昆、内昆、株六、水柏、渝怀、达成、沾昆、玉蒙、大丽、滇藏等铁路地质条件复杂地段，都应用地质综合勘探技术并取得良好效果，推进了铁路工程地质勘察技术的进步与发展。

5.4.2　不良地质与特殊岩土综合勘探技术

西南地区地质条件复杂多变，不良地质、特殊岩土主要分布于路基地段，地质综合勘探技术在路基工程中应用最为普遍，主要针对难以绕避的复杂地质路基工点，开展地质综合勘探，为路基工点设计提供地质依据。自 20 世纪 90 年代初南昆线推广应用地质综合勘探技术取得重要成果以来，西南地区几乎所有的山区铁路路基地质勘察中，都普遍采用地质综合勘探技术，查明了大量的深厚软土、膨胀土、滑坡、岩堆、采空区、岩溶塌陷地区的工程地质条件，为路基工程加固或整治设计提供了可靠的地质资料。如南昆线永丰营车站软土、龙床红黏土地裂、永乐滑坡、八渡车站滑坡、小德江滑坡、永乐滑坡等大—巨型滑坡、威舍车站岩溶、鲁番及皂角村小煤窑采空区、内昆线老锅厂—李子沟段斜坡软土等复杂地质地段，都开展了地质综合勘探，效果显著。

5.4.2.1　滑坡综合勘探技术

滑坡是山区铁路最常见的地质灾害。通过 20 世纪 70 年代襄渝铁路赵家塘滑坡和 20 世纪 80 年代初成昆铁路铁西滑坡的勘察、整治研究，铁路部门积累了巨型复杂滑坡勘察、整治的经验。随着综合勘探技术的推广应用，仪器设备和工艺技术的更新与发展，大大提高了滑坡勘察的精度，使滑坡防治设计更为准确可靠。目前，滑坡勘察中遥感技术已得到广泛采用；滑坡钻探中风压干钻、无泵反循环钻以及双层单动岩心管等提高钻探质量的技术、设备已普遍使用；对富水不多的滑坡，采用弱透水层渗透系数测定仪测定滑坡不同深度、部位的透水性；对滑坡稳定性检算至关重要的力学指标的测试，除根据滑坡不同状态滑带土结构特征，在室内选用不同方法进行试验外，对一些重点滑坡还采用在现场的探井、探槽中进行大面积原位试验的方法；对正处活动中滑坡的观测，除常规的地面建网观测外，还对大型、巨型滑坡采用钻孔测斜仪进行滑坡深部变形观测。例如南昆铁路八渡车站滑坡，采用上述综合勘探取得良好效果。

5.4.2.2　泥石流综合勘探技术

泥石流也是山区的一种多发地质灾害。通过 20 世纪 60 年代以成昆铁路和云南东川铁路为代表的泥石流异常发育的干、支线的勘察设计，铁路部门积累了丰富的泥石流勘察和防治经验，总结了对泥石流勘察应着重加强其形成基本条件、流态性质、冲淤特征进行调查研究的工作要点，以及泥石流地区铁路选线原则、泥石流分类、分期标准。20 世纪 90 年代以来，遥感技术在泥石流的勘察、研究中得到普遍应用，特别是利用不同时期航片进行泥石流动态判释，取得较好效果。在泥石流研究中，运用非线性理论研究泥石流流域系统的信息熵和超熵的基础上，对西南山区暴雨泥石流建立了综合判据，并基于泥石流成因的灰色性和人为活动影响，提出了泥石流发展趋势预测模式。1999 年，蒋忠信等人编著出版了《铁路泥石流非线性研究与防治新技术》一书。

在南昆铁路泥石流研究中，还采用了多项测试试验新技术。对泥石流沉积石英砂表面结构特征进行统计分析，以研究其搬运距离、流体性质和沉积环境；运用不同放射性同位素测定泥石流流域区内土壤侵蚀速率、估算侵蚀模量，并测定泥石流的沉积年代。例如，在南昆线段家河泥石流和小德江堆积体的勘察中，采用不同时期航片进行泥石流动态判释和堆积体稳定性评价。采用 1958 年、1973 年和 1985 年 3 个时期的航片，对南昆线段家河全流域及各泥石流小流域的植被覆盖动态进行对比判释，发现 27 年中毁林 945 hm^2，是形成流域泥石流和剧烈水土流失的主要因素之一。通过对中游冷水沟 1957 年 6 月 6 日暴发中等规模稀性泥石流前、后期航片的对比判释，恢复了这次泥石流的起因是右侧 3 条支沟沟壁和滑坡前缘崩坍后沿沟揭底和冲刷沟壁而形成的过程；利用不同时期大比例尺航片对小德江车站的巨型堆积体进行对照判释，作出了该堆积体整体稳定的结论。

5.4.2.3　岩溶综合勘探技术

1)隐伏岩溶综合勘探技术

西南地区碳酸盐岩分布广泛,隐伏岩溶塌陷是岩溶地区路基主要的工程地质问题。路基工程岩溶勘察的重点是隐伏岩溶地面塌陷地段,综合勘探难度较大。20世纪70年代~80年代,铁路部门先后完成"岩溶地区铁路工程地质选线与工程处理"、岩溶洞穴顶板安全厚度研究、"铁路沿线岩溶地面塌陷及防治研究"等科研课题研究,有力地推动了西南地区铁路岩溶综合勘探技术的发展。在南昆线南宁—那厘、安龙—威舍—昆明段隐伏岩溶勘察中,大力推广应用了岩溶综合勘探技术,主要是通过遥感判释和区域地质测绘,掌握岩溶发育基本规律的基础上,确定勘探重点。在重点地段采用综合物探方法,开展体积勘探,圈定异常带的空间分布范围,据此布置有针对性的验证钻孔,有目的地配合观测、试验,综合分析评价后提出预防岩溶塌陷的注浆加固等综合整治措施。通过南昆线可溶的碳酸盐岩长约300 km路基地段的初测、定测、补定测各阶段的探索,总结了一套实用的岩溶地面塌陷综合勘探方法与整治措施,已在铁路岩溶勘察设计中普遍推广应用。

2)地下洞穴综合物探方法的研究

南昆铁路修建期间,开展了"提高物探探测地下洞穴应用效果"研究,着重对地质雷达法、频率电磁法和电磁波CT法进行了综合物探试验研究,取得较好效果,技术成果达到国内领先水平。

研究成果表明:地质雷达法经33个工点验证,洞穴径深比≤1/10的准判率≥80%,探测深度可达30 m左右。频率电磁法经33个工点验证,也能探测径深比≤1/10的地下洞穴,准判率一般为80%左右。电磁波CT法经53处异常验证,孔距在40~150 m时,径距比为1/10的准判率≥80%。例如,威舍车站采用电测深法、地质雷达法、电磁波CT法进行综合物探。探测结果经111个注浆钻孔对物探异常进行验证,物探异常的准判率大于90%;铝厂隧道(2 420 m)采用三极电测深法、地震雷达法、地震折射波法以及在地表进行的频率电磁波法等综合物探,探测结果通过两个钻孔验证,在埋深32 m处钻到溶洞,地层界线和含水情况与物探结果基本吻合。

3)高原溶洞的地质地貌预测方法

在南昆线4个典型地貌区8座隧道施工勘察中,铁路部门应用喀斯特地貌学理论预测施工掌子面前方可能遭遇溶洞的地段、规模、形态以及隧道与暗河的关系,经8座隧道开挖验证,溶洞预测平均准判率≥78%,效果良好。

5.4.2.4　软土综合勘探技术

1)洼地软土研究

20世纪60年代~70年代,在成昆、贵昆等铁路建设中,铁路部门对分布集中、危害较大的洼地型、湖盆型软土(如水城软土、滇池软土)等进行了一定程度的研究,限于技术条件,当时的研究着重于常规物理力学性质的分析及落实工程处理措施,勘察手段以钻探和室内试验为主。20世纪80年代,原位测试技术在软土勘察中得到大力推广应用。在沪宁、广深珠、广州环城高速公路和广梅汕铁路等沿海项目勘察中,对大面积分布的三角洲相、滨海相软土,采用了包括遥感技术和多种原位测试手段在内的综合勘探方法和物理力学指标的数理统计分析,均取得很好的效果。特别在南昆铁路建设中,对永丰营、七甸软土、泥炭土工点,开展了详细的勘察和试验研究,七甸工点还结合科研试验项目,对以泥炭土为主的软土工程特性进行了研究,揭示了七甸泥炭土的高孔隙比(1.61~10.92)、高含水量(64%~573%)、低强度(c=8~20 kPa,φ=8°~15°)、极高压缩(a=3.8~10 MPa^{-1})性等不良特性,为地基加固处理提供了依据。

2)斜坡软土研究

在西南地区内昆、株六、水柏及六盘水枢纽、渝怀、黔桂等铁路建设中,铁路部门针对山区罕见的斜坡软土进行了大量地质调查、勘探取样、室内试验、原位测试、矿化分析等综合勘探与试验研究工作,较全面地认识了斜坡软土的形成机理及高孔隙比(0.9~1.8)、高含水量(23%~94%)、低强度(c=5~28 kPa,φ=3°~19°)、高压缩(a=0.5~2 MPa^{-1})、膨胀性(自由膨胀率F_S=43%~68%,蒙脱石含量M=6%~25%,阳离子交换量175~280〔mmol(NH^+)/100 g干土〕及非均匀、非稳定性等特点,揭示了斜坡软土的不良地质特性,为工程设计提供了依据。

5.4.2.5　膨胀土(岩)研究

20世纪40年代中期，西方工业发达国家开始对膨胀土问题进行专门研究。我国对膨胀土工程问题研究的历史也有60余年。20世纪50年代，在成渝铁路勘察中，由于对膨胀土认识不足，采取措施不当，导致施工中滑坡频发，病害不断。20世纪60年代～70年代，在成昆、襄渝、南防、焦柳线襄石段等膨胀土区域铁路勘察设计中，铁路科技人员开始认识到对膨胀土的勘察研究须从工程地质特性入手，探索其变形机理，才能提出可靠的防治措施。成昆铁路建设期间，曾对分布于成都附近的"成都黏土"开展了历时多年的研究。在1980年出版的《成昆铁路》技术总结中，对包括矿物化学成分、物理力学性质以及时代成因等在内的"成都黏土"的工程地质特性进行了总结，并提出"低填浅挖，加强排水，及早挡护"的防治原则。

20世纪80年代以来，我国开展了膨胀土工程科研试验研究工作，在铁路沿线的一些典型地段建立了研究基地，对膨胀土的特性、试验技术、基础理论以及工程处理措施等方面均取得了丰富的资料和研究成果，廖世文等1984年编著出版了《膨胀土与铁路工程》一书。特别是"405-1工程地基膨胀土试验研究(1985年)、襄渝铁路安康膨胀土研究(1986年)、裂土基本特性及其在路堤、路堑边坡工程中应用技术条件研究(1990年)、裂土路基病害的整治与加固技术(1996年)、南昆线膨胀岩路基工程试验(1998年)"等课题的研究成果，被先后纳入原铁道部《铁路特殊岩土地质勘察规范、规程、规定、规则》，推动了膨胀土(岩)灾害防治技术的发展。

例如，南昆铁路建设期间，针对广西境内南宁至百色的膨胀性红土、田东—百色盆地的膨胀岩进行了专项试验研究。除系统地研究地质时代、成因、物质成分与物理力学性质特征外，还着重研究本地区红土的膨缩性及其差异性规律，揭示了南宁、百色盆地膨胀性红土收缩大于膨胀，百色盆地42 km下第三系膨胀泥岩的"胀缩性、碎裂性、低强度(c=26 kPa，φ=12°)性"三大特点，进一步深化了对膨胀土(岩)的认识，为地基处理、边坡加固或病害整治提供了科学依据。

5.4.2.6　红层泥岩填料的路用性能研究

红层泥岩是一种特殊岩土，在我国西南、中南、华南广大地区普遍分布，具有易风化、崩解、软化、弱膨胀等特点。红层泥岩作为路堤填筑材料，其突出特点是压实系数对含水量很敏感。在经过四川盆地红层丘陵区的遂渝铁路建设中，铁路部门采用数值仿真分析、离心模型试验、现场填筑试验与原型监测等综合手段，研究了利用红层泥岩填筑时速200 km客货共线铁路路堤的适应性，揭示了红层泥岩填料的路用性能。

研究成果表明：1)红层泥岩最佳含水量控制在12%～13%范围内，采用30～40 cm的分层摊铺厚度，22 t振动压路机静压2遍+振碾8遍，能够满足《200 km/h客货共线铁路设计暂行规定》对基床底层填料压实标准(基床底层K_{30}≥110 MPa/m，压实系数K_h≥0.95；基床底层以下路基本体K_{30}≥90 MPa/m，压实系数K_h≥0.90)的要求，可以直接用作路堤本体及基床底层填料。2)红层泥岩路堤边坡有一定的侧向挤出变形，宜采用土工格栅加筋对8 m以上高路堤边坡进行加固防护。研究成果已在新建遂渝线(200 km/h)、达成线提速改造(160～200 km/h)、襄渝线提速改造(160 km/h)及西南红层地区新建或改建铁路中推广应用，产生了巨大的经济、社会和环境效益。

5.4.3　复杂地质桥基及岸坡综合勘探技术

西南地区山高谷深，铁路桥隧道比重大(一般为30%～70%)，高墩大跨桥梁及长大隧道多，地质条件复杂，桥隧工程的勘探工作量占线路钻探工作量的60%以上者居多。对一般地质条件的桥梁工程，多以常规钻探为主。对复杂地质条件下的桥梁工程采用地质综合勘探，主要应用于跨越岩溶、采空区、深厚软基、深水桥基等特殊不良地质环境。通常在调查测绘基础上，首先采用电测深、地质雷达或地震折射波等物探方法查明桥基的宏观地质问题，根据物探异常再重点布置钻孔验证，并采取岩(土)样试验及进行原位测试，力求获得原位力学指标与室内试验结果对比，综合分析确定地基岩(土)分层力学参数。如20世纪80年代建设的南防线小董河特大桥复杂岩溶地基、20世纪90年代建设的南昆线清水河大桥及水柏线北盘江大桥岩溶地基、南昆线国城1号、2号大桥软弱地基、皂角村特大桥小煤窑采空区地基等，都采用地质综合勘探技术查明了桥基主要工程地质问题，为桥梁设计提供了可靠的地质依据。

随着铁路勘察设计技术的发展，为减少高程损失避免展线而缩短线路长度，西南山区铁路跨越深切峡谷的桥梁越来越多，而高陡岸坡岩体的稳定性成为铁路桥梁建设成败的关键。为此，采用地质综合勘探与模型试验、数值计算分析方法，进行定性与定量相结合的岸坡稳定性评价技术，在铁路勘察设计中的应用成为地质科技发展的必然。南昆铁路清水河大桥，水柏铁路北盘江大桥，内昆铁路李子沟等高墩大跨桥梁，都在进行综合勘探的基础上，开展了专项岸坡稳定性评价工作，为桥梁设计提供了可靠的定量地质参数。高陡岸坡稳定性评价技术的应用，拓展了铁路工程地质勘察评价的手段和方法，推进了铁路工程地质勘察、试验与评价技术的发展。

5.4.4 复杂地质隧道综合勘探技术

隧道地质综合勘探的重点是地质构造复杂、岩溶、涌水、有害气体、膨胀岩等发育的长大深埋隧道。综合勘探的内容包括遥感(航、卫片)判释、区域地质调绘、地球物理勘探、深孔钻探、综合测井、水文地质试验(包括井中测流)、岩土水样室内试验、成果资料分析整理等。对一些岩溶隧道贯通后，在洞内进行综合物探与验证钻孔相结合的岩溶复查，以落实洞底岩溶发育情况。20世纪90年代以来，铁路复杂地质隧道及长度大于5 000 m的长大隧道，普遍使用了地质综合勘探技术，为隧道围岩分级的确定、隧道涌水量的预测、地应力及地温、有害气体的评估等提供了有价值的定量与定性相结合的地质参数，改变了过去以定性为主的现象，促进了隧道地质综合勘探技术的应用与发展。

5.4.4.1 岩溶隧道综合勘探

隧道穿过可溶岩时，可能遇到岩溶洞穴、涌水、突泥等地质灾害。如西南地区已建成的成昆线关村坝隧道、襄渝线大巴山隧道、湘黔线凉风垭隧道、贵昆线梅花山隧道、南昆线新桥隧道、株六复线大竹林隧道、花苗隧道、水柏线何家寨隧道、渝怀线歌乐山隧道、圆梁山隧道、武龙隧道、遂渝线桐子林隧道等长大隧道，施工中都发生了大量涌水、突泥灾害，涌水量达3万～20万 m^3/d 不等，给工程建设带来极大困难，有的还造成了重大人身伤亡或机具设备事故。因此，必须加强岩溶隧道综合勘探，查清隧道的工程地质及水文地质条件，为隧道设计防排水提供可靠依据，防止涌水突泥灾害发生。

20世纪80年代以来，岩溶隧道综合勘探技术发展迅速，无论是新建还是改建铁路的长大岩溶隧道，都推广实施了地质综合勘探。如渝怀线圆梁山隧道、歌乐山隧道、黔桂线定水坝隧道、银洞坡隧道、六甲隧道、玉蒙线通海隧道、柿花树隧道、大丽线北衙隧道、禾洛山隧道、大瑞线高黎贡山隧道、遂渝线桐子林隧道、龙凤隧道、襄渝二线大巴山隧道等长大岩溶隧道，都开展了在航片判释、地质测绘基础上，采用大地音频电磁法、弹性波法、电测深法为主的物探结合钻探、综合测井、水文地质试验等综合勘探，取得了良好的效果。

5.4.4.2 瓦斯隧道综合勘探

煤系地层隧道，特别是有煤与瓦斯突出危险的隧道，发生爆炸与燃烧地质灾害的可能性较大。通过煤系地层的铁路隧道虽早已有之，如20世纪50年代修建贵昆线岩脚寨隧道时曾发生严重的瓦斯爆炸，伤亡100多人的特大事故，但在铁路工程地质勘察中纳入瓦斯地质工作的内容与方法，却是20世纪90年代初才开始起步。南昆铁路家竹箐隧道通过上二叠统龙潭、长兴、大隆组海陆交互相煤系地层，煤层瓦斯产出量达10.56 m^3/min，瓦斯含量达20.17 m^3/t，瓦斯压力达1.58 MPa，属高瓦斯、有煤与瓦斯突出危险地质灾害的隧道。铁路部门在煤炭系统有关单位的协作下，在实施地质综合勘探的基础上，引入瓦斯地质学的理论和方法，首次在该隧道开展了专门的瓦斯地质工作。继之又对威昆段通过二叠系龙潭组煤系地层的天生桥隧道，进行了瓦斯地质勘察。通过这两座隧道瓦斯地质工作的研究与探索，总结出了一套瓦斯隧道地质勘察的内容、方法、煤与瓦斯涌出量预测及突出危险性的定量评价与防治技术，在瓦斯隧道地质勘察方面积累了宝贵的经验。

目前，瓦斯隧道综合勘探技术已在铁路、公路瓦斯隧道(如株六复线岩脚寨隧道、水柏线发耳隧道、成渝高速公路中梁山隧道、缙云山隧道等)地质勘察中得到广泛推广应用，效果良好。

5.4.4.3 长大深埋隧道综合勘探

圆梁山隧道总长11.07 km，最大埋深780 m，是西南地区渝怀铁路的关键性控制工程，控制了从彭水至龙潭整个越岭线路方案。该隧道地形地质条件极其复杂，集“岩溶洞穴、高压涌水与突泥、岩爆与变形、瓦斯与石油天然气”等灾害地质问题于一体。铁路部门开展了大面积的区域地质选线工作，并采用遥感地质、工程地质、水文地质、地球物理勘探、构造应力场分析、地应力及有害气体测试等综合勘探技术，完成了一套齐全配套的地质成果资料。遥感选用多高度层次、多个片种；物探按浅、中、深3个层次选用了多种方法；用多种方法进行构造应力场及地应力的测试分析；对水文地质进行多参数测试；钻探采用大口径金刚石钻进和低固相泥浆封孔堵漏新工艺，并坚持一孔多用，开展综合测井等多种手段取得的资料相互验证，综合分析。具有线、面、点结合，多层次、多参数、立体化的综合勘探特点，较准确地查清了该隧道的主要工程地质问题，为隧道设计提供了可靠的地质资料。这是一次走综合系统勘探新路的成功实例，这项工程地质研究的广度和深度都达到了新的水平，为今后类似长大深埋隧道的地质综合勘探取得了宝贵经验。

5.4.4.4　隧道施工地质超前预报

长期以来，由于对隧道施工掌子面前方地质条件了解不清，带有很大的盲目性，导致施工中发生的隧道地质灾害层出不穷。为准确预测隧道施工中可能发生的地质灾害的位置、规模和性质，20世纪80年代，铁路部门相继在军都山、大瑶山等隧道开展了隧道施工地质超前预报工作，使隧道施工由盲目的掘进转变为有控制的科学掘进，大大提高了施工进度及施工中的安全、经济、社会效益。军都山隧道地质超前预报工作是以地质素描为基础，配合超前水平钻孔综合测试(主要是钻速仪及声波测试)手段，综合分析预报掌子面前方地质条件、塌方、涌水的可能性等，预报准确率达71%。相继大瑶山隧道9号断层地段也开展了地质超前预报工作。大瑶山隧道地质预报采用系统地质、水文观测、素描等，着重岩体结构面特征、性质、组合形式及地下水状态预测。以平导与正洞地质类比为主要方法，预报准确率达95%。

20世纪90年代，铁路部门在南昆线开展了"隧道开挖工作面前方不良地质预报"系统试验研究，研究的内容包括弹性波、电磁波两大类4种预报技术与方法。在理论方法、模型试验方面取得很大进展，完成了从仪器设备研制、现场数据采集到资料处理解释的一套适合隧道施工开挖面前方地质预报的技术方法和相应的配套设备，并结合南昆铁路施工中的铝厂隧道、康牛隧道、米花岭隧道等进行岩溶洞穴、断层带等的测试预报，施工验证预报结果与开挖情况基本吻合。实践证明研究采用的弹性波、电磁波两大类4种预报方法，技术先进、方法可行，具有实用价值，达到国际先进技术水平。此外，在株六复线岩角寨隧道、倮纳隧道，渝怀线圆梁山隧道、歌乐山隧道，遂渝线龙凤隧道，玉蒙线通海隧道、柿花树隧道等长大复杂地质隧道施工中，也进行了施工地质超前预报。目前，隧道施工地质超前预报技术，已在铁路、公路隧道施工中被广泛推广应用。

5.4.4.5　隧道涌水量预测技术

1)概述

隧道涌水是在具有渗透特性的地层、岩体中形成，在地下水流动的地方由于开挖被切断，释放时在隧道导坑周边发生地下水流出的现象。简言之，隧道涌水是指在隧道掘进过程中，涌入隧道导坑的地下水。

隧道掘进中遇到含水层时，自然就会发生涌水。根据涌水特性的不同，隧道涌水分为集中涌水和稳定涌水两类。

(1)集中涌水。集中涌水是指开挖工作面穿透相对隔水层的一瞬间，从承压含水层中突然涌出并具有相当大的静水压力的地下水。集中涌水的特性表现为初期大，尔后逐渐减小，最后趋于稳定的状态。

(2)稳定涌水。稳定涌水有两种类型：一种是指在开挖过程中，集中涌水随着流出时间的延长而减少，最后趋于稳定的涌水。另一种是指在开始开挖时并未涌水，但当开挖到一定长度后，从潜水含水中渐渐流出的渗透水，随着时间的延长而逐渐增大，最后趋于稳定的涌水。

无论是哪种情况的稳定涌水，都相当于从地下水面以下开挖的集水暗渠中流出的地下水。稳定涌水如果除掉洞口附近以及埋深不大的情况外，即使在季节性降雨阶段，也可得到变化不大的流出量。这是因为从隧道导坑流出的水量与从上部以及水平方向的补给水量相等时，新的地下水面又形成了。也即是说当补给量等于排泄量时，地下水又达到了新的动态平衡，处于稳定状态。

一般来说，对隧道施工危害大的是集中涌水。因为集中涌水量大，且具有较高的水头压力，来势突然、凶猛，防不及防。国内外有很多隧道集中涌水导致人员伤亡和机械设备事故的案例，如我国西南地区渝怀铁路圆梁山、水柏铁路何家寨等隧道涌水，都造成了严重的灾害损失。

2)隧道涌水量预测方法

(1)国外研究现状。日本国的预测方法大致分为三类：以经验或统计资料为基础的统计法；以水力学理论为基础的水力学法；以水的涨落均衡模拟方法为基础的模型法。现介绍两种常用的方法：

——河流比流量法

此法是日本高桥彦治1985年对日本国铁隧道涌水衰减特性与枯水期河流流量衰减特性相类似的研究

提出来的，并列入1964年日本《隧道标准规范》。其基本原理是把隧道区域地表河流枯水期的相对稳定流量视为隧道区地下水的稳定补给量。因而把枯季河流的比流量乘以隧道地下水的影响范围，当作该隧道预测的稳定涌水量。

$$Q_e = q_e A = (Q/F)A$$

式中 Q_e、Q——隧道稳定涌水量、枯季河流流量，L/s；

q_e——关系流域枯季比流量，L/(s·km^2)；

A、F——隧道区地下水集水面积、地表河流汇水面积，km^2。

此法相当于我国《供水水文地质规范》中评价地下水开采量的地下径流模数法，预测的隧道涌水量，实质上是隧道涌水量的下限值，施工验证结果偏低。但因参数容易取得，应用较普遍。

——比涌水量法

此法是日本大岛洋志、高木盛男等人，1983年对日本国铁480座700 m以上隧道（最长的22.221 km，总延长1 080 km，相当于2 300 m/座）的调查获得的大量实际涌水数据，经过多因素分析统计，于1987年正式提出来的。

此法相当于我国的水文地质比拟法，其实质是将480例隧道涌水量分别与地质条件、覆盖层厚度、纵横断面形态、隧道并列关系、降雨量及隧道长度的关系等因素，建立相应的统计分类模型，进行数值处理后，分别绘制隧道比涌水量与各因素之间的相关关系图表。然后按水文地质条件相似比拟的方法，根据拟建隧道区的相关因素查相应的统计图表得出的比涌水量，乘以某拟建隧道的长度，即得该隧道涌水量。计算公式为：

$$单独隧道：Q_d = q_b L$$

$$并列隧道：Q_b = (1\sim1.5)Q_d$$

式中 Q_d、Q_b——单独隧道、并列隧道涌水量，m^3/s；

L——隧道长度，km；

q_b——比涌水量（每公里隧道长涌水量），m^3/(s·km)。

此法应用方便，可节省大量的勘探、试验费用，但其精度尚待进一步验证。

(2)国内研究现状。新中国成立以来，我国广大工程地质及水文地质工作者在大规模隧道及矿井建设中，积累了较多的经验，提出隧道或矿坑涌水量的预测方法很多，归纳起来大致分为三大类十一种方法（表3.5.3）。现介绍几种主要的方法。

表3.5.3 隧道道坑涌水量计算方法

类　别	计算方法	适用条件
水动力学法	解析法	边界条件简单的含水层；均质各项同性介质；一维、二维稳定或非稳定问题；承压流动或满足裘布依假设的无压流动
	数值解法	边界条件简单或复杂的含水层；一维、二维、三维稳定或非稳定问题；承压流动、无压流动或承压与无压并存流动；均质或非均质各向同性或异性介质
统计法	Q-S曲线法	需三个或三个以上的稳定阶梯流量和降深资料，一般只能在小范围内下推流量和降深
	经验比拟法	只能用于水文地质条件相类似的地区
	相关分析法	需较多的相关变量资料
	均衡法	岩溶盆地区较适用，一般地区只作为辅助方法，粗略估算涌水量
	水文分析法	需地表径流的长期观测资料，至少一个水文年
模型模拟法	砂槽模型	主要用于研究井流，观测流动现象，验证理论公式
	水电模型	边界条件简单或复杂的含水层；主要是均质各向同性介质；一维承压稳定问题或无压非稳定问题；二维承压稳定问题
	电力积分仪	边界条件简单或复杂的含水层；均质或非均质各向同性或异性介质；一维、二维、三维稳定或非稳定问题；承压或无压流动
	水力积分仪	边界条件简单或复杂的含水层；均质或非均质各向同性或异性介质；一维、二维稳定或非稳定问题；承压或无压流动

——解析法

解析法只适用于含水层几何边界条件较简单，并可近似视为均质各向同性介质的情形。基本原理是以地下水线性渗透水力学为基础，利用稳定流或非稳定流的达西公式、裘布依、泰斯公式等计算水文地质参数，再以水平集水建筑物的水量计算公式，结合隧道边界条件、含水层特征、排水条件等，选用相应的计算公式计算隧道涌水量。

此法目前在隧道涌水量预测中，应用较为普遍，但其计算结果精度不高，与施工期间的实际涌水量出入较大，成功的例子不多。

——数值解法

数值解法是 20 世纪 60 年代末期，随着大型高速数字计算机的发展而发展起来的，适用条件比解析法广泛。目前，数值模拟方法得到了迅速的推广和使用，已成为矿坑涌水量计算的主要方法之一。用数值法建立的数学模型偏微分方程，可用有限差分法和有限单元法离散化求数值解。具有以下优点：

①能模拟出隧道或矿区复杂的水文地质边界条件，诸如非均质各向异性、存在垂直补给、有多个抽（放）水井、底板高低不平、边界形状不规则、多层性和三维流等复杂情形，都能在计算中反映出来。因此，更加符合实际情况。

②求水文地质参数是依靠大量的计算以“匹配”各观测孔的时间—降深曲线，因而能充分利用抽（放）水试验资料，所获得的结果比较可靠。

③能编出通用电子计算机程序，适合于不同地区的计算。但因勘探工作量大，大多数参数不易取得，目前在隧道排水方面的应用经验还较少。

——Q-S 曲线法

基本原理是根据勘探孔抽水试验所取得的涌水量(Q)和水位降深值(S)的关系曲线，建立 $Q=f(S)$ 经验方程式，而后根据设计水位降深值，代入建立起来的经验方程式换算隧道辅助导坑、竖井或斜井涌水量。常见的 Q-S 曲线方程有四种类型：即直线型、指数型、对数型、抛物线型。

——经验比拟法

基本原理是建立在已有坑道工程实际涌水量资料基础上，对相邻或水文地质条件相似的隧道进行涌水量计算。在实际应用中，所采用的实际涌水量必须是一个水文年以上，计算结果才比较可靠。我国中梁山隧道就是一个成功的例子。

此方法在国内外应用较为普遍，前述日本的比涌水量法就是根据这一原理建立起来的。

——相关分析法

相关分析是一种数理统计方法，基本原理是利用较大量的观测和试验数据，建立回归经验方程，用此方程推算隧道涌水量。应用此法的前提是必须取得一系列地下涌水量及其影响因素（如水文气象资料、水文地质要素等）的长期观察资料，并对其观测数据进行统计计算。常规方法是对勘探孔进行长期观测来获取涌水量和水文地质要数（水位、降深）的观测值，有条件的情况下应观测隧道地区降雨量、蒸发量及地表径流等，无条件时可到当地水文站、气象站收集。

此法因耗费时间长，目前在预测隧道涌水方面使用较少。

——水均衡法

地下水均衡是在一定的均衡区内，在一定均衡时间里，其补给和排泄是通过地下水量的增加或减少来达到平衡的。补给量减去排泄量等于储存量。当补给量大于排泄量称为正均衡，反之称为负衡均。地下水均衡方程就是依据地下水补给、排泄、储存三者之间的平衡原理建立起来的。

此法最适宜于构成一个独立的水文地质单元（如小型自流盆地、集水盆地）的隧道涌水量计算。我国过去在铁路勘测设计期间，曾利用此法预测盘西线胜境关、平关、米花岭隧道涌水量，收到了较好的效果，误差仅在 10%以内。

——水文分析法

基本原理是通过对隧道区地表迳流进行长期观测后，绘制流量—月平均流量的历时曲线，然后用径流分割法，又称河流水文图分解法，计算隧道最大涌水量。

——模型模拟法

在各种模型模拟方法中，计算坑道涌水量最常用的是电网络(即电力积分仪)模型模拟法。此法的基本原理是根据地下水在含水层中的运动和电流在网络模型中的流动，遵循完全相似的偏微分方程，通过考虑含水层中一个正方形面积的水均衡和一个结点上的电流平衡推导出来的。

此法直观，容易掌握，能够利用大量结点的网络模型，易于研究复杂含水层和多层结构，因而在矿井涌水量计算中得到了广泛应用。但在预测隧道涌水方面，成功的案例较少见。

3)存在问题及今后研究课题

工程实践表明，隧道涌水预测的准确性是当今的世界难题，现有的隧道涌水预测的各种方法都不尽完善。较好的数学模型，计算参数又难以取得；易取得参数的数学模型，预测结果的精度又差。总之，在理论和方法上还处于发展阶段，有许多问题有待深入探索和研究解决。

(1)理论公式不够完善。目前，虽国内外对隧道涌水的预测已作过较大量的研究，但还没有取得令人满意的效果。我国在过去勘察设计中曾用过多种方法预测隧道涌水量，但施工验证成功的例子较少，有的隧道实际涌水量与预测涌水量相差几倍至十倍以上。究其原因是隧道涌水是一个十分复杂的课题，涉及数学、物理学、水力学、水理学、水文学、气象学、地质地貌学等多学科的内容，涌水量受隧道通过地区的地形、地貌、地层、岩性、地质构造及水文、气象、植被覆盖情况及水力联系等多因素影响，以致各地区水文地质条件多元化的复杂性，很难建立符合地区实际水文地质边界条件的数学模型。现有的很多理论公式，大都是建立在概化数学模型的前提下建立起来的。在概化过程中，往往取其主要因素，剔其次要因素，对某些边界条件作了人为的理想假设。如常用的裘布依、泰斯公式就作了含水层均质、各向同性的假定，与实际边界条件不完全吻合，因而计算结果误差较大。有些经验公式是在一定条件下建立起来的，有很大的局限性。采用现在的理论公式计算的隧道涌水量，在补给条件好的地方往往偏小，而在补给条件差的地方又往往偏大，与实际情况出入不大的并不多。因此，理论公式不够完善的问题，是今后急需研究的主要课题之一。

(2)测定的水文地质参数误差大。计算隧道涌水量的可靠性，很大程度上决定于水文地质参数(如渗透系数 k、水头 h、影响半径 R 等)是否准确。实践证明，勘察手段和计算公式对参数的准确性影响很大。如钻孔直径大小及深度、过滤器类型、单孔或多孔抽水试验，以及选用不同的计算公式等因素影响，都能使渗透系数和影响半径等重要参数产生成倍的差别，从而使隧道涌水量计算结果偏离实际。因此，如何提高水文地质参数的可靠性，是今后研究的主要课题之二。

(3)地下水动态观测工作有待加强。地下水动态观测，对解决隧道涌水预测、加强施工排水设计、防止水害等方面都有重要意义。过去在隧道勘探过程中，很少对勘探孔或天然地下径流、地表径流进行系统的动态观测，对于解决隧道涌水和防护问题都有很大影响。因此，加强地下水动态观测和综合分析，是今后研究的主要课题之三。

(4)测定补给量方法有待探索。地下水的补给量(含大气降水、地表水及相邻含水层的补给)是隧道涌水的主要来源，是预测隧道涌水的基础。现有的渗入补给理论计算公式，对于评价潜水和浅层承压水天然情况下的补给量较为适用，但对评价深层承压水的补给量问题还没有从根本上解决，以致有些隧道按天然情况的补给量(动储量)计算隧道涌水量，而未考虑静储量在隧道开挖后弹性释放对隧道涌水量的影响，使计算结果往往偏小。因此，进一步探索隧道涌水补给量问题是今后研究的主要课题之四。

(5)计算手段有待提高。过去在计算隧道涌水量时，计算者往往图简便，采用简单公式计算涌水量，而简单公式又不完全符合各种复杂的水文地质条件，因而计算结果不能令人满意；对于计算精度较高的计算方法，如数值解法基本上能概括各种复杂的水文地质边界条件，但又因解算过程过于繁琐、复杂，计算者往往又不使用它。这些都是造成涌水量计算不准的原因。因此，大力推广使用电算技术，研发数值解法电算程序，利用电子计算机解求隧道涌水量，提高涌水量预测值的精度和效率，是今后研究的主要课题之五。

4)总结

隧道涌水是受多种因素控制和影响的，人类对它的认识也是不断发展的。现有的预测方法各有优缺点，目前还很难断言哪一种方法优于其他方法，但所有这些方法都能用于求解各种各样的隧道涌水计算问题。只要所选用的计算公式与实际水文地质条件基本相符，都应得出接近于实际的结果。所以，为了算准隧道涌水量，选用什么计算方法是次要的，取得满意结果的关键在于对隧道区水文地质条件（如含水层构造、几何边界条件以及水力联系等）的认识是否正确，所用的水文地质参数是否可靠，边界条件的处理是否得当。换言之，查清水文地质条件比选择计算方法更为重要。因此，在解决具体问题时，应着重于做好隧道区水文地质条件的调查研究，然后根据水文地质条件的复杂程度，收集实际资料的情况以及经济合理等因素综合考虑，选择一种比较合符地区水文地质条件的方法计算隧道涌水量。也可以同时选用多种方法计算，以便相互验证，提高涌水量预测精度，更好地为隧道设计与施工排水提供依据。

5.5　路基工程地质灾害防治技术

5.5.1　概　　述

铁路路基地质灾害防治技术主要包括两类：防治边坡失稳变形的支挡防护技术；防治软弱地基沉落与失稳的加固处理技术。

5.5.1.1　路基支挡结构的研究与发展

支挡结构是岩土工程中的重要组成部分。在铁路路基工程中，支挡结构主要用于承受边坡岩土体侧向压力，它被广泛应用于稳定路堤、路堑边坡、隧道洞口边、仰坡以及桥梁基坑边坡和河流岸壁等。随着我国国民经济与基础设施建设的发展，推动了边坡支挡防护与软基加固技术水平的提高以及减少环境破坏、节约用地观念的加强等，支挡结构与软基加固在岩土工程中的使用越来越广泛，特别是在铁路、公路路基及建筑基础工程中所占的比重越来越大。

20 世纪 50 年代前，石砌重力式挡土墙是我国岩土工程中广泛采用的主要支挡结构。20 世纪 50 年代为适应西南山区地形陡峻的特点，出现了衡重式挡土墙。1959 年，铁路部门率先在宝（鸡）成（都）铁路广元至略阳段使用。之后，又完善了衡重式挡墙按第二破裂面计算的理论，编制了有关的标准图，加快了在铁路系统的推广应用。

长期以来，重力式、衡重式挡土墙在支挡工程中一直占有主导地位，但由于其截面大、圬工数量多、施工进度慢，在地形困难、石料缺乏地区，应用不便，其使用上的缺点也是明显的。

20 世纪 50 年代～60 年代，铁路部门开始引进推广锚杆挡土墙、桩基挡土墙等钢筋混凝土挡土结构，取得了一定的进展。成昆铁路修建时大力推广了锚杆挡土墙、桩基挡土墙、托盘式路基墙、挖孔抗滑桩等，为支挡工程的新型化跨出了一大步。此外，从成昆线、襄渝线滑坡整治开始研究抗滑支挡技术。

20 世纪 70 年代以来，铁路部门结合西南铁路建设进行了“锚固桩（1978 年）、抗滑桩模型试验（1988 年）、单排埋式抗滑桩计算方法及设计原理（1993 年）、锚杆挡土墙（1978 年）、锚定式支挡建筑物（1978 年）、锚定板挡土墙（1988 年）、新型拉筋加筋土挡墙（1999 年）、预应力锚拉式桩板墙（2000 年）、岩石预应力锚索技术及其工艺（1993 年）、锚索桩板墙（1998 年）、桩网（板）结构（2004 年）”等新型、轻型支挡结构的研究与试验，取得良好效果并推广应用。这些研究成果均纳入了多个版本的铁路路基支挡结构设计规范、规则等，推动了铁路支挡技术的发展。

随着我国国民经济的发展，机械、材料工业水平及岩土加固技术水平的不断提高，我国岩土工程支挡技术水平也获得了迅速发展，支挡结构形式也从过去单纯靠重力维持平衡的挡土墙，发展为采用支撑、土筋复合结构以及锚固技术等多种新型、轻型支挡新技术。例如，悬臂式、扶壁式、锚杆式、加筋土式、锚定板式等新型的挡土墙以及抗滑桩、桩板墙、土钉墙、预应力锚索与锚索桩等新型支挡结构迅速得到推广运用。此外，还有一些新型支挡结构，例如对拉式挡土墙、带洞路基墙、檐式挡墙、竖向预应力挡土墙、倒 Y 型挡土墙、槽型挡土墙、钢筋混凝土预制块拼装式挡土墙等等。这些新型、轻型支挡结构在一些特定条件下起了较大的作用，但由于有些结构比较特殊或理论研究未跟上，尚未得到推广或后来被其他结构逐渐代替。随着施工机具的不断发展，劳动力的成本越来越高，混凝土预制块的大型化、拼装化的可能性越来越大，采用钢筋混凝土预制块拼装式挡土墙，将是支挡结构的发展趋势之一。

5.5.1.2 路基加固土工合成材料的应用研究与发展

土工合成材料的开发和应用,我国虽起步较晚,但发展迅速。铁路部门1982年率先在国内应用土工合成材料防治铁路路基基床翻浆冒泥,其后应用于软土路基、支挡结构以及路堤填土边坡的加强。铁路部门在试验研究和吸收国内外同行先进经验的基础上,编制了《铁路土工合成材料应用技术规范》,应用范围越来越广泛。

(1)铁路路基基床翻浆冒泥整治:在路基基床表层铺设土工合成材料复合砂垫层,形成道床下的复合结构层,利用土工合成材料的分布荷载作用、隔离作用、反滤作用及加筋作用等改善基床的工作状态,达到防治基床翻浆冒泥的目的。用于翻浆冒泥整治工程的土工合成材料主要有土工织物(无纺)、土工格室(固格网)、聚合胶板、塑料(聚乙烯)排水板、复合土工织物等。

国外土工合成材料的品种繁多,其中土工织物中夹有螺纹管以及由针刺土工织物、土工网格与不透水材料组成的复合型材料,均可用于翻浆冒泥防治工程,国内尚有待开发应用。在我国既有铁路线上,EPS材料(聚乙烯泡沫塑料)被用来整治路基冻害而铺设在基床表层,起到保温防护作用。日本将EPS用于许多工程,如软土路基地基处理、支挡结构、滑坡整治、路桥过渡段处理、填方置换、落石棚洞等。我国也将其用于落石棚洞,减轻棚洞顶部荷载。

(2)软土路基地基加固:在铁路软土路基地基加固工程中广泛采用排水固结法。工程中曾采用土工织物袋装砂井代替砂井,其后又采用塑料排水板,现已广泛采用。除排水固结法外,采用土工织物(编织型)、土工格栅铺设在铁路路基基底排水砂垫层中,既有加筋作用又有隔离及排水作用。这种加筋垫层方法目前已推广应用于与灰土桩构成的复合地基加固方法结合使用,铺设一层或数层土工合成材料。例如,遂渝铁路软基路堤基底排水砂垫层中,大量使用了土工格栅加筋技术,应用效果良好。

(3)支挡建筑物及土坡加固:支挡建筑物应用土工合成材料以代替传统的如钢筋等建筑材料或用以开发新型支挡结构。国外采用高强度、聚酯多股丝芯材外包聚乙烯的高强度索代替钢材,用于土钉墙和锚杆挡土墙,其抗拉强度可达75 kN以上,具有抗腐蚀的优点。我国铁路部门采用小变形、高强度的土工带首次在南昆线修建了土钉墙。由于铁路荷载大,为保证运营安全,普通土工带仅在个别站场或支线上使用。但因土工格栅(单向冷拉)强度高、变形小,必将推动了加筋挡土墙的发展。为提高土质路堤的整体性和边坡的稳定性,在铁路路堤边坡部位铺设一定间隔的多层土工织物或土工格栅,是加固填土路堤的有效方法,已在不少新建铁路中得到推广应用。国外用于支挡结构的土工合成材料品类还有很多,如纤维土挡土墙等,我国尚待研究应用。我国在铁路路基边坡防护工程中已大量采用土工网垫,效果很好。铁路水害抢险工程中已广泛使用土工织物(编织)模袋装土石码砌挡水,但真正应用土工模袋防护水下边坡的案例还很少。

5.5.2 崩塌与落石防治

崩塌与落石是陡峻岩质山坡在重力或其他外力作用下的崩落,往往使铁路建设和运营蒙受重大损失。长期以来,对崩塌、落石采取以下防治措施:

(1)对大型崩塌是灾害性的,破坏力强,难以处理,线路应绕避或以隧道通过。

(2)对小型崩塌可采取清除、支顶、锚索、锚杆、嵌补、拦石墙或设置落石平台等工程措施,并作好地面排水或勾缝、护面处理。

(3)对崩塌、落石较严重地段,若不能清除或根治时,可修筑明洞、棚洞等遮挡建筑物处理。

20世纪90年代以来,我国开发使用了以钢绳为主要构成材料的柔性防护系统,称为"SNS柔性防护系统",利用钢绳网—支撑绳—锚杆—稳定地层的传力过程,可用于覆盖式主动防护,亦可用于拦截式被动防护。在宝成复线、株六复线、内昆线、水柏线等山区铁路工程中应用效果良好。

5.5.3 滑坡防治

滑坡是在重力作用下斜坡岩土体沿一定软弱面或软弱带整体缓慢(有时急剧地)地以水平位移为主的变形。山区铁路地质灾害的60%～80%是滑坡,大规模的滑坡常给铁路造成严重的危害。滑坡灾害的严重性促使了我国滑坡研究的进展,研究了各类滑坡发生发展的机理、滑坡监测、滑坡预报、滑坡稳定性评价理论和滑坡整治措施，使滑坡治理技术有了长足的发展。

我国铁路部门研究滑坡有以下特点：

(1)重视滑坡本身岩土体及其周围环境的地质条件，分析滑坡发育和控制条件，用地质力学理论确定滑坡的边界条件和定量数值，并以勘探手段证实动力条件和边界条件。

(2)关于滑带土抗剪强度的选择，按滑坡的不同发育阶段、特点确定。对于土质滑坡，以实际滑坡反算值为主，综合分析对比确定。

(3)稳定性评价，多采用工程地质比拟法进行分析。

(4)在滑坡预测预报技术方面，采用遥感技术与国外相比，我国在应用的广泛性和设备的配套水平上有待加强。滑坡的时间预报是一个难度较大的技术问题，国内外都有过成功的预报。日本对一些崩塌性滑坡，根据试验和位移观测预报很准确。我国宝成铁路 343 km 处的滑坡、陇海铁路卧龙寺滑坡及长江北岸新滩滑坡预报都是很成功的。"滑坡时间预报及监测报警技术"的研究成功，使我国滑坡预报提高到了一个新的水平。

(5)在滑坡整治工程技术方面，国内外对大型滑坡均予以绕避，避免造成工程损失。我国在铁路、公路建设中开展了滑坡研究并取得成果，曾绕避和整治了大量的滑坡。铁路系统的整治滑坡，多采用综合措施，因地制宜，有主有辅。对以地下水作用为主而形成的滑坡，多以修建渗水隧洞排水，辅以地表排水及边坡渗沟、支撑渗沟、截水渗沟等截、排、疏水等工程措施；对以坡脚失去支撑为主而形成的滑坡，多采用支挡建筑物，有抗滑挡墙、抗滑桩、锚索桩等，并辅以排水疏干工程措施；对以堆载为主引起的滑坡，多采用清方减载，辅以地表排水及支挡防护措施。在修建宝成、成昆、川黔、贵昆、湘黔、南昆、内昆、渝怀、株六、水柏等山区铁路的滑坡整治中，大量采用了抗滑桩措施，使抗滑桩的结构有了很大发展。除了单排桩、多排桩，还有承台式抗滑桩、排架式抗滑桩、刚架桩、拉杆抗滑桩和预应力锚索抗滑桩等。还发展了桩与挡墙相结合的支挡结构，如桩板墙、桩间土钉墙等。例如，在著名的南昆铁路八渡车站巨型滑坡（滑体 420 万 m^3）整治中，采用大量超长超孔径预应力锚索（锚索最大长度 75 m、孔径 168 mm、12 束 ϕ15.2 mm 钢绞线）、锚索桩（最大桩长 55 m、桩截面 2.5 m×4 m）、抗滑桩支挡（锚）及地下泄水洞、降水井、水平泄水孔、地面网状排水沟等为主，辅以清方减载及地表位移桩与深井位移监测等手段，综合治理复杂地质条件下的巨型滑坡取得成功，堪称路内之最。

为跨入世界先进行列，应进一步开展各类滑坡发生、发展机理的研究，利用现场观测、模型试验和计算机技术等手段，促进滑坡研究与治理技术的发展。对滑坡预测，除进行预报理论研究外，还应在已取得成果的基础上，积累资料，分区普查，进行全路区域性滑坡的预测预报研究工作。在滑坡观测方面，应加强观测仪器的研究，促进测试技术的发展。在滑坡整治技术方面，应继续开发新型结构研究和采取多种治理措施，使我国滑坡治理技术向更高水平发展。

5.5.4　岩溶地面塌陷防治

岩溶作用的结果，使地下产生各种洞穴通道。在自然作用下洞穴产生岩溶塌陷是正常岩溶发育过程的产物，但是人类活动加速与加剧了岩溶塌陷的发生，会带来更多的损失。西南地区是我国岩溶最发育的地区，铁路建设要避开所有的岩溶危害是不可能的。岩溶地面塌陷是一种较严重的地质灾害，常造成铁路路基、桥梁、隧道、站房等铁路建筑物毁坏。同时，塌陷形成之后，往往成为地表水向地下水排泄的通道，地表的污染物参与岩溶水的循环，导致岩溶水的污染，直接影响地下水水质，影响铁路沿线人民的身体健康。

20 世纪 70 年代～80 年代以来，铁路部门从岩溶发育条件出发进行了综合研究，先后进行了"岩溶地区铁路工程地质选线与工程处理（1978 年）、岩溶洞穴顶板安全厚度（1986 年）、铁路沿线岩溶地面塌陷及防治（1992 年）"等研究，并进行了隐伏岩溶地面塌陷模型试验和观测。20 世纪 90 年代结合南昆线建设又进行了"隐伏岩溶地面塌陷综合勘探技术的应用、地下洞穴综合物探方法的应用、高原溶洞的地质地貌预测方法"等研究，取得良好效果并广泛推广应用。

对岩溶塌陷的勘察，一般以物探为主，辅以钻探，钻探、物探相互验证，以提高勘探效果。

对路基岩溶塌陷的防治，主要采取地表防渗、地下加固（恢复地下水位、强夯、钻孔充气、明挖回填、支顶、钻孔压浆等)、结构物跨越三大类措施;对桥梁地基的岩溶塌陷多采用桩基、跨越或注浆加固等措施处理。特别在贵昆线、南昆线、株六复线、黎南线、黎湛线等铁路岩溶塌陷勘察与整治工程实践中,积累了许多宝贵的岩溶塌陷勘察及整治经验。

5.5.5 软土地基处治

西南地区软土主要分布于山间盆地、洼地,主要成因有湖积型、沼泽型、冲洪积型、坡残积型等。沉降变形与稳定是软土路基的两个主要问题。在西南铁路建设中,20世纪70年代以来,铁路部门先后进行了"贵昆铁路滥水段软土路基综合处理(1978年)、旋喷桩试验(1986年)、重夯块石处理饱和软填土的岩土地基问题(1989年)、南防线防城港站房屋填方地基处理措施(1987年)、滇池地区泥炭土工程地质特性与路基加固(2001年)、山间软弱土高填方工程地基处理及评价方法(2001年)、红层软岩地区修建时速200公里铁路路基关键技术研究(2006年)、红层软基路堤沉降控制研究(2007年)"等科研课题研究,取得了良好的效果并得到推广应用。

随着铁路、公路建设的发展,软土地基加固处理技术发展很快,主要的技术进步包括设计计算技术、测试技术和施工技术的发展。数值分析推动了软土本构模型与离心模型试验的发展;精密的实验控制与广泛的原位测试等实测参数,为工程设计与理论研究提供了可靠依据;施工技术和工程新材料的应用,为软土地基加固不断开拓了新方法。

铁路软土路基加固主要采用以下措施:对一般横坡较缓的路基,根据软土厚度及有无硬壳层等情况,采用挖除换填、袋装砂井、插塑板、粉喷桩、碎石桩、旋喷桩、CFG桩和土工合成材料加固等;对基底横坡较陡的软土路基,应进行必要的变形与稳定检算,当不满足要求时则采取在复合地基基础上,配合使用侧向约束支挡抗滑措施。

通过对西南地区内昆线老锅厂—李子沟段及六盘水地区等铁路建设中遇到的"斜坡软土"及其他铁路线上的山间洼地软土工程病害的整治实践,总结出了"深架桥,浅作挡,三米换填石,平地加固桩"的成功经验,有效地克服了软土地质灾害或工程病害。铁路软土路基的主要设计原则是在工程设计中,要特别针对软土底部横坡。

5.5.6 膨胀土处治

膨胀土是自然地质形成过程中产生的一种具有显著胀缩性的地质体,分布十分广泛,对各种浅表层轻型工程建设具有特殊的危害性,被称为"工程的癌症"。世界上迄今已经发现存在膨胀土的国家达40余个,遍及六大洲。我国是膨胀土分布最广的国家之一,有3亿以上人口生活在膨胀土分布地区,遍布在贵州、广西、四川、云南、湖北、河南等20多个省、市、自治区。广西是中国著名的膨胀土分布区,其中以宁明盆地、南宁盆地、百色盆地最为典型和集中。中国约有上万公里的铁路通过膨胀土地区,膨胀土的胀缩性造成的危害,已成为铁路运营的重大隐患。膨胀土地区的铁路路基,普遍存在基床隆起和边坡变形,严重的变形造成列车慢行或中断运行。

膨胀土地区路基工程,主要采取以下处理措施:

(1)基床变形的防治:为改变膨胀土的性质,采用基床部分掺砂或掺土、掺石灰法效果良好;改性灰土桩也是一种有效方法;但无论采取什么方法,均应注意疏水措施。此外,应用无纺土工织物、土工格室等土工合成材料,防治膨胀土地区基床变形,在理论上和实际工程中都证明是可行的。

(2)边坡防护工程:除膨胀土边坡应比一般土质边坡更缓外,防护工程是不可忽视的。浆砌片石护坡和护墙防护效果最佳,植物防护、灰土护坡、土工网垫、土工纤维护坡,效果也较好。

(3)边坡支撑工程:采用边坡支撑渗沟或挡土墙加固膨胀土边坡,是保证边坡稳定的有效措施。在膨胀土地区的铁路工程中,修建的改性土桩和加筋土挡土墙都获得了成功。

(4)膨胀土滑坡整治工程:对于膨胀土滑坡,应采取综合整治的原则处理。改性土桩整治膨胀土路堤滑坡效果显著,已在一些工程中应用。由于膨胀土滑坡具有浅层性和多次滑坡的特点,若设挡土墙,可设一级或多级抗滑挡土墙。亦可根据工程具体情况采用抗滑桩。由于抗滑桩工程造价昂贵,应慎重选择或用小型钻孔桩群取代。

5.6 隧道工程地质灾害防治技术

5.6.1 概 述

我国是多山国家，截止 2011 年底已建成铁路隧道 9 322 座，总延长 6 810 890 m。其中长度大于 10 000 m 的特长隧道 35 座，包括国家铁路 10 座(如西格线关角隧道(32.65 km)、石太线太行山双线隧道 27 843 m、南梁双线隧道 23 065 m，太中银线吕梁山左线隧道 21 785 m、右线隧道 20 772 m，兰新线乌鞘岭左线隧道 20 050 m、右线隧道 20 050 m，西康线秦岭左线隧道 18 456 m、右线隧道 18 456 m，京广线大瑶山隧道 14 294.5 m，宁西线东秦岭隧道 12 268 m，渝怀线圆梁山隧道 11 070 m 等)和控股合资铁路 25 座；长度 3 000～10 000 m 的长隧道 391 座；长度 500～3 000 m 的中长隧道 2 750 座；长度 500 m 以下的短隧道 5 509 座。有不少隧道是复杂地质条件下的长大隧道，洞身通过软弱围岩、断裂破碎带以及大量涌水的地层。西南地区已建成运营和正在修建长度大于 3 000 m 的复杂地质隧道有上百座，其中 20 世纪 70 年代建成的以成昆铁路沙木拉达隧道(6 379 m)为代表，20 世纪 90 年代建成的以南昆铁路米花岭隧道(9 300 m)为代表，21 世纪初建成的以渝怀铁路圆梁山隧道(11 070 m)为代表，标志着西南铁路隧道勘察设计与施工技术发展到了一个新阶段，但与国内外已建成的长隧道相比还有很大差距。

工程实践表明，隧道地质灾害主要发生在不良地质与特殊岩土条件下，包括断层破碎带、岩溶、涌水、岩爆、瓦斯、软岩大变形、地下泥石流、风积沙层、黄土等。国内外在治理方法上虽不完全相同，但基本上都按照首先在查清地质基础上，以改善围岩自稳定和强化支护系统(多属超前支护范畴)相结合的原则，研究开发了一系列设计与施工技术。

5.6.2 隧道地质灾害防治技术

我国在铁路建设中综合运用各种科技成果，解决了不良地质条件下隧道勘察设计与施工中有关岩土工程防灾减灾的一系列关键技术难题，积累了各种复杂地质隧道地质灾害的防治经验。

5.6.2.1 铁路隧道围岩分类

围岩分类是地质勘察结果提供隧道工程应用的重要指标，与隧道工程关系非常密切。不仅用以指导施工，还作为预设计阶段选定支护设计的依据，是控制隧道工程投资的基本指标。20 世纪 70 年代以来，国际上为隧道提供可借鉴的岩体分类方法，主要有岩石质量指标(RQD)、岩体结构分级法(RSR)、岩体质量分级法(地质力学分类 RMR)、Q 法等。近 10 年的发展趋势是隧道工程在选择修建原则时，采用新奥法还是挪威法，将取决于岩体状态，对 Q 法提出改进性意见居多。围岩压力计算，也以围岩类别作为重要参数。

中国铁路隧道从 20 世纪 50 年代～70 年代，广泛采用前苏联的普氏"岩石坚固性系数"分类法，20 世纪 70 年代中期在总结经验并吸取国内外有关成果基础上，建立了从围岩稳定性出发，以围岩结构特征和完整状态为主要指标的分类法。进入 20 世纪 90 年代，以广泛实践为基础，提出了新的围岩分级标准，一方面和国家标准"工程岩体分级标准"接轨，另一方面完善了施工阶段围岩分类的判定，采用多变量分析数量化理论方法确定岩级判定系数，已纳入我国《铁路隧道设计规范》。1998 年开始，随着秦岭隧道采用 TBM 掘进法，出现了不同于钻爆破岩机理与施工条件的围岩分类问题，有待理论结合工程应用研究来解决。

5.6.2.2 铁路隧道设计规范

20 世纪 50 年代以来，我国制定和颁布了六个版本的《铁路隧道设计规范》。20 世纪 50 年代初，我国隧道设计多借鉴原苏联的标准设计。20 世纪 50 年代编制了我国第一批隧道及洞门标准设计；20 世纪 60 年代制定了我国第一个版本《铁路隧道设计规范》，编制了全套明洞标准设计，结构计算方法沿用荷载—结构模式。20 世纪 70 年代随着电子计算机技术的应用推广，计算速度加快，结构设计采用结构矩阵力法分析。1975 年颁布了第二个版本《铁路工程技术规范第三篇：隧道》。20 世纪 80 年代推广采用"新奥法"，以喷锚为初期支护、模筑混凝土为二次衬砌的复合衬砌结构型式，按连续介质有限元计算模型计算，1985 年颁布了第三个版本《铁路隧道设计规范》。20 世纪 90 年代在继续完善衬砌结构设计理论和方法的同时，已全面推行

CAD辅助设计方法，并进行以结构可靠度设计理论为基础的衬砌结构的研究。1999年5月颁布第四个版本《铁路隧道设计规范》，2001年6月颁布第五个版本《铁路隧道设计规范》，2005年颁布第六个版本《铁路隧道设计规范》，为隧道设计提供了科学依据。

5.6.2.3　铁路隧道可靠度设计

目前，地面结构大都以可靠度指标表征的概率极限状态设计。岩土和地下工程可靠度设计，被认为是难度较大的工作。日、俄等国有这方面的探索和数据积累。中国铁路在20世纪80年代开始对隧道可靠度设计进行酝酿准备，20世纪90年代初立项开展“按可靠度理论修建隧道设计规范的可行性研究”，以“荷载—结构”模式为突破口，先转轨后提高，针对大量采用按传统矿山法施工的模注混凝土整体式衬砌，按通用广义抗力R和广义效应SA建立功能函数，进行概率极限状态设计。在此基础上又继续分别对“深埋隧道荷载统计特征”、“隧道素混凝土偏心构件抗压强度统计特征及抗力计算公式”和“铁路隧道衬砌几何尺寸变异结构可靠度分析”等子课题进行研究并取得成果。1999年5月修订颁布的第四个版本《铁路隧道设计规范》吸取了这些成果，对模注混凝土衬砌检算建立了隐含目标可靠指标，以分项系数表达了概率极限状态设计公式。2005年颁布了基于可靠度设计理论的第六个版本《铁路隧道设计规范》，进一步推进了隧道设计的技术进步和发展。

5.6.2.4　信息化动态设计与施工

20世纪80年代，新奥法原理已在国内外铁路隧道建设中开始推广应用，其要点之一是根据隧道开挖后围岩变形状态，通过施工监测所得位移数据评价围岩稳定性，适时施作或调整支护参数，甚至调整施工工艺，以充分发挥围岩自稳能力，使支护和工法获得最佳效果。利用监测数据信息化设计与施工，是实现理论与实践相结合的有效方法。日、奥、德等国家比较注意设备的量测精度、多功能性、处理集中化方面的发展，变形量测普遍采用各种收敛计；量测数据处理常用曲线回归分析法，近年来也有用时间序列模型和灰色预测模型，作为预测变形发展趋势和施测前发生位移的前推估算；稳定性判据是信息化设计和施工技术的关键，国内外研究较多，有收集大量断面量测数据进行分析，归纳提出以围岩强度—极限应变、收敛位移速率和收敛比等三种判据，也有通过计算机模拟列出几种典型条件下的极限位移范围值。目前，还不能认为研究已很完善。

信息化设计的另一重要方面是反演分析法，包括岩体结构模型的假定、参数初值的赋予和根据量测信息反求各种参数，把反演求出的参数对原设计进行修改或验证。

20世纪90年代以来，铁路隧道已广泛应用新奥法原理设计与施工。铁路部门1995年编写了《铁路隧道新奥法指南》，对推进新奥法设计与施工起了重要作用。一些长大复杂地质隧道的建设，采用了信息化动态设计与施工方法。如南昆线家竹箐隧道、渝怀线圆梁山隧道（11 070 m）、兰新复线乌鞘岭隧道（20.05 km）、西格线关角隧道（32.65 km）等长大复杂地质隧道，都实施了隧道变形监控量测的信息化动态设计与施工，取得良好效果。但反演分析法，目前只在少数重点隧道特殊不良地质地段应用，有待进一步研究与发展，提高信息化设计与施工水平。

5.6.2.5　隧道施工地质超前预报

隧道工程特别是长大隧道工程，地质综合勘探和施工地质超前预报的水平，是体现隧道科技水平和修建能力的重要标志之一，世界各国都十分重视。如英法海峡隧道（51 km）、日本青函隧道（54 km）以及跨越越瑞士阿尔卑斯山的新圣哥达隧道（57 km）和新勒厅堡隧道等，都采用了地质综合勘探和施工地质超前预报勘察方法。

20世纪90年代以来，我国铁路勘察设计阶段，采用地质综合勘探技术，查明隧道工程地质和水文地质条件，为隧道设计提供依据；施工阶段采用超前地质预报方法，及时预报开挖面前方围岩变化信息（包括已存在的地质现象和施工引起的地质变化），为制定隧道施工方案提供依据。

隧道超前地质预报一般在平行导坑内实施，也可在隧道开挖掌子面进行。主要采用地质测绘、物探与钻探相结合的手段，对前期地质勘探提出的断层破碎带、地应力、岩爆、大变形、岩溶洞穴、涌水突泥、有害气体等重点地段，作进一步的探测验证和预报，为制定隧道防灾减灾预案提供地质依据，确保隧道施工安全。我国有很多长大复杂地质隧道，都采用TSP202(203)、地质雷达结合超前钻孔进行施工地质预报，特别是以渝怀铁路园梁山隧道（11.07 km）、兰新复线乌鞘岭隧道（20.05 km）、石太线太行山双线隧道（27.84 km）、西格线关角隧道(32.65 km)为代表的隧道施工地质预报的研究与应用,取得显著效果,标志着我国隧道施工地质预报水平上了一个新台阶。但从总体来看,隧道施工地质超前预报的理论和方法还不够成熟,有待进一步研究与探索。

5.6.3　不良地质隧道地质灾害防治

5.6.3.1　岩溶洞穴与涌水突泥隧道

岩溶对修建隧道的影响及危害主要表现在两方面:一是隐伏岩溶形态,特别是隐伏洞穴对隧道稳定性的影响;二是岩溶涌水、突泥对隧道施工造成危害。西南地区铁路长大隧道工程中,岩溶隧道几乎都发生过突发性的涌水、突泥灾害。如 20 世纪 90 年代以来建成的南昆线新桥隧道、砂锅寨 2 号隧道,渝怀线圆梁山隧道、哥乐山隧道、武龙隧道,株六复线大竹林隧道、花苗隧道,水柏线何家寨隧道、新寨 2 号隧道,遂渝线桐子林隧道等,施工中都发生了严重的涌水、突泥灾害,造成较大的经济损失。

防治措施:对岩溶地下水的处治,贯彻"排堵结合,限量排放"原则,常采取截流、排水和注浆堵水等措施处理;对岩溶洞穴采取跨越、加固、绕避等措施处理;对松散洞穴堆积物采取换填、压浆、旋喷桩等措施处理。

关于隧道涌水的预测,我国常采用水均衡法、水动力学法、比拟法、井泉补给法、洼地法等多种方法,国内外积累了较多资料。但由于各种方法均适用于一定的水文地质条件,尚未形成配套技术,以致隧道涌水量预测的准确度较差,今后应加强隧道涌水预测预报技术的开发与研究。

5.6.3.2　煤系地层瓦斯隧道

煤层瓦斯对铁路工程的危害和威胁,主要反映在铁路瓦斯隧道施工和运营中。

20 世纪 50 年代～60 年代,铁路部门在贵昆、盘西、羊场等铁路建设中多次接触过瓦斯隧道,其中贵昆线岩脚寨隧道施工中曾发生瓦斯爆炸的重大伤亡事故。由于当时经验不足,有关技术规范不完善,对瓦斯隧道的勘察,较长时间仅停留在以划分隧道通过煤系地层为主的工作上。

20 世纪 80 年代末期,在南昆铁路家竹箐隧道勘察中,铁路部门首次参照煤田勘探方法和瓦斯地质理论开展了隧道煤层瓦斯勘察。通过充分收集既有井田和邻近矿井资料,安排大面积地质调绘和控制性钻孔,基本查明了家竹箐隧道瓦斯压力达 1.2～1.5 MPa。经计算分析,提出了主要煤层的空间分布、各煤层主要瓦斯参数和煤与瓦斯突出的危险性评价,并详细说明各主要煤层的特性、对比标志及顶、底板特征,满足了设计需要,对施工揭煤、瓦斯和突出的防治起到了指导作用。与此同时,通过学习煤矿经验并结合铁路隧道特点,开展了"瓦斯隧道安全施工监测管理技术"及"瓦斯隧道运营防灾技术"等科研课题的研究,探索出揭煤前的安全操作、有关判释指标、瓦斯排放方法及施工机械设备配置模式,基本形成了建设铁路瓦斯隧道的标准和办法。

20 世纪 90 年代以来,继家竹箐隧道后,又在内昆、达万等铁路的多座瓦斯隧道开展了勘察设计研究,总结形成了一套铁路瓦斯隧道地质勘察与设计的基本工作方法,并制定了《铁路瓦斯隧道勘察规程》、《铁路瓦斯隧道设计规程》和《铁路瓦斯隧道施工规程》等,推进了我国瓦斯隧道勘察设计与施工技术的进步与发展。

5.6.3.3　软弱围岩大变形隧道

研究总结并借鉴国内外典型挤压性围岩大变形隧道的成功防治经验,隧道设计应贯彻"加固围岩,控制变形;改善洞型,缩小断面;先柔后刚,先放后抗;变形留够,防侵净空;底部加强,抑制隆起"的总体设计原则。

(1)加固围岩,控制变形。深埋高地应力及软弱围岩是隧道产生大变形的内在原因。地应力自然存在无法改变,但围岩可采取措施加固。国内外软弱围岩典型挤压性变形隧道(奥地利陶恩隧道、阿尔贝格隧道、日本惠那山隧道及我国家竹箐隧道等)的成功处治经验证明,长锚杆是主动控制软弱围岩大变形的主要手段。因此,应特别加强软弱围岩的加固力度,按照"锚杆打入围岩松动圈外稳定岩层中不小于 2 m"的原则确定锚杆长度(一般为 6～8 m),形成较厚的围岩加固圈,控制围岩松弛变形范围,减少围压对支护衬砌结构的作用力。

(2)改善洞型,缩小断面。马蹄形与圆形、椭圆形衬砌断面相比,开挖断面较小,对围岩稳定有利,施工工艺简单,圬工省,造价少。在保证结构检算安全的前提下,应优先采用马蹄形曲墙仰拱衬砌断面。

(3)先柔后刚,先放后抗。"先柔后刚"是指支护结构,即要求初期支护是柔性的,一般认为钢筋网喷混凝土、可缩钢架及长锚杆是最佳构成(也可用钢纤维代替钢筋网);而二次支护应是刚性的(模注混凝土),以承受残余的地层荷载。“先放后抗”是指施工组织和施工顺序,即要求初期支护施作完成后允许发生一定程度的变形,达到设计预留的变形量后再施作二次模注混凝土衬砌。

(4)变形留够,防侵净空。在高地应力条件下的挤压性软弱围岩坑道一般都可能发生大变形,在确定开挖轮廓时必须预留足够的变形量(一般为 20~50 cm),宁超勿欠,防止变形后的初期支护侵入二次模注混凝土衬砌净空。同时,预留足够的变形量可较大幅度地释放地应力,减少作用在二次衬砌上的荷载,有利于隧道结构安全。

(5)底部加强,抑制隆起。为防止隧底隆起,隧道底部支护的强度应足够,并应及时施作隧底钢筋混凝土仰拱或增设底部锚杆。

我国 20 世纪 90 年代在煤系地层中修建的家竹箐隧道,喷混凝土洞壁变位高达 80~100 cm。铁路部门开展了“高地应力软岩隧道变形与支护技术研究”。研究认为:埋深大或地层构造运动强烈,围岩中产生了高地应力,若此时围岩强度低则可能出现大变形,反之可能发生岩爆。本隧道的应力比(围岩抗压强度 R_c 与地应力 σ_{max} 之比)为 0.033,是产生大变形的主要原因。

家竹箐隧道大变形的治理措施,主要采取设置长锚杆加固围岩,根据实测和弹-粘-塑性分析,锚杆长取 8 m 以上;对窄而高的单线铁路隧道衬砌,加大边墙曲率,以接近圆形;初期支护分层施作,先做柔性较大、支护力强的喷锚(包括钢纤维混凝土和可缩刚架),并预留 40~50 cm 净空,以利变形释放应力而不侵入限界,然后再做刚性较大的钢筋混凝土衬砌封闭成环;隧道底部加设长锚杆,防止底部隆起。这些措施的实施,有效控制了围岩大变形,保证了隧道施工和运营安全。

此外,青藏线关角隧道、宝中线大寨岭隧道、兰新线乌鞘岭隧道等,在施工中都出现过初期支护大变形。原因各不相同,采取的工程治理措施也有所差别。

通过上述大变形隧道的成功修建,促进了我国隧道设计与施工技术的进步与发展,但距国外先进水平还有一定差距。

5.6.3.4 膨胀性围岩隧道

膨胀岩与膨胀土的性质类似,主要表现为失水收缩开裂,吸水膨胀软化,反复变形与强度大幅度衰减等特征。对隧道工程的危害很大,主要表现为隧道衬砌开裂、掉块、边墙内鼓、仰拱隆起等。如南昆铁路车湾 2 号隧道经过三叠系泥岩地段,自由膨胀率 14.5%~35%,膨胀压力 0.6~2.0 MPa,隧道开挖后洞室变形增大,曲墙仰拱衬砌开裂,拱顶贯通性裂缝错距达 25 cm,衬砌周边收缩变形 40 cm,底鼓 24 cm,造成 158 mⅢ类曲墙仰拱混凝土衬砌结构遭受严重破坏,反映出隧道衬砌承受了极大的围岩膨胀压力。采取下列措施处理,效果良好。

(1)临时支护拆除重作。在拆除已破坏衬砌前,对衬砌背后进行全环花管高压注浆,固结围岩,充填围岩空隙,堵截地下水;既有衬砌拆除扩挖后,围岩表层喷 200 号混凝土支护。

(2)加强永久衬砌结构。采用曲墙带仰拱全封闭式马蹄形钢筋混凝土断面;衬砌边墙墙背设消能层,以吸收围岩膨胀能量;改善仰拱受力条件,提高仰拱的矢跨比 f;预留衬砌净空富余量 20 cm。

上车湾 2 号隧道的成功建成,加深了对膨胀性围岩特性的认识。对膨胀岩隧道应遵循“先柔后刚、先放后抗”的原则,开挖预留富余量,提高衬砌刚度,设全封闭式钢筋混凝土衬砌,衬砌背后设消能层,以释放围岩膨胀压力。

目前,膨胀岩的理论研究尚不成熟,随着隧道工程建设的发展,将会日臻完善,膨胀岩隧道的修建水平,也会取得更大的进步。

5.6.3.5 盐岩地层隧道

盐岩地层的易溶性、膨胀性、腐蚀性对工程危害较大。我国 20 世纪 60 年代修建的成昆铁路北段的白家岭隧道,通过嘉陵江组和雷口坡组的白云岩和白云质灰岩、泥灰岩,岩层中夹中、厚层粒状石膏(或钙芒硝)、硬石膏,纤维状石膏不发育。隧道施工中采用含石膏的骨料浇筑的混凝土衬砌段,混凝土被腐蚀呈“豆腐渣”状,混凝土强度仅为原强度的 7/10,整体道床局部隆起和下沉,1972 年~1974 年道床隆起高达 6.1 cm;沙木拉达越岭隧道穿过白垩系泥岩、粉砂岩、砂岩含石膏和硬石膏团块,尚含少量芒硝。隧道施工后中心水沟碎裂,边墙及道床有几厘米深被腐蚀呈“豆腐渣”状;石膏菁—岳家村段经过元谋—楚雄盆地沉积的泥砾质岩、硬石膏、钙芒硝和石盐（氯盐）地层中，有 23 座隧道通过盐岩地层，其中 4 座隧道侧沟、边墙混凝土被侵蚀，一般侵蚀深度为 3～4 cm，最大达 10 cm。黑井隧道病害较严重，有一段铺底发生膨胀、隆起、开裂，1973 年～1975 年该段线路曲线内侧上升最大处累计达 40～50 cm，水沟侧壁由线路侧向边墙侧位移，两水沟侧壁顶高差最大达 15 cm。

此外，21 世纪初修建的水柏铁路银山隧道（长 3 900 m），穿过三叠纪关岭组下部含石膏的石灰岩地层，勘察设计中未发现，导致隧道施工完成后，中部约 1 600 m 的混凝土衬砌发生严重腐蚀，被腐蚀的混凝土如同“豆腐渣”一般，手抓即下，衬砌表面到处可见白色纤维状的芒硝晶体。

工程防治措施：工程实践和试验研究证明，加强环境水检测是防治腐蚀性灾害的重要手段。在分布有盐岩地层的地段，地表水中可检测到 SO_4^{2-} 离子，但 SO_4^{2-} 离子的浓度较地下水中低；在含石膏地层的某些地段，地表水中可能未检测出 SO_4^{2-} 离子，但施工改变水文地质环境后，地下水渗流溶蚀可溶盐，可形成 SO_4^{2-} 离子溶液。因此，勘察阶段应根据地层组成，注意检测、预测地下水的腐蚀性；隧道设计应以“及时封闭围岩、采用抗腐蚀水泥”为原则，保证隧道免受腐蚀、膨胀破坏；施工过程中应随时检测分析地下水的水质是否具有侵蚀性，发现问题及时处治。

5.6.3.6　高烈度地震区隧道

高烈度强震对不良地质条件下地下工程的危害极大。如 1906 年旧金山 8.3 级地震，使奈特 1 号铁路隧道水平错位 1.37 m；1930 年日本伊豆半岛 7.0 级地震，使丹那断层活动，引起丹那铁路隧道水平错位 2.39 m 和竖向错动 0.6 m；1952 年美国克恩县 7.6 级地震，使位于白狼断层破碎带的 4 座铁路隧道，有的边墙扭曲变形，有的地面出现大裂缝和洞穴穿透等严重破坏，均需改建或重建；1971 年美国圣佛南多 6.4 级地震，使穿越塞尔玛断层的圣佛南多铁路隧道竖向错位 2.29 m。

地质条件较好的隧道，在强震作用下，绝大多数仅有混凝土掉块、破碎、裂缝等轻微破坏或无破坏。如 1923 年日本东京 7.9 级地震，距震中很近的 24 座铁路隧道，除滑坡造成部分洞口埋没、洞口被损坏等较严重破坏外，震动仅造成拱部和边墙坍落、衬砌裂缝和错动、洞口砖石墙碎裂等轻度破坏；1978 年日本伊豆半岛 7.0 级地震引起滑坡、崩塌，造成部分铁路隧道和公路隧洞洞口被埋没；1976 年唐山 7.8 级地震，极震区的地面建筑几乎损失殆尽，而不同埋深（最深达 1 000 m 左右）的井巷工程、人防工程，由于分布广，延伸长，结构形式复杂，绝大多数仅受到轻度破坏，稍加修复就能使用；1985 年墨西哥 8.1 级地震，使远离震中 400 km 软弱地带的墨西哥城的地面建筑破坏惨重，而处于软弱层中的地铁只有混凝土剥落、裂缝等轻微破坏；美国加州是多震地区，一般 10 年左右发生一次破坏性地震。该区的中央河谷、加利福尼亚、科罗拉多等调水工程多处穿越活断层，特别是加利福尼亚调水工程南段，沿圣安德烈斯断层展布并数次穿越。另外，还有数百条合计总长数百公里的交通隧洞，除 1906 年、1952 年、1971 年等几次地震使少数不良地质地段的隧洞遭受严重破坏需改建或重建外，其余均未受到大的破坏。

地震区的隧道不一定完全处在不良地质中，从加强支护衬砌并作特殊处理的观点出发，也可算作一种特殊类隧道，若处在不良地质条件下，则尤其突出。长期以来，地震区铁路隧道设计延用的是 20 世纪 70 年代提出的“惯性力法”为基础的技术标准。

20 世纪 90 年代，我国修建的南昆铁路有 200 km 线路通过地震区，其中Ⅷ、Ⅸ度地震地段达 87 km，需进行地震设防的隧道多达 56 座。因此，铁路部门结合工程建设，从波动理论出发，根据结构动力学振动原理，考虑地震波性质，以及隧道结构的振动特性和围岩对隧道振动的阻尼作用等因素，研究提出了对面波（瑞利波）、体波（P 波、S 波）的似静力数值计算法，编制了可在微机上运行的三维空间动力有限元计算程序；制作 1∶50 模型，以重晶石粉、细粒石英砂、凡士林配合模拟不同围岩；用 450 型 NM 结构试验系统及其伺服千斤顶给振动台施加地震力，与有限元分析校核验证，取得了较好的一致性。与此同时，开展“南昆铁路Ⅷ、Ⅸ度地震区隧道洞口及浅埋大跨新结构设计试验研究”，在设计理论方面提出了可分别考虑面波、体波（P、S 波）的动力法抗震检算方法；在结构上提出了薄壁柔性衬砌、曲墙式明洞、斜切伸出式洞口和洞身设抗震缝等；在抗震材料上提出以钢纤维混凝土为主的隧道抗震材料；在重视纵向抗震检算并设置横向抗震缝以减少纵向应力等方面也取得较好成果。

位于Ⅷ、Ⅸ度地震区的南昆铁路二排坡隧道、乐善村双线大跨度隧道的建成，提升了我国铁路隧道的抗震设计水平。隧道抗震设计的科研成果，已被广泛推广应用于其他高烈度地震区隧道设计与建设。此外，还编制了Ⅶ～Ⅸ度地震区隧道标准图或参考图，为高烈度地震区隧道设计提供了有利条件。

5.7 桥梁工程地质灾害防治技术

复杂地质山区铁路桥隧相连，桥梁工程常见的主要地质灾害有沟谷泥石流、岩溶地基、高陡岸坡的崩塌与落石等灾害。

5.7.1 泥石流的防治

泥石流是山区铁路仅次于滑坡、崩塌与落石的严重地质灾害。据不完全统计，我国铁路经过泥石流沟谷约1 400多条，给铁路建设和运营造成过巨大损失。例如，成昆铁路从1970年～1981年的11年间，沿线有47条沟爆发60余次较大的泥石流，最为严重的是1981年7月9日成昆铁路利子依达沟泥石流，冲毁桥梁，冲走机车和两节车厢，损失和伤亡巨大。

为了防治泥石流，铁路部门进行了大量研究工作，对铁路沿线的1 124条泥石流沟进行了普查，建立了883条泥石流沟技术档案，对泥石流沟的调查应用了遥感判释。在对泥石流成因分析的基础上，提出了多项影响因素及量级评价、统计分析和量化处理的方法，提出了泥石流的综合评判准则。从20世纪60年代研究成昆线泥石流防治开始，20世纪90年代以来又先后结合西南铁路建设进行了"泥石流沟判别、警报、防治机理(1991年)、泥石流灾害预测(1993年)、泥石流灾害与防灾对策(1999年)、泥石流危险区和危险度划分指标(2000年)"等研究，效果良好并得到推广应用。

对泥石流的预报，在吸收国外经验的基础上，研制了多探头流位报警器、地面震动报警器等多种报警装置，并提出了中短期区域性泥石流预测预报方法。

对泥石流的防治，主要采取"绕、拦、排"的综合防治原则和"避重就轻、宁宽勿窄、按沟设桥、隧道绕避、生物防治"等工程措施处治。

由于泥石流问题的复杂性，加之山区地形地质条件复杂，生态环境脆弱，综合管理体系不健全，使对泥石流的防治增加了难度。同时，在泥石流动态观测、运动机理方面的研究还较落后，有待深化研究预报的准确性。新型防治工程也有待进一步开发。

5.7.2 岩溶地基处治

对桥梁岩溶地基，主要采取较长的钢筋混凝土桩基、跨越或注浆加固等措施处理。

5.7.3 高陡岸坡崩塌、落石防治

对高陡岸坡崩塌、落石的防治，与本篇5.5.2相同，不在赘述。

5.8 地质灾害防治工程案例

5.8.1 贵昆铁路K214崩塌与落石防治

5.8.1.1 崩塌与落石灾害概况

1999年1月16日，既有贵昆线K214＋700～＋780右侧危岩体发生崩塌约200 m^3(最大岩块体积约20 m^3)，岩块自高陡山坡上滚落直冲线路跃入轨道，埋设在路肩下的通信电缆被砸断。运营部门紧急组织抢险，最终中断行车47 min，通信5 h。1999年2～4月抢修拦石墙，处治了落石危害。

6月30日及8月24～25日，开裂岩体又相继发生三次崩塌约2 000 m^3(最大岩块达120 m^3)，将1999年2～4月抢修的拦石墙后落石坑几乎填满，个别小岩块翻越拦石墙冲向线路，危及行车安全。

5.8.1.2 崩塌与落石灾害形成机理

1)地形地质条件影响

(1)地势陡峻。既有贵昆线右侧山坡高达100余米，分两级陡崖，自下而上第一级陡崖高20 m，坡度近

于直立。第二级陡崖高约30～40 m，坡角75°～85°。陡崖上基岩裸露，局部倒悬。

(2)地层岩性软硬接触。地表出露二叠系梁山组石英砂岩、泥质砂岩、页岩夹煤线，石炭系马坪群灰岩夹泥灰岩、页岩，两地层间呈倒转接触关系，岩层产状为N4°～5° W/52°～56° NE。由于灰岩与砂页岩差异风化强烈，灰岩形成陡崖，砂页岩形成缓坡地形，在DⅡK214＋780地层分界处，形成明显的北西向陡缓相接的地貌。灰岩中溶沟、溶槽、溶孔、溶洞等岩溶形态发育。

(3)地质构造复杂。工点区构造节理发育，岩体被切割成楔形块状镶嵌结构，在陡崖外侧卸荷及重力作用下，易产生危岩开裂、崩塌、落石。同时，岩体中的构造节理、卸荷裂隙，构成了地表水、降雨的良好通道，为各种岩溶形态的形成创造了有利条件。据节理统计分析，病害工点区主要有N15°～55° W/50°～85° SW、SN/90°及N85° E/90°三组节理，对岩体切割破坏强烈，地表裂缝均沿这三组节理追踪发育而成。尤其是N15°～55° W一组，倾向坡面，更具危害性。

2)工程活动影响

由于修建株六复线新茨冲隧道(距既有贵昆铁路右侧40～80 m)施工开挖、爆破震动、洞内塌方牵引地表形成“天窗”等因素影响，是诱发地表危崖山体开裂加剧，形成长大贯通裂缝及崩塌、落石的主要原因。

3)其他因素影响

山顶施工用蓄水池漏水、降雨、融雪水流沿地表裂缝或岩层面、节理面下渗，软化构造面间结合力，加大岩体自重，也是导致地表开裂加剧的原因之一。

综上所述，病害工点区受构造作用强烈，构造节理及卸荷裂隙发育；软硬岩石差异风化形成陡峭山体，易产生崩塌、落石；工程施工爆破震动，洞内塌方冒顶及地表蓄水池漏水、雪后融雪水流及降雨下渗等因素综合影响，诱发和加剧了新茨冲隧道洞顶地表危崖山体开裂、崩塌、落石。

5.8.1.3　工程整治措施

根据勘察资料，K214＋660～＋780范围，危崖山体地表发育三道长大贯通主裂缝，严重威胁既有贵昆线行车安全。为彻底根治危崖山体开裂、崩塌及落石，保证贵昆铁路永久运营安全，本着“主动控制与被动控制相结合，一次根治，不留后患”的原则，采取“上锚下防”的综合整治措施(图3.5.6、图3.5.7)，即对既有贵昆线右侧上方开裂山体设预应力锚索加固，以解决山体整体稳定；对位于山体下方的贵昆线，分设拦石墙及棚(明)洞防护，以防局部落石危及行车安全。

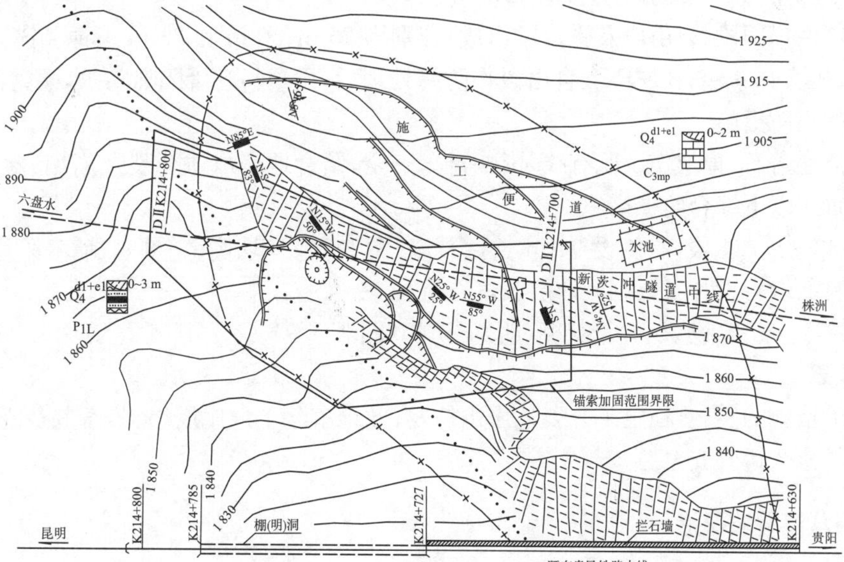

图3.5.6　既有贵昆铁路K214右侧危崖开裂病害整治平面示意图

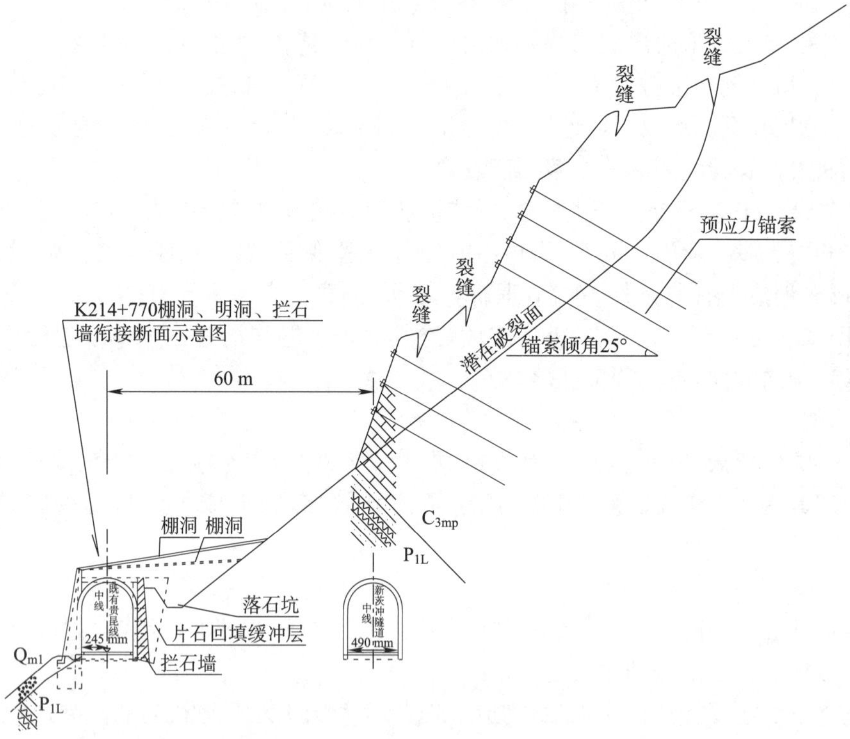

图 3.5.7 既有贵昆线右侧危崖开裂病害上锚下防综合整治断面示意图

（上部山体设锚索加固，下部既有线设拦石墙、棚(明)洞防护）

1)主动控制的上锚措施

(1)K214+690～+800 长 110 m 段右侧，在开裂山体标高 1 842～1 890 范围，共设 7 排计 122 孔预应力锚索加固，锚索间距 5.0 m，呈梅花型布置。

(2)锚索采用钻孔直径 115 mm，每孔 6 束 ϕ15.2 mm 高强度低松驰钢绞线，强度级别为 1 860 MPa。锚索与坡面联结处设置 C35 钢筋混凝土垫礅，尺寸为 1.4 m×1.4 m×0.4 m(长×宽×高)，中部预留 ϕ80 mm 圆孔。锚索设计下倾角为 25°，张拉预应力 900 kN/孔。

(3)锚索长度(由锚固段、自由段及张拉段组成)分别为 25 m、30 m 和 35 m 三种。锚固段采用 350 号水泥砂浆灌注，注浆压力 0.6～0.8 MPa。自由段作防腐处理后，用塑料套管隔离防护，裸露部分作防腐处理。

2)被动控制的下防措施

为防止局部危崖落石、掉块伤及既有线，影响行车安全，结合地表山体开裂及崩塌、落石严重程度，对既有贵昆线先后设置了以下综合防护措施：

(1)K214+630～+724 段，右侧设 94 m 长拦石墙(图 3.5.8)，墙高 6～8 m，墙身采用 150 号片石混凝土，墙顶设钢轨栅栏，墙背设片石码砌缓冲层及落石坑。

(2)K214+727～+785 设 58 m 长腿棚(明)洞防护(图 3.5.9)。

5.8.1.4 整治效果

上述综合整治措施的实施，稳定了开裂危崖山体，有效地解除了危崖崩塌、落石危及既有线安全的隐患，保障了贵昆铁路的永久运营安全。

5.8.2 南昆铁路八渡滑坡整治

5.8.2.1 概述

南昆铁路八渡车站滑坡位于贵州省册亨县境内南盘江北岸八渡车站，是一个由 2 号、3 号、4 号三个山梁地块组成的一个深层、切层、分级滑动的巨型古滑坡。线路约有 400 m 长地段，以路堑挖方经过主滑坡上部与次滑坡下部交接部位。该古滑坡原处于自然稳定状态，由于铁路施工开挖扰动破坏山体平衡，诱发古滑坡复活，工程整治投资 9 000 多万元，堪称中国铁路最大的滑坡治理工程。

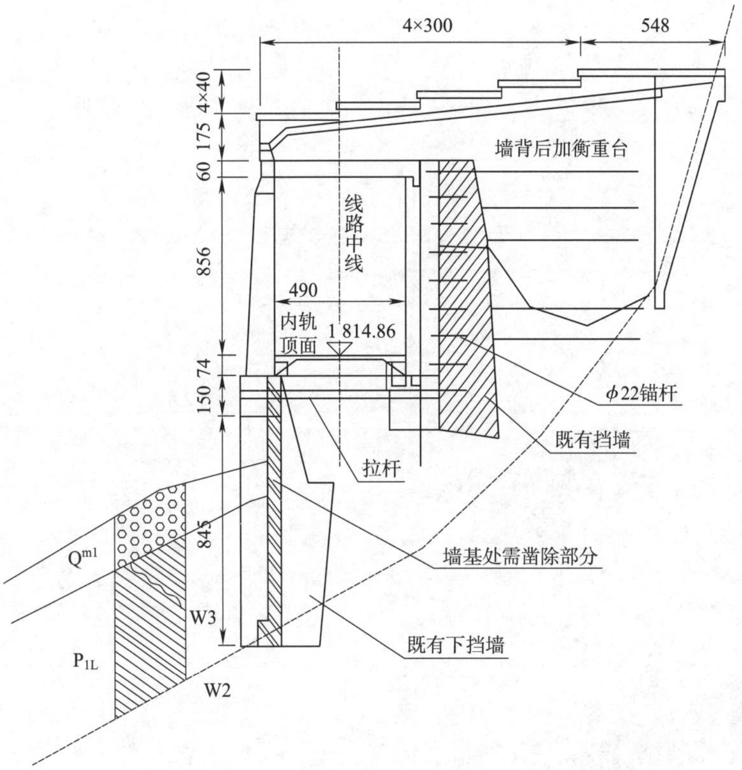

图 3.5.8　K214+727～+770 棚洞正面图(单位:cm)

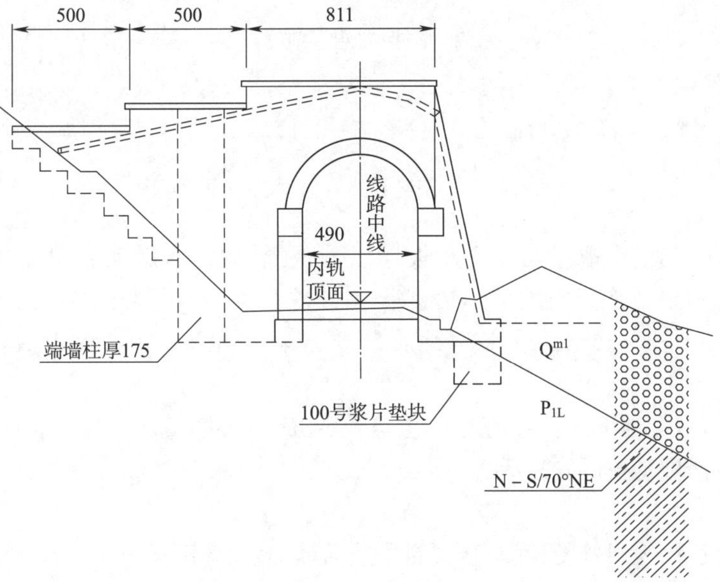

图 3.5.9　K214+770～+785 明洞正面图(单位:cm)

5.8.2.2　滑坡的特征与形成机理

1)滑坡特征

(1)滑坡地貌明显,周界清晰。后缘为圈椅状,中部有缓坡平台,前缘舌部伸入河床,迫使南盘江河流拐弯;两侧边界分别为 1 号与 2 号山梁和 4 号与 5 号山梁之间的自然沟(图 3.5.10)。

(2)滑坡分主、次两级,线路左侧为主体滑坡,右侧为次级滑坡。主滑坡形成后,牵引其后山体滑动产生次级滑坡。

(3)滑体深厚,规模巨大。滑坡前缘抵南盘江,后缘至高便道,高程 360～550 m,主轴长 560 m,宽 360～540 m,滑体厚 20～40 m,总体积约 420 万 m^3(左侧主滑坡约 290 万 m^3,右侧次滑坡约 130 万 m^3)。

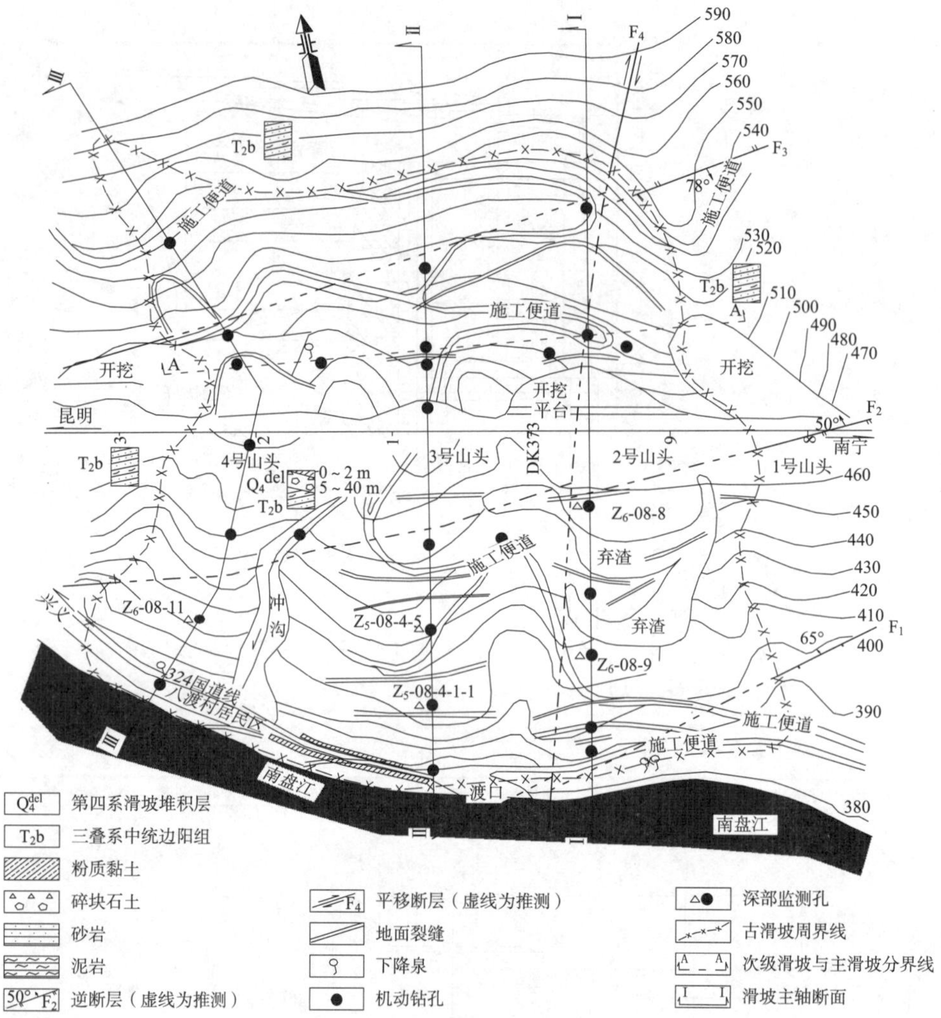

图3.5.10　南昆铁路八渡滑坡平面示意图

(4)滑体物质组成复杂，质地不均。主滑坡体以砂、泥岩块碎状滑动岩块为主，具不连续的成层性，夹有砂黏土及碎石角砾土。次级滑坡体以砂黏土夹碎块石为主，不具成层性。滑动带为软塑～流塑状砂黏土夹角砾碎石，厚0.3～3 m。滑床为钙质硅质砂岩及泥岩、页岩等组成，断层带附近岩体风化严重。

(5)滑体松散破碎，富含地下水。特别是F_2上盘及F_4断层带(宽50～80 m)岩体破碎，地下水丰富，且具一定承压性质，成为古滑坡易被诱发复活之内因。

2)滑坡的形成机理

滑坡区地质构造发育、岩层软硬相间组合、新构造活动强烈、降雨量丰富、河流剧烈侧蚀等内外动力地质作用影响，是导致古滑坡形成的主要因素。

(1)滑坡区地质构造发育，岩体风化破碎严重。滑坡范围内构造作用强烈，分布三条近东西向的走向逆断层(F_1、F_2、F_3)和一条北偏东与线路呈大角度相交的压扭性断层(F_4)，岩体受挤压褶曲，“X”节理发育，将岩体切割成块状结构。八渡车站2号、3号、4号山梁位于测区内构造应力最强烈的地带。岩体既受SN向主压应力作用，后期又经历一次旋扭。故滑坡范围内存在一组近EW向的压性结构面和近SN向的张性结构面。前者表现为3条走向逆断层和具一定区域性的走向高角度倾南的大型节理，岩体受其切割，具备了切层滑动的条件；后者高角度近SN向的张性节理，控制了八渡滑坡的东西两侧边界。

(2)岩层软硬相间组合，斜坡山体稳定性差。滑坡区基岩为砂岩夹泥、页岩。岩体在SN向主压应力和后期旋扭作用下，形成一系列复式褶曲。上述作用使岩体内部应力大量积聚，地层浅部应力释放，造成岩体松弛而破碎。由此引起地表水下渗，恶化坡体稳定条件，斜坡易失稳形成滑坡。

(3)区域新构造运动强烈，降雨量丰富、河流侧蚀剧烈。主要表现为地壳隆升、河谷深切，岸坡陡峻；八渡地区降雨量丰富，斜坡面冲沟发育。堆积层、破碎基岩和构造破碎带中富含的地下水，以较陡水力坡度向南盘江排泄，降低了岩土体抗剪强度，增加了岩土体重量，致使斜坡稳定性差；雨季洪水暴涨，河流侧蚀作用强烈，河谷坍岸频繁，易形成牵引式滑坡。

5.8.2.3 滑坡复活的发生发展概况

铁路工程施工前的数十年间，该古滑坡处于自然稳定状态。1994年8月，铁路施工开挖车站平台，引起线路右侧次级滑坡2号、3号、4号山梁边坡坍滑，挡护工程和地面开裂，经先后设置三排计76根抗滑桩后，次级滑坡趋于稳定。1997年7月，八渡地区遭遇百年一遇的暴雨(7月份降雨量达482.4 mm，为历年7月平均降雨量226.7 mm的2.13倍)，地面排水系统被破坏，雨水大量渗入古滑体中，加之南盘江洪水上涨(洪水位达378 m，淹没主滑坡体前缘滑动面以上5～11 m持续一个多月)，强烈冲刷淘蚀河岸，工程施工破坏山体平衡及不合理的弃土加载等综合因素影响，诱发了该古滑坡的整体复活。主要复活迹象表现如下：

(1)线路右侧次级滑坡前缘2号、3号山梁的路堑边坡再次产生滑移，以2号山梁尤为严重，其堑坡之护坡及桩间挡墙外鼓开裂变形，侧沟内倾，边坡加固桩歪斜、开裂，桩顶累计位移量达100 mm以上(最大185 mm)。

(2)线路左侧主体滑坡地表出现三道长上百米的贯通裂缝，缝宽20～50 mm；1996年9月设置在主滑坡上的五个深井位移监测孔，有三个于8月2～10日先后被剪断，剪断前在滑动面34～36 m处的累计位移量分别为76.7 mm、88 mm、57.3 mm，地面观测桩累计位移量也达20～46 mm；滑坡前缘河岸多处坍塌；沿江施工便道及324国道公路开裂变形严重(缝宽40～50 mm，下错0.2～0.5 m)；邻江部分居民房屋严重开裂破坏而被迫搬迁。八渡古滑坡的复活，直接威胁已建成车站的安全，严重影响南昆铁路全线通车的建设目标，整体形势十分严峻。

5.8.2.4 滑坡区的工程地质勘察

南昆铁路勘察设计期间，因经多个线路方案比选确定铁路大走向方案及车站布局的需要，同时为充分利用有利地形，不得不将贵州省境内的八渡车站布置在南盘江北岸斜坡间的平台上。勘察过程中发现八渡车站穿过的2、3、4号山梁组成的中、下部斜坡地貌似古滑坡形态(图3.5.11)，经调查访问及专家分析判断认为该斜坡处于自然稳定状态。

图3.5.11 南昆铁路八渡车站滑坡全貌

由于当时铁路建设开工在即，勘测设计工期十分紧迫，未能开展过细的滑坡地质勘察。1992年下半年交付八渡车站施工图后，工程施工全面展开。因雨季施工开挖路堑，诱发古滑坡复活。铁路部门先后进行了两个阶段的滑坡地质勘察。工作中采用航片判释、地质调绘、物探、钻探和岩、土、水试验等综合勘探方法，完成1/10 000工程地质航片判释96 km^2；1/5 000工程地质区测5 km^2；1/2 000地形测量及工程地质调绘0.6 km^2；1/500地形测量及工程地质调绘0.05 km^2；1/2 000及1/500滑坡地质断面18条/5 473 m；钻探48

孔/1 629 m;孔内提水试验 7 孔/11 落程,地下水渗透系数快速测定 7 孔/16 次;取水 14 组、滑带土 9 组、岩石 16 组进行室内试验;物探电测深法及浅层地震反射波法 2 995 个物理点。此外,还设置了大量滑坡位移的地表观测点、简易观测孔,测斜仪观测孔等监测滑坡位移及地下水位变化等。基本查明了古滑坡地质特征及活动状况,并对滑坡稳定性、滑坡推力等进行多方法的力学计算、分析与评价,为工程整治设计提供了科学依据。

5.8.2.5　滑坡整治工程设计与施工

(1)整治原则:“总体规划,综合治理,一次根治,分步实施。”

(2)整治目标:1997 年 11 月 30 日前完成站坪及右侧应急工程,1998 年雨季前整治完毕,确保“11.30”南昆铁路全线电气化开通及雨季运营安全。

(3)整治设计方案:设计院提出的滑坡整治设计方案,经几次专家论证,确定采用以“抗滑支挡及地下、地面排水为主,辅以清方减载,加强环境治理”的综合措施处治八渡滑坡。

(4)整治工程施工:八渡滑坡整治工程,具有地质条件复杂,工程量巨大,新技术含量高,施工难度大,工期紧迫等特点。整个工程由中国铁路工程总公司牵头组织,铁二院设计,中铁隧道局及路内外三家锚索施工单位承担抢险施工,铁科院西北分院、铁二院分别承担地下、地面位移监测,总公司廊坊物探中心承担桩身质量检测等。在八渡滑坡整治工程施工中,特别是超长、超孔径预应力锚索(最长达 75 m,最大孔径 168 mm)及超深挖孔抗滑桩(最大桩深 55 m),施工难度大,有的穿过富水松散地层达 40 多米,桩井、锚索成孔艰难,尤其是在锚孔钻进中卡钻、掉钻、断管等事故时有发生,广大工程技术人员通过精心的事故分析与排除事故的处理实践,积累了一套预防和处理复杂地质条件下各种钻进事故的经验,改进了施工工艺与方法,提高了钻进成孔的技术水平,积累了巨型滑坡整治设计与施工的经验。经过 1997 年 9 月～1998 年 6 月共 10 个月的奋战,终于建成了综合治理八渡滑坡的“五大系统”工程(图 3.5.12、图 3.5.13 及表 3.5.4),有效地解除了八度车站滑坡的危害,实现了南昆铁路“11.30”全线开通的建设目标。

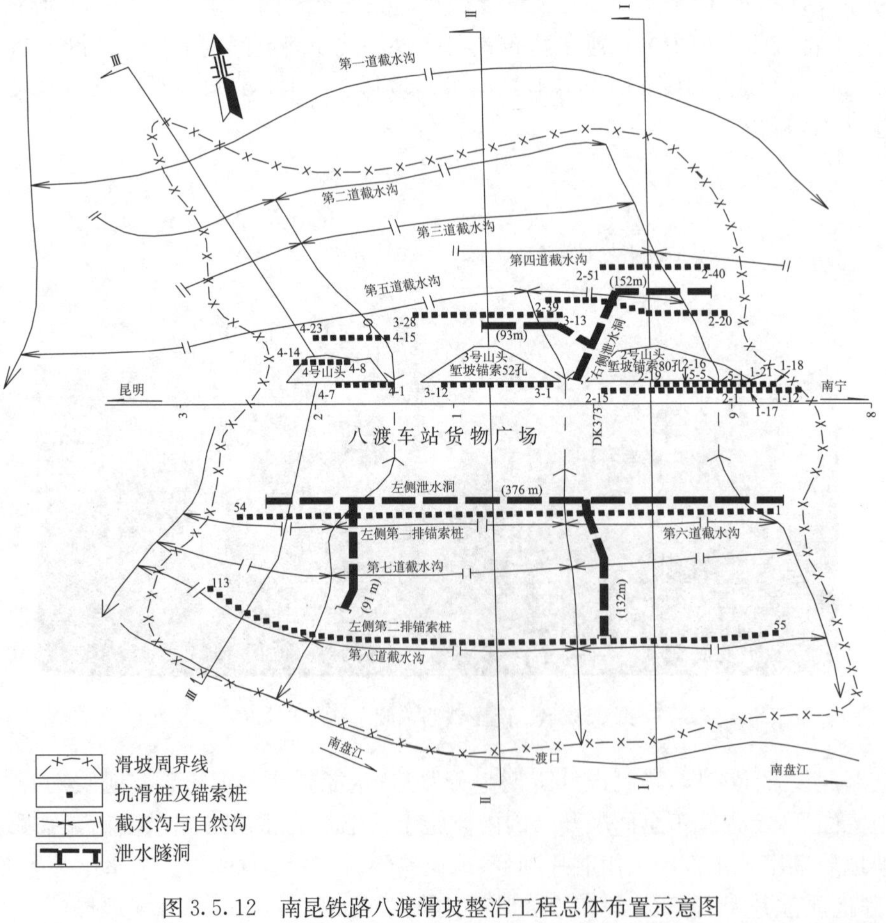

图 3.5.12　南昆铁路八渡滑坡整治工程总体布置示意图

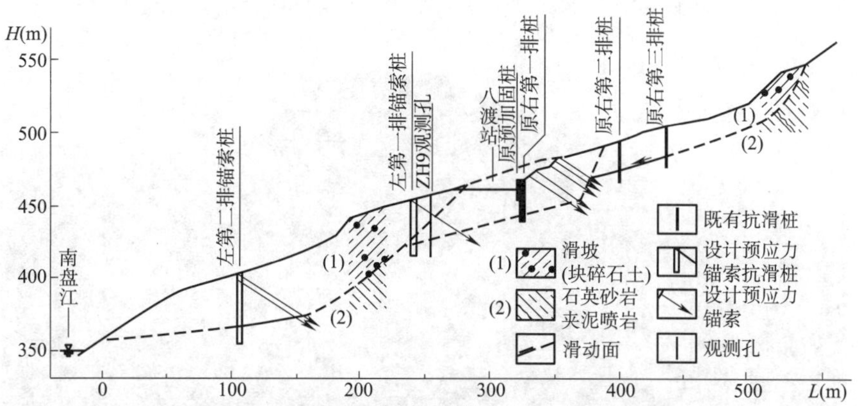

图 3.5.13　南昆铁路八渡滑坡整治工程Ⅰ-Ⅰ断面示意图

表 3.5.4　南昆铁路八渡滑坡综合治理五大系统工程一览表

工程名称	主要工程内容
抗滑支挡(锚)工程	(1)锚索桩及抗滑桩:线路左侧 100 m 和 170～220 m 设两排锚索抗滑桩 113 根(第一排 54 根,第二排 59 根)。右侧 1997 年前先后设抗滑桩 76 根,边坡加固桩 31 根,1998 年整治增设抗滑桩 4 根。两侧共设桩 224 根,总计桩长约 6 870 m,钢筋混凝土圬工约 5 万 m^3。总计单根桩长 20～29 m 的 117 根,30～39 m 的 37 根,40～49 m 的 56 根,50～55 m 的 14 根。平均桩长 31 m,最长 55 m。桩间距一般为 7 m,桩截面按桩长分为 2 m×2.5 m、2 m×3 m、2 m×3.5 m、2.5 m×3.5 m、2.5 m×4 m 五种形式。 (2)预应力锚索:线路左侧两排锚索桩顶设预应力锚索 231 根(每桩 1～4 根),右侧 2、3 号山头分别设独立预应力锚索 80 根、52 根,共计锚索 363 根,总长 20 310 m。其中孔径为 ϕ115 mm～ϕ130 mm,设计初始张拉力为 600～800 kN 的 6 束 ϕ15.2 mm 高强度低松弛钢绞线组成的锚索 318 根计 17 320 m;孔径为 ϕ140 mm～ϕ150 mm,设计初始张拉力为 1 000～1 200 kN 的 12 束 ϕ15.2 mm 钢绞线组成的锚索 45 根计 2 990 m。单根索长 40～49 m 的 58 根,50～59 m 的 115 根,60～69 m 的 126 根,70～75 m 的 64 根。平均索长 56 m,最长 75 m
地下排水工程	(1)地下泄水洞:线路两侧各设地下泄水洞一座,总长 844 m。左侧泄水洞呈"Π"字形,长 599 m;右侧泄水洞呈"Y"字形,长 245 m。泄水洞净空(高×宽)为 1.7 m×1.4 m、1.9 m×1.9 m 两种形式,洞身为模注混凝土花边墙衬砌,拱顶设间距 40 cm 梅花形布置泄水孔。拱顶中心线至地面设置竖向集水孔(兼通风孔),间距 20～25 m,用 ϕ110 mm 钢花管或渗水软管集水于洞内排放滑坡体中的地下水。共设集水孔 30 孔(左洞 22 孔,右洞 8 孔)计 735.4 m。施工期间左侧泄水洞排出滑体中地下水累计 27 000 m^3,右侧泄水洞出水量较小。 (2)临时降水井(孔):线路左侧第二排锚索桩后设降水井 7 孔,右侧 2 号、3 号山头坡脚设降水井 6 孔,共计 13 孔,孔深 20～60 m。施工期间抽排滑体中地下水累计 1 300 m^3。 (3)水平泄水孔:线路右侧 2 号山头边坡上设水平泄水孔 22 孔,孔深 10～50 m,自流排泄滑体中的地下水。这些地下排水工程措施,对疏排滑体中的地下水,减轻动水压力及滑体重量,提高滑动带抗剪强度,减缓滑体滑移速度,为施工超深抗滑桩、锚索桩及预应力锚索创造了有利条件,赢得抢险整治施工时间等方面起了重要作用
地表排水工程	(1)线路两侧铺砌纵横交错、网格状布局的截水沟、自然沟、排水沟共 15 条计 5 833 延长米(左侧 2 619 m,站坪及右侧 3 664 m)。 (2)新增涵洞一座计 61.36 m,站坪广场及道路混凝土硬化 2.3 万 m^2,以减少雨水及地表水下渗,有利滑坡稳定
清方减载及其他工程	(1)线路两侧清方共计 13.6 万 m^3(左侧主体滑坡挖运锚索桩及抗滑桩平台土石方至滑体外弃渣场 11.8 万 m^3,右侧 2 号山头清方 1.8 万 m^3),以减轻滑体荷载有利滑体稳定。 (2)2 号山头变形桩修整,坡面浆砌等。 (3)实施了大面积的坡面平整、植草绿化防护等滑坡环境生态治理措施
滑坡位移观测与工程质量检测	(1)为全面了解和掌握滑坡位移动态及与降雨量的关系,正确分析评价滑坡的稳定性,以指导整治工程抢险施工。整治期间,在 2 号、3 号、4 号山头滑坡主轴断面上设置深井监测孔 11 个(线路左侧主滑坡上 7 个,右侧次滑坡上 4 个),地面观测网点(桩)80 个(左侧 14 个,站坪及右侧 66 个),建立滑坡区降雨量观测站 1 个。 (2)为确保工程质量,对锚索桩桩身混凝土质量进行了无损检测(声波透视法及反射波法),抽检 39 根桩(占总数的 35%)评价,质量评定总体优良

5.8.2.6　滑坡整治效果

滑坡位移观测结果表明,随着滑坡整治工程的逐步实施,八渡车站线路左、右侧主、次滑坡的变形得到有效抑制。右侧次级滑坡于 1997 年 11 月下旬趋向稳定;左侧主体滑坡 2、4 号山头于 1998 年 4 月趋向稳定,3 号山头于 1998 年 7 月上旬趋向稳定。工程竣工后持续一年的观测资料显示,滑坡已于 1999 年全部整体稳定,证明八渡滑坡治理采取"以抗滑支挡及地下、地面排水为主,辅以清方减载,加强环境治理"的综合整治方案是成功有效的，经受住了多年雨季的考验。整治工程竣工后的全景如图 3.5.14 所示。

图 3.5.14　南昆铁路八渡滑坡整治工程竣工全景照片

5.8.2.7　经验与体会

(1)八渡滑坡的成功整治，凝结了许多领导、专家及工程技术人员的智慧和心血，终于控制了滑坡灾害，保障了南昆铁路按期开通及运营安全。

(2)采用地质综合勘探及“五大系统工程”手段，处治复杂地质条件下的巨型滑坡，尚属国内罕见。工程中大量采用抗滑桩、预应力锚索桩、抗滑挡墙及地下隧洞、地表综合排水系统等综合治理措施，效果良好，使八渡滑坡整治工程成为了“20 世纪 90 年代铁路系统治理巨型滑坡的成功典范”，推进了我国滑坡勘察设计与施工技术的进步与发展。

(3)八渡滑坡整治工程，锻炼了队伍，积累了经验，总结了教训。特别是在今后铁路、公路勘察设计中如何对待巨型滑坡区的铁路选线与地质勘探，如何处治工程选址中难以避免的巨型滑坡，工程施工中如何保护滑坡区自然地质环境等方面，积累了宝贵的经验。

5.8.3　斜坡软土地质灾害防治研究

5.8.3.1　问题的提出

近年来，在我国西南地区内昆、株六、水柏及六盘水枢纽等铁路的建设中，工程师们在煤系地层地区的山麓斜坡甚至坡间凸起的局部山梁上，常遇到一种特殊罕见的“坡残积、坡洪积型软黏土，暂定名“坡麓相斜坡软土”，简称“斜坡软土”。这种土的物理力学特性与一般“谷地相软土”相似，但因其位于山麓斜坡且隐蔽于较厚的硬壳层之下，非钻探或开挖揭露难以发现，对工程的危害极大，常发生基底滑移、路堤沉陷；路堑边坡滑坡与坍塌；桥涵地基承载力不足、基坑边坡溜坍等严重地质灾害或工程病害问题，整治难度较大。为查明此类软土的成因、特征及物理力学特性，工程技术人员进行了大量地质调查、勘探取样、室内试验、原位测试、矿化分析等试验研究工作，较全面地认识了“斜坡软土”的工程特性，在工程整治设计与施工实践中积累了宝贵的经验。笔者结合工程实例，提出 “坡麓相斜坡软土”的概念，论述我国西南地区斜坡软土的物理力学特征与工程特性，研究斜坡软土对工程的危害及其地质灾害防治对策，对指导工程实践具有重要意义。

5.8.3.2　坡麓相斜坡软土的概念

西南地区的坡麓相斜坡软土是指“在气候湿润多雨，降雨量丰富，沉积岩建造的煤系地层(如炭质页岩、泥质页岩、泥岩、砂质泥岩、泥灰岩等软质岩地层)地区，位于山麓斜坡、斜坡台地、山前平原、山间洼地或盆地周边坡麓地带的软塑状黏性土”。简言之，坡麓相斜坡软土是在特定的煤系地层地区山麓斜坡陆相环境条件下饱水堆积的产物，其特殊性在于它不属于一般“近代水下、静水或缓慢水流中沉积”的常规软土。斜坡软土的类型主要以坡残积型、坡洪积型两种为主，单一残积、坡积、洪积成因的类型不具有普遍性，仅局部存在于软岩强风化带残积层、较陡的坡脚坡积层、沟边或沟口洪积层地带。

5.8.3.3　斜坡软土的形成机理

斜坡软土的形成机理与其所处的特殊地形地质环境及气候条件等因素密切相关，是诸因素共同作用结果的产物。即在地质历史演变过程中，我国西南地区新构造运动作用强烈，区域岩体破碎，尤其是沉积岩建造煤系地层地区的构造剥蚀山麓斜坡，在内外地质营力的综合作用下，松散堆积物及岩体风化破碎带较厚，有利于降雨及坡面水渗入而储存较多的孔隙、裂隙水。加之当地气候湿润多雨，降雨量丰富，地下水接受补给充足，由于松散堆积物下伏软岩的阻水作用，导致山麓斜坡地带的堆积层及母岩强风化带长期处于浸润或饱水状态而软化形成斜坡软土。特别在软硬相间地层结构构成上陡下缓的斜坡地带，当软岩之上覆盖有富水岩组时，更容易形成斜坡软土。此外，新构造运动引起的地壳相对升降，也可能是导致原先沉积于山间洼地的"谷地相软土"被抬升到现今的山麓斜坡上继续被改造而形成斜坡软土的原因之一。

5.8.3.4　斜坡软土分布规律

西南地区的坡麓相斜坡软土，主要分布于云贵高原山地、丘陵或平原爬升至高原的斜坡过渡带，海拔700～2 500 m，降雨量900～2 200 mm，煤系地层建造的炭质页岩、泥质页岩、泥岩、泥灰岩等软岩地区，自然坡度为5°～20°左右的构造剥蚀山麓斜坡、斜坡台地、山前平原及山间洼地或盆地周边的缓坡等坡麓地带，甚至局部存在于20°～30°斜坡间凸起的坡梁上等。往往由于母岩的出露位置不同或地形起伏导致的差异风化，使同一山麓斜坡地貌单元的软土具有不连续、不均匀、透镜状或鸡窝状分布、厚度变化悬殊等特点，一般地表硬壳层厚0.5～2 m，下卧软土层深度1～10 m，最深可达15～30 m不等。例如：

(1)贵州境内六盘水枢纽株六引入线烂坝—双水及六盘水南编组站，在铁路长约20 km范围内，有4段累计长约8 km线路经过的石炭系大塘组(C_{1d})煤系地层坡麓地带，成片分布坡残积、坡洪积型软黏土。最长的一段是粑粑店—双水，连续分布长达3.3 km。地表硬壳层厚0.5～1 m，下卧软土一般厚1～10 m，局部深达20 m。

(2)内昆铁路老锅厂—李子沟段长约14 km范围内，有9.6 km线路经过石炭系大塘组(C_{1d})煤系地层斜坡中部或垭口形山梁地带，其中有15段累计长约5 km的斜坡或斜坡间凸起的山梁上，成片状断续分布坡残积、坡洪积型软黏土。最长的一段是DK437＋790～DK439＋400，长达1.32 km。地表硬壳层厚1.0～1.5 m不等，下卧软土层一般厚1～7 m，最厚达25 m以上。

(3)株六、水柏、渝怀、沾昆、黔桂等新建或改建铁路经过煤系地层山麓斜坡地带，也都不同程度地分布有类似的斜坡软土。如株六复线K779＋103～＋395、K817＋770～＋820、K211＋494～＋607，水柏线夹沟、玉舍、雨格、柏果，黔桂线南丹—麻尾间车河、筹洞等地煤系地层斜坡地段的软土，地表普遍覆盖有0.5～2 m厚的硬壳层，下伏软土厚度1～20 m不等。

5.8.3.5　斜坡软土的物理力学特征

斜坡软土的颜色主要有黑色、灰色、灰黑色、灰白色、棕黄色等；物质成分以坡洪积、坡残积成因的黏土、砂黏土夹碎石角砾为主，兼有仍保持母岩结构或碎屑、碎片的基岩强风化带，钻探取出岩心风干后可见微层理特征，当颜色为灰黑色时，与炭质页岩强风化带区分困难，非采取干钻，岩心鉴定极易误判；矿物成分主要有高岭石、蒙脱石和伊利石等黏土矿物，因而大多斜坡软土具有较强的亲水性和一定的膨胀性；物理力学性质除天然含水量不大于液限外，其余指标一般都接近或达到常规软土判别标准。如统计内昆线老李段及六盘水枢纽221组斜坡软土土工试验资料(表3.5.5)，天然含水量ω＝23%～94%，液限＝41%～164%，天然孔隙比e＝0.9～1.8，压缩系数a＝0.5～2.0 MPa^{-1}，不排水抗剪强度CU＝5～28 kPa，内摩擦角φ＝3°～19°，静力触探比贯入阻力P_s＝200～750 kPa，渗透系数$k<10^{-7}$ cm/s，有机质含量4%～10%。

表3.5.5　斜坡软土试验指标与软土判别标准对照

分类指标 \ 名称		常规软土判别标准 (TB 10038—2001)	内昆线老李段 95组斜坡软土试验指标	六盘水枢纽 126组斜坡软土试验指标
天然含水率ω	%	$\omega \geq \omega_L$	ω＝23～94	ω＝37～61
液限ω_L	%	—	ω_L＝41～164	ω_L＝41～65
天然孔隙比e		$e \geq 1.0$	e＝1.0～1.8	e＝0.9～1.7
压缩系数a	MPa^{-1}	≥0.5	a＝0.5～1.5	a＝0.5～2.0

续上表

分类指标 \ 名称		常规软土判别标准（TB 10038—2001）	内昆线老李段 95组斜坡软土试验指标	六盘水枢纽 126组斜坡软土试验指标
不排水抗剪强度CU	kPa	CU<30	CU=11～28	CU=5～25
内摩擦角 φ	°	—	φ=5～19	φ=3～15
静探比贯入阻力 P_S	kPa	P_S<800	P_S=200～700	P_S=400～750
渗透系数 k	cm/s	$k<10^{-6}$	$k<10^{-7}$	$k<10^{-7}$
有机质含量	%	3～10	4～10	4～9

5.8.3.6 斜坡软土的工程特性

1)斜坡软土与常规软土的相似性

斜坡软土的工程特性与常规软土相似(表3.5.6),同样具有天然含水量高(但一般不大于液限)、孔隙比大、高压缩性、低强度性、流变性、触变性等特点。如内昆线多处自然斜坡上有表层蠕滑现象,地表形成微台阶或许多裂缝;大石板2号大桥2号墩承台基坑开挖中,坑深仅1.5～2.0 m,就引起靠山侧60 m范围内的斜坡地表浅层蠕变,承台下2～5 m已开挖的桩井壁出现错位达0.3 m的严重变形;六盘水枢纽株六引入线粑粑店大桥0号台、1号墩挖孔桩井开挖中,也发生过类似的井壁变形问题。

表3.5.6 斜坡软土与其他软土性质对比

类型 \ 指标	天然密度 ρ(g/cm³)	天然含水量 ω(%)	天然孔隙比 e	剪切强度		压缩系数 $a_{0.1\sim0.2}$(MPa⁻¹)
				黏聚力 c(kPa)	内摩擦角 φ(°)	
滨海沉积软土	1.5～1.8	40～100	1.0～2.3	2～20	1～7	1.2～3.5
河滩沉积软土	1.5～1.9	30～60	0.8～1.8	5～30	0～10	0.8～3.0
湖泊沉积软土	1.5～1.9	35～70	0.9～1.8	5～25	0～11	0.8～3.0
谷地沉积软土	1.4～1.9	40～120	0.52～1.5	5～19	0	>0.5
斜坡沉积软土	1.6～1.9	23～94	0.9～1.8	5～28	3～19	0.5～2.0

2)斜坡软土的膨胀性

斜坡软土与一般软土的主要差异是除具有一般软土特性外,还兼有膨胀性,湿胀干缩效应明显。见表3.5.7所列内昆线老李段及六盘水枢纽的斜坡软土试验资料,自由膨胀率 F_S=43%～68%,蒙脱石含量M=6%～25%,阳离子交换量175～280 mmol/kg。根据《铁路工程特殊岩土勘察规程》膨胀性分级标准(表3.5.8)判别,斜坡软土具有弱—中等膨胀性。从表3.5.8可见,六盘水枢纽株六引入线DK230+110～DK233+469的斜坡软土属中等膨胀土,其他三组斜坡软土属弱膨胀土,主要原因是母岩岩性物质组成不同,前者以炭质页岩为主,而后三者则以泥质灰岩为主;前者蒙脱石含量较高,因而膨胀性较强。

表3.5.7 斜坡软土膨胀特性

取样地点	统计项目	自由膨胀率 F_S(%)	蒙脱石含量(%)	阳离子交换量 mmol/kg	膨胀潜势分级判定
六盘水枢纽株六引入线 DK230+110～DK233+469	范围值	52.5～87.0	23.5～25.8	220～350	
	平均值	68.1	24.7	280	中等膨胀土
六盘水枢纽南编组站	范围值	34.0～57.6	3.2～7.4	120～220	
	平均值	45.3	5.8	194	弱膨胀土
内昆线 DK428+930～DK432+200	范围值	37.0～62.0	12.9～24.5	140～280	
	平均值	43.2	16.3	175	弱膨胀土
内昆线 DK436+390～DK437+240	范围值	49.0～85.0	5.11～10.75	165～255	
	平均值	57.2	8.24	215	弱膨胀土

表 3.5.8　膨胀潜势分级

分级指标	弱膨胀土	中等膨胀土	强膨胀土	备　注
自由膨胀率 F_S(%)	$40 \leqslant F_S < 60$	$60 \leqslant F_S < 90$	$90 \leqslant F_S$	当有两项指标符合时，即判定为该等级
蒙脱石含量(%)	$7 \leqslant M < 17$	$17 \leqslant M < 27$	$27 \leqslant F_S$	
阳离子交换量 CEC(mmol/ kg)	170≤CEC<260	260≤CEC<360	360≤CEC	

3)斜坡软土地基的不均匀性及非稳定性

斜坡软土常隐蔽于较厚的地表硬壳层之下，非钻探或开挖揭露难以发现。因其位于山麓斜坡上，往往具有不连续、透镜状或鸡窝状分布、厚度变化较大、横坡较陡等特点，构成了斜坡软土地基的不均匀性及非稳定性，对工程危害较大。

5.8.3.7　斜坡软土地质灾害与防治对策

1)斜坡软土地质灾害实例

斜坡软土最突出的工程地质问题是天然地基的不均匀性及非稳定性。在工程开挖或填筑过程中，容易发生各种地质灾害或工程病害。主要表现为填方基底滑移、路堤沉陷；路堑边坡滑坡、坍塌；桥涵地基承载力不足、基坑边坡溜坍等。例如：

(1)六盘水枢纽株六引入线烂坝、双水及南编组站约 8 km 斜坡软土地段施工期间，因在斜坡上填筑路堤、弃渣、开挖路堑等工程活动，引起斜坡软土蠕变而发生路堤、路堑、弃渣场滑坡 15 处，工程整治投资 2 000 多万元。

(2)内昆线老锅厂—李子沟段约 10 km 斜坡软土地段，施工期间也发生了严重的地质灾害及工程病害问题。主要表现为路堤、路堑滑坡，桥涵地基承载力不足、基坑边坡溜坍，隧道进出口围岩软弱、边仰坡滑坍等，工程整治投资近 8 000 万元。

此外，在株六复线 K779＋103～＋395、K817＋770～＋820、K211＋494～＋607，水柏线夹沟、玉舍、雨格、柏果，渝怀铁路等经过煤系地层斜坡地段，施工期间也发生了类似的斜坡软土地质灾害，工程整治投资较大。

2)斜坡软土地质灾害原因分析

内昆、株六、水柏及六盘水枢纽等工程实践证明，自然地质环境不良及人类工程活动是导致斜坡软土地质灾害的根本原因。主要表现在三个方面：一是斜坡软土天然地基的稳定性极差；二是工程勘察期间，由于受“斜坡软土”的罕见性、隐蔽性及水文地质条件的复杂性等因素影响，地质勘察人员缺乏经验，对山麓斜坡饱水堆积(坡残积或坡洪积)成因软黏土的特性认识不足，勘探布孔、取样试验或原位测试数量较少，并以室内土工试验天然含水量均不大于液限为主，对部分土样试验指标接近或达到一般软土判别标准的特殊性重视不够，将斜坡软黏土判定为一般黏性土提供设计，以致路基设计工程措施力度不足；三是为抢工期，施工队伍雨季施工或施工方法不当、支挡不及时、地表排水不畅等，也是导致斜坡软土地基或边坡失稳地质灾害的重要原因之一。

3)斜坡软土地质灾害防治对策

(1)重视斜坡软土地质勘察，加大勘探测试力度。前述内昆、株六、水柏及六盘水枢纽工程施工期间，斜坡软土地段工程病害或地质灾害严重，曾一度造成工程不能正常施工，经验教训是地质勘察期间对斜坡软土的工程特性认识不足，重视不够，勘探量较少。后经补充大量勘探取样、室内试验、原位测试、矿化分析等深入研究工作，才基本查明了斜坡软土的分布特征，较全面地认识了“斜坡软土”的物理力学特征及其工程特性与一般软土的相似性，为其后的工程整治设计提供了可靠的地质资料。如内昆线老锅厂—李子沟段长约 10 km 地段，完成钻探 2 170 m/182 孔，试坑 340 m/99 个，静力触探 452 m/105 孔，物探断面 4 135 m/19 条，土工试验 95 组，水质分析 17 组。六盘水枢纽也累计钻探及静力触探 1 800 m/120 孔，土工试验 126 组，水质分析 10 组。充分说明重视斜坡软土地质勘察，加大勘探测试力度的重要性。

(2)必须将“斜坡软土”当“软土”对待，按软土规范进行工程设计。工程实践证明，西南地区煤系地层山麓斜坡，在特殊的地质环境与气候条件下具有突出的软土特性，工程设计与施工中都必须将“斜坡软土”按一般“软土”对待进行工程治理，否则就要发生灾害性的问题。但单一采用抗剪强度较低的粉喷桩、碎石桩或旋喷桩加固斜坡软基路堤基底或路堑边坡，都是不可取的，工程中曾有过失败的教训。应在进行软基处理的同时，配合使用侧向约束支挡措施，才能保证工程的安全稳定。如六盘水枢纽南编组站ZDK2＋150～＋400段路堤工程，设计路堤填高10～12 m，斜坡软基采用粉喷桩加固。当路堤填高至9～10 m时，填土荷载使基底下卧软黏土沿基岩接触面剪切破坏而发生大规模滑坡（滑坡主轴长130 m，横向宽250 m，滑体厚约3～10 m，体积约150 000 m^3），造成地基粉喷桩被剪断而翻卷到地面或整体位移，坡脚外60～90 m的农田、村民厕所、水井被掩埋于滑体之下，一根11万伏的双柱式高压线电杆严重倾斜而危及人畜安全。后经增设一排40根抗滑桩整治，才解决了斜坡路堤的稳定问题。

(3)斜坡软土工程治理措施。通过斜坡软土地质灾害处治工程实践，总结出了“深架桥，浅作挡，三米换填石，平地加固桩”的成功经验。在工程设计中，特别应注意研究斜坡软土底部横坡较陡的情况，进行必要的稳定性及沉降检算，当不满足要求时应对地基进行加固或配合使用侧向约束支挡措施处理。通常采用砂桩、碎石桩、粉喷桩、旋喷桩等加固软土地基，采用挡土墙、抗滑桩、桩板墙、桩间墙、旋喷桩＋桩板墙、加强地表排水等综合措施治理斜坡软土路堑边坡或斜坡软基路堤。工程施工中应严格执行路堑边坡“坡脚预加固、分层开挖、分层稳定、快速筑挡、全面排水”的综合防治措施；路堤工程施工应分层填筑、分层碾压、严格控制填土速率（每天水平位移不大于20 mm，竖向位移不大于10 mm），防止加载过快引发路堤滑坡。内昆、株六、水柏、六盘水枢纽、渝怀铁路等斜坡软土地段的工程，全面实施了“综合治理”原则，有效地克服了斜坡软土地质灾害或工程病害，为今后类似斜坡软土地区的工程勘察设计与施工积累了宝贵的经验。

5.8.3.8 斜坡软土工程整治实例

1)路堤工程软基处理

内昆线DK470＋630～DK470＋695路堤工点，填方高度10 m。地基地表硬壳层为厚1～2 m的硬塑状砂黏土，往下为灰黑色软塑状“斜坡软土”厚约10 m，底部横坡10°～15°；下伏基岩为炭质页岩、泥质灰岩互层。该工点因基底横坡较陡，经稳定性与沉降检算，稳定性起着控制作用（稳定系数$K=0.65$，下滑力$T=$5 495 kN），设计采用振冲碎石桩结合抗滑桩侧向约束措施处理（图3.5.15）。

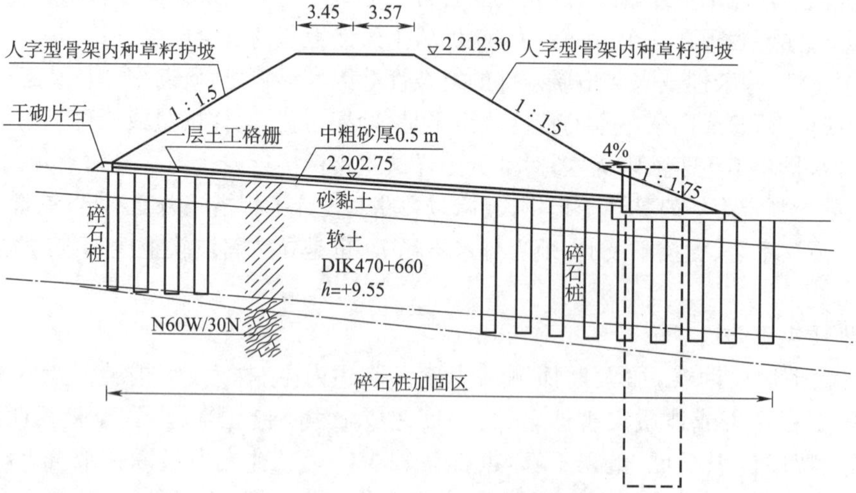

图3.5.15 斜坡软土路堤加固

2)路堑工程软基处理

(1)一般路堑软基处理。采用旋喷桩结合挡土墙加固软基及边坡（图3.5.16）。对一般路堑挖方边坡高度小于8 m地段，采取放缓边坡，采用高压旋喷桩对边坡部分软土进行预加固，待旋喷桩施工后强度达到设计值的75%以上再开挖路堑，侧沟外设路堑挡土墙挡护。施工前应先进行试桩试验，以获取合理的施工参数。路堑中部的旋喷桩只需施工下部即可。

(2)深路堑软基处理。采用旋喷桩结合桩板墙加固斜坡软基路堑边坡（图3.5.17、图3.5.18）。

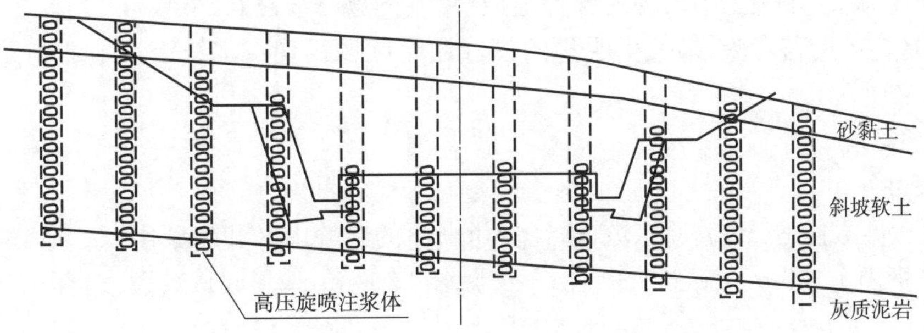

图 3.5.16　一般路堑软基加固

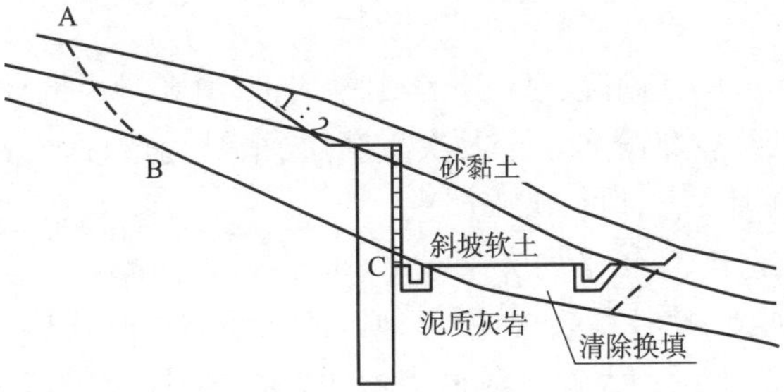

图 3.5.17　深路堑软基桩板墙加固

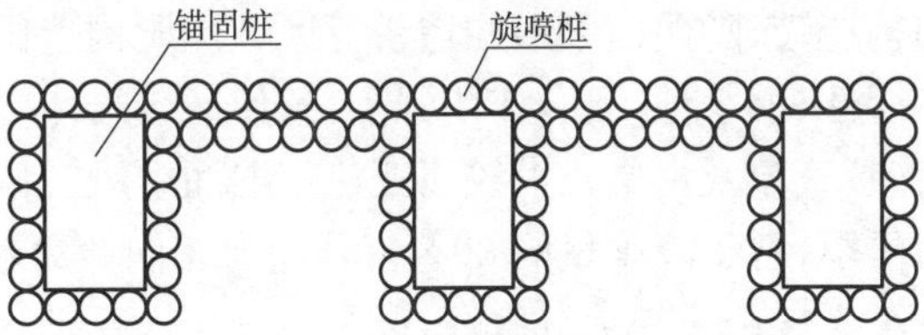

图 3.5.18　旋喷桩加固桩及桩间土体

对路堑边坡高度大于 8 m 或软土基底横坡较陡地段，一般采用路堑坡脚设锚固桩预加固，桩间设挡土墙或挡土板。由于“斜坡软土”力学指标很低，施工开挖桩井时，桩井护壁容易发生开裂变形，桩间土体易从桩间溜坍，采用高压旋喷浆加固桩壁及桩间土体。如内昆线 DK437＋900 工点，路堑边坡高 11 m，地表上覆 2～3 m 厚砂黏土硬壳，软土厚约 7 m，下伏基岩为泥质灰岩，采用旋喷桩结合桩板墙加固软基路堑边坡，桩间设仰斜排水孔，以减轻水压对挡护工程的作用力。

5.8.3.9　研究结论

(1)西南煤系地层地区的坡麓相斜坡软土是在“气候湿润多雨，降雨量丰富”的特定环境条件下的饱水堆积物，其成因不同于一般“近代水下、静水或缓慢水流中沉积”的“软土”。

(2)斜坡软土的工程特性与常规软土相似，同样具有天然含水量高(但一般不大于液限)、孔隙比大、高压缩性、低强度性、流变性、触变性等特点，与一般软土的主要差异是兼有弱～中等膨胀性。

(3)斜坡软土常隐蔽于较厚的地表硬壳层之下，非钻探或开挖揭露难以发现。因位于山麓斜坡上，具有不连续、透镜状或鸡窝状分布、厚度变化较大、底部横坡较陡等特点，最突出的工程地质问题是天然地基的不均匀性及非稳定性，对工程危害较大。

(4)工程勘察中应重视斜坡软土的勘探与测试，工程设计必须将“斜坡软土”按一般“软土”对待进行工程治理，应在进行软基处理的同时，配合使用侧向约束支挡措施，才能保证工程的安全稳定。

5.8.4　株六铁路复线路基地质灾害防治

5.8.4.1　概述

改建铁路株六线大龙至六盘水段增建第二线(复线)及电气化工程，位于贵州省境内，东起湘黔分界处玉屏县大龙镇，西至“贵州煤都”六盘水市，全长 594 km，增建二线正线建筑长度 438 km(不含贵阳及六盘水枢纽)。线路经过地区的地形地质环境条件复杂，不良地质及特殊岩土工程地质问题突出，工程艰巨，桥隧比重占 34%，路基比重占 66%。勘测设计期间，为查明沿线工程地质条件，选好线路方案，提供各类工程设计所需的工程地质资料，地质工作者在充分收集、分析研究区域地质资料及既有线工程地质资料的基础上，制定地质勘察及地质选线原则，先后采用卫星照片地质遥感判释、调查测绘(含重大工点的区域地质调绘)，物探、钻探、坑探、取样试验及原位测试等综合勘探手段，基本查明了沿线工程地质条件，为线路方案的选择及工程设计提供了较可靠的地质资料。路基设计施工图于 1999 年全部完成交付施工。在工程施工期间，地质、路基人员参加配合施工，解决了施工中出现的各种地质、路基问题。线路自2001年12月30日正式建成通车以来，路基工程经受住了运营考验，未发生明显的设计质量问题。现将本线工程地质与路基设计简要介绍如下：

5.8.4.2 线路地质环境

1）工程地质条件

（1）地形地貌。沿线地处云贵高原东坡，途经贵州高原的苗岭山区和乌蒙山区。地势东低西高，海拔高程从大龙350 m—贵阳1 100 m—新窑1 300 m—六盘水2 000 m，地形起伏较大，约有65%的线路蜿蜒行进于崇山峡谷之中。

（2）地层岩性。线路所经地区，从古生界的变质岩（千枚岩、板岩）到中生界、新生界的沉积岩（砂岩、页岩、泥岩、煤层、碳酸盐岩等）都有分布。主要由碳酸盐岩与碎屑岩组成（其中碳酸盐岩346 km，占全线总长度的58%），其次为第四系各种成因的土层及堆积物。

（3）地质构造。线路经过加里东—燕山期造山运动形成的江南隆起区、梵净山拗褶带、滇黔拗褶带、川黔经向构造带、黔西山字形构造带等区域地质构造体系。沿线密集分布主干及次生断层、褶皱构造百余条，具有多期性、继承性，复合作用强烈，致使区域岩体中构造节理发育，风化破碎严重。

（4）气象及水文。沿线属亚热带湿润季风气候，降雨量丰富，年平均降雨量1 200～1 500 mm，5～10月份为雨季，占年降雨量的80%。线路自东向西跨越大小河流、峡谷百余次，所经地区的水系以安顺前后的两所屯至大煤山一带为分水岭，以东为长江水系，以西为珠江水系。大部分河道多弯曲，横向侧蚀及下切作用强烈，河谷多呈“V”形，唯舞阳河谷地较宽阔、平坦。

2）水文地质条件

（1）地下水类型。沿线区域地质构造复合作用强烈，岩体中构造节理发育，风化破碎严重，有利于地表水下渗，地下水丰富且活动频繁。地下水类型主要有孔隙水、基岩裂隙水、岩溶水等，尤以石炭、二叠及三叠系碳酸盐岩地层中岩溶水最为发育。地下水主要受大气降水补给，一般地区泉水流量2～30 L/s，碳酸盐岩地区的暗河流量50～500 L/s不等，丰水期更大。以六个鸡至贵阳的普舍寨、大、小龙洞、新牌、鱼西、猫猫营、半边街等地，化处至滥坝的岩脚寨、大竹林、倮纳、花赖、梅子关、花苗、茨冲等地的地下水最为丰富，溶蚀洼地、漏斗及暗河发育，较大的暗河为化处至滥坝间的黑箐-骂支-龙潭暗河、倮纳暗河、陈家麻窝暗河、艾家坪暗河等。其中，黑箐-骂支-龙潭暗河横穿6 072 m长的大竹林隧道路基面下70余米处通过，旱季流量300～400 L/s，雨季达2 200 L/s；倮纳暗河丰水期流量达5 000 L/s；陈家麻窝暗河丰水期流量达350 L/s。增建二线工程施工期间，有7座隧道（新普舍寨、新猫猫营、大竹林、新倮纳、新花赖、新花苗、新茨冲等）遭受严重的突水、突泥灾害，涌水量达50 000～150 000 m^3/d。

（2）水化学特征。全线地下水及地表水，一般对混凝土无侵蚀性。但化处至滥坝间煤系地层中的地下水以及部分地表水，对混凝土有弱～中等溶出型或硫酸盐侵蚀性。

5.8.4.3 增建第二线工程地质勘察及地质选线

1）增建第二线的选线特点

改建铁路增建第二线选线比新建线路选线更为复杂，尤其在自由度上有很大差异。株六线增建第二线线路方案的选择，由于受既有线占据了相对较好的地形地质条件、为节省工程投资及利于运营管理而必须使二线与既有线车站并用技术条件的限制，加之区域地质构造作用强烈，岩体风化破碎严重，不良地质众多，以致增建第二线的线路选线较为困难。勘察设计人员往往在绕行或并行问题上左右为难。既要考虑线路工程地质条件的好坏，尽量避开重大不良地质，确保工程安全可靠，又要考虑工程投资是否经济合理；既要考虑曲线半径及限坡度是否满足线路技术标准，又要考虑与既有线的协调配合是否有利于运营管理；既要考虑增建二线工程施工与既有线的相互干扰，又要考虑施工对既有线运营安全及其周围环境的影响等因素。在此基础上进行多方案的技术经济比较，综合分析、比选、论证、确定最佳方案。这些无疑是一个综合性的系统工程。

2）工程地质勘察及地质选线

工程地质选线是控制线路方案的安全性、可靠性、经济性、合理性的关键环节。在初、定测阶段，重点采用地质遥感判释及调查测绘，结合物探、钻探、取样试验及原位测试等综合勘探手段，对19段线路走向方案进行了大面积的地质测绘，完成 1/10 000 区测地质图 176 km²，各类地质勘探、测试 70 000 多米，基本查明了沿线工程地质条件及与线路方案有关的不良地质及特殊岩土工程地质问题 375 处(表 3.5.9)，尤其以岩溶、滑坡、崩塌、落石分布最多(计 266 处)，占 76%。特别是全线分布可溶岩地段长 346 km，约占线路总长的 58%。裸露型岩溶区地表岩溶及其发育，溶洞、落水洞、溶蚀洼地、暗河等多达 73 处，主要发育于石炭系、二叠系灰岩中，集中分布于新窑至滥坝及小龙洞、新牌、高峰、么铺、化处一带；覆盖型岩溶区地下隐伏岩溶也较发育，物探、钻探查明沿线路基有 23 段－34.6 km 隐伏岩溶洞穴 1500 余处，路基可能塌陷的危险性较大，尤其是贵昆段马场—六枝、滥坝等地带最为突出。如六枝站 K150＋180 段 11～12 道 5 次发生塌陷，高峰车站近年发生 16 次塌陷，乌速龙车站 K113＋600～＋900 发生 6 次塌陷等，严重威胁既有线行车安全。

表 3.5.9　全线不良地质及特殊岩土分类统计　(单位:处)

分类		不良地质										特殊地质				合计
		滑坡	顺层	溶洼溶洞暗河	岩溶可能塌陷地段	溶洼水害	采空区	崩塌落石	不稳定斜坡	河岸冲刷	泥石流	软土	膨胀土红黏土	煤层瓦斯	人工弃土	
湘黔段		57	17	18	3	—	2	18	3	3	2	9	10	—	16	158
贵昆段		11	21	55	20	3	4	46	—	—	—	11	10	17	19	217
合计		68	38	73	23	3	6	64	3	3	2	20	20	17	35	375
处理	绕避	64	8	69	—	—	—	53	—	—	—	4	13	—	—	211
	通过	4	30	4	23	3	6	11	3	3	2	16	7	17	35	164

经地质技术人员进行多方案的工程地质综合分析、比选、论证，提出线路绕避重大不良地质问题的地质选线建议 11 项，被设计采纳，使最终采用的增建二线线路方案避开了重大不良地质问题 211 处(其中大、中型滑坡、岩溶及采空区、崩塌落石计 186 处，占 60%)。如大石板至水花、水花至翁塘、加劳至桐木寨、铺田至郎洞、凯里至普舍寨、大寨至倮纳、小冲头至茨冲及南山河、大竹林、茨冲、花苗等地段并行与绕行、长隧与短隧、高桥与低桥、路基与桥隧比较等线路方案的选择，都避开了一系列不良地质问题，最大限度地减轻了地质灾害对工程的危害，节省了大量工程投资，使株六复线大龙至六盘水段线路的安全、可靠、经济、合理性得到了较好体现。

5.8.4.4　增建第二线路基主要工程地质问题

株六线增建第二线沿线地质环境条件复杂多变，路基主要工程地质问题是广泛分布的岩溶、滑坡、崩塌、落石、顺层、软土、膨胀土与红黏土、人工弃土等不良地质及特殊岩土，易产生地质灾害威胁施工或线路运营安全，以致线路方案的选择及路基设计的难度较大。尽管勘测设计期间几经优选线路方案，绕避了大量不良地质问题，但由于受既有线技术条件的限制，遵照“技术上可行、经济上合理、安全上可靠、满足使用功能”的原则进行综合比较考虑，线路仍难以避免地经过了一些不良地质及特殊岩土地段，需要采取相应的工程措施处理，防止施工及运营中发生地质灾害损失。

据统计，对增建第二线路基工程影响较大，必须进行工程处理的各类不良地质及特殊岩土工点有 145 处(与路基无关的煤层瓦斯、泥石流除外)。其中自然滑坡及不稳定斜坡工点 7 处，顺层路堑工点 30 处，裸露型岩溶与采空区工点 10 处，隐伏岩溶可能塌陷工点 23 处－34.6 km，崩塌、落石工点 11 处，河岸冲刷及岩溶水害工点 6 处，软土地基工点 16 处，膨胀土与红黏土工点 7 处，人工弃土工点 35 处－3 km。路基设计中针对各工点地质情况，分别采取了行之有效的防治措施，消除或减轻了工程隐患。

5.8.4.5　增建第二线路基工程设计

1)路基工程概况

株六线大龙至六盘水段增建第二线建筑长度 438 km(不含贵阳及六盘水枢纽)，路基长度 290 km，占线路建筑长度的 66%。路基土石方 1 565 万 m³，平均每公里指标 5.41 万 m³；路基圬工(含站场挡护工程)109.3 万 m³，平均公里指标 3 776 m³。

2)增建二线路基工程设计

(1)路基基床设计。增建二线路基基床除必须满足自身强度、稳定性以及适应复杂的动荷载、水、温度等自然条件的变化外,并行地段还需考虑与既有线路基基床的统一协调处理。株六复线大龙至六盘水段由既有湘黔、贵昆两线的部分地段组成,既有线为20世纪60年代～70年代修建的铁路,由于修建标准及当时的认识条件限制,既有路基基床标准较低,加之近年来经济运量及行车密度的日益增长,既有路基基床翻浆冒泥病害较严重。据成都铁路局贵阳分局的统计:全线翻浆冒泥地段占线路总长的16%。

路基基床设计原则:凡土质路堑及路堤填料不符合《铁路路基设计规范》要求的地段,基床采取换填0.6 m渗水土或0.2 m厚中粗砂夹一层土工膜处理;二线与既有线并行地段,如既有线翻浆冒泥病害严重,两线间采用纵、横向盲沟排除既有道床及线间水。两线间线间距≤4.5 m时,基床加固施工采用扣轨慢行,以保障既有线行车安全。两线间距>4.5 m时,由于二线基床加固需挖除部分既有线的道砟,采用钢钎及竹板防护,防止线路胀轨;路基成型后加固处理基床,必须将表层土清除,回填渗水土后碾压密实,再用中粗砂夹土工膜封闭处理;人工弃土地段的路基基床除按基床加固原则处理外,还需对基床范围进行翻挖回填,并碾压密实。

(2)路基加固防护设计。——支挡工程。全线路基设计一般挡护的路堤、路堑928处(其中湘黔段710处,贵昆段218处);高路堤、深路堑特殊路基设计155处,其中边坡高度大于10 m的高路堤29处(分既有线外侧帮宽及绕行地段高填方两大类);边坡高度大于20 m的深路堑126处(大于30 m者29处),施工中因发生坍方,边坡高度增加的有15处。由于全线地质条件复杂,地形横坡陡峻,施工图设计中紧密结合地形地质特点,在确保既有线安全的前提下,因地制宜地采用了各种类型的支挡结构1 010处(其中挡土墙928处,路堑桩板墙6处、锚固桩及桩间墙52处,预应力锚索9处、预应力锚索桩4处、土钉墙5处、锚杆挡墙4处、加筋土挡土墙2处),稳定性良好。

——坡面防护工程。全线坡面防护工程主要类型有撒草籽种草护坡、干砌片石、浆砌片石护坡、浆砌片石骨架内撒草籽种草防护、浆砌片石护墙、喷射混凝土及喷锚网护坡等。如湘黔段镇远～凯里区段分布的寒武系白云岩、白云质灰岩边坡,由于其沉积时间长,多期构造作用强烈,节理裂隙发育,风化严重,大部分呈碎石角砾状,粒径1～10 cm,边坡易掉块、脱落,水土流失严重。针对这一地质特征,对堑坡高度≥6 m时采用喷射混凝土或锚网喷混凝土护坡防护,有效地防止了坡面的进一步风化,保证了边坡的稳定。

(3)不良地质及特殊岩土地段路基设计。——滑坡与顺层地段路基。增建二线经过的自然滑坡与不稳定斜坡及岩层倾向线路的顺层地段37处(主要分布于桐木寨至凯里、两路口至甘耙哨、大用、那玉车站前后),都按照"一次根治,不留后患"的原则采取工程措施整治。整治工程以抗滑桩、预应力锚索、锚索桩、大锚杆、钢轨桩、挡土墙等为主,挡、护、排水、清方减载相结合的措施综合整治。如镇远车站滑坡、沙坪滑坡、拉秀滑坡等。

——崩塌、落石地段路基。二线经过危岩落石地段11处(主要分布于新窑至滥坝间近50 km范围内,次为桐木寨、普舍寨至贵定一带),岩质多为灰岩、白云岩间夹页岩,落石高度一般高出既有线标高50～200 m,落石直径多为0.2～1.0 m。采取支、补、嵌、锚、拦、网(SNS柔性防护网)、清等措施综合治理。

——岩溶地区路基。对增建二线路基工程影响较大的裸露型岩溶与采空区10处,采取浆砌支顶、回填、嵌补、跨越等工程措施处理。对物探揭示23段－34.6 km的1 500余处岩溶洞穴,采用钻孔压浆(总计2 422孔－2 8231 m)方法加固岩溶地基。处理的范围及对象主要为路基面以下10 m深度内的溶洞、溶缝及溶蚀破碎带,实施效果良好,路基稳定。

——软土路基。沿线通过软土16段－2.3 km(主分布于玉屏、水花、马场坪及马场至安顺、新窑、滥坝至六盘水间的山间洼地或斜坡地带)。主要为山谷坡相坡残积或冲洪积沉积的淤泥质黏土、泥炭质土,厚1～10 m不等。物理力学指标:密度$\rho=13\sim18\ \mathrm{kN/m^3}$,天然含水量$\omega=40\%\sim140\%$,孔隙比$e=1.0\sim1.6$,泥炭$e>2$,有机质含量6%～20%,压缩系数$a_{1-2}=(0.5\sim2.0)\mathrm{MPa^{-1}}$,渗透系数$k=(0.3\sim3)\times10^{-6}\ \mathrm{cm/s}$,天然剪切强度$C=5\sim12\ \mathrm{kPa}$,天然内摩擦角$\varphi=2^\circ\sim10^\circ$。二线设计对软土较浅地段(小于3 m者),采用清除换填、抛石挤淤、砂垫层、反压护道等措施处理;对软土深厚地段路堤多以粉喷桩、碎石桩复合地基处理,个别以桥通过。

——膨胀土与红黏土路基。沿线通过碳酸盐岩风化残积而成的黄色膨胀土与红黏土7段－12.63 km(主要分布于大石板至鱼西、马场至化处及滥坝一带,多为碳酸盐岩风化残积或坡洪积层),一般厚2～12 m,

孔隙比大于 1.0，液限 50%～80%，自由膨胀率 38%～62%，属弱膨胀土。针对膨胀土与红黏土的胀缩特性及既有线多发生翻浆冒泥病害的特点，增建二线路基设计多采用设矮挡墙，适当放缓边坡，侧沟加深并浆砌，边坡设浆砌片石骨架内植草护坡、喷植水泥土护坡、喷复合种植基生态护坡等防护；土质基坑开挖时对基坑及时封闭下基；利用作填料时，基床采取换填 0.6 m 渗水土及 0.2～0.3 m 厚中粗砂夹一层土工膜等防水措施处理。

——人工弃土、河岸冲刷及岩溶水害工点 41 处，路基设计中都分别采取了相应的工程措施。如莫家地、艾家坪、安顺 3 处溶蚀洼地排水不畅，雨季积水淹没路堤，分别采取地表、地下排水系统、抬高线路标高等措施处理，消除了工程隐患。

5.8.4.6　新技术、新结构、新工艺、新材料在路基设计中的应用

路基加固支挡防护工程技术的发展日新月异，采用传统的工程措施也不能适应时代的需要及要求。本线大力推广使用了新结构、新技术、新工艺、新材料在路基工程设计中的应用。主要类型有预应力锚索、预应力锚索桩、土钉墙、锚杆挡土墙、桩板墙、桩基托梁挡土墙、加筋土挡墙、喷水泥土及复合种植基生态基护坡、光面爆破、控制爆破、复合土工膜、土工网、透水软管、SNS 柔性防护网及碎石桩、粉喷桩加固软土地基等，使增建二线路基工程的设计质量和水平有了较大提高，工程措施更趋于经济、合理、安全、可靠。

1)分层稳定与坡脚预加固技术

经过南昆铁路软质岩路堑高边坡挡护结构设计与施工的试验研究，总结出“自上而下分层开挖、分层稳定和坡脚预加固”或“先锚后挖、快速筑挡”的成功经验，在本线路基设计中得到了广泛推广使用。该项技术主要应用于软弱破碎岩质路堑高边坡及既有线旁深路堑扩挖地段，前者解决了机械化施工土石方与边坡稳定的矛盾，且降低了边坡高度；后者不仅降低了边坡高度，避免了剥山皮，而且减少了控爆石方量及与既有线运营的干扰，确保了既有线运营安全。设计中采用了预应力锚索、预应力锚索桩及桩间喷锚复合结构、土钉墙、锚杆挡土墙、予加固桩及桩间墙、路堑桩板墙等新型支挡结构。配合施工中，该类型工点除个别工点因地质条件发生变化，变更设计部分加强支挡力度外，大部分工点均达到了设计要求，适应了现场施工。

2)桩基托梁挡土墙

桩基托梁挡土墙作为一种新型支挡结构，近年来得到了广泛推广运用。由于具有结构轻便、圬工省、施工便捷、施工干扰小等特点，在既有电气化铁路旁路堤外侧邦宽、路堤外侧有公路、河流、房屋等不宜填筑及增建二线从松散的弃渣堆通过或覆盖土较厚设置下挡承载力不够等地段，收坡，能大大降低工程难度，减少干扰、迁改，节省工程投资等。

全线采用桩基托梁挡土墙工点 40 处(含施工过程中因下挡承载力不足、避免改移公路及填方位于不稳定堆积体上等原因变更设计增加的 8 处)。

(1)铜锣滩河岸、蕉溪车站、K774＋990～K775＋065、K784＋245～＋488 等陡坡路基，采用桩基托梁收坡，避免了高填方边坡下河、挤占改移公路或拆迁民房等问题。

(2)K817、马场坪车站高路堤，采用桩基托梁挡土墙，不仅避免了软土地底加固处理，还减少了大量填方，造价合理，结构安全可靠。

3)加筋土挡土墙

增建二线与既有线并行且不等高时，对于两线间距较小，覆盖土较厚的填方地段，采用设置加筋土挡墙，解决一般挡土墙施工较困难的问题。全线设加筋土挡墙 2 处，均采用钢塑复合带拉筋，最大墙高 6 m。如 K617＋038～＋305 工点，采用既有路堤作为加筋土挡墙基础，稳定性良好。

4)锚杆挡土墙

全线设计锚杆挡土墙工点 4 处，均用于既有铁路旁高陡的路堑扩挖地段，地质情况分别为白云岩、白云质灰岩、砂岩等岩性较好硬质岩边坡，通过采用设置钢筋混凝土直立式锚杆挡土墙，有效地降低了路堑边坡高度，减少了控爆石方的开挖，减小了施工与运营的干扰。如 K814＋630～＋750 工点。

5)SNS 柔性被动防护网

采用 RX-50 型 SNS 柔性防护网，与浆砌片石拦石墙比较，具有施工简便、投资省等优点。如二道岩车站、关寨车站等危岩落石工点。

6)植草水泥土及复合生态基护坡

对路堑开挖后的土质及风化极严重的软弱岩层边坡,设计中采用了撒草籽种草防护,以减少对生态环境的破坏。对较高的软弱岩层边坡或硬质岩边坡,一般采用浆砌片石护墙、护坡或喷射混凝土护坡、喷锚网护坡等,防止边坡进一步风化剥落。这些措施虽然可使边坡不受进一步破坏,避免了水土流失,但仍破坏了大自然的绿色景观,尤其在自然风景区或城市车站与自然美景不相协调。为研究解决高陡边坡特别是不易长草的硬质岩边坡的绿化问题,分别在杨柳塘、关寨车站等处,选点设计试验了高陡硬质白云岩、灰岩边坡喷植草水泥土及复合种植生态基护坡。通过施工实践,喷植草水泥土护坡及复合种植生态基护坡都获得了预期的成功。但初期抗雨水冲刷能力较弱,曾在暴雨后发生局部溜坍,应加强初期养护。

7)新材料应用情况

全线需要换填或封闭加固的路基基床总长 87.5 km,其中有 77.5 km 采用 0.2 m 厚中粗砂夹一层复合土工膜封闭加固处理。由于既有线路基下沉及翻浆冒泥病害较多,在并修地段,采用铺设弹塑透水软管进行处理;在土质路堤边坡上铺设 CE131 土工网或双向土工格栅;对冲刷严重的路堤边坡铺设三维土工网垫加固等。

8)既有电气化铁路旁石方控制爆破

全线既有线旁石方爆破方量 260 万 m^3,占挖石方总数的 42%。由于增建第二线离既有线较近,且多数地段行走在靠山侧,为保证既有电气化铁路的行车安全,扩挖石方采用控制爆破。根据控爆难易程度,按表 3.5.10 的原则进行类别划分。针对划分类别及现场施工开挖难度,分别采用临时棚洞、加强排架(多层钢管排架、钢轨枕木排等)、简易排架(钢管竹排架、木排架)及 SNS 防护网、轮胎片等防护措施。石质路堑采用的爆破形式有三种:即人工打眼小爆破、洞室爆破和深孔爆破。施工开挖设计,结合山体地形地貌条件,采用纵、横向短台阶法或洞室暗挖法掘进。如关寨车站、二道岩车站及鱼粮江长 200～700 m 的硬质灰岩路堑爆破工点等,结合光面爆破施工,效果良好。

表 3.5.10 石方控制爆破分类

类　别	爆破条件
A类	凡线间距≤5.0 m;开挖高度大于既有接触网立柱高度(6.55 m);开挖岩石类别为 V 级次坚石以上;刷坡厚度≤2.0 m
B类	凡不能同时满足上述四个条件且线间距小于 10 m 的路堑石方开挖
C类	凡线间距小于 50 m 的路堑石方开挖(不包括含有天然屏障地段)

5.8.4.7 施工中路基工程病害处理

1)路基病害概况

由于沿线地质环境条件复杂多变,尽管勘测设计期间几经优选线路方案,绕避了大量不良地质问题,难能绕避的自然不良地质地段,路基设计都采取了切实可行的防治措施,实施效果良好。但在建设期间,路基工程施工破坏地质环境,仍然引发了不少新的工程病害。据统计,由于降雨及地下水、工程活动影响诱发或个别工点地质资料不够准确、对地质问题的复杂性认识不足、设计措施不够强、施工工序、方法不当、挡护不及时、工程质量缺陷等原因造成的路基工程病害达 183 处(表 3.5.11)。

表 3.5.11 路基病害工点整治统计汇总(单位:处)

段别	路堑边坡变形			路堑工程滑坡				路堤工程滑坡				崩塌落石	总计
	堑坡开裂	堑坡坍塌	合计	堆积层滑坡	顺层滑坡	切层滑坡	合计	土石界面滑动	路堤基底滑动	路堤本体滑动	合计		
湘黔段	19	12	31	23	25	13	61	18	13	12	43	1	136
贵昆段	3	5	8	4	7	5	16	3	2	3	8	15	47
合计	22	17	39	27	32	18	77	21	15	15	51	16	183

2)路基病害类型

路基病害主要有路堑边坡开裂变形、滑坡、路堤滑移沉陷、崩塌落石、隐伏岩溶塌陷等类型。其中斜坡失稳变形及滑坡多达 167 处,占路基地质灾害总数的 82%。路堑工程滑坡主要发生在堆积体(或古滑坡)边坡、软质岩或软硬相间组成的风化破碎岩质边坡、顺层岩质边坡、土石界面横坡较陡的土质边坡、岩层中具有不利边坡稳定的结构面边坡、地下水发育的构造破碎带边坡等地段。路堤工程滑坡多发生在下卧软弱土或有横坡的软弱土地基填方地段。充分说明在这些不良地质环境条件下建设工程，容易产生工程斜坡失稳变形及滑坡灾害。

3)典型路基病害整治实例

(1)路堑边坡开裂变形。施工期间发生路堑边坡开裂变形、坍塌(滑)39 处。如白沙坡路堑工点，位于湘黔线老王洞车站至镇远车站之间，舞阳河左岸斜坡脚 DⅠK615＋990～DⅠK616＋240 处。增建二线于既有线左侧以扩挖路堑方式通过，挖方边坡高 10～23 m。斜坡地表覆盖粉质黏土夹碎块石，厚 5～20 m。下伏基岩为寒武系杷榔组页岩及炭质页岩，岩层产状波状起伏变化较大，主体走向与线路走向夹角 10°～20°，倾向坡脚，倾角 20°～30°，斜坡坡角大致与岩层倾角一致。原施工图按一般顺层边坡设计，分别于 K616＋024～＋093 左侧设 M7.5 浆砌片石路堑挡土墙，K616＋093～＋114 左侧设 8 根锚固桩，K616＋114～＋240 段设 14 根锚索桩(桩长 20～33 m，锚索长 15～20 m)，桩间设土钉墙等支挡，先锚后挖施工。雨季施工期间，在锚固桩施工完成后不久，快速挖除桩前岩土体，施作桩间土钉墙过程中，发现桩顶向外位移严重(最大位移达 35 cm)，也施作的部分土钉墙及锚索桩中下部产生裂纹，距二线左侧 140～170 m 处地表产生弧形裂缝，既有天沟被拉裂破坏。补充地质勘探查明，该段路堑边坡位于舞阳河下切过程中的剥蚀斜坡中下部，受两条区域性隐伏断裂构造及节理裂隙影响，岩层风化破碎严重，地下水较发育，自然边坡稳定性差。在雨季降雨入渗及地下水长期浸润作用下，土石界面形成了潜在的软弱带，抗剪强度降低，雨季施工工程活动扰动斜坡失稳而产生蠕滑-拉裂变形，导致已施作的支挡工程开裂变形，严重危及既有线行车运营安全。之后变更设计按滑坡整治，在桩、墙上方坡面上增设 26 根抗滑桩及 120 孔锚索加固，边坡才稳定。

(2)工程滑坡。工程活动诱发的工程滑坡 77 处。大致可分为堆积层滑坡(27 处)、顺层滑坡(32 处)、切层滑坡(18 处)三大类。采用挡土墙、抗滑桩、锚索桩、锚索、地表排水、清方减载等措施治理。如 K814＋632～＋820 右侧扩挖路堑边坡工点，线路处于换边地段，右侧边坡处于断层破碎带及影响带内。在拆除既有挡墙、护墙进行二线挡墙施工时，由于连续降雨，扩挖堑坡失稳，导致堑顶由覆土、风化岩层、断层破碎带及影响带岩体组成的斜坡地表产生弧形开裂、既有及新建天沟开裂等现象，危及既有线行车安全。经变更设计增设锚固桩 19 根后，斜坡稳定。

(3)崩塌、落石。施工期间，由于二线施工开挖、爆破等扰动，造成陡坡上方岩体发生崩塌、落石的病害时有发生(共计 16 处)。如新茨冲隧道进口段施工期间发生坍方、冒顶，诱发地表百余米高的陡崖开裂，1999 年元月至 2000 年间，先后 4 次发生崩塌、落石 2 000 多立方米(最大岩块体积 120 m^3)，危及隧道左侧 60～80 m 的既有线(K214＋690～K214＋800 段)安全而中断行车多次。后经增设明洞、棚洞 58 m、拦石墙 94 m 及 122 孔锚索加固危崖山体后，病害得以根治。

5.8.4.8　经验与体会

通过工程建设施工验证，株六复线的线路方案、工程设计和地质灾害防治，基本上做到了与客观自然条件相适应，地质与路基勘察设计质量总体良好。但因自然地质环境复杂多变，人类认识自然和改造自然的能力有限，仍然存在勘察期间对某些复杂地质问题没有搞清楚或认识不足、个别路基工点设计措施不到位或不合理的施工方法导致路基病害而发生变更设计等问题。今后应在以下几方面加强改进。

1)加强改建铁路增建第二线工程的地质选线

加强地质选线的目的，在于尽量避免线路经过重大不良地质地段，防止地质灾害发生，危及新建工程施工及既有线运营安全。应注意以下几点：

(1)在地质选线中要重视增建第二线施工期间对既有线运营安全的影响。复线选线比新线更为复杂。一是既有线已将有利的地形地质条件占据，二线选择往往出现左右为难的局面；二是复线线位受既有线标高、车站位置的限制；三是增建第二线与既有线并行地段存在施工期间相互干扰等问题。因此，线路方案的选择，不仅要重视地质选线，而且要特别重视增建二线施工期间对既有线行车安全的影响，尤其是在地形地貌复杂或工程地质条件较差地段尤为重要。如新茨冲隧道进口段施工诱发山体垮塌，危及行车安全。

(2)在地质选线中要重视区域地质构造对工程的影响。铁路工程地质条件寓于所经区域自然地质环境中，而自然地质环境的好坏则受控于区域地质构造制。如本线江南隆起区、梵净山拗陷褶断带，控制了线路所经地区的山脉、河流走向；地质构造多期复合作用强烈，决定该区大龙至白秧坪段寒武系白云岩、板岩、页岩等古老地层风化破碎严重，导致斜坡的稳定性较其他相同岩性的地层差。又如滇黔拗褶带、川黔经向构造带、黔西山字形构造带等，挤压断层、褶皱发育，形成高陡的斜坡地貌及断层破碎带，进而演化形成众多滑坡、崩塌、落石等次生地质灾害，对铁路工程影响较大。因此，地质选线中必须坚持“首先认真搜集、研究区域地质构造基础上，再进行现场调查、核实沿线工程地质特征”的原则，全面掌握线路经过地区不良地质及特殊岩土的分布情况，预测施工中可能发生的工程地质问题，为选定最佳线路方案及防治地质灾害提供决策依据。

(3)在地质选线中要加强沿河两岸斜坡工程地质条件比选。沿河两岸工程地质条件比选。沿河两岸往往是滑坡、崩塌、落石、岩堆等不良地质分布较多地段，在地下水、地表水的长期作用下，容易形成不稳定或稳定性较差的斜坡。设置边坡尤其是高边坡工程时，应充分研究边坡岩体的稳定性，加强工程措施，确保工程安全。

(4)在地质选线中要尽量避免设置深路堑或傍山隧道通过斜坡软弱岩体。软质岩或软硬岩层相间的斜坡软弱岩体，对水的浸润软化作用较敏感，抗剪强度降低较快，岩体稳定性差，工程施工中易失稳产生病害。株六复线大多数路堑边坡开裂变形、滑坡等病害，都产生于此类岩层。如白沙坡路堑滑坡及拱众坝、半边街、小冲头、鱼粮江等隧道进口山体开裂变形，整治工程较大。

2)加强路基地质勘探，提高路基地质资料的可靠度

要进一步努力克服“重桥隧、轻路基”的思想，加大路基工程勘探力度，提高路基设计地质参数的可靠度。株六复线的工程地质工作总体良好，但在路基工程地质勘探方面尚存不足之处，有待今后加强改进。

3)路基设计中要加强对特殊不良地质问题的认识

在加强对常规不良地质及特殊岩土工程地质特性认识的基础上，特别要加强对坡残积型软黏土(俗名“松软土”)的特性、软质岩的亲水性、软硬岩层接触带、构造破碎带、节理裂隙密集带、低洼沟槽地带、顺层岩体层间软弱结构面等地质问题的认识，力求工程设计措施安全可靠、经济合理。如本线六盘水石炭系大塘组煤系地层区的斜坡残积型软黏土(类似内昆线老锅厂—李子沟段软黏土)地段，施工期间路基地质病害严重，变更设计处理工点较多，教训十分深刻。

4)路基设计中要加强对古老地层工程地质特性的分析和认识

岩性相同，地质年代不同，工程地质特征存在较大差异。年代古老的地层较年代新的地层工程地质条件差，勘测设计时应区别对待。如大龙至白秧坪段寒武系炉山组娄山关群白云岩，地层年代古老，受多期构造运动改造，岩体风化破碎成碎石状，勘测设计时没有引起足够重视，仍按中、新生界白云岩措施处理，导致本段路基边坡防护措施不力，施工中发生较多变更设计等问题。

5)路基设计中要加强增建第二线的工程防护措施

增建二线路基设计要紧紧围绕确保既有线运营行车安全考虑工程防护措施，不能有丝毫麻痹、侥幸，采取的工程措施应比一般新建铁路更为安全、可靠。增建二线与既有线并行地段，路基工程的设计应充分考虑在既有线旁实施的可能性。特别对设置高大的支挡构筑物或既有路基病害地段需拆除既有支挡修建新的支挡构筑物时，必须考虑充分的临时加固措施，确保既有线安全。如大用车站扩挖路堑，拆旧换新支挡工程施工过程中，暴雨引发顺层滑坡，造成停在车站内的列车脱轨倾斜、两节机头被撞坏、轨道移位1.6米的险性事故。

6)增建第二线路基勘察设计，要注重既有资料的收集和利用

增建第二线路基地质勘察，应在充分收集研究既有竣工资料及铁路局的秋检资料的基础上，重点调查清楚既有线支挡防护工程设计的由来、现状，有无病害等情况。路基设计应结合既有线现状、增建第二线工程地质条件及近年来勘察设计的成功经验，因地制宜、客观经济地设计路基工程，不能完全照搬既有线设置的工程措施，以适应现代施工技术的发展。

7)路基设计说明中应强调施工安全措施

新建或改建铁路的路基工程设计(特别是与既有线发生干扰地段)，设计说明中都应交代清楚施工工序、方法及施工注意事项，防止施工事故或既有线运营安全事故的发生。

8)路基设计要大力推广新技术、新结构、新工艺、新材料的应用

路基支挡工程技术的发展日新月异，采用传统的工程措施也不能满足时代的需要及要求。本线增建第

二线设计路基工程中广泛推广使用了新结构、新技术、新工艺、新材料，使路基设计质量和水平有了较大提高，工程措施更趋于经济、合理、安全、可靠。今后应继续努力，推进路基设计质量和水平跃上新台阶。

5.8.5 深埋特长隧道地质灾害防治研究

5.8.5.1 项目背景

我国修建的锦屏隧道全长17.5 km，埋深大于1 500 m的洞段12.8 km(占隧道全长的73%)，最大埋深2 375 m；隧道由两个平行的线间距为35 m的A、B洞组成；隧道纵断面为人字坡，最大纵坡2.5%，最小纵坡0.12%；隧道洞身每隔500～600 m设置一个横通道；分东、西两端掘进施工。

锦屏隧道位于雅砻江峡谷山区，地形地质条件复杂。隧道洞身穿越三叠系(T)地层(中部以大理岩为主，两端以绿泥石片岩、砂板岩为主)和多个紧密线状褶皱、多条主干断裂(图3.5.19)。

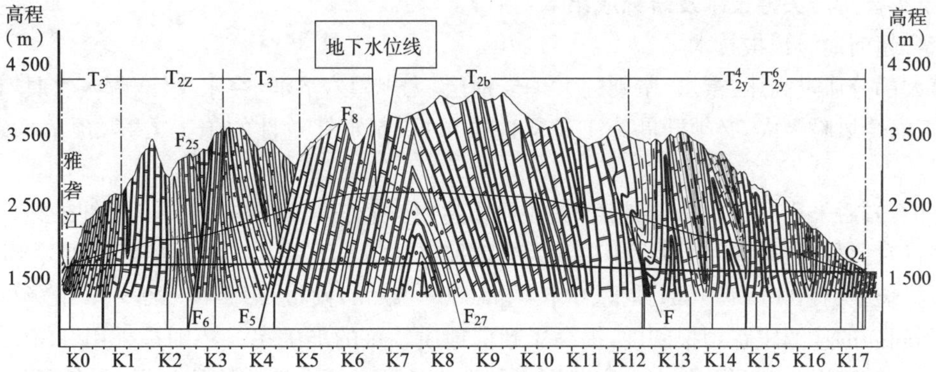

图3.5.19 锦屏隧道地质纵断面示意图

锦屏隧道具有“洞身埋深大(最大埋深2 375 m)，断层、褶皱、可溶岩发育，独头掘进无轨运输距离长(9 800 m)、施工工期紧(50个月)”等特点，最突出的工程地质问题是高压大流量(P=4～10 MPa，Q=(51～63)×10^4 m^3/d)涌(突)水及高地应力(σ=44～70 MPa)产生的强岩爆灾害，严重威胁隧道施工安全。如何解决高压涌水处治、岩爆防治、施工通风、快速掘进等技术难题，是锦屏隧道建设成败的关键。

针对上述关键技术难题，在隧道修建过程中，中铁二局股份有限公司与北方交通大学隧道与地下工程研究所联合开展了科技攻关，优质、高效、安全地完成了隧道施工任务。

5.8.5.2 主要研究内容及技术路线

(1)研究内容：

①隧道综合超前地质预报技术；

②高压大流量地下水处治技术；

③高地应力条件下岩爆防治技术；

④独头掘进9 800 m无轨运输施工通风技术；

⑤岩爆与富水洞段喷射混凝土技术；

⑥特长隧道快速施工技术；

⑦特长隧道施工监测技术。

(2)技术路线：在广泛调研基础上，采用理论分析、室内实验、数值仿真模拟、现场试验与监测等手段，开展本课题研究，并结合现场推广应用与验证，形成一套高压富水地层超深埋特长隧道综合施工技术及工艺。

5.8.5.3 施工方案、方法与设备选型配套

(1)施工方案：先探后掘，钻爆法施工，无轨运输。

(2)施工方法：锦屏隧道具有独头掘进长、安全威胁大、开挖断面较小、工期压力大等特点，采用的施工方法对施工设备的选型配套有其独特的技术要求。

①爆破开挖：采用三臂液压台车钻孔，直眼掏槽，非电微差起爆。

②出渣运输：采用挖掘机找顶、正装侧卸的装载机装渣，大吨位自卸汽车运输。

③喷锚作业：喷射混凝土使用机械手作业；砂浆锚杆使用液压台车钻孔，低水灰比砂浆泵灌注。

④衬砌混凝土：采用9 m自制液压台车，混凝土泵送入模，插入式捣固器捣固施工；水沟混凝土采用小块钢模板施工；路面混凝土采用人工摊铺，振捣梁捣固施工；混凝土圬工均使用9 m^3的罐车，自洞外拌和站运输至工作面。

⑤施工通风：采用大功率风机射流巷道式通风方式。

⑥隧道超前地质预报：使用TSP203、雷达、探孔、地质分析等作为主要预报手段。

⑦地下水处治：贯彻"以堵为主，限量排放"原则，采用超前预注浆、径向封堵灌浆、岩溶洞穴特殊灌浆等综合方法处治。

⑧岩爆防治：采取超前应力解除、超前支护、控制爆破等措施防治岩爆。

(3)施工组织：以掘进为龙头，系统支护紧跟，A、B线换边或水路绕排，车辆绕行通过施工后部各工序。排水沟、路面、衬砌、地下水处治等随掌子面掘进，滞后适当距离跟进。

5.8.5.4　地质灾害防治关键技术及研究成果

1)隧道综合超前地质预报技术

锦屏隧道大部分通过高压、富水、坚硬的大理岩地层，大规模岩溶涌(突水)及岩爆灾害具有突发性、随机性等特点，施工安全风险极大，必须开展施工超前地质预报，制定针对性的施工方案(预案)，确保隧道施工安全。

项目研究中，先后采用TSP203、陆地声纳、表面雷达、孔内雷达、瞬变电磁、电法、红外线、声波CT等八种物探方法进行对比分析，构建了"以TSP、雷达等物探为主，结合钻探与地质分析的基本预报体系(简称地—物—钻)，将长距离(100～150 m)预报、中长距离(50～60 m)预报、短距离(20～30 m)预报三者有机统一起来，坚持不间断的连续跟踪预报制度，提高了超前地质预报的准确率。特别是采用TSP、结合超前探孔和孔内雷达方法，实现了对掌子面前方一定范围内的含水地层和不良地质体的预报，避免了预报盲区。同时因孔内雷达测试不受掌子面周围环境的干扰，使预报地下水的准确率达到85%以上。

2)高压大流量地下水处治技术

锦屏隧道水压高、流量大，突(涌)水洞段多。根据开挖揭露A、B洞8 000 m范围统计，A洞富水段累计长3 530 m、B洞富水段累计长3 519 m，分别约占开挖段的44%。地下水压力P=4～10 MPa，钻孔水射程L=45～50 m，流量Q=(51～63)×$10^4 m^3/d$。如何对地下水实施有效封堵，加快处理速度，是确保施工安全和工期的关键问题之一。

项目研究中，地下水处治贯彻"以堵为主，限量排放"原则，通过流体力学模拟试验与分析，采取"择机封堵、超前帷幕注浆、径向灌浆、摸袋和索囊封堵灌浆"等技术，有效地解决了高压大流量地下水的封堵问题。

(1)择机封堵。根据超前预报成果分析，在确保施工安全前提下，先揭露出地下水，当掌子面掘进超前出水点(段)一段距离后，再对地下水进行系统处治。

(2)超前预注浆。高压大流量地下水的超前灌浆，在灌浆材料、工艺上基本与普通超前帷幕灌浆相同，其创新点在于灌浆压力控制和孔口管的设计。当静水压力低于2 MPa时，灌浆压力取2～3倍的静水压力；当静水压力为2～5 MPa之间时，灌浆压力可灵活选取，但不宜超过7 MPa。当静水压力高于5 MPa时，灌浆压力取静水压力加2～3 MPa。

(3)径向封堵灌浆。高压大流量地下水被揭露后的封堵灌浆不同于超前预注浆，必须分两步完成。即先实施局部封堵灌浆，然后再实施系统的高压固结灌浆。

局部封堵灌浆：以普通水泥砂浆为主，辅以微纤维、麻丝等惰性材料。浆液采用1∶1、0.8∶1、0.6∶1、0.5∶1四个比级；灌浆压力为动水压的2～3倍。孔深4.5～8 m，保证3 m浅层临时封堵厚度。

高压固结灌浆：以水泥砂浆为主，采用2∶1、1∶1、0.8∶1、0.5∶1四个比级，首段灌浆压力为水压力加1.5 MPa或渗水压力的2～3倍，其后各段灌浆压力5～8 MPa；固结厚度6 m(与外水压力有关)。

钻灌设备：使用地质钻、电钻钻孔，灌浆使用普通灌浆泵和砂浆泵等设备。

孔口管：使用ϕ127 mm～ϕ40 mm无缝地质钢管制作，孔口管长度1.0～3.0 m不等；对出水量和压力较大的孔，采用孔口专用封水装置，长度3～5 m不等。

(4)模袋与索囊封堵灌浆。

在串珠状溶蚀孔洞、溶蚀管道以及溶洞群等较大规模的岩溶地质环境，使用模袋、索囊技术，提高地下水的封堵处理速度和质量。

模袋与索囊是由特殊的纺织材料织成，织物的强度高，灌注时具有一定的渗水性而不漏水泥。

模袋有其独特的优点：

①灌注成型，施工简便、速度快，且耐高速水流(15 m/s)，在高速水流下，保证水泥不分散，不被冲走。

②具有一定的透水性，水泥浆经模袋析水后，硬化速度加快，固化强度提高。

索囊与模袋类似，是微缩版的模袋，主要针对溶蚀裂隙、溶蚀宽缝、串珠状溶蚀孔洞等小型的漏水体系使用。但需注意：定制的模袋要适合溶洞或管道体积；减压分流孔要截断前方突涌水点；注意灌浆先后顺序及模袋闭浆。

3)高地应力条件下岩爆防治技术。

锦屏隧道平均埋深大于 1 500 m 洞段占全隧道长度的 73.1%，大于 2 000 m 的洞段超过 3 000 m，最大埋深 2 375 m。实测埋深 1 350 m 处最大主应力 44.2 MPa，最大埋深 2 375 m 处最大主应力 70.1 MPa。围岩强度与应力比(R_c/σ_{max})为 1～3(根据《工程岩体分类标准》评估基准判别 $R_c/\sigma_{max}<4$ 时为极高地应力水平)，具备发生强岩爆的条件。

经统计分析，各级岩爆分别占岩爆洞段的比例为：弱岩爆 19.7%、中等岩爆 57.4%、强岩爆占 17.0%、极强岩爆 5.8%。强到极强岩爆的破坏方式表现为岩石表层的箔板状弹射，往深部发展为板块状爆裂、劈裂崩落，单块厚 0.1～0.8 m 不等，最大达 0.8 m×1.5 m×3.2 m，多呈板块状、弯曲鼓胀、楔形爆裂。爆坑深一般 1～3 m，最深达 5 m。

由于中—强—极强岩爆洞段约占隧道总长的 80%，如何保证隧道快速安全掘进，兑现工期目标，是需要解决的关键问题之二。

项目研究中，为协调解决施工安全与进度的矛盾，寻求一种安全、快速处理岩爆的新方法，通过离散单元法数值模拟的理论分析和现场试验，采取如下措施防治岩爆灾害。

(1)构建了“超前应力解除(超前钻孔法)、控制爆破及以水胀式锚杆、挂网、钢筋拱肋、喷超细沸石粉添加剂混凝土为主的支护系统取代传统的砂浆锚杆(或机械胀壳中空锚杆)、挂网、型钢拱架、模筑混凝土支护”的岩爆预防体系，有效控制了岩爆灾害。

(2)当掌子面掘进超前 2 倍洞径时，滞后的支护系统必须同步紧跟；当岩爆强度较高时，完成临时支护后，同步完成系统支护。

(3)掌子面正前方是岩爆危险或灾害最严重的部位，除对其进行及时喷护和锚杆加固外，还实施了 9 孔和 14 孔超前应力解除爆破工艺，效果良好。

4)独头掘进 9 800 m 无轨运输施工通风技术

锦屏山绵延数百公里，隧道近东西向横穿锦屏山脉，且埋深大，无条件修建竖井、斜井等辅助坑道。同时，受高压地下水的影响，无条件实施有轨运输。因此，锦屏隧道不得不设计为上下行单线隧道、相互构成平行导洞的无轨运输方案。然而，如何解决隧道独头掘进 9 800 m 无轨运输的施工通风，是需要解决的关键问题之三。

现行《铁路隧道施工规范》规定：“单线隧道长度在 1 000 m 以下时宜采用无轨运输，长度大于 1 500 m 时宜采用有轨运输。洞口设置主扇压入式巷道通风”。本项目研究中，打破了传统的在洞口设置主扇压入式通风机的巷道通风方式，引入公路运营射流通风理念，取消在洞口附近设置风洞与风门。通过气体力学模拟试验分析计算，研究了大功率射流风机及射流巷道式通风技术，成功地解决了独头掘进长距离的通风技术难题，创造了独头掘进 9 800 m 无轨运输施工通风的世界新纪录，突破了无轨运输施工特长隧道的禁区。

根据现场分阶段测试结果统计和理论分析，取得以下研究成果：

(1)特长隧道无轨运输需风量，按内燃设备的总功率和每千瓦消耗风量的乘积计算，不符合实际，大大偏于保守。

(2)经过理论计算分析和 9 800 m 各阶段通风成果的统计分析表明，射流风机数量可近似用通风阻力和射流风机升压直接估算，与实际吻合性较好。

(3)射流风机选型与布置。宜选用节能型的大功率风机，出口平均风速要大；射流风机应按照“进风洞少、排风洞多”的原则进行布置，原则上分散布置有利于改善通风质量；射流风机设置在横通道的下风方向且离横通道中线5～10 m处；在需开启的横通道部位必须布置一台风机，以平衡横通道与主洞风压。

隧道施工过程中，经环保机构多次检测，各项指标均达到《铁路隧道施工规范》与《公路隧道施工技术规范》规定的主要环卫标准（粉尘、CO、NO_x、H_2S）限值要求（表3.5.12），直观感觉是隧道内工作人员的鼻孔无黑色污染物。

表3.5.12 隧道主要环卫指标

隧道环卫指标	环卫指标标准限值	A、B线实测结果
粉尘	10 mg/m^3	1.213～3.043 mg/m^3
CO	爆破作业面0.5 h内100 mg/m^3	掌子面处28～77 mg/m^3
NO_x	5 mg/m^3	1.274～2.388 mg/m^3
H_2S	6 ppm	无

5)岩爆及富水洞段混凝土喷射技术

锦屏隧道富水洞段约占隧道全长的44%，洞身又以锚喷支护为主，同时受工期的限制，在富水洞段不可能做到完全进行灌浆封堵后再喷射混凝土。因此，研究线状或滴状水洞段的喷射混凝土施工工艺，是确保施工进度、质量的关键。

岩爆区的喷混凝土要快凝、早强、一次喷射厚度大、强度高，在富水洞段还要有较高的抗渗性能和黏结力。因此，寻求一种特殊的外加材料掺入到普通混凝土中，按常规施工工艺就能完全达到安全快速喷射的目的。通过大量试验研究，以SiO_2和Al_2O_3为主的超细沸石粉（粒径为0.327 μm，小于微硅粉粒径（1 μm占80%）、远小于普通水泥粒径80 μm），能同时具备这些特殊性要求。研究成果如下：

(1)喷射混凝土水胶比0.45～0.5时，超细沸石粉以水泥重量的5%～10%掺入，速凝剂掺量达到水泥重量的6%～8%时，喷射混凝土质量最佳。

(2)岩爆区喷射混凝土，外掺钢纤维掺量40～60 kg/m^3；富水洞段喷射混凝土，外掺微纤维掺量0.9 kg/m^3。

(3)岩爆区的喷护工艺与普通喷混凝土相同。富水区必须结合辅助的引排措施，自下而上从水量小的部位开始向出水量大的部位进行喷护作业。

(4)以锚喷支护为主的富水区段，采用锚杆与辅助排水措施，是保证喷混凝土后支护结构不被高压水击穿的必要措施。

6)特长隧道快速施工技术

锦屏隧道段工期50个月，月进度要求近200 m的掘进指标，除要着力解决地下水处治、高地应力岩爆防治和施工通风三大难题外，还要研究适应坚硬难爆大理岩洞段的设备配套、爆破技术、强富水区开挖和后部混凝土工序的施工组织等相关问题。隧道总体安排贯彻“以掘进为龙头，后部工序协调推进”的总体思路，采取下列措施有效解决了后部工序之间的矛盾，确保了施工进度。

(1)采用小断面中孔大直径直眼分段掏槽爆破技术，提高了坚硬难爆大理岩的爆破循环进尺，平均炮孔利用率达到93%以上。

(2)强富水区开挖，采用减压分流、特殊装药结构分次爆破，保证了施工安全。

(3)使用进口设备与国产设备相结的设备配套模式，解决了隧道的快速施工。

(4)充分利用无轨运输射流巷道式通风的特点，有效地解决了施工排水与系统支护、水沟和路面施工、二次衬砌、灌浆堵水等多工序施工组织间的矛盾，实现了50个月建成隧道的工期目标。统计分析数据表明：在8 000 m前洞段，实现双洞月均进尺193 m；进入8 000 m后埋深较大洞段，实现双洞月均进尺186 m的开挖指标。2004年创造了双洞月掘进334 m的最好成绩，2006年进入富水区埋深较大洞段，写下台车月凿进双洞305 m的较好成绩。

7)特长隧道安全监测技术

锦屏隧道采用动态设计、动态施工方法，以喷锚支护为主，研究施工通风、高压大流量地下水和超深埋高地应力岩爆的隧道施工风险监测技术，是确保施工安全、结构安全的关键。

项目研究中，通过气(流)体力学数值模拟分析，为施工通风、地下水径向封堵灌浆提供了理论依据；通过离散单元法数值模拟分析，为岩爆防治、难爆的大理岩分段掏槽爆破设计和不连续介质围岩稳定性判断等提供了理论支持。

对围岩变形观测，主要以收敛点为主，结合采用锚杆应力计、多点位移计、巴塞特测斜仪。充分利用四种方法反映围岩变形的优点，相互验证分析，提高了对围岩稳定性的判别。

为满足快速施工的要求，隧道支护分两阶段进行。即初期采用随机锚杆加喷 5 cm 后的 CF30 钢纤维混凝土支护；后期完成设计余下的系统锚杆和喷混凝土。而先期的喷射混凝土和滞后的系统支护，都依据监测成果来确定。

5.8.5.5　取得的主要经验

(1)超前地质预报纳入合同管理，是推行超前地质预报、规避复杂地质隧道施工安全风险的有效制度。

(2)特长隧道采用钻爆法的无轨运输模式，有利于实现快速机械化施工。

(3)"择机封堵"地下水，实施径向灌浆，对提高施工进度有利。

(4)在双洞互为平导情况下，特长隧道无轨运输的射流巷道式通风，具有"可换边组织后部工序施工及施工揭露出高压地下水时，改变施工方法和施工组织灵活，可在短时间内恢复运输"等优点。

(5)采用超细沸石粉为主的特殊添加剂材料，能大大改善喷混凝土的质量。在渗滴或线状水情况下，结合采取排水管、锚杆与钢筋网，完全能解决富水区喷射混凝土工艺；在岩爆洞段能实现安全、快速喷护，有利于施工安全。

(6)中孔大直径直眼分段掏槽爆破，能有效解决均质大理岩的爆破技术难题。

(7)锚杆应力计介于多点位移计和收敛点之间，施工观测宜多采用锚杆应力计；巴塞特倾斜仪对围岩表面变形观测灵敏度较高，可推广使用。

(8)计算气(流)体力学分析对施工通风、地下水径向封堵有理论指导意义；离散单元法数值模拟对岩爆防治、爆破设计和不连续介质围岩稳定性判断等有理论指导意义。

(9)低污染设备或带净化装置的内燃设备，有利于施工通风；潮湿环境控制隧道成型不宜使用全电脑台车，宜使用半电脑台车，同时有利于保证测量人员的安全；机械喷射台车对提高湿喷混凝土质量、确保施工安全有可靠保证。

(10)锦屏隧道施工中，结合隧道研究成果直接转化为生产力，并积极推广应用了以下"四新技术"，对控制隧道施工安全、质量、进度等发挥了重要作用。

①新技术：隧道施工地质超前预报技术；高压大流量地下水超前灌浆技术与被揭露富水区钻孔灌浆技术；岩爆安全快速处理技术；岩爆区与富水洞段湿喷混凝土技术；中孔大直径直眼分段掏槽爆破技术；无风门射流巷道式通风技术；巴塞特倾斜仪，多点位移计，锚杆应力计与收敛点综合观测围岩变形技术等。

②新材料：HD-2 特殊外掺材料(超细沸石粉)、微硅粉、微纤维和膜袋等新材料。

③新工艺：电脑台车全自动钻孔工艺；低水灰比($W/C<0.35$)砂浆锚杆灌注工艺；水胀式锚杆与挂网结合钢筋拱肋与超细沸石粉混凝土的安全快速支护工艺；超前探孔结合孔内雷达预报地下水工艺；高压大流量地下水处治的封堵工艺；利用膜袋与索囊封堵管道与溶洞涌水工艺；岩爆区与富水段湿喷混凝土工艺等。

④新设备：电脑台车、机械喷射手、30 MPa 高压灌浆系统、钻孔雷达、TSP203 预报系统、电法、大功率射流风机等。

5.8.5.6　研究结论

(1)本项目采用超前地质预报、理论分析、室内实验、数值仿真模拟、现场试验、监控量测等手段，解决了"高压涌水处治、岩爆防治、施工通风、快速掘进"等关键技术难题。

(2)通过流体力学模拟试验分析，采取"择机封堵、超前帷幕注浆、径向灌浆、摸袋和索囊封堵灌浆"等技术，有效封堵了高压大流量地下水。

(3)通过离散单元法数值模拟试验分析，采取"超前应力解除、控制爆破、水胀式锚杆、挂网、钢筋拱肋、喷超细沸石粉添加剂混凝土为主"的岩爆预防体系，有效防治了岩爆灾害。

(4)通过气体力学模拟试验分析，研究了大功率射流风机及射流巷道式通风技术，解决了独头掘进长距离无轨运输的施工通风技术难题，突破了无轨运输施工特长隧道的禁区，创造了独头掘进 9 800 m 无轨运输的世界纪录。

(5)通过八种物探方法的超前地质预报综合分析，构建了地—物—钻的基本预报体系，采用结合 TSP、超前探孔的孔内雷达方法，提高了预报地下水的准确率达 85%以上。

(6)通过岩爆与富水段喷射混凝土、特长隧道快速施工与监测技术的深入研究，提高了隧道施工的效果。

(7)上述研究成果在隧道施工中直接转化为生产力，结合“四新技术”的应用，有效控制了隧道施工安全、质量、工期目标的实现。

(8)锦屏隧道的成功修建，总结形成了一套高压富水地层超深埋特长隧道综合施工技术与工艺，推进了我国隧道施工地质灾害防治技术的发展。

5.9　铁路工程地质灾害防治的经验与体会

5.9.1　铁路地质勘察的经验与体会

新中国成立以来，我国铁路建设取得了伟大成就，特别是过去交通梗塞的西南地区，先后建成了成渝、宝成、成昆、襄渝、川黔、湘黔、贵昆、南防、钦北、黎湛、黎南、湘桂、粤海、南昆、内昆、水柏、达成、达万、广大、渝怀、遂渝、青藏等铁路干线，为改善我国铁路网布局和西南地区的交通条件起到了积极作用。上述铁路绝大多数修建在地形地质条件十分复杂的山岳地带，工程地质工作占有特殊重要的地位。总结山区铁路工程地质工作，主要有以下经验与体会：

(1)山岳地区地形地质条件复杂，生态环境脆弱，地质灾害严重(尤其是滑坡灾害最多，其次是危崖落石、崩塌、泥石流、岩溶等)，工程病害多，危害极大。在路基、桥涵、隧道、站场、房建等主体工程病害中，路基工程的病害比重最大，大约占病害总数的 60%～70%。大多数工程病害都与地质因素密切相关。因此，努力做好工程地质勘察工作，对于铁路工程防灾减灾起着至关重要的作用。因此，铁路建设中必须高度重视工程地质勘察工作。

(2)山岳地区铁路选线，很大程度上受工程地质条件的制约。必须加强区域工程地质的调查研究，充分掌握沿线工程地质特征和不良地质现象的分布与发展规律，预见各地段可能发生的工程地质问题，作出准确的判断，为选定最好的线路方案，提供可靠的依据。

(3)任何复杂的地质现象，只要进行认真调查，是能掌握其客观规律的。因此对地质不良地段，必须在查明问题特性的基础上，根据其规模、性质和危害程度的不同，因地制宜的研究处理办法，或采取绕避，或进行治理，做到绕有比较，治有措施。但任何线路方案或大型建筑设计方案的确定，除地质条件外，需要考虑铁路建设对环境的影响等因素。因此，地质人员应当与线路、路基、桥隧、站场、环保等专业的工程设计人员密切配合，共同协商，根据不同的地质条件，研究线路的局部调整，或进行大型建筑设计方案的比较。例如左岸方案与右岸方案的比较，长隧与短隧比较，路堑方案与隧道方案的比较，桥梁方案与路堤方案的比较，明洞方案与支挡结构方案的比较等等，都要根据工程地质条件，结合技术、经济、环保条件与施工条件等因素，分析其优缺点，才能最后确定一个比较合理的方案。因此在勘察阶段，对地质复杂地段应开展加深地质工作，并组织包括各类专业人员的联合工作组，到现场共同进行调查研究，就地商定线路调整方案或大型建筑设计方案，可以取得良好的效果。

(4)我国幅员广阔，各地区存在的工程地质问题互不相同，如西北地区的黄土问题，盐土、沙漠、高原沼泽、冻土问题，西南地区的岩溶、涌水突泥、有害气体、膨胀土(岩)、含盐地层问题，中南地区的风化壳问题，以及山岳地带的崩塌、滑坡、泥石流及新构造运动与地震、高地应力问题等，都需要系统地认真总结经验，对重大工程地质问题进行深入研究。新中国成立 60 多年来，不论是新建铁路或运营铁路，仍然经常由于暴雨或其他自然的或人为的原因，不同程度地造成各类地质病害，威胁线路的安全，或直接影响铁路的正常运营。因此，除新线建设要特别重视工程地质选线外，必须加强已建铁路沿线可疑地段的巡视检查，重视病害工程的勘察整治与线路的合理调整，对山岳地带要特别注意老滑坡的复活和新滑坡的产生，布置重点地段山坡变形的动态观测，并对滑坡的防治进行专题研究。

(5)展望未来，随着我国西部大开发战略的实施，西南地区还将建设上万公里的铁路干线和支线，成为中国铁路网的重要组成部分。时代在前进，铁路在发展，山区铁路建设必然涉及各种各样的岩土工程地质问题，还会遇到一些新问题，有待一代又一代的地质工作者继续努力探索研究。预计未来铁路地质工作将在以下方面得到很大的发展。

①多片种、多光谱遥感图像解译技术的应用与研究；

②综合物探与钻孔综合测井技术的应用与研究；

③工程地质综合勘探技术的应用与研究；

④区域活动断裂、地震、构造应力场研究；

⑤区域稳定性评价与综合地质选线研究；

⑥工程岩体高边坡稳定性评价研究；

⑦膨胀土(岩)工程地质特性研究；

⑧崩塌、滑坡、泥石流预测预报研究；

⑨长大深埋隧道地质灾害预测预报研究；

⑩高墩大跨桥梁地基与高陡岸坡稳定性研究；

⑪地质图件编制智能化及勘测设计一体化；

⑫岩土工程施工监测与工程质量检测；

⑬工程地质与地质工程协同发展；

⑭铁路建设与生态环境保护技术研究。

5.9.2 铁路设计与施工的经验与体会

1)铁路选线设计中必须重视工程地质选线，重点关注两大类问题

(1)沿河(沟)两岸缓坡平台的成因及稳定性问题。沿河两岸地形平坦的地带往往是不良地质(如古滑坡、泥石流、洪积扇、岩堆等)的迹象，应引起高度重视。西南地区铁路、公路建设中，有过很多经验和教训。如南昆线上的八渡车站、达万线上的万县车站、重庆市梁万高速公路上的苏家坪等处，线路都选择在巨型古滑坡(体积达100万～500万 m^3)体上，施工期间扰动后都发生了不同程度的复活危害。采用支挡工程(挡土墙、抗滑桩、锚索桩、锚索或桩板墙等)及地面地下排水系统等综合措施整治，投资多达1 000～9 000多万元，教训深刻。究其原因，都是勘察期间重视不够，线路方案没有避开。相反，株六复线镇远附近的洞底沟巨型古滑坡，勘察设计期间十分重视，采用桩基础桥梁跨越，并严格控制施工中人为弃渣加载，避免了古滑坡的复活。

(2)地形陡峻危险区不宜设路基或桥梁，应绕避或设隧道通过并贯彻“早进晚出”的原则。因为陡峻地段往往伴生落石、崩塌或岩堆，危害较大。如内昆线水富～曾家坪沿横江及洛泽河两岸地段，山高坡陡，软硬岩层重叠，节理裂隙发育，遍布岩堆、危岩落石、崩塌等不良地质现象。大关、曾家坪、小儿坪车站等位于巨型岩堆体上，施工期间病害突出，仅大关车站整治就增设抗滑桩达107根。喇叭溪3号大桥、K180～182、K205～207、K203等处，危岩崩塌、落石最大体积达300多立方米，砸坏轨道、桥梁、接触网等设施，严重威胁行车安全。又如贵昆线茨冲隧道进口陡崖崩塌、落石，最大体积达100多立方米，也造成了中断行车事故。采用增设明洞、棚洞、清方、支顶嵌补、网喷、锚索、防撞栅拦、护墩挡墙等措施整治，难度极大，有的地方还隐患无穷。

2)软质岩地段路基设计与施工应注意的问题

软质岩地段路基设计要控制深挖路堑，以利减少工程病害。西南地区气候湿润，降雨量丰富，地形地质条件复杂。铁路线路经过地区的工程十分艰巨，一般桥隧比重占30%～70%。铁路建设具有工程病害多、处理难度大等特点，特别是软质岩地段的深路堑，施工期间工程病害较集中，整治投资大，并不一定比桥隧工程节省投资。如南昆线百板段、八渡车站，株六线玉屏—镇远、滥坝—双水，水柏线夹沟、玉舍、营盘、柏果车站等路堑地段，滑坡或坍滑病害严重。因此，在软质岩地区，应尽量减少深挖路堑，讲究施工工艺方法，防止工程滑坡或坍滑病害发生。万不得已需要设置深路堑时，应采取“自上而下分层开挖、分层稳定和坡脚预加固”或“先锚后挖、快速筑挡”的设计与施工方案。

3)顺层斜坡地段路基设计应注意的问题

岩层顷角15°～30°左右的顺层斜坡地段不宜设深挖路堑。无论是软、硬岩层，都应慎重对待。必须设置深路堑时，也应考虑先锚后挖的设计与施工方案。如株六复线的白沙坡路堑、K610、K626、K628、大用车站、

六盘水枢纽的曹家湾车站、贵阳枢纽的关田车站附近等深路堑，施工期间都发生了大规模的顺层滑坡病害，有的还造成了重大安全事故，教训非常惨痛。

4）斜坡软土地段路堤或路堑设计应注意的问题

斜坡残积型软黏土地段，路堤基底或路堑边坡加固处理应慎重。不宜单一地设抗剪强度差的粉喷桩、碎石桩、砂桩等处理，应配合采用侧向约束支挡措施才有效可行。如内昆线老锅厂—李子沟段、威宁车站，水柏线玉舍车站、柏果隧道出口、六盘水枢纽南编组站等斜坡软黏土地段路基，原施工图设计仅采用粉喷桩或碎石桩加固路提基底或路堑边坡，施工期间被剪断后发生滑坡或坍滑病害严重，变更设计增加抗滑支挡措施才解决问题。

5）应用锚索技术应注意的问题

锚索技术应用于软质岩或土质边坡（或滑坡）加固应慎重，应注意研究地质条件的适应性。一般情况下，独立的锚索板加固软质岩或土质边坡（或滑坡）是不可取的，应增加纵横连接的钢筋混凝土格子梁作垫墩，在其节点处张拉锁定锚索，以使若干根锚索与格子梁构成整体受力结构反压在坡面上，锚固效果才好。如达成线悦赖场软质岩高边坡，用锚索板加固有个失败的教训。株六线半边街隧道进口的错落体，采用格子梁锚索加固，取得了成功的经验。

6）岩溶富水地区长大隧道应注意的问题

岩溶富水地区长大隧道不宜设单面坡，宜设人字坡，以利反坡施工排水。万不得已需设单面坡时，应考虑排水通道或平导贯通，防止水害淹没导坑造成损失。如株六线大竹林、新花苗、水柏线引入六盘水枢纽的何家寨等隧道设计为单面坡，水害十分严重，工程整治耗资巨大。

7）软质岩隧道进出口设置应注意的问题

软质岩地段隧道进出口应尽量避免浅埋或偏压进洞，防止进出口山体失稳开裂或崩塌危害。如株六线新拱众坝、白沙坡、龙角一号、鱼粮江、小冲头、半边街、茨冲、二道岩一号，水柏线老房子等隧道进出口，山体开裂或崩塌的病害严重，整治难度较大。

8）加强设计与施工管理，控制或减少工程滑坡

工程滑坡是一种严重的人地灾害，工程整治耗资较大。例如如株六复线建设中发生的大量工程滑坡，工程整治增加了数千万元的工程投资，教训十分深刻。因此，应认真总结经验教训，在铁路工程勘察、设计、施工、监理过程中，都必须切实贯彻“预防为主、防治结合、综合治理”的滑坡防治方针，力求做到“地质勘察关注边坡，线路选线绕避滑坡（或高边坡），工程设计科学合理，施工工序方法恰当，工程监理严格控制，建设管理措施到位”。只有这样，才能有效地控制或减少工程滑坡灾害，避免造成大量工程投资的耗费。

第4篇　绿色铁路边坡治理及景观绿化技术

第1章 概　述

1.1 边坡研究的目的和意义

20世纪90年代以来，随着我国社会经济的发展，山区铁路(公路)建设发展迅猛，边坡灾害层出不穷，往往因设计或施工措施不当，造成原有的山体失稳和大面积的植被破坏，导致水土流失，破坏生态平衡，对工程建设和沿线人民的生产、生活造成不利的影响，越来越引起人们的高度关注和重视。特别是进入21世纪我国高速铁路的大规模建设，对边坡的设计和施工提出了更高的要求。

山区铁路(公路)边坡与一般地区边坡相比，地质条件复杂，边坡类型众多，成灾机理多样化，防治难度大。因此，要想维护铁路边坡的安全性和稳定性，同时做好环境保护，就必须系统研究边坡的类型和特点、边坡破坏的形式和机理、边坡稳定性分析及其灾害防治与景观植被绿化技术，重视设计及施工管理，对建设安全、生态、优美和可持续发展的绿色铁路具有重要意义。

1.2 边坡稳定性分类

针对边坡的稳定程度而言，可以分为稳定边坡、潜在失稳边坡和失稳边坡。潜在失稳边坡和失稳边坡称为病害边坡，边坡的各种失稳类型称为病害类型。边坡的病害类型与高边坡所处的地质环境密切相关。朱宝龙(2003年)等在对红层地区渝綦、綦万高速公路路堑边坡调查的基础上，总结了红层M型边坡的病害类型为坡面冲刷、溜坍、滑坡、滑塌和崩塌落石；朱赞凌(2001年)等较系统的总结了广东省公路边坡常见工程地质病害，将病害类型概括为类土质边坡滑坡、地层滑坡、构造滑坡、崩塌和落石；胡厚田(1996年)在焦柳线红层边坡病害规律性研究中，分析了三类边坡病害：溜坍、崩塌落石和红层顺层滑坡；在对焦柳线炭质板岩边坡病害的研究中，则总结了四类边坡病害：风化剥落、岩石顺层滑坡、松散堆积层滑坍、崩塌落石；朱建平(2003年)等将青海省李坎公路斜坡病害归纳为黄土滑坡、岩石切层滑坡、岩石顺层滑坡以及局部崩塌等；胡厚田(2000年)等在详细研究广东省粤西北清连公路各边坡病害的基础上，将沿线边坡病害划分为6类：崩塌、落石、滑坡、坡面冲刷、崩塌和剥落，并进一步将崩塌按其形成机理划分为滑移式崩塌、倾倒式崩塌和错落式崩塌，将滑坡细分为岩石顺层滑坡、花岗岩残积层滑坡和砂页炭残积层滑坡等；李芙林(2003年)等较为系统的总结了青海公路边坡的病害类型，将其分为滑坡、崩塌、坡面流和冻土病害四大类，并进一步将滑坡细分为黄土滑坡、堆积层滑坡、黏性土滑坡、顺层滑坡、切层滑坡、破碎岩石滑坡和半成岩滑坡等；曹玉立(1998年)等总结了深圳市区周边斜坡的病害类型，将其分为两大类：大型山体错落和斜坡滑坡、人工开挖边坡的边坡坍塌和边坡滑坡，就边坡滑坡而言，又包括如下类型：残积层滑坡、不同程度风化带滑坡、沿断层带滑坡和边坡块体滑动；马竞(2002年)等在总结渝黔高速公路重庆—綦江段的边坡病害时，将病害类型划分为溜坍、滑塌、滑坡(顺层岩质滑坡、顺节理滑坡和堆积层滑坡)、崩塌落石、错落5类。

关于边坡病害基本类型的划分，以Varnes(1958年，1978年)提出的边坡运动分类系统最为有用且最为广泛接受，其划分根据两个指标：运动的种类和边坡岩土体类别，其分类划分的简化表见表4.1.1。

表4.1.1　边坡运动的简化分类(Varnes，1978年)

运动类型	物质类型		
	基岩	工程土体	
		粗颗粒为主	细颗粒为主
崩塌	岩石崩塌	碎屑崩塌	土崩
倾倒	岩石倾倒	碎屑倾倒	土倾倒

续上表

运动类型	物质类型		
	基岩	工程土体	
		粗颗粒为主	细颗粒为主
滑动： 转动式、少量物质 平移式、很多物质	岩石塌落 岩石块状滑动 岩石滑坡	碎屑塌落 碎屑块状滑动 碎屑滑坡	土塌落 土块滑动 土滑坡
侧向扩离	岩石扩离	碎屑扩离	土扩离
流动	岩石流动	碎屑流	土流
复合型	二类或更多类基本运动形式的复合		

张倬元(1994年)等又根据斜坡的最终破坏形式将其归并为崩落(塌)、滑落(坡)和(侧向)扩离三种基本破坏方式，指出就岩体的破坏机制而言，崩塌以拉断破坏为主、滑坡以剪切破坏为主、扩离则主要是由塑性流动破坏所致。我国铁道部门将山坡变形类型分为：滑坡、崩塌、岩堆、错落、坠石、剥落、蠕动、坡面泥石流等。我国国土资源部将边坡病害主要分为滑坡和崩塌两大类。由此可见，就边坡病害的基本类型的分类来看，目前还没有统一的标准和方法，描述病害类型的术语也不规范，例如就崩塌落石一类的边坡病害常见的就有如垮塌、溜塌、坍塌、坍滑、坍方、塌落、塌滑、滑塌、掉块、碎落等，这些术语无论从病害的发生机制，还是从岩土体的破坏规模来看，均没有本质的差别，基本上同属于崩塌一类。

各部门的分类标准也各有侧重，尽量与工程特点相适应。但总的来说，崩塌和滑坡两类边坡病害以其规模大和成灾后果严重而受到广泛的重视。

综上所述，目前国内外对边坡病害类型的划分，更多地从现象出发，按照其破坏方式和失稳模式进行分类，例如滑坡、崩塌、错落等。另一方面，现有的边坡分类较多，例如按高度分类(超高边坡、高边坡)、按坡率分类(陡坡、缓坡)、按岩体结构分类(块状结构边坡、层状结构边坡、碎裂结构边坡)等。但这些分类没有和病害类型相对应，难以从边坡类型预测可能的病害或灾害，难以分析成灾机理，不能较好地进行边坡稳定性分析和防治工程措施设计。

因此，在总结边坡病害类型的基础上，有必要研究适合于山区铁路(公路)工程的边坡分类体系，为边坡稳定性分析和防治工程措施设计奠定科学的基础。

1.3 边坡稳定性分析

边坡的稳定性分析目前主要有定性分析(工程类比法、过程机制法等)和定量分析(极限平衡分析法、数值仿真分析等)。对风化、破碎的岩体，可采用类似土质边坡稳定分析的极限平衡方法；对于接近整体结构的岩质边坡，宜使用分析应力应变特征的有限元和其他非连续介质的方法。一般分为平面滑坡和空间滑坡进行分析，极限平衡分析领域基本的分析方法有 Bishop 法，Morgenstern-Price 法、Sarma 法、分块极限平衡法、传递系数法、分块叠加法、水平投影法、图解法等。从 1981 年开始，孙君实根据潘家铮(1978 年)提出的极小值原理和极大值原理，利用塑性力学中的塑性极限分析法，建立和发展了一种新型的稳定性分析理论，即模糊极值理论。

在边坡极限平衡分析中，一个极其重要的研究内容是最危险滑面位置的确定，许多学者对边坡最危险滑裂面的搜索进行了研究，提出了各种方法。对于土坡最危险滑弧位置的研究，在国外如泰勒、Boutrup A W. 等，在国内，成都科技大学的张天宝(1978 年、1987 年)等编制了大量的图表以利计算简便并求得相应的最小安全系数。对于圆弧形滑裂面，可用“穷举法”进行最危险滑弧的搜索，对于自由度较多的任意滑裂面，阎中华曾用“黄金分割法”，周文通曾用“鲍威尔法”探讨过圆弧形和圆弧—直线型的最小安全系数，获得满意结果，但研究范围仍未进入任意形状滑裂面领域。孙君实使用复形法计算具有多个自由度的折线形滑裂面的最小抗滑稳定安全系数，使这方面的研究工作大大推进了一步。陈祖煜(1988 年)提出了用最优化方法来确定边坡最小安全系数，陈庆中(2000 年)结合有限元法、极限平衡理论、常微分方程的数值解法和最优控制理论等，提出用于土坡稳定的最优控制分析法，朱大勇(1997 年)根据最优控制理论提出了边坡临界滑动场的概念，并提出了模拟临界滑动场的数值方法。

用有限元法对边坡进行稳定性分析和破坏的渐进性模拟已成为边坡稳定分析的一个新的发展趋向，就目前而言，应用有限单元法对均质各向同性的坡体进行分析能得到较为满意的结果。有限元强度折减法近年来在边坡稳定性分析中的应用得到很大发展，郑颖人等学者在这方面做了很多富有创新的工作。该方法将极限平衡原理和有强大计算功能的有限元结合起来，可以求出滑裂面位置与边坡稳定性安全系数。尽管如此，目前该方法还没有在工程中广泛应用，许多问题还有待进一步研究，例如求出的滑裂面位置与安全系数的正确性及精度，对于高陡岩石边坡由于地质条件的复杂性，其应用受到很大限制。

因此现有稳定性分析方法中以极限平衡法应用较为普遍，人们正在将有限元法与之结合。这些方法在土质边坡和低矮边坡中应用较为成功，但在岩石边坡中的应用受到很大限制，需要结合坡体地质构造特征、岩性等诸多因素，进一步改进和研究。可以说对于岩石边坡，目前还没有较为成功的研究成果用于稳定性分析，这是工程界迫切需要解决的问题。

尤其值得注意的是，上述的这些分析方法主要着眼于从强度的角度分析坡体的稳定性。从岩石高边坡实际工程来看，这存在着一定的局限性。其问题在于在分析边坡稳定性时认为滑体已达到极限平衡状态(即滑面已经贯通)，于是针对该贯通的滑面分析计算坡体的稳定系数，评价坡体的稳定性。然而，在实际的岩石高边坡工程中，在开挖过程中及工后坡体虽然出现滑移变形，但通常滑面没有贯通，滑面的贯通往往需要一定的时间，即当变形逐渐积累达到一定程度才能形成。因此，在滑面没有贯通情况下而采用强度控制条件分析边坡的稳定性是不能较合理地反映实际情况的。在实际工程中，随着坡体变形的不断发展，当变形达到一定程度(滑体未必达到极限平衡状态即滑面并不一定贯通)时，坡体就会表现出失稳的状态。所以，在分析岩石高边坡的稳定性时，应该主要采用变形控制条件来分析坡体的稳定性才更加符合工程实际情况，即应以变形分析为主、以强度分析为辅来对岩石高边坡稳定性分析评价才更加合理。

关于以变形控制为基础的岩石边坡稳定性的分析，国内外相关研究报道比较少见，已有的相关研究主要集中在坡体失稳的概念模型，而对于较为深入的定量分析失稳变形控制条件存在一定的问题，较为精确的理论分析方法还没有得到，该问题亟待进一步解决。

对于边坡开挖变形的研究，主要的工作集中在研究开挖坡体的破坏模式、开挖引起的松弛区范围等方面。文献研究了开挖坡体引起的大规模倾倒滑移变形和破坏模式。对于高边坡分级开挖中发生的变形和松弛区，文献从模型试验、现场监测和数值分析等方面做了较好论述。对于高陡边坡开挖，关键是控制开挖所产生的大变形，在这方面国内外利用桩锚结构控制大变形的研究做了一些工作。

1.4　边坡失稳灾害防治

关于边坡失稳灾害防治，归纳起来主要有两方面，一是技术措施，二是工程措施。目前采取的技术措施主要是施工方法的优化、与现场监测相配合的信息施工技术以及预加固技术。文献从信息论的角度论述了软岩高边坡工程的信息施工法，以此为基础对设计和施工进行优化。文献介绍了公路边坡监测和信息化施工的重要性，阐述公路边坡监测的常用仪器及其使用条件，监测方法和原则及包括坡体监测和支护结构监测两个方面。通过实例阐明信息化施工可以保证边坡的稳定性、正确指导和优化施工。文献以一个大型复杂边坡工程系统为例，提出了基于施工全过程安全监测及监测信息反馈指导下的复杂边坡工程信息化施工方法。结合岩石力学应力释放与转移原理、块体稳定理论及其他方法，介绍了信息化施工方法在该复杂边坡工程硐室快速安全施工、边坡与硐室合理开挖顺序及不稳基坑边坡风险施工中的具体实施过程及对施工的指导作用。还有一些文献也讨论了施工方法的优化、与现场监测相配合的信息施工技术。

从现有岩石高边坡开挖工程看，国内外一般常用桩锚结构如预应力锚索抗滑桩、预应力锚索地梁等工程措施来控制坡体的开挖大变形。要使这些结构稳定，应正确确定作用在结构上的外力。这些结构所承受的外力，主要是作用在桩后(或地梁下)的横向坡体推力，其次是桩前土体抗力(由桩前土体剩余抗滑力、被动土压力或弹性抗力中小者决定)。作用在结构上这两种力的分布规律确定的是否合理，直接关系到结构设计的合理性。从文献来看，各国在计算桩后横向坡体推力和桩前土体抗力大小的方法上有所不同，但是计算结果一般来说差别不大。然而,在坡体推力及桩前土体抗力分布模式的选择上却分歧很大,而这二者分布模式选择的是否合理,直接影响着滑动面以上抗滑桩桩身内力的计算准确与否,进而影响滑动面以下桩身内力计算的准确性,从而影响抗滑桩结构设计的合理性。研究表明,滑坡推力的分布模式一般有3种,即三角形、矩形和梯形。国外多将滑坡体视为散体,用三角形分布,合力作用点为滑面以上的下三分点;国内则多用矩形分布,合力作用点位于滑面以上的中分点处。两者造成的倾覆力矩差别很大,尤其对于推力较大的坡体更是如此,于是影响抗滑结构的大小和埋深。日本有的学者认为坡体滑动时,坡体推力主要集中在滑动面以上1~2 m处,因而认为用三角形分布较为合适。文献建议:当滑体是一种黏聚力较大的地层(如黏土、土夹石、岩石等)时,其推力分布模式可近似按矩形考虑;如果滑体是一种以内摩擦角为主要抗剪特性的堆积体(如砂土),其推力分布模式可近似按三角形考虑;介于二者之间的,可按梯形分布。对于滑动面以上土体抗力的分布模式,一般均按三角形考虑。一些试验资料表明,桩侧坡体荷载分布模式总不外乎三角形、矩形、梯形或抛物线形的形式,不仅分别具有一定的近似意义,而且还没有形成统一概括理论,学术意义欠佳。关于作用于地梁上的坡体推力,现有的研究中主要以现场实测或经验判断为主,因而不完善之处十分明显。

以上这些研究结果在某种程度上考虑了抗滑结构的实际受力状况,有时使问题得以简化,有可取之处。但同时应该注意的是,由于岩土材料的时空变异性,这些结果在某些情况下是不合适的,有时甚至与实际情况相差甚远。

高陡岩石边坡开挖时将发生大变形,如何控制其大变形是开挖施工成功的关键。以上的工程措施均可应用于控制高陡边坡的开挖大变形,但是仍然需要作如下改进:

(1)控制支护的时间和位置,以减少作用于支护上的荷载。

(2)桩锚结构用于高陡边坡的设计计算理论还不成熟,需要进一步研究。

(3)施工工序、方法,有待进一步优化。

综上所述,山区铁路(公路)边坡具有自身的特点,现有的稳定性分析方法和施工技术还不能完全满足实际工程的需要。另一方面,边坡工程的灾害调查表明,工程建成后发生灾害的原因通常是施工期间留下的隐患造成的。因此对于边坡工程而言,必须研究施工过程的稳定性,确保每一个施工环节坡体稳定,不出现过量的变形。这就需要研究边坡开挖施工过程中的变形规律,造成失稳破坏的原因,由此提出边坡的稳定性分析方法和防治技术,这样才能最大限度地控制工后隐患。

1.5 边坡绿色植被防护

随着我国铁路建设的发展,给人们的出行带来了便利,为国家的经济发展起到了推动作用。与此同时,不可避免地会产生许多因填方、开挖造成的裸露边坡,破坏沿线的生态环境,容易造成水土流失病害和滑坡灾害等问题。

西方发达国家十分重视人与环境的和谐统一,对铁路、公路边坡生态恢复的认识起步较早。1936年美国在南加利福尼亚州的Angeles Crest公路边坡治理中首次应用了生态护坡技术。从此,铁路、公路边坡植被恢复技术越来越受到世界各国的关注。日本在植被恢复技术方面的研究处在世界前列,其开发的喷播技术较好地解决了破碎风化岩土边坡植被恢复技术难题。

我国铁路、公路建设对护坡的认识较晚,20世纪80年代中期以前,铁路、公路建设以低等级为主,对边坡的破坏度不大,因而对边坡植被绿化的重视程度不够。那时植被恢复主要采用外来草本植物,以达到边坡植被快速恢复和边坡绿化的目的。20世纪90年代以来,我国铁路、公路建设迅速发展,植被恢复技术也得到了快速发展。从液压喷播植草开始,随着技术的不断引进,开始研究使用各类植物品种,从单纯使用草本植物到应用多种乔、灌、草、藤本植物绿化边坡,取得良好效果。

第 2 章　边坡灾害形成机理

2.1　边坡灾害的概念

从严格意义上说，边坡灾害与边坡病害是有区别的。人们通常认为边坡灾害是指自然和人为工程活动引起边坡失稳破坏导致危害人类生命、财产的岩土体移动事件，具备自然演化和人为诱发的双重性，它既是自然灾害的组成部分，同时又属于人为灾害的范畴。如崩塌、落石、滑坡病害以其致灾后果严重而又被称之为地质灾害；边坡病害是指自然和人为工程活动引起或诱发边坡变形导致损失较小的病害，如边坡局部变形而未整体滑动或垮塌、坡面冲刷水土流失等现象。

铁路边坡灾害是路堑边坡和路堤边坡灾害的统称。主要表现形式为滑坡、崩塌、坍塌三种灾害，其中滑坡（包括顺层岩质路堑边坡、软弱夹层路堑边坡、破碎岩质路堑边坡、特殊岩土路堑边坡和斜坡软基路堤边坡的滑坡以及工程开挖诱滑的古滑坡等）是最为严重的边坡灾害，也是本篇重点研究和讨论的主要问题。

2.2　边坡坡体结构及其类型划分

2.2.1　坡体结构的概念

边坡的坡体结构指坡体内部各种基本结构要素的组合。这些基本结构要素包括：结构面、岩性、临空面，地下水也是一个较重要的影响因素。坡体结构研究的对象就是坡体内部各种结构要素的组合关系。坡体结构的研究范围是坡面以下一定范围内的岩体，对于铁路工程边坡而言，就是工程活动影响范围内的岩体。在工程影响范围内研究坡体结构，重点关注在该尺度范围内坡体的宏观结构特征。坡体结构因地质条件的复杂性而具有不同的特征，按照地质特征建立坡体结构并进行分类，分类研究其破坏模式及其稳定性，对边坡工程有重要意义。

坡体结构中的基本要素对工程边坡变形和稳定性的影响具体表现为结构面的产状及其力学性质、岩块的物理力学性质、边坡临空面与结构面间的位置关系，还包括坡体中地下水的发育程度的影响，其中前面两个要素即为岩体结构要素。可见，坡体结构与岩体结构不同，二者间既有联系又有差别。坡体是由岩体构成的，其结构中包括了最为基本的岩体结构。岩体结构是组成坡体结构的基本单元体，坡体结构常常是由一种或几种岩体结构组成的。坡体结构的含义比岩体结构更广，它包括临空面和地下水这两个结构要素。坡体结构一般特指临空面以上、外貌上为两级宽大缓坡平台之间的岩土坡体的结构，而岩体结构则泛指一定范围内结构体与结构面组合形成的岩体的结构。岩体结构一般只考虑结构面和结构体两个要素，而坡体结构则主要应考虑结构面、结构体、临空面、地下水四个要素。因此，为了从物质结构上正确认识山区铁路（公路）边坡的特征，进而获得合理的工程边坡变形和稳定性分析的基础，有必要在考虑坡体结构与岩体结构的联系与差别的基础上，结合边坡具体特征建立边坡坡体结构的地质力学模型。

2.2.2　坡体结构的类型划分

山区铁路（公路）边坡坡体结构，遵循“边坡所处区域、岩土体类别、坡体中岩土体结构及结构面与临空面关系”的原则进行分类。首先着眼于边坡所处的位置是否为古滑坡体所在区域；其次，对古滑坡区域以外的边坡（即一般区域的边坡）按施工方法（分开挖堑坡、填筑堤坡两种情况）和坡体的物质组成（主要针对开挖路堑边坡）进行区分。再次，对土质路堑边坡，按土的性质进行分类；对岩质路堑边坡，按岩体结构及结构面与临空面的关系进行分类。

基于大量山区铁路（公路）边坡工程实例的分析研究，根据前述坡体结构的建立方法和分类原则，划分山区铁路（公路）边坡坡体结构的基本类型。划分方法如下：

(1)按铁路边坡所处地段是否位于古滑坡区域可分为非古滑坡区域(一般区域)的边坡和古滑坡区域的边坡两大类。

(2)对于非古滑坡区域的边坡，根据施工方法不同，可分为开挖路堑边坡(土质路堑边坡、岩质路堑边坡)和填筑路堤边坡两类。

(3)土质路堑边坡，按土性的不同可分为一般黏性土边坡、膨胀土边坡、黄土边坡、碎石土边坡共 4 个亚类(物质结构上均可近似视为类均质土体)。

(4)岩质路堑边坡，按岩体结构的差异可分为整体结构、块体结构、层状结构、碎裂结构及松散结构共 5 个亚类。考虑到主控结构面与临空面的倾向关系，将其中的块体结构再分为顺倾块体结构、反倾块体结构、斜交块体结构共 3 个小类；对于层状结构还考虑了岩性的软硬与组合特征，分为顺倾层状结构、顺倾上硬下软结构、顺倾上软下硬结构、顺倾软硬互层结构、反倾层状结构、反倾上硬下软结构、反倾上软下硬结构、反倾软硬互层结构、斜交层状结构共 9 个小类。

(5)填筑路堤边坡，考虑到山区的地形和地质特点，仅细分为一类路堤边坡，即在斜坡软土地基上填筑路堤边坡(简称斜坡软基路堤边坡或斜坡软基堤坡)。

(6)对于古滑坡区域的山区铁路(公路)边坡，根据铁路穿过古滑坡体的位置不同，对古滑坡地段的边坡又分为铁路在古滑坡体顶部穿过、铁路在古滑坡体中部穿过、铁路在古滑坡体脚部穿过共 3 个亚类(向下不再分小类)。

按照上述划分方法，将山区铁路(公路)边坡共分为 4 大类(土质路堑边坡、岩质路堑边坡、斜坡软基路堤边坡、古滑坡区域的路基边坡)、13 个亚类、23 个小类(为便于说明问题，除岩质路堑边坡中的块体、层状结构外，其余三大类边坡及岩质堑坡中的整体、碎裂、松散结构中的亚类也同小类)。

边坡分类划分的结果列入表 4. 2. 1、表 4. 2. 2，集中展示了 23 种典型坡体的结构型式。

表 4. 2. 1　一般区域的山区铁路(公路)边坡分类表

大类	亚类	小类	边坡坡体结构图示	边坡失稳破坏模式
土质路堑边坡	一般黏性土	一般黏性土	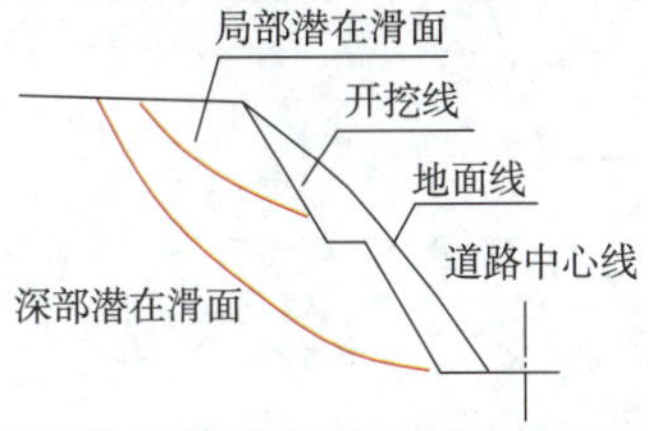	开挖边坡一般表现为旋转型滑动破坏，破坏面多以坡脚附近为剪出口，常可近似为圆弧形滑动破坏面。属于类均质式路堑边坡结构的破坏模式
	膨胀土	膨胀土	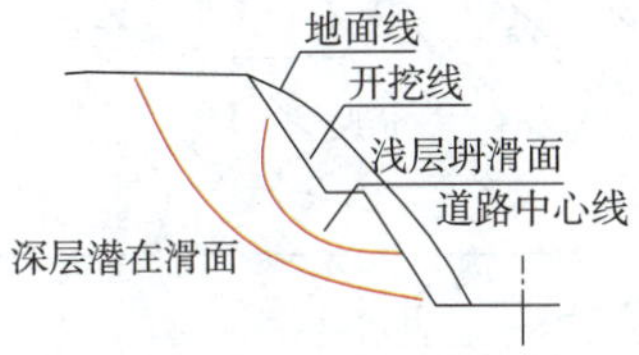	沿坡脚附近或穿过开挖坡面的圆弧形滑面整体滑动失稳，还可发生表层局部坍塌。属于类均质式路堑边坡结构的破坏模式
	黄土	黄土	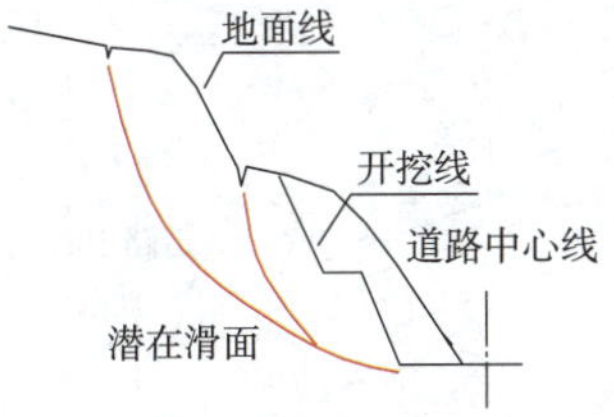	以开挖面为剪出口的近似圆弧形整体失稳滑动破坏，常呈滑移一拉裂型破坏行为。属于类均质式路堑边坡结构的破坏模式
	碎石土	碎石土	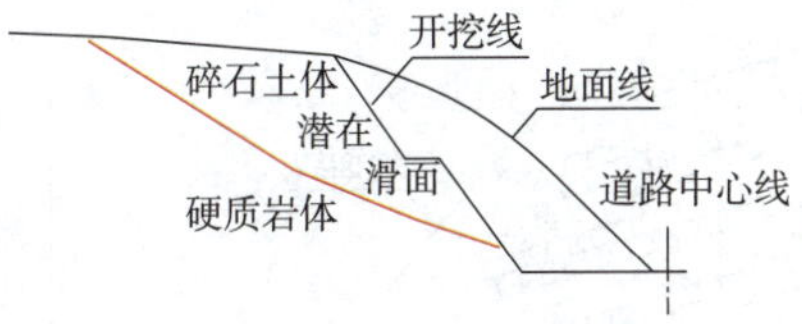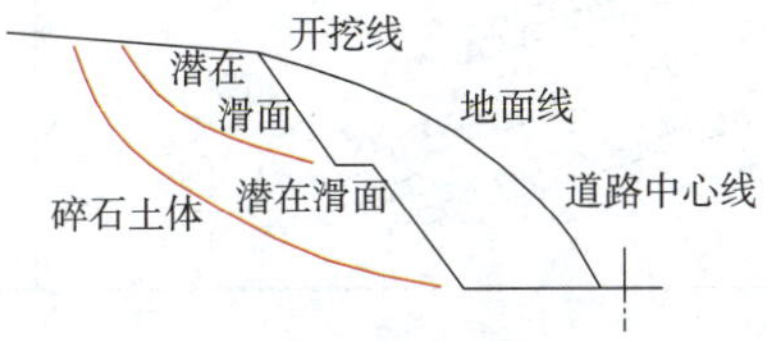	可产生沿碎石土与下卧硬质岩层界面的近似平面式滑动失稳，也可出现以开挖面为剪出口的近似圆弧形滑动破坏。属于类均质式路堑边坡结构的破坏模式

续上表

大类	亚类	小类	边坡坡体结构图示	边坡失稳破坏模式
岩质路堑边坡	整体结构	整体结构	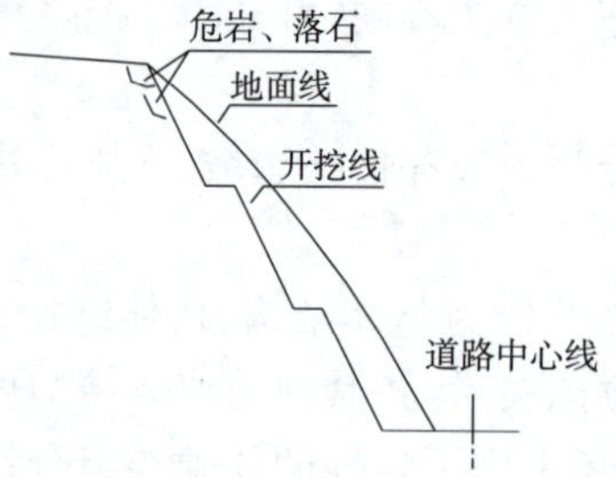	开挖失稳的控制因素是局部垂直节理裂隙发育,风化后会发生倾倒,产生危岩落石。属于类均质式路堑边坡结构的破坏模式
	块状结构	顺倾结构面	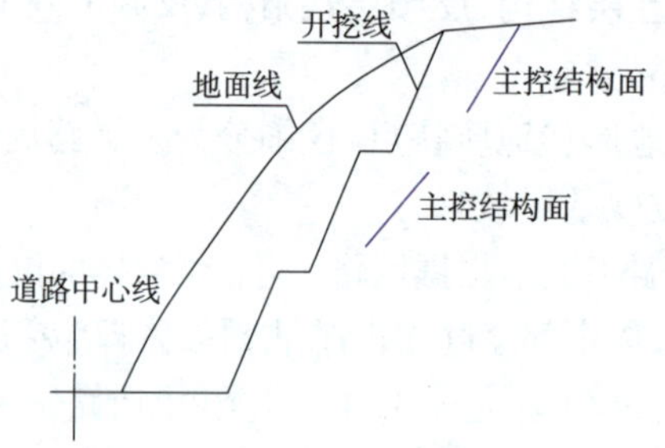	开挖失稳的控制因素是主控结构面两侧岩块间的连接力很小,可发生沿顺倾结构面的平面滑动或楔形体破坏;在坡率较陡时,开挖面附近在自然营力作用下可发生倾倒破坏形成危岩崩塌落石。属于节理控制式路堑边坡结构的破坏模式
		反倾结构面	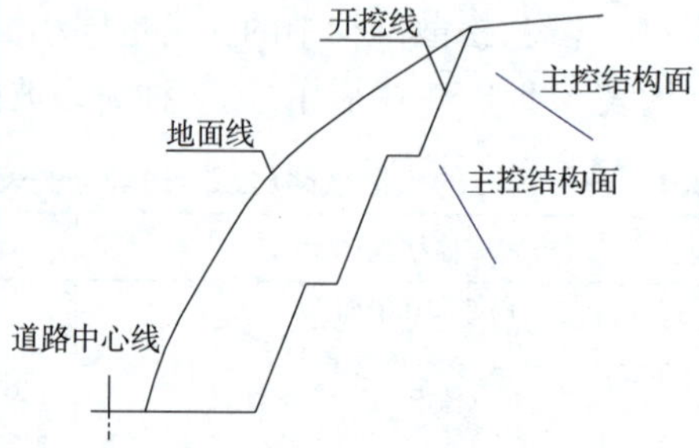	开挖失稳的控制因素是局部地段两组节理间的楔形体发生的滑动破坏,开挖坡率较陡时也可能会出现局部崩塌。属于节理控制式路堑边坡结构的破坏模式
		斜交结构面	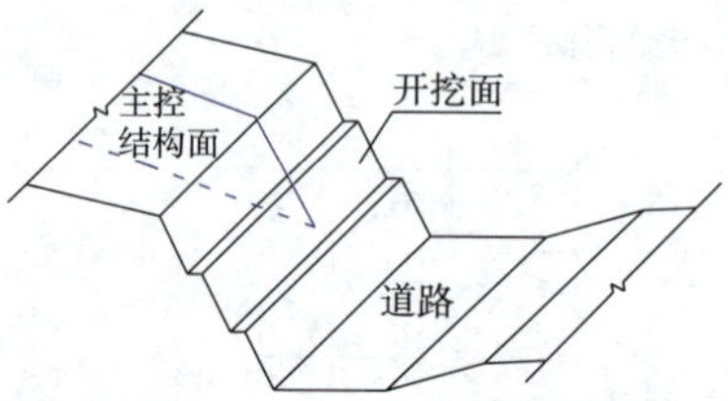	可发生局部地段两组节理间的楔形体滑动破坏,有时也可出现平面滑动破坏,当开挖坡率较陡时也可出现崩塌破坏。属于节理控制式路堑边坡结构的破坏模式
	层状结构	顺倾层状结构	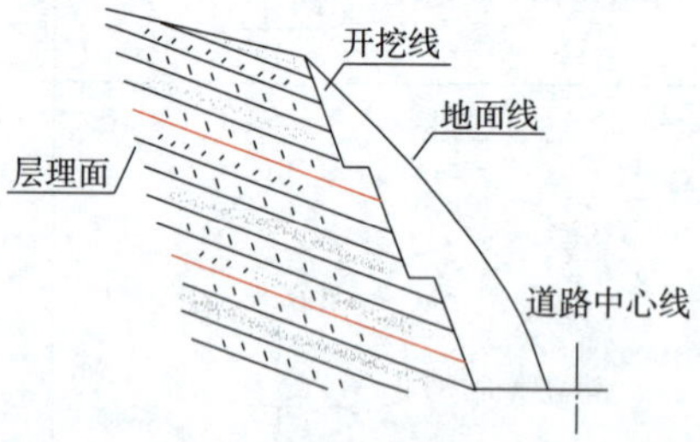	开挖失稳的控制因素是层间结构面控制,常产生多层多级的顺层平面型滑动。属于层状路堑边坡结构的破坏模式
		顺倾软硬互层结构	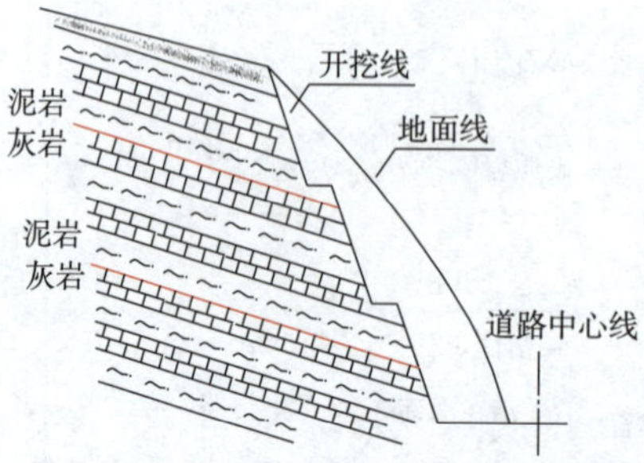	开挖失稳控制因素是沿煤层间滑动或煤层、泥页岩内的软弱结构面或其他软硬交替的岩体界面滑动。虽也属于层状路堑边坡结构的破坏模式,但主要属于软硬交替式边坡结构的破坏模式

续上表

大类	亚类	小类	边坡坡体结构图示	边坡失稳破坏模式
岩质路堑边坡	层状结构	顺倾上软下硬结构	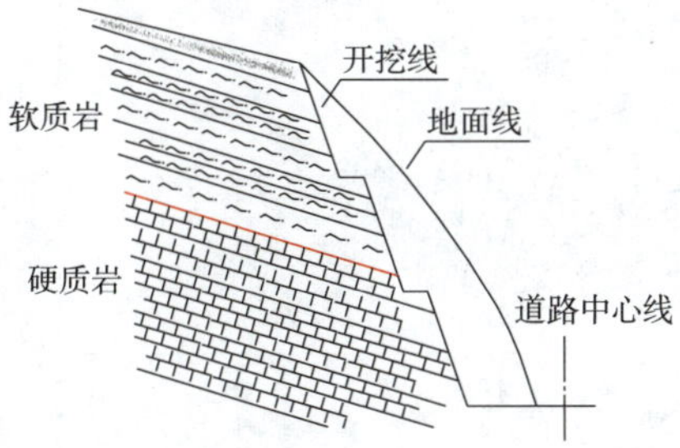	可发生覆盖层沿软硬岩体分界面整体近似平面式滑动破坏。虽也属于层状路堑边坡结构的破坏模式，但主要属于基座式边坡结构的破坏模式
		顺倾上硬下软结构	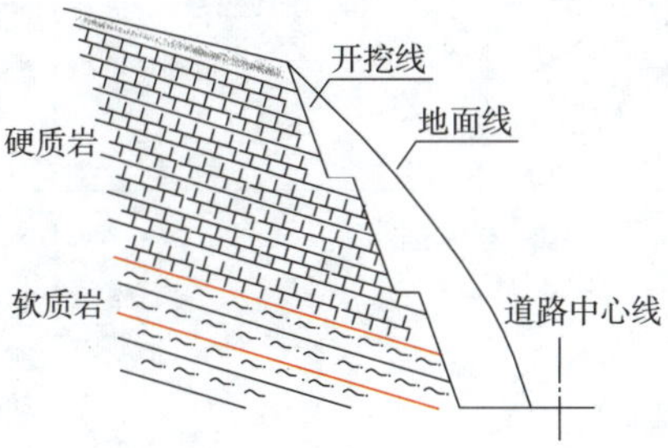	开挖边坡的失稳破坏受下部的断层（软弱带）控制，可产生上部岩体沿下部软弱带的整体失稳滑动，破坏的力学行为多为蠕滑－拉裂式。虽也属于层状路堑边坡结构的破坏模式，但主要属于软弱带控制式边坡结构的破坏模式
		反倾层状结构	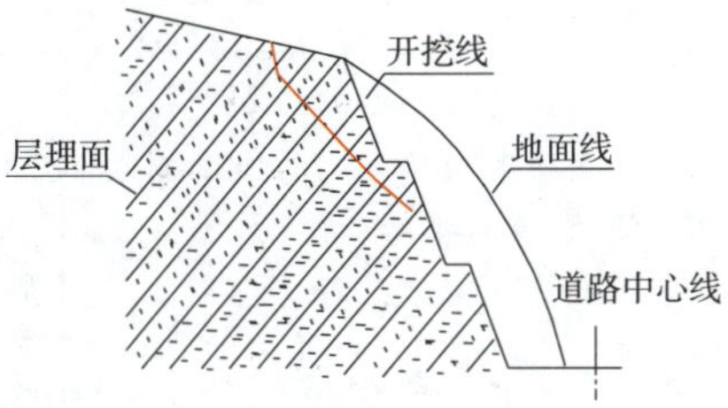	开挖边坡失稳破坏的控制因素一般是坡体中的次一级结构面（非层间结构面），可产生倾倒崩塌破坏和切层滑动破坏。属于层状路堑边坡结构的破坏模式。
		反倾软硬互层结构	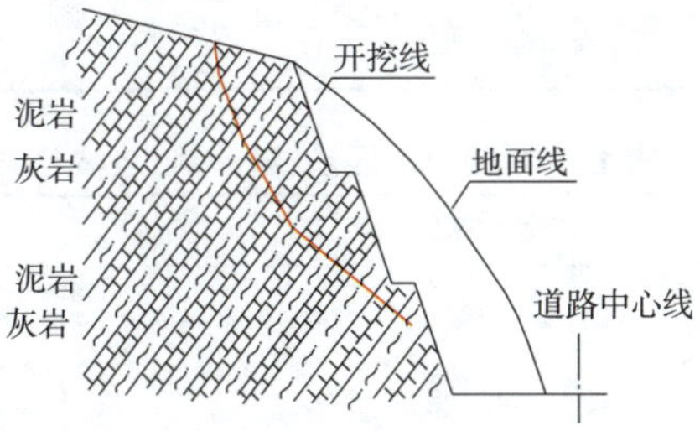	因次一级结构面的切割可产生倾倒崩塌破坏，也可出现切层滑动破坏，有时也可能出现错落破坏的现象。虽也属于层状路堑边坡结构的破坏模式，但主要属于软硬交替式边坡结构的破坏模式
		反倾上软下硬结构	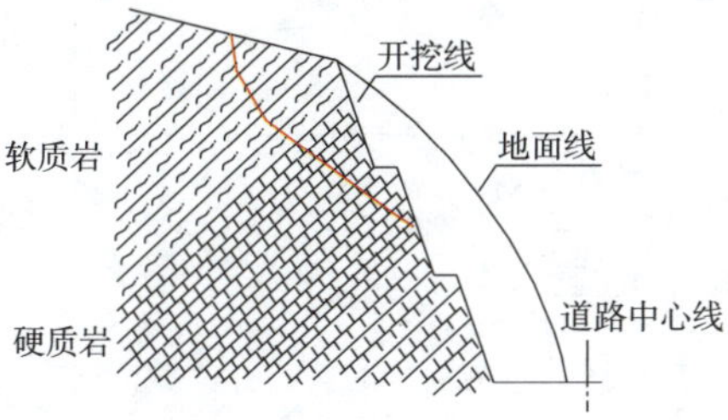	软质岩中的次一级结构面是影响开挖边坡失稳破坏的重要因素，可在上部软质岩中发生切层滑动和倾倒破坏，有时也可发生穿过硬质岩层的切层滑动破坏。虽也属于层状路堑边坡结构的破坏模式，但主要属于基座式边坡结构的破坏模式
		反倾上硬下软	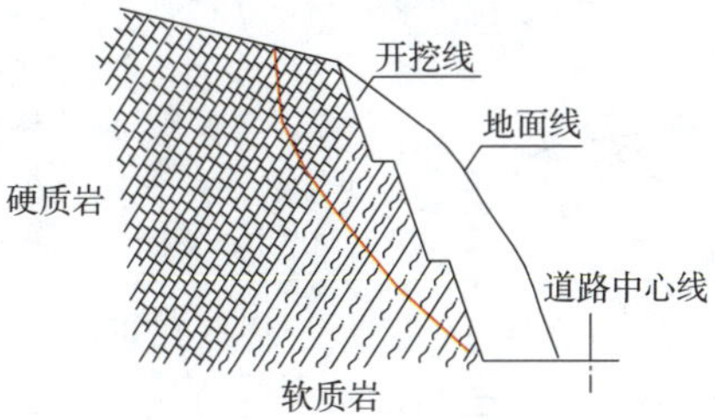	可发生穿过上部硬质岩层及下部软质岩层的切层滑动破坏，也可发生倾倒破坏，还可发生错落破坏，进而易导致下部软质岩层中发生切层滑动破坏。虽也属于层状路堑边坡结构的破坏模式，但主要属于软弱带控制式边坡结构的破坏模式

续上表

大类	亚类	小类	边坡坡体结构图示	边坡失稳破坏模式
岩质路堑边坡	层状结构	斜交层状结构	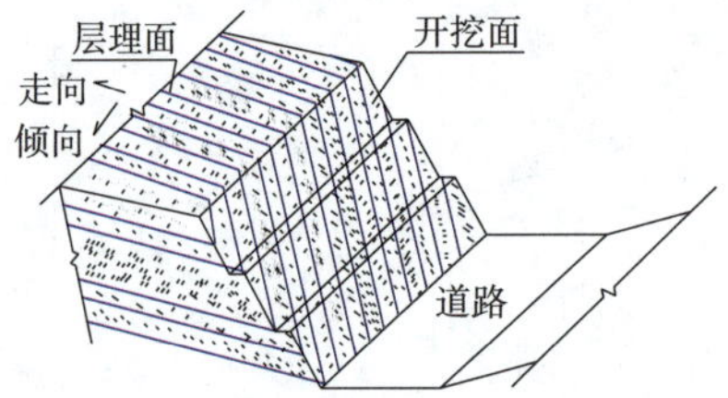	开挖边坡的失稳控制因素是次一级结构面，可发生倾倒破坏，也可发生切层滑动破坏，还可出现楔形体滑动破坏的情况。属于层状路堑边坡结构的破坏模式
	碎裂体结构	碎裂体结构	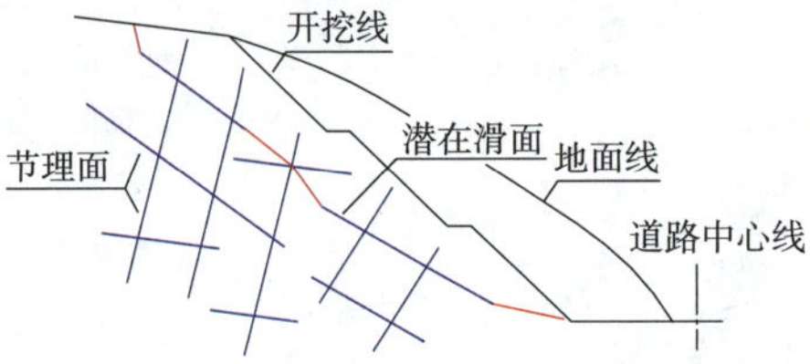	开挖失稳的控制因素是坡脚岩土强度低，在剪应力集中时会造成边坡垮塌，常可产生折线型滑动破坏，当岩体十分破碎时也可产生近似平面式滑动破坏。属于类均质式路堑边坡结构的破坏模式
	松散体结构	大型堆积体	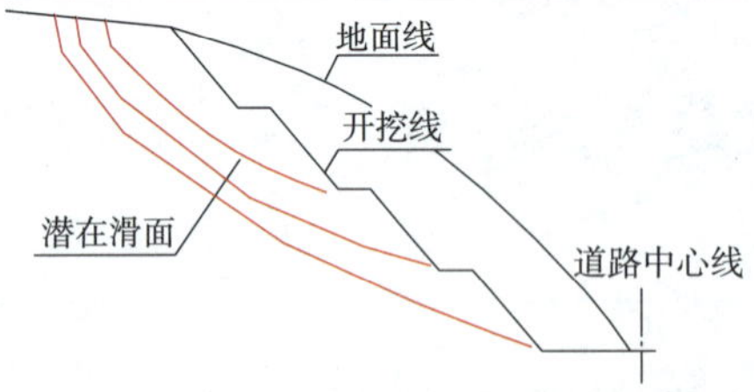	坡体结构较为松散破碎，分级开挖作用后可能会引起不同级坡体的局部失稳，常为旋转滑动破坏模式，且滑面剪出口多靠近每级坡的坡脚。属于类均质式路堑边坡结构的破坏模式
斜坡路堤边坡	斜坡软基填筑堤坡	斜坡软基填筑堤坡	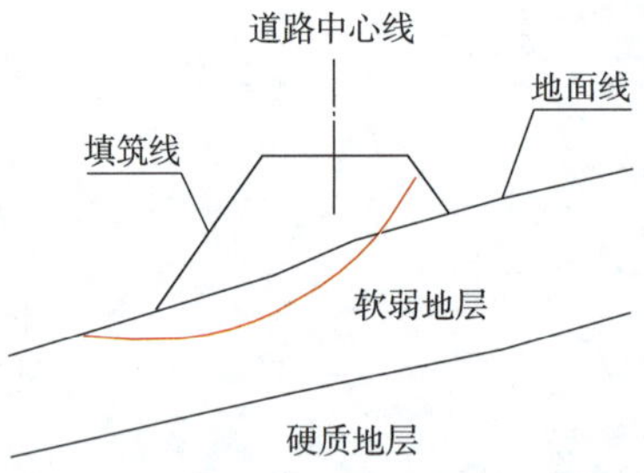	斜坡软基地段填筑高路堤，使作用于软弱地基上的荷载增大，极易超过软基的承载力，导致填筑体沿软弱地基整体滑动失稳。属于斜坡软弱地基路堤边坡结构的破坏模式

表 4.2.2　古滑坡区域的山区铁路(公路)边坡分类表

大类	亚类	小类	边坡坡体结构图示	边坡失稳破坏模式
古滑坡区域的边坡	铁路穿过古滑坡坡脚	古滑坡坡脚边坡	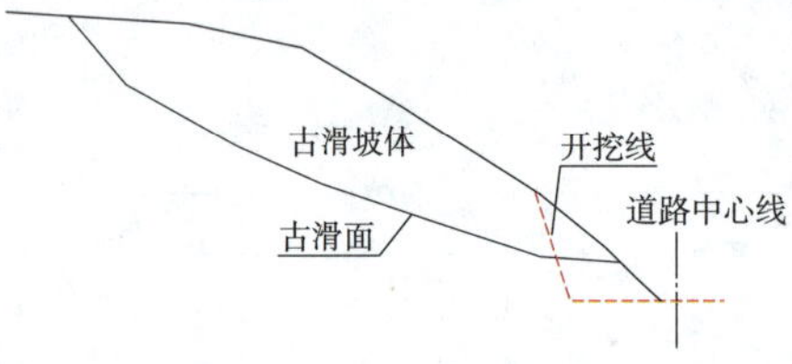	开挖古滑坡坡脚，打破了古滑坡体原有的平衡状态，易使古滑坡体沿古滑面滑动，形成牵引式滑动破坏行为。属于贯通滑面控制式边坡结构的破坏模式
	铁路穿过古滑坡坡身	古滑坡坡身边坡	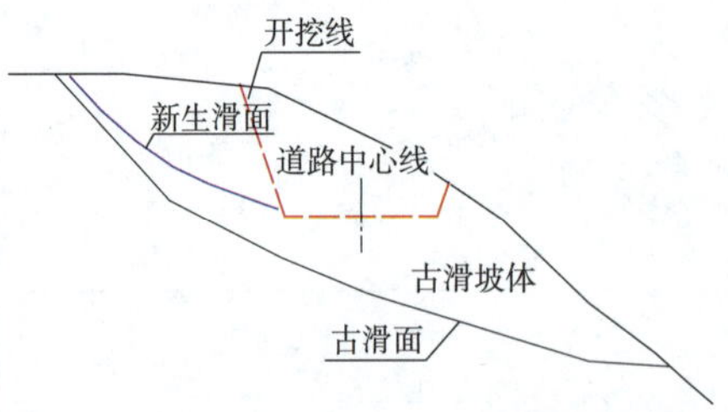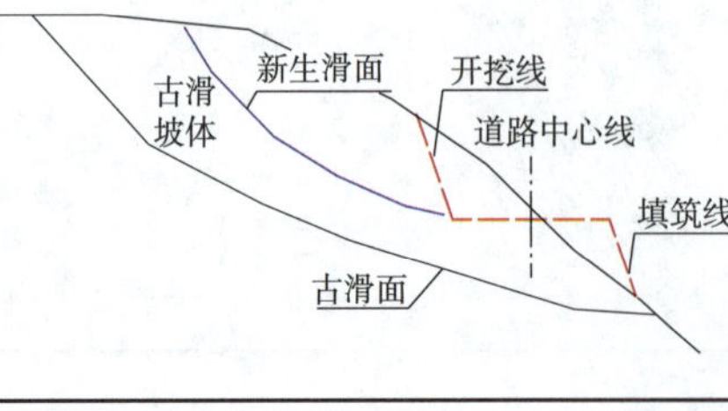	开挖古滑坡坡身，会诱发某些块级的局部滑坡滑动，尤其是强降雨时更甚。可形成以开挖面为剪出口的含局部和整体失稳的多级牵引式滑动破坏形式。沿新生滑面的滑动破坏常属于类均质式路堑边坡结构的破坏模式，沿古滑面的滑动破坏则属于贯通滑面控制式边坡结构的破坏模式，通常以前一类破坏模式居多

续上表

大类	亚类	小类	边坡坡体结构图示	边坡失稳破坏模式
古滑坡区域的边坡	铁路穿过古滑坡坡顶	古滑坡坡顶边坡	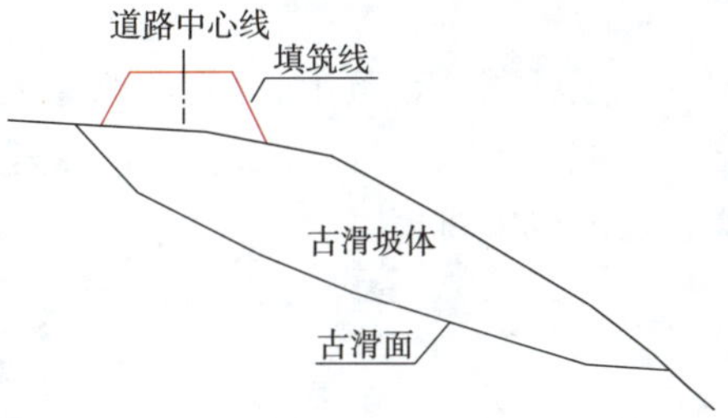	在古滑坡体上填筑路堤，对古滑坡体加载，可使古滑坡体沿古滑面滑动，形成推移式滑动破坏形式。属于贯通滑面控制式边坡结构的破坏模式

2.3　边坡失稳破坏模式

从山区铁路(公路)边坡坡体的物理力学构成及坡体可能失稳破坏模式的角度分析，可综合归纳总结为8类边坡结构——均质式路堑边坡结构；软弱带控制式路堑边坡结构；软硬交替式路堑边坡结构；层状路堑边坡结构；节理控制式路堑边坡结构；基座式路堑边坡结构；斜坡软弱地基路堤边坡结构；贯通滑面控制式边坡结构。每一类边坡结构都有不同的失稳破坏模式。详见表 4.2.1、表 4.2.2。

1)类均质结构边坡的失稳破坏模式

整体结构、节理裂隙较为发育的碎裂结构的岩质堑坡和松散结构的岩质堑坡以及一般黏性土、膨胀土、黄土、碎石土等 4 种土质路堑边坡，通常可视为类均质结构的边坡，可分为完整型、破碎型和松散型三种情况。完整型的整体稳定性一般较好，可产生局部的崩塌落石；破碎型的破坏模式受控于局部结构面，易发生大型崩塌、坍塌或滑坡；松散型的易发生旋转型滑动、坍塌等失稳破坏模式。

2)层状结构软硬相间岩质堑坡的失稳破坏模式

(1)顺倾及反倾上硬下软边坡的失稳破坏模式，一般表现为沿软弱结构面、软弱层带和贯穿性结构面与坡体中成组节理或层间结构面发生破坏，属于软弱带控制式的路堑边坡。

(2)顺倾及反倾上软下硬边坡的整体失稳破坏模式，主要表现为上部较为软弱的岩土体沿基岩面发生整体滑动，属于基座式路堑边坡。

(3)顺倾及反倾软硬互层边坡的整体失稳破坏模式，常表现为沿软硬交替中相对软弱的岩体界面发生破坏，属于软硬交替式路堑边坡。

3)层状结构含软弱夹层的路堑边坡的失稳破坏模式

(1)顺倾层状路堑边坡的破坏模式受层状结构面控制，坡脚被切割时易发生滑动破坏，易发生多层多级的顺层岩石滑坡，层面、软弱夹层或顺层结构面常形成滑动面。当岩层陡倾时，易发生溃屈破坏。

(2)反倾层状路堑边坡一般较稳定，破坏模式受控于坡体中的次一级结构面，产生崩塌、切层滑坡。当岩层陡倾时，易发生倾倒破坏，薄层状岩石表层倾倒较普遍。

(3)斜交层状结构的路堑边坡易形成层面与节理组成的楔形体滑动或崩塌，有时也可发生切层失稳破坏。

4)块状结构岩质堑坡的失稳破坏模式

块状结构岩质堑坡的破坏模式受控于结构面，一般决定于节理优势产状较不利的节理面，常组合形成滑块，或追踪节理形成阶梯状滑面，属于节理控制式路堑边坡。

5)斜坡软基路堤边坡的失稳破坏模式

主要表现为路堤边坡整体沿地基中软弱带滑移。

6)古滑坡区域边坡的破坏模式

主要表现为滑面和临空面所围限的滑体沿已有贯通滑面失稳下滑，属于贯通滑面控制式的边坡。当铁路穿过古滑坡体形成开挖路堑边坡时，有时也会出现开挖堑坡沿古滑坡体上产生的新生滑面滑动破坏的现象，属于类均质式路堑边坡的破坏模式。

2.4 边坡灾害形成机理

本节讨论土质开挖边坡(包括一般黏性土、膨胀土、黄土、碎石土路堑边坡)、非层状岩质边坡(包括整体结构、块状结构、碎裂结构、松散结构岩质堑坡)、层状结构岩质边坡(重点是顺倾层状岩质堑坡)、古滑坡地段的铁路边坡、斜坡软基路堤边坡等 5 类边坡的成灾机理。

2.4.1 土质路堑边坡

2.4.1.1 一般黏性土边坡

山区铁路(公路)工程中开挖的黏性土路堑边坡,由于黏性土的颗粒间具有黏聚力和摩擦力,二者共同具有抵抗剪切破坏的效应,其中黏聚力是黏性土区别于无黏性土的重要特征。当黏性土边坡以一定的坡率开挖时,在开挖卸荷作用下,坡体原有的力学平衡状态被打破,在应力状态调整达到新的平衡状态的过程中,在一定范围内坡体的变形不断发展,可能会出现某些点沿某方向的剪应力达到该点沿该方向的抗剪强度,此时该点即达到破坏状态。

图 4.2.1 是某黏土堑坡的剪应力和水平位移分布的数值模拟结果。可见,坡脚处剪应力集中现象明显,因而该区域易先达到剪切破坏状态,产生较大的剪切滑移。水平位移等值线为弧线,开挖临空面附近坡体位移较大,坡体内部位移则逐渐减小;坡体上部的位移较大,下部的位移逐渐减小;坡脚附近及其以上部分一定范围内的坡体构成潜在滑动体,堑坡易发生圆弧形滑动破坏。

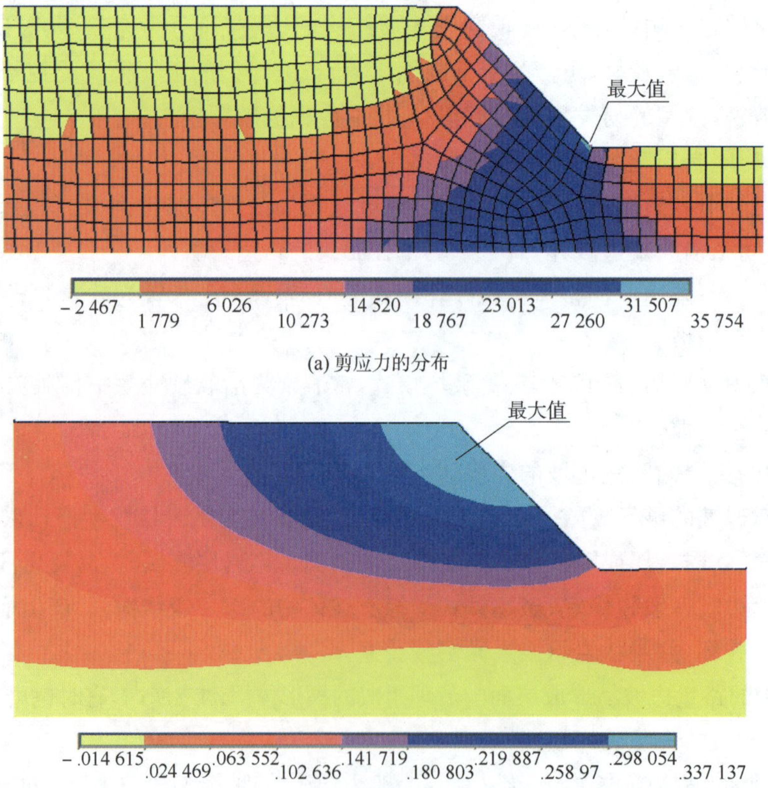

(a) 剪应力的分布

(b) 水平位移分布

图 4.2.1 某黏土堑坡的剪应力及水平位移分布的数值模拟结果

2.4.1.2 膨胀土边坡

膨胀土堑坡稳定性问题的特殊性在于膨胀力的存在,产生膨胀力的根本原因在于其中所含黏土矿物(主要是蒙脱石)具有强烈的亲水性,而产生膨胀力的直接诱发因素则是土层中水分的变化。随着铁路边坡的开挖,使坡面暴露,若不加防护或防护措施不当,在自然风化作用及地表水的用下,会使坡体中一定范围内的含水量发生不同程度变化,产生了相应的膨胀力。由于堑坡中不同位置处水分变化规律不尽相同,导致相应膨胀力作用规律亦不同。所以，在此类堑坡的失稳灾害分析中，必须要充分考虑膨胀力作用规律，以便更全面地反映工程实际情况。

1)膨胀土堑坡的破坏机理

(1)膨胀土风化的分层性。风化作用主要有三类：物理风化、化学风化、生物风化。对膨胀土堑坡而言，这三类风化作用都存在，即气候(主要是温度、湿度、降水和蒸发)和生物以及环境等自然风化营力的作用。大量气象与野外观测表明，在这些风化作用下，膨胀土堑坡中会产生风化带，由表及里形成不同的风化层。根据廖世文等对襄渝、阳安等铁路大量膨胀土路基的研究结果，一般可将膨胀土按风化程度分为三层：表层、浅层、深层。表层风化作用强烈，裂隙极其发育，胀缩变形变化剧烈，属强风化层；浅层风化作用相对减弱，裂隙较细小而且不太发育，胀缩变形变化不及表层剧烈，属弱风化层；深层基本没有风化作用，无胀缩变形和强度衰减，属原状土层。每一层范围内的土体都有其特殊的物性状态、结构和强度。由于边坡不同位置的膨胀土物理力学性质有一定的区别，因而在不同位置处的膨胀力也会存在一定的差异，也就是说膨胀力随开挖边坡由表及里的位置不同，具有不同的作用特征。

(2)膨胀力的作用规律。在表层内，由于风化作用强烈，使得土中水分变化显著，如果受到约束则会产生较大的膨胀力。但由于此层位于堑坡的最外层，受约束作用最小，而在坡面处是不受约束的，由坡面向坡体内延伸，内层土体才逐渐受到其周围土体的约束作用，所以在表层内膨胀力的作用规律应是从零开始(在坡面处)的一个逐渐增加的过程。

在浅层内，虽然风化作用不及表层强烈，但土层中水分变化仍然较显著，并且此层范围内的土体受到的是表层与深层土体的两侧约束，仍会产生较大的膨胀力。由于此层范围内水分变化一般比较均匀，所以膨胀力值随深度增加可近似看成一个常数。

在深层内，由于基本不受风化作用，水分变化不及前两层显著，膨胀力随深度增加而逐渐减小，但其梯度较表层内的变化梯度要小。

基于上述分析并兼顾简化实际计算，这里采用膨胀力随深度作用规律的数学模型为折线型(图 4.2.2)，图中 P_s值由试验确定。

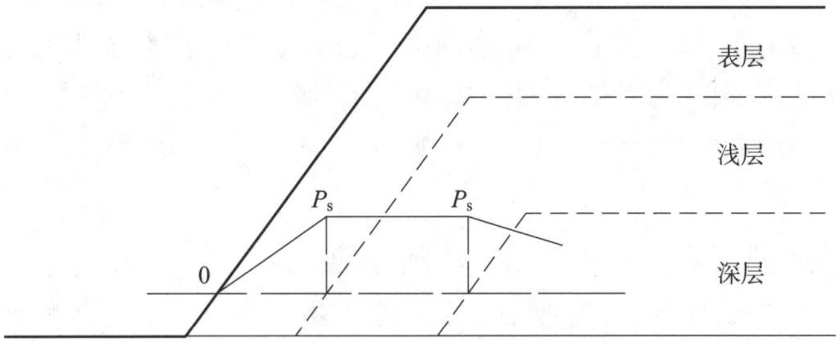

图 4.2.2　膨胀力作用规律示意图

设表层深度为 D，浅层深度为 D_1，x 为表、浅层中的一点距坡面的水平距离，m 为坡率的倒数，则膨胀力 P_e的表达式为：

$$P_e = P_s/(D\sqrt{m^2+1})\cdot x \qquad 0 \leqslant x \leqslant D\sqrt{m^2+1} \tag{4.2.1}$$

$$P_e = P_s \qquad D\sqrt{m^2+1} \leqslant x \leqslant (D+D_1)\cdot\sqrt{m^2+1} \tag{4.2.2}$$

(3)膨胀土堑坡的表层失稳破坏。膨胀土堑坡开挖形成后，由于风化作用及干缩湿胀效应，使得表层土体结构联结程度大大降低，表层中产生许多裂隙，在自然营力(大气降雨或地表流水)作用下，若土体吸水饱和或达到流塑状态，则易沿坡面产生表层或局部溜坍现象。

破坏模式：膨胀土表层受风化作用最为强烈，其强度衰减也最大。浅层风化作用相对较弱，强度衰减不及表层那么剧烈。在两层交界处存在着一个强度较低的过渡界面，这个界面就是表层土体坍滑的潜在滑移面。同时，膨胀土边坡上部以垂直裂隙为主，下部以倾斜或水平裂隙为主，构成了边坡的裂隙组合形式。在这两者基础上，结合现场实际坍滑现象分析，可得膨胀土表层的坍滑破坏模式(图 4.2.3)。

假定表层塌滑土体本身不变形。在图 4.2.3 中，a 段滑面主要是由裂隙构成的；b 段滑面是表层与浅层间的强度衰减变化过度面；c 段滑面主要是由前两段滑面上的土体滑移推动而形成的。当表层滑体沿相应滑面的下滑力大于其极限抗滑力时，坡体就会出现表层失稳滑动破坏状态，即表层坍滑。

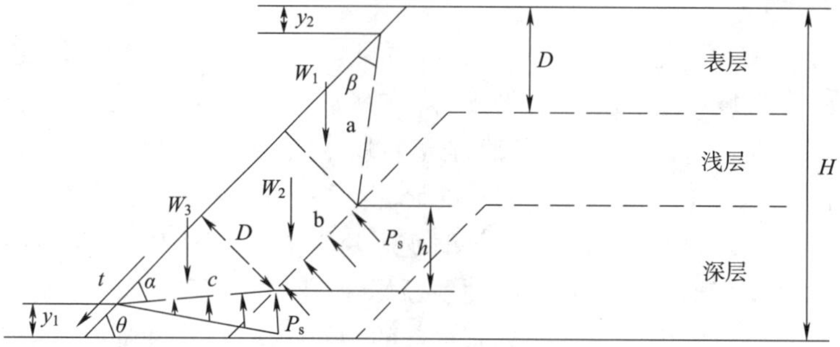

图 4.2.3　表层塌滑体破坏及受力模式

(4)膨胀土堑坡的整体失稳破坏。膨胀土具有黏性土的基本特征，该类边坡的整体失稳滑动面一般仍为曲面，可近似看成圆弧面。但是，在进行膨胀土堑坡整体稳定性分析时，除考虑重力之外，与其他类土质边坡稳定分析不同的是，还必须考虑膨胀力的作用，产生膨胀力的直接诱发因素则是土层中水分的变化。在潜在滑面上，各点膨胀力的作用方向与滑面切向垂直且指向潜在滑体，膨胀力的作用促使边坡失稳滑动破坏。当潜在滑动面所对应的潜在滑体的整体下滑力矩大于其极限抗滑力矩时，坡体就会处于整体失稳滑动破坏状态。

2)红黏土路堑边坡的破坏机理

除了前述一般膨胀土以外，在山区铁路(公路)边坡工程中还会涉及的一类特殊的膨胀性黏土——红黏土。路堑边坡的失稳破坏机理分析如下：

(1)红黏土的特性为边坡破坏提供了基础。红黏土的孔隙比大，起始含水量很高，气候干燥时土体的收缩性大，往往形成较发育的网状裂纹。裂纹的生成又为水的下渗创造了条件，加剧了裂纹深处的胀缩循环。当气候干湿交替，土的干缩湿胀反复循环，以及裂纹处形成的应力集中，使边坡上的裂纹不断扩张、延伸、下切，粗裂纹逐渐连通，形成较宽的裂缝。裂缝连通，开始在坡面形成表层破碎层。红黏土边坡一般都分布在亚热带温湿地区，雨量充沛，水流的冲蚀作用强，边坡上的破碎层不断发展，形成局部坍塌。以上分析说明，红黏土边坡在没有防护情况下，最终处于一种不稳定状态，造成由坡面破坏发展到边坡整体破坏。

(2)路堑坡脚是边坡的薄弱环节。路堑开挖后，路堑坡脚由于水平应力的增大，形成坡脚的应力集中区；坡面水流汇集到坡脚时，由于重力作用，流速最大，其冲蚀作用也最大；施工过程中，由于设支挡工程或侧沟而开挖坡脚，下续工序往往不能及时跟上，坡脚经常会有一段时间处于较陡的不稳定状态；运营过程中，坡脚也最易受人为或其他因素的破坏；红黏土土层本身越往下，越趋于软塑性，力学性能越差。所以，红黏土路堑边坡的破坏，常始于坡脚或边坡下半部，慢慢向上延伸而至整个堑坡。

(3)路堑边坡破坏过程发展到最后形成边坡滑坡。滑坡的形成是由于网状裂纹的发展、贯通，使边坡存在多组裂面。当路堑开挖到一定深度，下部支撑力减小，或者挖到了软弱层面，在久旱后的暴雨天气或连绵细雨季节，上部土体吸水加载，裂面或较软弱层面由于水的作用减小了摩阻力。在水和重力的作用下，坡脚首先发生坍塌，牵引边坡上部土体下滑而形成滑坡。红黏土路堑穿过的丘岗覆盖土层一般均不深，而覆盖土与基岩接触面不是光滑的层面，再加上土体内存在着大量裂隙，所以滑坡不会很深，一般属浅层滑坡。

2.4.1.3　黄土边坡

黄土地区修筑铁路工程开挖而形成路堑边坡，打破了原有平衡状态，坡体内应力状态将调整，坡体产生变形。如果边坡设计合理，则变形向趋于稳定方向发展，即呈减速变形趋势；反之，如果设计值(包括开挖坡率、台阶宽度、支护措施等)不能满足黄土自稳要求，或边坡中存在诸如不利稳定的结构面、地下水等因素，变形将呈渐增趋势发展，致使边坡处于不稳定状态，甚至破坏。根据一些铁路黄土边坡的调查，并归纳前人的一些研究结果，总结出黄土路堑边坡变形破坏的机理如下：

从铁路边坡开挖坡率角度而言，黄土边坡具有两种典型的边坡类型，即缓坡型和陡坡型。缓坡型边坡的变形失稳可分为牵引坐落型(旋转型滑动破坏，可近似视为圆弧型滑面)和平滑型。陡坡型边坡的变形失稳可分为卸荷剥落型和剪滑破坏型。

1)牵引坐落型

牵引坐落型也可以称为大型圆弧型滑坡，典型破坏模式如图 4.2.4 所示。这种边坡早期应为陡立边坡向缓坡的过渡型，其形成机理一般分为三个阶段。第一阶段为黄土垂直节理卸荷拉裂不断向纵深发展。第二阶段为前缘坡体局部失稳，滑面则主要追踪古土壤层界面。滑坡多发生在雨季，因为沟谷地带含水量明显增高，有时甚至饱和，使坡脚部分土体强度降低；前缘边坡的失稳往往使冲沟被充填，冲沟充填物结构松散，沟谷地表水很容易下渗形成暗流，导致沟底形成黄土陷穴、黄土井和桥，这就是黄土陷穴、落水洞常呈串状展布于沟谷的原因。观察发现这类陷穴发育深度一般不超过沟谷松散坡积层以下。

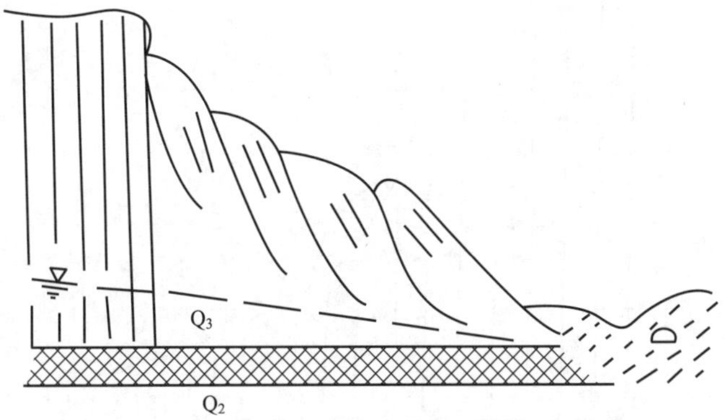

图 4.2.4　牵引坐落型

由于卸荷裂隙向坡体内发展是一个由强渐弱的过程，前沿边坡的失稳不足以触发紧临其后的下一级坡体失稳。但由于前沿滑体充填沟谷，对土体湿度增加有利，同时前沿坡体的位移也给下一级坡体更大的变形空间，故每一次前沿坡体的失稳均代表着一次整体边坡的变形加速过程。第三阶段为整体失稳阶段。这种急变事件多发生在暴雨期间，各种不利因素的组合使边坡可能沿着古土壤层界面形成大规模的滑动。

2)平滑型(土溜)

平滑型是黄土缓坡变形失稳最为普遍的一种形式，典型破坏模式如图 4.2.5 所示。这种边坡表面看上去形似一个大的滑坡体，且滑体边界十分明显。事实上此种滑体每次滑动的方量并不大，但发生十分频繁。发展过程一般可分为两个阶段：初期表面扩张阶段。当先期滑体出现后，每年雨季很快沿先期滑体的边界向周边发展，平面上表现为多个滑体处于一个大的滑坡边界内；后期表面的扩张范围受地形影响而基本处于稳定阶段，主要特征转变为滑体内部次级滑坡频繁发生。这种滑坡是滑体松散物质在暴雨季节表面浸水、局部单元处于塑性状态所致。有关分析计算表明：当松散土体含水量为 20%～22%时，这种破坏即可发生。

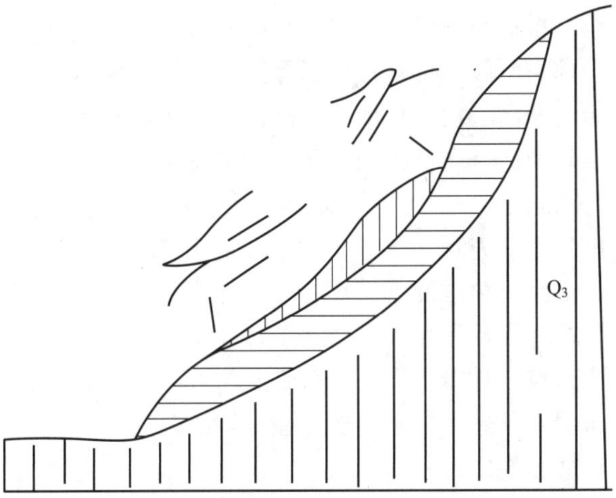

图 4.2.5　平滑型

3)卸荷剥落型

卸荷剥落型是陡立黄土边坡常见的一种改造方式，典型破坏模式如图 4.2.6 所示。垂直节理卸荷张开，边坡由表及里、由上至下干缩剪裂，相当于在重力作用下的无侧限抗压剪切破坏。垂直裂隙不断向下扩张，抗剪断有效面积不断减小，最后导致柱块状底部剪切剥落。

4)剪滑破坏型

剪滑破坏与卸荷剥落的机理相同，只是其规模更大，典型破坏模式如图 4.2.7 所示。这类失稳必须具备两个条件：边坡一定深度内卸荷裂隙充分发育且坡脚剪出带存在原生软弱结构面或长时间的浸水饱和软化带。临近黄河的岸坡，洪水泛滥期间常发生类似滑坡，尤其是坡脚处于冲刷凹岸时。

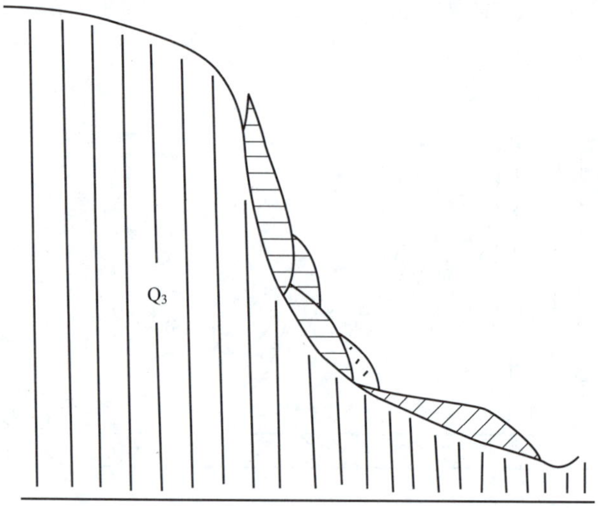

图 4.2.6 卸荷剥落型

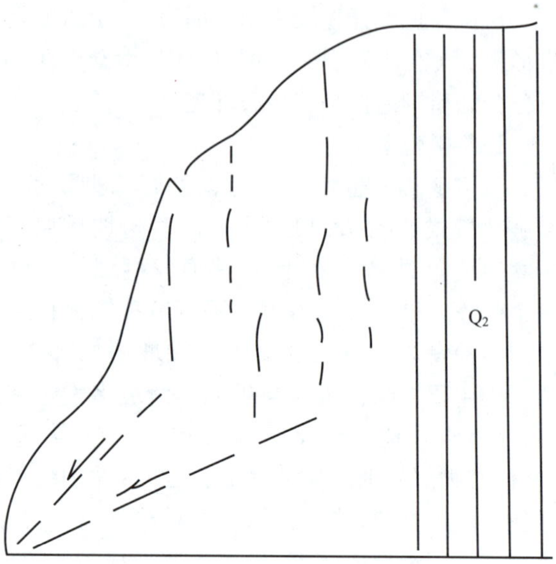

图 4.2.7 剪滑破坏型

一般而言，滑坡的发生主要取决于滑动面上的应力状态和滑带土强度的变化，主滑段的滑动带(主滑带)对滑坡的产生起着控制作用。黄土路堑滑坡多数为工程诱发老滑坡的复活，主滑面大多继承老滑坡的主滑面或次级滑面。老滑坡尚未复活前，主滑段抗剪强度较残余强度稍高。工程滑坡在发生滑动前，主滑段的抗剪强度及其参数较老滑坡滑带土的大。但由于透水性的差异，充当滑带土的粉质黏土、黏性土以及性质与黏性土较接近的碎石土，往往成为相对隔水层。经过长期浸泡，其内聚力和内摩擦角逐渐减弱，抗剪强度降低。主滑段强度降低导致坡体应力重新分布调整，坡顶出现拉应力区。由于抗拉强度非常低，在坡体后缘产生张拉裂缝。

根据前人研究成果，工程活动诱发黄土滑坡的形成过程可总结归纳为：开挖→坡脚土体向下蠕动→坡体中部主滑段滑带土强度降低剪切破坏→坡体加速蠕动→坡脚坍塌，坡顶产生裂缝→后缘裂缝向下向深扩展与不断向上向后扩展的塑性破坏区沟通→形成牵引段→牵引段和主滑段共同推动抗滑段→抗滑段破坏，产生新滑面→全部滑面贯通→滑坡发生。

总之，一般可认为黄土路堑边坡开挖变形整体破坏的机制主要表现为前缘蠕滑—后缘拉裂，如图 4.2.8 所示。黄土路堑边坡变形破坏的主要原因有两个方面：铁路工程开挖作用导致坡面及前缘土体蠕滑，同时地表水沿坡体后缘张拉裂缝带入渗导致滑带土饱和和强度降低；水的软化作用对黏聚力的影响较为显著，黏聚力变化对黄土边坡稳定性影响极为敏感。

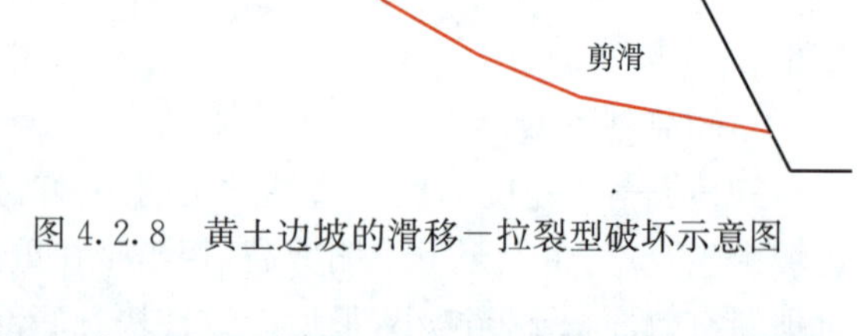

图 4.2.8 黄土边坡的滑移—拉裂型破坏示意图

2.4.1.4 碎石土边坡

碎石土主要由碎石、块石及其间填充的粘粒、粉粒、砂粒等构成。另外，当岩体风化程度较强以至呈破碎松散状态，风化后的小岩块间被较小颗粒的土体填充时，也可视为碎石土体。由于碎块石土和全～强风化的岩层比较松散，强度较低，雨季含水量增高则会更低，加之路堑边坡涉及的残坡积层和冲洪积层一般都是堆积在斜坡之上，路堑边坡开挖后，可沿碎石土体(厚度不大)与下伏基岩间的堆积面产生滑动，或在碎石土堆积层内(厚度较大)开挖边坡产生类似黏性土质边坡的圆弧形滑动，导致边坡破坏失稳。所以，碎石土路堑边坡可能产生的破坏模式有两种：沿堆积面发生滑动破坏；在较厚的堆积层中产生圆弧滑动破坏。

1)沿堆积面发生滑动

残坡积及冲洪积层往往堆积在斜坡上，形成碎石土斜坡，其堆积面大多由全强风化的砂页岩、泥岩构成，富含地下水，强度较低，是控制这类边坡稳定的软弱结构面。路堑边坡开挖切割其前沿支撑部分，极易导致边坡沿堆积面滑动，这是该类边坡主要的破坏模式。如图 4.2.9 所示。

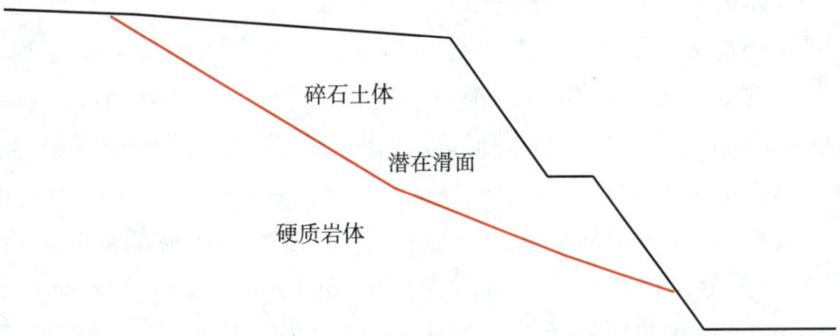

图 4.2.9　碎石土堑坡沿堆积面发生滑动的破坏模式

发生这种破坏的原因主要在于硬质岩体上的碎石土堆积层厚度不大，碎石土与其下硬质岩体的分界面（堆积面）成为稳定的隔水界面，地表水入渗到碎石土中后，长期浸泡软化该分界面附近的碎石土，导致该分界面成为坡体内相对软弱的结构面。这样，在工程开挖作用下，随着开挖深度的增加，使该分界面被切断而临空，使开挖边坡失去前方原有岩土体的支撑和阻抗。开挖边坡的碎石土体在重力作用下，在一定的开挖坡率的条件下，若作用于分界面上碎石土体的下滑力大于其抗滑力，极易产生整体沿堆积面滑动破坏，形成平面型或折线型滑动破坏形式。

2）圆弧破坏

残坡积及冲洪积层形成的碎石土层厚度较大时，开挖路堑边坡，坡脚处原有力学平衡状态被打破，坡体中必然产生应力调整。由于该类土体中仍然存在着黏聚力，在应力调整建立新的平衡状态过程中，也就会出现因堆积体自身强度不足而产生的旋转型滑动的破坏模式，即发生类似黏性土质边坡的圆弧滑动破坏。如图 4.2.10 所示。

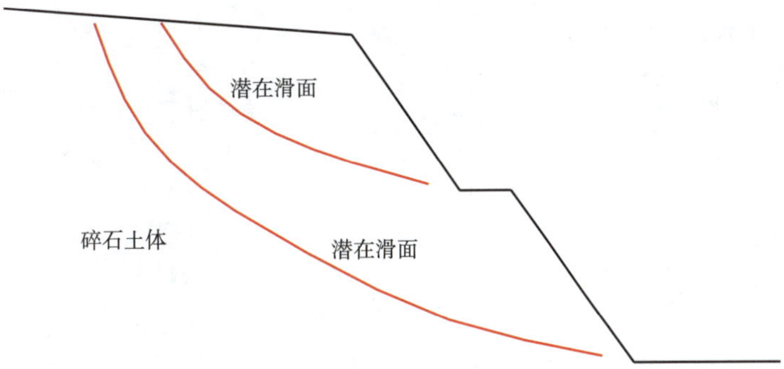

图 4.2.10　碎石土堑坡发生圆弧滑动的破坏模式

2.4.2　非层状岩质路堑边坡

2.4.2.1　边坡开挖失稳破坏模式

根据开挖卸荷理论，在开挖作用下，坡体内要产生卸荷效应。在坡脚处剪应力集中，破坏的控制因素是抗剪强度；在坡体后缘，则产生拉应力，破坏的控制因素是抗拉强度。对于岩质边坡而言，失稳破坏的控制因素是抗剪强度和抗拉强度，即属于二者的复合破坏模式。开挖边坡中任一点的破坏状态由式（4.2.3）所示的条件确定。

$$\left.\begin{aligned}&0.5(\sigma_1-\sigma_3)=0.5(\sigma_1+\sigma_3)\sin\varphi+c\cos\varphi\\&\sigma_3+\sigma_t\leqslant 0\end{aligned}\right\}\qquad(4.2.3)$$

式中，σ_1，σ_3 为任一点处的主应力，压正拉负；σ_t 为任一点处坡体材料的抗拉强度；c，φ 为该点处坡体材料的黏聚力和内摩擦角。

在坡体内某一点只要式（4.2.3）中的方程满足一个，则该点就处于破坏状态，满足前一方程时表示该点处于剪切破坏状态,满足后一方程时表示该点处于拉伸破坏状态。根据开挖边坡中的应力分布特点,通常在同一点这两个方程难以同时满足(在坡体后缘出现张拉裂缝的部位,这两个方程均满足),也就是说一般在同一点只发生一种破坏状态,即剪切破坏或拉伸破坏。

一般而言,由于坡脚处的剪应力集中,边坡首先在坡脚处产生大的剪切滑移变形,对后方坡体的支撑约束作用逐渐减弱,进而牵引着后方坡体产生剪切滑移变形。在这个过程中,坡体内一些点随着变形量的增大,剪应力逐渐达到抗剪强度而处于剪切破坏状态,这些破坏点的连线即形成了塑性区的一部分,也构成了滑动带的一部分。同时,由于坡脚处的牵引而造成坡体后缘出现拉应力,当拉应力超过该区域岩体的抗拉强度时,就会出现张拉破坏状态,表现为坡体后缘出现张拉裂缝,使得该区域的部分坡体脱离后部的母体,这段张拉裂缝也构成滑动带的一部分。由于破坏点一般先在坡脚附近产生,再逐渐向后上方坡体中延展,即塑性区(或滑动带)由坡脚处逐渐向后部坡顶处延展。因此,开挖边坡失稳常是从量变到质变的过程。随着塑性区的逐渐扩展,当达到一定程度时,作用于潜在滑动带上的下滑力(矩)大于其极限抗滑力(矩)时,边坡就会失稳滑动破坏。大量实际工程边坡的现场勘察以及数值模拟分析表明,剪切滑动面可为近似圆弧面、折线滑面或不规则曲线滑面,张拉破坏面常常为较为陡立的斜面。因此,从一般理论而言,开挖堑坡的失稳滑面是由剪切破坏面和张拉破坏面共同组成,也就是前述的开挖边坡的失稳破坏属于剪切和张拉破坏的复合破坏。

2.4.2.2 整体结构的岩质堑坡

对于整体结构的岩质路堑边坡而言,岩体的结构完整,整体抗剪及抗拉强度大,一般不易产生坡脚处的剪切破坏和坡顶后缘处的拉裂破坏。但因此类坡体的结构完整性好,整体强度大,通常开挖坡率较陡。由于开挖扰动作用,总是使坡体一定范围内的岩体强度弱化。对整体结构的岩质边坡来说,虽然这种弱化影响区域较小,但仍然存在,主要表现在浅表层区域。因此,在这种情况下,开挖作用常常会引起坡体表层局部岩体的拉裂松动,可形成局部的细小裂隙切割而成的岩块。在重力作用下,这些局部岩块易克服周围岩体的阻力而向下滚落,沿着坡面向下直至坡脚附近一定区域内形成了崩塌、落石。典型的整体结构岩质堑坡失稳破坏模式如图4.2.11所示。

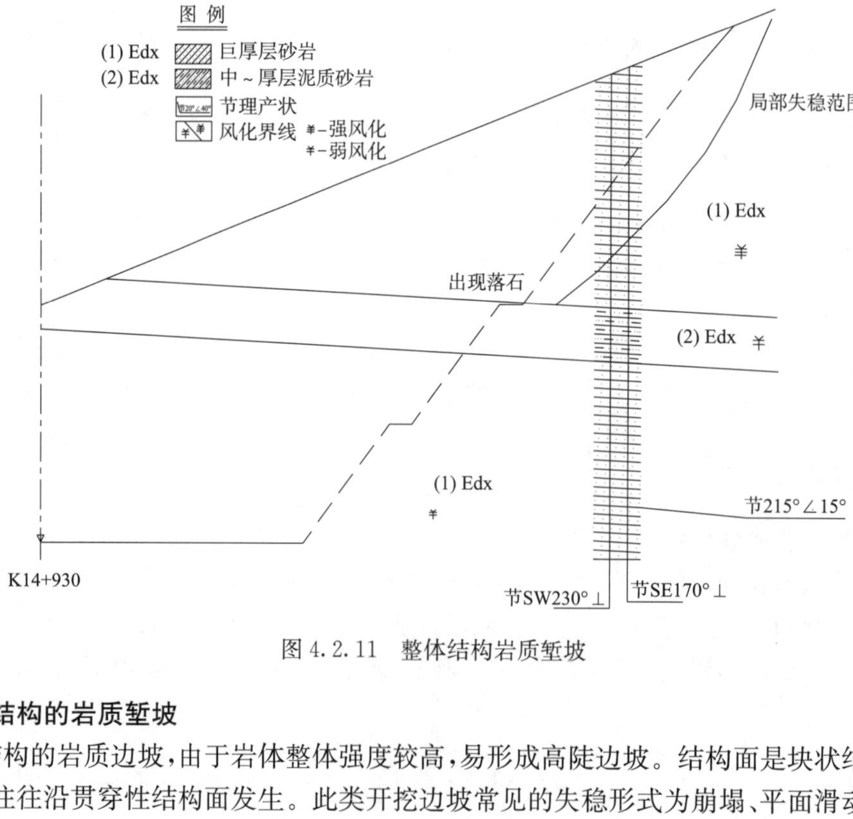

图4.2.11 整体结构岩质堑坡

2.4.2.3 块状结构的岩质堑坡

对于块状结构的岩质边坡,由于岩体整体强度较高,易形成高陡边坡。结构面是块状结构岩体中的薄弱环节,边坡失稳往往沿贯穿性结构面发生。此类开挖边坡常见的失稳形式为崩塌、平面滑动和楔形体滑动。

1)崩塌破坏的原因分析

在开挖卸荷作用下,坡体浅层范围内的岩块因开挖扰动影响而与周围岩体的联结强度降低。坡率较陡时,在重力和周围岩体挤压作用下,易使浅层坡体沿陡倾结构面张裂的同时坡脚岩体也产生变形,使上部割裂岩体失去支撑而发生翻倒，形成坡体局部的崩落坍塌，即产生崩塌破坏。崩塌的表现形式为被结构面分割的岩块以突然的方式脱离母岩翻滚而下，岩块相互冲撞破碎，最后堆积于坡脚而形成岩堆。

2）平面滑动破坏的原因分析

有些块状岩质边坡常沿层面或贯通性结构面形成潜在的滑动面。若开挖深度较大，造成结构面临空，使得坡脚处原先起着支撑后部坡体作用的岩层被剪断，当某一潜在滑动面上的抗滑力小于极限抗滑力时，就会导致上部岩体沿此滑动面滑动破坏，此即形成了平面滑动的破坏模式。

3）楔形体滑动破坏的原因分析

对于某些块状岩质边坡，在开挖深度较大时造成结构面临空，在坡体中可形成由两个以上结构面组合成的楔形体。在重力作用下，当此楔形体沿该结构面形成的潜在滑动面上的下滑力大于极限抗滑力时，就会沿该潜在滑动面产生剪切滑动破坏，由坡体前缘处的滑移而牵引坡体后缘一定范围内可能会产生拉裂破坏，形成楔形体破坏模式，在力学原因上多为滑移—拉裂型破坏。

根据块状岩质边坡主控结构面与边坡临空面的空间位置关系，可分为顺倾、反倾、斜交三种结构类型。顺倾结构面的边坡可发生沿顺倾结构面的平面滑动或楔形体滑动破坏。坡率较陡时还可能出现崩塌现象。典型实例如图 4.2.12 所示；反倾结构面的边坡可发生由两个以上结构面组合成的楔形体沿剪切面产生楔形体滑动破坏。坡率较陡时还可能出现崩塌破坏；斜交结构面的边坡可发生由两个以上结构面组合成的楔形体沿剪切面产生楔形体滑动破坏，有时也可能发生平面滑动破坏及崩塌现象。

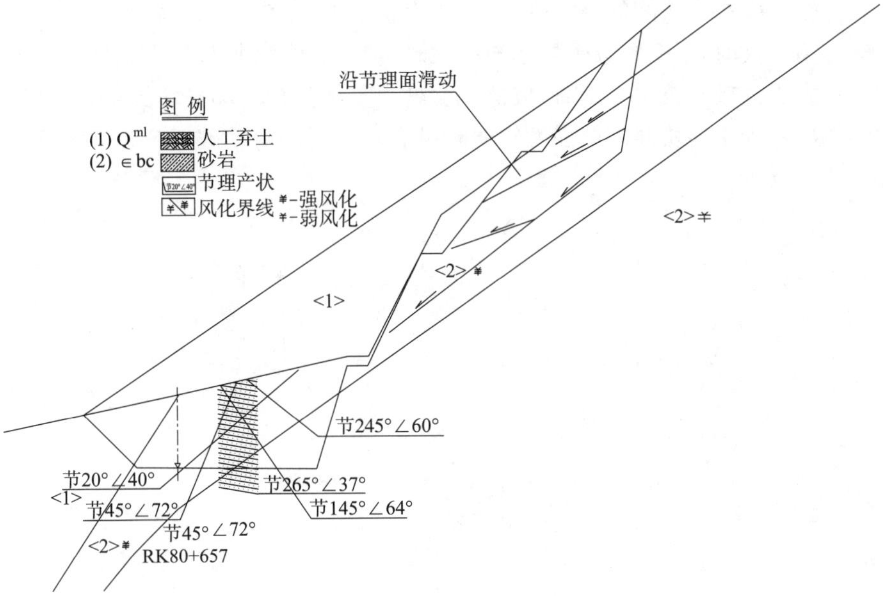

图 4.2.12　顺倾结构块状岩质堑坡

2.4.2.4　碎裂结构的岩质堑坡

碎裂结构边坡既不同于较完整的岩质边坡，也不同于土质边坡，而是介于二者之间的具有二者复合结构特征的边坡。碎裂体结构的岩质边坡，因多组节理裂隙的切割，边坡的整体性较差，坡体中形成很多软弱结构面，有其自身的特殊性和复杂性，主要是结构体特征体现为不均一的弹塑性、塑性体。虽不具备较为完整岩体的强度特征，但由于岩体中仍存在一定强度的软弱结构面，这些软弱结构面的存在与组合仍控制边坡体的变形和稳定性。在开挖卸荷作用下，坡脚处剪应力集中，易先产生剪切破坏，在坡体中可形成以坡脚或其附近为剪出口的由多组软弱结构面组合而成的潜在滑面。当沿软弱结构面组合形成的某潜在滑面的下滑力大于其极限抗滑力时，就会出现沿该潜在滑面的滑动破坏现象。碎裂结构路堑边坡多呈折线型滑动失稳破坏模式。除了开挖过程的卸荷作用有可能造成坡体失稳滑动破坏外，地表水的渗入会明显减弱坡体材料的抗剪强度，造成坡体发生较大的蠕变变形，达到一定量值后就可能产生坡体的失稳滑动破坏。在这两种可能的破坏过程中，一般都是先在坡体前缘出现剪切滑动，然后牵引坡体后缘出现张拉裂缝。产生破坏的力学模式主要表现为滑移一拉裂型。典型实例如图 4.2.13 所示。

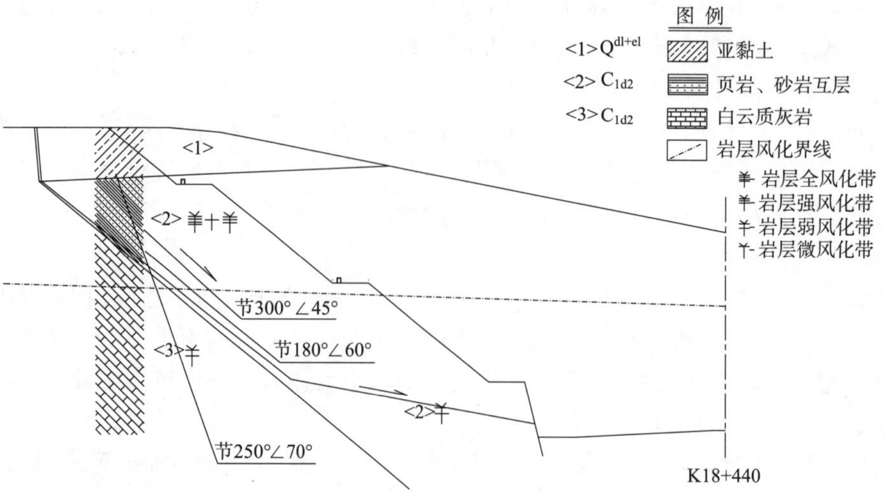

图 4.2.13 京珠高速公路粤北段某碎裂岩质堑坡

2.4.2.5 松散结构的岩质堑坡

松散体结构的边坡已不同于一般稍完整的岩质边坡，其结构特征更接近于土质边坡，开挖失稳破坏机理与土质边坡类似。根据破碎小岩块间的黏结程度，可以有曲面滑动和平面滑动两种不同的破坏形式。当小岩块间存在一定的黏结强度时，开挖边坡破坏形式可表现为旋转型滑动破坏。当潜在滑动面所对应的潜在滑体的整体下滑力矩大于其极限抗滑力矩时，坡体就会处于整体失稳滑动破坏的状态，滑动曲面在横断面上一般可近似视为圆弧形。当小岩块间黏结强度较弱时可表现为平面滑动破坏。典型实例如图 4.2.14 所示。

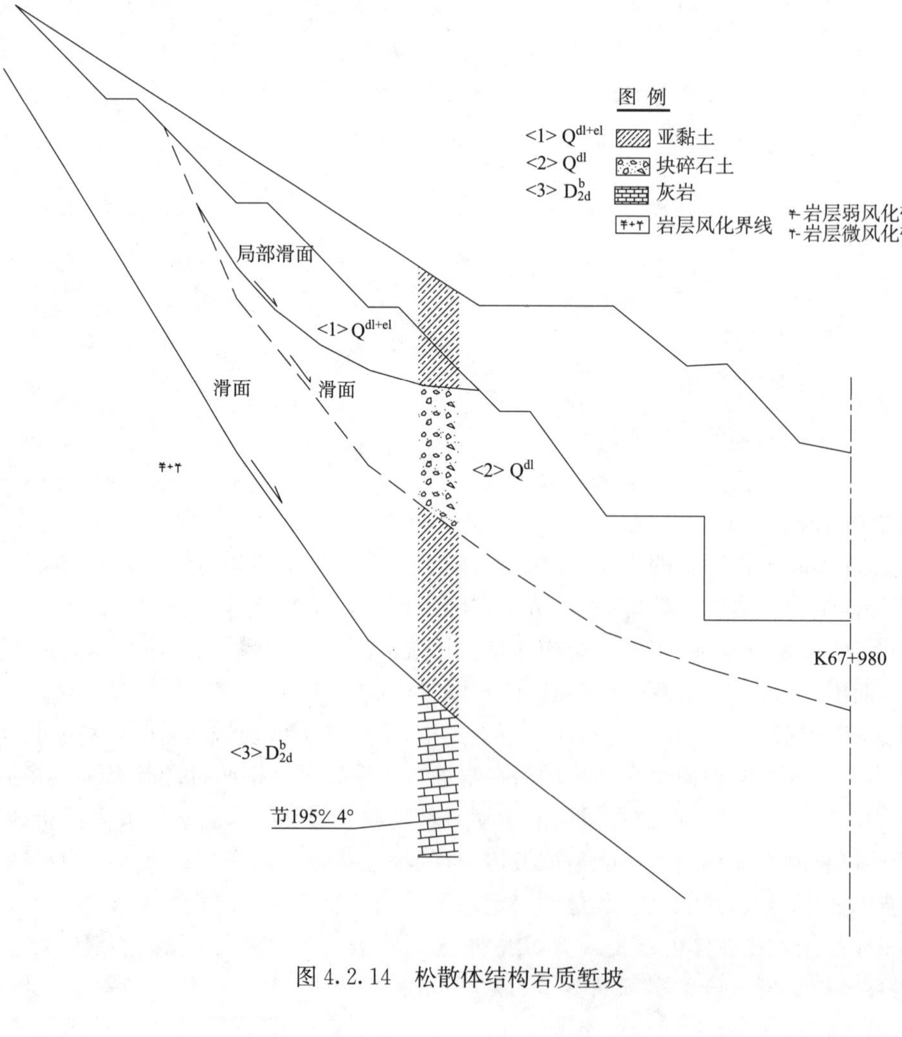

图 4.2.14 松散体结构岩质堑坡

2.4.3 层状岩质路堑边坡

层状岩质边坡按照层理面与坡体临空面的位置关系，可分为顺倾、反倾、斜交等三大类。限于篇幅，下面将重点介绍对铁路工程危害最大的顺倾层状岩质路堑边坡。

2.4.3.1 顺倾层状路堑边坡

对于顺倾层状路堑边坡(简称顺层边坡)，因工程开挖使层间结构面临空，造成层间结构面成为潜在滑面，当作用于某潜在滑面上的下滑力大于其极限抗滑力，坡体就会沿该滑面失稳滑动，形成顺层滑坡现象。尤其是在地表水入渗作用下，这种现象更为明显。工程开挖引起的顺层边坡滑移变形破坏过程，可简单概括为坡体沿已有结构面的浅(表)层松动、张裂和层间软弱面的错动、滑移，在坡脚处的剪切滑移沿层理面逐步向后上方扩展，常常牵引坡体后缘逐渐拉裂，形成坡脚剪切滑移—坡身顺层滑动—坡顶张拉开裂的渐进性破坏。破坏模式如图 4.2.15 所示。

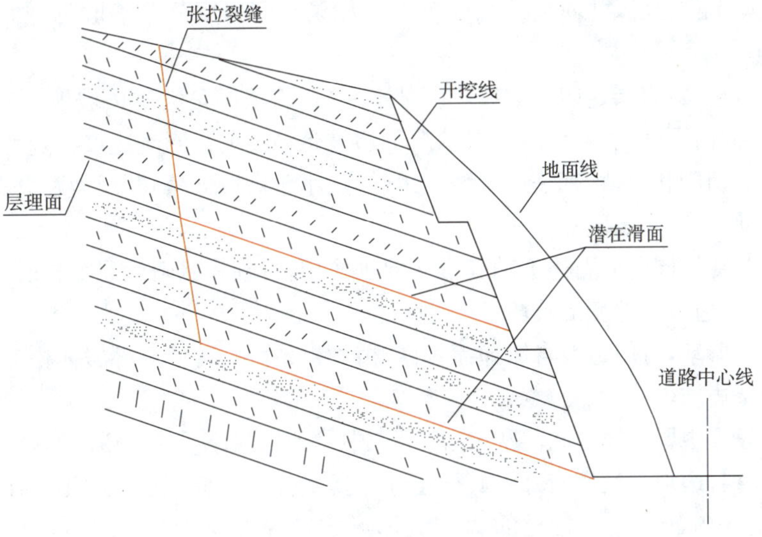

图 4.2.15　顺层路堑边坡的破坏模式

顺层岩质边坡稳定问题仍属岩体力学问题，从岩体结构入手来分析岩体力学问题的观点已为大多数学者所认同。然而岩体结构类型的划分则因应用角度的不同而不同。大量的试验研究表明，顺层岩质边坡的结构类型在很大程度上受其岩性组合特征控制，应根据顺层岩质边坡的结构类型(顺层同向缓倾、顺层同向陡倾、顺层斜向 3 类)以及岩性组合类型(硬质岩顺层边坡，硬质岩夹软岩顺层边坡，中等坚硬岩顺层边坡，软硬质岩互层顺层边坡，软岩顺层边坡，页岩板岩片岩顺层边坡等)对顺层边坡的变形破坏机理进行分析。

1)硬质岩顺层边坡(Ⅰ)

该类边坡岩体岩性比较单一，主要结构面是层面和裂隙，间距一般较大，层面结合一般较好。影响边坡稳定的主要因素是节理裂隙的切割状况和岩体的风化程度。在已被节理切割并遭受风化条件下，裂隙水的作用、裂隙充填物的性状也影响边坡的稳定。构造应力场特征以及由于河谷下切或路堑开挖，边坡岩体应力的调整都会对边坡变形产生影响。顺层边坡一般情况下是稳定的，但在某些地段岩层中间层剪切较强烈，有可能形成层间错动带，构成边坡的滑动带。最常见的边坡破坏形式是局部岩块的崩塌(或崩滑)和松弛张裂。岩块的崩塌决定于节理裂隙结构面的组合状况，发生崩塌的触发因素以裂隙水突然作用(如暴雨)及振动较为常见。

2)硬质岩夹软岩顺层边坡(Ⅱ)

该类边坡岩体中岩层厚度为 0.1～1 m，一般是几层硬岩夹一层软岩(软弱夹层)。在一定条件下软岩中的层间剪切错动较强烈，波状剪切光面明显，软岩层的顶、底面可见泥化现象。该类顺层边坡稳定性很差，其稳定性与层面抗剪强度，岩层倾角以及施工方式密切相关。根据岩层倾角大小及岩层倾向与边坡倾向的相互关系，将硬质岩夹软岩顺层边坡划分为同向缓倾、同向陡倾和斜向边坡 3 类。

层状同向缓倾岩石边坡(岩层倾向与边坡倾向一致,岩层倾角小于边坡坡角),由于坡面切断了岩层层面,坡脚以上岩层有向开挖面活动的空间,最常见的变形是顺层滑动,特别是沿软弱夹层产生滑动。当节理裂隙的切割有利于割离坡体,下伏有软弱夹层时,雨后更易滑动。影响边坡稳定的主要因素是岩层的倾角大小、层面的抗剪强度及边坡岩体被节理裂隙切割状况。

①当坡脚下垫层分布软弱岩层,上覆厚层层状岩石(如石灰岩)时,在边坡开挖较陡情况下,由于坡脚的压缩变形,可引起上部岩体卸荷开裂甚至崩塌变形。特别在下伏有煤层、页岩的石灰岩地区较为常见。

②当下伏为有软弱夹层时,多沿软弱夹层产生滑动,滑动的起始倾角,决定于夹层的抗剪强度。如四川盆地、山西等厚层砂岩中有泥岩夹层,倾角5°亦可能产生滑动,在倾角10°左右情况下,同向缓倾层状岩石边坡产生滑动的实例颇多。

③当下伏为软弱岩层时,由于软弱岩层在上复坚硬岩层重力作用下,可以产生蠕变。坚硬岩石除发生开裂外,还可以挤入软弱岩层,并向坡外蠕变流动。如果软弱岩层分布于坡脚,蠕变可以导致坡脚岩层的隆起。

层状同向陡倾岩石边坡(岩层走向与边坡走向基本一致,岩层倾角大于边坡坡角)由于坡面未将岩层层面切断,没有沿岩层层面向下滑动的余地,一般情况下边坡是稳定的。影响边坡稳定的因素如下:

①岩体节理裂隙的切割状况,特别是有无缓倾角(倾角小于边坡坡角)断层裂隙分布,层面和缓倾角节理面有可能构成组合滑动面。

②水的作用。水对陡倾同向岩石边坡的变形起促进作用,特别是暴雨后裂隙临时充水时,水库泄降时较高的裂隙水压力,可导致边坡局部变形破坏。

③其他。如地应力振动,可使边坡岩体卸荷解体,植物根系生长可使局部岩体松动等。

3)中等坚硬岩顺层边坡(Ⅲ)

该类边坡岩体一般为中厚—厚层状泥灰岩、薄层—中厚砂岩和厚层状砂质泥岩,结构面主要为层面和裂隙,层面间有一定的胶结,边坡稳定性较好。其稳定性主要受控于层面强度、层间胶结程度和节理裂隙组合情况,同时受地下水的影响较大。最常见的边坡破坏形式是局部岩块的崩塌,也有可能出现沿节理面的滑移。

4)软硬质岩互层顺层边坡(Ⅳ)

该类边坡岩体一般为薄层—中厚砂岩、泥岩和页岩,结构面平直、光滑。在一定条件下,岩体的层间错动较强烈,可见大量波状剪切光面,其间可分布多层泥化夹层,其中的裂隙多表现为闭合的隐裂隙。根据岩层倾角大小以及岩层倾向和边坡倾向的关系同样可将该类边坡分为同向缓倾、同向陡倾和斜向3类边坡。对于同向缓倾顺层边坡,由于路堑开挖时不可避免的将岩层切断,可能的破坏形式是沿一到多个层面的阶梯状滑移。对于同向陡倾顺层边坡,开挖坡脚通常与岩层倾角一致,当开挖深度较大,而且层面抗剪强度较低时,有可能出现溃屈破坏。

5)软岩顺层边坡(Ⅴ)

该类边坡岩体中软岩层的单层厚度大小不一,由于其岩性较弱,层面的优势作用不太明显。边坡的稳定性很大程度上受软岩的力学性质控制。影响边坡稳定的主要因素是水的作用和岩体风化状况。边坡开挖后,岩体向坡前临空方向发生剪切蠕变,其后缘发育自坡面向深部发展的拉裂。如果有雨水渗入裂隙,将产生强大的静水压力,软岩遇水强度降低,容易引发顺层滑坡。

6)页岩板岩片岩顺层边坡(Ⅵ)

该类边坡岩体主要由薄层状的页岩、板岩和片岩等组成。页理、板理和片理发育,层理平直、光滑。对于同向陡倾顺层边坡,沿坡面一定深度内的岩层向外侧弯曲,但并未断裂,层面间的张裂隙也不发育,显示岩层的流变特性;如果边坡较高和岩层倾角较陡,层间抗剪强度较低,沿层面方向的重力下滑分量较大,可导致坡脚表部岩层溃屈变形。

表4.2.3汇总列出了按岩性区分的硬质岩、硬质岩夹软岩、中等坚硬岩、软硬质岩互层、软岩、页岩板岩片岩等6类顺层边坡的变形破坏模式和失稳机理。

表 4.2.3　顺层岩质边坡坡体结构类型和破坏模式

类　型		坡体结构示意图	影响稳定的主要因素	失稳破坏主要机理	可能变形破坏方式	稳定性评价
硬质岩顺层边坡	同向缓倾		节理裂隙的切割状况及充填物情况；风化特征；节理与开挖面的组合；岩层走向与边坡走向夹角	滑移—拉裂	局部崩塌	较稳定
	同向陡倾	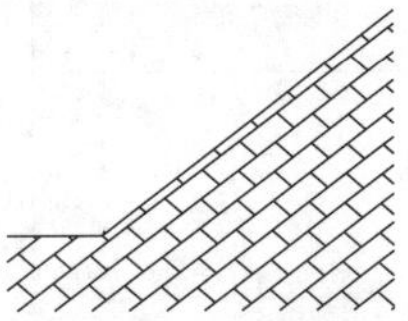		滑移—弯曲 滑移—劈转	崩塌；滑劈破坏	一般较稳定
	斜向			滑移—拉裂	局部崩塌	较稳定
硬质岩夹软岩顺层边坡	同向缓倾		岩层倾角大小；层面抗剪强度；节理裂隙发育特征及充填物情况	滑移—压致拉裂；滑移—拉裂；塑流—拉裂	顺层滑动；因坡脚软弱导致上部张裂变形或蠕变；沿软弱夹层蠕滑	极不稳定
	同向陡倾	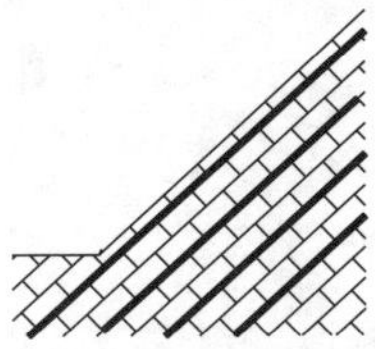	节理裂隙发育特征及充填物情况；节理与开挖面的组合；软弱夹层发育状况；裂隙水作用；震动	滑移—弯曲 滑移—劈转	表层岩层蠕滑弯曲、倾倒；局部崩塌、滑动；滑劈破坏	一般较稳定
	斜向		节理裂隙的发育特征；岩层走向与边坡走向夹角	滑移—拉裂	局部崩塌；楔状滑动	一般较稳定
中等坚硬岩顺层边坡	同向缓倾	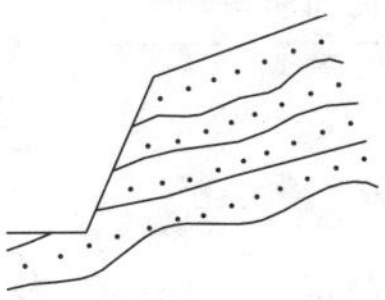	节理裂隙的切割状况及充填物情况；层面抗剪强度；节理与开挖面的组合；岩层走向与边坡走向夹角	滑移—拉裂	局部崩塌；顺层滑坡	较稳定
	同向陡倾	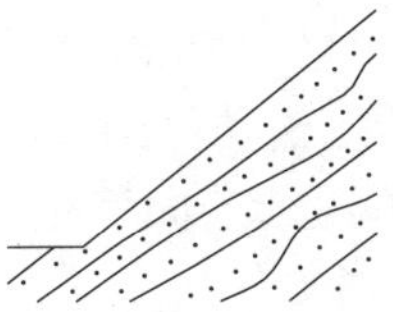		滑移—弯曲 滑移—劈转	崩塌；滑劈破坏	较稳定
	斜向			滑移—拉裂	局部崩塌；楔状滑动	较稳定
软硬岩互层顺层边坡	同向缓倾	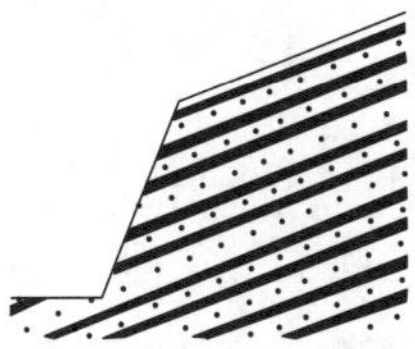	节理裂隙分布特征；岩性及软弱夹层分布状况；地下水、地应力及风化特征	滑移—压致拉裂；滑移—拉裂	顺层滑坡；块状滑坡	不稳定
	同向陡倾	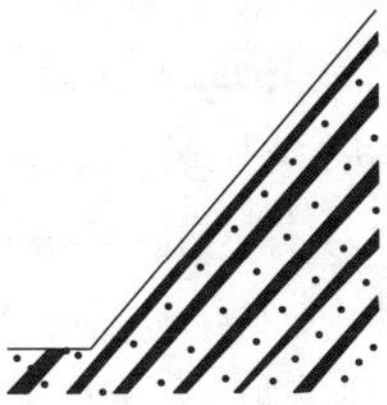	节理裂隙发育特征及充填物情况；节理与开挖面的组合；软弱夹层发育状况；裂隙水作用；震动	滑移—弯曲 滑移—劈转	表层岩层蠕滑弯曲、倾倒；局部崩塌、滑动；滑劈破坏	一般较稳定
	斜向		节理裂隙的发育特征；岩层走向与边坡走向夹角	滑移一拉裂	局部崩塌	较稳定

续上表

类 型		坡体结构示意图	影响稳定的主要因素	失稳破坏主要机理	可能变形破坏方式	稳定性评价
软岩顺层边坡	同向缓倾	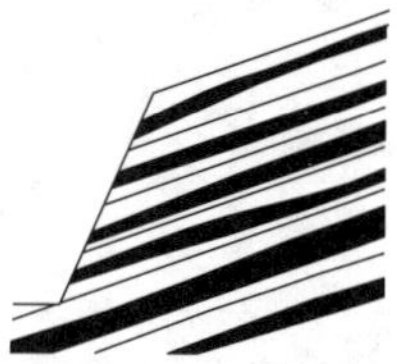	软岩力学性质；节理裂隙发育特征；节理与开挖面的组合；水的作用；岩层走向与边坡走向夹角	蠕滑一拉裂	平推型滑坡；转动型滑坡	不稳定
	同向陡倾			蠕滑一拉裂	顺层一切层滑坡	不稳定
	斜向			滑移一拉裂	局部滑塌	较稳定
页岩板岩片岩顺层边坡	同向缓倾	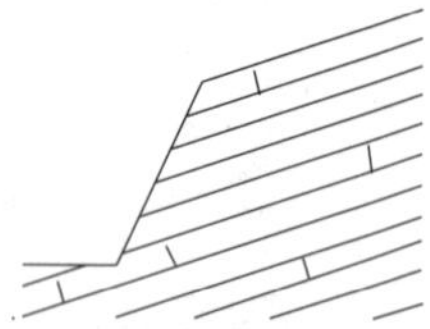	页理、板理和片理发育特征；层间抗剪强度；节理与开挖面的组合；岩层走向与边坡走向夹角	滑移一拉裂	顺层滑坡	不稳定
	同向陡倾	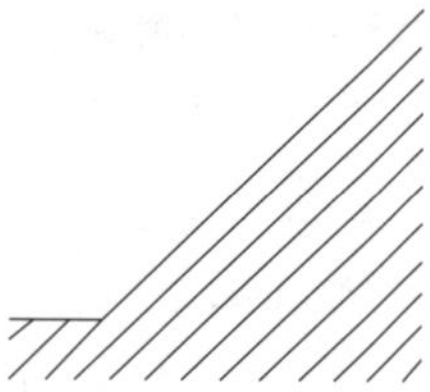		弯曲一拉裂	崩塌；倾倒	不稳定
	斜向			滑移一拉裂	局部崩塌	较稳定

通过室内模型试验及理论分析进一步表明：

①坡体潜在破坏模式通常表现为牵引式顺层滑动破坏，同一般的实践总结结果。

②人工开挖边坡岩体向临空面滑移变形，而产生向下的形变拉应力，岩体本身由于有一定的抗变形能力，致使上部自然山体边坡受下部的牵引作用，而与其一起向下产生移动和变形，而变形的量值从临空面向坡体内部依次减小，形成变形边界，由此可确定可能出现滑动破坏的坡体开挖松动范围。

③岩层倾角固定的情况下，随着线路走向与岩层走向夹角的增加，坡体逐渐趋向稳定，当线路走向与岩层走向夹角超过30°时，基本上可以不考虑顺层对坡体稳定性的影响。

④在路堑开挖过程中，通过及时设置加固支挡结构，例如设置大锚杆、挂网喷浆护面，可以有效地控制坡体变形，防止坡体的失稳破坏。

2.4.3.2 反倾及斜交层状路堑边坡

反倾层状岩质堑坡开挖稳定性受坡角与岩层倾角组合、岩层厚度、层间结合能力及反倾结构面发育与否所控制。在开挖卸荷作用下，边坡坡脚处剪应力集中，坡脚附近的反倾岩层易先发生顺倾向的切层剪切滑动破坏，进而使其后坡体失去部分支撑，引起相应的反倾岩层上部产生弯曲变形，岩层内部的应力发生变化，当岩层上部的弯拉应力达到其极限强度时，岩层就会出现弯拉破坏，各岩层的破坏面顺次连接，就形成顺着边坡倾向的滑动破坏面，即为切层滑动破坏，产生坡脚滑移一坡身弯曲一坡体后缘拉裂型破坏行为。在变形破坏过程中，破坏模式常有局部崩塌和整体切层滑动两种。当坡脚有软层时，坡体上部更易拉裂，可形成坡脚滑移一坡顶拉裂破坏模式；当岩层陡倾时，在开挖卸荷作用下，坡体前方卸除支撑，易发生倾倒破坏，千枚岩或薄层状岩体表层倾倒较普遍。另外，在陡倾边坡地段，若坡体中发育一组陡倾的结构面，且下卧一层一定厚度的软弱破碎带，该软弱破碎带缓倾，倾角一般小于20°；当软弱带在地下水浸润作用下抗压强度降低，或当坡体前缘遭受人工开挖、河流淘蚀，致使软弱带面积减小，而上覆岩体重量又不变的情况下，导致软弱带产生压缩变形，坡体变形特点是岩体沿陡倾结构面下错、张开，岩体以垂直位移为主，水平位移为辅，这种变形现象即为错落(当然,顺倾时也可产生此现象)。岩体产生错落后,厚层软弱带压密,在地下水的长期作用下,错落带可以生成向临空倾斜的软弱夹层,当其抗剪强度小于剪应力时,则坡体产生滑动(错落转化的岩体滑动),可形成切层滑动破坏。

反倾层状堑坡常见的破坏类型为弯曲一拉裂,多发生于岩性软弱、易风化的薄层状岩体,软硬相间或层间软弱结构面发育的岩体。陡倾的层状岩体在自重应力作用下,前缘开始向临空方向错动弯曲,并逐渐向坡内发展,随着弯曲变形的持续发展,在弯曲体后缘伴随有拉裂缝的出现。

斜交层状岩质堑坡,开挖卸荷与扰动,坡体中可形成由层面与节理面切割组成的楔形体,当作用于其上的下滑力大于极限抗滑力时,就会出现楔形体滑动,有时也可发生切层失稳滑动破坏和崩塌破坏。层面与坡面走向夹角越大,边坡稳定性愈高。

2.4.4　古滑坡区域的边坡

当山区铁路(公路)工程经过古滑坡区域时,根据铁路穿过古滑坡体的位置不同,可分为 3 种情况,分别为铁路穿过滑坡体的坡脚、坡身和坡顶。

2.4.4.1　线路穿过古滑坡坡脚

铁路穿过古滑坡体的坡脚,如图 4.2.16 所示。在古滑坡坡脚处开挖形成路堑边坡,切断了原已稳定的古滑坡的滑面,使之处于临空状态,原坡体前缘失去支撑和一定的阻抗。同时,开挖施工爆破振动及对地表固土植被的破坏,也同样破坏原有的力学平衡状态,在重力作用下易导致古滑坡体在坡脚处产生滑动变形,尤其是强降雨时更甚。由于古滑坡体具有多块多级多层的特点,会诱发某些块级的局部滑动,牵引带动其后部的整个滑坡体沿原滑面失稳滑动,引起古滑坡的复活。古滑坡体的失稳滑动,在力学机理上属于牵引式滑动破坏。

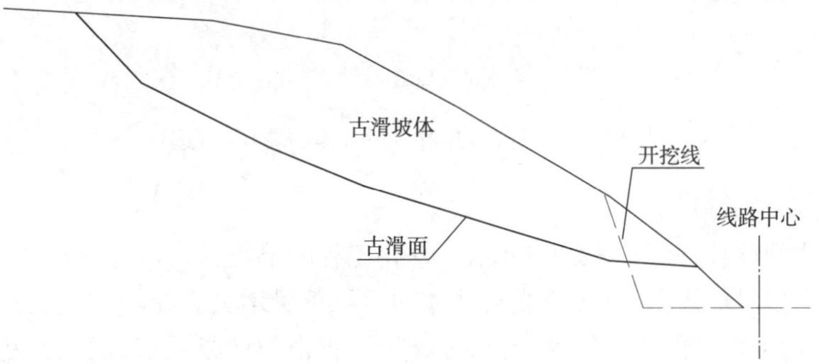

图 4.2.16　铁路穿过古滑坡体的坡脚示意图

2.4.4.2　线路穿过古滑坡坡身

铁路路基穿过古滑坡体的坡身时,根据填挖方量的不同,主要有全部挖方和半挖半填两种形式,分别形成路堑边坡和半路堑半路堤,如图 4.2.17 所示。对于图 4.2.17(a)所示的全路堑通过形式,在古滑坡坡身地段处开挖施形成路堑边坡,减轻了原滑坡体的自重,对古滑坡体自身的稳定性有利。但若堑坡开挖深度较大,则在路面以上又形成新的边坡,该边坡属于原滑坡体的一部分,具有原滑坡体的基本地质特征。由于开挖卸荷作用以及施工爆破振动和对地表固土植被的破坏,使坡体中应力重分布,造成堑坡坡脚处剪应力集中,易先达到剪切破坏状态,出现塑性区,然后自下而上向坡体后方渐进式延展,直到与坡体后缘的张拉破坏区域连通或接近连通,形成新生滑面。在重力作用下,可能会出现古滑坡体上部的边坡沿新生滑面产生局部失稳滑动破坏,尤其是强降雨时更严重,可能会造成较大规模的古滑坡复活。若开挖深度很大而穿过原有古滑面,可能造成古滑坡沿古滑面产生整体失稳的牵引式滑动破坏。

对于图 4.2.17(b)所示的半路堑半路堤形式,路堑的部分减轻了古滑坡体的重量,对古滑坡体的整体稳定性有利;路堤部分却将自重施加在古滑坡体上,对古滑坡体的整体稳定性不利。如果挖方相对较少,而填方相对较多,则作用于古滑坡体上的总重量增加,有可能诱发古滑坡体沿古滑面产生整体滑动破坏,形成推移式滑坡破坏模式。反之,诱发古滑坡体产生整体滑动破坏的可能性较小。如果路堑部分的开挖深度较大,则类同前述的失稳破坏机理,可能会出现古滑坡体上部的边坡(堑坡部分)沿新生滑面产生局部失稳滑动破坏;当堑坡开挖线穿过古滑面时也可能会出现上部的古滑坡体沿古滑面产生整体失稳滑动破坏。二者均属牵引式滑动破坏模式。

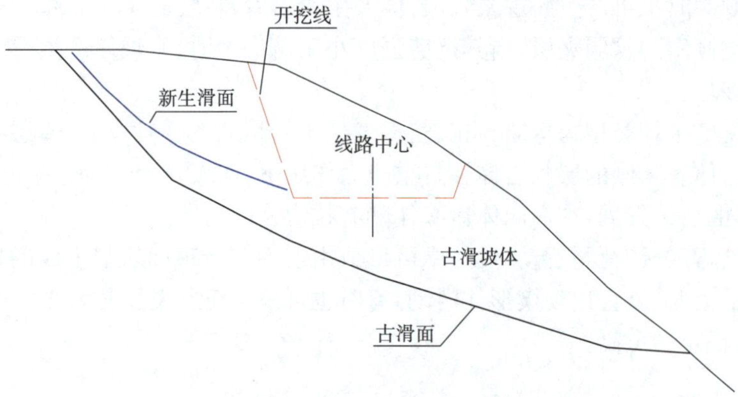

(a) 全路堑式

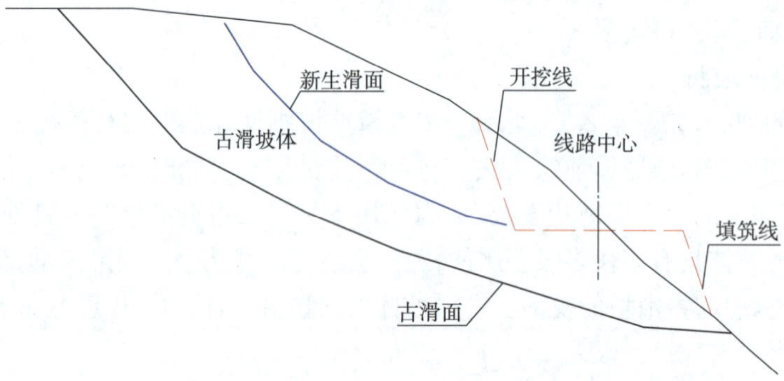

(b) 半路堑半路堤式

图 4.2.17　铁路穿过古滑坡体的坡身示意图

2.4.4.3　线路穿过古滑坡坡顶

铁路穿过古滑坡体的坡顶，如图 4.2.18 所示。铁路工程的填筑施工，在古滑坡的坡顶处形成路堤边坡。填筑堤坡的重量施加在古滑坡体上，直接造成滑坡体的后缘重量增大。在堤坡重力荷载和古滑坡体自重共同作用下，使古滑坡体向下滑动的趋势增加，有可能诱发了古滑坡的复活，造成已经稳定的古滑坡体沿原有古滑面(带)发生整体滑动失稳破坏。在力学机理上属于推移式滑动破坏模式。

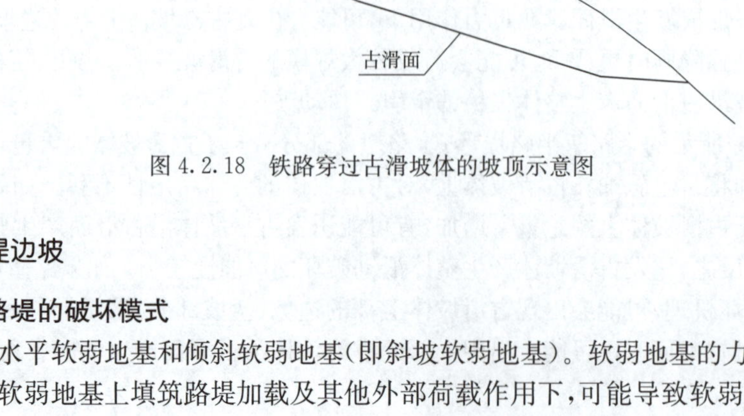

图 4.2.18　铁路穿过古滑坡体的坡顶示意图

2.4.5　斜坡软基路堤边坡

2.4.5.1　斜坡软基路堤的破坏模式

软弱地基可分为水平软弱地基和倾斜软弱地基(即斜坡软弱地基)。软弱地基的力学特性往往决定着边坡的稳定性状况。在软弱地基上填筑路堤加载及其他外部荷载作用下，可能导致软弱地基失稳破坏。当软弱土层较厚时，路堤坡体中易形成经过软弱地基的近似圆弧形潜在滑面；当软弱土层较薄时，滑面主要位于软弱地层与下部坚硬地层的交界面上。山区地形条件特殊，常表现为斜坡软弱地基上的路堤边坡形式。

在斜坡软基地段填筑路堤边坡，易产生滑动趋势。因地基软弱，在重力及外荷载作用下，边坡坡脚处剪应力集中，易先发生剪切滑动破坏。随着坡脚附近软弱地基中的剪切滑移变形的逐渐增大，堤坡前缘对其后缘部分的支撑约束作用逐渐减小，堤坡后缘坡体也随着前缘坡体的滑移而产生一定的滑动变形，坡体中的塑性变形区逐渐向坡顶延展，形成坡体的滑动破坏带。当塑性区向后延展到一定程度（即滑动带达到一定长度）时，若作用于其上的下滑力矩大于其极限抗滑力矩，堤体就会滑动破坏。在坡体前缘滑移过程中，牵拉着后方坡体的滑动变形，可能造成坡体后缘一定范围内出现拉裂缝，在力学机理上属滑移－拉裂型破坏模式。

如图 4.2.19 所示，渝怀铁路斜坡软基上的堤坡在无加固情况下的离心模型试验结果表明：路堤边坡变形较大，路堤出现明显的坍滑，路基面出现了裂缝，下侧坡脚显著隆起；软弱土层发生剪切破坏，破坏面大致呈圆弧状，圆弧滑动破坏面的下部完全在软弱土层内形成，未达到软弱土层与硬土层交界面。充分证明了斜坡软基路堤边坡的失稳，属滑移－拉裂型破坏模式。

图 4.2.19　渝怀线某斜坡软基堤坡离心模型试验结果

2.4.5.2　各种因素对滑面位置及破坏模式的影响规律

数值模拟分析结果表明：

(1)斜坡软弱地基在路堤荷载作用下的安全系数，随路堤高度、地基坡度、软弱土层厚度的增加及软弱土层强度的降低而逐渐减小，路堤荷载作用下的最危险滑动面的圆弧半径逐渐增大，滑动面切入软弱土层的深度逐渐增加，直至滑动面与软弱土层底部的基岩面相交，由圆弧滑面转变为复合式滑面。

(2)地基坡度与软弱土层强度一定的条件下，路堤高度与软弱土层厚度的比值（高厚比）大于某一数值后，将会出现复合式滑面，且地基坡度越陡，出现复合式滑面的高厚比值越小，出现复合式滑面的软弱土层临界厚度与路堤高度之间基本呈线性相关性。

(3)软弱土层的强度指标 C、φ 值，对最危险滑弧切入软弱土层的深度影响程度不同，其中 C 值对滑弧位置的影响较小，φ 值对滑弧位置的影响剧烈。

根据前述山区铁路（公路）边坡成灾机理的认识，可以进一步深入分析工程边坡的变形和稳定性，并采取合理的加固支挡结构处治山区铁路（公路）工程边坡。

第3章　边坡变形规律

3.1　边坡变形分析理论

铁路边坡主要有开挖路堑边坡和填筑路堤边坡两种形式。工程开挖和斜坡软基是边坡变形破坏的主要原因。这里主要讨论路堑边坡的开挖变形松动区分析理论和斜坡软弱地基变形特征分析方法。

3.1.1　边坡开挖松动区的理论分析

3.1.1.1　基本概念

自然斜坡在经过人类开挖作用后，原有的力学平衡状态被打破，坡体内应力会重新调整。这种调整是在有限范围内进行的，开挖临空面附近变化较大，离开挖较远的区域变化较小，总体上由临空面向破体内呈衰减变化趋势。岩土工程边坡受自身的物理力学属性以及所处的地质环境和工程环境等因素的影响，在坡体开挖过程中的失稳与建完后的失稳，都与坡体开挖卸荷造成坡体内应力重分布和位移变化密切相关，坡体失稳破坏范围必然产生在这个有限有限的应力重分布和位移变化的影响区之内。因此，找出这个应力影响区和位移影响区，在工程上有重要意义。

在开挖前坡体内存在原始应力场 σ_{ij}^0（i、j 分别取坐标 x、y），这是自重应力及构造应力等多种应力场的综合。为说明问题起见，假设坡体内的原始应力场是仅由坡体材料的自重引起的自重应力场。以平面应变问题考虑，如图 4.3.1(a)所示。

图中任一点 A 在开挖前的应力(图 4.3.1(c))为：

$$\sigma_1=\gamma h,\sigma_3=\lambda\sigma_1$$

式中：γ 为岩土容重，h 为 A 点距地表的高度，λ 为侧压力系数。

若在坡体内开挖出的坡面为 ox，坡角为 α，oy 垂直于 ox，则 A 点的应力在 xoy 坐标系中为二向应力状态 σ_x^0、σ_y^0、τ_{xy}^0，如图 4.3.1(d)所示，其表达式为式(4.3.1)。在距地表深度为 h 并与坡顶面线 CD 平行的 EAB 线(称为参考线，下同)中，AB 上各点的应力都是此应力值而不会改变。

$$\left.\begin{aligned}\sigma_x^0&=0.5\gamma h[1+\lambda-(1-\lambda)\cos2\alpha]\\\sigma_y^0&=0.5\gamma h[1+\lambda+(1-\lambda)\cos2\alpha]\\\tau_{xy}^0&=0.5\gamma h(1-\lambda)\sin2\alpha\end{aligned}\right\}\tag{4.3.1}$$

在开挖过程中，EA 段与 x 轴以及地表线所围成的区域即 $EACE$ 被挖去，形成开挖卸荷。AB 上各点的应力发生变化，即从 B 到 A 各点的应力由 σ_y^0、τ_{xy}^0 逐渐减小到零，由 σ_x^0 逐渐变化到 σ_x'。即坡面上 A 点处于单向应力状态，如图 4.3.1(e)所示。若 σ_x' 大于 A 点处材料的抗压强度，则该点发生破坏。图 4.3.1(a)中同时给出了 AB 线上各点的应力变化趋势曲线。可以看出，在 A' 点以后的 $A'B$ 上各点的应力已接近于原始地应力 σ_x^0、σ_y^0、τ_{xy}^0。因此坡体开挖后在 AB 线上造成的应力影响范围是 AA'。把不同深度的参考线上的 A' 点连接起来就形成开挖高度为 h 的坡体开挖后的应力影响区，如图 4.3.1(a)中的虚线 $A'D$ 所示，即 $AA'DCA$ 围成的区域。

另一方面，在开挖前 EAB 线上各点的位移为零。开挖过程中随着应力的变化，AB 上各点的水平位移 u 和竖向位移 v 也将发生变化，变化趋势如图 4.3.1(b)所示。AA'' 上 A 点的位移最大，其余各点逐渐减小，到 A'' 点时，位移已接近于零。因此坡体开挖后在 AB 线上各点的位移影响范围是 AA''。把不同深度的参考线上的 A'' 点连接起来，就是开挖高度为 h 的坡体开挖后的位移影响区。如图 4.3.1(b)中的虚线 $A''D$ 所示，即 $AA''DCA$ 围成的区域。

从理论上讲，对于同一个坡体而言，开挖后的应力影响区和位移影响区是相同的，即 A' 和 A'' 应重合。因此，在实际工程问题中，经过近似理论解析(如弹性力学理论)或数值仿真分析(如有限元、边界元及离散元

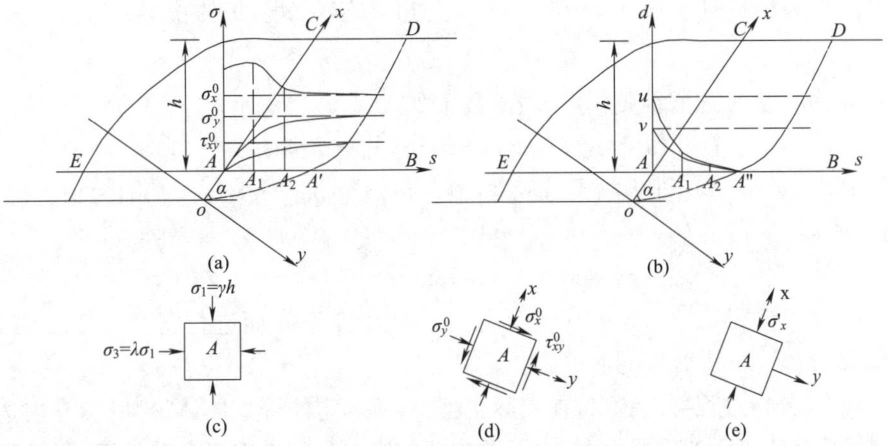

图 4.3.1　开挖松动区分析图

等方法)找到坡体开挖后的应力场或位移场之后,就可以通过在坡体不同深度处沿参考线的应力或位移变化曲线而找到开挖影响范围。对于工程实际问题而言,位移场的变化更具有简捷直观的意义,所以以沿不同参考线的位移变化曲线来寻找开挖影响范围。

在位移影响区 AA''(图 4.3.1(a))上,根据坡体不同位置位移的大小,又可将开挖后的坡体分为表层松动区 AA_1、塑性变形区 A_1A_2、弹性变形区 A_2A''。A_2A''区内的岩土介质,虽发生位移,但介质的强度不受影响。因此,应将表层松动区和塑性变形区作为所关注的坡体开挖影响区范围,在这个范围内的坡体,内部受开挖影响程度又随着距开挖临空面的远近不同而不同。

由于坡体材料在破坏失稳前允许出现一定的塑性变形,在开挖影响范围内距坡面不同位置的区域,有着不同的稳定性。换句话说,在坡体开挖影响范围内,不同区域的坡体对应着不同的稳定系数 K_s。把坡体开挖影响范围内,对应着某个稳定系数的某个最靠近坡体内侧的潜在滑面与坡体开挖临空面之间的部分区域,称为稳定系数时的开挖松动区。同样,在应力影响区 AA''(图 4.3.1(a))上,根据坡体不同位置应力的大小,可将开挖后的坡体分为应力释放区 AA_1、应力集中区 A_1A_2、原岩应力区 A_2A'',它们分别对应于用位移法确定的表层松动区、塑性变形区和弹性变形区。A_2点即对应于弹塑性变形分界点。可将应力释放区和应力集中区作为所关注的坡体开挖影响范围,这个范围内对应着某个稳定系数的某个靠近坡体内侧的潜在滑面与坡体开挖临空面之间的部分区域,就是用应力分析定义的该稳定系数时的坡体开挖松动区,它与用位移分析的开挖松动区在理论上是一致的。

根据岩土材料的强度屈服准则,坡体内某点的失稳破坏即为该点的应力状态达到屈服状态,满足屈服条件方程,坡体的失稳破坏面就是处于屈服状态的点的集合。也就是说,坡体的稳定性是由坡体的应力状态和强度屈服准则决定的。根据坡体材料剪切强度屈服准则的特点来定义在开挖影响范围内的不同区域坡体的稳定性系数 K_s(剪切强度屈服准则中相当抗剪强度与相当剪应力的比值)。

岩土材料的强度屈服准则有多种,比较常见的主要有德鲁克—布拉格(Drucker-Prager)准则及摩尔—库仑(Mohr-Coulomb)准则等。这里就以这两种强度准则为例,说明坡体稳定系数 K_s的计算方法。

根据 Drucker-Prager 强度屈服准则,其屈服函数 f 如式(4.3.2)所示。

$$f=q-(\sqrt{3}k-3\sqrt{3}\alpha p)=0 \tag{4.3.2}$$

式中:p、q 分别为广义正应力、广义剪应力,如式(4.3.3)所示;

α、k 分别为与岩土材料的内摩擦角 φ 和黏聚力 c 有关的系数,如式(4.3.4)所示。

$$\left.\begin{aligned}p&=(\sigma_1+\sigma_2+\sigma_3)/3\\q&=\sqrt{[(\sigma_1-\sigma_2)^2+(\sigma_2-\sigma_3)^2+(\sigma_3-\sigma_1)^2]/2}\end{aligned}\right\} \tag{4.3.3}$$

式(4.3.3)中,σ_1、σ_2、σ_3 为一点的三个主应力(拉正压负)。

$$\left.\begin{aligned}\alpha&=\tan\varphi/\sqrt{9+12\tan^2\varphi}\\k&=3c/\sqrt{9+12\tan^2\varphi}\end{aligned}\right\} \tag{4.3.4}$$

式(4.3.2)中,q 即为相当剪应力,$\sqrt{3}k-3\sqrt{3}\alpha p$ 即为相当抗剪强度,坡体稳定系数为:

$$K_s=(\sqrt{3}k-3\sqrt{3}\alpha p)/q \tag{4.3.5}$$

根据 Mohr-Coulomb 强度屈服准则,其屈服函数 f 如式(4.3.6)所示。

$$f=[(\sigma_1-\sigma_3)/2]-[c\cos\varphi-(\sigma_1+\sigma_3)\sin\varphi/2]=0 \tag{4.3.6}$$

在式(4.3.6)中,$[(\sigma_1-\sigma_3)/2]$即为相当剪应力,而$[c\cos\varphi-(\sigma_1+\sigma_3)\sin\varphi/2]$即为相当抗剪强度,是此时坡体稳定系数为:

$$K_s=[c\cos\varphi-(\sigma_1+\sigma_3)\sin\varphi/2]/[(\sigma_1-\sigma_3)/2] \tag{4.3.7}$$

从另一角度说,式(4.3.5)、式(4.3.7)分别表示了引入安全系数而进行安全储备后的 Drucker-Prager 强度屈服准则和 Mohr-Coulomb 强度屈服准则。

由前述应力与位移分析过程可以看出,在实际工程中,所确定的开挖坡体松动区,其内边界实际上就是在一定稳定系数(根据具体工程的重要性而定)下坡体开挖时产生的潜在最危险滑面,松动区范围内的坡体就是开挖造成的潜在最危险滑体。判断一定稳定系数下开挖松动区的过程,实际上也是搜索该稳定系数下开挖坡体潜在滑面的过程。所以,当松动区范围找到后,同时就确定了在该稳定系数下坡体开挖后的潜在最危险滑面,该稳定系数就是此潜在最危险滑面所对应的坡体安全系数,便可以对开挖坡体的稳定性做出评价。

根据坡体开挖松动区的定义可以分析,关于坡体设计潜在最危险滑面与实际潜在最危险滑面的关系,主要有两种情况:

(1)按设计稳定系数计算的松动区之靠近坡体外部一侧,经实际计算发现没有更小稳定系数对应的松动区,说明对整个坡体而言,设计稳定系数对应的松动区内边界(即设计的潜在最危险滑面)就是整个坡体实际的潜在最危险滑面,坡体实际的稳定系数与设计的稳定系数一样大。

(2)按设计稳定系数计算的松动区之靠近坡体外部一侧,经实际计算发现还存在着更小稳定系数对应的松动区,说明对整个坡体而言,这个更小系数对应的松动区内边界才是坡体实际的潜在最危险滑面,此时设计的潜在最危险滑面比它更为偏向坡体内部,使坡体的设计效果偏于安全一面。

一般来说,在实际工程设计中,应本着在安全稳定的基础上尽量经济节约的原则,设计时应尽量表现为前一种情况。开挖松动区的概念方法,可以较好地实现这一点,使实际工程设计的更加合理。对于在设计安全系数下没有松动区或松动区较小的坡体,可在原来的基础上进行适当的防护或支挡;对于在设计安全系数下松动区较大的坡体,应在原来基础上进行进一步的支挡加固并施以必要的防护措施。

为了便于在理论上深刻解析,下面以理想弹性坡体为对象,根据坡体分步开挖作用特点,讨论其开挖松动区的确定方法。

3.1.1.2　楔体理论及其与坡体模型的关系

楔形体一般的平面力学分析模型如图 4.3.2(a)所示,在楔体表面(边界)作用着荷载 F,同时楔体内作用有体力 P,β 为 x 坐标轴与左边界的夹角,α 为 x 坐标轴与右边界的夹角。若取特例$\beta=90°$,$90°<\alpha<180°$,力学模型变为图 4.3.2(b),此种模型与坡体在由上而下分级开挖过程中每级坡开挖完成后的情况极为相似(开挖坡体完全包括在楔形体之内,并构成楔形体的主体部分)。这时作用于此坡体平面应变问题分析模型上的荷载主要为:坡面开挖卸荷而形成的面力、重力等。坡体开挖后,在这两种主要的荷载作用下,坡体中产生了新的力学状态,即形成新的应力场与位移场。对于弹性坡体的开挖作用,可以近似采用楔形体模型来处理力学分析问题,可以得到具体的解析解。根据叠加原理,在坡体的分布开挖过程中,每一步开挖施工完成后坡体的应力场可由式(4.3.8)求得。为说明问题,这里不考虑坡体的原始构造应力场,而只考虑自重应力场,以简化分析计算。

$$\sigma_{ij}^k=\Delta\sigma_{ij}^k+\sigma_{ij}^{k-1} \tag{4.3.8}$$

式(4.3.8)中,σ_{ij}^k表示第 k 步开挖完成后坡体的应力场,$\Delta\sigma_{ij}^k$表示第 k 步开挖完成后坡体的应力场增量;若采用直角坐标表示,i 与 j 均可取为相应的 x、y,若用极坐标表示,则 i 与 j 均可取为相应的 r、θ;$k=1,2,\cdots,\xi$,ξ 为坡体总的开挖步数,σ_{ij}^0 即表示坡体原始自重应力场。

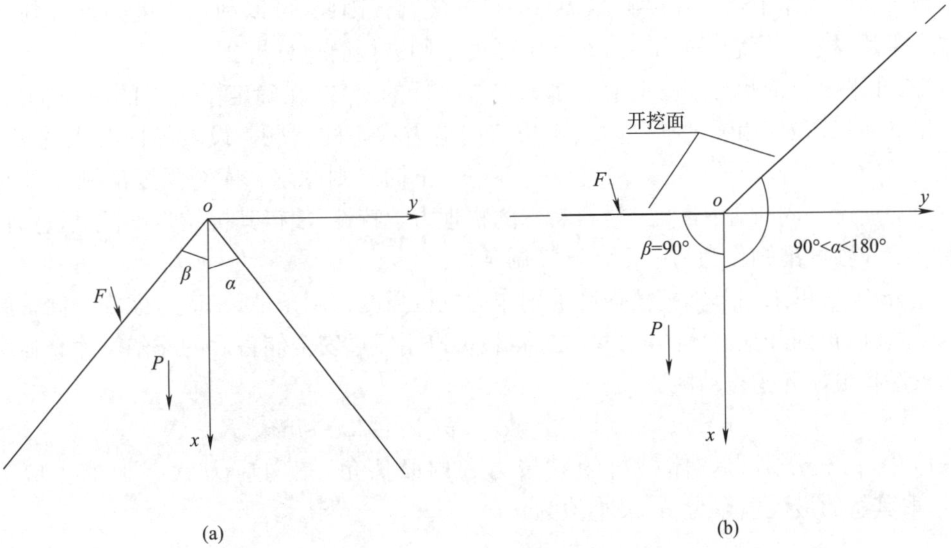

图4.3.2　楔形体模型与开挖坡体模型的关系

根据图4.3.2及式(4.3.8)可以分析出，开挖坡体的楔形体分析模型如图4.3.3(a)，开挖后的坡体表面作用有因卸荷效应而产生的面力q_{1r}、q_{2r}、τ_{1r}、τ_{2r}，同时坡体中有上一步开挖作用后产生的应力场σ^{k-1}_{ij}。可以将此时的应力场σ^{k}_{ij}分解为在面力单独作用下的应力场$\Delta\sigma^{k}_{ij}$和σ^{k-1}_{ij}的叠加，如图4.3.3(b)与图4.3.3(c)。对于图4.3.3(c)所示的上一步开挖作用后产生的应力场σ^{k-1}_{ij}，对应在第一步开挖的情况即为原始应力场，可根据式(4.3.1)计算。但为了简化计算分析，可以近似用极坐标表示其中任一点$M(r,\theta)$的应力状态为：

$$\left.\begin{aligned}\sigma_r&=-\gamma h[(1+\lambda)+(1-\lambda)\cos 2\theta]/2\\\sigma_\theta&=-\gamma h[(1+\lambda)-(1-\lambda)\cos 2\theta]/2\\\tau_{r\theta}&=\gamma h(1-\lambda)\sin 2\theta/2\end{aligned}\right\}\tag{4.3.9}$$

其中，σ_r、σ_θ分别为r向、θ向的正应力，$\tau_{r\theta}$为r。θ平面内的剪应力，且由剪应力互等定理，$\tau_{r\theta}=\tau_{\theta r}$；侧向压力系数$\lambda=\mu/(1-\mu)$，$\mu$为坡体材料的泊松比；$\gamma$为坡体材料的容重，$h$为$M$点距坡顶面的高度，应力符号规定同前述(正应力为拉正压负)。若用直角坐标表示，则此时对应如式(4.3.10)所示。其中σ_x、σ_y分别为x、y向的正应力，τ_{xy}为xoy平面内的剪应力，且$\tau_{xy}=\tau_{yx}$。

$$\sigma_x=-\gamma h;\quad \sigma_y=-\lambda\gamma h;\quad \tau_{xy}=0\tag{4.3.10}$$

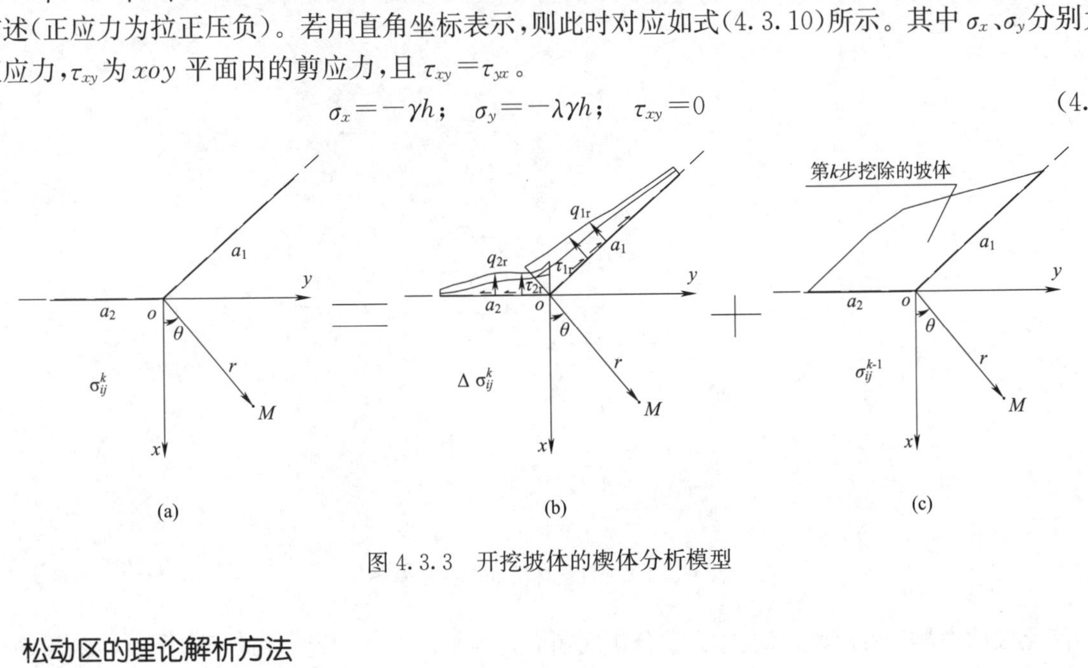

图4.3.3　开挖坡体的楔体分析模型

3.1.2　松动区的理论解析方法

从上述开挖坡体应力场的分析过程可以看出，应力场的表达式是十分复杂的。若根据此应力解利用物理方程与几何方程再推导出位移解，推导过程会非常麻烦，有许多不便之处。为简化分析过程，采用应力分析法来解析开挖坡体的松动区。坡体松动区的内边界实际上可以看成在经过一定安全储备(相当于抗剪强

度除以稳定系数 K_s)后坡体中处于临界破坏状态的点的集合。因此,可以利用强度条件来判断坡体开挖松动区。这里主要采用摩尔—库仑(Mohr-Coulomb)强度准则进行简化分析。

由前述可知,在平面应变状态下三向应力都为二维坐标的函数,在确定了一点的 x、y 向应力之后,其 z 向应力也可得出。所以,在使用强度准则时要考虑三向应力状态的情况。设坡体内各点的三个主应力 σ_1、σ_2、σ_3 大小关系为 $\sigma_1 \geqslant \sigma_2 \geqslant \sigma_3$,符号规定同前述(拉正压负,下同),则摩尔—库仑强度准则经过安全储备后的表达如式(4.3.11)所示。同时,由于岩土材料特殊的物理力学特性,使得其抗拉强度极低,有时甚至为零,因此还应该考虑其抗拉强度准则作为另一个强度控制条件。

为便于简化分析,这里采用单轴抗拉强度准则作为抗拉强度控制条件,相应考虑安全储备后的表达如式(4.3.14)所示。这样,得到开挖坡体的应力场之后,就可以用经过安全储备后的摩尔—库仑强度准则和单轴抗拉强度准则来解析坡体开挖松动区。

$$(\sigma_1-\sigma_3)/2=[c\cdot\cos\varphi-(\sigma_1+\sigma_3)/2\cdot\sin\varphi]/K_s \tag{4.3.11}$$

式(4.3.11)中,c、φ 分别为坡体材料的黏聚力和内摩擦角,三向应力状态下的主应力 σ_1、σ_3 由式(4.3.12)确定,取其解的最大值作为 σ_1,最小值为 σ_3。

$$\sigma^3-I_1\sigma^2+I_2\sigma-I_3=0 \tag{4.3.12}$$

式(4.3.12)中,系数 I_1、I_2、I_3 按式(4.3.13)计算。

$$\left.\begin{aligned}I_1&=(1+\mu)(\sigma_x+\sigma_y)\\I_2&=\mu(\sigma_x+\sigma_y)^2+\sigma_x\sigma_y-\tau_{xy}^2\\I_3&=\mu(\sigma_x+\sigma_y)(\sigma_x\sigma_y-\tau_{xy}^2)\end{aligned}\right\} \tag{4.3.13}$$

式(4.3.13)是用直角坐标表示的情况。若用极坐标表示,则只需将其中的应力脚标 x、y 对应换成 r、θ 便可。

$$\sigma_1-R_t/K_s=0 \tag{4.3.14}$$

式(4.3.14)中,R_t 为坡体材料的单轴抗拉强度。

对于弹性坡体,如图4.3.4所示,在从上而下分步开挖的过程中,每一级坡开挖施工完成后坡体内产生的松动区的分析计算过程如下:

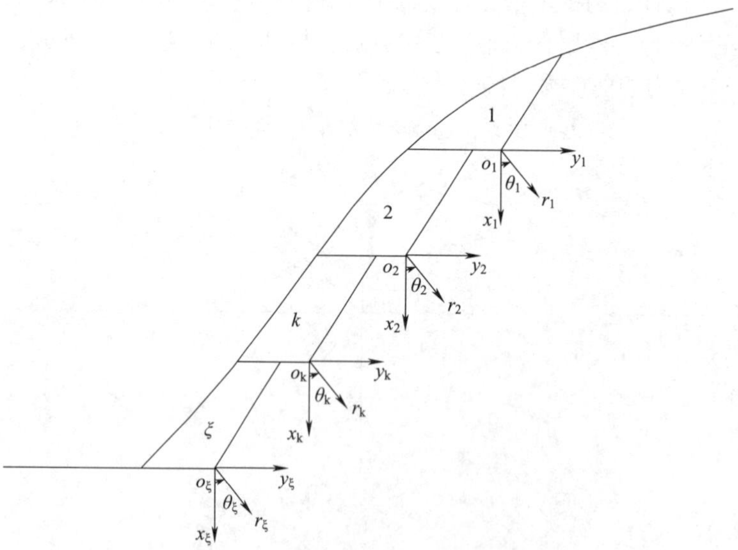

图4.3.4 弹性坡体分布开挖示意图

(1)简化坡体力学分析模型,将坡体力学分析问题简化为平面应变问题,并选择有代表性的横断面建立分析模型。

(2)简化第一步开挖完成后因开挖卸荷而相当于作用在开挖面上的荷载。根据式(4.3.9),可得斜面段上的正应力 q_1 和剪应力 τ_1 及水平段上的正应力 q_2 和剪应力 τ_2,如式(4.3.15)所示。

$$\left.\begin{aligned}q_1&=\gamma h_1[(1+\lambda)-(1-\lambda)\cos2\eta]/2\\ \tau_1&=\gamma h_1(1-\lambda)\sin2\eta/2\\ q_2&=\gamma h_2\\ \tau_2&=0\end{aligned}\right\}\tag{4.3.15}$$

式(4.3.15)中,h_1、h_2分别为为斜面段和水平段上的点距坡顶面的高度,η为此级坡的坡角。同时应注意各卸荷应力要与原始自重作用产生的相应荷载反向。将此开挖荷载在开挖面上近似作均布处理,把斜面段和水平段的正应力与剪应力分别按各段的几何平均值计算,得到沿各段开挖面的均布荷载。

(3)根据弹性楔形体应力场的解析解,可得到第一步开挖后坡体内应力场增量。根据式(4.3.9)叠加相应的原始自重应力场,可得到第一步开挖施工完成后坡体内的应力场。具体计算时可以先根据极径r分区,分成$r<\min\{a_1,a_2\}$、$\min\{a_1,a_2\}\leqslant r<\max\{a_1,a_2\}$及$r\geqslant\max\{a_1,a_2\}$三个区($a_1$、$a_2$分别为此步开挖后斜面段与水平段的长度),然后再在每个区内按极角θ取不同值计算相应点的应力场。

(4)根据式(4.3.11)所示的安全储备后的摩尔—库仑强度准则和式(4.3.14)所示的安全储备后的单轴抗拉强度准则,对各个计算区内的不同点判断其强度条件,把达到破坏临界状态的各点连接起来,即形成第一步开挖完成后坡体松动区的内边界,它与开挖面之间的部分即为这时的开挖松动区。

(5)根据上一步开挖施工完成后的计算结果,分析计算上一步开挖后在下一步拟开挖面(包括斜面段和水平段)上的应力分布状况,依据分布情况计算法向应力和切向应力的几何平均值,并反向施加于下一步开挖坡面上作为此步开挖后卸除的荷载。

(6)再计算这时的坡体应力场增量,在此基础上叠加(需要统一坐标系)上一步开挖施工完成后坡体内的应力场,得到本步开挖施工完成后坡体内的应力场。同样可先按r分区,再按θ取不同值计算,具体过程同(2),需注意这时的a_1、a_2值与上一步的不同。

(7)根据式(4.3.11)和式(4.3.14)分析计算本步开挖完成后坡体内的松动区,具体过程同(4)。

(8)根据(6)的计算结果计算下一步拟开挖面上的开挖卸荷量值,过程同(5)。

(9)再对这一步的开挖作用进行计算。首先计算本步开挖施工完成后坡体的应力场,再计算松动区,然后计算下一步的开挖卸荷量。以此类推,顺次按(6)、(7)、(8)的操作过程计算,可以得到各开挖步完成后的相应计算结果,直到坡体全部开挖施工完成。

(10)整理计算分析结果,计算过程结束。

应该注意上述计算过程中,每一步开挖后分析采用的坐标原点都为该级坡的坡脚;都取竖直向下为x轴方向,由坡脚向坡体内延伸的水平向为y轴方向;顶点在坐标原点,由x轴方向以优弧形式转到y轴方向所形成的转角为正的θ角,从原点发出的有向线段长度为极径r。同时,由弹性楔形体应力场的解析解可知,在r较远处由开挖卸荷引起的应力场增量随r呈幂函数形式衰减。因此在每一开挖步完成后,通常可以只讨论该步对应的坡高及其上、下一个坡高的范围内坡体松动区,然后再将其同上一步开挖施工完成后得到的坡体松动区取并集,即为此步开挖施工完成后整个坡体产生的松动区。于是,可以简化计算工作,减少工作量。同时,根据坡体开挖后上下力学结构的特点,一般来说,每个开挖步完成后,对其上面坡体的力学影响作用较大,对其下面坡体的力学影响作用较小。

上述开挖松动区分析计算过程,可以通过编制计算机程序来实现。

3.1.3 松动区的有限元分析方法

这里对于边坡力学状态分析而言,若坡体内点的应力状态达到经过安全储备后的屈服状态(即在强度屈服准则中相当于抗剪强度项除以设计稳定系数),便认为该点处于破坏状态。由前述分析可知,坡体开挖松动区的内边界,在力学状态上是在坡体开挖影响范围内相对位于最内部的经过安全储备后达到临界破坏状态的点的集合。因此,松动区内边界上的点刚好满足安全储备后的坡体材料的屈服方程。

岩土材料的强度屈服准则有多种,比较常见的主要有德鲁克—布拉格(Drucker-Prager)准则及摩尔—库仑(Mohr-Coulomb)准则等。由于 Drucker-Prager 强度准则同 Mohr-Coulomb 准则比较接近,且后者表达形式更为简单,这里就主要采用 Mohr-Coulomb 准则简化计算。此时某一松动区内边界所对应的稳定系数K_s的表达式为:

$$K_s=[c\cos\varphi-(\sigma_1+\sigma_3)\sin\varphi/2]/[(\sigma_1-\sigma_3)/2] \tag{4.3.16}$$

这样，在经过数值分析得到开挖坡体的应力场之后，对坡体内各点可按式(4.3.16)计算稳定系数，在靠近坡体内侧稳定系数大小相同的点的集合，即构成该稳定系数下的坡体开挖松动区内边界，进而可以判断开挖松动区范围。

为便于快速判断坡体开挖松动区范围，并减少计算工作量，可以从开挖临空面自上而下不同点向坡体内作适当长度的参考线，计算稳定系数 K_s沿各参考线的变化曲线，容易找到在各参考线上靠近坡体内部的处于临界稳定状态(稳定系数达到设计要求值)的点，把这些处于临界稳定状态的点从上而下顺次连接起来，即形成此设计稳定系数下的松动区的内边界，它与开挖临空面之间的部分即为相应的坡体开挖松动区范围。由于岩土材料力学性质的时空变异性较强，属于塑性材料，力学性质与路径有密切关系，可把参考线做成与坡顶面线基本平行的线段或者水平向线段。根据坡体结构的特点，可以近似认为沿参考线的坡体材料抗剪强度指标不变，以简化和方便计算。

需要说明的是由于开挖卸荷作用，开挖边坡的后缘会产生拉应力，在坡体后缘的一定区域内可能产生近水平向的张拉破坏，还应考虑抗拉强度破坏准则。在用上述方法确定开挖松动区时，还要以此作为附加控制条件来分析。

上面讨论了在应力场基础上，根据强度准则用稳定系数方法(应力分析方法)判断坡体开挖松动区。在实际工程中，位移往往比应力更具有简捷直观的特点。因此，也可以考虑用位移判断坡体开挖松动区。这时，在数值分析得到开挖坡体的位移场之后，确定在一定安全系数下的开挖松动区范围，一般即为主要确定坡体发生失稳破坏部分(产生相对较大塑性变形)与其内侧稳定部分(变形相对较小)之间分界点的位置，这可以通过找出沿不同参考线的位移变化曲线衰减趋近平稳时的显著拐点来近似确定。根据开挖坡体的几何特点与受力状况可知，坡体的滑动(或潜在滑动)方向是往坡体外侧斜向下的，在坡体开挖失稳过程中水平位移是重要而关键的位移分量。从力的影响状况易知，水平位移由开挖面至坡体内逐渐减小，直至为零。因此，可以从开挖临空面自上而下不同点向坡体内作适当长度的参考线(可做成水平线段)，计算沿各参考线的水平位移变化曲线，并找到其上的显著拐点，以近似作为坡体失稳与稳定部分的分界点，把这些显著拐点自上而下顺次连接起来，即形成松动区的内边界，以此来判断坡体开挖松动区范围。由此过程可以看出，合理判断显著的拐点是十分重要的。对于含有明显而关键的软弱结构面的坡体，由于软弱结构面的存在，使得在此处的水平位移要明显大于其内侧较为坚硬岩体的水平位移，水平位移变化曲线在二者的界面处会有较大的陡降跳跃，形成较明显的拐点。这时的分析结果主要有三种情况：

(1)在安全系数要求过高的情况下，确定的松动区范围较为保守而偏大。

(2)在安全系数要求较高时，确定的松动区范围比较接近实际情况。

(3)在安全系数要求较低时，确定的松动区范围比实际情况偏小。

在具体工程实际中，第一种和第三种情况一般很少出现，而安全系数要求较为适中的第二种情况却是经常出现的。但若坡体中没有明显的软弱结构面，水平位移变化曲线上的拐点通常不显著，一般应改用应力法判断坡体开挖松动区。若仍通过位移的方法近似判断松动区，由于从工程实际意义来说，一般当坡体内某点位移达到某量值以下时，就可以认为该点以内的坡体处于稳定状态。此时，需根据具体工程的实际情况和不同的安全系数要求来估计拐点处的水平位移限定量，以此确定各拐点位置。

对于不同性质(如软硬程度等)的岩体，水平位移限定量是不同的。根据一些实际工程的计算分析结果，并偏于安全角度考虑，对于软质岩体，各种安全系数下水平位移限定量值，一般以不超过 10 mm 为宜。在用位移分析法近似确定坡体开挖松动区时，应注意在某类安全要求程度下，所确定的松动区对应的安全系数大小，可以对其内边界(此时的潜在滑面)通过某种极限平衡法(如 Bishop 法、Janbu 法等)求得，这与应力分析法有所不同。

对于岩石高边坡开挖工程，由于开挖高度较大，为确保开挖过程中坡体的稳定，在实际施工过程中通常是自上而下分步开挖。用有限元法对边坡的力学状态进行分析时，首先要根据实际情况建立合理的力学分析模型，常常可简化为平面应变状态分析；其次，对实际施工过程要进行恰当的模拟，使得计算分析过程能较好模仿实际工程的建造过程；再次，在求解计算过程中，要注意充分考虑岩土材料的大变形效应以及非线性力学行为；最后，对计算结果要进行合理的分析，并适当以图形化的方式输出。此过程的流程如图 4.3.5 所示。

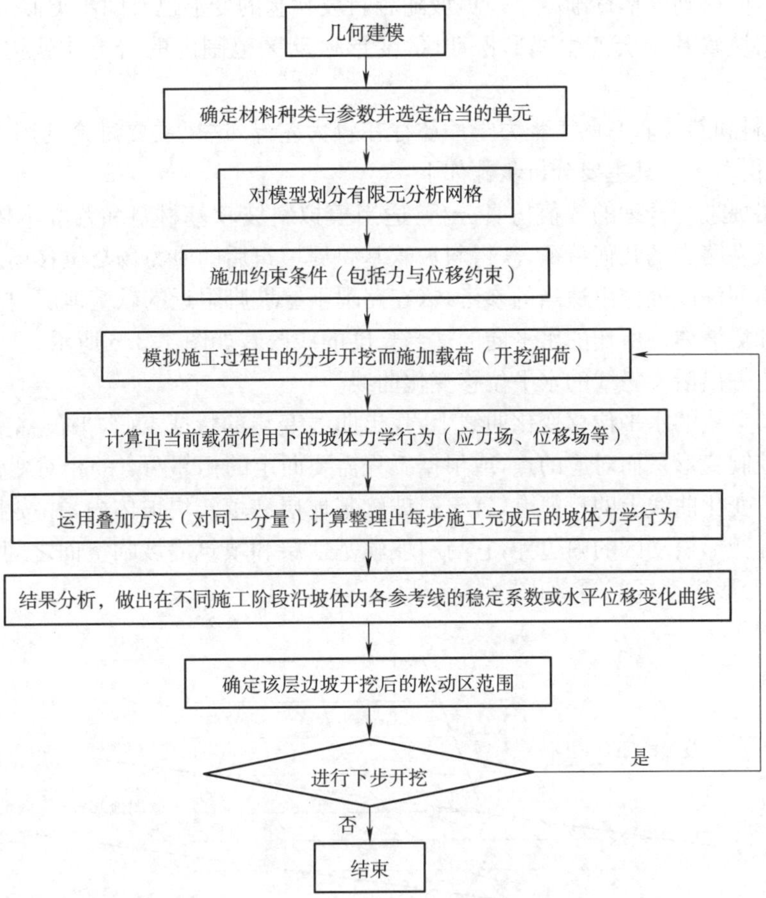

图 4.3.5　边坡开挖松动区的数值分析流程图

具体地说，在每一开挖步完成后，确定开挖松动区范围可分 4 步进行：

(1)对开挖坡体进行合理的数值仿真分析，得到坡体开挖后的应力场与位移场。

(2)在开挖高度范围内距坡顶面不同深度处，作出适当的参考线(从开挖面上任一点起，向坡体内所作的近似平行于坡顶地面线或水平的适当长度的线段)。

(3)在各参考线上做出沿参考线的稳定系数 K_s或水平位移变化曲线。

(4)在所作出的沿参考线的稳定系数或水平位移变化曲线上，找出曲线变化的特征点(稳定系数 K_s变化曲线上达到设计安全系数的点，或水平位移变化曲线上的显著拐点)。将同一方法下各变化曲线上的特征点置于坡体内，并按上下顺序依次连接起来，此即形成松动区的内边界，它与坡体开挖临空面之间的部分即为坡体开挖产生的松动区范围。

实际工程应用中，在用数值分析方法判断坡体开挖松动区时，为简化计算分析，可以考虑首先采用位移分析的方法近似判断，若水平位移变化曲线上的拐点不明显，则改用应力分析的方法，通过稳定系数变化曲线来准确判断。

总之，按照上述确定松动区范围的方法，在坡体的各分步开挖过程中，不同开挖阶段相应的松动区范围都可找到，进而可为边坡工程设计提供依据。

3.1.4　斜坡软弱地基变形分析方法

在斜坡软弱地基上填筑的路堤边坡，其几何及物理特征决定了堤坡的变形具有明显的不对称性。堤坡在斜面下方部分的变形量要大于斜面上方部分的变形量，前缘堤坡的变形量要大于后缘堤坡的变形量。产生这种差异的根本原因在于地基软弱且地层倾斜。在这种情况下，随着变形的逐渐发展，可能会出现前缘堤坡甚至整个路堤的滑动失稳破坏。在斜坡软基堤坡发生变形的过程中，软弱地基的变形起着主导作用，但整个斜坡软基地层的变形并不相同。根据堤坡的受力特征可知，由于剪应力集中，在靠近前缘堤坡坡脚的附近区域内变形相对较大，向后则变形逐渐减小。堤坡随着斜坡软基的变形也有同步类似的特点。这样，随着变形的发展，在堤坡和斜坡软基中会产生变形松动区，变形松动区范围内的岩土体就构成了潜在滑体，如图4.3.6所示。

鉴于路堤本体材料和斜坡软基的工程力学性质存在较大差异，这里主要讨论利用数值模拟的方法分析斜坡软基堤坡的变形松动区。其主要分析步骤如下：

(1)对斜坡软基路堤进行合理的数值仿真分析，适当模拟斜坡软基材料和路堤本体填料的物理力学性质，并充分考虑斜坡软基路堤的几何特征，获得斜坡软基路堤填筑后的应力场与位移场。

(2)在距坡顶面不同深度处作出适当的参考线(在路堤下缘坡脚附近的软基地层内和填筑坡面上任一点起，向斜坡软基地层和堤坡体内所作的水平向的适当长度的线段)，如图4.3.6所示。

(3)在各参考线上做出沿参考线的水平位移变化曲线。

(4)在作出的沿参考线的水平位移变化曲线上，找出曲线变化的特征点(水平位移变化曲线上的显著拐点，或根据实际工程控制变形量而对应的点，或根据工程需要而定的相邻两点的相对变化量达到某一限制要求所对应的点)。将各变化曲线上的特征点，置于斜坡软基地层和填筑堤坡体内，并按上下顺序依次连接起来，形成斜坡软基路堤变形松动区的内边界，它与斜坡软基地层和填筑堤坡临空面之间的部分，即为斜坡软基填筑路堤所产生的变形松动区范围，如图4.3.6所示。

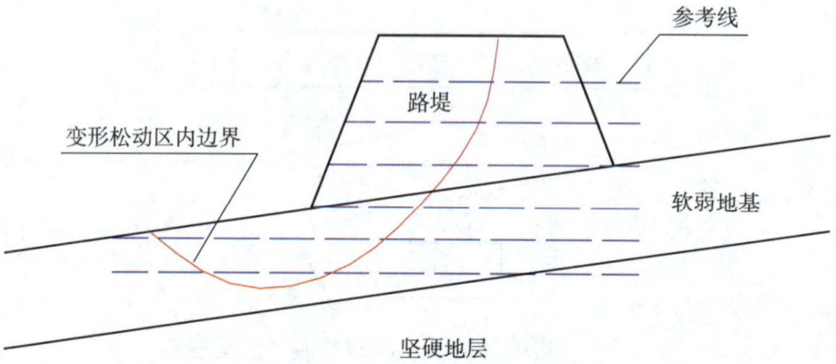

图4.3.6 斜坡软基堤坡变形松动区及参考线示意图

3.1.5 边坡变形的模型试验方法

除了前述的弹性理论分析和数值模拟方法确定铁路边坡的变形规律和松动区外，还可通过室内相似模型试验的方法研究边坡的变形规律，包括大型地质力学模型试验和离心模型试验。根据相似模型试验的基本原理，配制相似材料，建立原坡体的地质力学相似模型，再模拟开挖或填筑施工过程，测得坡体内不同位置的位移量，获得坡体的变形规律，从而可判断边坡的松动区范围。具体操作步骤如下：

(1)选定相似比，配制相似材料，建立原坡体的地质力学相似模型。

(2)在建立原坡体的相似模型过程中，在坡体内一定部位布置位移计。

(3)模拟开挖或填筑施工过程，测量不同工况时坡体内不同测点的位移量。

(4)作出不同工况下坡体内不同部位的位移变化曲线，如沿若干水平线的坡体水平位移变化曲线；还可作出同一测点位移在不同工况时的变化特征，通过这些可获得边坡体的变形规律。

(5)在各位移随坡体部位的变化曲线(常可用沿各水平线的坡体内不同部位的水平位移变化曲线)上找到显著特征点(曲线的拐点，或根据具体工程需要确定的位移绝对量或相对量限制值所对应的点)，将位移变化拐点所对应的坡体部位从上到下顺次连线，就可判断出坡体在不同工况下的松动区。

(6)将模型试验结果按相似比还原到原型，即可得到实际工程边坡的变形规律。

通过模型试验方法确定铁路边坡的变形规律，不仅可为实际工程的设计与施工提供参考，而且还可在一定程度上检验理论分析方法的合理性，有助于综合得出较为合理的铁路边坡变形规律。

根据前述山区铁路(公路)边坡中开挖路堑边坡和斜坡软基填筑路堤边坡的变形分析理论和方法，可按照不同坡体结构具体分析两类边坡的变形规律和松动区范围。

3.2　典型工程边坡的变形特征

通过归纳总结渝怀铁路、南昆铁路、京珠高速公路等重要山区铁路（公路）工程的科研成果，得出表 4.3.1 所示的典型坡体结构边坡的变形规律和特征，可进一步加深对边坡变形破坏行为的认识，深入具体分析边坡的稳定性状况。

表 4.3.1　山区铁路（公路）典型边坡变形特征汇总

<table>
<tr><th>工程名称</th><th>边坡结构</th><th>变形特征图示</th><th>变形特征说明</th></tr>
<tr><td>京珠高速公路粤北段
K109＋292 工点</td><td>整体结构堑坡</td><td>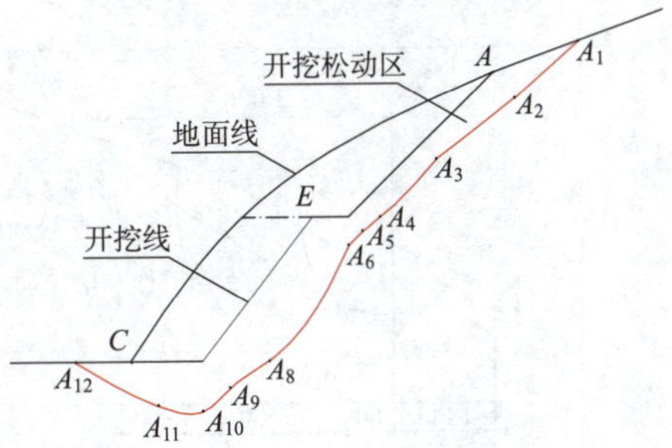
</td><td>开挖边坡的松动区出现在坡体浅表层区域，由表及里坡体的位移量逐渐减小。开挖松动区呈现出明显的不规则形状，随着坡体分步向下开挖，松动区在当前开挖步对应的坡高范围内有明显增大，而在其他区域增加很小</td></tr>
<tr><td>京珠高速公路粤北段
RK80＋657 工点</td><td>块状结构堑坡</td><td>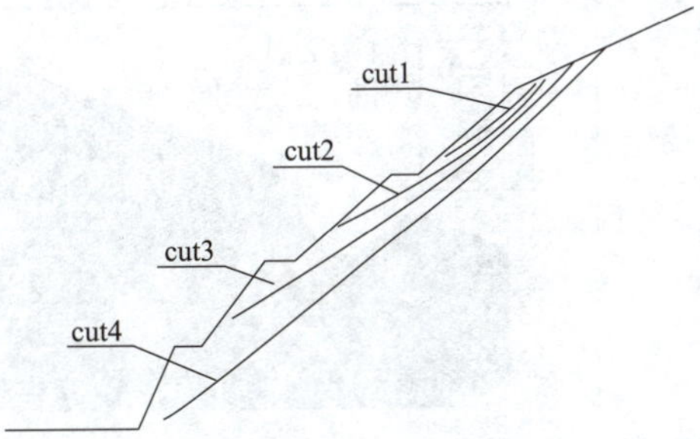
</td><td>开挖边坡的松动区出现在边坡浅层一定区域内，坡体的位移量由表及里逐渐减小，随着向下的分步开挖，松动区逐渐增大</td></tr>
<tr><td>京珠高速公路粤北段
K98＋560 工点</td><td>块状结构堑坡</td><td>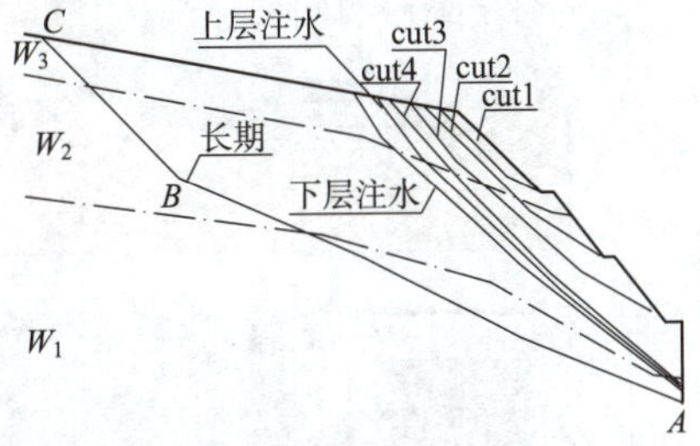
</td><td>随着分步开挖，松动区逐渐增大。雨水入渗前开挖松动区一般处于边坡的浅层区域，入渗后松动区有所增大，且随着入渗深度的增加，诱发深部变形，松动区也逐渐增大，随着时间的推移，松动区范围进一步显著扩展</td></tr>
<tr><td>京珠高速公路粤北段
K98＋670 工点</td><td>软硬相间煤系
地层堑坡</td><td>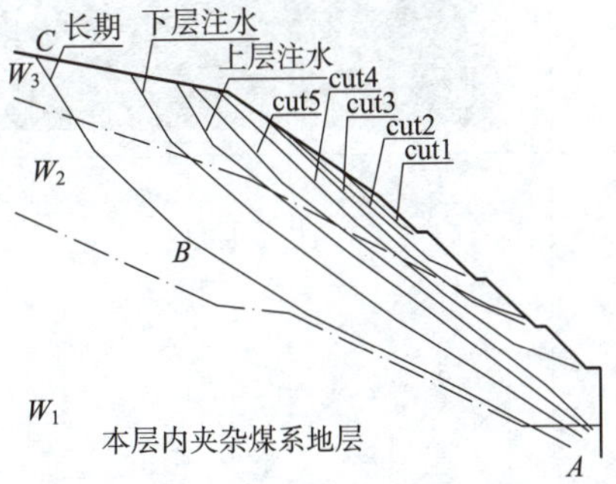
</td><td>随着分步开挖，松动区逐渐增大。雨水入渗前开挖松动区一般处于边坡的浅层区域，入渗后松动区有所增大。随着入渗深度的增加，诱发深部变形，松动区也逐渐增大。由于坡体中存在较软弱的煤层，松动区增加的幅度稍大，随着时间的推移，松动区范围进一步显著扩展</td></tr>
<tr><td>京珠高速公路粤北段
K18＋125 工点</td><td>黏性土堑坡</td><td>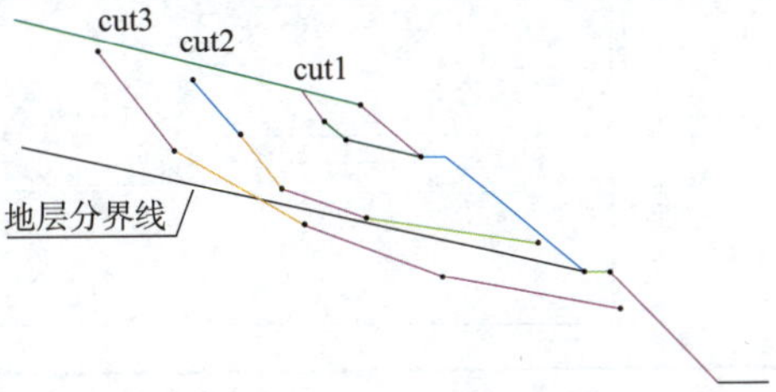
</td><td>开挖边坡变形由表及里逐渐减小，坡体局部会出现坍塌变形破坏。随着分步开挖，松动区逐渐增大，开挖松动区范围可超过坡体的浅层区域，松动区的内边界近似呈圆弧形</td></tr>
</table>

续上表

<table>
<tr><th>工程名称</th><th>边坡结构</th><th>变形特征图示</th><th>变形特征说明</th></tr>
<tr><td>京珠高速公路粤北段K67+980 工点</td><td>铁路穿过古滑坡体坡身形成堑坡</td><td>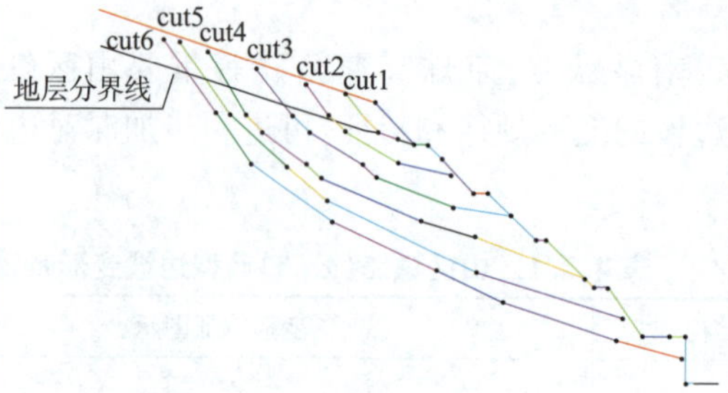
</td><td>随着分步开挖，坡体的位移逐渐增大，开挖松动区范围逐渐增加，且扩展深度较大。由于滑体松散破碎，松动区内边界近似呈圆弧形。因形成的开挖路堑边坡在古滑带以上，对其干扰较小，因而古滑带的变形量不大，开挖堑坡中易形成新生的变形滑动面</td></tr>
<tr><td>渝怀铁路 DK375 工点</td><td>顺层结构堑坡</td><td>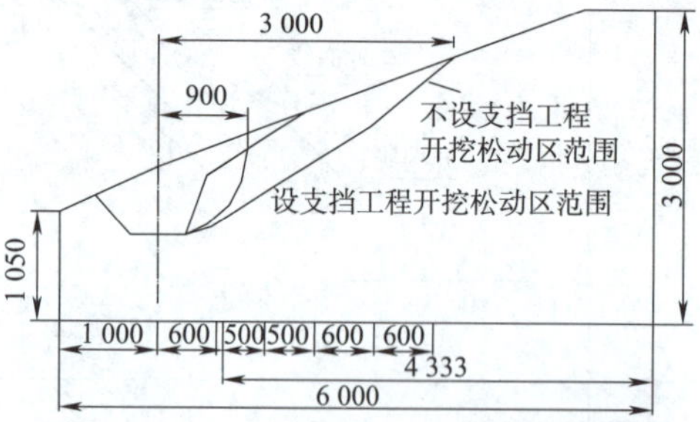

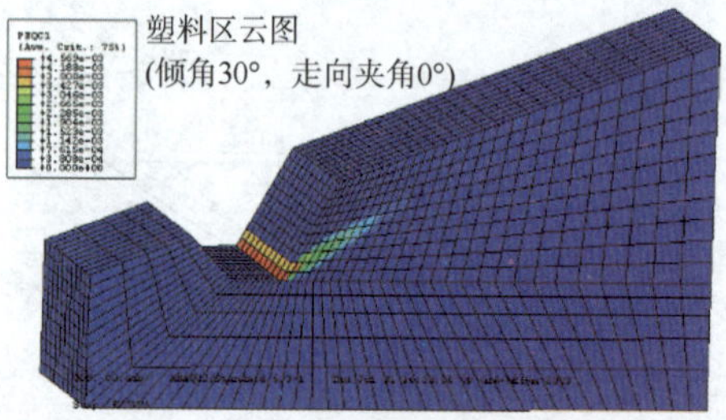
</td><td>开挖边坡易沿层间相对软弱带顺层滑动，坡体表层位移量大，向内逐渐减小。不设支挡结构时，开挖松动区出现在较大的范围内，设置支挡结构后松动区明显减小。边坡的变形量同层面倾角、岩层走向与铁路走向夹角有密切关系，坡脚附近的变形量最大，向后沿层面方向逐渐减小</td></tr>
<tr><td>渝怀铁路涪陵西站工点</td><td>斜坡软基堤坡</td><td>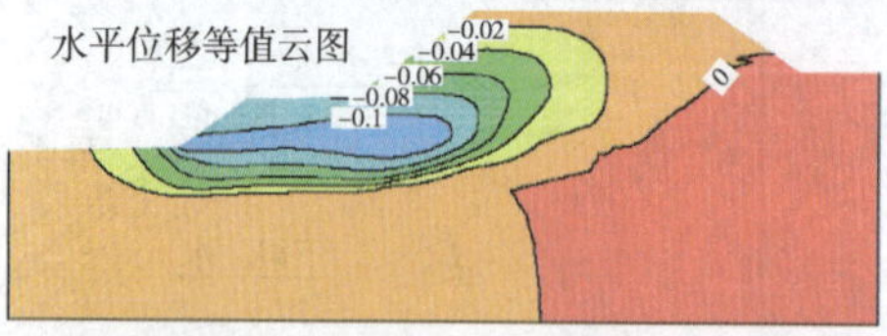

</td><td>边坡变形主要受斜坡软弱地基的力学特性决定。软弱地基中堤坡下坡脚附近的变形量最大，向后上方逐渐减小。堤坡连同软基斜向下发生位移，前下方位移较大，后部位移较小。变形松动区穿过软弱地层，在下坡脚外侧一定距离处为剪出口，变形松动区的内边界近似呈圆弧形</td></tr>
<tr><td>南昆铁路 DK339 工点</td><td>碎裂体结构堑坡</td><td>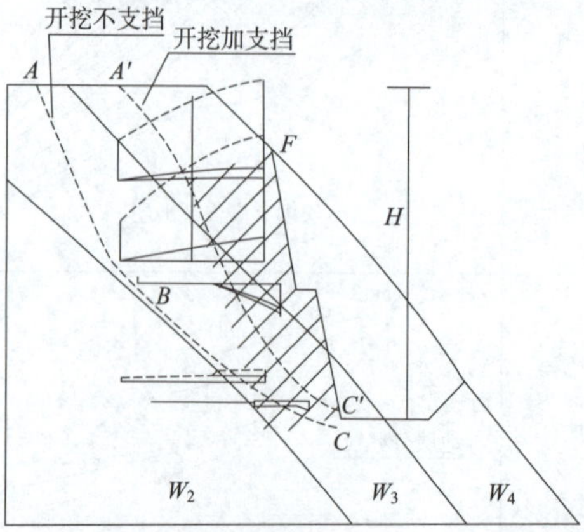
</td><td>开挖松动区范围较大，可延展到坡体深层区域。设置支挡结构后，松动区显著减小，位于边坡的浅表层区域。坡面位移较大，向坡体内位移量逐渐减小。边坡上部的位移较大，下部的位移较小</td></tr>
</table>

第 4 章　边坡稳定性分析

4.1　边坡稳定性分析方法综述

边坡稳定性分析是一个经久不衰的研究课题。近一百年来，许多学者致力于这项工作，分析方法层出不穷，从定性分析到定量分析，从条分法到数值分析法，从确定性方法到不确定性方法，边坡稳定性分析理论日臻完善。然而，由于研究对象的复杂性和不确定性，任何分析方法都具有自身的适用性和局限性，至少目前还不存在一种能适用于任何情况的分析方法。不同的分析方法只能适用于一定的工程地质环境，稳定分析方法的合理与否直接影响对工程的指导作用，因此如何有效地选取合适的稳定性分析方法十分重要。

山区铁路(公路)边坡工程地质条件复杂，坡体结构多样，稳定性分析方法的合理选取尤为重要。总体上讲，边坡稳定分析有定性分析方法和定量分析方法。定性分析方法主要是通过工程地质勘察，对影响边坡稳定的主要因素、可能的变形破坏方式以及失稳的力学机制等方面进行分析，从而对被评价边坡的稳定性状态和可能的发展趋势作出定性的解释和说明。然而，仅仅定性分析是不够的，人们往往更为关心边坡稳定性的定量分析结果。定量分析方法有很多，如条分法、数值分析法、塑性极限方法、可靠度方法和模糊数学方法等。其中，条分法凭借力学模型简单适用和工程实践中积累的大量经验成为应用最为广泛的方法。随着计算机技术的发展，数值分析方法也成为边坡稳定分析领域的研究热点。在山区铁路(公路)边坡稳定性分析中，条分法等极限平衡方法以及数值分析方法均得到了应用。

针对不同的坡体结构，分析方法和手段各有特点，分类叙述如下：

土质边坡最为常见，稳定性分析方法也比较成熟。

一般黏性土边坡的破坏模式通常为圆弧形滑动，稳定分析可选用条分法(瑞典条分法，Bishop 法等)以及数值分析方法中的强度折减法。

碎石土边坡一般为直线型破坏，稳定分析采用常规的刚体极限平衡理论即可，也可选用严格条分法(如 Mogenstern-Price 法，Janbu 法等)。

黄土边坡是一类较为特殊的边坡，坡体内存在垂直节理，失稳时坡顶易形成拉裂隙，滑面多为折线型、阶梯型和折曲圆弧型，稳定性分析可选用裂隙法、严格条分法。

膨胀土边坡的坡体遇水膨胀、失水收缩，把膨胀力尽量合理地考虑到边坡稳定分析中，是解决膨胀土边坡稳定性计算问题的关键。其稳定性分析，推荐采用考虑了膨胀力的条分法。

岩质边坡的稳定性受坡体内结构面的空间分布、组合规律以及结构面与临空面的组合关系等因素的影响，成灾机理复杂，变形破坏模式多样化，稳定性分析方法必须同其变形破坏模式相匹配。

顺层岩质边坡，有多层滑移模式，可采用基于机动位移法的稳定分析方法。

滑移—拉裂破坏模式，可采用不稳定岩层极限长度分析方法。

滑移—弯曲破坏模式，采用基于弹性板稳定理论的分析方法。

顺斜向岩质边坡稳定分析，首先根据岩层走向与边坡走向夹角的大小进行稳定性判断，然后采用考虑侧向约束的稳定性分析方法进行计算。

反倾层状岩质边坡，可通过对反倾临界坡角、弯曲折断应力及折断长度的计算分析，对边坡的稳定性作出评价。

块状岩质边坡的稳定性分析，按具体的破坏模式选取相应的方法。破坏模式主要包括平面破坏、阶梯型破坏、多滑块型破坏以及楔形体破坏。

堆积体边坡稳定分析，首先判断堆积体是否沿基岩面整体滑动，此时滑面多为不规则的折线型滑面，分析方法宜采用传递系数法、Morgenstern-Price 法等严格条分法；然后判断堆积体自身内部是否出现失稳，此时滑面多为圆弧型滑面，分析方法可选用简化 Bishop 法等条分法。对于重要的大型堆积体边坡，建议同时应用有限元、有限差分法等数值分析方法，对堆积体边坡稳定性进行分析，并与刚体极限平衡分析结果进行对照分析。

斜坡软基路堤边坡稳定性分析，根据斜坡软弱地基填方工程高厚比，初步判断斜坡软弱地基填方工程破坏模式，圆弧滑面破坏可选用圆弧条分法进行稳定分析，复合式滑面破坏可选用传递系数法计算。对于重点工程，应使用数值分析法计算出路堤边坡的变形，采用变形系数法、安全系数法进行稳定性评价。

穿过古滑坡区域的铁路边坡，铁路通过古滑坡不同部位，对古滑坡稳定性造成不同的影响，稳定性分析所关注的因素有所区别，但稳定性分析的基本方法(如极限平衡法、数值分析法)基本上是一致的。

就极限平衡法而言，具体方法应根据古滑坡的滑面形态进行选取。选取原则如下：

(1)滑面为单一平面，这种滑动形式的稳定性计算方法较为简单，可将滑坡作为整体进行极限平衡分析。

(2)滑面为圆弧面或可近似为圆弧面时，考虑到其整体的力矩平衡起主要作用和计算的简便性，稳定计算可采用简化 Bishop 法。

(3)滑面为连续的不规则(较陡)折线段组成时，可采用 Janbu 法。

(4)滑面由一些倾角较缓、相互间变化不大的折线段组成，可采用传递系数法。

综上所述，山区铁路(公路)边坡稳定性的具体分析方法，可参照表 4.4.1 选取。

表 4.4.1　山区铁路(公路)边坡稳定性分析方法参考表

大　类	亚　类	稳定性分析方法
土质路堑边坡	一般黏性土	条分法； 有限元强度折减法
	膨胀土	考虑膨胀力的条分法
	黄土	裂隙法； 严格条分法
	碎石土	整体极限平衡法(直线型破坏)
岩质路堑边坡	整体结构	考虑开挖卸荷效应的有限元强度折减法
	块状结构	整体极限平衡法(平面破坏、阶梯型破坏)； Srama 法(多滑块型破坏)； 楔形体稳定理论(楔形体破坏)； 离散元法
	层状结构	机动位移法(多层滑移破坏)； 不稳定岩层临界长度法(滑移—拉裂破坏)； 基于弹性板稳定理论的方法(滑移—弯曲破坏)； 滑劈破坏分析方法
	碎裂体结构	条分法； 离散元法
	松散体结构	圆弧条分法(堆积体内部破坏)； 传递系数法(整体沿基岩滑动)； 有限元强度折减法
斜坡路堤边坡	斜坡软基填筑堤坡	条分法(圆弧滑动)； 传递系数法(复式滑动)； 有限元变形系数法
古滑坡区域的边坡	古滑坡区域的边坡	整体极限平衡法(平面破坏)； 条分法(圆弧破坏)； Janbu 法等严格条分法(折线形破坏)； 传递系数法(缓倾折线形破坏)

4.2　土质路堑边坡稳定性分析

4.2.1　概　　述

土质边坡稳定性问题分析是一个古老的问题，众多学者对该问题进行了研究，也取得了丰硕的成果。本节重点针对山区铁路(公路)建设中较为常见的几类土质路堑边坡,简要介绍常用的稳定性分析方法——极限平衡法。

4.2.2　一般黏性土边坡稳定性分析

一般黏性土边坡破坏多为圆弧滑面破坏,稳定性分析方法选择范围较广,各类极限平衡法(瑞典条分法,Bishop法,Janbu 法,Morgenstern-Price 法等)以及数值分析法(如强度折减法)均能较好地解决此类问题。

下面以简化 Bishop 法为例,说明一下圆弧滑动稳定分析的原理。

条块的受力如图 4.4.1 所示。E_i、E_{i+1} 表示法向条间力,T_i、T_{i+1} 表示条间切向力,W_i 为条块自重,Q_i 为水平作用力,N_i、S_i 分别为条块底部的总法向力(包括有效法向力及孔隙压力)和切向力,其余符号见图。

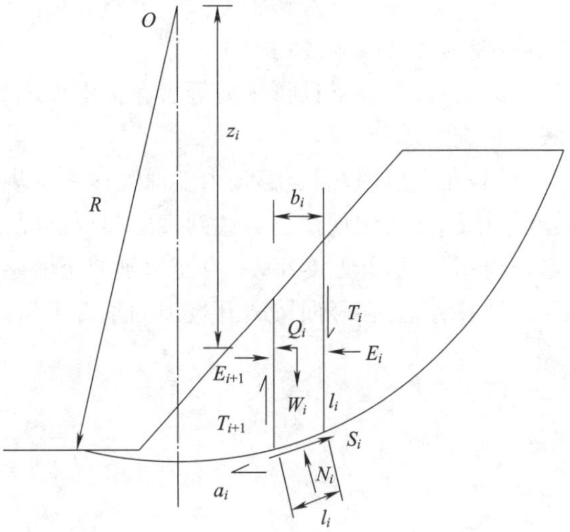

图 4.4.1　简化 Bishop 法中条块受力图

根据每一条块竖向力的平衡,可得:

$$W_i+T_i-T_{i+1}-N_i\cos\alpha_i-S_i\sin\alpha_i=0 \quad (4.4.1)$$

根据 Mohr-Coulomb 准则,

$$S_i=\frac{N_i-u_il_i}{K}f_i+\frac{c_il_i}{K} \quad (4.4.2)$$

其中　$f_i=\tan\varphi_i'$,$c_i=c_i'$,均代表有效内摩擦系数和有效黏聚力。

将式(4.4.2)代入式(4.4.1)可得底部总法向力为:

$$N_i=\left[W_i+(T_i-T_{i+1})-\frac{c_il_i\sin\alpha_i}{K}+\frac{u_il_if_i\sin\alpha_i}{K}\right]\frac{1}{m_{ai}} \quad (4.4.3)$$

其中　$m_{ai}=\cos\alpha_i+\dfrac{f_i\sin\alpha_i}{K}$。

在极限平衡时,各条块对转动圆心的力矩之和应为零,此时条块间的作用力相互抵消,可得

$$\sum W_iR\sin\alpha_i-\sum S_iR+\sum Q_iz_i=0 \quad (4.4.4)$$

将式(4.4.2)、式(4.4.3)代入式(4.4.4),可得安全系数 K 的表达式为:

$$K=\frac{\sum\frac{1}{m_{ai}}\{c_ib_i+[W_i-u_ib_i+(T_i-T_{i+1})]f_i\}}{\sum W_i\sin\alpha_i+\sum Q_i\frac{z_i}{R}} \quad (4.4.5)$$

若设(T_i-T_{i+1})为零,可得到简化的 Bishop 法计算公式为:

$$K=\frac{\sum\frac{1}{m_{ai}}[c_ib_i+(W_i-u_ib_i)f_i]}{\sum W_i\sin\alpha_i+\sum Q_i\frac{z_i}{R}} \quad (4.4.6)$$

4.2.3　膨胀土边坡稳定性分析

膨胀土中产生膨胀力的激发原因是由于水分的变化,即含水量增加时便产生膨胀力,含水量减少时土体便收缩,把膨胀力尽量合理地考虑到边坡稳定分析中,是解决膨胀土边坡稳定性计算问题的关键。

4.2.3.1　基本假定

(1)对于同一类膨胀土,经过若干次干缩湿胀循环后,土体内产生众多裂隙,但其裂隙分布是随机任意、杂乱无章的,故假定此时的土体仍为均质膨胀土(不计裂隙影响),按均质土体分析边坡稳定性。

(2)土体滑动时,滑动面为连续圆弧面。设滑弧均过坡脚,即滑弧为“坡脚圆”。

(3)考虑大气风化作用影响,风化层厚度根据具体工程所处地理位置决定。如成都地区,风化层厚度 d 取为 1.5 m。

由于风化作用影响,膨胀土路基由外到内分为表层、浅层、深层。

表层：受风化作用直接影响层，裂隙极其发育，膨胀力沿深度有明显变化，有较大的膨胀变形，强度衰减幅度大。

浅层：表层以下且膨胀力大于上覆土重的土层，裂隙较细小而且不太发育，有一定的膨胀变形和强度衰减，但变形和衰减幅度均较小。

深层：浅层以下且膨胀力等于上覆土重之处以下的土层，此层内无膨胀变形和强度衰减，可视为不受膨胀力影响的部分。

(4)在表层内，假定膨胀力随深度按一定规律变化，根据含水量的变化特点及土层受约束状况，为便于计算，采用线性变化规律。当达到表层与浅层界面之后，设膨胀力开始保持此界面处之值，并向浅层内延伸相当长距离，然后开始变小，一直变化延伸至深层区之内，这样便形成了边坡中膨胀力的折线型变化规律。

计算方法：在竖向按离开坡顶的垂直距离计算，横向按离开坡面的水平距离计算，如图4.4.2所示。

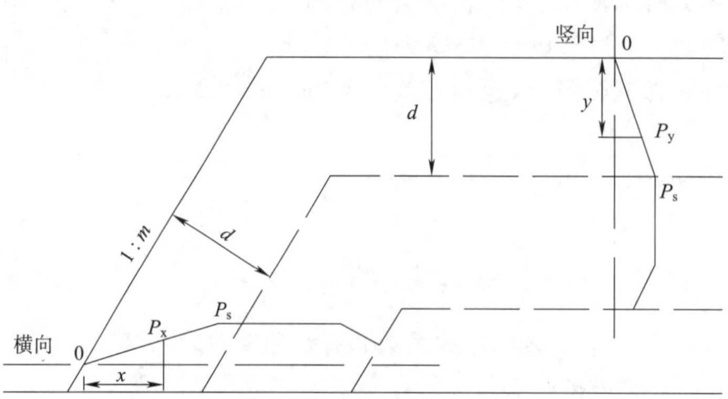

图4.4.2 膨胀土坡内膨胀力随深度变化示意图

图中：

$$P_x = x/(d \cdot \sqrt{1+m^2}) \cdot P_s \tag{4.4.7}$$

$$P_y = y/d \cdot P_s \tag{4.4.8}$$

式(4.4.7)、式(4.4.8)中的 P_s 由试验确定。

(5)条分计算时，每个小土条视为刚体，相应的膨胀力垂直作用于刚体周边。

(6)假定滑弧穿过的区域均是表层或浅层。

4.2.3.2 土条受力模式

对于路堤，由于上表面有路面等覆盖封闭，可视为仅有一个临空面；对于路堑，侧面与上表面均无覆盖封闭，故应有两个临空面。二者的差别在于由此引起的膨胀力的分布不同，路堤表层范围内的竖向膨胀力均为常数 P_s，路堑的竖向膨胀力则按线性规律变化(由前假定)。二者分述如下。

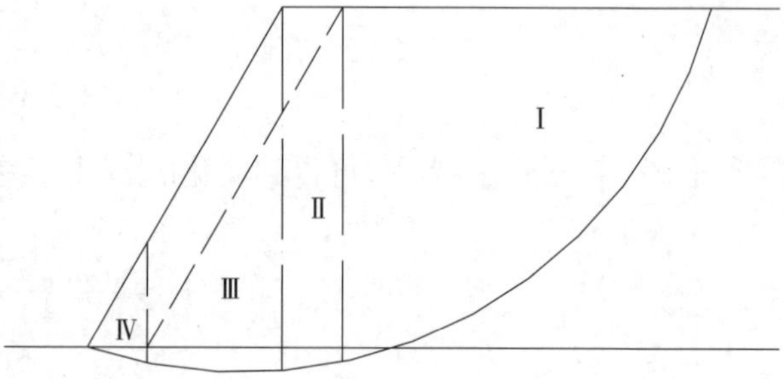

图4.4.3 路堤滑动土体分区示意图

1)路堤

如图4.4.3所示，一个路堤横断面的一部分，虚线表示风化层影响范围，将滑动土体分成四个区域，对每个区域分别进行土条受力分析。

结合成都三环路工程分析，路堤下虽然换填一层60 cm厚的非膨胀土，但一般来说滑弧仍从下面膨胀土中穿过，也就是说，这里不计非膨胀土层对土条受力的影响。各区土条受力如图4.4.4所示。

2)路堑

如图4.4.5所示，路堑与路堤的区别主要有两点：一是上顶面为临空面，受风化影响；二是坡体下无换填层，均为膨胀土。将其分成五个区域，如图4.4.6所示。

由于横向、竖向均有风化层，二者会有一条交线 AB，作如下处理：在 $ABMN$ 区内按竖向风化影响计算膨胀力；在 $ABCO$ 区内按横向风化影响计算膨胀力。

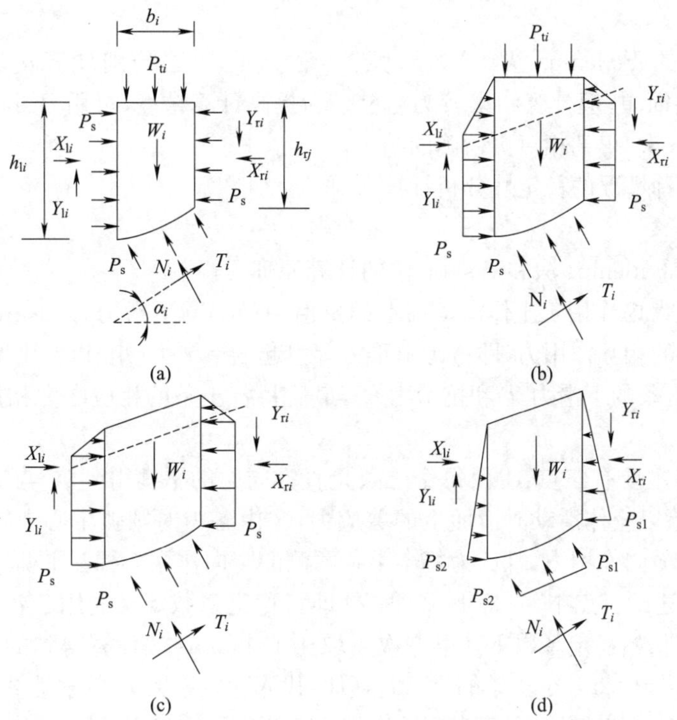

图 4.4.4　路堤各区土条受力模式

注:(a)、(b)、(c)、(d)分别表示Ⅰ区、Ⅱ区、Ⅲ区、Ⅳ区

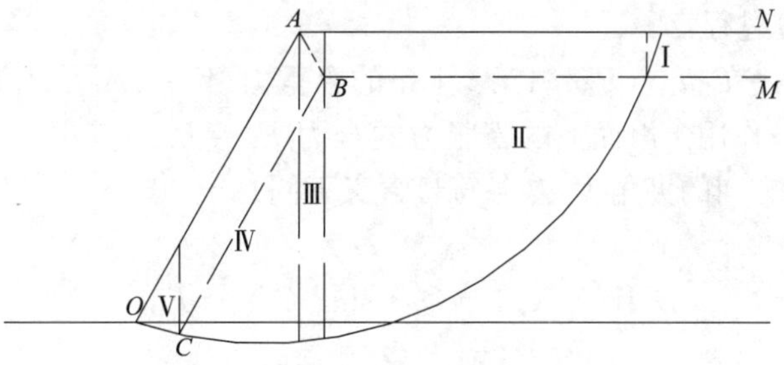

图 4.4.5　路堑滑动土体分区示意图

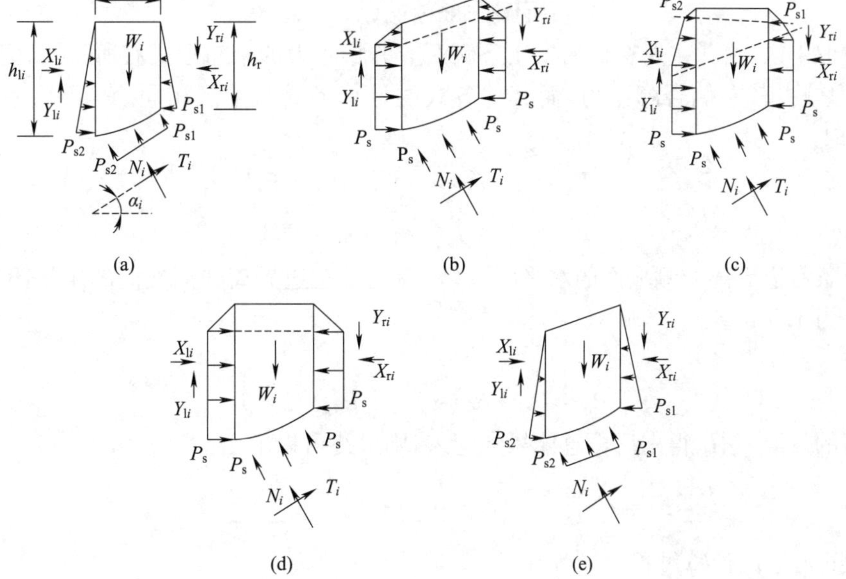

图 4.4.6　路堑各区土条受力模式

注:(a)、(b)、(c)、(d)、(e)分别表示Ⅰ区、Ⅱ区、Ⅲ区、Ⅳ区、Ⅴ区

4.2.3.3　计算过程

采用极限平衡法中的 Fellenius 法（瑞典圆弧法）和 Bishop 法分别计算边坡稳定系数。若单纯用 Fellenius 法，虽计算思路简单，但计算结果较为粗糙。为提高计算精度，再用 Bishop 法对 Fellenius 法计算得出的最危险滑弧重算一次，得到相对更精确的结果。

现介绍路堤、路堑两种情况的稳定性分析计算。

1)路堤

首先，简要叙述一下 Fellenius 法和 Bishop 法的计算原理。

Fellenius 法：此法仅考虑作用于土体滑动面上的抗滑力(矩)与下滑力(矩)，由二者之比计算出边坡稳定系数，而忽略土条之间的相互作用力，即考虑由重力等引起的下滑力(矩)以及由摩擦力和黏聚力产生的抗滑力(矩)。分别计算各土条的下滑力 T_i 和抗滑力 R_i，最后将各土条的相应之力相加得到 $\sum T_i$ 和 $\sum R_i$，求得稳定系数 $K=\sum R_i/\sum T_i$。

Bishop 法：本法思路主要有三点：①由每个土条竖直方向力的平衡得到 N_i 与 T_i 的关系式；②稳定系数定义为土体的抗剪强度除以土体滑动时滑面上的剪应力；③由各力对圆弧中心力矩的平衡得出下滑力 T_i。其中，忽略了土条之间的横向作用力，且认为每个土条两侧的竖向作用力相互平衡，若不计孔隙水压力，即为“简化 Bishop 法”。在上述的三点中，先将①、②联立（即将稳定系数定义先用于各个土条中），消去 T_i 得出 N_i 表达式，式中含有一个初始稳定系数 K_0（第一次可取用 Fellenius 法计算得到的 K 值），然后再根据③步骤将每个土条的 T_i 求出，最后将各个土条的 N_i、T_i 累加，代入稳定系数 K 的表达式中，得出 K 的表达式，再用迭代法计算（即每次通过改变初始 K_0 值实现），直到相邻两次计算的 K 值之差满足精度要求便可。

这里采用简化 Bishop 法计算，即不考虑孔隙水压力。

按上述思路，对各区域采用两种方法计算的过程简述如下：

采用 Fellenius 法的计算过程：

Ⅰ区：令 $Q_i=P_{S右}-P_{S左}=P_S h_{ri}-P_S h_{li}$；第 i 土条的合重力 $W_i=\gamma A_i+P_上 b_i$，式中 A_i 为第 i 土条面积，且将上覆压力计入重力之内；作用于滑面上的膨胀力的合力 $P_{ei}=P_s l_i$，其中 l_i 为第 i 土条的滑弧长度；第 i 土条滑弧中点的切线与水平方向的夹角为 α_i（各符号含义下同）。

由力的平衡可得：

$$W_i\cdot\cos\alpha_i-Q_i\cdot\sin\alpha_i=N_i+P_{ei} \tag{4.4.9}$$

$$W_i\cdot\sin\alpha_i+Q_i\cdot\cos\alpha_i=T_i \tag{4.4.10}$$

即得：

$$N_i=W_i\cdot\cos\alpha_i-Q_i\cdot\sin\alpha-P_{ei} \tag{4.4.11}$$

$$T_i=W_i\cdot\sin\alpha_i+Q_i\cdot\cos\alpha_i \tag{4.4.12}$$

Ⅱ～Ⅳ区：类似Ⅰ区，变化主要在作用于土条侧面上的膨胀力的分布形式有所不同，但 Q_i 仍表示第 i 土条的右侧合膨胀力减去其左侧合膨胀力，而其他各式的计算形式与Ⅰ区相同。但要注意的是，对于Ⅳ区，$P_{s1}\neq P_{s2}\neq P_s$，此时

$$P_{s1}=x_1/(d\cdot\sqrt{1+m^2})\cdot P_s \tag{4.4.13}$$

$$P_{s2}=x_2/(d\cdot\sqrt{1+m^2})\cdot P_s \tag{4.4.14}$$

其中：x_1 为土条右边界离开侧坡面的水平距离，x_2 为土条左边界离开侧坡面的水平距离，d 为风化层影响深度，成都地区为 1.5 m。

而且，

$$P_{ei}=P_{sa}\cdot b_i=(P_{s1}+P_{s2})/2\cdot b_i \tag{4.4.15}$$

这样，把各区的 $\sum T_i$、$\sum R_i$ 得出后再总体累加起来，则最终可以求出：

$$K=\sum_{n=I}^{IV}\Big[\sum_{i=1}^{t}(N_{ni}\tan\varphi+cl_{ni})\Big]/\sum_{n=I}^{IV}\sum_{i=1}^{t}T_{ni} \tag{4.4.16}$$

采用简化 Bishop 法的计算过程：

Ⅰ区：①由竖向力之平衡：

$$W_i+Y_{ri}-Y_{li}=N_i\cos\alpha_i+T_i\sin\alpha_i \tag{4.4.17}$$

由于假定 $Y_{1i}=Y_{ri}$，上式即为 $W_i=N_i\cos\alpha_i+T_i\sin\alpha_i$

②由稳定系数定义：

$$K=S_i/\tau_i=c+\sigma_i\tan\varphi/\tau_i=(cl_i+\sigma_i l_i\tan\varphi)/(\tau_i l_i)=(N_i\tan\varphi+cl_i)/T_i \tag{4.4.18}$$

即可取初始稳定系数 $K_0=(N_i\tan\varphi+cl_i)/T_i$

式(4.4.17)、式(4.4.18)联立，消去 T_i 得：

$$N_i=(W_i-cl_i\sin\alpha_i/K_0)/(\cos\alpha_i+\tan\varphi\cdot\sin\alpha_i/K_0) \tag{4.4.19}$$

令

$$m_{\alpha i}=\cos\alpha_i+\tan\varphi\cdot\sin\alpha_i/K_0 \tag{4.4.20}$$

则

$$N_i=(W_i-cl_i\sin\alpha_i/K_0)/m_{\alpha i} \tag{4.4.21}$$

③由对圆心 O 的合力矩平衡得：

$$T_i\cdot R=W_i\cdot R\sin\alpha_i+Q_i\cdot e_i \tag{4.4.22}$$

式中：$Q_i\cdot e_i$ 为左、右侧膨胀力对圆心力矩之差(右－左)，

即：

$$Q_i\cdot e_i=P_{e右}\cdot e_{右}-P_{e左}\cdot e_{左} \tag{4.4.23}$$

则：

$$T_i=W_i\sin\alpha_i+Q_i\cdot e_i/R \tag{4.4.24}$$

④累加得：

$$\sum_i(N_i\tan\varphi+cl_i)=\sum_i(cl_i\cos\alpha_i+W_i\tan\varphi)/m_{\alpha i}=\sum_i(cb_i+W_i\tan\varphi)/m_{\alpha i} \tag{4.4.25}$$

而

$$\sum_i T_i=\sum_i(W_i\sin\alpha_i+Q_i\cdot e_i/R) \tag{4.4.26}$$

Ⅱ～Ⅴ区：此间各区与Ⅰ区的差别主要在于土条两侧膨胀力的分布规律不同，而该膨胀力产生的力矩的计算方法则同Ⅰ区(膨胀力计算，仍按前述分布规律实现)，而且其他计算过程亦同Ⅰ区。这样，可把各区的 $\sum T_i$ 与 $\sum(N_i\tan\varphi+cl_i)$ 计算出来，最终累加各区这两项的相应值，则稳定系数 K 的表达式由二者相比得出。在此表达式中仍含有一个 K 值，采用迭代法计算，令 $K_0=K_f$(Fellenius 法计算的稳定系数值)推出 $K=K_1$，再让 $K_0=K_1$，又得出 $K=K_2$，……，如此循环迭代，直到相邻两个 K 值之差满足精度再求便可。K 的表达式如下：

$$K=\frac{\sum_{n=Ⅰ}^{Ⅳ}\left[\sum_{i=1}^{t}(cb_{ni}+W_{ni}\tan\varphi)/m_{\alpha i}\right]}{\sum_{n=Ⅰ}^{Ⅳ}\left[\sum_{i=1}^{t}(W_{ni}\sin\alpha_{ni}+Q_{ni}e_{ni}/R)\right]} \tag{4.4.27}$$

其中：$m_{\alpha i}=\cos\alpha_{ni}+\tan\varphi\cdot\sin\alpha_{ni}/K_0$，$K_0$ 为每次迭代的初值。

必须注意：迭代过程中，若系数 $m_{\alpha i}\leqslant 0.2$，计算误差会陡然增大，此时便认为迭代失效，停止 Bishop 法计算。

2)路堑

对于路堑，计算过程同路堤相应方法相似，主要差别在于膨胀力的计算。因为二者的分布规律不尽相同，这里应有两个风化带(横向、竖向)，所以膨胀力要分两种情况分别计算。需要注意的是，在图 4.4.6 中，(a)、(c)、(e)三种情况中的 P_{s1}、P_{s2} 的计算式子是不同的，具体仍按前述基本假定计算，不再赘述。

4.2.3.4　算例分析

成都某铁路工程，路面宽 80 m。取 K159＋000 工点距地表约 1.5 m 处的土质分析，试验测得物理力学性质指标如下：

含水量 $\omega=27.8\%$，饱和度 $S_r=94\%$，天然容重 $\gamma=19.4\text{kN/m}^3$，黏聚力 $c=36$ kPa(饱和三轴剪)，内摩擦角 $\varphi=15°$(饱和三轴剪)，天然含水量下的最大膨胀力 $P_S=37$ kPa。

成都地区的膨胀土以弱膨胀土居多，由于表层受风化影响强度有所下降，故表层以下的强度指标应有所提高，这里按黏聚力提高 20%、内摩擦角保持不变来处理。

对于用该膨胀土填筑坡高 $h=3$ m 的路堤(击实土外包改性土)和开挖坡高 $h=5$ m 的路堑,分别采取不同的坡率 1∶m 进行计算,且边坡计算强度需考虑膨胀土的变动强度和强度衰减而按长期强度取值。根据以往一些实践经验,长期强度取饱和三轴剪的 70%～80%,对于堑坡的计算黏聚力取试验值的 75%,计算内摩擦角的正切值取试验值的 80%;对于堤坡,黏聚力与内摩擦角的折减率,分别取 85%和 90%。

按 Fellenius 法和简化 Bishop 法,算得路基稳定系数见表 4.4.2、表 4.4.3。

表 4.4.2　路堤边坡的稳定系数 K 值

坡率(1∶m)	Fellenius 法	简化 Bishop 法	X_S(m)
1∶1.5	1.285	1.400	5.656
1∶1.25	1.125	1.211	4.932
1∶1.75	1.421	1.544	6.303

注:X_S—最危险滑弧与坡顶的交点距坡脚的水平距离(下同);计算时按上覆静荷载 $P_j=10$ kPa 计算。

表 4.4.3　路堑边坡的稳定系数 K 值

坡率(1∶m)	Fellenius 法	简化 Bishop 法	X_S(m)
1∶1.0	1.045	1.103	6.529
1∶1.25	1.136	1.214	7.674
1∶1. 5	1.218	1.246	8.041

注:本表数据计算时按堑坡表面防护静荷载 $P_j=10$ kPa 计算。

从上两表中可以看出,简化 Bishop 法与 Fellenius 法计算结果有所不同,且简化 Bishop 法计算之值偏大,与理论分析更接近。具体应用时,安全系数[K]选定后,可以根据这两种结果来判断分析边坡的稳定性。如需加固支挡,可以以此为基础,进行下一步的工作。根据公路路基设计规范(JTJ 013—95),边坡安全系数取 1.20。从表中计算结果可知,当路堤边坡坡高为 3 m,坡率为 1∶1.5 时,稳定系数基本安全,故可认为一般 3 m 左右高的低缓路堤边坡是基本安全的,进行适当防护便可;而对于坡高为 5 m,坡率为 1∶1 的路堑边坡,所得的稳定系数不够安全,需进行支挡加固处理。

另外两个工点 K39+88、K66+50 处的相应计算结果见表 4.4.4、表 4.4.5。

表 4.4.4　路堤边坡的稳定系数 K 值

坡率(1∶m)	Fellenius 法		简化 Bishop 法		X_S(m)	
	K39+88	K66+50	K39+88	K66+50	K39+88	K66+50
1∶1.5	1.259	1.240	1.365	1.349	5.351	5.449
1∶1.25	1.076	1.067	1.152	1.146	4.655	4.743
1∶1.75	1.409	1.385	1.542	1.506	6.094	6.094

表 4.4.5　路堑边坡的稳定系数 K 值

坡率(1∶m)	Fellenius 法		简化 Bishop 法		X_S(m)	
	K39+88	K66+50	K39+88	K66+50	K39+88	K66+50
1∶1.0	1.131	1.075	1.197	1.135	6.529	6.529
1∶1.25	1.196	1.155	1.204	1.162	6.757	6.757
1∶1.5	1.289	1.236	1.325	1.268	8.041	8.041

4.2.4　碎石土边坡稳定性分析

碎石土边坡一般可采用圆弧或直线滑动面法计算边坡的稳定性。对于比较疏松的碎石土边坡,宜用直线滑动面法,边坡的安全系数,可按下述方法求得。

如图 4.4.7 所示,土楔 ABD 沿假定的破裂面 AD 滑动,其安全系数 K 按下式计算:

$$K=\frac{F}{T}=\frac{fW\cos\alpha+cL}{W\sin\alpha} \tag{4.4.28}$$

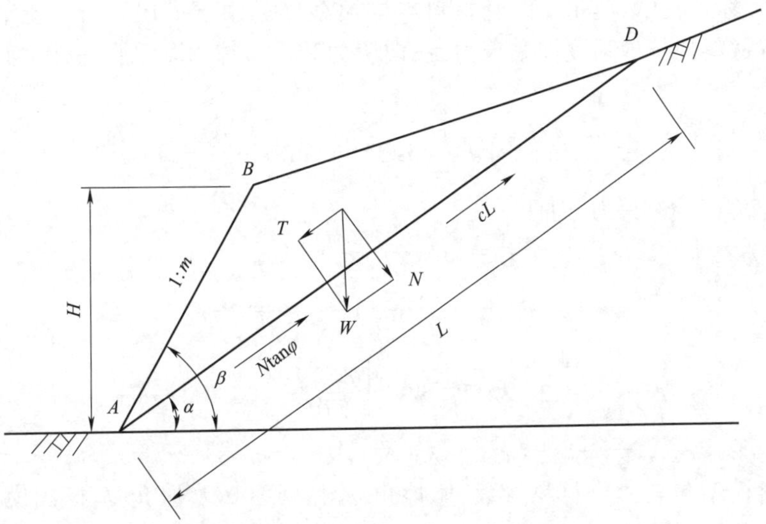

图 4.4.7　直线破裂面稳定分析示意图

由 $W=\dfrac{\gamma HL\sin(\beta-\alpha)}{2\sin\beta}$，令 $\alpha_0=\dfrac{2c}{\gamma H}$，则有：

$$K=(f+\alpha_0)\cot\alpha+\alpha_0\cot(\beta-\alpha) \tag{4.4.29}$$

式中，W 为土楔 ABD 的重力；α 为破裂面的倾角；β 为边坡的坡度角；γ 为边坡土体容重；H 为边坡竖向高度；f 为边坡土体内摩擦系数，$f=\tan\varphi$；c 为边坡土体的黏聚力；L 为破裂面的长度。

按微分方法 $dK/d\alpha=0$，可以求得 K 为最小时的边坡破裂角：

$$\cot\alpha_0=\cot\beta+\csc\beta\sqrt{\frac{\alpha_0}{f+\alpha_0}} \tag{4.4.30}$$

代入(4.4.29)式，得到最小稳定性系数：

$$K_{\min}=(f+2\alpha_0)m+2\sqrt{\alpha_0(f+\alpha_0)(m^2+1)} \tag{4.4.31}$$

4.3　岩质路堑边坡稳定性分析

4.3.1　概　　述

岩质边坡的稳定性受坡体内各种结构要素组合的影响。这些结构要素包括：地层岩性、浅表生改造形迹、岩体结构、临空面特性、地下水发育状况等。其中岩体结构的多样性及结构面与临空面的组合关系，导致岩质边坡的失稳呈现出各式各样的模式，远比土质边坡复杂。模式的不同表示边坡成灾机理的不同，也意味着变形破坏的力学机制具有差异。根据岩质边坡的不同破坏模式，选取与之相对应的稳定性方法进行边坡稳定性分析，无疑是合理、必要的。本节从岩质边坡的坡体结构出发，侧重研究各类岩质边坡在不同变形破坏模式下的稳定性分析方法，也对工程技术人员较为关心的岩质边坡潜在滑面的确定方法进行研究和总结。

4.3.2　岩质边坡潜在滑面确定方法

4.3.2.1　开挖变形分区分析法

开挖变形分区分析法认为边坡开挖形成的滑面位于边坡开挖松动区内，从工程安全角度考虑，通过确定开挖松动区范围，可预估边坡的潜在滑面位置。

开挖松动区的理论在本篇第 3 章“边坡变形规律”中有详细的论述，不在赘述。

4.3.2.2　开挖卸荷强度折减法

1)强度折减法

强度折减法分析边坡稳定性有三个主要问题。第一个问题是边坡岩体的材料模式；第二个问题是数值分析中安全系数的定义；第三个问题是判断边坡是否达到破坏的标准。

①材料模式：在实际工程中，莫尔—库仑材料本构模型广泛用于描述岩石和土的材料力学特性。莫尔—库仑屈服准则将材料的抗剪强度同黏聚力、法向应力和内摩擦角联系在一起。该模型的屈服面可表述为：

$$f=\frac{I_1}{3}\sin\varphi+\sqrt{J_2}\left[\cos\Theta-\frac{1}{3}\sin\Theta\sin\varphi\right]-c\cos\varphi \tag{4.4.32}$$

式中，φ 为内摩擦角，c 为黏聚力，而且

$$I_1=(\sigma_1+\sigma_2+\sigma_3)=3\sigma_m \tag{4.4.33}$$

$$J_2=\frac{1}{2}(s_x^2+s_y{}^2+s_z^2)+\tau_{xy}^2+\tau_{yz}^2+\tau_{zx}^2 \tag{4.4.34}$$

$$\Theta=\frac{1}{3}\sin^{-1}\left[\frac{3\sqrt{3}J_3}{2J_2^{3/2}}\right] \tag{4.4.35}$$

式中，$J_3=s_xs_ys_z+2\tau_{xy}\tau_{yz}\tau_{zx}-s_x\tau_{yz}^2-s_y\tau_{xz}^2-s_z\tau_{xy}^2$ 及 $s_x=\sigma_x-\sigma_m$，$s_y=\sigma_y-\sigma_m$，$s_z=\sigma_z-\sigma_m$。

莫尔—库仑材料模型包含六个材料参数：摩擦角 φ，黏聚力 c，膨胀角 ψ，杨氏模量 E，泊松比 ν 以及岩土体容重 γ。杨氏模量和泊松比属于形变参数，同边坡的变形密切相关，但对边坡的破坏影响不大，对边坡稳定性分析中边坡安全系数的计算结果影响很小。膨胀角 ψ 直接影响岩土体屈服过程中体积的改变。如果$\psi=\varphi$，此时的塑性流动准则称为相关联流动准则；如果 $\psi\neq\varphi$，则称为非相关联流动准则。在一般的边坡稳定性数值分析中，通常不考虑岩土体屈服过程中体积的变化。因此，在用数值方法模拟边坡破坏过程以及求解边坡安全系数的过程中，只考虑三个材料参数，即摩擦角 φ、黏聚力 c、材料重度 γ。

②安全系数(FOS)和强度折减系数(SRF)。一般来说，边坡发生破坏主要是滑移面上的材料抗剪强度不足以抵抗实际的剪切应力。安全系数是用于评价边坡稳定性状态的一个指标。当安全系数大于 1 时，表示边坡处于稳定状态；当安全系数小于 1 时，表示边坡处于不稳定状态。边坡抵抗剪切破坏的安全系数可用下式表示：

$$\text{FOS}=\frac{\tau}{\tau_{\text{f}}} \tag{4.4.36}$$

式中，τ 是边坡材料的抗剪强度，可根据莫尔—库仑准则计算，即：

$$\tau=c+\sigma_n\tan\varphi \tag{4.4.37}$$

τ_{f} 是滑移面的剪应力，可用下式计算，即：

$$\tau_{\text{f}}=c_{\text{f}}+\sigma_n\tan\varphi_{\text{f}} \tag{4.4.38}$$

式中，参数 c_{f} 和 φ_{f} 分别为：

$$c_{\text{f}}=\frac{c}{\text{SRF}} \tag{4.4.39}$$

$$\varphi_{\text{f}}=\tan^{-1}\left(\frac{\tan\varphi}{\text{SRF}}\right) \tag{4.4.40}$$

式中 SRF 称为强度折减系数。在边坡稳定性数值计算中，使用 SRF 对岩土体参数进行折减，并求得安全系数的方法被称为“强度折减法”。要得到边坡安全系数的准确值，必须准确获取恰好使边坡达到破坏的强度折减系数。

③边坡破坏的判断标准。使用有限元法分析边坡稳定性时，通常根据有限元程序计算是否收敛来判断边坡是否发生破坏。当在指定的收敛准则和迭代次数下，通过计算无法得到同时能够满足莫尔—库仑准则和整体平衡的应力分布时，数值计算不收敛，边坡同时达到破坏。一般来说，边坡发生破坏后的最大节点位移较破坏前有很大的跳跃。由此可见，计算不收敛是判断边坡发生破坏的重要标准，然而计算不收敛可能表明边坡已经发生破坏，也可能是程序本身或有限元模型中的某些数值问题引起。因此，在用强度折减法分析边坡稳定性时，必须保证有限元程序本身的可靠性和使用收敛性良好的本构模型。

2)边坡开挖的卸荷效应

边坡工程一般可分为自然边坡和人工边坡。自然边坡经过漫长的地质构造和自然风化作用，其表面地

应力一般风化后卸荷，岩体基本上处于平衡状态。人工边坡开挖后，岩体的自然平衡状态遭到严重破坏，其受力条件的改变靠岩体自身来承担。岩体至少沿一个方向大面积卸荷，造成岩体应力的二次调整，形成大区域的卸荷体，局部地区可能还存在拉应力，尤其是深挖高陡边坡，扰动区的应力状态是极为复杂和不利的，卸荷体的岩体力学参数一般都有一定程度的弱化。在传统的边坡开挖卸荷分析中，一般假设岩体力学参数始终保持不变，不考虑其弱化。

近年来，哈秋舲、李建林等从非线性卸荷岩体力学的角度，对三峡边坡进行非线性分析，提出了卸荷岩体力学新概念和新体系；在试验研究方面，长江科学院周火明等对三峡边坡进行了卸荷带岩体力学性质试验研究，对卸荷分带、卸荷岩体弱化程度等进行了讨论。在实践应用方面，长江科学院徐平等采用 FLAC 进行了边坡开挖数值模拟，探讨了岩体开挖卸荷效应对边坡稳定性的影响，并采用 3D-σ 进行了三维弹塑性分析；清华大学周维垣等应用自编程序对开挖卸荷效应也进行了三维弹塑性分析。

边坡的开挖卸荷效应包括时间效应和空间效应。时间效应和边坡的变形破坏机制和演化过程密切相关，空间效应则与边坡岩体的空间分区（如开挖扰动区）密切相关。

①边坡开挖卸荷时间效应—边坡变形破坏演化过程。主要以人工开挖形成的开挖坡角大于岩层倾角的缓倾角和中等倾角顺层岩质边坡为例，讨论边坡的开挖卸荷时间效应。边坡变形破坏演化过程可分为以下三个阶段：

卸载回弹阶段：由于岩体中天然地应力的存在，岩体开挖后应力释放，致使坡体产生位移，岩层中出现与优势结构面近垂直的细微张拉裂隙。

拉裂面扩展阶段：对于缓倾顺层岩质边坡，坡体沿平缓结构面向坡前临空方向产生缓慢的蠕变性滑移。滑移面的锁固点或错列点附近，因拉应力集中生成与滑移面近于垂直的张拉裂隙，向上扩展且方向渐转成与最大主应力方向趋于一致，并伴有局部滑移。边坡岩体结构随变形发展而松动，并伴有轻微的转动；对于中等倾角的顺层岩质边坡，坡体有沿优势结构面向坡前临空方向滑动的趋势，致使滑移体拉裂肢解。该类变形进程取决于滑移面的结构面的产状与特性。当滑移面向临空方向的倾角已足使上覆岩体的下滑力超过该面的实际抗剪阻力时，则在成坡过程中该面一经开挖临空，坡体后缘拉裂面一出现即迅速滑落，直接进入第 3 阶段，即滑动阶段。如果结构面抗剪阻力足够大，变形则向滑动逐渐过渡，发展为由坡前向顶缘逐步肢解的块状滑坡。

滑动阶段：对于缓倾顺层岩质边坡，变形体开始明显转动，陡倾的阶状裂面成为剪应力集中带，陡缓转角处的嵌合体逐个被剪断、压碎，并伴有扩容，使坡面微微隆起。待陡倾裂面与平缓滑移面构成一贯通性滑移面，则将导致破坏；对于中等倾角的顺层岩质边坡，岩层中的拉裂面（层间裂隙）继续扩大，岩体强度迅速降低，层间裂隙与优势结构面贯通，坡体将整体滑移破坏。

②边坡开挖卸荷空间效应—开挖扰动区的分区。边坡开挖必然对岩体产生扰动，将施工开挖后力学性状发生变化的岩体所分布的区域定义为“开挖扰动区”。盛谦等（2002 年）针对三峡工程永久船闸边坡及中隔墩卸荷岩体，分别采用钻孔录像裂隙张开度调查、单孔及跨孔岩体声波测试、室内岩块及现场岩体力学性质试验、钻孔岩体变形试验等多种手段和方法，进行了综合测试和研究。研究成果表明：除室内岩块力学性质未见明显降低、单孔声波测试没有明显的分带外，跨孔地震波和声波测试岩体波速、裂隙张开频数及岩体变形模量、位移监测曲线分区明显，开挖扰动区是客观存在的，并且可分为 2～3 个子区；同时还结合其他设计科研阶段所获得的岩石力学试验成果，对试验成果进行综合分析，将边坡的开挖扰动区划分为以下三段：

开挖损伤区：距离坡面 0～8 m，岩体受爆破卸荷影响较为明显，变形明显大于深部岩体，裂隙大多张开，岩体的波速与力学参数有显著降低。

卸荷影响区：距离坡面 8～20 m，岩体受卸荷及地应力释放影响，产生由外向内呈渐变的松弛变形，局部有裂隙张开，波速与力学参数有明显降低。

轻微扰动区：距离坡面大于 20 m，岩体受开挖卸荷影响轻微，岩体性状基本未受影响，岩体的波速与力学参数没有变化，但岩体的变形仍然存在，局部由于应力调整，沿结构面有开裂现象。

由上述各个分区特征描述可知，该开挖扰动区的分区主要是以岩体的裂隙张开度及岩体力学参数的弱化程度为指标。

参照盛谦等（2002 年）对边坡开挖扰动区的分区结果，根据开挖后边坡岩体的位移分区和节理裂隙扩展情况，在开挖后形成的边坡中划分出开挖松动区、轻微扰动区和原岩应力区三个区域，如图4.4.8所示。

开挖松动区：边坡岩体的主要变形区，该区域内岩体内裂隙或节理明显张开或错动，宏观岩体力学指标显著弱化，是坡体内强度最低的区域。

轻微扰动区：产生了一定位移，但位移相对较小的区域，该区域岩体位移主要由岩体卸荷回弹引起，局部可能由于应力调整导致裂隙开展，但对岩体的整体性影响不大，宏观岩体力学参数弱化程度很低。

原岩应力区：不受开挖影响，没有发生位移，保持原岩应力的区域。

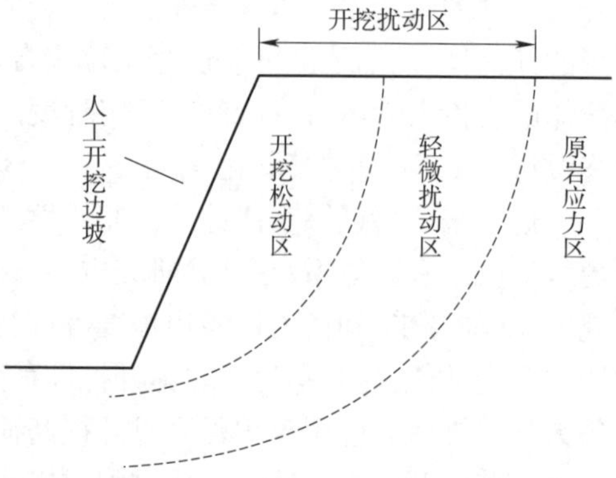

图4.4.8　边坡开挖扰动区分区示意图

开挖松动区和轻微扰动区统称为“开挖扰动区”。开挖松动区内岩体由于发生了较大的位移，节理裂隙明显张开或错动，不仅破坏了边坡岩体结构的完整性，而且开挖松动区的边界很有可能构成边坡失稳的边界条件。因此，开挖松动区是工程技术人员最为关心的问题之一，其范围的确定也具有较大的工程价值。开挖松动区或开挖扰动区的范围，可通过跨孔地震波和声波测试岩体波速、裂隙张开频数及岩体变形模量、位移监测曲线分区等加以确定。当缺乏这些现场资料时，也可通过建立边坡的地质概化与数值模型，完成边坡开挖的弹塑性数值仿真分析，以弹塑性分析获得的塑性区和受拉区分布，对开挖松动区进行预估(盛谦，2002年)。

③开挖扰动区岩体宏观力学参数。卸荷作用将引起卸荷面附近岩体内部应力重分布，造成局部应力集中效应；在卸载回弹变形过程中，还会因差异回弹而在岩体中形成一个被约束的残余应力体系。应力分异(重分布与集中)会对岩体造成一定的变形和破坏，如在拉应力集中带产生的拉裂面，在平行临空面的压应力集中带形成的与临空面近于平行的压致拉裂面以及剪切破裂面。差异回弹同样也会对岩体造成一定变形和破坏，如拉裂面、剪裂面、甚至弯曲变形等。可见，随着边坡的开挖，卸荷作用导致开挖面附近岩体产生了一系列裂隙，而且随着时间的增长，裂隙有扩展的趋势。由于裂隙的存在，岩体的完整性受到破坏，导致岩体宏观力学参数逐渐弱化。

这种卸荷裂隙有三个重要特点：发生卸荷裂隙的随机性；方向大体平行与开挖的临空面的定向性；发生时间的滞后性。因此，这种现象引起的塌方、滑坡等情况，有的肉眼可以看见，可采取及时的工程措施予以避免；有的不易于察觉，可能留下工程隐患。孙钧、凌建明在分析岩体卸荷损伤机理的基础上，提出了“损伤破坏表面”的概念，以及与之相应的岩体在开挖卸载条件下的破坏准则。还指出“边坡卸荷带内坡帮岩体的局部卸荷作用将导致岩体内偏应力增大，从而导致岩体内的损伤(指节理裂隙等初始缺陷以及呈随机分布状的细微卸荷裂隙)发生演化，引起坡帮岩体的力学性态呈现一定程度的恶化”。归纳以上研究结果可得出以下结论：

——卸荷对岩体的影响具有局部性，即工程深处卸荷量小，岩体力学参数接近开挖前的力学参数；而接近开挖面，岩体应力释放量逐步增加，并有拉应力出现，岩体损伤逐渐加剧，岩体力学参数随之劣化。开挖扰动区岩体力学参数呈非线性衰减。

——卸荷裂隙的发展与时间相关。开挖扰动区岩体力学参数随着时间的增长而发生改变。

——开挖扰动区的力学参数与卸荷裂隙的规模有直接关系，而卸荷裂隙规模与卸荷变形相关，可以建立卸荷变形同扰动区岩体力学参数的关系。开挖扰动区岩体力学参数特性如图4.4.9所示。图中的R_t表示岩体抗拉强度，其他岩体力学参数，如岩体弹性模量、抗剪强度指标等也有类似规律。

在工程实践中分析岩体稳定问题时，岩体变形过程从稳定破裂阶段到累进性破裂阶段的临界状态是人们最为关心的问题。因此，偏于安全考虑，可取临界时刻(图4.4.9中t_2时刻)岩体的力学参数，作为稳定性分析采用的力学参数；如果岩体开挖后支护及时，有效地抑制坡体裂隙的发展，则可根据实际情况取t_1到t_2之间某一时刻的力学参数进行分析。

卸荷效应对边坡稳定性的影响，在计算分析中要靠开挖扰动区的力学参数的变化来反映。现场试验和位移反演是确定扰动区的力学参数的较好方法。如在三峡工程永久船闸南坡SB63、北坡NB73监测支洞内

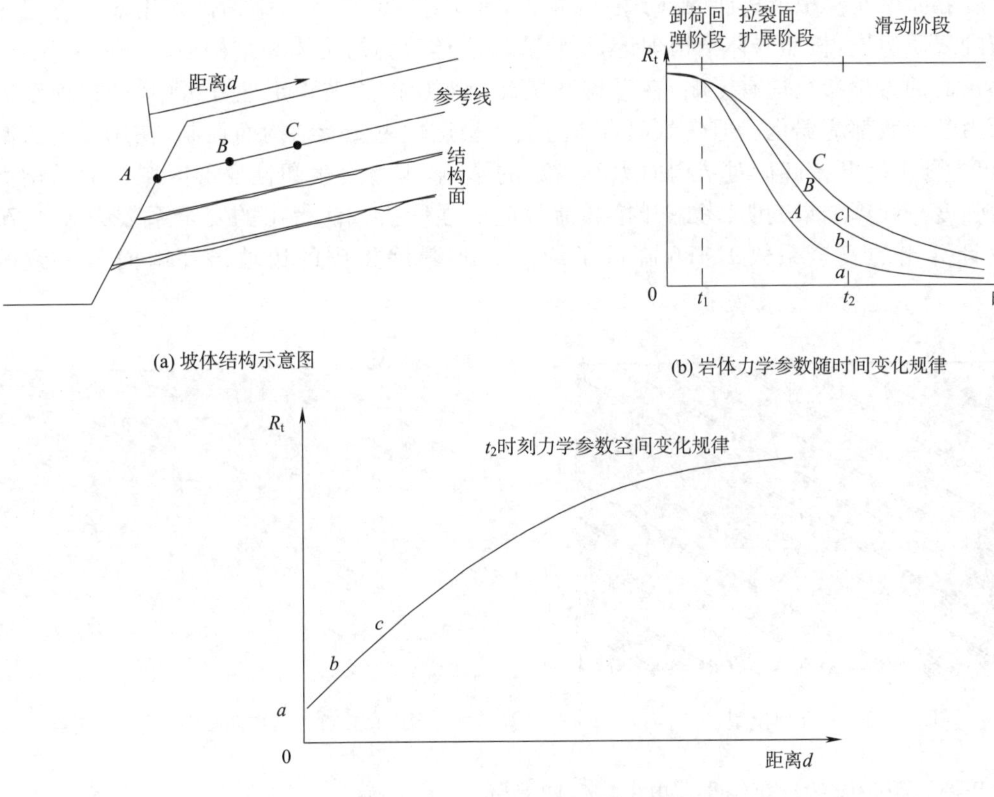

(a) 坡体结构示意图

(b) 岩体力学参数随时间变化规律

(c) 岩体力学参数空间变化规律

图 4.4.9　开挖扰动区岩体宏观力学参数特性

进行的岩体声波测试，根据岩体波速沿坡距的分布曲线，可确定卸荷带岩体的弹性模量。位移反演首先通过现场位移测试结果或者数值分析结果(卸载回弹分析)，结合现场力学参数测试资料，确定坡体位移同岩体力学参数的数值关系，然后根据位移空间分布规律推求岩体力学参数的空间分布规律。盛谦等(2002 年)针对三峡工程船闸边坡及中隔墩卸荷岩体宏观岩体力学参数的研究结果表明：对于坚硬岩体，开挖松动区内的岩体力学性质的平均弱化程度为 23.4%～44.8%。

3)考虑开挖卸荷效应的强度折减法

采用强度折减法对人工开挖岩质边坡进行稳定性分析时，应首先根据边坡的开挖方式，按开挖卸荷程度对边坡岩体进行分区(即开挖扰动区的分区)，然后分区选择卸荷岩体力学参数，即考虑开挖扰动区(主要考虑开挖松动区)内岩体力学参数的弱化，最后在此基础上使用强度折减法计算边坡的安全系数及其潜在滑面。

本节讨论的强度折减法与传统的强度折减法，最大的区别是考虑了边坡的开挖卸荷效应对宏观岩体力学参数的影响，这种开挖卸荷效应在人工开挖边坡中是普遍存在的，传统的强度折减法通常只在边坡岩体的初始岩体参数基础上进行折减，未考虑开挖后边坡不同区域岩体力学参数的变化，很有可能得到与实际不符的结果。

4)算例

如图 4.4.10 所示，边坡含有一组硬质结构面，结构面内无充填物，连通率 100%，结构面平均间距 10 m，结构面倾角 30°，边坡一次开挖完成，结构体(岩块)及结构面的物理力学参数见表 4.4.6。

表 4.4.6　计算用的岩体力学参数

名称	弹性模量(kPa)	泊松比	重度(kN/m³)	黏聚力(kPa)	摩擦角(°)
岩块参数	1E+7	0.2	25	1 000	40
结构面初始参数	—	—	—	250	24
结构面弱化参数	—	—	—	0	23

采用无厚度界面单元模拟结构面(赵尚毅,郑颖人,邓卫东,2003年),结构体采用6节点三角形单元模拟。对于节理岩质边坡,按照岩体结构理论,可将边坡岩体分为结构体和结构面。一般来说,开挖卸荷对结构体和结构面的力学参数均有影响,在考虑开挖卸荷效应的边坡稳定性分析中,开挖松动区内的结构体和结构面力学参数都应弱化。但是节理岩质边坡的稳定性主要受结构面控制,在用强度折减法分析其稳定性时,可主要考虑开挖卸荷对结构面力学参数的影响,即将发生塑性变形区域内的结构面抗剪强度取残余抗剪强度。计算结果表明:考虑开挖卸荷效应的强度折减法得出的安全系数为1.417,较传统的强度折减法计算出的安全系数1.486降低了约5%,但最终得到的边坡潜在滑面是一致的。如图4.4.11所示。

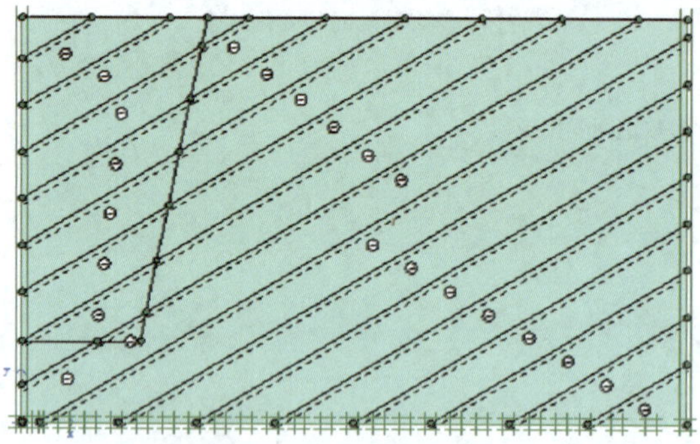

图4.4.10 几何模型

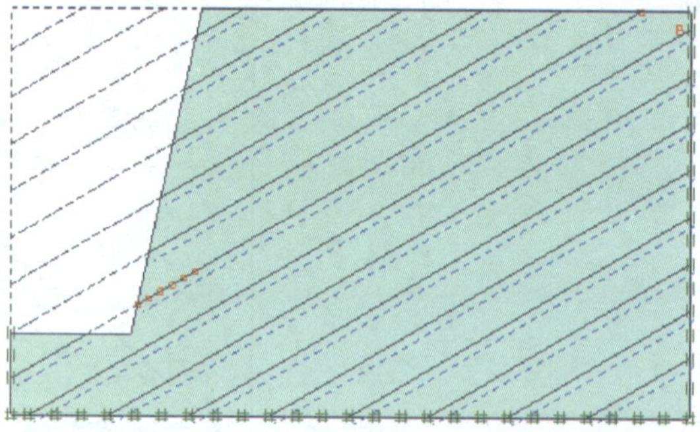

图4.4.11 结构面塑性变形区(园点)

①不考虑开挖卸荷效应的计算结果,如图4.4.12所示。

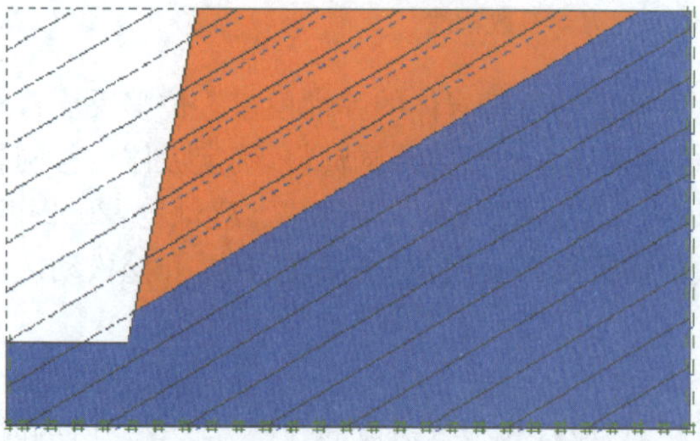

(a) 边坡达到破坏时形成的滑面(FOS=1.486)

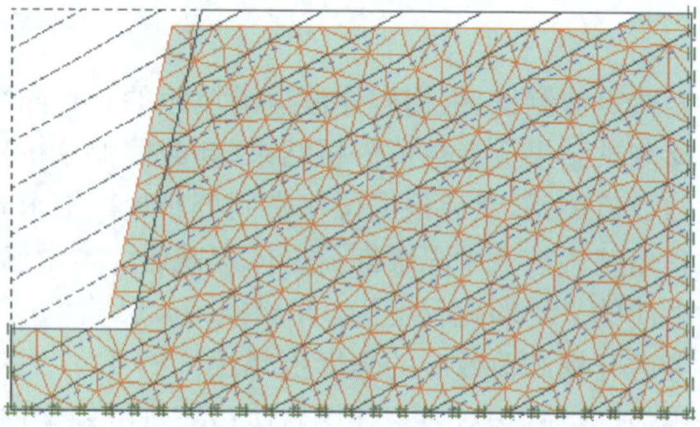

(b) 边坡达到破坏时的变形图

图4.4.12 不考虑开挖卸荷效应的计算结果

②考虑开挖卸荷效应的计算结果,如图4.4.13所示。

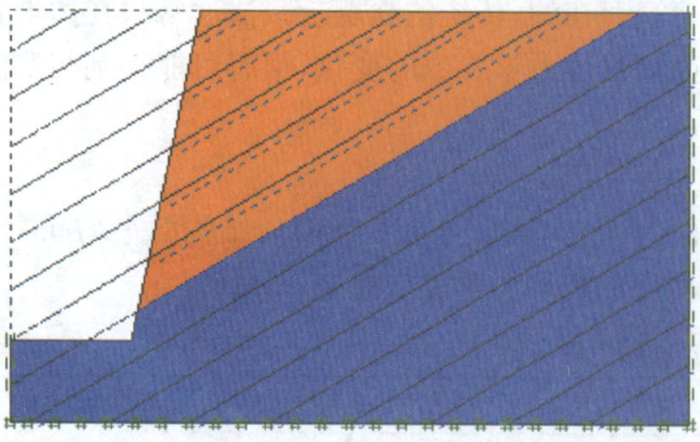

(a) 边坡达到破坏时的滑面(FOS=1.417)

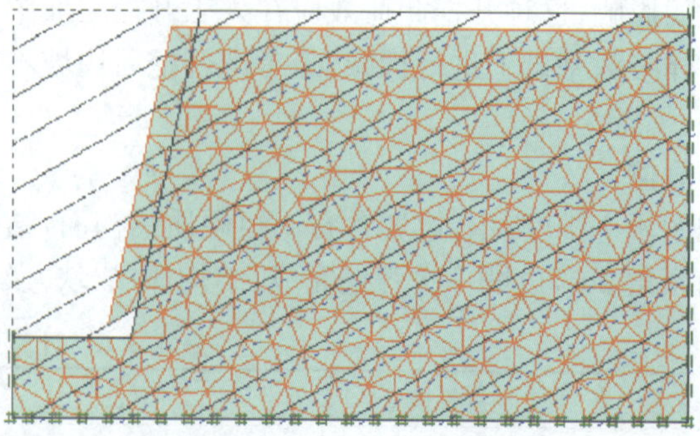

(b) 边坡达到破坏时的变形图

图4.4.13 考虑开挖卸荷效应的计算结果

4.3.2.3　真实应力状态滑面搜索法

1)概述

Bishop(1952 年)指出,极限平衡条分法分析所得的应力结果并不与边坡实际应力状态一致,该观点被其他学者(La Rochelle,1966 年;Brown 等,1966 年)从试验和数值模拟两方面得到了验证。因此,有研究者(Kulhawy,1969 年;Zienkiewicz 等 1975 年;Adikari 等,1985 年)力图从真实应力状态出发分析边坡的稳定性。

Kulhawy(1969 年)采用弹性分析得到了滑动面上点的应力状态,结合应力 Mohr 圆和 Mohr-Coulomb 破坏准则计算滑动面上点的抗滑力 τ_f 和滑动力 τ_i,提出了基于"强度"安全系数的定义。

$$F_s = \frac{\int_\Gamma \tau_f \mathrm{d}\Gamma}{\int_\Gamma \tau_i \mathrm{d}\Gamma} \tag{4.4.41}$$

Kulhawy 称之为"改进极限强度法"。Wright(1969 年)比较了改进极限强度法与简化 Bishop 法计算所得安全系数的区别。通过比较发现(用于比较的滑动面为简化 Bishop 法计算安全系数为 1.0 的滑动面),改进极限强度法计算所得的安全系数稍大于简化 Bishop 法的结果。Zienkiewiez 等(1975 年)采用与 Kulhaw(1969 年)类似的操作过程分析边坡稳定性,但采用了基于"应力水平"安全系数的定义。

$$F_s = \frac{\int_\Gamma \Gamma}{\int_\Gamma \frac{\sigma_1 - \sigma_3}{(\sigma_1 - \sigma_3)_f} \mathrm{d}\Gamma} \tag{4.4.42}$$

式中$\frac{\sigma_1 - \sigma_3}{(\sigma_1 - \sigma_3)_f}$为滑动面上点的应力水平。Adikari 等(1985 年)将 Kulhawy(1969 年)基于"强度"的安全系数定义与 Zienkiewicz 等(1975 年)基于"应力水平"的安全系数定义进行综合,提出了基于"强度—应力水平"的安全系数定义。

$$F_s = \frac{\int_\Gamma \tau_f \Gamma}{\int_\Gamma \frac{\sigma_1 - \sigma_3}{(\sigma_1 - \sigma_3)_f} \tau_f \mathrm{d}\Gamma} \tag{4.4.43}$$

在早期,上述这些方法被统称为"改进极限法"。该法的最大特点就是考虑了边坡的真实应力状态。值得指出的是,基于"强度"的方法(Kulhawy,1969 年)逐渐成为改进极限法的代表,目前极少采用其他两种方法进行稳定性分析。

Naylor(1982 年)、Yamagami 等(1988 年)、Zou 等(1995 年)、Kim 等(1997 年)、Pham 等(2003 年)采用与 Kulhawy(1969 年)相同的安全系数定义分析边坡稳定性。但随着计算机的发展,上述学者通过弹塑性有限元法来分析边坡的应力场,进而计算滑动面上点的抗滑力和滑动力的比值。Yamagami 等、Zou 等及 Pham 等均选用动态规划法,作为临界滑动面的优化搜索方法,寻找边坡临界滑动面,从而确定边坡的最小安全系数。

2)基于边坡真实应力状态的滑面搜索法

建立在极限平衡理论基础上的边坡稳定性分析方法,通过几十年的发展,已积累了丰富的经验,且已开发出了大批的应用软件,无论是进行给定滑面的安全系数计算,还是搜索最小安全系数对应的最危险滑面方面,均有出色的表现。有限元等数值方法在考虑岩土体应力—应变关系,真实模拟边坡应力状态方面有着巨大的优势,但在安全系数定义,滑面确定方法等方面存在较大的分歧。如果将有限元法同极限平衡法结合起来,则可以取长补短,充分发挥各自的特点,既可以考虑边坡的真实应力状态,又可以利用极限平衡法中成熟的滑面搜索技术来进行边坡稳定性分析。

该方法的实施步骤:首先按照弹塑性理论,对边坡进行数值分析(有限元法,有限差分法等),得出边坡完整的应力成果,然后按照传统的极限平衡法,搜索滑移面,找出最小安全系数,如图 4.4.14 所示。

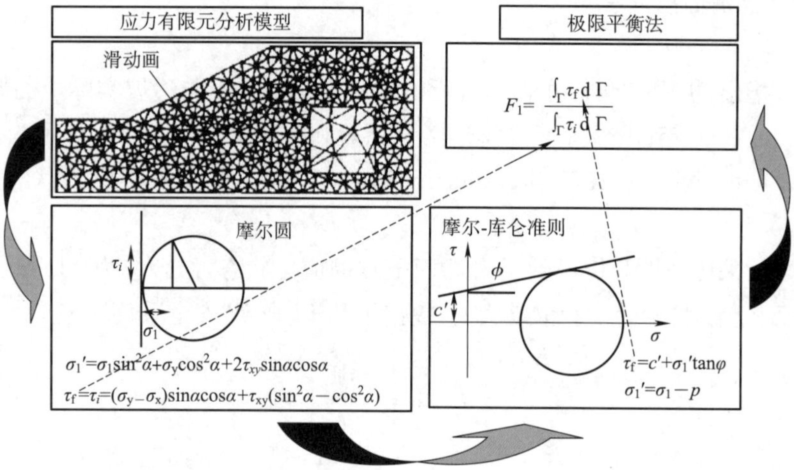

图 4.4.14 基于边坡真实应力状态的稳定性分析方法

4.3.3 顺层岩质边坡稳定性分析

4.3.3.1 多层滑移型顺层边坡稳定性分析

1)概述

岩体边坡的失稳，主要指岩体受各种性质软弱结构面与岩体构造或裂隙面的切割，沿其最不利组合面的滑动。对于顺层滑移的破坏模式，控制岩体边坡稳定性的结构面通常是边坡岩体中的软弱夹层，软弱夹层的存在为边坡的失稳创造了有利条件，常成为实际滑坡失稳的主要因素。因此，分析岩体边坡的稳定性时，如何考虑软弱夹层的影响，尤其是当边坡岩体内部存在多个软弱带时，如何考虑它们的作用，是一个值得探讨的问题。近年来，有研究者提出在塑性极限分析理论的基础上，利用机动位移法、采用能量系数，推导出相应计算公式，对存在单个或多个平面型软弱夹层的岩体边坡进行稳定性分析，并与极限平衡法中的安全系数作比较。

2)常规极限平衡法简述

对于滑裂面为平面的顺层岩质边坡，极限平衡法是进行稳定性分析的常规方法。

假设不考虑水压力的作用，计算模型如图 4.4.15 所示。

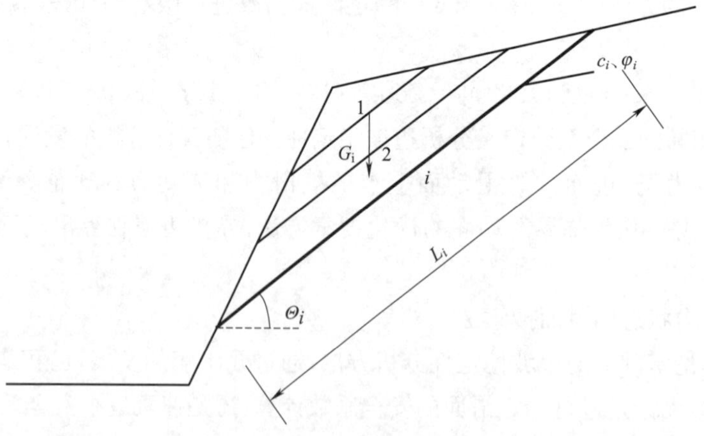

图 4.4.15 极限平衡法计算模型

假设滑面为第 i 层岩层层面，则第 i 层滑面的安全系数 F_{si} 为：

$$F_{si}=\frac{c_iL_i+G_i\cos\theta_i\tan\varphi_i}{G_i\sin\theta_i} \tag{4.4.44}$$

式中，c_i、L_i、θ_i、φ_i 分别为滑面 i 的黏聚力、长度、倾角和内摩擦角；G_i 为滑面以上岩体总重量。

3)机动位移法的稳定性分析理论

(1)基本假定。机动位移法的理论基础是塑性力学极限分析中的上限定理。塑性极限分析的上限定理认为:在所有与机动许可的速度场对应的荷载中,极限荷载为最小,此时物体破坏,外荷载所做的功就等于塑性变形机构(屈服机构)中所耗散的能。对边坡来说,可以将其看为刚塑性体,构造一个机动许可的速度场,分别计算外荷载所做的功率和屈服机构的内能耗散率,如果外力功率等于内能耗散率,则边坡处于极限状态;如果外力功率大于内能耗散率,则边坡失稳;如果外力功率小于内能耗散率,则边坡处于稳定状态。因此,可以运用上限定理来对边坡的稳定性做出评价。

为了运用上限定理进行分析,在理论公式推导过程中作如下假定:

①边坡岩体为刚塑性体。

②在屈服机构中,定义软弱夹层为滑带,其上、下部的岩体为滑体。中间滑带由于上、下滑体的运动使得整个滑带随之产生运动,整个滑带均消耗能量;底层滑带一般在紧挨上部滑体附近区域产生运动,所以设其能量耗散发生于滑带的表面。

③对中间滑带,将其作为一系列速度间断面,为满足机动许可速度场的要求,设各速度间断面之间的法向速度不变,切向速度按线性变化。

(2)单个滑带岩体边坡。对于单个滑带的岩体边坡稳定性验算,计算模型如图 4.4.16 所示。图中 G_1 为滑体重,c_1 为滑带黏聚力,θ_1 为倾角,γ_1 为容重,h_1 为滑带厚度,其余参量如图所示。V_1 为滑体的速度。如果材料遵守摩尔—库仑破坏准则和相关联的流动法则,则可确认沿滑面的位移与滑面的夹角为处于极限状态下材料的内摩擦角。

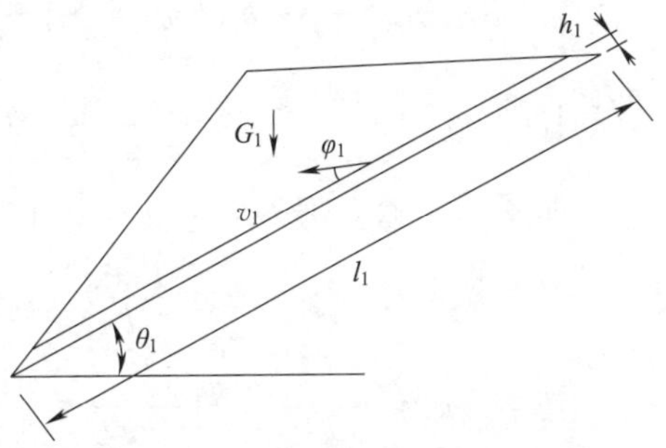

图 4.4.16　单层滑带岩体边坡计算模型

①外力功率和内能耗散率。本计算模型中只有重力 G_1 的作用,其做功功率为:

$$W_1=G_1v_1\sin(\theta_1-\varphi_1) \tag{4.4.45}$$

滑带为底层滑带,由基本假定 b. 知内能耗散发生在滑面上,滑面上有垂直滑面方向的正应力 σ 和沿滑面方向的剪应力 τ_f 的作用,所以内能耗散率为:

$$D_{s1}=L_1(\tau_f v_1\cos\varphi_1-\sigma v_1\sin\varphi_1) \tag{4.4.46}$$

根据 Mohr-Coulomb 破坏准则,极限抗剪强度为:

$$\tau_f=c_1+\sigma\tan\varphi_1 \tag{4.4.47}$$

将式(4.4.47)代入式(4.4.46)有:

$$D_{s1}=c_1L_1v_1\cos\varphi_1 \tag{4.4.48}$$

②能量系数。定义岩体边坡的临界能量系数 E_s(简称能量系数)为极限状态下滑体的内能耗散率与实际作用的外力功率的比值。

$$E_s=\frac{D_{s1}}{W_1}=\frac{c_1L_1\cos\varphi_1}{G_1\sin(\theta_1-\varphi_1)} \tag{4.4.49}$$

以能量系数 E_s 作为岩体边坡稳定性的评价指标,相当于将外力系中的各力都相应增大 E_s 倍时,在此外力系的作用下岩体边坡恰好达到极限状态,这时外力功率等于内能耗散率。E_s 大于 1,边坡处于稳定状态;E_s 小于 1,边坡失稳;E_s 等于 1 时,边坡处于临界失稳状态。因此,可用能量系数 E_s 作为边坡稳定性的评价指标。

(3)多个滑带的岩体边坡。对于存在多个滑带岩体边坡的稳定性计算模型如图 4.4.17 所示。以两个滑带的边坡为例进行分析,对于存在更多个滑带的边坡依此类推。

第一层滑体和滑带的各参量与前述相同。

第二层滑体重 G_2,滑带容重 γ_2,黏聚力 c_2,内摩擦角 φ_2,其余参量如图 4.4.17 所示。

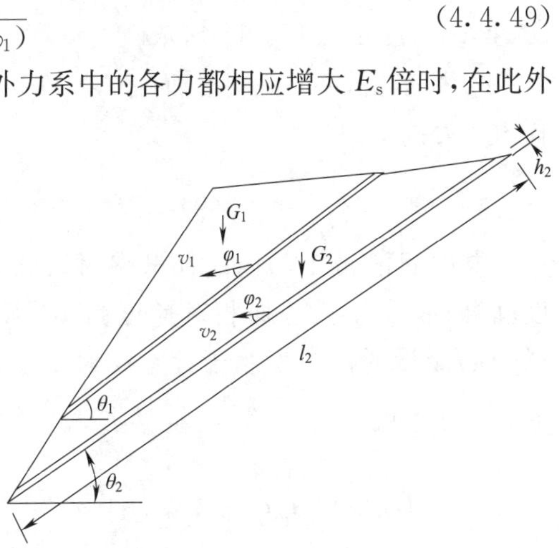

图 4.4.17　多层滑带岩体边坡计算模型

设φ_{21}为滑体2的速度v_2与滑带1的夹角,可按下述方法确定。

若$\theta_1 \geqslant \theta_2$,则$\varphi_{21}=\varphi_2+(\theta_1-\theta_2)$;

若$\theta_1<\theta_2$,当φ_2大于$\theta_2-\theta_1$时,有$\varphi_{21}=\varphi_2+\theta_2-\theta_1$;

当φ_2小于$\theta_2-\theta_1$时,在滑带1与滑体2的交界面处的法向速度不可能连续,此时边坡早已沿滑带1破坏。所以,此种情况可不考虑。

①确定中间滑带的速度。计算模型中,滑体1、2之间的滑带为中间滑带1,其速度从上表面的v_1变化到下表面的v_2,因此可把滑带1看做是一系列的速度间断面。

根据基本假定c.,滑带1中法向速度不变。则有:

$$v_{1v}=v_1\sin\varphi_1=v_2\sin\varphi_{21} \tag{4.4.50}$$

滑带1上表面切向速度分量为$v_{1s}=v_1\cos\varphi_1$;下表面的切向速度为$v_{2s}=v_2\cos\varphi_{21}$。

依据基本假定3,可知滑带切向速度场的变化如下:

如图4.4.18(a)所示,当$\varphi_1<\varphi_{21}$时,结合式(4.4.50)有:

$$v_{1s}^x=\frac{l'+x}{l'}v_2\cos\varphi_{21}=\frac{l'+x}{l'}\cos\varphi_{21}\frac{\sin\varphi_1}{\sin\varphi_{21}}v_1 \tag{4.4.51}$$

其中 $l'=\dfrac{v_{2s}}{v_{1s}-v_{2s}}h_1=\dfrac{\cos\varphi_{21}}{\cot\varphi_1\sin\varphi_{21}-\cos\varphi_{21}}h_1$

如图4.4.18(b)所示,当$\varphi_1>\varphi_{21}$时,结合式(4.4.50)有:

$$v_{1s}^x=\frac{l'+x}{l'}\cos\varphi_1 v_1 \tag{4.4.52}$$

其中 $l'=\dfrac{\cos\varphi_1}{\cot\varphi_{21}\sin\varphi_1-\cos\varphi_1}h_1$

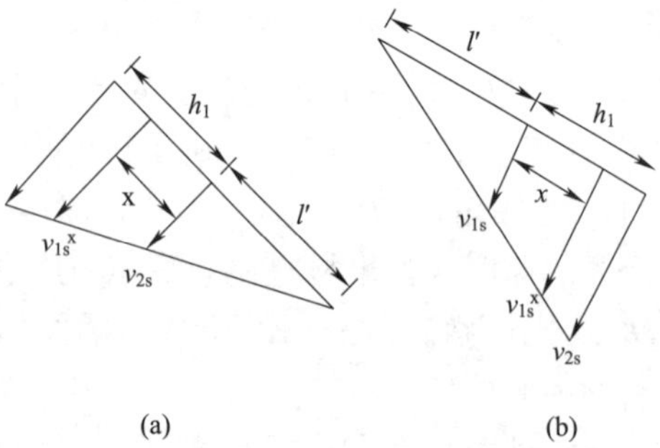

图4.4.18 滑带速度计算示意图

当$\varphi_1=\varphi_{21}$时,滑带1中速度不变。

②外力功率。滑体1的外力功率如前所述;滑体2外力功率为:

$$W_2=G_2\sin(\theta_2-\varphi_2)v_2=G_2\sin(\theta_2-\varphi_2)\frac{\sin\varphi_1}{\sin\varphi_{21}}v_1 \tag{4.4.53}$$

下面求滑带1的外力功率,如图4.4.19所示。

$$W_{s1}=\int_0^{h_1}(v_{1s}^x\sin\theta_1-v_1\sin\varphi_1\cos\theta_1)\gamma_1 L_1\mathrm{d}x=\gamma_1 L_1 v_1\left(Ah_1+\frac{Bh_1^2}{2l'}\right) \tag{4.4.54}$$

其中的A、B和l'分别为:

$\varphi_1\leqslant\varphi_{21}$时,$A=\sin\varphi_1\sin\theta_1\cot\varphi_{21}-\sin\varphi_1\cos\theta_1$, $B=\sin\varphi_1\sin\theta_1\cot\varphi_{21}$,$l'$同式(4.4.51)中所示。

$\varphi_1>\varphi_{21}$时,$A=\cos\varphi_1\sin\theta_1-\sin\varphi_1\cos\theta_1=\sin(\theta_1-\varphi_1)$,$B=\cos\varphi_1\sin\theta_1$,$l'$如式(4.4.52)所示。

③内能耗散率。底层滑面(图4.4.17中滑带2的表面)内能耗散率为:

$$D_{s2}=c_2 l_2 v_2\cos\varphi_2=c_2 l_2\cos\varphi_2\frac{\sin\varphi_1}{\sin\varphi_{21}}v_1 \tag{4.4.55}$$

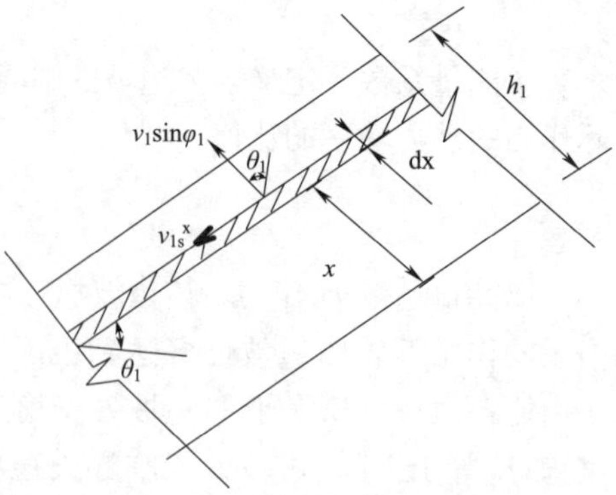

图4.4.19 滑带外力功率计算图

求中间滑带1的内能耗散率时可将滑带视为一系列的速度间断面,由于其法向相对速度为零,所以内能耗散率为零,滑带的能量耗散只发生于存在相对变形的切向,切向力为c_1L_1。

$\varphi_1<\varphi_{21}$时,$v_{1s}^{x+\mathrm{d}x}=\dfrac{l'+x+\mathrm{d}x}{l'}v_2\cos\varphi_{21}$,$v_{1s}^x=\dfrac{l'+x}{l'}v_2\cos\varphi_{21}$,$\Delta v_{1s}^x=v_{1s}^{x+\mathrm{d}x}-v_{1s}^x=\dfrac{\mathrm{d}x}{l'}v_2\cos\varphi_{21}$,

$$D'_{s1}=\int_0^{h_1}c_1L_1\cdot\Delta v_{1s}^x=\int_0^{h_1}c_1L_1\frac{v_2\cos\varphi_{21}}{l'}\mathrm{d}x=\frac{c_1L_1h_1}{l'}\cos\varphi_{21}v_2=\frac{c_1L_1h_1}{l'}\cos\varphi_{21}\frac{\sin\varphi_1}{\sin\varphi_{21}}v_1 \tag{4.4.56}$$

$$\varphi_1>\varphi_{21}\text{时},D'_{s1}=\int_0^{h_1}c_1L_1\cdot\Delta v_{1s}^x=\int_0^{h_1}c_1L_1\frac{\mathrm{d}x}{l'}v_1\cos\varphi_1=\frac{c_1L_1h_1}{l'}\cos\varphi_1 v_1 \tag{4.4.57}$$

式(4.4.56)中 l' 同式(4.4.51)中所示，(4.4.57)中 l' 同式(4.4.52)中所示。$\varphi_1=\varphi_{21}$ 时，$D'_{s1}=0$。

④能量系数。根据能量系数的定义：

$$E_{s2}=\frac{D'_{s1}+D_{s2}}{W_1+W_2+W_{s1}} \tag{4.4.58}$$

上述讨论中，外力只考虑了重力作用。如果边坡体上还作用有其他的外力，可以将其所产生的功率累加到外力功率项中；如果滑带表面存在孔隙水压力，可将其作用叠加到滑面的内能耗散率中。

4)算例分析

(1)工程概述。某工点 K2729+920～K2730+425 段边坡，1997 年雨季连续暴雨后开始滑动变形。在以后的几年中，该滑坡体的变形导致公路破坏不断加剧。根据前期工程地质勘察、补充工程地质勘察和三年来滑坡深部位移监测资料，确定了该滑坡体的结构、滑动原因及模式(图 4.4.20)，滑坡体的破坏主要是沿软弱夹层面的滑移变形。

如图 4.4.20 所示，滑坡体分为浅层滑带、中层滑带和深层滑带。根据已有资料分析，该滑坡主要是浅层滑带失稳，中层滑带有开始变形的迹象，深层滑带相对较为稳定。坡体地层主要是志留系钙质泥岩，坡体表部为冲洪坡积物和崩坡积物；滑带主要由岩屑、软化泥、断层泥及少量次生泥构成。

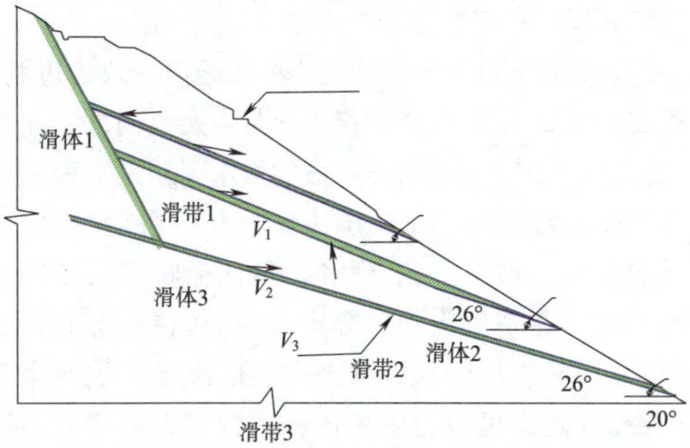

图 4.4.20　典型坡体结构示意图

现利用上述方法对该断面中滑体沿三层滑带滑动的稳定性进行计算。各滑带和滑体的编号如图 4.4.20 所示。由于竖向滑带的黏聚力近似为零，在计算时忽略其影响。各滑体重量为 $G_1=15\ 062$ kN；$G_2=15\ 319$ kN；$G_3=25\ 003$ kN；各滑带参量见表 4.4.7。根据滑带岩土体内摩擦角、滑带倾角、各滑带之间的相互位置知，$\varphi_{21}=\varphi_2+(\theta_1-\theta_2)=\varphi_2=24^\circ$，$\varphi_{32}=\varphi_3+(\theta_2-\theta_3)=25^\circ$。

表 4.4.7　滑带的参量

滑带名称	黏聚力 c_i(kPa)	内摩擦角 φ_i(°)	滑带倾角 θ_i(°)	滑带长度 L_i(m)	滑带厚度 h_i(m)	滑带重度 γ_i(kN/m³)
滑带 1	10	23	26	79.8	0.9	21
滑带 2	15	24	26	108.2	1.6	22
滑带 3	20	19	20	120	1.0	22

(2)滑带 1 的稳定性计算。外力功率和内能耗散率分别为：

$$W_1=G_1\sin(\theta_1-\varphi_1)v_1=788.28v_1,\quad D_{s1}=c_1L_1v_1\cos\varphi_1=734.56v_1$$

根据式(4.4.49)，能量系数为　$E_{s1}=\dfrac{D_{s1}}{W_1}=\dfrac{734.56}{788.28}=0.93<1.0$

说明滑带 1 处于不稳定状态，事实也证明了这一点。

(3)滑带 2 的稳定性计算。由式(4.4.50)，$v_2=\dfrac{v_1\sin\varphi_1}{\sin\varphi_{21}}$，利用所推导的相关公式计算得：

滑带 1 的外力功率和内能耗散率分别为 $W_{s1}=64.75v_1$，$D'_{s1}=34.25v_1$；

滑体 2 的外力功率为 $W_2=513.59v_1$；滑带 2 的内能耗散率为 $D_{s2}=1\ 424.34v_1$。

根据式(4.4.58)，能量系数为：

$$E_{s2}=\frac{D'_{s1}+D_{s2}}{W_1+W_2+W_{s1}}=\frac{34.25+1\ 424.34}{788.28+513.59+64.75}=\frac{1\ 458.59}{1\ 366.62}=1.07>1.0$$

说明滑带 2 暂时处于稳定状态，而接近临界失稳状态。

(4)滑带 3 的稳定性计算。类似式(4.4.50)有，$v_3\sin\varphi_{32}=v_2\sin\varphi_2=\dfrac{\sin\varphi_1\sin\varphi_2}{\sin\varphi_{21}}v_1$，$v_3=\dfrac{\sin\varphi_1\sin\varphi_2}{\sin\varphi_{21}\sin\varphi_{32}}v_1$

将相应各参量代入相关公式计算得：

滑带 2 的外力功率和 $W_{s2}=94.57v_1$；$D'_{s2}=64.39v_1$；

滑体 3 的外力功率和内能耗散率分别为 $W_3=403.44v_1$；$D_{s3}=2\ 098.03v_1$。

根据式(4.4.58)，能量系数为：

$$E_{s3}=\frac{D'_{s1}+D'_{s2}+D_{s3}}{W_1+W_2+W_3+W_{s1}+W_{s2}}=\frac{34.25+64.39+2\ 098.03}{788.28+513.59+403.44+64.75+94.57}=\frac{2\ 196.67}{1\ 864.63}=1.18>1.0$$

说明滑带 3 处于相对稳定状态。

上述三层滑带的稳定性计算结果，与实际情况较为吻合。

4.3.3.2　滑移—拉裂型顺层边坡稳定性分析

1)概述

对于滑移—拉裂型破坏模式的顺层岩质边坡，其拉裂的岩层是不稳定的，不稳定岩层的临界长度，是这类破坏模式稳定性分析的关键。

岩层走向和倾向与边坡走向和倾向一致的边坡，称为顺层或顺倾边坡，其余的边坡称为反倾边坡或斜向边坡。实际工程中，常常将走向与岩层走向的夹角小于 20°，倾向接近的边坡，视为顺层边坡。在山区铁路(公路)建设中，顺层岩质边坡的稳定问题是工程技术人员最为关心的问题之一。

在陡倾角的天然顺层边坡上开挖路堑时，路堑边坡角的设计值往往与岩层倾角一致；在缓倾角的天然顺层边坡上开挖路堑时，虽然会将岩层切断，但因层面的抗剪强度能足以使被切断岩层保持稳定，而不需要花费太大的资金进行护坡；在中等倾角的天然顺层边坡上开挖路堑时，不可避免地将岩层切断，被切断岩层的稳定状态主要取决于岩层倾角和层面的抗剪强度。过去，许多学者对顺层边坡的变形特征，破裂机制与破坏过程进行了大量研究，针对边坡不同的结构，提出了边坡岩层变形破坏过程模型。对于坡角较大且与岩层倾角相同的顺层边坡，提出了岩层滑移—拉裂的变形破坏失稳模型，并得到了实际证实；对于坡角比岩层倾角大的，后缘完全被节理切断的顺层边坡，提出了刚体滑移破坏模型(图 4.4.21)。

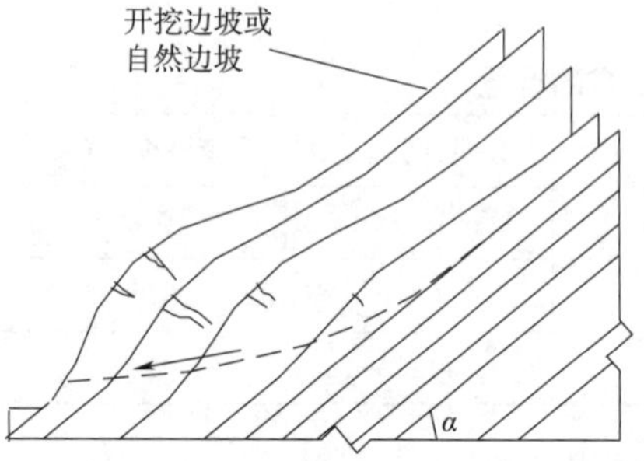

(a) 滑移弯曲拉裂破坏

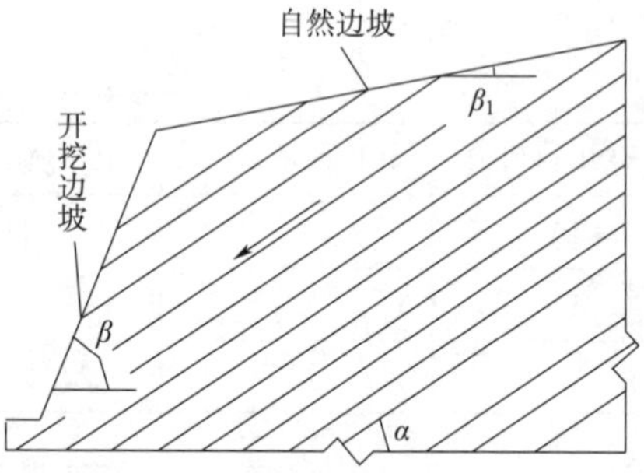

(b) 刚体滑移破坏

图 4.4.21　顺层边坡岩层破坏特征

实际现象表明，坡角大于岩层倾角的顺层边坡并不完全沿某个层面呈整体性滑动破坏，而多数是沿某个或某些层面滑动，沿岩层中一些间断的节理面拉开，由下而上逐渐滑动破坏的(图 4.4.22)，并且当坡脚不再开挖或不再受到扰动时，失稳滑动到一定程度也就不再发展了。那么，岩层会滑到什么位置就不再滑动了，即失稳的临界长度有多大。现结合渝怀铁路一般顺层边坡的结构特征，对其失稳的临界长度进行探讨。该种分析方法适用于硬质岩顺层边坡Ⅰ和中等坚硬岩顺层边坡Ⅲ以及页岩板岩片岩顺层边坡Ⅵ中的中倾和缓倾边坡。

2)顺层边坡不稳定岩层长度计算

(1)岩层参数。设边坡走向与岩层走向一致，这样边坡可简化为平面问题，建立如图 4.4.22 所示的模型。设岩层倾角为 α，开挖边坡坡角为 β，开挖边坡之上的自然边坡坡角为 β_1；开挖边坡坡顶到坡脚的岩层序号分别为 $1,2,\cdots i-1,i,i+1,\cdots n-1,n$，各层的重度为 γ_i，第 i 层岩体底层面的摩擦系数 f_i 和黏聚力为 c_{ci}，第 i 层岩体在开挖边坡上的出露斜长为 l_i，则第 i 层岩层厚度 h_i 为

$$h_i = l_i \sin(\beta - \alpha) \tag{4.4.59}$$

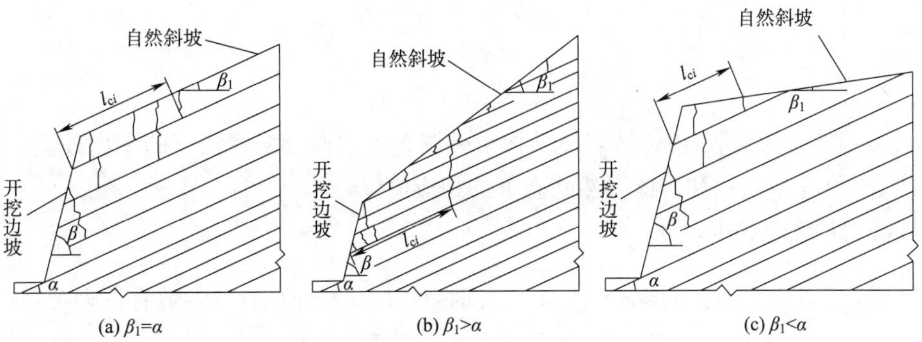

图 4.4.22 顺层边坡岩层破坏过程

坡体中发育走向与岩层走向一致，垂直的密集节理。整个边坡岩体的重度 γ 和岩体抗拉强度 σ_t，取其各层厚度的加权平均值。

$$\gamma = \frac{\sum_{j=1}^{n} \gamma_j . h_j}{\sum_{j=1}^{n} h_j}, \qquad \sigma_t = \frac{\sum_{j=1}^{n} \sigma_{tj} . h_j}{\sum_{j=1}^{n} h_j} \tag{4.4.60}$$

根据已有开挖边坡失稳滑动的调查发现，顺层边坡的失稳多数是从自然边坡表层的坡缘开始，沿层面滑动，并向自然边坡上部发展。边坡失稳破坏的形式和过程，取决于岩层倾角、层面强度参数、岩体的抗拉强度等因素。

(2)自然边坡坡角等于岩层倾角。自然边坡角与岩层倾角相同时，可以建立如图 4.4.23 所示的坐标体系。

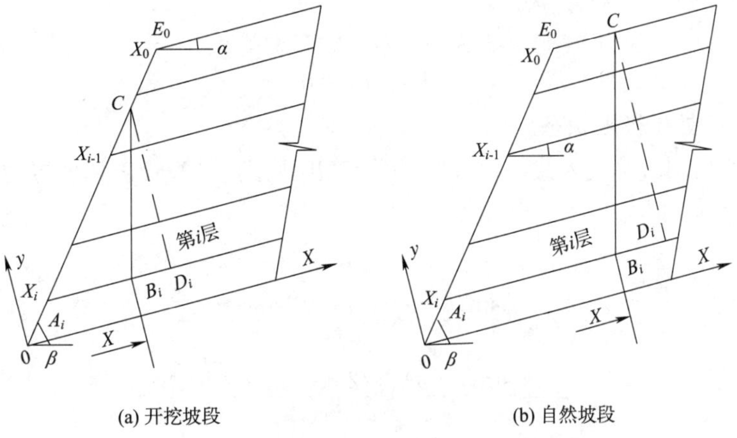

图 4.4.23 自然坡角与岩层倾角相同的边坡

设第 i 层顶面、底面与开挖边坡面交点的 x，y 坐标分别为 x_{i-1}，x_i 和 y_{i-1}，y_i，开挖边坡坡顶的 x，y 坐标值为 x_0，y_0，则有：

$$x_i = \sum_{j=i+1}^{n} h_j \cdot \cot(\beta - \alpha) \tag{4.4.61}$$

$$y_i = \sum_{j=i+1}^{n} h_j, \tag{4.4.62}$$

$$y_0 = \sum_{j=1}^{n} h_j, \quad x_0 = \sum_{j=1}^{n} h_j \cot(\beta - \alpha) \tag{4.4.63}$$

边坡开挖后，假设边坡岩体沿第 i 层岩体底层面滑动时，坡体内沿节理和节理间的“岩桥”拉裂，节理面和“岩桥”的等效抗拉强度为 σ_t。因卸荷及风化的影响，岩体等效抗拉强度 σ_t，层面抗剪强度参数(f_i及 c_{ci})都会随卸荷及风化程度而降低。

因此，设 f_i、c_{ci} 和 σ_t 与分析点到坡面距离 $(x-x_i)$ 的变化为：

$$f_i=a_{fi}(x-x_i)+f_{0i} \tag{4.4.64}$$

$$c_{ci}=a_{ci}(x-x_i) \tag{4.4.65}$$

$$\sigma_t=a_\sigma(x-x_i) \tag{4.4.66}$$

式中，a_{fi}、a_{ci}、a_σ 和 f_{0i} 为系数，由边坡岩体结构野外调查和层面及岩体强度的室内外测试结果或类比确定。非扰动段 f_i、c_{ci} 和 σ_t 取层面和岩体天然状态下的相应值。

①开挖边坡段岩层失稳长度。

在开挖边坡段，$x_i \leqslant x \leqslant x_0+\tan\alpha \cdot \sum\limits_{j=i+1}^{n} h_j$，此时，图4.4.23(a)中，各参数有下列关系：

$$A_iB_i=x-x_i \tag{4.4.67}$$

$$B_iC=\frac{\sin(\beta-\alpha)}{\cos\beta}\cdot(x-x_i) \tag{4.4.68}$$

$$D_iC=B_iC\cos\alpha \tag{4.4.69}$$

边坡三角块体 A_iB_iC 的重力为：

$$W_{A_iB_iC}=\gamma A_iB_i \cdot D_iC/2 \tag{4.4.70}$$

拉裂面 B_iC 上，因岩体的抗拉强度对块体 A_iB_iC 产生的拉力为：

$$F_{\sigma ti}=B_iC \cdot \sigma_t \tag{4.4.71}$$

第 i 层岩体底面上的下滑力 F_{ti} 为：

$$F_{ti}=w_{ABCi}\sin\alpha-F_{\sigma ti}\cos\alpha \tag{4.4.72}$$

滑动层面上的法向力 F_{ni} 为：

$$F_{ni}=w_{ABCi}\cos\alpha+F_{\sigma ti}\sin\alpha \tag{4.4.73}$$

滑动层面上的抗滑力 F_{fi} 为：

$$F_{fi}=F_{ni}\cdot f_i+(x-x_i)C_{ci} \tag{4.4.74}$$

当

$$F_{fi}-F_{ti}=0 \tag{4.4.75}$$

时，边坡岩块 A_iB_iC 处于极限状态。

将式(4.4.59)～式(4.4.74)代入式(4.4.75)，可计算出顺层边坡失稳破坏岩层的极限长度 l_{ci} 为：

$$l_{ci}=(6A_1-6A_2f_{0i}-3a_c)/(4A_2) \tag{4.4.76}$$

式中，

$$A_1=\frac{\sin(\beta-\alpha)\cos\alpha(\gamma/2\sin\alpha-a_\sigma)}{\cos\beta}$$

$$A_2=\frac{\sin(\beta-\alpha)(\gamma/2\cos^2\alpha-a_{\sigma i}\sin\alpha)}{a_{fi}\cos\beta}$$

当开挖边坡坡角 β 等于岩层倾角 α，或者 $\alpha=90°$，或者 $\tan\alpha=\tan\varphi_{ci}$ 时，l_{ci} 趋于无穷大。此时，边坡开挖不会将岩层挖断，边坡的变形破坏则属岩层滑移—弯曲变形问题。

②自然边坡段岩层失稳长度。

自然边坡段，$x > x_0+\tan\alpha \cdot \sum\limits_{j=i+1}^{n} h_j$，此时，图4.4.23(b)中各参数之间有下列关系：

$$A_iB_i=x-x_i \tag{4.4.77}$$

$$D_iC=\sum_{j=1}^{i} h_j \tag{4.4.78}$$

$$B_iC=D_iC/\cos\alpha \tag{4.4.79}$$

失稳块体 A_iB_iCE 的重力为：

$$W_{A_iB_iCE}=\gamma\sum_{j=1}^{i} h_j(x-x_i)+\gamma\sum_{j=1}^{i} h_j(\tan\alpha\sum_{j=1}^{i} h_j-x_0/2) \tag{4.4.80}$$

将式(4.4.64)～式(4.4.66)和式(4.4.77)～式(4.4.80)代入式(4.4.71)～式(4.4.75)中，可计算出不稳定岩层的临界长度 l_{ci} 为：

$$l_{ci}=(x-x_i)=\frac{a_1-a_4}{2a_3}+\sqrt{\left(\frac{a_4-a_1}{2a_3}\right)^2+\frac{a_2}{a_3}} \tag{4.4.81}$$

式中，$a_1=\sum_{j=1}^{i}h_j(\gamma\sin\alpha-a_\sigma)$；$a_2=\gamma\sin\alpha\sum_{j=1}^{i}h_j(\tan\alpha\sum_{j=1}^{i}h_j-x_0/2)$；

$$a_3=\left(a_f\sum_{j=1}^{i}h_j(\gamma\cos\alpha+a_\sigma\tan\alpha)+a_c\right)/2,\quad a_4=f_{0i}\sum_{j=1}^{i}h_j(\gamma\cos\alpha+a_\sigma\tan\alpha)$$

l_{ci}若为负，表明在 $x>x_0+\tan\alpha\cdot\sum_{j=i+1}^{n}h_j$ 范围内不会滑动，否则将滑动。

(3)自然边坡坡角大于岩层倾角。当自然边坡角大于岩层倾角时，其坡形和坡体结构如图 4.4.24 所示。此时，岩层可能沿开挖边坡面出露的层面滑动，也可能沿自然边坡面出露的层面滑动。

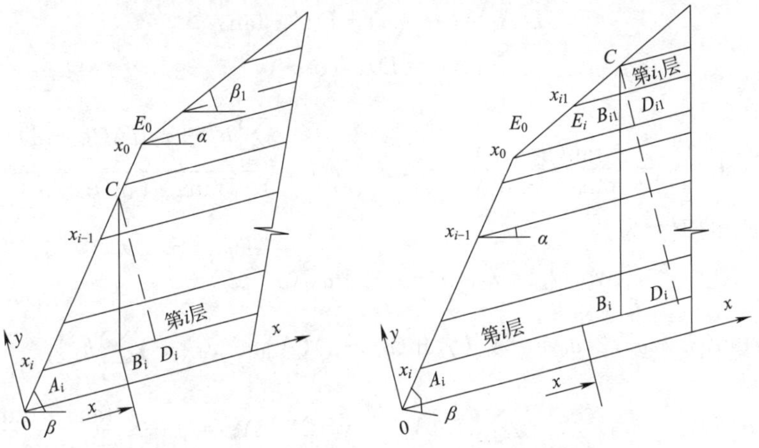

(a) 开挖边坡段分析　　(b) 自然边坡段分析

图 4.4.24　自然边坡角大于岩层倾角的边坡

①开挖边坡段岩层失稳长度。

在开挖边坡段，$x_i\leqslant x\leqslant x_0+\tan\alpha\cdot\sum_{j=i+1}^{n}h_j$（图 4.4.24(a)），岩层沿开挖边坡面出露的层面滑动，其不稳定长度由式(4.4.76)计算得到。

②自然边坡段岩层失稳长度。

在自然边坡段，$x>x_0+\tan\alpha\cdot\sum_{j=i+1}^{n}h_j$（图 4.4.24(b)）。此时，开挖边坡面出露的岩层编号顺序与前述的相同，而自然边坡段(上坡)岩层编号则按由坡前缘往坡后缘的顺序编排。若坡缘不在岩层层面处，而在某层内，则以坡缘为界，编为两层，分别划归上坡段和下坡段。

——上坡段岩层失稳长度。

在图 4.4.24(b)中，$x_{i1}=x_0+\cot(\beta_1-\alpha)\sum_{j_1=1}^{i_1-1}h_{j1}$

$$B_{i1}E_{i1}=x-x_{i1} \tag{4.4.82}$$

$$B_{i1}C=\frac{\sin(\beta_1-\alpha)}{\cos\beta_1}(x-x_{i1}) \tag{4.4.83}$$

$$D_{i1}=\frac{\sin(\beta_1-\alpha)\cos\alpha}{\cos\beta_1}(x-x_{i1}) \tag{4.4.84}$$

三角形岩体 $B_{i1}CE_i$的重力为：

$$W_{B_{i1}CE_i}=\frac{\gamma\sin(\beta_1-\alpha)\cos\alpha}{2\cos\beta_1}(x-x_{i1})^2 \tag{4.4.85}$$

后缘边界的拉力为：

$$F_{\sigma t i1}=B_{i1}C\cdot\sigma_t \quad (4.4.86)$$

将式(4.4.82)～式(4.4.86)代入式(4.4.71)～式(4.4.75)，可计算出上坡段失稳岩层长度。即

$$l_{ci1}=(x-x_{i1})=\frac{6a_5-6f_0a_6-3a_c}{4a_fa_6} \quad (4.4.87)$$

式中，

$$a_5=\frac{\sin(\beta_1-\alpha)\cos\alpha(\gamma\sin\alpha-2a_\sigma)}{2\cos\beta_1},\quad a_6=\frac{\sin(\beta_1-\alpha)(\gamma\cos^2\alpha+2a_\sigma\sin\alpha)}{2\cos\beta_1}$$

显然，当 $\beta_1=\beta$ 时，式(4.4.87)与式(4.4.76)一致。

——下段岩层失稳长度。

在图 4.4.24(b)中，

$$B_iA_i=(x-x_i) \quad (4.4.88)$$

$$D_iA_i=(x-x_i)+D_iC\cdot\tan\alpha \quad (4.4.89)$$

$$B_iC=D_iC/\cos\alpha \quad (4.4.90)$$

$$D_iC=\frac{\tan(\beta_1-\alpha)}{1-\tan\alpha\cdot\tan(\beta_1-\alpha)}(x-x_i)+\frac{\sum_{j=1}^{i}h_j-x_0\tan(\beta_1-\alpha)}{1-\tan\alpha\cdot\tan(\beta_1-\alpha)} \quad (4.4.91)$$

边坡块体 $A_iB_iCE_0$ 的重力为：

$$W_{A_iB_iCE0}=a_{01}(x-x_i)^2+a_{02}(x-x_i)+a_{03} \quad (4.4.92)$$

式中，$a_{01}=A_m^2\gamma\tan(\beta_1-\alpha)/2$，$a_{02}=A_m\left(\gamma\tan(\beta_1-\alpha)(A_{m1}-x_0)+\gamma\sum_{j=1}^{i}h_j\right)$

$a_{03}=\gamma\tan(\beta_1-\alpha)(A_{m1}-x_0)^2/2+\gamma\sum_{j=1}^{i}h_j(A_{m1}-x_0/2)$　$A_m=1+\dfrac{\tan\alpha\cdot\tan(\beta_1-\alpha)}{1-\tan\alpha\cdot\tan(\beta_1-\alpha)}$，

$$A_{m1}=\frac{\sum_{j=1}^{i}h_j-x_0\tan(\beta_1-\alpha)\cdot\tan\alpha}{1-\tan\alpha\cdot\tan(\beta_1-\alpha)}$$

B_iC 边界上的拉力为：

$$F_{\sigma ti}=B_iC\cdot\sigma_t \quad (4.4.93)$$

将式(4.4.88)～式(4.4.93)代入式(4.4.71)～式(4.4.75)，得到边坡不稳定临界长度 $l_{ci}=x-x_i$ 为式(4.4.94)的解。

$$(x-x_i)^3+b_1(x-x_i)^2+b_2(x-x_i)+b_3=0 \quad (4.4.94)$$

式中，

$$b_1=A_{m3}/A_{m2},b_2=A_{m4}/A_{m2},b_3=A_{m5}/A_{m2}\qquad A_{m2}=2a_f(a_{01}\cos\alpha+a_\sigma A_m)/3$$

$$A_{m3}=a_f(a_{02}\cos\alpha+a_\sigma A_{m1})/2+a_c/2-a_{01}\sin\alpha+\frac{a_f\tan(\beta_1-\alpha)}{1-\tan\alpha\cdot\tan(\beta_1-\alpha)}$$

$$A_{m4}=a_{02}\cdot\sin\alpha-a_\sigma A_{m1}/\tan\alpha;A_{m5}=a_{03}\cdot\sin\alpha$$

式(4.4.94)，可以采用迭代法求解，获得 l_{ci}。

(4)自然边坡角小于岩层倾角。该类边坡的结构如图 4.4.25 所示，其失稳形式也有两种情况：一是从开挖坡面破坏，二是从自然坡面破坏。

①开挖边坡段岩层失稳长度。

在开挖边坡段，即 $x_i\leqslant x\leqslant x_0+\tan\alpha\cdot\sum_{j=i+1}^{n}h_j$(图 4.4.25(a))，$x_i$、$y_i$ 由式(4.4.61)和式(4.4.63)计算。岩层不稳定长度由式(4.4.76)计算得到。

②自然边坡段岩层失稳长度。

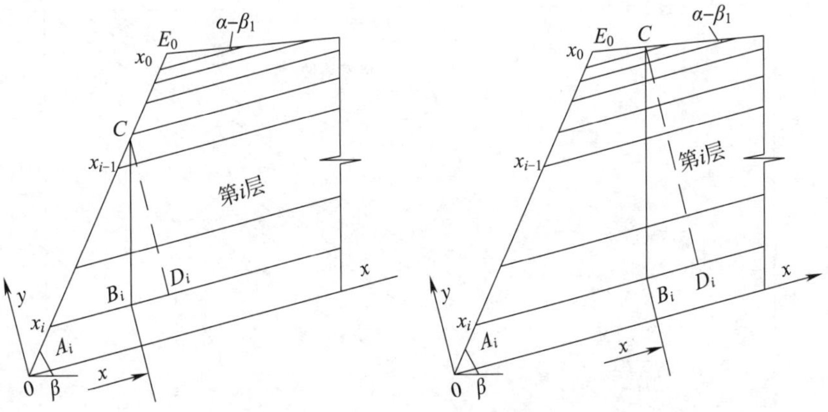

(a) 开挖边坡段分析　　(b) 自然边坡段分析

图 4.4.25 自然边坡角小于岩层倾角的边坡

在自然边坡段，即 $x > x_0 + \tan\alpha \cdot \sum_{j=i+1}^{n} h_j$，其坡形和坡体结构如图 4.4.25(b)所示。后缘的拉裂面 B_iC 为

$$F_{\sigma ti}=\sigma_t \cdot (l_A+l_B(x-x_i))/\cos\alpha \tag{4.4.95}$$

块体 $A_iB_iCE_0$ 的自重为

$$W_{A_iB_iCE_0}=A_1(x-x_i)^2+A_2(x-x_i)+A_3 \tag{4.4.96}$$

将式(4.4.64)～式(4.4.66)和式(4.4.95)及式(4.4.96)代入式(4.4.71)～式(4.4.75)后，得到顺层边坡岩层的不稳定长度 $l_{ci}=x-x_i$ 为方程式(4.4.97)的解。

$$(x-x_i)^3+b_1(x-x_i)^2+b_2(x-x_i)+b_3=0 \tag{4.4.97}$$

式(4.4.95)～式(4.4.97)中，

$$l_A=\left(\sum_{j=1}^{i}h_j+x_0\cdot\tan(\alpha-\beta_1)\right)/(1+\tan\alpha\cdot\tan(\alpha-\beta_1))\quad l_B=-\tan(\alpha-\beta_1)/(1+\tan\alpha\cdot\tan(\alpha-\beta_1))$$

$$A_1=\gamma l_B^2(\tan\alpha+\cot(\alpha-\beta_1))/2$$

$$A_2=\gamma\sum_{j=1}^{i}h_j(1+l_B\tan\alpha+l_B\cot(\alpha-\beta_1))-l_Al_B\gamma(\tan\alpha+2\cot(\alpha-\beta_1))$$

$$A_3=\gamma l_A\sum_{j=1}^{i}h_j(\tan\alpha+\cot(\alpha-\beta_1))-\gamma x_0\sum_{j=1}^{i}h_j/2-\cot(\alpha-\beta_1)\gamma\left(l_A^2+\left(\sum_{j=1}^{i}h_j\right)^2\right)/2-\gamma\tan\alpha l_A^2/2$$

$$A_0=2a_f(A_1\cos\alpha+a_\sigma l_B\tan\alpha)/3$$

$$A_{11}=(a_c+a_f(A_2\cos\alpha+l_Aa_\sigma\tan\alpha))/2-3(A_1\sin\alpha-l_Ba_\sigma)$$

$$b_1=A_{11}/A_0,\ b_2=(l_Aa_\sigma-A_2\sin\alpha)/A_0,\ b_3=-A_3a_\sigma/A_0$$

实际计算时，可以采用迭代法求解式(4.4.97)。

3)算例分析

为验证上述计算公式的可靠性，以 319 国道开挖边坡为例，计算分析顺层路堑边坡的稳长度。该段边坡位于重庆市武隆县 319 国道 K2146+520～ K2146+750 段，是一个岩层走向与边坡走向夹角为 6°的顺层路堑边坡。该边坡岩层倾角 $\alpha=35°$，岩性为灰色～灰黄色中厚～薄层状灰岩夹泥质灰岩，地质剖面如图 4.4.26 所示。因岩层走向与边坡走向的夹角较小，可以近似视作图 4.4.23 所示的计算模型。路堑开挖切断岩层数 n 为 4，开挖段坡角 β 为 80°。

根据现场调查资料、测试资料及类比法，确定的相关参数列于表 4.4.8 中。

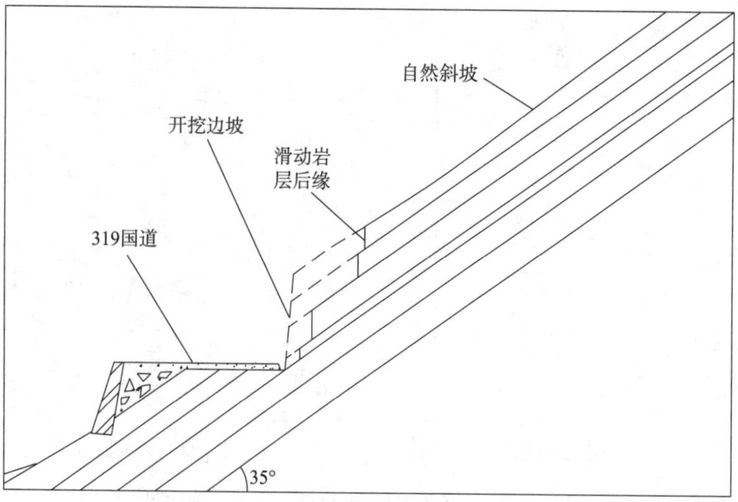

图 4.4.26　319 国道顺层边坡滑动长度

表 4.4.8　边坡岩层参数

层号	l_i(m)	h_j(m)	γ(kN·m^{-3})	a_{fi}(m^{-1})	f_{0i}	a_{ci}(kPa·m^{-1})	$a_{\sigma i}$(kPa·m^{-1})
1	1.76	1.35	27.6	0.072	0.22	1.0	0.52
2	1.96	1.5	28.2	0.115	0.43	1.38	0.60
3	2.42	1.85	27.4	0.15	0.75	1.56	0.73
4	0.9	0.7	26.8	0.28	1.20	1.74	0.81

根据式(4.4.60)计算得到的平均容重为27.6 kN/m^3，由式(4.4.76)和式(4.4.81)计算得到的破坏长度及现场调查测量的实际破坏长度，列于表4.4.9中。

表 4.4.9　边坡不稳定岩层临界长度

层号	开挖段边坡段临界长度(m)	自然斜坡段临界长度(m)	现场调查获得的实际滑动长度(m)
1	−0.03	7.13	6.82
2	−0.05	6.71	3.15
3	−0.08	2.51	2.9
4	−0.08	1.43	0.6

由表可见，除第四层外，其余三层的计算分析结果较好。

4.3.3.3　滑移—弯曲型顺层边坡稳定性分析

1)概述

顺层边坡通常沿着岩层之间的接触面或软弱夹层而发生破坏，破坏形式大致可分为三类：高陡情况下(边坡和岩层的倾角都大)，边坡易产生倾倒崩塌；当岩层倾角小于边坡倾角时，经常发生岩层之间的相对滑动而引起边坡的失稳；当岩层倾角等于或大于边坡的倾角时，通常认为岩层产生滑动弯曲导致边坡的破坏。目前，对于顺层边坡的弯曲失稳破坏机理还不甚清楚，一般将其视为与岩层的弯曲失稳有关，采用弹性理论中的压杆稳定理论来进行分析，假定边坡的长度无限延伸，按平面应变问题的弹性梁来进行边坡的稳定计算。

对于岩体而言，沿边坡的长度方向总是存在着一些大的节理裂隙或断层，将其切割为不连续体，使边坡成为长度有限的坡段。因此，对于顺层边坡的失稳破坏，考虑到边坡长度的影响，可将其视为长度有限的板来进行研究。因此，可根据弹性受压板的稳定理论，利用能量法对弹性条件下缓倾角顺层边坡的弯曲失稳情况进行分析，推导出相应的计算公式，并与传统分析方法作对比。

2)应用弹性受压板稳定理论进行边坡稳定性分析

(1)分析模型的建立。设顺层岩板弯曲时引起的弯曲应力比板的中曲面的应力大，且由于岩板的抗拉能力较低，一般岩板的挠度要比其厚度小得多，可以按弹性或刚性板理论进行计算。假定边坡只发生沿层面的表层滑动和弯曲，弯曲部分的岩板可看为底边铰支、周边辊轴支撑的弹性受压板；当其发生溃屈破坏时底层不变形，即为刚性层。

如图 4.4.27 所示，分别为顺层边坡几何模型和弯曲变形模型示意图。设顺层岩板沿 x 轴方向的总长度为 L，沿 y 轴方向的长度为 b，岩板弯曲段的长度为 a，则滑动部分的长度为 $L-a$，岩板厚度为 h，α 为岩层倾角；弯曲部分的岩板自重为 G，P 为滑动部分对弯曲部分的推力，这是使下部岩板产生弯曲变形的主要动力。

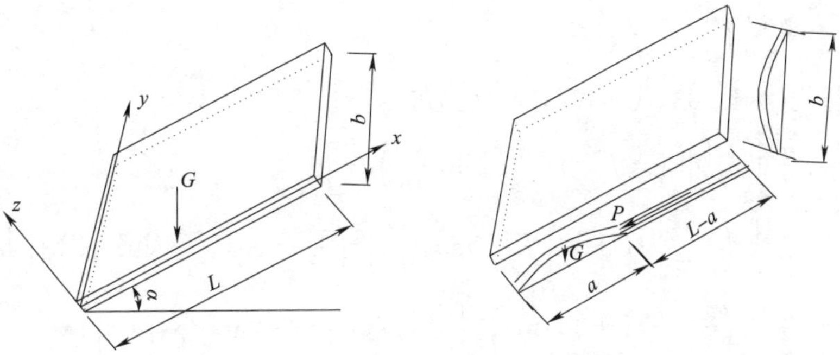

图 4.4.27　边坡几何模型和弯曲变形模型

岩层间的黏聚力为 c，内摩擦角为 φ，则推力 P 可以表示为：

$$P=(L-a)[\gamma h(\sin\alpha-\cos\alpha\tan\varphi)-c]b=(L-a)bH \tag{4.4.98}$$

$$H=\gamma h(\sin\alpha-\cos\alpha\tan\varphi)-c \tag{4.4.99}$$

传统的顺层边坡的地质模型只考虑 x 向边长的影响，没考虑 y 向边长的影响，而 y 向边长和其稳定性之间必然存在着某种关系，因而传统模型存在一定的欠缺。基于此种考虑，将顺层岩质边坡的稳定问题简化为四边简支板的稳定屈曲模型，其稳定性必然和板的两个方向(即 x 向和 y 向)的几何尺寸有关；根据刚性板的稳定理论可知，在非受压边(即 y 向)只有一个半波时板的临界屈曲应力最小；为简化问题只考虑在板屈曲时受压边(x 方向)出现一个半波的情况，板的挠曲变形方程为：

$$\omega=f\sin\frac{\pi x}{a}\sin\frac{\pi y}{b} \tag{4.4.100}$$

满足板的边界条件，即：

$$\omega(x=0,x=a)=0\quad \omega(y=0,y=b)=0$$

$$\frac{\partial^2\omega}{\partial x^2}(x=0,x=a)=0\quad \frac{\partial^2\omega}{\partial y^2}(y=0,y=b)=0$$

f 为挠度的最大值，即：$f=\omega\sin\frac{\pi}{a}\frac{a}{2}\sin\frac{\pi}{b}\frac{b}{2}=\omega_{\max}$

从板的挠曲变形方程(4.4.100)可以看出，模型的最大特点是考虑了顺层边坡长度(y 向边长)的影响。

(2)基本公式的推导。根据刚性板的稳定理论可知，岩板由于弯曲变形增加的势为：

$$U=\frac{D}{2}\int_0^a\int_0^b[(\nabla^2\omega)^2-(1-\mu)L(\omega\omega)]\mathrm{d}x\mathrm{d}y \tag{4.4.101}$$

其中：

$$\nabla^2=\frac{\partial^2}{\partial x^2}+\frac{\partial^2}{\partial y^2}\qquad L(\omega\omega)=2\left[\frac{\partial^2\omega}{\partial^2 x}\frac{\partial^2\omega}{\partial^2 y}-\left(\frac{\partial^2\omega}{\partial x\partial y}\right)^2\right]$$

外力所做功为：

$$W=\frac{h}{2}\left\{\int_0^b\sigma_x\left[\int_0^a\left(\frac{\partial\omega}{\partial x}\right)^2\mathrm{d}x\right]\mathrm{d}y+\int_0^a\sigma_y\left[\int_0^b\left(\frac{\partial\omega}{\partial y}\right)^2\mathrm{d}y\right]\mathrm{d}x\right\}+\tau h\int_0^a\int_0^b\frac{\partial\omega}{\partial x}\frac{\partial\omega}{\partial y}\mathrm{d}x\mathrm{d}y \tag{4.4.102}$$

式中，ω 为岩板的挠度；D 为板的弯曲刚度，且有 $D=Eh^3/12(1-\mu^2)$；σ_x,σ_y,τ 均为板的中面内力，正应力以压为正，剪应力以板的中面相邻两边的夹角增大时的剪切变形相对应的剪应力为正。对于缓倾角顺层边坡，岩层有弯曲破坏的趋势，分析模型如图 4.4.27 所示。现不考虑水压力和地震力等一些外力的作用，则可知边长为 a、b 的板只受到下滑力 P 和重力 G 的作用，由此可计算板所受的正应力 σ_x，根据弹性理论可将 z 方向的重力分量忽略。σ_x 的表达式如下：

$$\sigma_x=\frac{P}{bh}+\gamma(a-x)\sin\alpha=\frac{(L-a)}{h}H+\gamma(a-x)\sin\alpha \tag{4.4.103}$$

将式(4.4.100)代入式(4.4.101)可得：

$$\begin{aligned}U&=\frac{D}{2}\int_0^b\int_0^a\left(\frac{\pi^2}{a^2}+\frac{\pi^2}{b^2}\right)^2f^2\sin^2\frac{\pi x}{a}\sin^2\frac{\pi y}{b}\mathrm{d}x\mathrm{d}y\\&\quad-D(1-\mu)\int_0^a\int_0^b\frac{\pi^4}{a^2b^2}f^2\left(\sin^2\frac{\pi x}{a}\sin^2\frac{\pi y}{b}-\cos^2\frac{\pi x}{a}\cos^2\frac{\pi y}{b}\right)\mathrm{d}x\mathrm{d}y\\&=\frac{abD}{8}\left(\frac{\pi^2}{a^2}+\frac{\pi^2}{b^2}\right)^2f^2\end{aligned} \tag{4.4.104}$$

将式(4.4.100)与式(4.4.103)代入式(4.4.102)可得：

$$\begin{aligned}W&=\frac{h}{2}\int_0^b\sigma_x\left[\int_0^a\left(\frac{\pi^2}{a^2}f^2\cos^2\frac{\pi x}{a}\sin^2\frac{\pi y}{b}\right)\mathrm{d}x\right]\mathrm{d}y\\&=\frac{h}{2}\int_0^b\left(\frac{L-a}{h}H+\gamma(a-x)\sin\alpha\right)\left[\int_0^a\left(\frac{\pi^2}{a^2}f^2\cos^2\frac{\pi x}{a}\sin^2\frac{\pi y}{b}\right)\mathrm{d}x\right]\mathrm{d}y\\&=\frac{h}{2}\int_0^b\left(\frac{L-a}{h}H+\gamma a\sin\alpha\right)\left[\int_0^a\left(\frac{\pi^2}{a^2}f^2\cos^2\frac{\pi x}{a}\sin^2\frac{\pi y}{b}\right)\mathrm{d}x\right]\mathrm{d}y-\\&\quad\frac{h}{2}\int_0^b\gamma x\sin\alpha\left[\int_0^a\left(\frac{\pi^2}{a^2}f^2\cos^2\frac{\pi x}{a}\sin^2\frac{\pi y}{b}\right)\mathrm{d}x\right]\mathrm{d}y\\&=\frac{\pi^2Abh}{8a}f^2-\frac{\pi^2\gamma hb\sin\alpha}{16}f^2\end{aligned} \tag{4.4.105}$$

其中，

$$A=\frac{L-a}{h}H+\gamma a\sin\alpha \tag{4.4.106}$$

根据弹性力学的功能原理，弹性体中弹性势能的增加应等于外力对弹性体所做的功。由于板最初无变形，可认为板中增加的弹性势能即为板由于弯曲变形而引起的全部内能，如式(4.4.104)所示；推力 P 和重力 G 的分量所作之功即为外力功，如式(4.4.105)所示。所以根据功能原理可知 $U=W$，即：

$$\frac{abD}{8}\left(\frac{\pi^2}{a^2}+\frac{\pi^2}{b^2}\right)^2f^2=\frac{\pi^2Abh}{8a}f^2-\frac{\pi^2\gamma hb\sin\alpha}{16}f^2 \tag{4.4.107}$$

将 D 代入上式并整理，可得：

$$\sigma^*=\sigma_{cr} \tag{4.4.108}$$

式中，$\sigma^*=\frac{L-a}{h}H+\frac{\gamma a}{2}\sin\alpha$，定义为下滑应力；$\sigma_{cr}=\frac{\pi^2Eh^2}{12a^2(1-\mu^2)}\left(1+\frac{a^2}{b^2}\right)^2$，定义为临界应力。所以，当下滑应力大于临界应力时，边坡有弯曲失稳的趋势。

整理式(4.4.108)，可得关于弯曲段岩板沿 x 轴方向的边长 a 的极限平衡方程式：

$$\frac{K}{b^4}a^4-\left(\frac{\gamma h}{2}\sin\alpha-H\right)a^3+\left(\frac{2K}{b^2}-LH\right)a^2+K=0 \tag{4.4.109}$$

式中，$K=\frac{\pi^2Eh^3}{12(1-\mu^2)}$；其他参数如前所述。

将边坡的物理参量和几何参数代入式(4.4.109)，求解方程可得到未知量 a，从而可以确定边坡沿 x 轴方向的弯曲段和滑动段的长度，为边坡的防治与加固提供依据。该平衡方程为高次方程，可利用数值方法进行求解。

用一般的弹性梁方法来分析缓倾角顺层边坡的弯曲失稳时，不考虑重力沿 z 方向的分量，可知岩层弯曲失稳的临界状态方程为：

$$\frac{\pi^2EJ}{a^2}-\left(P+\frac{1}{2}h\gamma a\sin\alpha\right)=0$$

式中，P 如式(4.4.98)所示，其中 $b=1$；$J=h^3/12$。整理上式可得到边坡(简化为简支梁)失稳的临界状态方程为：

$$\left(H-\frac{1}{2}\gamma h\sin\alpha\right)a^3-H\cdot L\cdot a^2+\pi^2EJ=0 \tag{4.4.110}$$

式中，H 如式(4.4.99)所示；其余符号同前。

对比式(4.4.109)和式(4.4.110)，公式(4.4.110)(弹性梁法)未考虑岩板 y 向边长的影响，对不同 y 向边长的岩板的稳定性计算只能得到一种结论，是不合理的。通过具体算例分析，按公式(4.4.109)计算得到不同几何尺寸的顺层岩质边坡的稳定度是不一定相同的。只有当边坡的长度趋于无限时，采用公式(4.4.109)和公式(4.4.110)计算结果才会趋于一致。弹性板的稳定理论用于顺层岩板的弯曲失稳分析，考虑了边坡长度对其稳定性的影响，较弹性梁理论更为合理。

3)算例分析

渝怀线 DK328＋830～DK328＋860 顺层清方工点，岩体为薄～中厚层泥质灰岩夹灰岩，偶夹页岩，岩层走向与线路走向一致，平均倾角 45°，岩层发育 X 节理。设计为顺层清方，最大边坡高度为 48 m、最大坡长 74 m，边坡设喷混植生防护。

图 4.4.28(a)为原设计代表性端断面。顺层清方后，发生溃曲破坏，破坏处边坡斜长为 50 m、厚度约 2 m；图 4.4.28(b)为顺层清方后边坡溃曲破坏典型断面。

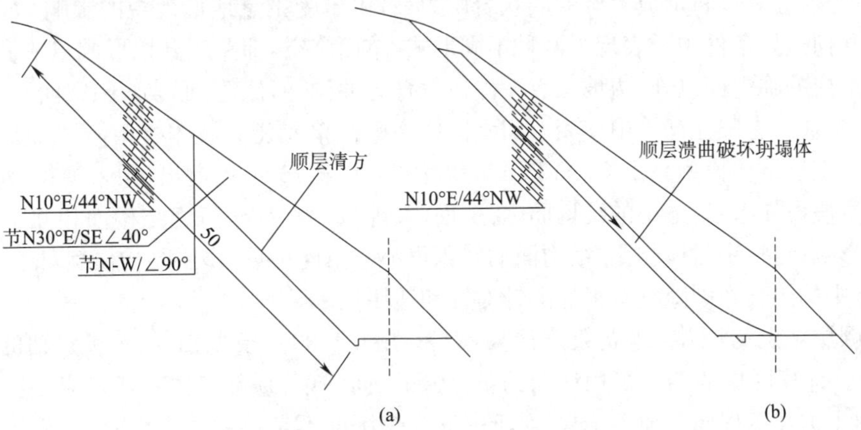

图 4.4.28　某顺层清方工点代表性断面

根据顺层边坡滑移—弯曲稳定性梁板分析理论，按公式(4.4.109)进行验算。已知岩层厚度 $h=0.2$ m，顺层面方向边坡斜长 $L=50$ m，岩层层间黏聚力 $c=0$、内摩擦角 $\varphi=16°$，岩体重度 $\gamma=24$ kN/m^3，岩层弹性模量 $E=15$ GPa、泊松比 $\mu=0.2$，岩层倾角 $\alpha=44°$。将以上各参数代入式(4.4.109)整理得：

$$a^3-172a^2+144\ 357=0$$

$a=32$ m$<L=50$ m，边坡发生溃屈破坏，与现场破坏情况相符。

当岩层厚度 $h=0.3$ m 时，$a=52$ m$\geqslant L=50$ m，边坡处于临界稳定状态。

从以上计算可看出，在边坡斜长不变的情况下，岩层厚度大的地段不会发生边坡溃屈破坏；在岩层较薄地段，用锚杆将多层岩层串联在一起，增强层状岩体的整体性，相当于使岩层厚度加大，可有效防止边坡发生溃屈破坏。另外，可采取分级顺层清方，中部留一定宽度平台，相当于减小边坡斜长。当分级边坡斜长小于临界坡长，也可防止边坡发生溃屈破坏。

4.3.4　顺斜向岩质边坡稳定性分析

顺斜向坡是指岩层走向与边坡坡面走向之间存在一定夹角的边坡，其稳定性受边坡走向与岩层走向夹角大小及侧向约束条件的影响，但究竟夹角多大不用考虑顺层现象对边坡稳定性的影响，工程界尚无定论。因此，采用模型试验和数值分析方法研究走向夹角对边坡稳定性的影响，通过理论推导建立相应的稳定性计算公式，意义重大。

4.3.4.1　边坡走向与岩层走向夹角对边坡稳定性的影响

1)概述

顺层岩质边坡是铁路、公路、水电等工程中经常遇到而又难于治理的一类边坡。影响顺层岩质边坡稳定性的因素很多，如结构面数量、性质和强度，层面倾角，自然坡角，地下水，开挖方式，开挖坡角以及岩层走向与边坡走向夹角等等。但究其本质而言，其稳定性主要受控于层面，这也是顺层岩质边坡区别于其他岩质边坡的重要特征。工程实践表明，同向层状岩质边坡的稳定性及变形破坏方式与边坡走向与岩层走向的夹角有很大关系，随着走向夹角的变化，边坡稳定性受层面控制的程度将发生变化。然而，该类边坡的稳定性及变形破坏方式究竟同走向夹角有何关系，又如何正确地利用该关系来指导工程实践，相关文献相对较少。在实际工程中，设计人员通常凭经验认为走向与岩层走向夹角小于30°、倾向接近的边坡为顺层边坡，应考虑顺层现象对开挖边坡稳定性的影响。

下面以有限元分析和地质力学模型试验为手段，对同向层状岩质边坡的开挖变形规律同边坡走向与岩层走向夹角的关系进行研究，并根据有限元计算结果和试验测试结果，以岩层走向和边坡走向夹角为指标，给出顺层与非顺层边坡的判别依据，为类似边坡的稳定性评价及相关设计提供参考。在实际工程中，路堑开挖坡角大于岩层倾角、岩层被切断的情况较为常见，由此形成的边坡稳定性也较差。因此，以该类边坡为主要研究对象。

2)顺层与非顺层岩质边坡判别条件数值分析

在层状岩体中开挖路堑，将形成大量的层状岩质边坡，由于受工点地形地貌的影响(如在山区修建铁路或公路)，边坡的几何边界条件主要表现为两种不同形式：单面临空，即路堑开挖形成单一临空面；双面临空，即除了路堑开挖形成的临空面以外，边坡工点一侧还发育有冲沟、河流等，形成双临空面。

(1)单面临空边坡。有限元计算中使用空间六面体弹塑性单元建立坡体模型，岩层、夹层和裂隙通过多层结构模型模拟。多层结构模型是由G. N. Pande等于20世纪70年代提出，用来模拟裂隙岩体的力学行为。该模型的基本假设如下：岩体中的结构面(含层面、裂隙)成组分布，每组结构面相互平行、不间断；各组结构面之间互不影响；与整个岩体相比，结构面的体积很小。由此可见，多层结构模型对于薄层状岩体(含大量层面)以及软岩中的闭合隐裂隙具有很好的针对性和适用性。

以渝怀线某顺层工点为原型，建立数值计算模型(图4.4.29)，模型沿x、y和z轴的范围为140 m×67.14 m×100 m。计算区域的四周采用法向约束，底部三向约束，顶部自由。初始应力场包括自重应力场和构造应力场，由于边坡工程属于地表工程，对于一般开挖深度不是很大的边坡而言，其构造应力场在长期的地质作用下已消失殆尽，故计算时将初始地应力场处理为自重应力场。路堑一步开挖完成，开挖采用沿开挖面作用与初始地应力等价的"开挖释放荷载"的方式来模拟，由此所得的位移即为开挖产生的位移，应力场与初始应力场叠加即为开挖后的应力场。

使用岩土工程专业软件PLAXIS进行计算，整个模型划分为1 600个15节点五面体单元，网格划分图如图4.4.29(a)所示。

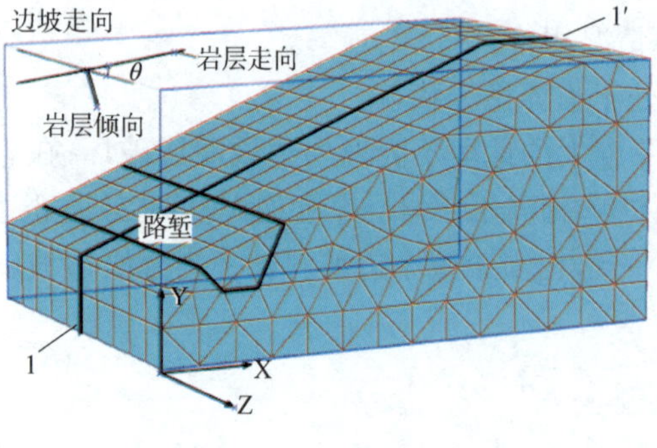

(a) 开挖前的网格图

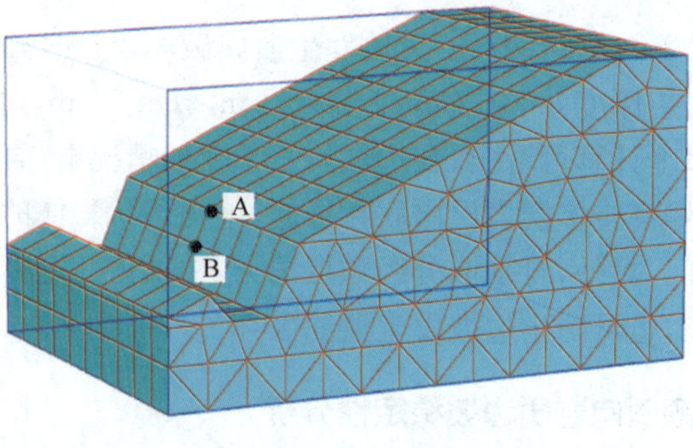

(b) 开挖完成后的网格图

图4.4.29 计算模型示意图

以有限元分析为手段，分析了岩层倾角分别为20°、25°、30°和35°时，边坡走向与岩层走向夹角从0°到90°逐渐增大情况下边坡的稳定性。分析时保持岩土材料物理力学参数不变，即岩层弹性模量为E=17.4GPa，泊松比μ=0.25，重度γ=24.6 kN/m^3，黏聚力c=4 930 kPa，内摩擦角φ=46°；层间结构面黏聚力c=20 kPa，内摩擦角φ=25°。采用有限元分析方法，可以得到路堑开挖后坡体的位移场和应力场等结果，位移和应力是实际边坡工程中最为关注的内容，尤其是位移，对于边坡工程更具有直观、简捷的特点。

为使计算结果能够方便地同试验结果进行对照，根据试验中测点的实际布置情况，选取 DK375 ＋565 断面 A 点和 B 点(图 4.4.29)作为关键点，并取其水平位移来度量边坡的稳定性。为了便于比较不同岩层倾角情况下边坡走向与岩层走向夹角对边坡稳定性的影响，将关键点的水平位移无量纲化，即将不同走向夹角情况下关键点的水平位移除以岩层倾角与走向夹角为 90°时的相应位移，并定义该值为走向夹角影响系数，其与走向夹角的关系如图 4.4.30 所示。

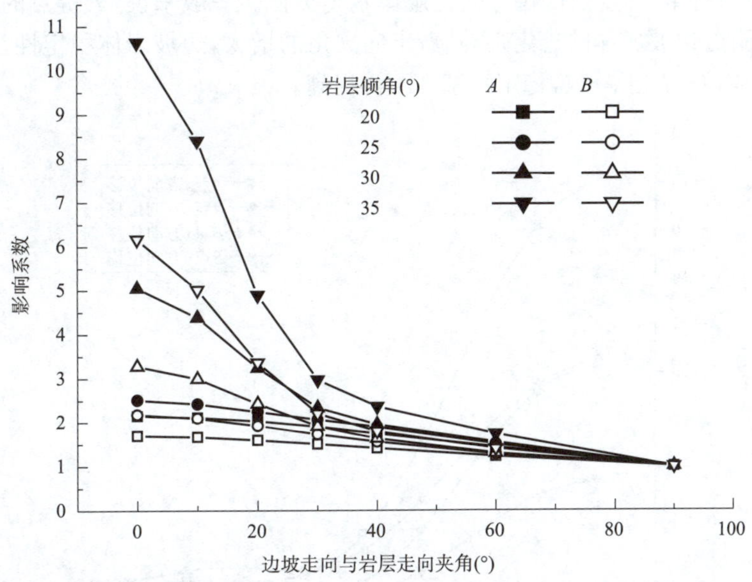

图 4.4.30　边坡走向与岩层走向夹角对边坡稳定性的影响(有限元计算结果)

当边坡走向与岩层走向夹角达到 90°时，边坡几乎不可能发生顺层滑动破坏，此时走向夹角影响系数等于 1，也就是说，走向夹角影响系数越接近 1，边坡发生顺层滑动的可能性越小。因此，从工程实际应用考虑，可以取图 4.4.30 中各条曲线的拐点所对应的走向夹角，将其作为定义顺层边坡的走向夹角的上限值，即当边坡走向与岩层走向夹角超过该值时，基本上可不将该边坡视为顺层边坡。

由图 4.4.30 可知，在同一岩层倾角情况下，随着边坡走向与岩层走向夹角的增大，边坡稳定性增大；对于岩层倾角为 30°和 35°的情况，曲线有明显的拐点，拐点所对应的走向夹角在 40°附近；当岩层倾角为 20°和 25°时，坡体位移较小，拐点不明显。

(2)双面临空边坡。建立如图 4.4.31 所示的数值计算模型。沿 x、y 和 z 轴的计算范围为 120 m×59.24 m×100 m，路堑开挖尺寸与单面临空的情况基本一致，右侧边坡开挖坡比 1∶0.5，左侧边坡坡比 1∶1，自然边坡坡角为 20°。

假设山体在 z 轴正向侧发育有一冲沟，形成另一个临空面，建模时采用陡坎近似模拟；路堑一步开挖完成。应用 PLAXIS 软件进行计算，整个模型划分为 2 884 个 15 节点五面体单元。计算区域的四周采用法向约束，底部三向约束。计算时以自重应力场作为边坡的初始应力场。

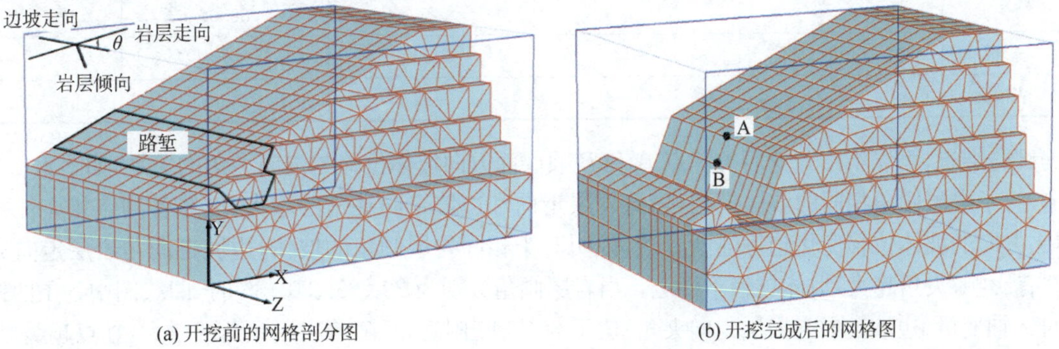

(a) 开挖前的网格剖分图　(b) 开挖完成后的网格图

图 4.4.31　数值计算模型(双面临空)

下面分析岩层倾角分别为 30°时，边坡走向与岩层走向夹角从 0°到 90°逐渐增大情况下边坡的稳定性。岩土材料物理力学参数与单面临空时一致。

取 A、B 点为关键点(图 4.4.31(b))，将关键点水平位移同边坡走向与岩层走向夹角之间的关系绘制成曲线，如图 4.4.32 所示。由图可知，随着边坡走向与岩层走向夹角的增大，关键点 A、B 的水平位移(x 方向)均逐渐减小，且关系曲线的总体变化趋势为由陡变缓，即关键点 A、B 的位移受夹角变化的影响越来越小，这一点同单面临空条件下 A、B 点的位移变化规律基本类似。一般来说，关键点的位移量值大小在一定程度上也反映了该点附近边坡岩体的稳定性，随着走向夹角的增大，边坡岩体稳定性在逐渐增高，当走向夹角增大到约 50°后，坡体位移趋于一致，稳定性基本不再提高。

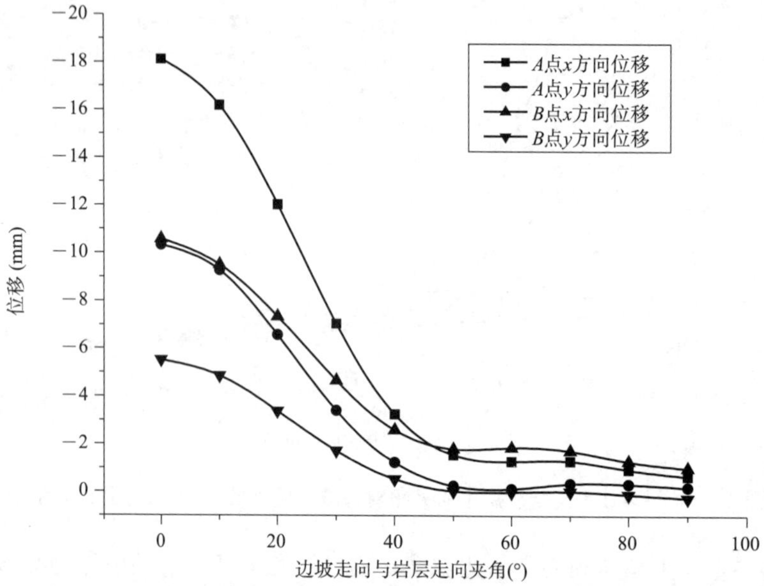

图 4.4.32　坡体位移 vs 走向夹角关系曲线图

3)模型试验分析

模型试验中边坡走向与岩层走向夹角考虑四种情况：即 0°、15°、30°和 40°。

模型试验几何相似比 $C_L=1:100$，容重相似比 $C_\gamma=1$。根据 DK375 工点原型的地层条件、岩层厚度、结构面特征、物理力学参数等选择相似材料制作坡体模型。采用多块长 10 cm，宽 5 cm，厚 1 cm 的岩块模拟岩板，并在岩块与岩块之间加薄层相似材料模拟结构面，并用铁丝、细铁丝网和石膏浆分别模拟锚杆、钢筋网和喷浆。岩块与工点原型岩板重度基本一致，层间薄层的相似材料根据相似原理使用重晶石粉、细石英砂、滑石粉等混合而成。原型及模型岩土体参数见表 4.4.10。

表 4.4.10　原型及模型岩土体参数

类　型		弹性模量 E(Pa)	伯松比 μ	重度 γ(N/m³)	黏聚力 c(kPa)	内摩擦角 φ(°)
原型	岩板	17 400	0.25	24 600	4 930	46
	结构面	—	—	—	60.00	25
模型	岩板	—	—	25 000	—	—
	结构面	—	—	—	1.00	25.5

根据试验结果，可以给出开挖后关键点 A 和 B 顺层面方向坡体位移与走向夹角的关系，如图 4.4.33 所示。可以看出，对于岩层倾角相同的坡体模型，随着岩层走向和边坡走向夹角的增大，坡体各测点相应位移逐渐减小，且顺层方向的坡体位移变化趋势逐渐变缓，说明对于相同岩层倾角的坡体，边坡走向与岩层走向夹角对坡体稳定性有影响，夹角越大，坡体越趋于稳定。当岩层倾角分别为 20°、25°、30°、35°时，曲线图中各条曲线的拐点所对应的 x 轴变量(边坡走向与岩层走向夹角)位于 30°～40°附近，且随着岩层倾角的增大，拐点越明显。

综合考虑有限元分析和试验结果，并偏于安全考虑，可认为单面临空条件下边坡走向和岩层走向夹角大于 40°以后，基本上可不考虑顺层现象对边坡稳定性的影响。

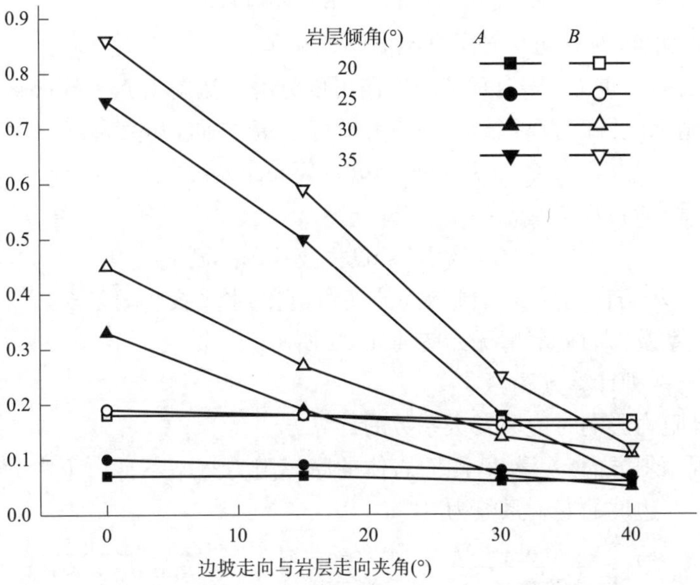

图 4.4.33　边坡走向与岩层走向夹角对边坡稳定性的影响(模型试验结果)

综上分析结果表明:对于单面临空、双面临空的同向层状岩质边坡,当边坡走向与岩层走向夹角分别大于 40°、50°后,均可不考虑顺层现象对边坡稳定性的影响。

4.3.4.2　侧向约束条件对边坡稳定性的影响

对顺层边坡进行稳定性计算时常采用极限平衡法,一般不考虑边坡岩体的侧向约束情况,简化为平面问题进行计算。对顺层滑坡广泛的现场调查表明,除个别滑坡两侧均被过岭冲沟冲刷而不存在侧向约束外,多数顺层滑坡通常是在一侧自由(如过岭冲沟等的切割)、而另一侧有约束的情况下发生的。大多数顺层滑坡的侧向边界为高角度的节理和断层。此时,稳定岩体、可能失稳滑动岩体与节理面或断层面的关系如图 4.4.34 所示,图中的 ab 向为节理面延伸方向,即视倾斜方向(假设 ab 面为直立面)。如果左侧岩体滑动,右侧稳定岩体对左侧滑动岩体不存在阻滑作用或阻滑作用很小,稳定性计算时可以忽略不计;如右侧岩体滑动,且当断层或节理面左侧的岩层胶结良好,不能压缩,即可以视为刚体时,右侧失稳岩体不可能沿岩层的真倾斜方向向下滑动,必须沿视倾斜方向 ab 向下滑动。此时,未失稳岩体就对可能滑动的边坡岩体产生侧向约束作用,边坡的稳定性将有所提高,且随岩层走向与节理或断层面延伸方向夹角的增加而增加。但如果基岩很破碎,即未滑岩体可以被压缩的情况下,边坡的稳定性宜按沿真倾角方向滑动计算。

下面推导存在单侧侧向约束时,边坡稳定性的近似计算方法。

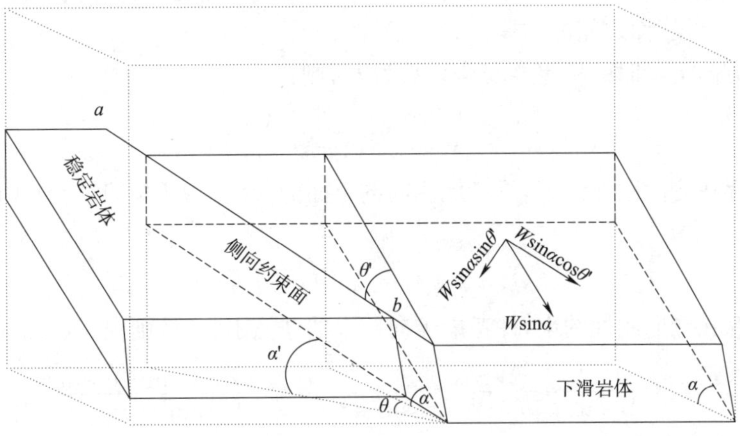

图 4.4.34　侧向约束时边坡滑动与真倾角和视倾角的关系示意图

基本假定:滑体和未滑岩体均为刚体。

设 α 为岩层的真倾角,α'为沿 ab 方向的视倾角,α 与 α'的关系为:

$$\tan\alpha' = \tan\alpha\cos\theta \tag{4.4.111}$$

式中，θ 是水平投影面上 ab 方向与岩层真倾向间的夹角。

设 W 为下滑边坡岩体的重力，W 沿真倾斜方向可以分解为法向力 $N=W\cos\alpha$ 和下滑力 $S=W\sin\alpha$。这个下滑力又可以在 ab 滑面上分解为两个力，一个为平行于 ab 方向，其值为：

$$S' = S\cos\theta' = W\sin\alpha\cos\theta' \tag{4.4.112}$$

另一个为与 ab 面垂直的力，其值为：

$$N' = S\sin\theta' = W\sin\alpha\sin\theta' \tag{4.4.113}$$

式中，θ' 是岩层面上 ab 方向与层面真倾斜间的夹角，它的水平投影角是 θ。

上述倾角之间的关系及力的分解情况如图 4.4.34 所示。

此时，边坡稳定性有两种计算方法。

1)不考虑侧向摩擦阻力影响时边坡安全系数的计算方法

边坡仅沿岩层的视倾斜方向 ab 滑动，侧面岩体的摩擦阻力忽略不计。下滑力按式(4.4.112)计算。抗滑力为 $fW\cos\alpha + c\cdot L$ 。边坡的安全系数为：

$$k_2 = \frac{fW\cos\alpha + cL}{W\sin\alpha\cos\theta'} = \frac{fW\cos\alpha + cL}{W\sin\alpha}\left(\sqrt{1+\tan^2\theta\cdot\cos^2\alpha}\right) \tag{4.4.114}$$

式中：θ' 与 θ 的关系

$$\tan\theta' = \tan\theta\cdot\cos\alpha \tag{4.4.115}$$

由此可推导出：$\cos\theta' = \dfrac{1}{\sqrt{1+\tan^2\theta\cos^2\alpha}}$，

$$\sin\theta' = \frac{\tan\theta\cos\alpha}{\sqrt{1+\tan^2\theta\cos^2\alpha}}$$

2)考虑侧向摩擦阻力影响时边坡安全系数的计算方法

当边坡岩体沿 ab 面滑动时，作用在 ab 面上的法向力 N' 将会产生一定的摩擦阻力 $N'\cdot f'$。这个摩擦力的存在将起到阻滑作用，降低边坡的下滑力。

为克服侧向岩体的摩擦阻力，此时边坡的剩余下滑力为：

$$S' = W\sin\alpha\cos\theta' - W\sin\alpha\sin\theta'\cdot f' \tag{4.4.116}$$

边坡的安全系数为：

$$k_3 = \frac{fW\cos\alpha + cL}{W\sin\alpha\cos\theta' - W\sin\alpha\sin\theta' f'} = \frac{fW\cos\alpha + cL}{W\sin\alpha}\left(\frac{\sqrt{1+\tan^2\theta\cos^2\alpha}}{1-\tan\theta\cos\alpha\cdot f'}\right) \tag{4.4.117}$$

公式(4.4.114)和公式(4.4.117)可作为顺层边坡受到侧向刚性约束时的稳定性近似计算方法。为了验证其可行性和合理性，下面将其与边坡沿真倾角方向下滑时的边坡稳定性计算公式做一对比。

为便于相互比较，假设层面之间的黏聚力 $c=0$。

设边坡沿真倾斜方向下滑时的稳定性安全系数为 k_1，则：

$$k_1 = \frac{fW\cos\alpha}{W\sin\alpha} = \frac{f}{\tan\alpha} = \frac{\tan\varphi}{\tan\alpha} \tag{4.4.118}$$

当顺层边坡岩体存在侧向刚性约束，不考虑侧向约束面的摩擦阻力时，即 $f'=0$ 时，则由式(4.4.114)可推导出：

$$k_2 = k_1\sqrt{1+\tan^2\theta\cdot\cos^2\alpha} \tag{4.4.119}$$

当顺层边坡岩体存在侧向刚性约束，并考虑侧向约束的摩擦阻力时，则由式(4.4.117)可推导出：

$$k_3 = \frac{f\cdot W\cos\alpha + cL}{W\sin\alpha\cos\theta' - W\sin\alpha\sin\theta'\cdot f'} = k_1\frac{\sqrt{1+\tan^2\theta\cos^2\alpha}}{1-\tan\theta\cos\alpha\cdot f'} \tag{4.4.120}$$

为便于比较，取统一的岩体结构参数。设岩层倾角 $\alpha=30°$，沿真倾斜层面摩擦系数 $f=\tan\alpha$ 。有侧向约束时，设侧向约束岩体的摩擦系数分别为 $f_1'=0.1$ 和 $f_2'=0.2$。相应的安全系数分别记为 k_3 和 k_4。

将上述参数分别代入式(4.4.118)、式(4.4.119)和式(4.4.120)，并取 $\theta=0°\sim40°$，则不同情况下边坡的安全系数见表 4.4.11 和如图 4.4.35 所示。

表 4.4.11　边坡安全系数对比表

	0°	5°	10°	15°	20°	25°	30°	35°	40°
k_1	1	1	1	1	1	1	1	1	1
k_2	1	1.003	1.012	1.025	1.048	1.079	1.118	1.169	1.236
k_3	1	1.011	1.028	1.049	1.082	1.124	1.177	1.244	1.333
k_4	1	1.018	1.043	1.075	1.119	1.174	1.242	1.330	1.446

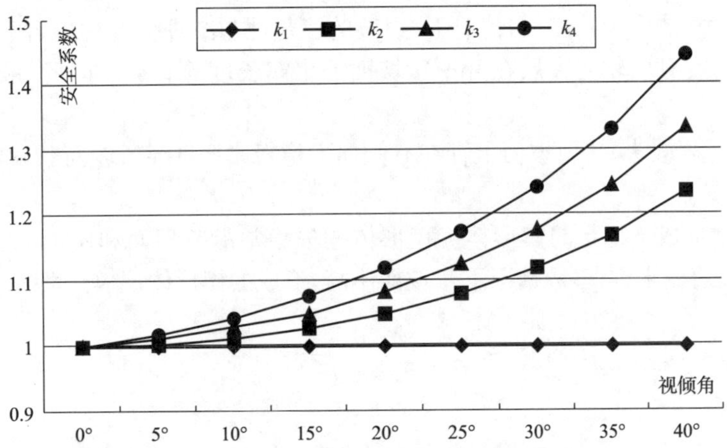

图 4.4.35　侧向约束对边坡稳定性影响关系曲线

从表 4.4.11 和图 4.4.35 中可明显地看出，边坡的稳定性随 θ 的增加而增加。同时随侧向摩擦系数的增加而增加。说明随 θ 的增加，由于失稳岩体只能沿伪倾斜方向下滑，失稳岩体的下滑力将大大减小，同时滑动岩体又受到未滑岩体的侧向摩擦约束作用，边坡的稳定程度将得到较大的提高。

由上述讨论结果可以看出，按视倾角计算顺层边坡的稳定性，虽然从理论上讲不够严格，但在一般情况下仍能给出大致合理的结果。之所以理论上不严格，其原因在于推导稳定性计算公式时，仅考虑了下滑力的平衡，没有考虑下滑力和阻滑力不在同一作用线上所产生的力偶的平衡。因此，上述推导的结果只能作为边坡稳定性的近似计算公式。多数滑坡的实际情况通常是失稳岩体仅占未失稳岩体的一小部分，把未失稳岩体看作不可压缩的刚性体，不考虑力偶的作用有较大的合理性。故式(4.4.114)和式(4.4.117)可作为边坡岩体受到侧向约束时，顺层路堑边坡稳定性的近似计算方法。

4.3.4.3　顺斜向岩质边坡稳定性分析

顺斜向坡指的是岩层走向与边坡坡面走向之间存在一定夹角时的情况。现场调查表明，无论是自然顺层斜坡还是人工开挖的顺层路堑边坡，岩层走向与坡面走向或线路延伸方向相一致的情况，即二者之间夹角为 0°的情况是极少的，绝大多数情况下岩层走向与边坡坡面走向方向之间存在有一定的夹角 δ。

工程实践经验表明，当夹角较小时，对边坡的稳定性影响不大，而随着夹角的增加，边坡失稳滑动时的侧向约束条件增加，同时边坡滑动方向受二者之间夹角的影响。边坡的稳定性随之提高。开挖边坡岩层走向与边坡坡面走向之间的关系，以及对开挖路堑边坡岩体的侧向约束增加的情况，如图 4.4.36 所示。

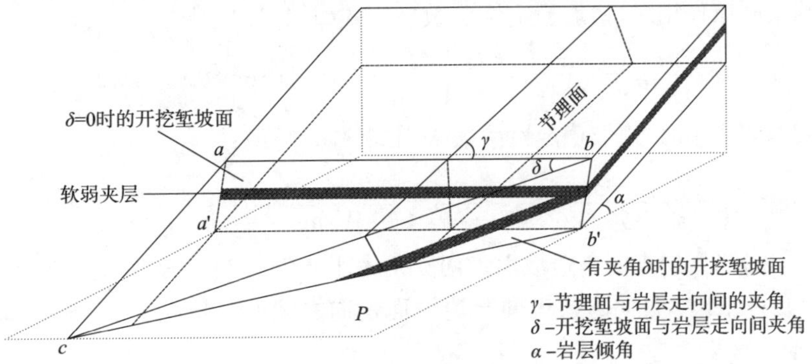

图 4.4.36　岩体中软弱夹层、节理面位置与线路开挖方向间的关系

首先假定边坡岩体后缘自由。从图 4.4.36 中可看出，路堑在同一标高(图中用水平面 P 表示)开挖，当边坡完全顺层($\delta=0$)时，开挖路堑后岩体中的软弱夹层完全暴露出来，整个软弱夹层以上的边坡岩体为不稳岩体，具备顺层滑移的条件；当 $\delta>0$ 时，暴露出来的软弱夹层范围随 δ 的增加而迅速减小，边坡失稳形成顺层滑坡的条件是在软弱夹层暴露范围内，存在切穿岩体和软弱夹层的斜交断层或节理。这时节理面左侧未开挖的岩体通常为稳定岩体，右侧为不稳岩体。未开挖的岩体对已开挖的路堑边坡岩体的滑动就表现出一定的约束作用。δ 越大，暴露的软弱夹层部分就越少，未失稳岩体的侧向约束作用就越明显，边坡的稳定性就越高。软弱夹层暴露的范围变小，边坡岩体可能的失稳滑动范围和规模也相应变小。

在边坡岩体一侧自由(图中为右侧)的情况下，边坡的稳定性与节理面的位置、倾角、延伸方向与岩层走向间的夹角(γ)、路堑开挖高度、软弱夹层在开挖堑坡面的出露长度等有关。因此，顺斜向坡的稳定性计算有以下几种情况：

(1)基本地质条件：①δ 较大；②堑坡面上存在有倾向不稳岩体且贯穿堑坡面和软弱层面的节理或断层；③开挖路堑高度较高时。

此时，在堑坡面上常形成不稳定的楔形体。楔形体的失稳常沿节理面和层面的交面线方向滑动，如图 4.4.37 所示。对于路堑边坡来讲，多数情况下堑坡面不高，形成的楔形体规模一般较小。

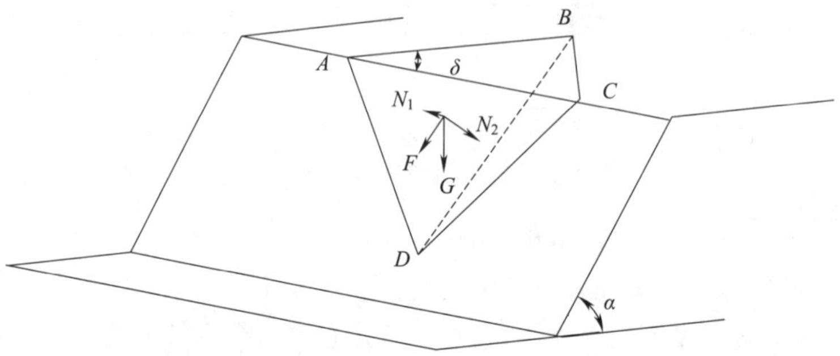

图 4.4.37　边坡走向与层面走向斜交时形成的楔形滑体示意图

对于楔形体稳定性系数的计算，许多文献上均有相应的计算公式，在此不再赘述。

(2)基本地质条件：①δ 较小，软弱夹层暴露的长度相应较长；②$\gamma\leqslant 90°$；③节理面近于垂直，倾向稳定岩层，暴露的软弱夹层倾角不大。

边坡岩体的失稳基本是沿软弱夹层面滑动为主。滑动时由于与侧向节理面摩擦，可产生一定的阻滑作用，边坡的稳定性增加。如果起阻滑作用的节理面的面积不大且较为光滑时，摩擦阻滑力较小。计算边坡稳定性时，可不考虑其影响，宜按无侧向约束时计算边坡的稳定性。

(3)基本地质条件：①$\gamma\geqslant 90°$；②节理面位于暴露的软弱夹层长度范围内。

节理面左边的稳定岩体为刚体，由于受左侧未失稳岩体的影响，边坡的滑动方向只能是沿节理面延伸方向的视倾斜方向，稳定岩体对不稳定岩体的侧向约束作用明显增加。此时，滑动岩体仍以沿软弱夹层滑动为主，岩体在滑动过程中不能产生转动。顺斜向坡的稳定性可按上一节推导的式(4.4.114)和式(4.4.117)进行计算。即：

①不考虑侧向约束摩擦作用时，边坡稳定性系数采用式(4.4.114)：

$$k_2=\frac{fW\cos\alpha+cL}{W\sin\alpha\cos\theta'}=\frac{fW\cos\alpha+cL}{W\sin\alpha}(\sqrt{1+\tan^2\theta\cdot\cos^2\alpha})$$

②考虑侧向约束摩擦作用时，边坡稳定性系数采用式(4.4.117)：

$$k_3=\frac{fW\cos\alpha+cL}{W\sin\alpha\cos\theta'-Wf'\sin\alpha\sin\theta'}=\frac{fW\cos\alpha+cL}{W\sin\alpha}\left(\frac{\sqrt{1+\tan^2\theta\cos^2\alpha}}{1-f'\tan\theta\cos\alpha}\right)$$

从图 4.4.37 可看出，当岩层走向与边坡面走向夹角大于 40°时，在不考虑层间黏聚力的情况下，边坡的稳定性系数提高了 30%～50%，说明岩层走向与边坡面走向之间的夹角大于 35°～40°时，可不将其视为顺层边坡，设计时按普通边坡来考虑。

(4)基本地质条件：① δ 较小，软弱夹层暴露的长度相应较长；②边坡为完整岩体，没有贯穿性的节理或断层存在。

对开挖暴露出软弱夹层部分的边坡岩体，可视为一悬臂梁的形式。此时，边坡的失稳破坏常呈现出坡面旋转滑动破坏，其稳定性计算方法可参阅相关文献。

4.3.5　反倾层状岩质边坡稳定性分析

反倾边坡的倾倒破坏主要有三类：弯曲式倾倒、岩块式倾倒、岩块弯曲复合式倾倒。纵观反倾边坡的研究和发展历程，块体式倾倒的极限平衡分析法，把倾倒变形考虑为块体群在自重和块体间摩擦力作用下发生转动。但是，对于实际工程而言，这种情形的坡表块体已处于破坏状态。

下面研究讨论两个与弯曲-倾倒-滑移式边坡稳定性密切相关的问题。

1)反倾边坡破坏的临界坡角

某种性质的反倾岩层，相应一定的岩层产状倾角，有其产生弯曲或倾倒的最小坡角。实际坡角大于这个最小坡角时才有可能产生弯曲或倾倒。

如图 4.4.38 所示，在反倾高陡边坡条件下，近坡面的最大主应力与坡面近乎平行。设岩层的倾角为 α，坡角为 β，层间结构面内摩擦角为 φ，黏聚力为 c，忽略弯曲单层岩层的自重和抗弯刚度。岩层不论是弯曲或倾倒，必定伴随着层间结构面滑移，沿层面的最大抗剪强度为：

$$\tau_d=\sigma_1\cos(\alpha+\beta-90^\circ)\tan\varphi+c \tag{4.4.121}$$

最大下滑力为：

$$\tau=\sigma_1\sin(\alpha+\beta-90^\circ) \tag{4.4.122}$$

层间产生滑动的条件　　$\tau>\tau_d$

若忽略粘结力，化简可得：

$$\beta>90^\circ+\varphi-\alpha \tag{4.4.123}$$

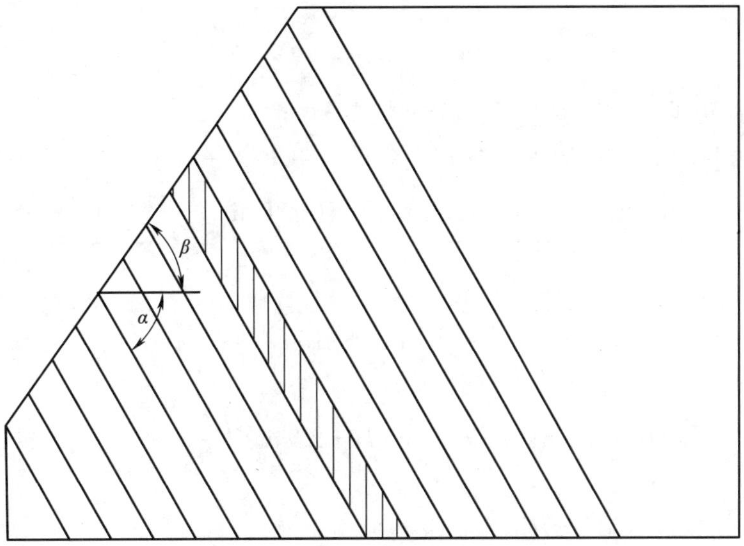

图 4.4.38　反倾边坡坡体结构示意图

2)反倾边坡弯曲折断应力及折断长度的确定

通过野外观测与物理模拟，已有研究对弯曲折断机制进行了定性描述，仅有少量的初步定量分析。为此，迫切需要开展反倾层状岩石边坡弯曲折断工程判据的研究，为反倾层状岩石边坡稳定性评价和控制提供定量依据。

由于工程开挖，可视反倾岩层下部形成一个瞬时的临空空间。因各岩层的变形间存在时间滞后效应，各岩层在变形折断前，任意岩层的下边界均有一瞬时临空状态，且越靠近坡面，临空的距离及深度也随之增加。在反倾高陡边坡条件下，近坡面的最大主应力与坡面近乎平行。因此，在岩层的上边界作用一个与坡面近乎平行的主应力，这个力的大小近似用 γh 表示，h 表示坡顶面距该点的垂直高度。

建立如图 4.4.39 所示的坐标系，坐标原点在临空空间的根部，岩层方向为 x 轴。

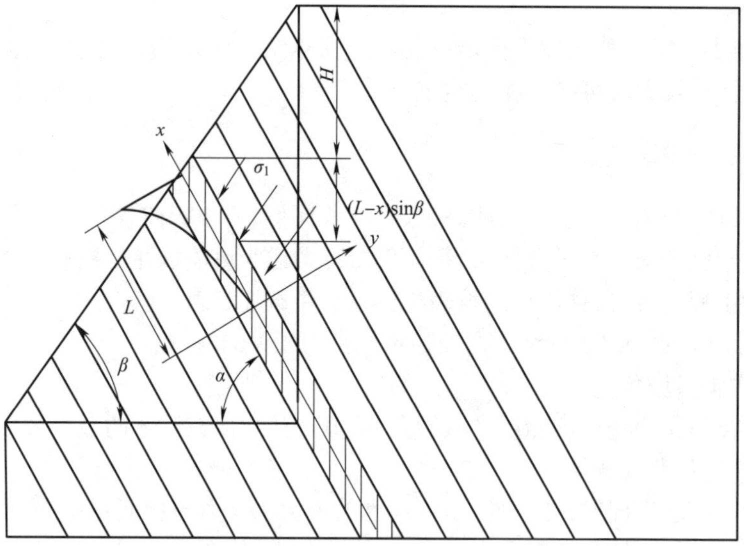

图 4.4.39 反倾边坡弯曲折断分析模型

作用于岩层上边界的正应力为：

$$\sigma=\sigma_1\cos(\alpha+\beta-90^\circ)=\sigma_1\sin(\alpha+\beta) \tag{4.4.124}$$

作用于岩层上边界的正应力在 x 处产生的弯矩为：

$$\begin{aligned}M_x&=\int_x^L\sigma(L-x)\mathrm{d}x=\int_x^L\gamma(H+(L-x)\sin\beta)(L-x)\mathrm{d}x\\&=\gamma\left[(HL+L^2\sin\beta)(L-x)-(H+2L\sin\beta)\frac{L^2-x^2}{2}+\frac{L^3-x^3}{2}\sin\beta\right]\end{aligned} \tag{4.4.125}$$

岩层的抗弯刚度为：

$$W_z=\frac{1}{6}bh^2=\frac{1}{6}h^2 \tag{4.4.126}$$

其中，b 为岩层的宽度，取单位宽度 1；h 为岩层厚度。

由弯矩作用在岩层上边界产生的拉应力为：

$$\sigma_{\mathrm{N}}=\frac{M_x}{W_z}=\frac{6\gamma\left[(HL+L^2\sin\beta)(L-x)-(H+2L\sin\beta)\frac{L^2-x^2}{2}+\frac{L^3-x^3}{2}\sin\beta\right]}{h^2} \tag{4.4.127}$$

由摩擦力 f 引起的的任意 x 处的压应力为：

$$\sigma_{\mathrm{f}}=\sigma_1\sin(\alpha+\beta)\tan\varphi \tag{4.4.128}$$

综上分析，可知岩层上边界任意一点的拉应力为：

$$\begin{aligned}\sigma_x=&\frac{6\gamma\left[(HL+L^2\sin\beta)(L-x)-(H+2L\sin\beta)\frac{L^2-x^2}{2}+\frac{L^3-x^3}{2}\sin\beta\right]}{h^2}\\&-\gamma[H+(L-x)\sin\beta]\sin(\alpha+\beta)\tan\varphi\end{aligned} \tag{4.4.129}$$

依据最大拉应力破坏准则，可得到岩层弯曲折断的判据为：

$$\sigma_x-\sigma_t=0 \tag{4.4.130}$$

式中，σ_{t} 为岩体抗拉强度。

此时，可确定弯曲折断深度 x_{b}，折断长度为 $(L-x_{\mathrm{b}})$。

4.3.6 块状岩质边坡稳定性分析

4.3.6.1 平面破坏稳定分析

1)无张裂隙破坏

无张裂隙破坏形式如图 4.4.40 所示，边坡的稳定系数为：

$$F_s=\frac{2c\sin\alpha}{\gamma H\sin(\alpha-\beta)}+\frac{\tan\varphi}{\tan\beta} \tag{4.4.131}$$

式中，γ 为岩体的天然密度；φ 为结构面的内摩擦角；c 为结构面的黏聚力。

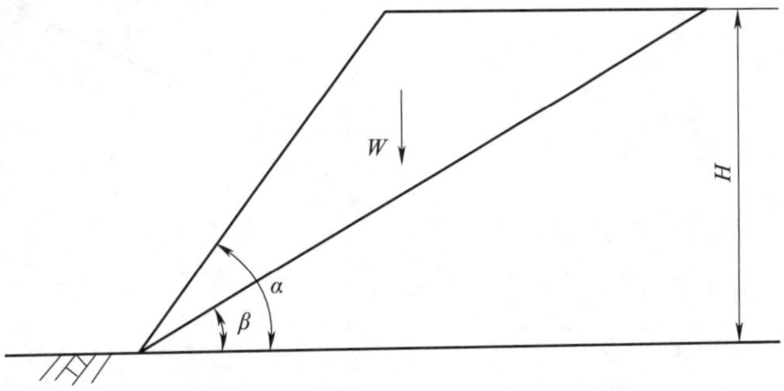

图 4.4.40　无张裂隙简单平面破坏

2)坡顶(或坡面)有张裂隙破坏

坡顶有张裂隙破坏示意如图 4.4.41 所示。

$$F_s=\frac{cA+(W\cos\beta-U-V\sin\beta)\tan\varphi}{W\sin\beta+V\cos\beta} \tag{4.4.132}$$

式中，

$$A=(H-Z)\csc\beta$$

$$U=\frac{1}{2}\gamma_W Z_W(H-Z)\csc\beta$$

$$V=\frac{1}{2}\gamma_W Z_W^2$$

图 4.4.41　坡顶有张裂隙破坏

4.3.6.2　阶梯型破坏稳定分析

在外荷载和地下水的作用下，阶梯型破坏示意如图 4.4.42 所示，边坡的稳定性系数为：

$$F_s=\frac{[W\cos\beta_1-U\cos(\beta-\beta_1)-(EW+V)\sin\beta_1+T\sin(\delta+\beta)]\tan\varphi_{j1}+L_{Mj}c_{j1}}{W\sin\beta_1+U\sin(\beta-\beta_1)+(EW+W)\cos\beta_1-T\cos(\delta+\beta_1)} \tag{4.4.133}$$

式中，W 为滑体的重量；β_1 为主节理倾角；β 为破坏角；U 为作用在滑面上的水浮力；V 为张裂隙中水压力；E 为水平地震系数；T 为外荷载大小；δ 为外荷载倾角；φ_{j1} 为主节理的平均摩擦角；L_{Mj} 为沿阶梯迹线主节理总长度；c_{j1} 为主节理的黏聚力。

4.3.6.3　多滑块型破坏稳定分析

1)基本思想

如图 4.4.43 所示滑裂面由一系列直线组合。将滑体切分成 n 个条块，条块界面倾斜。

Sarma 提出了一个临界加速度的概念。假定每个滑动土条承受一个 KW_i 的水平力(W_i 为垂直)，滑体处于临界状态。K 称为临界加速度系数。为了和传统的安全系数接轨，Sarma 采用以下方法求得按式 $c_e=c/F$ 和 $\tan\varphi_e=\tan\varphi/F$)定义的安全系数。

(1)假定一系列的安全系数 F，按 $c_e=c/F$ 和 $\tan\varphi_e=\tan\varphi/F$ 获得 c_e 和 $\tan\varphi_e$，同时将条块界面的强度指标也缩减为 φ_e^j 和 c_e^j

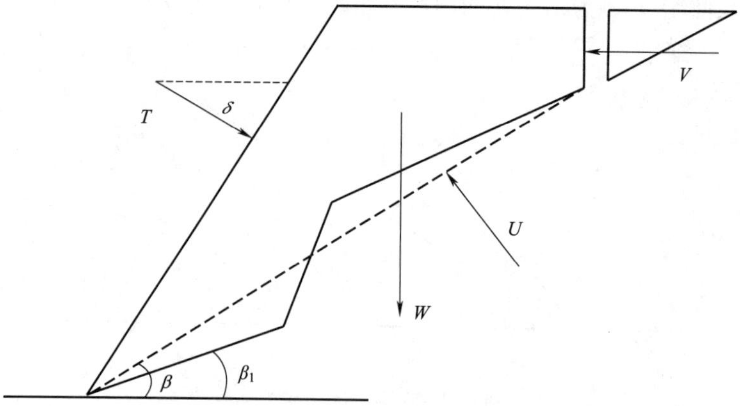

图 4.4.42　阶梯型破坏示意图

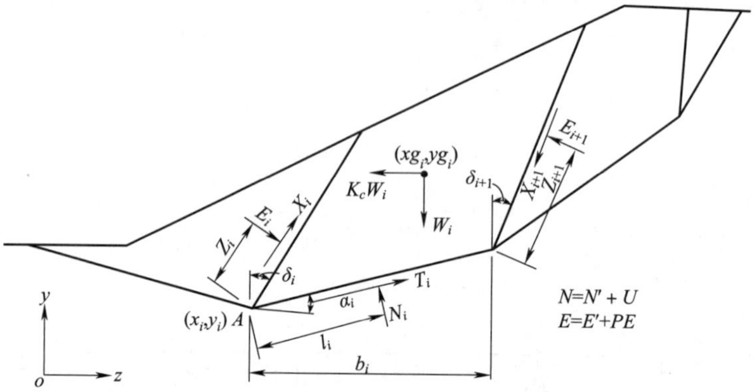

图 4.4.43　Sarma 法的计算简图

根据不同的 c_e 和 $\tan\varphi_e$ 求得 K。变换 F 值，获得一个新的 K 值。最终可绘制成如图 4.4.44 所示的 F-K 曲线。

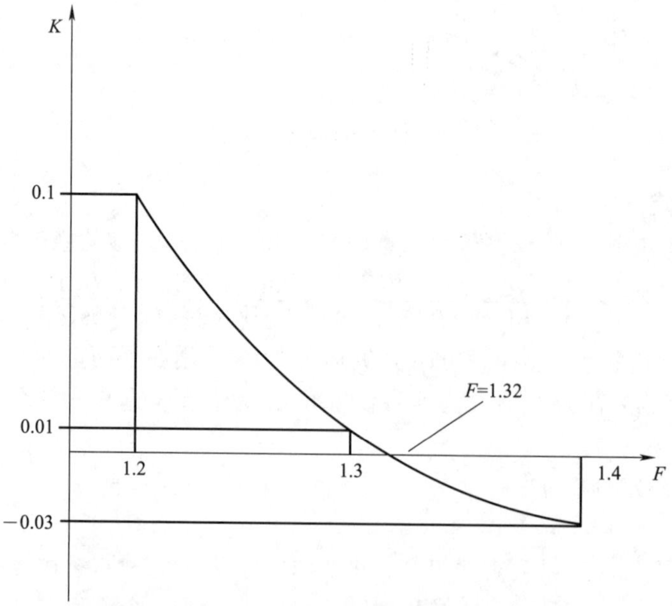

图 4.4.44　安全系数与临界加速度系数的关系

F-K 曲线与 x 水平轴交点相应的 F 值，即为按传统定义获得的安全系数。

(2)静力平衡方程，Sarma 采用以下步骤求解：

①分析作用在第 i 条块上的作用力。

作用在第 i 个条块上的作用力如图 4.4.43 所示，其中 K_c是临界加速度。

假定在作用力 KW_i的作用下，滑体处于极限平衡状态。

根据条块水平和垂直方向力的平衡，可以得到：

$$N_i\cos\alpha_i+T_i\sin\alpha_i=W_i+X_{i+1}\cos\delta_{i+1}-X_i\cos\delta_i-E_{i+1}\sin\delta_{i+1}+E_i\sin\delta_i \tag{4.4.134}$$

$$T_i\cos\alpha_i-N_i\sin\alpha_i=K_cW_i+X_{i+1}\sin\delta_{i+1}-X_i\sin\delta_i+E_{i+1}\cos\delta_{i+1}-E_i\cos\delta_i \tag{4.4.135}$$

式中，δ_i为条块左侧的倾角。根据 Mohr-Coulomb 破坏准则可得：

$$T_i=(N_i-U_i)\tan\varphi_i+c_eb_i\sec\alpha_i \tag{4.4.136}$$

假定条块界面也处于极限状态，其安全系数等于 1，即：

$$X_i=(E_i-PW_i)\tan\varphi_i^j+c_i^jd_i \tag{4.4.137}$$

$$X_{i+1}=(E_{i+1}-PW_{i+1})\tan\varphi_{i+1}^j+c_{i+1}^jd_{i+1} \tag{4.4.138}$$

其中，φ^j和 c^j为界面上的平均摩擦角和黏聚力；d 为界面的长度，PW 为界面上的孔隙水压力。将式(4.4.137)、式(4.4.138)代入式(4.4.134)、式(4.4.135)，消掉 T_i，X_i，，X_{i+1}和 N_i可得：

$$E_{i+1}=\alpha_i-p_iK_c+E_ie_i \tag{4.4.139}$$

式(4.4.139)是个循环式，可得：

$$\begin{aligned}E_{n+1}&=\alpha_n-p_nK_c+E_ne_n\\E_{n+1}&=(\alpha_n+\alpha_{n-1}e_n)-(p_n+p_{n-1}e_n)K_c+E_{n-1}e_ne_{n-1}\end{aligned} \tag{4.4.140}$$

进一步可得：

$$\begin{aligned}E_{n+1}=&(\alpha_n+\alpha_{n-1}e_n+\alpha_{n-2}e_ne_{n-1}+\cdots\text{第 }n\text{ 项})\\&-K_c(p_n+p_{n-1}e_n+p_{n-2}e_ne_{n-1}+\cdots\text{第 }n\text{ 项})+E_1e_ne_{n-1}e_{n-2}\cdots\end{aligned} \tag{4.4.141}$$

②计算 K_c：

如没有外荷载作用，则 $E_{n+1}=E_1=0$，可以得到：

$$K_c=\frac{\alpha_n+\alpha_{n-1}e_n+\alpha_{n-2}e_ne_{n-1}+\cdots+\alpha_1e_ne_{n-1}\cdots e_3e_2}{p_n+p_{n-1}e_n+p_{n-2}e_ne_{n-1}+\cdots+p_1e_ne_{n-1}\cdots e_3e_2} \tag{4.4.142}$$

其中：

$$\alpha_i=\frac{W_i\sin(\varphi_i-\alpha_i)+R_i\cos\varphi_i+S_{i+1}\sin(\varphi_i-\alpha_i-\delta_{i+1})-S_i\sin(\varphi_i-\alpha_i-\delta_i)}{\cos(\varphi_i-\alpha_i+\varphi_i^j-\delta_{i+1})\sec\varphi_i^j} \tag{4.4.143}$$

$$p_i=\frac{W_i\cos(\varphi_i-\alpha_i)}{\cos(\varphi_i-\alpha_i+\varphi_i^j-\delta_{i+1})\sec\varphi_i^j} \tag{4.4.144}$$

$$e_i=\frac{\cos(\varphi_i-\alpha_i+\varphi_i^j-\delta_i)\sec\varphi_i^j}{\cos(\varphi_i-\alpha_i+\varphi_i^j-\delta_{i+1})\sec\varphi_i^j} \tag{4.4.145}$$

$$R_i=c_ib_i\sec\alpha_i-U_i\tan\varphi_i \tag{4.4.146}$$

$$S_i=c_i^jd_i\sec\alpha_i-PW_i\tan\varphi_i \tag{4.4.147}$$

$$\varphi_i^j=\delta_1=\varphi_{n+1}^j=\delta_{n+1}=0 \tag{4.4.148}$$

③计算安全系数 F。

确定了 K_c值，可以根据有关方法确定安全系数。

4.3.6.4　楔形体破坏稳定分析

楔体破坏模式的稳定性系数计算有两种途径：一种是基于静力平衡的极限平衡分析法；另一种是基于虚功原理的塑性力学上限解法。

1)极限平衡分析法

传统的极限平衡分析方法，假定楔体滑动的剪切力平行于结构面的交线。考察一个与交线 j 垂直的剖面，如图 4.4.45 所示。图 4.4.45(a)和图 4.4.45(b)分别代表单坡面临空和双坡面临空的情况，在受力分析上两者没有什么区别，下面不再区分。

对图 4.4.45 在水平和竖直方向，建立静力平衡关系，可得如下两个方程：

$$(N_l+U_l)\sin\alpha=(N_r+U_r)\sin\beta \tag{4.4.149}$$

$$(N_l+U_l)\cos\alpha+(N_r+U_r)\cos\beta=W\cos\psi_i+kW\sin\psi_i \tag{4.4.150}$$

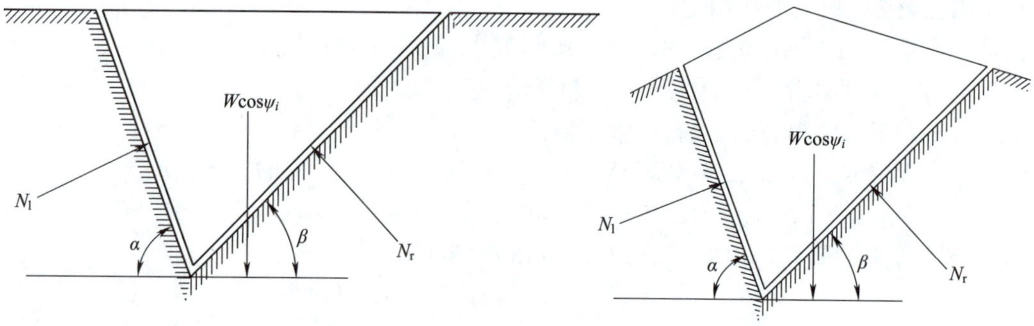

(a) 单坡面临空 (b) 双坡面临空

图 4.4.45 垂直棱线的视图

求解 N_l 和 N_r 得：

$$N_l=\frac{W\cos\psi_i+kW\sin\psi_i}{\cos\alpha+\sin\alpha\cot\beta}-U_l \tag{4.4.151}$$

$$N_r=\frac{W\cos\psi_i+kW\sin\psi_i}{\cos\beta+\sin\beta\cot\alpha}-U_r \tag{4.4.152}$$

式中，N_l 和 N_r 分别为两个结构面上的有效反向反力；α 和 β 分别为两结构面在与交线 j 垂直的剖面内的视倾角，可直接由赤平投影图上求得(图 4.4.46)；U_l 和 U_r 分别为两个结构面上的水压力；ψ_i 是交线的伏角，k 为按静力法考虑开挖施工和地震等因素时的影响系数。

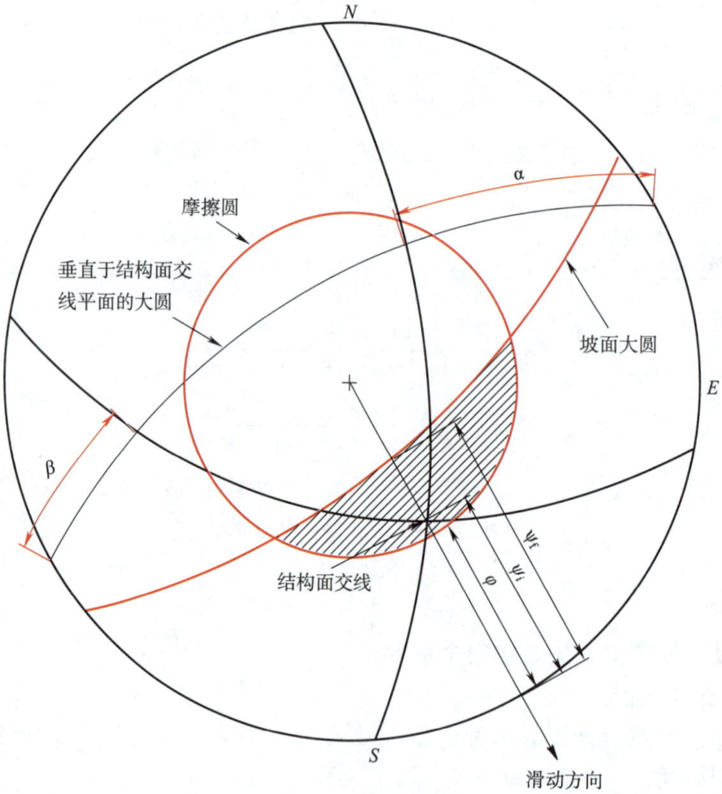

图 4.4.46 楔体破坏模式下几何要素值的求取

稳定性系数可表示为：

$$F=\frac{c_l\cdot A_l+c_r\cdot A_r+N_l\cdot\tan\varphi_l+N_r\cdot\tan\varphi_r}{W\sin\psi_i+kW\cos\psi_i} \tag{4.4.153}$$

式中，A_l 和 A_r 分别是切割楔体的两个结构面的面积。

结合式(4.4.151)～式(4.4.153)，可求解出楔体的稳定系数。

若只考虑重力的影响，且结构面的黏结力等于 0，式(4.4.153)可简化为：

$$F=\frac{\dfrac{\tan\varphi_l}{\cos\alpha+\sin\alpha\cot\beta}+\dfrac{\tan\varphi_r}{\cos\beta+\sin\beta\cot\alpha}}{\tan\psi_i} \tag{4.4.154}$$

2)楔体稳定分析的塑性力学上限解

楔体稳定分析上限解(陈祖煜，1999 年)是假设该刚体以绝对速度 v 位移，其单位向量 m 与左、右两滑面的夹角分别 φ_{el} 和 φ_{er}，如图 4.4.47 所示。作用于任一滑面上的法向力 N 和切向力 T 可以重新组成两个部分：第一部分为法向力和由它决定的摩擦力 $N\tan\varphi_e$ 的合力，构成一个"组合摩擦力"，它与滑面法向夹角为 φ_e，另有其值为 c_eA 的"凝聚阻力"c，其中 A 为滑面的面积。

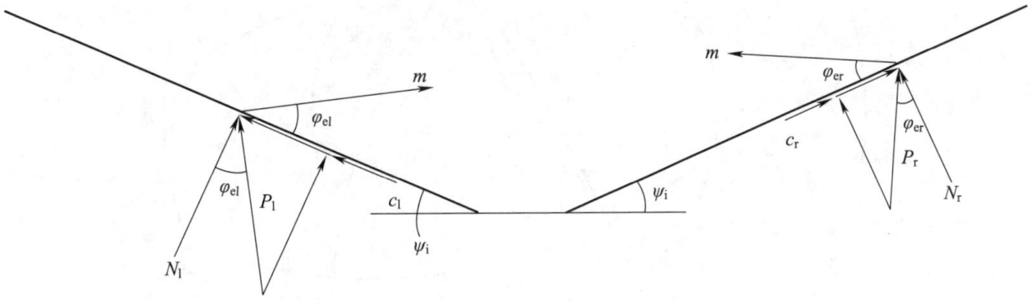

图 4.4.47　应用虚功原理求解楔体稳定问题

根据上述假设，两个滑面上的"组合摩擦力"P 在该滑移速度上做的功均为零。

φ_e 和 c_e 为结构面抗剪强度指标 φ 和 c 按式(4.4.155)折减后的结果，要求折减后边坡处于极限状态。

$$c_e=c/F,\tan\varphi_e=\tan\varphi/F \tag{4.4.155}$$

按虚功原理，可得：

$$Wv\cos\psi=c_{el}A_l\cos\varphi_{el}+c_{er}A_r\cos\varphi_{er} \tag{4.4.156}$$

式中，ψ 是重力 W 和 v 的夹角，为$(\varphi_e-\psi_i)$。此时，式(4.4.156)中除了隐含于 φ_e 中的稳定性系数 F 外，没有其他的未知量，通过迭代法可求得稳定性系数。

3)实例分析

云南安楚高速公路 K101+510～+700 路段边坡，勘察区主要发育四条大断层(F_1、F_2、F_3、F_4)、一条小断层(f_1)和五组节理(J_1、J_2、J_3、J_4、J_5)。从赤平投影(图 4.4.48)可看出：①F_1、F_2、F_3、f_1 与层面产状基本一致，与边坡走向交角 60°～80°，对边坡稳定有利；②F_4 与边坡走向交角较小(15°～20°)、陡倾坡外，对边坡稳定不起控制性作用，但 F_4 切割其他不利结构面组合交线，为楔体破坏提供了边界条件，且断层破碎带局部较宽、破碎带物质的物理力学性指标较低，对边坡稳定有一定影响；③主要发育的五组节理中，对边坡稳定有影响的组合是 J_1 与 J_3、J_3 与 J_4、J_3 与 J_5，三条组合交线(L_{13}、L_{34}、L_{35})均倾向坡外，倾角小于坡角，易形成对边坡稳定不利的块体，发生楔体破坏，进而形成新的临空面，影响其他块体的稳定。已开挖的第三台边坡东侧的坍塌，即为 J_3 与 J_5 组合形成的块体坍塌后形成新的临空面，层面与其他节理组合的块体向新的临空面方向坍塌。

在此，对发生局部垮塌的 J_3 与 J_5 组合楔形体进行稳定性评价。为了简化计算，只考虑重力，且令 $c=0$ 的情况。楔形体的几何要素如图 4.4.48 所示，将这些几何要素代入公式(4.4.154)计算该边坡的稳定性系数(两结构面摩擦角 φ 都取 30°)：

$$F=\frac{\dfrac{\tan\varphi_l}{\cos\alpha+\sin\alpha\cot\beta}+\dfrac{\tan\varphi_r}{\cos\beta+\sin\beta\cot\alpha}}{\tan\psi_i}$$

$$=\frac{\tan30°\left(\dfrac{1}{\cos78.4°+\sin78.4°\cot36°}+\dfrac{1}{\cos36°+\sin36°\cot78.4°}\right)}{\tan42.7°}$$

$$=1.08$$

可见，如果不考虑水的作用，该边坡总体是稳定的，只是稳定性系数不够高，在雨水渗入情况下，对抗剪强度的软化作用和水压的推力将导致边坡破坏。该边坡的局部坍塌都发生在降雨后的事实,也说明了这个问题。

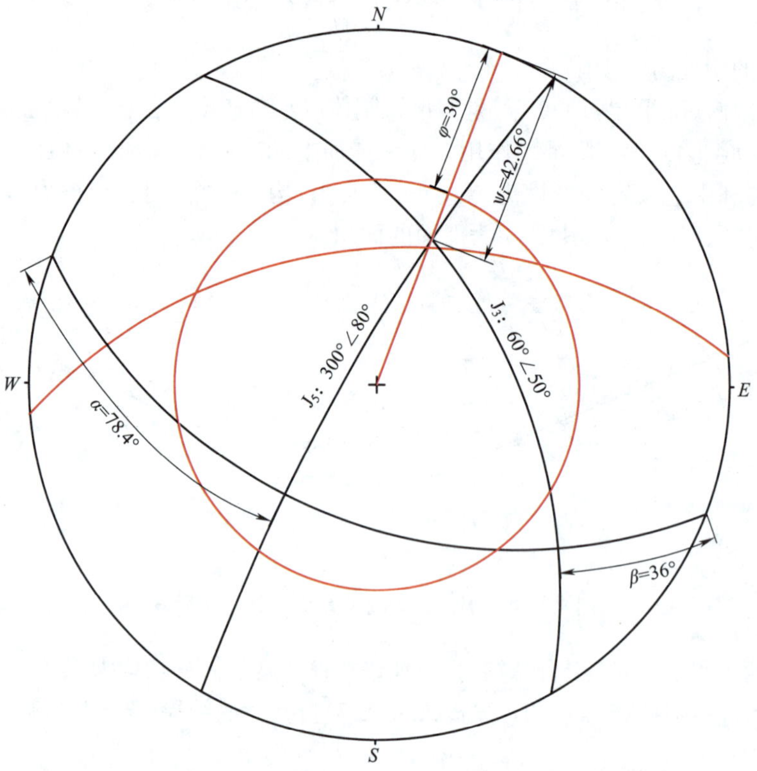

图 4.4.48　K101+510～700 边坡几何要素的赤平投影

4.3.7　松散岩质边坡稳定性分析

1)概述

松散岩质边坡通常表现为岩堆,其稳定性分析需要结合岩体边坡稳定性分析方法和土体边坡稳定性分析方法。对岩堆的稳定性分析,首先应考虑堆积体整体稳定性,其次为堆积体自身坡面的稳定性。

整体稳定性与堆积床的形状有密切的关系,因为堆积体一般都为透水性较好的块石土、碎石土、角砾土等,堆积床都为基岩,透水性弱,雨季堆积床面很容易聚水,抗剪强度骤降,导致岩堆整体失稳。

如图 4.4.49 所示,(a)岩堆最稳定,(b)次之,(c)最不稳定。

堆积体由土体组成,自身的稳定性又符合土质边坡稳定性的规律:

(1)堆积体可能沿堆积坡向整体滑动。

(2)可能在土体中出现滑裂面,导致破坏(图 4.4.50)。

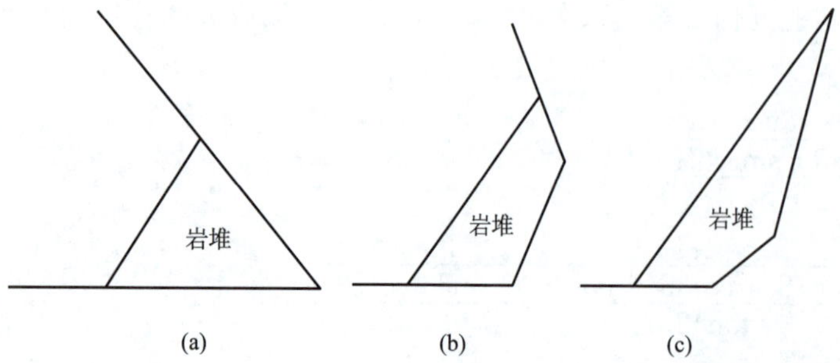

图 4.4.49　岩堆的堆积床类型

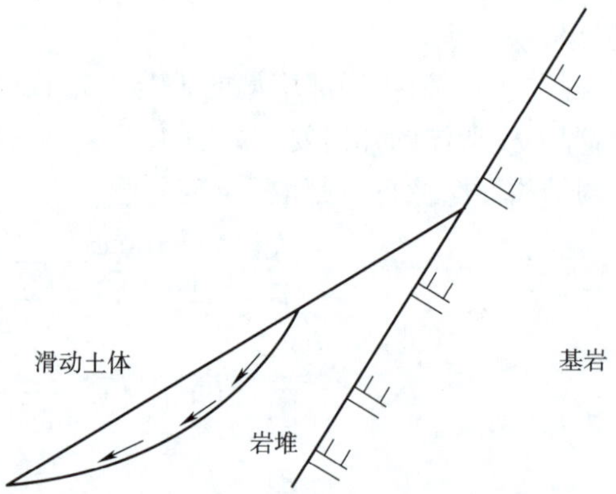

图 4.4.50　在岩堆土体中出现滑面

(3)也可能出现基岩破坏,导致岩堆体的破坏。

第 1)种和第 2)种破坏形式比较常见。所以,对岩堆体边坡的稳定性分析,必须结合岩质边坡稳定性分析方法和土质边坡稳定性分析方法,分析比较以上三种破坏的可能性,最终判断出岩堆体的破坏形式及稳定性。

2)稳定性分析方法

首先,判断堆积体是否会沿基岩面整体滑动。滑面多为不规则的折线型滑面,分析方法宜采用传递系数法、Morgenstern-Price 法等严格条分法;然后,判断堆积体自身是否会出现失稳。滑面多为圆弧型滑面,分析方法可选用简化 Bishop 法等条分法。

对于重要的大型堆积体边坡,建议同时应用有限元、有限差分法等数值分析方法,对堆积体边坡稳定性进行分析,并与刚体极限平衡分析结果进行对比。

4.4　斜坡软基路堤边坡稳定性分析

4.4.1　概　　述

斜坡软弱地基在填土荷载作用下,容易引起路堤填方连同地基的变形及失稳。因此,研究斜坡软基路堤边坡稳定性的要点是既要保证堤坡的稳定,又要保证填方和地基不出现过大的变形。目前用于堤坡稳定性评价的方法是安全系数法,该法所采用的标准并未考虑斜坡软基条件下填方和路基变形的不利影响。本节将在总结常用堤坡稳定分析方法的基础上,重点讨论斜坡软基路堤稳定性及其判别标准。

4.4.2　路堤边坡稳定性分析方法

4.4.2.1　圆弧条分法

根据斜坡斜坡软弱填方工程的高厚比,初步判断斜坡软基路堤的破坏模式。斜坡软基路堤为圆弧滑面破坏时,可选用圆弧条分法(瑞典法或简化毕肖普法)进行稳定分析。圆弧条分法的计算模型如图 4.4.51 所示。

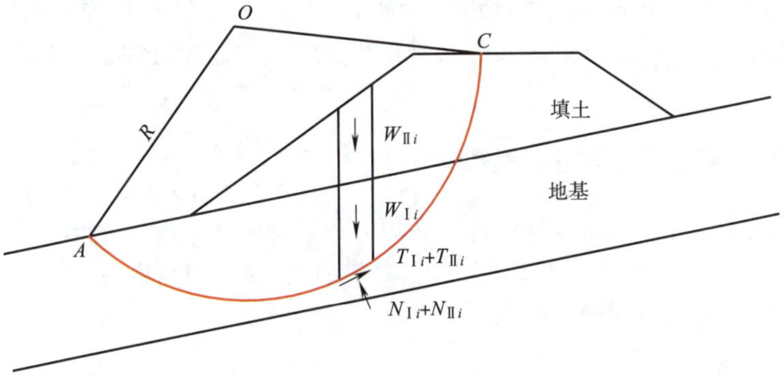

图 4.4.51　斜坡软基路堤稳定分析—圆弧条分法计算模型

简化毕肖普条分法检算公式为:

$$K_s=\frac{\sum_A^B \mathrm{CU}l_i+\sum_A^B(W_{\mathrm{II}i}\cos a_i\tan\varphi\mathrm{CU})}{\sum_A^B\left[(W_{\mathrm{I}i}+W_{\mathrm{II}i})\sin\alpha_i+\sum_B^C W_{\mathrm{II}i}\sin a_i\right]} \tag{4.4.157}$$

式中,W_{I}、W_{II} 为分别为滑体中地基及填土分条的重量,kN;α_i 为滑弧分条与水平面的夹角,°;l_i 为滑弧分条长度,m;φ_u 为地基土的固结不排水剪内摩擦角,°;CU 为天然地基土的抗剪强度,kPa。

4.4.2.2　传递系数法

对于斜坡软基路堤的复式滑面破坏模式,采用传递系数法。计算模型如图 4.4.52 所示。

计算公式:

$$E_i=KW_i\sin\alpha_i-(W_i\cos\alpha_i\tan\varphi_i+c_il_i) \tag{4.4.158}$$

式中,W_i 为条块土体重量以及作用于条块上的荷载之和,kN;α_i 为条块滑面倾角,°;l_i 为条块滑面长度,

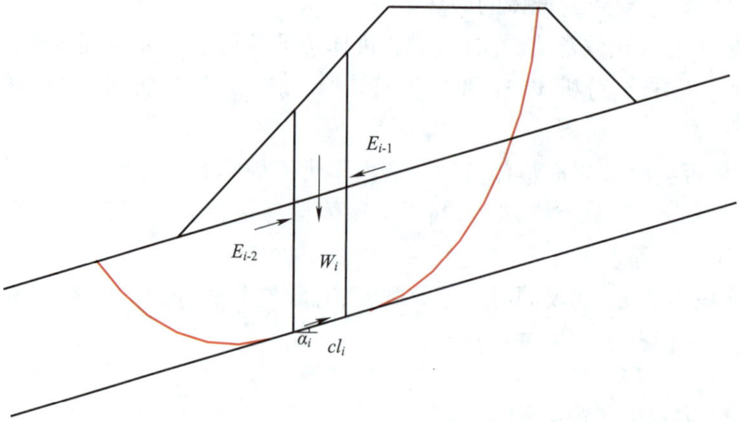

图 4.4.52 斜坡软基路堤稳定分析—传递系数法计算模型

m；c_i 为条块滑面(带)土体黏聚力，kPa；φ_i 为条块滑面(带)土体内摩擦角，°。K 为安全系数。

4.4.2.3 数值分析法

目前，用于路堤边坡稳定性分析的数值分析，主要有以下两种方法：

1)应力应变分析法

按照弹塑性理论，建立路堤边坡的弹塑性模型，对边坡进行数值分析(有限元法，有限差分法等)，得出边坡完整的应力应变及变形成果，通过对路堤边坡的变形(包括水平变形和竖向沉降)以及塑性区的分布等进行比较分析，从而对路堤边坡的稳定性作出评价，这也是目前数值分析中应用最广的一种方法。

2)强度折减法

首先建立路堤边坡的弹塑性有限元模型，应用强度折减系数 F_s 将土体的强度指标 c 和 $\tan\varphi$ 进行缩减；然后通过弹塑性有限元数值计算，确定边坡内的应力场、应变场或位移场，对应力、应变或位移的某些分布特征以及有限元计算过程中的数学特征进行分析；不断增大强度折减系数，直至分析结果表明边坡已经发生失稳破坏。将此时的折减系数定义为边坡的安全系数，塑性贯通区域则成为路堤边坡的临界滑裂面。

4.4.3 路堤稳定性判别—安全系数与变形系数法

数值分析和离心模型试验揭示，斜坡软弱地基在填方荷载作用下，下方一侧坡脚侧向变形相对较大。图 4.4.53 为数值计算揭示的水平软基与斜坡软基(1：10)表面的水平位移图；图 4.4.54 为不同填土高度斜坡软基(1：10)坡脚地基土体的侧向变形。

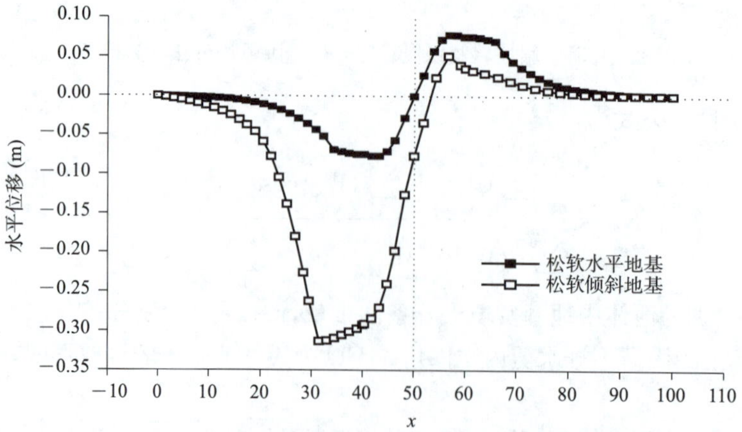

图 4.4.53 水平软弱地基与斜坡软弱地基(1：10)坡脚侧向位移

一般认为，地基的变形愈大，表明地基的稳定性愈差。这与实际工程活动中，斜坡软弱地基路堤更易失稳的经验是相吻合的。

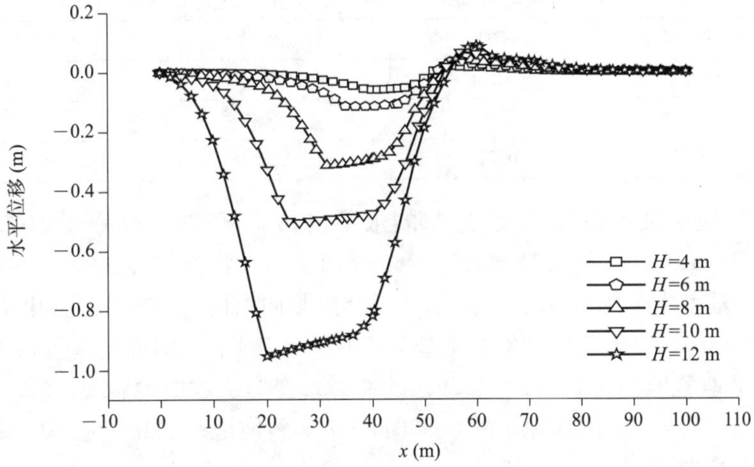

图 4.4.54 不同填土高度斜坡软弱地基(1∶10)坡脚侧向位移

安全系数法是目前采用的评价地基稳定性的主要评价方法。安全系数 F_{smin} 大于某一规定值后，地基处于设计安全(稳定)状态。由于地基稳定性评价的安全系数法主要以地基抗剪强度因素为主进行分析评价，并未考虑地基变形特性对地基稳定性的影响。尤其是当地基的变形对上部构筑物或建筑物的影响较大，或上部建筑物或构筑物对地基的变形要求较高时，地基仅满足安全系数要求是不够的，应考虑地基的变形影响。因此，在地基稳定性的评价标准中，需在安全系数的基础上，引入变形评价的因素，即变形系数。

变形系数是指地基最大水平位移与最大竖向沉降的比值，或地基特征部位的水平位移与竖向沉降的比值(一般采用路堤坡脚处的水平位移和路堤中心处地基的竖向沉降)。地基变形系数的大小，反映地基水平变形的相对大小。一般认为，地基的变形系数大，说明地基的变形以水平剪切变形为主(水平位移较竖向沉降发展快)，表明路堤容易发生横向失稳破坏；地基的变形系数小，说明地基的变形以竖向压密下沉为主(竖向沉降较水平位移发展快)，表明路堤趋于稳定。由此可知，将变形系数引入地基稳定性评价，是对安全系数法的有益补充，也是一种有益的探索。

通过研究斜坡软弱地基变形系数和安全系数的关系，可得出以下结论：

(1)在相同安全系数($F_{smin}=1.2$)条件下，地层坡度与软弱地基的变形、应力、应变等力学响应及变形系数的关系，见表 4.4.12 和表 4.4.13。表中数据表明：

表 4.4.12 地层坡度与软弱地基的力学响应比较($F_{smin}=1.2$)

比较项目		水平地基	1∶20 斜坡地基	1∶10 斜坡地基	1∶7.5 斜坡地基	1∶5 斜坡地基
水平位移(m)	max	0.052	0.045	0.039	0.036	0.028
	min	−0.052	−0.059	−0.069	−0.076	−0.091
竖向位移(m)	max	0.014	0.014	0.014	0.014	0.014
	min	−0.076	−0.076	−0.077	−0.078	−0.083
地基变形系数		0.684	0.776	0.896	0.974	1.096
最大主应力(kPa)	max	1 104.55	1 270.02	1 475.23	1 609.79	1 867.91
	min	−1.24	−3.43	−5.65	−4.77	−10.13
最小主应力(kPa)	max	225.23	260.12	302.36	329.72	382.58
	min	−21.11	−22.11	−22.22	−25.12	−30.46
最大剪应力(kPa)	max	439.16	504.95	585.94	640.04	742.66
	min	0.084	0.244	0.395	0.371	0.770
最大剪应变	max	0.022	0.021	0.021	0.022	0.033
	min	2.47e-11	2.78e-12	4.04e-11	2.78e-11	5.18e-11

表 4.4.13　地层坡度与软弱地基抗剪强度及变形系数关系($F_{smin}=1.2$)

地层坡度	水平地基	1∶20 斜坡地基	1∶10 斜坡地基	1∶7.5 斜坡地基	1∶5 斜坡地基
φ 值(°)	10.4	12.8	15.2	15.8	19.9
c 值(kPa)	10				
变形系数	0.684	0.776	0.896	0.974	1.096

在相同安全系数下,地层坡度越陡,软弱地基的水平位移明显增大(由水平地基的 0.052 m,增大到 1∶20 斜坡地基的 0.059 m、1∶10 斜坡地基的 0.069 m、1∶7.5 斜坡地基的 0.076 m、1∶5 斜坡地基的 0.091 m,分别较水平地基增大了约 13%、33%、46%、75%;竖向沉降无明显变化(由水平地基的 0.076 m,增大到 1∶20 斜坡地基为 0.076 m、1∶10 斜坡地基为 0.077 m、1∶7.5 斜坡地基为 0.078 m、1∶5 斜坡地基为 0.083 m,分别较水平地基增大约 0、1.3%、2.6%、9.2%);变形系数增大显著(由水平地基的 0.684,增大到 1∶20 斜坡地基的 0.776、1∶10 斜坡地基的 0.896、1∶7.5 斜坡地基的 0.974、1∶5 斜坡地基的 1.096,分别较水平地基增大了约 13%、31%、42%、60%)。

(2)在相同变形系数(变形系数 1.1)条件下,地层坡度与软弱地基变形、应力、应变等力学响应及安全系数的关系,见表 4.4.14 和表 4.4.15。

表 4.4.14　地层坡度与软弱地基的力学响应比较(变形系数 1.1)

比较项目		水平地基	1∶20 斜坡地基	1∶10 斜坡地基	1∶7.5 斜坡地基	1∶5 斜坡地基
水平位移(m)	max	0.233	0.052	0.040	0.035	0.029
	min	−0.242	−0.108	−0.098	−0.092	−0.091
竖向位移(m)	max	0.138	0.042	0.031	0.024	0.014
	min	−0.218	−0.098	−0.089	−0.084	−0.083
最大主应力(kPa)	max	1 103.53	1 270.12	1 475.27	1 609.80	1 867.91
	min	−25.38	−7.47	−8.05	−5.01	−10.16
最小主应力(kPa)	max	225.02	260.15	302.37	329.72	382.58
	min	−39.25	−37.31	−37.47	−28.27	−30.46
最大剪应力(kPa)	max	438.75	504.99	585.95	640.04	742.66
	min	0.084	0.179	0.437	0.371	0.774
最大剪应变	max	0.104	0.048	0.041	0.0342	0.0334
	min	1.76e-11	1.69e-11	1.75e-11	4.86e-12	5.07e-11

表 4.4.15　地层坡度与软弱地基抗剪强度及安全系数关系(变形系数 1.1)

地层坡度	水平	1∶20 斜坡地基	1∶10 斜坡地基	1∶7.5 斜坡地基	1∶5 斜坡地基
φ 值(°)	5.2	7.7	10.4	12.6	19.4
c 值(kPa)	10				
最小安全系数	0.9	0.942	0.983	1.021	1.182
增量(%)	—	4.7	9.2	13.4	31.3
归一化取值	$[F_{smin}]$	$[F_{smin}]+0.05$	$[F_{smin}]+0.1$	$[F_{smin}]+0.15$	$[F_{smin}]+0.3$

表中数据表明:在相同的变形系数下,地层坡度越陡,软弱地基的安全系数需越大。以水平地基的安全系数为基准,1∶20、1∶10、1∶7.5、1∶5 斜坡地基的安全系数分别增大约 4.7%、9.2%、13.4%、31.3%。工程应用时,可进行归一化处理,在水平地基安全系数的基础上,分别增加 0.05、0.1、0.15、0.3 的安全系数(对应于 1∶20、1∶10、1∶7.5、1∶5 的斜坡地基),并可根据实际的地层坡度内插取值。

根据以上计算分析可得出结论:斜坡软弱地基圆弧条分法或复式滑面稳定分析中,应适当提高安全系数判别标准。建议采用表 4.4.16 标准。

表 4.4.16　不同坡度斜坡软弱地基稳定安全系数判别标准

	水平地基	1∶20 斜坡地基	1∶10 斜坡地基	1∶7.5 斜坡地基	1∶5 斜坡地基
安全系数判别标准	1.10	1.15	1.20	1.25	1.4

4.4.4　算例分析

4.4.4.1　工程概况

渝怀铁路涪陵西站(DK123＋410～＋530)填方路基，路基面宽 26 m，路堤边坡坡度 1∶1.5，路堤中心填土高 13.5 m，下坡侧路堤坡高 15.1 m。下坡侧坡脚设反压护道，宽 12 m、高 5 m，边坡坡度 1∶1.75。地基软弱土层总厚 7.6 m(其中，表层厚 5.2 m，呈软塑状，下层厚 2.4 m，呈硬塑状)，地层坡度为上陡下缓型，软弱土层平均坡度 1∶9.8，稳定土层(基岩)平均坡度 1∶11.8。断面形状及土层编号如图 4.4.55 所示。图中土层 1 为路堤填料，土层 2 为软塑状软弱土，土层 3 为硬塑状软弱土，土层 4 为稳定土层(基岩)。

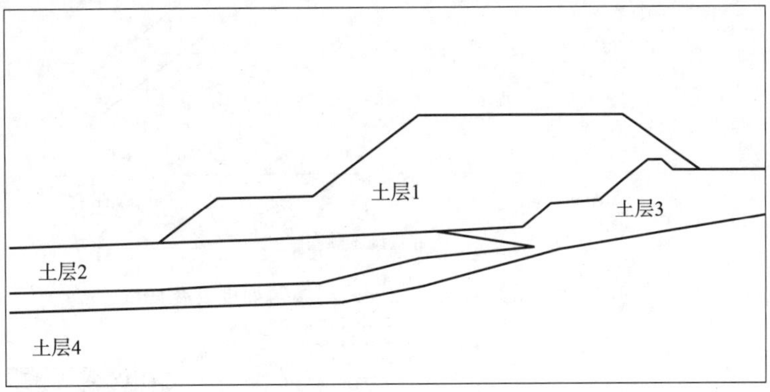

图 4.4.55　代表性断面示意图

4.4.4.2　极限平衡分析

斜坡软弱地基土层物理力学指标，见表 4.4.17。

表 4.4.17　斜坡软弱地基物理力学指标

土层编号	强度模型	重度(kN/m³)	黏聚力(kPa)	内摩擦角(°)
1	Mohr-Coulomb	19	20	20
2	Mohr-Coulomb	18	12	10
3	Mohr-Coulomb	18	20	15
4	Mohr-Coulomb	20	50	40

稳定分析方法：Ordinary 法、Bishop 法、Janbu 法；

滑动方向：向下坡一侧滑动；

基本假设：不考虑孔隙水压力和张拉裂缝；不使用概率统计分析法；不考虑基面荷载(换算土柱重)；最危险滑动面的形状、位置按 Bishop 法给出；

路堤填筑分步计算过程：路堤共分 15 步进行分层填筑，其中第 1 步至第 14 步每次填高均为 1.0 m，第 15 步填高为 1.1 m。

随着路堤填筑高度的增加，斜坡软弱地基最小安全系数 $F_{s\min}$ 的计算值见表 4.4.18；$F_{s\min}$ 的变化曲线如图 4.4.56 所示；最危险滑动面形状及位置变化如图 4.4.57～图 4.4.60 所示。

表 4.4.18　最小安全系数 $F_{s\min}$ 随路堤填筑高度的变化值

路堤分层填筑	最小安全系数(Minimum Factor of Safety)					
	Ordinary		Bishop		Janbu	
	Moment	Force	Moment	Force	Moment	Force
未填筑	1.917	—	2.031		—	1.820
第 5 步填筑完成	1.500	—	1.608	—	—	1.531
第 10 步填筑完成	1.356	—	1.472	—	—	1.349
第 15 步填筑完成	1.064	—	1.172	—	—	1.073

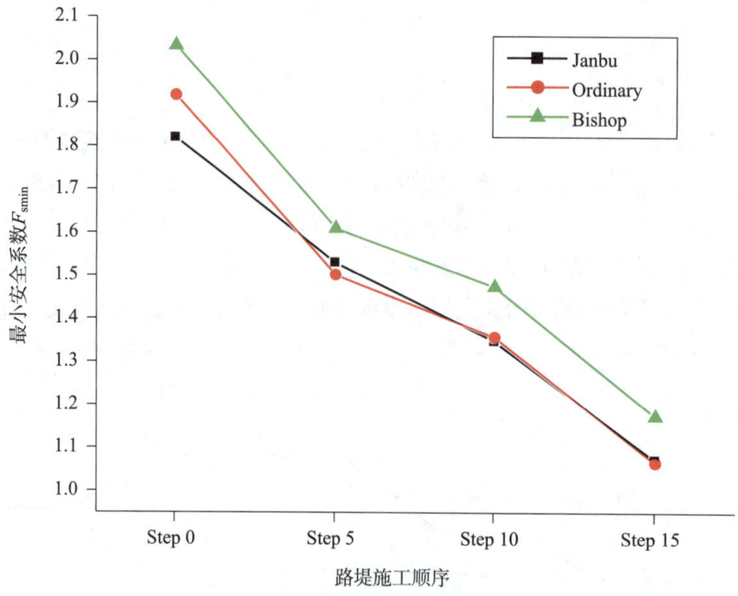

图 4.4.56　最小安全系数随路堤填筑高度变化曲线

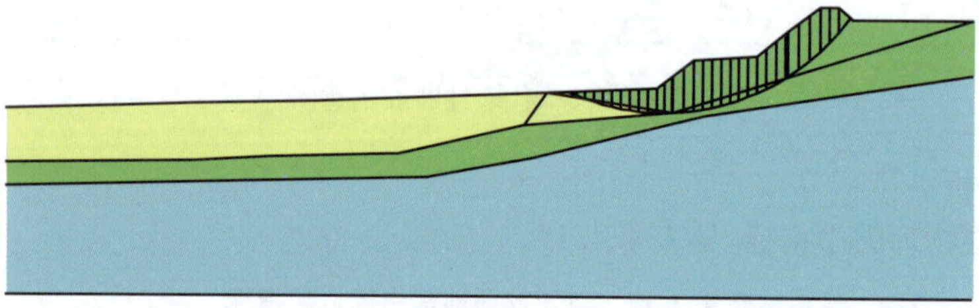

图 4.4.57　路堤未填筑时最危险滑动面的形状位置

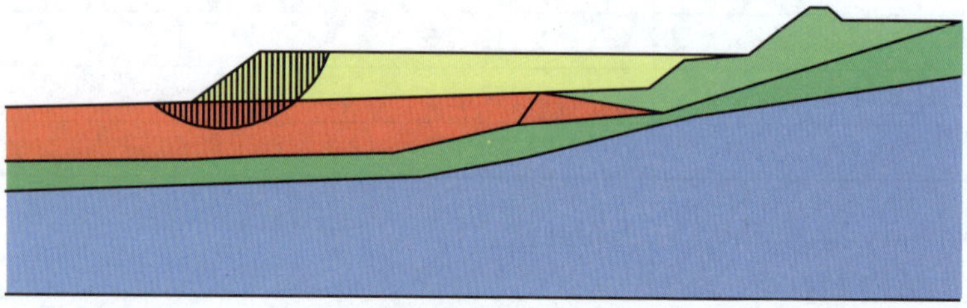

图 4.4.58　第 5 步填筑完成时最危险滑动面形状位置

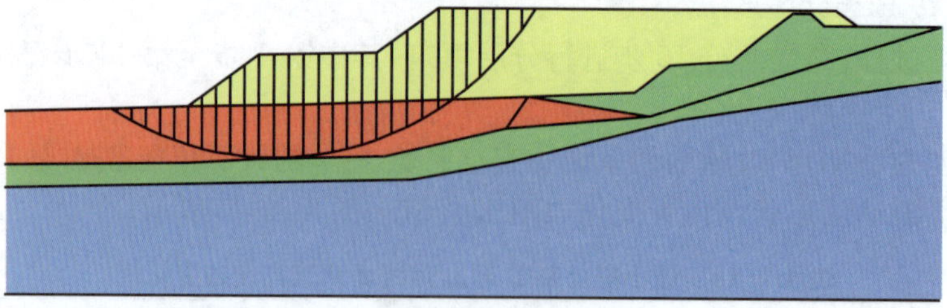

图 4.4.59　第 10 步填筑完成时最危险滑动面形状位置

根据计算结果，可得出如下结论：

(1)不同稳定分析方法计算得到的地基最小安全系数 F_{smin} 略有出入，但地基最小安全系数 F_{smin} 随路堤填筑高度增加的总体趋势是一致的，即地基最小安全系数 F_{smin} 随路堤填筑高度的增加而相应减小。

(2)在路堤填筑的初期，最危险滑动面处于软弱土层内；随着路堤的增高，最危险滑动区域相应增大，最危险滑动面逐渐下切，向软弱土层底部逼近；路堤填筑高度增至 15 m 左右时，地基最小安全系数 F_{smin} 接近于 1.0，地基由稳定状态转变为极限状态，安全储备严重不足，有进一步发展成为破坏状态的趋势。

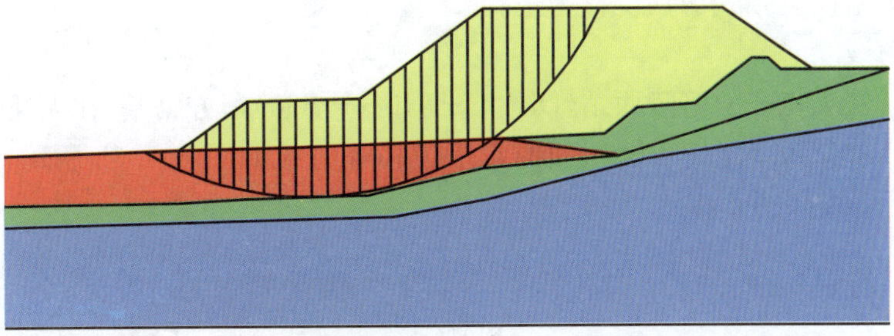

图 4.4.60　路堤填筑完成时最危险滑动面的形状位置

4.4.4.3　有限元分析

1)网格变化及位移矢量图

渝怀铁路斜坡软基试验工点——涪陵西站(DK123＋410～＋530)填方路基,在无任何工程措施情况下,当软弱土层变形模量为 5.0 MPa 时,变形前后的网格变化如图 4.4.61 所示,位移矢量场如图 4.4.62 所示。变形后的网格图和位移矢量场图放大了 26.733 倍。

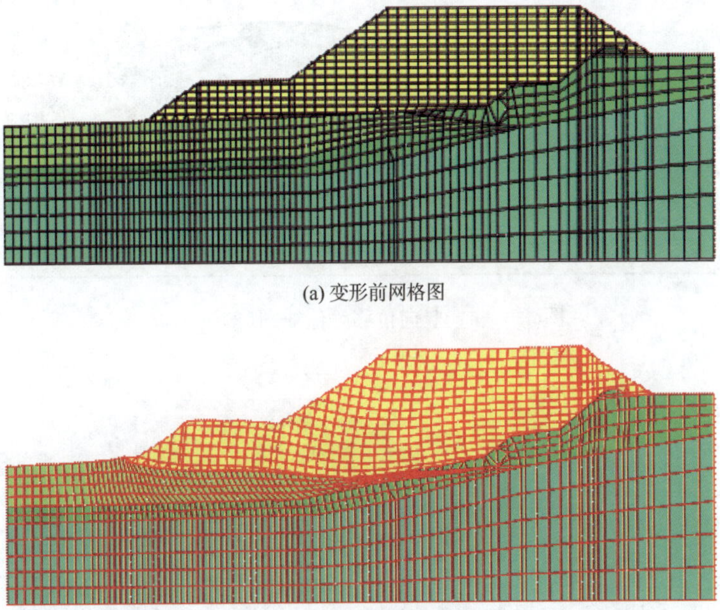

(a) 变形前网格图

(b) 变形后网格图

图 4.4.61　变形前后网格图

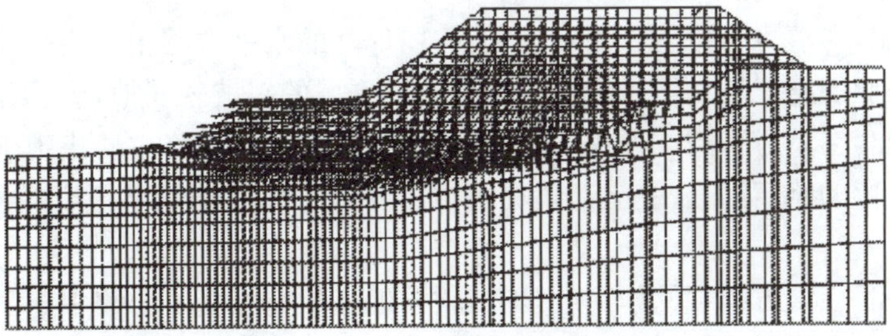

图 4.4.62　位移矢量场图

图 4.4.61 表明,在填方荷载作用下,斜坡软弱地基在上坡一侧基本无变形,主要集中于下坡一侧(下坡路肩以下),且在下坡一侧的坡脚护道及护道坡脚处有较明显的隆起现象。

图 4.4.62 表明,在填方荷载作用下,斜坡软弱地基的位移矢量场在上坡一侧基本无数值,变形主要集中于下坡一侧,且在下坡一侧护道坡脚处隆起现象显著。其中,下坡一侧路肩附近的软弱地基及路堤以下沉式剪切位移为主,下坡一侧路堤坡脚和坡脚护道附近的软弱地基及路堤以水平式剪切位移为主,下坡一侧护道

坡脚处及以外的软弱地基以上抬式剪切位移为主。

2)位移与应变等值线

渝怀线斜坡软基试验工点——涪陵西站(DK123+410～+530)填方路基,在无任何工程措施情况下,当软弱土层变形模量为 5.0 MPa 时,代表性断面的水平位移等值线如图 4.4.63 所示,竖向位移等值线如图 4.4.64 所示,剪应变等值线如图 4.4.65 所示。

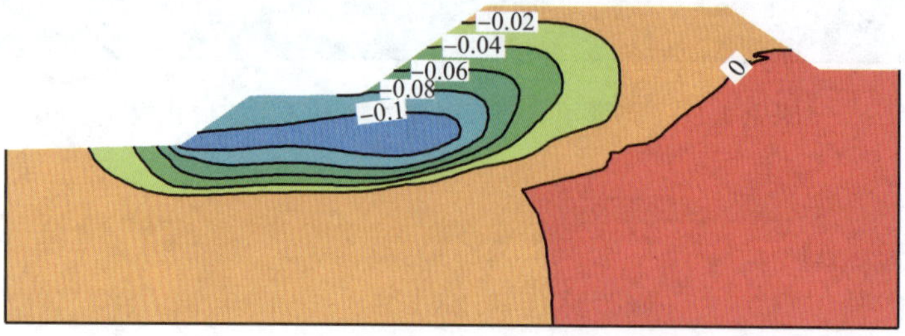

图 4.4.63 水平位移等值线图(单位:m)

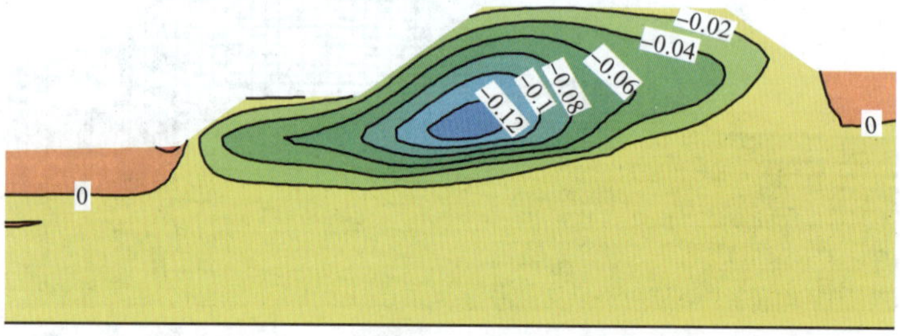

图 4.4.64 竖向位移等值线图(单位:m)

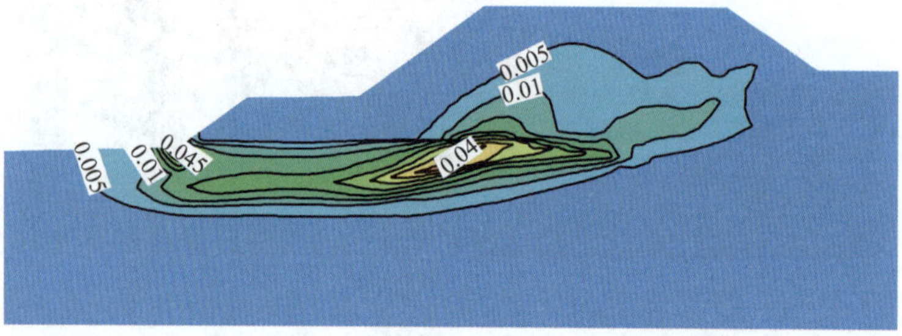

图 4.4.65 最大剪应变等值线图

从图 4.4.63 可看出,在填方荷载的作用下,斜坡软弱地基的水平位移主要集中于下坡一侧,其水平变形的最大值发生在下坡一侧的路堤坡面至护道坡脚范围狭长区域的斜坡软弱地基表面附近。

从图 4.4.64 可看出,在填方荷载的作用下,斜坡软弱地基的竖向沉降主要集中于下坡一侧,其竖向沉降的最大值发生在下坡一侧的路肩附近(受上部路堤填方高度和下部软弱地基厚度的控制),下坡一侧护道坡脚处存在隆起现象。

从图 4.4.65 可看出,在填方荷载的作用下,斜坡软弱地基的剪应变主要集中于下坡一侧,其剪应变的最大值发生在下坡一侧的路肩附近(受下部软弱土层硬底坡度的控制)和下坡一侧护道坡脚处(受侧向压力约束控制)。

3)应力等值线与塑性破坏区

渝怀铁路斜坡软弱地基试验工点——涪陵西站(DK123+410～+530)填方路基,在无任何工程措施情况下,当软弱土层变形模量为 5.0 MPa 时,大主应力等值线如图 4.4.66 所示;小主应力等值线如图 4.4.67 所示;剪应力等值线如图 4.4.68 所示;塑性区分布如图 4.4.69 所示(黄色区域表示已进入塑性状态)。

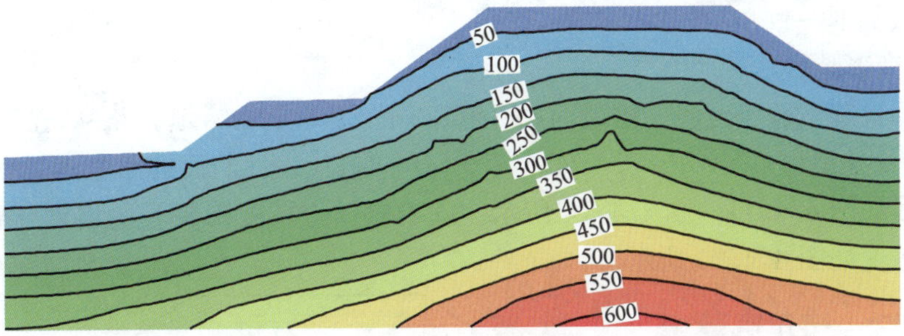

图 4.4.66　大主应力等值线图(单位：kPa)

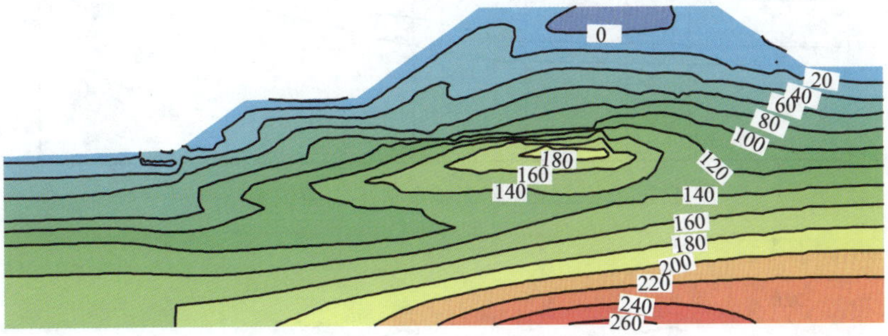

图 4.4.67　小主应力等值线图(单位：kPa)

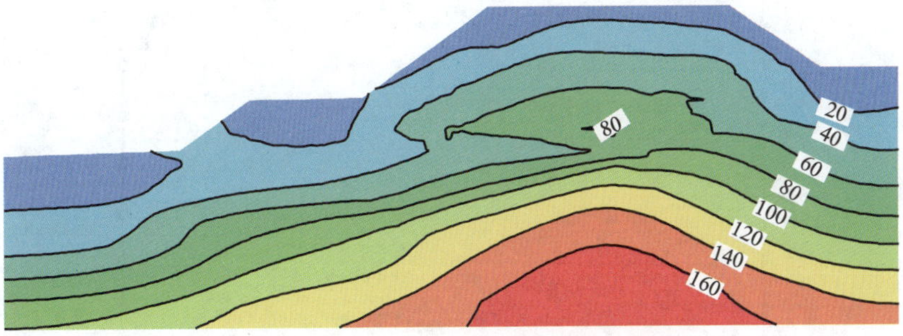

图 4.4.68　剪应力等值线图(单位：kPa)

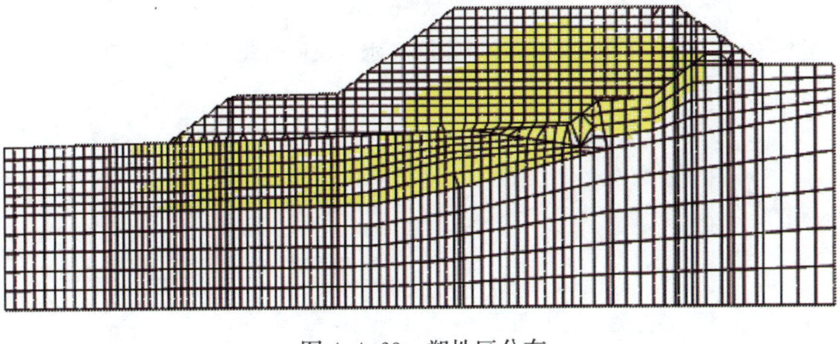

图 4.4.69　塑性区分布

图 4.4.66 表明，在填方荷载作用下，斜坡软弱土层的大主应力受上部路堤填方高度的影响较大，在横断面上呈两端小中间大的分布形态，分布规律基本随路堤的截面形状变化。

图 4.4.67 表明，在填方荷载作用下，斜坡软弱土层的小主应力在路堤中心附近有较显著的应力集中现象，在横断面上呈两端小中间大的分布形态，分布规律基本随路堤的截面形状变化。

图 4.4.68 表明，在填方荷载作用下，斜坡软弱土层的剪应力在路堤中心附近有应力集中现象，在横断面上呈两端小中间大的分布形态，分布规律基本随路堤的截面形状变化。

图 4.4.69 表明，在填方荷载作用下，斜坡软弱地基的塑性区主要集中在下坡一侧的软弱土层内，一直延伸到下坡一侧坡脚附近。路堤的塑性区主要集中在路堤中心附近的区域。斜坡软弱地基路堤的塑性区分布

与剪应变的分布区域基本一致。

4.4.4.4 典型部位变形特性

渝怀线斜坡软弱地基试验工点——涪陵西站(DK123+410～+530)填方路基，在无任何工程措施情况下，软弱土层变形模量分别为2.5 MPa，5.0 MPa，7.5 MPa时，代表性断面的四个典型位置剖面(图4.4.70)的地基水平位移曲线如图4.4.71～图4.4.74所示。随着软弱土层变形模量的增加，路堤下坡脚处地层表面水平位移的变化情况如图4.4.75所示。

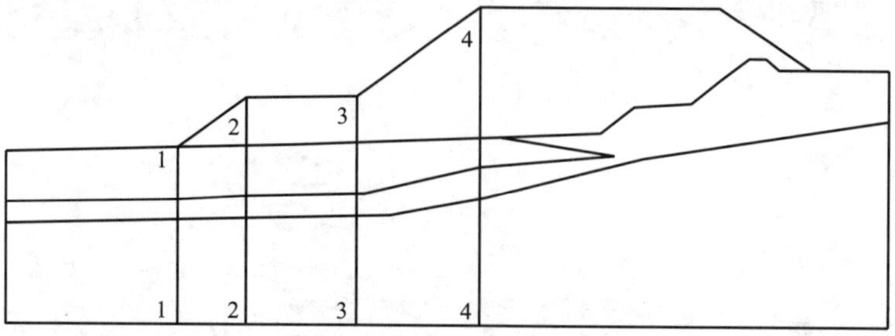

图4.4.70 代表性断面4个典型剖面位置示意图

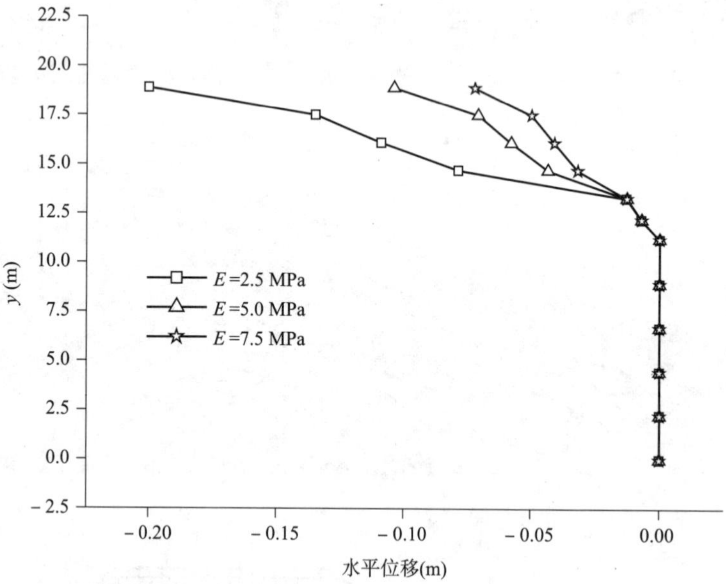

图4.4.71 剖面1-1水平位移曲线

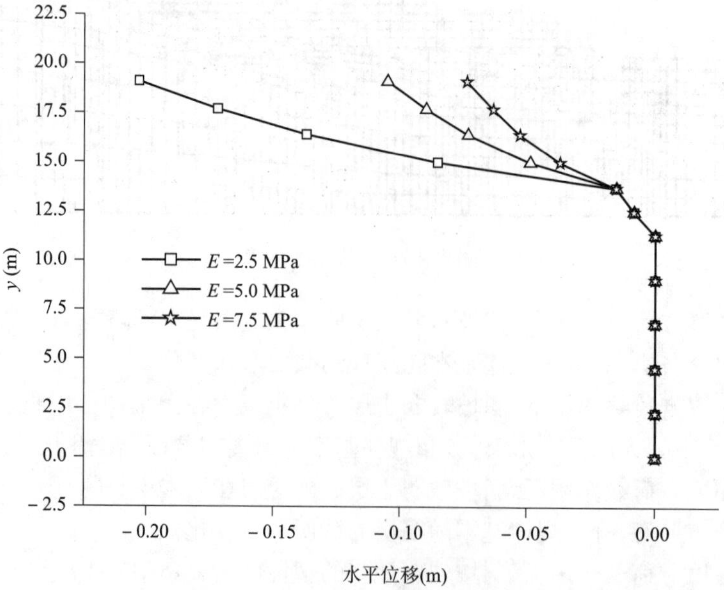

图4.4.72 剖面2-2水平位移曲线

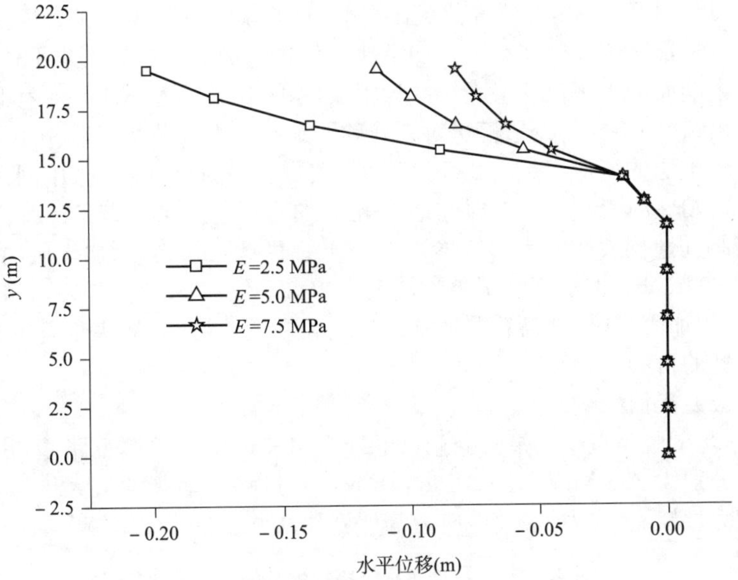

图 4.4.73　剖面 3-3 水平位移曲线

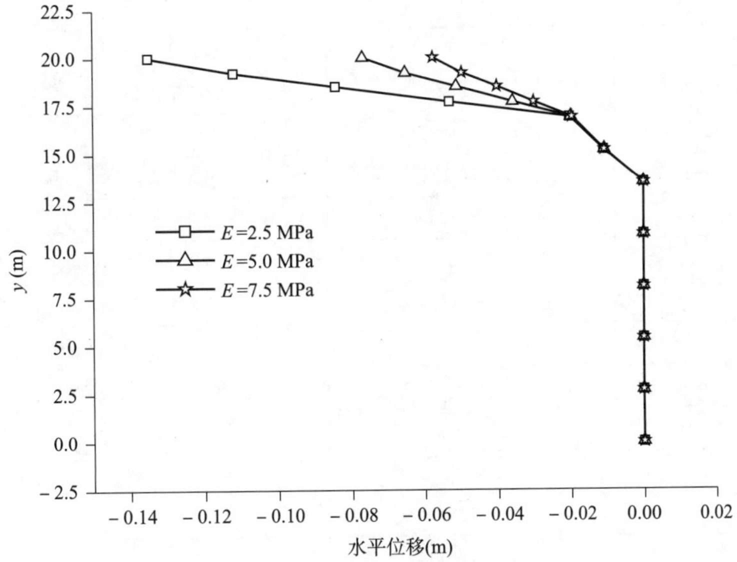

图 4.4.74　剖面 4-4 水平位移曲线

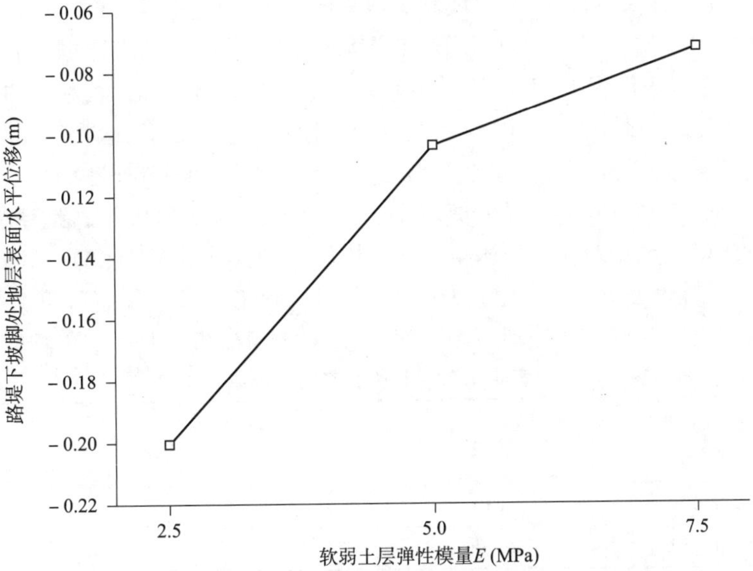

图 4.4.75　路堤下坡脚处地层表面水平位移变化曲线

由图 4.4.71～图 4.4.74 可看出，在填方荷载作用下，斜坡软弱地基四个典型位置剖面的地基水平位移呈上大下小的曲线型分布，最大值发生在地表。四个典型位置剖面的软弱地基水平位移，除 4-4 剖面的水平位移值略小外，其余 3 个剖面的水平位移值大小差异不大，水平位移形态基本呈平移状。

由图 4.4.75 可看出，软弱土层的变形模量对斜坡软弱地基在上部路堤荷载作用下的变形影响巨大。有限元计算数据表明，软弱土层的变形模量为 2.5 MPa 时，路堤下坡脚处地层表面的水平位移约 0.21 m；软弱土层的变形模量为 5.0 MPa 时，路堤下坡脚处地层表面的水平位移约 0.12 m；软弱土层的变形模量为 7.5 MPa 时，路堤下坡脚处地层表面的水平位移约 0.08 m。由此可知，当软弱土层的变形模量由 2.5 MPa，增加到 5.0 MPa 和 7.5 MPa 时，路堤下坡脚处地层表面的水平位移将减小约 43%和 62%。

通过采取不同的工程加固措施，提高软弱地基的强度和模量，可达到约束地基变形，特别是约束地基水平位移，增强地基稳定性的目的。

4.4.4.5 位移及应力应变极值

渝怀线斜坡软弱地基试验工点——涪陵西站(DK123＋410～＋530)填方路基，在无任何工程措施情况下，软弱土层变形模量分别为 2.5 MPa，5.0 MPa，7.5 MPa 时，路堤地基的最大位移、水平位移、竖向位移、最大剪应变、最大主应力、最小主应力、最大剪应力等计算数据见表 4.4.19。

表 4.4.19 不同工况下路堤地基的力学响应

项目		软弱土层变形模量(MPa)		
		2.5	5.0	7.5
最大位移(m)		0.291 32	0.166 09	0.124 46
水平位移(m)	max	0.010 829	0.0107 993	0.011 108 3
	min	−0.212 352	−0.115 656	−0.084 998 4
竖向位移(m)	max	0.0577 154	0.029 738 5	0.020 469 4
	min	−0.221 017	−0.129 969	−0.099 937 4
最大剪应变	max	0.091 003	0.046 907 6	0.031 698 8
	min	2.018 86E-7	1.976 29E-7	1.941 92E-7
最大主应力(kPa)	max	618.429	615.37	613.495
	min	−0.862 925	0.272 923	0.963 722
最小主应力(kPa)	max	265.018	263.69	262.842
	min	−30.083 2	−12.341 6	−4.788 87
最大剪应力(kPa)	max	178.182	177.015	176.279
	min	0.9426 89	0.421 85	0.081 608 6

由表 4.4.19 可知，在填方荷载作用下，斜坡软弱地基的最大主应力、最小主应力、最大剪应力等应力响应数据变化不大，但最大水平位移、最大竖向沉降和最大剪应变等变形响应数据变化极大，差值在 2.20～2.84 倍之间。说明在路堤荷载作用下，斜坡软弱地基对应力的响应不敏感，而对变的形响应非常敏感。因此，在斜坡软弱地基填方工程特性的分析中，应建立以变形控制为核心的稳定评价标准。

根据表 4.4.19 的计算数值，地基最大水平变形 $\Delta_{x\max}$=0.212 m、0.116 m、0.085 m，地基最大竖向沉降 $\Delta_{y\max}$=0.221 m、0.130 m、0.100 m，地基最大剪应变 $\varepsilon_{\max}$=0.091、0.047、0.032，地基变形系数 $K_{xy}=\Delta_{x\max}/\Delta_{y\max}$=0.96、0.89、0.85(以上数据对应的软弱土层变形模量分别为 2.5 MPa、5.0 MPa、7.5 MPa)。

以地基的特征变形计算值 $\Delta_{x\max}$、$\Delta_{y\max}$、$\varepsilon_{\max}$ 为基础，可初步判定地基的稳定程度分为破坏、极限、基本稳定三种状态(对应的软弱土层变形模量分别为 2.5 MPa、5.0 MPa、7.5 MPa)。见表 4.4.20。

表 4.4.20 地基状态判别结果

软弱土层模量	$\Delta_{x\max}$(m)	$\Delta_{y\max}$(m)	$\varepsilon_{\max}$(%)	K_{xy}	地基状态
2.5 MPa	0.212	0.221	9.1	0.96	破坏
5.0 MPa	0.116	0.130	4.7	0.89	极限
7.5 MPa	0.085	0.100	3.2	0.85	基本稳定

注：$\varepsilon_{\max}$为第一重要指标；K_{xy}为第二重要指标；$\Delta_{x\max}$为第一参考指标；$\Delta_{y\max}$为第二参考指标。

4.5　古滑坡区域边坡稳定性分析

4.5.1　概　　述

滑坡是山区中最为常见的一种地质灾害，在山区铁路(公路)修建中不可避免地会碰到一些滑坡。通常的做法是采取绕避方式通过滑坡区域，尽可能地减小铁路与滑坡之间的相互影响。但是由于勘测手段的限制或者出于施工技术、经济效益、社会效益等因素的考虑，铁路有时不得不从滑坡区域(一般为古滑坡)通过，那么铁路施工会对古滑坡造成什么样的影响，是否会引起古滑坡复活，即铁路施工条件下古滑坡的稳定性问题，就成为了滑坡区域边坡稳定性分析的主要问题之一。

根据铁路通过古滑坡部位的不同，该问题可分为三种类型：铁路穿过古滑坡坡脚；铁路穿过古滑坡坡身；铁路穿过古滑坡坡顶。铁路通过古滑坡不同部位，将对古滑坡的稳定性造成不同的影响，稳定性分析时所关注的因素也会有所区别，但稳定性分析的基本方法(如极限平衡法、数值分析法)基本上是一致的。本节将主要论述铁路穿过古滑坡坡脚时稳定性分析的要点和方法，另外两种情况的稳定分析只作简单介绍。

4.5.2　边坡稳定性分析方法

滑坡体在其主轴断面上通常分为三段：牵引段、主滑段和抗滑段。当铁路以路堑形式从古滑坡坡脚位置通过时，铁路施工对滑坡稳定不利的主要因素有三个：

①坡脚处开挖相当于在抗滑段挖方，形成不利于滑坡稳定的临空面，降低滑坡的抗滑能力。

②施工用水入渗，可能导致滑带土强度降低。

③边坡开挖破坏原生植被，坡体自身疏干能力降低，雨水入渗加剧。

由以上分析可知，当铁路以路堑形式穿过古滑坡坡脚时，不利因素主要是坡脚挖方影响和水的影响，其稳定性分析也主要针对这两个方面展开。首先是坡脚挖方的影响，坡脚挖方引起滑坡体几何形态的变化，从而导致稳定性发生变化，这一点可通过改变稳定分析中的几何模型实现(极限平衡法)，或者通过开挖过程模拟实现(数值分析法)；然后是水的影响，稳定分析中可通过改变滑体及滑带土的力学参数实现，或者进行应力场和渗流场的耦合分析实现。目前，极限平衡法是应用最为广泛的边坡稳定分析方法之一。

就极限平衡法而言，具体方法应根据古滑坡的滑面形态进行选取。选取原则如下：

①滑面为单一平面，这种滑动形式的稳定性计算方法较为简单，可将滑坡作为整体进行极限平衡分析。

②滑面为圆弧面或近似圆弧面，考虑到其整体的力矩平衡起主要作用和计算的简便性，稳定计算可采用简化 Bishop 法。

③滑面为连续的不规则(较陡)的折线段组成时，可采用 Janbu 法。

④对于滑面由一些倾角较缓、相互间变化不大的折线段组成，可采用计算方便的传递系数法。

1)滑坡滑面为单一平面

滑面(带)为单一平面或可简化成单一平面者(图 4.4.76)，系一般产生于松散体地段(或破碎岩层组成的坡体上)的滑坡，或顺层岩石由于人工切割坡角而产生的顺层面的滑动。由于土中黏聚力较小(可采用滑面上的抗剪强度为综合 φ 值)而经常出现单一平面型的滑面。

稳定度

$$K_0=\tan\varphi/\tan\alpha \tag{4.4.159}$$

式中，φ 为滑面(带)岩土的综合内摩擦角；α 为滑面(带)的倾角。

2)滑坡滑面为圆弧面

条块的受力如图 4.4.77 所示。E_i、E_{i+1} 表示法向条间力，T_i、T_{i+1} 表示条间切向力，W_i 为条块自重，Q_i 为水平作用力，N_i、S_i 分别为条块底部的总法向力(包括有效法向力及孔隙压力)和切向力，其余符号见图。

根据每一条块竖向力的平衡，可得：

$$W_i+T_i-T_{i+1}-N_i\cos\alpha_i-S_i\sin\alpha_i=0 \tag{4.4.160}$$

根据 Mohr-Coulomb 准则，

$$S_i=\frac{N_i-u_il_i}{K}f_i+\frac{c_il_i}{K} \tag{4.4.161}$$

其中，$f_i=\tan\varphi_i'$，$c_i=c_i'$，均代表有效内摩擦系数和有效黏聚力。

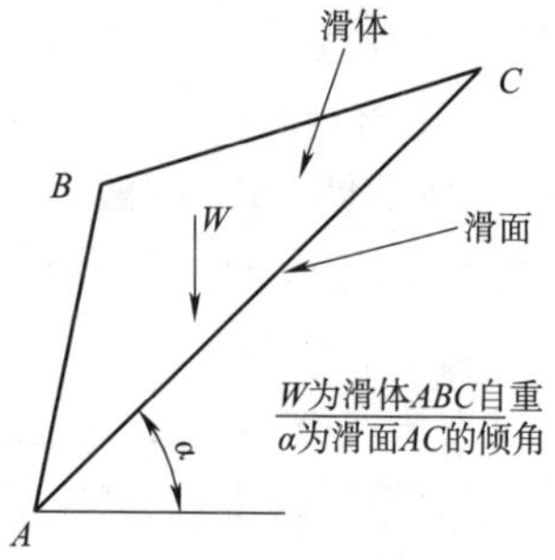

图 4.4.76　滑面为单一平面的滑坡

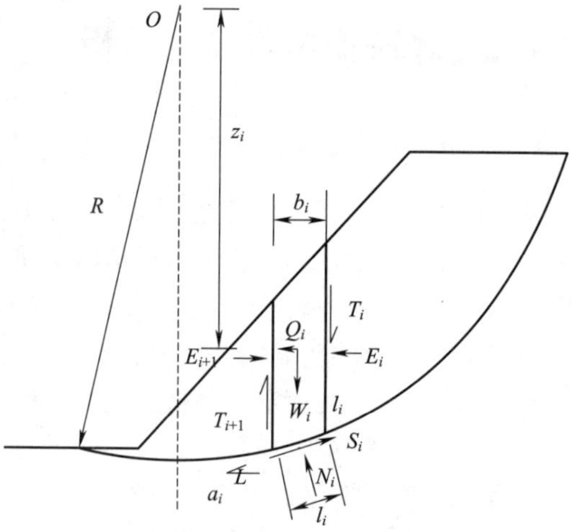

图 4.4.77　简化 Bishop 法中条块受力图

将式(4.4.161)代入式(4.4.160)可得底部总法向力为：

$$N_i=\left[W_i+(T_i-T_{i+1})-\frac{c_i l_i\sin\alpha_i}{K}+\frac{u_i l_i f_i\sin\alpha_i}{K}\right]\frac{1}{m_{ai}} \tag{4.4.162}$$

其中，$m_{ai}=\cos\alpha_i+\dfrac{f_i\sin\alpha_i}{K}$。

在极限平衡时，各条块对转动圆心的力矩之和应为零，此时条块间的作用力相互抵消，可得：

$$\sum W_i R\sin\alpha_i-\sum S_i R+\sum Q_i z_i=0 \tag{4.4.163}$$

将式(4.4.161)、式(4.4.162)代入式(4.4.163)，可得安全系数 K 的表达式为：

$$K=\frac{\sum\dfrac{1}{m_{ai}}\{c_i b_i+[W_i-u_i b_i+(T_i-T_{i+1})]f_i\}}{\sum W_i\sin\alpha_i+\sum Q_i\dfrac{z_i}{R}} \tag{4.4.164}$$

若设(T_i-T_{i+1})为零，可得到简化的 Bishop 法计算公式为：

$$K=\frac{\sum\dfrac{1}{m_{ai}}[c_i b_i+(W_i-u_i b_i)f_i]}{\sum W_i\sin\alpha_i+\sum Q_i\dfrac{z_i}{R}} \tag{4.4.165}$$

3)滑坡滑面为连续曲面或较陡折线

当滑面为连续的曲面或滑面由不规则(较陡)的折线段组成时，可采用 Janbu 法计算滑坡稳定性。

条块的受力如图 4.4.78 所示，力和力矩的平衡条件为：

水平向　$$E_{i+1}=E_i+U_{i,i-1}+Q_i+N_i\sin\alpha_i+U_i\sin\alpha_i-U_{i,i+1}-S_i\cos\alpha_i \tag{4.4.166}$$

竖向　$$T_{i+1}=T_i+S_i\sin\alpha_i+N_i\cos\alpha_i+U_i\cos\alpha_i-W_i \tag{4.4.167}$$

对底面中点 O 的力矩平衡(设重力和底面作用力均通过此点)：

$$T_{i+1}\frac{\Delta x}{2}+T_i\frac{\Delta x}{2}+Q_i Z_i+E_i(\Delta h_i+h_i)+U_{i,i-1}h_i'=E_{i+1}h_i+U_{i,i+1}h_i'' \tag{4.4.168}$$

注意到$\dfrac{\Delta h_i}{\Delta x_i}=\tan\overline{\alpha_i}$，整理式(4.4.168)，可得：

$$T_{i+1}+T_i+2Q_i\frac{Z_i}{\Delta x_i}+2E_i\left(\tan\overline{\alpha_i}+\frac{h_i}{\Delta x_i}\right)+2U_{i,i-1}\frac{h_i'}{\Delta x_i}=2E_{i+1}\frac{h_i}{\Delta x_i}+2U_{i,i+1}\frac{h_i''}{\Delta x_i} \tag{4.4.169}$$

底面的极限平衡条件(Mohr-Couloumb 准则)为：

$$S_i=\frac{N_i f_i}{K}+\frac{c_i l_i}{K} \tag{4.4.170}$$

式中，$f_i=\tan\varphi_i$；$l_i=\Delta x_i/\cos\alpha_i$；$Q_i$为除渗透压力外的其他水平荷载；$\varphi_i$、$c_i$ 分别为滑面上的内摩擦角和黏聚力。

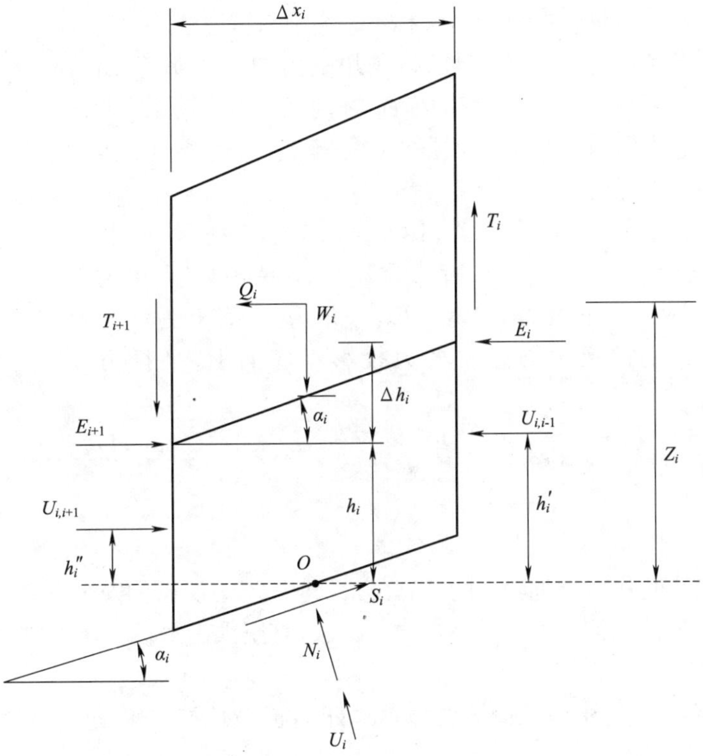

图 4.4.78　Janbu 法计算简图

将式(4.4.170)代入式(4.4.166)、式(4.4.167)整理得：

$$E_{i+1}=E_i+B_i+N_i\left(\sin\alpha_i-\frac{f_i}{K}\cos\alpha_i\right) \tag{4.4.171}$$

$$T_{i+1}=T_i+A_i+N_i\left(\cos\alpha_i+\frac{f_i}{K}\sin\alpha_i\right) \tag{4.4.172}$$

其中，$A_i=U_i\cos\alpha_i-W_i+\frac{c_i l_i}{K}\sin\alpha_i$；$B_i=U_{i,i-1}+Q_i-U_{i,i-1}+U_i\sin\alpha_i-\frac{c_i l_i}{K}\cos\alpha_i$

将式(4.4.171)、式(4.4.172)代入式(4.4.169)并整理，可得到 N_i 的表达式为：

$$N_i=\frac{D_i-C_i}{G_i} \tag{4.4.173}$$

其中，$C_i=2T_i+A_i+2Q_i\frac{z_i}{\Delta x_i}+2E_i\left(\tan\overline{\alpha_i}+\frac{h_i}{\Delta x_i}\right)+2U_{i,i-1}\frac{h'_i}{\Delta x_i}$

$$D_i=2(E_i+B_i)\frac{h_i}{\Delta x_i}+2U_{i,i+1}\frac{h''_i}{\Delta x_i}$$

$$G_i=\cos\alpha_i+\frac{f_i}{K}\sin\alpha_i-2\left(\sin\alpha_i-\frac{f_i}{K}\cos\alpha_i\right)\frac{h_i}{\Delta x_i}$$

将式(4.4.173)代入式(4.4.171)、式(4.4.172)，可得条间水平力和竖向力的递推公式为：

$$E_{i+1}=E_i+B_i+\frac{D_i-C_i}{G_i}\left(\sin\alpha_i-\frac{f_i}{K}\cos\alpha_i\right) \tag{4.4.174}$$

$$T_{i+1}=T_i+A_i+\frac{D_i-C_i}{G_i}\left(\cos\alpha_i+\frac{f_i}{K}\sin\alpha_i\right) \tag{4.4.175}$$

其中各符号的表达式见前述。

采用迭代法即可求解沿滑裂面的平均安全系数。

4)滑坡滑面为较缓折线

对于滑面由一些倾角较缓、相互间变化不大的折线段组成的滑坡，其安全系数的计算可采用计算方便的传递系数法，又称不平衡推力传递法。

在用传递系数法计算边坡(滑坡)稳定性时，条块受力如图4.4.79所示。该法假定条块间的合力平行于上一条块的底面，不考虑力矩的平衡，所以对条间力的作用点位置不予考虑，而只是根据力的平衡条件，逐条向下推求，直至最后一条块的推力为零。

如图4.4.79所示序号为 i 的一个分条，其上作用有垂直荷载 W_i 和水平荷载 Q_i；右侧面承受上一分条的不平衡下滑力 $P_{i,i-1}=F_{i-1}$，倾角为 α_{i-1}；左侧面上为本条的不平衡下滑力 $P_{i,i+1}=F_i$，倾角为 α_i；底部为法向反力 N_i、孔隙压力 U_i 及切向反力 S_i。将各力投影在底面上，平衡方程为：

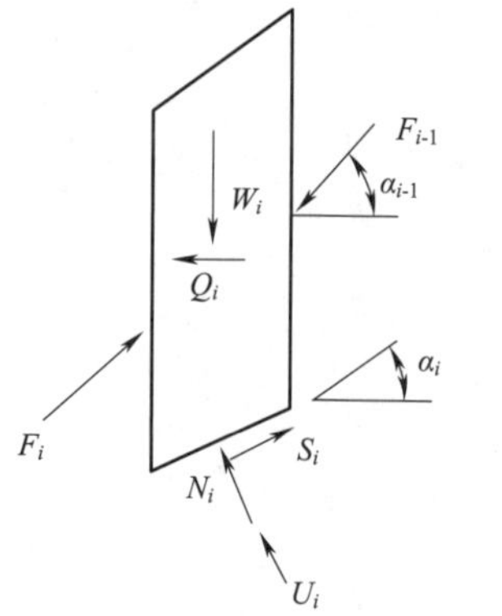

图4.4.79　传递系数法计算简图

$$F_i=(W_i\sin\alpha_i+Q_i\cos\alpha_i)-\left(\frac{c_il_i}{K}+\frac{(W_i\cos\alpha_i-U_i-Q_i\sin\alpha_i)f_i}{K}\right)+F_{i-1}\cdot\psi_{i-1} \tag{4.4.176}$$

式中，$\psi_{i-1}=\cos(\alpha_{i-1}-\alpha_i)-\dfrac{f_i}{K}\sin(\alpha_{i-1}-\alpha_i)$　　(4.4.177)

式(4.4.176)即为条块间作用力(推力)的计算公式，其中 K 为所需的安全系数。

解题时要先假定 K，然后从第一条开始逐条向下推求，直至求出最后一条的推力。该推力必须为零，否则要重新假定 K 进行试算。

以上主要讨论了铁路以路堑形式从滑坡坡脚通过的情况。对于铁路穿过古滑坡坡身、坡顶的两种情况，稳定性分析方法的选取原则如下：

(1)铁路以路堑形式从滑坡中部通过时，相当于在滑坡主滑段挖方减载。如果仅从卸荷的角度来看，开挖对滑坡的整体稳定性是有利的，但仍然存在不利因素，主要表现在以下几个方面：

①水的影响。施工用水、植被破坏导致的雨水入渗加剧等，都有可能引起古滑坡整体复活，这是稳定性分析的重点。

②开挖边坡局部稳定性以及对上部滑体稳定性的影响。稳定性分析方法的选取与铁路穿过古滑坡坡脚的基本一致，分析古滑坡整体稳定性时，应根据古滑坡的滑面形式选取相应的方法。分析开挖边坡的局部稳定性时，可采用常用的土质边坡稳定性分析方法。

(2)铁路从古滑坡坡顶部位置以路堑形式穿过时，相当于在滑坡牵引段挖方卸荷，减少了滑坡的下滑力，有利于滑坡的整体稳定性。边坡的稳定性分析主要关注水对滑坡稳定性的影响，其方法选取原则同滑坡穿过古滑坡坡脚的情况一致。

4.5.3　算例分析

1)八渡车站滑坡概况

南昆铁路八渡车站滑坡位于南盘江北岸的山坡上，山坡相对高差480～560 m。整个古滑坡体位于八渡背斜的北翼，坡体岩层总体倾向山里(北)，滑坡体总长约700 m，其中前缘宽540 m，中部宽350～400 m，后缘宽150～200 m。滑体厚度上、下相差较大，下部厚40 m左右，中部厚15～20 m，上部厚10～15 m，总体积约500万 m^3。滑坡体前缘向南盘江突出，形成明显的滑坡舌。后缘圈椅状外貌十分清楚，滑坡体中上部较东西侧山体低15～20 m，坡体明显呈上部凹陷，下部突出的典型台阶状滑坡外貌。如图4.4.80所示。

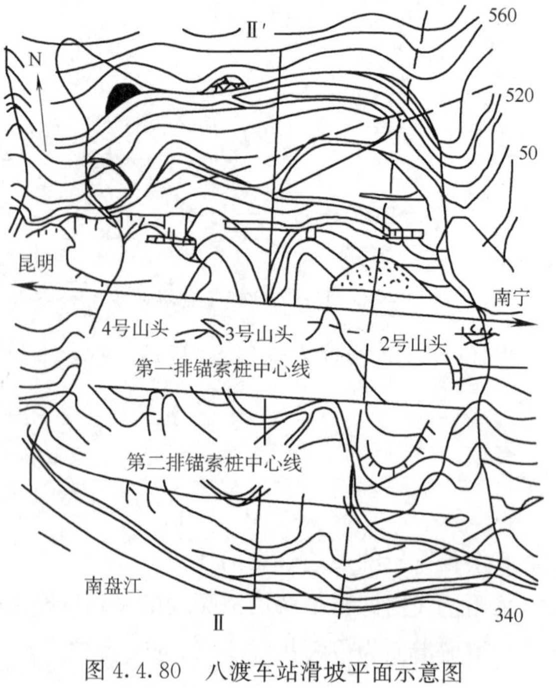

图4.4.80　八渡车站滑坡平面示意图

滑坡体范围内包含有两座山头(从东向西依次编号

为 2 号、3 号、4 号)，两条大的自然冲沟(2 号～3 号和 3 号～4 号山头之间的冲沟)滑坡横向上可将滑坡分为三块：2 号、3 号、4 号山头各为一块；纵向上可将滑坡体分为三级：从线路左侧基岩陡坎到江边为下级，长约 400 m；从线路到右侧高便道下的陡坎为中级，长约 200 m；从高便道到最上部陡坎为上级，长约 100～150 m。

该滑坡的成因，属特大型牵引式切层破碎岩石古滑坡。

2)工程施工对古滑坡的影响

南昆铁路修筑伊始，古滑坡整体上是稳定的，施工挖掉了中级滑坡的抗滑部分，造成中级滑坡体蠕动变形。4 号山头在 1995 年施工中发生滑塌；2 号、3 号山头在 1995 年 3 月相继出现弧形张裂缝，长 180 m 以上，夯填、抹砂浆处理后又张开、下错，张开宽度 0.2～0.3 cm，下错 0.5～0.7 cm。1996 年 7 月完成的路堑护坡也受挤严重开裂，2 号山头路堑内侧的护坡桩向外倾斜 8°～10°，桩顶平台上鼓，张开裂缝 4～5 cm 宽，下级护坡近坡脚处水平裂缝贯通，局部外鼓；上级护坡纵向裂缝每 2～3 m 即有一条，护坡脚被向外平推 10～20 cm。3 号山头上级护坡及坡顶地面纵向裂缝密集，宽 2～3 cm，护坡脚也被向外平推 10～20 cm。宏观迹象表明中级滑坡体已局部复活。

随着工程的进展，诸多工程活动和地表水径流条件的改变，以及大量生活、工程用水的排泄不畅，造成地下水长时间地集中下渗，严重影响了下级滑坡体稳定的内、外界条件，导致下级滑坡休(主体滑坡)1997 年 5 月发生蠕动变形，尤其是进入雨季后，当地罕见的几次特大暴雨引起南盘江江水暴涨，坡脚受江水浸泡、冲刷产生坍塌。坡体含水量的增高和地下水水位被抬升后对滑带长时间的浸泡，直接诱发了下级滑体产生蠕动滑移，造成 2 号、3 号、4 号三个山头对应的河岸严重滑塌，东起 2 号山头，西至 4 号山头出现断续贯通的拉张裂缝数条，其中最严重的一条宽 70～80 mm，距线路不足 100 m，分析认为是主体滑坡次一级的后缘位置，表明下级滑体也已局部复活。此次变形时间短(约 40 天)，蠕动位移大(日均约 2 mm)，速度快，仅 7 月份滑体前部就平均位移 30～50 mm，滑坡的变形已日趋严重。

3)工程治理措施

在减重和设置地面地下截水、排水系统的基础上，还设置了抗滑桩、锚索和锚索抗滑桩。设置抗滑工程时，将滑坡体分为 *a*、*b*、*c*、*d* 四块。线路右侧 90 m 至右侧 240 m 间为 *a* 块，线路右侧 15 m 至右侧 90 m 间为 *b* 块，线路左侧 100 m 至右侧 15 m 间为 *c* 块，线路左侧 220 m 至左侧 100 m 间为 *d* 块(图 4.4.81)。

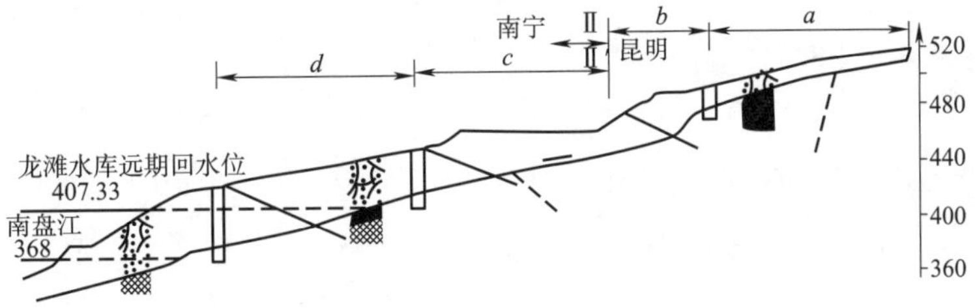

图 4.4.81　八渡车站滑坡主轴纵断面示意图

在 *a* 块滑体的下端，平行线路设置抗滑桩 44 根，截面为 2 m×3 m，桩长一般为 25～32 m(进入滑面以下 5 m)，桩间距为 7 m，每根抗滑桩的设计抗滑力为 1 000 kN。

在 *b* 块滑体的 2 号和 3 号山头开挖路基时，使 2 号和 3 号山头形成较大坡度，约为 40°。在 2 号和 3 号山头的斜坡面上，以梅花形间距 7 m 设置 4 排锚索，2 号山头 57 根，3 号山头 52 根，每根锚索长约 50 m(进入滑面以下完整基岩 10 m)，下倾角 30°。每根锚索的张拉力设计为 1 000 kN。

在 *c* 块、*d* 块滑体的下端，分别平行于线路设锚索桩 54 根、59 根。桩的截面积为 2 m×2.5 m，2 m×3 m，2 m×3.5 m 和 2.5 m×3.5 m 四种，桩间距 7 m，桩长 35～50 m(桩进入滑面下 8～12 m)；锚索为 12 索，索长为 50～70 m，下倾角 24°～26°；每根锚索桩的抗滑力设计为 1 000 kN。

4)稳定性分析

a、*b*、*c*、*d* 块滑体每延米的几何参数见表 4.4.21。

以 *a* 块滑体每延米排水后的推力计算及抗滑桩的设置为例，重力 W_a = 长×厚×重度 = 140×10×18 = 25 200 kN/m

表 4.4.21　各滑块每延米的几何参数

分　　块	长度 L(m)	厚度 h(m)	滑面倾角 X(°)	重力(kN/m)	备　　注
a	140	10	22	25 200	不含水
b	75	25	20	33 750	
c	115	20	19	41 400	
d	45	38	17	30 780	
	75	38	17	52 237	远期水库浸润

推力 $F_a=F_{a\text{下}}-F_{a\text{抗}}=W_a\sin\alpha-(W_a\cos\alpha\times\tan\varphi+c_aL_a)=-1\ 164\ \text{kN/m}$

设置抗滑桩的抗力 $F_{a\text{桩}}=-142\ \text{kN/m}$

总抗滑力 $F_{a\text{总}}=F_a+F_{a\text{桩}}=-1\ 306\ \text{kN/m}$

稳定系数 $K_a=(F_{a\text{抗}}+F_{a\text{桩}})/F_{a\text{下}}=1.138$

同理，可进行 b、c、d 块的稳定性计算分析。

各滑块的总抗滑力和稳定系数列入表 4.4.22。

表 4.4.22　稳定性计算结果

滑体分块	治理后各滑块的总抗滑力(kN/m)	治理后各滑块的稳定系数 K	备　　注
a	−1 306	1.138	负号表示抗滑力方向指向滑体上方
b	−1 536	1.133	
c	−2 336	1.196	
d	−3 281	1.135	
合计	−8 549		

由表 4.4.22 可见，经工程治理后滑坡每延米的抗滑力 $F=-1\ 306\sim-8\ 459$ kN/m，稳定系数 $K=1.133\sim1.196$。即使在几十年一遇的月降雨量达 482.6 mm 的情况下，由于排水畅通，抗滑力及稳定系数也不会降低，所以滑坡是稳定的。线路右侧 220 m 以外的滑体即使滑动，也不会对车站有影响。

经列车运行检验及滑坡监测资料表明：滑坡治理是成功的，没有发生位移变形。

第 5 章　边坡灾害防治技术

5.1 概　　述

山区铁路(公路)建设所经过的区域地质条件复杂,生态环境脆弱,铁路建设中要破坏植被、开挖路堑、修筑路堤等,由此打破了山区环境原有的平衡系统,在其他外界因素(如降雨、地震等)的作用下,常形成边坡灾害或病害,危及施工、运营安全。

5.1.1 边坡灾害防治原则与方法

在边坡工程中,针对不稳定坡体,采取适当的治理措施以提高其稳定性,防止坡体失稳破坏而造成灾害和损失,有助于人类生活、生产和经济活动的顺利开展。

1)边坡灾害的总体防治原则

(1)强调地质工作,坚持地质选线原则。

(2)合理使用支挡防护工程,优化施工方法。

(3)重视边坡植被绿化,提高生态恢复能力。

2)边坡灾害防治方法

边坡灾害防治方法一般分为 4 类:锚固、护面、支挡及排水。

在实际工程中,单独的一种方法往往是不足的,常见的情况都是这些方法的交叉组合,共同构成支挡防护体系,形成了综合防治方法。

综合防治方法可细分为 4 类:

(1)预加固技术,边开挖边加固坡体。

(2)施工期间尽量减少开挖扰动,保持坡体自稳能力。

(3)减少自然营力(雨水渗入、风化等)的影响。

(4)合理、及时地施加支挡加固与防护措施。

5.1.2 边坡灾害防治技术体系

结合前述边坡灾害防治原则和方法,根据边坡变形破坏模式、成灾机理等主要因素,可总结出各类边坡灾害防治技术体系(表 4.5.1),主要包括放缓边坡、削坡减重、支挡加固与防护、防排水、变形监测和预测等技术。

表 4.5.1　各类边坡灾害防治技术体系

边坡分类	坡体特征	边坡灾害防治技术
一般黏性土路堑边坡	土体以黏土颗粒为主,一般干时坚硬,开裂遇水膨胀崩解,干湿效应明显。常见的变形破坏形式为沿圆弧面滑动和坍塌	(1)加强防排水。 (2)削坡压脚和使用挡土墙类支挡结构
黄土路堑边坡	土体以粉粒为主,质地均一,一般含钙量高,无层理,但柱状节理发育,天然含水量低,干时坚硬,部分黄土遇水湿陷,有些呈固结状,有时呈多元结构。边坡开挖后,可能的变形破坏形式为张裂、崩塌、湿陷和滑动	(1)加强防排水。 (2)合理削坡以及对坍岸作好监测和预测
碎石土路堑边坡	一般由坚硬岩石碎块和砂土颗粒或砾质土组成,可分为堆积、残坡积混合结构和多元结构。常见的变形破坏形式为滑动和坍塌	(1)合理选择稳定坡角。 (2)加强坡体防排水措施

续上表

边坡分类	坡体特征	边坡灾害防治技术
膨胀岩土路堑边坡	膨胀土边坡富含蒙脱石等易膨胀矿物，内摩擦角一般很小，干湿效应明显。边坡开挖后，表层易膨胀、崩解，引起连续滑动和坍塌； 膨胀岩边坡与膨胀土边坡类似，膨胀泥岩具碎裂性和低强度性，边坡开挖容易坍滑或滑坡	膨胀土： (1)尽可能不改变土体含水条件。 (2)预留保护层，开挖后速盖压保湿。 (3)注意选择稳定坡角。 (4)加强排水、砌护封闭。 膨胀岩： (1)尽量绕避。 (2)缓坡率，设平台。 (3)固脚，推荐抗滑桩。 (4)坡面防护，推荐框架锚杆护坡
块状岩质路堑边坡	整体和块状岩质边坡一般由较为坚硬的岩石构成，整体结构岩质边坡完整性最好，灾害相对较少； 块状结构完整性次之，局部楔形体滑动和局部块体崩塌均有可能，但又以局部块体崩塌为重	(1)对大规模的频繁或经常发生的以坠落冲击破坏为主的崩坍落石，应以绕避为主。 (2)进行灾害防治工程风险决策，基于对崩坍落石灾害危害程度的认识，设计防止灾害产生的工程措施(加固)，或减轻灾害的工程措施(拦截、导引和遮盖)
顺层岩质路堑边坡	层状岩质边坡中的顺层岩质边坡最为常见，也是最难治理的一类岩质边坡。边坡岩层倾向同坡面倾向基本一致，开挖后易形成顺层滑坡	(1)对于处理困难，处理费用较大，或处理后可能遗留隐患的顺层地段，选线时尽可能绕避；对无法绕避的顺层地段，应采取必要的预防措施。 (2)当地形无不利于边坡稳定的双向临空且岩层走向与线路走向夹角大于40°时，原则上不考虑顺层影响，按一般路堑设计。 (3)对于顺层边坡，当岩层倾角大于35°、有顺层清方条件时，原则上采用顺层清方。 (4)当岩层为比较完整的硬质岩，建议优先选用轻型支护体系、锚杆束桩、钢轨桩、抗滑键等进行加固；当岩层为软质岩或比较破碎的硬质岩时，建议优先采用锚固桩、锚索桩及综合加固措施。 (5)加强防排水措施。 (6)建议顺层岩质路堑施工采用小台阶爆破，并严格控制装药量，或采用深孔爆破与缓冲爆破相结合的预留保护层分步开挖方案
碎裂岩质路堑边坡	碎裂岩质边坡岩体中一般含有多组结构面，岩体较为破碎，深路堑一旦开挖后，边坡常不能维持自身稳定而出现坍滑。对于该类边坡而言，支挡加固措施合理选择和施工程序的优化尤为重要	分级开挖、分级稳定，坡脚采用锚固桩预加固的先桩后挖法。通常的做法有两种： (1)分层开挖、并立即采用土钉墙喷锚加固或锚索地梁技术使之分层稳定。 (2)在陡坡地段，为尽可能增大最下级支挡结构高度，以减少支挡结构以上边坡出现剥山皮现象，坡脚采用预应力锚索桩结构预加固，桩间采用喷锚网复合结构支护边坡
松散岩质路堑边坡	最为典型的是岩堆型松散岩质边坡，是一种典型的山坡脚的不良地质体。岩堆是岩石山坡在各种物理、化学作用下失稳，产生塌滑、剥落，在山坡脚堆积形成的松散堆积体	(1)坚持选线原则，避免从不稳定岩堆处通过，避免从岩堆下部以路堑通过等。 (2)使用逐段开挖及时支护技术。 (3)地下水发育区，采用片石混凝土快速浇筑技术。 (4)边坡较高时，采用锚固桩坡脚预加固技术。 (5)使用分层开挖分层稳定技术
斜坡软基路堤边坡	在斜坡软弱地基上填筑土石方，易产生地基以及填方工程变形和破坏。斜坡软弱地基(松软倾斜地基)主要具有两个特征：一是地基表面或松软层底部具有一定坡度的向外斜坡；二是地基土体具有低强度和高压缩性	(1)当斜坡较陡且软弱土层较薄时，应优先采取清除软弱土层的措施。 (2)斜坡坡度较缓，软弱土层较厚且为非饱和土时，应采取强夯或重锤夯实强夯，提高土层密实度。 (3)斜坡坡度较缓，软弱土层较厚且为饱和土时，应采取地基加固措施。 (4)斜坡坡度较陡，软弱土层较厚时，应优先采取限制地基侧向变形的措施。 (5)对填方工程变形要求严格时，宜优先采用桩网结构基础。 (6)斜坡坡度较陡时，不宜单一采用复合地基加固方案，可采用坡脚锚固桩侧向约束与复合地基综合加固方案。 (7)斜坡软弱地基路堤加固工程可靠度较低或工程造价较高时，采用以桥代路通过

续上表

边坡分类	坡体特征	边坡灾害防治技术
古滑坡区域边坡	滑坡是山区最为常见的一种地质灾害，山区铁路(公路)建设中不可避免地会碰到一些滑坡。通常采取绕避方式通过滑坡区域，尽可能地减小铁路同滑坡之间的相互影响，但有时出于工程布局或工程投资的考虑，铁路不得不从滑坡区域(一般为古滑坡)通过。若施工措施不当，易引发古滑坡复活或形成新的滑坡	(1)坚持选线原则，尽量绕避古滑坡。必须通过时应避免以路堑形式通过古滑坡坡脚及以路堤形式通过坡顶。 (2)强调预加固原则，降低灾害风险。 (3)加强防排水措施，避免水渗入滑带土。 (4)重视植被护坡，提高坡体自身疏干能力

限于篇幅，重点讨论边坡支挡加固技术。边坡支挡加固常用的支挡工程主要有抗滑桩、挡土墙等，加固工程主要有注浆加固、锚杆(索)加固等。具体的边坡支挡加固的类型、特点及适用范围，见表 4.5.2。

表 4.5.2　边坡支挡加固的类型、特点及适用范围

类型	结构示意图	特点及适用范围
重力式挡土墙	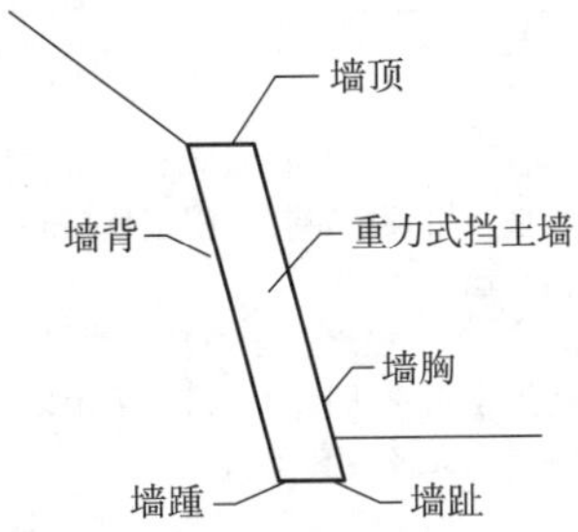	(1)依靠墙身自重承受土侧压力。 (2)一般用浆砌片石砌筑。在缺乏石料地区或墙身较高时，宜采用混凝土灌注。 (3)形式简单、取材容易、施工简便。 (4)适用于一般地区、浸水区、地震区等的边坡支挡工程。当地基承载力较低或地质条件较复杂时，应适当控制墙高
衡重式挡土墙	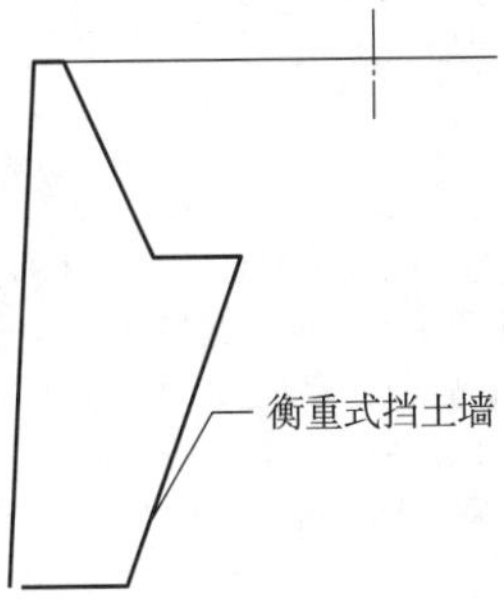	(1)利用衡重台上的填土重量及墙体自重共同抵抗土压力以增加墙身的稳定性。 (2)由于墙胸坡陡、下墙背仰斜，在陡坡地区可降低墙高，减少基坑开挖面积。 (3)主要用于地面横坡较陡的路肩墙和路堤墙，也可用于拦挡落石的路堑墙
卸荷板式挡土墙	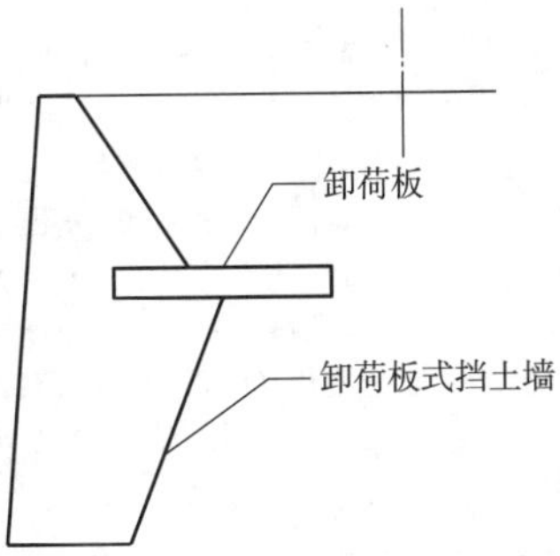	(1)在衡重式挡墙的墙背设置一定长度的水平卸荷板，卸荷板上的填料作为墙体重量，而卸荷板又减少了衡重式挡墙下墙的土压力，增加全墙的抗倾覆稳定性。 (2)地基强度较大地段、墙高大于 6 m 时，卸荷板式挡土墙与衡重式挡墙比较显示出优越性，铁路系统目前在《铁路路基支挡结构设计规范》中规定本结构使用范围为墙高大于 6 m、小于 12 m 的路肩墙
托盘式挡土墙	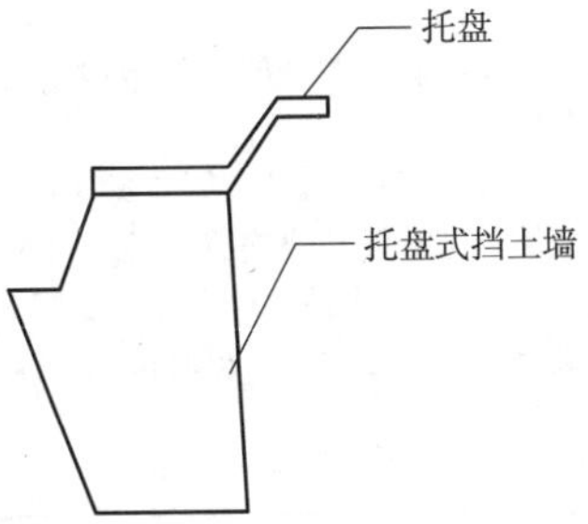	(1)在挡墙顶部设置钢筋混凝土的托盘及道砟槽，承受线路上部建筑和列车的重量。 (2)在山区地面陡峻地带或受既有线建筑物影响横向空间受限制时，设置托盘式挡土墙可降低墙高、缩短横向距离。 (3)要求挡墙的地基承载力较高

续上表

类型	结构示意图	特点及适用范围
悬臂式挡土墙	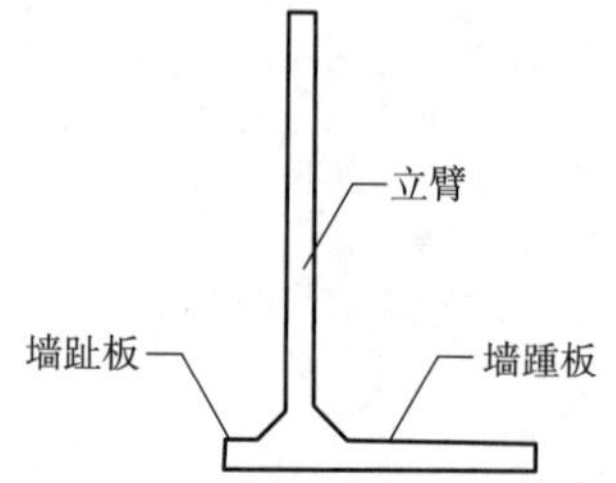	(1)采用钢筋混凝土材料、由立臂、墙趾板、墙踵板三部分组成,墙的断面尺寸较小。 (2)墙高时立臂下部的弯矩较大。 (3)宜在石料缺乏、地基承载力较低的填方地段使用。 (4)墙高不宜大于6 m;墙高大于4 m时宜在墙面板前加肋
扶壁式挡土墙	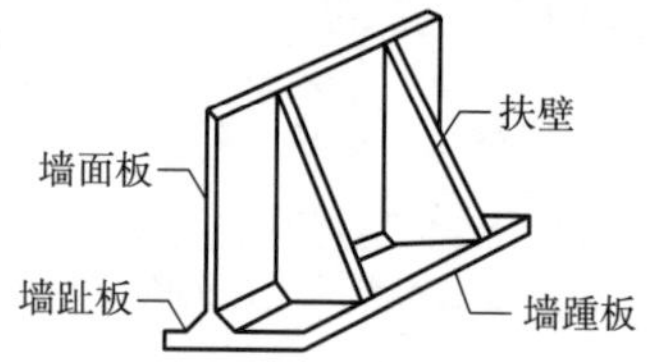	(1)当悬臂式挡墙的立臂较高时,沿墙长方向每隔一定距离加一道扶壁把墙面板和墙踵板连接起来,以减小立臂下部的弯矩。 (2)扶壁式挡墙宜在石料缺乏、地基承载力较低的地段使用,墙高不宜大于10 m。装配式的扶壁式挡土墙不宜在不良地质地段或设计地震动峰值加速度为0.2*g*(八度)及以上地区采用
锚杆挡土墙	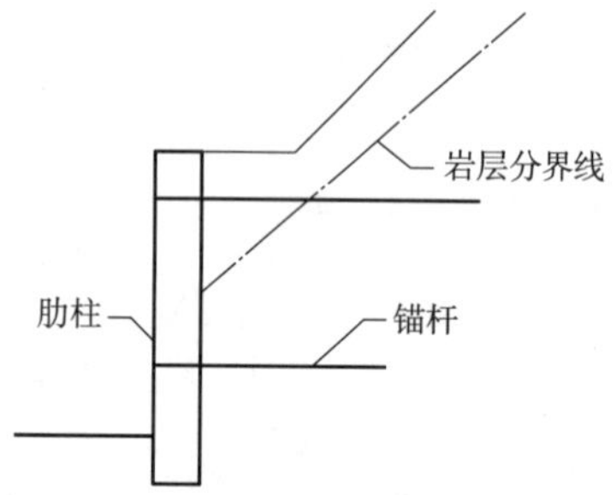	(1)锚杆挡土墙是由钢筋混凝土肋柱、墙面板和锚杆组成,靠锚杆拉力来维持稳定,肋柱、挡板可预制,有时,根据地质和工程的具体情况,也采用无肋柱式锚杆挡土墙。 (2)锚杆挡土墙适用于一般地区岩质或土质边坡加固工程(铁路支挡规范规定目前仅使用于岩质路堑边坡),可采用单级或多级,在多级墙的上下级之间应设平台,每级墙高不宜大于8 m,总高度宜控制在18 m以内
锚定板挡土墙	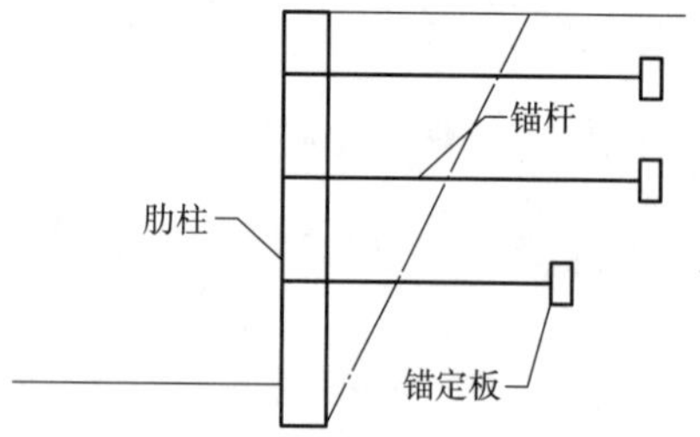	(1)锚定板挡土墙是由钢筋混凝土墙面板、锚杆及锚定板组成,靠固定在稳定区的锚定板提供的抗拔力来维持墙体的稳定。有时,根据地质和工程的具体情况,也可采用无肋柱式锚定板挡土墙。 (2)锚定板挡土墙适用与一般地区墙高不大于10 m的路肩墙或路堤墙,设计时可采用单级或双级。在双级墙的上下级之间应设平台。单级墙高不宜大于6 m,双级墙总高度宜控制在10 m以内
加筋土挡土墙	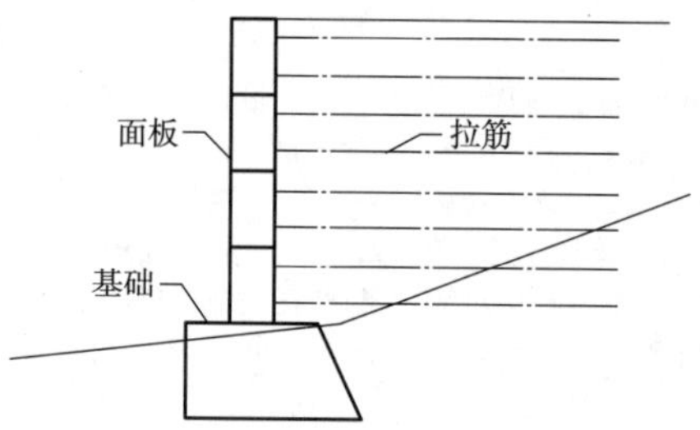	(1)加筋土挡土墙是由墙面系、拉筋和填土共同组成的挡土结构,由拉筋和填土间的摩阻力维持墙体的稳定。墙面板宜采用钢筋混凝土板,拉筋宜采用钢筋混凝土板条、钢带、复合拉筋带或土工格栅。目前也有采用土工合成材料作拉筋的包裹式(无面板)加筋土挡墙。 (2)加筋土挡土墙适用于石料缺乏地区,由于其为柔性结构对地基承载力的要求不高,能适应地基轻微的变形。一般对墙高没有限制,但铁路工程中加筋土挡墙尚限于使用在一般地区的路肩墙,在铁路一级干线上加筋土挡墙的高度不宜大于10 m,高度大于10 m或用在其他地区时按特殊设计考虑
桩板式挡土墙	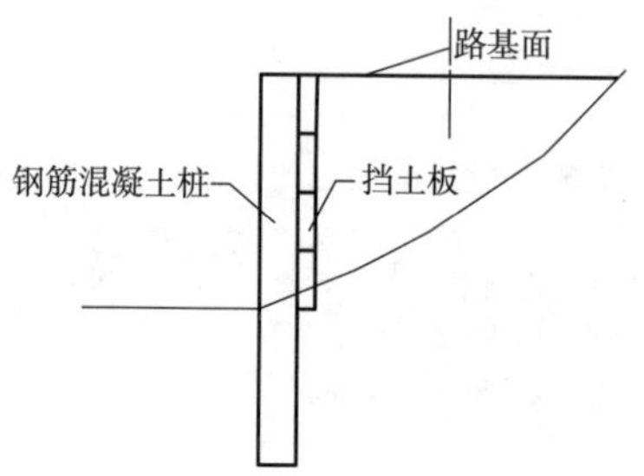	(1)桩板式挡土墙是一种在桩之间设挡板或土钉等其他结构,以稳定路基填土的挡土结构。 (2)桩板式挡土墙可用于一般地区、浸水地区和地震区的路堑和路堤支挡,也可用于滑坡等特殊路基的支挡工程。桩的自由臂长度不宜大于15 m,桩间距宜为7~8 m。当桩的地面以上长度大于15 m或桩侧土压力较大时,可在桩上部加设锚索(杆)组成预应力锚索(杆)桩

续上表

类型	结构示意图	特点及适用范围
土钉墙	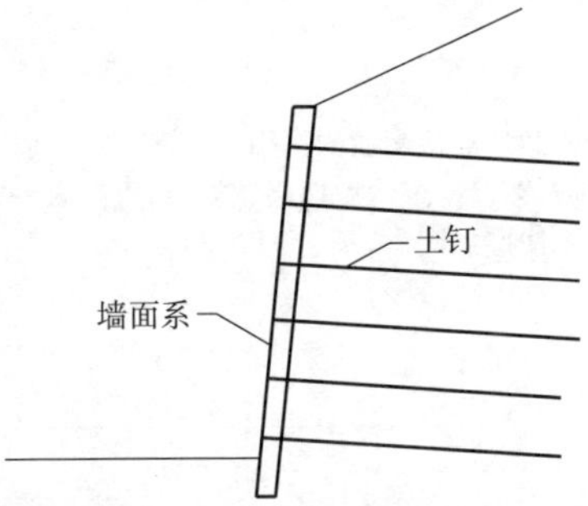	(1)土钉墙一般由土钉及墙面系(钢筋网和喷射混凝土构成的面层)组成,靠土钉拉力维持边坡的稳定。 (2)土钉墙可用于一般地区及破碎软弱岩质边坡加固工程,在地下水较发育或边坡土质松散时不宜采用。单级土钉墙墙高宜控制在 12 m 以内,多级土钉墙上下墙之间应设置平台,每级墙高不宜大于 10 m,总高度宜控制在 20 m 以内
抗滑桩	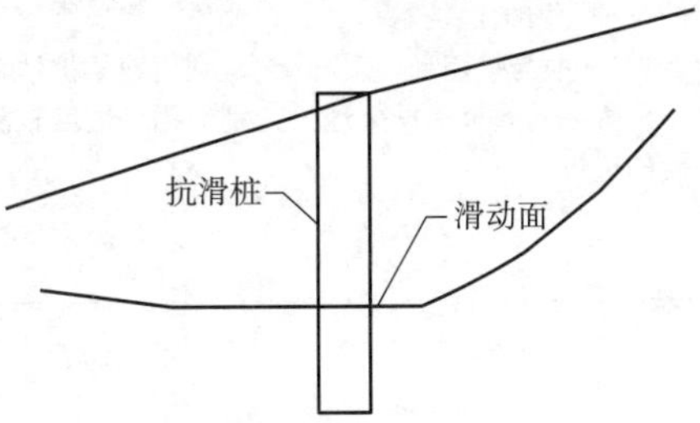	(1)抗滑桩是一种由其锚固段侧向地基抗力来抵抗悬臂段的土压力或滑坡下滑力的横向受力桩(当用在非滑坡工程时称其为锚固桩),在土质和松散软弱岩质地层中常设置锁口和护壁。 (2)抗滑桩常用于稳定滑坡、加固其他特殊边坡(例如作为软弱松散岩质路堑边坡的预加固桩),桩间距一般为 6～10 m,桩的截面最小边长不小于 1.25 m
桩基托梁挡土墙	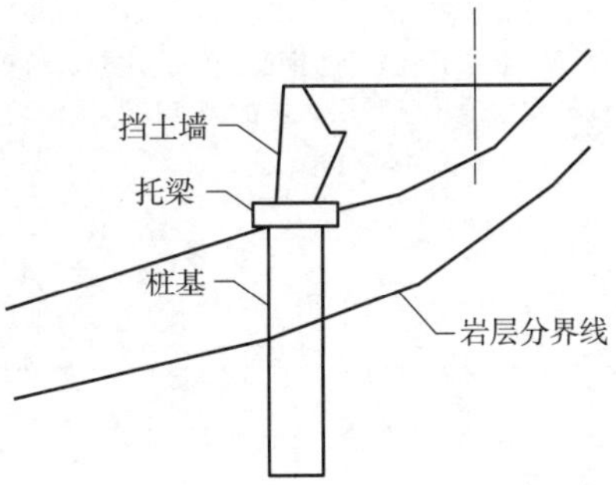	(1)桩基托梁挡土墙是一种由基桩、托梁及挡土墙组成的复合结构,以稳定边坡及路基填筑土体的挡土结构。 (2)桩基托梁挡土墙一般用在地基承载力不满足需要的地段,当地面陡峻或地表覆盖层为松散体时,采用桩基础将基底置于稳定地层。挡土墙墙高控制在 12 m 以下,托梁底一般置于原地面附近
预应力锚索抗滑桩	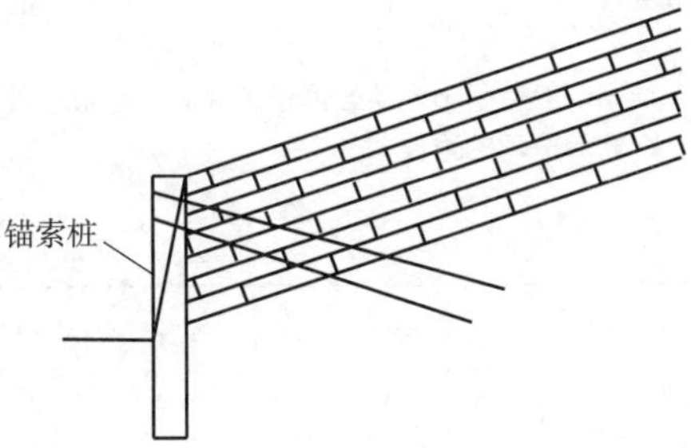	(1)预应力锚索抗滑桩是由抗滑桩、桩顶附近预应力锚索组成的用于稳定岩土体的组合支挡结构。 (2)当推力较大、桩悬臂较长时,为改善悬臂桩的受力条件,减小桩的内力及桩的截面与埋深,需在桩的上部设置锚索,即采用预应力锚索抗滑桩
预应力锚索	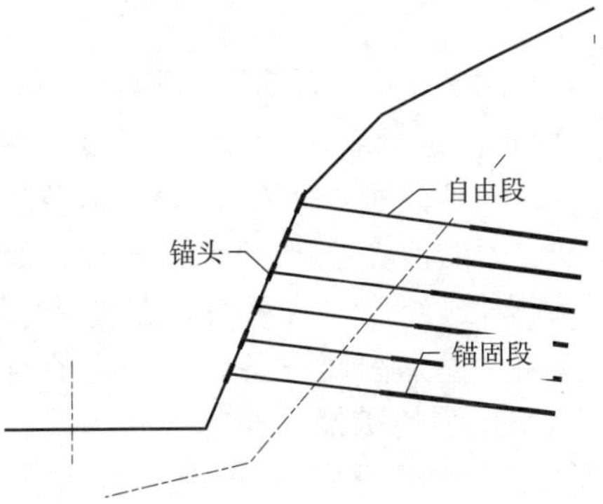	(1)预应力锚索由锚固段、自由段及锚头组成,通过对锚索施加预应力以加固岩土体,使其达到稳定状态或改善结构内部受力状态。预应力锚索采用高强度低松弛钢绞线制作。 (2)预应力锚索可用于土质、岩质地层的边坡及地基加固,其锚固段宜置于稳定地层中。预应力锚索也常与抗滑桩结合组成锚索桩,以减小抗滑桩的锚固段长度及桩身截面

续上表

类型	结构示意图	特点及适用范围
锚杆	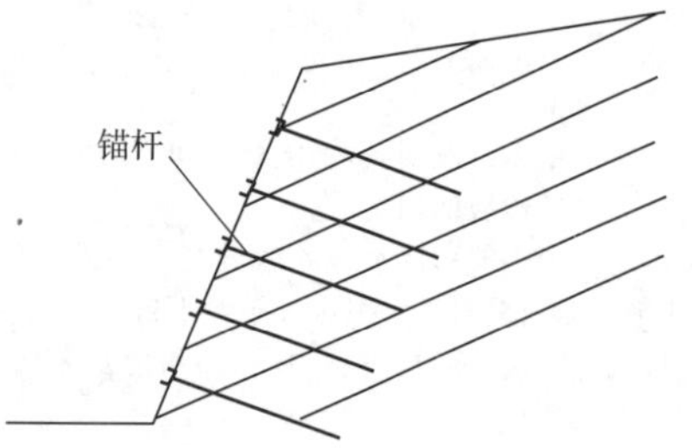	(1)锚杆加固边坡类似螺栓的作用。 (2)当边坡坡体破碎，或边坡地层软弱时，可打入一定数量的锚杆进行加固，适用于中浅层加固
框架地梁	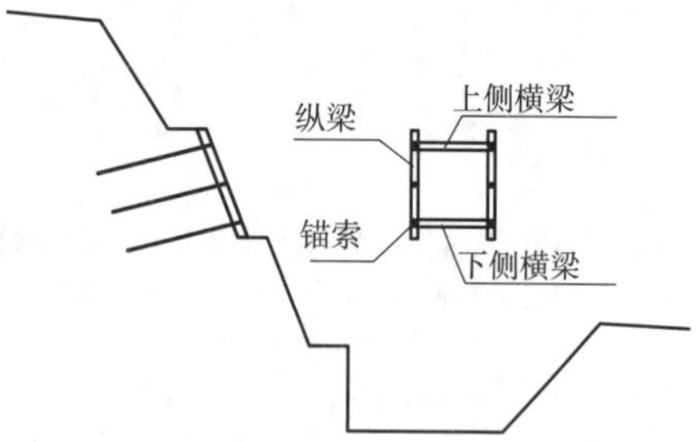	(1)框架地梁是利用钢筋混凝土梁进行坡面防护，并利用锚杆或锚索加以固定的一种边坡加固技术。 (2)框架地梁一般与铁路环境美化结合，利用地梁护坡，同时在框格中种植花草达到美观的效果。框架地梁特别适用于坡度较陡、坡体岩土均匀且较坚硬的边坡
抗剪锚杆	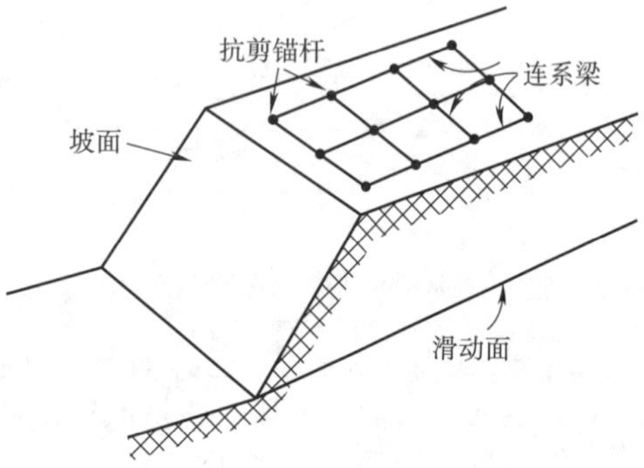	(1)抗剪锚杆一般指孔径较大、钢筋较多且主要起抗剪作用的锚杆。 (2)抗剪锚杆比较适用于顺层边坡加固和中小型滑坡灾害防治
注浆	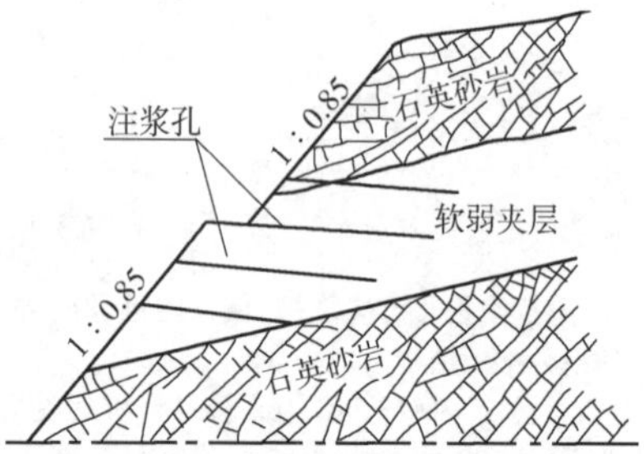	(1)注浆是利用液压或气压把能凝固的浆液注入边坡岩体的裂缝或孔隙中，以改变岩体的物理力学性质，提高岩土体稳定性的一种边坡加固技术。 (2)注浆加固一般适用于松动岩体边坡或者开挖形成的多卸荷裂隙边坡，以及存在软弱滑带的边坡

5.1.3 支挡结构设计与施工安全控制要素

5.1.3.1 重力式挡土墙设计安全控制要素

1)重力式、衡重式路肩墙设计应共同注意的问题

①动应力、架梁机荷载。通过对列车动荷载在支挡结构上的侧向压应力的分布规律及大小的研究发现，虽然在路肩以外设置挡土墙时，动荷载对墙身影响较小，但当墙背靠近荷载时，荷载对其影响逐渐增大。无论是重力式路肩墙还是衡重路肩墙，当不满足稳定性要求而增大墙身截面时，墙背总是向荷载靠拢。由于目前土压力的计算公式中还没有考虑靠近列车荷载时，荷载集度增大的计算公式。因此，高速铁路上不宜设置路肩墙。如果必须设置，应采用桩板墙或L型挡土墙等轻型结构，或像非埋式重力式路堤墙那样置于路肩以下向外侧放一定的坡度。这样既可避免墙背向荷载靠近，又可给站后附属设备留出一定的空间。由于动荷载对矮墙的影响很大，建议5 m以下矮墙，路基面以上荷载，采用平均满铺的换算土柱形式。有些墙的结构设计受架梁机荷载控制。建议架梁机荷载在结构稳定检算和强度检算时，抗倾覆稳定安全系数降低为1.1，抗滑稳定安全系数降低为1.05，基底承载力可提高20%。

②填料参数。填料压实度较大时，设计应选择较大的重度。应作好地面排水和墙后排水，特殊情况下不能满足墙后排水时，土压力计算应采用饱和重度；填料尽量不要选择黏性土。如果必须填黏性土，要经过改良，做好路基面隔水层，计算土压力时按不同土层的土压力计算，路基面以下 3 m 范围，采用饱和重度，也可采用综合内摩擦角的方法；地面横坡较陡时应注意破裂角是否已交于路基面之外，如果此时对面是挖方边坡或上挡建筑，土压力应重新计算。

③墙背摩擦角除与墙背的光滑程度有关外，与墙背的倾角也有关。墙背倾斜不能太缓，否则计算出的库伦土压力比实际的小。当基底承载力较低时，墙背太缓还会造成墙踵应力过大，墙沿坡面下滑的现象。

④基底承载力。黏性土的承载力受水的影响较大，随着液性指数和孔隙比的增大，基本承载力降低，基底干燥特别重要，应通过加强墙背排水、设置基础隔水层和基坑顶面的封闭层，保证地基不浸水。在墙背不排水、基底又浸水的情况下，很难通过增大墙身截面的方式来抵抗墙背土压力。砂性土的基本承载力与密度有关，密度越大，承载力越高；砂砾、粗砂、中砂的基本承载力与湿度无关；细砂和粉砂的基本承载力随湿度的增大而降低。当基底松散而承载力不够时，可采取措施使密度增大而提高承载力。细砂和粉砂地基应注意基底防水，否则应采取措施提高基底承载力；碎石类土承载力与密实度有关。卵石土、碎石土、圆砾土、角砾土的基本承载力在密实程度同等级的情况下，按顺序逐渐降低；黄土地基的基本承载力与含水量和孔隙比的关系较大。随着含水量、孔隙比的增大；新黄土和老黄土的基本承载力逐渐降低。黄土地区应注意基底防水，防治湿陷；多年冻土地基的基本承载力与温度有关。温度越高，多年冻土的基本承载力越低；路肩墙下若存在软土，应对基底承载力和稳定性进行检算，必要时进行基底加固；岩石地基的基本承载力与岩石的坚硬程度、节理、裂隙发育程度密切相关。裂隙张开或有泥质填充时，应取低值。

⑤基底摩擦系数和倾斜基底。基底摩擦系数与地基承载力之间存在线性关系，地基承载力越大摩擦系数越大。土质地基含水量增加，不仅降低土体内部剪切强度，也同样降低基底摩擦系数，而且含水量的变化对土质地基的基底摩擦系数的影响显著。因此，在土质地基上施作挡土墙应注意基底防水。倾斜基底是增强基底抗滑的有效措施，但倾斜基底同时会降低地基的基本承载力。铁路规范将基底的最大值限定在 0.2∶1。如果斜底坡度不受限制，应遵循 $x=0.1$，地基基本承载力降低 10%，$x=0.2$，地基基本承载力降低 20%的规律，依此类推。

2)重力式路肩墙设计应注意的问题

以往的重力式路肩墙墙顶从帽石出来只有一点很缓的坡度，现在的重力式路肩墙采用较陡的坡度，这样墙顶不易深入到基床以内。其土压力计算与衡重式路肩墙类似，分上下墙。上墙坡度很缓时会出现第二破裂面，以前的延长墙背法忽略了这个现象。按第二破裂面计算的土压力大于延长墙背法的土压力。重力式路肩墙墙背靠近荷载时，对于墙身的整体稳定和结构的承载力是不利的。在地面横坡不是很陡的情况下，胸坡采用 1∶0.3，下墙背坡采用 1∶0.2 比胸坡采用 1∶0.25，下墙背坡采用 1∶0.25 的截面积小。在承载力较低的情况下，调缓胸坡并调陡背坡时，计算较高的墙也可满足承载力的要求。

3)衡重式路肩墙设计应注意的问题

①截面形式。从衡重式挡土墙的发展过程来看，其上下墙的比例曾经有很多种，后来逐步固定在 $0.4H$、和 $0.3H$ 两种。在仅考虑墙身自重的条件下，当上墙高度为 $0.4H$ 时，挡土墙的自稳性较上墙高度为 $0.3H$ 时好。当挡土墙与下部桩基托梁联合作用时，其对挡土墙的自身稳定要求较高，不宜选用上墙高度为 $0.3H$ 的墙型。

②土压力及墙身截面检算。衡重式挡土墙的土压力分上、下墙计算。衡重台的宽度增加到一定程度，上墙土压力计算时会出现第二破裂面。挡土墙墙背土压力的大小，除了土壤的物理力学因素外，主要取决于墙的侧向移动方向和移动量。当墙身平移、绕墙趾转动、或基础产生不均匀沉降，趾部变形大于踵部变形达到一定程度时，上下墙均产生主动土压力状态，此时上墙可按主动土压力计算，但这种可能性很小；若挡土墙基础设置在坚硬的岩石地基上，地基不易产生沉降位移变形，上墙不能随整体的变形达到主动极限状态，上墙土压力按静止土压力计算比较合适；当地基产生不均匀沉降，墙身倾向填土产生变形时，上墙将产生大于静止土压力的力。试验结果表明，衡重台处有应力集中现象。目前，上墙的截面检算按库伦主动土压力理论进行计算。但按静止土压力计算，虽然应力检算满足要求，但偏心不符合要求，使上墙出现了过大的拉应力。虽然拉应力并没有超过材料的容许值，但偏心过大，使得上墙由重力式墙的性质转变为悬臂梁。因此，靠近上下墙突变部分应加设竖向钢筋以增大上墙的抗拉能力，必要时还应增大斜截面抗剪能力。

③适用范围。对于某一固定的墙高，上墙的尺寸是固定不变的，土压力增大后，只能通过增加衡重台的宽度(及增大下墙)来增加墙身的稳定性，故衡重式挡土墙用作路肩墙比较合适。如果用于路堤墙，由于墙顶

填土高度大，土压力大，上墙截面应增大，特别要加强衡重台处的强度。作为拦石墙时，也要注意加强衡重台截面突变处的强度。衡重式路肩墙适用于陡坡路基。衡重式挡土墙在基底承载力不能满足要求时，一般与桩基托梁联合使用，墙底与托梁连接牢固，墙身不易发生移动和转动。

④排水及其他。设计中应按规范要求做好墙背排水措施，特别是衡重台附近、地面附近和桩基承台顶面以上。路基面加宽地段，不能随便套用标准图，应进行个别设计。在墙身特别靠近荷载时，应加强上墙截面。

5.1.3.2　重力式路堤挡土墙设计安全控制要素

重力式路堤墙与重力式、衡重式路肩墙，设计中需要注意的类似的问题在此不再赘述。下面仅强调说明路堤墙特别需要注意的地方。

①动应力。对于非埋式路堤墙，当填土高度在 2 m 以上时，动应力不会对挡土墙有多大的影响；对于埋式路堤墙，墙顶高度在 4 m 以上时，一般也可认为没有多大的影响。设计时可将填土高度小于 2 m 的路堤墙当作路肩墙考虑。当填土高度小于 2 m 时，不宜选择埋式路堤墙。建议 2～4 m 墙高路基面以上荷载采用平均满铺的形式。

②填料参数。填料的内摩擦角对土压力影响很大，摩擦角降低 1°，土压力增加很大，这种变化对于低墙更显著。挡墙顶填土较高的路堤墙，在选取设计参数时应适当选用低值。填料越密实，重度越大，内摩擦角更大，摩擦角对土压力的影响比重度大得多。因此，土体填筑密实，对挡墙的稳定是有利的。

③墙顶设置方式、填方高度和边坡坡率。一般情况下应选择非埋式路堤墙。在相同条件下，非埋式路堤墙比埋式路堤墙的截面尺寸要小得多，墙越高这种情况越显著。在浸水地区或靠近路肩较近时，为减小水流冲刷或保证墙胸在视觉上的美观，可将非埋式路堤墙的胸坡设在一个平面上（墙顶留一定的平台，使矮墙向外平移，墙胸与高墙齐）；埋式路堤墙向路基本体深入较多，当挡墙接近路肩时，进入基床太多，会造成基床受力不均且挡墙受动荷影响很大。对于非埋式路堤墙，墙顶以上设置一定的平台宽度有一定的好处，墙顶平台宽度既可避免坡面防护对墙顶产生的应力集中，又可使土压力减小。但设置平台以后，设计中应强调施工时不能将平台作为堆放杂物的地方，也不能用来弃土。墙顶以上边坡高度越大、坡率越陡、产生的土压力越大。设计中应强调施工时路堤以上的边坡率不得任意改陡。由于路堤墙土压力对填料参数的变化很敏感，填方较高地段宜采用桩板墙。

5.1.3.3　重力式路堑挡土墙设计安全控制要素

重力式路堑挡土墙在设计中应特别注意墙后土压力计算公式的采用，尤其是当墙后土体为黏性土或膨胀土时，至今仍没有较成熟的理论计算公式。

①黏性土路堑挡土墙。对黏性土路堑挡土墙土压力的计算，建议仍采用传统的综合内摩擦角法（按抗剪强度相等原理确定综合内摩擦角后，按砂性土土压力公式计算黏性土土压力），而对现存的一些黏性土土压力公式，如《路基手册》（中国铁道出版社，1995，北京）中的黏性土土压力计算公式，不建议采用。黏性土路堑挡土墙的土压力，受墙后土体 c、φ 值的影响较大。在计算土压力时，对 c、φ 值的选用应慎重。尤其应注意施工开挖过程中，会出现超挖或者边坡坍塌现象，建议回填浆砌片石或碎石土。雨季时，若雨水渗入土体，会造成 c、φ 值降低，尤其是 c 值降低幅度较大。因此，设计黏性土路堑挡土墙时，应注意不能完全计入 c 值的影响。当 c 值较小时，可忽略不计，当 c 值较大时，对计算所得的综合内摩擦角应进行分析采用，其高限不宜超过 35°，一般取 30°左右。

②膨胀土路堑挡土墙。对膨胀土路堑挡土墙的设计，应考虑膨胀土压力的影响。尤其是当土体膨胀性较强时，膨胀土压力在整个墙背土压力中所占的比例较大，这种比例关系随墙高的增大而逐渐减小。据实测资料显示，膨胀土压力的影响范围在地表下 3.5 m 以内。膨胀土压力不仅使挡土墙墙背总土压力增大，也使土压力作用点升高，使墙后总倾覆力矩增大。膨胀土路堑挡土墙设计中，在有条件求得土体膨胀力的条件下，可计入膨胀土压力的影响；在没有试验条件的情况下，可根据土体力学指标 c、φ 值以及土体膨胀性的强弱，参考总土压力较库伦主动土压力的增大程度，以及土压力作用距离与墙高的比例，将计算所得库伦主动土压力及作用点高度进行放大，以计入膨胀土压力的影响。膨胀土挡土墙墙背的反滤层厚度不应小于 0.5 m，可缓冲和降低膨胀土压力，改善挡土墙的受力状态，并对墙后土体及时起到疏干作用，使土体强度在雨季不至于降得过低。反滤层厚 0.4 m 时，可降低 25％的膨胀土压力，厚 0.65 m 时，可降低 29％的膨胀土压力。设计说明中应对反滤层的厚度提出明确的要求。此外，在膨胀土路堑挡土墙的设计中，还应注意采用墙顶预留平台、边坡分级设置平台、注重墙后排水、做好坡面封闭、防护等辅助措施，以降低膨胀土压力的影响。膨胀土地段挡土墙基础埋深不应小于 1.5 m，以保证墙体的整体稳定性。

③其他。在暴雨、大雨情况下，墙后排水设施完全失效，土体容重增大，内摩擦角降低，且地基隔水层可能失效，地基摩擦系数和容许承载力降低，挡土墙处于极不利受力状态，墙后水平土压力明显增大。如果预

先把这种不利因素考虑进去，仅靠挡土墙自重来抵抗额外增加的土压力，部分挡土墙的截面尺寸将使人无法接受。因此，设计中应说明施工中路堑挡土墙须注意排水，墙背做好反滤层。为确保施工质量，反滤层宜采用土工合成材料。墙身高出地面部分，每隔 2～3 m 上下左右交错设置泄水孔，必要时设置深层泄水孔。为保证墙后积水不渗入基础，最底排泄水孔下设置隔水层。地势较陡时，在靠近山坡一侧堑顶外应设置天沟，在天沟水难以引出时，可设置吊沟将天沟水引入路堑侧沟，边坡平台处应设置平台截水沟。路堑边坡应采用截水骨架或其他护坡形式作好坡面防护。当地下水丰富，边坡有溜坍、下滑、坍塌现象出现时，应在边坡内设置支撑渗沟、纵向截水盲沟，墙背可考虑设置透水软管，引排地下水。对于土质、松散破碎的岩质路堑边坡，土质地段挡墙超过 8 m，石质地段挡墙超过 10 m，路堑墙基础开挖前宜先设置预加固桩。路堑挡土墙的墙顶平台，不仅有减小墙背土压力的作用，还兼顾有隔水作用。

设计说明中应说明做好平台封闭，平台下土体应夯填密实，以免土体沉降不均导致平台开裂、漏水；说明对混凝土的养护。墙身材料为片石混凝土时，片石的掺入量不能超过总体积的 20%。墙身灌注应密实，避免局部出现空洞。墙身沿线路方向每隔 10～20 m 设置伸缩缝，缝内沿顶、内、外三边填塞沥青麻筋或沥青木板，深度不小于 0.2 m。

5.1.3.4　桩板墙及预加固桩设计安全控制要素

1)路肩式桩板墙设计

①土压力计算。路基面以上的荷载按弹性附加应力计算；悬臂段的土压力应乘以荷载增大系数。

②稳定性计算。锚固段地层为土层时，计算桩的锚固段长度应特别注意地面处的位移和桩顶位移，锚固段长度大部分受位移控制。稳定计算时，锚固段的长度应满足侧壁应力、桩身变形、最小锚固长度的要求。锚固点的选择以地基能起到锚固作用为原则，选择浅了起不到锚固作用，选择深了不经济，而且最大弯矩和剪力的位置和实际不符。

③结构设计。悬臂较长时，宜考虑悬臂段桩身自重产生的附加弯矩效应。配置箍筋时除了在最大剪力处箍筋最密外，还应将箍筋最小间距布置的范围延长到锚固点以上、地面以上或变截面以上。挡土板的配筋应考虑动荷载对桩顶附近挡土板的影响较大，将悬臂段上部的挡土板分级划分大些。

④排水及其他。做好墙背反滤层和排水措施。排水不力不仅使土压力增大而且影响钢筋混凝土结构的耐久性。设计说明中应说明槽型板的槽口或矩形板的主筋应朝外。结构设计图中应说明钢筋的接头不得设在土石分界和地面附近。桩身主筋一般布置在靠填土一侧。

2)路堑式桩板墙和预加固桩设计

①土压力计算。如果存在滑坡或顺层，路堑桩板墙的土压力应在滑坡推力、顺层下滑力和土压力中选择大值。路堑式桩板墙桩身所受土压力应乘以增大系数，锚索桩应乘以较大的土压力增大系数。由于挡土墙承担了部分土压力，预加固桩上的土压力不用乘以增大系数。对于容易溜坍的边坡或土质很差的边坡，桩间距应适当减小。

②结构设计。结构设计时，在滑面、顺层下滑分界面、路基面附近的箍筋应适当加密。悬臂太长或土压力太大时，桩上可设锚索。建议锚索桩靠山和背山侧都应布置通长钢筋。锚索的最终拉力是慢慢达到的，靠山侧的主筋应有足够的富裕。如果设有预留锚孔，应根据预留锚孔可能启用的情况对桩身进行设计，使桩身截面和材料的储备能与预留的锚索相匹配。

③排水及其他。设计中应说明墙后反滤层的设置方式和墙面上泄水孔布置，保证墙后排水。如果不拆除锁扣和护壁，应说明桩板墙靠线路一侧锁口与护壁应对齐，保证锁口与护壁的施工质量，以便挂板。应保证挡土板与桩身接触面在一个垂直平面上。设计中应说明挡土板与桩身的联结方式，对外挂式板应注意对锚具的防腐措施。

3)路堤式桩板墙设计

①土压力计算。路堤式桩板墙的土压力受填料、边坡坡度和墙顶是否设置平台的影响很大。墙顶填土边坡越高，土压力受这些因素的影响越大。设计中路堤式桩板墙土压力增大系数，应大于路肩式桩板墙的土压力增大系数。

②结构设计。挡土板的设计不能随便套用标准图，应根据挡土板所在位置承担的土压力大小进行设计。有条件时桩板墙顶部应留平台。如果受地界限制，不能设平台，第一块挡土板上可能存在集中力时，应进行个别设计。设计说明中应说明平台上不能随便堆放杂物和弃土，边坡坡率不能改陡。

③其他。受水流冲刷的地方应注意墙面平顺，桩身靠河侧应保证在一个平面上，受冲刷的墙面应抹平。

5.1.3.5　重力式挡土墙施工安全控制要素

重力式挡土墙施工安全控制要素，见表4.5.3。

表4.5.3　重力式挡土墙施工安全控制要素

重力式、衡重式路肩挡土墙施工	重力式路堤墙施工	重力式路堑挡土墙施工
(1)路基面以上荷载与挡土墙的位置。路基面以上荷载对重力式路肩墙和衡重式路肩墙的影响有所不同。重力式路肩墙远离荷载比较有利，架梁车应沿路基面中心线或偏向远离挡墙一侧行走；衡重式路肩墙应严格按照设计施工，架梁车应沿路基面中心线行走。 (2)墙背填筑。填料应满足设计和规范要求，应分层碾压达到规定的密实度，并作好地面排水和墙后排水；填料为黏性土时应作好路基面隔水层；墙背倾角应按设计施工；墙背应按设计要求施作反滤层，墙顶和地面附近应作好隔水层；泄水孔按设计和规范要求设置；衡重式挡土墙在衡重台处应设泄水孔。 (3)基底。土质地基、细砂、粉砂地基应注意基底保持干燥；浸水挡土墙应在无水状态下施工，保证挡墙与地基连接密贴、牢固；松散地基及软土地基应加固处理；倾斜基底应严格按照设计施工；浸水墙在土质地基上不宜作斜底；挡墙基础应置于同一种岩层之上，以免发生不均匀沉降；基坑应跳槽开挖，避免基坑边坡垮塌。 (4)墙身结构。应在上下墙之间设置连接钢筋，加强衡重台处的抗拉和抗剪强度。挡土墙立模浇筑时应连续浇筑，不留施工缝。如在变截面处或因挡土墙太高采取分段立模留有施工缝时，应采用插钢筋连接。墙身片石混凝土的片石含量不得大于20%	(1)施工时按设计要求选择填料、分层碾压。做好地面排水和墙背排水。 (2)非埋式路堤墙以上的平台不能堆放杂物和弃土。墙顶平台采用混凝土封闭，平台后的土体应夯实，避免平台因土体下沉而开裂。 (3)路堤墙墙顶以上边坡坡率不能随便改陡。 (4)施工中应注意墙身的自稳性	(1)施工中应做好墙后排水，保证墙身泄水孔畅通。设置天沟、截水沟、吊沟等，做好地表排水和墙顶封闭、坡面防护。墙背应按设计要求施作反滤层，对膨胀土挡土墙应加大反滤层厚度，保将降低膨胀土压力。基底应做好基底隔水设施。 (2)对墙顶预留平台的路堑挡土墙，施工中不能随意在平台上堆放杂物和弃土。平台应封闭，台下土体应夯实，避免平台因土体下沉、开裂而漏水。 (3)地基容许承载力必须满足设计要求。设置倾斜基底的挡土墙，施工时应按设计要求施工，不能随意改缓或改陡。 (4)挡土墙墙身灌注时，应加强施工缝的连接。 (5)注意混凝土的养护，防止挡土墙开裂。片石混凝土的片石掺入量不能超过总体积的20%，且应避免片石与混凝土分离。墙身灌注应密实，避免局部出现空洞

5.1.3.6　桩板墙及预加固桩施工安全控制要素

桩板墙及预加固桩施工安全控制要素，见表4.5.4。

表4.5.4　桩板墙及预加固桩施工安全控制要素

预加固桩施工	板和桩间墙施工	耐久性要求相关的控制因素
(1)桩的锚固段必须置于稳定地层中。开挖桩井时发现地层有变应变更设计。 (2)桩井爆破采用浅眼爆破法，严格控制用药量。桩井较深时，禁止用导火索和导爆索起爆，孔深超过10 m时，应经常检查井内有毒气体的含量，当二氧化碳浓度超过0.3%时应增加通风设备。桩井开挖弃渣不得随意堆放在滑坡体上。 (3)孔口开挖后应作好锁口。孔口以下分节开挖，挖一节立即支护一节。围岩较松软、破碎或有水时，分节不宜过长，不得在土石分界处和滑动面处分节。应按设计灌注混凝土护壁。护壁混凝土应紧贴围岩灌注，灌注前应清除孔壁上的松动石块、浮土。在滑动面处的护壁应予加强。承受推力较大的锁口和护壁应增加钢筋。开挖应在上一节护壁混凝土终凝后进行。护壁混凝土模板的支撑可于灌注后24h拆除。在围岩松软、破碎和有滑动面的节段，应在护壁内顺滑动方向用临时横撑加强支护，并经常观察其受力情况，及时进行加固。发现横撑受力变形破损而失效时，施工人员应立即撤离。 (4)一般路肩式桩板墙主筋的布置必须在靠填土一侧，路堑式桩板墙和预加固桩的主筋在靠山一侧。锚拉式桩板墙和锚索桩的主筋在靠填土(或靠山)和背离填土(或背山)一侧都有。 (5)钢筋接头不得设在土石分界和滑动面处。 (6)灌注必须连续进行。混凝土捣固及拆膜应符合《铁路混凝土与砌体工程施工规范》的有关规定。当滑坡有滑动迹象或需加快施工进度时，可采用速凝、早强混凝土，但早强混凝土只能作为一种加强措施，对主体工程不宜采用。 (7)混凝土强度应符合《混凝土结构设计规范》的要求	(1)桩和板的设计，一般不考虑重型机械荷载，填土压实不能采用重型机械。墙后2 m范围内用小型机械夯实。碾压机不能离挡土板太近。必须使用大型机械碾压的，应进行特殊设计。 (2)反滤层不能漏设或随意取消，设置方式与重力式挡土墙相同。现浇挡土板施作泄水孔时应注意排水方向向下，保证泄水孔的畅通。 (3)槽型挡土板的安放应注意槽口向外，矩形挡土板主筋在外侧(如果是预制矩形板，应有标注正反的记号)。人行道板的主筋布置面在下侧，槽型板的槽口向下。挡土板与桩的搭接处应保证接触面平整。 (4)外挂式桩板墙如果不拆除护壁，靠线路一侧锁口与护壁应对齐。保证锁口与护壁的施工质量，以便挂板。外挂式桩板墙桩身预埋连接钢筋，应按设计挡土板的位置严格定位。桩、板施工完成后应将裸露的钢筋和帮条锚具用模注混凝土封闭。 (5)桩间墙在施工中应注意的问题与一般挡土墙相同	(1)施工中应按铁路混凝土耐久性设计规范选择材料、制定配比，施工工艺应满足设计、规范和指南的规定和要求。 (2)施工应该记录混凝土运送到工地的时间和出机坍落度、浇筑时间和浇筑时的坍落度、浇筑时气温与混凝土浇筑温度、施工缝的划分、混凝土浇筑高度的控制以及混凝土的养护方式和养护过程。 (3)为保证钢筋保护层厚度及钢筋定位的准确性，宜采用工程塑料制作的保护层定位夹或定型生产的纤维砂浆块。 (4)混凝土的搅拌宜采用卧轴式、行星式或逆流式搅拌机并严格控制拌和时间。 (5)结构表层混凝土的耐久性质量在很大程度上取决于施工养护过程中的湿度和温度控制。暴露的新浇混凝土表面应及时浇水或覆盖湿麻袋、湿棉毡等进行养护。如条件许可应尽可能采用蓄水和洒水养护，但在混凝土发热阶段最好用喷雾养护，避免混凝土表面温度产生骤然变化。 (6)现浇混凝土应有充分的潮湿养护时间。在整个潮湿养护中应根据混凝土温度与气温的变化，及时采取措施，控制混凝土升温和降温速率。 (7)在炎热气候下浇筑混凝土时，应避免模板和新浇混凝土受阳光直射。 (8)混凝土浇筑后抹面压平工序中，严禁向混凝土表面洒水或过度操作影响表层混凝土的质量

5.2　膨胀岩土路堑边坡灾害防治技术

5.2.1　概　述

膨胀岩是指含有较多亲水性黏土矿物，含水率变化时发生较大体积变化的岩石，具有遇水膨胀、软化、解崩和失水收缩、开裂的特性。一般为第三系及其以前沉积的泥岩、黏土岩、页岩及其风化层，浸水时软化膨胀，风干后收缩，出现大量微裂隙或碎裂。南昆铁路思林至百色段的膨胀岩具有"膨胀性、碎裂性和低强度性"三大工程地质特性。膨胀岩土边坡坡体材料富含、伊利石或高岭石等膨胀性矿物，遇水后膨胀性很强，干湿效应非常明显。边坡开挖后，表层膨胀、崩解，容易引起连续滑动和坍塌。

膨胀岩土边坡的处治方法：

(1)尽可能不改变土体的含水条件。

(2)预留保护层，开挖后速盖压保湿。

(3)注意选择稳定坡角。

(4)加强排水、砌护封闭。

膨胀岩土路堑边坡灾害防治，尤其是被称为岩土工程"癌症"的膨胀岩的特性和边坡加固的研究还不够成熟，需要进行深入研究和探索。

5.2.2　膨胀岩路堑边坡设计原则

1)膨胀岩区铁路选线定线原则

(1)选线原则。膨胀岩是岩土工程的一大难题，对膨胀岩地区要贯彻"地质选线"的原则，对A类膨胀岩区应避免高填深挖；B类膨胀岩区尽量少通过；C类膨胀岩区必须绕避。

(2)定线原则。从南昆线膨胀土路基工程试验情况看，膨胀岩路堑边坡比路堤难于处理，不利于排水的深长路堑问题更为严重。因此，铁路不得已通过膨胀岩区时，定线中必须控制路基规模，避免高填深挖，尤其是控制挖方的高度和长度，减小边坡失稳和坍滑。对填、挖方的控制高度，A类区不大于18 m，B类区不大于12 m，C类区不大于8 m。对高于控制高度的路堑，应改作隧道、明洞或进行特殊的加固处理；对高于控制高度的路堤，非膨胀性填料采取困难时，宜改为"以桥代路"。

2)路堑边坡结构设计原则

对膨胀泥岩，防胀缩和防碎裂低强度岩体坍滑的工程措施是相悖的。欲用单一措施既防胀缩又抗坍滑是困难的，针对主要矛盾相应采取措施才有突出效果。对膨胀岩堑坡，因结构面富水坍滑是主要问题，因吸水膨胀使护坡破坏或坡脚岩体压溃坍滑的问题也要兼顾处理。因此，工程措施应以防坍滑为主，兼顾防胀缩。

路堑边坡结构设计原则如下：

(1)缓坡率、设平台。边坡坡率应缓至基本稳定，并分级设边坡平台，以减小可能发生的下滑力和坡脚应力，预防坍滑。即使坍滑，也因坡率缓而规模小，不难处理。否则，长缓边坡上干湿循环剧烈，边坡开挖、占地与防护工程量也过大。试验中1∶4边坡发生浅层溜坍，成都狮子山膨胀土堑坡缓至1∶5、平台宽达10余米仍不稳定就是例证。因此，放缓边坡只是工程处理系统中的一环，要与总体措施结合。

(2)固脚。在路堑边坡坡脚采用抗滑桩、挡土墙加固，可以抗滑并弥补岩体强度的不足，确保各类护坡工程的稳定。抗滑桩应有足够的埋深，方可抗倾覆和抵御气候剧烈影响层的强度衰减。作为预防措施，支挡工程不宜过高。为降低应力，顶部应留平台。抗滑桩埋深应置于当地气候剧烈影响层下一定深度，一般不宜小于2 m。

(3)坡面防护。为防坡面冲蚀和浅层溜坍，坡面防护宜疏不宜堵，以采用非全封闭型的锚杆框架、浆砌片石骨架及柔性封闭的干砌片石等护坡为宜，铺以草皮护坡。同时完善、改进地表水排水设施。

3)路堑边坡设计

(1)边坡结构类型与坡率。根据边坡高度，宜采用以下两种边坡形式：

直坡型：当边坡高度A类膨胀岩小于6 m、B类膨胀岩小于4 m、C类膨胀岩小于2 m时，在坡脚留1～2 m宽的侧沟平台，采用1∶1.5～1∶1.75的坡率一坡到顶，进行坡面防护。

折线坡型：当边坡高于上述界限值时，坡脚以墙、桩固脚，墙顶留平台，其上边坡按表 4.5.5 坡率，分级放缓，级间留平台，每级不高于 6 m，平台不窄于 2 m，坡面进行防护。

表 4.5.5　膨胀岩路堑边坡推荐坡率

边坡高度(m)	边坡坡率		
	A	B	C
≤6	1∶1.5	1∶1.5～1∶1.75	1∶1.75～1∶2.0
0～12	1∶1.75	1∶1.75～1∶2.0	1∶2.0～1∶2.5
＞12	1∶2.0	—	—

(2)边坡固脚工程措施：

A 类膨胀岩：岩体较完整，强度较高，边坡较高时采用土钉墙类工程，可减少大量挖方和占地，并可防岩体胀缩。

B 类膨胀岩：边坡较高时，如含水量较低可采用各类挡土墙；如挖基困难，可采用抗滑桩。

C 类膨胀岩：边坡低时可采用挡土墙；边坡高时采用抗滑桩或桩板墙。

膨胀岩堑坡固脚工程措施见表 4.5.6。

表 4.5.6　膨胀岩堑坡固脚工程措施

边坡高度(m)	膨胀岩类别			地质条件类比差异
	A	B	C	
≤6	—	重力式挡墙	重力式抗滑挡土墙	较好
			重力式锚杆挡土墙	较差
＞6	土钉墙	重力式抗滑挡土墙	桩板墙	较好
	钢纤维混凝土锚喷墙	重力式锚杆挡土墙	—	—
	重力式挡土墙	抗滑桩	抗滑桩	较差

(3)坡面防护工程措施。框架、骨架内均铺草皮，浆砌片石骨架护坡的嵌入深度、截面和间距视地质情况和边坡高度而调整。C 类膨胀岩边坡较高时，只有采用锚杆框架护坡方能收效。具体措施见表 4.5.7。

表 4.5.7　膨胀岩堑坡防护工程措施

边坡高度(m)	膨胀岩类别		
	A	B	C
≤6	草皮护坡	草皮护坡	浆砌片石骨架护坡
		浆砌片石骨架护坡	干砌片石护坡
＞6	草皮护坡	浆砌片石骨架护坡	锚杆框架护坡
	浆砌片石骨架护坡	干砌片石护坡	

5.2.3　膨胀岩路堑边坡灾害防治技术

1)膨胀岩对路堑边坡的危害

膨胀岩具有“膨胀性、碎裂性、低强度性”，对路堑边坡的稳定性危害极大。

(1)膨胀岩各种结构面发育，这些结构面富水后往往成为潜在滑动面，尤其是深大的幔状结构面更常率先形成滑动面后壁。另一方面，四通八达的结构面成为裂隙水的通道，使结构面和岩体含水量增大，强度衰减。这两方面因素的叠加，对边坡稳定十分不利，进而导致堑坡坍塌。同时，碎裂岩体对锚杆的握裹力减小，群锚机制不能充分实现，容易导致土钉墙类工程失效甚至破坏。

(2)膨胀岩的抗压强度极低，抗剪强度不高，且随干湿循环而急剧衰减，这归因于成岩作用差，岩体碎裂，含水量大。由于抗压强度低，坡脚岩体难以承受边坡自重压力，对于陡边坡、重面板的土钉墙类工程，更易因坡脚应力高度集中而被压溃，酿至边坡崩塌。由于抗剪强度低，易沿结构面滑动，边坡坡率要相当缓才能保持稳定。

(3)含水量对膨胀岩的强度影响严重，特别膨胀性泥岩含水量大，边坡不易稳定，失稳破坏往往发生于含水量大的鞍部低坡段，边坡最高处并不易坍滑，说明边坡高度没有含水量对边坡稳定性的影响大。地面反坡的坡段更因地表水不易入渗而稳定性较高，形成路堑两侧边坡的稳定性有差异。结构面产状及其组合在路堑两侧也往往不同，边坡稳定性也有差异。

(4)对重大路堑工点，除总体上把握其破碎性和低强度性外，应进一步揭示工点内不同地段、不同侧路堑边坡地貌、地质、地下水状况的差异，才能分段、分侧采用不同类型，不同力度的工程措施，针对性地进行防范。尤其应注意凹形坡面、岩体含水量、结构面及其组合不利地段，即使边坡不高，也要重加防护。

2)支挡工程的适应性

膨胀岩堑坡支挡工程可分为土钉墙类、挡土墙类和抗滑桩类，它们对膨胀岩地质特性适应能力不同，适用性也就不同。

(1)防范膨胀岩"膨胀性、碎裂性、低强度性"三大特性，要针对主要问题采取相应措施，不可能一举得三，有的甚至是彼此相悖，顾此失彼。例如，全封闭保熵工程，对防膨胀和干湿循环有效，但含水量高又大幅度降低岩体和结构面强度，反而对边坡稳定不利。非全封闭型工程允许膨胀力消散，有利于裂隙水排出，但干湿循环所致强度衰减会不断进行，边坡的长期稳定也有问题。因此，符合性的决策就要分析膨胀性和低强度性，哪个是主要矛盾了。

(2)土钉墙与钢纤维混凝土喷锚墙，符合保熵和防膨胀变形的初衷，自上而下分层开挖、及时封闭加固的工艺也适应防膨胀性的要求。但是，对碎裂性和低强度性则不太适应。土钉墙陡立，面板重，坡脚应力集中更突出，加之泄水不畅，岩体强度进一步降低，形成头重脚轻、身挺腿软之势，边坡易于压溃坍塌。另一方面，土钉墙埋深较浅，仅深及侧沟底，固脚功能差，而发育的结构面尤其是深大结构面是裂隙水通道，结构面富水后易形成滑动面。加之土钉长度有限，在碎裂岩体中结合力弱，因而形成的群锚墙厚度有限，作为抗滑墙的功能较差，难以抗滑，以致发生土钉墙堑坡坍塌。因此，对碎裂、低强度的膨胀岩，不宜采用土钉墙类加固堑坡。

(3)由于岩体强度低，坡脚成为边坡的薄弱环节，采用巩固坡脚的支挡工程能针对性地稳固边坡。

传统的重力式挡墙是固脚措施之一，以浆砌片石墙体的自重来稳定坡脚。为增加抗滑功能，仰墙背型抗滑挡土墙较为适用，墙身截面要适当加大，墙背反滤层适当加宽以消散部分膨胀力。

锚杆重力式挡土墙，因锚杆深过气候剧烈影响层，墙体所受推力可部分通过锚杆传递到稳定岩土层中，抗滑效能更强，可用于边坡稍高处。为抗倾覆，挡土墙的埋深不宜过浅，应接近气候剧烈影响层的深度，一般不宜小于 2 m。但是，对于碎裂、低强度岩体，挖基会遇到困难。即使短距离跳槽开挖，坑壁也可能坍塌。由于埋深不可能太大，因此挡土墙不能太高，否则难以抗倾覆。

(4)抗滑桩或桩板墙对加固碎裂、低强度的膨胀岩尤为适用。抗滑桩的检算中，要考虑剧烈干湿循环造成的侧壁应力衰减，桩的间距也不宜过大；桩板墙既有抗滑桩的功能，又以板挡桩间土，对加固坍滑体也很有效。

综上所述，膨胀岩堑坡的支挡工程，以抗滑桩最有效，桩板墙、锚杆挡土墙也有效，一般重力式挡墙宜用于低边坡处，土钉墙(含钢纤维混凝土喷锚墙)基本不适应。

3)护坡工程的适应性

膨胀岩边坡防护工程，主要有全封闭型的浆砌片石护坡、钢纤维混凝土喷锚全封闭护坡、非全封闭型的锚杆框架护坡、浆砌片石骨架护坡、柔性封闭的干砌片石护坡、不封闭的石灰土桩、支撑渗沟固坡和草皮护坡等。

(1)全封闭的浆砌片石护坡，可以保熵防干湿循环，而且以其自重抵消一部分膨胀力，在一般膨胀土边坡防护中被证明是有效的。但是膨胀泥岩发育的众多结构面四通八达，全封闭难阻止地下水从堑顶入渗，加之温度效应形成湿核，护坡下岩体含水量不断增大，加大膨胀力，降低岩体强度，会导致护坡开裂、变形甚至破坏。喷锚护坡与此类似，不同的是锚杆可将护坡受力传至端头岩体中，但因岩体含水量大、强度低，仍可能从较深的部位坍塌。

(2)非全封闭的浆砌片石骨架护坡，对膨胀力和地下水采取"疏"的方针，与全封闭的"堵"相反。但因骨架不深，全置于气候剧烈影响层内，干湿循环会不断进行，骨架截面可能被膨胀力挤折。由于岩体强度不断衰减，可形成边坡浅层溜坍，使骨架护坡整体坍落。因此，浆砌片石骨架护坡仅适用于低缓边坡防护，且应尽量嵌入深些，截面大些，骨架的间距可适当加大。锚杆框架护坡的锚杆深过气候剧烈影响层，可通过框架梁约束边坡的湿胀干缩,控制变形,遏止浅层溜坍。钢筋混凝土的框架梁可承受较大的膨胀力。因此,锚杆框架护坡是最有效的膨胀岩土护坡措施。

(3)柔性的干砌片石护坡,可适应边坡少量的膨胀变形,利于裂隙水排出,并有自重抵消部分膨胀力,但为散体结构,一旦下部边坡有风吹草动,便会坍塌。因此,在坡脚稳定的边坡上,采用干砌片石护坡比浆砌片石护坡或骨架护坡的效果好。裂隙水发育的边坡,支撑渗沟既可固坡又可泄水,对边坡稳定有利,但支撑渗沟本身不是坡面防护措施,要与护坡工程相结合。石灰桩护坡因裂隙水多会软心失效,应改为石灰砂桩或石灰土桩,对防止边坡浅层溜坍是有效的。草皮防护只能防冲刷,要配合非全封闭型防护使用。

综上所述,对膨胀岩以锚杆框架护坡最有效,边坡较低时也可采用干砌片石护坡、浆砌片石骨架护坡,地面反坡时可采用浆砌片石护坡;草皮护坡作为框架、骨架护坡之补充;石灰土桩、支撑渗沟另作固坡之用。各处护坡均需设置牢固的坡脚支挡工程。

4)边坡形式与排水措施

(1)路堑边坡形式以脚墙(桩)、墙顶平台、上部放缓边坡为妥。下部固脚可解决坡脚岩体强度低、应力集中易坍滑问题,上部平台与缓边坡可减少坡脚应力,适应边坡岩体较低的剪切强度。上部边坡较高时,要分级设平台,级高4～6 m。墙顶和边坡平台宽度不小于2 m。

(2)由于岩体抗剪强度低,边坡坡率要相当缓才能稳定。但边坡过缓有利于地表水下渗,易产生坍滑。因此,以采用设计规划的坡率再加坡面防护为宜。

(3)排水系统中,浆砌片石侧沟十分重要,但又不宜过深,以免开挖时边坡失稳。浆砌片石天沟能截排堑顶地表水,但结构上却是堑顶的薄弱环节,易开裂变形,反而成为集水槽。因此,地表水面积不大时可不设天沟,或在天沟底加设柔性垫层,以适应变形。

(4)防水措施中,平台用混凝土或浆砌片石封闭,易堵水而软化岩体,且膨胀上顶,使单薄的台面隆起开裂,失去防水功能。可用浆砌片石镶边,内铺草皮并留泄水坡。膨胀岩结构面发达,堑顶浆砌片石护裙宽度有限,难起防渗作用,反而增加堑顶负荷,易开裂,故一般可不设堑顶护裙。

5.2.4 工程应用实例

南昆铁路通过膨胀岩地段长约70 km,主要分布于广西境内右江沿岸及百色盆地一带,以思林至百色段最为集中。由下第三系那读组、百岗组、伏平组和建都岭组泥岩、砂质泥岩及泥质粉砂岩组成,自由膨胀率平均值达80%以上,施工期间出现大量路堑边坡严重坍滑问题。通过开展膨胀岩路堑工程试验研究,并将试验成果应用于那百段变更设计,收到良好效果。

(1)DK130+900～DK131+140膨胀岩深路堑,中心最大开挖22 m,边坡高35 m。为降低挖方高度,对DK130+100～DK131+600局部外移改线,长1 500 m。

(2)DK146+300～DK149+100膨胀岩最大挖深10～13 m;DK207+400～DK210+180膨胀岩最大挖深18 m。将该两段进行抬坡以改善路堑规模,共长5.58 km。

(3)填方过高或借用填料困难地段,路堤改为桥或加跨,计13座约2 700 m。

(4)路堑边坡坡率,由原设计1∶1.25放缓为1∶1.5～1∶2.5。中强膨胀岩段,坡率按设计规范的下限;弱中膨胀岩段,按设计规范的上限。

(5)护坡工程由浆砌片石护坡改为浆砌片石方格骨架加草皮防护。

南昆铁路膨胀岩路堑工程试验研究,为处治膨胀岩路堑边破积累了宝贵的经验。

5.3 块状岩质路堑边坡灾害防治技术

5.3.1 概　　述

块状岩质边坡一般由较为坚硬的岩石构成,完整性较好,常见的破坏模式为局部楔形体滑动或局部块体崩塌。崩坍、落石是山区铁路(公路)边坡较为常见的地质灾害之一,人们因地制宜地采取了多种防治工程措施,起到不同程度的防灾减灾目的。

5.3.2　崩坍落石灾害防治技术

5.3.2.1　崩坍落石灾害模型

1)以崩坍、落石源特征划分

按崩坍落石源特征,可分为倾倒、坠落、剥落、错落 4 种类型。

(1)倾倒。在外力作用下危岩体与母岩分离,产生以危岩体基脚为原点的倾倒破坏。模型如图 4.5.1 所示。

图中的外力主要有地震横向力、裂隙孔隙水压力;倾倒变形原点应考虑危岩体基座岩体完整性、强度等综合确定。

地震横向力按下式计算:

$$F_{dz}=\eta_c \cdot k_h \cdot \eta_i \cdot m \cdot g$$

式中,F_{dz}为作用于危岩体重心的水平地震力,kN;η_c 为地震综合影响系数;k_h 为水平地震系数;η_i 为水平地震作用沿危岩体高度增大系数;m 为危岩体质量,kg;g 为重力加速度,m/s^2。

裂隙水压力按下式计算:

$$F_w=\gamma \cdot h_w$$

式中,F_w 为作用于危岩体贯通裂隙高度 1/3 处的裂隙水压力,kN;γ 为水重度,kN/m^3;h_w 为危岩体贯通裂隙高度,m。

(2)坠落。危岩体下方存在岩腔,在外力作用下危岩体与母岩分离,产生自由落体破坏。模型如图 4.5.2 所示。

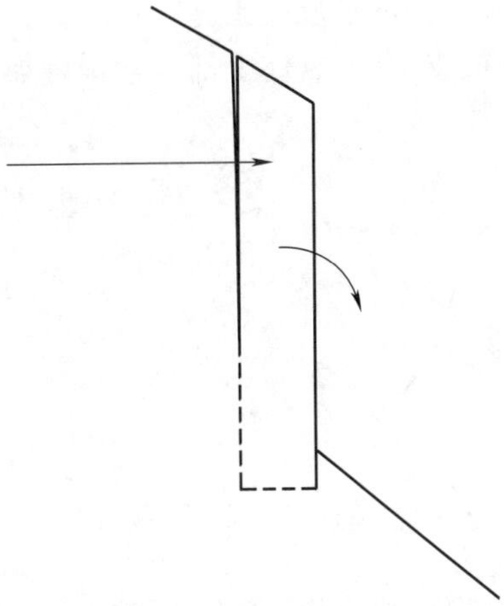

图 4.5.1　倾倒模型示意图

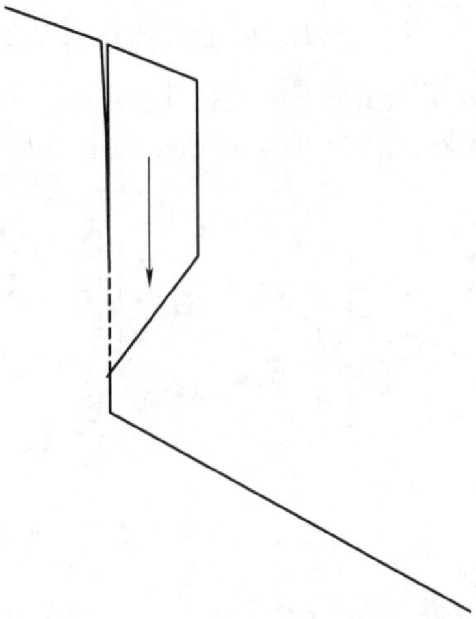

图 4.5.2　坠落模型示意图

(3)剥落。危岩体破碎,表面块体在自然营力作用下与母岩分离,产生扩离、脱落,脱离母岩的块体一般较小。模型如图 4.5.3 所示。

(4)错落。在重力作用下危岩体与母岩分离,沿陡倾角破裂面整体下错破坏。模型如图 4.5.4 所示。

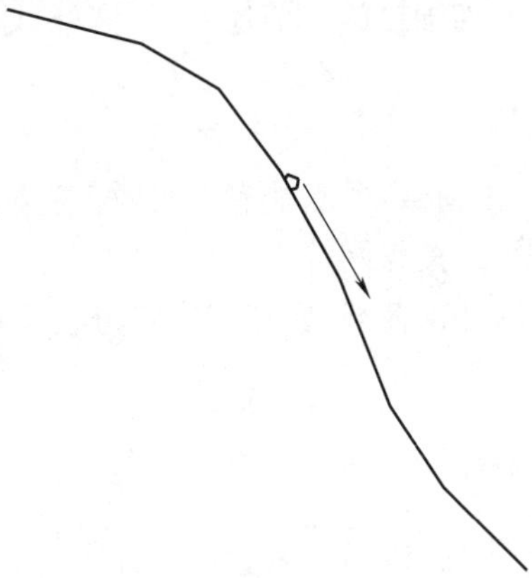

图 4.5.3　剥落模型示意图

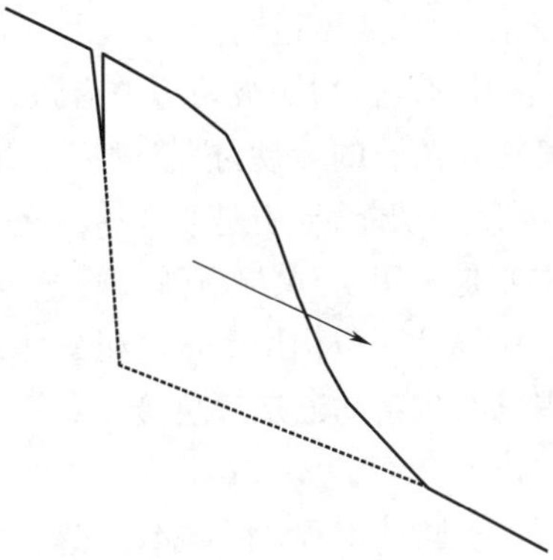

图 4.5.4　错落模型示意图

2)以崩坍、落石运动特征划分

按崩坍、落石运动轨迹和特征,可分为坠落、弹跳、滚动3种类型。

(1)坠落。崩坍、落石自落石源开始以自由落体形式运移,对建筑物的破坏是自由落体的冲击,其破坏性一般均较大。

(2)弹跳。崩坍、落石自落石源开始以较高能量的自由落体形式运移到斜坡坡面,与斜坡面碰撞后产生弹跳运动,对建筑物产生高位碰撞破坏,破坏性较大。

(3)滚动。崩坍、落石自落石源开始以较低能量的自由落体或弹跳形式运移到斜坡面后沿斜坡面滚动,对建筑物产生低位碰撞破坏,破坏性相对较小。

3)以崩坍、落石危害特征划分

按崩坍、落石危害形式分:自由落体冲击破坏、侧面撞击破坏。

按崩坍、落石危害频度分:频繁或经常、偶然或不经常。

按崩坍、落石危害规模分:大规模(10 m^3以上)、中小规模、零星。

5.3.2.2 崩坍落石灾害防治

1)按防灾减灾途径,可分为绕避灾害、预防灾害、减轻灾害3种

(1)绕避灾害。对大规模的频繁或经常发生的以坠落冲击破坏为主的崩坍落石,应以绕避为主。

(2)预防灾害。有条件时可采取防止落石的主动加固措施,预防落石灾害产生。

①防止危岩体倾倒破坏,一般可采取岩腔嵌补或支顶,危岩体上部锚索锚杆加固,封闭危岩体顶部裂隙。

②防止危岩体坠落破坏,一般可采取岩腔嵌补或支顶。

③防止危岩体剥落破坏,可采取浅层加固,如喷混凝土、锚杆挂网喷混凝土。

④防止危岩体错落破坏,一般可采取清方减载、岩腔嵌补或支顶,危岩体上部锚索锚杆加固。

典型危岩落石主动防护工程如图4.5.5所示。

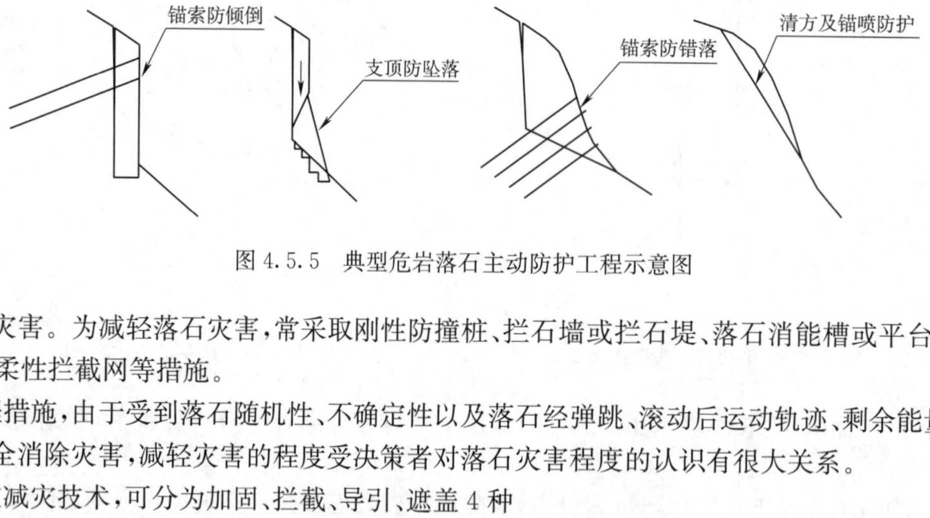

图4.5.5 典型危岩落石主动防护工程示意图

(3)减轻灾害。为减轻落石灾害,常采取刚性防撞桩、拦石墙或拦石堤、落石消能槽或平台、钢轨立柱钢筋拦栅、SNS柔性拦截网等措施。

上述工程措施,由于受到落石随机性、不确定性以及落石经弹跳、滚动后运动轨迹、剩余能量的复杂性等影响,难以完全消除灾害,减轻灾害的程度受决策者对落石灾害程度的认识有很大关系。

2)按防灾减灾技术,可分为加固、拦截、导引、遮盖4种

(1)加固是针对落石源而言,目的是预防落石的产生,属主动加固措施。前述支顶、嵌补、锚索或锚杆、喷混凝土、裂隙灌浆等,均属该范畴。

(2)拦截、导引、遮盖,均属被动防护措施。

(3)拦截是终止落石的运动,拦截建筑需直接承受落石的撞击荷载,要求能有效吸收落石撞击能,并且稍加修复即可恢复使用功能;导引是改变落石运动轨迹,如落石平台,覆盖网等。

(4)遮盖主要是采用明洞、棚洞遮盖建筑,需直接承受落石的冲击荷载,要求能有效吸收落石撞击能并有有一定的刚度,在设计荷载作用下不产生破坏。

5.3.2.3 崩坍落石灾害防治工程决策

1)决策方法

崩坍、落石灾害防治工程,由于崩坍、落石具有隐蔽性、不确定性,适用于风险决策方法。崩坍、落石灾害防治工程决策主要应从两个方面着手,一是对崩坍、落石灾害危害程度的认识,只有在比较准确地认识崩坍、

落石灾害危害程度的前提下，决策才是可信的；二是对风险的把握，崩坍落石灾害发生的概率有多大，造成的后果如何，采取什么措施以降低风险，风险降低到什么程度。

决策方法：基于对崩坍落石灾害危害程度的认识，设计防止灾害产生或减轻灾害的工程措施；根据对崩坍落石灾害风险的认识，对防治工程作取舍。

2)决策程序

崩坍、落石灾害防治工程的决策程序，如图 4.5.6 所示。

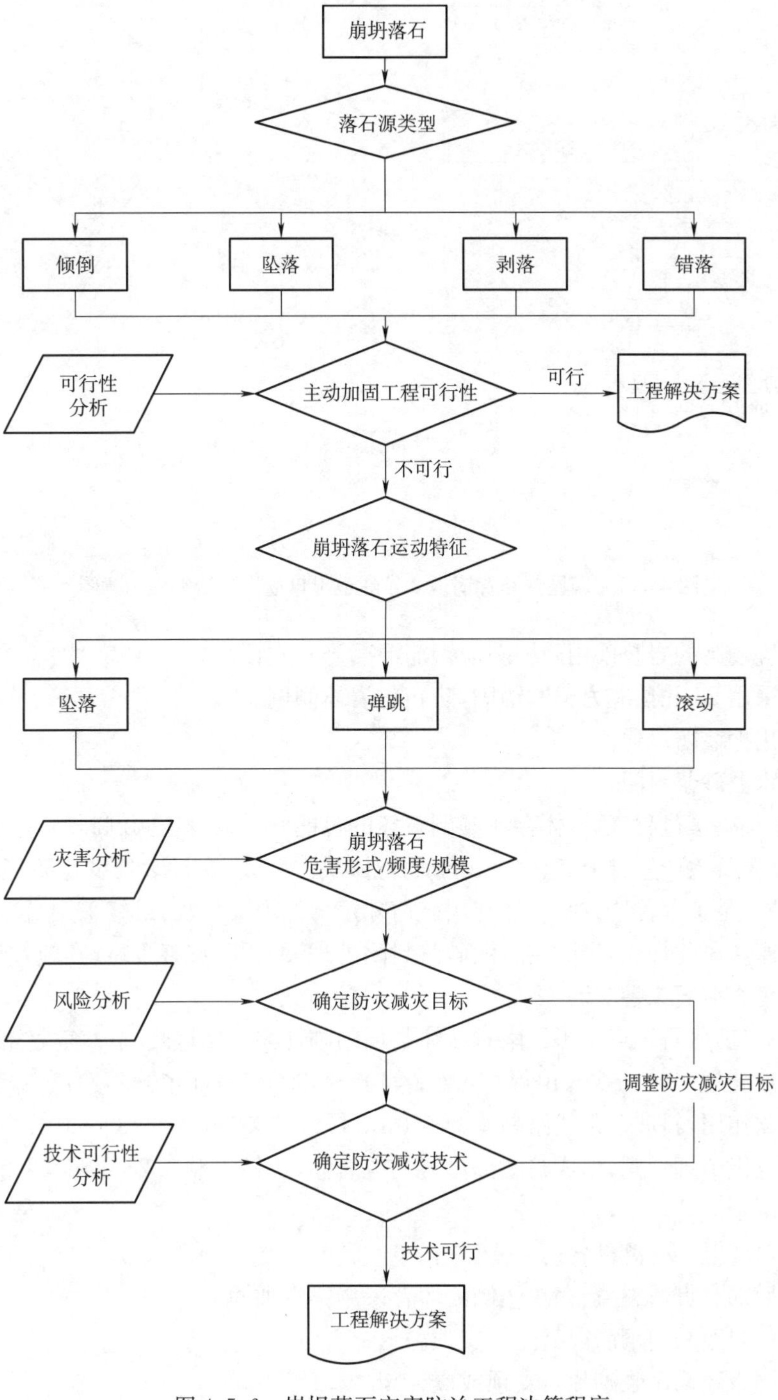

图 4.5.6　崩坍落石灾害防治工程决策程序

5.3.3　工程应用实例

5.3.3.1　南昆铁路危岩体加固

南昆铁路云南段内背锅地 2 号隧道出口右侧陡崖上部为巨厚层砂岩，下部为泥岩，受重力卸荷作用影响，陡崖被两组卸荷裂隙切割，形成一个脱离母岩、基座为泥岩的四方柱体危岩。工程治理措施，如图4.5.7所示。

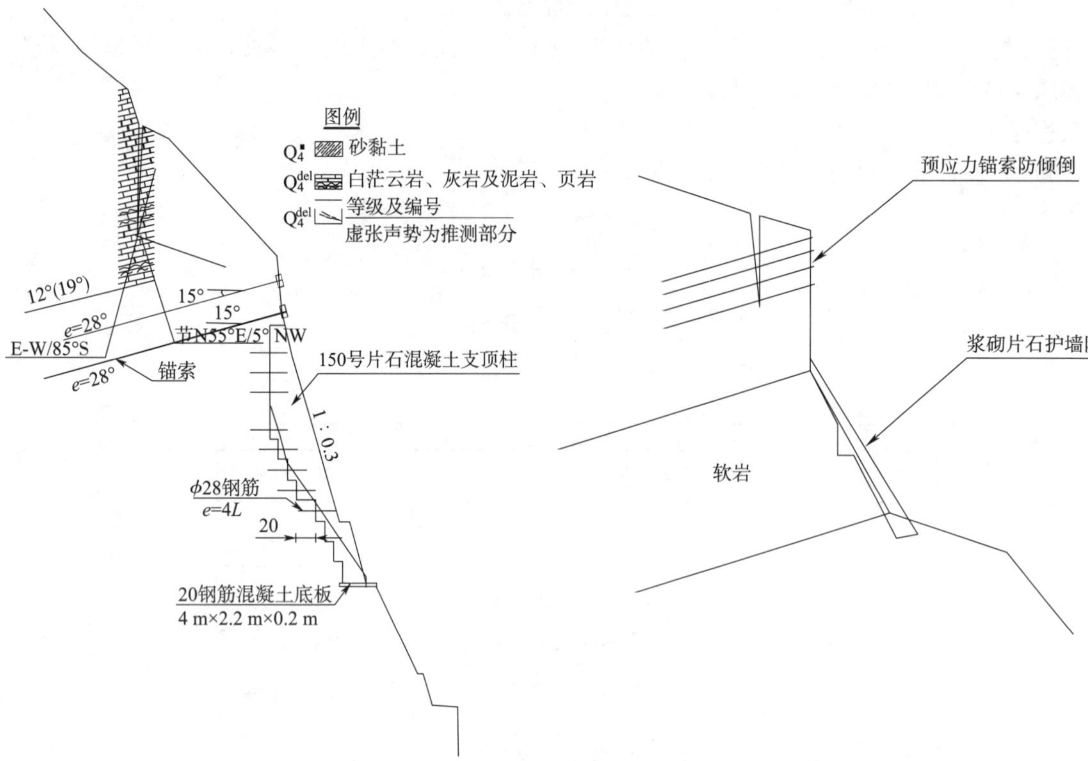

图4.5.7　南昆铁路背锅地2号隧道出口危岩防治工程示意图

(1)对危岩体位置较高的岩腔采用两根斜向钢筋混凝土柱支顶。

(2)危岩体上部采用25孔预应力锚索锚固，防止危岩体倾倒。

(3)下部泥岩采用护墙防风化。

(4)裂隙中灌注水泥砂浆封闭。

危岩落石防治工程决策过程：危岩体存在倾倒破坏的可能→一旦发生倾倒破坏，危岩体将沿坡面产生滚动→对下方已建铁路桥桥墩产生碰撞破坏；→由于危岩体块体巨大，在桥墩处设置防撞墩、桩难以奏效→防止危岩体产生倾倒破坏是工程首选方案。经与爆破清除危岩体方案比较，最终采用“预应力锚索防止危岩体倾倒，结合危岩体基座防风化加固，裂隙用水泥砂浆封闭处理”的预防灾害策略，实施效果良好。

5.3.3.2　内昆铁路危岩落石灾害防治

内昆铁路三龙潭崩坍落石工点位于云南省盐津县境内临江溪车站进站端。该段线路沿横江右岸溯江而上，线路左侧自然山坡陡峻(40°～50°)，山顶高出线路400～450 m，坡面植被不发育，株罗系上统泥岩夹砂岩大部裸露，受差异风化作用，斜坡上距线路高差2～50 m，160～200 m，290～390 m分布三层高度30～80 m的砂岩陡崖，砂岩受三组节理切割，形成与脱离母岩的危岩体，块径一般0.2～1 m^3，个别达150 m^3。工程治理措施，如图4.5.8所示。

(1)清除陡崖和斜坡上已脱离母岩的零星孤石。

(2)对底层陡崖后部有贯通裂隙、存在倾倒破坏者采用锚索加固。

(3)对位置较高的岩腔采用钢筋混凝土柱支顶。

(4)对位置不高的岩腔采用浆砌片石支顶或嵌补。

(5)在线路左侧5～10 m设置落石平台，考虑该段危岩多层、高位分布以及落石的随机性，全段在落石平台外侧(靠线路侧)设SNS防护网，部分地段在SNS防护网内侧(靠山侧)设置钢筋混凝土防撞桩，以减轻较大块体坠落的危害。

危岩、落石防治工程的决策过程：危岩主要为三层砂岩陡岩因裂隙发育而存在的剥落、局部岩体倾倒破坏、局部岩腔发育而存在的坠落破坏→落石一旦发生，除底层砂岩之部分落石产生坠落外，大部分落石将产

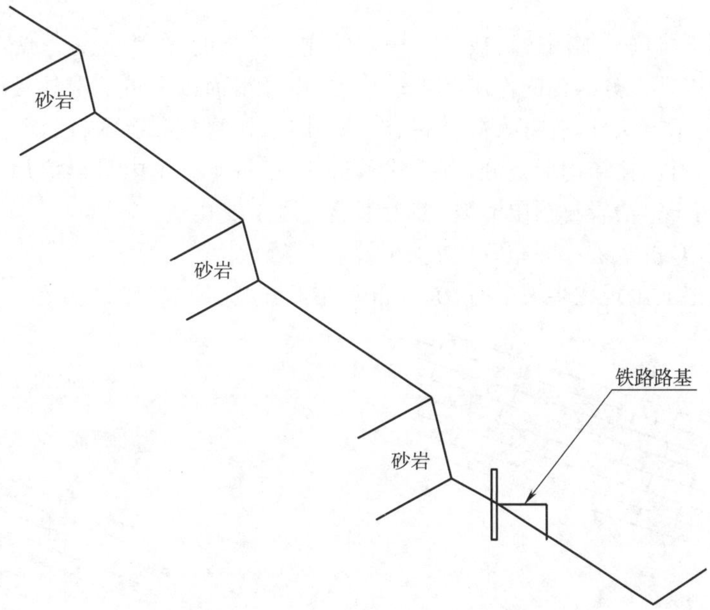

图 4.5.8　内昆铁路三龙潭危岩落石防治工程示意图

生滚动或弹跳破坏→为避免落石产生坠落破坏，铁路尽可能远离底层陡岩脚。本段线路以线路右侧满足设置桩基托梁挡土墙工程条件为控制，使线路左侧距底层陡岩脚的距离一般达到 20～30 m，分析落石直接坠落于铁路路基的可能性较小，可在线路左侧设置被动拦截工程→由于本工点危岩落石源分布在铁路路基以上 2～50 m，160～200 m，290～390 m，若完全采用主动加固，工程浩大，施作难度极大，将建筑材料搬运至 400 m 的山上十分艰难，可实施性差→经技术经济论证，最终采取以减轻灾害为目标的策略方案，实施效果良好。

5.4　顺层岩质路堑边坡灾害防治技术

5.4.1　概　　述

顺层岩质路堑边坡加固的本质是改变边坡的力学平衡条件，通过改变边坡体的抗滑力和下滑力来实现边坡稳定。目前，顺层边坡主要采取抗滑支挡直接加固和顺层清方、放缓边坡、防排水、改良软弱结构面等间接加固措施处理。主要工程措施如图 4.5.9 所示。

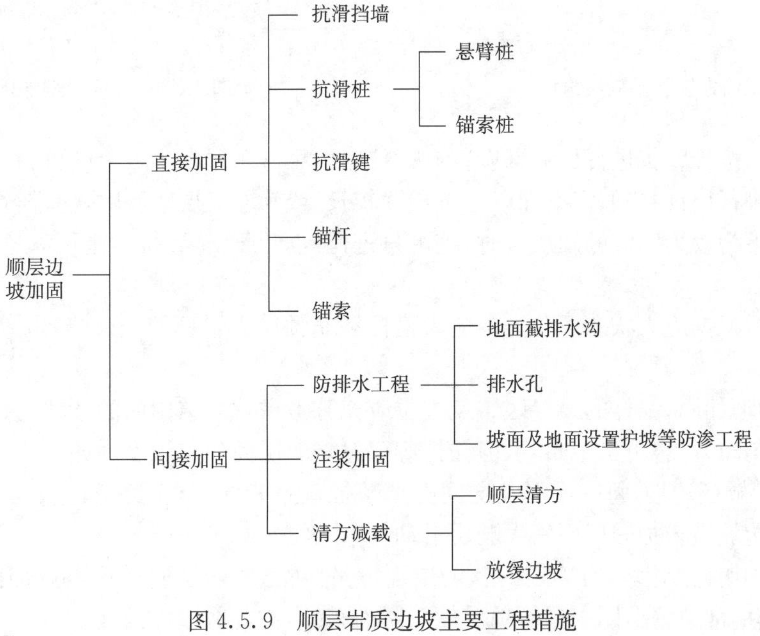

图 4.5.9　顺层岩质边坡主要工程措施

1)抗滑桩(键)加固

抗滑桩是广泛应用于国内外加固边坡或防治滑坡的侧向受荷桩,在滑坡推力或岩土侧压力作用下,桩依靠埋入滑动面或潜滑面以下部分的锚固作用和被动抗力,以及滑面以上桩前滑体被动抗力来维持稳定。抗滑桩的种类有很多,按施工方法分,有打入桩、钻孔桩、挖孔桩;按材料分有木桩、钢桩和钢筋混凝土桩;按受力条件分,有悬臂桩、锚索桩;按结构形式分,有排式单桩、排架桩等。国内最早应用抗滑桩是20世纪50年代修建宝成铁路,主要用于整治岩石顺层滑坡,多为钢筋混凝土挖孔桩。

顺层路堑边坡加固中,抗滑桩一般布置在坡脚(图4.5.10)。

当边坡较高且软弱层面出现在半坡上时,桩可布置在半坡上(图4.5.11)。

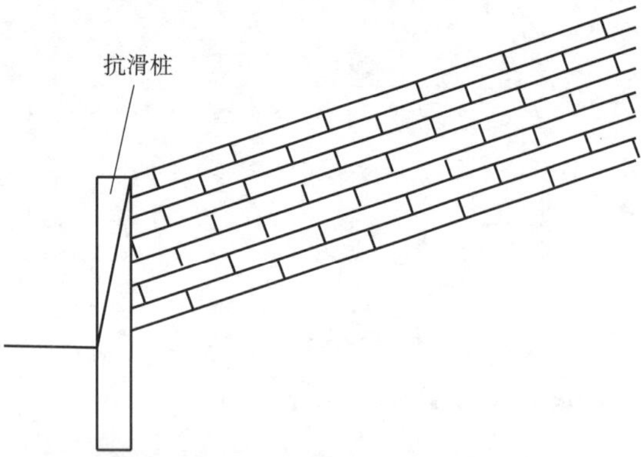

图4.5.10 抗滑桩加固顺层边坡(坡脚)

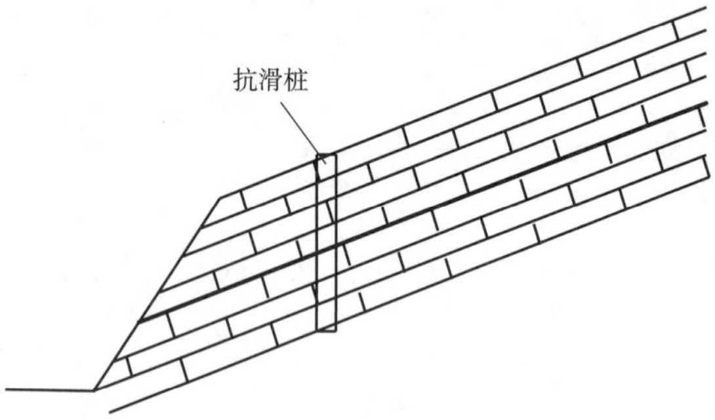

图4.5.11 抗滑桩加固顺层边坡(半坡)

当顺层推力较大、桩悬臂较长时,为改善悬臂桩的受力条件,减小桩的内力及桩的截面与埋深,需在桩的上部设置锚索,按锚索桩设计(图4.5.12)。

当软弱夹层位置确定且较薄、层面上下岩层较为完整时,也可在半坡设置抗滑键(图4.5.13)。

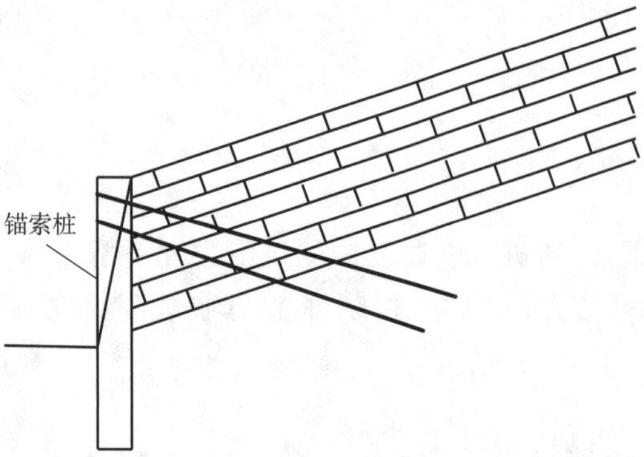

图4.5.12 锚索桩加固顺层边坡

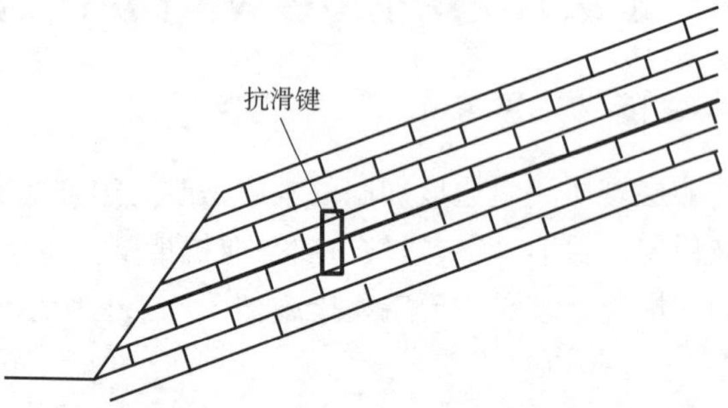

图4.5.13 抗滑键加固顺层边坡

布置在坡脚的桩,按悬臂桩进行设计,进行抗弯、抗剪检算。布置在半坡上的桩,在确保桩前边坡稳定的前提下,可按埋式桩进行设计;当假定滑面以上桩悬臂较长、或软弱夹层较厚时,应进行抗弯、抗剪检算;当软弱夹层较薄,层面上下为较为完整的硬质岩时,桩可只进行抗剪断计算。抗滑键可只进行抗剪断计算。

2)锚杆(索)加固

锚杆为受拉杆件,根据应力状态可分为预应力锚杆和非预应力锚杆两类。当预应力锚杆材料采用钢绞线时,又称之为锚索。

对于顺层路堑边坡加固,锚杆的设置区域及方位应充分考虑软弱结构面的产状、分布情况及可能发生的破坏模式,可分散均匀布置,也可集中布置,但锚杆应穿过软弱层面一定深度。如图4.5.14所示。

图4.5.14(a)(b)顺层边坡,每一层面及层间充填特征基本相同,整个路堑边坡均匀布置锚杆对所有层面进行加固,可避免边坡沿未加固层面发生顺层滑动。

图4.5.14(c)(d)中顺层边坡,有确定的软弱层面,可针对该软弱层面进行重点加固,(c)图中锚杆集中布置在软弱层面出露的部位,(d)图中锚杆垂直软弱层面布置,按抗剪锚杆设计。

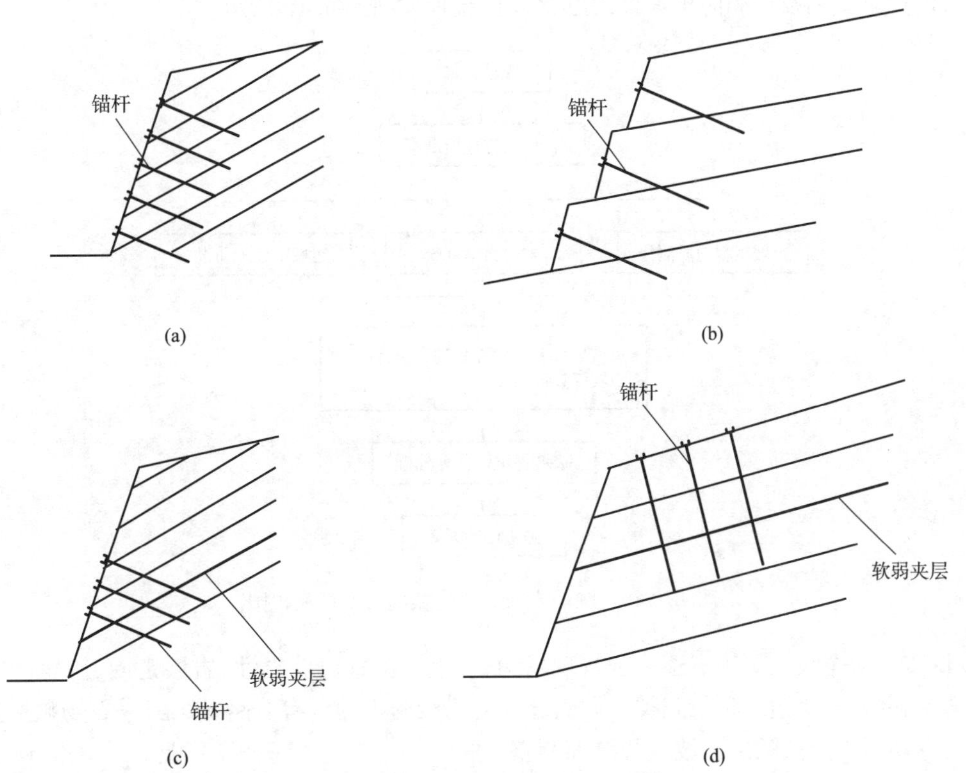

图 4.5.14　锚杆加固顺层路堑边坡布置图

3)抗滑挡墙

抗滑挡墙是依靠挡墙自身重量来抵抗顺层下滑力的,单一的抗滑挡墙主要在边坡不高、顺层推力较小的顺层边坡中使用。当边坡较高或顺层推力较大时,抗滑挡墙难以设计得经济合理,且存在开挖过程中边坡失稳的可能。因此,一般应与桩结合使用。

4)注浆加固

注浆加固顺层边坡主要是提高层面的抗剪强度。通过注浆,使浆液充填层面间的空隙,与充填物混合,浆液在凝固成浆体的过程中有一定的膨胀性,增加了层面对岩体的法向应力,同时改善充填物的力学性质,提高充填物本身的抗剪强度,从而提高顺层岩体边坡的抗滑稳定性。另外,浆液的固结,可以堵塞地下水的通道,避免水的作用软化层间软弱夹层的力学强度,还可避免地下水在层面中产生对边坡稳定不利的静水压力。

注浆的浆液主要有环氧树脂等化学浆液及水泥浆,现场主要使用水泥浆。注浆压力取决于浆液能否劈开层间软弱夹层,充分渗透软弱层面,有效地使上下层面黏结起来。为确保顺层边坡的加固效果,注浆一般与锚杆加固联合使用。

5)防排水工程

水是影响顺层岩质路堑边坡稳定性的重要因素,应尽量设法减少地表水向边坡岩体渗透并排出边坡岩体中的地下水。

一般应在顺层边坡影响范围外侧及堑顶外设置截水天沟,使地表水在流进坡面张裂隙之前就被排走。同时,还应使用黏土、砂浆等对地表张裂隙进行封闭,并使边坡顶面有一排水坡度,不能使水在地面停留,避免水沿裂隙渗入坡体。

当地下水较发育时,可在边坡设水平排水孔,降低地下水位,以减小静水压力。

5.4.2　顺层岩质路堑边坡设计

5.4.2.1　顺层岩质路堑边坡设计方法

顺层路堑边坡设计主要内容:现场调查、详细工程地质勘察、结构面特征及力学参数的确定、稳定性计算分析、确定设计方案、支挡及加固防护设计。勘察设计流程如图 4.5.15 所示。

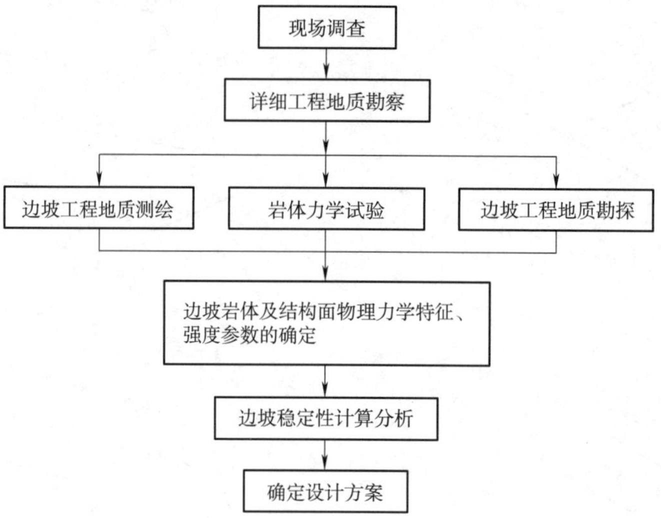

图 4.5.15　顺层岩质路堑边坡勘察设计流程图

(1)现场调查。对全线顺层工点逐一进行现场调查,重点调查边坡岩性、岩层走向、倾角,节理、地下水、层间充填物情况,并对顺层边坡进行归类。同时还应对沿线附近的既有公路、铁路、采石场顺层边坡,顺层滑坡以及被江河等切断的天然顺层边坡进行详细调查。

(2)详细工程地质勘察。通过地质测绘、钻探以及试坑、竖井等挖探手段,详细查明顺层工点工程地质条件,特别是软弱夹层位置、层间充填物及力学强度指标。

(3)顺层路堑边坡分类。根据顺层岩质边坡岩体特性和结构进行归类,并确定可能发生的破坏模式。

(4)稳定性计算分析。根据工程地质勘察成果,选取代表性断面,建立力学计算模型,针对不同的工况进行稳定性计算分析。通常采用极限平衡法进行稳定性计算,对重大工点还应进行数值计算分析。

(5)确定设计方案。根据稳定性计算顺层推力结果、结合地形地貌,经技术经济比较后,可采取顺层清方、抗滑支挡加固等设计方案。

5.4.2.2　顺层岩质路堑边坡设计原则

根据西南山区铁路(公路)工程实践,尤其是通过渝怀铁路顺层路堑边坡稳定性及支挡防护工程试验研究,系统总结提锻炼出顺层路堑边坡设计的主要设计原则如下:

(1)对于处理困难,处理费用较大,或处理后可能遗留隐患的顺层地段,在选线时应尽可能绕避;对无法绕避的顺层地段,应采取必要的预防措施。

在山区修建铁路时,应充分考虑工程地质选线,线路尽可能选在岩层倾向山体的一侧,或使线路走向与岩层走向大角度相交;对无法绕避的长大顺层地段,选择线位和纵坡时,应注意控制中心挖高,尽可能降低切层高度,必要时线路外移做桥或增设路肩挡土墙,或内移做隧道,以绕避顺层。

(2)当地形无不利于边坡稳定的双向临空面,且岩层走向与线路走向夹角大于 40°时,原则上不考虑顺层影响,按一般路堑设计。

根据有限元数值计算,选取顺层边坡关键点的水平位移进行分析,在同一岩层倾角情况下,随着边坡走向与岩层走向夹角的增大,边坡稳定性增大(图 4.5.16)。对于岩层倾角为 30°和 35°的情况,曲线有明显的拐点,拐点所对应的走向夹角在 30°附近。当岩层倾角为 20°和 25°时,由于坡体位移较小,拐点不明显,这是由于岩层倾角小于层间综合摩擦角,顺层边坡本身是稳定边坡的缘故。

从系列小比例尺模型试验,也得到与有限元数值计算分析类似的结论。

在相同的岩层倾角下,随着边坡(线路)走向与岩层走向夹角的增加,边坡稳定性增加。图 4.5.17 为岩层倾角 30°、层间综合摩擦角为 25.5°条件下,边坡走向与岩层走向夹角为 0°、15°、30°、40°时,顺层边坡开挖影响范围,随着边坡走向与岩层走向夹角的增大,顺层边坡开挖影响范围逐渐减小;当边坡走向与岩层走向夹角大于 30°时,边坡开挖松弛区范围与非顺层边坡基本一致。

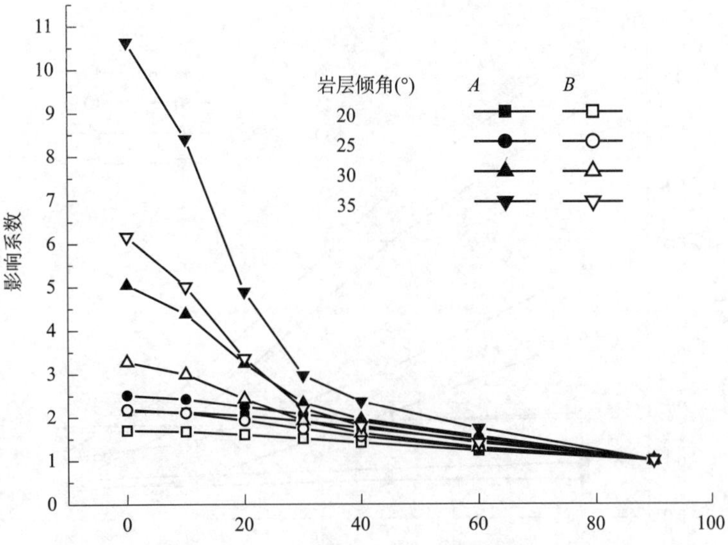

图 4.5.16　边坡走向与岩层走向夹角对边坡稳定性的影响(有限元计算结果)

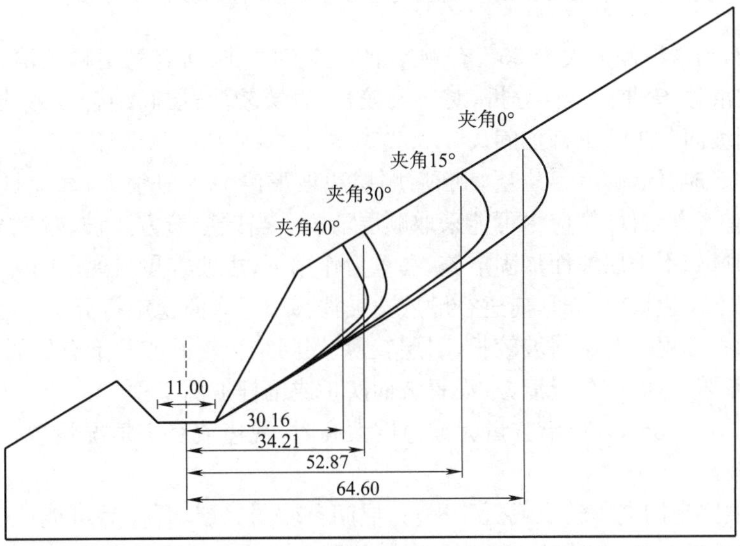

图 4.5.17　岩层倾角 30°坡体开挖松弛区范围示意图

(模型试验结果,单位：cm)

图 4.5.18 中的试验结果反映了与图 4.5.16 计算结果相同的规律,关系曲线的拐点所对应的走向夹角均在 30°附近。

通过有限元数值计算分析及系列小比例尺模型试验,可得出结论如下：

①对于开挖边坡坡角大于岩层倾角的缓倾角和中等倾角顺层边坡,当地形无不利于边坡稳定的双向临空面且岩层走向与线路走向夹角大于 30°时,基本上可以不考虑顺层对边坡稳定性的影响。

②考虑其他不利因素影响,为安全起见,应采用岩层走向与线路走向夹角大于 40°时,不考虑顺层影响,可按一般路堑设计。

(3)当岩层倾角小于层间综合摩擦角时,一般情况可不考虑顺层影响,按一般路堑设计,但应进行特殊条件下的边坡稳定性分析。

根据顺层边坡稳定性分析,一般条件下,当岩层倾角小于层间综合摩擦角时,边坡稳定系数大于 1.0,边坡是稳定的。若考虑特殊条件,如地下水作用力、地震力、爆破动力的破坏作用,边坡可能顺层失稳。

对于岩层倾角小于 20°且无软弱夹层的硬质岩路堑工点,原则上不考虑顺层影响,按一般路堑设计。主要是基于此种条件下,层间综合摩擦角远大于岩层倾角,其稳定性一般满足要求。但设计中仍需分析工点的水文地质条件、节理裂隙发育情况以及高烈度地震区的地震力作用等。

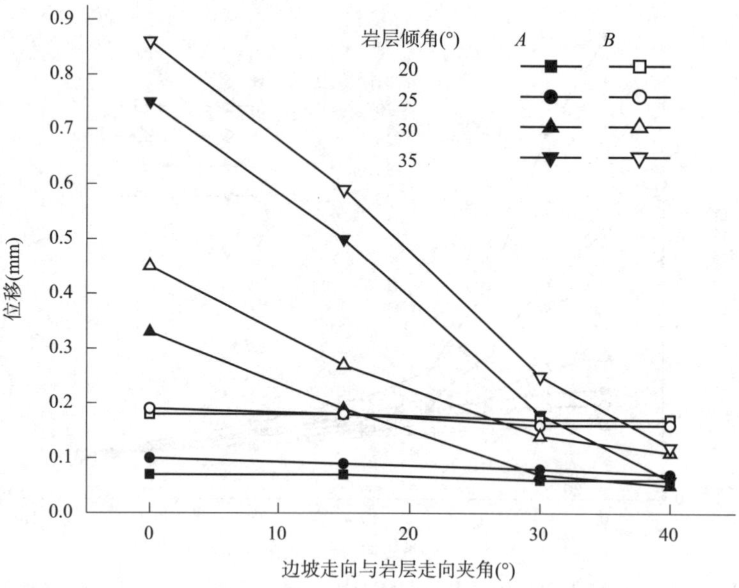

图4.5.18 边坡走向与岩层走向夹角对边坡稳定性的影响(模型试验结果)

(4)对于顺层边坡,当岩层倾角大于 35°、有顺层清方条件时,原则上采用顺层清方;当顺层清方边坡较高时,应进行顺层边坡滑移-弯曲稳定性分析;对斜坡较长、岩层较薄、层间结合较差或其下有软弱层面的顺层边坡,原则上应采用坡面防护或锚杆加固。

当岩层倾角大于 35°时,因倾角大,岩层切断后顺层边坡下滑力一般很大,如设抗滑支挡,工程巨大,难以设计得经济合理。有清方条件时,应尽可能采取顺层清方。当顺层清方边坡较高、岩层较薄、层间结合较差或其下有软弱层面时,如不采取坡面加固措施,在重力作用下,边坡容易出现弯曲隆起,产生溃屈或弯折破坏。因此,对于顺层清方后边坡较高时,应进行顺层边坡滑移——弯曲稳定行分析。当边坡稳定性不能满足要求时,应设置边坡加固工程。对于斜坡较长、岩层较薄、层间结合较差或其下有软弱层面的顺层边坡,为防止边坡发生弯曲隆起破坏,一般应分级清方、设置坡面防护或锚杆加固工程。

(5)当岩层倾角在 10°～35°,顺层清方量大或边坡太高时,视边坡稳定情况设置预加固桩、预应力锚索、锚杆、挡土墙等抗滑工程。

对于岩层走向与线路走向夹角较小或近于平行,层间有软弱夹层,开挖后可能产生顺层滑动地段,当岩层倾角在 10°～35°,顺层清方量大或边坡太高时,应视软弱夹层分布及边坡稳定情况,设置预加固桩、预应力锚索、锚杆、挡土墙等抗滑工程。

(6)对于顺层坡(地面横坡与层面倾角基本一致),设置抗滑支挡工程时,顺层推力计算范围,可按顺层面长度与切层厚度之比为 4～7 进行设计。

根据模型试验及大量顺层滑坡工点资料统计分析,对于顺层滑坡,滑动范围(顺层面滑动长度)与切层厚度之比约为 6～10;未产生滑动时,变形范围(顺层面长度)与切层厚度之比为 4～7。顺层边坡设支挡时松弛区影响范围较不设支挡时缩小约 30%,即变形范围(顺层面长度)与切层厚度之比为 3～5。为安全起见,应按"顺层推力计算范围,按顺层面长度与切层厚度之比 4～7"进行设计。

(7)顺层边坡稳定性计算时,应根据层面性质、层间充填、地下水、岩层节理裂隙发育情况等选取合理的层间力学参数,并应充分考虑岩体结构、产状、结构面力学特性、爆破动力、地震力和地下水作用等因素的影响。

根据顺层路堑边坡稳定性分析,影响顺层路堑边坡稳定性的因素除岩体结构、产状、结构面力学特性外,爆破动力和地下水作用等,也是影响顺层路堑边坡稳定的主要因素。在顺层边坡稳定性计算时,应根据层面性质、层间充填、地下水、岩层节理裂隙发育情况等,选取合理的层间力学参数。当地表裂隙及岩层节理发育,且具汇水条件或地下水发育时,应选取饱水状态的层间力学参数进行边坡稳定性计算,并考虑一定的静水压力作用。同时,还应考虑路堑石方爆破开挖对边坡稳定不利的影响。

(8)对于需要加固的顺层边坡,当岩层为比较完整的硬质岩,应优先采用锚杆束桩、钢轨桩、大锚杆、抗滑键等进行加固；当岩层为软质岩或比较破碎的硬质岩时，应优先采用锚固桩、锚索桩及综合加固措施。

对于比较完整的硬质岩顺层边坡，采用锚杆束桩、钢轨桩、大锚杆加固，不仅可直接提供一定的抗滑力，孔内注浆可改善层间充填物的物理力学性质，提高力学强度，间接减小下滑力。该类结构主要利用材料的抗剪能力，不受滑动方向的影响，即锚杆束桩、钢轨桩的布置不受岩层走向与边坡走向夹角变化的影响。

(9)设计中应加强防排水措施。对软质岩顺层边坡，应减少边坡的暴露面，对边坡坡面应及时采取护坡、护墙封闭；对节理裂隙发育的，硬质岩顺层边坡，也应采取封闭措施，避免雨水渗入坡体。堑顶应设置截水天沟；当地下水发育、边坡渗水严重、或岩体节理裂隙发育具有地表水下渗条件时，应在边坡设置仰斜排水孔。

这主要是考虑水是影响顺层边坡稳定最为重要的外因，地表水下渗将导致层间力学强度降低，如排水不畅可能产生静水压力。因此，设计中必须高度重视防排水工程的设计，应尽可能避免地表水渗入坡体，尽快将地表水及坡体内地下水迅速排走。

(10)顺层岩质路堑施工，应采用小台阶爆破，并严格控制装药量或采用深孔爆破与缓冲爆破相结合的预留保护层分步开挖方案，即在路堑主开挖区采用深孔爆破与缓冲爆破方法，在预留保护层区采用小台阶爆破和光面爆破方法，最大程度的减小爆破产生的岩层层裂范围。

根据顺层边坡爆破试验，不恰当的爆破方法将导致较大范围的岩体层裂破坏，使层裂范围内的层间力学强度大大降低，在一定范围加剧岩体的破碎程度，使地表水更容易下渗。因此，不恰当的爆破方法是造成边坡顺层滑动的重要诱发因素。设计中应对顺层岩质边坡爆破方法作出明确要求，尽可能减小爆破对边坡岩体的破坏。

5.4.3　轻型支护体系加固技术

岩质边坡的失稳，通常是因为边坡中含有的软弱结构面降低了岩体强度，在一定条件下，如地下水、地震、开挖施工等的影响下，沿软弱结构面产生剪切或岩层弯曲、折断等所造成的。对于顺层岩质边坡而言，尤其是当结构面的走向与边坡走向大致平行，开挖坡角大于岩层倾角时，边坡岩体可能会沿某一软弱结构面发生顺层滑移，引起顺层滑坡。因此，软弱结构面通常是顺层岩质边坡加固的重点。近几十年来，特别是“国际减灾十年活动”开展以来，国际上研究和防治滑坡灾害空前活跃，各项研究进一步扩展和深入，防治工程措施也在完善已有措施的基础上向轻型化、小型化方向发展。结合顺层岩质边坡的特点，研究提出了加固顺层岩质边坡的轻型支护体系，即采用注浆提高结构面抗剪强度，辅以抗剪锚杆加固的支护体系。

5.4.3.1　轻型支护体系的概念

轻型支护体系是区别于顺层岩质边坡加固中常用的大截面抗滑桩、预应力锚索抗滑桩等强支挡结构的一种新型支护体系。轻型支护体系主要包括注浆提高结构面抗剪强度、抗剪锚杆加固不稳定岩体两种工程措施。

1)注浆加固

注浆加固指针对顺层岩质边坡中的结构面进行注浆，改善其力学性质，达到提高其抗剪强度的目的。这种注浆有两个作用，一是浆体填满结构面内的空隙，改善充填物的力学性质，提高充填物本身的抗剪强度；二是由于浆体的膨胀性，可增加结构面对结构体的法向应力，间接提高结构面的抗剪强度。

下面以开挖坡角大于岩层倾角，滑面为单一平面的顺层岩质边坡为例，分析结构面抗剪强度与顺层岩质边坡稳定性的关系。

安全系数
$$K_0=\frac{W\cos\alpha\tan\varphi+cl}{W\sin\alpha} \tag{4.5.1}$$

滑体产生的推力
$$E_A=W\cos\alpha(K\tan\alpha-\tan\varphi)-cl \tag{4.5.2}$$

式中，W 为单宽滑体重量；α 为滑面倾角；c、φ 为滑面黏聚力和摩擦角；K 为设计所需的安全系数；L 为滑面长度。

表4.5.8给出了某顺层岩质边坡针对c、φ进行的敏感性分析结果。该边坡单宽滑体重量为4 600 kN/m，滑面倾角为31°，滑面长度为60 m，滑面黏聚力和摩擦角分别为11 kPa和16°，设计安全系数设为1.15。

表4.5.8　c、φ值敏感性分析结果

c(kPa)	φ(°)	K_0	E_A(kN/m)	c(kPa)	φ(°)	K_0	E_A(kN/m)
11	16	0.755	934	11	16	0.755	934
12.1	16	0.784	868	11	17.5	0.803	821
13.2	16	0.811	802	11	19	0.851	707
14.3	16	0.839	736	11	20.4	0.897	594
15.4	16	0.867	670	11	21.9	0.948	481

由表可知，随着滑面抗剪强度指标c、φ值的增加，边坡安全系数有较大幅度的提高，滑体推力也相应减小；c值每增加10%，安全系数增加约4%，滑体推力减少约7%；$\tan\varphi$每增加10%，安全系数增加约6.5%，滑体推力减少约12%。由此可见，通过采取注浆工程措施，提高滑面的抗剪强度，对于增加顺层岩质边坡稳定性，减少支护工程量，有着非常显著的效果。但注浆不可能无限制地提高滑面的抗剪强度，必须在注浆提高滑面抗剪强度的基础上，辅以抗剪锚杆等措施，以确保边坡的稳定性。

2)抗剪锚杆加固

抗剪锚杆一般指孔径较大、钢筋较多且主要用于抗剪的锚杆。这种结构具有施工方便、布置形式灵活的特点。

根据顺层岩质边坡的特点，可将抗剪锚杆的结构布置形式分为三种类型：即独立抗剪锚杆体系、平面桁架抗剪锚杆体系、空间桁架抗剪锚杆体系。

①独立抗剪锚杆体系。独立抗剪锚杆体系(图4.5.19)是在边坡的开挖坡面或自然坡面上，按照一定的间距、排距布置多根抗剪锚杆，各根抗剪锚杆相互独立，当抗剪锚杆工作时，抗剪锚杆之间的相互作用，仅通过抗剪锚杆间的岩土体进行传递。该种结构形式比较适合于滑体完整性较好、强度较高的顺层岩质边坡(如硬质岩顺层岩质边坡)。

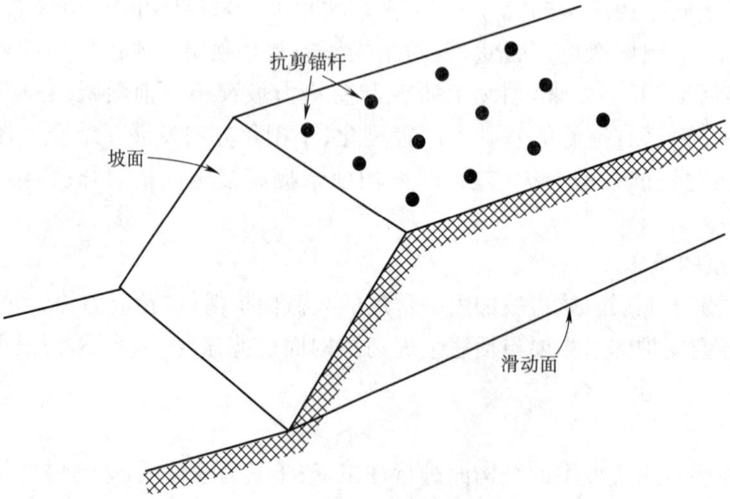

图4.5.19　独立抗剪锚杆体系

②平面桁架抗剪锚杆体系。平面桁架抗剪锚杆体系是在独立抗剪锚杆体系基础上，用连系梁将坡面上布置的多排抗剪锚杆的顶端横向连接在一起而形成的结构体系(图4.5.20)。适合于坡体发育有两组结构面(层面、平行于边坡走向的陡倾结构面)、完整性较差的顺层岩质边坡。

③空间桁架抗剪锚杆体系。空间桁架抗剪锚杆体系是在平面桁架抗剪锚杆体系的基础上，用连系梁将沿着边坡走向分布的多排抗剪锚杆的顶端纵、横向连接在一起而形成的结构体系(图4.5.21)。适合于坡体发育两组以上结构面，岩体软弱破碎、完整性很差的顺层岩质边坡。

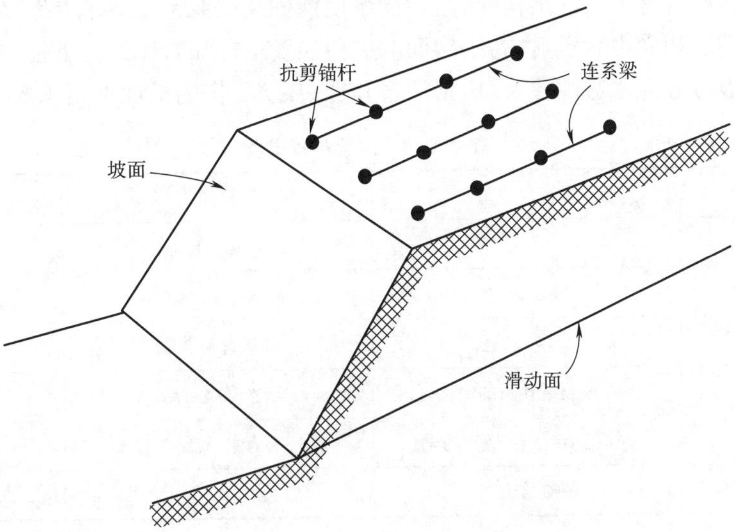

图4.5.20 平面桁架抗剪锚杆体系

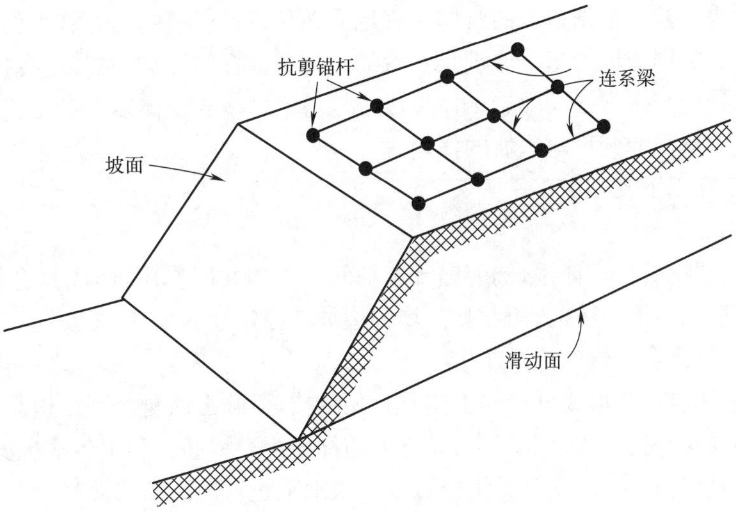

图4.5.21 空间桁架抗剪锚杆体系

5.4.3.2 轻型支护体系的特点及适用性

如上所述，轻型支护体系主要包括注浆加固和抗剪锚杆加固，注浆可以较大幅度地提高顺层岩质边坡潜在滑面的抗剪强度，起到减小滑坡推力，降低支护工程量的效果，在此基础上采用布置灵活的抗剪锚杆体系进行加固，最终以较小的代价实现工程边坡的稳定。与常用的大截面抗滑桩相比，轻型支护体系有以下几个特点：

(1)造价低，经济性好。

(2)施工方便。抗剪锚杆所需施工机具小，可充分利用现有的钻探设备，对场地环境要求较低。

(3)适应性强。抗剪锚杆布置形式灵活，对地层适应性强，便于与其他边坡防护工程配套使用。

(4)承载力大，可靠度高。抗剪锚杆通常嵌入边坡潜在滑面足够深度，采用了较多的钢筋，各根抗剪锚杆相互联系，整个抗剪锚杆体系和其间岩土体作为一个整体结构进行工作，可承受较大的荷载，与同体积的抗滑桩相比，其承载力较高。作为群体效应，个别抗剪锚杆失效对整个边坡影响不大。

(5)抗剪锚杆-岩土体复合结构的刚度较大，可以有效地控制边坡的变形。

(6)使用抗剪锚杆顶连系梁后，使各根抗剪锚杆和其间岩土体更加紧密地联系在一起，能有效控制坡面上加固区域拉裂缝的形成和发展，对于减小拉裂缝中充填水对边坡稳定性的不利影响有积极作用。

5.4.3.3 轻型支护体系的作用机理

1)注浆的作用机理

顺层岩质边坡岩体中含有大量的结构面，通过注浆使能固化的浆液注入岩层层面、节理裂隙中，改善原有岩土体的物理力学性质和受力状态，提高结构面的抗剪强度指标和岩体的完整性，从而起到稳定顺层岩质边坡的作用。注浆一般可分为渗透性注浆，压密注浆和劈裂注浆，作用机理见表4.5.9。

表4.5.9 注浆机理分类

分类	渗透性注浆	压密注浆	劈裂注浆
压力	低压	中～低	中～高
浆体流动方式	渗流为主	射流渗流	射流为主
浆体占位机理	充填、渗透	渗透置换劈裂	劈裂置换
加固体形态	充填胶结孔隙的块体	浆泡、浆支、浆团	浆支、浆团、浆脉
改良机理	充填胶结为主，挤密为辅	挤密为主，胶结为辅	胶结为主，挤密为辅
加固对象	硬质结构面	软质结构面	各种结构面

2）抗剪锚杆的作用机理

对于顺层岩质边坡而言，通常使用抗剪锚杆预加固技术。在边坡开挖之前，预先针对潜在的滑体使用抗剪锚杆进行加固，然后再开挖。根据边坡的具体工程地质条件，可选用独立体系、平面桁架体系、空间桁架体系。无论哪种结构形式，加固边坡的基本原理是一致的。抗剪锚杆的存在，尤其是在抗剪锚杆顶采用连系梁形成桁架体系后，抗剪锚杆与抗剪锚杆间岩土体形成了抗剪锚杆一岩土体复合型结构，滑坡推力由抗剪锚杆和其间岩土体共同承担，从而起到稳定边坡的作用。

加固机理主要表现在以下几方面：

①地质体改造作用。

通过在岩土体内设置抗剪锚杆体系，抗剪锚杆与桩间岩土体共同作用，形成复合体，提高原位岩土体强度，实现对地质体的改造和与地质体的有利组合，增强边坡的稳定性。

②抗剪锚杆—岩土体复合结构的抗滑作用。

抗剪锚杆体系和桩间岩土体形成桩—岩土体复合型结构，荷载由该复合型结构共同承受，受荷状态类似于钢筋混凝土结构，锚杆间岩土体代表混凝土，而抗剪锚杆则代表钢筋。利用各根抗剪锚杆的抗剪、抗拉、抗压能力以及和杆间土的组合效应，该复合型结构可以有效地阻止岩体沿结构面滑动。

在抗剪锚杆—岩土体复合型结构中，抗剪锚杆在岩土体内的空间组合形成了复合型结构的骨架，该骨架具有较大的刚度和强度，对桩间岩土体的变形起到了约束作用，使抗剪锚杆和桩间岩土体形成一个整体来共同承担外荷载，其中抗剪锚杆起着分担荷载、应力传递和扩散作用。杆体通过应力传递作用，将不稳定岩体内部分应力传递到稳定岩土体中，并分散在较大范围的岩土体内，降低应力集中程度，从而起到稳定边坡的作用。

5.4.4 轻型支护体系设计计算理论

5.4.4.1 轻型支护体系的设计计算流程

轻型支护体系加固顺层岩质边坡的设计计算基本流程，如图4.5.22所示。

5.4.4.2 潜在滑动范围的确定

顺层岩质边坡潜在滑动范围的确定，可采用极限长度分析法和数值分析法。极限长度分析法是考虑顺层岩质边坡开挖后，层面抗剪强度参数随卸荷及风化程度降低的情况，采用极限平衡法搜索得出潜在滑动范围的方法。

5.4.4.3 注浆设计

注浆设计主要内容包括：注浆孔的选择、注浆方法、浆液选取和注浆压力的确定等。一般可利用抗剪锚杆孔进行注浆，浆液可根据配比试验结果确定，注浆压力可根据现场边坡岩体结构面特征及注浆深度确定。

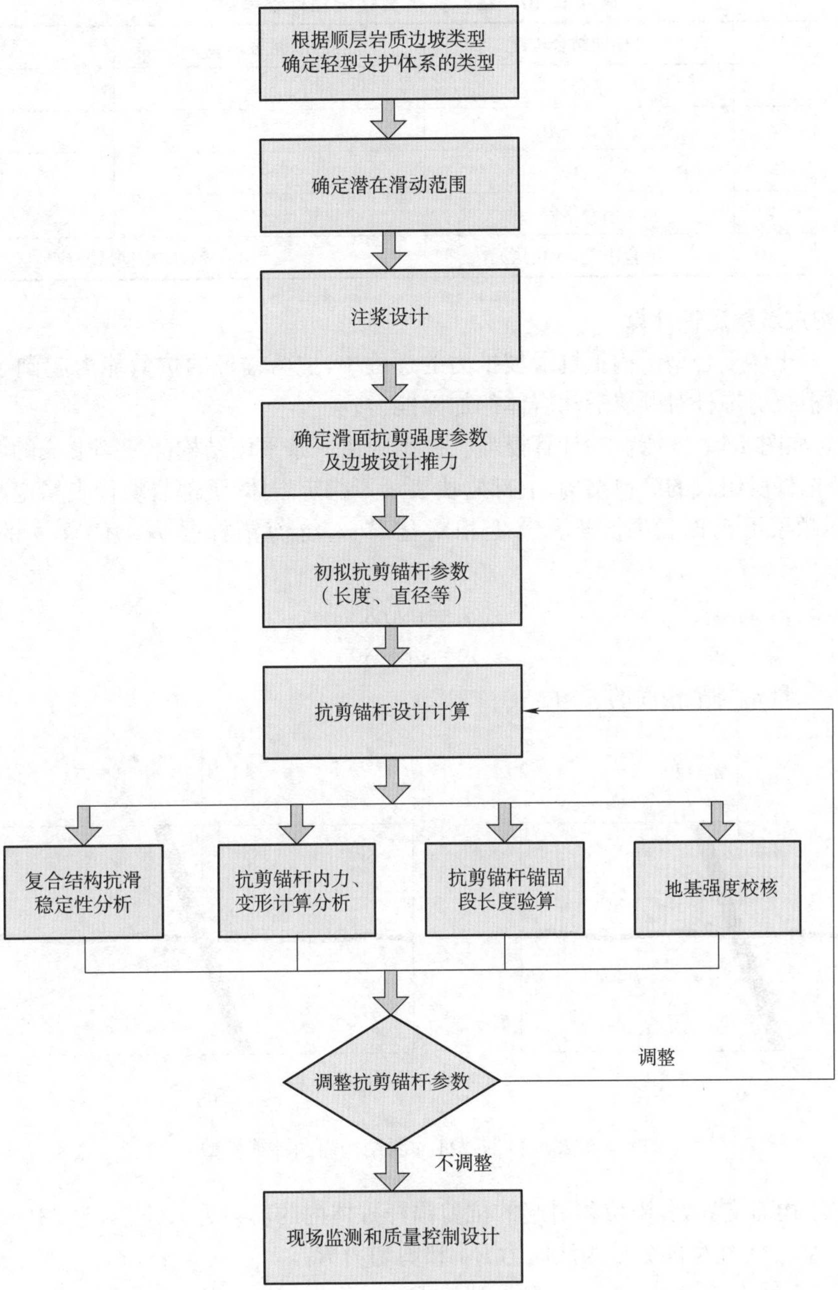

图 4.5.22　轻型支护体系加固顺层岩质边坡设计计算基本流程

5.4.4.4　滑面抗剪强度参数的确定

顺层岩质边坡失稳主要是沿结构面滑动所致，结构面的抗剪强度参数可采用工程地质类比法、查表法、现场大剪试验、现场取样室内剪试验等手段获得。由于现场大剪试验费用高，所制岩样不一定具有真正的代表性，试验成果很难直接用于设计中。

实际工作中，一般采用区域调查分析 c、φ 值的方法。选择沿线附近既有公路、铁路、水渠、采石场、被江河等切断多年的天然顺层边坡、顺层滑坡等，进行详细调查、测绘、分析、论证，按近似的极限平衡法反算 c、φ 值，经回归分析后确定。同时，结合现场大面积剪切试验、现场采集含层面的岩样及软弱夹层试样进行室内剪切试验，综合分析结构面性质、充填物情况后选取。

在可研或初步设计阶段，当无条件进行试验时，可按表 4.5.10 及结合区域调查分析 c、φ 值的方法，确定层间结构面抗剪强度参数。注浆后结构面的抗剪强度参数将在原有的基础上有所提高，具体数值可以根据试验结果确定。

表 4.5.10 结构面抗剪强度指标参考值

结构面类型		结构面结合程度	内摩擦角 φ(°)	黏聚力 c(MPa)
硬性结构面	1	结合好	>35	>0.13
	2	结合一般	35～27	0.13～0.09
	3	结合差	27～18	0.09～0.05
软弱结构面	4	结合很差	18～12	0.05～0.02
	5	结合极差(泥化层)	φ=8°～11°,应根据试验或地区经验确定	

5.4.4.5 复合结构抗滑稳定性计算

在抗剪锚杆—岩土体复合型结构抵抗滑坡推力的过程中,抗剪锚杆的抗剪能力起到了绝对的作用。下面首先探讨一下单根抗剪锚杆对顺层滑动岩体的加固能力。

为此,首先建立如图 4.5.23 所示的计算模型。模型为由一条平面结构面切割形成的两个岩块和一根穿过该结构面的抗剪锚杆所组成的简单结构,上部岩块表示不稳定岩体,下部岩块代表稳定基岩。

当不稳定岩体顺层滑动时,两个岩块产生相对位移 u,抗剪锚杆受力。位移 u 的分量(图 4.5.23(a))为:

$$u_n = u\sin\delta \tag{4.5.3}$$

$$u_t = u\cos\delta \tag{4.5.4}$$

式中,δ 为位移矢量 u 与结构面的夹角。

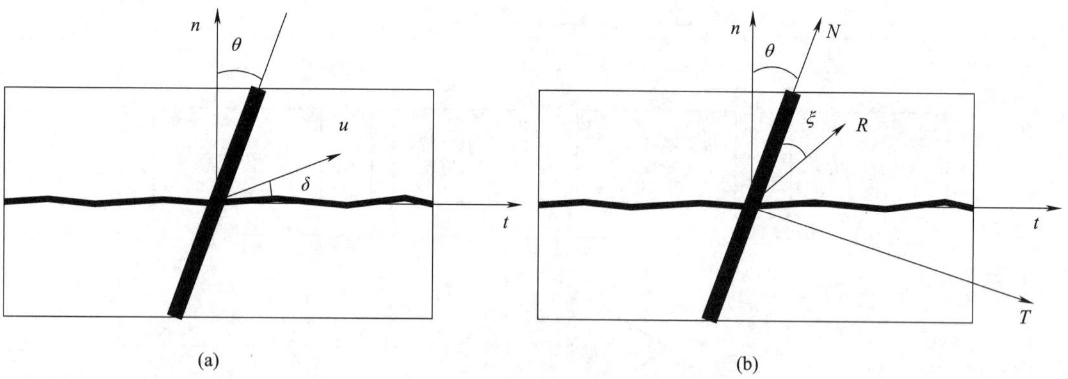

图 4.5.23 抗剪锚杆加固结构面的计算模型

在抗剪锚杆与结构面交界处,由位移引起的抗剪锚杆桩体内的反力为 R(图 4.5.23(b)),反力 R 与抗剪锚杆体之间的夹角为 ξ,反力 R 的分量为法向力 R_N 和剪切力 R_T。

$$R_N = R\cos\xi \tag{4.5.5}$$

$$R_T = R\sin\xi \tag{4.5.6}$$

1)抗剪锚杆的加固作用可分为两个方面

①杆体受拉产生的轴向荷载 R_N;

②可被称为"销钉效应"的剪切力 R_T。

当 δ 大于结构面的剪胀角时,结构面开裂,抗剪锚杆对结构面的抗剪力为:

$$C = R\sin(\theta+\xi) \tag{4.5.7}$$

当 δ 等于结构面的剪胀角时,沿结构面产生剪切位移,抗剪锚杆对结构面的抗剪力为:

$$C = R\sin(\theta+\xi) + R\cos(\theta+\xi)\tan\varphi \tag{4.5.8}$$

由于杆体与两个岩块的相互作用,两个参数 R 和 ξ 无法直接确定。

2)抗剪锚杆破坏机理主要包括两种

①坚硬岩体中(单轴抗压强度 R_c 大于 100 MPa),抗剪锚杆与结构面相交处,因剪切和受拉而破坏(图 4.5.24(a))。

②较软岩体中(单轴抗压强度 R_c 小于 100 MPa),抗剪锚杆与结构面相交处产生两个塑性铰,两个塑性

较中间的抗剪锚杆倾角增大，杆体主要受拉应力作用而破坏(图 4.5.24(b))。

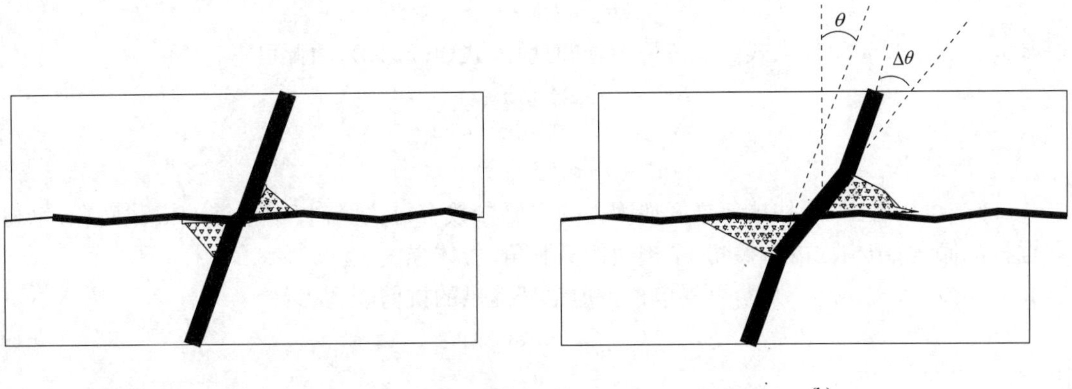

图 4.5.24　结构面附近抗剪锚杆破坏形式

图 4.5.25 给出了抗剪锚杆破坏时倾角变化量 $\Delta\theta$ 与单轴抗压强度的关系，并应满足下列条件：

$$\theta+\Delta\theta\leqslant 70^{\circ} \tag{4.5.9}$$

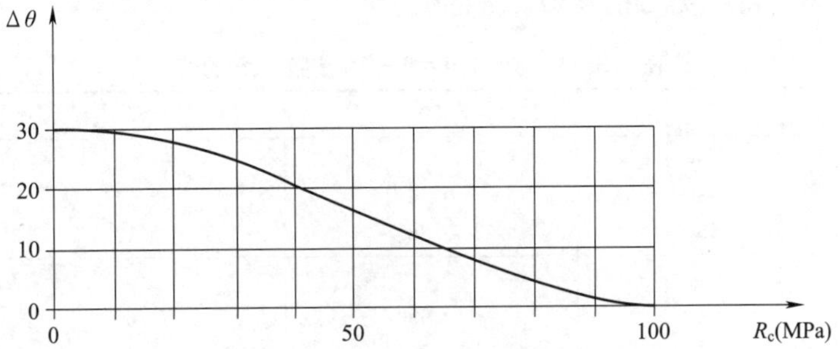

图 4.5.25　锚杆破坏时倾角的变化

根据前面论述的抗剪锚杆的作用，在抗剪锚杆达到极限平衡状态时，抗剪锚杆与结构面法线的夹角 θ 由 θ_f 替代：

$$\theta_f=\theta+\Delta\theta \tag{4.5.10}$$

抗剪锚杆破坏时的倾角已经给出，这就可以利用最大塑性功原理来确定 R 和 ξ。

假定钢材的屈服极限判据由下式表示：

$$\left(\frac{R_N}{N_0}\right)^2+\left(\frac{R_T}{\mu N_0}\right)^2+\frac{M}{M_0}-1=0 \tag{4.5.11}$$

式中，N_0 为杆体的抗拉屈服极限轴力；μN_0 为杆体的抗剪屈服极限剪力；M 为弯矩；M_0 为极限弯矩。

由于对称的关系，假定抗剪锚杆与结构面交界处的弯矩等于零。那么该段杆体内的极限荷载 R_L 便处于(N,T)平面内一椭圆上，如图 4.5.26 所示。

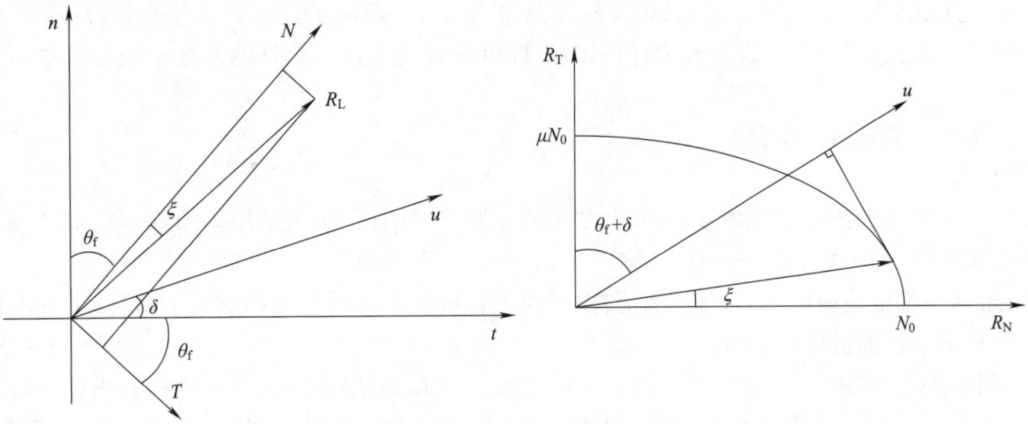

图 4.5.26　锚杆临界荷载 R_L 的确定

对于任一位移 u，最大塑性功原理叙述为：对于任一适宜外载 R，材料极限荷载必须满足下列条件：

$$(R_L - R) \cdot u > 0 \tag{4.5.12}$$

将式(4.5.5)、式(4.5.6)代入式(4.5.11)中，同时引入式(4.5.12)，由此可得：

$$\left.\begin{aligned} \frac{R_L}{N_0} &= \left[\frac{1+\tan^2\xi}{1+(\tan^2\xi)/\mu^2}\right]^{1/2} \\ \tan\xi &= \mu^2\cot(\theta_f+\delta) \end{aligned}\right\} \tag{4.5.13}$$

由式(4.5.13)可以看出，评估抗剪锚杆加固力的主要参数有：抗剪锚杆中钢筋的横截面积；钢材的屈服极限；抗剪锚杆的倾角；结构面的摩擦角；结构面的剪胀角；岩体强度。

将式(4.5.13)代入式(4.5.8)中，可得单根抗剪锚杆提供的抗剪能力为：

$$C = (a + b\tan\varphi)N_0 \tag{4.5.14}$$

式中：

$$\left.\begin{aligned} a &= \left[\frac{1+\tan^2\xi}{1+(\tan^2\xi)/\mu^2}\right]^{1/2}\sin(\theta_f+\xi) \\ b &= \left[\frac{1+\tan^2\xi}{1+(\tan^2\xi)/\mu^2}\right]^{1/2}\cos(\theta_f+\xi) \end{aligned}\right\} \tag{4.5.15}$$

表4.5.11给出了当 $\delta=0$、$\mu=0.5$ 时参数 a、b 的值。

表4.5.11 $\delta=0$、$\mu=0.5$ 时参数 a、b 的值

R_c(MPa)	25	50	75	100
$\theta=0°$				
a	0.62	0.56	0.51	0.50
b	0.50	0.38	0.17	0
$\theta=15°$				
a	0.77	0.68	0.60	0.62
b	0.49	0.50	0.44	0.39
$\theta=30°$				
a	0.88	0.83	0.73	0.66
b	0.39	0.42	0.50	0.49
$\theta=45°$				
a	0.96	0.96	0.85	0.79
b	0.26	0.26	0.43	0.47
$\theta=60°$				
a	0.96	0.96	0.94	0.90
b	0.26	0.26	0.28	0.36

以上给出了考虑抗剪锚杆同结构面相互作用情况下，单根抗剪锚杆所能提供的最大抗剪力计算公式，则整个抗剪锚杆体系所能提供的抗剪力 $\sum C$ 可由下式进行计算。

$$\sum C = n \cdot C = n(a + b\tan\varphi)N_0 \tag{4.5.16}$$

式中，n 为每延米的抗剪锚杆数量；其余符号注释如式(4.5.14)所示。

再将该总抗剪力与边坡单宽设计推力进行比较，即可得到所需抗剪锚杆的总数量或对其抗滑稳定性进行验算。

5.4.4.6 抗剪锚杆体系内力和变形计算

1)计算模型

如图4.5.27所示的抗剪锚杆体系，坡面上共布置 n 排抗剪锚杆，按照从滑体前部到后部的顺序依次编号为第1排、第2排、……第 i 排、……第 n 排。

作用在最后一排抗剪锚杆(第 n 排抗剪锚杆)上的力有抗剪锚杆后滑体的剩余下滑力(占总滑坡推力的绝大部分)和抗剪锚杆前滑体的抗力。

作用在第 i 排抗剪锚杆上的力包括三部分：一是经第 i 排抗剪锚杆和第 $i+1$ 排抗剪锚杆间滑体传递而来的第 $i+1$ 排抗剪锚杆的抗剪锚杆前滑体抗力的反作用力(第 $i+1$ 排抗剪锚杆变形引起)；二是第 i 排抗剪锚杆和第 $i+1$ 排抗剪锚杆间滑体的剩余下滑力；三是第 i 排抗剪锚杆前滑体的抗力。

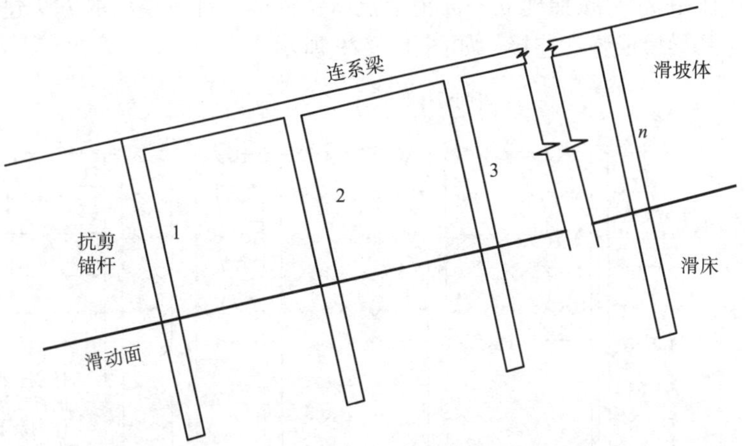

图 4.5.27　平面桁架抗剪锚杆体系布置示意图

若将各排抗剪锚杆以及抗剪锚杆间岩土体看作抗剪锚杆—岩土体复合结构，则第 1 排抗剪锚杆的抗剪锚杆前滑体抗力和第 n 排抗剪锚杆的抗剪锚杆后滑体剩余下滑力成为外力，抗剪锚杆与抗剪锚杆之间的相互作用力可看作内力，各排抗剪锚杆之间的抗剪锚杆间滑体的剩余下滑力可视为外力作用于前排抗剪锚杆上。

基于以上分析，可将抗剪锚杆的力学边界条件和位移边界条件等效为以下形式：

滑面以上抗剪锚杆与抗剪锚杆之间，用弹性连接相连，模拟抗剪锚杆－岩土－抗剪锚杆之间的相互作用。根据抗剪锚杆间岩土体的力学性质按"K"法或"m"法计算出地基弹性抗力系数 K，各弹性连接的刚度系数根据 K 值选取。

考虑到岩土体的抗拉强度较低，将滑面以上弹性连接设为仅受压弹性连接(受拉时弹性连接失效)；滑面以下为稳定基岩，滑面以下各抗剪锚杆分别施加弹性支承，模拟滑床对抗剪锚杆－岩土体复合结构的弹性支承作用。地基弹性抗力系数根据滑床岩体的力学性质按"K"法或"m"法计算。第 1 排抗剪锚杆前作用抗剪锚杆前滑体抗力，第 2 排～第 $n-1$ 排抗剪锚杆后作用抗剪锚杆间滑体剩余下滑力，第 n 排抗剪锚杆后作用抗剪锚杆后滑体剩余下滑力。

以上的计算模型可以利用有限元方法实现，即建立有限元计算模型。首先建立整体坐标系 xoy，然后将各排抗剪锚杆和连系梁划分为多个梁单元，并尽可能在岩性分界面和滑动面等位置布置单元节点，以及尽可能保证各根抗剪锚杆在同一抗剪锚杆深度位置均分布有节点。将滑面以上相邻两根抗剪锚杆同一深处的节点，用仅受压弹簧单元连接。第 n 排抗剪锚杆后滑体剩余下滑力、第 1 排抗剪锚杆抗剪锚杆前滑体抗力和各排抗剪锚杆间滑体剩余下滑力，作为荷载作用在各排抗剪锚杆的单元上，推力分布图式可根据滑体性质等因素确定。抗剪锚杆的计算模型如图 4.5.28 所示。

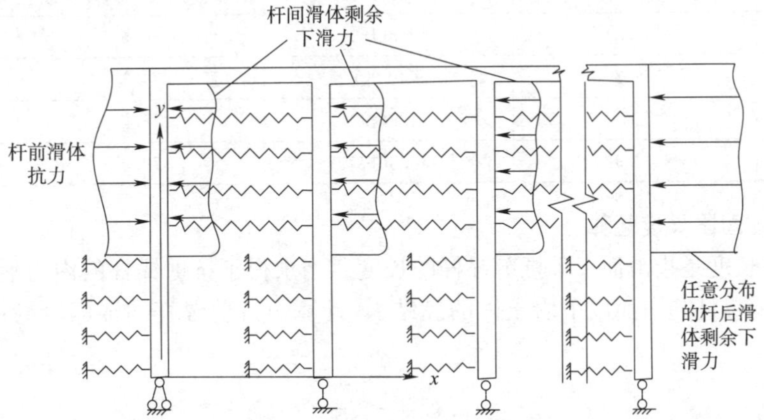

图 4.5.28　平面桁架抗剪锚杆体系计算模型

对于独立抗剪锚杆体系，仍可按照建立平面桁架抗剪锚杆体系计算模型的方法建立计算模型，不同的是将各抗剪锚杆顶处的连系梁换成弹性连接。如图 4.5.29 所示。

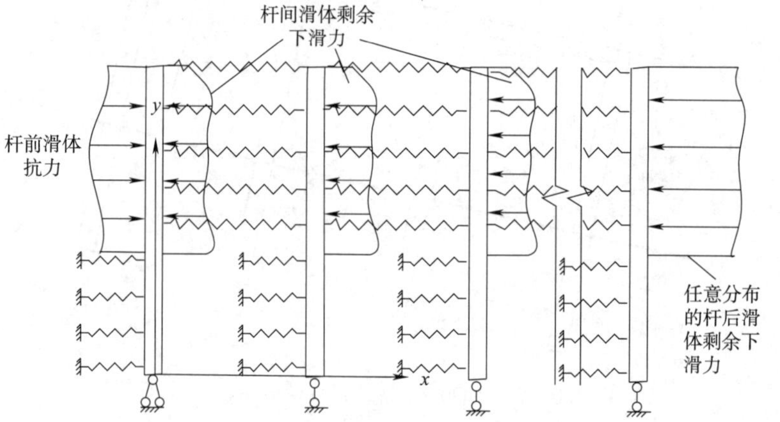

图 4.5.29　独立抗剪锚杆体系计算模型

对于空间桁架抗剪锚杆体系，应建立相应的空间桁架体系模型进行计算，也可近似地将其简化为平面桁架抗剪锚杆体系进行计算。

2)工程实例分析

某工点边坡岩体为强至中等风化砂岩，层状结构，岩层倾向线路，走向与线路基本平行，岩层倾角为 29°。距坡面约 3 m 深度含有碳质泥岩夹层(层厚 0.2～0.5 m)，层面光滑，质地软弱，遇水容易膨胀。由于边坡开挖切断岩层，泥岩夹层抗剪强度较低，开挖可能引起顺层滑坡。该路堑边坡采用抗剪锚杆预加固，上部坡面按设计位置顺岩层面清方后设 4 排抗剪锚杆，抗剪锚杆长均为 6 m，间、排距为 1 m×1 m，抗剪锚杆顶设置网格型钢筋混凝土连系梁，连系梁钢筋与抗剪锚杆钢筋焊接，待抗剪锚杆体系施工完毕后，再开挖路堑。锚杆钻孔直径为 150 mm，抗剪锚杆由 3 根 φ32(16MnQ)钢筋加工而成，孔内灌入 C30 水泥砂浆；连系梁采用相同的配筋，截面尺寸为 0.15 m×0.15 m。边坡岩体重度 $\gamma=20\ \mathrm{kN/m^3}$；滑移面摩擦角 $\varphi=15°$、黏聚力 $c=10$ kPa。

由于岩层走向与边坡走向基本平行，该问题可简化为平面问题计算。下滑推力按矩形分布荷载分别作用在各排抗剪锚杆上，最后一排抗剪锚杆的抗剪锚杆后滑体单宽剩余下滑力为 216kN，各排抗剪锚杆抗剪锚杆间滑体单宽剩余下滑力为 10 kN，第一排抗剪锚杆抗剪锚杆前滑体抗力不考虑。滑动面上下抗剪锚杆周围岩体地基系数均取为 $K=120\ 000$ kPa/m。计算结果见表 4.5.12，剪力图、轴力图和弯矩图如图 4.5.30～图 4.5.33 所示。

表 4.5.12　抗剪锚杆体系内力计算结果

抗剪锚杆编号	最大剪力(kN)	最大轴力(kN)	最大弯矩(kN·m)	杆顶最大位移(cm)
第 1 排	63.2	56.6(压)	53.5	1.97
第 2 排	66.2	9.0(压)	74.1	1.96
第 3 排	72.7	14.8(拉)	75.2	1.96
第 4 排	97.9	50.8(拉)	78.0	1.96

5.4.4.7　抗剪锚杆锚固段长度验算

抗剪锚杆锚固段长度是指滑面以下抗剪锚杆的长度。当求得了抗剪锚杆的内力后，即可根据抗剪锚杆的轴力、直径以及抗剪锚杆与滑面以下岩土体的黏结力，计算出抗剪锚杆的锚固段的最小长度。计算公式如下：

$$L_a=\frac{N}{\pi D S_r} \tag{4.5.17}$$

式中，L_a 为抗剪锚杆锚固段最小长度；N 为滑面处抗剪锚杆的轴力；D 为抗剪锚杆直径；S_r 为抗剪锚杆与滑面下岩土体的黏结力。

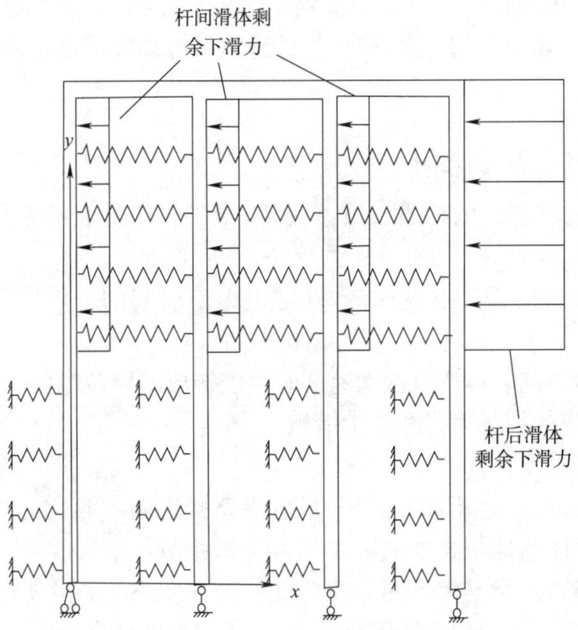

图 4.5.30　抗剪锚杆体系计算模型示意图

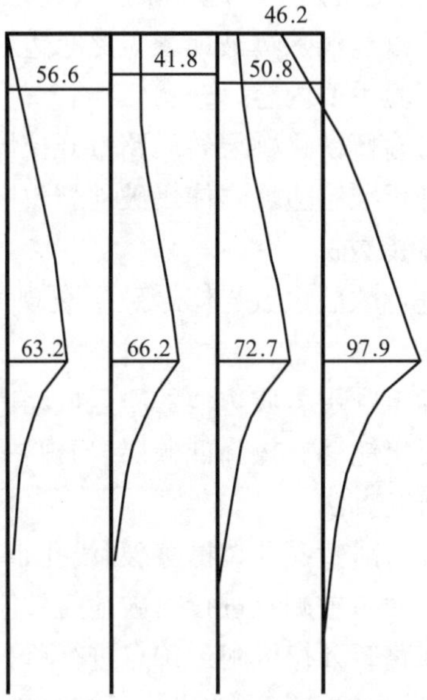

图 4.5.31　抗剪锚杆体系剪力图(单位:kN)

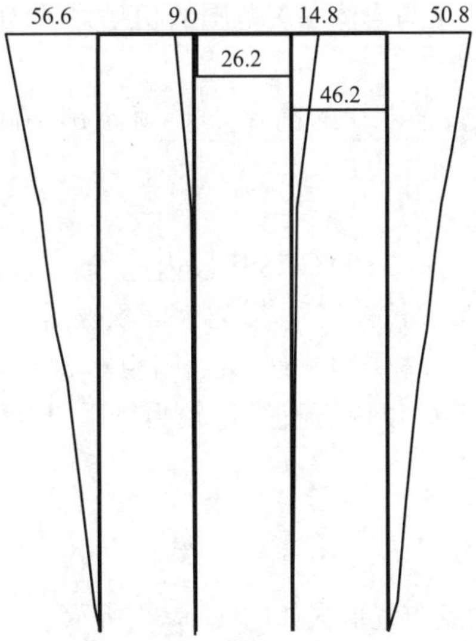

图 4.5.32　抗剪锚杆体系轴力图(单位:kN)

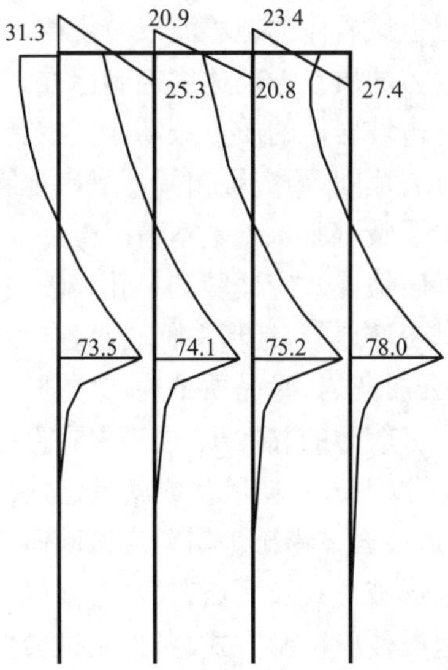

图 4.5.33　抗剪锚杆体系弯矩图(单位:kN·m)

5.4.4.8　地基强度校核

抗剪锚杆杆身作用于围岩的最大横向压应力，应不大于地基的横向容许承载力。最大横向压应力可以在计算抗剪锚杆的内力过程中求出。

地基的横向容许承载力可按下式计算：

$$[\sigma_{\mathrm{H}}]=\zeta K_{\mathrm{RH}}\eta R \qquad (4.5.18)$$

式中，ζ 为形状换算系数，桩为圆形截面时取 0.9，为矩形时取 1.0；K_{RH} 为在水平方向的换算系数，根据岩层构造，可采用 0.5～1.0；η 为折减系数，根据岩层的裂缝、风化及软化程度，可采用 0.3～0.45；R 为岩石单轴抗压极限强度。

5.4.5　爆破施工减振技术

5.4.5.1　概述

1)试验目的

由于爆破地震的作用，很可能造成顺层岩质路堑边坡岩体发生局部或整体层裂，破坏原岩的完整性，使岩体的自稳能力降低(边坡抗滑力减小),甚至可能导致已形成的路堑滑坡或坍塌。这不仅影响施工的顺利进行,而且使支挡防护施工难度增大,工程费用增加。因此,必须对开挖爆破产生的地震效应加以严格控制,从而降低以至消除爆破地震对路堑边坡自稳能力的危害。

2)试验主要内容

针对渝怀铁路顺层岩质路堑开挖爆破产生的地震效应进行现场试验。内容如下:

①进行顺层边坡岩体爆破地震效应现场试验,确定边坡岩体的地震波衰减规律,给出相应的衰减系数 K 和衰减指数 α。

②进行顺层边坡岩体爆破层裂现场试验及其爆破前后的岩体声波探测,确定出爆破引起的岩体层裂范围。

③确定顺层岩质边坡的质点振动速度控制标准,给出不同岩体质点振动速度时可能造成的层裂范围。

④提出能够有效降低顺层岩质路堑开挖爆破地震效应的技术途径和技术措施。

3)研究方法

①针对路堑深孔拉槽爆破、浅孔小台阶爆破、浅孔光面爆破等不同的爆破方法,沿路堑走向和倾向的边坡岩体表面布置测点进行爆破地震效应试验,确定边坡岩体的地震波衰减系数 K 和衰减指数 α。

②在路堑开挖区附近选点进行单孔爆破层裂效应试验,测量与爆源不等距离处的岩体质点垂直向振动速度,并进行爆破前后的岩体声波检测,确定出各次试验爆破引起的岩体层裂范围,通过二者的耦合分析,获得不同振动速度时的岩体层裂范围。

③按照边坡岩体的地震波衰减规律,结合边坡岩体质点振动速度与岩体层裂范围的相互关系,研究并确定出边坡岩体的质点振动速度控制标准。

④进行边坡岩体的质点振动速度控制标准与边坡岩体地震波传播规律的耦合分析,确定出不同爆破条件的岩体层裂范围,研究提出降低爆破地震效应的具体技术措施。

4)顺层爆破试验工点基本情况

岩体爆破地震效应试验和单孔爆破层裂试验点,选在渝怀线DK375～DK378区段内进行。该区段线路行进于坡脚变坡地带,地形左低右高,自然坡度为15°～30°。坡体地表植被较差,基岩大面积裸露,多为青灰色、灰色白云质灰岩,隐晶质结构,钙质胶结,石质坚硬,脆性较强。岩体层理发育,层面间距0.3～3.0 m,部分层理面含有较薄的黏性土,层理多在路堑边坡面出露。地表下5 m以内岩石风化较为严重,层间多有张开裂隙;5 m以下岩石弱风化或微风化,层面闭合。

5.4.5.2　边坡岩体爆破地震效应试验研究

1)试验爆破方式及测点布置

爆破地震效应试验方式、条件及试验次数见表4.5.13,振速测点布置形式如图4.5.34所示。

表4.5.13　爆破地震效应试验方式及其条件

爆破方式	工点位置	试验次数	孔径(mm)	孔深(m)	最大单孔装药(kg)
深孔爆破	DK377+400～DK377+620	3	90	5～12	40
多孔小台阶爆破	DK375+410～DK375+500	2	40	2.0～3.0	1.2
单孔小台阶爆破	DK376+80～DK376+120	2	40	1.2～1.4	0.3
浅孔光面爆破	DK375+410～DK375+500	3	40	2.0～3.0	0.5

2)深孔台阶爆破的地震效应测量与分析

对于爆破地震波的衰减规律,国内外目前多用萨道夫斯基公式描述,即

$$V=K\left(\sqrt[3]{Q}/R\right)^{\alpha} \tag{4.5.19}$$

式中,V 为测点处的质点振动速度,cm/s;Q 为装药量(齐发爆破时为总药量,延期爆破时为单段最大装药量)kg;R 为测点至爆破中心(药包中心)的距离,m;K 为与爆破场地条件有关的衰减系数;α 为与地质条件有关的衰减指数。

根据现场爆破试验测得的振动速度数据,按照式(4.5.19)进行回归计算,确定深孔爆破的地震波衰减参数 K、α 值(表4.5.14)。

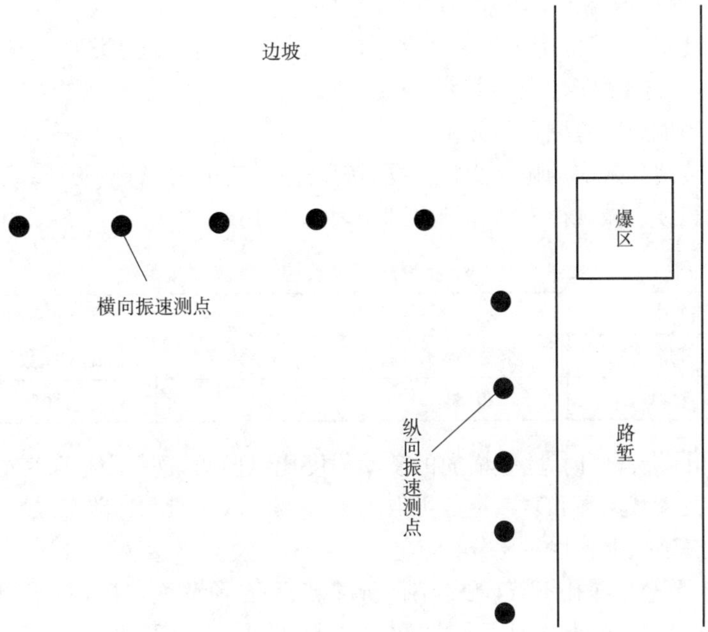

图 4.5.34　爆破地震效应试验的振速测点布置方式

表 4.5.14　深孔爆破的地震波衰减参数

衰减参数 / 爆破序号	路堑横向			路堑纵向		
	衰减系数 K	衰减指数 α	相关系数 R^2	衰减系数 K	衰减指数 α	相关系数 R^2
1	226.67	1.462	0.641 8	506.99	2.265	0.779 2
2	238.89	1.548	0.723 9	355.81	1.706	0.897 4
3	234.21	1.566	0.897 7	308.96	1.693	0.689 6
综合值	240.40	1.542	0.784	298.48	1.628	0.753 3

由表 4.5.14 知，路堑横向的衰减系数 K 小于纵向衰减系数，说明横向产生的爆破地震效应比纵向弱。这是因为路堑横向的层理面较发育，对爆破地震波的传播起到了阻隔作用。

从三次爆破试验的回归结果看，路堑横向的衰减参数的离散性也比纵向小，表明在不同位置处路堑横向的爆破地震波衰减特性相近，而路堑纵向的地震波衰减特性相差较大。究其原因，深孔爆破时振动测点与爆源之间的岩体层理，在路堑走向和倾向的不同位置处的发育程度不同。在路堑横向，即使爆破位置不同，爆破地震波通过层理面的数量差异不大。但在路堑纵向，如爆破位置不同，爆破地震波通过的层理面的数量就存在较大的差异，即使爆区位置相同，炮孔位置不同或深度不等，也会使爆破地震波通过的层理面特性不同。

3)浅孔小台阶爆破的地震效应测量与分析

根据浅孔小台阶爆破的地震效应的振速测量数据，按照式(4.5.19)进行回归计算，确定小台阶光面爆破时顺层边坡岩体的爆破地震波衰减规律。计算结果列于表 4.5.15 中。

表 4.5.15　小台阶爆破的地震波衰减参数

爆破方式	路堑横向			路堑纵向		
	衰减系数 K	衰减指数 α	相关系数 R^2	衰减系数 K	衰减指数 α	相关系数 R^2
多孔	42.96	1.58	0.97	58.92	1.52	0.95
单孔	116.16	1.42	0.97	117.80	1.17	0.92

由表中数据可知，单孔爆破时路堑横向上的地震波衰减系数比多孔爆破时的相应值大，说明单孔爆破产生的地震效应比多孔爆破强烈。这是由于单孔爆破的振动测点与爆源的距离更近，在相同爆源距时单孔爆破的装药集中度更高；另一方面，单孔爆破时只有斜向上方的单自由面，岩体爆破的夹制作用比多孔爆破时的多自由面大，从而造成了较大的地震效应。由此反映出爆破地震效应不仅受爆破药量、距离等的影响，而

且受到爆破自由面条件、地形地貌等多因素的控制作用的特点。

对于小台阶浅孔爆破施工，一般都采用多孔爆破形式。因此，可取路堑横向的地震波衰减系数和衰减指数为 K=42.96、α= 1.58，路堑纵向为 K= 58.92、α= 1.52。

4)小台阶光面爆破的地震效应测量与分析

根据小台阶光面爆破地震效应的振速测量数据，按照式(4.5.19)进行回归计算，确定小台阶光面爆破时顺层边坡岩体的爆破地震波衰减规律。计算结果列于表 4.5.16 中。

表 4.5.16　小台阶光面爆破的地震波衰减参数

路堑横向			路堑纵向		
衰减系数 K	衰减指数 α	相关系数 R^2	衰减系数 K	衰减指数 α	相关系数 R^2
35.03	1.21	0.83	72.24	1.67	0.94

从表中可看出，在相同爆源距时，路堑横向的震动强度比纵向弱，这与小台阶爆破、深孔爆破的研究结论相同。路堑横向的地震波衰减系数和衰减指数可取为 K=35.03、α=1.21，路堑纵向为 K=72.24、α=1.67。

5)顺层边坡岩体的爆破振动特性对比分析

通过对比分析发现，无论是深孔爆破，还是小台阶爆破、小台阶光面爆破，对于同一段别的炮孔爆破，在爆源距相近的条件下，纵向测点的振动速度多大于横向测点的振动速度，即横向上产生的爆破地震效应比纵向的弱，这对于路堑开挖爆破有利。究其原因，在于路堑横向的层理面较发育，对爆破地震波的传播起到了阻隔作用。

另一方面，深孔爆破、小台阶爆破和小台阶光面爆破产生的地震效应明显不同，这三种爆破方式形成的地震强度由强变弱，以光面爆破为最小。此外，地震波传播时的衰减特性也不同。表 4.5.17 列出了这三种爆破方式的地震波衰减系数和衰减指数。

表 4.5.17　小台阶爆破的地震波衰减参数

爆破方式	路堑横向		路堑纵向	
	衰减系数 K	衰减指数 α	衰减系数 K	衰减指数 α
深孔爆破	240.40	1.54	298.48	1.63
小台阶爆破	42.96	1.58	58.92	1.52
光面爆破	35.03	1.21	72.24	1.67

由表中的数据可知，不论采用哪一种爆破方法，路堑纵向的地震波衰减指数都大于横向，说明纵向上的地震波衰减比横向快。无论是路堑横向还是纵向，深孔爆破的衰减系数最大，小台阶爆破次之，小台阶光面爆破最小。

从不同爆破方式路堑横向的地震波衰减系数的变化可看出，深孔爆破的地震效应比小台阶爆破和光面爆破强约 6 倍，也比路堑纵向的相应值都大，说明在路堑横向上，爆破方式在很大程度上影响着爆破地震效应的强弱。因此，为保证顺层边坡岩体的稳定，在选择路堑开挖爆破方法时，必须充分考虑爆破地震效应，才有可能尽量避免因爆破方式不当而导致顺层滑坡灾害。

5.4.5.3　顺层边坡岩体爆破层裂效应试验研究

在路堑开挖爆破施工中，为减小爆破震动对边坡的影响，一般多采用实时爆破地震波监测，通过限制爆破产生的岩体质点振动速度来确定适当的爆破规模和爆破方式。为此，必须首先确定出爆破地震作用下，边坡岩体允许的临界质点振动速度控制标准，为爆破方案的制订提供依据。

1)试验爆破方式及测点布置

为进行岩体爆破层裂范围与岩石质点振动速度的耦合分析，在 DK376+80～DK376+120 工点处已削坡的顺层边坡上进行了 6 次单孔爆破层裂试验。每次试验中，既进行爆破前后沿炮孔径向的声波测量，以确定岩体的爆破层裂范围；又在爆破时测量与爆破孔不等距离处的岩石质点振动速度，以获得计算岩体层裂边界处的岩石质点临界振动速度的基础数据。图 4.5.35 为爆破层裂试验的振动速度测点布置图。

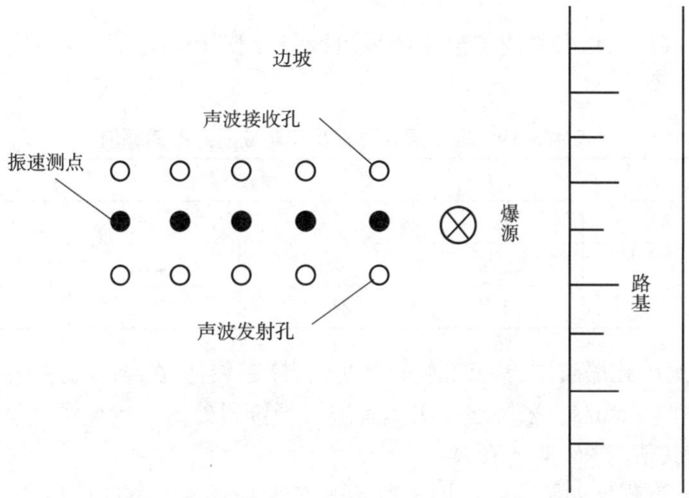

图 4.5.35　爆破层裂试验的振动速度测点布置图

表 4.5.18 列出了试验采用的爆破参数。

表 4.5.18　单孔爆破层裂试验的参数

试验序号	孔深(m)	装药量(kg)
1	1.2	0.3
2	1.2	0.3
3	1.2	0.3
4	1.38	0.3
5	0.95	0.12
6	1.0	0.13

2)单孔爆破的层裂效应分析

①岩体的层裂范围及其与质点振速的关系。若爆破作用引起层状岩体发生层裂破坏,则爆破后岩体的声波速度会产生明显降低;相反,若爆破作用未引起层状岩体发生层裂破坏,则爆破后岩体的声波速度无明显降低。因此,可以从爆破前后同一处岩体的声波速度变化情况来确定其是否发生爆破层裂。图 4.5.36 和图 4.5.37 反映了第 2 次和第 4 次层裂爆破试验中岩体层裂范围随着质点振动速度的变化特征。在边坡岩体爆破层裂试验中,岩体层裂范围随着质点振动速度的增大而增大,当边坡质点振动速度小于某一定值时,岩体不发生层裂。

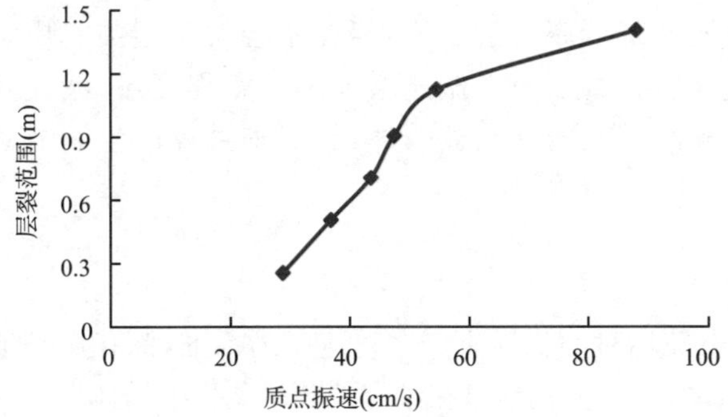

图 4.5.36　第 2 次试验

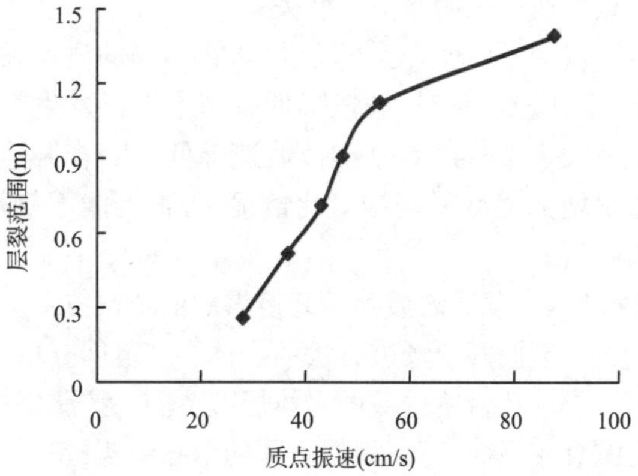

图 4.5.37　第 4 次试验

②岩体的临界质点振速。如果爆破后某点的波速降低率在±3%误差范围内,可认为岩体没有发生层裂,否则视为发生层裂破坏。将各次单孔爆破试验的振动测量结果、层裂探测结果进行对比分析可获得相应

的岩体层裂边缘位置。

表 4.5.19 列出了各次爆破试验的边坡岩体层裂边缘位置及其对应的质点振速，其中边坡岩体层裂边缘位置用该处离爆源的距离表示。

表 4.5.19　岩体层裂位置及其对应质点振速幅值

参数名称	爆破序号					
	1	2	3	4	5	6
层裂位置(m)	2.35	2.25	2.10	2.15	1.35	1.42
振速(cm/s)	24.91	26.57	27.24	27.46	23.78	22.01

由表中数据可知，6 次单孔爆破试验的岩体止裂处(岩体层裂边缘)与爆源相距 1.35～2.35 m，所对应的质点振速为 22.01～27.46 cm/s。采用这 6 次试验中层裂位置处的质点振动速度的平均值作为类似岩体条件下的震动控制标准，其值为 25.3 cm/s。

③质点振速与岩体层裂程度的关系。在用声波检测方法对岩体层裂进行检测时，可用波速降低率的大小来衡量岩体层裂程度，波速降低率大，岩体层裂严重。对比前述边坡质点振速测定数据和岩体声波速度测量数据可知，质点振速与顺层边坡岩体的层裂程度有着直接的关系。

图 4.5.38、图 4.5.39 分别给出了第 1 次、第 4 爆破试验中岩体波速降低率与质点振速的关系曲线。

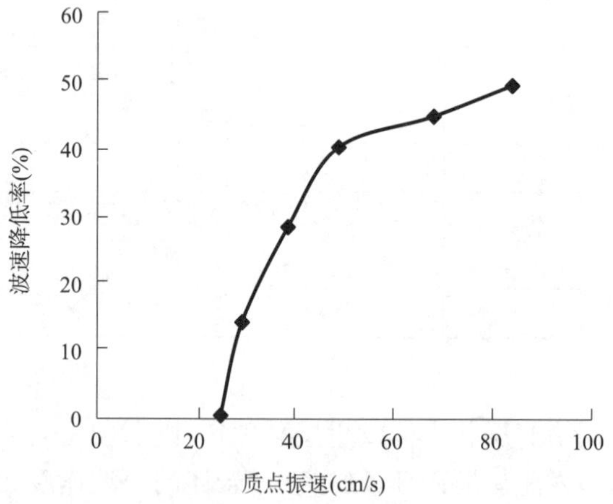

图 4.5.38　第 1 次试验

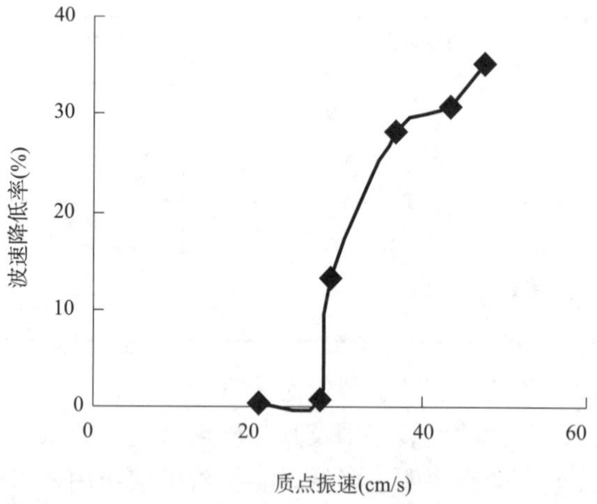

图 4.5.39　第 4 次试验

从图 4.5.38、图 4.5.39 可以看出，在发生层裂的区域内，波速降低率随着质点振速的增大而增大，表明质点振速越大，岩体层裂程度越严重，其他 6 次试验的结果与此相同。由此可以认为，岩体爆破层裂程度与质点振速存在明显的正变关系。

从图 4.5.39 还可以看出，在不同的测点振速范围内，岩体波速降低率的变化幅度不同。质点振速小于 27.46 cm/s 时，波速降低率基本不再发生变化，此时波速降低率趋近于零，岩体不会发生层裂。质点振速大于 27.46 cm/s 时，波速降低率随着振速的变大急剧增大，当质点振速增大到一定程度后，波速降低率增大速度又变缓。此情况下，很可能不仅是岩层接触面或软弱夹层被破坏，岩层本身也产生裂缝甚至碎裂。

5.4.5.4　顺层岩质路堑开挖爆破的减振技术

1)不同开挖爆破方法的岩体层裂范围分析

①深孔台阶爆破的岩体层裂范围。按照岩体发生层裂破坏时的临界质点振动速度为标准，深孔爆破地震波衰减规律，可以根据不同的单孔装药量和监测点的振动速度，分别给出在给定装药量条件下岩体爆破产生的层裂范围或监测点后缘的层裂范围。

层裂范围的大小可由式(4.5.17)转化得到：

$$R=Q^{1/3}(K/V_c)^{1/\alpha} \tag{4.5.20}$$

式中，V_c 为岩体产生层裂破坏时的临界质点振动速度，cm/s；其余符号同前。

根据式(4.5.20)计算出不同单孔装药量时路堑横向的岩体的层裂范围，列于表 4.5.20 中。

表 4.5.20　深孔爆破不同单孔装药量的岩体层裂范围

药量(kg)	40	30	25	20	15	10	5
层裂范围(m)	14.76	13.41	12.62	11.71	10.64	9.30	7.38

②多孔小台阶爆破的岩体层裂范围。不同装药量时路堑横向的岩体层裂范围列于表 4.5.21 中。

表 4.5.21　小台阶爆破不同装药量的岩体层裂范围

药量(kg)	5.5	5.0	4.5	4.0	3.5	3.0	2.5
层裂范围(m)	2.47	2.39	2.31	2.22	2.12	2.02	1.90

对比表 4.5.21 和表 4.5.20 知，一般小台阶爆破产生的岩体层裂范围都在 2.5 m 以内，比深孔台阶爆破要小得多。即使是小台阶爆破的多孔装药量为 10 kg，其岩体层裂范围也只有 3.01 m，比相同装药量时的深孔爆破的层裂范围 9.30 m 要小 60%以上。因此，在临近路堑最终边坡附近，采用小台阶浅孔爆破，能够极大地减小爆破作用造成的岩体层裂破坏，尽可能使边坡处于自稳状态，减小边坡的人工锚固力，降低边坡的支挡费用。

③小台阶光面爆破的岩体层裂范围。小台阶光面爆破时不同装药量时路堑横向的岩体层裂范围，列于表 4.5.22 中。

表 4.5.22　小台阶光面爆破不同装药量的岩体层裂范围

药量(kg)	3.0	2.75	2.5	2.25	2.0	1.5	1.0
层裂范围(m)	1.89	1.83	1.78	1.71	1.65	1.50	1.31

对比表 4.5.22、表 4.5.21 知，小台阶光面爆破产生的岩体层裂范围都小于 2.0 m，比小台阶爆破的 1.9～2.5 m 要小。即使是装药量相同，光面爆破引起的岩体层裂范围也要小些，若是考虑相同爆区尺寸时这两种爆破方法，光面爆破的层裂范围就比浅孔台阶爆破要小许多。以 2 m 高度的台阶爆破为例，当浅孔爆破为 4 个炮孔，孔距 1.6 m、排距 1.3 m 时，其装药量约为 5 kg，可能造成的岩体层裂范围约 2.4 m；而在此爆区内，光面爆破的单孔装药量为 0.25 kg，同段总装药量 1.5 kg，这时，光面爆破可能引起的岩体层裂范围约 1.5 m，该值比浅孔台阶爆破小了 0.9 m，减小了 37.5%。

由于小台阶爆破的单孔装药量不大，即使孔深增加，其装药量的增加幅度也不大，加之属于小孔径爆破，炸药在炮孔轴向的分布较均匀，即单位炮孔长度的装药量不会随着炮孔的增大而不变。然而，对于深孔爆破，由于孔径较大，特别是在炮孔直径大于 90 mm 时，同一炮孔中相临装药段之间的爆破地震效应的叠加作用明显

2)路堑开挖爆破的减震技术措施

由于中深孔爆破的层裂范围(5.4～14.8 m)约为小台阶爆破(1.9～2.5 m)的 6 倍、光面爆破(1.3～1.9 m)的 5～9 倍，从保护边坡的角度看，应以小台阶爆破为主进行路堑开挖，才能使爆破引起的岩体层裂范围最小。然而，由于深孔爆破是目前工程施工中采用最多的方法。为提高爆破开挖效率，在顺层岩质路堑施工中，应采用深孔爆破与缓冲爆破相结合的预留保护层分部开挖方案，即在路堑主开挖区采用深孔爆破和缓冲爆破方法，在预留保护层区采用小台阶爆破和光面爆破方法，其分部开挖方案如图 4.5.40 所示。这样，在主开挖区进行深孔爆破时，预留保护层可以起到隔震作用，能够削弱爆破震动对边坡稳定的影响。

主开挖区可采用孔径 90 mm、台阶高度 5～7 m 的深孔爆破，并使与保护层相邻的一列炮孔为缓冲爆破；采用孔径 40 mm、台阶高度约 2.5 m 的小台阶爆破和光面爆破相结合的分层开挖方案清理保护层。预留保护层的厚度根据边坡设计所允许的岩体层裂范围和单孔装药量确定。

当允许的层裂范围为 2.5 m 时，预留保护层厚度可取为 3.9 m；当允许的层裂范围为 4.0 m 时，预留保护层厚度可取为 2.5 m。

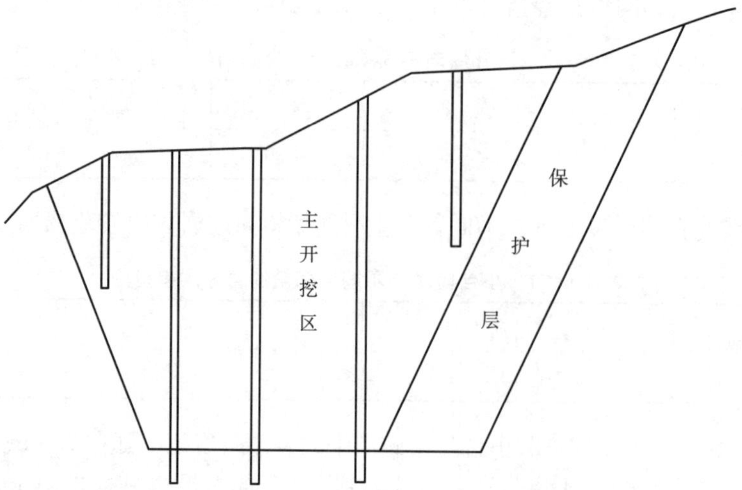

图 4.5.40 预留保护层的路堑分部开挖方案

为使深孔爆破与缓冲爆破的单孔(或单段)装药量分别控制在 15 kg、5 kg 以内,在路堑主开挖区应采用间隔装药结构。

为减小同段起爆的炸药量,还需采用孔内—孔间顺序微差起爆这一降震技术措施,即孔内微差时间取为 25 ms、孔间顺序微差时间取为 25~50 ms。

小台阶爆破仍采用微差爆破方式,对同一排炮孔可将相邻的 4 个炮孔作为一组用同段雷管起爆,各组间的微差时间取为 25~50 ms,前后排炮孔的微差时间取为 50 ms,光爆孔在所有主爆孔起爆后延迟 100 ms 起爆。

5.4.6 工程应用实例

5.4.6.1 渝怀线顺层清方爆破试验工点

1)工程概况

渝怀线 DK377+400~DK377+620 段,岩性为白云质灰岩、白云岩,厚层~巨厚层状(块状),坡表层面清晰,偶夹薄层状泥质灰岩,局部溶蚀后被黄泥和灰岩溶蚀残块充填。坡内层面紧闭而粗糙,为典型硬质岩顺层边坡。岩层产状 NW8°~14°/NE33°,岩层中主要发育两组垂直或陡倾节理:一组产状为 N82°E/∠90°,与边坡走向近于垂直;另一组产状为 N10°E/NW∠72°,与边坡走向近于平行。从现场采集薄层状溶蚀性泥灰岩夹少量黏土及岩屑充填物,测得的力学参数为:天然状态下 $c=41$ kPa,$\varphi=22°$;饱水状态下 $c=11$ kPa,$\varphi=16°$。同时从现场采集岩样进行摩擦试验,当层间无充填物时,干燥状态下摩擦系数 $f=0.94$,$\varphi=43.2°$,饱水状态下摩擦系数 $f=0.67$,$\varphi=33.8°$;当层间充填 1 mm 厚砂黏土时,干燥状态下摩擦系数 $f=0.87$,$\varphi=41°$,饱水状态下摩擦系数 $f=0.62$,$\varphi=31.8°$。经方案比选后,设计采取顺层清方方案,清方后最大边坡高度 32 m,边坡斜长达 60 m。如图 4.5.41 所示。

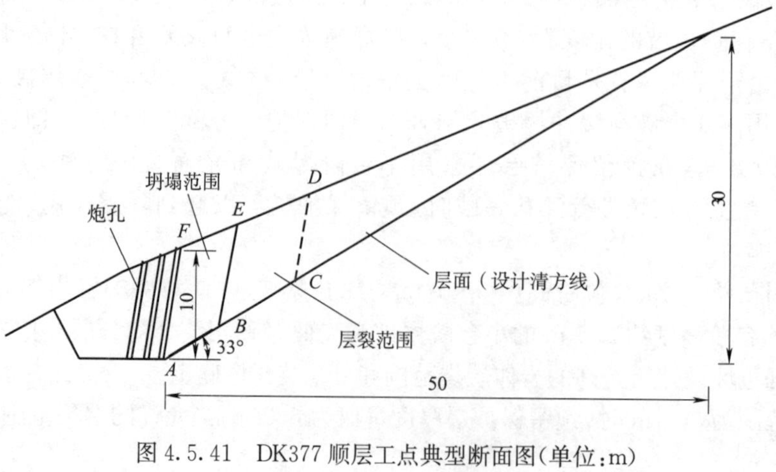

图 4.5.41 DK377 顺层工点典型断面图(单位:m)

为便于分析爆破对顺层边坡稳定性的影响，本段施工采用先从中线部位中深孔爆破拉槽开挖，由内向外、从下向上分批爆破开挖的施工顺序。受到大爆破的影响，爆破产生一定层裂范围内的边坡岩体发生了顺层坍塌，爆破后边坡岩体顺层面滑落下的岩体体积，均大于预计的爆落方量，其爆破宽度达到 10 m 以上，爆区上部形成了较为光滑的坡面。通过这个案例，有必要分析爆破作用下的顺层岩质边坡的稳定性，了解爆破层裂效应对边坡稳定性的影响程度，为类似工程施工方法的确定提供依据。

2)现场爆破方案

根据试验需要，在 DK377＋400～DK377＋620 工点进行了 3 次深孔爆破试验。深孔爆破的炮孔直径为 90 mm，孔深 5～9 m，炮孔倾角 70°～75°。爆破孔距 3.5～4.0 m，排距 2.5～3.5 m。采用 2 号岩石乳化炸药为主爆药包，连续装药结构(每米装药量约 5 kg)。用非电导爆管微差起爆系统起爆，排间微差时间 100 ms。单孔装药量 15～40 kg，爆破过程中沿边坡横向的振动加速度与距离的关系列于表 4.5.23。

表 4.5.23　不同距离处的振动加速度

与坡顶线距离(m)	5	8	12	15
振动加速度(g)	4.44	3.85	2.34	1.32

将 3 次爆破获得的同一方向的振动数据进行综合回归计算，得到深孔爆破时路堑横向的地震波衰减系数和衰减指数为 $K=240.40$、$\alpha=1.54$，路堑纵向为 $K=298.48$、$\alpha=1.63$。当单孔装药量 5～40 kg 时，岩体内产生的层裂范围为 7.38～14.76 m。见表 4.5.24。

表 4.5.24　深孔爆破不同单孔装药量的岩体层裂范围

药量(kg)	40	30	25	20	15	10	5
层裂范围(m)	14.76	13.41	12.62	11.71	10.64	9.30	7.38

5.4.6.2　渝怀线轻型支护体系加固试验工点

1)工程概况

该试验工点位于渝怀线甘溪～麻望区间(DK375)，岩性为厚层～巨厚层白云质灰岩，夹少量簿～中厚层状灰质白云岩。岩层产状 N10°～15°W/NE∠29.5°～31.5°，其走向与边坡走向基本一致，地表层面清晰，紧闭而粗糙，为典型硬质岩顺层边坡。岩层中主要发育两组节理：一组产状为 N20°W/∠90°，与边坡走向近于平行；另一组产状为 N38°E/NW∠85°，与边坡走向大角度相交。地表下 5 m 以内岩石风化较严重，层间有张开裂缝，地表下 5 m 处有一层薄层状溶蚀性泥灰岩夹少量黏土及岩屑充填物。从现场采集软弱夹层充填物测得的力学参数为：天然状态下 $c=41$ kPa，$\varphi=22°$；饱水状态下 $c=11$ kPa，$\varphi=16°$。地表 5 m 以下层面为硬性结构面，层间结合紧密。

2)设计方案

首先对顺层清方和边坡加固两种方案进行技术经济论证。自然边坡基本为顺层坡，如采用顺层清方，具有边坡高而长、清方及弃渣数量大、占地多等缺点，最后采取边坡加固方案。根据边坡稳定性分析，该顺层边坡在饱水状态下处于不稳定状态，天然状态下处于稳定状态，考虑施工过程爆破作用对顺层边坡稳定性的影响，设计采取预加固或边开挖边加固的设计原则。

设计中对锚固桩、预应力锚索、大锚杆(抗剪锚杆)等加固方案进行比选。经比较，预应力锚索、锚杆加固方案具有投资相对较少、所耗圬工少、机械化程度高等优点。锚索与锚杆比较，锚索抗剪能力相对较弱，最终采用大锚杆(抗剪锚杆)加固方案(图 4.5.42)。

设计中充分考虑大锚杆、注浆对顺层边坡的加固作用，采取大锚杆结合注浆对边坡及层面进行加固的综合措施。由于原坡面溶蚀发育，设计采取堑顶清顺坡面后，设置 4 排注浆剪力锚杆对边坡进行预加固，通过孔内压力注浆，改善层间力学性质，提高其抗剪强度。边坡设计坡率 1∶0.5，采取光面爆破，设置 4 排抗拉锚杆加固边坡。每孔锚杆由 3 根 φ32 Ⅱ级钢筋组成，锚杆锚固段长度为 4 m。注浆剪力锚杆间距为 4 m，抗拉锚杆间距为 2～3 m。

3)施工工艺及施工效果

该边坡施工完成后处于稳定状态。2002 年 9 月～2004 年 9 月，跨越了两个雨季期间，现场测试大锚杆

(抗剪锚杆)受力及边坡位移与时间变化曲线已趋于稳定,说明设计采用轻型支护体系加固顺层岩石边坡的方案是可行的。

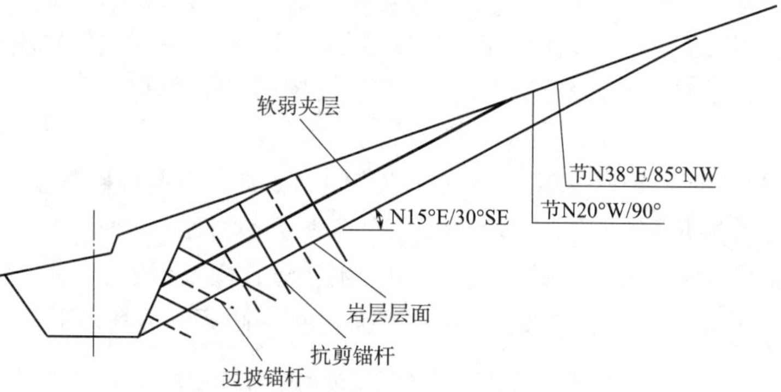

图 4.5.42 DK375 顺层路堑试验工点典型断面设计图

5.5 碎裂岩质路堑边坡灾害防治技术

5.5.1 概　　述

软质岩碎裂路堑高边坡的设计与施工是一个老课题,但对于高边坡的稳定分析、挡护结构形式、施工工艺远没有土质边坡的研究广泛,尤其是对软质岩受构造影响的程度及其在支挡结构上的相应措施的研究更少。20 世纪 90 年代铁路、公路路基设计规范,一般均只对软质岩边坡提出建议性的稳定边坡坡率(1∶0.25～1∶1),以及建议在页岩等软质岩边坡上设置防护工程,常用支档防护形式往往是"下挡上护"或分级设护墙等。

对软质岩层深路堑高边坡,以往的设计思路认为选定适当的边坡率后边坡本身是稳定的,再辅以一定的防护工程,即可保证边坡的长久稳定。但从几条铁路线的建设工程实践来看,出现了不少问题。尤其是在西南山区铁路(公路)建设中,由于受地质构造的影响,线路选线要完全避开断层带是不可能的,有的地段岩层往往节理发育,切割破碎,深路堑开挖边坡常出现坍滑。南昆铁路百色至威舍段软质岩边坡就属于这种情况。

南昆铁路从南宁沿右江跨南盘江爬上云贵高原,百色站至板桃站西 K209＋533～K313＋784 段属低山丘陵区,线路沿澄碧河、乐里河上溯至米花岭隧道进口,设计高程自 149 m 上升到 600 m,走向与塘兴至潞城大断裂大致平行或局部重叠。设计中虽尽量控制边坡高度,但线路沿土坡爬高,高边坡路堑工点仍较多,且大部分深路堑高边坡工点岩层为泥岩夹砂岩、砂岩夹泥岩或局部夹页岩的软质岩。原施工图设计一般采用上护下挡的支护形式,路堑边坡下部挡墙一般为 12～15 m。1994 年 4 季度,施工单位在百色至板桃段的几处深路堑工点开挖后,多数工点相继出现边坡严重坍滑等病害。如 K233＋372～K235＋373 段线路中,K233＋984～K234＋184 路堑边坡最高为 47 m,K234＋394～＋594 路堑边坡最高 30 m,当第一段路堑开挖至路基面以上 10 m、第二段路堑开挖接近路基面设计高程时,两段深路堑左侧边坡均出现山体开裂、边坡坍滑,路基面附近挤出隆起。经原线位加固整治及移位改线两方案比较后,采用线路外移的改线方案,总桥长增加 460 m,投资增加 600 万元。其他如百色 2 号隧道出口路堑坍滑、板桃滑坡等,均为路堑高边坡开挖过程中出现的病害,最后采用两排抗滑桩进行整治。

1)坍滑原因分析

(1)受塘兴—潞城大断裂影响,路堑边坡软质岩层节理发育,挤压破碎,自稳性差,开挖后难以保持其自身的稳定。

(2)开挖后证实,边坡岩石风化极严重带比原来估计的要厚。

(3)由于施工机械化程度的提高,施工单位均采用机械拉槽开挖,设计中要求挡墙边坡采用跳槽开挖,很难实现。

(4)机械施工大拉槽后,后续支挡工程砌筑时间较长,软质岩边坡长期暴露。

以上诸原因,使路堑边坡处于亚稳定状态,一旦突遇某种不利外因,例如雨水下渗、坡脚开挖过陡、拉槽内积水等,均可造成边坡变形失稳而引起坍滑。

南昆铁路高边坡路堑工点较多,大都在边坡失去稳定后再增加加固工程,导致工程量增加,影响工程进度。参照以往湘黔铁路采用的先锚后挖施工方法,在该线深路堑高边坡设计中,采用了分层稳定施工法及坡脚预加固处理新技术,并开展了"南昆铁路软质岩高边坡分层稳定与坡脚预加固"工程试验研究。

2)整治方案

针对以上情况,项目课题组在软质碎裂岩边坡的设计中,首次系统地提出了"分层开挖、分层稳定、坡脚预加固"的主导设计思路。并根据现场情况采用不同的坡脚预加固结构,开展了3种类型的设计研究:

(1)分级开挖、分级稳定,坡脚采用锚固桩预加固的先桩后挖法。

(2)分层开挖、立即采用土钉墙喷锚加固,使之分层稳定。

(3)陡坡地段,为了尽可能增大最下级支挡结构高度,以减少支挡结构以上边坡出现剥山皮现象,坡脚采用预应力锚索桩新结构预加固技术。

5.5.2　分层开挖、分级(层)稳定及坡脚预加固技术

5.5.2.1　分级稳定及坡脚预加固方案

为了提高软质岩边坡在施工过程中的稳定性,配合机械施工大拉槽开挖,在设计中采用了从上到下分级稳固措施。即上部分级开挖,分级加固;下部坡脚因设计边坡一般较陡(1∶0.25),采取先用锚固桩预加固,再开挖的方法。

1)设计思路

一般将路堑分成二或三级(图4.5.43),上部每级高度为10 m左右,下部每级高度为10～15 m。上部采用缓边坡开挖,设护墙支护;下部为减少开挖量,减少整个边坡高度,只能采用较陡的坡率,设置锚固桩及桩间挡墙。

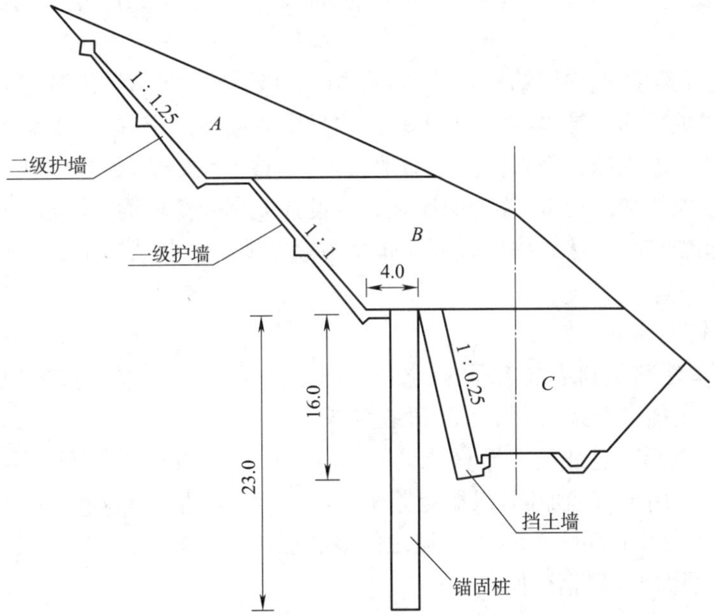

图4.5.43　路堑边坡分级稳定及坡脚预加固横断面示意图(单位:m)

分级稳定施工中,关键是路堑坡脚的稳定。当上部边坡施工完成后,如果路堑坡脚部分在施工过程中出现失稳,则会造成上两级已完工的护墙出现开裂、倒塌,甚至造成整个边坡的坍滑。对受构造节理影响而比较破碎的软质岩边坡,坡脚设锚固桩等预加固工程是非常必要的。另外,分级稳定施工中,设计与施工单位均应加强施工地质工作,根据分级开挖后边坡实际地质情况,适当加强或减少下级边坡的支挡结构。

2)施工步骤

①开挖A层土石方至上平台标高。A层部位一般处于表土覆盖层和岩层风化带(W_4),设计的边坡坡率较缓(1∶1.25~1∶1.5),边坡能保持自身稳定。开挖后立即砌筑上部边坡护墙,使A层成为一个稳定边坡。

②开挖B层土石方至下平台标高。本层边坡坡率视边坡岩性的分化程度决定,一般陡于上一层,采用1∶0.75~1∶1.25。为保证A层护墙边坡不受干扰,A、B两层之间的平台,应视岩性保留足够的宽度。B层土石方开挖后,立即砌筑该边坡的护墙。

③以下平台作为锚固桩施工平台,开挖锚固桩桩井,下钢筋笼,灌注锚固桩。待桩身混凝土达一定强度后,开挖C层土石方,再施工桩间挡土墙。

3)工程应用实例

田林—红旗屯区间K279+239~+439段深路堑工点,地面横坡陡峻自然坡度20°~45°。表层为砂黏土,基岩为泥岩夹砂岩、泥岩夹页岩。受塘兴—潞城大断裂影响,岩层破碎、节理发育,风化极严重~严重带较厚。

原设计一级挡墙加一级护墙方案,挡墙、护墙高度均为15 m,挡护墙之间平台宽2 m,边坡总高度为37 m。1994年4季度,拉槽开挖至一半边坡高度,边坡出现溜坍。后变更设计,提出了分级稳定及坡脚预加固的设计方案,将上部边坡放缓、平台加宽、护墙改为二级;在下部挡墙背后增设锚固桩进行预加固,先施工桩,再开挖桩前路堑土体。设计锚固桩间距7 m,桩长23 m,桩载面为1.75 m×2.75 m,桩悬臂长15 m,边坡总高度为47 m。现场按此方案施工情况良好,达到了分级稳定的目的。

此外,对锚固桩的位移进行了观测,路堑开挖后,桩顶位移2~3 cm。

5.5.2.2 分层稳定及坡脚预加固技术

前述分级稳定和坡脚预加固方案中,为保证分级稳定,每级高度一般控制在10~15 m。当地面自然坡度较陡时,设计坡度与自然坡度相差较小,总高度还有可能增加。因此,在地面陡峻地段,如果能够加大支挡工程的高度,尽可能使一级支挡直接与地面相交,可减少上部"剥山皮"现象。但单靠加高锚固桩的悬臂长度,桩承受弯矩太大,桩的截面尺寸和锚固深度增大较多,既不经济,施工也困难。

因此,设计中采用了几种新型支挡结构:第一种是用土钉墙结合坡面挂网喷浆,自上而下,分层随挖随护;第二种是预应力锚索桩预加固结构,在桩的上端采用预应力锚索固定,以此来减少桩身弯矩,这样以增加路基面以上桩的长度,使边坡支挡工程直接交于原地面,减小整个路堑边坡高度,桩间采用喷锚网复合结构支护边坡;第三种是锚索地梁加固技术,施工顺序是先按设计坡率开挖坡面,钻预应力锚索孔、清孔、下锚、注浆,锚索施工完后,现场浇筑地梁,然后按设计程序张拉锚索并锁定。该结构提高的支挡力大,用于加固碎裂岩质边坡效果很好。

1)边坡开挖采用土钉墙加固

土钉墙是从隧道新奥法移植到边坡工程的,它是一种适合软质岩高边坡分层开挖、分层稳定的新结构。土钉墙加固边坡,坡面采用挂网喷浆,自上而下、随挖随护。

(1)坡面加固形式。选择南昆线岩龙至板桃区间K312+075~+193段路堑高边坡作为软质岩路堑高边坡试验工点,边开挖边采用土钉墙加固,以稳定路堑边坡。该工点路堑左侧设置两级土钉墙(图4.5.44),上墙最高11 m、下墙高10 m,土钉长8 m,上下墙之间薄弱区域土钉加长至10 m,土钉间距1.0 m。坡面喷200号混凝土厚15 cm,喷层内设置钢筋网。

(2)施工顺序。

①工作面开挖:按坡高2~3 m为一层,从上到下分层开挖,并整平坡面。

②喷射第一层5 cm厚混凝土。

③钻孔、设置土钉、挂网,喷射第二层10 cm厚混凝土。

④待上一层土钉墙形成后,再进行下一层开挖,进入下一个循环。

2)喷锚网护坡及预应力锚索桩加固

(1)坡面加固形式。K312+278~+388段路堑高边坡与板桃车站南宁端相接,处于塘兴—潞城大断裂

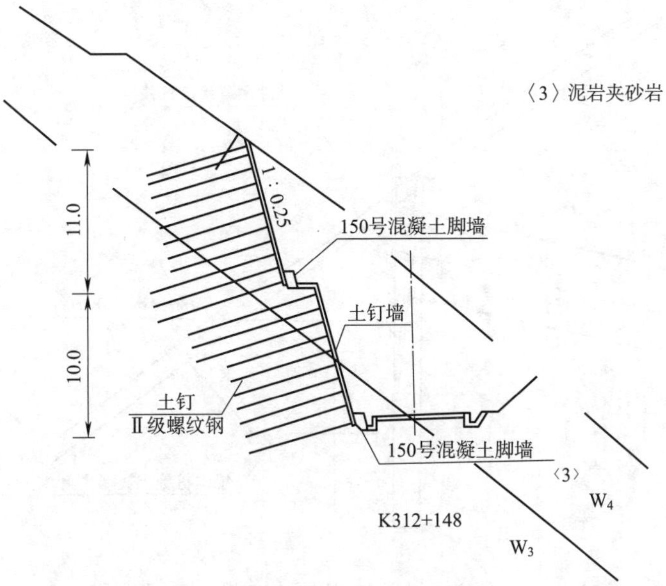

图4.5.44　土钉墙加固路堑边坡横断面示意图(单位:m)

带,该段作为软质岩路堑高边坡试验工点。上部按边开挖边加固的喷锚网护坡,下部按先锚固再边开挖边加固的锚索桩及桩间喷锚网复合结构进行设计(图4.5.45)。

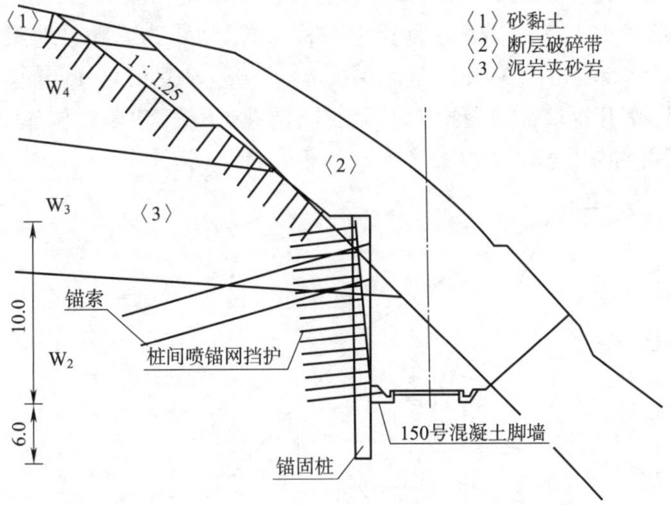

图4.5.45　喷锚网护坡、锚索桩及桩间喷锚网复合结构加固路堑边坡横断面示意图(单位:m)

该路堑左侧上部两级喷锚网护坡,采用坡率1∶1.25,最大坡高8 m,锚杆长3 m,间距1.5 m,呈梅花形布置,喷射混凝土厚10 cm。下部锚固桩间距7 m,桩长20 m,桩身截面1.5 m×1.5 m,桩身上部设置2～3根预应力锚索。桩间为喷锚结构,高15 m。

(2)施工顺序。

①分级(分层)施工喷锚网护坡;

②施工锚固桩与预应力锚索;

③施工桩间喷锚网结构;

④喷锚网护坡及桩间喷锚网挡墙施工顺序均同土钉墙加固路堑边坡施工顺序。

(3)陡坡地形锚索桩直接从原地面施工的顺序(图4.5.46)。

①从地面直接挖锚固桩桩井。下钢筋笼、灌注混凝土桩身、桩身上预留锚索孔;

②分层开挖上部(A)土石方,控制在一定标高后,通过桩身预留锚索孔,进行锚索成孔、清孔、下锚、注浆、施加预应力、锚固;

③继续开挖桩前土体。

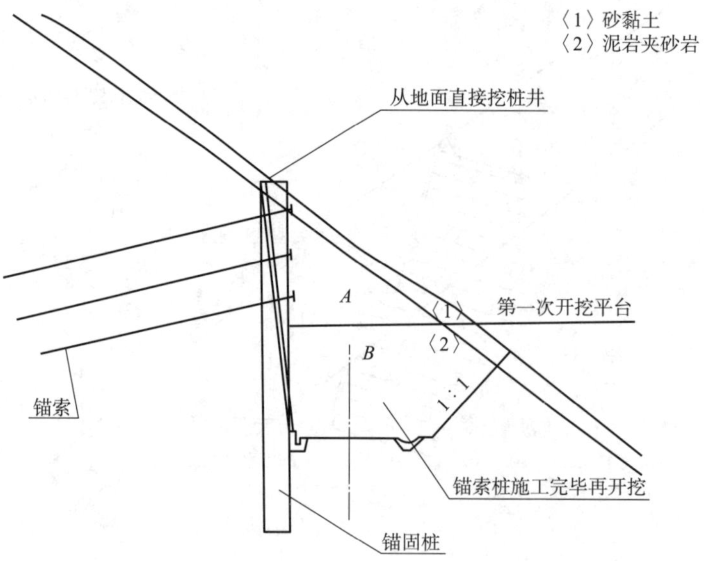

图 4.5.46　预应力锚索桩结构及施工顺序横断面示意图

3)边开挖边采用框架地梁加固技术

京珠高速公路粤境北段岩石高边坡工程 K76＋100 工点,采用两级预应力锚索地梁加固路堑边坡(图 4.5.47),每根地梁上有三根预应力锚索。第一级坡采用悬臂式抗滑桩支挡,第二级和第三级地梁长度为 12 m,第四级是实体护面墙护坡。三根锚索在地梁上对称布置,间距为 5 m。地梁为钢筋混凝土方形结构,边长为 0.6 m,弹性模量 $E=2.0\times10^4$ MPa。基床系数 $k=3.68\times10^4$ kN/m³,锚索张力设为 500 kN。

施工顺序:先按设计坡率开挖坡面,钻预应力锚索孔、清孔、下锚、注浆。锚索施工完后,现场浇筑地梁,然后按设计程序张拉锚索并锁定。

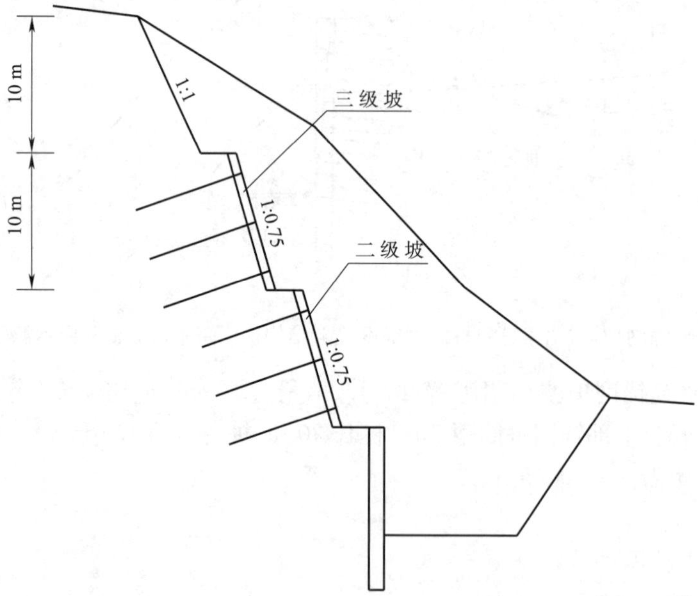

图 4.5.47　边开挖边框架地梁加固示意图

5.5.3　分层稳定及坡脚预加固技术的设计理论

5.5.3.1　软质岩深路堑高边坡土钉墙设计

1)设计原则

(1)土钉墙用于软质岩边坡,高度宜控制在 30 m 以内,墙面胸坡为 1∶0.1～1∶0.4。坡高较高时(≥15 m),土钉墙宜设计为 2～3 级,每级平台宽度为 1.5～3.0 m。

(2)土钉墙设计应遵循“保住中部、稳定坡脚”的原则。边坡中部土钉宜适当加密、加长，坡脚用混凝土脚墙加固，并使之与土钉连成一个整体。

(3)土钉长度为坡高的 $0.4H \sim 0.7H$，也可按经验公式(4.5.21)选取，并在中部适当加密。

$$S_x \cdot S_y \leqslant K \cdot d_n \cdot L \tag{4.5.21}$$

式中，S_x、S_y为土钉行距列距；K 为注浆系数，取 1.5～2.5；d_n为土钉孔直径；L 为土钉长度。

2)设计计算方法

(1)土钉墙潜在破裂面。

当 $h \leqslant \frac{1}{2}H$ 时

$$L = (0.3 \sim 0.35)H \tag{4.5.22}$$

$h > \frac{1}{2}H$ 时

$$L = (0.6 \sim 0.7)(H - h) \tag{4.5.23}$$

式中，L 为沿土钉方向潜在破裂面距墙面的距离，当坡体渗水较严重或岩体分化破碎严重、节理发育时，L 取大值；H 为土钉墙墙高；h 为墙面处土钉距墙顶的距离。

(2)土钉所受土压力。

$$h_i \leqslant \frac{1}{3}H \qquad \sigma_i = 2\lambda_a \gamma h_i \cos(\delta - \alpha) \tag{4.5.24}$$

$$h_i > \frac{1}{3}H \qquad \sigma_i = \frac{2}{3}\lambda_a \gamma h_i \cos(\delta - \alpha) \tag{4.5.25}$$

式中，σ_i 为水平土压力，kPa；γ 为边坡岩土体重度，kN/m^3；λ_a 为库仑主动土压力系数；α 为墙背与竖直面间的夹角；δ 为墙背摩擦角。

(3)土钉墙内部稳定性检算。

①土钉抗拉断检算。

土钉钉材强度：

$$T_i = \frac{1}{4}\pi \cdot d_b^2 \cdot f_y \tag{4.5.26}$$

式中，f_y为钉材抗拉强度Ⅱ级钢筋($d_b \leqslant 25$ mm，$f_y = 310$ N/mm^2；$d_b > 25$ mm，$f_y = 290$ N/ mm^2)；d_b为钢材直径。

$$\frac{T_i}{E_i} \geqslant k_1 \tag{4.5.27}$$

式中，k_1为抗拉断安全系数，取 1.5～1.8，永久工程取大值。

②土钉抗拔稳定检算。

由土钉与孔壁界面岩土抗剪强度 τ_f 确定有效锚固力 F_i^1：

$$F_i^1 = \pi d_h L_{ei} \tau_f \tag{4.5.28}$$

由钉材与砂浆界面的黏结强度 τ_g 确定锚固力 $F_i{}^2$：

$$F_i^2 = \pi d_h L_{ei} \tau_g \tag{4.5.29}$$

式中，d_h 为钻孔及钉材直径；L_{ei}为第 i 根土钉有效锚固长度。

土钉有效锚固长度：

$$F_i = \min(F_i^1、F_i^2) \tag{4.5.30}$$

对软质岩，一般情况土钉抗拔力 F_i 由孔壁抗剪强度 τ_f 确定。初选时 $\tau_f = 120 \sim 200$ kPa，最后由土钉原位拉拔试验确定 τ_f。

土钉抗拔稳定检算应满足式(4.5.31)：

$$\frac{F_i}{E_i} > k_2 \tag{4.5.31}$$

式中，k_2为抗拔安全系数，取 1.3～0.8，永久工程取大值。

(4)土钉墙整体稳定检算。

①类似重力式挡土墙稳定性检算。

将土钉及其加固体视为重力式挡土墙，进行抗滑、抗倾覆及基底承载力检算。

②分条稳定系数法。

根据潜在破裂面进行分条分块，计算稳定系数。按施工阶段及使用阶段进行稳定性检算。

$$k=[\sum c_i L_i S_x+\sum W_i \cos\alpha_i \tan\varphi_i S_x+\sum_{i=1}^{m} P\cdot\cos\beta_i+\sum_{i=1}^{m} P_i\cdot\sin\beta_i \tan\varphi_i]/[\sum W_i\cdot\sin\alpha_i\cdot S_x] \quad (4.5.32)$$

式中，c_i、φ_i 为岩土的黏聚力及摩擦角；L_i 为分条(块)的破裂面长度；W_i 为分条(块)的重量；α_i 为破裂面与水平面的夹角；β_i 为土钉轴线与破裂面夹角；P_i 为土钉抗拔能力，$P_i=\min(T_i,F_i)$；m 为布置土钉排数；k 为施工阶段及使用阶段整体稳定系数。施工阶段 $k\geqslant1.3$，使用阶段 $k\geqslant1.5$。

5.5.3.2 预应力锚索桩设计

1)计算假设条件

(1)锚索桩用于加固路堑边坡，主要起稳固整个山体的作用。假定每根锚索桩承受相临两桩间(中至中)岩土压力。作用于桩上的力主要有岩土压力、锚索拉力及锚固段桩周岩土作用力。不计桩体自重和桩底反力及桩与岩土间摩擦力。

(2)考虑锚索系统的伸长变形与桩的位移。假定坡体内潜在破裂面为库仑破裂面，土压力按库仑主动土压力计算，土压力分布图形简化为梯形(含三角形)。

(3)将桩、锚固段桩周岩土及锚索系统作为一整体，视为超静定结构，锚索与桩连接处桩的位移与锚索伸长变形相等。

2)锚索受力的确定

将桩与锚索视为一个整体，桩简化为受横向变形约束的弹性地基梁，根据位移变形协调原理，按地基系数法计算确定锚索拉力及桩身内力。

图4.5.48为锚索桩结构计算图式。OA 为 n 次超静定结构。桩锚固段顶端 O 点处，桩的剪力 Q_0 及弯矩 M_0 计算如下：

$$Q_0=Q-\sum_{j=1}^{n}R_j\ ;$$
$$M_0=M-\sum_{j=1}^{n}R_jL_j \quad (4.5.33)$$

式中，M、Q 分别为岩土压力作用于桩 O 点的弯矩及剪力；R_j 为 j 点锚索拉力；L_j 为 j 点距 O 点的距离。

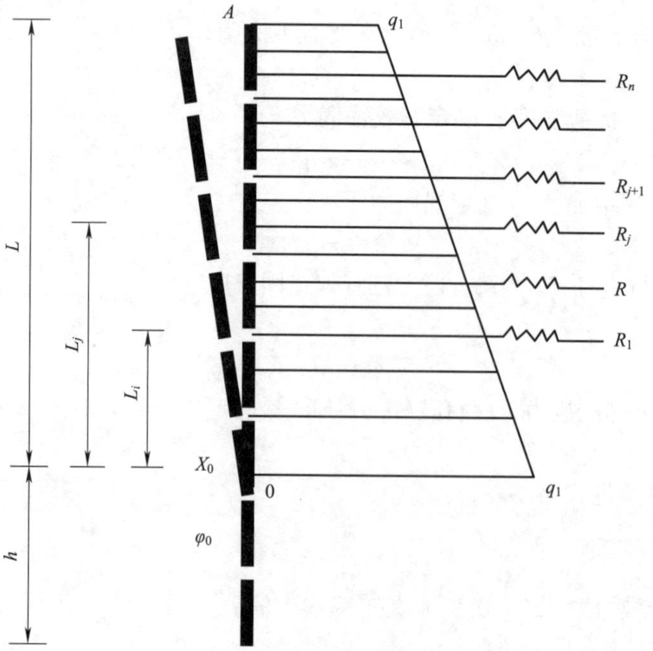

图4.5.48 锚索桩结构计算图式

由位移变形协调原理，每根锚索伸长量 Δi 与该锚索所在桩的水平位移 f_i 相等。建立位移平衡方程：

$$f_i = \Delta i \tag{4.5.34}$$

$$f_i = X_0 + \varphi_0 L_i + \Delta_{iq} - \sum_{j=1}^{n} \Delta_{ij} \tag{4.5.35}$$

$$\Delta i = \delta_i (R_i - R_{i0}) \tag{4.5.36}$$

式中，X_0、φ_0 为分别为桩锚固段顶端 O 点桩的位移与转角；Δ_{iq}、Δ_{ij} 为分别为岩土压力及锚索拉力 R_j 作用于 i 点桩的位移；R_{i0} 为第 i 根锚索的初始预应力；δ_i 为第 i 根锚索的柔度系数，即单位作用力锚索的弹性伸长量。

$$\delta = \frac{4 \cdot L}{n \cdot E_g \cdot \pi \cdot d^2} \tag{4.5.37}$$

式中，L 为锚索自由段长度；E_g 为锚索弹性模量；d 为每束锚索直径；n 为锚索束数。

X_0、φ_0 可采用地基系数法求得：

$$X_0 = \frac{Q_0}{\beta^3 \cdot E \cdot I} \cdot \varphi_1 + \frac{M_0}{\beta^2 \cdot E \cdot I} \cdot \varphi_2 \tag{4.5.38}$$

$$\varphi_0 = \frac{Q_0}{\beta^2 \cdot E \cdot I} \cdot \varphi_2 + \frac{M_0}{\beta \cdot E \cdot I} \cdot \varphi_3 \tag{4.5.39}$$

式中，φ_1、φ_2、φ_3 为无量纲系数；β 为桩变形系数；E 为桩弹性模量；I 为桩的截面惯性矩。

整理以上公式得：

$$X_0 + \varphi_0 . h_{上} + \Delta_{iq} - \Delta_{ij} = \delta (R - R_0)$$

当桩截面、桩长、锚索长、直径、束数确定后，通过求解线性方程组，可确定各锚索拉力 R_j。

5.5.3.3　预应力锚索地梁设计

1)预应力锚索单片型地梁的设计计算

(1)地梁受力分析。预应力锚索地梁由地梁和预应力锚索组成。锚索一端锚固于深层岩石中，一端固定于抑制件上。地梁作为锚索抑制件置于坡面，地梁之间的防护可根据具体情况采用浆砌片石、喷锚或植被防护。这种支挡结构的施工顺序是先按设计坡率开挖坡面，钻预应力锚索孔、清孔、下锚、注浆。锚索施工完后，现场浇筑地梁，然后按设计程序张拉锚索并锁定。在这种情况下预应力锚索地梁的受力分析(图 4.5.49)，应考虑张拉阶段和工作阶段。

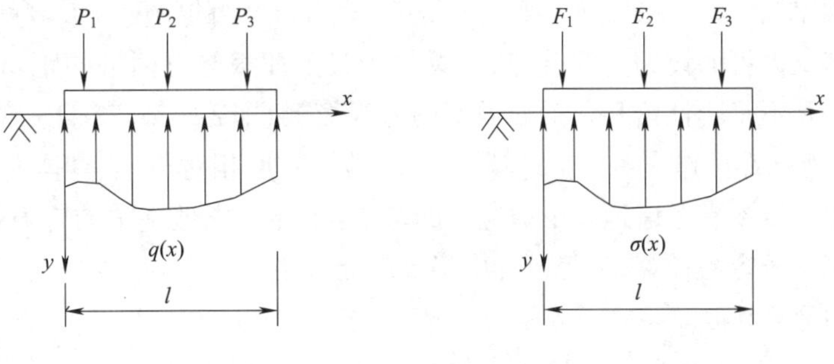

(a) 张拉阶段　　(b) 工作阶段

图 4.5.49　地梁受力模式

下面以地梁上设置 3 根预应力锚索为例分析其受力模式。

①张拉阶段。预应力锚索地梁的受力状态首先是在锚索张拉阶段。为简化分析，这里所说的张拉阶段是指张拉刚刚完成的阶段，其受力模型可简化为受多个集中荷载的地基基础梁。此时，作用于地梁上的外力主要有锚索张拉力、梁下岩体的反压力、地梁重力、梁底摩擦力。由于后两者相对于前两者非常小，故只考虑作用于地梁上的两个主要外力：锚索张拉力 P、梁下岩体的反压力 $q(x)$。于是，地梁在形式上可以看成一个倒扣在坡面上的连续梁，锚索抑制点即为连续梁的“支座”，而在连续梁的下表面则作用着指向梁的地基反压力。如图 4.5.49(a)所示。

②工作阶段。当锚索预张拉完成并锚固抑制稳定后，预应力锚索地梁便逐渐地进入工作阶段，此阶段是预应力锚索地梁结构的主要受力阶段。这时，作用于地梁上的主要外力虽然仍是锚索张拉力和梁下岩体的压力，但这时梁下岩体的压力的含义是不同的。在张拉阶段，地基反压力主要是由地梁压岩体而产生的被动岩体压力。工作阶段，随着开挖松弛区内坡体的滑移变形，若没有锚索存在，地梁会随着坡面岩体一起滑动；若有锚索存在，由于锚索紧拉地梁而抑制地梁滑动，进而抑制坡体滑移，便起到加固坡体的作用。

地基反压力主要来自地梁下岩体变形压地梁而形成的主动岩体压力。为便于简化分析，假定坡体滑移方向与坡面外法线方向在水平面上的投影相一致。对于一般硬质岩石边坡，作用于地梁上的主动岩体压力，可根据边坡整体稳定分析的原理来确定，如采用基于极限平衡理论的传递系数法确定。当坡体主要为软质破碎岩石时，主动岩体压力除可采用滑坡稳定分析中的传递系数法确定之外，还可近似地按主动土压力理论计算。但是，不论哪种岩石边坡，施工过程中有现场监测条件时，应以现场监测资料为主来确定主动岩体压力。

锚索张拉力在工作阶段也与前一阶段有所不同。由于地基反力发生变化，锚索抑制力也必然发生变化。也就是说，在张拉阶段，作用于地梁上的两个主要外力中，锚索张拉力(在紧固锚头处，下同)是已知的，地基反压力是未知待求的。在工作阶段，地基压力即主动岩体压力 $\sigma(x)$ 是已知的，而锚索张拉抑制力 F 却是未知待求的。工作阶段的地梁，可直接按倒扣在坡面上受分布荷载作用的连续梁来计算，受力模式如图4.5.49(b)所示。

从上述分析可知，张拉阶段预应力锚索的张拉力 P_1、P_2 和 P_3 是主动作用于地梁上的力，它迫使土体变形，使土体产生被动抗力 $q(x)$ 并作用于地梁上。张拉阶段完成后，锚索张力、土体抗力保持相对平衡，但工作阶段土体的变形将破坏这种平衡。例如，坡体发生蠕滑变形时，土体的抗力 $q(x)$ 将转变成主动土压力 $\sigma(x)$，锚索张力 P_1、P_2 和 P_3 则转变为被动抗力 F_1、F_2 和 F_3，以抵抗土压力。一般来说，工作阶段的 F_1、F_2 和 F_3 要大于张拉阶段对应的 P_1、P_2 和 P_3。这两个阶段受力模式不同，在设计预应力锚索地梁时，应分别验算张拉阶段和工作阶段的内力，以确保地梁的安全使用。

(2)理论计算。

①按温克尔(Winkler)假定计算张拉阶段地梁的内力。根据温克尔假定，地基中一点的位移与该点的压应力成正比，其间比例系数称为基床系数(地基弹性系数)。可根据地梁的特征系数 α 和长度 l 以及载荷距梁端的距离 x，区分为刚性梁、短梁和长梁。刚性梁是指 $\alpha l \leqslant 1$，地梁的刚度较大，弯曲变形与地基沉陷相比甚小，可忽略不计，地基反力可假设为直线分布；长梁是指梁上荷载与梁两端的距离 x 满足 $\alpha x \geqslant 2.75$ 条件的地梁；除这二者之外，凡不是刚性梁和长梁的类型则称为短梁，即 $\alpha x < 2.75$ 且 $\alpha l > 1$。实际上，在满足 $\alpha x < 2.75$ 的条件下，多数地梁都可作为短梁来计算，只有当地梁长度相对很小(具体由 $\alpha l \leqslant 1$ 确定)时，才可以按刚性梁计算。温克尔假定没有考虑地基中剪应力的影响，不能考虑地基中的应力扩散效应。尽管有这种局限性，但由于模型简单，较容易计算，工程设计中仍被广泛采用。

——刚性梁的内力计算。

假设为矩形梁，底宽为 b，长度为 l，按静力平衡条件 $\sum P_y=0$ 和 $\sum M_c=0$，可求出梁两端A、B两点的地基反力 q_A 和 q_B。

$$q_A=\frac{\sum P_i}{A}-\frac{\sum P_i e_i}{W} \quad q_B=\frac{\sum P_i}{A}+\frac{\sum P_i e_i}{W} \tag{4.5.40}$$

式中，A 为地梁底面积，即 bl；$\sum P_i=P_1+P_2+P_3$；$\sum P_i e_i=P_1 e_1+P_2 e_2+P_3 e_3$；$e_i$ 为各集中力 P_i 对梁中心的偏心距；W 为地梁底面积的截面模量，即 $bl^2/6$。

由此可求出地梁下任意点的地基反力，再利用静力平衡条件可计算出地梁上任何截面上的弯矩和剪力。这种方法除地梁刚度较大时可采用外，还可用于地梁初步计算。

——长梁的内力计算。

计算模式如图4.5.50所示。内力计算公式见式(4.5.41)。

$$\begin{cases} y=\dfrac{P\alpha}{2K}\varphi_7 \\ \theta=-\dfrac{P\alpha^2}{K}\varphi_8 \\ M=\dfrac{P}{4\alpha}\varphi_5 \\ Q=-\dfrac{P}{2}\varphi_6 \end{cases} \tag{4.5.41}$$

式中，y,θ,M,Q 分别是地梁某截面位移、转角、弯矩和剪力；K 为基床系数（地基弹性压缩系数），与地基岩土体的物理力学性质有关，它与地梁宽度 b 的乘积称为集中基床系数 K；α 为特征系数，$\alpha=\sqrt[4]{kb/(4EI)}$，其中 E 是地梁弹性模量，I 是其截面惯性矩；地梁抗弯刚度 EI 越大，α 也越大；$\varphi_5 \sim \varphi_8$ 可查阅相应表格或按相应公式计算。

——短梁的内力计算。

计算模式如图 4.5.51 所示。内力计算公式见式(4.5.42)，其中把地梁梁端截面位移、转角、弯矩和剪力作为已知边界条件。

$$\begin{cases} y=y_0\varphi_1+\dfrac{\theta_0}{2\alpha}\varphi_2-M_0\dfrac{2\alpha^2}{K}\varphi_3-Q_0\dfrac{\alpha}{K}\varphi_4+\dfrac{\alpha P}{K}\varphi_{4\alpha(x-x_1)} \\ \theta=-y_0\alpha\varphi_4+\theta_0\varphi_1-M_0\dfrac{2\alpha^3}{K}\varphi_2-Q_0\dfrac{2\alpha^2}{K}\varphi_3+\dfrac{2\alpha^2 P}{K}\varphi_{3\alpha(x-x_1)} \\ M=y_0\dfrac{K}{2\alpha^2}\varphi_3+\theta_0\dfrac{K}{4\alpha^3}\varphi_4+M_0\varphi_1+Q_0\dfrac{1}{2\alpha}\varphi_2-\dfrac{1}{2\alpha}P\varphi_{2\alpha(x-x_1)} \\ Q=y_0\dfrac{K}{2\alpha}\varphi_2+\theta_0\dfrac{K}{2\alpha^2}\varphi_3-M_0\alpha\varphi_4+Q_0\varphi_1-P\varphi_{1\alpha(x-x_1)} \end{cases} \tag{4.5.42}$$

式中，$\varphi_1,\varphi_2,\varphi_3,\varphi_4$ 可查阅相应表格式或按相应公式计算。

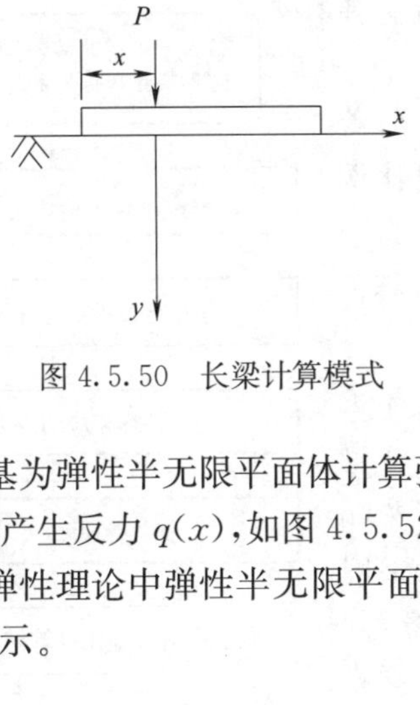

图 4.5.50　长梁计算模式

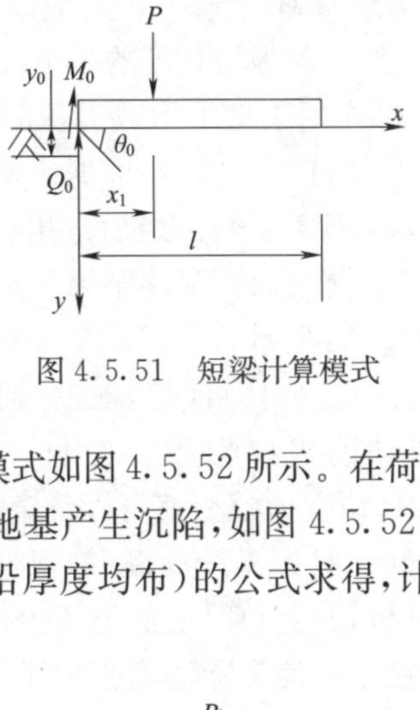

图 4.5.51　短梁计算模式

②按地基为弹性半无限平面体计算张拉阶段地梁内力。计算模式如图 4.5.52 所示。在荷载 P_1、P_2、P_3 作用下，地基产生反力 $q(x)$，如图 4.5.52(a)所示。同时$q(x)$又使地基产生沉陷，如图 4.5.52(b)所示。沉陷量可根据弹性理论中弹性半无限平面体的界面上受集中力 P（沿厚度均布）的公式求得，计算图式如图 4.5.52(c)所示。

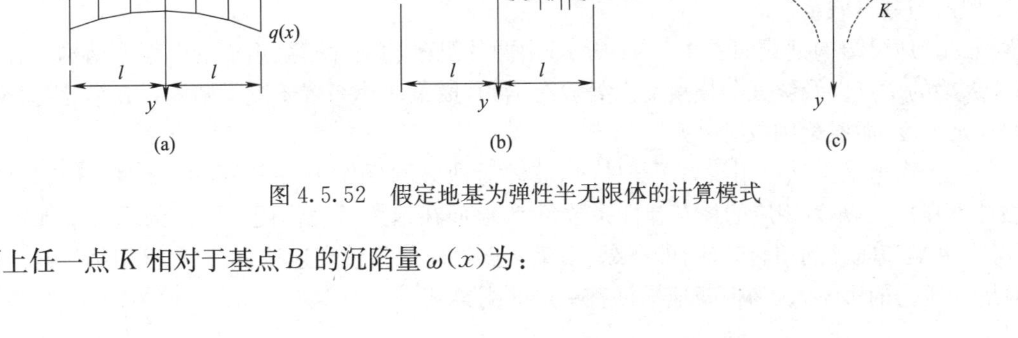

图 4.5.52　假定地基为弹性半无限体的计算模式

界面上任一点 K 相对于基点 B 的沉陷量 $\omega(x)$ 为：

$$\omega(x)=\frac{2P}{\pi E_0}\ln\frac{s}{r} \tag{4.5.43}$$

式中，E_0为地基的弹性模量。

由式(4.5.43)可求出图4.5.52(b)中$q(x+r)$引起的沉陷量，即

$$\omega(\xi)=\frac{2l}{\pi E_0}\left[\int_0^{1-\xi}q(\xi+\rho)\ln\frac{\eta}{\rho}\mathrm{d}\rho+\int_0^{1+\xi}q(\xi-\rho)\ln\frac{\eta}{\rho}\mathrm{d}\rho\right] \tag{4.5.44}$$

式中引用了无因次坐标 $\xi=\frac{x}{l},\rho=\frac{r}{l},\eta=\frac{s}{l},\mathrm{d}r=l\mathrm{d}\rho$

地基反力$q(x)$按如下方法求出：

(a)将地基反力$q(\xi)$用无穷级数表示，计算中只取前11项，即：

$$q(\xi)=a_0+a_1\xi+a_2\xi^2+a_3\xi^3+\cdots+a_{10}\xi^{10} \tag{4.5.45}$$

(b)$q(\xi)$应满足图4.5.52(a)中地梁的平衡条件：

$\sum P_y=0$和$\sum M=0$，将式(4.5.45)代入两个平衡条件可得出含系数a_i的两个方程。

(c)地梁的挠曲方程为：

$$\frac{\mathrm{d}^4}{\mathrm{d}\xi^4}y(\xi)=\frac{l^4}{EI}[-q(\xi)] \tag{4.5.46}$$

将式(4.5.45)代入上式求出$y(\xi)$，再将式(4.5.45)代入式(4.5.44)求出$\omega(\xi)$。令$y(\xi)=\omega(\xi)$，根据ξ幂次相同的系数相等，可得出含a_i的9个方程。这样，连同上2个方程共11个方程，则可求解$a_0\sim a_{10}$的11个系数，由此可求出地基反力$q(x)$。$q(x)$求出后，就不难计算地梁的弯矩$M(\xi)$，剪力$Q(\xi)$、转角$\theta(\xi)$和挠度$y(\xi)$。具体计算操作过程如下：

根据上述计算理论，可以作出一系列的系数比例表，以便简化方便计算。具体计算地梁内力时，就可查用该表。首先需要计算柔度指标t，当地梁横截面为矩形时，t可写成：

$$t=10E_0l^3/(Eh^3) \tag{4.5.47}$$

式中，E_0为地基弹性模量；E为地梁的弹性模量，可以取为混凝土弹性模量的0.8倍；L为地梁长度的一半；H为地梁高度。

当地梁上部作用于集中力或力偶时，若$t\leqslant 10$，则作为短梁计算；若$t>10$，则作为长梁计算。然后，根据锚索张拉抑制力距梁端的距离比例之值，算出各内力计算系数。最后运用叠加原理将同一断面上各外力引起的内力，对应相加便得到最终结果。实际计算时可采用电算实现，其程序框图如图4.5.53所示。

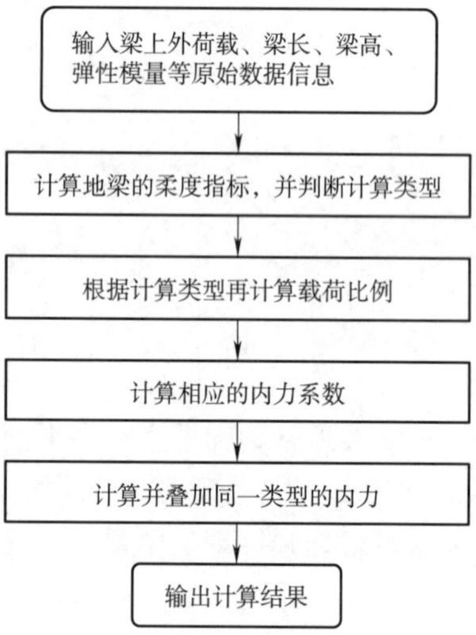

图4.5.53 电算程序框图

③工作阶段地梁内力计算。工作阶段坡体产生滑动变形，破坏了地梁结构与坡体的相对平衡。必须首先确定图4.5.49中作用于地梁上的压力$\sigma(x)$，该受力模型就可以确定(一般为超静定结构)，可按两端悬臂的连续梁(一般为2跨及以上，视地梁上锚孔数而定)计算地梁内力。为简化分析，假定地梁上的土压力按库仑主动土压力理论计算；同时，虽然应力松弛会使实际锚索张力比计算值略小，这里仍然按计算张力取值。

2)预应力锚索框架型地梁设计计算

(1)地梁型式与基本假定。

①地梁型式。地梁结构型式如图4.5.54所示，由两片纵梁和两片横梁组成的框架型结构。在一个框架单位中，每片纵梁的中点以及纵梁与横梁交点处设有锚索，横梁对称布置于纵梁两侧。在纵、横梁交点处，纵梁有一定的外延长度，而横梁则没有外延。

②基本假定。当地梁主动作用压力于坡体时，坡体对地梁的反作用力按Winkler假定计算，即$p=ky$，其中p为坡体反压应力，k为相应的地基弹性系数，y为坡面在地梁压力作用下产生的垂直于地梁底面方向的位移；不考虑纵梁和横梁的扭转效应，即在纵、横梁交点处简化为铰支连接；不讨论框架结构与岩体地基的相对刚度对地基压力的影响，认为框架地梁具有一定的刚柔度。

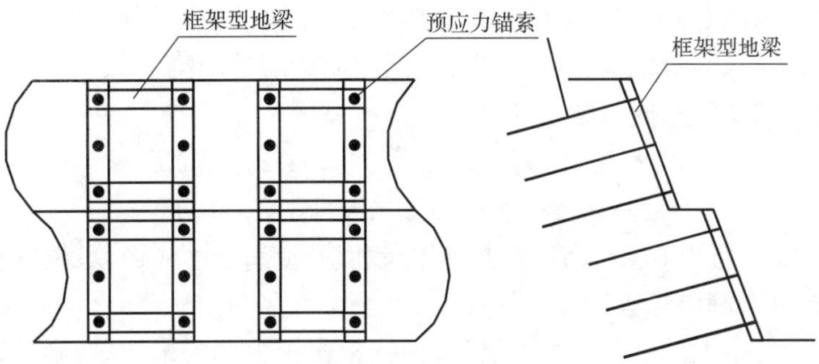

图 4.5.54　框架型地梁示意图

(2)受力分析。基于纵、横梁之间为铰支连接的假设，将地梁框架“分解”开，拆成纵梁和横梁，分别进行锚索张拉阶段和工作阶段分析。

①张拉阶段。预应力锚索地梁的受力状态，首先是在锚索张拉阶段(指张拉刚刚完成的阶段)。作用于纵、横地梁上的外力主要有锚索张拉力、梁下岩体的反压力、地梁重力、梁底摩擦力。后两者相对于前两者非常小，故只考虑作用于地梁上的两个主要外力：锚索张拉力 T、梁下岩体的反压力 $q(x)$。地梁在形式上可以看成一个倒扣在坡面上的连续梁，锚索抑制点即为连续梁的“支座”，而在连续梁的下表面则作用着指向梁的地基反压力，纵梁和横梁的受力模式如图 4.5.55(a)所示。

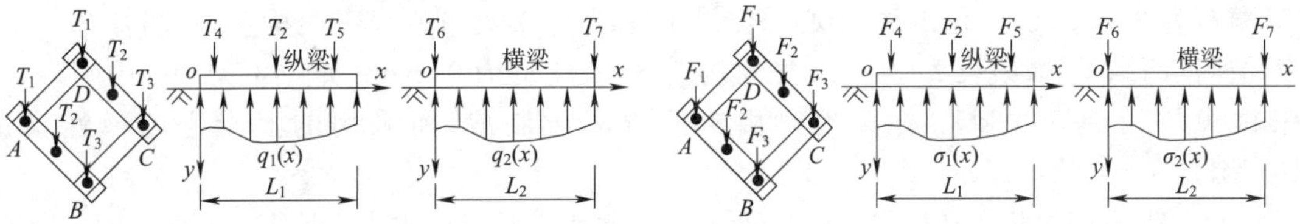

(a) 张拉阶段　　(b) 工作阶段

图 4.5.55　地梁受力模式图

②工作阶段。框架型地梁在工作阶段是纵梁与横梁构成的框架整体承受坡体主动压力，其与坡体间的相互作用机理同单片型地梁基本相同，这里不再赘述。同样，工作阶段的地梁可直接按照倒扣在坡面上的连续梁来计算。对于纵梁来说，是一个超静定结构，而对横梁来说则为一个静定结构，两者受力模式如图 4.5.55(b)所示。

(3)计算方法。

①张拉阶段。置于坡面上的纵梁、横梁，在外力作用下，地梁—地基系统都必须满足 2 个力学相容关系，即静力平衡和变形协调。针对地梁来说，首先在各外力作用下要满足静力平衡条件；其次在外力作用下要使地梁底面与坡面始终保持接触，即地梁产生的挠度要等于坡面产生的相应方向的位移。由于纵梁与横梁组合成整体框架型式，所以还应满足的一个变形协调条件就是，在纵、横梁交点处(如 A 点，以下均以此点为例)纵梁挠度 ω_1 应与横梁挠度 ω_2 相等。从这些基本力学条件出发，将纵梁与横梁分别进行计算。张拉阶段，锚索预张拉力 T_1 是已知的，在纵、横梁交点处分别作用于纵、横梁的压力 T_4、T_6，可视作由张拉力 T_1 分别分配而来。

由力的平衡和变形协调可以得到方程：

$$T_4+T_6=T_1 \tag{4.5.48}$$

$$\omega_1=\omega_2 \tag{4.5.49}$$

对于单独的纵梁(横梁)，只受集中力作用下，根据 Winkler 假定以及基本力学相容关系。为简化计算，假定纵梁与横梁均按半无限长梁处理，可以得到梁挠度的表达式。这样，结合此处纵梁与横梁的具体情况，式(4.5.49)又可以进一步写成：

$$T_4\alpha_1 Z_{x1}/(2kb_1)=T_6\alpha_2 Z_{x2}/(2kb_2) \tag{4.5.50}$$

式中，k 为地基弹性系数；b_1、b_2 为分别为纵、横梁的宽度；α_1、α_2 为分别为纵、横梁的地基柔度系数；$\alpha_1=$

$\sqrt[4]{kb_1/(4EI_1)}$；$\alpha_2=\sqrt[4]{kb_2/(4EI_2)}$；其中，$EI_1$、$EI_2$分别为纵、横梁的抗弯刚度；$Z_x$为计算函数；$Z_x=1+e^{-2\alpha x}(2\cos^2\alpha x+1-\sin2\alpha x)$；$x_1$、$x_2$为分别为交点处 T_4、T_6至相应梁端的距离。

式(4.5.48)、式(4.5.50)联立，便可解出 T_4和 T_6。

$$T_4=(\alpha_2 Z_{x2}/b_2)/(\alpha_1 Z_{x1}/b_1+\alpha_2 Z_{x2}/b_2)T_1 \tag{4.5.51}$$

$$T_6=(\alpha_1 Z_{x1}/b_1)/(\alpha_1 Z_{x1}/b_1+\alpha_2 Z_{x2}/b_2)T_1 \tag{4.5.52}$$

纵梁、横梁的挠度 $\omega(x)$、弯矩 $M(x)$、剪力 $Q(x)$以及相应地基反力 $q(x)$，可根据相应梁的计算类型得到解答。具体计算操作时，可编制电算程序完成计算。

②工作阶段。作用于地梁上的地基压力为已知，而锚索张拉力变为未知，地梁的计算可以看成求解倒置于坡面上的连续梁的内力与支座反力(锚索张力)问题。

对于纵梁，中间设有锚索，计算模型应是两侧外伸的两跨超静定连续梁。对于横梁，可看成单跨简支梁。纵、横梁的计算模式如图 4.5.55(b)所示。

具体求解时，纵梁可采用力矩分配法，首先求出弯矩，进而可求出剪力、支座反力等；横梁可直接按简支梁求解，得出梁的内力与支座反力。

3)工程实例分析

京珠高速公路粤境北段 K78+800 工点岩石高边坡，拟采用预应力锚索框架型地梁加固坡体。坡体表面为碎石土，其下主要为风化程度较强的砂岩，岩层产状为 200°～240°∠40°～50°。坡高约 40 m，在近坡顶处开始开挖坡体，共分 4 级开挖，在 3 级坡及以下开挖坡率为 1∶0.75。纵梁长 L_1为 12.5 m，高 h_1为 0.6 m，宽 b_1为 0.8 m，设 3 孔锚索(中心部位设 1 处，其余 2 处分别设在距梁左、右端各 2.5 m 处)，分别设置横梁连接两纵梁，横梁长 L_2为 4 m，宽 b_2为 0.8 m，高 h_2为 0.6 m。地梁框架中—中间距 s 为 6 m。锚索预张拉力均设为 500 kN。框架地梁由钢筋混凝土制成，所采用的混凝土的弹性模量 E_h为 2.55×10^4 MPa。

以 3 级坡为例，分张拉阶段和工作阶段两种情况，计算框架地梁的内力。计算横断面如图 4.5.56 所示。

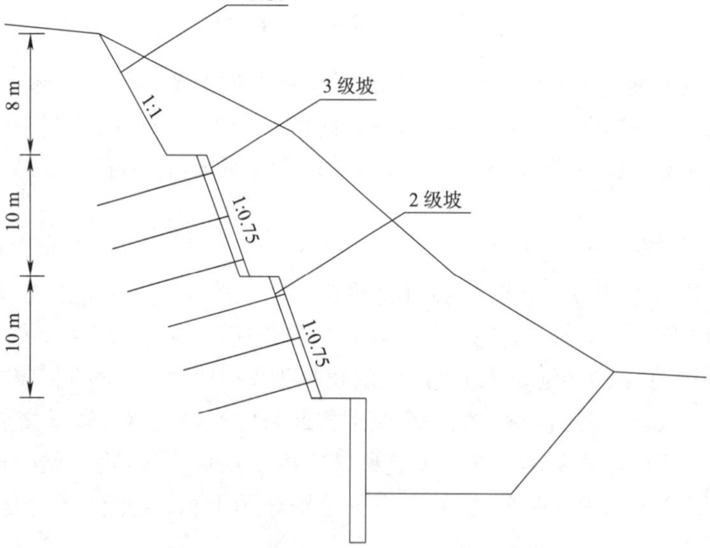

图 4.5.56　工程实例横断面示意图

(1)张拉阶段。首先计算交点处纵、横梁所受的压力 T_4、T_6。由式(4.5.51)、式(4.5.52)可以算出 T_4、T_6。其中：$L_1=b_1h_1{}^3/12=0.0144\ \text{m}^4$，$L_2=b_2h_2{}^3/12=0.0144\ \text{m}^4$；地梁弹性模量 E 取混凝土弹性模量 E_h的 0.8 倍计算，$E=0.8E_h=2.04\times10^4$ MPa；地基弹性系数 k 取 $20\times10^4\ \text{kN/m}^3$，可算得纵、横梁的地基柔度系数分别为 $\alpha_1=0.607\ \text{m}^{-1}$，$\alpha_2=0.607\ \text{m}^{-1}$；$x_1=2.5$ m，$x_2=0$。

将各参数代入相应式中，算得 $T_4=396.57$kN，$T_6=103.43$kN。然后，再根据单片地梁在集中力作用下的计算公式，并运用叠加原理，就可得到纵梁、横梁的挠度 $\omega_1(x)$、$\omega_2(x)$，弯矩 $M_1(x)$、$M_2(x)$，剪力 $Q_1(x)$、$Q_2(x)$，地基反力 $q_1(x)$、$q_2(x)$。

在计算时，纵梁与横梁的坐标原点都取在两者交点处的各自梁端，沿各自梁纵轴线方向为计算坐标 x 的正方向。张拉阶段纵梁（以左侧梁为例）与横梁（以上侧梁为例）的弯矩 M、剪力 Q 与地基压力 q 的计算结果如图 4.5.57 所示。

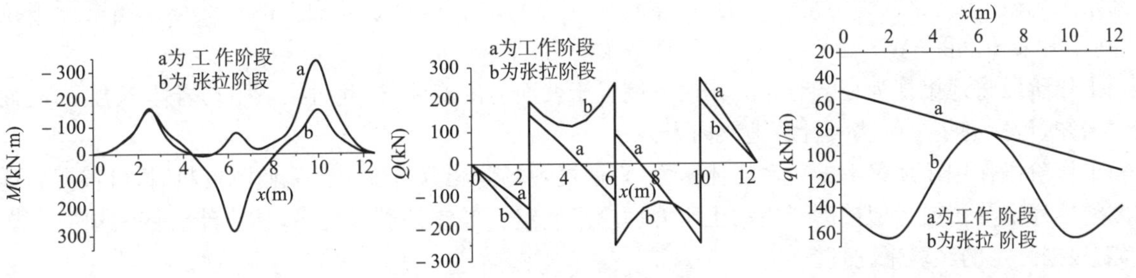

(a) 纵梁计算结果

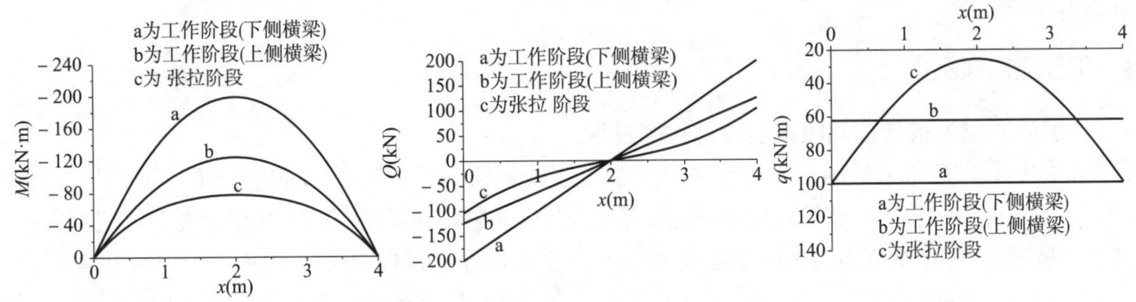

(b) 横梁计算结果

图 4.5.57　工程实例计算结果

(2)工作阶段。首先要确定作用于纵、横地梁上的主动岩体压力 $\sigma(x)$。近似认为作用于纵、横地梁上的主动岩体压力$\sigma(x)$成线性分布，纵梁上为梯形分布，横梁上为均布，计算简图如图 4.5.58 所示。

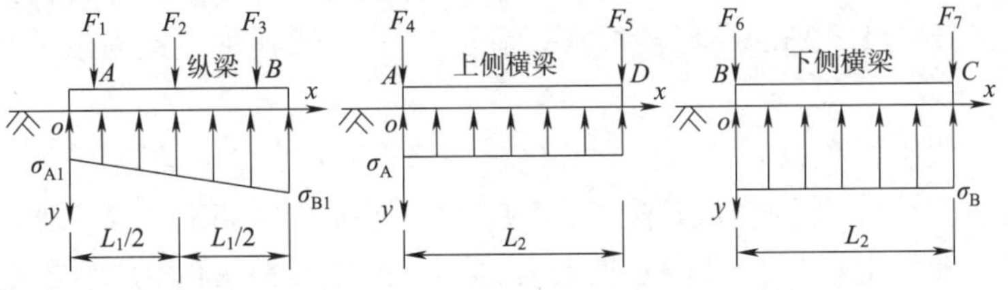

图 4.5.58　工程实例工作阶段计算图示

根据坡体材料的物理力学性质（坡体松弛区范围的岩体较软弱破碎，平均容重 γ 约为 20 kN/m^3，综合内摩擦角 45°）以及 3 级坡的坡率、3 级坡顶端与底端距坡顶的高度、地梁框架中一中间距等已知参数，按照相应方法可以算得 3 级坡坡顶与坡底的主动岩体压力分别为 $\sigma_1=21.92$ kPa、$\sigma_2=49.32$ kPa；上侧横梁受均布线荷载 $\sigma_A=62.27$ kN/m，下侧横梁受均布线荷载 $\sigma_B=99.64$ kN/m，而纵梁的顶、底两端线分布荷载分别为 $\sigma_{A1}=49.81$ kN/m、$\sigma_{B1}=112.10$ kN/m。

将上、下横梁看成均布线荷载作用下的简支梁，每片纵梁看成受梯形分布线荷载作用的两跨外伸连续梁，可分别计算纵梁、横梁内力。纵梁计算可采用力矩分配法，横梁可直接按简支梁计算。在纵、横梁交点处，锚索张力为纵、横梁"支座反力"的和。所以，此阶段同一竖列的 3 根锚索的张力各不同，由上到下依次分别为 417.89 kN、208.96 kN、708.91 kN。

工作阶段纵梁、横梁的弯矩 M、剪力 Q 与地基压力 q 的计算结果如图 4.5.57 所示。从图中可看出，纵、横梁工作阶段和张拉阶段的内力值，在大小和方向上都存在一定的差异。为了得出合理的地梁设计结构，必须综合考虑两个阶段的内力分析结果，即工作阶段和张拉阶段都需进行内力计算。

应该注意的是，在传统的此类问题计算中，并未根据工程实际的力学特点把地梁内力计算，分为工作阶段和张拉阶段进行分析，而是仅考虑相当于工作阶段的情况，计算结果显然是片面不足的。

因此，对预应力锚索框架型地梁的内力计算，应注意以下几点：

①预应力锚索框架型地梁计算时，宜拆成单片梁的形式分别计算。根据岩石高边坡的力学特点，分锚索张拉阶段和工作阶段分别计算地梁内力，在此基础上综合比较分析，进行合理的结构设计。

②张拉阶段，将地梁视为上部集中力（锚索预张拉力）作用下，置于坡面上的连续梁。锚索预张拉力已知，地基反力未知，可按Winkler地基模型计算地梁内力。

③工作阶段将地梁视为在线分布力作用下倒置于坡面上的连续梁，此时梁下主动岩体压力已知，而锚索张拉力未知，可按力矩分配法等计算地梁内力。

④工作阶段作用于地梁上的主动岩体压力，宜通过现场监测分析确定。无监测资料时，可根据岩体种类由边坡整体稳定分析或近似按库仑主动土压力理论来确定。具体处理过程中，还会涉及锚索预应力损失等问题，需根据一定的经验来处理。

总之，上述计算地梁内力的方法，用于京珠高速公路粤北段岩石高边坡工程中，设计结果较为合理，取得了较好的效果。

5.5.4　工程应用实例

5.5.4.1　预应力锚索桩与桩间喷锚复合结构的应用

预应力锚索桩因改善了桩的受力状态，可大大减小桩的截面与埋置深度，使桩在地面以上的长度可以增大至20多米，尤其适用于软质岩陡坡地段的深路堑高边坡，可使桩尽可能直接交于地面，减少开挖剥山皮现象，降低整个边坡高度；在车站范围与多线隧道、多线桥比较更有明显优越性。该结构应用于南昆铁路多个工点：

(1)根龙车站。该站K323＋696～＋762段左侧路堑边坡，设置预应力锚索桩及桩间喷锚复合结构。预应力锚索桩共10根，桩间距6 m，桩截面1.5 m×2.5 m，桩上设置2～4排共35根锚索，每根锚索索体为$6\phi15.2$ mm钢绞线，最长27 m。桩在地面（路基面）以上长18～22.5 m，桩的锚固段长5～5.5 m。边坡总高度由原设计50多米降为32 m。

(2)文佃车站。该站K354＋851～＋935段右侧路堑，设一排共15根坡脚预加固桩。其中3～12号桩为预应力锚索桩，桩截面1.5 m×2 m及2 m×2.5 m，每根桩设有4～5排预应力锚索，共计45根。每根锚索索体采用$6\phi15.2$ mm及$8\phi15.2$ mm钢绞线制作，最长30 m。锚索桩在地面以上高18～23 m，锚固段长5.5～7 m。

(3)册亨车站。该站软质岩高边坡工点位于K383＋837～K385＋310段，长1 473 m。线路以路堑从斜坡地段通过，边坡最高达50 m。地面横坡较陡，自然坡度25°～40°，局部达60°。地表上覆第四系坡残积砂黏土，下伏三叠系中统新苑组上段（T_2x^2）砂岩夹泥岩、页岩，褐黄夹青灰色，中薄层状。受地质构造影响，节理、裂隙分育，岩体破碎，风化严重，岩层产状多变。山体陡峻，覆盖层较厚，汇水面积大，受断层裂隙水及雨水流渗，易产生表土溜坍乃至山体滑坡（图4.5.59）。

定测时DK412＋000～＋300(K384＋909～K385＋209)段，因左侧填方较高，无法设置衡重式路肩挡土墙。若设变截面T形桩板墙，最大墙高达20 m。为了避免高填，线路向靠山侧内移10 m（如图4.5.59所示），改线后左侧设置衡重式路肩挡墙，施工图最大墙高12 m。线路内移后，原施工图右侧路堑边坡高运50余米，呈剥山皮之势，按传统施工法无法施工。因此，按预应力锚索桩及桩间喷锚复合结构进行变更设计。在左下挡施工时，发现覆盖层较原施工图厚3～6 m，遂将D_1K412＋114～＋147段改为路肩桩板墙，两端下挡均加深，最大墙高17 m。若按改线前DK方案（线路外移8～10 m），更无法设置支挡结构（桩板墙需25 m高），需以三线桥通过。

为此，进行了改线D_1K预应力锚索桩方案、改线D_1K悬臂桩方案及改线前DK三线桥方案的技术经济比较。

方案Ⅰ：D_1K预应力锚索桩方案（图4.5.60）。

采用预应力锚索桩及桩间复合喷锚结构直接交于地面，共设置26根锚索桩，桩间距6 m，桩截面1.5 m×2.5 m；桩上设有1～4排共67根$6\phi15.2$ mm锚索，锚索最长为24 m。桩在地面以上长10～20 m，锚固身长4～6 m。

方案Ⅱ：D_1K悬臂桩方案。将方案Ⅰ中预应力锚索桩采用普通悬臂桩代替，即1～26号桩均采用悬臂桩，其余工程措施不变。

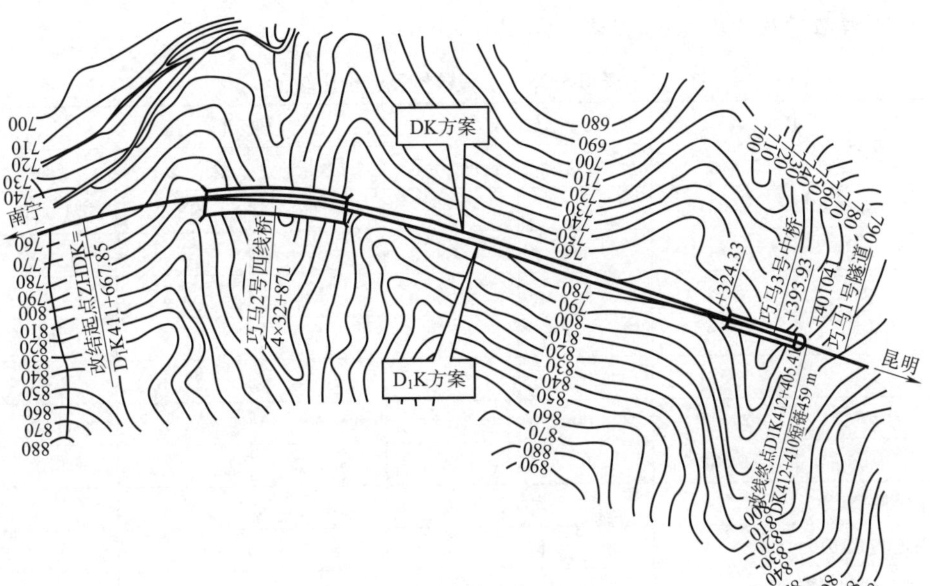

图 4.5.59　册亨站改线方案平面示意图

注:D_1K 方案为补定测改线方案

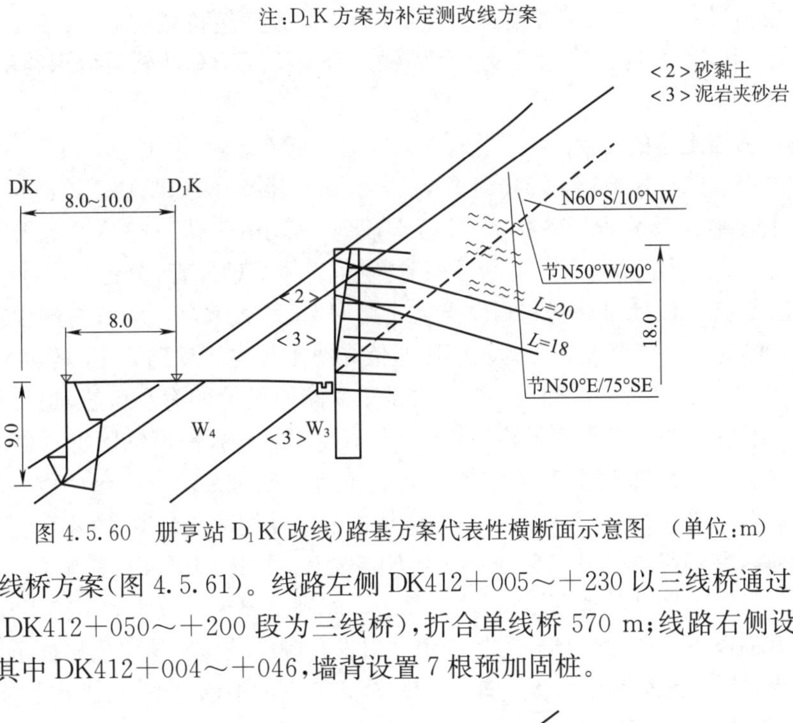

图 4.5.60　册亨站 D_1K(改线)路基方案代表性横断面示意图　(单位:m)

方案Ⅲ:DK 三线桥方案(图 4.5.61)。线路左侧 DK412+005～+230 以三线桥通过(其中 K412+025～+210 段为两线桥、DK412+050～+200 段为三线桥),折合单线桥 570 m;线路右侧设置重力式路堑挡土墙,墙高 6～15 m,其中 DK412+004～+046,墙背设置 7 根预加固桩。

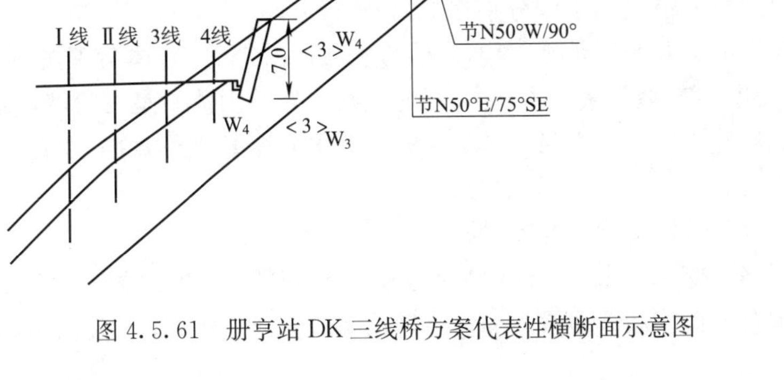

图 4.5.61　册亨站 DK 三线桥方案代表性横断面示意图

三个方案的工程数量及造价比较，见表4.5.25。

表4.5.25　工程数量及造价比较

项目	单位	单价(元)	方案Ⅰ		方案Ⅱ		方案Ⅲ	
			数量	造价(万元)	数量	造价(万元)	数量	造价(万元)
锚固桩	m^3	350.1	3 542	124	6 236	218.3	1 003	35.1
锚索	m	374	1 407	52.6	0	0	0	0
土钉墙	m	118	5 040	59.5	5 040	59.5	0	0
挡墙	m^3	187.18	4 896	91.6	4 896	91.6	7 926	148.4
护墙	m^3	135.4	2 012	27.2	2 012	27.2	1 312	17.8
挖方	m^3	21.11	4 000	84.4	4 000	84.4	0	0
桥(折单)	m	6 000	0	0	0	0	570	342
工程直接费(万元)			439.3		481		543.3	
工程总造价(万元)			878.6		962		1 086.6	
同方案Ⅰ相比增加投资(万元)			0		83.4		208	
同方案Ⅰ相比投资增加百分比			0		9.50%		23.70%	

从表4.5.25可看出，预应力锚索桩方案最为经济，三线桥方案造价较之高23.5%；而悬臂桩与锚索桩相比，增加投资9.5%。因此，预应力锚索桩及桩间喷锚复合结构用于车站软质岩深路堑高边坡具有明显的经济效益。

5.5.4.2　锚固桩及桩间挡土墙的应用

汪甸车站K259+764.64～K260+0.84.64段，长320 m，属陡坡深挖路基。地面自然坡度40°～45°，相对高差70～100 m；上覆第四系坡残积砂黏土、碎石土，厚0～5 m；下伏三叠系兰木组下段砂岩夹泥岩、页岩，中厚至巨厚层状，部分为断层角砾岩。受断层构造影响，岩体节理发育，分化严重，产状零乱。

汪甸站为三股道站，技术设计时路基左侧设衡重式路肩墙，最大墙高14 m；右侧设重力式路堑墙，最大墙高15 m。因本站左侧的盘百公路改建工程及南昆通信光缆工程先于铁路开工，紧临K259+775～K260+075段的盘百公路向山(即向铁路侧)改建5～8 m，占据了铁路原设计的有利位置，迫使铁路改线，朝山侧内移0～10 m。施工图设计中，左侧设重力式路肩墙，最大墙高12 m；右侧设锚固桩及桩间挡土墙，尽量减少边坡的开挖，墙顶边坡采用钢纤维喷混凝土防护。整个汪甸站挖方26×10^4 m^3(其中挖石占74%)，填方12×10^4 m^3，弃方14×10^4 m^3；污工2.5×10^4 m^3，其中锚固桩钢筋混凝土约0.4×10^4 m^3。

由于该段地形陡峻，左侧路肩墙设在盘百公路上方陡坡上。坡体因受断层影响，岩体破碎，路肩墙开挖时引起基坑边坡坍塌，导致下挡基础埋深不够，墙前襟边不能满足要求。故将此下挡工程外移至盘百公路左侧，基础置于公路路基面以下。但在下挡施工过程中又引发右侧山坡覆盖层沿岩层面下滑，局部岩体也出现坍塌，落石滚至公路上，堵塞公路交通，危及行车安全。对此工点的整治方案，曾考虑过能否将三股车道改为二股道方案。后经比较即使改为两股道车站，路基支挡工程的根本困难并未改变，只是工程量有所减小，故决心在原位进行整治。

下墙开挖引起的边坡坍塌涉及路堑，坍滑后缘裂缝甚至到原堑顶天沟附近。为查明汪甸站整个山坡的稳定性，对汪甸站病害工点重新进行施工地质补勘。经勘查，该段处于塘兴—潞城大断裂破碎带，有三条与线路成60°交角的次生断层横穿线路，里程分别在K259+785、K259+865、K260+010处。由于受断层的挤压作用，岩体破碎，多呈压碎岩和断层角砾结构，破碎带宽15～20 m。岩体节理发育，有一组主要节理倾向线路，是造成坍滑的主要顺层节理。从整体上讲，汪甸车站所处的山体不是古滑坡，山体是稳定的，但由于表层坡残积物(碎石土)和压碎岩厚度较大(10 m左右)，下部路肩墙基础开挖时，引起上部覆土顺岩层面或破碎岩体顺节理面向下坍滑。

根据以上分析，决定将该段分为两种措施处理：

(1)覆盖土较薄，下挡开挖不致引起上部边坡产生大面积坍滑的，仍维持原设计案。但要坚持跳槽开挖，下挡墙基开挖后及时砌筑下挡。局部地段为加快下挡砌筑进度，改用150号片石混凝土灌注下挡挡墙。待下挡施工完后，再进行右侧抗滑桩的施工。但抗滑桩应适当提高桩顶标高，从地面开挖桩井，避免挖及上部边坡。

(2)覆盖土较厚，开挖下挡易引起边坡大面积坍滑的，采用两种措施处理：

K259+778～K260+030 段右侧，长 252 m，设一排锚固桩。桩间距 7.0 m，截面尺寸分别为 2.5 m×1.5 m 和 2.7 m×1.5 m，桩长 16～23 m。共设锚固桩 37 根，将桩封顶并在桩后留一定宽度的平台；桩间设重力式浆砌片石路堑挡土墙，墙顶与桩顶平，墙后平台以浆砌片石封闭。

K259+775～K260+035 段右侧，长 260 m。在桩顶以上边坡设预应力锚索及挂喷网混凝土防护。锚索沿高度方向间距 4.0 m，线路方向间距 7 m。每根锚索均用 4ϕ15.2 mm 高强度低松弛钢绞线制作，长 20～25 m，共计长 17 020 m。

要求施工顺序：下挡→锚固桩→路堑墙→路堑边坡整治。下挡施工时，挖基跳槽开挖，随挖随砌。

预应力锚索加固软质岩高边坡，采用自上而下、分层开挖、分层加固的方法，可避免一挖到底再修筑挡护工程、容易造成边坡坍塌的现象，十分有利于高边坡、特别是软质岩高边坡的稳定。

5.5.4.3 土钉墙的应用

土钉墙用于软质岩深路堑高边坡设计与施工是有利的。施工时由上而下分层开挖、分层加固、施工灵活，能及时封闭加固边坡，有利于坡体稳定；施工机具轻便简单，有利于机械化作业，大大减轻施工劳动强度；所耗污工、材料少，有利于缺乏石料地区应用。

南昆铁路岩龙至板桃间 K306+347～+420 段(长 113 m)为土钉墙的推广应用工点。该路堑中心最大挖深 23.19 m，原设计采用上护下挡结构形式。该段路堑上覆第四系坡残积砂黏土，下伏三叠系中统板纳组上段泥岩夹砂岩，岩层节理发育，风化极严重(W_4)～风化严重带(W_3)厚 10～30 m，采用上护墙下挡墙结构施工将难以保证边坡稳定。若采用隧道方案，因前后均为大填方，需另增取土场。故决定采用土钉墙结构，分层开挖，分层稳定。在左侧边坡设置两级土钉墙，右侧边坡设置三级土钉墙，每级土钉墙最大高度 9 m，上下墙间设 4 m 宽平台，墙身胸坡 1∶0.3，土钉长 6～10 m，间距 lm，钉材为 ϕ20 mm～ϕ25 mm Ⅰ级螺纹钢，面板为 15 cm 厚喷射混凝土及钢筋网。由于边坡渗水严重，在边坡增设了 60 孔 10 m 深水平排水孔，对加强边坡稳定起到良好效果。

5.5.4.4 分级稳定及坡脚预加固技术的应用

南昆铁路建设期间为解决软质岩高边坡坍滑严重的难题，对百色至威舍段 200 多处软质岩深路堑高边坡，重新作了全面地质复查和设计变更。根据地质复查结果，凡边坡岩体受构造影响、节理发育、难以保证施工期间临时稳定的工点，除采用土钉墙和预应力锚索桩及复合结构设计的工点外，大多数工点均采用分级稳定和坡脚用锚固桩等形式预加固的处理方法，进行变更设计。例如南昆铁路潞城站、田林站等陡坡地段路堑采用此方法，设计与施工都取得良好效果。

5.6 松散岩质路堑边坡灾害防治技术

5.6.1 概　　述

岩堆是岩石山坡在各种物理、化学作用下失稳，产生坍塌、剥落，形成大小不一的岩石碎块、岩屑，在自然力的作用下搬运、堆积形成的松散堆积物体，是一种典型的不良地质体，属于松散岩质边坡的范畴。岩堆地段的路堑边坡，也是边坡病害的高发区，针对具体情况采用合理的防治措施，是可以保证边坡稳定的。

内昆线水富至大关段线路长 134.9 km，线路溯横江及其支流洛泽河而上行。沿线分布大大小小的岩堆 100 多处，岩堆轴向长 150～800 m，宽 200～2 000 m，厚 5～60 m；岩堆体积小于 10 万 m^3 的占 60%，10 万～100 万 m^3 的占 30%，100 万 m^3 以上的占 10%(其中有 2 处大于 1 000 万 m^3)。

对于大型不稳定岩堆，线路采取绕避措施。如柿子坝岩堆，线路内移作隧；黄荆坝岩堆，线路外移作桥。但大部分岩堆地段，仍以路基通过的岩堆有 60 处。

岩堆路基工程设计中，根据岩堆的不同特点，采用相应的工程处理措施。针对路堑边坡，综合应用逐段开挖、及时支护、片石混凝土快速浇筑、锚固桩坡脚预加固、分层开挖、分层稳定等工程技术。内昆铁路岩堆路基工程于2000年全部完成施工，经过多个雨季运营的考验，岩堆路基工程稳定状况良好，实践证明是成功的。

5.6.2 岩堆地段路堑边坡灾害防治技术

1)岩堆地段路堑边坡工程问题

(1)岩堆路基开挖引起边坡坍塌。岩堆路基开挖，形成临空面，引起边坡体应力调整，胶结差或无胶结的块状岩体或岩土混合体边坡易产生坍塌。边坡坡度较陡、边坡高度较高时，易发生坍塌病害。

(2)路基开挖可能引起岩堆整体失稳。当岩堆床坡度较陡，路基开挖深度大，尤其是切穿岩堆时，可能引起岩堆整体失稳。岩堆床坡度较陡、岩堆中存在软弱面(带)，路堤加载引起岩堆地基压密变形的同时，还易引起岩堆局部或整体失稳。

2)岩堆地段路基工程选线原则

(1)绕避不稳定岩堆。对于规模较大、铁路工程通过时处理困难的不稳定岩堆、岩堆床坡度较陡、地表水及地下水发育的潜在不稳定岩堆，应进行绕避。

(2)避免从岩堆上部以路堤通过。该形式属于对岩堆加载，一般情况对岩堆稳定是不利的。出现该种情况，必须进一步分析路堤加载后的岩堆整体稳定性。计算小型岩堆的整体稳定系数不应小于1.25，大型岩堆的稳定系数不应小于1.05～1.15，并与外移作桥比较。必要时设置相应加固工程，一般采用桩基托梁挡土墙或桩板墙。

(3)避免从岩堆下部以路堑通过。岩堆前缘深挖方，对岩堆稳定性影响大，尤其是挖穿岩堆时对岩堆稳定最为不利，线路应避免通过岩堆下部，一般采用外移作桥或内移作隧方案。

(4)控制岩堆挖方边坡高度。一般宜以小填小挖通过岩堆，忌深挖方，尤忌挖穿岩堆。控制岩堆地段路堑挡土墙高度不超过8 m，控制挖方边坡高度不超过15 m。挖方切穿岩堆时，一般应设置抗滑桩或预应力锚索预加固工程。

(5)控制斜坡地段填方高度。当岩堆表面或岩堆床存在斜坡时，路堤加载使地基竖向压密变形的同时，容易引起地基横向变形而失稳。当岩堆存在软弱面时，地基失稳变形更为严重。斜坡地段路肩挡土墙高度一般不超过8 m，大于8 m时一般应采取桩基托梁深基础。

3)岩堆地段路堑边坡处理

目前，路基工程施工中普遍存在的问题是开挖能力强而支护不能紧跟、造成挖方边坡时有坍塌，这是路基工程必须解决的问题。针对内昆线岩堆具体情况，分别采用了逐段开挖、及时支护、片石混凝土快速浇筑、锚固桩坡脚预加固、分层开挖、分层稳定等技术。

(1)逐段开挖及时支护施工。逐段开挖及时支护施工工艺，如图4.5.62所示。设计要求分段开挖(分段长度一般为8～10 m)、分段支护，避免一次拉槽开挖、边坡暴露时间过长引起边坡坍塌病害。

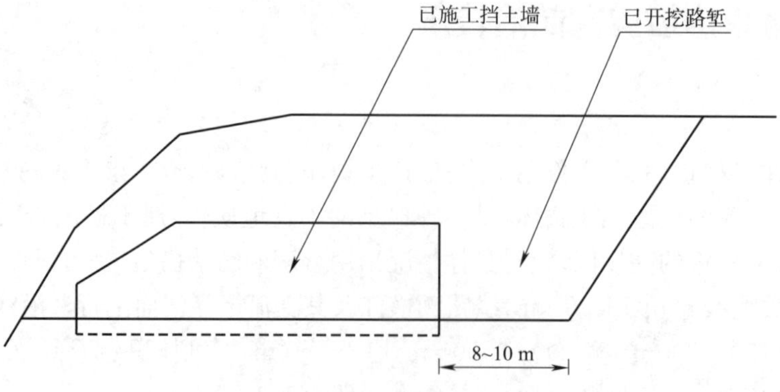

图4.5.62 逐段开挖及时支护施工工艺

(2)片石混凝土快速浇筑。采用片石混凝土挡土墙，可达到快速支护的目的。横江1号桥昆明段岩堆路堑开挖后，发现地下水较发育，为防止边坡坍塌，变更原设计浆砌片石挡土墙为片石混凝土挡土墙，并增加平孔排水，工程效果良好。

(3)锚固桩坡脚预加固。边坡较高时，采用坡脚预加固方法，在路堑坡脚先施工锚固桩，再开挖桩前(间)土体，砌筑挡墙(外挂挡土板或桩间土钉墙、桩间上板下墙等)。累计线路长度 1.9 km 范围内，共设预加固桩 26 处。

(4)分层开挖分层稳定。DK235＋773～DK235＋783 路堑工点，下部为基岩、上部为岩堆，采用土钉墙和坡面锚索加固处理。设计要求自上而下，按分层高度 3～5 m，开挖一层后及时施作锚杆或锚索，再开挖下一层。

5.6.3　工程应用实例

5.6.3.1　岩堆路堑桩板墙的应用

南昆铁路 DK166＋650～DK166＋806 段，线路以路堑从岩堆中部通过，右侧堑顶有宜宾—昭通二级公路，公路距线路中心 12～22 m。该段地面横坡约 1∶1.5，地表覆盖岩堆崩积块石土厚 15～20 m。铁路路堑右侧路肩处边坡垂直挖深约 12 m，公路比铁路路基面高约 16 m。

为确保路堑边坡稳定和施工开挖过程中公路行车与施工安全，采用路堑桩板墙方案(外挂挡土板)。代表性横断面如图 4.5.63 所示。

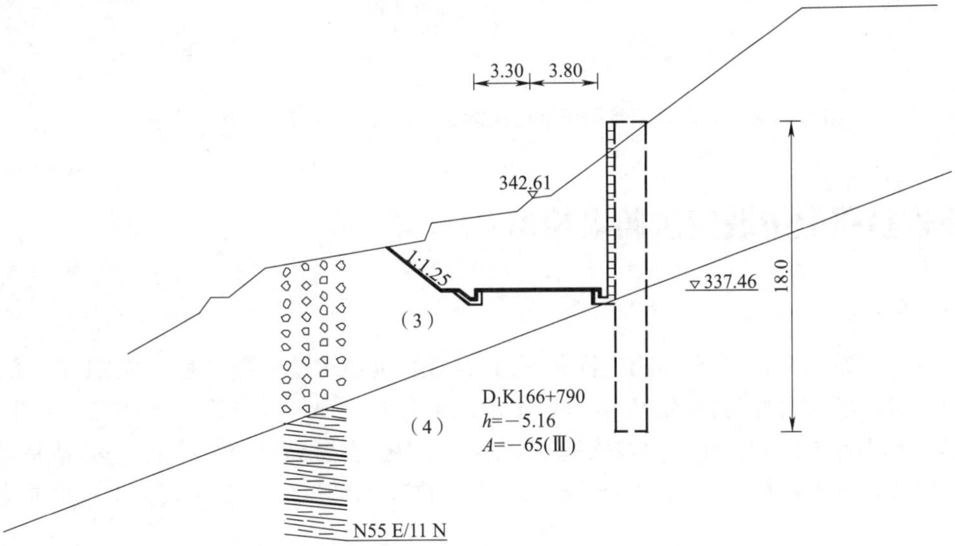

图 4.5.63　DK166 岩堆路堑桩板墙代表性横断面图(单位：m)

5.6.3.2　岩堆路堑坡面锚索及土钉墙的应用

南昆铁路 DK235＋773～DK235＋783 段，地面横坡较陡，上覆岩堆崩坡积碎块石土，下伏基岩为灰岩夹页岩互层。表层碎块石土堆积体松散，路堑开挖易产生坍塌。

采用土钉墙支挡方案，最大墙高 16 m。土钉墙顶堑坡按间距 4 m 设置两排 E6-6 型锚索，外锚采用 C25 级钢筋混凝土垫板。

设计要求先施工上部坡面锚索，再分层施作土钉墙。具体施工工艺如下：

施工上部坡面锚索，进行 600 kN 的初张拉→分层施作土钉墙(每级开挖不得超过 3 m，开挖后及时喷射第一层混凝土 5 cm 厚，下部留 30 cm 暂不喷射，并按设计要求钻孔，安装土钉，灌注 350 号水泥砂浆，待锚杆砂浆强度达到 70％后挂钢筋网，安装钢垫板，施加 5～10 kN 的预应力，喷射第二层 9 cm 厚混凝土，最后喷射第三层 1 cm 厚水泥砂浆)→循环作业完成全部土钉墙施工→对锚索进行终张拉(张拉力 990 kN)后锁定、封锚。代表性横断面如图 4.5.64 所示。

5.6.3.3　岩堆路堑挡土墙的应用

南昆铁路 DK203＋500～DK203＋700 段，上覆坡崩积块石土，厚 8～10 m，岩堆床较平缓，路堑切坡高度 15 m。施工图设计左侧设挡土墙和护坡，采取逐段开挖及时支护施工工艺，要求“上下分层、纵向分段、分段分层开挖，及时挡护”，开挖分段长度考虑支护施作的时间，采用 8～10 m，工程实施效果良好。

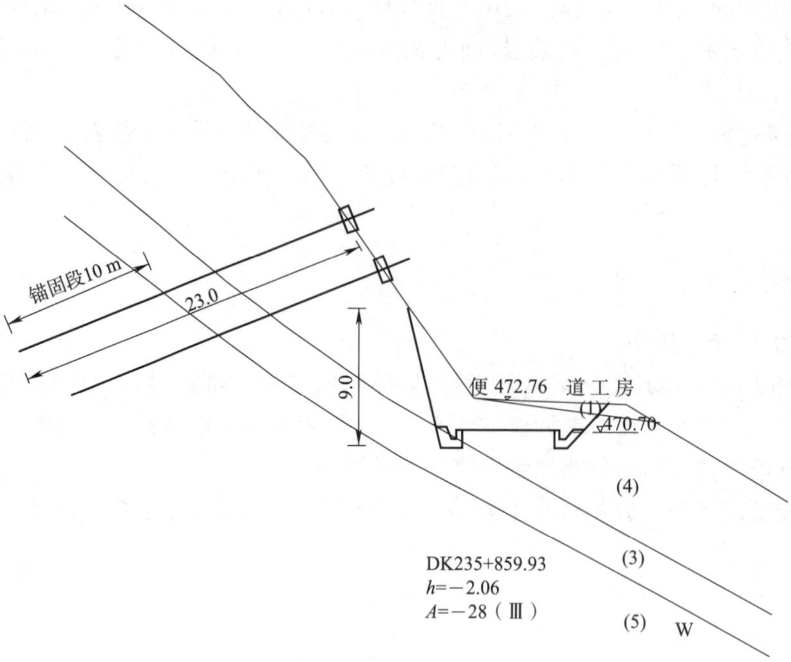

图4.5.64 DK235岩堆路堑坡面锚索及土钉墙代表性横断面图（单位：m）

5.7 斜坡软基路堤边坡灾害防治技术

5.7.1 概　　述

在斜坡坡地上填筑土石方，是西南山区铁路、公路、城镇、机场建设中普遍遇到的工程问题之一。工程实践表明，在斜坡软弱地基（简称"斜坡软基"，下同）上填筑土石方，易产生地基以及填方工程变形和破坏，其工程的安全性越来越引起人们的关注。斜坡软基（松软倾斜地基）主要具有两个特征：一是地基表面或松软层底部具有一定坡度的向外斜坡；二是地基土具有低强度和高压缩性。斜坡软基填方工程地质力学模型如图4.5.65所示。

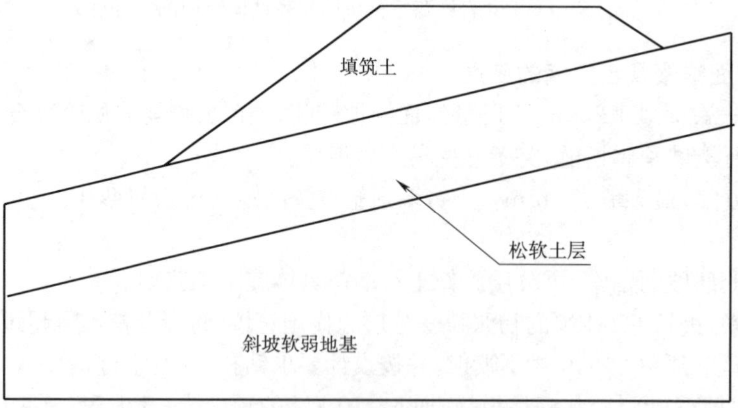

图4.5.65 斜坡软弱地基填方工程地质力学模型

针对斜坡软基这一特殊的斜坡地基类型，以斜坡软基在填方工程作用下的变形特征为背景，采取理论分析、数值仿真计算、离心模型试验、现场工程测试等多种研究方法，对斜坡软基在填方工程作用下的变形特性，以及对各种参数变化的响应进行了系统分析研究，结合试验工点进行了现场测试验证，揭示了斜坡软基在填土荷载作用下的变形机理。主要研究结论如下：

（1）对于水平软弱地基（简称"水平软基"，下同）和斜坡软基，在填土荷载作用下的地基变形，数值分析、离心模型试验、现场原型测试结果具有较好的一致性。水平软基变形表现为以路堤中心线为轴左右对称，斜坡软基则以斜坡下方明显偏大的非对称。因此，斜坡软基较之水平软弱地基而言，下方一侧坡脚地基的剪应变更大，更容易发生地基变形失稳。斜坡软基坡脚的水平位移、竖向位移都较水平软基大为增加；1∶10 斜坡软基的最大剪应变较水平软基情况下增加近 2 倍；斜坡软基塑性区范围明显大于地层水平情况下的塑性区范围，且有向下坡脚附近继续发展的趋势。

图 4.5.66 为水平软基和斜坡软基填方工程变形后的单元网格示意图。从中可看出，水平软基变形呈以中心线对称的锅底状，斜坡软基的变形表现在下方一侧坡脚集中。

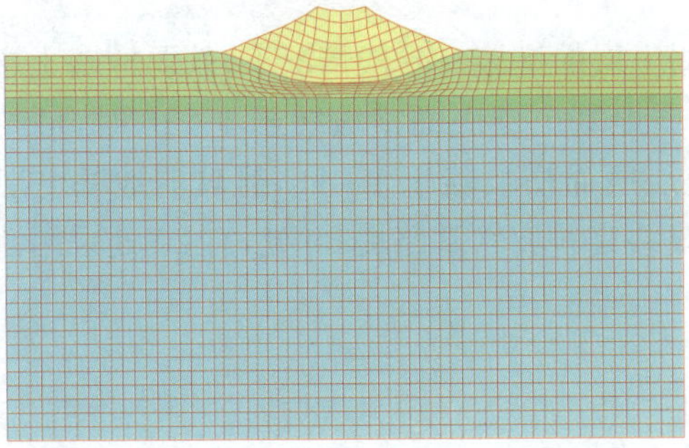
(a)水平软弱地基

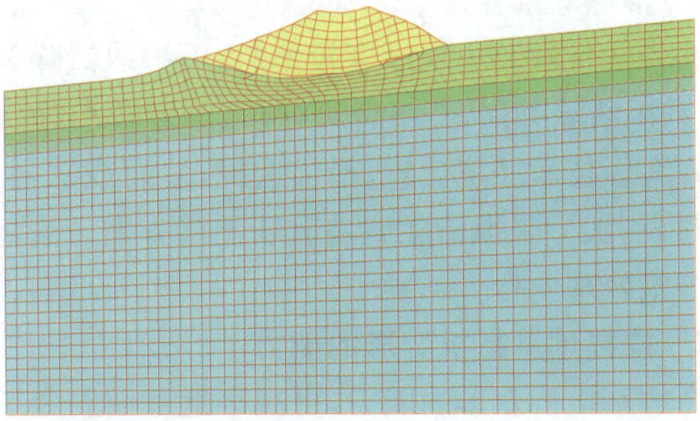
(b)斜坡软弱地基

图 4.5.66　水平和斜坡软弱地基填方工程变形后的单元网格

(2)斜坡软基变形与填土高度、斜坡坡度、软弱土层及其弹性模量密切相关。

①填土高度增加，斜坡软基变形明显增大，增大程度较之水平软弱地基为大。

②斜坡坡度增大，斜坡软基坡脚处水平位移、路堤中心线处的竖向位移都将增加，尤其是当地层坡度大于 1∶10 时，坡脚处水平位移、路堤中心线处竖向位移陡然增大。

③软弱土层厚度增加，斜坡坡脚处水平位移、路堤中心线处竖向位移都将增加，尤其是当软弱土层厚度大于 4 m 时，下坡脚处的水平位移出现较明显的增大。

④软弱土层弹性模量减小，斜坡坡脚处水平位移、路堤中心线处竖向位移都将增加。

(3)对于斜坡软基，采取打入桩或抗滑桩，均能有效约束路堤荷载作用下软基的水平变形和竖向变形，提高斜坡软基的稳定性。地基采用打入桩加固，对地基变形的约束较坡脚锚固桩效果好。

(4)水平软基随填土增加，地基土体被压密，只要地基塑性变形控制在一定范围，地基不会失稳；斜坡软基随填土增加，地基土体在产生竖向变形的同时产生水平变形，水平变形可能引起竖向变形进一步加剧，进而引起地基失稳。

(5)斜坡软基填方工程可能的滑动稳定破坏模式，分为圆弧滑面滑动破坏和复式滑面滑动破坏两种模式。斜坡软基填方工程是否出现复式滑面滑动破坏模式，与斜坡软基坡度、填土高度、斜坡软弱土层厚度、土层力学强度等有关。对于一定坡度、一定土层条件下的斜坡软基填方工程，是否出现复式滑面滑动破坏模式，与填土高度和软弱土层厚度之比(简称“高厚比”)密切相关。

(6)相同安全系数的斜坡软基填方工程，具有不同的变形系数(变形系数为地基最大水平变形与最大竖直变形的比值，其值大小反映地基稳定性)；相同变形系数的斜坡软基填方工程，具有不同的安全系数。因此，采用传统的针对水平软基的稳定判别标准(安全系数值)，判断斜坡软基的稳定性将趋于危险。对不同坡度的斜坡软基，应相应提高安全系数的限值，才能保证斜坡软基的稳定程度与水平地基基本相同。

建议根据斜坡软基坡度适当提高路堤滑动稳定判别标准，采用表 4.5.26 所列当量安全系数(斜坡软基变形系数与水平软基相当的路堤稳定系数)作为稳定性判别标准。

表 4.5.26　不同地层坡度滑动稳定判别标准(当量安全系数)建议值

地层坡度	水平	1∶20	1∶10	1∶7.5	1∶5
当量安全系数	$[F_{smin}]$	$[F_{smin}]+0.05$	$[F_{smin}]+0.1$	$[F_{smin}]+0.15$	$[F_{smin}]+0.3$

(7)斜坡软基路堤坡脚钢筋混凝土桩锚固段以上部分(受荷段)的受力图形，近似呈矩形和上小下大的梯形。

5.7.2　斜坡软基路基设计原则

斜坡软基在路堤荷载作用下，路堤下方一侧坡脚附近地基的剪应变、水平变形均较水平软基大，这是斜坡软基较水平软基更容易引起地基失稳的根本原因。对于斜坡软基填方工程，应采取消除或限制地基剪应变、水平变形的措施：1)挖除软弱土层。2)提高地基抵抗变形的能力。3)限制地基侧向变形。

5.7.2.1　清除软弱土层

斜坡较陡且软基土层厚度较薄时，可采取清除斜坡软弱土层的措施。一般情况下，软弱地基土层厚度小于4 m，采用清除办法，经济合理，施工难度较小；地面或软弱地基土层底面横坡缓于1∶10时，可与增加反压护道方案作技术经济比较，择优选择；地面或软弱地基土层底面横坡陡于1∶10，且软弱地基土层厚度小于4 m时，一般应采取清除斜坡软弱土层方案。渝怀线全线共有斜坡软基路堤80处，有20处采用清除斜坡软弱土措施处理。

5.7.2.2　提高地基抵抗变形的能力

提高地基抵抗变形的能力，可减小地基横向变形。

技术途径：采用强夯或重锤夯实，提高地基土的密实度；在地基土中置换或增加竖向增强体(如各种低强度桩体)，形成复合地基。

1)强夯或重锤夯实

强夯或重锤夯实，可使地基土体压密和振密，提高地基土密实度和强度，降低土体压缩性。

强夯或重锤夯实的加固原理：国内外学者从不同角度进行了大量研究，但至今未形成成熟和完善的理论，比较一致的看法包括：夯击能量转化，使土体被强制压缩或振密；土体产生液化或土体结构受到破坏；排水固结压密；触变恢复并伴随固结压密。

强夯或重锤夯实工法，在我国经30多年的不断发展完善，已广泛应用于工业与民用建筑、铁路、公路、机场、码头等地基处理中，但一般限于以下使用条件：

(1)地基土底面横坡水平或近于水平的软弱地基。

(2)地基土层为非饱和土。软弱地基土底面横坡较陡时，采用强夯或重锤夯实时，容易出现行锤歪斜，甚至出现地基向下坡方向一侧的变形破坏。图4.5.67为斜坡地基上夯锤歪斜的示意图。

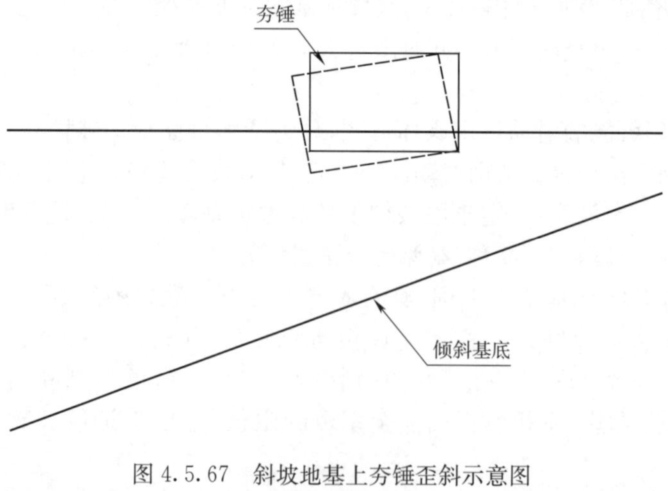

图4.5.67　斜坡地基上夯锤歪斜示意图

地基为饱和黏性土，强夯或重锤夯实时极易出现“橡皮土”。

近年来，研究开发了强夯置换法。该法利用夯击能将碎石、矿渣等材料挤入软弱地基形成碎石礅，并与墩间土形成碎石墩复合地基，达到提高地基承载力和减小沉降的目的。但该方法对于坡度较大的斜坡软基不适合，因在坡度较大的斜坡软基(饱和土)夯坑中填压碎石，在进一步强夯或重锤夯实时会出现偏向下方一侧的变形，难以形成碎石礅。因此，斜坡坡度较大的斜坡软基，一般不宜采用强夯或重锤夯实加固。

2)复合地基

通过在地基土层中置换或增加竖向增强体形成复合地基,可提高地基土的强度(承载力)和路堤与地基的稳定性,有效减小地基的竖向变形和横向变形。

常用的复合地基:振动沉管碎石桩、振冲碎石桩;水泥搅拌桩、水泥旋喷桩;低强度的 CFG 桩等。

根据设计目标要求,可根据路堤及地基稳定控制或竖向变形(沉降)控制的设计原则,选择复合地基的加固方法。一般情况下,散体桩复合地基与水泥土桩和低强度度混凝土桩相比较,在路堤荷载作用下会出现较大的变形,变形稳定时间也较长。

遂渝线的软弱土地基,采用粉喷桩、碎石桩复合地基处理。路堤工后沉降监测表明:粉喷桩复合地基路堤工后沉降约 4～6 cm,工后沉降稳定时间约 3～6 个月;碎石桩复合地基工后沉降约 8～10 cm,工后沉降稳定时间约 6～12 个月。

因此,对于路堤沉降要求严格的填方工程,宜选择水泥土桩和低强度度混凝土桩。

5.7.2.3　限制地基侧向变形

限制地基侧向变形,可有效保证斜坡软基路堤稳定。

限制地基侧向变形的途径:可分为被动限制、主动限制两种。被动限制指在路堤坡脚设置钢筋混凝土侧向约束桩,抵抗地基侧向变形;主动限制指采用钢筋混凝土桩基础(桩网结构),由桩基础承受路堤及上部荷载,使斜坡地基水平变形减小。

1)钢筋混凝土侧向约束桩

采用钢筋混凝土侧向约束桩,被动限制地基侧向变形。

对于水平软基,可采用放缓填方坡率或增设反压护道,地基侧向变形因地基应力减小而减小;采用齿墙仅实用于软弱土层较薄的情况,实际工程应用较少;钢筋混凝土侧向约束桩使用较少。

对于斜坡软基,用放缓填方坡率或增设反压护道,效果通常较差。采用圆弧条分法,对照研究斜坡软基与水平软基路堤,采用放缓边坡坡率、增加反压护道情况下的圆弧滑动稳定性,在路堤边坡 8 m、软弱地基厚 6 m、地基土层参数 CU=10 kPa、φ_u=10°条件下,水平软基与不同坡度(1∶10 和 1∶5)的斜坡软基路堤的稳定系数计算结果见表 4.5.27。

表 4.5.27　放缓填方坡率或增设反压护道改善路堤稳定性计算结果

填方工程特征	水平软弱地基(1∶∞)	斜坡软弱地基(1∶10)	斜坡软弱地基(1∶5)
边坡 1∶1.5	1.22	1.09	0.99
放缓边坡至 1∶1.75	1.27	1.14	1.03
放缓边坡至 1∶2.00	1.32	1.19	1.07
边坡 1∶1.5,增设反压护道(宽 5 m×高 4 m)	1.42	1.21	1.02
边坡 1∶1.5,增设反压护道(宽 6 m×高 4 m)	1.46	1.23	1.03

从表中可看出,对于横坡陡于 1∶10 的斜坡软基填方工程,采用放缓边坡、反压护道,对改善路堤稳定性的效果较差。

因此,对地面横坡较陡的斜坡软基填方工程,一般采用钢筋混凝土侧向约束桩限制地基的水平变形。渝怀线斜坡软基路堤 80 处,采用路堤坡脚钢筋混凝土侧向约束桩(包括桩基托梁挡土墙)56 处。遂渝线斜坡软基路堤 20 处,采用路堤坡脚钢筋混凝土侧向约束桩(包括桩基托梁挡土墙)15 处。

根据具体工程措施,斜坡软基路堤钢筋混凝土侧向约束桩加固,可分为 5 种类型:

(1)坡脚单排钢筋混凝土侧向约束桩。

(2)坡脚单排钢筋混凝土侧向约束桩+碎石桩或粉喷桩复合地基。

(3)坡脚单排钢筋混凝土侧向约束桩+砂井或塑料排水板。

(4)桩基托梁挡土墙,避免填方坡脚加压斜坡软弱地基。

(5)双排钢筋混凝土侧向约束桩。

各类斜坡软基路堤,代表性工点横断面,如图 4.5.68～图 4.5.73 所示。

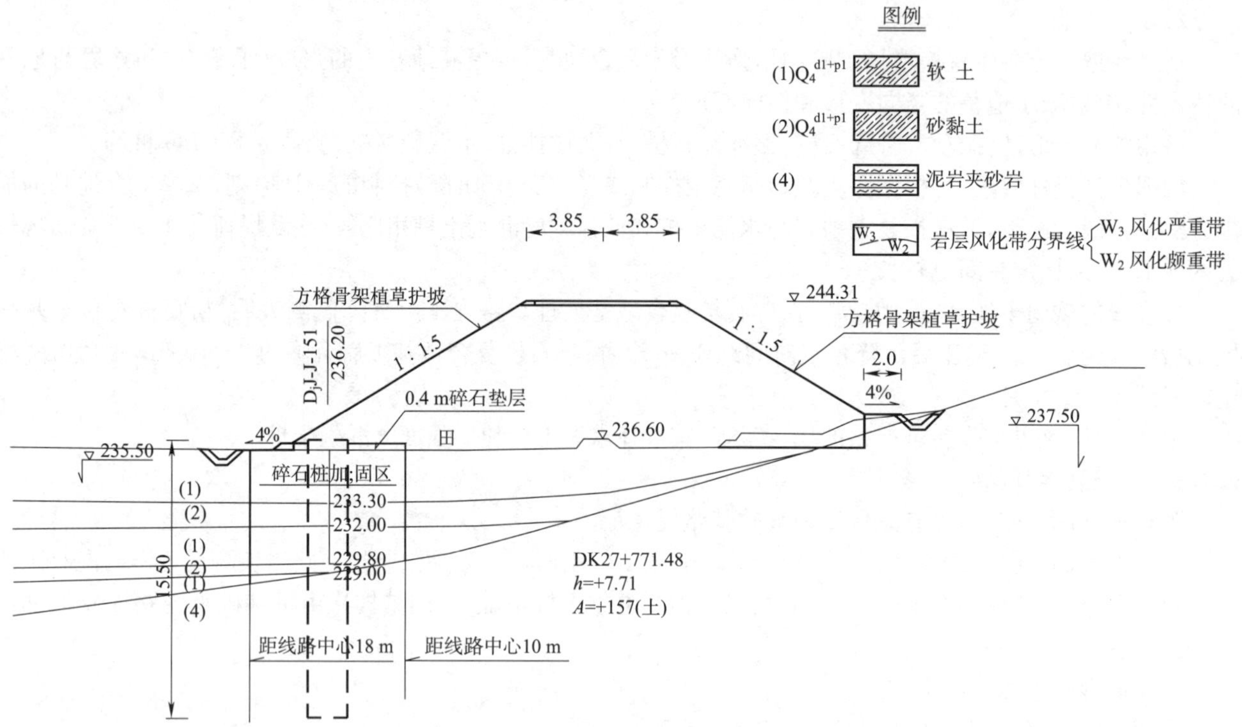

图 4.5.68 斜坡软基坡脚单排钢筋混凝土侧向约束桩加固(单位:m)

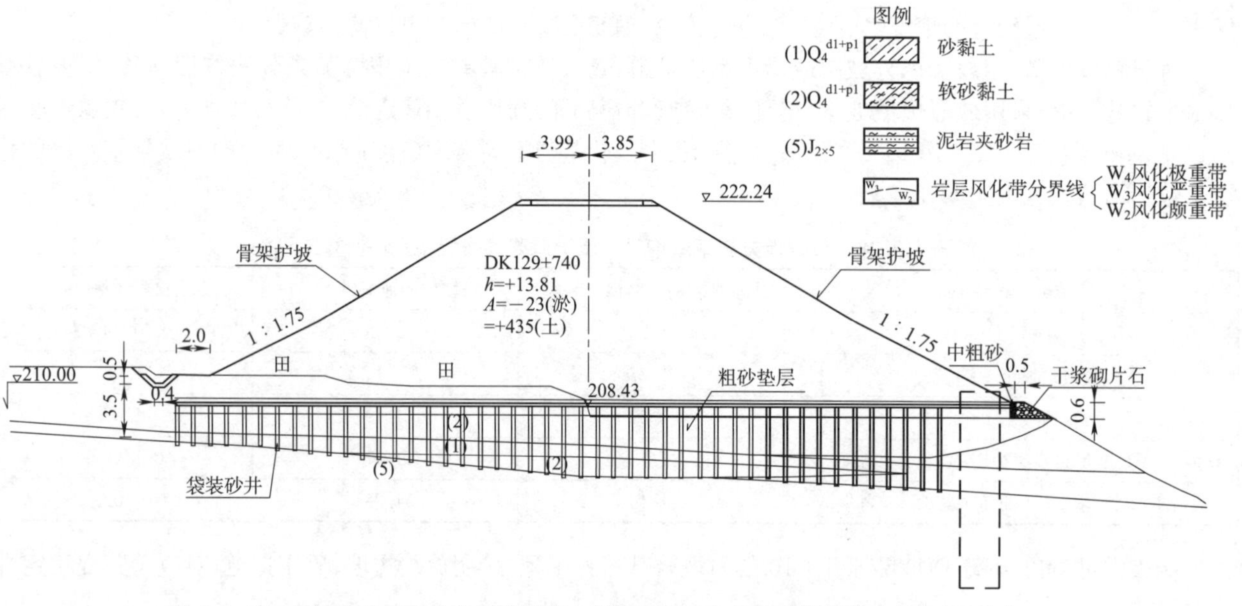

图 4.5.69 斜坡软基坡脚单排钢筋混凝土侧向约束桩+砂井或塑料排水板加固(单位:m)

2)钢筋混凝土桩基础(桩网结构)

桩网结构基础由钢筋混凝土稀疏桩群及桩顶加筋褥垫层组成。在填土逐渐增加的缓慢加载作用下,由于桩顶加筋褥垫层的作用(网兜效应),钢筋混凝土稀疏桩群相互牵制、形成复合桩群,使桩体主要受到竖向作用力的作用。由于地基土体得到竖向增强体——"桩"(钢筋混凝土稀疏桩)的加强形成复合地基加固区,桩顶得到水平向增强体——"网"(加筋褥垫层)的加强形成复合地基加固区,使网—桩—土三者协同作用,构成一个整体共同承担上部荷载的人工地基。

桩网结构实际起到限制地基土体侧向变形的作用。路堤重量及荷载主要由桩承担,地基土体承担较少,因而地基土体竖向变形、横向变形较小。

众多工程实践表明,钢筋混凝土桩基础(桩网结构)优于坡脚设置钢筋混凝土侧向约束桩的加固效果。

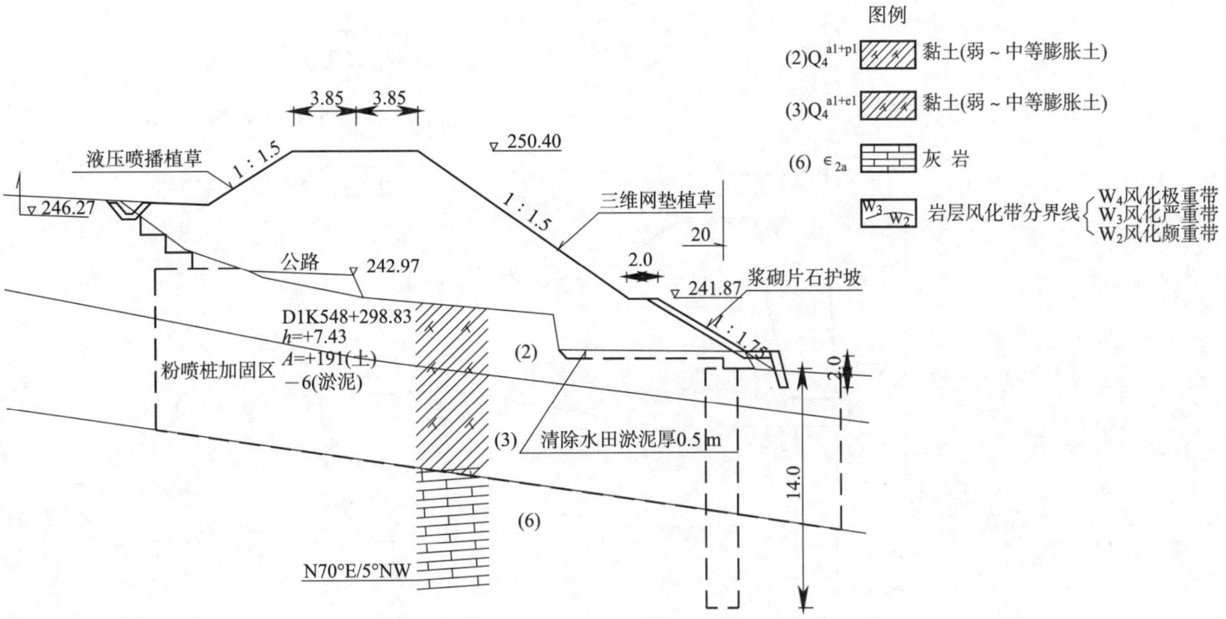

图 4.5.70　斜坡软基坡脚单排钢筋混凝土侧向约束桩＋粉喷桩复合地基加固(单位：m)

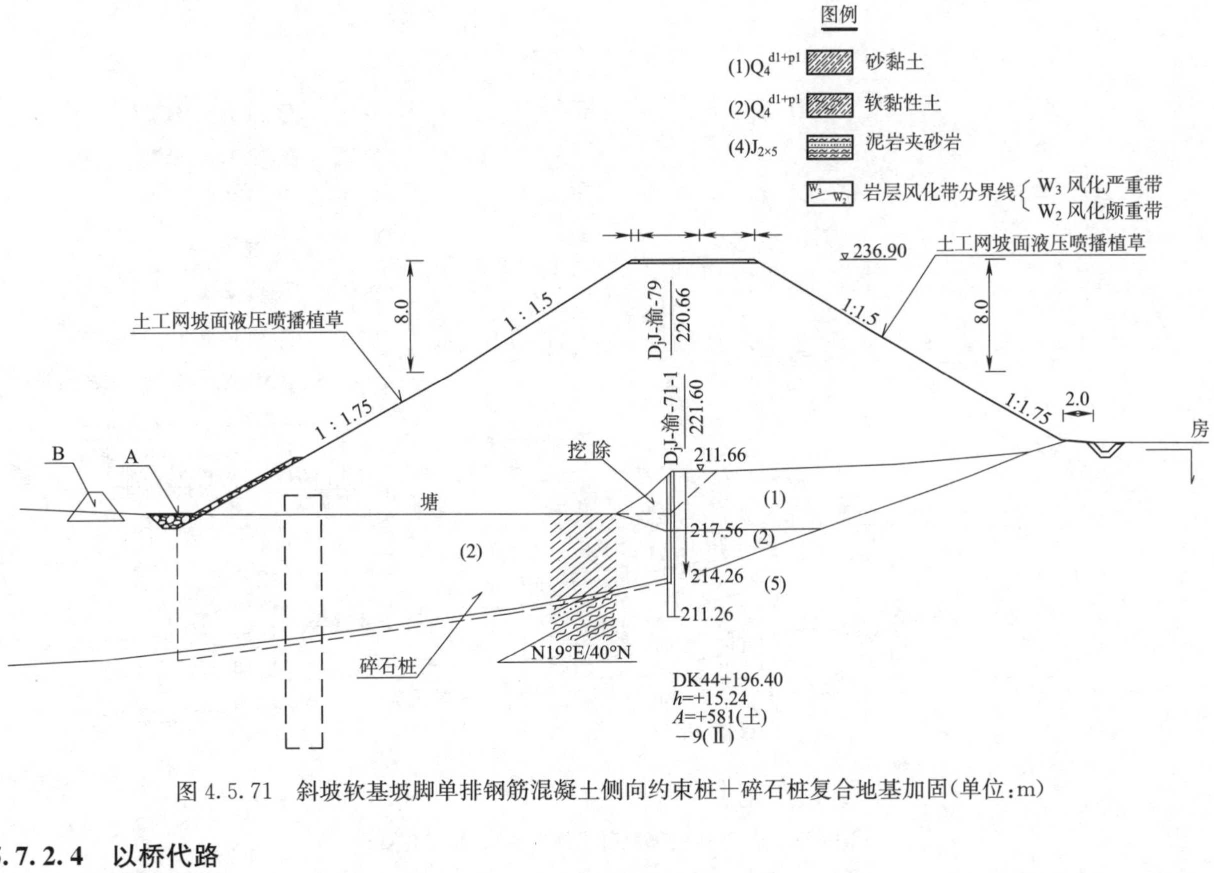

图 4.5.71　斜坡软基坡脚单排钢筋混凝土侧向约束桩＋碎石桩复合地基加固(单位：m)

5.7.2.4　以桥代路

对于铁路、公路工程，当斜坡软基路堤加固的可靠度较低或工程造价较高时，采用“以桥代路”是一种合理的选择。主要考虑以下因素：

1)工程可靠度

斜坡软基路堤工程可靠度分析主要考虑两方面：一是斜坡软地基工程地质是否查明，工程设计基础资料是否充分、正确；二是采取的工程措施设计理论是否完善，是否存在施工风险，建成后长期运营的耐久性如何。

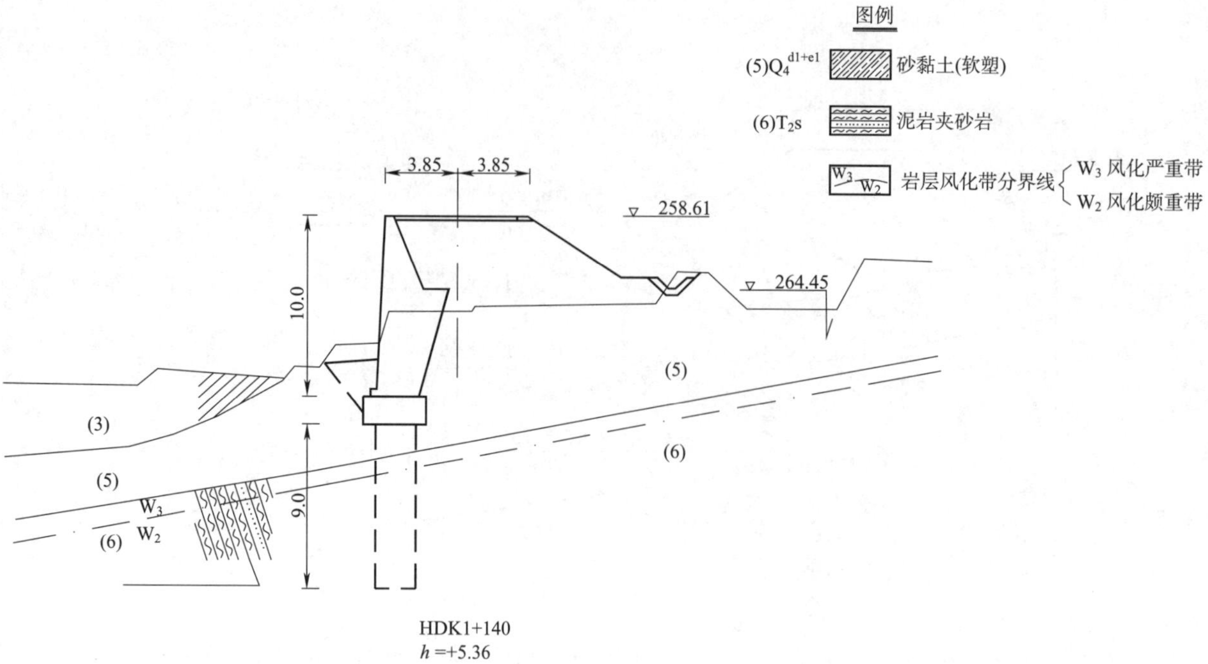

图 4.5.72　桩基托梁挡土墙避免填方坡脚加压斜坡软弱地基(单位:m)

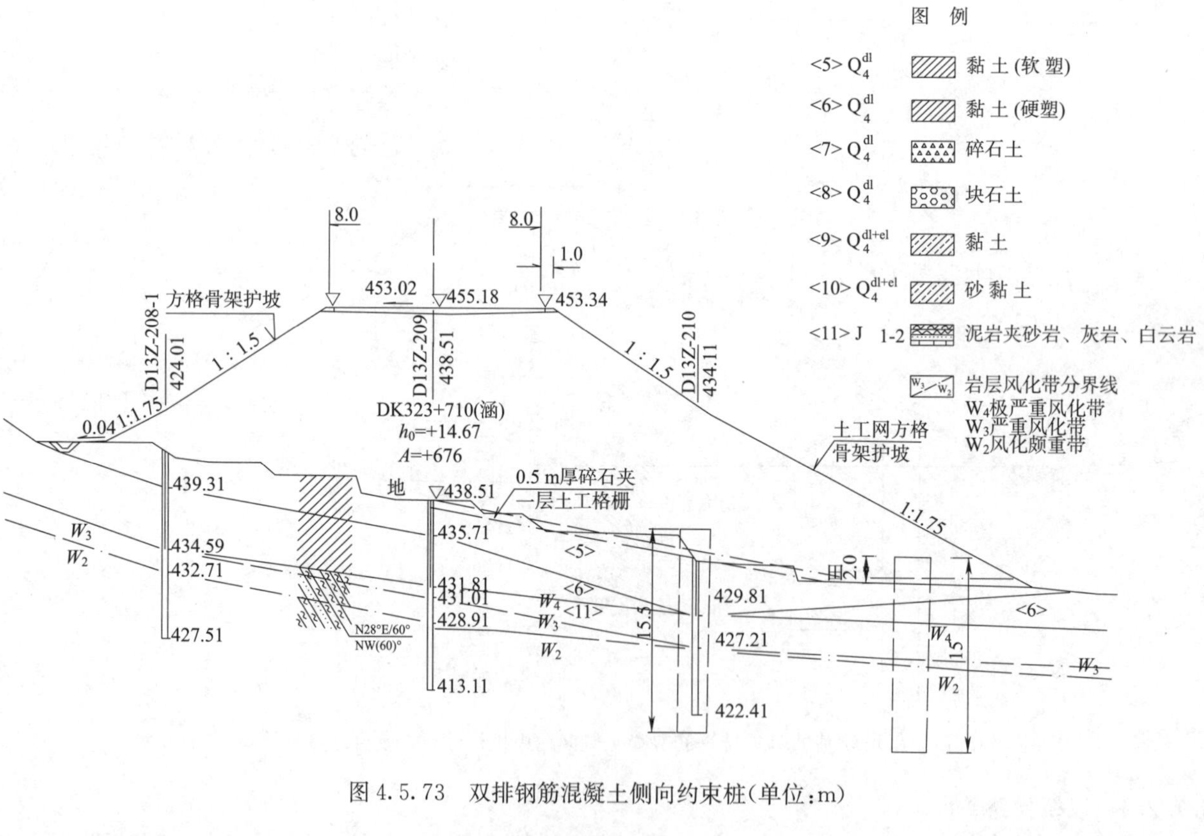

图 4.5.73　双排钢筋混凝土侧向约束桩(单位:m)

对于不同的工程建设标准,工程设计标准可能不同,采取的工程措施不同,应针对具体工程作分析。

对于斜坡软基路堤工程,以下情形应考虑"以桥代路"决策。

(1)斜坡软基工程地质复杂,难以查明软弱基底横坡。

(2)斜坡软弱土层强度低,难以采用复合地基加固时。

(3)路堤高度较高,按天然地基分析路堤稳定性小于 0.8 者。

(4)斜坡软弱土层较厚,路基工后沉降难以有效控制时。

2)工程造价

当斜坡软基路堤中心填高达 8 m 时，工程造价已与一般 24 m 跨度的简支梁桥接近，综合考虑施工工期、土地资源占用、环境保护等因素，一般宜“以桥代路”。

3)节约土地与保护环境

土地资源是一种不可再生的稀缺资源，在路桥方案决策分析中，应从社会效益角度，充分考虑土地占用的机会成本，控制路堤高度，节约土地。

5.7.2.5　斜坡软基填方工程设计原则

(1)斜坡较陡且软弱土层较薄时，应优先采取清除软弱土层的措施。

(2)斜坡坡度较缓，软弱土层较厚且为非饱和土时，应采取强夯或重锤夯实，提高土层密实度。

(3)斜坡坡度较缓，软弱土层较厚且为饱和土时，应采取地基加固措施。

(4)斜坡坡度较陡，软弱土层较厚时，应优先采取限制地基侧向变形的措施。

(5)填方工程变形要求严格时，宜优先采用桩网结构基础。

(6)斜坡坡度较陡时，不宜单一采用复合地基加固方案，可采用坡脚锚固桩侧向约束与复合地基综合加固方案。

(7)坡软弱地基路堤加固工程可靠度较低或工程造价较高时，采用“以桥代路”。

5.7.3　斜坡软基路堤边坡灾害防治技术

5.7.3.1　钢筋混凝土侧向约束桩

1)钢筋混凝土侧向约束桩设置

斜坡软基填方工程钢筋混凝土侧向约束桩布置，视路堤下滑力大小，分为单排桩或多排桩。单排钢筋混凝土侧向约束桩，布置方案如图 4.5.74 所示。

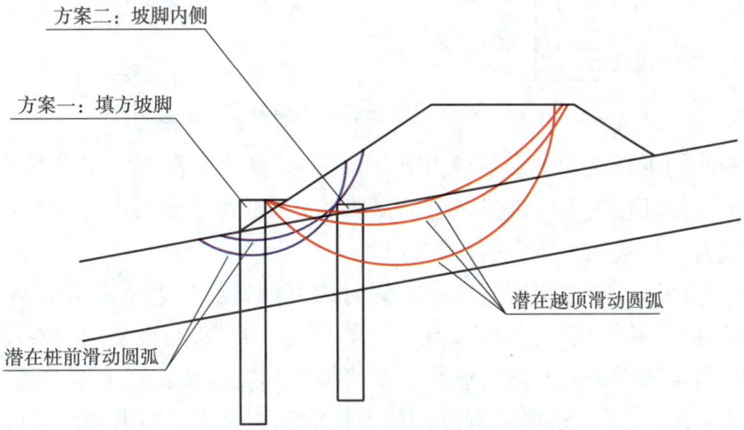

图 4.5.74　斜坡软基填方工程单排钢筋混凝土侧向约束桩布置方案

方案 1：侧向约束桩布置在填方坡脚。受桩约束，潜在滑动圆弧将向上移动，出现潜在越顶滑动圆弧。设计应检算对越顶潜在圆弧滑动面的稳定性，即“越顶检算”，稳定系数应符合要求，否则应调高桩顶高程或调整桩位。

方案 2：侧向约束桩布置在填方坡脚内侧，其桩顶高程需考虑侧向约束桩设置后，潜在滑面向上移动的趋势，进行“越顶检算”，确定桩顶高程。

两个方案比较，方案 2 钢筋混凝土侧向约束桩桩长较方案 1 短，但方案 2 侧向约束桩至填方坡脚的距离，需满足侧向约束桩与填方坡脚之间的边坡及地基不产生滑动。

路堤较高或斜坡软基抗剪强度参数较低时，计算的路堤下滑力较大，可采用两排或多排侧向约束桩，如图 4.5.75 所示。

2)钢筋混凝土侧向约束桩受力及计算

钢筋混凝土侧向约束桩受力，如图 4.5.76 所示。

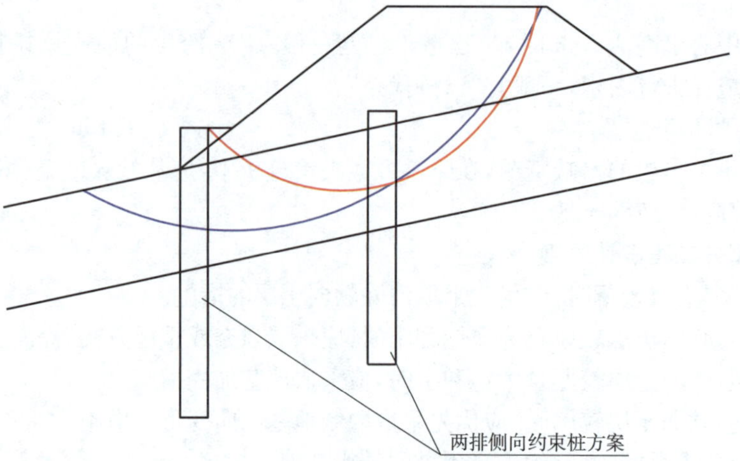

图 4.5.75　斜坡软基填方工程多排钢筋混凝土侧向约束桩布置方案

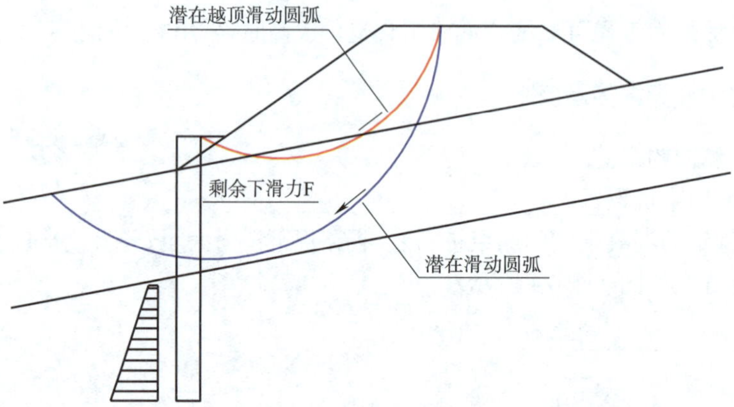

图 4.5.76　钢筋混凝土侧向约束桩受力示意图

单排钢筋混凝土侧向约束桩所受剩余下滑力 F，为设桩处计算下滑力与桩前抗力之差。设桩处剩余下滑力，按最危险滑面(圆弧破坏模式采用圆弧条分法试算确定，复式滑面采用传递系数法试算确定)，采用传递系数法计算。桩前抗力可按被动土压力的 1/3 计算。

根据渝怀线涪陵西车站试验点坡脚钢筋混凝土侧向约束桩钢筋受力及变形监测结果推算表明，侧向约束桩受荷段受力大致呈梯形，其值较计算值小(约为计算值的 80%)，与设桩后潜在滑动圆弧将出现向上移动趋势有关。该结果与内昆线李子沟车站斜坡软土高路堤坡脚桩板墙实测土压力基本吻合。本课题采用三维有限元数值仿真分析，计算结果也表明坡脚设桩后潜在滑动圆弧出现向上移动并可能产生越顶破坏，侧向约束桩受荷段受力分布接近矩形的多边形。因此，对于斜坡软基填方工程坡脚侧向约束桩，潜在滑动的土体下滑力，建议采用矩形分布。

5.7.3.2　斜坡软基加固

1)斜坡软基加固的必要性

如前所述，斜坡软基填方工程，应优先采用限制地基侧向变形的措施。基于以下三种原因，必要时应采取地基加固措施。

(1)减小地基沉降。当工程需要控制路堤沉降时，应进行地基沉降检算，设计地基加固措施。

(2)减小侧向约束桩受力。当地基土层力学强度较低时，路堤潜在滑动面下滑力较大，可采取地基加固，以减小侧向约束桩受力。

(3)防止产生桩顶越顶破坏。采取地基加固，能起到防止潜在滑动面向上移动，出现“越顶破坏”的作用。

2)复合地基加固

常用复合地基加固主要有水泥土搅拌桩、灰土挤密桩、粒料挤密桩、低强度混凝土桩。共同特点是桩间距通常为桩径的 2～5 倍，在填土荷载作用下，桩与桩间土共同作用。复合地基设计包括地基承载力检算、路堤稳定性检算以及地基沉降检算。

(1)地基承载力检算。根据工程经验初步拟定桩类型、桩径、桩间距及平面布置方式,初步确定桩体材料及强度,计算单桩承载力。

通常分别计算按桩体强度控制的单桩承载力、按桩端地基承载力和桩周摩阻力计算的承载力,取二者的小值作为单桩承载力。

根据复合地基置换率,计算复合地基承载力。

有关计算可参照《建筑地基技术规范》。

(2)路堤稳定性检算。复合地基抗剪强度按下式计算:

$$c_{sp}=(1-m)c_s+mc_p \tag{4.5.53}$$

$$\tan\varphi_{sp}=(1-m)\tan\varphi_s+m\tan\varphi_p \tag{4.5.54}$$

式中,m 为复合地基置换率;c_s,c_p,c_{sp} 为桩间土、桩体以及复合地基内聚力,kPa;φ_s,φ_p,φ_{sp} 为桩间土、桩体以及复合地基内摩察角,°。

根据复合地基抗剪强度,采用圆弧条分法或传递系数法计算路堤稳定性。

(3)地基沉降检算。地基沉降可按有关规范计算。复合地基总沉降一般采用模量法计算。

根据有关资料,复合地基沉降大部分在施工后 3～6 月内完成,路堤竣工后一年再铺轨,可按总沉降的 10%计算工后沉降。

由于斜坡效应,地基土层在沉降的同时产生水平位移。因此,实际沉降较计算值略偏大。有限元数值分析表明,斜坡软基表面沉降较水平软基沉降大约 2%～5%;离心模型试验表明,斜坡软基表面的沉降较水平软基大约 2%～5%。

渝怀线涪陵西车站试验工点 1 号测试断面,实测路肩地基表面沉降 102 mm,较计算值 100 mm 大 2%。建议斜坡软基沉降按计算值增大 5%～10%采用。

5.7.3.3　钢筋混凝土桩网结构

1)渝怀线涪陵西车站试验工点钢筋混凝土桩网结构

离心模型试验表明:采用钢筋混凝土稀疏桩桩网结构加固斜坡软弱地基,在填方荷载作用下,地基沉降和侧向变形均较小。渝怀线涪陵西车站斜坡软基填方工程试验工点,采用钢筋混凝土稀疏桩桩网结构加固斜坡软弱地基,现场测试得出与离心模型试验相同的结果,即在填方荷载作用下,地基沉降和侧向变形均较小。

渝怀线涪陵西车站斜坡软基填方工程试验工点,代表性横断面如图 4.5.77 所示。

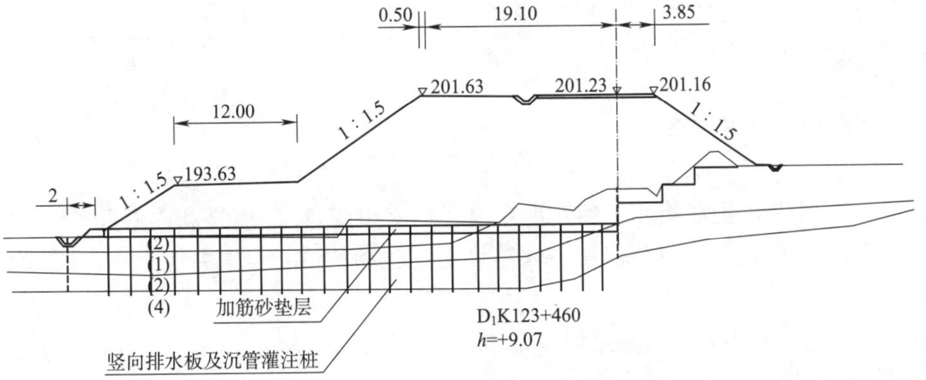

图 4.5.77　渝怀线涪陵西车站试验工点钢筋混凝土桩网结构代表性断面(单位:m)

路堤填方高度 10～12 m,地基为冲洪积砂黏土,地表硬壳 0～2 m 呈硬塑～软塑状,下部 4～6 m 呈软塑～流塑状,其下为硬塑状砂黏土。地基采用钢筋混凝土桩群加固,采用振动沉管法施工。桩身混凝土 C20,平均桩长 8 m,桩径 0.4 m,间距 2 m,梅花形布置。桩顶铺设 0.5 m 厚中粗砂垫层,中间夹铺一层双向高强土工格栅,土工格栅选用 EG4040 型,抗拉强度不小于 40 kN/m,延伸率不大于 11%。

现场监测表明,试验工点地基沉降变形较小,最大沉降为 21 mm。

2)钢筋混凝土稀疏桩桩网结构设计

钢筋混凝土稀疏桩桩网结构的受力与复合地基明显不同。由于钢筋混凝土桩桩体强度较桩间土强度大，填土荷载通过刚度较大的垫层传给桩，桩主要受竖向力的作用。桩网结构的地基土得到竖向增强体"桩"的加强形成复合地基加固区，桩顶得到水平向增强体"网"的加强形成复合地基加固区，从而使网-桩-土三者协同作用，构成一个整体共同承担上部荷载的人工地基。在填土逐渐缓慢加载作用下，由于桩顶褥垫层的作用(网兜效应)，钢筋混凝土稀疏桩群相互牵制、形成复合桩群，使桩体主要受到竖向力作用。随着桩体受力，桩端承载力进一步提高。

钢筋混凝土桩网结构，控制桩间距不应大于桩径的3～5倍，桩顶设置厚度不小于0.6 m的加筋垫层，加筋材料抗拉强度不小于40 kN/m。钢筋混凝土桩网结构，按承担竖向荷载的基础进行设计，检算单桩承载力以及群桩基础沉降。

钢筋混凝土桩网结构地基路堤计算模型，如图4.5.78所示。

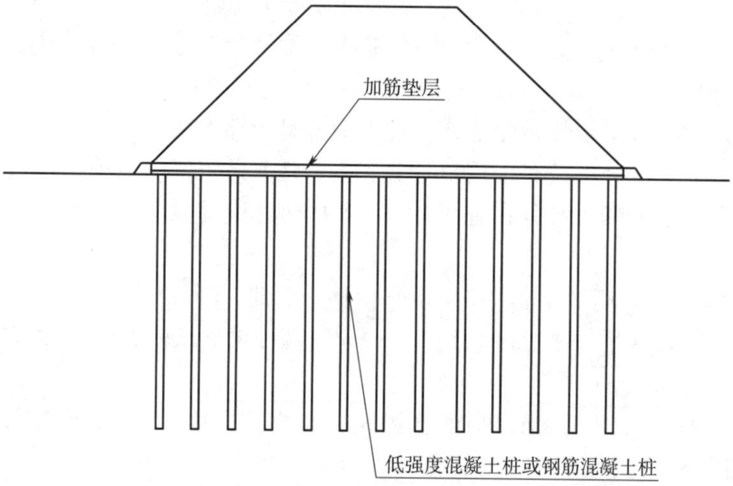

图4.5.78 钢筋混凝土桩网结构地基路堤计算模型

钢筋混凝土桩网结构地基，须满足下式要求：

$$p \leqslant f_{sp} \tag{4.5.55}$$

$$f_{sp} = U \sum l_i q_s + A_p R \tag{4.5.56}$$

式中，p为地基承受的填土及上部荷载，kPa；f_{sp}为桩基承载力，kPa；U为桩周长，m；l_i为桩长，m；A_p为桩端截面积，m^2；q_s为桩周土阻力，kPa；R为桩端阻力，kPa。

5.7.4 工程应用实例

5.7.4.1 渝怀线斜坡软基填方工程

1)概述

渝怀线全长583.301 km，沿线第四系到元古界地层均有出露，以碎屑岩和碳酸盐岩为主。第四系地层广泛分布，主要为全新统冲洪积、坡洪积流塑～软塑状淤泥、淤泥质黏土、软黏性土等，局部地段为坡残积弱膨胀性黏土。

全线软基路堤130处，其中斜坡软基路堤80处，累计长度近10 km。

2)斜坡软基路堤设计

渝怀线设计旅客行车速度120 km/h。路基工程设计执行《铁路路基设计规范》(TB 10001—99)、《铁路特殊土路基设计规则》(TBJ 35—92)、《铁路路基支挡结构物设计规则》(TBJ 25—90)等标准。主要设计原则如下：

①软弱土层厚度小于3 m，一般采取清除换填软弱土层。

②软弱土层厚度大于3 m，地面横坡陡于1∶10，一般采用坡脚钢筋混凝土侧向约束桩，必要增加地基加固处理。

③软弱土层厚度大于3 m，地面横坡缓于1∶10，一般采用地基加固+反压护道。当填方高度较大，采用钢筋混凝土侧向约束桩加固。

④不考虑列车荷载作用时的安全系数为1.15～1.25，考虑列车荷载作用时的安全系数为1.05～1.15。

⑤路堤工后沉降不大于30 cm。

渝怀线斜坡软基路堤共56处/6475延米(表4.5.28)，其中路堤中心高度大于10 m的39处，路堤中心高度大于15 m的17处。采用钢筋混凝土侧向约束桩(包括坡脚桩板墙)加固36处，采用钢筋混凝土侧向约束桩＋地基加固(粉喷桩、碎石桩、袋装砂井)16处，其他措施4处。

表4.5.28　渝怀线斜坡软基路堤统计

序号	起讫里程	线路长度(m)	填高(m)	工程措施
1	HDK1＋110～HDK1＋162	52	7	侧向约束桩＋地基碎石桩、局部换填
2	D1K22＋413～D1K22＋460	47	12	坡脚侧向约束桩
3	D1K22＋580～D1K22＋650	70	7	坡脚侧向约束桩＋地基碎石桩
4	DK19＋310～DK19＋415	105	16	坡脚侧向约束桩
5	DK27＋687～DK2＋796	109	10	坡脚侧向约束桩＋地基碎石桩
6	DK39＋575～DK39＋637	62	25	坡脚桩板墙
7	DK42＋550～DK42＋571	21	12	坡脚侧向约束桩
8	DK44＋128～DK44＋215	87	16	坡脚侧向约束桩＋地基碎石桩
9	DK44＋830～DK44＋965	135	16	坡脚侧向约束桩
10	DK48＋350～DIK49＋435	85	12	反压护道
11	D1K50＋055～DIK50＋135	80	17	坡脚侧向约束桩＋地基碎石桩
12	D1K50＋740～D1K50＋800	60	14	坡脚侧向约束桩
13	D1K50＋815～D1K50＋890	75	21	坡脚侧向约束桩、反压护道
14	DK74＋012～DK74＋046	34	12	坡脚侧向约束桩
15	DK75＋594～DK75＋644	50	16	坡脚侧向约束桩
16	DK94＋138～DK94＋185	47	14	坡脚侧向约束桩
17	DK94＋180～DK94＋250	70	14	坡脚侧向约束桩、基底清除表层淤泥
18	DK94＋223～DK94＋285	62	13	坡脚侧向约束桩、基底清除表层淤泥
19	DK94＋334～DK94＋580	246	5	路肩桩基托梁挡土墙
20	DK94＋966～DK95＋080	114	10	侧向约束桩＋地基袋装砂井＋反压护道
21	DK108＋170～DK108＋280	110	17	坡脚侧向约束桩
22	DK111＋174～DK111＋228	54	6	坡脚侧向约束桩
23	DK111＋670～DK111＋690	20	6	坡脚侧向约束桩
24	DK119＋170～DK119＋241	71	19	坡脚侧向约束桩
25	DK120＋095～DK120＋140	45	19	坡脚侧向约束桩
26	DK129＋705～DK129＋745	40	14	坡脚侧向约束桩＋地基袋装砂井
27	DK130＋070～DK130＋115	45	16	坡脚侧向约束桩＋地基碎石桩
28	DK130＋520～DK130＋705	185	20	坡脚侧向约束桩＋地基碎石桩
29	DK131＋674～DK131＋692	18	8	坡脚侧向约束桩
30	DK131＋830～DK131＋890	60	12	坡脚侧向约束桩、反压护道
31	DK198＋285～DK198＋485	200	8	坡脚侧向约束桩＋地基粉喷桩
32	DK206＋000～DK206＋210	210	18	坡脚侧向约束桩
33	DK206＋647～DK206＋930	283	21	坡脚侧向约束桩
34	DK231＋780～DK232＋000	220	13	坡脚侧向约束桩＋局部地基碎石桩
35	D2K261＋836～D2K261＋963	127	11	坡脚侧向约束桩＋地基碎石桩
36	D1K287＋780～D1K287＋987	207	8	坡脚侧向约束桩＋部分地基碎石桩
37	D1K288＋077～D1K288＋275	198	10	坡脚侧向约束桩

续上表

序号	起讫里程	线路长度(m)	填高(m)	工程措施
38	DK315+166～DK315+187	21	10	坡脚侧向约束桩
39	D1K318+940～D1K319+030	90	14	坡脚侧向约束桩
40	DK323+780～DK323+970	190	17	坡脚侧向约束桩、局部清除表层软黏土
41	DK324+180～DK324+266	86	10	坡脚侧向约束桩
42	DK322+380～DK322+630	250	5	坡脚侧向约束桩
43	DK323+665～DK323+750	85	15	坡脚侧向约束桩
44	DK324+339～DK324+416	77	10	坡脚侧向约束桩
45	DK324+682～DK324+750	68	7	坡脚侧向约束桩
46	DK326+385～DK326+578	193	7	路肩桩基托梁挡土墙
47	DK368+750～DK36+920	170	17	坡脚侧向约束桩
48	DK444+038～DK444+245	207	14	坡脚侧向约束桩
49	DK466+230～DK466+392	162	8	坡脚侧向约束桩、反压护道
50	DK485+401～DK485+708	307	7	坡脚侧向约束桩、局部路肩挡土墙
51	D1K491+636～D1K491+955	319	13	坡脚侧向约束桩+地基粉喷桩
52	DK528+810～DK528+970	160	18	坡脚侧向约束桩、局部反压护道
53	DK542+206～DK542+286	80	8	坡脚桩板墙
54	DK543+091～DK543+275	184	8	坡脚桩板墙、局部清除软土层
55	D1K544+555～D1K544+620	65	8	坡脚侧向约束桩+地基碎石桩
56	D1K548+053～D1K548+317	264	8	坡脚侧向约束桩+地基粉喷桩
	合计	6 475		

3)斜坡软基路堤施工

①制定地基处理、钢筋混凝土侧向约束桩、路堤填土工艺及质量检测标准。

②采用标贯、载荷试验,对粉喷桩、碎石桩复合地基进行检测。

③侧向约束桩施工后,抽样进行无损检测。

④选取合格填料,控制填料含水量和分层填筑厚度、压实遍数,保证填土压实度、地基系数满足设计要求。

4)工程实施效果

渝怀线2000年11月开工建设,2005年建设成通车,经多个雨季考验,斜坡软基路堤稳定,社会、经济、环境效益良好。

5.7.4.2 遂渝线斜坡软基填方工程

1)概述

遂渝线全线长144.737 km,沿线经过川中丘陵、川东南低山两个地貌单元。沿线出露地层以中生界侏罗系砂泥岩为主,丘(山)间槽谷、堰塘、水田等地分布第四系冲洪积、坡洪积流塑～软塑状淤泥、淤泥质黏土、软性土等,厚3～12 m。

全线软基路堤118处,其中斜坡软基路堤14处。

2)斜坡软基路堤设计

遂渝铁路设计贯彻执行《新建时速200公里客货共线铁路设计暂行规定》(铁建设函〔2003〕439号文),设计旅客行车速度200 km/h。主要设计原则如下:

①采用钢筋混凝土侧向约束桩、钢筋混凝土侧向约束桩+地基加固两种措施。

②地面横坡1∶10时,无列车荷载条件下稳定系数采用1.25;地面横坡1∶5时,无列车荷载条件下稳定系数采用1.30。

③路基沉降控制标准为一般地段路堤不大于15 cm,路桥过渡段不大于8 cm,年沉降速率不大于5 cm。

全线斜坡软基路堤 14 处/893 延米(表 4.5.29),其中路堤中心高度大于 10 m 的 13 处,路堤中心高度大于 15 m 的 2 处。

表 4.5.29　遂渝线斜坡软基路堤统计

序号	起讫里程	线路长度(m)	填高(m)	工程措施
1	DK4+531～DK4+650	119	12	坡脚侧向约束桩+地基压填片石
2	DK21+690～DK21+765	75	12	坡脚侧向约束桩+地基碎石桩
3	DK21+880～DK21+990	110	12	坡脚侧向约束桩+地基碎石桩
4	DK25+660～DK25+751	91	8	坡脚侧向约束桩+地基碎石桩
5	DK29+890～DK29+932	42	10	坡脚侧向约束桩+地基碎石桩
6	DK30+040～DK30+082	42	10	坡脚侧向约束桩+地基碎石桩
7	DK38+970～DK39+010	40	11	坡脚侧向约束桩+地基碎石桩
8	D1K51+480～DIK51+588	108	12	坡脚侧向约束桩+地基碎石桩
9	D4K58+884～D4K58+920	36	19	坡脚侧向约束桩
10	D4K59+550～D4K59+592	42	13	坡脚侧向约束桩
11	D4K61+590～D4K61+616	26	17	坡脚侧向约束桩+地基碎石桩
12	DK70+820～DK70+880	60	14	坡脚侧向约束桩+地基粉喷桩
13	D1K75+945～D1K75+975	30	11	坡脚设侧向约束桩
14	D1K76+500～D1K76+572	72	13	坡脚侧向约束桩+地基碎石桩
	合计	893		

3)斜坡软基路堤施工

①全线软土地基采用复合地基处理,要求对施工后的软土复合地基承载力进行检测,满足要求方可填土。

②全线软基及非软基路堤填高大于 12 m 地段,建立沉降观测系统,对施工期间和工后沉降变形进行监测。

③填筑基床表层前对沉降是否满足要求进行评估,满足要求方可填筑基床表层、铺轨,不满足要求则采取预压等措施,严格控制工后沉降满足设计要求。

④制定《遂渝铁路路基施工技术细则》,对软土地基处理、路堤填筑施工工艺以及质量控制标准作了明确规定。

4)工程实施效果

遂渝线 2003 年 11 月开工建设,2005 年 12 月建成通车,经过多年雨季考验斜坡软基路堤稳定性良好,社会、经济、环境效益显著。

5.8　强震山区道路边坡灾害防治技术

5.8.1　概　　述

2008 年四川"5.12"汶川大地震后,大量的边坡遭到破坏,初步统计在地震灾区形成了大约上万个病害边坡。这些边坡坡面的植被已完全破坏,成为松散、破碎的裸露的不稳定边坡,在余震、降雨或外界扰动下,又会发生崩塌、落石、滑坡等灾害,严重阻碍灾区道路交通,也对建筑物和人民生命财产构成了极大威胁。在这些边坡中有道路沿线的工程边坡、建筑物旁的边坡、未施加工程措施的自然边坡,经调查发现各类边坡的受损程度都不相同。主要调查分析结论可以归纳为两点:一是经过人工处理的边坡的稳定性经受住了地震的考验,所有处理过的边坡基本上没有一处发生滑坡等次生灾害。例如,在北川县城原来认为非常危险,经过加固处理的边坡,在地震中没有滑坡。而原来认为比较稳定没有处理的一些边坡的滑坡,反倒造成了巨大的伤亡。二是不同工程结构的抗震性能也各不相同。以下就对地震灾区边坡的震害情况做一个对比分析,以此来提出强震区边坡的灾害防治技术。

5.8.2　强震山区道路边坡灾害防治技术

5.8.2.1　路堑边坡

在地震灾区道路沿线的工程边坡有多种类型，对于路堑边坡有：挂网、锚杆加固再喷混凝土防护（以下简称喷锚防护）；锚索垫墩加固再施加喷锚防护；预应力锚索地梁或框架地梁加固；框架锚杆加固再施加坡面植被防护；预应力锚索抗滑桩加固坡体；坡脚矮挡墙；浆砌条石或混凝土挡墙等等。这些路堑边坡的震害调查结果表明，施加了这些工程措施的大多数岩土边坡，在这次地震中受害不严重，基本保持稳定。发生了破坏的边坡经整修后仍可使用。这些工程结构的抗震性能也各不相同，总体而言，预应力锚索地梁或框架地梁、框架锚杆、预应力锚索抗滑桩等结构加固的边坡，其抗震性能较好，挡墙特别是高挡墙，浆砌片石护坡和混凝土喷层等薄壳状结构，其抗震性较差，如图4.5.79～图4.5.87所示。

图4.5.79　采用预应力锚索桩加固的边坡

图4.5.80　采用预应力锚索垫墩加固的边坡

图4.5.79边坡工程位于紫坪铺水电站的进站公路上，距震中较近，边坡岩体破碎，开挖后自稳性很差，预计的滑坡推力大，因此采用预应力锚索桩加固，桩间采用喷锚防护。地震后没有发现破坏或开裂现象。

图4.5.80边坡工程也位于紫坪铺水电站的进站公路上，距震中较近，边坡岩体属块状岩体结构，开挖后可能发生楔形体破坏，因此采用预应力锚索垫墩加固，其间采用喷锚防护。地震后没有发现破坏或开裂现象。仅在坡脚堆积了一些从坡顶掉落的碎石。

图4.5.81边坡工程位于紫坪铺水电站大坝右前侧，上面为公路，下部为库区。边坡以坡积土为主，中部由预应力锚垫墩加喷锚防护加固，两侧为无支护。地震后加固防护区段边坡基本完好，而两侧库区边坡出现滑动破坏现象。

图4.5.82边坡工程位于震中附近213国道上。图片左侧和中心部位为锚索框架梁和喷锚支护边坡。地震时锚索框架梁加固段基本完好，喷锚支护段局部出现隆起、剪切和错位破坏现象，而右侧上缘未支护边坡出现滑动现破坏现象。

图4.5.81　采用和未采用支护的库区边坡

图4.5.82　采用和未采用锚索框架梁、喷锚支护加固的边坡对比

图 4.5.83　采用锚杆框架加固与植被防护的边坡

图 4.5.84　挡墙的断头发生严重开裂

图 4.5.83 工程采用锚杆框架加固，框架内满铺空心六棱砖的方法恢复植被。可以看出地震使桥台发生严重损坏，出现坍塌而且发生严重错位，但框架锚杆加固的边坡没有受到破坏。

图 4.5.84 采用浆砌条石挡墙防护的边坡在地震力作用下，墙端发生严重开裂破坏，其原因是墙后填土不密实，墙端头上部还没有填土。其他部分的墙面仅出现少量的零星裂缝，但整体基本完好，墙端破坏部分经整修可使用。

图 4.5.85　坡体表层防护破坏对比

图 4.5.86　坡面喷锚防护破坏

图 4.5.85 路堑边坡位于 213 国道上都江堰至映秀段，图中显示右上侧坡面喷锚防护之处出现明显的喷层开裂破坏，而左侧框架护坡及右下侧的框架锚杆护坡则没有损坏，可见在地震力作用下，喷锚防护的喷层是易损部位。

图 4.5.86 路堑边坡位于 213 国道上都江堰至映秀段，图中显示坡面喷锚防护的喷层出现明显的开裂破坏，可能是在地震力作用下坡面向外挤压导致喷层的薄弱环节鼓出开裂。

图 4.5.87 边坡位于进入彭州银厂沟景区的公路上，为土质边坡，坡脚采用挡墙加以防护，地震中边坡发生滑移，向下推挤挡墙，致使挡墙向外鼓出，产生较大的竖向裂缝，但整体性尚好。

5.8.2.2　路堤边坡

震区的路堤边坡采用加固与防护的工程措施有：框架锚杆加固再施加坡面植被防护；浆砌条石或混凝土挡墙；重力式挡墙等等。总体而言，框架锚杆再加植被防护，混凝土挡墙、加筋土挡墙等加固的路堤边坡抗震性能较好，而浆砌条石挡墙、浆砌片石挡墙等结构，抗震性能较差，如图 4.5.88～图 4.5.94 所示。

图 4.5.88 高填方路堤边坡，采用锚杆框架加固与植被防护，边坡震后基本保持稳定，震害轻微。

图 4.5.87 挡土墙向外鼓出,出现较大竖向裂缝

图 4.5.88 采用锚杆框架防护的高填方工程未受损害

图 4.5.89 公路下挡墙仅有局部开裂

图 4.5.89 工程由浆砌片石挡墙和混凝土挡墙组成,震后基本稳定,但是浆砌片石挡墙出现严重的竖向裂缝。

图 4.5.90 桥台后过渡段工程位于震中附近彭州尖江河小鱼洞大桥东侧。地震时因一引发小断层恰好穿越该处而造成桥台和桥台后填方过渡段的严重破坏,公路交通中断。

图 4.5.91 公路下边坡设置了混凝土挡墙,由图可见公路的上下边坡都发生了严重的滑塌,但挡墙基本稳定,没有发生严重破坏。

图 4.5.90 彭州尖江河小鱼洞大桥桥路过渡段左侧浆砌片石挡墙破坏

图 4.5.91 公路上下边坡都发生滑塌,但混凝土路堤挡墙没有发生破坏

图 4.5.92　地基沉陷引起路肩挡墙局部变形

图 4.5.93　浆砌片石挡土墙墙面开裂，坡体明显下滑

图 4.5.92 高填路堤位于 213 国道上都江堰至映秀段，采用的是加筋土路肩挡墙，图中显示路堤中部挡墙地基出现较大沉降变形，致使道路路肩挡墙出现不均匀沉降，但对道路整体使用状况的影响不明显，需要对路堤进行加固处理。

图 4.5.93 汶川县庙子坪一处河谷路堤边坡，属于第四系冲洪积物，较为松散，下部为浆砌人头石挡土墙，上部为锚杆框架地梁支护。在强烈地震作用下，依然保持了良好的整体形态，仅下部挡土墙墙面开裂，显示出坡体的滑动变形。上部锚杆框架仍然完好。

图 4.5.94　路堤边坡发生坍塌

图 4.5.94 边坡位于进入银厂沟景区的公路上，路基外侧由条石堆砌而成，地震中条石滚落，发生较大规模的坍塌，防护栏等遭到严重破坏，掉入了深谷。

第6章　绿色铁路边坡治理及景观绿化技术

6.1　概　　述

铁路边坡植被绿化是恢复边坡生态景观的核心内容。边坡植被绿化是指用活的植物，单独用植物或植物与土木工程和非生命的植物材料相结合，以减轻坡面的不稳定性和侵蚀性。边坡植被绿化技术是一门新兴学科，它涉及土木工程学、岩土工程学、地质学、生态学、土壤学、植物学、材料学、肥料学、园艺学、草业学、林学、环境生态学等多学科的知识内容，包含了土木工程学、岩石学、土壤学、生态学、植物学、材料学等多学科的内容，是融多学科于一体的综合工程技术，需要不同专业（草坪、土壤、建筑、施工等）的人共同参与才能完成。

边坡植被绿化不仅可以稳固边坡，减少水土流失，防止山体滑坡，而且可以保护生态、美化环境、净化空气、降低噪声，具有良好的经济效益、社会效益和生态环境效益。因此，应根据不同坡面采取有效的植被绿化措施，并积极探索高效的植被绿化技术，尽快恢复铁路边坡植被，使绿色植被与周围环境有机地融为一体。

6.2　岩土边坡的浅层破坏模式

所谓浅层破坏一般指坡面以下 2 m 深度内的范围。浅层破坏模式大致可分为有 8 种类型：边坡表层风化剥落、崩塌、落石、表层溜坍、浅层错落、堆塌、浅层顺层滑坡、坡面浅层滑坡，如图 4.6.1 所示。这些浅层破坏若不加以防治，也会酿成较大灾害。浅层防护的措施较多，这里主要讨论植被防护的防灾作用。

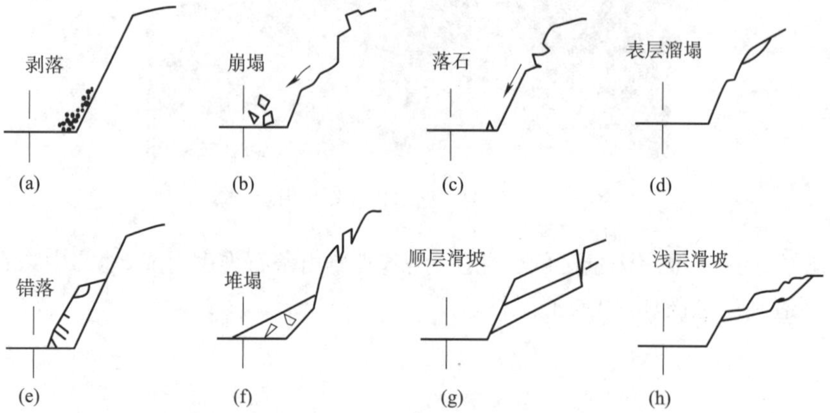

图 4.6.1　边坡浅层破坏模式

6.3　植物防护对坡面的减灾作用

1）根系的加筋作用增强土体的抗剪强度

工程经验表明适合于坡面生长的植物有草本植物和低矮灌木，高大的木本植物不适合于坡面生长，其原因是在大风作用下树木的倒塌对坡体稳定性不利。坡面恢复草本植物和低矮灌木后，植物根系与土体形成根—土网络，从而增强了土体的抗剪强度和坡体的浅层稳定性。

草本植物根—土相互作用，可用图 4.6.2 力学模型分析植物根系的加筋作用。

在草本植物根系加筋的作用下，增强后的土体抗剪强度可写为：

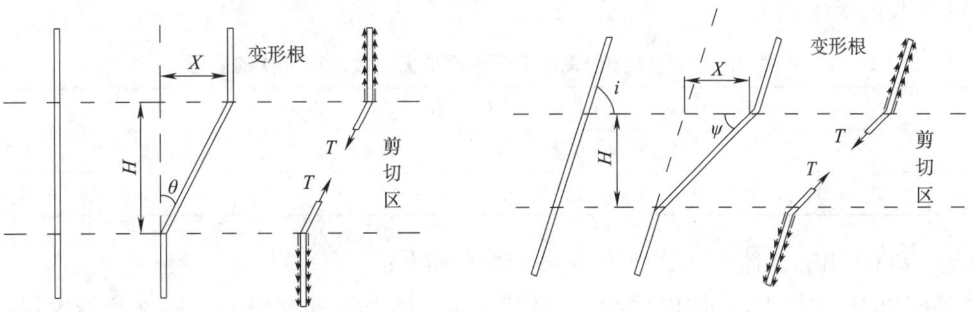

(a) 正交状态　　(b) 斜交状态

图 4.6.2　单根与土体的相互作用模型

$$\tau = c + \sigma\tan\varphi + \tau_R$$

$$= \left(c + \frac{\sum_{j=1}^{m} T_j \sin\theta_j}{A} + \frac{\sum_{j=m+1}^{n} T_j \sin(90-\psi_j)}{A} \right) + \left(\sigma + \frac{\sum_{j=1}^{m} T_j \cos\theta_j}{A} + \frac{\sum_{j=m+1}^{n} T_j \cos(90-\psi_j)}{A} \right) \tan\varphi \quad (4.6.1)$$

2)植被防护对坡面的保护作用

植被防护对坡面的保护作用，主要表现在防止坡面风化和抗冲蚀两方面。采用植被防护后，由于受到客土层和坡面植被的保护，表层岩土的冲蚀得到有效的控制，降雨不可能对坡面形成冲蚀。坡面植被防护后的抗风化性，在于植被防护可以有效地控制表层岩土因高温、降雨共同作用引发的快速风化崩解和剥落。植被防护后还可提高坡面降雨截留量，减少地表径流。

植被是活的生命体，它的自身生长与环境(根系分布范围内的岩土体)互相影响、互相作用，形成一个开放的系统，它具有自我发展自我适应的特性。一般情况下，植被覆盖良好的边坡稳定性较好。

6.4　植被防护后坡体浅层的稳定性分析

边坡稳定是坡面绿化的必要条件。深层和浅层破坏都会使边坡失稳，严重影响坡面的植被。另外，深层和浅层破坏有一定的联系，例如边坡开挖后若不做防护，浅层不断地发生风化剥落、沟蚀、坍塌等形式的破坏，落下的土石方多了，也会转化为深层破坏，还会给地表水的渗入提供有利条件，造成更深层的破坏。

现以数值分析方法，讨论植被防护后坡体浅层的稳定性。

植被防护后坡体浅层稳定主要是客土即表层土的稳定性，采用有限元方法对岩石边坡表层土的变形进行数值模拟，以求确定边坡表层土体在重力作用下的变形与坡高、坡度的关系。

有限元模拟分析，土层按以下参数取值：

变形模量：$E=3.5\times10^3$ Pa；泊松比：$\nu=0.35$；密度：$\gamma=1.9\times10^3$ kg/m^3；黏聚力：$c=10$ Pa；内摩擦角：$\varphi=20°$；膨胀角：$\varphi_f=0°$；重力加速度：$g=9.8$m/s^2。基本模型如图 4.6.3 所示，图中坡高为 H，坡角为 α。

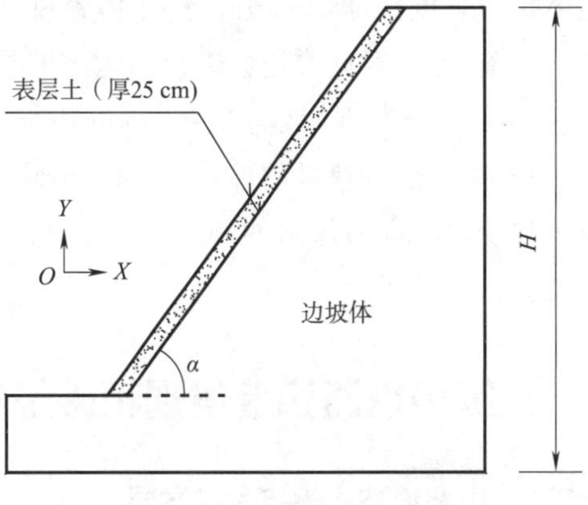

图 4.6.3　有限元计算模型

1)坡高对表层土变形的影响

以边坡坡度为 1：0.75(53°)、坡高分别为 10 m、8 m、6 m、5 m、4 m、2 m，进行边坡浅层岩土体变形分析。

表 4.6.1 是边坡土体在 X、Y 方向最大位移的计算结果，对比分析可看出，随着坡高的降低，表层土体的变形得到较大改善。

当坡度为 53°、坡高等于 10 m 时，X 和 Y 方向位移最大的位置在边坡中部。

在边坡顶部约 1.7 m 范围内，表层土体以压密变形为主，土体 Y 方向最大位移为 1.2 cm(向下)，X 方向基本没有向坡外的位移。

表 4.6.1 坡度为53°情况下不同坡高边坡表层土体的变形

坡高(m)	10	8	6	5	4	2
X方向(cm)	−10.24	−6.29	−6.52	−4.36	−1.51	−1.47
Y方向(cm)	−14.05	−6.83	−4.21	−3.65	−1.61	−1.50

中部约5.7 m范围内,土体在X、Y方向位移的特点如下:

随着上部土体的压力增大,土体内部产生剪切变形,土体在坡外方向的位移逐渐增大,达到10.2 cm。在坡脚附近,由于坡脚边界条件的限制,坡脚处一定范围内,土体变形较小,约0.3 cm。当坡高低于5 m时,侧向位移变小,坡面土体以压密变形为主。因此,为保证边坡表层稳定,每级边坡高度不宜高于5 m。

2)坡度对表层土变形的影响

数值计算结果(表4.6.2)表明:坡度为45°和30°,坡高为5 m时,随着坡度的降低,表层土体的变形得到较大改善。随着坡度降低,坡面表层土体X、Y方向的位移逐渐降低;坡度从53°降为45°时,X方向的最大位移由−4.36 cm减小到−1.39 cm,降低2.97 cm,有效地提高了边坡表层土体的稳定性。当坡度由坡度从45°降为30°时,X方向的最大位移只减少了0.05 cm,幅度降低不大。表明当坡度低于45°时,边坡坡度对坡面表层土体变形影响较弱。

表 4.6.2 坡高5 m情况下不同坡度边坡表层土体变形

坡度(°)	53	45	30
X方向(cm)	−4.36	−1.39	−1.34
Y方向(cm)	−3.65	−1.16	−1.12

采用较低的坡度可以有效地改善植被生长条件。野外调查表明30°左右的边坡,植被生长良好。植被覆盖边坡后,能起到降低雨水冲刷,加固坡面的作用。

有限元计算表明:当坡度较低时,边坡高度对坡面表层土体变形的影响不再明显。当坡度为30°坡高为10 m时,采用前面给定条件,计算出边坡表层土体在X、Y方向上的最大位移值分别为−0.91 cm、−1.11 cm,与坡高5 m时的计算值非常接近。

以上对边坡表层土体变形的分析,没有考虑降雨、地下水等因素的影响。降雨的入渗改变土体的性质,土体抗剪强度指标c、φ值降低,土体容重增大,产生附加应力,从而造成土体的滑动失稳。

有鉴于此,对此类边坡进行绿化防护时,应与其他工程防护措施相结合。

实际调查发现,坡高2~3 m的边坡没有出现表层变形坍塌的现象,表明降低设计坡高可以有效缓解边坡表层种植基材的冲蚀、变形、坍塌。坡度为20°~30°边坡上,植被完全覆盖坡面,可起到加固边坡表层土体,防止降雨冲刷。表明较低的坡度,能保证坡面土体的稳定,更好地保持水分,有利于植被生长。

6.5 绿色铁路边坡景观植被绿化

6.5.1 边坡植被绿化技术的发展

铁路沿线生态环境景观植被绿化,是国土绿化的重要组成部分,也是构建绿色铁路生态长廊,保护和美化人类赖以生存的自然生态环境的需要。20世纪90年代以来,我国铁路、公路建设迅速发展,边坡植被绿化技术也得到了快速发展,取得良好效果。如图4.6.4和图4.6.5所示。

目前,根据不同坡面类型,我国铁路、公路部门研究应用了多种边坡植被恢复技术,形成了综合技术体系和方法(表4.6.3),基本能满足边坡植被恢复绿化的需要。

图 4.6.4　胶新铁路路堤边坡景观植被绿化

图 4.6.5　武广高速铁路路堑边坡景观植被绿化

表 4.6.3　我国铁路、公路边坡植被绿化技术

行业	技术名称	技术原理	适用条件
公路行业系统植被绿化技术	植生带绿化	将已成苗草皮，或将植物种子夹在多层无纺土工织物或天然纤维垫中，直接密贴在边坡表面进行快速绿化的方法。该技术具有施工简单、省工、省时等特点，出苗率高、出苗齐、成坪快，易形成较好的初期防护等优点	适合于坡度较缓、坡表平整的土质或砂土类边坡
	三维植被网绿化	利用活性植物并结合土工合成材料等工程材料，在坡面构建一个具有自身生长能力和防护系统，通过植物的生长对边坡进行加固的一门新技术 。三维植被网的原料是热塑料树脂，该树脂经挤出拉伸等工序形成相互缠绕、接点相互熔合的三维立体结构网垫。三维植被网下方为基础层，上方为网包层，经上下结合即形成三维结构的植被网垫	适用于稳定的强风化岩质路堤和路堑边坡
	厚层基材喷播绿化	采用混凝土喷射机把有机基材与植被种子的混合物按照厚度均匀喷射到需防护的工程坡面的绿色护坡技术。该技术的核心要点是在岩石坡面营造一个既能让植物生长又不被冲刷的多孔稳定结构。该结构在一定程度上使种植基质免遭冲蚀，而混合物中的保水材料、营养成分适合植物种子的生根发育	适用范围广，包括泥岩、页岩、砂岩、白云岩、玄武岩、花岗岩等边坡类型，以及浆砌片石面和混凝土面
	土工格室绿化	在展开并固定在坡面上的土工格室内填充改良客土，然后在格室上挂三维植被网，进行喷播施工的一种生态护坡技术，它是土工格室与植草相结合而形成的一种新型护坡形式	适用于稳定的泥岩、灰岩、砂岩等岩质路堑边坡
铁路行业系统植被绿化技术	客土植生带绿化	人工在坡面上铺设草皮，按一定间距铺设植生带，用铁丝或“u”钉将其固定在边坡上，最后在表面喷射一定厚度含肥料的肥土，覆盖无纺布或薄膜	适用于边坡高度低且坡度较缓的严重风化岩层和成岩作用差的软岩边坡
	客土喷附绿化	利用流体力学原理把种子、土壤稳定剂(黏结剂)、肥料、砻糠灰、保水剂、草炭土、草纤维、木纤维、表土和水按一定比例混合成较稠的喷浆，通过喷播机直接喷射附着到安装有金属网或塑料网的石质边坡上，形成一定厚度的客土层，并使植物在客土层上快速成长的一种强制绿化法	适用于坡角<50°的软弱岩石边坡
	框格客土绿化	在已修整好的边坡坡面上拼铺多边形混凝土框砖，形成蜂巢式网格，在网格内充填改良植生土并植草	适用于路堤填方边坡
	喷混植生绿化	挖穴回填营养土，点播灌木种子或撒播草种	适用于较缓的石质路堤边坡和坡脚平台
	客土点播绿化	喷混植生绿化法(即有机基材喷混植生法)：在稳定岩石边坡上打入短锚杆，铺挂镀锌铁丝网后，采用专用喷射机，将拌和均匀的种植基质喷射到坡面上，植物依靠基质成长发育。其中基质由种植土、水泥黏结剂、植物种子、有机质、肥料、团粒剂、保水剂、pH 缓冲剂、水等组成	适用于铁路、公路等各类边坡绿化防护工程

6.5.2 绿色铁路生态保护的原则

(1)“预防为主、保护优先,开发与保护并重”原则,铁路选线兼顾生态环保。

(2)“因地制宜,突出重点,分区防治、综合治理”原则。

(3)“不破坏就是最大保护”原则,合理设置临时工程。

(4)“土石方综合调配”原则,移挖作填,减少取(弃)土量和占地。

(5)“以桥代路”原则,减少土壤侵蚀,降低水土流失。

(6)“优化施工工艺和方法,保护路基两侧植被的原则。

(7)“施工期水土流失监测”原则,及时处理施工中存在的问题。

(8)“施工期生态环保宣传教育”原则,做到全员培训,全员自觉保护生态环境。

6.5.3 绿色铁路植被绿化的原则

(1)“尊重自然、爱护自然、融入自然、自然而然”的原则。

(2)“保护最大、破坏最小、恢复最多”的原则。

(3)“铁路与自然协调发展和景观效果、生态、经济、社会效益并重”的原则。

(4)“因地制宜、适地适树,经济适用,景观协调,易于管护”的原则。

(5)“普遍绿化、突出美化,形成规模景观”的原则。

(6)“人工造景与自然景观相结合”的原则。

(7)“充分利用乡土植物进行边坡防护、景观绿化和生态恢复”的原则。

(8)“岩土边坡工程加固与植被绿化相结合”的原则。

6.5.4 绿色铁路植被绿化的范围

铁路施工期路基、桥涵、隧道、站场与车站广场及房屋、取土(采石)场、弃土(渣)场,以及大型临时设施(施工营地、混凝土拌和站、材料加工厂)和过渡工程(铁路便线、汽车运输便道)等施工过程中,将对铁路沿线生态环境景观造成破坏。因此,恢复植被绿化的范围应包括下列内容:

(1)路堤(堑)两侧边坡的绿化。

(2)隧道边、仰坡的绿化。

(3)桥梁下部平整场地的绿化。

(4)取(弃)土(渣)场坡面的绿化。

(5)站场与进站铁路、车站广场、房屋周边环境的绿化。

(6)铁路施工完成后拆除施工营地、混凝土拌和站、材料加工厂、铁路便线等场地的绿化。

上述植被绿化工程,可恢复铁路沿线绿色植被景观,有效改善行车环境,起到美化路容和优化环境的作用;也可稳定坡面,防止水力侵蚀而产生坍塌、滑坡及水土流失。也只有这样,才能构建绿色、生态、环保、和谐的“绿色铁路”大通道。

限于篇幅,本章重点研究和讨论实施难度最大的岩质路堑边坡景观的植被绿化问题,而对土质边坡和其他工程类别边坡的景观植被绿化,因实施较为简单而不再赘述。

6.5.5 绿色铁路边坡的总体设计模式

工程边坡设计应采用工程措施与植被绿化相结合,形成综合防护结构体系。

边坡防护结构体系的总体设计模式(图4.6.6),具有以下特点:

(1)突出施工工地调查,要求所选植被种类与当地植被环境和已有植物种类一致,使之在工后较短时间内融入当地自然环境。

(2)突出边坡稳定性判别,根据边坡稳定性特征选择合理有效的工程措施。

(3)强调工程措施与植被防护有机结合,即工程措施不同,绿化方法也不相同,并与之相适应。

(4)施工质量管理和工程验收。

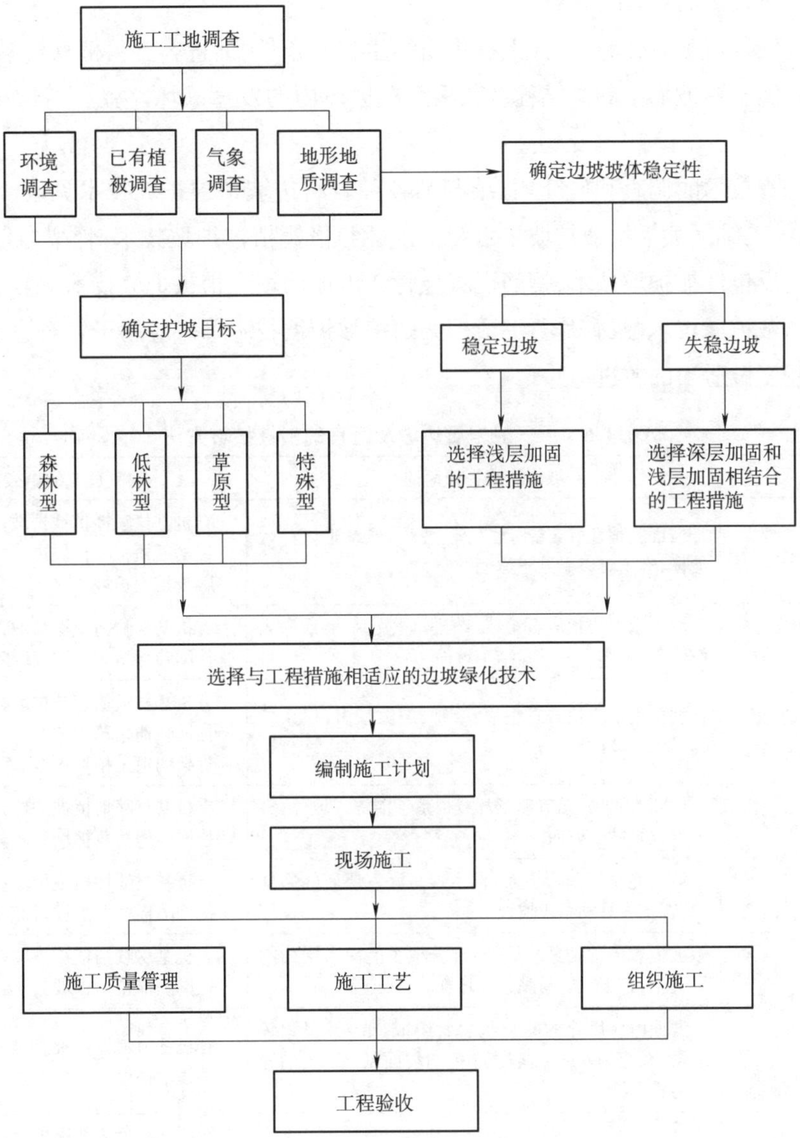

图 4.6.6　边坡防护结构体系的总体设计模式

6.5.6　绿色铁路边坡景观设计

在进行边坡景观设计时,应遵循以下原则:

(1)环境和意境相结合。环境指岩石边坡生态环境、地形地貌、水环境等。边坡所在地的命名有时是当地人们对环境的精辟概括,或按照某个美丽的传说来命名,这些命名也是我们进行边坡景观设计时意境构思的很好素材。这些素材和环境巧妙结合,将收到很好的景观效果。

(2)环境、意境和人文景观的协调设计。除了考虑环境和意境的巧妙结合外,还要结合岩石边坡所在地的人文景观,将这三者结合起来加以协调设计。

(3)固坡工程的结构应尽量隐蔽,突出植被景观。植被护坡的工程措施有三维土工网垫、土工格栅、钢筋混凝土骨架、浆砌片石框架等,应采取措施使这些结构物少暴露甚至不暴露于坡面。如果固坡工程过多暴露于坡面,减少了植被的景观面积,对于形成优美景观效果不利。

6.5.7　岩质边坡景观植被绿化

山区铁路(公路)边坡分为土质边坡、岩石边坡两大类。岩石边坡的植被恢复技术较复杂,将作重点介绍。土质边坡植被恢复较为简单,不再赘述。

要在岩石坡面上恢复植被,必须在坡面上提供植物生长的条件(铺置客土),植物根系应穿过客土进入坡体浅层一定深度内。客土在坡面上的黏结程度和根系在坡体内的发育好坏,决定了岩石边坡植被护坡的难易程度。

根据植被护坡工程技术的调查和研究,总结归纳各种岩石边坡植被护坡技术见表4.6.4。表中的挂网喷播植草护坡,包括挂三维网喷播植被护坡技术和土工(网)格栅植被护坡技术;骨架内填土植草护坡,包括钢筋混凝土骨架填土反包植被护坡技术、钢筋混凝土骨架内加筋填土植被护坡技术、钢筋混凝土骨架加土工格室或空心六棱砖植被护坡技术、浆砌片石形成框架的植被护坡技术等。应用于岩石边坡时,应根据岩石边坡植被护坡的难易程度做适当的改进。

表4.6.4 一般岩石边坡及适宜的植被护坡方法

分类名称		坡体浅层特征简述	适宜的植被护坡方法
整体结构边坡		坡面完整性好,几乎无节理、裂隙,根系难以深入坡体,客土难以黏结于坡面	有机基材喷播植被护坡; 挂网喷播植草护坡; 藤蔓植物护坡
块状结构边坡	裂隙不发育块状边坡	坡面由大块状岩石组成,节理、裂隙少,根系深入坡体不多,客土不易黏结于坡面	有机基材喷播植被护坡; 挂网喷播植草护坡;藤蔓植物护坡
	裂隙较发育块状边坡	坡面由小块状岩石组成,节理、裂隙较多,根系较容易深入坡内	有机基材喷播植被护坡; 挂网喷播植草护坡; 骨架内填土植草护坡
层状结构边坡	顺层岩石边坡	坡面为岩层,无节理、裂隙,根系不能深入坡体,客土难以黏结于坡面	有机基材喷播植被护坡; 挂网喷播植草护坡;藤蔓植物护坡
	反向坡	坡面完全切断岩层面,根系容易深入层面的裂缝中,客土容易黏结于坡面	有机基材喷播植被护坡; 挂网喷播植草护坡;骨架内填土植草护坡
	斜向坡	坡面较多地切断岩层面,部分根系能深入层面的裂缝中,客土较容易黏结于坡面	有机基材喷播植被护坡; 挂网喷播植草护坡;骨架内填土植草护坡
碎裂结构边坡	易风化的碎裂岩石边坡	坡面由易风化的碎裂状岩石组成,节理、裂隙较多,根系能深入坡体,客土不能与坡面风化疏松的岩土材料黏结	有机基材喷播植被护坡;骨架内填土植草护坡;挖沟植草护坡
	碎裂状岩石边坡	坡面由碎裂状岩石组成,节理、裂缝很多,根系能深入坡体,客土能黏结于坡面	有机基材喷播植被护坡; 挂网喷播植草护坡;骨架内填土植草护坡;挖沟植草护坡
散体结构边坡	强风化散粒体边坡	坡面由强风化的散粒体组成,节理、裂缝极多,根系能深入坡体,客土难以黏结于坡面	有机基材喷播植被护坡; 植香根草护坡;骨架内填土植草护坡;土工格室植草护坡
	散碎块体边坡	坡面由散状的碎块岩石组成,节理、裂缝极多,根系能深入坡体,客土能黏结于坡面	有机基材喷播植被护坡; 挂网喷播植草护坡;骨架内填土植草护坡;铺草皮护坡

6.5.8 植被护坡的经济效益

主要边坡防护经济技术指标见表4.6.5。从表中可看出,与传统的边坡防护技术相比,工程植被护坡造价大多较低。喷混植生护坡与喷锚网护坡相比,虽然投资增加38.5%～23.7%,但喷锚网护坡使用寿命短,环保与景观效果差。与传统的浆砌片石护墙相比,在护墙高度低于8 m时,虽然投资增加1.56%～6.85%,但在护墙高度大于8 m时投资节省14.4%～24.01%。山区铁路(公路)单级变截面护墙大多高于8 m,一般为10～12 m,采用喷混植生护坡,有利于保护环境、美化景观,经济效益显著。以渝怀线为例,若将35万立方米浆砌片石护墙改为喷混植生护坡约465 425 m^2,可节省造价35 000×147－465 425×928＝825.85万元,社会、经济、环境效益显著。

表 4.6.5　主要边坡防护经济技术指标

（中铁二院 2004 年～2005 年概算指标）

边坡防护类型		单价(元/m²)	备　注
撒草籽植草		1.0～1.2	—
液压喷植草		4.7～6.7	—
三维网垫植草		21.75	—
土工格室植草		55～60	—
喷锚网护坡		67～75	—
干砌片石护坡		31.78	边坡坡率缓于或等于 1∶1.25,干砌片石厚 0.3 m,碎石垫层厚 0.1 m
等截面浆砌片石护坡		44.2～58.92	边坡坡率缓于或等于 1∶1,浆砌厚度 0.3～0.4 m
喷混植生护坡		92.8	基材喷厚度 10 cm,锚杆长 2.0 m,间距 2.0 m
变截面浆砌片石护墙	墙高 5 m	86.44	较厚层基材护坡少 6.85%
	墙高 6 m	88.69	较厚层基材护坡少 4.43%
	墙高 7 m	91.35	较厚层基材护坡少 1.56%
	墙高 8 m	94.45	较厚层基材护坡多 1.78%
	墙高 9 m	108.45	较厚层基材护坡多 16.86%
	墙高 10 m	110.54	较厚层基材护坡多 19.12%
	墙高 11 m	113.06	较厚层基材护坡多 2 1.83%
	墙高 12 m	115.64	较厚层基材护坡多 24.61%
	墙高 13 m	118.39	较有机基材护坡多 27.58%

6.5.9　护坡植被与当地植被的融合问题

护坡植被一般是外来植物。为使植被护坡持久稳定,外来植物要逐渐转化和融合为当地的自然植物。工程护坡植被向自然植被的演替规律是外来植被逐渐转化融合于当地植被。演化过程可分为 3 个时期:即外来植被生长期、本地植被侵入期、植被稳定生长期。外来植被生长旺盛期一般为 6 个月至 1 年左右;达到植被稳定生长期的时间一般为 2～4 年,甚至更长。说明工程植被护坡在当地植物种子缺少的条件下,选择外来植物种子是可行的。工程植被护坡完工 1～2 年后,工程植被出现的泛黄、退化等现象,属工程护坡植被向自然植被的正常演替。

6.6　厚层基材喷射植被绿化技术

6.6.1　技术原理与适用条件

1)技术原理

厚层基材喷射植被护坡是采用混凝土喷射机,把基材与植被种子的混合物,按照设计厚度均匀喷射到需防护的岩土边坡坡面的绿色护坡技术。厚层基材喷射植被护坡的基本构造如图 4.6.7 所示,主要由锚杆、网和基材混合物 3 部分组成。

(1)锚杆。对于深层稳定的边坡,锚杆的作用是将网固定在坡面上,长度一般为 30～60 cm;对于深层不稳定的边坡,锚杆的作用是加固不稳定边坡和固定网,根据受力分析设计锚杆长度和密度。

(2)网。依据边坡类型选用普通铁丝网、镀锌铁丝网或土工网。

(3)基材混合物。由绿化基材(包括有机质、肥料、保水剂、稳定剂、团粒剂、酸度调节剂、消毒剂等混合组成)、种植土、纤维(秸秆、树枝等粉碎而成)和植被种子,按一定比例混合而成。

2)施工原理

如图 4.6.8 所示,采用混凝土搅拌机或砂浆搅拌机把绿化基材、种植土、纤维及植被种子搅拌均匀形成基材混合物,通过混凝土喷射机压缩空气将基材混合物输送到喷枪口,与来自水泵的水流汇合,使基材混合物团粒化，最后喷射到坡面形成植物生长层。

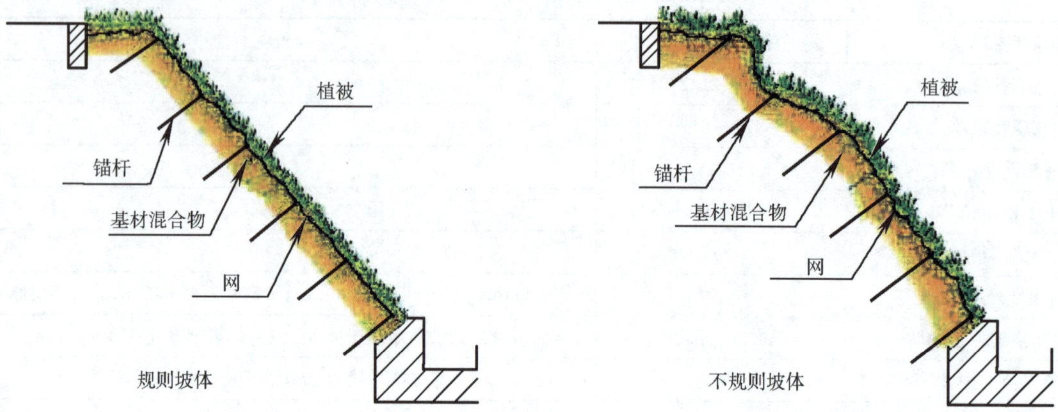

图 4.6.7　厚层基材喷射植被护坡基本构造示意图

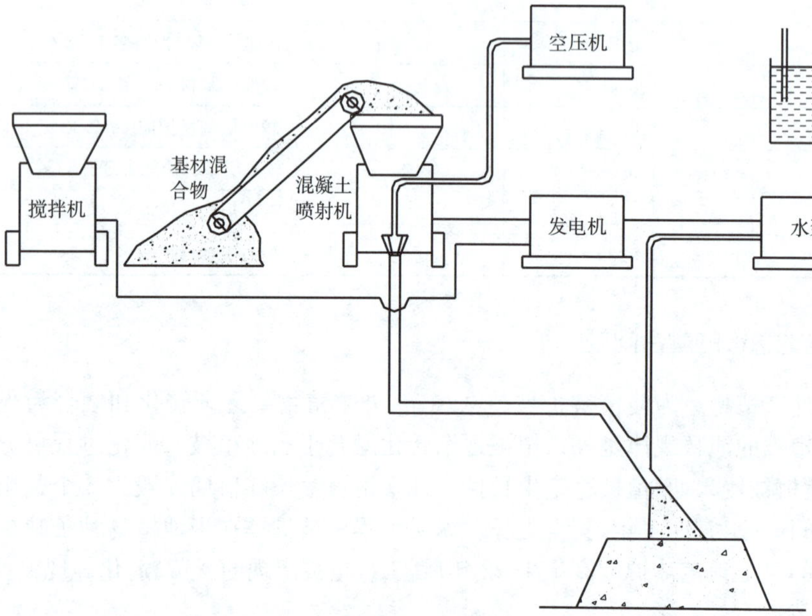

图 4.6.8　厚层基材喷射植被护坡施工原理

3)适用条件

厚层基材喷射植被护坡，主要用于无法应用液压喷播或土工网垫植草达到护坡效果的地方，如岩石边坡等。厚层基材喷射植被护坡，应满足以下技术应用条件：

(1)年平均降水量大于 600 mm、连续干旱时间小于 50 d、非高寒地区。

(2)坡度不超过 1∶0.3 的硬质岩边坡及混凝土面、浆砌片石面。

(3)各类软质岩边坡、土石混合边坡及瘠薄土质边坡。

6.6.2　边坡植被绿化设计

厚层基材喷射植被护坡设计，分为稳定边坡和不稳定边坡两种。

对于稳定边坡，设计流程如图 4.6.9 所示。设计主要内容：坡面目标植物群落的选型及混合植被种子设计、锚杆及网的设计、绿化基材选型及基材混合物各组分配比设计、基材混合物喷射厚度及材料用量设计等。

对于不稳定边坡，设计流程如图 4.6.10 所示。首先进行边坡稳定性分析，确定合理的工程加固措施(如锚索、长锚杆、桩或锚索桩、挡土墙、地梁等)，确保边坡深层稳定；在此基础上进行基材喷射植被护坡结构设计。

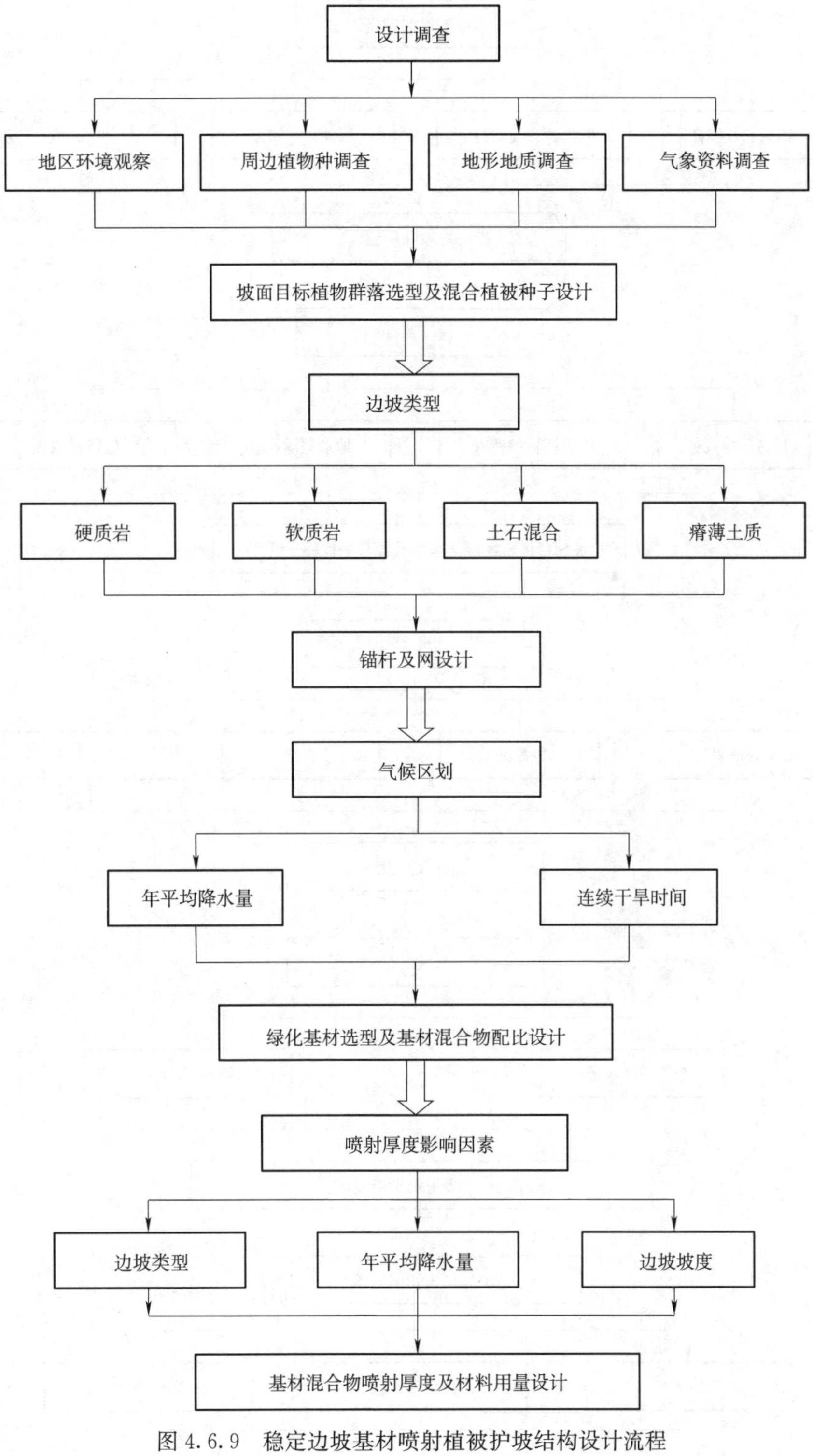

图 4.6.9　稳定边坡基材喷射植被护坡结构设计流程

6.6.3　边坡植被绿化施工

6.6.3.1　施工准备

1)临时工程方案

(1)施工场地布置。确定施工现场临时占用的场地范围,合理布置场地内的原料堆放点、设备间及临时管理用房。

(2)取土场。基材喷射植被护坡工程需要大量种植土,要合理选择取土场,并控制好取土的颗粒大小及改良加工。做好防雨准备,保证雨后有土可用。

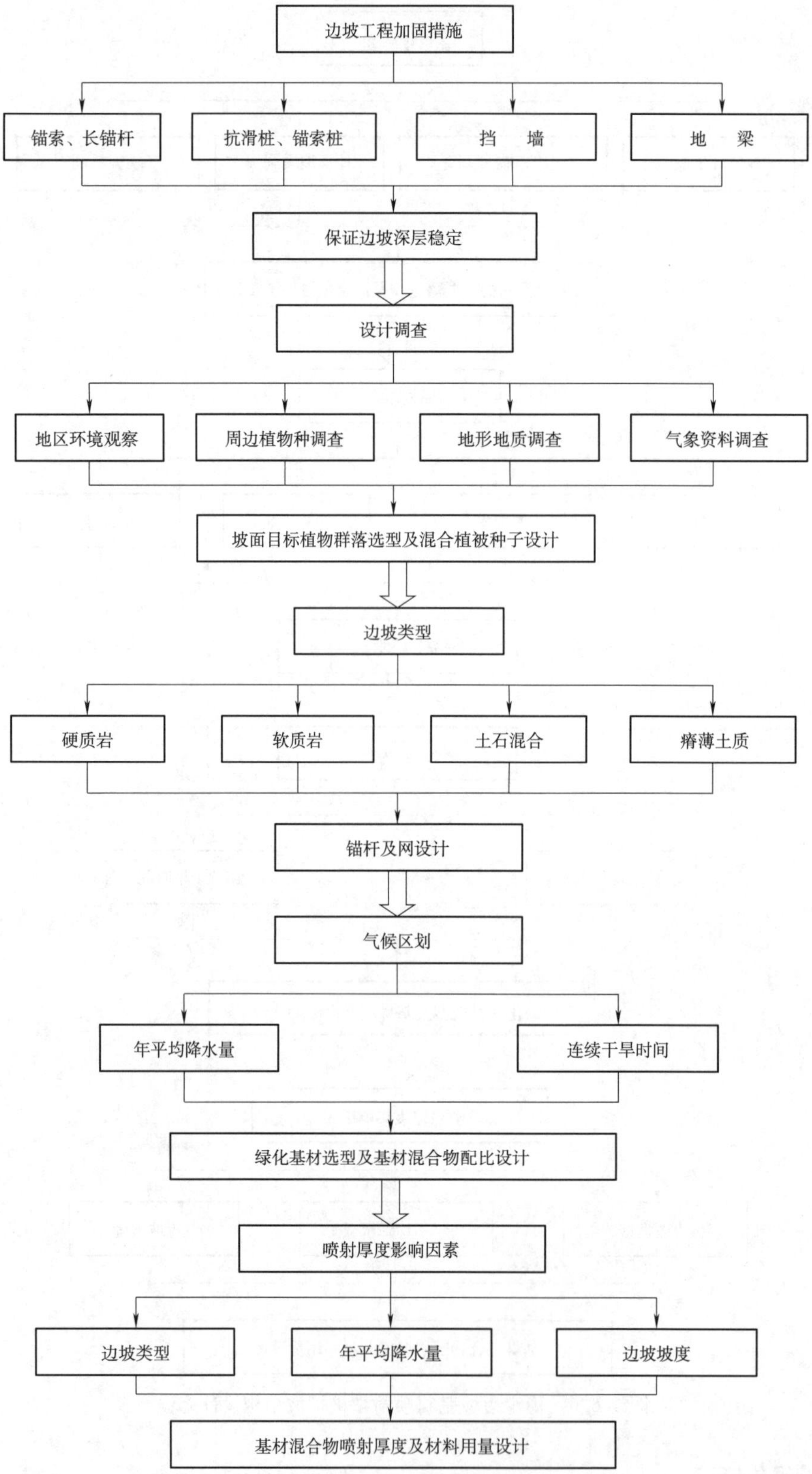

图4.6.10　不稳定边坡基材喷射植被护坡结构设计流程

(3)施工用电。利用工程段范围原土建施工单位的电源引至工地现场,或自配发电机供电。

(4)施工及养护用水。基材喷射植被护坡工程施工和养护都需要用水,需要及时供给,保障水的用量。

(5)临时用房。施工及管理人员生活、生产用房等,可租用工地附近民房或搭设简易活动板房,满足临时短期的施工需要为准。

2)材料准备及运输方式

(1)护坡材料。护坡材料包括绿化基材、纤维、种植土、混合植被种子、锚杆、网等,材料的场外运输采用汽车运输方式，场内 20 m 高以下的边坡应用人力运输，超过 20 m 高的边坡应用卷扬机运输，坡面水平运输以人力为主。

(2)喷射作业平台。坡面喷射作业平台应用升降简易雪撬工吊篮，每个班配 2 台，保证提供合理、安全的作业平台。

3)施工机械准备

厚层基材喷射植被护坡施工机械，包括混凝土喷射机、混凝土搅拌机、空压机、水泵、风钻等。需配备混凝土喷射机 1 台，混凝土搅拌机 1 台，空压机 1 台，水泵 2 台，风钻 2 台。

6.6.3.2　施工组织

1)施工组织原则

(1)精心组织，合理安排，按期开工。

(2)抓关键，攻难点，确保工期。

(3)严格科学管理，严格质量标准，保证工程一次成就。

(4)标准化文明施工，环保并举。

2)施工工序

厚层基材喷射植被护坡施工工艺流程，如图 4.6.11 所示。

(1)清理、平整坡面，禁止出现反坡。

(2)按设计布置锚杆孔位，用风钻凿孔。钻孔孔眼方向与坡面垂直，孔径 25 mm。

(3)安装锚杆。采用水泥药卷或水泥砂浆固定锚杆，应填满钻孔并捣实。

(4)铺设、固定网。铺设时网应张拉紧，网间搭接宽度不小于 5 cm，并每隔 30 cm 用 18 号铁丝绑扎，安装锚杆托板固定网。

(5)拌和基材混合物。把绿化基材、纤维、种植土及混合植被种子，按设计比例依次倒入混凝土搅拌机料斗搅拌，搅拌时间不应小于 1 min。

(6)上料。采用人工上料方式，把拌和均匀的基材混合物倒入混凝土喷射机。

(7)喷射基材混合物。如图 4.6.12 所示，基材混合物的喷射分两次进行，首先喷射不含种子的基材混合物(厚度 6 cm)，然后喷射含种子的基材混合物(厚度 2 cm)。

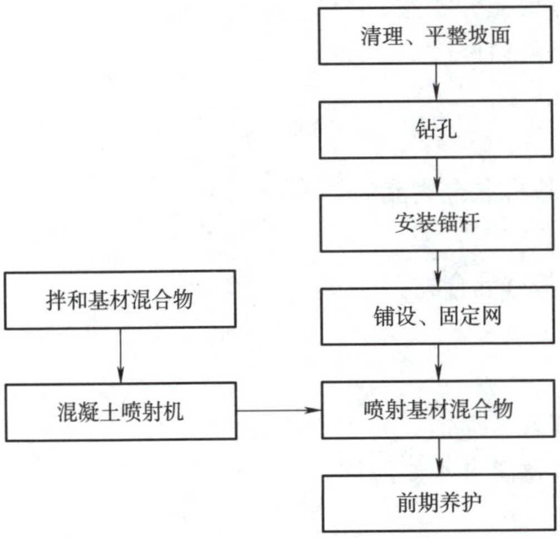

图 4.6.11　厚层基材喷射植被护坡施工工艺流程

图 4.6.12　厚层基材喷射植被护坡施工喷射作业

(8)前期养护。边坡植被的前期养护，应注意以下几点：

①编制前期养护组织措施，落实人员、水源、工器具。

②用高压喷雾器使养护水成雾状均匀地湿润坡面基材混合物，注意控制好喷头与坡面的距离和移动速度，保证无高压射流水冲击坡面形成径流，冲走基材混合物及种子，影响发芽。

③养护湿润深度控制。发芽期湿润深度控制在 3～5 cm，幼苗期依据植物根系的发展逐渐加大到 5～15 cm，但要控制“壤中流”侵蚀基材混合物中小颗粒及淋失养分。

④养护时间及次数。经过处理的种子，一般喷射施工后一个月能基本形成稳定的坡面植被，前期持续养护时间为45 d左右，每天养护两次，早晚各一次，避免在强烈的阳光下进行喷水养护，以免灼伤幼苗叶片。在高温干旱季节，种子幼芽及幼苗由于地面高温容易被烫伤，每天应增加1～2次，每次湿润1～2 cm即可。

3)劳动力分配

厚层基材喷射植被护坡工程施工分三阶段进行，即第一阶段为钻孔、安装锚杆、挂网和取土；第二阶段为基材混合物喷射和取土；施工前期和后期养护阶段。不同阶段所需劳力有所差异，第一、二阶段需劳动力11～13人，养护阶段1人/2 000 m^2。

6.6.3.3 施工与养护质量管理

1)原材料质量管理

(1)绿化基材、锚杆、网，应有质量检验报告。

(2)种植土的粒度应小于8 mm，含水量不超过20%。

(3)混合植被种子应具有优良发芽率，确保品质。

2)基础工程质量管理

(1)认真清理坡面浮石，平整坡面，过大的坡度及反向坡必须修整。

(2)严格按设计间距、深度钻孔。

(3)水泥药卷或水泥砂浆应填满钻孔并捣实。

(4)网要张紧，网间搭接宽度不小于5 cm并用铁丝绑握扎紧。

(5)坡面网距要保持2/3喷射厚度的距离，否则用垫块垫起来。

(6)高边坡应设置截水与排水设施。

3)喷射施工质量管理

(1)材料称量应准确。混合植被种子的称量由于用量较小，需进行准确的计算，可以事先将种子分批进行称量和扎袋。

(2)种子称量过程，必须严格管理。

(3)基材混合物投入搅拌机后，需搅拌1 min以上的时间。

(4)喷射尽可能从正面进行，避免仰喷，凹凸部及死角部分要充分注意。

(5)喷射施工时，尽可能保持喷射面厚薄均匀，并严格控制喷射厚度。

(6)含种子层的厚度必须达到2 cm，严禁漏喷。

(7)雨天或可能降雨时，应尽量避免喷射施工。

(8)喷射施工后几小时内应采取防护措施，防止降雨导致基材混合物流失。

4)施工前期和后期养护质量管理

(1)施工前期采用雾状水洒向坡面，禁止高压射流水冲击基材混合物。

(2)每次洒水必须按规定厚度浸润透基材，不能一撒而过。

(3)避免在强烈的阳光下洒水养护。

(4)植被护坡施工完毕后，应派专人看管，以防牲畜践踏和人为损伤。

(5)定植后要立即浇足定根水，往后视气候情况进行淋水，每次淋水要淋透。

(6)植被护坡施工完成30 d左右揭开覆盖物，以利于草的生长。

(7)植被护坡施工结束后，应建立专人分段管护承包责任制，防止人畜践踏破坏。使植物保持良好的生长条件，达到植物全部存活。

(8)植被护坡施工后期养护管理。“三分种，七分管”，植被护坡养护管理工作具有长期性、周期性的特点，应高度重视植被护坡施工后期养护管理工作，包括洒水、施肥、修剪、除杂草、松土、病虫害防治、防冻等，保持绿色边坡的整洁和美观。

6.6.4 施工质量检验程序

喷播厚层基材绿化边坡质量检验程序，如图4.6.13所示。

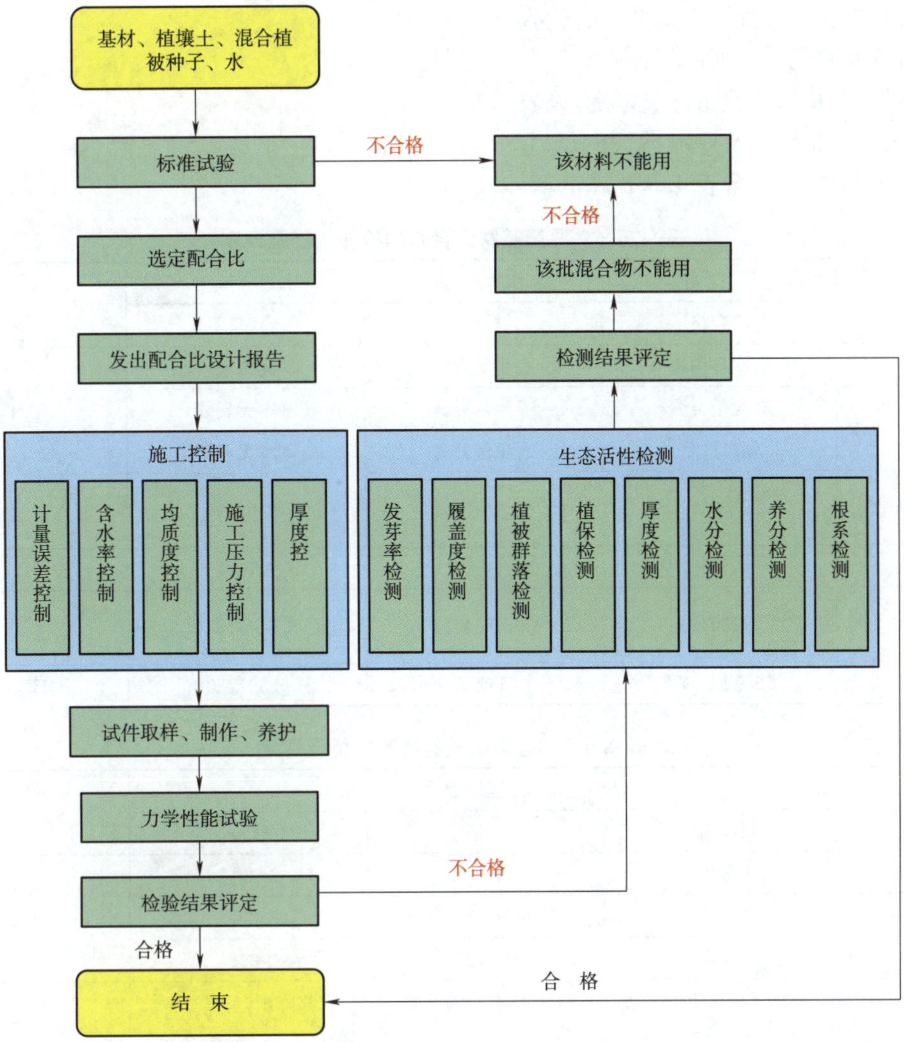

图 4.6.13　喷播厚层基材绿化边坡质量检验程序

6.6.5　施工质量验收标准

厚层基材喷射植被护坡工程，施工质量验收标准如下：

(1)本标准适用于坡度不陡于 1∶0.5 的硬质岩、软质岩、土石混合和瘠薄土质边坡的厚层基材喷射植被护坡工程的施工验收。

(2)施工所用材料，包括绿化基材、纤维、种植土、混合植被种子、锚杆、网、水泥、用水等，均应在施工前由施工人员按其规格、质量进行验收。

(3)工程中间验收的工序应符合下列规定：

①坡面清理、平整应在边坡工程交出后，钻孔、安装锚杆前进行。

②钻孔、安装锚杆应在挂网前进行，挂网应在基材混合物喷射前进行。

③工程中间验收，应分别填写验收记录并签字。

(4)工程竣工验收前，施工单位应于一周前向验收方提供下列文件：

①工程中间验收记录。

②竣工图及工程决算。

③材料检验报告。

④施工总结报告。

⑤护坡效果照片。

(5)竣工验收时间应符合下列规定：

①低矮灌木、攀缘植物，应在一个年生长周期满后方可验收。

②草本类植物，应在工程竣工3个月后验收。

(6)工程质量验收包括下列内容：

①厚层基材混合物的检验指标及评定，见表4.6.6。

②坡面植被的检验指标及评定，见表4.6.7。

(7)工程竣工验收，应符合表4.6.8规定。

表4.6.6　厚层基材混合物的检验指标及评定

检验指标	工程质量			评定方法
	不合格	合格	优良	
流失状况	有明显沟蚀	有少量流失	无流失	目测及拍摄
收缩裂缝	有大量裂缝	有少量裂缝	基本无裂缝	
剥离状况	剥离严重	有少量剥离	基本无剥离	
喷射厚度/设计厚度	<90%	90%～95%	>95%	每1 000 m²边坡随机取20个点测试，取其均值
团粒化度	<50%	50%～70%	>70%	按GB 7847—87测定
有效持水量	<30%	30%～40%	>40%	按GB 7835—87，GB 7836—87及GB 7837—87测定
pH值	<6.0或>7.5	6.0～6.5或7.0～7.5	6.5～7.0	按GB 7859—87测定

表4.6.7　坡面植被的检验指标及评定

检验指标	工程质量			评定方法
	不合格	合格	优良	
植被覆盖率	<80%	80%～90%	>90%	每1 000 m²边坡随机抽取10个1 m×1 m的面积测试，取其均值
病虫害发生率	>30%	20%～30%	<20%	
颜色(绿)	<70%	70%～85%	>85%	
水分要求	降雨无法满足植被成活需求	降雨基本能满足植被生长	仅靠降雨，且旱季生长良好	现场观测
根系状况	根系不发育	根系发育，互相缠绕，少量根系扎入岩层裂隙	根系纵横交错，大量根系扎入岩层裂隙	

表4.6.8　厚层基材喷射植被护坡工程竣工验收单

<table>
<tr><td colspan="3">工程名称</td><td colspan="3">工程位置</td></tr>
<tr><td colspan="3">护坡面积(m²)</td><td colspan="3"></td></tr>
<tr><td>开工日期</td><td></td><td>竣工日期</td><td></td><td>验收日期</td><td></td></tr>
<tr><td colspan="2">流失状况</td><td colspan="4"></td></tr>
<tr><td colspan="2">收缩裂缝</td><td colspan="4"></td></tr>
<tr><td colspan="2">剥离状况</td><td colspan="4"></td></tr>
<tr><td colspan="2">喷射厚度/设计厚度</td><td colspan="4"></td></tr>
<tr><td colspan="2">有效持水量</td><td colspan="4"></td></tr>
<tr><td colspan="2">pH值</td><td colspan="4"></td></tr>
<tr><td colspan="2">植被覆盖率</td><td colspan="4"></td></tr>
<tr><td colspan="2">病虫害发生率</td><td colspan="4"></td></tr>
<tr><td colspan="2">颜色(绿)</td><td colspan="4"></td></tr>
<tr><td colspan="2">根系状况</td><td colspan="4"></td></tr>
<tr><td colspan="2">施工单位</td><td colspan="2">建设单位</td><td colspan="2">质检部门</td></tr>
<tr><td colspan="2">签字：
公章：</td><td colspan="2">签字：
公章：</td><td colspan="2">签字：
公章：</td></tr>
</table>

6.7　岩质边坡景观植被绿化工程实例

6.7.1　石灰岩边坡植被绿化

(1)工程概况:新建南宁至广州铁路 D1K0+000～DK63+000 段路堤采用石质材料填筑,D1K63+000～DK116+098 段大部分为石灰岩、白云质灰岩路堑边坡。线路所经地区属亚热带湿润季风气候,其气候特点是温暖湿润,雨量充沛,夏季长而炎热,冬季短偶有奇寒,有明显干湿两季之分。年平均气温为 21.6 ℃左右,一月平均气温 12 ℃,七月平均气温 29 ℃。年降水量在 1 440.6 mm 左右,最大日降雨量 250～300 mm。

(2)护坡植物选择:根据现场土质和生长环境,合理选择绿化植物,见表 4.6.9。

表 4.6.9　植物类型及特性汇总

植物名称	植物类型	生态特性	花期
银合欢	点播灌木	根系能够深入到土壤深层,抗旱能力极强	4～7 月
猪屎豆	点播灌木	耐贫瘠,耐旱,花冠黄色	4～7 月
山毛豆	点播灌木	适应性极强,耐贫瘠,耐旱,喜阳,是生态护坡优良品种,花色艳丽,花量大	5～7 月
狗牙根	草本	多年生草本植物,优良固土护坡植物,花期长,韧性强,繁殖迅速,蔓延快,成片生长,具有根状茎和匍匐枝,须根细而坚韧	5～8 月
三角梅	栽植灌木	强阳性植物,性喜温暖,对土壤的适应范围较广。花色艳丽,花期长,5～11 月均开花	6～9 月
朱槿	栽植灌木		
夹竹桃	栽植灌木	适应性强,栽培管理容易,移载易在春季进行,移栽时应进行重栽	6～10 月

(3)路基边坡防护形式:根据现场气候及生长环境,选用喷混植生绿化和客土点播绿化,依照植被绿化与工程防护相结合的原则,结合铁路路基边坡类型、坡高、坡率、岩性组成(软岩、硬岩、软硬岩互层)、边坡坡面的平整度,选取相应绿化防护形式及相应工序流程(图 4.6.14～图 4.6.17 和表 4.6.10)。城区路基优先考虑栽植灌木,满足景观要求。

(4)植被防坡效果,如图 4.6.18 和图 4.6.19 所示。

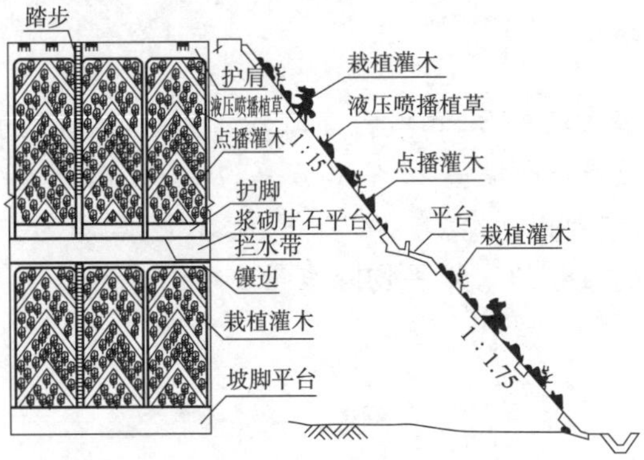

图 4.6.14　人字形截水骨架平面和侧面示意图

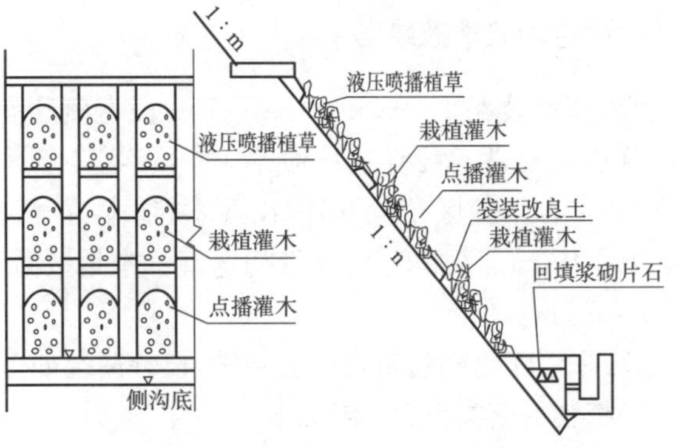

图 4.6.15　空窗式护墙平面和侧面示意图

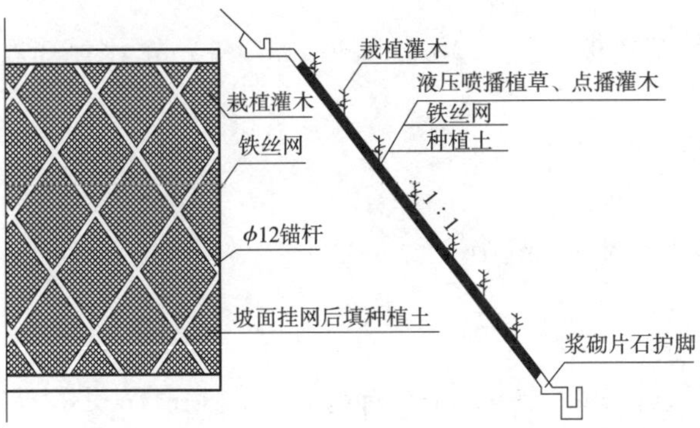

图 4.6.16　锚杆框架梁平面和侧面示意图

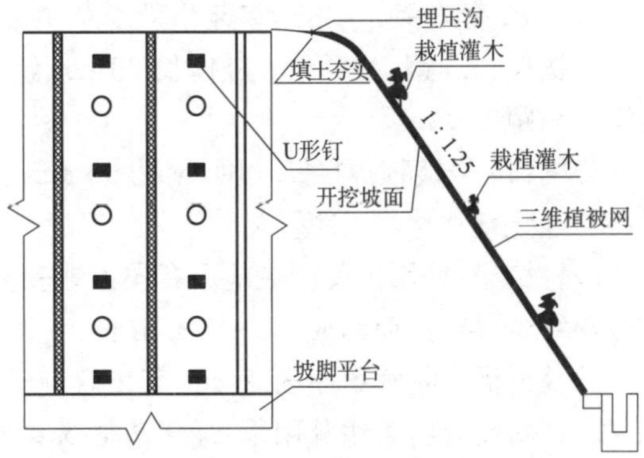

图 4.6.17　三维植被网平面和侧面示意图

表 4.6.10　路基防护形式及相应工序流程

路基防护形式	绿色防护类型	土建工程移交条件	工序流程
人字形截水骨架	人字形截水骨架内回填种植土、植灌草绿化	清坡、凿削或嵌补坡面至平整,填充种植土	挖穴、换填营养土、栽植及点播灌木、喷播植草、养护
空窗式护墙	空窗内码砌袋装改良土、植灌草绿化	清坡、凿削或嵌补坡面至平整,边坡起伏≤5～8 cm/2 m²	码砌袋装改良土(码砌密实、相互压紧),挖穴、换填营养土、点播灌木、喷播植草、养护
锚杆框架梁	框架内挂铁丝网、回填种植土、植灌草绿化	清坡、凿削或嵌补坡面至平整,边坡起伏≤5～8 cm/2 m²	锚杆施工,回填带草筋的种植土(10 cm)、挂铁丝网、回填带草筋的种植土(5 cm)、挖穴点播灌木、喷播植草、养护
三维植被网	挂三维植被网回填种植土、植灌草绿化	边坡坡度不陡于设计值,清理边坡至平整,边坡起伏≤5～8 cm/2 m²	回填带草筋的种植土(5 cm)、挂三维植被网、挖穴点播灌木、回填种植土(3 cm)、喷播植草、养护
乔木栽植	边坡外至用地界绿化	坡面至平整	开挖种植坑、换植种植土、栽植乔木、养护

图 4.6.18　路堑边坡植被防护效果

图 4.6.19　路堤边坡植被防护效果

6.7.2　砂岩边坡植被绿化

渝黔高速公路 K0+000～K0+110 段右侧路堑边坡(最大坡高 32 m),岩性以砂岩为主,岩体完整性较好,地表土层薄。设计边坡坡率 1∶0.5～1∶1.0,坡脚设条石脚墙高 2.2 m,坡率约 1∶0.7,边坡总面积2 480 m²。本地区植被发育,以乔木、灌木、草密林丛生,主要以毛草、羊茅、麦冬、狗牙根、马唐为主,草丛高 20～40 cm,冬季枯黄,3 月初返青。本地区月平均气温 18.4℃,年平均降水量 1 224.3 mm,主要集中在 4～9 月。

边坡采用基材喷射植被护坡防护,设计简况如下:

(1)植物群落类型:草本型。

(2)混合植被种子设计:由狗牙根、高羊茅、白三叶、多年生黑麦草组成,各草种用量:狗牙根 5 g/m²,白三叶 3 g/m²,高羊茅 5 g/m²,多年生黑麦草 1 g/m²。

(3)锚杆:A3 钢,ϕ12 mm,杆体长 35 cm,沥青防腐,钢垫板,尺寸 60 mm×60 mm×3 mm,水泥药卷锚固,锚杆间距 1.0 m。

(4)网:14 号镀锌焊接铁丝网,网孔 50 mm×50 mm。

(5)绿化基材选型:C 型。

(6)种植土:采用工程所在地原有农田地表土,粉碎风干过 8 mm 筛。

(7)纤维:秸秆,粉碎成 10～15 mm 长。

(8)基材混合物喷射厚度:8 cm,其中含种子层厚 2 cm。

(9)基材混合物各组分用量:绿化基材 0.024 m³/m²,纤维 0.048 m³/m²,种植土 0.048 m³/m²。

(10)设计样图:如图 4.6.20 所示。

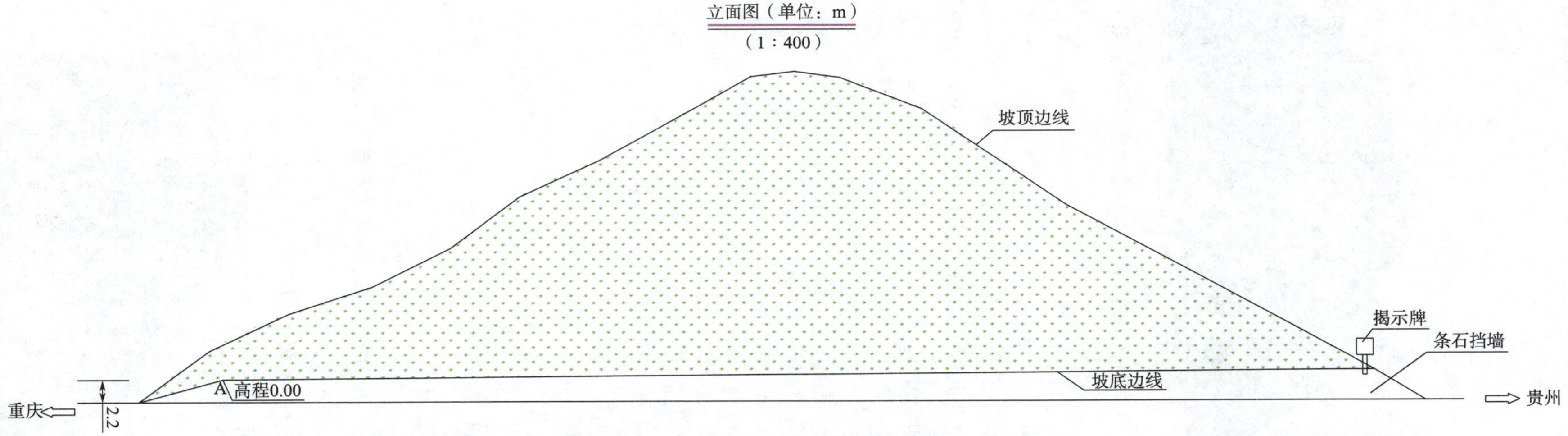

里　程	K0+000	K0+010	K0+020	K0+030	K0+040	K0+050	K0+060	K0+070	K0+080	K0+090	K0+100	K0+110
高　程	3.54	7.59	11.60	18.85	23.23	29.47	29.3	24.56	17.39	11.8	6.09	0.77
坡 率(1：N)	0.45	0.72	0.88	0.80	0.97	0.91	0.90	0.95	1.01	0.85	0.71	0
斜　长	8.62	12.82	17.36	29.83	33.04	43.37	43.16	35.03	23.72	17.23	9.35	0
坡面岩土类型	中～硬 砂 岩，较 完 整									软 质 岩		

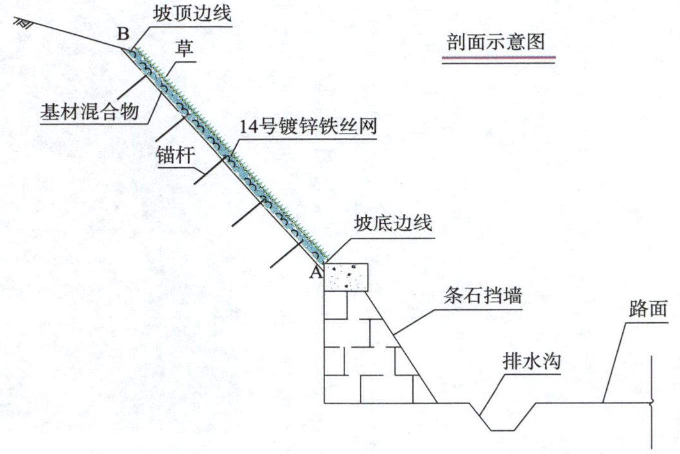

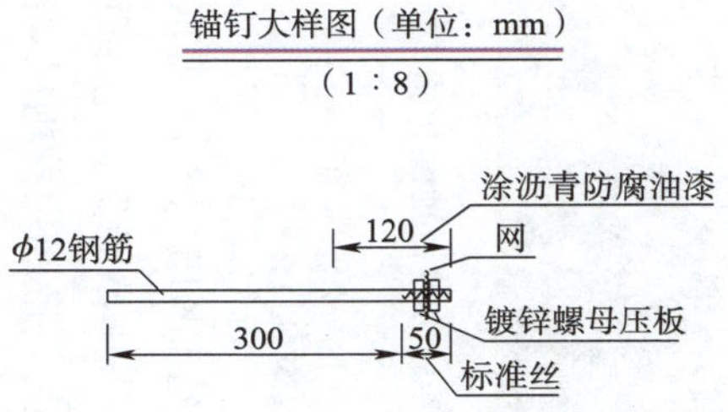

设计		重庆市渝黔高速公路	比例	如图
复核		厚层基材喷射植被护坡示范工程	日期	2001.2
单位				

图 4.6.20　砂岩边坡厚层基材喷射植被护坡结构设计图

护坡工程于2001年3月施工，目前坡面植物长势良好，基材未出现侵蚀。图4.6.21和图4.6.22分别是砂岩边坡施工前和施工后10个月的状况。

图4.6.21 砂岩边坡植被绿化施工前

图4.6.22 砂岩边坡厚层基材喷射植被绿化效果

6.7.3 泥岩边坡植被绿化

内昆铁路横江车站DK154+650～DK154+750左侧路堑泥岩夹砂岩边坡，坡面严重风化。图4.6.23下部坡率为1∶0.25，采用挡墙支护；上部坡率为1∶0.75。边坡总面积1 485 m^2，采用厚层基材喷射植被护坡。本地区气候属中亚热带四川盆地区，年平均降雨量1 000 mm左右。

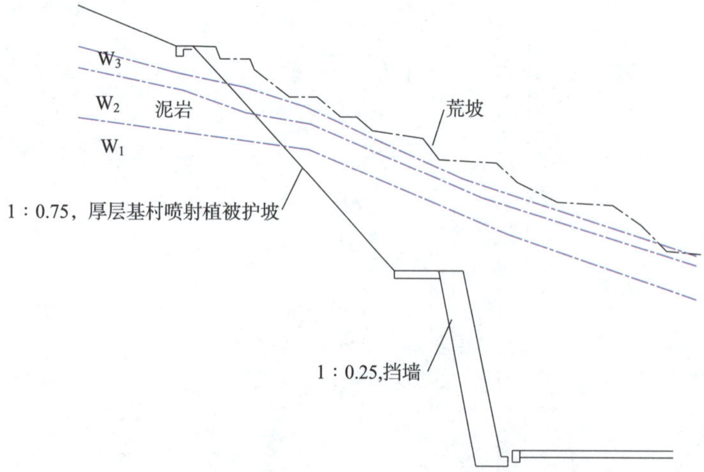

图4.6.23 DK154+700断面图

本工程边坡采用厚层基材喷射植被护坡防护。护坡工程于2000年7月施工，坡面植被长势良好。经过多年考验，边坡未出现侵蚀、溜坍、崩落等灾害，护坡效果明显。

图4.6.24和图4.6.25分别是泥岩边坡植被绿化施工前和植被覆盖后的状况。

图4.6.24 泥岩边坡植被绿化施工前

图4.6.25 泥岩边坡厚层基材喷射植被绿化效果

6.7.4 页岩与砂岩边坡植被绿化

成南高速公路 K56+220～K56+400 右侧路堑边坡，上部为风化页岩或页岩与砂岩互层，下部为砂岩，岩层节理裂隙发育。边坡长 180 m，坡高 15～40 m，坡率 1∶0.5～1∶0.75，边坡总面积约 10 000 m^2。本地区年平均降水量约 1 000 mm。

本工程边坡采用厚层基材喷射植被护坡防护。护坡工程于 2001 年 6 月施工，植物长势良好，边坡未出现侵蚀、溜坍、崩落等灾害。

图 4.6.26 和图 4.6.27 分别是页岩边坡植被绿化施工前和植被覆盖后的状况。

图 4.6.26　页岩边坡植被绿化施工前

图 4.6.27　页岩边坡厚层基材喷射植被绿化效果

6.7.5 浆砌片石坡面植被绿化

某高速公路 K0+000～K0+400 段左侧路堑边坡。边坡坡率 1∶0.5～1∶1.0，每级坡高约 12～15 m，边坡总面积约 11 000 m^2。本地区植被发育，以乔木、灌木、草密林丛生，森林覆盖率高。本地区年≥10 ℃的天数超过 300 d，年平均降水量约 1 600～2 000 mm，主要集中在 4～9 月。

该边坡已采用浆砌片石防护，为使浆砌片石面恢复植被，采用厚层基材喷射植被护坡技术。工程于 2001 年 6 月施工，至今坡面植物长势良好，基材未出现侵蚀。图 4.6.28 和图 4.6.29 分别是浆砌片石面施工前和植被覆盖后的状况。

图 4.6.28　浆砌片石坡面植被护坡施工前

图 4.6.29　浆砌片石坡面厚层基材喷射植被绿化

6.7.6 混凝土坡面植被绿化

西南铁路刘家山隧道南阳端洞口(DK79+622)仰坡，岩性为片麻岩。设计坡率 1∶0.5～1∶0.75，坡高 8 m，边坡总面积约 900 m^2。工点地处秦岭中山区，属南温带亚湿润山地气候区。年平均气温 12.5 ℃，最冷月(一月)平均气温 0.6 ℃，最热月(七月)平均气温 24.0 ℃，极端最高气温 39.8 ℃，极端最低气温－14.8 ℃；年平均降水量 739 mm,年平均蒸发量 1 391.2 mm,最大冻结深度 70 cm。本区植被较好,以灌木、草密林丛生,森林覆盖率高。

该仰坡已采喷射混凝土封闭,植被无法自然恢复。为恢复仰坡的植被,采用厚层基材喷射植被护坡技术。工程于 2002 年 3 月施工,至今坡面植物长势良好,基材未出现侵蚀。图 4.6.30 和图 4.6.31 分别是混凝土坡面施工前和植被覆盖后的状况。

图 4.6.30 混凝土坡面植被护坡施工前

图 4.6.31 混凝土坡面厚层基材喷射植被绿化

参考文献

[1] 刘勇.我国交通运输方式优先发展的战略模式及政策取向.中国经贸导刊,2005(2):31-32.

[2] 中华人民共和国国家统计局.2005年全国统计年鉴.北京:中国统计出版社,2005.

[3] 中华人民共和国国家统计局.2006年全国统计年鉴.北京:中国统计出版社,2006.

[4] 杨少华,彭维湘.对社会不公平程度的度量.统计观察,2006,9:76-78.

[5] 陆东福.加快推进铁路项目前期工作确保铁路建设顺利进行.中国铁路,2006,(09):1-5.

[6] 铁道部.铁路"十一五"规划.中国铁路,2006,(11).

[7] 张飞涟.铁路建设项目后评价理论与方法的研究.中南大学,2004.

[8] 中国铁路行业未来发展趋势.财经界,2007,(05):68-70.

[9] 中国铁路辉煌"十五".路基工程,2006,(02).

[10] 安国栋.围绕和谐铁路建设 贯彻新的建设理念 又好又快地推进大规模铁路建设.理论学习与探索,2007,(2).

[11] 郭祥,孔祥明.科学发展观与绿色GDP.市场周刊·研究版.2005,4:124-125.

[12] 蔡惟瑾.铁路企业实施ISO 14001环境管理体系的现状与思考.铁道劳动安全卫生与环保,2005(5):233-240.

[13] 谢海.加强铁路建设的环境保护与影响评价.铁道运输与经济,2006(2):4-5.

[14] 陈晓斌,陆剑,袁剑刚,杨中艺.道路交通建设的生态环境影响分析.中山大学学报论丛,2006(8):116-119.

[15] 陈建东,白明洲,许兆义等.既有铁路客运站次生环境影响分析.铁道学报,2006,28(1):108-112.

[16] 李龙熙.对可持续发展理论的诠释与解析.行政与法,2005(01).

[17] 董小林.环境经济学.北京:人民交通出版社,2005.

[18] 祝兴祥.环境影响评价未来十年.环境保护,2005(02).

[19] 陶靖轩,黄玉蓉.关于绿色GDP核算体系的研究.科技进步与对策,2005(10).

[20] 杨多贵,周志田."绿色GDP"核算的国际背景及中国实践进展.软科学,2005(05).

[21] 桑燕鸿,吴仁海,陈新庚.绿色GDP核算方法初探.城市环境与城市生态,2005(06).

[22] 包宗顺,张莉侠.绿色GDP核算:理论·方法·应用.江海学刊,2005(05).

[23] 郭冰阳.绿色GDP的核算及其实施难点.经济师,2005(11).

[24] 陈向波.高速公路边坡生态防护技术及其应用研究.武汉理工大学,2005.

[25] 董岚.生态产业系统构建的理论与实证研究.武汉理工大学,2006.

[26] 叶文虎,张勇.环境管理学.北京:高等教育出版社,2006.

[27] 毋义.浅析绿色环境与可持续发展.化工质量,2006(03).

[28] 秦书生.绿色文化视域中的绿色技术创新.第6届东亚科技与社会(STS)国际学术会议论文摘要集.2005.

[29] 秦书生.绿色文化与绿色技术创新.科技与管理,2006(06).

[30] 春之声.科学发展的春天——"十一五"规划纲要资源环境问题解读.今日国土,2006(03).

[31] 熊风,杨立中,罗洁,贺玉龙.可持续发展的"绿色铁路"系统研究.铁道工程学报,2007(05).

[32] 王祖东.路线设计中填挖平衡的再认识.中外公路,2005(4):18-21.

[33] 熊风.绿色铁路理论和评价的研究.西南交通大学,2006.

[34] 王礼先.水土保持学.北京:中国林业出版社,2005.

[35] 袁玉卿,刘珊,董小林,杨文领.公路施工期环境监理研究.长安大学学报(社会科学版),2007(2):

28-31.
[36] 仇东东.城市交通可持续发展指标体系与模糊综合评价研究.中南公路工程,2005(02).
[37] 尹坚.中国-欧盟铁路噪声标准比较及我国铁路噪声标准体系建设建议.铁道标准设计,2009,(3):131-134.
[38] 孙凤珍.高速铁路插板式声屏障结构计算分析.铁道标准设计,2010,(2):100-102.
[39] 周晓斌.高速铁路插板式声屏障结构动力学性能分析.铁道标准设计,2009,(6):135-137.
[40] 胡喆.武广铁路客运专线列车脉动力对声屏障的影响研究.铁道标准设计,2010,(1):123-126.
[41] 焦大化.高速铁路环境振动控制限值.铁道劳动安全卫生与环保,2006,33(3):113-119.
[42] 罗锟,雷晓燕,刘庆杰.地屏障在铁路环境振动治理工程中的应用研究.铁道工程学报,2009,(1):1-6.
[43] 尹皓,李耀增,辜小安,等.高速铁路环境振动特性研究.铁道劳动安全卫生与环保,2010,37(1):32-36.
[44] 刘世梁,杨志峰,崔保山,等.道路对景观的影响及其生态风险评价.生态学杂志,2005,24(8):897-901.
[45] 匡星,白明洲,王连俊,等.铁路建设项目对生态环境影响评价体系探析.铁道学报,2009,31(2):125-131.
[46] 孙健.铁路工程施工期典型环境影响因素分析.铁道劳动安全卫生与环保,2010,37(1):43-45.
[47] 国建华.时代呼唤"绿色交通"——铁路与我国交通运输的可持续发展.铁道知识,2010(1):60-64.
[48] 盛晖,李传成.绿色铁路旅客站建筑设计探讨.铁道经济研究,2010(1):24-30.
[49] 赵奕.建立中国绿色铁路客站标准的必要性探索.铁道经济研究,2010(3):1-3,17.
[50] 江心.绿色铁路新客站.铁道知识,2009(2):18-19.
[51] 林路.铁路——绿色交通的骄傲.铁道知识,2009(2):4-11.
[52] 吴成杰.苏锡常及上海地区区域沉降对京沪高速铁路的影响及防治对策.铁道工程学报,2007,(增):9-12.
[53] 李国和,许再良,孙树礼,荆志东.华北平原地面沉降对高速铁路的影响及其对策.铁道工程学报,2008,(8):7-12.
[54] 李国和,孙树礼,许再良,张建民.地面沉降对高速铁路桥梁工程的影响及对策.铁道勘测与设计,2008,(5):57-60.
[55] 黄盾.京沪高速铁路安徽凤阳段选线与明皇陵保护有关问题研究.铁道工程学报,2008,(4):37-41.
[56] 孟宇.把握时代机遇的优势整合——浅析法国高速铁路车站地区综合开发的实践经验.生态文明视角下的城乡规划——2008中国城市规划年会论文集:1-14.
[57] 顿小红.从世界高速铁路发展看我国高速铁路建设.现代商贸工业,2007,12(6):22.
[58] 西南交通大学.我国绿色铁路的评价体系研究.成都,2007:24-25.
[59] 郭亚军.综合评价理论、方法及应用.北京:科学出版社,2007:18-19.
[60] 叶义成,柯丽华,黄德育.系统综合评价技术及其应用[M].北京:冶金工业出版社,2006:18-21.
[61] 杨立中,等.绿色铁路理论及评价.西南交大出版社.2013.
[62] A. Gargini, V. Vincenzi, L. Piccinini, G. M. Zuppi, P. Canuti. Groundwater flow systems in turbidites of the Northern Apennines (Italy): natural discharge and high speed railway tunnel drainage. Hydrogeology Journal, 2008, 16: 1577-1599.
[63] B. Chandran, B. Goldenb, E. Wasil. Linear programming models for estimating weights in the analytic hierarchy process. Computers and Operations Research, 2005, 32: 2235-2254.
[64] C. E. Hanson. High Speed Train Noise Effects on Wildlife and Domestic Livestock. B. Schulte-Werning et al. (Eds.): Noise and Vibration Mitigation, NNFM 99: 26-32, 2008.
[65] D. Spaven. Are high-speed railways good for the environment. TRANSform Scotland, Edinburgh, October 2006.
[66] F. Bruinsma, E. Pels, H. Priemus, P. Rietveld, B. van Wee. The impact of railway development on urban dynamics. Physica-Verlag Heidelberg, 2008.
[67] J. M. Preston, G. T. Wall. The impact of high speed trains on socio-economic activity. Proceedings of

the 11th World Conference on Transport Research, Berkeley, USA 24-28 Jun 2007.

[68] J. Preston, A. Larbie, G. Wall. The Impact of High Speed Trains on Socio-Economic Activity: The Case of Ashford (Kent). Fourth Conference on Railroad Industry Structure, Competition and Investment, Madrid, Spain 19-21 Oct 2006.

[69] M. Givoni. Development and Impact of the Modern High-speed: A Review. Transport Reviews, 2006, 26(5): 593-611.

[70] A. Faiz. Automotive Emissions in Development Countries Relative Implications for Global Warming Acidification and Urban Air Quality. Transportation Research. 2001, 27(3): 167-186.

[71] 田中真(邵龙海译). 日本铁路环境保护问题. 铁道建筑, 1995(1).

[72] 铁道部环境保护考察团. 国外铁路环境保护工作(德国). 铁道劳动安全卫生与环保, 2003(1).

[73] 赵雪娟, 彭宏勤. 铁路建设期环境问题的研究. 交通环保, 2005, 14(2): 40-42.

[74] 李英杰. 建设胶新铁路绿色通道的构思与实践. 铁道标准设计, 2004(2): 3-5.

[75] 冉理. 青藏铁路与环境保护. 中国铁路, 2002(12): 47-49.

[76] 王忠合. 铁路工程环境保护设计现状与展望. 铁道标准设计. 2000(10): 49-51.

[77] 张建平, 落实科学发展观为建设生态环保型铁路作出贡献. 铁道劳动安全卫生与环保. 2005(1): 37-39.

[78] 刘强, 杨立中, 郑韶毅. 绿色铁路在中国的发展. 铁道运营技术, 2007(1).

[79] 刘书套. 高速铁路环境保护与绿化. 高速铁路丛书编委会. 北京: 人民交通出版社. 2001.

[80] 铁路建设项目环境影响评价规范(试行). 北京: 人民交通出版社. 1996.

[81] 铁道部第四勘测设计院环保处. 铁路工程环境保护设计现状与展望. 铁道标准设计, 2000(10).

[82] 徐文兰. 铁路环境保护管理的现状与未来. 铁道劳动安全卫生与环保, 1997(4).

[83] 谭云舟. 公路环境影响评价与环境保护. 科技信息, 2010, (12).

[84] 黎澄. 公路建设项目环境影响评价及保护措施. 中国新技术新产品, 2014(1).

[85] 王瑞萌, 曹立松. 公路环境影响评价工作的重点. 黑龙江科技信息, 2010, (11).

[86] 黄庆, 高洁. 四川省不同区域高速公路环境影响评价要点. 环境评价, 2012(2).

[87] 中铁二院有限责任公司. 新建铁路贵阳至广州铁路环境影响评价报告. 2007.

[88] 中铁二院有限责任公司. 新建铁路兰州至重庆铁路环境影响评价报告. 2008.

[89] 贺康宁, 王治国, 赵永军. 开发建设项目水土保持. 北京: 中国林业出版社, 2009.

[90] 郭索彦, 苏仲仁. 开发建设项目水土保持方案编写指南. 北京: 中国水利水电出版社, 2009.

[91] 王礼先. 水土保持. 北京: 中国林业出版社, 1994.

[92] 党辉. 胶新铁路环境保护工程简介. 环境保护. 2004(2).

[93] 青藏铁路生态环境保护难题. 科技日报. 2005. 9. 13.

[94] 冉理. 青藏铁路与环境保护. 中国铁路, 2002(12): 204-208.

[95] 王志坚, 赵新宇, 答治华. 青藏铁路施工期的环境保护管理. 铁道工程学报, 2003(2).

[96] 杜蓓. 青藏铁路水土保持工程及管理技术研究. 西南民族大学学报·自然科学版, 2012(3).

[97] 赖文宏. 科学设计 精心施工 创建高原生态铁路——青藏铁路环保和生态设计、建设及施工期环境管理. 铁路工程环境管理和生态建设研讨会论文汇编, 2009.

[98] 王昌林. 高速铁路噪声与振动因素的分析及其对策的探讨. 铁道标准设计, 2000(12).

[99] 高军. 时速 350 km/h 高速铁路噪声及其控制方法的研究. 铁道技术监督, 2006(7).

[100] 裴勇涛, 娄生超. 高速铁路振动产生的噪声分析及防治措施. 铁道运营技术, 2000(3).

[101] 黄盾. 高速铁路电磁辐射环境影响因素研究. 铁道工程学报, 2013(8).

[102] 铁道部档案史志中心. 中国铁道年鉴. 2012 年.

[103] 铁道第二勘察设计院. 创立五十年(1952～2002). 成都: 西南交通大学出版社, 2002.

[104] 铁道第二勘察设计院史志编辑委员会. 铁道第二勘察设计院志, 1992～1995.

[105] 铁道第二勘察设计院史志编辑委员会. 铁道第二勘察设计院年鉴, 1996～2004.

[106] 四川地方志编写委员会. 四川省志. 交通志(下册). 成都: 四川科学出版社, 1995.

[107] 贵州地方志编写委员会.贵州省志.铁路志.贵阳:贵州人民出版社,1995.
[108] 成昆铁路技术总结委员会.成昆铁路(1～4册).北京:人民铁道出版社,1980～1981.
[109] 铁道第二勘察设计院.复杂地质艰险山区修建大能力南昆铁路干线成套技术.成都:电子科技大学出版社,2000.
[110] 大公.话说铁路.北京:中国铁道出版社,2002.
[111] 郝树声.西部地区概况.兰州:甘肃人民出版社,2001.
[112] 马晓峰,聂峰.西部生态环境.兰州:甘肃人民出版社,2001.
[113] 张宗祜,卢耀如.中国可持续发展水资源战略研究报告集.第9卷.中国西部地区水资源开发利用.北京:中国水利水电出版社,2002.
[114] 中国地质科学院地质研究所.中国地质图集.中国地质.北京:地质出版社,2002.
[115] 中华人民共和国地质矿产部.中国地质图(1∶500万)说明书.北京:地质出版社,1990.
[116] 中国地质科学院成都地质矿产研究所.青藏高原及邻区地质图(1∶150万)说明书.北京:地质出版社.
[117] 中国地质科学院岩溶地质研究所.中国岩溶环境地质图(1∶500万)说明书.北京:地质出版社.
[118] 地质矿产部成都水文地质工程地质中心.中国地质灾害类型图(1∶500万)说明书.北京:地质出版社.
[119] 李祥根.中国新构造运动概论.北京:地震出版社,2003.
[120] 苏生瑞,黄润秋,王士天.断裂构造对地应力场的影响及其工程应用.北京:科学出版社,2002.
[121] 中国灾害防御协会铁道分会.中国铁路自然灾害及其防治.北京:中国铁道出版社,2000.
[122] 陈国亮.岩溶地面塌陷的成因与防治.北京:中国铁道出版社,1994.
[123] 廖世文.膨胀土与铁路工程.北京:中国铁道出版社,1984.
[124] 蒋忠信,吴宗俭,等.山区道路灾害防治.重庆:重庆大学出版社,1996.
[125] 蒋忠信,等.铁路泥石流非线性研究与防治新技术.成都:四川科学技术出版社,1999.
[126] 陈光曦,等.泥石流防治.北京:中国铁道出版社,1983.
[127] 铁道第二勘察设计院.科学技术通讯,2002～2005共16期.
[128] 铁道第二勘察设计院.铁路勘察设计,2002～2005共16期.
[129] 蒋爵光.铁路工程地质学.北京:中国铁道出版社,1991.
[130] 赵树德,廖红建,等.高等工程地质学.北京:机械工业出版社,2005.
[131] 江建鲸,等.防灾减灾工程学.北京:机械工业出版社,2005.
[132] 铁道部第一勘测设计院.铁路工程地质手册-2版.北京:中国铁道出版社,1999.
[133] 铁道第一勘测设计院.铁路工程地质实例(西北及相邻地区分册).北京:中国铁道出版社,2002.
[134] 谈英武,刘新,崔荃.中国南水北调西线工程.郑州:黄河水利出版社,2004.
[135] 中国铁道百科全书编辑委员会.中国铁道百科全书.工程与工务.北京:中国铁道出版社,2004.
[136] 陈梦熊.中国水文地质工程地质事业的发展与成就.北京:地震出版社,2003.
[137] 高大钊.岩土工程的回顾与前瞻.北京:人民交通出版社,2001.
[138] 李海光,等.新型支挡结构设计和工程实例.北京:人民交通出版社,2004.
[139] 卓宝熙.遥感技术在工程建设的实践与认识.北京:中国铁道出版社,2005.
[140] 朱颖.复杂艰险山区铁路选线与总设计论文集[M].北京:中国铁道出版社,2010.
[141] 吴光,肖道坦,蒋良文,等.复杂山区高等级铁路选线工程地质的若干问题[J].西南交通大学学报,2010.
[142] 王毅.渝怀铁路选线设计[J].铁道标准设计,2003,(z1).
[143] 林世金.困难山区铁路设计体会[J].铁道科学报,2007.
[144] 卿三惠,黄润秋,等.滇藏铁路重大工程地质问题及线路走向研究[J].铁道工程学报,2007(10).
[145] 卿三惠,黄润秋,等.活动构造区山地环境铁路选线研究[J].地质力学学报,2006(2).
[146] 卿三惠,杨英,等.高烈度地震区铁路工程地质与环境地质综合选线[J].铁道工程学报,2013(11).

[147] 卿三惠,黄润秋,等.玉蒙铁路曲江峡谷桥位选址及线路方案比选研究[J].铁道工程学报,2006(5).
[148] 卿三惠,黄润秋.工程滑坡形成机理及防治对策[J].中国地质灾害与防治学报,2005(3).
[149] 卿三惠,黄润秋.六盘水铁路枢纽建设中斜坡软土滑坡灾害整治[J].路基工程,2005(4).
[150] 卿三惠,黄润秋.西南煤系地层软岩地区坡麓相斜坡软土特性研究[J].水文地质工程地质,2005(2).
[151] 卿三惠,黄润秋.坡麓相斜坡软土特性及其地质灾害防治研究[J].地质灾害与环境保护,2005(2).
[152] 王子江,卿三惠,聂德新.松软土物理力学指标综合判别标准研究[J].路基工程,2006(1).
[153] 卿三惠,黄润秋.贵州六盘水市何家寨隧道地质灾害整治探讨[J].中国地质灾害与防治学报,2006(2).
[154] 卿三惠,黄润秋.乌鞘岭特长隧道软弱围岩大变形特性研究[J].现代隧道技术,2005(2).
[155] 卿三惠 ,黄润秋.乌鞘岭隧道软岩大变形及其防治技术探讨[J].路基工程,2005(4).
[156] 卿三惠,李云华.株六复线工程地质与路基设计[J].铁路地质与路基.2004 年学术研讨会论文集.
[157] 李能,卿三惠.碎石桩加固处理铁路路基液化地基设计方法研究[J].路基工程.2012(4).
[158] 卿三惠,黄润秋,曹新文.红层软岩填料填筑路堤的土工离心模型试验[J].铁道工程学报,2007(2).
[159] 卿三惠,曹新文,谢强.粉喷桩复合地基及软岩填料路堤的沉降控制研究[J].铁道工程学报,2010(2).
[160] 曹新文,卿三惠,等.桩网复合地基土工格栅加筋效应试验研究[J].岩石力学与工程学报,2006.2(Z1).
[161] 卿三惠,杨家松,黄世红.高压富水地层超深埋特长隧道施工技术研究[J].铁道工程学报,2009(1).
[162] 卿三惠,谢文清,等.胶州湾海底隧道钻爆法施工关键技术创新[J].铁道工程学报,2011(9).
[163] 张俊峰,卿三惠.岩溶隧道涌水涌砂及地表塌陷灾害防治[J].路基工程,2004(5).
[164] 卿三惠,黄润秋.何家寨隧道地质灾害整治实践与探讨[J].地球与环境,2005,33(B10).
[165] 陈佑德,卿三惠.茅台滑坡治理反思及生态环境综合治理分析[J].贵州地质,2001(3).
[166] 卿三惠,黄玮.山区铁路工程滑坡防治[J].科学技术通讯[J].2004(3).
[167] 卿三惠,张明学.龙床红黏土中宽张地裂形成机理探讨[J].青年科技,1992.
[168] 魏永幸,卿三惠等.红层泥岩填筑时速 200 km 铁路高路堤适应性研究[J].铁道工程学报,2004(Z1).
[169] 朱宝龙,胡厚田,陈 强.红层 M 形路堑边坡特征及病害的初步研究.工程地质学报.2003,11(4):411-415.
[170] 朱赞凌,颜志平,杨航宇.广东省公路边坡常见工程地质病害分析.广东公路交通.2001 年增刊:6-10.
[171] 胡厚田.焦柳线红层边坡病害规律性研究.四川建筑.1996,16(2):55-57.
[172] 谭凤灵,胡厚田.焦柳线炭质板岩边坡病害的研究.路基工程.1995,3:24-27.
[173] 朱建平,杜建华,侯殿英,等.李坎公路斜坡病害产生的机理分析.路基工程.2003(2):55-58.
[174] 胡厚田,刑爱国,黄少强.山区高等级公路边坡病害的类型分析.公路,2000(2):64-69.
[175] 李芙林,刘惠波.青海公路边坡病害及治理.公路.2003(12):120-124.
[176] 曹玉立,朱本珍.深圳市区周边斜坡病害的初步探讨.中国地质灾害与防治学报.1998,9(增刊):381-386.
[177] 马竞,刘涌江.渝黔一期高速公路路堑边坡病害及其防治措施.公路交通科技.2002,19(4):46-48.
[178] Varnes, D. J. , Landslide Types and Processes, in Landslides and engineering practice, edited by Eckel, E. B. , National Academy of Sciences, National Research Council Highway Research Board, 1958, 20-47.
[179] Varnes, D. J. , Slope movement types and processes , In Landslides analysis and control(Edited by R. L. Krizek). Transportation Research Board, National Research Council, Washington, D. C. Special Repport 176, 1978, 11-33.
[180] 张倬元,王士天,王兰生.工程地质分析原理.北京:地质出版社,1994.
[181] 杨健武,罗根路.路基一铁路工程施工技术手册.北京:中国铁道出版社,1994.
[182] 中华人民共和国国土资源部行业标准,滑坡防治工程勘查规范(征求意见稿).2005.
[183] 陈祖煜、汪小刚、杨健,等.土质边坡稳定性分析-原理、方法、程序.北京:中国水利水电出版社,2005.

[184] 陈祖煜、汪小刚、杨健，等. 岩质边坡稳定性分析-原理、方法、程序. 北京：中国水利水电出版社，2005.
[185] Sarma S. K.. Stability Analysis of Emban kments and Slopes. Geotechnique. 1973，23(3).
[186] 潘家铮. 建筑物的抗滑稳定和滑坡分析. 北京：水利出版社. 1980.
[187] 钱家欢，殷宗泽. 土工原理与计算. 第二版. 北京：中国水利水电出版社. 1996.
[188] Chowdhury R N，Tang W H，Sidi I. Reliability model of progressive slope failure. Geotechnique. 1987，37(4)：467-481.
[189] 张天宝. 土坡稳定分析圆弧法的数值研究. 成都工学院学报. 1978(1-2).
[190] 张天宝. 土坡稳定分析和土工建筑物的边坡设计. 成都：成都科技大学出版社，1987.
[191] 阎中华. 均质土坝与非均质土坝稳定安全系数极值分布规律及电算程序简介. 水利水电技术. 1983(7).
[192] 周文通. 最优化方法在土坝稳定分析中的应用. 土石坝工程. 1984(2).
[193] 孙君实. 条分法的提法及其数值计算的最优化方法. 水力发电学报. 1983(1).
[194] 陈祖煜，邵长明. 最优化方法在确定边坡最小安全系数方面的应用. 岩土工程学报. 1988，10(4)：1-14.
[195] 陈庆中，张弥，朱利平. 土坡稳定分析最优控制法. 北方交通大学学报. 2000，24(1)：64-66.
[196] 朱大勇. 边坡临界滑动场及其数值模拟. 岩土工程学报. 1997，19(1)：63-69.
[197] 张孟喜，陈炽昭. 土坡稳定分析的有限元追踪法. 岩土工程学报. 1991，13(6)：35-41.
[198] 王庚荪. 边坡的渐进破坏及稳定性分析. 岩石力学与工程学报. 2000，19(1)：29-33.
[199] 程谦恭，胡厚田，彭建兵，等. 高边坡岩体渐进性破坏弹塑性有限元数值模拟. 工程地质学报. 2000，8(1)：25-30.
[200] 史恒通，王成华. 土坡有限元稳定分析若干问题探讨. 岩土力学. 2000，21(2)：152-155.
[201] Duncan. State of the art：Limit equilibrium and Finite-Element analysis of slopes. Journal of Geotechnical Engineering. 1996，122(7)：577-595.
[202] 刘爱华，王思敬. 平面坡体渐进破坏模型及其应用. 工程地质学报. 1994，2(1)：1-8.
[203] Bjerrum D. L.. Progressive failure in slopes of overconsolidated plastic clay and clay shales. J. Soil Mech. & Found. Div. ASCE. 1967，93(SM5)：3-49.
[204] Chowdhury R N.，Dimitri A Grivas. Probabilitic model of progressive failure of slopes. J. Geotech. Eng. Division. ASCE. 1982，108(GT6)：803-819.
[205] 张鲁渝，郑颖人，赵尚毅. 有限元强度折减系数法计算土坡稳定安全系数的精度研究，水利学报. 2003，(1)：21-23.
[206] 赵尚毅，郑颖人，时卫民. 用有限元强度折减法求边坡稳定安全系数，岩土工程学报. 2002，24(3)：343-346.
[207] 赵尚毅，郑颖人，邓卫东. 用有限元强度折减法进行节理岩质边坡稳定性分析. 岩石力学与工程学报. 2003，22(2)：256-260.
[208] 黄润秋. 岩石高边坡的时效变形分析及其工程地质意义. 工程地质学报. 2000，8(2)：148-153.
[209] 芮勇勤，贺春宁. 开挖引起大规模倾倒滑移边坡变形破坏分析. 长沙交通学院学报. 2001，17(4)：8-12.
[210] 周德培，李安红. 软岩高边坡喷锚挡护的试验研究. 岩土力学. 1997，18(4)：48-53.
[211] 邓建辉，王浩，姜清辉，等. 利用滑动变形计监测岩石边坡松动区. 岩石力学与工程学报. 2002，21(2)：180-184.
[212] 邓建辉，李焯芬，葛修润. 岩石边坡松动区与位移反分析. 岩石力学与工程学报. 2001，20(2)：171-174.
[213] 肖世国，周德培. 开挖边坡松弛区的确定与数值分析方法. 西南交通大学学报. 2003，38(3)：318-32.
[214] 肖世国. 岩石高边坡开挖松弛区及加固支挡结构研究. 西南交通大学博士学位论文. 2003.
[215] 宋从军. 路堑高边坡开挖变形理论及控制措施研究，西南交通大学博士学位论文. 2004.
[216] 周德培. 软岩高边坡工程的信息施工，岩石力学与工程学报. 1999，18(4)：373-377.
[217] 陈平，朱赞凌，等. 公路边坡监测与信息化施工，华东公路. 2003(3).
[218] 王在泉，王建波. 复杂边坡工程稳定性监测及信息施工，中国矿业大学学报. 2000(6).

[219] 袁宝远,任青文,等.边坡监测信息系统及其在五强溪水电站的应用,河海大学学报(自然科学版).2000(3).
[220] 王增忠.边坡支护的可靠性分析与信息化预报探讨.土工基础.2001(4).
[221] 陆峰,陈祖煜.小浪底高边坡施工期监测反馈信息在开挖中的应用.西部探矿工程.2003(8).
[222] 白世伟,王明华.汉十高速公路韩家垭边坡工程地质信息管理和可视化研究.岩石力学与工程学报.2003(10).
[223] 铁道部第一勘测设计院.路基.北京:中国铁道出版社,1995:162-221.
[224] 铁道部第二勘测设计院.抗滑桩设计与计算.北京:中国铁道出版社,1983.
[225] Tomio,Tamotsu Matsui,Won Pyo Hong. Design method for stabilizing piles against landslide-one row of piles. Soils and Foundations,1981,21(1):21-37.
[226] Hassiotis S,Chameau J L,Gunaratne M. Design method for stabilization of slopes with piles. Journal of Geotechnical and Geo-environmental Engineering,1997,123(4):314-322.
[227] 贺建清,张家生,梅松华.弹性抗滑桩设计中几个问题的探讨.岩石力学与工程学报,1999,18(5):600-602.
[228] 王恭先.抗滑支挡建筑物的发展动向.滑坡文集编委会编.滑坡文集(第十三集).北京:中国铁道出版社,1998,60-64.
[229] 戴自航.抗滑桩滑坡推力和桩前滑体抗力分布规律的研究.岩石力学与工程学报,2002,21(4):517-521.
[230] 徐良德,尹道成,刘惠明.滑体为松散介质时桩前滑体抗力分布.滑坡文集编委会编.滑坡文集(第六集).北京:中国铁道出版社,1988,84-91.
[231] 李德芳,张友良,陈从新.边坡加固中预应力锚索地梁内力计算.岩土力学.2000,21(2):170-172.
[232] 李海光.路基工程中软质岩边坡的几种不良地质现象及其防治.岩石力学与工程学报.2002,21(9):1404-1407 .
[233] 周德培,王建松.预应力锚索桩内力的一种计算方法.岩石力学与工程学报.2002,21(2):247-250 .
[234] 李海光,魏永幸.新型、轻型支挡工程在南昆铁路的应用.中国地质灾害与防治学报.1998,9(1):64-70.
[235] 周德培,李安洪.软岩高边坡喷锚挡护的试验研究.岩土力学.1997,18(4):48-53.
[236] 李安洪,周德培.顺层岩质路堑边坡设计中几个关键问题的研究.第八次全国岩石力学与工程大会论文集,2004.10.
[237] 周德培.软岩高边坡工程的信息施工.岩石力学与工程学报,1999,18(4):373-377 .
[238] 周德培,肖世国,夏雄.边坡工程中抗滑桩合理桩间距的探讨.岩土工程学报.2004,26(1):132-135.
[239] 邓荣贵,周德培,李安洪,等.顺层岩质边坡不稳定岩层临界长度分析.岩土工程学报.2002,24(2):178-181.
[240] 肖世国,周德培.开挖边坡应力场的近似解析解.水利学报.2005,36(1):16-21.
[241] 冯君,周德培,李安洪.顺层岩质边坡开挖松弛区试验研究.岩石力学与工程学报.2005,24(5):840-845 .
[242] 罗阳明,雷承弟,周德培,等.SNS主动防护条件下边坡绿化及稳定性探讨.岩石力学与工程学报.2006,25(2):235-240.
[243] 肖世国,周德培.非全长粘结型锚索锚固段长度的一种确定方法.岩石力学与工程学报.2004,23(9):1530-1534.
[244] 冯君,周德培,李安洪.顺层岩质边坡开挖稳定性研究.岩石力学与工程学报,2005,24(9):1474-1478.
[245] 肖世国,周德培.岩石高边坡一种预应力锚索框架型地梁的内力计算.岩土工程学报.2002,24(4):479-482 .
[246] 冯君,周德培,江南,杨涛.微型桩体系加固顺层岩质边坡的内力计算模式.岩石力学与工程学报,2006,25(2):284-288.

[247] 肖世国,夏才初,周德培.开挖边坡松动区的一种定义及分析方法.同济大学学报自然科学版.2005,33(4):451-455.

[248] 白云峰,周德培,等.顺向坡岩层走向与边坡走向夹角的上限值.西南交通大学学报.2005(3):326-329.

[249] 蒋楚生,周德培.二次劈裂注浆锚索承载力的计算.岩石力学与工程学报.2005,24(14):2414-2419.

[250] 宋从军,周德培,肖世国.岩石高边坡埋入式抗滑桩内力计算.岩石力学与工程学报.2005,24(1):105-109.

[251] 蒋楚生,周德培,周应华.预应力地梁锚索改善边坡受力状态的理论分析.岩土工程学报.2005,27(8):974-976.

[252] 肖世国.膨胀土堑坡稳定性分析.岩土力学,2001,22(2):152-155(EI检索编号:01346624709).

[253] 夏雄,周德培,肖世国.预应力锚索加固边坡稳定性的有限元评价.岩石力学与工程学报.2004,23(SUPPL.1):4489-4492.

[254] 宋从军,周德培,肖世国.预应力锚索地梁的内力计算.西南交通大学学报.2001,36(5):486-490.

[255] 蒋楚生,周德培.非圆弧滑面滑坡中满足平衡条件的预应力锚索设计拉力的确定方法.铁道学报.2006,28(5):125-128.

[256] 夏雄,周德培.预应力锚索地梁板加固既有挡墙的设计.西南交通大学学报,2003,38(2):173-177.

[257] 刘小丽,周德培.用弹性板理论分析顺层岩质边坡的失稳.岩土力学.2002,23(2):162-165.

[258] 张俊云,周德培.厚层基材喷射植被护坡的抗侵蚀实验研究.西南交通大学学报.2002,37(6):628-631.

[259] 肖世国,周德培.开挖边坡松动区的近似解析.岩土力学,2007,28(8):1700-1704.

[260] 肖世国,周德培.开挖边坡松弛区的确定与数值分析方法.西南交通大学学报,2003,38(3):318-322.

[261] 肖世国,周德培,宋从军.岩石高边坡工程中埋入式抗滑桩的应用.岩土工程学报.2003,25(5):638-641.

[262] 肖世国,周德培.岩石高边坡预应力锚索地梁的一种内力计算方法.岩石力学与工程学报,2003,22(2):250-253.

[263] 张俊云,周德培.厚层基材喷射植被护坡基材混合物的收缩恢复性研究.岩石力学与工程学报.2004,23(7):1203-1208.

[264] 肖世国,周德培.岩石高边坡的动态设计施工模式.岩石力学与工程学报,2002,21(9):1372-1374.

[265] 曹孝君,吴青山,张继春,吕和林.顺层岩质边坡的爆破振动控制标准试验研究.岩石力学与工程学报.2003,22(11):1924-1928.

[266] 冯君,周德培,李安洪.顺层岩质边坡开挖模型试验及稳定性影响因素分析.工程地质学报.2005,13(3):294-299.

[267] 宋从军,周德培,鄢宏庆.软质岩路堑高边坡的加固与防护技术研究.公路.2003,12:76-80.

[268] 宋从军,周德培.边坡支挡结构锚索张拉工艺研究.安徽建筑工业学院学报(自然科学版).2003(3):13-15.

[269] 夏 雄,周德培.二次劈裂注浆锚索的设计分析.铁道建筑技术.2003(6):38-40.

[270] 夏 雄,周德培.边坡稳定性分析的半数值解法.铁道建筑.2004(9):43-45.

[271] 夏 雄,周德培.winkler弹性地基上预应力锚索地梁内力的计算方法.铁道标准设计.2005(1):46-48.

[272] 肖世国,周德培.锚索自由段长度对锚索桩内力的影响.公路交通科技.2006,23(8):44-47.

[273] 吴青山,张继春,曹孝君,等.顺层岩质路堑边坡岩体爆破的层裂效应试验研究.中国铁道科学.2004,25(3).

[274] 冯君,周德培,李安洪.考虑开挖卸荷效应的顺层岩质边坡稳定性分析.第八次全国岩石力学与工程大会论文集.2004.

[275] 冯君,吕和林,李安洪.顺层岩质边坡稳定性影响因素分析.四川建筑科学研究.2005,31(4):78-80.

[276] 白云峰,任良宗,陈勇.顺层路堑边坡预留保护层光面爆破技术.铁道标准设计.2004(5):60-61.

[277] 陈勇,吴青山,张继春.顺层岩质路堑边坡的光面爆破技术.爆破.2003,20(2):43-45.

[278] 吴青山,张继春,曹孝君,陈勇.顺层岩质路堑边坡岩体爆破的层裂效应试验研究.中国铁道科学.2004,25(3):50-54.

[279] 白云峰,周德培,等.顺层滑坡的发育环境及分布特征.自然灾害学报.2004,13(3):39-43.

[280] 白云峰,周德培,等.319国道涪陵至彭水沿线滑坡发育特征.山地学报.2003,21(6):721-725.

[281] 白云峰,周德培.渝怀铁路沿线滑坡成因分析.地质与勘探.2004,40(6):88-91.

[282] 宋从军,陈广祺.京珠高速公路粤境北段软岩路堑高边坡设计与施工工艺研究.公路交通科技.2001(S1).

[283] 白云峰.深孔松动控制爆破技术在顺层路堑边坡开挖中的应用.中国矿业 2004,13(8):59-61.

[284] 白云峰.渝怀铁路沿线滑坡发育特征.铁道建筑,2004(2):42-44.

[285] 白云峰,周德培.渝怀线顺层边坡的工程地质特征与类型划分.岩石力学新进展与西部开发中的岩石力学问题.中国科学技术出版社,2002:455-458.

[286] 宋从军,鄢宏庆.京珠高速公路粤境北段路堑高边坡建设管理的探讨.公路交通科技,2001年S1期.

[287] 蒋楚生.椅式抗滑桩的内力计算.路基工程.2004(1):57-59.

[288] 魏永幸.斜坡软弱地基填方工程特性理论研究.第8届全国岩石力学与工程学术大会论文集.科学出版社,2004.

[289] 蒋鑫,魏永幸,邱延峻.斜坡软弱地基填方工程数值仿真.交通运输工程学报.No.3,2002.

[290] 蒋鑫,魏永幸,邱延峻.斜坡软弱地基路堤填筑全过程稳定性.交通运输工程学报.No.1,2003.

[291] 张良,魏永幸,罗强.基于离心模型试验的斜坡软弱地基路堤变形特性研究.铁道建筑技术.No.1,2004.

[292] 张良,魏永幸,罗强.基于离心模型试验的斜坡土软弱地基路堤加固方案研究.铁道工程学报.No.1,2004.

[293] 蒋鑫,邱延峻,魏永幸.软弱夹层性状对斜坡软弱地基填方工程稳定性的影响分析.第8届全国岩石力学与工程学术大会论文集.科学出版社,2004.

[294] 魏永幸.基于填方工程的斜坡软弱地基及其特性研究.公路边坡及其环境工程技术交流会论文集.人民交通出版社,2005.

[295] 魏永幸.基于填方工程的斜坡软弱地基及其成因.地质灾害与环境保护.2006.

[296] 蒋鑫,邱延峻,魏永幸.斜坡软弱地基填方工程研究初探.铁道工程学报.2006.

[297] 蒋鑫,邱延峻,魏永幸.斜坡软弱地基填方工程研究.铁道工程学报.2006(1).

[298] 魏永幸,罗强,邱延峻.斜坡软弱地基填方工程特性及工程技术研究.铁道工程学报,2006年12月.

[299] 蒋鑫,邱延峻,魏永幸.基于强度折减法的斜坡软弱地基填方工程特性分析.岩土工程学报.2006(4).

[300] Yanjun QIU, Yongxing Wei, Qiang LUO, Highway Emban kments over Sloped Ground and Influence on Pavement Responses.

[301] 周德培.隧道洞口绿化设计及工程实例.中国水土保持科学.2006,4(B12):52-55.

[302] 李海光.南昆线软质岩深路堑高边坡的施工设计.铁道标准设计.1996,(1):8-9.

[303] 罗一农.填料参数对路堤和路肩挡墙土压力的影响.路基工程.2006(4):103-104.

[304] 罗一农.重力式挡土墙可靠度设计方法研究.铁道工程学报.2007(8):27-34.

[305] 李海光,等.新型支挡结构设计与工程实例.北京:人民交通出版社,2004.

[306] 卿三惠.贵昆铁路K214危崖开裂病害整治.路基工程.2000(6).

[307] 周德培,等.植被护坡工程技术.北京:人民交通出版社,2003.

[308] 王 磊.新建铁路石质路基边坡绿化方法与应用.铁道建筑.2013(6).

[309] 李俊玲.石质边坡绿化技术探讨.陕西农业科学,2006(5):116-118.

[310] 刘东明,林才奎.高速公路边坡绿化理论与实践.武汉:华中科技大学出版社,2010.

[311] 陈向阳.石质边坡绿化在漳龙高速公路上的应用.公路.2002(11):120-122.

[312] 陈晓斌.客土喷播法在石质边坡绿化中的应用.公路.2008(8):307-309.

[313] 尚立汉.新建向莆铁路石质边坡绿色防护技术经验总结.山西建筑.2011(3):131-133.
[314] Ministry of Works and Transport. Use of bio-engineering in the roadsector(Geo-environmental unit).1999.9.
[315] 方华,林建平.植被护坡现状与展望.水土保持研究.2004(3):283-285.
[316] 付海燕,周春梅,等.公路工程坡面及场地植被恢复技术.水土保持应用技术.2009(1):35-37.
[317] MarkW,Paschke,ClaireDeI eo,Redente. Regegetation of Road-cut Slopes in Mesa Verde National Park,U.S.A..Restoration Ecolo-gY,2000(3):276-282.
[318] 高强,汪在芹,李珍.坡面植被恢复技术的现状与趋势.长江科技学院学报 2007(5)杨满宏.高等级公路的景观设计.中外公路.1998(1).
[319] 刘德荣,马永林,韩烈保,等.坡面液压喷播快速强制绿化的效益分析.北京林业大学学报.2000(2).
[320] 刘春霞,韩烈保.高速公路边坡植被恢复研究进展.生态学报.2007(5).
[321] 周呈祥,等.公路边坡生态恢复技术浅析.公路交通技术.2002(2):65-66.
[322] 潘树林.浅析边坡植被恢复.宜宾学院学报.2003(3),93-95.
[323] 马磊,王文俊,等.高等级公路岩质边坡生态防护初探.山西建筑.2008(30):5-6.
[324] 胡从北,金起.我国公路边坡防护存在的问题与发展趋势探讨.路桥科技 2013(26).